英文法総解説

Compendium
of the
English Grammar

Machida Ken

町田 健

研究社

まえがき

　「文法」とは、事態を表示する単位としての文を構成する単位である語や形態素が、事態の全体的特性を決定する機構を記述し説明するための論理的な枠組みである。事態の全体的特性としては、文の作成者である発信者の、伝達される事態に対する態度(平叙文、疑問文、命令文など)、事態を構成する語や形態素の分類(品詞または語類)、事態を構成する要素としての事物の事態中での機能(意味役割)、事物の間にある関係の分類、事態が成立する時間や空間、事態が現実世界やそれ以外の世界において成立する可能性、事態が成立する様態などがある。これらの特性が文法的特性や文法的機能と呼ばれるものであるが、文法的特性を表示するための形態的あるいは構造的手段は言語によって異なっている。英語が文法的特性を表示するための手段としてどのようなものを選択しているのかを解説することが、本書の目的である。

　英語もその一員であるインド・ヨーロッパ語族は、古典ギリシア語やラテン語に見られるように、文法的特性を、専ら名詞や動詞の語形変化(活用)によって表示していた。一方、日本語やモンゴル語、トルコ語などの言語は、助詞や助動詞のような文法的特性の表示に特化した形態を用いて表示するし、中国語やベトナム語などの言語は、助詞や助動詞に加えて語の配列規則(構造)によって表示する方法を選択している。現代の英語は、名詞や動詞の語形変化を一部残しながらも、主語や目的語などの重要な意味役割を文の構造によって表示するほか、事態の成立可能性を表示するために極めて多様な助動詞を使用するし、事態が成立する時間を表示する形態的な機構である時制体系は、世界の他の言語には例を見ないほどに複雑かつ精密である。

　このため、ギリシア語やラテン語の文法が名詞や動詞の語形変化の記述を重視し、日本語の文法が助詞や助動詞の機能の記述に偏りがちであるのに比べると、英語の文法は語形変化、助動詞や助詞(前置詞)の機能だけでなく、形態が配列される規則と、その結果としての構造が表示する事態の特性にも重要な配慮を怠ることが許されないものである。この観点からすると、英語の文法を適切かつ十分に記述することは、人間の言語の文法が選択しうる手段の非常に多くの部分を網羅することに等しく、他のどの言語に比べても取り扱うべき項目の数が多種多様であり、内容もこれに応じて複雑になる。英語で使用されるために用意されている語彙の量は、他のどの言語をも凌駕すると言われるが、記述すべき文法項目の量に関しても同様である。本書が個別言語の文法書としては分量が多いのも、英語の文法のかかる性質による。

　適切な文法の提示において重要なのは、各項目で述べられる記述に対する論理

的・合理的な説明が与えられているということである。項目の記述は例文を提示することによってなされるのが通常であるが、例文に対して日本語訳を加えるだけでは説明したことには決してならない。例文が文法的に適格であり、その例文が表示する事態が理解可能であることを証明してはじめて、文法項目とその例文に対する満足すべき説明が完了する。本書では提示した例文のすべてに、文法的・意味的観点からの合理的な説明を与えている。そして、説明に使用される表現は、人間の言語の普遍的特性を厳密に研究する学問としての言語学的観点から、精密な吟味を経て選択されたものでなければならない。そうでなければ説明は、受け手の曖昧にして不正確な直観に依存するだけの、合理性からは遠く離れたものになりかねない。本書で採用している説明の用語や枠組みは、従来の文法書のものとは異なるものも多いが、それは筆者がこれまでに考察してきた言語の普遍的機構を記述する枠組みに基づくものである。この枠組みの合理性は、本書において適切に反映されているものと信じる。

　本書を刊行することができたのは、研究社編集部の佐藤陽二氏と中川京子氏の多大なるご支援があったからである。お二人には心からの謝意を表する。

令和 6 年 12 月　　　　町田　健

目　　次

まえがき……………………………………………………………………………iii

第1章　英文法の特徴　1

第1節　類型的特徴……………………………………………………………1
第2節　文を構成する単位……………………………………………………2
第3節　品詞……………………………………………………………………5
第4節　文の構造………………………………………………………………5

第2章　文の要素　10

第1節　文………………………………………………………………………10
第2節　語………………………………………………………………………12
第3節　句………………………………………………………………………17
第4節　群………………………………………………………………………20
第5節　節………………………………………………………………………22

第3章　文の種類　33

第1節　平叙文…………………………………………………………………33
第2節　疑問文（真偽疑問文・疑問詞疑問文）……………………………34
第3節　感嘆文…………………………………………………………………36
第4節　命令文…………………………………………………………………37

第4章　文の構造　39

第1節　文を構成する要素……………………………………………………39
第2節　文の構造………………………………………………………………47

第5章　名詞　83

名詞の分類……………………………………………………………………83

第6章　意味役割と前置詞　108

第 1 節　意味役割………………………………………………………108
第 2 節　前置詞…………………………………………………………109

第7章　冠詞　175

第 1 節　定性……………………………………………………………175
第 2 節　冠詞：定冠詞と不定冠詞……………………………………177
第 3 節　冠詞の不使用…………………………………………………195

第8章　代名詞　207

第 1 節　代名詞と代用表現……………………………………………207
第 2 節　代名詞の分類と形態…………………………………………210
第 3 節　人称代名詞……………………………………………………213
第 4 節　指示代名詞……………………………………………………232
第 5 節　再帰代名詞……………………………………………………245
第 6 節　不定代名詞……………………………………………………258
第 7 節　疑問代名詞……………………………………………………279
第 8 節　関係代名詞……………………………………………………299

第9章　数量詞　331

第 1 節　数詞……………………………………………………………331
第 2 節　不定数量詞……………………………………………………333

第10章　動詞と助動詞　369

第 1 節　動詞と助動詞の分類…………………………………………369
第 2 節　動詞の形態と特性……………………………………………383
第 3 節　助動詞の形態と特性…………………………………………388

目　次　vii

第11章　時制とアスペクト　430

第１節　英語の時制とアスペクト…………………………………………430
第２節　時制・アスペクト形態とその機能………………………………431
第３節　従属節中の時制……………………………………………………509

第12章　態　527

第１節　態の定義……………………………………………………………527
第２節　受動態………………………………………………………………528
第３節　使役態………………………………………………………………549

第13章　不定詞　557

第１節　不定詞節の構造……………………………………………………557
第２節　不定詞の時制とアスペクト………………………………………559
第３節　不定詞節の名詞的機能……………………………………………565
第４節　不定詞節の形容詞的機能…………………………………………569
第５節　不定詞節の副詞的機能……………………………………………571

第14章　動名詞　584

第１節　動名詞節の形態……………………………………………………584
第２節　動名詞節の機能……………………………………………………585

第15章　分詞　596

第１節　分詞節の形態………………………………………………………596
第２節　分詞節を含む表現の構造…………………………………………597
第３節　事物の特性を限定する分詞節……………………………………599
第４節　事態の特性を限定する分詞節……………………………………604

第16章　法　613

第１節　法の定義……………………………………………………………613

viii　　　　　　　　　　　目　次

第2節	接続法の形態	614
第3節	接続法単純形1式（仮定法現在）	615
第4節	接続法単純形2式（仮定法過去）	622
第5節	接続法複合形（仮定法過去完了）	632

第17章　形容詞　641

第1節	形容詞の性質	641
第2節	形容詞が作る構造	644
第3節	形容詞の名詞的機能	655

第18章　副詞　659

第1節	副詞の性質と分類	659
第2節	副詞の機能	661
第3節	副詞の位置	676

第19章　比較　693

第1節	比較の本質と機能	693
第2節	比較級	700
第3節	同等比較級	721
第4節	最上級	727

第20章　否定　736

第1節	否定の本質	736
第2節	否定文の構造	748
第3節	否定の強調	760
第4節	部分否定	761
第5節	二重否定	765
第6節	否定辞と連言・選言	767
第7節	否定文と同様の事態を表示する肯定文	769

目　次　　　ix

| 第21章 | 接続詞と節　772 |

第 1 節　接続詞とその分類··772
第 2 節　等位接続詞··775
第 3 節　従属節···784

| 第22章 | 話法　806 |

| 第23章 | 倒置、焦点化　817 |

第 1 節　倒置··817
第 2 節　焦点化···824

用語解説···831
索　　引···844

第 1 章　英文法の特徴

第 1 節　類型的特徴

　英語はインド・ヨーロッパ語族ゲルマン語派に属する言語であり、この語族に属する古典ギリシア語、ラテン語、サンスクリット語などの古典語の特徴は、名詞や動詞が、表示する文法的機能に応じて複雑な語形変化をすること、つまり屈折語としての特性を示すことである。英語も、古英語と呼ばれる 12 世紀半ば頃までは屈折語的な特徴を有していた。しかし現代の英語は、名詞は単数形と複数形が形態的に区別されるだけであり、意味役割を表示する機能を持つ格を形態的に表示することはない。動詞も、単独の語形変化によって表示するのは一部の時制と人称・数だけであり、古典諸語に比べると語形変化は非常に単純である。

　名詞や動詞の語形変化が完全に失われているわけではないが、主要な意味役割や法、時制・アスペクト、態などの文法的機能が語形変化によって表示されることはないので、言語類型的な観点からすると、英語は屈折語ではなく、中国語やベトナム語、タイ語のような孤立語に近い特徴を示すと考えることができる。

　孤立語の最も顕著な特徴は、主語と目的語を表示するための形態的手段がなく、文の構造(語順)によってこれらが表示されるということである。すなわち、「名詞 1 ＋動詞＋名詞 2」という構造によって、名詞 1 が主語、名詞 2 が目的語であることが表示される。英語も、動詞に先行する名詞が主語、動詞に後続する名詞が目的語というように、文の構造によって主語と目的語を区別するので、この点では孤立語としての特徴を示している。

　また孤立語では、主語と目的語以外の意味役割は、基本的には名詞に先行する位置に配置される前置詞によって表示される。英語も、場所は in, on, at など、手段は with、着点(目的地)は to や for などというように、やはり前置詞を用いて意味役割を表示するので、ここでも孤立語と共通する特徴を持つ。

　したがって、英語は起源的には屈折語に属していたが、名詞や動詞の語形変化がほとんど失われたことにより、現代では孤立語としての特徴を強く示すようになっていると見なされる。

第2節　文を構成する単位

　文は事態を表示する単位であり、事態を音声または文字によって発信者(話し手、書き手)から受信者(聞き手、読み手)へと伝達するのが言語であるから、英語も言語である以上、事態を表示する言語単位としての文を有している。

　事態の中核は主体である事物と副体である事物との間にある関係である。「主体」は伝統的に「主語」と呼ばれてきた事物である。「副体」は、従来の「補語」や「目的語」に当たるが、「自動詞」と呼ばれている対象も副体に含まれる。主体と副体については、後に詳しく説明する。

　(1)　George Washington is the first President of the United States.
　　　 ジョージ・ワシントンは合衆国初代大統領だ。

　(2)　John is a student.　ジョンは学生だ。

　(3)　Birds fly.　鳥は飛ぶ。

　(4)　Mary made an apple pie.　メアリーはアップルパイを作った。

　(5)　John met Mary.　ジョンはメアリーに会った。

　(1)は、George Washington である人間と、the first President of the United States (合衆国初代大統領)である人間が同一であるという関係を表示している。主体と副体が同一であるという関係を「同値関係」と呼ぶ。

　(2)は、John である人間が、student (学生)である個体の集合の要素であるという関係を表示している。主体が副体の要素である、つまり副体に含まれるという関係を「包含関係」と呼ぶ。

　(3)は、bird (鳥)である個体の集合が、任意の時に飛ぶ (fly) 個体の集合の要素であるという関係を表示しており、主体が副体の要素であるから、この場合も関係は包含関係である。

　(4)は、Mary である人間と apple pie (アップルパイ)である個体との間に make (作る)という関係が成立したことを表示している。主体が副体に作用を及ぼすという関係を「単射関係」と呼ぶ。

　(5)は、John である人間と Mary である人間との間に meet (会う)という関係が成立したことを表示している。この場合、主体と副体を交換しても同じ関係が成立する。実際、次の文は(5)と同一の事態を表す。

　(5′)　Mary met John.

　このような、主体と副体が相互に作用を及ぼす関係を「双射関係」と呼ぶ。

　文が表示する事態は、同値関係と包含関係の場合は主体と副体を表す単位、単射関係と双射関係の場合は主体、副体、そして関係を表す単位を必ず含んでいなければならない。したがって、文は少なくとも2個または3個の下位単位によって構成されることになる。

第2節　文を構成する単位　　3

このような下位単位が John, Mary, student, fly, made, met などの表現であるが、これらの表現は、これより小さな単位に分割することは出来ない。文を構成する最小の基本的単位を「語」または「単語」と呼ぶ。全ての言語について、文が下位の単位によって構成されるという特性は共通であり、英語もまた例外ではない。

また、George Washington, the first President of the United States, a student, an apple pie のような表現は複数の語によって構成されているが、全体として主体や副体を表しており、この点で単独の語と同様の働きをしている。このように、複数の語によって構成されているが、語と同様の機能を持つ単位を「句」と呼ぶ。

同値関係と包含関係を表示する文の場合、必須の要素は主体と副体だけだから、文を構成する語または句（以下「語句」とする）は最低2個あればよい。実際 (3) のように副体が動詞である時は、文が2個の語句によって構成されている。しかし、同値関係を表す (1)、包含関係を表す (2) については、主体と副体を表す語句に加えて、is という語が用いられている。この is は不定詞が be である動詞（be 動詞）の現在時制3人称単数形であるが、この動詞本来の意味である事物の存在ではなく、事態が現在において確実に成立していることを表示している。

主体である事物と副体である事物が同一である、または主体である事物が副体である事物の集合に含まれるという関係を表す文では、主体と副体は名詞によって表示される。英語の名詞は事物または事物の集合を表すという機能を持つが、名詞のみでは事態の成立時や成立可能性などの特性を表示することができない。この点で、副体である名詞に助動詞などを付加することで、事態の特性を表示する仕組みを持っている日本語と英語は異なる。

(1) と (2) では、「合衆国初代大統領だ」「学生だ」のように、名詞に助動詞「だ」を付加することにより、事態が現在において確実に成立していることが表示される。また以下の例のように、「だ」の後にさらに別の形態を付加することも可能である。

(6) a. ジョンは学生だった。

　　b. ジョンは学生だろう。

　　c. ジョンは学生ではない。

これらの文が表示するのと同様の意味を英語で表すために使用されるのが be 動詞である。

(6′) a. John was a student.

　　b. John may be a student.

　　c. John is not a student.

be 動詞の語形変化、be 動詞への助動詞や副詞（否定辞）の付加によって、同値関係や包含関係を表示する事態の特性が表示される。

4   第 1 章　英文法の特徴

　副体として機能する語句を「述語」と呼ぶが、英語の形容詞も名詞と同様に単
独では事態の特性を表示することができないので、形容詞が述語である場合も、
事態特性表示のために be 動詞が用いられる。

　(7) a. Mary is wise.　メアリーは賢い。

　　　b. Mary was wise.　メアリーは賢かった。

　　　c. Mary may be wise.　メアリーは賢いかもしれない。

　　　d. Mary is not wise.　メアリーは賢くない。

　(7a)は、主体であるメアリーが、人間のうちで賢さの程度が平均よりも大きい
個体の集合に含まれているという包含関係を表す文であるが、この関係が現在に
おいて確実に成立していることが is によって表されている。(7b)では、同じ構
造を持つ事態が過去において成立したことが、(7c)では、同様の事態が現実に成
立しているかどうかは分からないが、その可能性があることが、それぞれ was（過
去形）と may be（助動詞＋be）によって表示されている。(7d)では、「メアリーが
賢い」という事態が成立しないことが、is の後に否定辞 not を配置することによっ
て表されている。

　副体を表すのが動詞である場合、英語の動詞は過去と現在を語形変化によって
表すことができるので、副体と別に be 動詞を使用する必要はない。(3)の副体
fly は動詞の現在形であり、現在を含めた時において習慣的に事態が成立するこ
とを表示している。

　(3′) Birds flew.　鳥が飛んだ。

　(3′)では、flew という過去形によって、事態が過去において成立したことが表
示されている。

　副体が動詞であっても、過去における、または習慣的な事態の成立以外は、助
動詞などを付加することで表示する必要がある。

　(8) a. Birds will fly.　鳥は飛ぶだろう。

　　　b. Birds are flying.　鳥が飛んでいる。

　　　c. Birds may fly.　鳥は飛ぶかもしれない。

　関係が単射関係または双射関係の場合は、(4)、(5)のように副体が名詞、関
係が動詞によって表される。副体が動詞によって表される場合と同様、動詞の語
形変化だけではなく、助動詞の付加などによって事態の成立時や成立可能性を表
す。

　(9) a. Mary is making an apple pie.

　　　　メアリーはアップルパイを作っている。

　　　b. Mary will make an apple pie.

　　　　メアリーはアップルパイを作るだろう。

第3節　品詞　　　　5

　　　　c. Mary may make an apple pie.
　　　　　メアリーはアップルパイを作るかもしれない。
　（10）a. John will meet Mary.　ジョンはメアリーに会うだろう。
　　　　b. John may meet Mary.　ジョンはメアリーに会うかもしれない。

第3節　品詞

　品詞は語を文中での機能に基づいて分類したもの(語類)であり、文が表示する事態の構造は言語によって違いはないから、品詞についても言語の間での共通性は大きい。英語の品詞としては次のようなものがある。各品詞の詳細な定義については、それぞれを対象とする章での解説を参照。
　（11）名詞：事物または事物の集合を表示する。
　　　　動詞：副体または関係を表示する。
　　　　形容詞：ある特性を持つ事物の集合を表示する。
　　　　副詞：事態の特性(成立時、成立可能性、意志、義務、様態、極性など)
　　　　　　　を表示する。
　　　　前置詞：事態を構成する事物の、主体と副体以外の意味役割を表示する。
　　　　代名詞：状況を参照することで特定される事物または事物の集合を表
　　　　　　　　示する。
　　　　冠詞：事物の定性を表示する。
　　　　助動詞：事態の特性としての時間的特性、モダリティー(成立可能性、
　　　　　　　　意志、義務)、極性などを表示する。
　　　　数量詞：事物または事物の集合の数量的特性を表示する。
　　　　接続詞：事物または事態を別の事物または事態と結合する。

第4節　文の構造
① 基本構造

　構造とは、ある言語単位(文、句、語、音節など)を構成する要素の配列を、配列規則が明示的になるように表示したものである。文は、語(形態素)、句、節によって構成されるから、文の構造は、語句の配列順を明示したものになる。
　（12）The girl ate French dishes at a restaurant.
　　　　　その女の子はレストランでフランス料理を食べた。
　（12）を直接的に構成する要素は、the girl, ate, French dishes, at a restaurant である。ate は1個の語であって動詞であるが、それ以外は2個以上の語によって構成されている。the girl と French dishes は機能的には名詞であるが、複数の語を要素とするので「名詞句」と呼ぶことにする。at a restaurant は前置詞に名詞

句が後続する単位であり、名詞が表示する事物の意味役割を前置詞が表示している。これを「前置詞句」と呼ぶ立場もあるが、前置詞は事物の意味役割を表すだけで、事態の要素として重要なのは事物の方であり、事物を表示する単位は名詞なのだから、本書では名詞句と区別して「名詞群」と呼ぶことにする。

　文を構成する単位をこのように規定すると、(12)の構造は次のように示される。

　　(13) 文＝名詞句＋動詞＋名詞句＋名詞群

　英語は、主体と副体を表示するための、日本語の格助詞のような形態を持っていないので、名詞句と動詞との位置関係によって、これら主要な意味役割を表す。すなわち、動詞に先行する名詞句が主体を、動詞に後続する名詞句が副体を表すようになっている。主体を表示する名詞句を「主体名詞句」、副体を表示する名詞句を「副体名詞句」と呼ぶことにすると、英語の文の基本的な構造は次のように表される。

　　(14) 文＝主体名詞句＋動詞＋副体名詞句

　この基本構造は、フランス語や中国語と同様であるが、ラテン語の文の基本構造はこれとは異なって、次のようなものである。

　　(15) 文＝主体名詞句＋副体名詞句＋動詞

　日本語は、名詞句に格助詞を後続させて主体や副体を表示し、動詞はラテン語と同様に文末に配置されるから、基本構造は次のようになる。

　　(16) 文＝主体名詞群＋副体名詞群＋動詞

　英語の名詞句については、冠詞や形容詞が名詞に先行するから、構造は次のように表される。

　　(17) 名詞句＝冠詞／形容詞＋名詞

　英語の名詞群については、前置詞が名詞句に先行するから、構造は次のように表される。

　　(18) 名詞群＝前置詞＋名詞句

　日本語の名詞群は、名詞句に格助詞が後続するから、構造は次のようになる。

　　(19) 名詞群＝名詞句＋格助詞

② 副次的構造

　英語が、主体と副体という事態の最も重要な要素を文の構造によって区別することからも分かるように、英語は文の構造によって事態の特性を表示することがある。

ⅰ. 疑問文

　受信者に対して事態が現実に成立するかどうかを尋ねたり、事態の要素のうち

で発信者には知られていないものを特定することを要求する文を「疑問文」と呼ぶ。

(20) Are you satisfied with this result?
　　　あなたはこの結果に満足していますか。
(21) Did Mary agree with my opinion?
　　　メアリーは私の意見に賛成しましたか。
(22) What were you doing there?　あなたはそこで何をしていたのですか。
(23) How do you go to the station?　駅にはどうやって行きますか。

(20)と(21)は、以下の文が表示する事態が現実に成立したかどうかを尋ねるための文である。

(20′) You are satisfied with this result.
(21′) Mary agreed with my opinion.

これらの文が使用されれば、受信者は表示される事態が現実に成立したものと理解する。現実に成立した事態を表示する文を「平叙文」と呼ぶが、現実に成立したかどうかを発信者が知らず、その成立の有無、すなわち事態が真であるか偽であるかを伝達することを受信者に要求する文が「真偽疑問文」である。

英語の真偽疑問文は、対応する平叙文とは構造が異なる。(20)では、平叙文(20′)の主体である you と動詞 are の配列順が逆転している。(21)では、文頭に助動詞 do が置かれている。動詞が be である場合以外は、この do を文頭に配置する真偽疑問文が使用されるのが一般的である。

(22)と(23)は、以下の文に含まれる something と somehow が具体的に何を表示するのかを受信者が表現することを要求している。

(22′) You were doing something there.　あなたはそこで何かをしていた。
(23′) You go to the station somehow.　あなたは何らかの方法で駅に行く。

事態中に含まれる不定の要素を特定化することを要求する機能を果たすのが(22)中の what、(23)中の how であり、これらの語は「疑問詞」と呼ばれ、疑問詞を含む疑問文が「疑問詞疑問文」である。

英語の疑問詞疑問文では、疑問詞が文頭に置かれる。この配列規則は、ヨーロッパ諸語と同様であるが、日本語や中国語とは異なる。

疑問詞疑問文であっても、真偽疑問文の場合と同様に、英語では動詞が be の場合は動詞と主体名詞の配列順が逆転するし、それ以外の動詞の場合は、主体名詞の前に助動詞 do が置かれる。

ⅱ．強調
　事態中で最も重要な要素は主体であり、その最も重要な主体が文頭に配置され

るのは、言語一般に観察される特性である。しかし、主体以外の要素が最も重要だと発信者が判断した場合には、その要素を表示する形態を文頭に置くことがある。

 (24) Great is the power of nature. 自然の力は実に偉大だ。

 (25) Up went the balloon. 風船はまさに上へと上って行った。

 (24)では形容詞 great が、(25)では副詞 up が文頭に置かれている。形容詞が名詞に先行して名詞とともに名詞句を形成するのではなく、事態中の副体として機能している場合、通常の語配列であれば次のようになる。

 (24′) The power of nature is great.

 up のような動作の様態を表す副詞は、通常の配列順であれば、動詞に後続する位置に置かれる。

 (25′) The balloon went up.

 副体である形容詞や動作の様態を表す副詞が、通常とは異なる位置である文頭に配置されているのであれば、それらの語が、最も重要な要素であるはずの主体よりも重要であると発信者が判断しているのだと理解しなければならないことになる。すなわち、副体や動作の様態が強調されているということである。

 日本語では、語句の配列を通常とは異なるものにすることで、その語句を強調するという操作は選択されない。したがって、(24)と(25)の日本語訳にあるように、強調したい形容詞や副詞を「実に」や「まさに」のような副詞によって強調する。

 ギリシア語やラテン語では、英語のように主体が文頭に配置されるという規則が一般的だというわけではない。したがって、副体の形容詞や副詞などが文頭に配置されていても、それらの語句が強調されていると理解されることはない。

ⅲ. 付帯状況

 事態の成立と同時に成立し、事態を構成するどれかの要素の特性を表示するために、形容詞が文末に付加されることがある。

 (26) Mary was born rich. メアリーは裕福な家に生まれた。

 (27) John swept the floor clean. ジョンは床を綺麗に掃除した。

 (26)では、Mary was born. という文の後に rich という形容詞を付加することで、「メアリーが生まれた」という事態が成立した時に、この事態の主体であるメアリーが裕福であったという事態も同時に成立していたことが表される。

 (27)では、John swept the floor. という文の後に clean という形容詞を付加することで、「ジョンが床を掃除した」という事態が成立した時に、この事態の副体である床が綺麗であったという事態が同時に成立したことが表される。誰かが

床を掃除するという事態の成立と、床が綺麗であるという事態の成立が同時であれば、床を掃除すれば通常は床が綺麗になるという知識によって、この文のclean は、先行する部分が表示する事態 P の結果成立した事態 Q の副体であるものと理解される。Q は「床が綺麗だ」という事態であり、これが the floor clean（名詞句＋形容詞）という構造（準名詞節；第 4 章第 1 節②参照）によって表示される。

　英語だけでなくヨーロッパ諸語では、名詞と形容詞を並列させることによって、ある事態の成立と同時に、その事態の要素を主体とする事態が成立したことを表示する構文が使用される。以下は、(26)と(27)をラテン語に置き換えたものである。

　　(26′) Maria dives nata est.

　　(27′) Johannes solum purum verrit.

　(26′)では、Maria を主体とする事態（マリアが生まれた）が成立した時に、この主体が dives（裕福だ）である事物の集合に包含されるという事態が成立したことが表示される。

　(27′)では、Johannes を主体、solum（床）を副体とする事態（ヨハンネスが床を掃除した）が成立した時に、solum が主体であって、これが purum（綺麗だ）である事物の集合に包含されるという事態も成立したことが表示される。

　日本語にはこのような構文はなく、事態の同時的成立を含意させることができるような表現を適宜用いる以外に方法はない。

第2章　文の要素

第1節　文

　文は事態を表示する言語単位である。事態を構成する最低限の要素は主体と副体であり、主体は名詞（句）、副体は名詞句または動詞によって表示されるから、英語の文として必要最小限の要素を含むものは、次のようなものになる。

　（1）Birds fly.　鳥は飛ぶ。

　（2）John is wise.　ジョンは賢明だ。

　（3）Mary made cookies.　メアリーはクッキーを作った。

　（1）は「名詞＋動詞」という構造を持ち、名詞 birds が事態の主体を、動詞 fly が副体を表示している。

　（2）は「名詞＋動詞 be ＋形容詞」という構造を示し、3 個の語によって構成されている。文頭の名詞が主体を、be に続く形容詞が副体を表示し、動詞 be は、個体である主体が、副体である個体集合（賢明である個体の集合）に包含されるという関係を表示している。

　（3）は「名詞＋動詞＋名詞」という構造を示し、3 個の語によって構成されている。最初の名詞が主体を、2 番目の名詞が副体を表示し、動詞は主体と副体の間に単射関係があることを表している。

　このように、主体、副体、関係という事態を構成する必須の要素を最低限備えている文であれば、少なくとも 2 個または 3 個の語を含んでいなければならない。

　ただし、文が使用される状況によって、事態に必須の要素を補うことができる場合には、これらの要素を表示する語が含まれていなくても、受信者は事態を構築することが可能である。

　（4）A: What are you drinking now?　あなたは今何を飲んでいるのですか。

　　　B: Beer.　ビールです。

　（5）A: How is this pudding I've made for you?
　　　　　君に作ってあげたこのプリンはどうだい。

　　　B: Good.　美味しいよ。

　（6）A: It's very hot today.　今日はとても暑いね。

　　　B: Indeed!　本当にね。

　（4）で B の発話は beer の 1 語だけであるが、A の発話が what に対応する事物

第 1 節　文　　11

を特定することを要求する疑問文であることから、B の発話の beer は副体であるものと理解され、主体と関係を補うと次のような文になることが分かる。

　(4′) B：I'm drinking beer.　私はビールを飲んでいます。

　(5)で B の発話は形容詞 good のみで構成されているが、A の発話である疑問文中の how に対応する語であることから、この形容詞が副体であるものと理解される。したがって、B の発話を完成させると次のようになる。

　(5′) This pudding (you've made for me) is good.
　　　　(君が僕に作ってくれた)このプリンは美味しい。

　(6)で B の発話を構成するのは副詞 indeed の 1 語のみである。この副詞は、事態に対する発話者の判断を表すから、B の発話は、A の発話全体に対する B の判断を表すものと理解され、完成させると次のようになる。

　(6′) It's very hot today indeed.　本当に今日はとても暑いね。

　(4)、(5)、(6)の B の発話のような 1 語のみから成る表現であっても、先行する文を参照することによって、欠けている要素を補充することで、どのような事態を表示しているのかを正しく理解することができる。したがって、主体、副体、関係という事態を完成させるために必須の要素の一部または全てを欠いている表現であっても、先行する発話のような状況を参照することによって完全な事態を復元することができる場合には、たとえ 1 語のみであっても、それを文だと見なすことに問題はない。

　英語の文は、特別の状況がない場合には主体と副体、または主体と副体と関係を表示する複数の語によって構成されると考えてよい。ただしより一般的には、特定の事態を表示することが受信者によって可能な場合には、不完全な構造であっても文だと見なすのが、事態を表示するという文の定義からすると適切である。

　以下のような例でも、単独では不完全な事態しか表示しない表現であっても、状況によって事態を完成させることができるのであれば、それらを文として位置づけることができる。

　(7) A：How do you like your coffee?
　　　　　コーヒーはどのようにお飲みになりますか。

　　　B：With cream.　クリームを入れます。

　(8) A：Is she generous?　彼女は寛容ですか。

　　　B：She really is.　本当にそうです。

　(9) A：Can Mary finish the task in a week?
　　　　　メアリーは 1 週間でその仕事を終えられるだろうか。

　　　B：No way!　絶対無理だね。

　(10) What a day!　なんていう日なんだ。

（11）How dare you!　よくそんなことができるね。

　（7）でBの発話は、with cream という名詞群（前置詞句）のみで構成されている。したがって不完全な文であるが、先行するAの発話によって、次の文が表示するのと同一の事態を表示していることが容易に理解される。

　　（7′）I like my coffee with cream.

　完全な文が表示する事態と同一の事態を復元することができるから、名詞群のみで構成される表現であっても文である。

　（8）でBの発話は、主体が she、関係が be によって表示されてはいるが、副体が欠けている。しかし、先行するAの発話によって副体を表示するのが形容詞 generous であって、次の完全な文が導出される。

　　（8′）She really is generous.

　したがって、副体を表示する形態を欠く表現であっても、やはり文であると見なしてよい。

　（9）でBの発話は、no way という副詞的否定表現のみで構成されている。要するに、事態を構成する必須の要素ではない副詞のみが使用されている表現だということである。したがって、主体、副体、関係のいずれをも欠く表現だが、先行するAの発話によって、以下の文を導出することができる。

　　（9′）Mary can no way finish the task in a week.

　（10）は what を用いる感嘆文であるが、what a day は副体を表示するのみであって、この表現が完全な文になるためには、主体と関係を表示する語句が必要である。しかし、発話者にとっての現在の時点における状態が好ましくないものだと判断されている場合に発せられる表現だということが容易に推測されるので、この表現は、次のような完全な文に対応していることが理解される。

　　（10′）What a day it is today!　今日は何という日なんだ。

　（11）は一種の慣用表現であって、このことを知っていれば、次のような完全な文に対応するものと理解される。

　　（11′）How dare you do such a thing!

第2節　語
① 名詞、動詞、前置詞

　意味を表示する最小の単位は形態素であるが、英語では古典語文法以来の語（単語）を最小単位として文の意味と構造を分析・記述するのが普通である。

　（12）John drank wine for dinner.　ジョンは夕食にワインを飲んだ。

　この文を構成している形態素として明らかなのは、固有名詞 John、名詞 wine、前置詞 for、名詞 dinner である。dinner の語末にある er は、語源的にはフラン

ス語の不定詞語尾 er (ラテン語の不定詞語尾 are が変化したもの)に由来するが、英語では個別の意味を表すことはないので、独立した形態素だと見なすことはできない。

これらの形態素は、さらに下位の形態に分割することはできないので、1 個の形態素である。またこれらの形態素は、適当な状況が与えられれば、単独で文を構成することができる。

(13) A： What's this young man's name?　この若い男性の名前は何ですか。
　　 B： John.　ジョンです。
(14) A： Which do you like better, wine or cognac?
　　　　 ワインとコニャックではどちらが好きですか。
　　 B： Wine.　ワインです。
(15) A： Are you for or against her opinion?
　　　　 あなたは彼女の意見に賛成ですか、それとも反対ですか。
　　 B： For.　賛成です。
(16) Dinner! Come down to the kitchen.
　　　　 夕食だよ。台所に降りて来なさい。

(13)～(15)の B の発話、(16)の Dinner! を完全な文として表現すれば、以下のようになる。

(13′) His name is John.　彼の名前はジョンです。
(14′) I like wine better.　ワインの方が好きです。
(15′) I'm for her opinion.　私は彼女の意見に賛成です。
(16′) It's time for dinner.　夕食の時間です。

したがってこれらの形態素に関しては、状況を参照することにより、適切な事態を表示する完全な文を導出することができるという特性を持つ。この特性は、意味的、構造的に一定の独立性を持つという伝統的な語の性質と矛盾しないから、これらの形態素を語だと見なすことに合理性がある。

一方、(12)中の動詞 drank は、「飲む」という意味に加えて、事態の成立が過去時であるという特性も表示する。「飲む」は主体と副体の間に成立する関係であり、過去時での成立は事態全体の特性である。また、過去時における事態の成立は、played〈遊んだ〉、kicked〈蹴った〉のように、大多数の動詞については、末尾に付加される ed という独立した形態素によって表示される。このように drank は、関係と事態特性という性質の異なる 2 つの意味を表示しているのだから、他のいわゆる規則動詞の過去時制形態と同様に、動詞語幹と過去時制語尾という2 つの形態素によって構成されているものと見なす必要があるようにも思われる。

しかしこの動詞形態 drank だけだと、何らかの音素列が対応する形態素 ed を

14 第2章 文の要素

抽出することは不可能であり、この形態だけで1個の形態素だと見なすのが適当である。ただし、drank のみで文を形成することは、たとえ主体や副体を補充できるような状況があったとしても、英語では不可能である。

(17) A: Did John drink wine for dinner?
　　　　　ジョンは夕食にワインを飲みましたか。
　　　 B: ×Drank.　飲みました。

B の発話は、通常であれば "Yes, he did." のようなものが適切であるが、もし drank を使用したければ、次のようにしなければならない。

(18) He drank.

したがって drank のような動詞形態は、名詞や前置詞のように単独で文を形成することはできず、上の文のように主体を表示する代名詞などを伴って初めて適格な文を形成できるので、先に挙げたような語の特性を満たしてはいない。しかし、次の例のように、drank の前後に別の形態を配置することは可能である。

(19) He certainly drank much.　確かに彼はたくさん飲んだ。

このように、単一の形態素によって構成される動詞は、単独で文を形成することはできないが、形態としての独立性は名詞と同様に高いと言える。このことから、英語の動詞形態についても、名詞と同様に語としての条件を満たすと考えても不合理ではない。

played, kicked のような規則動詞の過去時制形態は、語幹と語尾という2個の形態素によって構成されている。しかし、語幹形態素 play, kick と語尾形態素 ed とはこの順番で結合しなければならず、語幹と語尾の間にはいかなる形態も挿入することはできないし、これらの形態素連続の後に、別の語尾形態素を結合することもできない。playeding や kickeder のような形態は英語には存在しない。したがって、これらの規則動詞の変化形についても、不規則動詞過去時制形態の drank などと同様に、語に要求される特性を満たしているものと考えることができる。

② 形容詞、副詞

形容詞や副詞も、単一の形態素から成る場合であれ、複数の形態素の連続によって構成される場合であれ、単独で文を形成することができる。

(20) A: Mary has won the first prize.　メアリーが一等賞を取ったよ。
　　　 B: Great!　すごいね。

(21) A: The thermometer shows 40 degrees centigrade.
　　　　　温度計は摂氏40度を示しています。
　　　 B: Impossible!　あり得ませんね。

第 2 節　語　　15

　（22）A：Is she charming?　彼女は魅力的ですか。
　　　　B：Very.　とっても。
　（23）A：Will you go there with me?
　　　　　　私と一緒にそこに行ってくれませんか。
　　　　B：Certainly.　もちろん。

　（20）で B の発話は great であり、これは単一の形態素によって構成されている。この発話を完全な文にすると次のようになる。

　（20′）That is great!　それはすごいね。
　　　　　＝Mary's having won the first prize is great.
　　　　　メアリーが一等賞を取ったことはすごい。

　（21）で B の発話は impossible であり、これは形態素 in の異形態 im と形態素 possible という 2 個の形態素によって構成されている（possible は語源的には、ラテン語の動詞 posse に由来するフランス語の形態と、フランス語の派生接辞 able の異形態 ible の結合体であるが、英語では単一の形態素だと見なしてよい）。この発話を完全な文にすると、次のようになる。

　（21′）It is impossible!　それはあり得ませんね。
　　　　　＝40 degrees centigrade is impossible.
　　　　　摂氏 40 度はあり得ないことだ。

　したがって、この 2 個の形態素から成る形容詞も、この結合体で文を形成することができるので、語に要求される特性を満たしている。

　（22）で B の発話は副詞 very 1 個であり、これを構成するのは単一の形態素である。この発話を完全な文にすると次のようになる。

　（22′）She is very charming.　彼女はとても魅力的だ。

　（23）で B の発話は副詞 certainly から成るが、これは certain という形容詞に派生接辞 ly を付加して形成されたもので、2 個の形態素によって構成されている。この発話を完全な文にすると次のようになる。

　（23′）I will certainly go there with you.　私はもちろんあなたとそこに行く。

　以上のように、形容詞と副詞も、単一の形態素で構成されるものであれ、複数の形態素で構成されるものであれ、適当な状況を参照することで要素を補って完全な文に置き換えることが可能であり、語に要求される特性を満たしている。

③ **助動詞**
　助動詞は動詞に並列されて使用される形態であり、大部分が単一の形態素から成る。動詞と同様に、単独で文を形成することはできないが、以下の例のように、主体を表示する代名詞を伴えば、動詞が表現されていなくても、状況を参照する

16 　　　　　　　　　　第 2 章　文の要素

ことによって事態を表示することができる。

(24) A: Consult a doctor as soon as possible.
　　　　　できるだけ早く医者に診てもらいなさい。

　　　B: I will.　そうします。

(25) A: I'd like to take a day off.　1 日休みたいのですが。

　　　B: You can.　いいですよ。

(26) A: Have you ever been to Florence?
　　　　　あなたはフィレンツェに行ったことがありますか。

　　　B: I have.

(24)で B の発話は人称代名詞と助動詞によって構成されているが、先行する A の発話を参照して完全な文にすると、次のようになる。

(24′) I will consult a doctor as soon as possible.
　　　　私はできるだけ早く医者に診てもらいます。

(25)で B の発話は、やはり人称代名詞と助動詞から成るが、発話の状況から次の完全な文に置き換えることができる。

(25′) You can take a day off.　あなたは 1 日休みを取ってよい。

(26)の B の発話についても、先行する文を参照することで、次の完全な文に対応していることが分かる。

(26′) I have been to Florence.　私はフィレンツェに行ったことがある。

以上の例は、助動詞も動詞と同様に人称代名詞を伴えば事態を表示する文としての資格を持つことができることを示しているから、1 個の助動詞を 1 個の語だと見なすことが可能である。

④ 接辞を含む語

　形容詞 impossible〈不可能な〉や副詞 certainly〈必ず〉は、複数の形態素によって構成される語であり、名詞 payment〈支払い〉(動詞 pay + ment)や catcher〈捕手〉(動詞 catch + er)、動詞 outgo〈上回る〉(out + 動詞 go)や unveil〈覆いを取る〉(un + 動詞 veil)も、同様に複数の形態素が構成する語である。

　これらに加えて、名詞、動詞、形容詞、副詞という内容語が表示する事物や事物の特性、関係などをさらに限定する機能を持つ接辞を付加して形成される語もある。

　a.　名詞については、接尾辞 s が、事物の複数性を表示する。
　　　book – books〈本〉
　　　dog – dogs〈犬〉

　b.　動詞については、接尾辞 ing が現在分詞や動名詞を、接尾辞 ed が過去時

制形態や過去分詞を形成する。

go – going〈行く〉

love – loving〈愛する〉

cook – cooked〈料理する〉

open – opened〈開ける〉

c. 形容詞、副詞については、接尾辞 er が比較級形態を、接尾辞 est が最上級形態を形成する。

high – higher, highest〈高い〉

fast – faster, fastest〈速い〉

これらの接辞は 1 個の形態素であるが、単独で文を形成することはできないし、内容語である形態素とこれらの形態素の間に別の形態素を挿入することはできないので、内容語と一体となって 1 個の語を形成しているものと考えるのが適当である。

第 3 節　句

内容語が表示する事物や関係の特性を別の語を並列させることによってさらに限定する機能を持つ語句を「句」と呼ぶ。内容語が別の語を伴っていても、事物の意味役割や成立時・成立可能性のような、事態全体の特性に関わる機能を表示している場合、その語句は句ではなく「群」に分類される。

① 名詞句

（27）The student made a good speech.　その学生はいいスピーチをした。

（28）Beautiful flowers are blooming in her garden.

彼女の庭では美しい花々が満開だ。

（27）は、主体が the student、副体が a good speech という語句によって表示されているが、使用されている動詞が made であって、これは主体と副体の間に単射関係があることを表す。単射関係にあるのは 2 個の事物であるから、the student と a good speech は、複数の語によって構成される名詞、すなわち名詞句である。the student が主体、a good speech が副体を表示するものと理解されるが、これらの意味役割を表示するのは文の構造であって、意味役割を表示するための特別の語ではないから、これら 2 つの語句には意味役割を表示する語は含まれていない。

これら 2 つの名詞句の構造は、次のように表される。

（29）the student：冠詞＋名詞＝名詞句

a good speech：冠詞＋形容詞＋名詞＝名詞句

18 第2章 文の要素

(28)では、主体が beautiful flowers という名詞句であり、以下の例では、名詞の後に名詞群が配置されて、名詞が表示する事物の範囲が限定されている。

(30) Can you see the statue on the hill?　丘の上の銅像が見えますか。

この文の the statue on the hill は名詞句であって、次のような構造を示している。

(31) the statue on the hill：冠詞＋名詞＋名詞群（＝前置詞＋名詞句）

次のような、名詞に後続する関係節を含む名詞句もある。

(32) John fell in love with the girl he met at the party.
　　　　　ジョンはパーティーで会った女の子が好きになった。

この文の名詞句 the girl he met at the party の構造は以下のようになる。

(33) 名詞句：冠詞＋名詞＋関係節（＝代名詞＋動詞＋名詞群）

このように、英語の名詞句は、名詞の前後に冠詞、形容詞、名詞群、関係節が付加されることにより形成される。

② 形容詞句

(34) The building is very tall.　その建物はとても高い。

(35) He bought a fairly expensive car.　彼は相当に高価な車を買った。

(36) John is more reserved than Mary.　ジョンはメアリーより控え目だ。

形容詞に副詞が並列されていると、その副詞が形容詞の表示する特性の程度をさらに限定するが、形容詞と副詞で全体として名詞を限定（修飾）しており、1個の形容詞と機能は同じである。このような「副詞＋形容詞」という構造の語句を「形容詞句」と呼ぶことにする。

(34)の very tall、(35)の fairly expensive が形容詞句である。(36)の more reserved は taller, greater と同様の比較級形態であるが、形容詞 reserved の特性が副詞 more によって限定されていると見なすことができるので、more reserved 全体で形容詞句に対応する。

③ 副詞句

(37) The boy studied very hard.　その少年は非常に頑張って勉強した。

(38) The revolutionist died rather miserably.
　　　　　その革命家はかなり悲惨な死に方をした。

(39) Mary is dressed more elegantly than Ann.
　　　　　メアリーはアンより上品な服装をしている。

動詞が事態の副体を表示していて、副詞が副体である事態の集合の特性を限定している場合、副詞が1個ではなく複数であれば、それを「副詞句」と呼ぶことにする。

第3節　句　　　19

（37）の very hard、（38）の rather miserably が副詞句である。（39）の more ele-
gantly は比較級形態であるが、形容詞の比較級形態の場合と同様に、2 個の副詞
の連続が副体 is dressed を限定する機能を果たしているので、全体として副詞句
であると見なすことができる。

④ 動詞句

　英語では動詞に後続する名詞句が事態中の副体（目的語）であると理解されると
いう規則がある。このため、動詞と副体の名詞句が一体となって、上位の単位で
ある「動詞句」を形成するという考え方もある。この場合動詞は事態中で関係を
表示する、いわゆる「他動詞」であるが、名詞句に対応する事物が副体であるこ
とは、動詞に名詞句が後続するという配列によって理解されるというだけであり、
動詞と名詞句が一体となって上位の単位を形成しなければ、名詞句が副体である
という理解が達成されないということではない。

　また言語一般という観点からすると、日本語、朝鮮語、モンゴル語などのよう
に、主体と副体を日本語の格助詞のような特別の形態素によって表示する言語で
は、副体の表示に動詞との位置関係を使用する必要がないので、動詞と名詞句が
一体となる意味的・統辞的な根拠がない。また、ギリシア語やラテン語のように、
名詞の語形変化によって主体や副体を表示する言語についても、名詞の形態だけ
で事物の意味役割が理解できるので、動詞と名詞句が統辞的に依存する必要はな
い。

　英語や中国語のような言語で、単射関係や双射関係を表す動詞（他動詞）と副体
である名詞（目的語）の統辞的な関係が密接であることは確かであるが、それだけ
で動詞と目的語が一体となって上位の単位を形成すると考えることが合理的であ
るとは認められない。

　動詞に副詞が並列している次のような文では、動詞と副詞が一体となって動詞
句を形成しているかのように見える。

　　（40）The statesman spoke eloquently.　　その政治家は雄弁に話した。
　　（41）The train is running rapidly.　　その列車は速く走っている。

　（40）の副詞 eloquently は、動詞 spoke の直後に置かれていて、この動詞が表
す「話す」という行為の様態を限定しているように思われる。実際伝統的な文法
では、この副詞が動詞を「修飾」していると説明される。しかしこの副詞は、
the statesman spoke〈その政治家が話した〉という 1 個の事態について、その特性
を表示する機能を果たしているのだと考えなければならない。なぜならば、「主
体が話す」という事態が成立して初めて、その事態の特性が「雄弁だ」と判断す
ることができるのであり、事態が成立するためには主体が特定されていなければ

ならないからである。「不明の主体が話す」という事態について、その特性が「雄弁だ」と判断する根拠はない。したがって、この文の副詞 eloquently は動詞 spoke のみを限定しているのではなく、先行する the statesman spoke 全体が表示する事態を限定しているのだと考えなければならない。

したがって、副詞 eloquently は先行する動詞 spoke と一体となって上位の単位を形成するのではなく、文に対応する事態の特性を限定する語として位置づけられると見なすのが適当である。

(41) の rapidly についても、the train is running〈その列車が走っている〉という特定の事態の成立によって初めて、この事態の特性としての列車の速度が「速い」という判断が可能になる。したがって、この副詞は動詞とともに上位の句を形成するのではなく、単独の語として文が表示する事態の特性を限定しているのだと考えるのが合理的である。

伝統的に「文修飾」の機能を持つと言われている副詞であれば、動詞ではなく文を限定すると考えるのが当然である。

(42) Mary will probably come to see me.　メアリーは多分私に会いに来る。

(43) The company consequently went bankrupt.
　　　その会社は結局倒産した。

この種の副詞は動詞に先行する場所に配置されるが、動詞と一体となって句を形成するのではない。(42) の probably は Mary will come to see me〈メアリーが私に会いに来る〉という事態が成立する可能性を表示しており、(43) の consequently は、the company went bankrupt〈その会社が倒産する〉という事態が、別の事態の結果として成立したことを表している。

第4節　群

名詞に前置詞が先行して形成された語句で、名詞が表示する事物の意味役割を表示するものを「名詞群」、動詞の変化形に助動詞が先行して形成された語句で、成立時や成立可能性などを表示するものを「動詞群」と呼ぶ。

(44) John took his children to an amusement park.
　　　ジョンは子供たちを遊園地に連れて行った。

(45) The car in the garage is mine.　ガレージの車は私のです。

(44) の名詞群 to an amusement park は、この文が表示する事態が成立するための「目的地（着点）」という意味役割を表示している。英語の名詞群の機能は一般的には事態の要素としての事物の意味役割（主体と副体以外）を表示することであるが、(45) の in the garage のように、名詞に後続して名詞句の構成要素となることもできる。この場合は、名詞が表示する事物の集合を限定する機能を持つ。

the car in the garage であれば、「車である事物の集合」と「ガレージの中にある事物の集合」の共通部分を表示している。

(46) Mary took up the glass on the table.
メアリーはテーブルの上のグラスを取り上げた。

(47) I am waiting for a train for Boston.
私はボストン行きの列車を待っている。

(46) の名詞句 the glass on the table は、「グラスである事物の集合」と「テーブルの上の事物の集合」の共通部分を、(47) の名詞句 a train for Boston は、「列車である事物の集合」と「ボストンに向かう事物の集合」の共通部分を表示している。

日本語の名詞群は「ガレージに車」「テーブルにグラス」「ボストンへ列車」のような表現が不適格であることからも分かるように、名詞に先行して名詞とともに名詞句を形成することはできない。ただし、「ガレージ(の中)の車」「テーブル(の上)のグラス」「ボストンへの列車」のように、格助詞「の」を伴う名詞群であれば、名詞に先行して名詞句を形成することができる。

動詞群は、動詞に1個または複数の助動詞が先行するという構造を持つ。

(48) Our bus has arrived.　私たちの乗るバスが今到着した。

(49) John is washing the dishes.　ジョンは食器を洗っている。

(50) I will be thirty next month.　来月私は30歳になる。

(51) They have been exercising for more than an hour.
彼らは1時間以上運動をしている。

(52) This winery was built five hundred years ago.
このワイン醸造所は500年前に建てられた。

(48) の動詞群 has arrived は、助動詞 have と過去分詞 arrived によって構成されている時制形態(現在完了)であり、事態の成立時を表示している。(49) の動詞群 is washing は、助動詞 be と現在分詞 washing によって構成されているアスペクト形態(部分相、進行形)であり、事態の部分が成立していることを表している。(50) の動詞群 will be は、助動詞 will と不定詞 be によって構成される時制形態(未来)であり、事態の成立時を表示している。

(51) の動詞群は、2個の助動詞 have + been と現在分詞 exercising によって構成されており、事態の成立時(現在完了)とアスペクト(部分相)を表示している。

(52) の動詞群は、助動詞 be と過去分詞 built によって構成されており、事態の成立時は be の過去時制形態 was によって過去であることが分かるが、過去分詞が後続していることによって、事態が受動態であることが表示される。

以上のように動詞群は事態の成立時や成立可能性を表示する単位だと定義する

ことができるが、(44)の took も事態の全体が過去において確実に成立したことを表示している。したがってこの文の took のように、文中で使用され、事態の成立時や成立可能性を表示する 1 個の動詞も、上の定義に従えば動詞群に含めることができる。

第5節 節

　文が上位の文の要素として機能している場合に、その文を「節」と呼ぶ。上位の文の下に位置することを明示するために、特に「従属節」とも呼ばれる。従属節に対して、その上位に位置する本来の文を「主節」と呼ぶ。

① 名詞節

　　(53) a. That he is to blame is obvious.
　　　　 b. It is obvious that he is to blame.
　　　　 彼が悪いのは明らかだ。
　　(54) I know that Mary is angry with me.
　　　　 メアリーが私のことを怒っているのは知っている。

　(53)では he is to blame という文が事態中の主体を表示している。英語では、文が名詞節である場合、それを明示するための形態が使用される。この文の場合は that であるが、伝統的な文法では、このような形態は接続詞に分類されている。(53a)では形態 that が文頭に配置されているから、これが語句を接続していると考えるのは必ずしも適切とは言えないので、「節表示形態」や「節標識」のように呼ぶ方が望ましい。しかし、(53b)のように代名詞 it を文頭に配置して、that で始まる名詞節が文末に配置される構造の方が実際にはよく使われ、この場合には文中にあって先行する部分と名詞節を接続する機能を持っているようにも見えるので、that のような形態を接続詞に分類することは、必ずしも不合理ではない。本書でもこのような形態を接続詞と呼ぶことにする。

　(54)では、Mary is angry with me という文が、事態中の副体を表示しており、節であることを表すために接続詞 that が節の先頭に配置されている。ただし、動詞の後に文が置かれれば、それは副体を表示するものと理解されるので、英語では that を使用しない次のような文も適格である。

　　(54′) I know Mary is angry with me.

　that を接続詞とする名詞節は、名詞句とは異なり、前置詞とともに名詞群を形成することはできない。以下の文は不適格だと判定される。

　　(55) ×Mary talked about that a new subway line was constructed.
　　　　 メアリーは新しい地下鉄線が建設されたことについて話した。

第5節　節　　23

(56) ×John worked hard for that he would succeed in the exam.

ジョンは試験に合格するために熱心に勉強した。

　前置詞の後で事態を表示するためには、名詞句または動名詞を用いなければならない。

(55′) a. Mary talked about the construction of a new subway line.

b. Mary talked about a new subway line having been constructed.

(56′) a. John worked hard for his success in the exam.

b. John worked hard for his succeeding in the exam.

　ただし、前置詞 in に that で始まる名詞節が後続している表現は適格なものとして使用される。

(57) His idea is not acceptable in that it is based on false data.

彼の考えは誤ったデータに基づいているので受け入れられない。

　接続詞 whether が先頭に置かれる名詞節であれば、前置詞とともに名詞群を適格に形成することができる。

(58) The astronomer gave a lecture about whether the universe is unlimited or not.

その天文学者は、宇宙が無限であるかどうかについての講演を行った。

(59) I am reading an article on whether the present government's policy is on the right track.

現在の政府の政策がうまく行っているかどうかについての論文を私は読んでいる。

② 関係節

　名詞(句)が表示する事物の集合を限定するのが形容詞であるが、文を使用することにより、さらに強い限定を加えることができる。形容詞と同様の事物限定機能を持つ節は、日本語では「形容詞節」と呼ばれることが多いが、英語ではこのような節の先頭には「関係詞」と呼ばれる形態が配置されるため、「関係節」と呼ばれるのが普通である。

(60) I didn't know the name of the woman who visited my office.

私の会社を訪ねてきた女性の名前を私は知らなかった。

(61) You can take out any cake which you want to eat.

食べたいケーキはどれでも持って行っていいよ。

(62) Tell me the time when the drugstore opens.

そのドラッグストアが開店する時間を教えてください。

(63) Mary showed me a picture of the town where her aunt lives.

メアリーは彼女の叔母が住んでいる町の写真を見せてくれた。

(60)の関係節は who visited my office で、この節はこの関係節に先行する名詞 woman が表示する事物の集合を限定している。すなわち、女性の集合と発信者の会社を訪ねてきた主体の集合の共通部分に属する 1 人の人間を表示している。関係節に先行し、関係節によって限定される事物を表示する名詞を「先行詞」と呼び、関係節の先頭に配置されて、先行詞と同一の事物を表示する形態を「関係代名詞」と呼ぶ。この文の関係代名詞 who は、先行詞 woman と同一の個体を表示していて、関係節中では事態の主体である。

(61)の関係節は which you want to eat であり、先行詞は cake である。関係節のうち、関係代名詞に後続する部分は you want to eat であって、動詞 eat が要求する副体が欠けているので、関係代名詞 which はこの副体を表示するものと理解される。名詞句 any cake which you want to eat 全体では、cake である事物と受信者が食べたいと思う事物の共通部分である事物の集合のうち、任意の個体を表示している。

(62)の関係節は when the drugstore opens であり、先行詞は time である。関係節の先頭にある when を除いた部分については、主体が drugstore、副体が opens によって表示されており、事態を成立させるために必須の要素は満たされている。したがって、when は関係詞ではあっても関係代名詞ではない。先行詞が time なので、この名詞が表示する時を限定する機能を果たしており、事態の成立時を表示するのは副詞であるから、この関係詞 when は関係副詞に分類される。the time when the drugstore opens という名詞句全体は、そのドラッグストアが開店するという事態の特性のうち、その成立時を表示している。

(63)の関係節は where her aunt lives であり、先行詞は town である。関係節の先頭にある where を除いた部分は her aunt lives であって、主体が her aunt、副体が lives であるから、これらだけで完全な事態を成立させることができる。したがって、この関係詞 where も関係副詞に分類される。the town where her aunt lives という名詞句全体は、メアリーの叔母が住んでいるという事態の特性の集合と、町である場所の集合の共通部分を表示している。

③ 副詞節

　副詞は事態の特性としての成立時、成立可能性、成立様態、事態間の関係などを表すが、これを文の形でさらに具体的に表すのが副詞節である。名詞節の先頭に that や whether などの接続詞が配置されるのと同様に、副詞節の先頭にもその特性に応じた接続詞が配置される。

第 5 節　節　　　　　　　　　　　　　25

ⅰ．成立時

(64) The sky glows bright when the sun sets.
　　　太陽が沈む時、空は明るく輝く。

(65) I will wait here until the taxi comes.
　　　タクシーが来るまで私はここで待ちます。

(64) では、the sky glows bright という文が表示する事態（空が明るく輝く）が成立する時を、the sun sets（太陽が沈む）という文が表示する事態が成立する時と同時であることを、接続詞 when が表している。(65) では、I will wait here という文が表示する事態（私がここで待つ）の成立が終了する時が、the taxi comes（タクシーが来る）という文が表示する事態の成立時と同時であることを、接続詞 until が表している。

ⅱ．成立可能性（条件）

(66) He will come down if you call him.
　　　あなたが呼べば彼は降りてきます。

(67) I will be with you as long as you need me.
　　　あなたが私を必要とする限り、私はあなたと一緒にいます。

事態が成立する可能性は、最も高い場合から最も低い場合へと連続的に変化する。それは正確には 90% や 40% などの数値で表す以外にはないのだが、日常的には、事態成立の可能性、すなわち確率を数値で表現することは不可能なので、certainly（きっと）や probably（多分）のような副詞で可能性が大きいか小さいかを区別する程度である。したがって、ある事態の成立可能性を、別の事態によってさらに具体的に限定することは本質的に不可能である。

このことから、副詞節が事態の成立可能性を表すとすれば、事態が成立するのかそれとも成立しないのかのどちらかを決定するための条件を与えるもの以外にはあり得ないことになる。すなわち、副詞節の事態が成立することが、主節の事態が成立するための条件となるということである。

(66) では、you call him（受信者が彼を呼ぶ）という事態が成立することが、he will come down（彼が降りてくる）という事態が成立するための条件（十分条件）であるということが表されており、副詞節が主節成立の条件であることを接続詞 if が表している。

(67) では、you need me（受信者が発信者を必要とする）という事態が成立することが、I will be with you（発信者が受信者と一緒にいる）という事態が成立するための条件であることが表示される。as long as という接続語句は、副詞節が主節成立の条件であることに加えて、副詞節が成立している時間と主節が成立する

時間が同一であることを表している。

iii. 成立様態

(68) The parrot made sounds just as humans speak.
そのオウムはちょうど人間が話すように音を出した。

(69) Many fighter planes took off like swans rose up from the surface of the water.
多くの戦闘機が水面から白鳥が飛び立つように離陸していった。

事態が成立する様態を別の事態の様態と類似しているものとして表現することができる。別の事態の成立様態が受信者に知られているのであれば、その事態の様態を具体的に理解するために効果的である。様態を表す副詞節では、接続詞として as または like が用いられる。

(68) では、オウムが音を出した様態が、人間が話すのと類似していると表現することで、オウムの鳴き声の特徴をよりよく理解することが可能になる。(69) では、多数の戦闘機が離陸する様態と白鳥が水面から飛び立つ様態が似ていると表現すれば、受信者が記憶しているであろう白鳥の飛び立つ様子をもとに戦闘機が離陸した様態を想像することができる。

これらの例は、副詞節が直接的に知覚できる事態を表示しており、主節の事態の様態を具体的に理解するための補助としての役割を果たしているが、副詞節の事態に特別の具体性がないこともある。この場合には単に、主節と副詞節の事態の様態が類似していることを表す。

(70) The students wrote reports as the professor explained the way.
学生たちは教授がやり方を説明したようにレポートを書いた。

(71) The girl danced on the stage like her instructor did.
その女の子は、先生がやったように舞台で踊った。

(70) では、主節の「学生たちがレポートを書いた」という事態の様態が、副詞節の「教授がやり方を説明した」という事態の様態と同一であったことが表示されている。この文では、教授が要求していたように学生たちのレポートが書かれたという含意が重要であって、教授の説明がどのようなものであったのかは分からない。

(71) では、主節の「その女の子が舞台で踊った」という事態の様態が、副詞節の「先生がやった(=踊った)」という事態の様態と同一であったということから、その女の子の踊りが満足できるものであったという事態が含意されている。先生の踊り方は、指導者であるのだから水準の高いものであったと、一般的には推測される。

第5節 節　　　　27

iv．事態間の関係

a．原因・理由

(72) John went to his office by bicycle because his car had broken down.
　　　車が故障していたので、ジョンは自転車で会社に行った。

(73) Since the weather forecast tells rain, you had better go with an umbrella.
　　　天気予報は雨だと言っているので、傘を持って行きなさい。

　事態の特性の中に、その事態が成立した原因や理由が必ず含まれているということはない。しかし、ある事態が成立すれば、それを引き起こした原因や理由があるのが普通であるから、成立の原因や理由は、事態の特性を副次的に構成すると考えることができる。そしてこの特性は事態全体に関わるものであるから、原因や理由を事態として表示する場合には副詞節が使用される。

b．結果

(74) Mary got up at four in the morning, so that she felt very sleepy all day.
　　　メアリーは朝の4時に起きた。そのため一日中とても眠かった。

　事態が成立すれば、通常はその結果としての事態も成立する。したがって、結果事態は事態が成立するために必須の要素ではない。ある事態と別の事態を並列して提示するだけでも、後続する事態は先行する事態の結果として成立したのだと理解される。

(75) Mary got up at four in the morning and she felt very sleepy all day.

　接続詞 and の代わりに so を用いると、後続する文が結果事態を表示することが明確になる。

(75′) Mary got up at four in the morning, so she felt very sleepy all day.

　(74)は、and や so だけでなく、従属節を表示する機能を持つ that が使用されているため、副詞節に分類される。

　主節に形容詞や副詞が含まれていれば、それらの前に so や such が置かれて、副詞節の先頭には that のみが配置される。

(76) The question is so difficult that nobody can answer it.
　　　その問題はとても難しいので誰も答えられない。

(77) It is such a splendid cathedral that many tourists visit it every year.
　　　それはとても素晴らしい聖堂なので毎年たくさんの旅行客が訪れる。

(78) He drove a car so fast that he lost control of it.
　　　彼は車をとても速く運転したので、制御できなくなった。

c. 目的

(79) John opened a window so that he could get fresh air.
新鮮な空気を入れられるようにジョンは窓を開けた。

(80) Taxes were increased in order that the government might get more reve-
nue.
政府が収入を増やせるように税金が上げられた。

主節の事態が成立した結果として成立するが、主節の事態の成立時にはまだ成立していないことが分かる事態が従属節によって表示される場合、その事態は主節の事態を成立させる目的を表すものとして理解される。結果と同様、目的も事態を構成する必須の成分ではないので、目的を表す節は副詞節に分類される。従属節の先頭にある接続語句は so that や in order that であり、これは結果を表す場合と同一であるが、目的も結果も主節の事態よりも後に成立するという性質は共通であり、実際に成立したかどうかが違うだけである。

(79)の主節は John opened a window（ジョンは窓を開けた）であり、従属節は he could get fresh air（新鮮な空気を入れられる）である。主節の事態が成立した後で従属節の事態が成立する（窓を開けた後で空気を入れられる）ことから、従属節の事態は目的として理解される。

(80)の主節は Taxes were increased（税金が上げられた）であり、従属節は the government might get more revenue（政府が収入を増やす）であって、この事態が主節の成立時に成立していないことは、助動詞の might が使用されていることによって示されている。このことから、従属節の事態は目的を表すものと理解される。接続語句は in order that であり、これは目的を表示する機能に特化している。

d. 程度

(81) Mary did exercises so hard that she didn't feel too tired.
メアリーはあまり疲れたと感じない程度に頑張って運動した。

(82) His concentration was such that he forgot to eat lunch.
彼は昼食を食べるのを忘れるほど集中していた。

事態を構成する要素のどれかに程度性があり、その程度を数量ではなく、別の事態の特性によって表示する場合、程度を表示する従属節は副詞節に分類される。

(81)の主節は「メアリーが頑張って運動した」という事態を表示するが、メアリーの頑張りには程度性がある。そのことを表すのが副詞 so であり、どの程度であるのかを表すのが副詞節 that she didn't feel too tired（メアリーがあまり疲れたと感じない）である。

(82)の主節 his concentration was such は、「彼が何らかの程度で集中していた」

という事態を表示しており、人間の集中度には程度性があるし、主節中にある such が程度性を明示している。そして、後続する従属節の事態 he forgot to eat lunch（彼が昼食を食べるのを忘れた）が集中度の強さを推測させる機能を果たしている。

e. 譲歩（対立）

(83) Though the earthquake was intense, buildings were not heavily damaged.
地震は強かったが、建物には大きな被害がなかった。

(84) However faraway the goal may be, I will get there some day.
ゴールがどんなに遠くても、私はいつかそこにたどり着く。

並列された2個の事態が、一般的知識または論理的推論を適用すると、現実世界では同時に、または継起的には成立しない、つまり両者の成立が対立すると考えられる場合がある。対立する事態が従属節によって表示される時、主節の事態は従属節の事態とは矛盾する特性を持つことになる。従属節が主節の事態の特性を表示するのであるから、この従属節は副詞節に属する。

(83)の主節は buildings were not heavily damaged（建物には大きな被害はなかった）であり、従属節は the earthquake was intense（地震は強かった）である。一般的な知識では、強い地震が起これば、建物には相当に大きな被害が生じる。しかしこの文では、強い地震が起きたという事態と建物には大きな被害が生じなかったという事態が並列されており、前者の後に後者が成立することは、一般的な知識とは矛盾する。このことが、従属節に接続詞 though を前置させることによって表示されている。

対立する2個の事態の一方を従属節によって表すことは、日本語では一般的ではない。(83)の日本語訳では、「地震は強かったが」のように接続助詞「が」が使用されているが、これは従属節を形成するための助詞ではない。英語でも次のように、従属節を使用しないで同様の事態を表示することができる。

(83′) The earthquake was intense, but buildings were not heavily damaged.

英語では、contrarily（これに反して）、contrastively（対照的に）のように、ある事態が別の事態とは矛盾する特性を持つことを表すのに副詞を使用することができる。このような副詞と同様の機能を持つ節として副詞節が使用されるものと考えることができる。

(84)の主節は I will get there some day（私はいつかそこにたどり着く）であり、従属節の事態は however faraway the goal may be（ゴールがどんなに遠くても）である。従属節は、「ゴールが遠い」という事態ではなく、「ゴールは遠く、その遠さは無限に変異する」という事態である。つまり、ゴールまでの距離は一定の距

離だけ離れているが、その距離の数値はどれだけでも大きくなりうるということである。ゴールがどれだけでも遠くなれば、そこに着きたいという意欲が弱くなるというのが一般的知識であるが、いつかはゴールにたどり着く意思をどのゴールについても失わないというのは、この知識に反するものであり、この矛盾が副詞節によって表示されている。

④ 不定詞節

成立時や成立可能性などが形態的に表示されている動詞形態が「動詞群」であるが、形態変化をしない動詞形態は「不定詞」と呼ばれる。不定詞は、主体や副体を表示する形態を伴って事態を表示することができる。事態を表示できるのであるから、不定詞を中心とする語句は節に分類される。これを「不定詞節」と呼ぶことにする。

(85) It is necessary for you to wait for another hour.
　　　もう1時間待つ必要があります。

(86) This is the spa for guests to enjoy themselves.
　　　ここは客が楽しむための温泉施設です。

(87) I took a taxi to go to the station.
　　　私は駅に行くためにタクシーに乗った。

(85)の不定詞は to wait であるが、先行する for you が主体を表示し、後続する for another hour が成立時を表示しており、for you to wait for another hour 全体で「受信者がもう1時間待つ」という事態を表示しているから、この表現は節に分類される。この不定詞節は上位の事態の主体である。

(86)の不定詞は to enjoy であるが、先行する for guests が主体を、themselves が副体を表示するから、for guests to enjoy themselves 全体で「客が楽しむ」という事態を表示する不定詞節である。この不定詞節は、先行する名詞 spa が表示する事態を限定する形容詞的機能を持つ。

(87)の不定詞は to go であり、後続する名詞群 to the station が着点(目的地)を表示している。主体を表示する語句は表現されていないが、この場合には主節の主体と同一であると理解されるから、to go to the station 全体で事態を表示しており、やはり不定詞節である。この不定詞節は、主節の事態が成立した目的を表示しており、副詞節と同様の機能を果たしている。

⑤ 分詞節

英語の現在分詞と過去分詞は、文に並列されて事態を表示することができる。

(88) Walking along the street, John came across a throng of demonstrators.

第 5 節　節　　　　　　　　　　　　　　　31

通りを歩いていたら、ジョンはデモをしている群衆に出くわした。

(89) The merchants in the desert suffered from heat and thirst, the sun glaring relentlessly.
　　　太陽が容赦なく照り輝いていたので、砂漠の商人たちは暑さと渇きに苦しんだ。

(90) Assembled in this factory, the machines are transported to the port by trucks.
　　　その機械は、この工場で組み立てられて、トラックで港まで運搬される。

(91) The process of waste disposal, improved by the newly constructed garbage incinerator, will no longer cause trouble.
　　　廃棄物処理の過程は、新しく建設されたゴミ焼却場によって改善されたので、もう問題を引き起こさないだろう。

　(88) の walking は現在分詞で、場所を表示する名詞群 along the street を伴っており、事態中の副体が表示されている。主体は主節の主体と同一の John であるものと理解されるから、この現在分詞と名詞群が「ジョンが通りを歩いていた」という事態を表示することが正しく理解される。事態を表示するのだから、walking along the street は全体で節として機能しているものと考えてよい。分詞はこのように、主体を明示する語句が表現されていなくても事態を表示することができるから、この場合には「分詞節」と呼ぶことができる。

　(89) の glaring は現在分詞で、事態の副体として機能している。この例では、先行する名詞句 the sun が事態の主体を、後続する副詞 relentlessly が事態の様態を表示しており、全体として完全な事態が表示されているから、節としての性質を満たす「分詞節」である。

　(90) の assembled は過去分詞で、場所を表示する名詞群 in this factory を伴っており、「この工場で組み立てられる」という意味だから、事態の副体だと見なすことができる。主体は主節の主体と同一の the machines であり、成立時も主節と同一の現在だとして矛盾はないから、過去分詞と名詞群から成る assembled in this factory は「その機械がこの工場で組み立てられている」という完全な事態を表示している。したがって、この過去分詞を中心とする表現を分詞節と呼ぶことができる。

　(91) の improved は過去分詞で、主体は主節の主体と同一の the process of waste disposal であるから、improved (改善された) は事態の副体だと理解される。この事態が成立する手段を表すのが名詞群 by the newly constructed garbage incinerator であり、improved by the newly constructed garbage incinerator は事態を表示しており、節 (分詞節) に要求される要素を完全に備えている。

⑥ 動名詞節

　現在分詞と同様に、動詞に接辞 ing を付加して形成される英語の動名詞も、分詞と同様に事態を表示する。したがって、動名詞を中心とする表現も節としての資格を備えている。

(92) Walking her dog on the street is the old woman's daily routine.
　　　飼い犬を通りで散歩させることがその老婦人の日課だ。

(93) John likes visiting old temples.　ジョンは古い寺を訪れるのが好きだ。

(94) The company escaped bankruptcy thanks to the president hiring highly skilled specialists.
　　　社長が高い技能を持った専門家たちを雇ったおかげで、その会社は倒産を免れた。

　(92) の walking が動名詞であり、後続する her dog が副体、on the street が場所を表示している。したがってこの動名詞は関係を表すことになるが、主体は後続する名詞句に含まれる個体である the old woman であると理解して不合理はない。したがって、walking her dog on the street は、「その老婦人が通りで飼い犬を散歩させる」という事態を表示し、この文全体が表示する事態の主体として機能している。事態を表示するのであるから、動名詞を中心とするこの表現は節の資格を持つ「動名詞節」と呼ぶことができる。

　(93) の visiting は動名詞であり、後続する名詞句 old temples が副体を表示するものと理解される。したがってこの動名詞は関係を表示し、主体は、この文が表示する事態の主体である John だと理解して不合理はない。したがって、visiting old temples は「ジョンが古い寺を訪れる」という事態を表示する動名詞節である。

　(94) の hiring は動名詞であり、先行する名詞句 the president が主体を、後続する名詞句 highly skilled specialists が副体を表示し、動名詞は関係を表示していると理解される。「名詞句＋動名詞＋名詞句」という構造の表現全体で事態を表示しているから、この表現は動名詞節である。

第3章　文の種類

第1節　平叙文

　文は事態を表示する単位で、事態は成立するか成立しないかのいずれかである。しかし、事態の成立・不成立を発話者が知ることのできる状況は非常に限定されている。事態の成立が直接的に発話者に知られるのは、発話者が存在している現実世界で、発話者にとっての現在時において生起する場合である。

　(1) I am reading a book now.　私は今本を読んでいる。

　(2) Mary is in the living room now.　メアリーは今居間にいる。

　(1)は、発信者と本との間に「読む」という関係が、この文が発話された時、すなわち現在において成立しているという事態を表示している。自身が主体である事態が現在において成立することは、発信者によって確実に知られることができるから、この事態は発信者にとっては完全に成立している。しかし、受信者が発話の場面におらず、例えば電話によってこの文を聞いているのであれば、事態が本当に成立しているかどうかは分からないのだが、受信者の側では成立しているものと、通常は理解される。

　(2)は、Mary が、現在において特定の居間にいる主体の集合に属するという事態を表示する。主体が発話者以外の人間であるから、現在においてこの事態が本当に成立しているかどうかは、発信者にも受信者にも確実には分からない。しかし、発信者がこの文を発話しているからには、言語が事態を伝達する手段であって、伝達される事態にはそれに応じた情報的な価値があるのだと想定される。だとすると、この文が表示する事態は成立しているものと受信者が判断するのが自然である。

　発信者が成立を知らないか確信していない事態を表示する文であっても、文が受信者に提示されれば、事態は成立しているものと理解される。したがって、成立時が現在ではなく過去や未来であっても、現在の場合と同様に、事態の成立が当然のものとして理解される。

　(3) It snowed a lot last night.　昨日の夜はたくさん雪が降った。

　(4) The train will arrive soon.　列車は間もなく到着する。

　(3)は、現在の前日の夜という過去時にたくさん雪が降ったという事態を表示しているが、この事態を受信者が経験していなくても、それは成立したものと受

け取られる。(4)が表示するのは未来において成立する事態であるから、発話時には発信者も受信者もその成立を知ることはできないので、事態の成立は可能であるに止まる。したがって受信者は、発信者と同様に、事態が未来において成立する可能性があるものと理解する。

表示する事態の成立が現実または可能であると判断される文は「平叙文」と呼ばれる。(1)～(4)は、事態の成立を伝達する文であり、平叙文のうちでも「肯定文」に分類される。これに対して、事態の不成立を伝達する文を「否定文」と呼ぶ。

(5) I am not hungry now.　私は今は空腹ではない。

(6) John didn't come to the meeting.　ジョンは会合に来なかった。

(7) It won't be so cold tomorrow.　明日はそれほど寒くないだろう。

否定文は、not を代表とする否定辞を文中で使用し、対応する肯定文が表示する事態が成立しないことを表示する。ただし、否定文が適切に使用されるためには、対応する肯定文が表示する事態が成立するかどうかが話題になっている必要がある。

(5)では、発信者を含めた集団が、これから食事を取るかどうかが話題になっているような状況が想定される。食事を取るのであれば、その行為の主体は空腹であるものと推測されるから、発信者も空腹である可能性があるが、その「発信者が空腹だ」という可能的な事態が実際には成立しないということを、この文は表示している。

(6)が使用される状況では、「ジョンが会合に来る」という事態の成立が過去において話題になっていたものと想定される。話題になっていたその事態が成立しなかったことを表示するのがこの文である。

(7)が使用される状況では、翌日が寒いかどうかが話題になっているものと考えられる。話題となっているこの事態が未来時には成立しないだろうという発信者の推測を表示するのがこの文である。

第2節　疑問文（真偽疑問文・疑問詞疑問文）

平叙文は事態の成立または不成立を表示する文で、論理学的には事態の真偽が明確な文、すなわち「命題」である。しかし、何らかの事態について発信者がその成立を知らないか、事態の要素のどれかを知らない場合がある。事態の成立または不成立、もしくは事態の要素の特定化を受信者に対して依頼または要求するために使用される文が「疑問文」である。

事態の成立または不成立を問う疑問文は「真偽疑問文」と呼ばれる。

(8) Are you hungry now?　あなたは今お腹が空いていますか。

第2節　疑問文（真偽疑問文・疑問詞疑問文）　　35

(9) Did John come to the meeting?　ジョンは会合に来ましたか。

(10) Will it be cold tomorrow?　明日は寒いだろうか。

　(8)は、そろそろ食事を取ろうかというような時間に、受信者が空腹であるか
どうかが話題になっている状況で、受信者が空腹だという事態の真偽を、受信者
に対して問いかけるために使用されている。(9)は、ジョンを含めた人間が会合
に来たという事態が話題になっているという状況で使用されているものと想定さ
れる。この状況を前提として、会合に来た主体の集合にジョンが含まれていたと
いう事態が成立したかどうかを受信者に尋ねている、すなわちこの事態の真偽を
受信者に伝達するように依頼しているのがこの文である。(10)は、翌日の天気
が話題になっている状況で、「明日は寒い」という事態が成立すると受信者が推
測しているかどうかを、発信者が尋ねていることを表す。

　事態の中に不定の要素があって、その要素を特定化することを発信者が受信者
に要求することがある。

(11) a. Someone made me a call a while ago.
　　　さっき誰かが私に電話をかけてきた。

　　 b. Who made me a call a while ago?
　　　さっき私に電話をかけてきたのは誰ですか。

(12) a. Mary is making something in the kitchen.
　　　メアリーは台所で何か作っている。

　　 b. What is Mary making in the kitchen?
　　　メアリーは台所で何を作っているのですか。

(13) a. John will go somewhere this weekend.
　　　ジョンはこの週末はどこかに行くつもりだ。

　　 b. Where will John go this weekend?
　　　この週末ジョンはどこに行くつもりですか。

　(11a)が表示する事態は、主体が不定の人間である。この人間を疑問詞 who で
表し、その人間の特定化を要求するのが(11b)である。(12a)が表示する事態では、
副体である事物が不定である。(12b)では、この事物を疑問詞 what で表し、そ
の特定化を受信者に対して要求している。(13a)では、ジョンが週末に行くつも
りの場所が不定である。(13b)は、この場所を疑問詞 where で表し、場所の特定
化を要求している。

　以上のような、疑問詞を使用し、疑問詞に対応する事物の特定化を発信者が受
信者に要求する文を「疑問詞疑問文」と呼ぶ。

第3節　感嘆文

　疑問詞の what または how を文頭に配置して、事態に含まれる要素に関わる程度が非常に大きいという発信者の判断を表す文を「感嘆文」と呼ぶ。日本語でも「何と美しいのだろう」のように、感嘆文には疑問詞「何」が使用される。

　(14) What a marvelous cathedral this is!
　　　　これは何と素晴らしい大聖堂だろう。

　(15) What funny stories the author writes!
　　　　その作家は何と面白い話を書くんだろう。

　(16) How smart the girl is!　その女の子は何て頭がいいんだろう。

　(17) How fast the train runs!　その列車は何と速く走るんだろう。

　(14) は、副体である a marvelous cathedral（素晴らしい大聖堂）の特性である素晴らしさの程度が非常に大きいという発信者の判断を表している。(15) は、副体である funny stories（面白い話）の特性である面白さの程度が非常に大きいという発信者の判断を表している。

　(16) が表示する事態の副体は「頭がいい個体の集合」のうち、その特性である頭のよさの程度が非常に大きい個体の集合を表示する。そのような集合に主体である the girl が要素として含まれることを、この文は表示している。(17) は、「その列車が走る」という事態の特性のうち、速度が非常に大きいという様態を表示している。

　感嘆文が使用される状況を参照することにより、事態の主体や関係を容易に推測できる場合には、主体や関係を表示する語句が表現されないことも多い。

　(18) What a day!　何て日なんだ。

　(19) How beautiful!　何て美しいんだ。

　(18) は、ある日が発信者にとって困難な状況が続く日であったという事態を表示するものと理解される。(19) は、状況中に含まれる事物について、その事物が属する集合が示す美しさの程度が非常に大きい事物の集合に属するという事態を表示している。主体や関係を補充するとすれば、次のような文が想定される。

　(18′) What a day it is today!　今日は何て日なんだ。

　(19′) How beautiful the setting sun is!　夕陽は何て美しいんだ。

　what は不定の事物を特定化すること、how は不定の程度や様態を特定化することを受信者に要求する形態であるから、これらが疑問文ではなく感嘆文に用いられて、それで適格な文だと判断されることについては説明を要する。

　事態を構成する不定の要素を特定化することを要求するはずの文が、特定化を要求するためには用いられていないのだとすると、発信者はその要素をすでに特定することができていることになる。それにもかかわらず疑問詞が使用されてい

るのだとすると、疑問詞が指示する要素を受信者は知っているはずだから、それを発信者も知っていると推測させることで、疑問詞に対応する要素を受信者に注目させるという効果が生じる。要素に注目するということは、要素が持つ特性の程度が大きいことを認識することである。このような過程で、疑問詞を用いた文が要素の特性の程度が非常に大きいことを受信者に伝達する効果を持つのだと考えることができる。

　（14）であれば、a marvelous cathedral（素晴らしい大聖堂）という名詞句に what を付加することにより、この名詞句が表示する大聖堂の特性のうちの「素晴らしさ」の程度に注目させて、その程度が非常に大きいという発信者の判断を伝達する効果を持つ。（16）であれば、smart（頭がいい）という形容詞に how を付加することにより、主体である少女の頭のよさを強調し、その程度が非常に大きいことを受信者に伝達するという効果が導出される。

第4節　命令文

　発信者から受信者に対して、受信者が主体である事態を成立させることを要求する文を「命令文」と呼ぶ。命令文に使用される動詞は、語尾形態素を伴わない、最も単純な形態を取る。

　（20）Come downstairs.　下に降りて来なさい。

　（21）Open the page 56.　56 ページを開きなさい。

「命令」という行為が適切に成立するためには、発信者が受信者に事態の成立を強制できる立場にいなければならない。（20）の日本語訳が「降りて来なさい」または「降りて来い」のような命令形であり得るためには、例えば発信者が親や監督であり、受信者が子供や選手である必要がある。（21）であれば、「開きなさい」「開け」のような日本語の命令形に置き換えることができる条件は、発信者が教師であり受信者が生徒や学生であるような場合である。

　英語の命令文は、発信者が受信者に対して命令する立場にない場合でも適格に使用される。

　（22）Use my pen if you like.　よかったら私のペンを使ってください。

　（23）Watch your step.　足元に気をつけてください。

　（24）Go to the next intersection and turn right.
　　　　次の交差点まで行って右に曲がってください。

（22）では、受信者がペンを持っていないことを発信者が知った場合に、自分のペンを使用することが提案されている。（23）では、歩行者や乗り物の利用者に対して、不定の発信者が歩行に注意するようにという指示が与えられている。（24）では、道を尋ねられた発信者が、尋ねた受信者に対して道順を提示している。

このように英語の命令文は、日本語の命令形とは異なり、命令という行為だけでなく、指示、提案、提示などの行為を表すことができるから、発信者から受信者に対して、事態を成立させることを促すという目的がある場合に広く使用される。

このことから、please を命令文に付加すれば、受信者に対する依頼を表すことも可能になる。

(25) Lend me some money, please.　少しお金を貸してください。

(26) Please go with me to the director's office.
　　　　　私と一緒に部長の部屋まで行ってください。

(25)は、受信者が発信者に金を貸すという事態の成立を発信者が望んでいることを表している。通常は金銭の貸与は命令ではなく依頼するものであるから、please がなくても依頼であることは理解できるが、この語を付加することによって依頼であることが明示される。(26)は、受信者が発信者と一緒に部長の部屋に行くという事態の成立を発信者が望んでいることを表している。発信者が受信者にこの行為を強制できる立場にいるのであれば、これが命令であるとの解釈もあり得るが、文頭に please を配置することによって、依頼であることが明示される。

このように、英語の命令文は、日本語の命令形よりも使用される範囲が広い。命令、指示、依頼などの行為は、通常は発信者が受信者を主体とする行為の成立を意図する場合に使用されるのであるが、英語では発信者自身に対して命令文を使用することもよくある。

(27) Come on!　頑張るぞ。

(28) Be confident!　自信持たなきゃな。

(27)が受信者に対して使用されたのであれば、日本語であれば「頑張れ」「頑張って」のような表現になるが、自分自身に対して使用されたのであれば、自分は頑張らなければならない、頑張るつもりだという意味を表す表現になる。

(28)が受信者に対して使用されたのであれば、日本語なら「自信を持て」のような命令形で表現されるが、この命令文は自分自身に対しても使用することができる。日本語でも命令形を使用することができないわけではないが、通常は、自分が自信を持たなければならないという義務の意味を表す表現が使用される。

第４章　文の構造

第１節　文を構成する要素

① 語、句、群

　文は事態を表示する単位であり、第２章で解説したように、状況や知識によって事態の全体を復元できる場合には、たとえ１語であっても文としての資格を持つ。ただし、文を構成する要素の配列規則が分かるように要素の配列を提示したものが文の構造であるから、これを考察するためには、完全な事態が成立するために要求されるすべての要素を含んだ文を対象とすることが望ましい。したがって以下では、主体、副体、関係、その他副体や関係が要求する事物、成立時区間、全体性、成立可能性という事態に必須の要素を表示する形態を不足なく備えた文について、その構造を解説する。

　(1) Aristotle was a great philosopher.
　　　アリストテレスは偉大な哲学者だった。

　(2) Planes landed at the airport.　飛行機が空港に着陸した。

　(3) The girl is cleaning her room.
　　　その女の子は自分の部屋を掃除している。

　(4) Ants carry grains to their nest.　アリは穀物を自分たちの巣に運ぶ。

　(1)の主体は名詞 Aristotle（アリストテレス）だけで表示されている。副体は a great philosopher（偉大な哲学者）であり、これは「冠詞＋形容詞＋名詞」という配列の名詞句によって表示される。この副体は、偉大な哲学者である個体の集合に含まれる不定の１個の要素である。この文は、主体であるアリストテレスが、偉大な哲学者である個体の集合に包含されるという事態を表示しており、主体と副体の間には包含関係が成立している。この包含関係を表すのが動詞 was である。この was は１個の動詞であるが、成立時が過去であること、成立可能性が最大であることを表しており、したがって動詞群としての特性を持っている。

　(2)の主体は、名詞 planes（飛行機）で表示される複数の個体である。副体を表示するのは landed であるが、これは語幹 land に過去時制形態素 ed が付加されるという構造になっているから、単なる動詞ではなく動詞群である。この動詞群は、「主体が過去において着陸した」という事態の集合を表示している。「主体が着陸する」という事態は、必ず何らかの場所で成立するから、場所を表示する事

物を組み入れることができる。この場所を表すのが the airport（その空港）という名詞句であり、意味役割が場所であることを前置詞 at が表している。意味役割が形態的に表示されている名詞句は名詞群である。

この文は、主体である複数の飛行機が、副体が表示する事態の主体である個体の集合に包含される関係にあるという事態を表示している。副体が動詞によって表示されている場合には、包含関係を表す別の動詞は使用されない。

(3)の主体は「冠詞＋名詞」という構造の名詞句 the girl（その女の子）によって表示される。副体を表示するのは名詞句 her room（彼女の部屋）であり、この名詞句は「代名詞＋名詞」という構造を持つ。

主体と副体の間にある is cleaning（掃除している）は動詞群であって、主体と副体の間に単射関係が成立すること、事態の部分が現在において成立していること、成立可能性が最大であることを表している。

(4)の主体は単独の名詞 ants（アリ）によって表示される個体の集合である。副体は単独の名詞 grains（穀物）によって表示される個体集合であって、主体と副体の間には動詞 carry（運ぶ）によって表示される単射関係が成立する。この carry は、事態が現在を含む任意の時に成立すること、成立可能性が最大であることも表している。「運ぶ」という行為は個体の移動を伴うので、起点と着点を表現することができる。着点を表示するのが名詞群 to their nest（自分たちの巣に）であって、この名詞群は「前置詞＋代名詞＋名詞」という構造を持つ。

以上の各文より、文を構成する要素としては次のようなものがあると考えることができる。

(5) 名詞、名詞句、名詞群、動詞群

名詞句、名詞群、動詞群は、次のような構造を持つ。(　)内の要素は任意である。

(6) 名詞句＝（冠詞＋）（形容詞／代名詞＋）名詞

名詞群＝前置詞＋名詞句

動詞群＝（助動詞＋）動詞（＋接尾辞）

形容詞と副詞については、副詞が先行することで表示される程度を限定する場合には、形容詞句と副詞句が形成される。

(7) This mathematical question is extremely difficult.

この数学の問題はひどく難しい。

(8) The prices are rising surprisingly fast.

価格が驚くほど速く上昇している。

(7)の副体 extremely difficult（ひどく難しい）は、「副詞＋形容詞」という構造を持つ形容詞句によって表示されている。(8)の surprisingly fast（驚くほど速く）

は「副詞＋副詞」という構造を持つ副詞句であり、the prices are rising（価格が上昇している）という事態の様態を表している。

② 節

英語の節としては、名詞節以外にも、関係節、副詞節、不定詞節、分詞節、動名詞節があることは、第2章ですでに解説した。

ⅰ．名詞の機能を持つ節

名詞としての機能を持つ節を含む文の代表は、以下のようなものである。

(9) Everybody knows that the prime numbers are infinite.
　　　素数が無限にあることは誰でも知っている。

(9)の副体は that the prime numbers are infinite（素数は無限だ）であって、事態を表示する名詞節である。この名詞節には are という動詞群が含まれている。この名詞節が副体であることを表示するために接続詞 that が文頭に配置されているが、この形態は英語では省略することが可能である。

(9′) Everybody knows the prime numbers are infinite.

接続詞が先行する名詞節には、次のようなものもある。

(10) I wonder if I can take a taxi.　タクシーに乗れるかどうか心配だ。

(11) Whether the actress will come or not depends on her schedule.
　　　その女優が来るかどうかは、スケジュールによる。

(12) Mary knew who had broken the window.
　　　メアリーは誰がその窓を割ったのか知っていた。

(10)の副体は if I can take a taxi であって「私がタクシーに乗れる」という事態の成立可能性が中程度であることを表示しており、名詞節に属する。この節には can take という動詞群と、接続詞 if が含まれている。

(11)は、主体が whether the actress will come or not であって、「その女優が来る」という事態と「その女優が来ない」という事態のいずれかが成立するという事態を表示する名詞節である。この名詞節には、will come と will not come（will と come は省略）という動詞群と、接続詞 whether が含まれている。

(12)の副体は who had broken the window であり、「誰かがその窓を割った」という事態を表示するから名詞節である。この名詞節には動詞群 had broken が含まれており、接続詞ではなく疑問代名詞 who が主体として機能している。

以上の例は、名詞節が以下のような構造を持つことを示している。

(13) 名詞節＝（接続詞＋）文／（接続詞＋）疑問代名詞＋動詞群＋名詞句

ただし、名詞的機能を持つ節としては、以下のようなものもある。

42 第 4 章 文の構造

(14) The people will make the city more prosperous.
その人々はその都市をもっと繁栄させるだろう。

(15) The villagers call him a saint. 村人たちは彼を聖人と呼んでいる。

(14) の副体 the city more prosperous は事態を表示する節であるが、主体名詞
句と副体形容詞句のみによって構成されていて、包含関係を表す動詞群がない。
同様に (15) の副体は him a saint (彼が聖人だ) であるが、やはり主体名詞 (him) と
副体名詞句 (a saint) のみで構成されていて、動詞群を欠いている。動詞群を含ま
ないこのような表現は (13) で示した名詞節の構造に合致しないので、完全な名
詞節だと見なすことはできない。しかし、主体と副体を持ち、主体と副体との間
に包含関係が成立しているという点で事態と同様の特徴を持つので「準名詞節」
と呼ぶことにする。

準名詞節は以下のような例にも見られる。

(16) John painted the wall green. ジョンは壁を緑色に塗った。

(17) The housemaid swept the floor very clean.
家政婦は床をとても綺麗に掃除した。

(16) の副体は the wall green (その壁が緑色だ) という事態であるが、主体 (名
詞句) the wall と副体 (形容詞) green を含んでいても、動詞群を含んでいないので、
準名詞節である。

(17) の副体は、the floor very clean (その床が綺麗だ) という事態であるが、要
素として主体 (名詞句) the floor と副体 (形容詞句) very clean を含むだけなので、
やはり準名詞節である。

名詞節、準名詞節以外にも、文中で名詞としての機能を持つ節がある。

(18) Mary let her daughter join the party.
メアリーは娘をパーティーに参加させた。

(19) My father wants me to be an IT engineer.
私の父は私が IT 技術者になってほしいと思っている。

(20) I saw John dribbling a soccer ball.
私はジョンがサッカーのボールをドリブルしているのを見た。

(21) John likes watching videos on PC.
ジョンはパソコンで動画を見るのが好きだ。

(18) の副体 her daughter join the party は「彼女の娘がパーティーに参加する」
という事態を表示している。主体を名詞句 her daughter が、副体を名詞句 the
party が、関係を (原形) 不定詞 join が表しているので、全体は不定詞節である。

(19) の副体 me to be an IT engineer は「私が IT 技術者になる」という事態を
表示している。主体を代名詞 me が、副体を名詞句 an IT engineer が表し、包含

第1節　文を構成する要素　　43

関係を表す to be は不定詞なので、やはり全体は不定詞節である。

　(20)の副体 John dribbling a soccer ball は「ジョンがサッカーのボールをドリブルする」という事態を表示している。名詞 John が主体を、名詞句 a soccer ball が副体を表しており、関係を現在分詞 dribbling が表しているので、全体は分詞節である。現在分詞は、成立時を表示することはないが、部分相アスペクトを表示している。

　(21)の副体 watching videos on PC は「ジョンがパソコンで動画を見る」という事態を表示する節であるが、主体名詞が上位の文と同一であるため表現されておらず、また watching は動名詞なので、全体は動名詞節である。

　この例の動名詞節が表す事態は、文全体が表示する事態の主体である John と主体が同一であるため、形態的には表示されていないが、そうではない場合には主体が形態的に表示される。

　(22)　Mary dislikes her son eating between meals.

　　　　　メアリーは息子が間食するのを嫌っている。

　この文の副体 her son eating between meals（彼女の息子が間食する）は事態を表示する動名詞節であり、主体が名詞句 her son によって形態的に表示されている。

　名詞的機能を持つ名詞節以外の節の構造は以下のようになる。単一の名詞と代名詞は、名詞句で代表させている。

　(23)　準名詞節＝名詞句＋名詞句／形容詞句

　　　　　不定詞節＝名詞句＋不定詞（＋名詞句）

　　　　　分詞節＝名詞句＋分詞（＋名詞句）

　　　　　動名詞節＝名詞句＋動名詞（＋名詞句）

ⅱ．形容詞の機能を持つ節

　名詞が表示する事物の集合を限定する働きをするのが形容詞だが、このような機能を持つ節の代表は関係節である。

　(24)　Virgil is a Roman poet who wrote great epic poems.

　　　　　ウェルギリウスは偉大な叙事詩を書いたローマの詩人だ。

　(25)　John will visit a town which he left three years ago.

　　　　　ジョンは3年前に離れた町を訪ねるつもりだ。

　(26)　The philosopher produced his works in the house where he was born.

　　　　　その哲学者は自分が生まれた家で作品を生み出した。

　(24)の関係節は who wrote great epic poems（偉大な叙事詩を書いた）であって、先行する名詞句 a Roman poet（ローマの詩人）が表示する個体の特性を限定している。英語の関係節は常に名詞句に後続するので、関係節が限定する名詞句は「先

行詞」と呼ばれる。正確には「被限定名詞句」と呼ぶべきであるが、本書でも慣用に従って先行詞と呼ぶことにする。この関係節は「関係代名詞＋動詞群＋名詞句」という構造を持つ。動詞群の直前にあるので、この関係代名詞 who は主体を表示するものと理解される。

(25)の関係節は which he left three years ago（彼が 3 年前に離れた）であって、先行する名詞句 a town（町）が表示する個体の特性を限定している。この関係節は「関係代名詞＋名詞句（代名詞）＋動詞群＋副詞句」という構造を持つ。動詞群の直前にある名詞句が主体を表示すると理解されるが、動詞群 left が要求する副体に対応する名詞句が後続していないので、関係代名詞が副体を表示するものと理解される。

(26)の関係節は where he was born（彼が生まれた）であって、先行する名詞句 the house（その家）が表示する個体の特性を限定している。この関係節は「関係副詞＋名詞句（代名詞）＋動詞群」という構造を持つが、動詞群 was born（生まれた）はそれ自身で副体であって、それ以外の副体を要求しない。そもそも関係副詞は事態を構成する必須の要素に対応してはいないので、主体としても副体としても機能することはできない。

以上の例からすると、関係節は次のような構造を持つことになる。名詞句は名詞と代名詞をも含む。

(27) 関係節＝関係詞（＋名詞句）＋動詞群（＋名詞句＋副詞句）

動詞群の直前にある名詞句が事態の主体を表示するが、先行する名詞句がない場合には、関係詞（関係代名詞）が主体を表示する。動詞群に後続する名詞句が副体を表示するが、後続する名詞句がない場合には、関係詞が副体を表示する。

不定詞節と分詞節も形容詞的な機能を持つことができる。

(28) I have many things to do today.　私は今日することがたくさんある。

(29) Caesar spoke to Brutus walking along the corridor.
　　　カエサルは回廊を歩いていたブルートゥスに話しかけた。

(30) Mary was looking at a picture painted by Duccio.
　　　メアリーはドゥッチョによって描かれた絵を見ていた。

(28)の不定詞節 to do（主体がする）は、先行する名詞句 many things（たくさんのこと）の特性を限定する機能を持つ。不定詞節の主体は文全体の主体 I（発信者）であり、副体は先行する名詞句である。したがってこの不定詞節は「発信者がたくさんのことをする」という事態を表示する。

(29)の現在分詞節 walking along the corridor（主体が回廊を歩いている）は、先行する名詞 Brutus（ブルートゥス）が表示する個体の特性を限定している。現在分詞節が表示する事態の主体は先行する名詞であり、現在分詞 walking が副体

である。文全体が表示する事態は過去において成立しているので、この現在分詞節は「ブルートゥスが回廊を歩いていた」という事態を表示するものと理解される。

(30)の過去分詞節 painted by Duccio（ドゥッチョによって描かれた）は、先行する名詞句 a picture（絵）が表示する個体の特性を限定している。この過去分詞節が表示する事態の主体は、先行する名詞句 a picture であり、過去分詞 painted が複体である。文全体が表示する事態は過去において成立しているから、この過去分詞節は「絵がドゥッチョによって描かれた」という事態を表示するものと理解される。

iii. 副詞の機能を持つ節

文中で副詞の機能を持つ節の代表は副詞節である。副詞節は以下のような構造を持つ。

(31) 副詞節＝接続詞＋文

(32) When the gate opened, people rushed through it toward the stands.
門が開くと、人々はそこを通り抜けて客席に殺到した。

(33) If her story is true, I will have to change my mind.
もし彼女の話が本当なら、私は考えを変えなければならない。

(34) John went to his office by bus, because his car had broken down.
自分の車が故障していたので、ジョンは会社までバスで行った。

(35) Mary supports the politician, though she has a different idea from his.
メアリーはその政治家とは異なる考えを持っているが、彼を支持している。

(32)の副詞節は when the gate opened（門が開くと）であり、時を表す接続詞 when の後に、主体が名詞句 the gate、副体が動詞群 opened である事態を表す文が続いている。

(33)の副詞節は if her story is true（もし彼女の話が本当なら）であり、条件を表す接続詞 if の後に、主体が名詞句 her story であり、副体が形容詞 true であり、動詞群 is が包含関係を表す事態に対応する文が続いている。

(34)の副詞節は because his car had broken down（彼の車が故障していたので）であり、理由を表す接続詞 because の後に、主体が名詞句 his car、副体が動詞群 had broken down である事態を表す文が続いている。

(35)の副詞節は though she has a different idea from his（彼女は彼とは異なる考えを持っているが）であり、譲歩を表す接続詞 though の後に、主体が名詞句（代名詞）she であり、副体が名詞句 a different idea from his であり、動詞群 has が

46　　　　　　　　第4章　文の構造

単射関係を表す事態に対応する文が続いている。

　副詞節以外にも、不定詞節と分詞節も、副詞的な機能を持つことができる。

(36) John went to the college to study Indian philosophy.
　　　インド哲学を研究するために、ジョンはその大学に行った。

(37) They moved to the town for their children to be well educated.
　　　子供たちがよい教育を受けられるように、彼らはその町に引っ越した。

(38) Mary cooked dinner listening to the radio.
　　　メアリーはラジオを聞きながら夕食を作った。

(39) The economic condition becoming worse, the government will have to make a serious decision.
　　　経済状況が悪くなっているので、政府は重大な決定をしなければならないだろう。

(40) The actress appeared on the stage dressed in white.
　　　その女優は白い衣装を着て舞台に登場した。

(41) I easily found the house, the walls covered with ivies.
　　　壁が蔦で覆われていたので、私はその家を楽に見つけた。

　(36)の不定詞節 to study Indian philosophy（インド哲学を研究するために）は、John went to the college（ジョンはその大学に行った）という事態の目的を表している。目的は事態全体の特性であるから、副詞としての特性を持つ。不定詞節の事態の主体は形態的に表現されていないが、この時は、主節の事態の主体と同一であると理解される。

　(37)の不定詞節 for their children to be well educated（彼らの子供たちがよい教育を受けられるように）は、主節の事態 they moved to the town（彼らがその町に引っ越した）の目的を表す。不定詞節の主体は名詞群 for their children によって表されている。

　(38)の現在分詞節 listening to the radio（ラジオを聞きながら）は、主節の事態 Mary cooked dinner（メアリーが夕食を作った）と同時に成立する事態を表示する。分詞節の事態の主体は形態的に表現されていないから、主節の事態の主体と同一であると理解される。主節の事態に別の事態を付加するという機能は、事態全体の特性を限定するものであるから、副詞に分類することができる。

　(39)の現在分詞節 the economic condition becoming worse（経済状況が悪くなっているので）は、主節の事態 the government will have to make a serious decision（政府は重大な決定をしなければならないだろう）の理由を表す。ある事態の理由となる事態を表す節は副詞節である。この現在分詞節の主体は、分詞に先行する名詞句 the economic condition によって表現されている。

（40）の過去分詞節 dressed in white（白い衣装を着て）は、主節の事態 the actress appeared on the stage（その女優は舞台に登場した）と同時に成立する事態を表示する。分詞節の主体は表現されていないから、主節の事態の主体と同一だと理解される。

（41）の過去分詞節 the walls covered with ivies（壁が蔦で覆われていたので）は、主節の事態 I easily found the house（私はその家を楽に見つけた）と同時に成立する事態を表示するが、分詞節の事態が主節の事態の理由だと考えても不合理はない。壁が蔦で覆われている家は目立って見つけやすいという知識があるからである。この分詞節の主体は、過去分詞に先行する名詞句 the walls によって表現されている。

第2節　文の構造
① 文の基本的構造

　文を構成する要素は語、句、群、節などの形態（語句）であるから、文の構造を表示する方法としては、このような形態がどのような規則にしたがって配列されているのかが分かるものであることが必要である。そして次に、配列された形態とその配列順をもとに、文が表示する事態を構築する規則が記述されることになる。

i-1.　平叙文
a.　主体＋副体

　表示される事態が「主体＋副体」である平叙文としては、次のものがある。

（42）The old man died.　その老人は死んだ。

（43）Mary is an ophthalmologist.　メアリーは眼科医だ。

（44）He was very smart.　彼はとても頭がよかった。

（42）は、主体である the old man（その老人）が副体である died（「主体が死んだ」という事態の主体の集合）に包含されるという関係にあるという事態を表示する。副体を表示するのが動詞群である場合は、包含関係を表示するための特別の形態は使用されない。

（43）は、主体である Mary（メアリー）が副体である ophthalmologist（眼科医）の集合に包含されるという事態を表示する。副体が名詞である場合には、包含関係を表示するために動詞 be が用いられ、事態の成立時や成立可能性を表す。

（44）は、代名詞 he（彼）によって主体が表示される。この主体は人間であるから、副体である形容詞句 very smart（とても頭がいい）は、人間の集合について、頭のよさの程度が平均値を大きく超える個体の集合を表示し、この文は、主体がこ

の特性を持つ副体に包含される関係にあるという事態を表示する。副体が形容詞（句）である場合も、包含関係を表示するために動詞 be が用いられる。

事態の構造が「主体＋副体」である場合には、これを表示する文の構造は、以下のようになる。「名詞句」は単一の名詞と代名詞も含む。

(45) 文＝名詞句＋動詞群

名詞句 1＋動詞群＋名詞句 2／形容詞(句)

b. 主体＋副体＋関係

主体と副体を含み、これらの間に包含関係以外の関係が成立しているという事態を表示する平叙文としては、次のものがある。

(46) John threw a ball.　ジョンはボールを投げた。

(47) The soldiers must fight enemies.

兵士たちは敵と戦わなければならない。

(46)の主体は John（ジョン）、副体は a ball（ボール）であり、この文は、主体と副体の間に単射関係が成立するという事態を表示する。

(47)の主体は the soldiers（その兵士たち）、副体は enemies（敵）であり、この文は主体と副体の間に双射関係が成立するという事態を表示する。

事態が主体と副体と関係によって構成され、関係が包含関係以外の場合、これを表示する文の構造は以下のようになる。

(48) 文＝名詞句 1＋動詞群＋名詞句 2

c. 主体＋副体＋関係＋着点

主体と副体の間の関係が、主体が副体に作用を及ぼして移動させるという性質を持つ場合には、着点である個体が名詞句によって表示されることがある。

(49) Mary gave John a present.　メアリーはジョンに贈り物をあげた。

(50) My client left me a message.　私の顧客が私に伝言を残した。

(49)の主体は Mary（メアリー）、副体は a present（贈り物）であり、主体と副体の間には give（やる）という単射関係が成立しているが、関係の成立によって副体は移動する。その移動の着点を表示するのが動詞群 gave の直後に置かれている John（ジョン）という名詞である。

(50)の主体は my client（私の顧客）、副体は a message（伝言）であり、主体と副体の間には leave（残す）という単射関係が成立している。この関係が成立すれば、伝言の内容が主体から別の個体に移動する。その移動の着点としての個体を表示するのが、動詞群 left の直後に配置されている代名詞 me である。

事態が主体、副体、関係、着点によって構成され、着点が前置詞を含む名詞群

ではなく単独の名詞句によって表示されている場合、文の構造は次のようになる。

　　（51）文＝名詞句１＋動詞群＋名詞句２＋名詞句３

d.　主体＋副体＋関係＋その他の意味役割
　英語は基本的には主体と副体、そして時に着点を文の構造によって表し、それ以外の意味役割を持つ事物は、前置詞とそれに後続する名詞句が構成する名詞群によって表す。主体と副体以外の随意的な意味役割を表示する名詞群は、副体を表示する名詞句の後に配置される。

　　（52）The pianist will play in this hall.
　　　　　そのピアニストはこのホールで演奏する。
　　（53）The lake is most beautiful in autumn.　その湖は秋が最も美しい。
　　（54）John cut the wood with a saw.　ジョンはその木を鋸で切った。
　　（55）My girlfriend bought me shoes for my birthday.
　　　　　ガールフレンドが私の誕生日のために靴を買ってくれた。

　（52）の主体は the pianist（そのピアニスト）である個体、副体は動詞群 will play（演奏する）によって表示される事態の集合であり、この文は、主体が副体に包含されるという事態を表示している。主体と副体だけで事態に必須の要素は充足される。必須の要素が充足されている事態に対応する文を「完全だ」と呼ぶことにすれば、この文は完全である。ただし、この事態は何らかの場所で成立するから、その場所を表示する形態を文中に表現することができる。その形態が、文末に配置された名詞群 in this hall（このホールで）である。

　（52）は以下のような構造を持つ。

　　（56）文＝名詞句＋動詞群＋名詞群

　（53）の主体は名詞句 the lake（その湖）が表示する個体、副体は形容詞句 most beautiful（最も美しい）によって表示される事態の集合（正確には、湖を含む自然の景物の集合の美しさの程度を設定し、その程度に関して最上位に属する特性を持つ景物の集合）であり、この文は、主体が副体に包含される関係にあるという事態を表示している。主体と副体だけで事態は充足するので、この文は完全であるが、表示する事態は何らかの時に成立するから、時を表示する語句を文中で適格に使用することができる。その語句が、文末に配置された in autumn（秋に）である。

　（53）は以下のような構造を示す。

　　（57）文＝名詞句＋動詞群＋形容詞句＋名詞群

　（54）の主体は名詞 John（ジョン）が表示する個体、副体は名詞句 the wood（その木）が表示する個体であり、この文は、主体と副体の間に、動詞群 cut（切った）

が表す単射関係が過去において成立したという事態を表示している。この事態が成立する場合、通常は木を切るための道具が必要であり、名詞群 with a saw（鋸で）は、鋸である個体が事態中で意味役割「道具」を持つことを表示している。

（54）は以下のような構造を示す。

　　（58）　文＝名詞句 1 ＋動詞群＋名詞句 2 ＋名詞群

（55）の主体は名詞句 my girlfriend（発信者のガールフレンド）が表示する個体であり、副体は shoes（靴）が表示する個体である。主体と副体の間には動詞群 bought（買った）が表示する単射関係が成立し、この関係は副体である個体の移動を引き起こすので、その移動の着点を代名詞 me（発信者に）が表している。事態は主体、副体、着点で充足するが、事態の特性をさらに限定する要素として事態の「目的」がある。この目的を表示するのが文末に配置された名詞群 for my birthday（私の誕生日のために）である。

（55）は以下のような構造を示す。

　　（59）　文＝名詞句 1 ＋動詞群＋名詞句 2 ＋名詞句 3 ＋名詞群

以上より、英語の平叙文の基本的な構造は以下のようなものになる。

　　（60）　平叙文＝名詞句 1 ＋動詞群（＋名詞句 2 ／形容詞句）（＋名詞句 3）（＋名詞群）

e.　There ＋副体＋主体

英語の平叙文では文頭に置かれた名詞句が主体を表示するのが原則だが、副詞 there が文頭に配置されて、主体の存在や出現のような事態を表す文の場合には、there の直後には副体を表す動詞群が置かれ、その後に主体を表す名詞句が置かれる。

　　（61）　There is a teaspoon on the table.
　　　　　　テーブルの上にティースプーンがある。

　　（62）　There arrived a group of runners.　走者の集団が到着した。

　　（63）　There will happen an extraordinary phenomenon.
　　　　　　異常な現象が起きるだろう。

（61）では、文頭の there によって、事物の存在や出現が予告され、後続する動詞群 is によって、それが事物の存在であることが理解される。動詞群に続く名詞句 a teaspoon（ティースプーン）が主体を表示し、直後に配置された名詞群 on the table（テーブルの上に）が場所を表す。

（62）では、there に動詞群 arrived（到着した）が後続することによって、この文が事物の出現に属する事態を表示するものと理解される。事態の主体は動詞群に後続する名詞句 a group of runners（走者の集団）が表示する複数の個体である。

第 2 節　文の構造　　51

（63）では、there に動詞群 will happen（起きるだろう）が後続することで、この文が事物の出現という事態を表示するものと理解される。主体は動詞群に後続する名詞句 an extraordinary phenomenon（異常な現象）が表示する事物である。

以上より、there が文頭に配置されて事物の存在や出現を表示する文の構造は次のようなものになる。

（64）There＋動詞群＋名詞句（＋名詞群）

i-2.　平叙文の構造と意味

a.　名詞句＋動詞群

文の意味は事態であり、事態を構成する必須の要素は主体と副体、そして主体と副体の間の関係である。主体は名詞句によって表示され、副体は動詞群または名詞句によって表示される。

主体である名詞句は文の先頭に配置される。文頭の名詞句には動詞群が後続するが、この動詞群の後に別の名詞句が続いていない時には、この動詞群が副体を表示する。

（65）Our train has arrived.　私たちの乗る列車が到着した。

（66）The sun rises in the east.　太陽は東から昇る。

（65）の構造は「名詞句＋動詞群」であり、動詞群に後続する名詞句はない。したがって、名詞句が主体を動詞群が副体を表示する。この文が表示する事態は、発信者たちが乗る列車である個体が、現在に先行する時において到着し、現在でもその結果が残っているという事態の主体の集合に包含されるということである。

（66）の構造は「名詞句＋動詞群＋名詞群」である。動詞群に後続するのは名詞群であって名詞句ではないから、名詞句が主体、動詞群が副体を表示する。名詞群は in the east（東から）であって、前置詞の in が用いられているから、事態が成立する場所を表示するものと理解される。したがってこの文は、主体である太陽が、「主体が昇る」という事態の主体を構成する個体の集合に包含されるという関係にあり、この関係が成立する場所が東であり、成立時は任意であるという事態を表示する。

b.　名詞句 1＋動詞群＋名詞句 2

動詞群に 1 個の名詞句が後続している場合には、この名詞句が副体を表示する。

（67）Spring is the best season.　春が最もいい季節だ。

（68）The girl became an astronaut after leaving college.
　　　その女の子は大学を出て宇宙飛行士になった。

（69）Aristotle wrote many philosophical works.

アリストテレスはたくさんの哲学書を書いた。

(70) I will finish my paper in a week.　私は1週間で論文を仕上げる。

(71) John met a friend of his at the station.
ジョンは友人の一人に駅で会った。

(67)の主体は動詞群 is に先行する名詞 spring (春)が表示する事物の集合であり、副体は動詞群に後続する名詞句 the best season (最もいい季節)である。動詞群 is は動詞 be の現在時制形態であるから、主体と副体の間には、主体である事物が副体である事物の集合に包含されるという関係にあるものと理解される。

(68)の主体は動詞群 became に先行する名詞句 the girl (その女の子)が表示する個体であり、副体は動詞群に後続する名詞句 an astronaut (宇宙飛行士)が表示する個体集合である。動詞群 became は動詞 become (なる)の過去時制形態であり、これは主体から副体への変化を表すから、主体と副体の間には包含関係が成立するものと理解される。

この文が表示する事態は過去において成立するが、成立時をさらに限定することは可能である。このような成立時の限定を機能とするのが、名詞群 after leaving college (大学を出た後で)である。

(69)の主体は動詞群 wrote に先行する名詞 Aristotle (アリストテレス)が表示する個体であり、副体は動詞群に後続する名詞句 many philosophical works (たくさんの哲学書)が表示する複数の個体である。動詞群 wrote は動詞 write (書く)の過去時制形態であり、この動詞は主体と副体の間に単射関係が成立することを表す。

(70)の主体は、動詞群 will finish に先行する代名詞 I であり、副体は動詞群に後続する名詞句 my paper (発信者の論文)である。動詞群は動詞 finish (仕上げる)の未来時制形態であり、この動詞は主体と副体の間に単射関係が成立することを表す。この文が表示する事態は、主体、副体、関係が表示されればそれで充足するが、成立時を適格に表現することができる。この成立時を表示するのが名詞群 in a week (1週間で)であり、この名詞群は、基準時である現在から1週間後が、事態の成立時であることを表示している。

(71)の主体は動詞群 met に先行する名詞 John (ジョン)が表示する個体であり、副体は動詞群に後続する名詞句 a friend of his (彼の友人の一人)が表示する個体である。動詞群 met は動詞 meet (会う)の過去時制形態であり、この動詞は主体と副体の間に双射関係が成立することを表す。

「ジョンが友人の一人に会った」という事態は、何らかの場所で成立するから、場所を表示する表現を文中で適格に使用することができる。場所を表す語句が、副体に後続する名詞群 at the station (駅で)である。

c.　名詞句＋動詞群＋形容詞（句）

　動詞群に形容詞句が後続している場合、動詞群が副体を表示するのでなければ、形容詞句が副体を表示する。以下、「形容詞句」は単独の形容詞も含む。

　（72）Schubert's songs are very attractive.
　　　　シューベルトの歌はとても魅力的だ。

　（73）Mary looked happy with her children.
　　　　メアリーは子供たちと一緒で幸せに見えた。

　（72）の主体は動詞群 are に先行する名詞句 Schubert's songs（シューベルトの歌）が表示する複数の個体である。動詞群 are が事物の存在を意味するとは理解できないので、この動詞群が副体を表示するのではない。したがって副体は形容詞句 very attractive（とても魅力的だ）が表示する事物の集合であり、この文は主体が副体に包含される関係にあるという事態を表示していると理解される。

　（73）の主体は動詞群 looked に先行する名詞 Mary（メアリー）が表示する個体である。動詞群 looked が単独で副体を構成することはできないので、副体はこの動詞群に後続する形容詞 happy（幸せだ）が表示する事物の集合であると理解される。動詞群 looked が単射関係を表示する場合には at や into のような前置詞を要求するので、この文では単射関係ではなく包含関係を表示するのでなければならない。したがってこの文は、主体である Mary が、幸せである事物の集合に包含される関係にあるという事態を表示している。副体に後続する名詞群 with her children（彼女の子供たちと一緒で）は、事態の成立に付随する事物を表示している。

　動詞群が副体を表示する場合には、動詞群に後続する形容詞句は、事態が成立した時に主体を包含する事物の集合を表示する。

　（74）The dictator died miserable.　その独裁者が死んだ時は惨めだった。

　（75）The immigrants arrived penniless.　移民たちは無一文で到着した。

　（74）の主体は動詞群 died（死んだ）に先行する名詞句 the dictator（その独裁者）が表示する個体である。動詞群 died は、過去において成立した「主体が死ぬ」という事態の集合を表示するから、副体として機能することができ、この文は独裁者である個体が、この事態の主体の集合の要素であるという包含関係を表す。動詞群に後続する形容詞 miserable は、事態の副体ではなく、主体である個体が、惨めである事物の集合に包含されることを表すものと理解される。

　（75）の主体は動詞群 arrived（到着した）に先行する名詞句 the immigrants（その移民たち）が表示する複数の個体である。動詞群 arrived は、過去において成立した「主体が到着する」という事態の集合を表示するから、事態の副体として機能することができる。したがってこの文は、移民である複数の個体が、動詞群が

54 第4章 文の構造

表示する事態の要素としての主体の集合に包含される関係にあるという事態を表示する。動詞群に後続する形容詞 penniless（無一文の）は、この文に対応する事態の主体である個体群が、無一文である個体の集合に含まれる関係にあることを表す。

d． 名詞句1＋動詞群＋名詞句2＋名詞句3

動詞群に2個の名詞句が後続している場合、最初の名詞句は意味役割「着点」を、2番目の名詞句が副体を表示する。

(76) John gave Mary a mechanical pencil.
　　　ジョンはメアリーにシャープペンシルをあげた。

(77) I will find you a nice partner.　私が君にいい相手を見つけてやろう。

(78) Today's news has told citizens the end of the war.
　　　今日のニュースは市民たちに終戦を伝えた。

(76)の主体は動詞群に先行する名詞句 John（ジョン）が表示する個体であり、副体は動詞群に後続する2番目の名詞句 a mechanical pencil（シャープペンシル）である。動詞群 gave（あげた）に含まれる動詞 give は、主体が副体を着点に移動させるという事態を表示し、その着点を表示するのが動詞群の直後に配置された名詞句 Mary（メアリー）である。

(77)の主体は文頭にある代名詞 I（発信者）であり、副体は動詞群に後続する2番目の名詞句 a nice partner（いい相手）である。動詞群 will find（見つける）に含まれる動詞 find を含む文が表す事態は、主体と副体を表示する名詞句が与えられれば充足するが、副体である事物がある個体に移動し、その所有物となる場合がある。したがってこの個体が移動の着点となる。この個体を表示するのが、動詞群の直後にある代名詞 you である。

(78)の主体は動詞群 has told に先行する名詞句 today's news（今日のニュース）が表示する事物であり、副体は、動詞群に後続する2つの名詞句のうち2番目のものである the end of the war（終戦）によって表示される。動詞群 has told（伝えた）を構成する動詞 tell（伝える）は、副体である事態が言語によって表現されて、その表現が主体から別の個体に達することを表す。表現の着点としての個体を表示するのが、動詞群の直後に置かれた名詞 citizens（市民たち）である。

動詞 make を用いた文も、この動詞を含む動詞群の後に2個の名詞句が後続することができる。

(79) Mary made her daughter chocolate cookies.
　　　メアリーは娘にチョコレートクッキーを作ってやった。

(80) John will make her a good husband.

ジョンは彼女にとっていい夫になるだろう。

(79)の主体は動詞群 made に先行する名詞 Mary（メアリー）であり、副体は動詞群に後続する2個の名詞句のうち2番目の chocolate cookies（チョコレートクッキー）である。動詞 make（作る）を含む文が表示する事態には主体と副体が含まれていればそれで充足するが、副体である事物が作られて、別の個体に移動することもある。この場合の着点を表すのが、動詞群の直後に位置する名詞句 her daughter（彼女の娘）である。

(80)の主体は動詞群 will make に先行する名詞 John（ジョン）であり、副体は動詞群に後続する名詞句のうち2番目のものである a good husband（いい夫）である。「ジョンがいい夫を作る」という事態は、要するに「ジョンがいい夫になる」ということと同じであり、この場合は、夫である副体がその支配下に移動する着点、すなわちこの事態が成立することによって利益を受ける個体が想定される。この着点を表示するのが、動詞群の直後にある代名詞 her（彼女）である。

e.　名詞句1＋動詞群＋名詞句2＋形容詞句

動詞群に名詞句と形容詞句が後続する文としては次のようなものがある。

(81) I believe his words quite right.　私は彼の言葉が全く正しいと思う。

(82) The scholar proved the theorem inapplicable to the complex numbers.
　　　その学者はその定理が複素数には適用できないことを証明した。

(81)の構造は「名詞句1＋動詞群＋名詞句2＋形容詞句」であり、名詞句1が主体を表示する。動詞群に後続する名詞句2が副体であると理解されるが、この名詞句に後続する形容詞句は、名詞句2が表示する事物を主体とする事態の副体であり、この事態は「全く正しい事物の集合に彼の言葉が含まれる」というものである。主体名詞句（his words）と副体形容詞句（quite right）の間に動詞群は使用されていないが、「名詞句＋形容詞句」で事態を表示し、これがこの文全体に対応する事態を構成する要素になっている。つまり、his words quite right は準名詞節を構成している。

(82)の構造は「名詞句1＋動詞群＋名詞句2＋形容詞句」であり、名詞句1が主体を表示する。この文についても、名詞句2(the theorem)と形容詞句(inapplicable to the complex numbers)のみで「その定理が複素数には適用できない」という事態が表示されるから、the theorem inapplicable to the complex numbers は準名詞節を構成している。

f.　There＋動詞群＋名詞句(＋名詞群)

(83) There used to be an old temple on this hill.

以前この丘には古い寺院があった。

(84) There jumped a hare out of the bush.　茂みからウサギが飛び出てきた。

(83)と(84)の構造は「there＋動詞群＋名詞句＋名詞群」であり、副詞 there によって、表示される事態が事物の存在や出現という特性を持つことが予告される。次に配置される動詞群は副体であり、(83)では「主体がかつて存在した」という事態の集合、(84)では「主体が飛び出てきた」という事態の集合を表示する。動詞群に後続する名詞句は主体である事物を表示し、(83)では an old temple（古い寺院）であり、(84)では a hare（ウサギ）である。そしてこれらの事態は、副体が表示する事態の主体である集合に、これらの名詞句が表示する個体が包含されるという関係を表示する。

　主体が副体に包含されるという関係が表示されれば事態は充足するが、(83)では存在の場所、(84)では出現の起点を付加することができる。これらの機能を持つのが名詞句に後続する名詞群 on this hill（この丘に）、out of the bush（茂みから）である。

ii．疑問文

　疑問文は、事態が成立するかどうかを受信者に尋ねる「真偽疑問文」と、事態に含まれる不定の要素の特定化を受信者に要求する「疑問詞疑問文」に分類される。どちらの疑問文についても、平叙文とは構造が異なる。

a.　真偽疑問文

(85) Is your apartment near the station?
　　 あなたのアパートは駅の近くですか。

(86) Are her brothers students?　彼女の兄弟たちは学生ですか。

(87) Were the climbers safe after the snowstorm?
　　 吹雪の後、登山者たちは大丈夫でしたか。

(88) Are the students running in the ground?
　　 学生たちはグランドで走っていますか。

(89) Have you finished your homework?　宿題は終えましたか。

(90) Will our bus arrive soon?　私たちの乗るバスはそろそろ来ますか。

(91) Should we follow the man's advice?
　　 私たちはあの人の忠告を聞くべきでしょうか。

(92) Does God exist?　神は存在するのか。

(93) Do they know the truth?　彼らは真実を知っているのか。

(94) Did your boss hand you the document?

第 2 節　文の構造　　　　　　　　　　　　57

あなたの上司はその書類をあなたに渡しましたか。

　真偽疑問文は、動詞群または動詞群を構成する助動詞が文頭に配置される場合と、助動詞 do が文頭に配置される場合の 2 種類がある。名詞句ではなく動詞群または助動詞が文頭に来ていることによって、その文が疑問文であることが理解される。

　(85)では動詞 be によって構成される動詞群（「be 動詞群」と呼ぶ）が文頭に配置され、その後に名詞句 your apartment（あなたのアパート）が置かれた結果、次のような構造になっている。

　　(85′) 文＝be 動詞群＋名詞句＋名詞群

　(86)では、be 動詞群の後に her brothers（彼女の兄弟たち）と students（学生）という 2 個の名詞句が配置されており、次のような構造を示す。

　　(86′) 文＝be 動詞群＋名詞句 1＋名詞句 2

　(87)では、be 動詞群（過去時制）が文頭に置かれ、その後に名詞句 the climbers（その登山者たち）、その後に形容詞句（この文では形容詞のみ）が続き、さらに文末には名詞群 after the snowstorm（吹雪の後で）が配置されている。この文の構造は以下のように示される。

　　(87′) 文＝be 動詞群＋名詞句＋形容詞句＋名詞群

　(88)では、助動詞 be の現在時制複数形態が文頭に置かれ、その後に名詞句 the students（その学生たち）が続き、その後に動詞（現在分詞）running が置かれている。助動詞 be と現在分詞は動詞群を構成する。文末には名詞群 in the ground（グランドで）が付加されているので、この文の構造は以下のようになる。

　　(88′) 文＝助動詞＋名詞句＋動詞（現在分詞）＋名詞群

　(89)では、助動詞 have が文頭に置かれ、次に名詞句（代名詞）you が続き、その後に動詞 finish（終える）の過去分詞が置かれている。過去分詞は、文頭の助動詞とともに動詞群を構成する。この文の構造は以下のようになる。

　　(89′) 文＝助動詞＋名詞句（代名詞）1＋動詞（過去分詞）＋名詞句 2

　(90)では、助動詞 will が文頭に置かれ、次に名詞句 our bus（私たちの乗るバス）が続き、その後に動詞 arrive（着く）の不定詞が置かれている。不定詞は文頭の助動詞とともに動詞群を構成する。この文の構造は以下のようになる。

　　(90′) 文＝助動詞＋名詞句＋動詞（不定詞）＋副詞

　(91)では、助動詞 should が文頭に、次に名詞句（代名詞）we（発信者たち）が続き、その後に動詞 follow（従う）の不定詞が来ている。不定詞は文頭の助動詞とともに動詞群を構成する。この文の構造は以下のようになる。

　　(91′) 文＝助動詞＋名詞句（代名詞）1＋動詞（不定詞）＋名詞句 2

　(92)では、助動詞 do の変化形 does（現在時制 3 人称単数形）が文頭に置かれ、

次に名詞句（名詞）God が続き、その後に動詞 exist（存在する）の不定詞が配置されている。

　助動詞 do と不定詞 exist で動詞群を構成することになるが、平叙文では exists という形態を取るのが普通であり、does exist は事態の成立を強調する場合以外には用いられない。つまり、1 個の動詞形態から成っているはずの動詞群の代わりに、「do＋動詞（不定詞）」を想定して、その助動詞 do を文頭に配置することで真偽疑問文を形成するという方法は、英語の疑問文に独特の形成法である。

　この文の構造は、以下のように示される。

　　（92′）文＝助動詞＋名詞句＋動詞（不定詞）

　（93）では、助動詞 do が文頭に置かれ、名詞句（代名詞）they（彼ら）がそれに続き、その後に動詞 know（知っている）の不定詞、そして名詞句 the truth（真実）が続いている。助動詞 do と動詞 know で動詞群を形成するが、平叙文では単に know という形態になるのが普通である。

　この文の構造は以下のようになる。

　　（93′）文＝助動詞＋名詞句（代名詞）1＋動詞（不定詞）＋名詞句 2

　（94）では、助動詞 do の過去時制形態 did が文頭に置かれ、次に名詞句 your boss（あなたの上司）が、次に動詞 hand（渡す）の不定詞が、その後に名詞句（代名詞）you と名詞句 the document（その書類）が置かれている。助動詞 did と不定詞 hand で動詞群を構成する。

　この文の構造は以下のようになる。

　　（94′）文＝助動詞＋名詞句 1＋動詞（不定詞）＋名詞句（代名詞）2＋名詞句 3

　以上より、英語の真偽疑問文は、一般的には以下のような構造を持つ。

　　（95）真偽疑問文＝be 動詞群＋名詞句 1（＋名詞句 2／形容詞＋名詞群）

　　　　　　　　　　＝助動詞＋名詞句 1＋動詞（不定詞、現在分詞、過去分詞）

　　　　　　　　　　（＋名詞句 2＋名詞句 3＋名詞群）

there が文頭に配置される文については、動詞群または助動詞はこの副詞の直前に来る。

　（96）Is there any problem?　何か問題はありますか。

　（97）Has there happened an accident at the intersection?

　　　　その交差点で事故があったのですか。

　（96）では、文頭に be 動詞群が置かれ、次に there が後続し、その後に名詞句 any problem（何らかの問題）が来ている。（97）では、文頭に助動詞 have が置かれ、その直後に there が、そしてその後に動詞（過去分詞）happened（起きた）と名詞句 an accident（事故）が続いている。文末には場所を表す名詞群 at the intersection（その交差点で）が置かれている。助動詞と動詞（過去分詞）で動詞群を構成す

る。

　there が文頭にある真偽疑問文の構造は以下のようになる。

　　(98) 真偽疑問文 ＝ be 動詞群＋there＋名詞句(＋名詞群)
　　　　　　　　　　＝ 助動詞＋there＋動詞＋名詞句(＋名詞群)

b.　真偽疑問文の構造と意味

　真偽疑問文は、対応する平叙文が成立するか、それとも成立しないかを発信者が受信者に尋ねるために使用される。平叙文とは構造が異なるので、真偽疑問文が表す意味を正しく理解するためには、与えられた構造から対応する平叙文を導出し、その平叙文が表示する事態を構築することが重要となる。

α　be 動詞群＋名詞句＋名詞群

　be 動詞群が文頭に配置されている真偽疑問文では、動詞群に後続する名詞句が 1 個のみで、名詞句の後に動詞が置かれていない場合、その名詞句が主体を表示し、be 動詞群は「主体が存在する」という事態の集合を表示する。したがってこの真偽疑問文全体では、主体である事物が存在するという事態が成立するかどうかを、発信者が受信者に尋ねるという行為を表す。事物が存在する場合には、現実世界では何らかの場所を必要とするので、通常はその場所を名詞群が表示する。

　　(99) Is Mary in her room?　メアリーは自分の部屋にいますか。
　　(100) Were you at the corner then?　あなたはその時角にいましたか。

　(99)では、文頭に be 動詞群である is が配置され、次に名詞句 Mary（メアリー）が置かれた後には後続する動詞がない。したがって、この be 動詞群は事物の存在を表し、存在する主体は名詞句 Mary によって表示される個体である。文末の名詞群 in her room（彼女の部屋に)は主体が存在する場所を表している。

　(100)では、be 動詞群の後に名詞句（代名詞）you が続き、その後には名詞群 at the corner（角に)と副詞 then が続くだけだから、you が主体を表示し、be 動詞群が副体を、名詞群が存在する場所を、副詞が事態の成立時を表示するものと理解される。

　be 動詞群が「助動詞＋動詞 be」という構造を持つ場合には、助動詞が文頭に配置され、動詞 be は主体を表示する名詞句に後続する。

α′　助動詞＋名詞句＋動詞 be＋名詞群

　　(101) Must the applicants be in the waiting room?
　　　　　応募者は待合室にいなければなりませんか。

60 　　　　　　　　　　　第 4 章　文の構造

　　（102）　Have the stools been on the floor?　椅子は床にあったのですか。

　　（101）では、助動詞 must の直後にある名詞句 the applicants（応募者）が主体を表示し、文頭の助動詞 must と名詞句の直後の be（不定詞）が動詞群を構成し、「主体が存在しなければならない」という事態を表示する。文末の名詞群 in the waiting room（待合室に）は、この事態が成立する場所を表す。

　　（102）では、助動詞 have に後続する名詞句 the stools（椅子）が主体を表示し、助動詞 have と名詞句に続く been（過去分詞）が動詞群を構成し、「主体が現在まで存在した」という事態を表示する。文末の名詞群 on the floor（床に）は、事態が成立する場所を表す。

β　be 動詞群＋名詞句 1 ＋名詞句 2

　be 動詞群の後に 2 個の名詞句が続いている場合には、最初の名詞句が主体を 2 番目の名詞句が副体を表示し、文全体は主体が副体に包含される関係にあるという事態を表示する。be 動詞群は事態の成立時と成立可能性を表示する。

　　（103）Is this your car?　これはあなたの車ですか。

　　（104）Was his uncle a diplomat?　彼の叔父さんは外交官だったのですか。

　　（103）では、be 動詞群の直後にある名詞句（指示詞）this（これ）が主体を、その次にある名詞句 your car（あなたの車）が副体を表示しており、文全体は、発信者が指し示している個体が、受信者が所有する車に含まれる（この場合は同一である）という事態を表示する。文頭の be 動詞群は、事態の成立時が現在であり、現実に成立していることを表す。

　　（104）では、be 動詞群に his uncle（彼の叔父）と a diplomat（外交官）という 2 つの名詞句が後続しており、最初の名詞句が主体、2 番目の名詞句が副体を表示する。この文は、主体である彼の叔父が、副体である外交官の集合の要素として含まれるという事態を表示し、be 動詞群が was であることによって、この事態が過去において確実に成立したことが表示される。

　be 動詞群が助動詞と be 動詞によって構成される場合は、次の構造になる。

β'　助動詞＋名詞句 1 ＋ be 動詞＋名詞句 2

　　（105）Will I be a good teacher?　私はいい教師になれるだろうか。

　　（106）Has the exhibition been a success?　展示会は成功でしたか。

　　（105）では、文頭の助動詞 will に続く名詞句（代名詞）I が主体を、動詞（不定詞）be に続く名詞句 a good teacher（よい教師）が副体を表示し、助動詞と動詞で動詞群を構成する。文全体では、主体である発信者が副体であるよい教師の集合の要素として含まれるという事態が表示される。助動詞 will により、成立時が未

来であることが表される。

（106）では、文頭の助動詞 has に続く名詞句 the exhibition（展示会）が主体を表示し、動詞に続く名詞句 a success（成功）が副体を表示する。文に対応する事態は、主体が表示する展示会である事物が、副体に対応する成功である事物の集合の要素として含まれるというものであり、助動詞 has と動詞（過去分詞）been によって構成される動詞群は、事態の成立が過去時であって、現在の状況に影響を与えていることを表す。

γ　be 動詞群＋名詞句＋形容詞（句）（＋名詞群）
γ′　助動詞＋名詞句＋動詞＋形容詞（句）（＋名詞群）
　（107）Is his opinion acceptable?　彼の意見は受け入れられるだろうか。
　（108）Will the director be content with my proposal.
　　　　部長は私の提案に満足するだろうか。

（107）では、文頭の動詞群 is に続く名詞句 his opinion（彼の意見）が主体を、その直後に配置された形容詞 acceptable（受け入れられる）が副体を表示し、主体である事物が副体である事物の集合に包含される関係にあるという事態が表示される。動詞群 is は、事態が現在において現実に成立していることを表す。

（108）では、文頭の助動詞 will に続く名詞句 the director（部長）が主体を表示し、動詞 be に続く形容詞 content（満足した）が副体を表示する。したがってこの文は、主体である個体が、満足している個体の集合に含まれるという事態を表示する。形容詞に後続する名詞群 with my proposal（私の提案に）は、主体に満足を与える道具または原因としての事物を表す。助動詞 will と動詞（不定詞）be は動詞群を構成し、この事態が成立するのが未来時であることを表す。

δ　助動詞＋名詞句＋動詞（＋名詞群／副詞）
　（109）Do robins chirp?　ヨーロッパコマドリは囀るのか。
　（110）Did the train start on time?　その列車は時間通りに発車しましたか。
　（111）Are the musicians playing now?
　　　　その音楽家たちは今演奏していますか。
　（112）Is this machine broken?　この機械は壊れているのですか。

（109）では、文頭の助動詞 do に後続する名詞句 robins（ヨーロッパコマドリ）が主体を表示する。名詞句の次には動詞（不定詞）が続いているが、文がこの動詞で終わっているので、名詞句が主体を、動詞群が副体を表示するものと理解される。すなわち、「主体が囀る」という事態の要素である主体の集合に、ヨーロッパコマドリの集合が包含されるという事態である。助動詞 do と chirp（囀る）が

動詞群を構成し、助動詞によって事態の成立が現在を含む時であることが表示される。

　(110)では、文頭の助動詞 did に後続する名詞句 the train（その列車）の次には動詞（不定詞）が置かれ、その次には名詞群 on time（時間通りに）が来ているだけなので、名詞句が主体を動詞群が副体を表示するものと理解される。表示される事態は、「主体が発車する」という事態の要素である主体の集合に名詞句が表示する個体が包含されるという関係である。助動詞 did と動詞 start（発車する）で動詞群を構成し、事態が過去において成立したことが表示される。

　(111)では、文頭には are が来ており、これだけだとこれが be 動詞群であり、事物の存在を表示するものと理解することもできる。しかし、次の名詞句 the musicians（その音楽家たち）の後に動詞（現在分詞）playing が置かれているので、are は助動詞であって、この助動詞と動詞で動詞群を構成していることが分かる。動詞の後には副詞 now（今）があるだけなので、名詞句が主体を、動詞群が副体を表示することになる。表示されるのは、「主体が演奏する」という事態の要素である主体の集合に、その音楽家たちが包含されるという事態である。動詞群 are playing によって、事態の部分が現在において成立していることが表示される。

　(112)では、文頭にある is が単独で動詞群を構成するかどうかはこれだけでは分からないが、名詞句 this machine（この機械）の後に動詞（過去分詞）broken が来ているので、is と broken で動詞群を構成していることが分かる。したがって、この文が表示する事態の主体は this machine であり、副体である動詞群が表示する事態の集合「主体が壊れている」の要素である主体の集合に、「この機械」が包含されているという関係が成立していることが理解される。助動詞 is によって事態が現在において成立していることが表示される。

δ'　助動詞 1 ＋名詞句＋助動詞 2 ＋動詞（＋名詞群／副詞）

　(113) Has the rain been falling for hours?
　　　　雨は何時間も降り続いていますか。

　(114) Can the law be disobeyed?
　　　　その法律は守られなくてもいいのだろうか。

　動詞群が複数の助動詞と動詞によって構成される場合には、文頭に配置されるのは 1 個の助動詞のみであり、残りの助動詞と動詞は名詞句の後に置かれる。

　(113)では、文頭に助動詞 has が、続く名詞句 the rain（雨）の次に「助動詞＋動詞（現在分詞）」(been falling)が置かれており、その後には名詞群 for hours（何時間も）が来ているだけだから、名詞句が主体を、動詞群 has been falling が副体を構成することが理解される。表示される事態は、「主体が降り続いている」と

いう事態の主体に、名詞句に対応する個体 the rain が含まれるというものである。動詞群の形態によって、事態が過去に開始し、現在から未来にわたって継続していることが表される。名詞群は、事態が成立する時間の長さを表している。

（114）では、文頭に助動詞 can があり、続く名詞句の the law（その法律）の後には be が置かれている。この be は動詞として事物の存在を表すこともあり得るが、直後に過去分詞 disobeyed があるので、動詞ではなく助動詞であることが分かる。can be disobeyed（守られなくてもいい）全体で動詞群を形成している。主体は名詞句 the law であり、この事物が「主体が守られなくてもいい」という事態の主体の集合に含まれるという事態が表示されていることが理解される。

ε　助動詞＋名詞句 1 ＋動詞＋名詞句 2
　　（115）Do European people like iced coffee?
　　　　　　ヨーロッパ人はアイスコーヒーが好きだろうか。
　　（116）Is the carpenter building the house?　大工は家を建てていますか。
　　（117）Will the boxer beat his opponent?
　　　　　　そのボクサーは相手を倒すだろうか。

（115）では、文頭の助動詞 do と名詞句の後の動詞（不定詞）like（好きだ）が動詞群を構成し、助動詞に後続する名詞句 European people（ヨーロッパ人）が主体を表示する。動詞 like に後続する名詞句 iced coffee（アイスコーヒー）が表示する個体が副体であり、主体と副体の間には単射関係が成立していると理解される。動詞群 do like によって、事態が現在において成立することが表される。

（116）では、文頭の is に名詞句 the carpenter（その大工）と動詞（現在分詞）building（建てる）が続いているので、is は助動詞であり、is と building が動詞群を構成していることが分かる。名詞句 the carpenter が主体であり、動詞に続く名詞句 the house（その家）が副体であって、動詞が build（建てる）だから、主体と副体の間には単射関係が成立し、動詞群によって、事態の部分が現在において成立していることが表される。

（117）では、助動詞 will に続く名詞句 the boxer（そのボクサー）が主体を表示し、動詞（不定詞）beat に続く名詞句 his opponent（彼の相手）が副体であり、動詞が beat（倒す）であることから、主体と副体の間には単射関係が成立する。will と beat で動詞群を構成し、この動詞群によって、事態が未来において成立することが表される。

ζ　助動詞＋名詞句 1 ＋動詞＋名詞句 2 ＋名詞句 3
　　（118）Does the town offer the inhabitants satisfactory services?

町は住民に満足できるサービスを提供していますか。

(119) Has the consultant promised your client a success?

そのコンサルタントはあなたの顧客に成功を約束してくれましたか。

(120) Can I ask you a favor?　あなたにお願いごとをしていいですか。

(118)では、文頭の助動詞 does の後に名詞句 the town（その町）が続き、次に動詞（不定詞）offer（提供する）が配置されているので、この名詞句が主体である。動詞の後には2個の名詞句 the inhabitants（住民）と satisfactory services（満足できるサービス）が配置されており、最初の名詞句が着点を2番目の名詞句が副体を表示している。動詞が offer であるから、主体と副体との間には、主体が副体を移動させるという単射関係が成立する。does と offer によって構成される動詞群によって、事態が現在を含む長い期間にわたって成立することが表される。

(119)では、助動詞 has に後続する名詞句 the consultant（そのコンサルタント）が主体を表示し、動詞（過去分詞）promised（約束する）に続く2個の名詞句 your client（あなたの顧客）と a success（成功）のうち、2番目のものが副体である。動詞 promise は、発言内容である副体を主体がある人間に伝達する行為を表すから、伝達の着点としての人間を表現する必要があり、その着点を表すのが動詞に後続する名詞句 your client である。助動詞 has と動詞 promised で動詞群を構成し、事態が過去において成立し、その結果が現在の状況にも影響を及ぼしていることを表す。

(120)では、助動詞 can に後続する名詞句（代名詞）I が主体であり、動詞（不定詞）ask（頼む）に続く2個の名詞句のうち、2番目の a favor（願いごと）が副体である。動詞 ask は副体である事態が主体とは別の人間に伝達されることを要求するから、その人間が着点として事態中に含まれる。この着点を表示するのが動詞の直後にある代名詞 you である。can と ask で構成される動詞群によって、この事態（発信者が受信者に願いごとをする）が成立することの許可が受信者に依頼されていることが理解される。

η　be 動詞群＋there＋名詞句（＋名詞群）

η'　助動詞＋there＋動詞＋名詞句（＋名詞群）

副詞 there が存在や出現を表す文の真偽疑問文は、文頭に be 動詞群または助動詞が配置され、その後に there が続く。there の後に名詞句が置かれる場合にはその名詞句が主体であり、there の後に動詞が来て、それに名詞句が続く場合にはその名詞句が主体を表す。

(121) Is there any trouble?　何か問題がありますか。

(122) Were there volcanoes in this region?

第2節　文の構造　　　65

　　　　この地域には火山があったのですか。

　（123）Can there be such a monstrous animal?
　　　　そんな怪物のような動物があり得るのだろうか。

　（124）Has there happened an accident?　事故が起こったのですか。

　（121）では文頭に is が置かれ、次に there が、その後には名詞句 any trouble（何らかの問題）が来ている。したがって、この名詞句が主体であり、is は動詞群である。この文は、主体が現在時に存在するという事態を表示しているものと理解される。

　事物が存在するという事態を表示する場合、英語は be 動詞群を使用するが、「名詞句＋be 動詞群」だけで構成される文はほぼ使用されない。このため、これに対応する真偽疑問文も通常は不適格だと判断される。

　（125）×Some trouble is.　何か問題がある。

　（126）×Is any trouble?　何か問題があるか。

　be 動詞群と名詞句のみで事物の存在を表したい場合には、（122）のように副詞 there を含む文を使用するのが普通である。

　（122）では、文頭に were が、次に there が配置され、その後に名詞句 volcanoes（火山）が来ているので、この名詞句が主体であり、were は be 動詞群を構成し、名詞句に対応する個体の存在を表示する。文末の名詞群 in this region（この地域に）は、火山が存在する場所を表す。動詞群 were の形態により、この事態が過去において成立したことが表される。

　（123）では、文頭に助動詞 can が置かれ、それに there が続き、その後に動詞（不定詞）be が配置されている。したがって、この動詞の後に来る名詞句 such a monstrous animal（そんな怪物のような動物）が主体を表示する。助動詞 can と動詞 be で動詞群を構成し、この動詞群によって、事態が成立する可能性があることが表示され、真偽疑問文であることから、事態が成立する可能性が低いという含意が生じる。

　（124）では、文頭の助動詞 has の直後に there が用いられていることで、この文が事物の存在や出現を表示することが分かる。there の次に動詞（過去分詞）happened が置かれており、それに名詞句 an accident（事故）が続いているから、この名詞句が主体を表示し、この主体の出現という事態が表示されていることが理解される。has と happened によって構成される動詞群により、事態が過去において成立し、その結果が現在の状況に影響を及ぼしていることが表される。

c.　疑問詞疑問文
　疑問詞疑問文は、事態を構成する要素のどれかが発信者に知られていない場合

に、その要素を疑問詞（疑問代名詞、疑問副詞）に置き換え、疑問詞が表示する要素を特定化することを受信者に要求するために用いられる。

α　疑問代名詞＋動詞群（＋名詞群／名詞句）

　疑問代名詞が文頭に置かれ、その後に動詞群が配置されている場合には、疑問代名詞に対応する事物が事態の主体となる。

　　（127）Who failed?　誰が失敗したのですか。

　　（128）Who is on the podium?　誰が演壇にいるのですか。

　　（129）Who is running on the track?　誰がトラックを走っているのですか。

　　（130）Who has cleaned the room?　誰が部屋を掃除したのですか。

　　（131）What will follow the revolt?　反乱の後には何が続くだろうか。

　　（132）Which can be called the better winner.
　　　　　　どちらがよりよい勝利者だと呼ばれることができるだろうか。

　（127）では、疑問代名詞 who の後に動詞群 failed（失敗した）が配置され、これに続く語はない。したがって、疑問代名詞が主体で、動詞群が副体である。

　この文は疑問代名詞が表示する不定の人間が主体であって、副体が表示する「主体が失敗した」という事態の主体に対応する集合に包含されていること、そしてその主体を特定化することが受信者に要求されていることを表示する。

　（128）では、疑問代名詞 who の次に is が置かれている。これだけでは is が動詞群なのか助動詞なのかを決定することはできないが、次に名詞群 on the podium（演壇の上に）が来ていることから、is は be 動詞群であることが分かる。

　この文は、副体と名詞群が表示する「主体が演壇に立っている」という事態の要素である主体の集合に、疑問代名詞が表示する不定の人間が含まれていて、その人間を特定化することが受信者に要求されていることを表す。

　（129）では、疑問代名詞 who の後に is が来ているが、その後に動詞（現在分詞）running が置かれていることから、is と running で動詞群 is running（走っている）を構成していることが分かる。動詞群の後には名詞群 on the track（トラックの上を）があるから、疑問代名詞が主体を、動詞群が副体を、名詞群が事態の成立する場所を表しているものと理解される。

　この文は、「主体がトラックを走っている」という事態を構成する主体の集合に疑問代名詞が表示する人間が含まれていて、その人間の特定を受信者に要求していることを表す。

　（130）では、疑問代名詞 who の後に動詞群 has cleaned（掃除した）が置かれ、その次には名詞句 the room（その部屋）が来ている。したがって、who が主体、the room が副体であり、動詞 clean によって、主体と副体の間に単射関係が成立

していることが理解される。動詞群の形態により、事態が過去において成立し、その結果が現在の状況に影響を与えていることが表される。

（131）では、疑問代名詞 what が文頭に配置され、次に動詞群 will follow（続くだろう）が、その次には名詞句 the revolt（その反乱）が置かれている。したがって what が主体、the revolt が副体であり、動詞 follow は、主体と副体の間に単射関係が成立することを表す。また動詞群の形態によって、事態が未来において成立することが表される。

（132）では、疑問代名詞 which の後に動詞群 can be called（呼ばれることができる）が、その後に名詞句 the better winner（よりよい勝者）が配置されている。したがって、which が主体、the better winner が副体であり、動詞群 can be called によって、主体が副体に包含される関係にあることが表される。すなわち、「主体がよりよい勝者だと呼ばれることができる」という事態を構成する主体の集合に、疑問代名詞 which が表示する個体が含まれるということである。

β　疑問代名詞＋be 動詞群＋名詞句

疑問代名詞が文頭に置かれ、次に be 動詞群が、その次に名詞句が配置されている文では、名詞句が主体であり、疑問代名詞が副体であって、be 動詞群は包含関係を表す。

（133）Who is that girl?　あの女の子は誰ですか。

（134）What will be my future?　私の未来はどうなるのだろう。

（135）Which was your favorite?　あなたの好みはどちらでしたか。

（133）では、文頭の疑問代名詞 who の次に is が置かれ、その直後には名詞句 that girl（あの女の子）が来ている。したがって is は be 動詞群であり、主体の that girl である個体が、疑問代名詞が表示する不定の個体の集合に包含されていて、その個体を特定することが受信者に要求されているものと理解される。

（134）では、文頭の疑問代名詞 what の次に be 動詞群 will be が置かれ、その次には名詞句 my future（私の未来）が来ている。したがってこの文については、主体が my future が表示する事物であり、この事物が what に対応する不定の事物の集合に含まれていて、その事物を特定化することが受信者に要求されていることが表される。

（135）では、文頭の疑問代名詞 which の後に was が来ている。この直後に名詞句 your favorite（あなたの好み）が置かれているから、was は be 動詞群であると理解される。したがってこの文は、主体が your favorite であり、これが表示する事物が、which に対応する範囲の確定した不定の事物の集合に含まれており、その事物の特定化が受信者に要求されていることを表している。

68 第4章 文の構造

γ　疑問代名詞＋助動詞＋名詞句（＋助動詞）＋動詞（＋名詞群）

　疑問代名詞が文頭にあって、次に助動詞が置かれ、その後に名詞句が配置されている場合には、名詞句が主体であり、疑問詞は副体を表示する。助動詞は名詞句に後続する動詞とともに動詞群を構成し、主体と副体の間の関係を表す。疑問代名詞が表示する事物は不定であり、この事物を特定化することが受信者に要求されている。

　（136）Who did you invite to the party?
　　　　あなたはパーティーに誰を招待したのですか。
　（137）What have the students been doing for hours?
　　　　学生たちは何時間も何をしているのですか。
　（138）Which will the members choose as their leader?
　　　　会員たちはリーダーとしてどちらを選ぶだろうか。

　（136）では、疑問代名詞 who が文頭にあり、次に助動詞 did が置かれ、その後に名詞句（代名詞）you が続いていることから、まず you が主体であることが分かる。名詞句の次には動詞（不定詞）invite（招待する）があって、この動詞は主体と副体の間に単射関係が成立することを表す。動詞の後には名詞群 to the party（パーティーに）が来ているだけで、これは副体として機能することはできないから、副体になり得るのは文頭の疑問代名詞 who のみである。

　以上よりこの文は、主体が受信者、副体が不定の人間であり、その間に主体が副体を招待するという単射関係が成立していて、招待された人間が移動する着点が the party である事態を表示するものと理解される。助動詞 did と動詞 invite で動詞群を構成し、事態が過去において成立したことを表している。

　（137）では、疑問代名詞 what が文頭にあり、次に助動詞 have と名詞句 the students が続いている。ここから、名詞句が主体を表示していることが理解される。名詞句の次には been doing が来ているので、been が助動詞であり doing が動詞（現在分詞）であることが分かる。動詞 do は主体と副体の間に単射関係が成立することを表すので、疑問代名詞 what は副体でなければならない。動詞に続く名詞群 for hours は、事態が成立する時間の長さを表す。

　したがってこの文は、主体が the students である複数の個体、副体が不定の事物であり、主体と副体の間には、主体が副体を実行するという単射関係が長時間成立するという事態を表示している。助動詞 have と助動詞 been、動詞 doing は全体として動詞群を構成し、事態が過去から現在まで成立していることを表す。

　（138）では、疑問代名詞 which に助動詞 will が続き、その後に名詞句 the members（その会員たち）が配置されている。ここから、the members が主体であることが分かる。名詞句の次には動詞（不定詞）choose（選ぶ）が来ていて、この

動詞は主体と副体の間に単射関係が成立することを表すので、which は副体である。動詞に続く名詞群 as their leader（彼らのリーダーとして）は、which に対応する個体の特性を限定する機能を持つ。

　したがってこの文は、主体が the members である複数の個体、副体が限定された範囲の複数の個体であり、主体と副体の間には choose（選ぶ）という単射関係が成立するという事態を表示する。助動詞 will と動詞 choose で動詞群を構成し、事態が未来において成立することを表す。

δ　疑問代名詞＋助動詞＋名詞句 1（＋助動詞）＋動詞＋名詞句 2（＋名詞群）

　疑問代名詞が文頭にあり、動詞の前後に名詞句が配置されている構造の疑問文では、動詞に先行する名詞句が主体であり、疑問代名詞が副体を表す。動詞に後続する位置にある名詞句は、副体が移動する着点を表示する。疑問代名詞が表示する事物は不定であり、この事物を特定化することを、発信者は受信者に要求している。

（139）　Who has the director sent us for the conference?
　　　　　部長は会議のために私たちに誰を寄こしたのだろう。

（140）　What did the prosecutor tell you in the court?
　　　　　その検事は法廷であなたに何を言ったのですか。

（141）　Which bag will I buy her for her birthday?
　　　　　彼女の誕生日にどちらのバッグを買ってやろうか。

　（139）では、名詞句 the director（部長）の前に助動詞 has が、後に動詞（過去分詞）sent が配置されており、したがって名詞句が主体であり、has と sent が動詞群を構成する。文頭の疑問代名詞 who は副体であり、the director と who の間には単射関係が成立する。動詞に後続する名詞句（代名詞）us は副体が移動する着点を表し、文末の名詞群 for the conference（会議のために）は、事態が成立する目的を表している。

　（140）では、名詞句 the prosecutor（その検事）の前に助動詞 did が、後に動詞（不定詞）tell が配置されており、したがって名詞句が主体であり、did と tell が動詞群を構成する。文頭の疑問代名詞 what が副体であり、the prosecutor と what の間には単射関係が成立する。動詞に後続する名詞句（代名詞）you は、主体が発言する事態が伝達される着点を表す。名詞群 in the court（法廷で）は、事態が成立する場所を表している。

　（141）の文頭にある which bag（どのバッグ）の which は疑問代名詞ではなく、bag が表示する集合の要素が不定であることを表す「疑問形容詞」である。which は限定された範囲の事物が状況中に含まれることを前提とするので、その

70 第4章 文の構造

事物を表示する名詞とともに使用されることが多い。疑問形容詞と名詞句によって構成される句を「疑問名詞句」と呼ぶことにする。疑問名詞句には助動詞 will が後続し、その後に名詞句(代名詞) I が、そしてその次には動詞(不定詞) buy が来ているので、will と buy で動詞群を形成する。I が主体であり、疑問名詞句 which bag が副体であって、主体と副体の間には「主体が副体を買う」という単射関係が成立する。動詞に後続する名詞句(代名詞) her は、副体が移動する着点を表し、文末の名詞群 for her birthday (彼女の誕生日のために)は、事態が成立する目的を表している。

ε　疑問代名詞＋助動詞＋名詞句1＋動詞＋名詞句2／形容詞
　この構造を持つ疑問詞疑問文としては、次のようなものがある。
　　(142) Who do you consider the best composer?
　　　　あなたは誰が最も優れた作曲家だと思いますか。
　　(143) What did people find abominable?
　　　　　人々は何を忌まわしいと思ったのですか。
　これらの文は、準名詞節を含んでおり、助動詞の直後にある you, people (人々)が主体であり、準名詞節は単射関係の副体である。
　(142)の準名詞節では、主体が who に対応する不定の人間、副体が the best composer (最も優れた作曲家)であって、最も優れた作曲家である人間は1人だから、主体と副体は同値関係にある。文全体では、主体である受信者と副体である準名詞節の間に consider (思う)が表す単射関係が成立しており、副体の要素である不定の人間を特定化することが受信者に要求されている。
　(143)の準名詞節では、主体が what に対応する不定の事物であって、副体は形容詞 abominable (忌まわしい)が表示する事物の集合である。この準名詞節は、主体が副体に包含されるという事態を表示している。文全体では、主体である people と副体である名詞節の間には、find によって表される単射関係が成立しており、副体の要素である不定の事物を特定化することが受信者に要求されている。

iii．感嘆文
　感嘆文では、「what＋名詞句」「how＋形容詞／副詞」が文頭に配置される。「what＋名詞句」は「疑問名詞句」と呼ぶことにしたが、「how＋形容詞／副詞」も同様に「疑問形容詞句」「疑問副詞句」と呼ぶことにする。

α　疑問名詞句＋名詞句＋動詞群（＋名詞句）
　疑問名詞句が文頭に置かれた感嘆文は、この後に名詞句と動詞群が続く構造を

持つ。名詞句が主体を表示し、動詞群が関係を、疑問名詞句が副体を表示する。動詞群の後に名詞句が置かれている場合には、この名詞句は移動の着点を表す。

(144) What a beautiful dress Mary is wearing!
　　　　メアリーは何て美しい衣装を着ているんだろう。

(145) What nonsense John said!
　　　　ジョンは何と無意味なことを言ったんだろう。

(146) What a sad story it is!　それは何て悲しい話だろう。

(147) What a nice present he gave me!
　　　　彼は何て素敵な贈り物を私にくれたんだろう。

(144)では、動詞群 is wearing（着ている）に先行する名詞句 Mary が主体、疑問名詞句 what a beautiful dress（何と美しい衣装）が副体であり、動詞群は主体と副体の間に単射関係が成立すること、事態が現在において成立していることを表す。

(145)では、動詞群 said（言った）に先行する名詞句 John が主体であり、疑問名詞句 what nonsense（何と無意味なこと）が副体、動詞群は主体と副体の間に単射関係が成立し、事態が過去において成立したことを表す。

(146)では、動詞群 is に先行する名詞句（代名詞）it が主体であり、疑問名詞句 what a sad story（何と悲しい話）が副体である。動詞群は be 動詞群であるから、主体が副体に包含されるという関係であることを表す。

(147)では、動詞群 gave（与えた）に先行する名詞句（代名詞）he が主体であり、疑問名詞句 what a nice present（何と素敵な贈り物）が副体であり、動詞群 gave は主体と副体の間に単射関係が成立したことを表す。動詞群に名詞句（代名詞）me が後続しているので、これが副体の移動する着点であると理解される。

感嘆文では疑問名詞句が事態の主体として機能することはできないので、「疑問名詞句＋動詞群」という構造の感嘆文は使われない。しかし、疑問名詞句単独で感嘆文を構成することは可能であり、この場合には疑問名詞句が事態の主体であると理解されることもあり得る。

(148) What a storm!　何て嵐なんだ。

(149) What shameful violence!　何と恥ずべき暴力なんだ。

(148)は、現在生じている自然現象がひどい嵐だという事態を表示するものと理解される。「何という嵐が起こっているのだ」のような事態だと理解されるのであれば、疑問名詞句 what a storm は事態の主体として機能していることになる。

(149)は、何らかの時に「非常に恥ずべき暴力が生じた」「非常に恥ずべき暴力が使用された」という事態を表示しているものと理解されれば、疑問名詞句 what shameful violence は事態の主体としての機能を与えられていることになる。

β　疑問形容詞句／疑問副詞句＋名詞句＋動詞群（＋名詞句）（＋名詞群）

　疑問形容詞句または疑問副詞句が文頭に配置されている感嘆文では、これらの疑問詞句に後続する名詞句が主体であり、名詞句に後続する動詞群は、副体または関係を表示する。疑問形容詞句は副体であり、疑問副詞句は、事態の特性としての様態を表す。

　（150）How charming the girl is in a white dress!
　　　　　　その女の子は白い服を着ていて、何と魅力的なんだろう。

　（151）How fast time flies!　時間は何と速く過ぎるんだろう。

　（150）では、文頭に疑問形容詞句 how charming（何と魅力的だ）が配置され、次に名詞句 the girl（その女の子）が、その後には動詞群 is が続いている。したがって名詞句が主体であり、疑問形容詞句が副体であって、動詞群 is により、主体である人間が、非常に魅力的な人間の集合に包含される関係にあることが理解される。文末の名詞群は、事態が成立する状況（その女の子が白い服を着ている）を表す。

　（151）では、文頭に疑問副詞句 how fast（何と速く）が配置され、次に名詞句 time（時間）が、そして動詞群 flies が続いている。この場合、名詞句が主体であり、動詞群中の動詞 fly（飛ぶ）が副体であって、「主体が飛ぶ」という事態を構成する、主体である事物の集合に、時間である事物が包含されるという事態が表示されていることが理解される。疑問副詞句は、「時間が飛ぶ（＝過ぎる）」という事態の様態としての時間的変化の速度が非常に大きいことを表す。

γ　how を使用する疑問名詞句

　疑問名詞句には通常 what を使用するが、「how ＋形容詞＋ a ＋名詞」という構造を持つ場合もある。

　（152）How long a jump the athlete has done!
　　　　　　その選手は何と長い跳躍をしたのだろう。

　（153）How magnificent a cathedral this is!
　　　　　　これは何と壮麗な聖堂なのだろう。

通常の名詞句内では、a long jump（長い跳躍）, a magnificent cathedral（壮麗な聖堂）のように、形容詞は不定冠詞に後続するのが規則であるが、疑問名詞句の場合には、how と形容詞が一体化しているので、不定冠詞は形容詞に後続する。

　how を使用する疑問名詞句では、名詞は単数形であり、複数形を取ることはできない。

　（152′）×How long jumps the athletes have done!

　（153′）×How magnificent cathedrals these are!

このような how を使用する疑問名詞句は、古風な文体に属し、通常は疑問詞 what を含む疑問名詞句が使用される。

(152″) What a long jump the athlete has done!

(153″) What a magnificent cathedral this is!

② 句、群の構造

名詞句、形容詞句、副詞句、動詞群は、1つの語によって構成される場合もあるが、多くの場合は、複数の語や形態素によって構成される。名詞群は「前置詞＋名詞句」という構造を持つ。

ⅰ. 名詞句

(154) Hippopotamuses live in Africa. カバはアフリカに生息している。

(155) An excessively luxurious Egyptian tomb was excavated a week ago.
極めて贅沢なエジプトの墓が1週間前に発掘された。

(156) There are many pictures by Rubens exhibited in a grand museum in Paris.
パリにある壮大な美術館にルーベンスの絵がたくさん展示されている。

(154) の hippopotamuses（カバ）と Africa（アフリカ）は名詞句であるが、どちらも1個の名詞によって構成されている。in Africa（アフリカに）は名詞群であり、前置詞に名詞句が後続している。

(155) の an excessively luxurious Egyptian tomb（贅沢なエジプトの墓）は名詞句であり、以下の構造を持つ。

(157) 名詞句＝冠詞＋形容詞句（副詞＋形容詞）＋形容詞＋名詞

a week ago（1週間前）も名詞句であり、「冠詞＋名詞＋副詞」という構造を示す。

(156) の many pictures by Rubens exhibited in a grand museum in Paris（パリにある壮大な美術館に展示されているルーベンスのたくさんの絵）は全体として1個の名詞句である。

many pictures by Rubens のみでも名詞句であるが、この名詞句は以下のような構造を持つ。

(158) 名詞句＝数量詞＋名詞＋名詞群

exhibited in a grand museum in Paris は名詞句に後続する過去分詞節であり、以下のような構造を持つ。

(159) 過去分詞節＝過去分詞＋名詞群

名詞群 in a grand museum in Paris は、前置詞 in と名詞句 a grand museum in Paris によって構成されており、この名詞句は次のような構造を持つ。

(160) 名詞句＝冠詞＋形容詞＋名詞＋名詞群

74　　　　　　　　　　第 4 章　文の構造

　名詞には過去分詞節だけでなく、現在分詞節や不定詞節、関係節も後続することができる。

　　　（161）People suffering from insurmountable poverty have been increasing.
　　　　　　　乗り越えられない貧困に苦しむ人々が増えてきている。

　　　（162）She didn't have any friend to talk over a cup of coffee with.
　　　　　　　彼女には一緒にコーヒーを飲みながら話をする友人がいなかった。

　　　（163）There broke out a war which lasted for four years.
　　　　　　　4 年続く戦争が起こった。

　（161）の suffering from insurmountable poverty（乗り越えられない貧困に苦しむ人々）は現在分詞節であって、先行する名詞 people（人々）とともに名詞句を構成する。

　（162）の to talk over a cup of coffee with（一緒にコーヒーを飲みながら話をする）は不定詞節であって、先行する名詞句 any friend（何らかの友人）とともに名詞句を構成する。

　（163）の which lasted for four years（4 年続いた）は関係節であって、先行する名詞句 a war（戦争）とともに名詞句を構成する。

　名詞句を構成する要素のうち、名詞に先行するのは冠詞、形容詞、数量詞であるが、その配列順は一定の規則に従う。

　　　（164）All the［these］medieval tapestries are mine.
　　　　　　　その［これらの］中世のタペストリーはすべて私のものだ。

　この文の名詞句 all the［these］medieval tapestries は、以下の構造を持つ。

　　　（165）名詞句＝数量詞＋冠詞／指示詞＋形容詞＋名詞

ii．形容詞句

　　　（166）Mary is a very smart girl.　メアリーはとても頭のいい女の子だ。

　　　（167）John is kind and generous.　ジョンは親切で寛容だ。

　　　（168）The climate of our planet is becoming more and more unbearable.
　　　　　　　私たちの惑星の気候はますます耐え難いものになりつつある。

　（166）の形容詞句 very smart（とても頭がいい）は、「副詞＋形容詞」という構造を持つ。

　（167）の形容詞句 kind and generous（親切で寛容だ）は、「形容詞＋接続詞＋形容詞」という構造を持つ。

　（168）の形容詞句 more and more unbearable（ますます耐え難い）は「数量詞＋接続詞＋数量詞＋形容詞」という構造を持つ。

第 2 節 文の構造　　　　　75

iii．副詞句

(169) The lion chased a zebra very unweariedly.
　　　 そのライオンは非常に根気強くシマウマを追いかけた。

(170) The orchestra played the symphony passionately but gracefully.
　　　 そのオーケストラはその交響曲を情熱的に、しかし優雅に演奏した。

(171) Please speak more slowly.　もっとゆっくり話してください。

(169) の very unweariedly (非常に根気強く) は副詞句であって「副詞＋副詞」という構造を持つ。

(170) の副詞句 passionately but gracefully (情熱的にしかし優雅に) は、「副詞＋接続詞＋副詞」という構造を持つ。

(171) の副詞句 more slowly (もっとゆっくり) は、「数量詞＋副詞」という構造を持つ。

iv．動詞群

動詞群は、動詞語幹に対応する事態が成立する時間的性質や事態が成立する可能性などの、事態の特性を表示する形態素列である。

(172) Sperm whales eat squids.　マッコウクジラはイカを食べる。

(173) Everybody loves happiness.　誰もが幸福を好む。

(174) John walked to the station.　ジョンは駅まで歩いて行った。

(175) Mary fell in love with a handsome boy.
　　　 メアリーはあるハンサムな男の子が好きになった。

(172) の動詞群は動詞 eat (食べる) 1 つのみで構成されている。主体を表示するのが名詞句 sperm whales (マッコウクジラ) で、これは複数の個体 (正確にはマッコウクジラであるすべての個体) を表示するから、eat は現在時制形態であり、事態が現在を含む長期間にわたって成立することを表す。また、直説法形態であり、事態が現実世界において成立することを表す。

(173) の動詞群は、loves (愛する) という 1 語によって構成されているが、動詞語幹 love に形態素 s (音価は /z/) が付加されている。この形態素によって、時制は現在であって、現在を含む長期間にわたる事態の成立、また、法は直説法であって、現実世界において事態が成立することが表される。

(174) の動詞群は walked (歩いた) 1 語であるが、これは動詞語幹 walk と直説法過去時制形態素 ed (音価は /t/) という 2 つの形態素によって構成されている。ここから、事態が現実世界の過去において成立したことが理解される。

(175) の動詞群は fell (落ちた) 1 語のみで構成されるが、直説法過去時制形態であることから、事態が現実世界の過去において成立したことを表示している。

第 4 章　文の構造

（176）Someone is knocking at the door.　誰かがドアをノックしている。

（177）The baseball game has started.　その野球の試合は始まっている。

（178）Spring will come soon.　もうすぐ春が来るだろう。

（179）It has been raining for half a day.　半日雨が降っている。

　（176）の動詞群は is knocking（ノックしている）であり、「助動詞＋動詞（現在分詞）」という構造を持っている。直説法現在時制形態であり、部分相形態（進行形）であるから、事態の部分が現実世界の現在において成立していることが表示される。

　（177）の動詞群は has started（始まっている）であり、「助動詞＋動詞（過去分詞）」という構造を持っている。直説法現在完了時制形態であるから、事態が現実世界の過去において成立し、その結果が現在の状況に影響を与えていることを表す。

　（178）の動詞群は will come（来るだろう）であり、「助動詞＋動詞（不定詞）」という構造を持っている。直説法未来時制形態であるから、事態が現実世界の未来において成立することを表す。

　（179）の動詞群は has been raining（雨が降っている）であり、「助動詞＋助動詞＋動詞（現在分詞）」という構造を持つ。直説法現在完了時制の部分相形態（進行形）であるから、事態が現実世界の過去において成立し始め、現在においてもその部分が成立していることを表す。

③ 節を含む文

ⅰ．名詞節が主体である文

（180）It is a fact that I owe much to him.

　　　 私が彼に大変世話になっているのは事実だ。

（181）It is false that the man was once a famous actor.

　　　 その男がかつては有名な俳優だったというのは嘘だ。

（182）It occurred to me that she might be cheating.

　　　 彼女が不正を働いているのではないかと私はふと思った。

　（180）では、名詞節 that I owe much to him（私が彼に大変世話になっている）が主体であり、名詞句 a fact（事実）が副体を表していて、is は現在において主体が副体に包含されるという関係にあることを表す。

　英語では通常主体は文頭に配置されるが、名詞節が主体である場合には文末に配置され、文頭には代名詞 it が置かれるのが普通である。

　（181）では、名詞節 that the man was once a famous actor（その男がかつて有名な俳優だった）が主体であり、形容詞 false（嘘だ）が副体を表していて、is は現在において主体が副体に包含される関係にあることを表している。

（182）では、名詞節 that she might be cheating（彼女が不正を働いているかもしれない）が主体であり、動詞群 occurred（心に浮かんだ）が副体である。この文は、主体である事態が、動詞が表示する「主体が心に浮かんだ」という事態を構成する主体の集合に包含される関係にあるという事態を表示している。

以上より、名詞節が主体である文は、次のような構造を持つと考えることができる。

（183）文＝It＋動詞群（＋名詞句／形容詞句）＋名詞節

主体である名詞節が文頭に配置される場合もある。

（180′）That I owe much to him is a fact.

（181′）That the man was once a famous actor is false.

（182′）That she might be cheating occurred to me.

ⅱ．名詞節が副体である文

（184）Mary says that she has been to Scotland.

　　　　メアリーはスコットランドに行ったことがあると言っている。

（185）My guess is that the politician was bribed.

　　　　私の推測ではその政治家は賄賂を受け取っている。

名詞節が事態中で副体である場合に、名詞節は動詞群に後続する場所に配置される。

（184）の名詞節 that she has been to Scotland（彼女はスコットランドに行ったことがある）は副体であり、主体である Mary との間には、say（言う）によって表される単射関係が成立している。

（185）の名詞節 that the politician was bribed（その政治家は賄賂を受け取った）は副体であり、主体である my guess（私の推測）との間には同値関係が成立している。事態が現在において成立することを動詞 be の直説法現在時制形態が表している。

ⅲ．名詞節が名詞句の成分である場合

（186）Our teacher told us the story that Caesar was assassinated by his friend Brutus.

　　　　私たちの先生は、カエサルが友人のブルートゥスに殺されたという話をしてくれた。

（187）There is a possibility that an eruption of the volcano may cause a great disaster.

　　　　その火山の爆発が大きな災害を引き起こす可能性がある。

78 第4章 文の構造

　名詞句の後に名詞節が置かれて名詞句を形成する場合には、名詞が表す事態を名詞節が具体的に限定する。

　(186)では、名詞句 the story（話）に後続する名詞節 that Caesar was assassinated by his friend Brutus（カエサルが友人のブルートゥスに殺された）が、「話」が表す無限個の事態のうち、具体的にはどの事態であるのかを限定している。

　(187)では、名詞句 a possibility（可能性）に後続する名詞節 that an eruption of the volcano may cause a great disaster（その火山の爆発が大きな災害を引き起こす）が、名詞句が表示する可能性に属する事態のうち、どの可能性が想定されているのかを表している。

　名詞句を構成する名詞句と名詞節の間に動詞群が配置されることもある。

 (188) His idea is wrong that our future is far from bright.
   我々の未来は決して明るくないという彼の考えは間違っている。

 (189) Our dream will come true that tolerance prevails in the world.
   寛容が世界中に広まるという私たちの夢は実現するだろう。

　この構造の文で、分離している名詞句と名詞節が上位の名詞句を形成することは、(188)のように動詞群の後に形容詞句のような別の語句があるか、(189)のように動詞群中の動詞が事態の副体として機能していることから理解される。

　(184)～(185)のように、動詞が関係を表示している場合には、名詞節は副体として機能する。

iv．名詞節が名詞群の成分である場合

　名詞節が前置詞に後続して名詞群を構成することがある。

　名詞節が前置詞とともに名詞群を構成することは通常できないが、次の場合のみ名詞群の成分になることができる。

 (190) Your argument is not acceptable in that it lacks logical thinking process.
   論理的な思考過程を欠いているので、あなたの主張は受け入れられない。

v．文、名詞群の成分としての疑問詞節

　疑問詞が先頭に置かれた節を「疑問詞節」と呼ぶ。疑問詞節は、名詞節と同様に、事態の主体や副体として機能することができる。

 (191) Who happened to be at the crime scene is unknown.
   誰がたまたま犯行現場にいたのかは分からない。

 (192) How you reach the solution counts a lot in this case.
   どのようにして解決にたどり着くのかが、この場合にはとても重要だ。

第 2 節　文の構造　　　79

　(193)　The problem is when we should start our enterprise.
　　　　　問題はいつ我々の事業を始めたらいいかということだ。
　(194)　She asked me what I would buy at the supermarket.
　　　　　彼女は私にスーパーで何を買うつもりか尋ねた。

　(191)では、疑問詞節 who happened to be at the crime scene（誰がたまたま犯
行現場にいたのか）は動詞群 is に先行しており、主体として機能していることが
分かる。

　(192)では、疑問詞節 how you reach the solution（どのようにして解決にたど
り着くか）が動詞群 counts（重要だ）に先行しており、動詞群の後には副詞（a lot）
と名詞群（in this case）が後続しているだけだから、この動詞群が副体であり、疑
問詞節が主体であると理解される。

　(193)では、疑問詞節 when we should start our enterprise（我々が事業をいつ始
めたらいいか）は、be 動詞群 is に後続しているから、この疑問詞節が副体であり、
主体の the problem（問題）と同値関係にある。

　(194)では、主体が代名詞 she、動詞群が asked（尋ねた）であるから、疑問詞
節 what I would buy at the supermarket（私がスーパーで何を買うつもりか）は副
体であり、主体との間に単射関係が成立する。動詞群の直後にある代名詞 me は、
疑問詞節が表示する事態が伝達される着点を表す。

　疑問詞節は前置詞に後続して名詞群を構成することができる。

　(195)　The conference was on how we could defend ourselves against our enemy.
　　　　　会議は、敵に対して我々がどのようにして身を守ることができるのか
　　　　　ということについてだった。
　(196)　The question is difficult of who we should elect as a president.
　　　　　我々が誰を大統領に選ぶべきかという問題は難しい。

　(195)では、前置詞 on に疑問詞節 how we could defend ourselves against our
enemy（我々が敵に対してどのようにして身を守ることができるか）が後続する
ことにより、名詞群が形成されている。この名詞群は、主体である the confer-
ence（その会議）が関係する事態を表示している。

　(196)では、前置詞 of に疑問詞節 who we should elect as a president（我々が誰
を大統領に選ぶべきか）が後続することにより、名詞群が形成されている。この
名詞群は、名詞句 the question とともに名詞句を構成する。

ⅵ．関係節が名詞句の成分である場合
　関係節は名詞句が表示する事物の集合を限定する機能を持つから、名詞句とと
もに上位の名詞句を形成する。

第 4 章　文の構造

（197）John visited the museum which his teacher said was worth once visiting.
　　　ジョンは先生が一度訪れる価値があると言っていた美術館に行った。

（198）It seldom rains in the desert where camels live.
　　　ラクダが住んでいるその砂漠ではほとんど雨が降らない。

　（197）の関係節は which his teacher said was worth once visiting（彼の先生が一度訪れる価値があると言った）であり、先行する名詞句（先行詞）the museum（その美術館）が表示する個体の特性を限定している。すなわち、美術館である個体の集合の要素を、ジョンの先生が訪れる価値があると言っていた個体であるものに限定する。関係代名詞 which は、関係節中では主体としての機能を持つ。

　（198）の関係節は where camels live（ラクダが住んでいる）であり、先行詞 the desert（その砂漠）が表示する個体の特性を限定している。すなわち、砂漠である個体（場所）の集合の要素を、ラクダが住んでいる場所であるものに限定する。関係副詞 where は、関係節中では場所である意味役割を持つ。

　関係節を含む名詞句が事態の主体である場合には、先行詞と関係節の間に動詞群が配置されることもある。

（199）The statue is magnificent which an unknown Greek sculptor made.
　　　ある無名のギリシアの彫刻家が作った彫像は見事なものだ。

（200）The time will come when mankind no longer exists on earth.
　　　人類がもはや地上には存在していない時が来るだろう。

　（199）では、名詞句 the statue（その彫像）は、動詞群 is magnificent（見事だ）に後続する関係節 which an unknown Greek sculptor made（ある無名のギリシアの彫刻家が作った）とともに名詞句を形成し、事態の主体として機能する。

　（200）では、名詞句 the time（時）は、直後の動詞群 will come（来るだろう）に後続する関係節 when mankind no longer exists on earth（地上に人類がもはや存在していない）とともに名詞句を形成し、事態の主体を表示する。

　不定詞節や分詞節が関係節と同様の機能を果たしている場合には、名詞句の直後に不定詞節や分詞節が配置される。

（201）This is a tool to repair the machine with.
　　　これはその機械を修理するための道具だ。

（202）I have met the official speaking on the stage.
　　　壇上で話している役人に私は会ったことがある。

（203）There are many old people taken care of by their children.
　　　自分の子供に面倒を見てもらっている老人はたくさんいる。

　（201）の不定詞節 to repair the machine with（その機械を修理する）は、先行する名詞句 a tool（道具）の特性を限定する働きをする。すなわち、ある道具があっ

て、それがその機械を修理する目的で使用されるということである。

　（202）の現在分詞節 speaking on the stage（壇上で話をしている）は、先行する名詞句 the official（その役人）が表示する個体（人間）が、現在壇上で話をしている主体と同一であるという特性を表している。

　（203）の過去分詞節 taken care of by their children（自分の子供によって面倒を見られている）は、先行する名詞句 many old people（多くの老人）が表示する個体の集合のうち、現在子供によって面倒を見られている個体の集合に包含される関係にあるものを表示する。

ⅶ．副詞節が文の成分である場合

　副詞節は、主節である文が表示する事態全体に関わる、時、条件、原因・理由などの特性を表す。主節を構成する必須の要素ではなく、通常は主節に先行する位置または後続する位置に置かれる。

（204）When I have time to spare, I usually read mysteries.
　　　　暇がある時、私は普通ミステリーを読む。

（205）Misery prevailed in the society, when a riot happened.
　　　　苦難が社会を支配していた時、騒乱が起こった。

（206）If you are right, people will be able to live in happiness.
　　　　あなたが正しければ、人々は幸福のうちに生きることができるだろう。

（207）I will accept her plan, unless you are against it.
　　　　あなたが反対でなければ、私は彼女の計画を受け入れよう。

（208）Since it is raining today, I will drive to my office instead of taking a bus.
　　　　今日は雨が降っているので、バスには乗らないで車で会社に行こう。

（209）We agreed to join the project, though we were not totally sure of its success.
　　　　私たちは成功を完全に確信してはいなかったが、その計画に参加することに同意した。

　副詞節が文中に配置される場合もある。

（210）The marathon runners, as the temperature went up, dropped out one by one.
　　　　マラソンの走者たちは、気温が上がるにつれて、一人また一人と脱落していった。

（211）Our country, however painful the present situation may be, will soon regain its honor.
　　　　私たちの国は、現在の状況がどんなに苦しいものであっても、間もな

く名誉を回復するだろう。

分詞節や不定詞節が副詞的に機能する場合も、主節の前または後に配置される。

(212) Devastated by the enemy, the city lost half of its inhabitants.
敵に壊滅させられたため、その都市は住民の半分を失った。

(213) The plane took off the airport, arriving at New York eight hours later.
その飛行機は空港を離陸して、8時間後にニューヨークに到着した。

(214) You should be frugal for your children to get good education.
自分の子供たちがよい教育を受けるためには、倹約しなければならない。

(212)で、主節に先行する過去分詞節 devastated by the enemy（敵に壊滅させられたため）は、主体が主節の事態の主体と同一（the city その都市）である事態を表示する。この分詞節は、主節の事態の原因を表す副詞節としての働きをしている。

(213)で、主節に後続する現在分詞節 arriving at New York eight hours later（8時間後にニューヨークに着く）は、主体が主節の事態の主体と同一（the plane その飛行機）である事態を表示する。この分詞節は、主節の事態が成立した後に成立する事態を表示する。

(214)で、主節に後続する不定詞節 for your children to get good education（子供たちがよい教育を受けるためには）は、主節の事態よりも後に成立する事態を表示する。主節の事態との関係から判断して、主節の事態が成立するための目的を表すものと理解される。

分詞節と不定詞節も、副詞節と同様に文中、特に主体を表示する名詞句と動詞群の間に配置されることがある。

(215) The general, taking the possible crisis into account, abandoned the planned intrusion.
将軍は、危険がありうることを考慮に入れて、計画されていた進攻を諦めた。

(216) People in this region, to defend themselves against the heat in summer, build their houses on the surface of a lake.
この地域の人々は、夏の暑さから身を守るために、湖面に家を建てる。

(215)の現在分詞節 taking the possible crisis into account（〈将軍が〉危険がありうることを考慮に入れて）と、(216)の不定詞節 to defend themselves against the heat in summer（〈この地域の人々が〉夏の暑さから身を守るために）は、主体である名詞句の直後に置かれ、これらの節の後に動詞群が配置されている。

83

第5章　名詞

名詞の分類

名詞は事物の集合を表示する語である。

（1）Koalas live in Australia.　コアラはオーストラリアに住んでいる。

（2）I ate cheese with wine.　私はワインと一緒にチーズを食べた。

（3）My family were all pleased with my sister's marriage.
　　私の家族は姉の結婚を皆喜んだ。

（4）Wealth is not almighty.　富は万能ではない。

事物のうち、具体的に知覚できる対象を「個体」と呼ぶ。個体の中でも、box（箱）や table（テーブル）、water（水）や sugar（砂糖）のように、同種の個体が無数にある場合は、それら同種の個体が全体として1個の集合を形成する。このような、要素を無限に含む個体集合を表示する名詞を「普通名詞」と呼ぶ。

普通名詞の中でも、box や table は、他の同種の個体との境界が誰にとっても明確であり、したがって two boxes（箱2個）, five tables（テーブル5台）のように、個体の個数を数えることができる。このように個数を数えることができる個体を表示する名詞を「可算名詞」と呼ぶ。

一方、water や sugar は、容器に入れたり固形化させるような特別の方法で境界を設定したりするのでなければ、同種の個体との境界は本質的に不明確であり、個数を数えることはできない。このように、自然の状態では個数を数えることができない個体を表示する名詞を「不可算名詞」と呼ぶ。

普通名詞の中でも不可算である個体を表示する名詞を「物質名詞」と呼び、普通名詞を可算である個体を表示するものに限定する場合もあるが、「水」や「砂糖」のような物質も、人間が通常の生活で普通に目にする対象であるのは間違いない。また、「箱」や「テーブル」も質量と体積を持つという点では同様に物質なのだから、水や砂糖だけを物質だとするのは適切とは言えない。

したがって以下では、境界が明確な個体の集合を表示する名詞を「可算普通名詞」、境界が不明確な個体の集合を表示する名詞を「不可算普通名詞」と呼ぶことにする。

（1）の koala（コアラ）は可算普通名詞であり、単数と複数を区別することができるから、この例では koalas のように複数形を取っている。（2）の cheese（チーズ）

と wine（ワイン）は不可算普通名詞であり、特別の手段を用いなければ個数を数えることはできないから、単数と複数を区別することができず、単数形のみの使用が適格だとされる。

　普通名詞が表示する個体集合に属する要素としての個体は、たとえ同じ box や table であっても、実際にはすべて異なっているが、同一の集合に属するものであればすべて同じ名詞を使って表される。箱を区別するために、ある箱は box と呼ぶが、別の箱は bix と呼ぶというようなことはしない。

　これに対して、人間にとって重要な人間そのものや人間が住んでいる場所は、同じ人間や場所であっても、それらを区別しないですべて「人間」や「場所」と一括りで呼ぶことはしない。人間や場所は、たとえ同種の個体であっても、それぞれ異なった語形を与えるのが言語の通常の姿である。このような、同種の人間や場所に与えられた異なった語を「固有名詞」と呼ぶ。

　John（ジョン）や Mary（メアリー）のような人名、Japan（日本）や London（ロンドン）のような地名、The Nile（ナイル川）や Everest（エベレスト）のような河川名、山名などが固有名詞の代表である。(1)に含まれる Australia（オーストラリア）も地名（国名）を表す固有名詞である。固有名詞は、通常は 1 個のみの個体について用いられるが、同じ名前を持つ人間が複数いたり、同じ地名の場所が複数存在したりすることもあるから、可算名詞に属する。

　普通名詞の中には、family（家族）や team（チーム）のように、1 つの個体が複数の成員を含むものがある。このような名詞を特に「集合名詞」と呼ぶ。(3)の family は単数形だから 1 つの家族を表示するのだが、その家族の構成員のすべてに焦点が当たっていて、構成員は複数であるから、動詞群には were という複数形が用いられている。

　集合名詞は可算名詞であるが、複数の個体によって構成されるのではない通常の可算普通名詞とは異なった特性を持つ。集合名詞と区別するために、1 個の個体を要素とする集合を表示する box や table のような名詞を「可算個体名詞」と呼ぶことにする。

　普通名詞や固有名詞は個体の集合を表示する。これに対して、movement（運動）や wisdom（知恵）のような名詞は、具体的に知覚できる個体を表すことはない。「運動」や「知恵」という、何らかの形を持ったものが存在するわけではない。

　movement は、「任意の主体が運動する」という事態を表示する。主体が任意であることは、主体の個数に制限がないということだから、この名詞は「主体が運動する」という事態の無限集合を表示することになる。koala や cheese のような普通名詞と異なるのは、movement が個体ではなく事態の集合を表示するということである。

wisdom は、「主体が賢い」という事態の集合を表示する。「主体が賢い」という事態に属する事態としては、「難しい問題が解ける」「困難な状況を適切に打開できる」「多くの情報を短時間で処理する」のような、様々の異なった事態があり得る。これに対し、movement は「運動する」という特性を共有する均質的な事態の集合を表示するという点で異なる。

　均質的であれ、多様性を持つ場合であれ、事態の集合を表示する名詞は「抽象名詞」と呼ばれる。(4)の wealth は「主体が富を持っている」という事態の集合を表しているので抽象名詞に属する。

　以上より、名詞は以下のように分類されることになる。

　(5) 名詞 ┬── 普通名詞
　　　　　　　　　可算普通名詞
　　　　　　　　　　可算個体名詞
　　　　　　　　　　集合名詞
　　　　　　　　　不可算普通名詞
　　　　　├── 固有名詞
　　　　　└── 抽象名詞

① 普通名詞

ⅰ. 可算普通名詞

a. 可算普通名詞の単数形と複数形

　可算普通名詞は、表示する個体の個数を明示することができる。個数は one, two, three のような数詞によって具体的に表されるが、1 個の場合、名詞の形態は「単数形」になり、2 個以上の場合、名詞の形態は「複数形」になる。

　複数形は、単数形の末尾に形態素 s を付加して形成されるのが原則である。s は、s, z, iz という異形態を持つ。

b. 可算普通名詞の意味

α 可算個体名詞

　可算普通名詞のうち、可算個体名詞は、個体の集合を表示する。集合に属する個体の数が 1 個の場合は単数形、複数の場合は複数形になる。

　(6) A cat is sleeping on the bench.　ベンチの上で猫が寝ている。

　(7) There are tall buildings in this district.　この地区には高い建物がある。

　(8) The books the novelist writes are all interesting.
　　　　その小説家が書く本は全部面白い。

　(6)の cat (猫) は猫である個体の集合に属する 1 個の個体を表示し、不定冠詞

が付加されているので、どの個体であるのかは不定である。bench（ベンチ）は、ベンチである個体の集合に属する1個の個体を表示する。定冠詞が付加されているので、受信者はどの個体であるのかを特定することができる。

(7)の buildings（建物）は、建物である個体の集合に属する複数の個体を表示する。冠詞が先行していないので、集合のうちのどの個体群であるのかを、受信者は特定することができない。

(8)の books（本）は、本である個体の集合に属する複数の個体を表示する。books が表示する集合は、後続する関係節 the novelist writes（その小説家が書く）によって範囲を限定されている。したがって、「定冠詞＋名詞」という構造の名詞句 the books は、この限定された範囲の集合に属する個体全体を表示しているものと理解される。

可算個体名詞の複数形は、冠詞が先行していない場合は、この名詞が表示する集合に属する個体の全てを表示することがある。

(9) Pandas live on bamboo.　パンダは竹を食べて生きている。

(10) Mary likes detective stories.　メアリーは探偵小説が好きだ。

文が表示する事態が成立するためには、通常は一定の時間が必要である。時間の流れを直線（時間軸）で表すとすると、事態が成立する時間はその直線上の点ではなく、線分で表されることになる。このような時間軸上の線分を「時区間」と呼ぶ。ただし、時区間は、長さを持たない時点をも含むものとする。

文が表示する事態が任意の時区間において成立するものと理解される時、冠詞を伴わない可算名詞の複数形は、名詞が表示する個体集合に属する全ての個体を表示する。

(9)の動詞群 live は直説法現在時制全体相形態である。動詞 live（生きる）は状態を表し、現在時制の全体相形態（非進行形）は、任意の時区間において成立する事態と、現在の時点で成立する事態の両方を表すことができる。この文は、パンダの食料という一般的な事態を表しているから、任意の時区間において成立すると理解される。主体を表示する名詞句 pandas には冠詞が付加されていないから、パンダである個体の集合に属する任意の個体群を表示する。任意の個体群が主体である事態が任意の時区間において成立するためには、この個体群は、個体集合の任意の部分集合に対応しなければならない。任意の部分集合に属する要素は、すなわち集合全体の要素のいずれでもよいのだから、全ての要素と同じことになる。このことから、無冠詞複数形のpandasは、この文においては「全てのパンダ」を表すものと理解される。

(10)の動詞群 likes も、直説法現在時制全体相形態である。動詞 like（好きだ）は状態を表す動詞だから、動詞群 likes は、任意の時区間において成立する事態

名詞の分類 87

または現在の時点において成立する事態を表示する。この文は、主体であるメアリーの好きな事物を表しているから、任意の時区間において成立する事態を表すものと理解される。副体を表示する名詞句 detective stories（探偵小説）には冠詞が先行していないから、探偵小説である個体の集合に属する任意の個体群を表示する。この名詞句が含まれる文は任意の時区間において成立する事態を表示するから、名詞句に対応する個体群も、やはり任意の時区間において存在していなければならない。任意の時区間において個体群が存在するためには、その個体群は集合に属する個体の全体でなければならない。したがって、名詞句 detective stories は、この文では「全ての探偵小説」を表す。

　文が表示する事態が、ある特定の時区間で成立するものと理解される場合、可算個体名詞の複数形は、個体集合の全体ではなく部分を構成する個体群を表す。

(11) Pandas were eating bamboo.　パンダが竹を食べていた。

(12) Mary read detective stories last week.
　　　先週メアリーは探偵小説を読んだ。

(13) I see birds on electric wires.　電線に鳥が止まっているのが見える。

(14) John will buy potatoes at the supermarket.
　　　ジョンはスーパーでジャガイモを買う。

　(11)の動詞群は were eating（食べていた）という過去時制部分相形態（進行形）であるから、過去のある特定の時区間において 1 個の事態の部分が成立したことを表す。したがって、無冠詞複数形の pandas は、その時区間において事態の主体であった有限複数個のパンダである個体を表示する。通常であれば、パンダは数匹程度である。

　(12)の動詞群は read（読んだ）という過去時制全体相形態であり、副詞句 last week（先週）が使用されていることから、現在より 1 つ前の週に含まれる過去の特定の時区間において、1 個の事態の全体が成立したことを表す。したがって、名詞句 detective stories（探偵小説）は、その過去の時区間において副体であった有限複数個の探偵小説である個体を表示する。1 人の人間が 1 週間に読める小説であるから、最大でも 10 冊程度であろうと推測される。

　(13)の動詞群は see（見える）という現在時制全体相形態であり、see は状態を表す動詞だから、長い時区間にわたって成立する習慣的事態と、現在を含む時区間において成立する事態の部分の両方を表示することができる。この文は、鳥が電線の上にいるのが見えるという事態を表示しており、これは習慣的に成立するものではない。したがって表示されているのは、現在における 1 個の事態であり、名詞句 birds（鳥）は、鳥である個体の集合に属する有限個の個体群を表示する。

　(14)の動詞群は will buy（買う）という未来時制全体相形態であり、buy は瞬間

的に成立する事態を表すから、この文は未来の時点において成立する1個の事態を表示する。したがって複数形名詞句 potatoes は、ジャガイモである個体の集合の真部分集合である有限個の個体を表示する。

可算個体名詞の単数形も、集合に属する全ての個体について成立する事態を表示するために用いることができる。

　（15）a. A bird has wings.
　　　　b. The bird has wings.
　　　　鳥には羽がある。
　（16）a. I love a Roman sculpture.
　　　　b. I love the Roman sculpture.
　　　　　私はローマの彫刻が好きだ。

（15a）の主体名詞句 a bird（鳥）は、鳥である個体の集合に属する不定の1個の個体を表す。この個体は、発信者も受信者も特定することができない任意の個体である場合と、発信者には特定できているが、受信者には特定できない不定の個体である場合がある。

任意の個体である場合、この文の動詞群は has（持っている）という状態を表す動詞であって、長期にわたる時区間において成立する事態を表示することができる。この場合、a bird は、任意の時区間において成立する事態の主体であるから、鳥に属するものであればどの個体でもよい。このことから、a bird が単数形であっても、全ての鳥を表すことになる。

受信者にだけ特定できない個体である場合には、a bird は鳥であるいずれか1個の個体を表す。したがってこの場合には、ある1羽の鳥について、その鳥が羽を持っているという事態をこの文は表すことになる。この時、他の鳥については羽がないという含意が生じることになる。しかし、1羽の鳥だけが羽を持っていて、他の鳥には羽がないということは、一般的にはあり得ないので、この解釈は排除される。

（15b）の名詞句 the bird は、通常であれば鳥である特定の1個の個体を表し、この文は「その鳥には羽がある」という事態を表示するものと理解される。しかし、名詞 bird が表示するのは鳥である個体の集合であり、この集合は1個であり、鳥ではない個体を要素とする他の集合とは明確に区別される。このことから、名詞句 the bird は、鳥である個体の集合全体、すなわち全ての鳥を表示することができる。

（16a）と（16b）の動詞群は love（好きだ、愛する）であって、長い時区間にわたって成立する事態を表示する。したがって、（16a）の副体名詞句 a Roman sculpture（ローマの彫刻）は、ローマの彫刻である個体の集合を構成する任意の1個の個体

を表示し、任意であるから、この集合に属する全ての個体が副体になることができる。(16b)の副体名詞句 the Roman sculpture は、ローマの彫刻である 1 個の個体集合の全体を表示し、この集合は任意の時区間において存在するから、この集合の要素である全ての個体がこの事態の副体となることができる。

ただし、事態が 1 個の特定の時区間においてのみ成立すると理解される場合には、集合に属する個体の全てについて、同じ事態がその時区間で成立することはあり得ない。したがって、「不定冠詞または定冠詞 + 可算普通名詞単数形」という構造の名詞句は、1 個の個体を表示する。

(17) A picture was hanged on the wall.　壁に絵がかけられた。

(18) My daughter is eating an apple in the kitchen.
私の娘は台所でリンゴを食べている。

(19) I know the politician speaking on the podium.
演台で話している政治家を私は知っている。

(17)は、過去の時区間において 1 度だけ成立した事態を表示している。「壁に 1 枚の絵がかけられる」という事態が任意の時区間において多数回または無限回成立することはないことが知られているからである。したがって、名詞句 a picture (絵)は、絵である個体の集合に属する不定の 1 個の個体を表示し、名詞句 the wall (壁)は、壁である個体の集合に属し、他の同種の個体とは明確に区別される、すなわち定である 1 個の個体を表示する。

(18)の動詞群は is eating (食べている)なので、この文が表示しているのは、現在の時点で事態の部分が成立しているということだから、事態は 1 個である。したがって、副体名詞句 an apple (リンゴ)が表示するのも、リンゴである個体集合に属する不定の 1 個の個体でなければならない。my daughter (私の娘)が主体である 1 個の事態が成立する場所を表すのが the kitchen (台所)である。

(19)の動詞群は know (知っている)であって、事態は比較的長い時区間にわたって成立することができるが、主体は発信者なので、事態の個数は 1 個であり、成立時区間の長さも有限であると判断できる。したがって、副体名詞句の the politician (その政治家)は、政治家である個体集合に属し、他の個体とは明確に区別される 1 個の個体であり、この名詞句を限定する分詞節において、節が表示する場所を表す the podium (演台)も、演台である 1 個の個体に対応している。

β　集合名詞

普通名詞は個体の集合を表示するが、可算普通名詞であれば、単数形の場合は 1 個の個体を表示するのが原則である。しかし、集合名詞は、単数形であっても複数の個体を表示することができる。

第5章　名詞

(20) a. The family were all delighted with my visit.
　　　 その家族は皆私の訪問を喜んでいた。

　　 b. His family comes from Ireland.　彼の家族はアイルランド出身だ。

(21) a. The team are required to obey strict rules.
　　　 チームは厳格な規則に従うことを要求される。

　　 b. My team belongs to the Western League.
　　　 私のチームはウェスタンリーグに所属している。

(22) a. Our class are heading for the common goal.
　　　 私たちのクラスは共通の目標に向かって進んでいる。

　　 b. Her class was temporarily closed owing to the infectious disease.
　　　 感染症のため、彼女のクラスは一時的に閉鎖された。

　集合名詞が表示する個体集合が主体であって、その集合に属する個体のそれぞれが主体である事態が成立することで、事態の全体が成立するようになる場合は、集合を構成するそれぞれの個体に焦点が当たる。それぞれの個体は複数個存在するから、事態の主体は複数であると認識される。一方、個体集合に属する成員のそれぞれが事態の成立に関与していると考える必要がない場合には、その集合の構成員が意識されることはなく、集合の個数は全体として1個であるから、名詞の形態そのままに単数として認識される。

　(20a)が表示する事態は主体である the family（その家族）が「喜んでいる」という感情に関わる。したがって、家族を構成する複数の人間に焦点が当たることになり、単数形であっても主体は複数個であると理解され、動詞も were という複数形になる。

　(20b)が表示する事態は、主体である家族の属性に関わるものであって、家族の構成員の意志や感情とは無関係である。したがって集合の構成員に焦点が当たることはなく、主体名詞句の形態に従って、単数であるものと認識され、動詞も comes という単数形になる。

　(21a)が表示する事態は、主体が厳格な規則に従うべきだという内容であり、規則に従うのは名詞句 the team（そのチーム）に所属するそれぞれの構成員であるから、チーム全体ではなく個々のチーム員に焦点が当たる。チーム員は複数であるから、主体名詞句が単数形であっても、動詞群は are required という複数形を取っている。

　(21b)が表示する事態は、主体である個体が属するリーグのことを話題にしている。個体を構成する要素に焦点が当たっているわけではないので、主体である my team（発信者のチーム）は、この名詞の形態通り単数として取り扱われ、動詞群の形態も belongs という単数形になる。

名詞の分類　　　　　91

　(22a)が表示する事態が成立するためには、クラスに属する個々の生徒がある
共通の目標を持っている必要がある。したがって、主体である our class (発信者
たちのクラス)全体ではなく、それを構成するそれぞれの構成員に焦点が当たる
ことにより、複数性を持つことになり、動詞群も are heading という複数形を取る。

　(22b)が表示する事態は、主体である her class (彼女のクラス)が閉鎖されたと
いう内容であり、クラス全体に関わるものであって、それを構成する個々の成員
に焦点が当たることはない。実際、A student of her class was closed.(彼女のク
ラスの生徒の1人が閉鎖された)という文は不適格であると判断される。したがっ
て、主体は単数の個体として理解され、動詞群も was closed という単数形になる。

　集合名詞が全体として1個だとみなされるのか、それとも集合名詞を構成する
要素の複数性に焦点が当たるのかは、集合名詞を含む名詞句が主体である場合に、
動詞群の形態によって明示されるだけで、それ以外の場合には、事態を構成する
他の要素や一般的知識によって判断される。

　(23) a. I invited his family to my birthday party.
　　　　　私は彼の家族を私の誕生パーティーに招待した。

　　　 b. There are some customary rituals in my family.
　　　　　私の家族には慣習的な儀式がいくつかある。

　(24) a. The enemy plundered the town.　敵はその町を略奪した。

　　　 b. The enemy invaded our country.　敵は我が国を侵略した。

　(23a)の副体名詞句 his family (彼の家族)は副体であって、主体である発信者
と invite (招待する)という関係にある。招待される対象は個々の人間であるから、
この文での family では、この集合を構成する個体の複数性に焦点が当たってい
るものと理解される。

　(23b)の名詞句 my family (私の家族)は、前置詞 in とともに名詞群を形成して
いて、事態が成立する場所を表示している。この事態については、成立する場所
は単一であるから、my family は全体として1個、すなわち単数であると理解さ
れる。

　(24a)の主体名詞句は the enemy (その敵)という集合名詞であるが、動詞群
plundered (略奪した)は過去時制形態であり、単数と複数を区別しない。しかし、
plunder (略奪する)という行為は、軍隊に属する個々の人間が主体となって行う
ものであるから、この場合には、集合名詞の要素の複数性に焦点が当たっている
ものと理解される。

　(24b)の主体名詞句は、(24a)と同じ the enemy である。しかし、動詞群は in-
vaded (侵略した)であり、侵略は軍隊が一体となって遂行される行為である。し
たがって、この文での enemy は集合全体の単数性に焦点が当たっているものと

理解される。

集合名詞が 1 個の集合を全体として表示している場合には、同様の集合が複数存在することができるから、集合名詞も複数形を取ることが可能である。

(25) Many families gathered for the festival.
その祭典にたくさんの家族が集まった。

(26) Twenty teams took part in the tournament.
その大会には 20 チームが参加した。

(27) The school has five classes for each grade.
その学校には各学年に 5 クラスある。

(25)〜(27) の families（家族）, teams（チーム）, classes（クラス）は、1 個の集団としての家族、チーム、クラスが複数個あることを表している。

ii. 不可算普通名詞

不可算普通名詞は「物質名詞」とも呼ばれるが、個体ではあっても、自然の状態では他の個体との境界が明確ではない個体を表示する。他の個体との境界が明確に区別できなければ、個数を数えることが不可能であるから、不可算普通名詞は形態的には単数形のみで使用される。

(28) John drank water.　ジョンは水を飲んだ。

(29) Automobiles need petrol to run.　車が走るにはガソリンが必要だ。

(30) Mary drew in air.　メアリーは空気を吸い込んだ。

(31) The field is covered with snow.　その野原は雪で覆われている。

(32) I ate the bread with cheese.　私はそのパンをチーズと一緒に食べた。

液体や気体は、自然の状態では連続的な個体として存在しているから、個体間の境界は本質的に不明確である。(28) の water（水）と (29) の petrol（ガソリン）は液体であり、自然的な境界は存在しない。したがって、これらは不可算普通名詞であり、複数形を持たない。これらの文が表示する事態中では、water と petrol が表す個体は不定であるが、不定冠詞は可算個体名詞にのみ付加されるから、これらの名詞には不定冠詞が付加されず、water と petrol 単独で名詞句を形成する。

(30) の air（空気）は気体であり、やはり自然的な境界を持たない。主体の Mary がある過去の時区間において吸い込んだ空気を他の空気と区別することはできないから、この air に対応する個体は不定であり、冠詞が付加されない。

(31) の snow（雪）は固体であるが、自然的な状態では境界がどこにあるのかは不明であるため、不可算普通名詞に属する。野原の上にある雪である個体を他の個体と明確に区別することはできないから、この文中の snow は不定であり、冠詞が付加されない。

名詞の分類　　　　　　　　93

(32)の bread（パン）は固体であり、店舗で商品として販売されている状態では、他の同種の商品との間には明確な境界が存在する。しかし、商品としてのパンを製造するためのパン生地は液体と同様の性質を持ち、生地の中に自然的な境界は存在しない。したがって bread は不可算普通名詞に分類される。発信者がある過去の時区間において食べたパンは、他のパンとは明確に区別されるから定性は定であり、定冠詞が付加される。

　同じ文中の cheese（チーズ）も、パンと同様に固体であるが、商品として販売される時には切り分けられており、切り分けられた個体とそれ以外の個体との間には明確な境界がある。しかし、切り分けられる前のチーズは、自然的な境界を持たない物質であるから、cheese は不可算普通名詞に属する。この文が表示する事態中のチーズを、他のチーズである個体と区別することはできないから、定性は不定であり、冠詞が付加されない。

　固体であっても、人為的に境界を設定しなければ自然的な境界が存在しない物質を表示する名詞は、不可算普通名詞に分類される。以下のような名詞である。

(33) rice（米）, wheat（小麦）, sugar（砂糖）, salt（塩）, ice（氷）, cream（クリーム）, meat（肉）, cloth（布）, coal（石炭）

同じ名詞が、表示する個体の特性によって、可算と不可算の両方の性質を持つ場合もある。

(34) a. Light travels the fastest.　光が最も速く進む。

　　 b. I switched on lights after dark.
　　　　暗くなってから私は明かりを点けた。

(35) a. Paper was a very expensive item in medieval Europe.
　　　　中世ヨーロッパでは紙は貴重な品物だった。

　　 b. The scientist wrote many papers when young.
　　　　その科学者は若い時たくさんの論文を書いた。

(36) a. He ordered lamb for a main dish.
　　　　彼はメインディッシュに子羊の肉を注文した。

　　 b. There are lambs in this farm.　この牧場には子羊がいる。

　(34a)の light が表すのは「光」であって、自然な光を切り取って境界を設定することはできない。したがって、この意味での light は不可算普通名詞である。(34b)の light は、光を発する器具である「電灯」を表しており、電灯は同種の個体との間に明確な境界を持つから、この意味での light は可算普通名詞である。

　(35a)の paper は、材料としての「紙」を表しており、紙は人為的に切り分ける以外には自然的な境界を持たないから、この場合の paper は不可算普通名詞である。(35b)の paper は、論文である個体を表示しており、論文は冊子体であれ、

電子媒体によるものであれ、他の論文との間に明確な境界を持つと考えてよい。したがって、この意味でのpaperは可算普通名詞であり、この文では複数形を取っている。

(36a) の lamb は「子羊の肉」を表しており、肉は固体であるが、人間が切り分ける以外には自然的な境界を持たない。したがってこの意味での lamb は不可算普通名詞に属する。(36b) の lamb は、子羊である個体を表し、子羊は動物であるから個体の間には明確な境界がある。したがってこの意味での lamb は可算普通名詞であり、この文では複数形を取っている。

a.　個体集合の全体のみを表示する不可算普通名詞

境界が明確な個体の集合を表示するだけで、要素としての個体を表示できない名詞がある。集合は1個のみであるから、このような集合を表示する名詞は不可算普通名詞に属する。

(37) machinery（機械類）, poetry（詩）, foliage（葉）, furniture（家具）, laundry/washing（洗濯物）

(38) The company deals machinery for automobiles.
その会社は自動車の機械類を取り扱っている。

(39) I studied ancient poetry at college.　私は大学で古代の詩を研究した。

(40) In spring we see trees with brilliantly green foliage.
春には輝く緑の葉の木々が見られる。

(41) John moved into an apartment and fixed furniture there.
ジョンはアパートに引っ越してきて、そこに家具を備え付けた。

(42) It takes a couple of hours to dry out laundry with a machine.
機械で洗濯物をすっかり乾かすには数時間かかる。

family（家族）, team（チーム）などの集合名詞は、家族やチームである個体が本来的に複数の人間によって構成されており、これらの名詞が表示するのはそのような個体の集合である。したがって、これらの集合名詞には可算性があり、複数形の使用も適格である。集合名詞の要素である個体が、複数形の動詞とともに用いられることができるのは、個体がさらに複数の個体成分によって構成されていることに焦点を当てることが可能だからである。

これに対し、machinery や poetry などの名詞は、個体集合の全体を表示することができるだけで、その要素である個体を表示することがないため、単数形のみが適格である。この点で、同じように集合を表す集合名詞と、個体の集合を表しながらも不可算である普通名詞は性質が異なる。

machinery や poetry などの名詞に対応する個体集合の要素としての個体を表

示するには、machine（機械），poem（詩），leaf（葉）のような、個体表示用の名詞を用いる。furniture や laundry/washing については、table（テーブル），chair（椅子），shirt（シャツ），pants（ズボン）のような、具体的な家具や衣類を表す可算普通名詞を用いる。ただし、a piece of furniture（家具 1 点），many pieces of laundry（洗濯物多数）のように、家具や衣類を特定しないで個数を表現することは可能である。

b.　不可算普通名詞の個数

　不可算普通名詞が表示する個体には自然的な境界は存在しないが、人為的に分割して商品化したり、境界の明らかな容器に収納したりすることにより、明確な境界を設定することが可能である。この場合には、不可算普通名詞に対応する個体であっても単数形と複数形を区別し、個数を明示することができる。

気体
　　a can/two cans of helium（ヘリウム 1 缶、2 缶）
　　a cartridge/five cartridges of gas（ガス 1 カートリッジ、5 カートリッジ）
　　a cylinder/three cylinders of oxygen（酸素ボンベ 1 本、3 本）
液体
　　a bottle/two bottles of water（水 1 瓶、2 瓶）
　　a cup/three cups of coffee（コーヒー 1 杯、3 杯）
　　a glass/four glasses of milk（牛乳 1 杯、4 杯）
　　a mug/six mugs of beer（ビールジョッキ 1 杯、6 杯）
固体
　　a loaf/two loaves of bread（パン 1 斤、2 斤）
　　a cut/five cuts of meat（肉 1 切れ、5 切れ）
　　a slice/four slices of bacon（ベーコン 1 枚、4 枚）
　　a bar/ten bars of chocolate（板チョコ 1 枚、10 枚）
　　a block/three blocks of ice（氷 1 個、3 個）
　　a sheet/twenty sheets of paper（紙 1 枚、20 枚）
　　a stick/three sticks of chalk（チョーク 1 本、3 本）
　　a strip/two strips of cloth（布 1 切れ、2 切れ）
　　a grain/three grains of rice（米 1 粒、3 粒）
　　a cake/two cakes of soap（石鹸 1 個、2 個）

c.　集合全体を表す不可算普通名詞

　不可算普通名詞は複数形を持たないので、この種の名詞が表示する個体集合の全体は、単数形を用いて表される。

(43) a. Water is made of hydrogen and oxygen.

b. The water is made of the hydrogen and the oxygen.

水は水素と酸素で出来ている。

(44) a. I love green tea.

b. I love the green tea.

私は緑茶が好きだ。

（43a）の主体名詞句 water（水）は不可算普通名詞であって冠詞が付加されていないので、表示される個体は不定である。この文は水が何によって構成されているのかを表しているので、事態は任意の時区間において成立する。したがって名詞句が表示する水である個体も任意であり、任意であり不定であるから、集合に属する全ての個体を表示することになる。

動詞群 is made に後続する名詞群中の hydrogen（水素）と oxygen（酸素）も、同様に不可算普通名詞であって冠詞が付加されていないことから、それぞれ水素である個体の全て、酸素である個体の全てを表すものと理解される。

（43b）の主体名詞句 the water は、文が表示する事態が任意の時区間において成立することから、ある特定の時区間において事態中に含まれる個体ではなく、個体集合の全体を表示する。水である個体の集合全体は、他の集合とは明確に区別されるから定である。

動詞群に後続する名詞群中の名詞句 the hydrogen と the oxygen も、the water と同様に、水素である個体集合の全体、酸素である個体集合の全体を表示する。

（44a）が表示する事態の主体は発信者であり、副体は名詞句 green tea（緑茶）によって表示されている。主体と副体の間には love（好きだ）という関係が成立するが、この関係は長期にわたる任意の時区間において成立する。このことから、冠詞を伴わない不可算名詞句 green tea は、緑茶である全ての個体を表示するものと理解される。

（44b）も任意の時区間において成立する事態を表示するから、副体名詞句 the green tea は、緑茶である集合の全体を表示するものと理解される。

② 固有名詞

ⅰ. 固有名詞の性質

固有名詞は、人間、人間の集団、場所、時間に関わる個体の集合の要素を、他の要素と区別するために用いられる名詞である。tree（木）や stone（石）などの個体集合は、その集合に属する個体がそれぞれ異なるものであることは分かっていても、異なる個体を区別するために異なった語形を使用して区別することに価値はない。

しかし、人間であれば、それぞれ異なる人間を区別せずに「人間」(human)とだけ呼ぶことには大きな不都合がある。このことから、それぞれの人間にはMary (メアリー)やJohn (ジョン), Smith (スミス)やBaker (ベーカー)などの名前が付けられている。

また、地球上の居住可能な場所は全て人間が支配しており、人間が居住しているかどうかに関わらず、人間にとっては大きな価値を持つ個体である。したがって、場所についても、場所であるそれぞれの個体を区別するための固有名詞(国名、都市名、山名、河川名など)がある。

　　国名：Japan (日本), Canada (カナダ), India (インド), Egypt (エジプト)
　　都市名：London (ロンドン), Paris (パリ), Chicago (シカゴ),
　　　　　　Sydney (シドニー)
　　山名：Everest (エベレスト), Kilimanjaro (キリマンジャロ),
　　　　　Manaslu (マナスル), Eiger (アイガー)
　　河川名：Nile (ナイル), Mississippi (ミシシッピ), Thames (テムズ),
　　　　　　Seine (セーヌ)

時間は無限の長さを持つ直線で表されるような性質を持ち、全ての時点と時区間の特性に変わりはないから、時間に関わる個体を表す固有名詞は、基本的には必要ではない。しかし、人間が時間的区切りを知るために発明した暦で使用される曜日名 (Sunday, Monday, Tuesday…)や月名 (January, February, March…)は、他の同種の時区間とは明確に区別されるから、これらも固有名詞に含められる。また、Christmas (クリスマス), Easter (復活祭), Pentecost (五旬祭)のような祝祭日も、1年のうちで他の日とは区別される特定の名詞で指示される時区間であるから、やはり固有名詞である。

ii. 固有名詞の数

　固有名詞は、人間や場所の集合を構成するそれぞれの個体を区別するために使用され、人間や場所は全て異なるものとして認識されるのが基本なので、同一の個体が複数個存在することはなく、したがって単数形のみで用いられるのが普通である。

　しかし、同一の固有名詞が指示する個体が複数個存在する場合には、固有名詞も複数形を持つことがある。

　(45) The Americas are divided into two major cultural regions.
　　　アメリカは2つの主要な文化圏に分かれる。

　(46) I've got three Johns in my class.　私のクラスにはジョンが3人いる。

　(47) They go to church on Sundays.　毎週日曜日に彼らは教会に行く。

(45)では、場所を表す固有名詞 America が複数形を取っている。アメリカには、the North America（北アメリカ）と the South America（南アメリカ）の 2 つがあるからである。日本に「福岡」「郡山」「川崎」「美浜」など、同一の名称で呼ばれる場所が複数個あるように、York（ヨーク）, Hanover（ハノーバー）, Cambridge（ケンブリッジ）, Frankfurt（フランクフルト）などの固有名詞も、複数の場所を指示する。このような固有名詞が複数個の場所を表す場合には、複数形が用いられる。

(46)では、人間を表す固有名詞 John が複数形を取っている。複数の人間が同一の名前を持つことは珍しくないから、そのような複数名の人間を表す場合には、固有名詞である人名が複数形で用いられる。

Sunday（日曜日）のような曜日名は、1 週間の中で他の曜日とは異なる日を表し、単一の週には 1 個の曜日しかないが、週が長期的に繰り返される場合には、(47)のように曜日名も複数形を取る。

iii．固有名詞と冠詞

固有名詞は、人間や場所である個体の集合の要素であって、同じ集合に含まれる他の個体とは明確に区別される。したがって、定性は定であり、普通名詞であれば定冠詞が付加されることになる。しかし、固有名詞であれば自動的に定であると理解されることになるため、英語では定冠詞をわざわざ付加しないのが原則である。ただし、古代ギリシア語や現代イタリア語など、固有名詞に定冠詞を付加することができる言語もある。

英語でも、河川や海洋、山・山脈を表す固有名詞には定冠詞を付加する。

(48) the Thames（テムズ川）, the Danube（ドナウ川）, the Tone（利根川）,
the Pacific (Ocean)（太平洋）, the Atlantic (Ocean)（大西洋）,
the Jungfrau（ユングフラウ）, the Matterhorn（マッターホルン）,
the Alps（アルプス山脈）, the Himalayas（ヒマラヤ山脈）

ただし、上にあげたスイス・アルプス山脈の山以外には、Mt.（＝Mount）を付加する。

Mt. Everest（エベレスト）, Mt. Kilimanjaro（キリマンジャロ）, Mt. Fuji（富士山）

国や都市を表す固有名詞の中には、定冠詞が付加された形態で用いられるものもある。

(49) the United States（アメリカ合衆国）, the Netherlands（オランダ）, the Philippines（フィリピン）, the Hague（ハーグ）, the Bronx（ブロンクス区）

家族を表す固有名詞の複数形に定冠詞を付加すると、その家族に属する人間の集合を表す。

名詞の分類　　　99

(50) the Tudors (チューダー家), the Capetians (カペー家), the Kennedys (ケネディ家)

(51) Mary invited the Wilsons to her birthday party.
　　　メアリーは自分の誕生パーティーにウィルソン一家を招待した。

　人間を表す固有名詞（人名）は、個体としては1人の人間を指示する。しかし、この人間は、身体的特徴や性格、能力など、多様な特性の集合体として捉えることができる。人名に冠詞を付加することにより、人間の特性の集合のうちの一部を表示することができるようになる。

(52) A Mr. Jackson called you this morning.
　　　ジャクソンさんという方から今朝電話がありました。

(53) You can be a Balzac someday.
　　　君はいつかバルザックのようになれるだろう。

(54) The John you are talking about is her brother.
　　　あなたが話しているジョンという人は彼女の兄弟です。

(55) She is no longer the Mary I loved twenty years ago.
　　　彼女は20年前に私が愛していたメアリーではもはやない。

　(52)では、Mr. Jackson（ジャクソンさん）という人名に不定冠詞 a が付加されている。無冠詞の場合この固有名詞は、他の人間とは明確に区別される1人の人間を指示し、その人間は発信者だけでなく受信者にも特定できるものとされる。「ジャクソンから電話があったよ」という文が適切に使用されているのだとすれば、このジャクソンという名前の人間のことを、発信者と受信者の両方が知っているという前提がある。

　もし Mr. Jackson という名前の人間を、発信者または受信者が特定できないかも知れないと考えられる場合、この人間は、ジャクソンと名乗ったが、正体を特定することのできない不定の個体である。そのような不定の要素が、この文で Mr. Jackson という固有名詞によって指示されているのだということを、固有名詞に先行する不定冠詞が表している。

　(53)では、Balzac（バルザック）というフランスの文豪を指示する固有名詞の前に不定冠詞が付加されている。この小説家は世界的に知られた人間であって、他の人間とは明確に区別されるから、何らかの人間の集合の不定の要素ではない。ただし、この小説家のような優れた文学的才能を持つ人間の集合を想定することは可能であり、Balzac は当然その集合の要素である。そして、この集合に属する同様の特性を備えた他の人間を抽出するとすれば、それは Balzac そのものではないが、同様に優れた才能を持つ不定の人間である。このような性質を持つ人間を、a Balzac が表示しているものと理解される。

（54）では、固有名詞 John（ジョン）が、関係節 you are talking about（あなたが話している）によって限定されている。関係節によって適格に限定されるのだとすると、John は 1 個のみの個体を指示するのではなく、この個体が持つ特性の集合を表示すると考えなければならない。すなわち、名詞句 John you are talking about が表示するのは、ジョンが持つ特性の集合のうちで、現在を含む時区間において受信者が話題にしている特性である。この特性は、ジョンが持つ他の特性とは明確に区別されるから定性は定であり、これを明示するために定冠詞が付加されている。

（55）では、固有名詞 Mary（メアリー）が、関係節 I loved twenty years ago（20年前に私が愛していた）で限定されている。関係節がこの固有名詞を適格に限定しているのだとすると、固有名詞 Mary は、この人間の様々な状況における特性の集合を表示しているものと考えなければならない。この集合の要素のうち、関係節が表示する I loved twenty years ago（20 年前に私が愛した）という事態の副体としての特性が、この文においては選択されている。この特性は他の特性とは明確に異なることが受信者にも容易に理解できるから、定性は定であり、これを明示するために定冠詞が付加される。

③ 抽象名詞

tree（木）や water（水）などの普通名詞は個体の集合を表示する。これに対して、movement（運動）は、何らかの個体を表示することはなく、「主体が任意の時区間において任意の場所で運動する」という事態の集合を表示する。beauty（美）についても、美しい個体の集合だけでなく、何かが美しい個体の集合に含まれているという事態を表示する。peace（平和）も、何らかの具体的に知覚できる個体を表示するのではなく、「戦争がない」、「国々がよい関係にある」などの、様々の事態の集合を表示する。

movement, beauty, peace のような名詞は、個体ではなく事態の集合を表示するという点で普通名詞や固有名詞とは異なる。個体を表示しないということは、具体性を欠くということだから、このような名詞は伝統的に「抽象名詞」と呼ばれている。

movement は「主体が運動する」という事態の集合、beauty は「主体が美しい」という事態の集合を表示し、集合の要素としての事態には均質性がある。一方、peace に対応する集合に属する事態は主体、副体、関係ともに多様であって均質性がない。表示する要素に均質性がある抽象名詞を「均質抽象名詞」、要素に均質性がない抽象名詞を「不均質抽象名詞」と呼ぶことにする。

名詞の分類　　　　101

ⅰ．均質抽象名詞

　speech（話し）, ascent（上昇）, change（変化）, construction（建設）, murder（殺人）
などの名詞は、「主体が話す」、「主体が上昇する」、「主体が変化する」、「主体が
副体を建設する」、「主体が副体を殺す」という事態の集合を表示する。

　これらの事態では、「話す」「上昇する」「変化する」という副体や「建設する」
「殺す」という関係は同一であり、副体と関係は事態の特性を決定する重要な要
素であるから、集合に属する事態には均質性がある。

　「主体が話す」「主体が副体を建設する」などの事態によって構成される集合は、
全体としては1個であり、したがって本質的に単数であり、定性は定である。こ
のため、均質抽象名詞が1個の集合を表示する場合には単数形で使用され、冠詞
によって定性を表示する必要がないから無冠詞であるのが普通だが、定冠詞が付
加されることもある。

(56) Democratic societies respect freedom of speech.
　　　民主主義社会は言論の自由を尊重する。

(57) The speech is what typically characterizes humans.
　　　話すことが人間を典型的に特徴付けるものだ。

(58) Top climbers aim for ascent of the highest mountains.
　　　最上級の登山家たちは最も高い山々に登ることを目指す。

(59) The deeper you dive into the water, the greater becomes the ascent of
　　　water pressure.
　　　水中に深く潜れば潜るほど、水圧は大きくなる。

(60) Change of climate can cause damage to animals and plants.
　　　気候の変化は動植物に損害をもたらすことがある。

(61) New rules are established by the change of social environments.
　　　社会的な環境の変化によって新しい規則が制定される。

(62) Our company aims for construction of innovative ideas.
　　　私たちの会社は革新的な思想の構築を目指しています。

(63) The construction of rapid railways is required to make transportation
　　　smoother.
　　　輸送をもっと円滑にするために高速鉄道の建設が必要とされている。

(64) The man was charged with murder.　　その男は殺人で起訴された。

(65) The murder is one of the most shameful crimes.
　　　殺人は最も恥ずべき犯罪の1つだ。

　均質抽象名詞が表示する集合の要素としての事態は、同じ集合に属する他の事
態とは主体が異なるだけであり、主体は相互に区別することが可能であるから、

102　　第 5 章　名詞

要素としての事態を他の事態と区別することも容易であり、この点では個体と同様の特性を持つ。このことから均質抽象名詞は、個別的な事態または具体的な個体という可算性を持つ対象を表示することができる。

(66) The politician made a speech at the meeting.
　　その政治家はその会合で演説をした。

(67) John went up a steep ascent leading to an old villa.
　　ジョンは古い別荘に続く急な坂道を登った。

(68) Mary repeated changes of address in a short time.
　　メアリーは短期間に住所の変更を繰り返した。

(69) There are many monumental constructions in this area.
　　この地域には巨大な建造物がたくさんある。

(70) The detective is making an investigation into a murder.
　　その刑事はある殺人事件の捜査をしている。

(66)の speech は、「その政治家が話した」という、主体と成立時区間が 1 個に限定される個別的な事態を表示している。したがって、speech に対応する事態の集合に属する 1 個の要素であって可算的である。

(67)にある名詞 ascent は、「ジョンが登った」という個別的な事態を表示することもできるが、先行する動詞群 went up（登った）に後続していることから、事態が成立する「場所」を表しているものと理解される。主体が登る場所は「坂道」であるから、この文の ascent は坂道である個体を表示している。

(68)の changes は、「メアリーが住所を変える」という個別的な事態を表示し、この事態には可算性があるから、複数形が適格に使用されている。

(69)の construction（建設）は「主体が建設する」という事態を表示する場合、主体が任意であれば、他の事態と区別することができないから個別性がなく、可算性を持たない。しかし、主体が建設するという事態の結果としての建造物を表示するのであれば、これは可算性を持つ個体であり、この文のように複数形を適格に使用することができる。

(70)の murder は「主体が人である副体を殺す」という事態の集合に属する 1 個の要素を表示している。murder の要素である事態は、主体と副体が人間であって、人間をそれぞれ区別することは容易なので、個々の事態の境界を明確に区別することができるため、可算性を持っている。このことから、この文中では、可算名詞にのみ付加される不定冠詞を伴った形(a murder)が適格に使用されている。

run（走る）, swim（泳ぐ）, pitch（投げる）などの動詞に名詞化語尾 -ing を付加して形成された名詞 running（走り）, swimming（水泳）, pitching（投球）は均質抽象名詞であるが、常に不可算であって可算性を持つことはない。

名詞の分類　　　　　103

(71) Running requires a considerable sum of energy.
　　　走るには相当の量のエネルギーが必要だ。

(72) Swimming is a good way of maintaining your health.
　　　水泳は健康を維持するのにいい方法だ。

(73) His coach taught him how to improve pitching.
　　　彼のコーチはどのように投球を上達させるのかを彼に教えた。

　このような身体的動作を表す均質抽象名詞に対応する集合は、それぞれ境界の明確な個別的事態によって構成されるから、可算性を持つことが可能であるようにも思われる。そうでないのは、run, swim, pitch などが名詞としても機能し、これらが個別的な事態を表示することができるからである。

(74) I got up late this morning, so I made a run for the station.
　　　今朝私は寝坊したので、駅まで走った。

(75) Mary had a long swim in the pool.　メアリーはプールで長く泳いだ。

(76) The player's pitch was excellent today.
　　　今日その選手の投球は素晴らしかった。

　beauty (美), vice (悪), truth (真実) のような名詞は、「主体が美しい」「主体が悪い」「主体が真実だ」という事態の集合を表示する。副体が共通だから、集合の要素である事態には均質性があり、したがってこれらの名詞は均質抽象名詞である。

(77) Beauty is the goal of all the artistic activities.
　　　美はすべての芸術的活動の目標だ。

(78) Human society is always full of vice.
　　　人間社会はいつも悪に満ちている。

(79) Truth is what both scientists and philosophers search for.
　　　真実は科学者と哲学者の両方が探し求めているものだ。

　beauty は「主体が美しい」という事態の集合を表示するが、「主体が美しい」という事態は、「美しいと判断される個体や事態の集合に主体が属する」という包含関係を表す。つまりこの集合の要素としての事態の主体は「美しいと判断される個体や事態」、すなわち「美しいもの」であり、このことから beauty は「美しい個体」を表示することも可能である。

　vice は「主体が悪い」という事態の集合を表示する均質抽象名詞であり、主体は個体ではなく事態である。この集合の主体は「悪い事態の集合」を構成する。「悪い事態」は他の同種の事態との境界が明確であるから、vice は個別の「悪い事態」「悪いこと」「悪事」を表示することができる。

　truth は「主体が真実である」という事態の集合を表示するから、vice の場合

と同様に、「真実である個別の事態」を表示することができる。

(80) The actress was really a raving beauty.
その女優はまさに絶世の美人だった。

(81) It is a vice to be drunk and pick a quarrel with others.
酔って他人に絡むのは悪いことだ。

(82) John told me many lies and only one truth.
ジョンは私にたくさんの嘘をつき、本当のことを一つだけ言った。

ii. 不均質抽象名詞

peace（平和）, honor（名誉）, luck（運）, shame（恥）などの名詞は、要素を共有しない様々の異なった事態の集合を表示する。

peace（平和）であれば、「戦争がない」「人々が静かに生活している」「人間の移動を妨げる要因がない」などの事態の集合であり、どのような事態が要素であるのかについて一定の共通性はあるが、peace に属する事態とそうではない事態を明確に区別することは難しい。

luck（運）であれば、「大金を儲ける」「会社の社長になる」「貴重な遺跡を発見する」など、やはりそれぞれ特性の異なる多様な事態の集合を表示する。

shame（恥）についても、「秘密を暴露される」「悪事に加担する」「成績が非常に悪い」などの多様な事態の集合を表示し、どの事態が恥である事態の集合に含まれるのかは明確に決定できない。

このような、形態的な共通性を持たない多様な事態の集合で、同時に、どの事態がその集合に含まれるのかについて明確な基準がないものを表示する名詞を「不均質抽象名詞」と呼ぶ。

不均質抽象名詞は、ただ1個だけの集合を表示するので、単数形のみで使用され、定性は定であるから、冠詞が付加されることもない。

(83) Lincoln's primary aim was neither to provoke war nor to maintain peace.
リンカーンの第一の目的は、戦争を引き起こすことでも、平和を維持することでもなかった。

(84) In this region witches are thought traditionally to bring shame and bad luck on people.
この地域では、魔女が人々に対して恥と不運をもたらすと伝統的に考えられている。

不均質抽象名詞が表示する集合に属する事態には明確な範囲が限定されていないので、文が使用される状況や、文が表示する事態を構成する他の要素によって、集合の範囲が決定される。

名詞の分類　　　　　　105

　(83)にある peace（平和）は、当時のアメリカ合衆国で南北間の対立による紛争がない、人種問題による社会的混乱がない、北部がヨーロッパ諸国からの支持を得るなどの事態を代表とする、人間が安全に生活している時に成立する事態によって構成される集合を表示すると考えられる。

　(84)の shame（恥）は、人間がひどい間違いをすること、人間が他人を欺くこと、人間が地域に不名誉をもたらすことなどの事態に代表される、人間に恥をかかせる事態が構成する集合を表示する。bad luck（不運）は、天候が不順なこと、経済が破綻すること、他国の侵略を受けることなど、地域にとっての害悪である事態の集合を表示する。

　不均質抽象名詞に形容詞が付加されて形成される名詞句は、この名詞が表示する集合の部分集合の1つを表示する。全体集合には他の部分集合も含まれているから、その部分集合と明確に区別できない場合には不定冠詞が、区別できる場合には定冠詞が付加される。

　(85)　If our dream comes true, then there will be a real peace.
　　　　我々の夢が実現すれば、本当の平和が訪れるだろう。

　(86)　Failure in business would be an awful shame for her.
　　　　事業で失敗するのは彼女にとって酷い恥になるだろう。

　(87)　On Monday afternoon, a hunter in eastern Iowa had the rare luck to see a mountain lion.
　　　　月曜の午後、アイオワ東部のハンターは、ピューマを見るという稀な幸運に恵まれた。

　(85)では、peace（平和）を現実性の尺度に基づいていくつかの部分集合に分割し、そのうちで現実性が高いと判断される部分集合を名詞句 a real peace が表示している。この部分集合が、現実性の程度が異なる他の部分集合とどのように区別されるか明確ではないことを、不定冠詞が表示している。

　(86)では、shame（恥）を、苦痛や快楽を与える程度の差異によっていくつかの部分集合に分割し、そのうちで苦痛を与える程度が高いと判断される部分集合を、名詞句 an awful shame で表示している。形容詞 awful が付加されることによって、複数の部分集合が全体集合を形成することは理解されるが、この部分集合がそれ以外のどの特性を備えているのかは不明確なので、他の部分集合とは明確に区別できないことを、不定冠詞が表示している。

　(87)では、luck（運）を、成立する頻度という尺度によっていくつかの部分集合に分割し、そのうちで頻度が非常に低いと判断される部分集合を、名詞句 the rare luck によって表示している。不定詞節 to see a mountain lion（主体がピューマを見る）が付加されることによって、運である事態が限定されていて、他の部

106   第5章　名詞

分集合とは明確に区別されることを、付加された定冠詞が表示している。

belief（信念）, information（情報）, knowledge（知識）, fear（恐れ）, hope（希望）
などは、極めて多様な事態を要素とする集合を表示する不均質抽象名詞であり、
形容詞や節による限定がなければ1個の集合のみを表示し、冠詞が付加されない。
ただし、形容詞や節が付加されることにより、同種の集合でも特性の異なる部分
集合が形成される場合には、定性に応じて冠詞が付加される。

> (88) a. Fanatics do not have faith but they have belief.
>   狂信者たちは信仰を持っているのではなく、信念を持っているのだ。
>
>   b. It's hard to sustain the belief that governments do well.
>   政府がよくやっているという信念を維持するのは難しい。
>
> (89) a. Neurons send information to one another in the form of impulses of
>   varying intervals.
>   神経細胞は、間隔が変化する活動電位という形で、互いに情報を送る。
>
>   b. It is not possible to know whether the information that was accurate is
>   still accurate.
>   正確だった情報が未だに正確かどうかを知ることは可能ではない。
>
> (90) a. Newspapers have other reasons for fear.
>   新聞には恐れる他の理由がある。
>
>   b. The warning creates a fear that may be unjustified.
>   その警告は、的外れかもしれない恐れを作り出す。

(88a) の faith（信仰）と belief（信念）はいずれも不均質抽象名詞であり、単独で
単射関係の副体を表示している。これらの名詞を限定する語句がないので、表示
するのは1個の集合であり、定であることが明らかなので、定冠詞は付加されな
い。

(88b) では、belief である事態の集合を構成する1個の事態が governments do
well（政府がよくやっている）であることをこの名詞に続く名詞節が表示している。
この場合の belief は、同じ集合に属する他の事態とは明確に区別されるので定で
あり、集合を構成する要素としての事態が定であることから、定冠詞が付加され
る。

(89a) の information（情報）は不均質抽象名詞である。この文が表示する事態
中では単射関係の副体として機能しているが、集合を限定する語句がないので、
表示するのは1個のみの集合であり、定性は定である。

(89b) では、information が関係節 that was accurate（その情報が正確だった）に
よって限定されており、集合を構成する他の事態とは明確に区別される。この文
中の information は、集合全体ではなく集合の要素としての事態を表示し、それ

が定であることから、定冠詞が付加される。

　(90a)の fear (恐れ)は不均質抽象名詞である。この文中では名詞群を構成する要素であるだけで、表示する事態を限定する語句がないので、表示するのは集合全体であり、定性は定である。

　(90b)では、fear を関係節 that may be unjustified (恐れが的外れかもしれない)が限定しており、fear が表示するのは集合全体ではなく、それを構成する要素としての事態である。この事態は 1 個ではあるが、他の事態と明確に区別されるとは限らないことから不定であり、これを表示するために不定冠詞が付加されている。

第6章 意味役割と前置詞

第1節 意味役割

　事態を構成する事物が事態中で持っている機能が「意味役割」である。事態中の事物の機能として最も重要なのは「主体」と「副体」である。事態の成分としての事物の機能は多様であるが、最も重要で一般的なのは以下のものである。

(1) 成立空間: 事態が成立する空間的な位置

　　成立時区間: 事態が成立する時区間

　　起点: 事態が成立し始める空間的・時間的位置

　　着点: 事態が成立し終わる空間的・時間的位置

　　手段: 事態を成立させる手段や道具

　　関与者: 事態の成立に関与する事物

　　限定者: 事物の集合を限定する事物

　英語では主体と副体、場合によって着点は文の構造、つまり名詞句の文中での位置によって表されるが、それ以外の意味役割は名詞句に先行する前置詞によって表される。

(2) The carpenter is cutting wood.　大工が木を切っている。

(3) a. The father gave his daughter a doll.

　　b. The father gave a doll to his daughter.

　　　父親は娘に人形をあげた。

(4) a. The young man bought his girlfriend a ring.

　　b. The young man bought a ring for his girlfriend.

　　　その若者はガールフレンドに指輪を買ってやった。

　(2)の構造は「名詞句＋動詞群＋名詞句」であり、文頭の名詞句 the carpenter (その大工)が主体、動詞群に後続する名詞句 wood (木)が副体を表示する。

　(3a)では文頭の名詞句 the father (父親)が主体、動詞群に後続する2個の名詞句のうち2番目の a doll (人形)が副体を表示する。関係を表示する動詞が give (与える)であることから、動詞群の直後に位置する名詞句 his daughter (彼の娘)は、「父親が人形を与える」という事態が成立し終わった時の空間を表示する。give (与える)という関係は副体の空間的移動を要求するから、his daughter は、副体である a doll が移動した結果の着点を表す。(3b)では、着点が文の構造ではなく、

前置詞 to によって明示されている。

(4a)では、文頭の名詞句 the young man（その若者）が主体、動詞群に後続する 2 個の名詞句のうち、最初の his girlfriend（彼のガールフレンド）が着点を、2 番目の a ring（指輪）が副体を表示する。(4b)では、着点が前置詞 for によって表されている。

成立空間や成立時区間が名詞句によって表示されると考えることができる場合もある。

(5) I walked ten miles.　私は 10 マイル歩いた。

(6) The rock fell several hundred meters.　その岩は数百メートル落ちた。

(7) Mary will take part in the meeting the day after tomorrow.
　　明後日メアリーはその会合に参加する。

(8) Our boss goes to the United States every other month.
　　私たちの上司は一月おきにアメリカに行く。

(5)の名詞句 ten miles（10 マイル）は空間的な距離を表す。この文が表示する事態は I walked（発信者は歩いた）であり、この事態が成立すれば、主体は一定の距離を移動している。名詞句 ten miles はこの移動距離を表すものと理解される。

(6)の名詞句 several hundred meters（数百メートル）も空間的な距離を表す。この文が表示する事態は the rock fell（その岩が落ちた）であり、この事態の成立には主体である岩の垂直的な移動が必然的に伴う。したがって名詞句 several hundred meters は、岩の移動距離を表すものと理解される。

(7)の名詞句 the day after tomorrow（明後日）は事態の成立時区間を表す。この文が表示する事態 Mary will take part in the meeting（メアリーはその会合に参加する）は未来の時区間において成立するから、the day after tomorrow は、この未来の時区間を限定する働きをしているものと理解される。

(8)の名詞句 every other month（一月おきに）は事態の成立時区間を表示する。Our boss goes to the United States（発信者たちの上司はアメリカに行く）は、現在を含む長い時区間において反復的に成立する事態を表示するから、一月おきに反復的に成立する時区間を表示するこの名詞句は、この文が表示する事態が成立する時区間を表示しているものと理解される。

第 2 節　前置詞
① 基本的な前置詞

単一または少数の形態素によって構成され、使用頻度の高い基本的な前置詞としては、以下のようなものがある。

110 第 6 章 意味役割と前置詞

ⅰ．成立空間を表す前置詞

a． 点、平面、空間

　現実世界での成立空間は、点、直線、平面、立体空間のいずれかである。「愛は至高だ」（Love is supreme.）や「素数は無限だ」（The prime numbers are infinite.）のような、物理的な実体を持たない事物に関する事態でなければ、事態は 3 次元立体空間において成立する。ただし人間は、事態が非常に狭い平面、ある程度の面積を持つ平面、平面とその上下の空間のいずれかにおいて成立するものと認識するのが普通である。また、主体または副体が起点から着点まで移動する事態であれば、それは直線上において成立するものと単純化して認識される。以下では、非常に狭い平面を「点」、ある程度広い面積を持つ平面を「平面」、立体的な空間を「空間」、移動の経路を「直線」と呼ぶことにする。

　個体の移動が生じない事態の成立空間を表示する前置詞としては、at, on, in がある。at は事態が点において成立すること、on は事態が平面において成立すること、in は事態が空間において成立することを表示する。

(9)　The police lost sight of the criminal at this point.
　　　警察はこの地点で犯人を見失った。

(10)　I'll be waiting for you at the exit of the building.
　　　あなたのことを建物の出口で待っています。

(11)　The reception is on the second floor.　フロントは 2 階にあります。

(12)　The picture you see on the wall is by Giotto.
　　　壁にある絵はジョットのものだ。

(13)　The cat was hiding in a carton.
　　　そのネコは段ボール箱の中に隠れていた。

(14)　More than eight hundred languages are spoken in New Guinea.
　　　ニューギニアでは 800 以上もの言語が話されている。

　(9)の名詞群 at this point の point は「点」であり、このことから点としての成立空間を表示する前置詞 at が用いられている。the police lost sight of the criminal（警察が犯人を見失った）という事態は瞬間的に成立する事態であり、その後は、さらに捜索を継続する、捜索を断念するなど、別の事態が成立するものと推測される。したがって、この事態が実際にはある程度の面積を持つ空間で成立したのであっても、点において成立したものと考えれば、その瞬間的な成立と、それに継続する空間と時区間における別の事態の成立を合理的に推論することが可能になる。

　(10)の名詞群 at the exit of the building（その建物の出口で）中の the exit は、少なくとも縦横 2 メートル程度はある空間であるが、建物を構成する施設として

第2節　前置詞　　　111

は比較的狭小である。また、出口は移動の途中に瞬間的に通り抜ける場所であり、それは点の上で人間が何かをすることが困難であるのと同様である。したがって、exit を点であると見なし、前置詞として at を選択することに不合理はない。なお、名詞群 of the building は exit の特性を限定する「限定者」としての機能を持つ。

　(11)の名詞群 on the second floor (2 階に)中の名詞句 the second floor は、建物の 2 階である空間を表すが、通常は floor の原義としての「床」である平面に焦点が置かれる。平面には一定の面積があるから、平面上で成立する事態は一定の長さを持つ時区間において成立する。この文が表示する事態(受付が 2 階にある)は、かなり長い時区間において成立するという知識が一般的にある。このことから、平面上で成立する事態に対応する前置詞である on が選択されているものと考えることができる。

　(12)の名詞群 on the wall (壁に)中の名詞 wall (壁)は一定の面積を持つ平面であって、平面である成立空間に対応する on が選択されるのが最も適切である。また、この名詞群が含まれる関係節が表示する事態 you see a picture on the wall (壁に絵があるのが見える)は、絵が取り外されない限りは継続するから、かなり長い時区間において成立する。

　(13)の名詞群 in a carton (段ボール箱の中に)中の名詞 carton は「箱」であるから、その内部は立体空間を形成する。その空間において the cat was hiding (ネコが隠れていた)という事態が成立するのだから、空間における事態の成立を表示するための前置詞 in が選択される。この文は「ネコが隠れる」という事態の部分を表示するのであるが、事態の全体についても、段ボール箱という空間において成立したものと理解される。

　(14)の名詞群 in New Guinea (ニューギニアで)中の New Guinea は固有名詞であって、この名称を持つ地域を表示する。国や地域は地図上では平面であるが、地域を成立空間とする事態は多様であり、通常はその平面を含む立体空間において成立するものと認識される。したがって、地域に対応する個体に関しては、事態の空間における成立を表示するための前置詞 in が選択される。この文が表示する事態 more than eight hundred languages are spoken (800 以上の言語が話されている)は、現在を含む長い時区間において成立する。

b.　近傍、上下、前後、中間、内外
　at, on, in は事態成立の基準となる空間を表示するが、この基準空間との関係で決定される二次的な空間が近傍(〜の近く、〜の周り)、上下(〜の上、〜の下)、前後(〜の前、〜の後ろ)、中間(〜の間)、内外(〜の中に、〜の外に)である。日本語ではこれらの二次的空間を、英語の前置詞に対応する形態である格助詞のみ

112　　　　　　　　第6章　意味役割と前置詞

によって表示することはないが、英語では前置詞を用いて表す。

(15) 近傍： near, beside, by, around/round
　　　上： over, above, up
　　　下： under, below, down, beneath
　　　前： in front of, before
　　　後ろ： behind, after, at the back of
　　　間： between, among
　　　中： in, inside, within
　　　外： off, out, outside, beyond
　　　通過： through, across

α　近傍　near, beside, by, around/round

(16) Her shop is near the city hall.　彼女の店は市役所の近くにある。

(17) The lady spoke to a man sitting beside her.
　　　その女性は隣に座っている男に話しかけた。

(18) A security guard was standing by the gate.
　　　門のそばに警備員が立っていた。

(19) The restaurant you are looking for is around [round] here.
　　　あなたが探しているレストランはこの辺りにあります。

(16)の near は、the city hall（市役所）が占める空間を基準として、その基準からの距離が大きくないと判断される空間を表示する。この文は、市役所と彼女の店の間の距離が大きくないことを表している。

(17)の beside は、同一平面上に並んでいる複数の個体がある時、ある個体を基準として、その隣にある個体を表す。この文の beside については、複数の座席が一列に並んでいる状況で、彼女が座っている座席の隣の座席が占める空間を表している。

(18)の by は、the gate（その門）が占める空間を基準として、その基準に限りなく接近した空間を表す。この文は、警備員が立っている空間が、門のある空間に接していることを表している。

beside も by も基準となる個体が占める空間に接していることを表し、互いに接している個体が 2 個の場合にはどちらを使用しても適格となる。

(20) a. My friend lives beside the sea.
　　　　b. My friend lives by the sea.
　　　　　私の友人は海のそばに住んでいる。

3 個以上の個体が一列に並んでいて、ある個体の隣の位置を表す場合には be-

第 2 節　前置詞　　　　113

side が用いられる。

(21) What is the animal beside a rabbit in the list of pets?
　　　ペットのリストの中で、ウサギの隣の動物は何ですか？

(21)では、ウサギを含むペットのリストが問題となっている。このリスト中では数匹の動物が並んで提示されているものと考えられ、その動物の列の中にウサギが含まれ、ウサギに隣接した位置を占める動物がいる。この動物の位置を表示するために選択された前置詞が beside である。

個体が列をなしていない場合、特に主体である個体が移動している場合には、基準となる個体の占める空間を表すために by が用いられる。

(22) I passed by your office yesterday.
　　　私は昨日あなたの会社のそばを通り過ぎた。

(22)は、主体である発信者が移動している途中に、受信者の会社に近接する空間を占めることがあったという事態を表示している。この場合、発信者と、受信者の会社が何らかの列の要素であるわけではないので、受信者の会社に接する空間を表すために by が選択されている。

(19)の around/round は、発信者が占めている空間(here)を基準として、その空間の周囲を占める空間で事態が成立することを表示する。周囲の空間全体の場合とその一部の場合の両方がある。この文では、the restaurant you are looking for is (受信者が探しているレストランがある)という事態が成立するのが、発信者が現在占めている空間の周囲を形成する空間の部分であるものと理解される。一方次の文では、基準空間の周囲の空間全体で事態が成立していることを around/round が表示している。

(23) The moon goes around [round] the earth.
　　　月は地球の周囲を回っている。

(23)では the earth (地球)を基準として、その周囲の空間の全体において the moon goes (月が移動する)という事態が成立することを around[round]が表示している。

イギリス英語では about も around/round と同様に、基準空間の周囲の空間において事態が成立することを表す。

(24) John walked about the Imperial Palace.　　ジョンは皇居の周りを歩いた。

(24)は皇居を基準空間として、その周囲の空間において John walked (ジョンが歩いた)という事態が成立したことを表示している。

114   第 6 章　意味役割と前置詞

β　上　over, above, up

(25)　A rain cloud was over the town all day.
　　　雨雲がその町の上を一日中覆っていた。

(26)　Mary put a white cloth over the table.
　　　メアリーはテーブルの上に白いクロスをかけた。

(27)　A dirigible was floating above the skyscraper.
　　　その高層ビルの上方に飛行船が浮かんでいた。

(28)　The peak of the mountain is about eight hundred meters above sea level.
　　　その山の頂上の高さはおよそ海抜 800 メートルだ。

(29)　The alpinist climbed up the cliff.　その登山家は崖を登っていった。

　over は、基準空間の真上の空間において事態が成立することを表示する。(25)
では、基準である the town (その町) が占める空間の真上が、a rain cloud was (雨
雲があった) という事態の成立空間であったことが表示されている。この事態に
ついては、基準空間とその上部の空間が接することはない。(26) では、基準で
ある the table (そのテーブル) が占める空間の上部全体が、Mary put a white cloth
(メアリーが白いクロスを置いた) という事態が成立する空間であったことが表示
されている。この場合、テーブルの上部の平面とクロスが接しているものと理解
される。

　above は、基準空間を含む平面の上方を占める空間の部分において事態が成立
することを表示する。(27) では、基準空間である the skyscraper (高層ビル) の上
部の空間の部分において、a dirigible was floating (飛行船が浮かんでいた) とい
う事態が成立したことが表されている。高層ビルの上部を占める空間は、相当に
大きな体積を持つが、浮遊する飛行船が占める空間はそのごく小さな部分に過ぎ
ない。(28) では、基準空間である sea level (海面) の上部を占める空間のうち、
そこから約 800 メートルの距離にある空間の部分を、the peak of the mountain (そ
の山の頂上) が占めるという事態が表示されている。海面から 800 メートルの距
離にある空間は地球の表面積よりも大きいが、ある山の山頂が占める空間はその
極めて小さな部分に過ぎない。

　up は、ある事物の下方から上方に別の事物が移動するという事態を表示する。
(29) では、the cliff (崖) である個体の下方から上方へと、主体である the alpinist (そ
の登山家) が移動したという事態が表示されている。

γ　下　under, below, down, beneath

(30)　The cat is sleeping under the chair.　そのネコは椅子の下で寝ている。

(31)　He wore a shirt under the jacket.　彼は上着の下にシャツを着ていた。

第 2 節 前置詞　　115

(32) I saw a river below the veranda of my room.
　　私の部屋のベランダの下方に川が見えた。

(33) The man dived below the boat on the surface of the sea.
　　その男は海面の船の下方に潜水した。

(34) She went down the stream in a canoe.
　　彼女はカヌーを川の下流へと漕いだ。

(35) The alligator patiently waited for its prey beneath a leaf of a gigantic water lily.
　　そのワニは巨大な水蓮の葉の下で獲物を忍耐強く待った。

(36) The rescue party searched for the missing climber beneath the top of the valley.
　　捜索隊は、崖の頂上の下方で、行方不明の登山者を捜索した。

　under は、基準空間の真下にある空間の部分または全体を占める空間において事態が成立することを表示する。(30) では、the chair (その椅子) の座席が占める平面を基準として、その真下にある空間において、the cat is sleeping (そのネコが寝ている) という事態が成立することが表示されている。この場合は、椅子の真下の空間の部分において事態が成立する。(31) では、the jacket (その上着) の真下の空間において、he wore a shirt (彼がシャツを着ていた) という事態が成立したことが表示されている。この場合は、上着の真下を占める空間の全体において、この事態が成立したものと理解される。

　below は、基準空間を含む平面の下方を占める空間の部分において事態が成立することを表示する。(32) は、the veranda of my room (私の部屋のベランダ) が基準空間を与え、その空間を含む平面全体の下方にある広い空間の部分において、I saw a river (私に川が見える) という事態が成立したこと、すなわち、ベランダから見える下方の空間の中に川があったことを表している。(33) では、the boat on the surface of the sea (海面上の船) が基準空間を与え、その空間を含む平面、すなわち海面の下方を形成する空間の部分で、the man dived (その男が潜水した) という事態が成立したことが表示されている。

　down は、これに後続する名詞句が表示する事物が形成する空間の上部から下部に、別の事物が移動するという事態が成立することを表示する。(34) は、主体である彼女が、川の上部 (上流) から下部 (下流) へカヌーで移動したという事態を表示する。

　beneath は、文語的な文体の表現で使用され、基準空間の真下または下方の部分または全体において成立する事態を表示する。(35) では、a leaf of a gigantic water lily (巨大な水蓮の葉) が基準空間 (平面) であり、その空間の真下の空間の

全体において the alligator patiently waited for its prey（そのワニが忍耐強く獲物を待った）という事態が成立したことが表示されている。(36)では、the top of the valley（その崖の頂上）が基準空間であり、この空間の下方の空間の部分において、the rescue party searched for the missing climber（捜索隊が行方不明の登山者を探した）という事態が成立したことが表示されている。

δ　前　in front of, before

(37) There is an equestrian statue of a general in front of the palace.
　　　宮殿の前に将軍の騎馬像がある。

(38) Demonstrators passed in front of the courthouse.
　　　デモ隊が裁判所の前を通り過ぎた。

(39) Two police motorcycles were going before the marathon runners.
　　　2 台の白バイがマラソン走者たちの前を走っていた。

(40) The accused advanced before the judges.
　　　被告人は判事たちの前に進み出た。

「前」は、人間を基準にするならば目で見える方の空間、建物を基準にするならば、主要な出入り口のある側面に接近する空間である。英語で基準空間の前方にある空間を表示する前置詞は in front of と before である。

(37)では、the palace（宮殿）が基準空間を与え、there is an equestrian statue of a general（ある将軍の騎馬像がある）という事態が基準空間の前方の空間で成立したことが表示される。この事態は、現在を含む長い時区間において成立するものと理解される。

(38)では、the courthouse（裁判所）が基準空間を与え、demonstrators passed（デモ隊が通り過ぎた）という事態が基準空間の前方（大通りに面した門や主要出入り口に接する空間）において成立したことが表示される。裁判所の前方の空間は数十メートル程度であるのが通常なので、この事態は比較的短い時区間において成立したものと理解される。

基準空間の前方において成立する事態を表示するために用いられる前置詞は in front of が普通であり、before が使用される頻度は低く、事態の成立時区間が比較的短いものに限定されるという制約がある。

(39)では、the marathon runners（マラソン走者たち）が与える基準空間の前方を占める空間において、two police motorcycles were going（2 台の白バイが走っていた）という事態が成立したことが表示されている。この事態は事態の部分であり、成立時区間は時点であるか、比較的短い時区間である。事態の全体の成立時区間の長さも高々数時間である。

(40)では、the judges（判事たち）が与える基準空間の前方を占める空間において、the accused advanced（被告人が進み出た）という事態が成立したことが表示されている。この文が表示するのは事態の全体であるが、法廷において被告人席から判事の前方に進み出るために通過する距離を考えると、成立時区間の長さは高々数秒程度であると推測される。

ε　後ろ　behind, after, at the back of

(41) There used to be a flower bed behind the school building.
校舎の裏に昔は花壇があった。

(42) The violinist sat right behind the concertmaster.
そのバイオリン奏者はコンサートマスターのすぐ後ろに座った。

(43) John is now running after the former golden medalist.
今ジョンは元金メダリストの後ろを走っている。

(44) The lecturer took the platform after the presenter.
司会者の後に講演者が登壇した。

(45) Her office is at the back of the central station.
彼女の会社は中央駅の裏にある。

(46) An old trench was discovered at the back of the castle.
城の後ろで古い塹壕が発見された。

「後ろ」は、人間が占める空間が基準であれば、その人間が目で見えるのと反対の空間であり、建物が基準であれば、建物の主要な出入り口がない部分に接する空間を表示する。

(41)では、the school building（学校の建物）が基準空間であり、その空間の後方を占める空間において、there used to be a flower bed（花壇があった）という事態が成立することが表示されている。この事態は過去の長い時区間において成立したものと理解される。

(42)では、the concertmaster（コンサートマスター）が占める空間を基準として、その後ろ、つまりこの人間の背中側の空間において、the violinist sat（そのバイオリン奏者が座った）という事態が成立したことが表示されている。この事態は、人間が立っている状態が座っている状態に変化するものであるから、ほぼ瞬間的に、つまり時点において全体が成立するものと理解される。

(43)では、the former golden medalist（元金メダリスト）が基準空間を与え、そのメダリストに見えない側、つまりメダリストが進んでいる方向とは逆側の空間において、John is running（ジョンが走っている）という事態が成立することが表示されている。この事態は「ジョンが走る」という事態の部分であり、副詞 now

(今)が使用されていることから、現在の時点で成立していることが分かる。

(44)では、the presenter（司会者）が基準空間を与えるのだが、この文が表示するのは the lecturer took the platform（講演者が登壇した）という事態なので、司会者も講演者も移動している。したがって、事態が成立する空間は、司会者が移動した経路が形成する空間であり、その空間の末端において事態が成立したものと考えなければならない。また事態が成立する時区間の長さは、時点に近いほど非常に短いものと理解される。

behind については、基準空間の後ろの空間において事態が成立し、成立時区間の長さには制約がない。したがって、事物の存在や状態などの事態も表示することができる。一方 after も、基準空間の後ろの空間において事態が成立することを表示するが、事態の成立時区間は短いという制限がある。また、基準空間を与えるのは通常は人間であって、建物は選択されない。したがって、(41)のような主体の長期にわたる存在という事態を表示する場合に使用すると不適格となる。

(41′) ×There used to be a flower bed after the school building.

(45)の at the back of は、これに後続する名詞句 the central station（中央駅）が与える基準空間の後ろ、つまり、中央駅の正面出入口がない側に接する空間において、her office is（彼女の会社がある）という事態が成立することを表している。この事態は長期にわたる時区間において成立するものと理解される。

(46)では、the castle（その城）が与える基準空間の後ろの空間、すなわち城門がない側面に接する空間において、an old trench was discovered（古い塹壕が発見された）という事態が成立したことが表示されている。この事態は、ほぼ長さを持たない時点において成立したものと理解される。

ζ　間　between, among

「間」は、直線上に 2 個の基準点 A と B（A≠B）を設定した時、A と B を両端とし、これらの点を含まない線分が作る 1 次元空間、または、空間内の 3 個以上の基準点をすべて含む 2 次元または 3 次元空間を言う。1 次元空間における間で成立する事態を表示するのが between、2 次元または 3 次元空間における間で成立する事態を表示するのが among である。

(47)　Lyon is between Paris and Marseille on the TGV line.
　　　フランス高速鉄道路線上で、リヨンはパリとマルセイユの間にある。

(48)　The truck must be running somewhere between Kyoto and Osaka.
　　　トラックは京都と大阪の間のどこかを走っているに違いない。

(49)　The company offers bus services between many cities in the metropolitan area.

その会社は、大都市圏にあるたくさんの都市の間でのバスの運行を提供している。

(50) John was dancing among his classmates on the stage.

ジョンはステージ上のクラスメートの間で踊っていた。

(51) Her work is outstanding among the pictures and sculptures exhibited in the museum.

美術館に展示されている絵画や彫刻の中で、彼女の作品が傑出している。

(47)では、Paris（パリ）と Marseille（マルセイユ）が基準点を与え、この2個の基準点の間の線上において Lyon is（リヨンがある）という事態が成立し、具体的な成立空間が on the TGV line（フランス高速鉄道路線上）であることが表示されている。この事態は、長期にわたる時区間において成立するものと理解される。

(48)では、Kyoto（京都）と Osaka（大阪）という2個の基準点で形成される線上の不定の地点（somewhere）において、the truck must be running（トラックが走っているに違いない）という事態が成立することが表示されている。この事態は、「トラックが走る」という事態の部分であり、成立するのは現在または現在を含む短い時区間である。

(49)の between の直後には名詞句 many cities in the metropolitan area（大都市圏にあるたくさんの都市）が配置されている。基準地点が2個以上になるが、この場合は、多くの基準地点の中から2個ずつを選択して、それらの基準地点の組の間を結ぶ直線を考え、そのような直線の間の空間を表示しているものと理解することになる。これら多数の直線上において、the company offers bus services（その会社がバスの運行を提供している）という事態が成立することをこの文は表示している。乗り物の日常的な運行に関わる事態であるから、成立時区間は長期にわたる。

(50)では、his classmates on the stage（ステージ上のクラスメート）が与える空間において、John was dancing（ジョンが踊っていた）という事態が成立したことが表示されている。表示されている事態は John danced（ジョンが踊った）という事態の部分であり、成立時区間は時点または比較的短いものと理解される。

(51)では、the pictures and sculptures exhibited in the museum（美術館に展示されている絵画や彫刻）が形成する空間の中で、her work is outstanding（彼女の作品が傑出している）という事態が成立することが表示されている。この事態は長期にわたる時区間において成立するものと理解される。

120 第6章 意味役割と前置詞

η 中 in, inside, within

「中」は、基準空間とそれを包含する上位空間を考え、基準空間に含まれる空間を言う。

(52) Etruria was a country that prospered in the central part of the Italian Peninsula.
エトルリアはイタリア半島の中央部で繁栄した国だった。

(53) Mr. Jones is talking with his student in his office.
ジョーンズ先生は自分の研究室で学生と話をしている。

(54) The elephants can live safely inside this sanctuary.
この保護区の内部では象たちは安全に生活できる。

(55) Gambling is allowed only inside the game place.
その遊技場の中だけで賭博が許されている。

(56) The currency is available within this country.
その通貨はこの国の内部で使える。

事態が基準空間の中で成立することを表示する最も一般的な前置詞は in である。(52) では、the central part of the Italian Peninsula（イタリア半島の中央部）が基準空間を与え、上位空間としてはヨーロッパ大陸や地中海世界が想定される。that 以下の関係節は、この基準空間の内部で「エトルリアが繁栄した (Etruria prospered)」という事態が成立したことを表示している。歴史に関する知識によって、この事態は数世紀にわたる時区間において成立したものと理解される。

(53) では、his office（ジョーンズ先生の研究室）が基準空間であり、上位空間としては学校の建物が想定される。この文は、基準空間の内部で Mr. Jones is talking with his student（ジョーンズ先生が学生と話をしている）という事態が成立することを表示している。この事態は、現在を含む比較的短い時区間において成立するものと理解される。

inside は、空間の中に明示的な境界を設定し、その境界の内部で事態が成立することを表示する。inside を in に置き換えても文の適格性に変わりはないが、inside を使用することによって、境界の存在を意識させる効果が出てくる。

(54) では、this sanctuary（この保護区）が基準空間を与える。保護区には明確な境界が定められているのが普通であるから、この文が表示する事態 the elephants can live safely（象たちが安全に生きていくことができる）がこの境界の内部で成立することを、前置詞 inside が表示しているものと理解される。

(55) では、the game place（遊技場）が基準空間を与える。遊技場は通常壁や扉によって、建物内の他の空間との間に境界が設けられている。したがって前置詞 inside は、gambling is allowed（賭博が許されている）という事態が、この境界の

内部において成立することを表示する。

within は、文語的な文体の文章において使用されるのが普通であり、inside と同様に、境界が設定された基準空間の内部で事態が成立することを表示する。(56)では、this country が基準空間を与えるが、国である空間とそれ以外の空間の間には国境という境界が設定されている。したがって前置詞 within は、the currency is available（その通貨が使える）という事態が、この基準空間の内部で成立することを表示するものと理解される。

θ　外　off, out, outside, beyond
「外」は、前置詞に後続する事物が与える基準空間とそれを包含する上位空間を考え、上位空間の中で基準空間には含まれない空間を言う。

(57) His house is two miles off the main road.
彼の家は主要道から2マイル離れたところにある。

(58) The security guard kept people off the crime scene.
警備員は人々を犯行現場から離れさせておくようにした。

(59) The policeman ran out the entrance for a burglar
警官は強盗を追って出入り口を通って外に走り出た。

(60) The artist's studio was out Montparnasse.
その芸術家のアトリエはモンパルナスの外れにある。

(61) Farmers lived outside the wall of the city.
農民たちは都市の城壁の外側に住んでいた。

(62) The applicants are required to wait outside the examination room.
応募者は試験場の外で待つように言われている。

(63) A flock of birds flew beyond the horizon.
鳥の群れが地平線の向こうに飛んで行った。

基準空間を含む上位空間は、特に状況による制限がなければ無限の広がりを持つ。したがって基準空間の外部とするだけでは、事態が成立する空間を明確に表示することは不可能であり、情報的価値を持たなくなる。このことから、「外」を意味する前置詞は、基準空間に含まれないが、基準空間に近接する空間において成立する事態を表示するのが普通である。

off は基準空間を含まない上位空間において事態が成立することを表示する。ただし、事態が成立する空間は、基準空間に近接しているのが原則である。

(57)では、the main road（主要道）が基準空間を与え、前置詞 off によって、his house is（彼の家がある）という事態が、その基準空間の外部の近接した空間において成立することが表示される。名詞群 off the main road に先行する名詞句

122 第6章 意味役割と前置詞

two miles（2 マイル）は、彼の家と基準空間との間の距離を表している。

(58)では、the crime scene（犯行現場）が基準空間を与え、前置詞 off によって、the security guard kept people（警備員が人々を止める）という事態が、基準空間の外部で成立したことが表示される。この場合の人々は、犯行現場を見るために押し寄せた群集だと考えられ、したがって基準空間に近接した空間でこの事態が成立したものと理解される。

out は、基準空間と外部の空間とが接する空間において事態が成立したことを表示する。したがって、事態が成立する空間は、厳密には基準空間に含まれるが、外部の空間とも密接な関係がある。

(59)では、the entrance（出入り口）が基準空間であり、この空間と外部空間が接触する空間において、the policeman ran（警官が走った）という事態が成立したことが表示されている。したがって、表示される事態は、単に警官が走ったというものではなく、警官が出入り口を通過して外部に出たというものだと理解される。文末の名詞群 for a burglar（強盗に向かって）は、事態が成立した目的を表している。

(60)では、Montparnasse（モンパルナス）が基準空間を与え、the artist's studio was（その芸術家のアトリエがあった）という事態が、その基準空間と外部の空間が接する空間、すなわちモンパルナスの外れにおいて成立したことが表示されている。

outside は、境界によって区切られた基準空間の外部だがそれに接近する空間において事態が成立することを表示する。

(61)では、the wall of the city（都市の城壁）が基準空間を与えるが、都市を囲む城壁はそれ自体が境界として空間の範囲を限定している。この文は、farmers lived（農民たちが住んでいた）という事態が、この基準空間の外部でそれに接近する空間において成立したことを表している。表示される事態は、人間の居住空間に関わるものであるから、長期にわたる時区間において成立するものと理解される。

(62)では、the examination room（試験場）が基準空間を与えるが、試験場は建物の中で壁や扉で区切られた明確な境界を持つ空間である。この文は、the applicants are required to wait（応募者は待つように指示されている）という事態が、基準空間の外部だが接近した空間において成立することを表示している。この事態は、試験が開始するまでの短い時区間において成立するものと理解される。

(63)の beyond については、ある空間から遠く離れた空間を基準空間として、その空間の外部で事態が成立することを表す。この文の場合は、発信者が占める空間から遠く離れた位置にある基準空間（地平線）の外部で a flock of birds flew（鳥

第 2 節　前置詞　　123

の群れが飛んで行った）という事態が成立したことが表示されている。

1　通過　through, across
　点、平面、空間の全体を移動するという事態が「通過」である。
　through は、点、平面、空間のある一端と別の一端を結ぶ直線の全体を個体が
移動するという事態を表す。across は、平面の一端と別の一端を結ぶ直線上の移
動そのものと、移動の結果を表す。

　（64）All the runners passed through the midpoint.
　　　　すべての走者が中間点を通り過ぎた。
　（65）A tornado moved through the town.　竜巻がその町を通り抜けた。
　（66）The police will search for the criminal through the house.
　　　　警察は家の隅々まで犯人を探すつもりだ。
　（67）A bridge was built across the river.　その川を渡る橋が架けられた。
　（68）The post office is just across the street.
　　　　郵便局は通りのすぐ向こう側だ。

　（64）は、the midpoint（中間点）という点を all the runners（すべての走者）であ
る個体が通り過ぎたという事態を表示する。点は部分を持たない空間であるから、
その空間の全体を個体が移動したということになる。
　（65）は、the town（その町）が基準空間を与えるが、都市や国は通常平面とし
て認識される。前置詞 through によって、この事態が、a tornado（竜巻）という
個体がその町である平面のある一端から別の一端へと移動したこと、つまり町全
体を通り過ぎたというものであると理解される。
　（66）は、the house（その家）が基準空間を与えるが、この空間は立体空間である。
したがって、ある一端と別の一端を結ぶ直線は多数存在する。前置詞 through は、
この多数の直線上を the police（警察）である個体が移動して犯人を探すという事
態、すなわちその家の中のあらゆる場所を探すという事態を表している。
　（67）は、the river である平面の一方と他方を結ぶ直線上で、a bridge was built（橋
が架けられた）という事態が成立したことを表示する。一方から他方へ橋が建造
されていく過程に注目するのが前置詞 across であるが、川の上部に橋があると
いう状態に注目すれば、前置詞としては over が選択される。
　（68）は、the street（通り）である平面の一端にある点を基準として、通りの反
対側にある点と基準点を結ぶ直線上を人間が移動した結果到達するのが the post
office（郵便局）だという事態を、前置詞 across が表示している。

124 第6章 意味役割と前置詞

ⅱ. 成立空間を表示する前置詞の比喩的使用

　人間にとって視覚が最も重要な知覚であることから、成立空間を表示する前置詞は、本来の空間的特性の表示から拡大して、空間とは必ずしも関係を持たない比喩的な意味を表すために使用されることができる。比喩とは、ある事態の特性を、より具体的に知覚できる特性を持つ事態によって表現する方法である。

a.　点、平面、空間
・at：A が点 B にある　→ B という限定された範囲で A が成立する

(69)　Mary is very good at drawing pictures.
　　　メアリーは絵を描くのがとても上手だ。

(70)　The garbage man is at work on the second floor.
　　　ごみ収集人は 2 階で仕事中です。

(71)　The civilization was at its best then.
　　　その文明はその時最高の状態にあった。

(72)　They were scared at the sound of birds taking wings.
　　　彼らは鳥が飛び立つ音を怖がった。

　(69)は直接的には、Mary is very good（メアリーがとても上手だ）という事態が、drawing pictures（絵を描く）という事態の集合が形成する点において成立するという事態を表示する。しかし、絵を描くという事態が体積を持たない点を形成することはあり得ない。「メアリーがとても上手だ」という事態が成立する状況としては、ほぼ無限とも言える人間の活動の集合を想定することができる。その集合の 1 つの要素として「絵を描く」という活動を抽出し、その活動の範囲でメアリーがとても上手だという事態が成立するという比喩的な解釈をすれば、適格な事態が成立する。無限個の活動の集合の中の 1 つだけの要素が抽出されるという操作は、空間の中から点を抽出する操作と共通しているから、at が表示する意味役割と矛盾しない。

　(70)の at work は、直接的には労働である事態の集合が占める空間を表示するが、この事態の集合が点において成立することはない。the garbage man is（ごみ収集人がいる）という事態と at work が適切に結合するためには、この文の主体であるごみ収集人が、「主体が労働する」という事態の集合を構成する主体の集合に、現在の時点で含まれているという関係が成立することを、この文が表示するのでなければならない。前置詞 at は、「主体が労働する」という事態集合を構成する無限個の要素から、1 つの事態を抽出する操作を、空間を構成する無限個の点から 1 つの点を抽出する操作として比喩的に表現しているものと理解される。

　(71)の名詞群 at its best は、直接的には「その文明が最高の状態にある」とい

う事態が占める空間を表示するが、この空間は点ではないので、前置詞 at の使用はこのままでは不適格である。ここで、its best は「その文明のすべての状態のうちで最も優れた状態」であることを考えると、この名詞句は、すべての状態のうちから最高である 1 つの状態を抽出したものである。この操作は、空間から点を抽出する操作と共通の特性を持っているので、この操作を表す at が比喩的に用いられているものと理解すればよい。

　(72) の名詞群 at the sound of birds taking wings は、直接的には「鳥が飛び立つ音」という事物が占める空間を表示するが、この空間は点ではないので、前置詞 at でこの空間を表示するのはこのままでは不適格である。ここで、they were scared（彼らが怖がった）という事態を構成する要素としての「原因」である事物は、恐怖の原因であるからその個数に制限はない。原因である無限個の事物のうちから 1 個だけを抽出する操作を前置詞 at が比喩的に表示しているのだと理解すれば、この前置詞を含む名詞群を適格に理解することが可能となる。

・on：A が平面 B の上にある　→ A の成立が B に依存する

　(73) My car runs on gasoline.　私の車はガソリンで動く。

　(74) The earth turns on its axis.　地球は地軸を中心として回転する。

　(75) Mary visited the country on business.
　　　メアリーは仕事でその国を訪れた。

　(76) The scholar's paper is on the history of Greek arts.
　　　その学者の論文はギリシア芸術の歴史に関するものだ。

　(73) の名詞群 on gasoline は、直接的にはガソリンである個体が占める平面の上を表すが、この空間において my car runs（私の車が日常的に走る）という事態が成立することはない。A が平面 B の上にある場合、その平面 B がなければ A は空間上に存在することができないから、この状態は比喩的に、A の成立が B に依存することを表すものと理解される。したがって、「私の車が走る」という事態の成立がガソリンに依存している、つまり私の車の燃料がガソリンだという事態をこの文が比喩的に表示しているものと解釈すれば、適格な事態として理解される。

　(74) の名詞群 on its axis は、直接的には地軸に接触する平面の上を表すが、地軸には面積がないので、地軸上で the earth turns（地球が回転する）という事態が成立することはできない。ここで、地球が回転するという事態が地軸に依存するという比喩的解釈をすれば、軸は物体の回転の中心であることから、地球が地軸を中心として回転するという適格な理解が得られる。

　(75) の名詞群 on business は、直接的には仕事である事態が占める空間に接触

する平面を表すから、この文も Mary visited the country（メアリーがその国を訪れた）という事態がその平面上で成立したことを表す。しかし、現実的には仕事が成立する空間に接触する平面で事態が成立することはあり得ない。ここで、メアリーがその国に行くという事態が成立することが、仕事という事態に依存するという比喩的解釈、すなわちメアリーがその国に行ったのは仕事があったからだという解釈をすれば、適格な事態として理解できる。

　(76)の名詞群 on the history of Greek arts は、直接的にはギリシア芸術の歴史が占める空間に接触する平面を表すが、歴史は多様な事態の集合であって、具体的な空間を占めることはない。したがって、the scholar's paper is（その学者の論文がある）という事態の成立がギリシア芸術の歴史に依存するという比喩的な解釈をすれば、論文がギリシア芸術の歴史に関するものであるという、現実世界で適格なものとして受け入れられる事態が表示されることになる。

・in：A が空間 B の中にある
　　→ A の特性が、B が表示する特性の集合に含まれる
　(77) The passengers were waiting in a line.
　　　乗客たちは列になって待っていた。
　(78) I would solve the problem in a different way.
　　　私なら別の方法でその問題を解決する。
　(79) The man spoke to me in a language I couldn't understand.
　　　その男は私が理解できない言葉で私に話しかけてきた。
　(80) The cherry blossoms are in full bloom.　桜の花が満開だ。

　(77)については、the passengers were waiting（乗客たちが待っていた）という事態が、a line（直線）である個体の内部で成立したという事態を表示していると理解することは可能である。しかし、直線は、数学的には面積を持たないし、現実的にも人間がその中で何らかの行為ができるほどの大きさを持たないのが普通である。したがって、直線が持っている「要素（点）が一次元的に配列されている」という特性をこの事態も共有しているものと理解すると、現実世界における通常の事態として成立する。

　(78)の名詞群 in a different way は、直接的には「異なった道で」を意味する。しかし、受信者が問題を解決するという事態が道路上で成立することは通常はないので、way は「道」ではなく「方法」を意味するものと理解される。「方法」は事態の集合であるから、物理的に空間を占めることはない。したがって、「発信者がその問題を解決する」という事態の要素としての方法が、方法である様々の事態のうちの１つであるという比喩的な理解をすることで、適格な事態として

第2節　前置詞　　127

成立する。

　(79)の名詞句 a language I couldn't understand（発信者が理解できない言語）は、現実世界において物理的な空間を占めることはない。したがって、the man spoke to me（その男が発信者に話しかけてきた）という事態の要素としての手段の1つである使用言語が、発信者が理解できない言語の集合に属する1つの要素であったという比喩的な理解をすれば、事態としては適格に成立する。

　(80)の名詞句 full bloom（満開）は「すべての花が開いている」という事態の集合である。この事態は空間において成立するが、壁や天井のような具体的な境界を持つ空間が形成されるわけではない。したがって、桜の花が持つことができる特性のうち、「すべての花が咲いている」という限定された特性においてこの事態が成立しているという比喩的な解釈をすることにより、適格な事態として理解される。

b.　近傍

・near：A が B の占める空間に近い

　　　　→A の特性に類似した特性を B が持っている。B の成立が完了する時点に A が接近している。

　(81)　The scholar's theory is near a religious dogma.
　　　　その学者の学説は宗教的な教義のようなものだ。

　(82)　The volcano seemed to be near explosion.
　　　　その火山は爆発しそうに見えた。

　(81)は、主体である the scholar's theory（その学者の学説）が、a religious dogma（宗教的な教義）に類似した特性を持っていることを表示している。学問上の学説は事実と論理に基づいて真理を探究するものであるが、宗教上の教義にはそのような客観性がないことから、この文は、その学者の学説に客観性がないことを表しているものと理解される。

　(82)は、主体である the volcano（その火山）が explosion（爆発）に近いと表現することにより、火山の爆発が成立する時点に接近していること、すなわち火山が爆発する兆候が見られることを表している。

・beside：A が B の占める空間の横にある　　→A が B と同一ではない

　(83)　The politician's speech was beside his party's doctrine.
　　　　その政治家の発言は、彼の政党の方針とは無関係だった。

　(84)　She got beside herself when she knew the truth.
　　　　真実を知った時、彼女は逆上した。

128　　　　　　　　第 6 章　意味役割と前置詞

　(83) は、その政治家の発言が、彼の政党の方針と同一の空間ではなく、その横の空間にあったとすることで、発言と方針が異なる特性を持つものであった、すなわち発言が方針とは無関係だったことを表している。

　(84) は、彼女が占める空間が、彼女自身が占めていた空間の横にあったという矛盾を主張することによって、ある時の彼女の状態が、本来の彼女の状態とは異なっていたこと、すなわち彼女が逆上して我を忘れていたことを表現している。

・around：A が B の占める空間の周囲にある

　　　　　→ B が中心的な事態で A は B に付随する事態である

　(85)　The writer's newest work is around a statesman born in a poor noble family.

　　　　その作家の最新の作品は、貧しい貴族の家に生まれた政治家をめぐるものだ。

　(85) は、a statesman born in a poor noble family（貧しい貴族の家に生まれた政治家）を基準とし、その周囲、つまりその人間に関わって成立した様々な事態が形成する状況を around が表示し、その状況に、主体である the writer's newest work が属しているという事態を表示している。

c.　上

・over：A が B の真上を覆っている

　　　　→ A が B を支配している、A が B に密接に関係している、A が B より大きい

　(86)　The emperor has the sovereign power over the people in his empire.

　　　　皇帝は自分の帝国の人民を支配する卓越した力を持っている。

　(87)　The manager lamented over the failure of his enterprise.

　　　　その経営者は事業の失敗のことを嘆いた。

　(88)　The old woman is well over ninety years.

　　　　その年取った女性は優に 90 歳を超えている。

　(86) では、the people in his empire（自分の帝国の人民）の上に、the emperor has the sovereign power（皇帝が卓越した力を持つ）という事態が成立していると表現することによって、皇帝が帝国の人民を卓越した力によって支配しているという事態の成立が理解される。

　(87) は、the failure of his enterprise（自分の事業の失敗）という事態の上に、the manager lamented（その経営者が嘆いた）という事態が成立しているという表現である。現実には、失敗の上にある空間で嘆きが成立することはないが、失敗

が原因となって嘆くという事態は成立する。したがってこの表現は、事業が失敗したことが原因で経営者が嘆いたという事態を比喩的に表したものだと理解される。

(88)は、ninety years (90年) という数値の上に the old woman (その年取った女性) がいるという事態を表す表現である。数値の上に人間が存在することはないから、その数値が年齢であり、上にいる人間の年齢がその数値よりも大きいという比喩としての理解が導かれる。

・above：A が B の上にあるが、A が B に接することはない
　　　　　→ A が B より大きい、A が B の到達できない位置にある

(89) Most of the sumo wrestlers weigh above a hundred kilograms.
　　　 ほとんどの力士は体重が 100 キロを超えている。

(90) Her explanation of the problem is above my understanding.
　　　 彼女のその問題についての説明は私には理解できない。

(89)は、most of the sumo wrestlers weigh (ほとんどの力士がある体重を持つ) という事態が a hundred kilograms (100 キロ) という数値の上にあるという事態を表す。事態が数値の上で成立することはないから、この事態の要素であって一定の数値を持つ「体重」が、与えられた基準の「100 キロ」よりも大きいという比喩的な意味を表すものと理解される。

(90)は、her explanation of the problem is (彼女のその問題についての説明がある特性を持つ) という事態が my understanding (私の理解) が占める空間の上方にあり、接点を持たないという事態を直接的には表す。事態が事態の上方の空間を占めるということはないので、これを比喩的に理解するとすれば、彼女の説明が私の理解が及ばないような場所にある、すなわち彼女の説明を私が理解できないということになる。

d.　下
・under：A が B の真下にあって B が A を覆っている
　　　　　→ A が B の作用を受けている、A が B に属している、A が B より小さい、少ない

(91) The nation was under the control of its neighbor for a long time.
　　　 その国家は長い間隣国の支配下にあった。

(92) The elevators of this building are now under inspection.
　　　 この建物のエレベーターは今点検中です。

(93) Whales are under the class of mammals.　鯨は哺乳動物綱に属する。

(94) The boys of this team are under the age of twelve.
　　　このチームの少年たちは 12 歳未満だ。

　(91)が直接的に表示するのは、the nation（その国家）が the control of its neighbor（隣国の支配）の真下の空間を占めるという事態である。このような事態は成立し得ないので、比喩的に理解すると、その国家が隣国の支配という作用を受ける対象であった、すなわち隣国の支配下にあったという事態になる。

　(92)が直接的に表示するのは、the elevators of this building（この建物のエレベーター）が inspection（点検）という事態の真下の空間を占めるという事態である。このような事態は現実世界では成立しないので、比喩的に解釈すると、「人が事物を点検する」という行為の作用を受ける対象がエレベーターである、すなわちエレベーターが点検を受けている最中だということになる。

　(93)が直接的に表示するのは、whales（鯨）が the class of mammals（哺乳動物綱）が占める空間の真下にあるという事態であるが、生物の範疇が物理的空間を占めることはないので、このような事態は現実的には成立しない。したがって比喩的に解釈すると、鯨が哺乳動物の仲間に属するということになる。

　(94)は、そのままでは the boys of this team（このチームの少年たち）が the age of twelve（12 歳）という数値が占める空間の真下にいるという、現実世界では実現不可能な事態を表示する。数値を鉛直線上に配列すると、通常は小さな数値が大きな数値よりも下に配置される。したがって、この文が適格な事態を表示するようにするためには、少年たちの年齢である数値が 12 歳という数値よりも小さいという比喩的な解釈をしなければならない。

・below：A が B の下方にあるが接してはいない
　　　　　→ A が B より小さい、少ない

　below の場合、A と B の間に接触がないので、作用や支配という解釈は生じず、両者の量的な関係または社会的な上下関係が中心的な解釈となる。

(95) The golfer's final score was below the average.
　　　そのゴルファーの最終的なスコアは平均より低かった。

(96) John was ranked below his colleague.
　　　ジョンは同僚よりも階級が下だった。

　(95)は、直接的には the golfer's final score（そのゴルファーの最終的なスコア）という数値が the average（平均）という数値が占める空間の下方にあるという事態を表現する。数値が現実世界で一定の空間を占めることはないので、数直線上でゴルファーのスコアが平均値よりも下であること、すなわちスコアが平均値よりも小さいという比喩的解釈をすることにより適切に理解される。

第2節　前置詞　　131

(96)は、直接的には John was ranked（ジョンがある階級にあった）という事態が、his colleague（彼の同僚）が占める空間の下方において成立したという事態を表示する。しかし現実的にはこのような事態が成立することはないから、ジョンの階級が同僚の階級よりも下である、すなわちジョンの階級の価値が同僚の階級の価値よりも小さいという比喩的な解釈によって、事態の適格性が保持される。

・beneath：A が B の真下または下方にある（文語的）
　　　　　→A が B の支配を受けている、A が B より価値が低い

(97) The people of the country remained beneath the dictator.
　　　その国の人々は独裁者の支配下に置かれたままだった。

(98) Mary is assigned a job beneath her ability.
　　　メアリーは彼女の能力にふさわしくない仕事を与えられている。

(97)は、直接的には the people of the country remained（その国の人々がある状態のままだった）という事態が、the dictator（その独裁者）が占める空間の下で成立したという事態を表示するが、実際に独裁者の下で何らかの事態が成立したわけではない。したがって、人々が独裁者の支配を受けていたという比喩的な解釈をすることにより、事態の適格性が生じる。

(98)は、直接的には Mary is assigned a job（メアリーが仕事を与えられた）という事態の要素である job（仕事）が、her ability（彼女の能力）が占める空間の下方を占めていたという事態を表示する。しかし、人間の能力が何らかの空間を占めることはないので、このような事態は成立しない。したがって、メアリーに与えられた仕事の価値が、彼女の能力が持つ価値よりも小さい、すなわちメアリーはその能力にふさわしい仕事を与えられていないという比喩的な解釈がなされる。

e.　前
・before：A が B の前にある
　　　　　→B にとって A が成立することが確実である、B より A の方が価値が大きい、B が A を圧倒する

(99) A bright future is before the young people of our country.
　　　我々の国の若者には明るい未来が約束されている。

(100) Sports players should put fairness before excellence in skills.
　　　スポーツ選手は、優れた技を見せることよりも公正さを優先させるべきだ。

(101) The enemy withdrew before our overwhelming power.
　　　我々の圧倒的な力の前に敵は退却した。

（99）は直接的には、a bright future is（明るい未来がある）という事態が、the young people of our country（我々の国の若者）が占める空間の前方で成立するという事態を表示するが、未来が若者たちに見える空間で成立することはあり得ない。しかし、若者たちの目に見えると思えるほど明るい未来が確実に成立するという比喩的な解釈であれば成立する。

（100）は直接的には、「スポーツ選手が優れた技の前に公正さを置く」という事態を表示するが、現実世界では「公正さ」すなわち公正である事態の集合が一定の空間を占めることはないから、その前方の空間も存在しない。「A を B の前に置く」という行為は、A の価値が B の価値よりも大きいという判断、すなわち A を B に優先させる行為を比喩的に意味するから、「優れた技よりも公正さを優先させる」という解釈をすることにより、適格な理解が得られる。

（101）は、the enemy withdrew（敵が退却した）という事態が成立した空間を表示するものであり、現実世界でも成立可能である。しかし、その空間を表示するのが名詞句 our overwhelming power（発信者たちの圧倒的な力）であって、これが具体的で特定の空間を占めることはない。B の前で A が退却するのであれば、B が A に力を加えて A がその力に対抗できないということであるから、B の力が A を圧倒するという解釈が可能であり、この比喩的な解釈を採用すれば、この文が表示する事態は適格となる。

f.　後ろ

・behind：A が B の後ろにある

　　　　　→A が B より劣っている、A が B を後ろから支えている、A が B の原因である

（102）Rome was behind Greece both in philosophy and in science.
　　　　哲学でも科学でもローマはギリシアより劣っていた。

（103）We need substantial help from you behind our project.
　　　　私たちの計画を支えるためにあなたからの実質的な援助が必要です。

（104）There was a malevolent fixer behind the conspiracy.
　　　　その陰謀の裏には悪意のある黒幕がいた。

（102）は、直接的にはローマがギリシアの後ろにあったという事態を表示するが、地理的な配置としてローマとギリシアの間には前後関係は存在しない。何らかの基準について事物を序列化する場合には、価値が大きいものを小さいものよりも前に配列する。したがってこの場合、A が B の後ろに配置されれば、A の価値は B の価値よりも小さい、すなわち A は B より劣っている。この文についても、哲学と科学についてローマがギリシアに劣っていたという解釈をすれば、表示さ

れる事態に適格性が与えられる。

　(103)は、直接的には発信者たちの計画の背後にある空間で、受信者からの援助が必要だという事態を表示するが、計画が具体的に占める空間は存在しないので、その前後の空間も存在しない。Bの後ろにAがある場合、Bが倒れないようにAが支持するという事態も想定される。この事態が比喩的に表現されているのだとすれば、援助が計画を支えているという、現実世界でも成立しうる適格な事態として理解される。

　(104)は、直接的にはその陰謀には見えない空間に、悪意のある黒幕が存在したという事態を表示する。しかし陰謀には正面も背後もないので、黒幕である人間が現実的に存在しうる空間はない。しかし、AがBの背後にあるという関係から、AがBの成立を支えていること、さらにはAが成立しなければBも成立しなかった、すなわちBの成立をAが導いたという比喩的解釈が可能である。この解釈によれば、悪意のある黒幕が原因となって陰謀が計画されたという適切な事態として理解される。

g.　間

・between：XがAとBの間にある　→XがAとBによって分けられる

(105) The two companies shared the construction of the bridge between them.
その2つの会社が橋の建設を分担した。

(106) It is hard to know the difference between the two parties' policies.
その2つの政党の政策を区別するのは難しい。

(107) Mary's property will be divided between her three children.
メアリーの遺産は彼女の3人の子供たちの間で分けられる。

　(105)は、直接的には2つの会社がそれぞれ占める地点の間にある空間で、その橋の建設が分担されるという事態を表示するが、橋そのものを2つの地点に分離することはできない。ここで、橋の建設に関する業務を2つの会社で分担するという比喩的解釈を適用するならば、現実世界で成立することが可能な事態として理解される。

　(106)は、直接的には2つの政党がそれぞれ占める地点の間の空間にdifference（相違）があって、その相違を知ることが難しいという事態を表示する。しかし「相違」という事態の集合が物理的な空間を占めることはない。ここで、「相違」が、同種の事物AとB（ここでは2つの政党のそれぞれの政策）が同一ではないという特性であることを考えると、Aが占める地点とBが占める地点の間の空間に相違という事物が存在すると表現することで、AとBが同一ではないことを比喩的に表しているのだと理解することが可能である。

134　　　　　　　　　第 6 章　意味役割と前置詞

　（107）は、直接的にはメアリーの遺産が、彼女の 3 人の子供たちがそれぞれ占める地点の間にある空間で分けられるという事態を表示する。しかし、遺産は様々の様態で存在するし、たとえそれが現金のような具体的形態を持つ個体であったとしても、それが 3 つの地点をそれぞれ結ぶ 3 つの直線の交点の上で分割されるという事態が現実世界で成立することはない。ここで、メアリーの遺産を相続する権利が 3 人の子供によって分担されるという比喩的な解釈をすれば、適格な事態として理解される。

　事物を分担する個体が 3 個以上の場合でも、それぞれの個体の独立性に焦点を当てたい場合には between を使用することができる。among を使うこともできるが、この場合には 3 個以上の個体が形成する集合全体に焦点が当てられ、分担の結果分割される事物（業務や遺産など）よりも、分担という行為の方に関心が向いている。

・among：A が集団 G の中にある

　　　　→ A が G に属する、A が G の特性の集合の要素である

　（108）The director's film is among the best ones screened this year.

　　　　　その監督の映画は、今年上映された最も優れた映画の 1 つだ。

　（109）Wearing a toga in ceremonies was a rule among the male citizens in Rome.

　　　　　儀式でトガを着るのはローマの男性市民の間での決まりだった。

　（108）は直接的には、その監督の映画が、今年上映された最も優れた複数の映画によって形成される空間の中にあるという事態を表示する。この文での film（映画）は、映像が格納された具体的な個体ではなく、映像によって表現される事態の集合であって、物理的な空間を占めることはない。したがって、今年の最も優れた映画が形成する集合の中に、その監督の映画が要素として含まれるという比喩的解釈をすることにより、適格な理解が得られる。

　（109）は直接的には、wearing a toga in ceremonies（儀式でトガ〈古代ローマの上着〉を着ること）が a rule（決まり）であるという事態が、ローマの男性市民が形成する空間の中で成立するという事態を表示する。しかし、among the male citizens in Rome という名詞群が、ローマの男性市民すべてが存在している現実の空間を表示するのであるとしたら、それが実際に形成されることはない。したがって、ローマの男性市民に属するとされた様々の特性（政治経済的活動、日常の振る舞い、服装など）の中に、「儀式でトガを着る」という事態が含まれるという比喩的解釈をすることによって、適格な理解が達成される。

第2節　前置詞　　135

h.　外

・off：A が B の外にある　　→ A の重要な特性は B だが、A が B を持っていない

(110) The discussion went off the point.　議論が要点を外れてしまった。

(111) The policeman is off duty today.　その警察官は今日非番だ。

(112) If you pay in cash, you receive 5% off the price.
　　　現金で払えば価格から 5% 割引します。

　(110)の the point は主体の the discussion（議論）に関わるものであるから、空間的な位置としての点ではなく「要点」を表す。要点は事態であるが、物理的な空間を占めることはない。また、the discussion went（議論が行った）という事態も物理的な空間を占めることはないから、この文が適格な事態を表示しているものとすれば、本来の議論の最も重要な部分である要点とは異なる事態について議論が行われたということを表しているものと理解しなければならない。

　(111)の duty は、主体である the policeman の職務である事態だと理解される。この職務は具体的な空間で成立するから、職務である事態の集合も現実世界の空間において成立する。この文は、1 人の警察官が、その職務である事態の集合が形成する空間の外にいるという事態を直接的には表示するが、警察官の職務は多岐にわたるので、その人間がこのような空間の外部にいるという事態は現実には成立しない。したがって、警察官が本来ならばしているべき「巡回をする」「道案内をする」「犯罪者を逮捕する」などの事態の集合があって、その事態の集合の中に、この文の主体である警察官が含まれていない、すなわちこの警察官は仕事中ではない、非番であるという比喩的な解釈をすれば、この文は適格な事態を表示することになる。

　(112)の the price（価格）は数値であるから、何らかの物理的な空間を占めることはない。したがって名詞群 off the price は、you receive 5%（人が 5% を受け取る）という事態が成立する空間を表示することはない。ここで、the price は人が製品を購入する場合に支払うべき価格であるから、you receive 5% がその価格ではないがその価格を基準とした金額、すなわち価格の 5% を受け取ると解釈すれば、現金払いによる値引きが 5% であるという適格な事態として理解できる。

・outside：A が B の境界外にある　　→ A が B の範囲を超える

(113) Gödel's incompleteness theorem is outside my comprehension.
　　　ゲーデルの不完全性定理は私の理解を超えている。

(114) Luxury cars are outside ordinary people's reach.
　　　高級車は普通の人間には手が届かない。

　(113)は、直接的にはゲーデルの不完全性定理が、「私が理解する」という事

態に備わった境界の外にあるという事態を表示するが、私の理解が具体的な空間を占めることはないから、この事態を適格に理解することはできない。ここで名詞群 outside my comprehension を比喩的に解釈して、「私の理解の範囲を超えている」、すなわち私が理解できる範囲の事態には含まれていないという意味を表すものとすれば、ゲーデルの不完全性定理を私が理解できないという適格な事態を表示するものとして理解できる。

　(114)は、直接的には、通常の人間の手が届く空間が作る境界の外部で、luxury cars are（高級車がある）という事態が成立することを表す。しかし実際には、高級車が現実に見える範囲に存在することは稀である。したがって、outside ordinary people's reach を、普通の人間が手に入れることができる事物の範囲を超えている、のように比喩的に解釈すれば、この文は、高級車を普通の人間が購入することはできないという適格な事態を表示することになる。

・beyond：A が、遠く離れた空間にある B のさらに外部にある
　　　　　→ A が B の範囲を大きく超える

　(115)　They are planning a revolt beyond all doubt.
　　　　　彼らは間違いなく反乱を計画している。

　(116)　The scenery from the mountaintop was beyond description.
　　　　　山頂からの景色は言葉にできないほどだった。

　(115)の名詞群 beyond all doubt は、直接的には、all doubt（すべての疑い）が占める空間からさらに離れた空間の外部で事態が成立することを表示するが、疑いである事態は物理的な空間を占めることはない。したがって、they are planning a revolt（彼らが反乱を計画している）という事態は、人間が疑うような事態の範囲を大きく超える、すなわち彼らの反乱の計画は疑うことができないほど確実だという比喩的な解釈をすることにより、適格な事態としての理解が得られる。

　(116)の名詞群 beyond description は、直接的には、description（描写）が占める空間から遠く離れた空間の外部で事態が成立することを表示するが、描写は言語表現なので、何らかの物理的な空間を占めることはない。したがって、この名詞群を比喩的に解釈して「言葉で描写できる範囲を大きく超えている」ことを表すのだとすれば、景色がとても言葉では言い表せないほどだったという適格な事態として理解される。

i.　通過
・through：A が B を通過する　→ A が B を終える、B が原因で A が成立する
　(117)　The refugees went through many difficulties.

避難民たちはたくさんの困難を切り抜けてきた。

(118) Mary is through today's job.　メアリーは今日の仕事が終わった。

(119) John has succeeded in business through his great efforts.
　　　ジョンは大変な努力のおかげで事業を成功させた。

　(117)の名詞群 through many difficulties を含む文は、直接的には、多くの困難が占める空間を主体が通過するという事態を表示するが、この空間は具体的には存在しない。したがって、多くの困難を終わらせた、つまり多くの困難を克服したという比喩的な解釈をすることにより、主体である避難民たちが多くの困難を克服したという適格な理解が得られる。

　(118)の名詞群 through today's job を含む文は、直接的には、今日の仕事という事態が占める空間を主体が通過するという事態を意味するが、仕事が占める空間が如何なるものであるのかは不明である。ここで比喩的な解釈を適用すれば、主体であるメアリーが今日の仕事を終えたという適格な事態としての理解が得られる。

　(119)の名詞群 through his great efforts を含む文は、直接的にはジョンが大変な努力をしたという事態が占める空間を事物が通過するという事態を表示するが、努力が占める空間の通過という事態の想定は困難である。ここで、努力の通過という事態を、努力をした結果として事態が成立するというように比喩的に解釈すれば、John has succeeded in business（ジョンが事業に成功した）という事態が、彼の大変な努力の結果であるという適格な事態を表示するものとしてこの文が理解される。

ⅲ．成立時区間を表す前置詞
　時間は空間と違い、感覚によって直接捉えられるものではないため、時区間のみを表す前置詞は少なく、空間を表す前置詞が時区間を表すためにも使用される場合が多い。

a．基準時区間を表す前置詞　　at, on, in, during, for, through
　人間が日常的に意識し、長さが一定の基準時区間としては、時点、時間、日、週、年、世紀などが考えられるが、時区間を表示する基本的な前置詞としては、英語では at, on, in が用意されている。時間軸上では次元の区別はなされないから、前置詞の選択は単位時間の長さに対応することになる。at, on, in の順で長さが増大していくとすると、at は時点であるから、on は日と週、in は月、年、世紀を表示する。

・at　時点

at は面積を持たない空間としての点を表す。直線としての時間軸上では、これに対応して時点を表示する。

(120) The supermarket opens at ten o'clock.
　　　そのスーパーは 10 時に開店する。

(121) Your train will start on track 4 at noon.
　　　あなたの乗る列車は正午に 4 番線から出発します。

(122) The sky turned brilliant orange at dawn.
　　　夜明けに空は輝くオレンジ色に変わった。

(123) John entered college at the age of nineteen.
　　　ジョンは 19 歳の時に大学に入った。

(120) の ten o'clock (10 時)、(121) の noon (正午＝昼の 12 時) は時刻、すなわち長さのない時点であり、この時点で成立する事態を表示するために前置詞 at が用いられる。(120) の the supermarket opens (そのスーパーが開店する)、(121) の your train will start (あなたの乗る列車が出発する) は、いずれも瞬間において成立する事態を表示している。

(122) の dawn (夜明け) は太陽が昇って夜から朝に変わる瞬間であり、やはり長さを持たない時点なので、この時点において成立する事態は at によって表される。the sky turned brilliant orange (空が輝くオレンジ色に変わった) という事態は、空の色が瞬間において変化したという事態を表示している。

(123) の the age of nineteen (19 歳) は時点ではなく 1 年の長さをもつ時区間である。しかし、年齢だけで構成される直線を想定すると、その直線上の点に当たるのが年齢の数値であるから、ある年齢において成立する事態は、時点において成立するものと同様であると見なされる。このことから、「the age of 数値」という名詞句に対しては前置詞 at が用いられる。この文が表示している事態 John entered college (ジョンは大学に入った) も瞬間的に成立するものである。

・on　日、週

(124) The opening ceremony will be held on November 3.
　　　開会式は 11 月 3 日に開催される。

(125) I saw her at the station on the morning of New Year's Day.
　　　私は元日の朝に彼女を駅で見た。

(126) Her lawyer will come to my office on Thursday this week.
　　　彼女の弁護士が今週の木曜日に私の会社に来る。

(127) My mother goes to the nearby shopping mall on weekends.

第 2 節　前置詞　　　139

　　　　　私の母親は週末に近くのショッピングモールに出かける。
（128）The conference is set on the second week of June.
　　　　　会議は 6 月の第 2 週目に決まった。

　（124）は、the opening ceremony will be held（開会式が開催される）という事態
が開催される日を表示しており、成立時区間が November 3 という日なので、前
置詞 on が選択されている。この事態は、一定の幅を持つ時区間において成立する。

　（125）の the morning of New Year's Day（元日の朝）は元日全体ではないが、元
日という 1 日の前半部分である。この場合も日が基準時区間であることに変わり
はないので、この時区間での事態の成立を表示するために on が選択されている。
I saw her at the station（私が駅で彼女を見た）という事態は、時点または一定の長
さを持つ時区間において成立する。

　（126）の Thursday this week（今週の木曜日）は、日付は明示されていないが、
週のうちの 1 日であるので、この時区間で成立する事態を表示するために on が
選択されている。her lawyer will come to my office（彼女の弁護士が私の会社に
来る）は、時点において成立する事態を表示する。

　（127）の weekends は週末、すなわち土曜日または日曜日という日なので、こ
の時区間において成立する事態を表示するための前置詞として on が選択されて
いる。ただし、weekends という複数形なので、比較的多数の週末日において、
事態は習慣的に成立する。My mother goes to the nearby shopping mall（私の母
が近くのショッピングモールに行く）という事態は、goes という動詞形が用いら
れていることから、現在を含む長い時区間において繰り返し成立することが分か
る。

　（128）の the second week of June（6 月の第 2 週）は、週の全体または一部であ
るが、週が基準時区間を与えているので、この時区間において成立する事態を表
示する前置詞として on が選択されている。the conference is set（会議が決まった）
という事態は時点において成立するが、set（〈日時を〉決める）という動詞の特性
によって、会議の成立時区間には一定の幅が与えられる。

・in　月、季節、年、世紀
　（129）Bach was born in March 1685.　バッハは 1685 年の 3 月に生まれた。
　（130）The temperature sometimes rises above 40 degrees in summer.
　　　　　夏には 40 度以上にまで気温が上がることがある。
　（131）Einstein published his paper on the theory of special relativity in 1905.
　　　　　アインシュタインは 1905 年に特殊相対性理論に関する論文を発表し
　　　　　た。

140 　　　　　　　第 6 章　意味役割と前置詞

(132) The Roman Republic was founded in the sixth century B.C.
　　　共和政ローマは紀元前 6 世紀に打ち建てられた。

　(129)の March 1685（1685 年 3 月）は月なので、この時区間において成立する事態を表示するために、前置詞 in が選択されている。Bach was born（バッハが生まれた）という事態は時点において成立するから、この事態が月である時区間に属するいずれかの時点で成立したものと理解される。

　(130)の summer は季節であり、この時区間において成立する事態を表示するために in が使用されている。the temperature sometimes rises above 40 degrees（時々気温が 40 度以上に上がる）は瞬間的に成立する事態が多数回反復されることを表しており、したがって in summer も年毎に訪れる多数の夏によって構成される集合を表している。

　(131)の 1905 は年であり、この時区間において成立する事態を表示するために前置詞 in が選択されている。Einstein published his paper on the theory of special relativity（アインシュタインが特殊相対性理論に関する論文を発表した）という事態は、この 1905 年という成立時区間の要素である時点において成立したものと理解される。

　(132)の the sixth century B.C.（紀元前 6 世紀）は 100 年の長さを持つ時区間である。この時区間において成立する事態を表示するために前置詞 in が選択されている。The Roman Republic was founded（共和政ローマは打ち建てられた）という事態は、この世紀である時区間を構成する 1 個の時点において成立したものと理解される。

・during　事態の成立時区間が基準時区間

　基準時区間を与えるのが時刻や日付、年号のように、時間軸上に占める位置が明示的なものではなく、何らかの事態である場合には、前置詞 during が用いられる。

(133) My husband took care of our children during my official trip to Austria.
　　　私のオーストリア出張の間、夫が子供たちの面倒を見た。

(134) We went to the seaside three times during the summer vacation.
　　　夏休みの間私たちは 3 度海辺に行った。

　(133)では、my official trip to Austria（私のオーストリアへの出張）という事態が基準時区間を与え、その基準時区間において事態が成立することを前置詞 during が表示している。my husband took care of our children（私の夫が子供たちの面倒を見た）という事態は、出張が成立する基準時区間と同一の時区間を占めるものと理解される。

第2節　前置詞　　141

　(134)では、the summer vacation（夏休み）である事態が基準時区間であり、その時区間において事態が成立することを during が表示している。we went to the seaside（私たちが海辺に行った）という事態は一定の時区間において成立するが、私たちが海辺に行くというこの事態の成立時区間は、夏休みである時区間の部分を構成し、その部分が3個あることが名詞句 three times（3回）によって表されている。

・for　基準時区間の長さ

　for は、事態が成立する時区間の長さを表す。

　　(135) Etrurian kings reigned over Rome for a hundred years.
　　　　エトルリア人の王たちが100年の間ローマを支配した。

　　(136) It has been raining for a week.　もう1週間雨が降り続いている。

　　(137) The girl studies for more than five hours every day.
　　　　その女の子は毎日5時間以上勉強する。

　(135)の事態 Etrurian kings reigned over Rome（エトルリア人の王たちがローマを支配した）という事態は、国の支配という事態だから一定の長さを持つ時区間を占める。その時区間の長さを表すのが名詞群 for a hundred years（100年の間）である。

　(136)の it has been raining（雨が降り続いている）は、過去から現在までの時区間の全体において成立する事態を表示する。すなわち、現在から1週間前に雨が降り出して、それから現在まで1週間雨が降り続いているということである。動詞群が現在完了時制部分相形態であることから、現在以降も雨が降り続くことが含意されている。

　(137)の事態 the girl studies（その少女が勉強する）という事態が成立する時区間の長さを表示するのが名詞群 for more than five hours（5時間以上）であり、この時区間の全体において事態が成立する。動詞群の形態が studies という現在時制全体相形態であることから、現在を含む長い時区間において事態が反復されることが表されているが、名詞句 every day（毎日）によってそれが明示されている。

・through　基準時区間全体での事態の成立

　　(138) The young people sang and danced through the night.
　　　　その若者たちは夜通し歌って踊った。

　　(139) John felt sleepy all through the meeting.
　　　　ジョンは会議の間中眠かった。

　(138)で基準時区間を与えるのは the night（その夜）であり、その時区間の全体

において、the young people sang and danced（その若者たちが歌って踊った）という事態が成立したことが、この文によって表示されている。

　（139）で基準時区間を与えるのは the meeting（その会議）であるが、これは時区間を直接表示しないので、この会議が成立する時区間が基準時区間を与えるものと理解しなければならない。その基準時区間の全体において John felt sleepy（ジョンが眠かった）という事態が成立したことを、この文は表示している。

b.　基準時区間に先行する時区間を表す前置詞　before, by, till/until
　時間軸は直線であり、過去から現在を経て未来へ流れていくものとして意識されるのが普通である。基準となる時区間は現在であり、現在においては、過去に成立した事態は知られている。これを視覚に置き換えればその事態が見えるということであり、目で見える空間は「前」であるから、過去の事態も現在よりも「前に」成立したと認識される。未来に成立する事態は、まだ成立していないのだから知られていない。視覚的には、目に見えない空間は「後ろ」であるから、未来の事態は現在よりも「後に」成立するものと認識される。
　英語でも、「前」を意味する前置詞が時間軸上で過去に事態が成立することを表し、「後ろ」を意味する前置詞が時間軸上で未来に事態が成立することを表す。

・before　基準時区間に先行する時区間で事態の全体または部分が成立する
　（140）The sun sets before five o'clock p.m. in this season of the year.
　　　　この季節には午後 5 時前に日が沈む。
　（141）We will have to get up before dawn tomorrow morning.
　　　　明日の朝私たちは夜明け前に起きなければならない。
　（142）The enemy had withdrawn before the arrival of their support.
　　　　援軍が到着する前に敵は退却していた。
　（143）Mary was a salesclerk of a department store before her marriage
　　　　メアリーは結婚する前はデパートの店員だった。
　（140）で基準時区間を与えるのは名詞句 five o'clock p.m.（午後 5 時）であり、この基準時区間に先行する時区間において the sun sets（日が沈む）という事態が成立することを、この文は表示している。この事態は時点において全体が成立する。また名詞群 in this season of the year（この季節）によって、「午後 5 時前に日が沈む」という事態が成立する時区間の範囲が表示されている。
　（141）で基準時区間を与えるのは名詞 dawn（明け方）であり、この基準時区間に先行する時区間において we will have to get up（私たちは起きなければならない）という事態が成立することを、この文は表示している。この事態は時点において

第 2 節　前置詞　　143

全体が成立する。また、tomorrow morning（明日の朝）という名詞句によって、どの日の明け方であるのかが明示されている。

　（142）で基準時区間を与えるのは名詞句 the arrival of their support（敵の援軍の到着）であり、この名詞句は直接的に時区間を表すのではなく事態を表しているから、基準時区間はこの事態が成立した時区間であると理解される。この文は、the enemy had withdrawn（敵が退却していた）という事態が、基準時区間に先行する時区間において成立したことを表示する。この事態は一定の長さを持つ時区間において全体が成立している。

　（143）で基準時区間を与えるのは名詞句 her marriage（メアリーの結婚）であり、この事態が成立した時区間に先行する時区間において、Mary was a salesclerk of a department store（メアリーがデパートの店員だった）という事態が成立していたことをこの文は表示する。この事態は状態を表すから、完了の時点は不明確であり、したがって、事態の全体または部分が基準時区間に先行する時区間において成立したものと理解される。

・by　基準時区間に先行する時区間で事態の全体が成立する可能性がある

　by は事態が基準時区間より前に成立することを表示するが、その事態は成立する可能性があるだけであって、実際に成立するかどうかは分からない。このため、意志、予定、義務などを表す事態について by が用いられるのが普通である。

　（144）I will finish my homework by midnight.
　　　　私は真夜中までには宿題を終えるつもりだ。
　（145）The date of the ceremony will be decided by the end of October.
　　　　式の日程は 10 月末までに決定される。
　（146）John had to get to the theater by the opening of the play.
　　　　芝居の開始までに、ジョンは劇場に着かなければならなかった。

　（144）で基準時区間を与えるのは midnight（真夜中）であり、この時点よりも前に「発信者が宿題を終える」という事態が成立することをこの文は表示している。動詞群が will finish であるから、事態は発信者の意志を表しており、意志であるから事態は未来において成立し、したがって成立は可能性があるだけである。

　（145）で基準時区間を与えるのは the end of October（10 月末日）であり、この時区間よりも前に「式の日程が決まる」という事態が成立することをこの文は表示している。動詞群が will be decided であり、主体は意志を持たない「日程」であるから、事態の成立は予定であると理解される。予定であるから、未来の時区間における成立は不確定である。

　（146）では名詞句 the opening of the play（芝居の開始）が基準時区間を与えて

いる。この名詞句は直接的に時区間を指定するものではないから、名詞句が表示する事態の成立時区間(この場合は時点)が基準時区間を与え、この時区間よりも前に「ジョンが劇場に着く」という事態が成立することをこの文は表示している。動詞群は had to get (着かなければならなかった)であるから、事態が過去において成立する可能性があっただけで、現実に成立したかどうかは不確定である。

・till, until　基準時区間を含む、基準時区間に先行する時区間において事態が成立する

　　(147) Mary worked till seven o'clock in the evening.
　　　　　メアリーは夜の7時まで仕事をした。
　　(148) John will stay in this town until his daughter's graduation ceremony.
　　　　　ジョンは娘の卒業式までこの町に滞在する。
　　(149) The train service didn't restart until late at night.
　　　　　列車の運行は夜遅くまで再開しなかった。

　(147)で基準時区間を与えるのは seven o'clock in the evening (夜7時)であり、この時点以前の時点からこの時点までの時区間全体で Mary worked (メアリーが仕事をした)という事態が成立したことを、この文は表示している。「主体が仕事をする」という事態は一定の長さを持つ時区間において成立するので、夜7時以前から夜7時までの時区間の全体においてこの事態が成立することができる。

　(148)で基準時区間を与えるのは his daughter's graduation ceremony (ジョンの娘の卒業式)であるが、この名詞句は時間軸上の位置を直接指示するものではないため、娘の卒業式という事態が成立した時区間が基準時区間であると理解される。この時区間以前の時区間からこの時区間までの時区間全体において、John will stay in this town (ジョンがこの町に滞在する)という事態が成立することを、この文は表す。ジョンがこの町に滞在するという事態は、一定の長さを持つ時区間において成立するので、この時区間の全体においてこの事態が成立することは可能である。

　(149)で基準時区間を与えるのは late at night (夜遅く)である。どの日の夜なのかはこの文が使用される状況によって決定される。この基準時区間より前の時区間からこの基準時区間までの時区間において、the train service didn't restart (列車の運行が再開しなかった)という事態が成立することを、この文は表示する。「列車の運行が再開する」という事態は瞬間において成立するので、一定の長さを持つ時区間の全体において成立することはできないが、「列車の運行が再開しない」という否定的事態であれば、一定の長さを持つ時区間において成立することができる。

第2節　前置詞　　　　145

c.　基準時区間に後続する事態を表示する前置詞　after, in

事態が成立する時区間が基準時区間に後続することを表す前置詞が after である。

(150)　You can receive the package after December 5.
　　　　その小包は 12 月 5 日以降に受け取れます。

(151)　Mary left her office after nine thirty.
　　　　メアリーは 9 時半以降に会社を出た。

(152)　The airplane will take off after the fixed time.
　　　　その飛行機は定刻よりも後に離陸する。

(153)　John was born after his grandfather's death.
　　　　ジョンは祖父の死後に生まれた。

(150)で基準時区間を与えるのは December 5 (12 月 5 日)であり、この基準時区間に後続する時区間において、you can receive the package (受信者がその小包を受け取ることができる)という事態が成立することを、この文は表示する。この事態は瞬間的に成立するので、当該時区間に属するいずれかの時点において事態は成立する。

(151)で基準時区間を与えるのは nine thirty (9 時半)であり、この基準時区間(時点)に後続する時区間において、Mary left her office (メアリーが会社を出た)という事態が成立したことを、この文は表示する。この事態は瞬間において成立するので、9 時半以降の時区間に属する何らかの時点においてこの事態が成立する。

(152)で基準時区間を与えるのは the fixed time (定刻)であるが、この時点が未来であることは動詞群 will take off (離陸する)によって分かるものの、未来の時区間のどの時点であるのかは、状況によって決定される。この基準時点に後続するどれかの時区間において、the airplane will take off (その飛行機が離陸する)という事態が成立することを、この文は表示している。

(153)で基準時区間を与えるのは、his grandfather's death (ジョンの祖父の死)であるが、これは事態であって特定の時区間を指定するものではない。was born (生まれた)という動詞群によって過去の時区間(ここでは時点)に属することは分かるが、時間軸上のどこに位置するのかは、状況によって決定される。祖父の死は時点において成立するので、この時点以降現在までのどれかの時点において John was born (ジョンが生まれた)という事態が成立したことを、この文は表示している。

基準時区間と事態成立の時区間の間にある時間の長さを表す場合、基準時区間が過去であれば after、現在であれば in を用いる。

(154)　The climber reached the summit after a week.
　　　　その登山家は 1 週間後に頂上に到達した。

(155) My lawyer will arrive in ten minutes.　私の弁護士は 10 分後に来ます。

　(154)では、過去に属する不定の時区間が基準時区間である。この基準時区間と the climber reached the summit（その登山家が頂上に到達した）という事態が成立した時区間（ここでは時点）との間を占める時区間の長さが a week（1 週間）であったという事態を、この文は表示する。基準時区間が過去に属するので、前置詞は after が選択されている。

　(155)では、現在が基準時点である。My lawyer will arrive（私の弁護士が到着する）という事態が成立する時区間（ここでは時点）と現在との間を占める時区間の長さが ten minutes（10 分）であることを、この文は表示している。

d.　基準時区間に近接する時区間において事態が成立することを表す前置詞
　　about, around/round, toward
　　(156) The party will start about seven o'clock.　パーティーは 7 時頃始まる。
　　(157) It stopped raining around/round midnight.　真夜中頃に雨が止んだ。
　　(158) The population had been reduced by half toward the end of the epidemic disease.
　　　　　流行病の終わり頃には人口が半減していた。

　(156)では、seven o'clock（7 時）が基準時区間（ここでは時点）を与えている。この基準時点の近傍である時区間において、the party will start（パーティーが始まる）という事態が成立することを、この文は表示する。次のように、時点を表示する前置詞 at を使用することも可能である。

　　(156′) The party will start at about seven o'clock.

　(157)では、midnight（真夜中）が基準時区間（ここでは時点）を与えている。この基準時点の近傍である時区間において it stopped raining（雨が止んだ）という事態が成立することを、この文は表示する。この場合も、前置詞 at を使用することが可能である。

　　(157′) It stopped raining at around/round midnight.

　(158)では、the end of the epidemic disease（流行病の終わり）が基準時区間を与えている。この名詞句は直接的に時区間を表示するものではなく事態を表示しているので、どの時区間であるのかは状況によって決定される。この基準時区間の近傍において、the population had been reduced by half（人口が半減していた）という事態が成立したことを、この文は表示している。toward が基準時区間の近傍を表す場合には、前置詞 at を先行させると不適格となる。

　　(158′) ×The population had been reduced by half at toward the end of the epidemic disease.

第2節　前置詞　　　　147

iv．起点を表す前置詞

a．空間的起点　from, out of

　事態が主体または副体の移動である場合、移動経路の最初の空間を「起点」という。空間的な起点を表す前置詞は from と out of である。

・from：直線上の移動の起点

　　（159）The movie star comes from Ireland.

　　　　　その映画スターはアイルランドの出身だ。

　　（160）You have a wonderful ocean view from this room.

　　　　　この部屋から海の素晴らしい景色が見られます。

　（159）で基準空間を与えるのは Ireland（アイルランド）である。表示される事態は the movie star comes（その映画スターは来る）であり、この事態は主体の直線上の移動によって構成される。この移動の起点が前置詞 from によって表されている。

　（160）で基準空間を与えるのは this room（この部屋）である。表示される事態は you have a wonderful ocean view（受信者が海の素晴らしい景色が見られる）であり、主体である受信者は移動しないが、受信者の視線が部屋から外部の海へと直線上を移動すると考えることができる。この視線の移動の起点を表すのが前置詞 from である。

・out of：境界のある空間の外部への移動の起点

　　（161）A cat ran out of the box.　ネコがその箱から走り出てきた。

　　（162）The man produced a gun out of his jacket.

　　　　　その男は上着から拳銃を取り出した。

　（161）は a cat ran（ネコが走った）という事態を表示しており、これは主体であるネコの直線上の移動である。基準空間を与えるのは the box（その箱）であり、この個体の内部と外部には明確な境界が存在する。その境界のある基準空間からの移動の起点を表すのが前置詞 out of である。

　（162）は、the man produced a gun（その男が拳銃を取り出した）という事態を表示しており、この事態では副体である拳銃が直線上で移動している。基準空間を与えるのは his jacket（その男の上着）であるが、この個体の内側と外側の間には境界である平面が存在する。その境界を持つ基準空間内部からの移動の起点を前置詞 out of が表している。

b. 時間的起点　from, since

・from

　空間的起点を表す前置詞 from は、比喩的に時間的な起点を表すこともできる。時間軸は直線として意識され、時間は過去から未来へと移動するものとして捉えられるから、空間的起点と時間的起点は同様に取り扱われる。

　事態が一定の長さをもつ時区間において成立する場合、起点があれば着点（終点）も存在する。from によって起点が表示される場合、着点は現在以外である。

(163) The drugstore is open from nine o'clock in the morning.
　　　その薬局は朝の 9 時から開いている。

(164) Dinosaurs were on earth from the Triassic period to the Cretaceous period.
　　　恐竜は三畳紀から白亜紀まで地球上にいた。

(165) I will keep on doing my best from now.
　　　私は今からずっと最善を尽くすつもりだ。

　(163)が表示する事態は the drugstore is open（その薬局が開いている）であり、この事態は一定の時区間において成立する。その時区間の起点を表すのが from nine o'clock in the morning（朝の 9 時から）という名詞群である。着点は表現されていないが、午後 9 時のような何らかの時点であると推測される。

　(164)が表示する事態は dinosaurs were on earth（恐竜が地球上にいた）であり、この事態は長い時区間において成立したことが知られている。その時区間の起点を表すのが名詞群 from the Triassic period（三畳紀から）である。名詞群 to the Cretaceous period（白亜紀まで）は時区間の着点を表しており、これは過去の時区間である。

　(165)が表示する事態は、I will keep on doing my best（発信者が最善を尽くし続ける）であり、この事態は一定の長さを持つ時区間において成立する。その時区間の起点を表すのが名詞群 from now（今から）であり、この事態が現在を起点として未来にわたる時区間において成立することが分かる。

・since：起点が過去の時区間にあり、着点が現在であって、起点から現在までの時区間の全体において事態が成立する

(166) Mary has been running around the Imperial Palace since five o'clock.
　　　メアリーは 5 時から皇居の周りを走っている。

(167) I have been roommates with John since April.
　　　私は 4 月からジョンと同室だ。

(168) Inflation has been worsening since the beginning of the war.

第2節　前置詞　　　149

　　戦争の開始以来インフレが悪化している。

　since は過去の基準時区間を起点として、現在までの時区間全体で事態が成立することを表すが、このような事態は、英語では現在完了時制を用いて表示される。動詞が状態を表す場合は全体相形態（非進行形）でよいが、状態以外を表す場合は部分相形態（進行形）を取る。

　(166)では、five o'clock（5時）が起点を与え、この起点から現在までの時区間全体で Mary has been running around the Imperial Palace（メアリーが皇居の周りを走っている）という事態が成立することを、この文は表示している。動詞 run は状態ではなく行為を表すので、現在完了時制部分相形態 has been running が使用されている。

　(167)では、April（4月）が起点を与え、この起点から現在までの時区間全体で I have been roommates with John（発信者がジョンと同室だ）という事態が成立することを、この文は表示している。動詞 be は状態を表すので、現在完了時制全体相形態 have been が使用されている。

　(168)では、the beginning of the war（戦争の開始）が起点を与えているが、この名詞句は直接的に時区間を表示するものではないので、「戦争の開始」という事態の成立時区間が起点となる。この文は、inflation has been worsening（インフレが悪化している）という事態が、基準時区間と現在の間を占める時区間全体において成立していることを表示する。動詞 worsen（悪くなる）は状態ではなく変化を表すので、現在完了時制部分相形態 has been worsening が使用されている。

ⅴ. 起点を表す前置詞の比喩的使用
・from：B を起点として A が成立する
　　　　→ A の成立が B に依存する、B の結果が A である
　(169) Chemical fiber is made from petroleum.　化学繊維は石油が原料だ。
　(170) These examples are from Shakespeare.
　　　　これらの例文の出典はシェイクスピアだ。
　(171) The company went bankrupt from lack of funds.
　　　　その会社は資金がなくなって倒産した。

　(169)は、直接的には chemical fiber is made（化学繊維が作られる）という事態が成立する空間の起点が petroleum（石油）だという事態を表示する。しかしこの事態は事物の移動を表示するものではないから、空間的な起点は存在しない。したがって、化学繊維が作られるという事態が成立する根拠が石油である、すなわち、化学繊維が石油を原料として作られるという比喩的解釈をすれば、適格な事態として理解される。

150 第6章 意味役割と前置詞

(170)は、直接的には these examples are（これらの例文がある）という事態が成立する空間の起点が Shakespeare（シェイクスピア）だという事態を表示する。しかし、文は具体的な空間を占めることはなく、移動もしないから起点は存在しない。したがって、例文があるという事態が成立する根拠がシェイクスピア、つまりシェイクスピアの作品にある、すなわち例文がシェイクスピアの作品を出典としているという比喩的な解釈を適用すれば、この文は適格な事態を表示することになる。

(171)は、直接的には the company went bankrupt（その会社が倒産した）という事態が成立する空間の起点が lack of funds（資金の欠乏）だという事態を表示する。会社が倒産するという事態は移動を含まないし、資金の欠乏が何らかの空間を占めることもないから、直接的に表示される事態は現実世界では不適格である。ここで、資金が欠乏した結果として会社の倒産が成立した、つまり資金がなくなったのが原因で会社が倒産したという比喩的な解釈をすれば、適格な事態が得られる。

・out of：A が B の内部から出る
　　　　　→ A がある空間で B が成立しない、A がある空間に B がない

(172) Mary's car was already out of sight.
　　　メアリーの車はもう見えなくなっていた。

(173) The global warming has got out of human control.
　　　地球温暖化は人間には制御できなくなった。

(174) The business enterprise ran out of working capital.
　　　その会社は運転資金がなくなった。

(175) An idea like yours is out of date.　君のような考えは時代遅れだ。

(172)は、直接的には Mary's car was（メアリーの車があった）という事態が成立した空間の起点が、sight（視覚）が成立する空間だったという事態を表示する。しかし、メアリーの車があったという事態には移動が含まれないし、視覚が何らかの空間を占めることもない。したがって、このままでは不適格な事態となる。しかし、メアリーの車があったという事態が成立する空間で視覚が存在しない、すなわちメアリーの車がある場所が見えなかったという比喩的な解釈をすれば、適格な事態が得られる。

(173)は、直接的には the global warming has got（地球温暖化が到達した）という事態が成立する空間の起点が human control（人間の制御）が成立する空間だという事態を表示する。しかし、地球温暖化がある空間に到達していれば、その空間での移動は生じないし、人間の制御という事態がどのような空間を占めるのか

を想定するのは困難である。したがってこの直接的に表示される事態は不適格となる。ここで、地球温暖化が到達した空間に人間の制御がない、つまり地球温暖化を人間が制御できなくなっているという比喩的な解釈を適用すれば、適格な事態として理解される。

(174)は、直接的には the business enterprise ran（その会社が走った）という事態が成立する空間の起点が working capital（運転資金）だったという事態を表示する。会社は生物ではないので走ることはできないが、この事態には移動が含まれる。しかし、運転資金が何らかの空間を占めることはないので、この事態は不適格である。ここで、会社が変化した結果の状態の中に運転資金がなかった、すなわち会社に運転資金がない状態に変化したという比喩的な解釈をすれば、適格な事態が得られる。

(175)は、直接的には an idea like yours is（君の考えのような考えがある）という事態が成立する空間の起点が date（日付、時代）であるという事態を表示する。しかし、考えが存在するという事態の中に移動は含まれないので、この事態は不適格である。ここで、君のような考えがある空間に時代、つまり現代を含む時区間がない、すなわち君のような考えが時代に適合しないという比喩的な解釈をすれば、適格な事態として理解される。

vi. 着点を表す前置詞
a. 空間的着点　to, for, toward/towards, into, onto
・to：直線上の移動の着点
　　(176) Mary went to a department store to buy cosmetics.
　　　　　メアリーは化粧品を買いにデパートに行った。
　　(177) John took a train to New York.
　　　　　ジョンはニューヨーク行きの列車に乗った。
　　(178) The butterflies fly from Canada to Mexico every spring.
　　　　　その蝶たちは毎春カナダからメキシコまで飛んで行く。
　　(179) The girl turned to the left at the corner.
　　　　　その少女は角で左に曲がった。
　　(180) I will give this ticket to a colleague of mine.
　　　　　私はこのチケットを同僚の誰かにあげる。

(176)の Mary went（メアリーが行った）という事態は、主体であるメアリーの移動を伴う。その着点を表示するのが名詞群 to a department store（デパートに）である。to buy cosmetics は不定詞節であって「化粧品を買うために」という、事態が成立する目的を表している。

152　　　第6章　意味役割と前置詞

　（177）は、主体である John（ジョン）と副体である a train（列車）との間に take（乗る）という関係が成立したという事態を表している。名詞群 to New York は、train（列車）の特性を限定している。副体である列車には移動するという特性があり、その移動の着点がニューヨークであることをこの名詞群が表している。

　（178）は、the butterflies fly（その蝶たちが飛ぶ）という事態を表示しているが、この事態には主体である蝶の移動が含まれている。その移動の起点を表すのが名詞群 from Canada（カナダから）であり、着点を表すのが to Mexico（メキシコまで）である。

　（179）は、the girl turned（その少女が曲がった）という事態を表示している。主体が曲がるという事態は移動であり、移動であるからには着点が存在する。the left（左）は直線上の位置ではなく、主体を基準として決定される空間であるが、主体がその空間に向かって移動すれば、その時点で左である空間に到達する。したがって、移動の方向である the left にも、着点を表示する前置詞 to が用いられる。

　（180）は、I will give this ticket（私はこのチケットをあげる）という事態を表示している。副体であるチケットは発信者から着点に移動するが、その着点は a colleague of mine（私の同僚の一人）である。この事態が未来の時区間において成立するためには、チケットが着点に到達していなければならない。着点への到達を表す前置詞が to である。

　副体の着点への移動を含む事態を表す動詞を使用する文で、副体が着点に到達することで事態が成立するものについては、着点を表示するための前置詞として to が選択される。このような動詞としては、次のようなものがある。

　　（181）give（与える）, hand（渡す）, lend（貸す）, offer（提供する）, pay（払う）, promise（約束する）, sell（売る）, send（送る）, show（見せる）, teach（教える）, tell（言う）, throw（投げる）

promise と tell については、言葉（文）が着点である人間へと到達する。show については、事物そのものではなく、事物の視覚的印象が着点である人間へと到達する。teach については、個体ではなく知識が着点である人間へと到達する。

　これらの動詞を用いる文では、着点を表す名詞句を前置詞ではなく構造によっても表すことができる。

　　（182）The professor promised a post of assistant to the student.
　　　　　＝The professor promised the student a post of assistant.
　　　　　その教授はその学生に助手の職を約束した。

　　（183）Mary sent a birthday card to me.
　　　　　＝Mary sent me a birthday card.

第2節　前置詞　　153

　　　　メアリーは私に誕生日カードを送ってきた。
（184）The clerk showed some samples to John.
　　　　＝The clerk showed John some samples.
　　　　店員はジョンにサンプルをいくつか見せた。

　（182）の事態が成立した時点では、「私はあなたに助手の職を提供する」（I will offer you a post of assistant）という文が学生に到達している。

　（183）の事態が成立するためには、メアリーがカードを発送するだけでなく、その結果着点である発信者にカードが届いていなければならない。

　（184）の事態が成立した時点では、some samples（いくつかのサンプル）の映像が着点であるジョンの目に到達して、ジョンはそれらのサンプルの映像を知覚している。

・for：着点に向けた空間上の移動を表す
　前置詞 for はもともと目的や理由を表す形態であり、そこから比喩的に移動の目標を表すようになった。
（185）Mary will leave for Los Angeles next week.
　　　　メアリーは来週ロサンゼルスに向けて出発する。
（186）Take a train for Marseille and you can get to Lyon on the way.
　　　　マルセイユ方面行きの列車に乗れば、途中でリヨンに行けます。
（187）John bought a doll for his daughter.
　　　　ジョンは娘に人形を買ってあげた。

　（185）は、Mary will leave（メアリーが出発する）という事態の着点が Los Angeles（ロサンゼルス）であるという事態を表示している。ただし、この事態は着点ではない場所で成立するので、目的地である着点に到着するかどうかは、この事態が成立する時点では分からない。このことから、着点への到達を表す to ではなく、目標としての着点を表す for が選択されている。

　（186）の名詞句 a train for Marseille（マルセイユ方面行きの列車）は、列車である個体のうち、マルセイユを目的地とするものを表示する。この文の主体である受信者は列車でマルセイユに行くのではなくリヨンで降りるつもりなのだから、主体が移動した結果の着点がリヨンである。このように、乗り物は最終的な着点と、利用者が目的とする着点が同じだとは限らない。このことから、列車やバスなどの乗り物の着点は、利用者が乗り物の着点に到達しないこともあるという特性によって、to ではなく for で表される。ただし、乗り物を利用する主体が乗り物の着点に到達することが分かっている場合には、to を用いる。

　（187）は、John bought a doll（ジョンが人形を買った）という事態が成立した目

的が、副体である人形が his daughter（ジョンの娘）に到達することであったということを表している。この事態が成立した過去の時区間においては、人形はジョンの娘には到達していない。このことを表示するために前置詞 for が選択されている。

　副体の着点への移動を表示する動詞で、事態が成立する時区間において副体が着点に到達していないものを用いる文では、着点を表示する前置詞として for が選択される。このような動詞としては以下のようなものがある。これらの動詞を用いる文では、着点を名詞群だけではなく、文の構造によっても表すことができる。

(188) buy（売る）, find（見つけてやる）, order（注文する）, save（とっておく）, spare（分けておく）

(189) I will find a good piece of land for you.
　　　＝I will find you a good piece of land.
　　　私があなたによい土地を見つけてやろう。

(190) Mary ordered a pair of red shoes for her niece.
　　　＝Mary ordered her niece a pair of red shoes.
　　　メアリーは姪のために赤い靴を1足注文してやった。

(191) John spared some fund for his friend.
　　　＝John spared his friend some fund.
　　　ジョンは友人に資金を少し分けておいた。

　(189)では、I will find a good piece of land（発信者がよい土地を見つけてやる）という事態が成立した場合、その土地は誰かの所有下に移動することになる。その移動の着点を表すのが名詞群 for you（受信者に）であるが、発信者が土地を見つけた時点では、この土地はまだ受信者が所有してはいないので、着点には到達していない。

　(190)では、Mary ordered a pair of red shoes（メアリーが赤い靴を1足注文してやった）という事態が成立した場合、その靴は誰かの所有へと移動することになる。その移動の着点を表すのが名詞群 for her niece（メアリーの姪に）であるが、メアリーが靴を注文するという事態が成立した時点では、その靴はまだ姪のところに届いてはいない、すなわち着点への移動が完了していない。

　(191)では、John spared some fund（ジョンが資金を少し分けておいた）という事態が成立すれば、その結果としてその資金が誰かのところに移動することになる。その移動の着点を表すのが名詞群 for his friend（ジョンの友達に）である。しかしこの事態が成立した過去の時区間では、資金はジョンの友達のもとには到達していない。

第 2 節　前置詞　　　155

・toward：移動の目標としての着点を表す
　　（192）The burglar ran toward the entrance.
　　　　　　その強盗は入り口に向かって走っていった。
　　（193）The birds flew away toward the north.
　　　　　　鳥たちは北へ向けて飛び立っていった。
　（192）は、the burglar ran（その強盗が走った）という事態に含まれる移動の着
点が the entrance（入り口）であり、事態の全体が成立した時点で、着点には到達
していなかったことを表示する。
　（193）は、the birds flew away（鳥たちが飛び立った）という事態に含まれる移
動の着点が the north（北）であるが、この事態の全体が成立した時点で、着点で
ある北方の地には到達しておらず、移動の目標が北方であったことだけを表示し
ている。

・into：移動の着点としての空間を表す
　　（194）Moths have come into my room.　　蛾が私の部屋の中に入ってきた。
　　（195）The explorers went deep into the valley.
　　　　　　探検隊は谷の奥深くに入って行った。
　（194）は、moths have come（蛾が入ってきた）という事態に含まれる蛾の移動
の着点が、my room（発信者の部屋）という空間であり、現在は蛾が移動の着点
である発信者の部屋に存在することを表している。
　（195）は、the explorers went deep（探検隊が奥深く入った）という事態に含ま
れる探検隊の移動の着点が、the valley（谷）という空間であったことを表示して
いる。

・onto：移動の着点としての平面を表す
　　（196）John stepped out onto the porch.
　　　　　　ジョンはベランダに歩いて出て行った。
　　（197）Mary scattered pieces of paper onto the floor.
　　　　　　メアリーは床に紙切れをばらまいた。
　（196）は、John stepped out（ジョンが歩いて出て行った）という事態に含まれ
るジョンの移動の着点が the porch（ベランダ）であったことを表示する。ベラン
ダは建物の外に接している平らな空間なので、平面として認識される。
　（197）は、Mary scattered pieces of paper（メアリーが紙切れをばらまいた）と
いう事態に含まれる、副体としての紙切れの移動の着点が the floor（床）であっ
たことを表示する。床は建物の構成要素であるが、通常は平面として認識される。

b. 時間的着点　to, into

・to：事態が成立する時区間の終点を表す

(198) The revolution continued from the beginning to the end of the century.
革命はその世紀の初めから終わりまで続いた。

(199) This year's festival will be held from May 20 to June 10.
今年の祭りは 5 月 20 日から 6 月 10 日まで開催される。

(200) It's one week to Christmas.　クリスマスまで 1 週間だ。

(198) は、the revolution continued（革命が続いた）という事態が成立した過去の時区間の始点が the beginning of the century（その世紀の初め）、終点が the end of the century（その世紀の終わり）であることを表示している。

(199) は、this year's festival will be held（今年の祭りが開催される）という事態が成立する未来の時区間の起点が May 20（5 月 20 日）、終点が June 10（6 月 10 日）であることを表示している。

(200) は、It's one week（1 週間だ）という事態が成立する時区間の終点がクリスマスであることを表すが、動詞群が現在時制であることから、時区間の始点は現在であると考えることができる。したがってこの文は、現在を始点としてクリスマスを終点とする時区間の長さが 1 週間であること、すなわち現在から 1 週間後がクリスマスの日であることを表示する。

事態の成立時区間の終点は until によって表すこともできる。したがって、上の各文の to を until に置き換えても適格な文となる。

(198′) The revolution continued from the beginning until the end of the century.

(199′) This year's festival will be held from May 20 until June 10.

(200′) It's one week until Christmas.

to は "from A to B" のように、始点と終点が明確である場合に使用されるのが原則であり、始点が不明確で終点だけが表現される場合には、until を使用する。

(201) a. ×I'll wait here to six o'clock.

b. ○I'll wait here until six o'clock.
私はここで 6 時まで待ちます。

(202) a. ×John remained quiet to the lawyer's return.

b. ○John remained quiet until the lawyer's return.
弁護士が戻ってくるまでは、ジョンは大人しくしていた。

(201) は、I'll wait（私が待つ）という事態の成立時区間の終点が six o'clock（6 時）であることを表示している。時区間の始点は表現されていないから、過去、現在、6 時以前の未来のいずれでもありうる。始点が表現されていないので、until が用

第 2 節　前置詞　　　157

いられる。

　(202)は、John remained quiet（ジョンが大人しくしていた）という事態の成立
時区間の終点が the lawyer's return（弁護士が戻ってくる）という事態の成立時区
間（ここでは時点）であることを表示している。時区間の始点は表現されていない
ので不明である。

・into：限定された時区間の起点から離れた時点を終点とする事態を表す
　　(203) They argued about politics far into the night.
　　　　　彼らは夜遅くまで政治について議論した。
　　(204) The economic prosperity of the nation continued well into the 20th
　　　　　century.
　　　　　その国の経済的繁栄は 20 世紀に入ってからもずっと継続した。

　(203)では、they argued about politics（彼らが政治について議論した）という事
態の成立時区間の終点が、夜の始まりからかなり長い時間が経った時点であった
ということ、すなわち夜の遅い時間であったことを、名詞群 into the night が表
している。副詞 far は、終点までの時区間の長さが大きかったことを表す。
　(204)では、the economic prosperity of the nation continued（その国の経済的
繁栄が継続した）という事態の成立時区間の終点が、20 世紀の始まりから離れた
時点であったこと、すなわち 20 世紀の半ばに近い年代であったことを、名詞群
into the 20th century が表している。副詞 well によって、20 世紀に入ってからの
年数がかなり長かったことが表されている。

vii．着点を表す前置詞の比喩的使用
・to：A が B に到達する　→ A が変化して B になる、A が B に接触している
　　(205) Trees in the mountain turned to yellow.
　　　　　その山の木々は黄色に変わった。
　　(206) An earthquake reduced the ancient city to ruins.
　　　　　地震のためその古代都市は廃墟となった。
　　(207) Mary is a secretary to the president.　メアリーは社長の秘書だ。
　　(208) The student got an answer to the question.
　　　　　その学生はその問題に答えを出した。
　　(209) The girls danced to a piece of Latin music.
　　　　　その少女たちはラテン音楽の曲に合わせて踊った。

　(205)は、直接的には trees in the mountain turned（その山の木々が変わった）
という事態の要素としての着点が yellow（黄色）であったという事態を表示する。

事態の要素として移動は含まれていないが、着点を変化の結果として比喩的に解釈すれば、その山の木々の葉の色が変化して黄色になったという適格な事態が得られる。

(206) は、直接的には an earthquake reduced the ancient city（地震がその古代都市を変えた）という事態の着点が ruins（廃墟）だったという事態を表示する。副体である古代都市が変化した結果を着点として比喩的に解釈すれば、地震が古代都市を変化させて廃墟にした、すなわち、地震によって古代都市が廃墟になったという適格な事態が得られる。

(207) は、直接的には Mary is a secretary（メアリーは秘書だ）という事態に含まれる移動の着点が the president（社長）だという事態を表示することになるが、この事態は状態であって移動する事物はない。したがって着点は存在しないから、このままでは不適格な事態となる。ここで、a secretary to a president を a secretary who is to a president と理解して、この表現に比喩的な解釈を適用し、社長に接触している秘書、すなわち社長付きの秘書だと理解すれば、「メアリーは社長の秘書だ」という適格な事態が得られる。

(208) は、直接的には the student got an answer（その学生は答えを出した）という事態に含まれる移動の着点が the question（その問題）だという事態を表示するが、この事態は事物の移動を含まないので、このままでは不適格な事態を表すことになる。ここで、事態が成立した結果、副体である an answer が the question に接触した、すなわち問題に対する解答を出したという比喩的な解釈を適用すれば、適格な事態が得られる。

(209) は、直接的には the girls danced（その少女たちが踊った）という事態に含まれる移動の着点が a piece of Latin music（ラテン音楽の曲）であったという事態を表示するが、踊るという行為は直線上の一方向的移動ではないので、着点を持たない。したがってこのままでは不適格な事態となるが、比喩的な解釈を適用して、少女たちが踊るという事態がラテン音楽の曲に接触している、つまり少女たちがラテン音楽の曲に合わせて踊ったという理解をすれば、適格な事態が得られる。

・for：A が B を目的とする
　　　→ A が B の利益になる、A の価値が B と同じだ、B が原因で A が成立する、A が B と対比される
(210) John worked hard for his family.
　　　ジョンは家族のために懸命に働いた。
(211) I bought the apartment for a million euros.

第 2 節 　前置詞　　　　　159

　　　　私はそのアパートを 100 万ユーロで買った。

（212）Chartres is famous for its magnificent cathedral.
　　　　シャルトルはその壮麗な大聖堂で有名だ。

（213）Mary looks noble for her poor origin.
　　　　メアリーは貧しい生まれの割には高貴に見える。

　（210）は、直接的には John worked hard（ジョンが懸命に働いた）という事態に含まれる事物の移動の目的地が his family（彼の家族）だったという事態を表示するが、この事態には移動が要素として含まれていない。したがって移動の目的地は存在しないから、このままでは不適格な事態を表示することになる。ここで、for his family に比喩的な解釈を適用して「家族の利益のために」を表すと理解すれば、ジョンが家族のために働いたという適格な事態が得られる。

　（211）は、直接的には I bought the apartment（私がそのアパートを買った）という事態に含まれる事物の移動の目的地が a million euros（100 万ユーロ）だったという事態を表示するが、移動の目的地が金であることはないから、このままでは不適格な事態になる。ここで、私がアパートを買ったという事態が成立するためには 100 万ユーロがなければならなかった、つまりアパートに 100 万ユーロを払うだけの価値があった、すなわちアパートを買うために 100 万ユーロ払ったという比喩的な解釈を適用すれば、適格な事態が得られる。

　（212）は、直接的には Chartres is famous（シャルトルは有名だ）という事態に含まれる事物の移動の目的地が its magnificent cathedral（その壮麗な大聖堂）だという事態を表示するが、この事態は状態に属し移動の要素は含まれない。このためこのままでは不適格な事態を表示することになるが、大聖堂がなければこの事態が成立しない、つまり大聖堂があることがこの事態の成立の根拠になっているという比喩的な解釈を適用すれば、シャルトルが有名なのは壮麗な大聖堂があるからだという適格な事態として理解される。

　（213）は、直接的には Mary looks noble（メアリーは高貴に見える）という事態の要素としての移動の目的地が her poor origin（メアリーが貧しい生まれだ）という事態だということを表すが、事態中に移動の要素は含まれていないので、これでは不適格な事態を表示することになる。ここで、「メアリーが高貴だ」ではなくて「メアリーが高貴に見える」という事態を発信者が伝達する価値があると考える理由を表す事態として、「メアリーが貧しい生まれだ」が提示されているのだと解釈すれば、これら 2 つの事態が対比されているのだと考えることができる。したがって名詞群 for her poor origin は「メアリーが貧しい生まれである割には」という比喩的な意味を表すと理解される。

160　　　　　　　　第6章　意味役割と前置詞

・toward：A が B に向かう　→ A が B を目的とする、A が B に関係する

（214）Both countries moved toward peace.　双方の国が和平へと動いた。

（215）Many people are hostile toward the government's policy.
　　　　政府の方針には多くの人が反対している。

　（214）は、直接的には Both countries moved（双方の国が動いた）という事態に含まれる移動の目標が peace（和平）だったという事態を表示する。この事態は「動く」という主体の移動を表すので、着点（目標）は必ず存在する。しかし、平和は物理的空間を占めることはないので、物理的な移動の着点にはならない。ここで、move に比喩的な解釈を適用して、事物の状態が変化するという事態だとし、toward が変化の目的を表すと理解すれば、双方の国の状態が和平を目的として変化したという適格な解釈が得られる。

　（215）は、直接的には Many people are hostile（多くの人々が反対している）という事態に含まれる移動の目標が the government's policy（政府の方針）だという事態を表示する。しかしこの事態で主体である人々が移動することはないので、このままでは不適格な事態となる。移動の目標がある事物だということは、移動の結果その事物に到達するのではなく、その事物にできるだけ近づくように意図するということであり、この結果移動の主体と目標との間には何らかの関係が生じる。このような比喩的な解釈を適用すれば、多くの人々が反対しているのだが、それは政府の方針に関わるものである、すなわち多くの人々が政府の方針に反対しているという適格な事態が得られる。

・into：A が空間 B の中に移動する　→ A が B に変化する

（216）The witch can change into an owl or a cat.
　　　　その魔女はフクロウかネコに姿を変えることができる。

（217）The translator put Armenian passages into English.
　　　　その翻訳家はアルメニア語の文章を英語に訳した。

　（216）は、直接的には the witch can change（その魔女が変化することができる）という事態に移動が含まれ、その着点が an owl or a cat（フクロウかネコ）という空間だという事態を表示する。フクロウやネコそのものは空間ではないので、このままでは不適格な事態となる。ここで比喩的な解釈を適用して、その魔女が変化してフクロウやネコの姿になるとすれば、適格な事態として理解される。

　（217）は、直接的には the translator put Armenian passages（その翻訳家がアルメニア語の文章を置いた）という事態の着点が English（英語）という空間だったという事態を表示する。英語のような言語が空間を形成することはないので、翻訳家がアルメニア語の文章を英語の文章に変化させた、すなわちアルメニア語を

第2節　前置詞　　　　　161

英語に訳したという比喩的な解釈をすれば、適格な事態が得られる。

ⅷ.　手段を表す前置詞
　　事態が成立するために手段として使用される道具を表す前置詞として with, by
がある。

・with：人間以外である事物を手段として事態が成立する。
　　(218) The director signed the document with a fountain pen.
　　　　　部長は万年筆でその書類に署名した。
　　(219) Mary paid for the dress with cash.
　　　　　メアリーは現金でそのドレスを買った。
　　(220) They discovered the buried body with the help of investigation tools.
　　　　　調査機器の助けを借りて、彼らは埋められた死体を発見した。
　　(221) The local government will be able to improve school buildings with
　　　　　sufficient money.
　　　　　地方政府は、十分な金があれば学校の建物を整備できるだろう。
　　(218) では、the director signed the document（部長がその書類に署名した）と
いう事態が成立するために必要な手段を表すために with a fountain pen（万年筆で）
という名詞群が使用されている。万年筆は文字を書くために使用される道具であ
る。
　　(219) では、Mary paid for the dress（メアリーがそのドレスを買った）という事
態が成立するために必要な手段を表すために with cash（現金で）という名詞群が
用いられている。現金は商品を購入するために使用される道具である。
　　(220) では、they discovered the buried body（彼らが埋められた死体を発見した）
という事態が成立するために使用された手段を、名詞群 with the help of investi-
gation tools（調査機器の助けによって）が表示している。「調査機器」は無生物な
ので人間ではない。
　　(221) では、the local government will be able to improve school buildings（地
方政府が学校の建物を整備できる）という事態が成立するための手段を、名詞群
with sufficient money（十分な金があれば）が表示している。「金」は無生物であっ
て人間以外の事物である。

・by：人間の支配に関わる事物を手段として事態が成立する
　　(222) John goes to the station by bus.　　ジョンは駅までバスで行く。
　　(223) The agency envisioned moving the oil by a pipeline.

その代理店はパイプラインで石油を輸送することを構想した。

(224) This fresco on the wall was painted by Fra Angelico.
　　　壁にあるこのフレスコ画はフラ・アンジェリコによって描かれた。

(225) The woman is tormented by un unhappy memory of her childhood.
　　　その女性は子供の頃の不幸な記憶によって苦しめられている。

　(222)では、John goes to the station（ジョンが駅に行く）という事態が成立するための手段を表すために、名詞群 by bus（バスで）が用いられている。バスは車両としては人間ではないが、移動のための手段として考える場合には人間が運転するものであるから、人間の支配に関わる事物である。

　使用頻度の高い交通手段を表す場合、by bus [train, subway, car, taxi, bicycle, motorcycle, ship, plane]（バスで、列車で、地下鉄で、車で、タクシーで、自転車で、バイクで、船で、飛行機で）のように、by に続く名詞には冠詞を付加しない。

　(223)では、the agency envisioned moving the oil（その代理店が石油を輸送することを構想した）という事態を構成する下位の事態「その代理店が石油を輸送する」が成立するための手段を、名詞群 by a pipeline（パイプラインで）が表示している。パイプラインそのものは人間ではないが、人間が石油や天然ガスを輸送するための設備であるから、人間の支配に関係する事物であり、したがってそれが手段として機能するのであれば、by が適格に選択される。「パイプラインで」は、by bus, by train のような日常的交通手段を表す表現ではなく、使用頻度は高くないので、pipeline の前には、文法規則に従って不定冠詞 a が付加される。

　(224)では、this fresco on the wall was painted（壁にあるフレスコ画が描かれた）という事態が成立するための手段が、名詞群 by Fra Angelico（フラ・アンジェリコによって）で表されている。「フラ・アンジェリコ」は人間なので、人間の意志的支配に関わる事物であることは当然であり、したがって前置詞 by が選択されている。これは伝統文法で「受動態の動作主」を表示する名詞群だとされているものだが、事態を成立させる手段としての機能を持つ名詞群として分類することができる。

　(225)では、the woman is tormented（その女性が苦しめられている）という事態を成立させる手段を、名詞群 by an unhappy memory of her childhood（その女性の子供時代の不幸な記憶）が表示している。記憶は事態の集合であるが、人間が支配する領域に属する事物であることは確かであり、この事物が手段として機能しているのだから、by の選択は適格である。

第2節　前置詞　　163

ix．関与者を表す前置詞

　ある事態が成立する場合には、主体と副体は必須の要素であり、何らかの空間、何らかの時区間において成立することも明らかである。事態の要素が空間上を移動する場合には起点と着点が必ず存在するし、事態が一定の長さをもつ時区間において成立する場合には、時間的な起点と終点が存在する。

　したがって、主体、副体、成立空間、成立時区間、起点、着点は事態の成立には必須の要素であると言える。また、事態が成立するために何らかの手段を用いることや、事態の成立に原因や理由があることも、通常期待される事態である。

　一方で、事態の成立に主体や副体とは異なる事物が関与することや、事態が成立する時区間と同一またはそれを包含する、またはそれに包含される時区間において、事態に関与する別の事態が成立することは、可能ではあるが必然的ではない。このような、事態の成立に付随的に関与する事物の意味役割を「関与者」と呼ぶことにする。

　関与者を表示する前置詞は with である。

(226) John went to an aquarium with his girlfriend.
　　　ジョンはガールフレンドと一緒に水族館に行った。

(227) Mary bought zucchinis with other vegetables.
　　　メアリーは他の野菜と一緒にズッキーニを買った。

(228) The student answered the question with great ease.
　　　その学生はとてもやすやすとその問題に答えた。

(229) The network grew with the progress of time.
　　　時間が経つにつれてネットワークは成長していった。

　(226)は、John went to an aquarium（ジョンが水族館に行った）という事態と同一時区間において his girlfriend went to an aquarium（ジョンのガールフレンドが水族館に行った）という事態が成立したことを表している。しかし、単に2つの事態が偶然的に同一の時区間において成立したことを情報として伝達することに価値はないし、ジョンとそのガールフレンドが共に行動することは日常的に期待されることだから、この文は、ジョンがガールフレンドと一緒に水族館に行ったという事態を表示するものと理解される。

　(227)は、Mary bought zucchinis（メアリーがズッキーニを買った）という事態と、Mary bought other vegetables（メアリーが他の野菜を買った）という事態が同一の時区間において成立したことを表示する。ズッキーニも野菜の一種だから、メアリーがある店で、野菜を何種類か、そして一緒にズッキーニも買ったという事態が表されているものと理解される。

　(228)は、the student answered the question（その学生がその問題に答えた）と

164　　　　　　　　第6章　意味役割と前置詞

いう事態が成立したのと同一の時区間において、great ease（大きな容易さ）があっ
たという事態が成立したことを表す。学生が問題に答えるという事態に関して容
易さという要素があるのだとすると、それは問題に答える過程の容易さである。
したがってこの文は、その学生が非常に容易に問題に答えたという事態を表すも
のと理解される。

　(229) は、the network grew（ネットワークが成長した）という事態が成立した
のと同一の時区間において the progress of time（時間の進行）が成立したという
事態を表示するが、事態の成立時区間において時間が進行するのは当然である。
ここで、事態の副体を表示する動詞である grow（成長する）の特性を考えると、
これが表示する事態は、時間の進行に応じて何らかの特性の程度が増大するとい
う性質を持つ。主体が network（ネットワーク）であって、この事物には範囲の
大きさという特性がある。したがって、時間の進行とネットワークの範囲の大き
さの程度の増大が同一であった、すなわち時間が進行するにつれてネットワーク
の範囲が大きくなっていったという解釈を適用することができる。

ⅹ．限定者を表す前置詞

　主体、副体、成立空間、成立時区間のような意味役割を持つ事物は、事態全体
の特性を表示するという機能を持つ。これに対し、事物の集合の範囲を限定する
機能を持つ名詞群がある。この名詞群が表示する意味役割を「限定者」と呼ぶこ
とにする。限定者を表す前置詞は of である。

　「A of B」という構造の名詞句は、A が表示する事物の集合のうち、B が表示
する事物の集合によって特性が限定された部分集合を表示する。A である事物の
集合のどの特性が限定されているのかは、事物 A と事物 B の特性の関連によっ
て決定される。

(230) Mary is the second daughter of Mr. and Mrs. Jones.
　　　 メアリーはジョーンズ夫妻の次女だ。

(231) Abraham Lincoln is the 16th President of the United States.
　　　 エイブラハム・リンカーンは合衆国の第 16 代大統領だ。

(232) The people celebrated the birth of their new princess.
　　　 人民は自分たちの新しい王女の誕生を祝った。

(233) The news show reported the discovery of an unknown species.
　　　 ニュース番組は未知の種の発見を伝えた。

(234) My grandmother sang a song of the old plays for me.
　　　 私の祖母は私のために昔の遊びの歌を歌ってくれた。

(235) Many of my classmates are from South America.

私の同級生の多くは南米出身だ。

(236) Mozart died at the age of 35. モーツァルトは 35 歳で死んだ。

(230) の the second daughter of Mr. and Mrs. Jones は、次女である個体の集合のうちで、ジョーンズ夫妻に関係する個体を表示する。ある夫婦に関係する次女であれば、その夫婦から生まれた娘のうち 2 番目の個体以外にはあり得ないから、この名詞句はジョーンズ夫妻の次女である個体を表示するものと理解される。

(231) の the 16th President of the United States は、第 16 代大統領である個体の集合のうちで、合衆国に関係する個体を表示する。合衆国に関係する第 16 代大統領であれば、それは合衆国の国民が選んだ大統領のうちで 16 番目の人間、すなわち合衆国第 16 代大統領である。

(232) の the birth of their new princess は、「主体が生まれる」という事態の集合のうちで、「彼ら (＝人民) の新しい王女」である個体に関係するものを表示する。「主体が生まれる」という事態の集合では主体が不定であるが、ここに「人民の新しい王女」を組み入れれば「新しい王女が誕生する」という事態が構成され、この事態を人民が祝ったという事態をこの文は表すことになる。

(233) の the discovery of an unknown species は、「主体が副体を発見する」という事態の集合のうちで、「未知の種」である不定の個体に関係するものを表示する。未知の種は人間ではないので、発見する主体ではないと考えるのが適当であるから、これを副体として「主体が副体を発見する」という事態に組み入れると、「主体が未知の種を発見する」という事態が構成される。この結果この文は「ニュース番組が、誰かが未知の種を発見したという事態を伝えた」という、理解可能な事態を表示することになる。

(234) の a song of the old plays は、歌である個体の集合のうち、昔の遊びに関係するものを表示する。歌の特性を構成する要素としては、文句、旋律、作詞者、作曲者、主題 (テーマ)、時代などが想定されるが、昔の遊びと適切に結びつくのは、歌が対象としている主題である。したがって、この名詞句は「昔の遊びを主題とする歌」を表示するものと理解される。

(235) の many of my classmates (私の同級生の多く) は、数量詞 many を含む。この数量詞は、何らかの個体の集合について、個体数の多い方の部分集合を表示する。したがって many of my classmates は、発信者の同級生の集合のうちで、数の多い方の部分集合、すなわち発信者の同級生全体の半数を大きく超える部分を表すものと理解される。

(236) の the age of 35 は、年齢である個体 (数値) の集合のうちで、35 という数値に関わるもの、すなわち 35 歳という年齢を表示する。

166 第6章 意味役割と前置詞

＊名詞句が生物や組織を表す場合には、名詞の属格（所有格）形（noun's）も限定者
の機能を持つ。

（237）Mary is the man's daughter. メアリーはその男の娘だ。

（238）This is the dog's kennel. これがその犬の小屋だ。

（239）I am sorry for your father's death.
お父様がお亡くなりになって残念です。

（240）The army's defeat terrified the villagers.
その軍隊の敗北は村人たちを震え上がらせた。

（237）の the man's daughter は、娘（ある人間の子供であって女である個体）の
集合のうちで、the man（その男）に関係するものであるが、この場合、「ある人間」
に当たる要素として「その男」を組み入れるのが最も適切である。したがってこ
の名詞句は、その男の家族としての娘を表示するものと理解される。

（238）の the dog's kennel は、小屋の集合のうちで、その犬に関係するものを
表示する。犬小屋は動物が使用するためのものであり、その動物がその犬である
として不合理は生じないから、この名詞句は、その犬が使用するための小屋を表
示するものと理解される。

（239）の your father's death は、「主体が死ぬ」という事態の集合のうちで、
your father（受信者の父親）に関係するものを表す。主体である個体として受信者
の父親を適切に組み入れることができるから、この名詞句は、「受信者の父親が
死ぬ」という事態を表示するものと理解される。発信者がその事態を残念に思う
のであるから、それは過去の時区間において成立したものだと考えることができ
る。

（240）の the army's defeat は、「主体が副体を負かす」という事態の集合のう
ちで、the army（その軍隊）に関係するものを表す。「その軍隊」はこの事態の副
体としても組み入れることができる。文が表示する事態は過去の時区間において
成立しているから、この名詞句は「不定の主体がその軍隊を打ち負かした」すな
わち「その軍隊が敗北した」という事態を表示するものと理解される。

＊前置詞が of ではない名詞群も、名詞句が表示する事物の限定者として機能す
ることは可能である。

（241）The villagers have the habit of attending Mass on Sundays.
村人たちは日曜日のミサに参列する習慣がある。

（242）I am going to the bank at the corner.
私は角にある銀行に向かっている。

（243）Our discussion about the problem got heated.

その問題についての私たちの議論は白熱した。

(244) The company reached agreement with its employees.
その会社は従業員たちとの合意に達した。

(241)の Mass on Sundays は、ミサである事態のうち、成立時区間が日曜日であるものの集合を表示している。on Sundays は日本語におきかえるならば「日曜日に」であるが、日本語ではこの名詞群を名詞に先行させて「日曜日にミサ」という名詞句を作ってもそれは不適格となり、助詞を「の」に置き換えて「日曜日のミサ」としなければならない。しかし英語ではこのような操作は必要ではなく、成立時区間を表示する前置詞 on を伴う名詞群 on Sundays を名詞 Mass に直接後続させれば、適格な名詞句が形成される。

(242)の the bank at the corner は、銀行である個体の集合のうち、角である空間に位置するものを表示している。銀行である個体の特性を限定する要素としては、位置する空間、業務、顧客の種類などが考えられるが、そのうちでこの名詞群は、位置する空間によって銀行の特性を限定している。

(243)の our discussion about the problem は、発信者たちの議論である事態の集合のうち、特定の問題に関係するものを表示している。議論である事態の特性としては、対象となる主題、参加する人間、成立する空間や時間などが考えられるが、そのうちで about the problem は、対象となる主題によって議論の特性を限定している。

(244)の agreement with its employees は、合意である事態のうち、関係する事物が従業員であるものを表示している。合意である事態の特性としては、合意する主体、対象となる事態、成立空間や時区間などが考えられるが、with its employees は、この事態の主体である the company とともに合意する主体を与えることによって、合意の特性を限定している。

② 複合的な前置詞

前置詞は単一の形態素によって構成されるのが原則であるが、日本語で手段を表す格助詞に当たる形態として「によって」があり、これが「格助詞＋動詞＋接続助詞（ni＋joru＋te）」という 3 個の形態素によって構成されるのと同様、英語でも複数の形態素の組み合わせで 1 つの意味役割を表示する形態がある。これを「複合前置詞」と呼ぶ。

ⅰ．成立空間に関わる複合前置詞
next to（のすぐそばに、隣に）, away from（から離れて）, outside of（の外に）, by way of（を通って）, in line with（と並んで）, as [so] far as（まで）

168 第6章 意味役割と前置詞

ⅱ. 成立時区間に関わる複合前置詞

prior to（より前に）, posterior to（より後に）

ⅲ. 手段、理由・原因、目的、結果、対比などに関わる複合前置詞

by means of（を使って）, as a result of（の結果）, because of（が原因で）, on account of（が理由で）, owing to（が理由で）, due to（が理由で）, on grounds of（が理由で）, thanks to（のおかげで）, for the sake of（の利益のために）, in place of（の代わりに）, instead of（の代わりに、などしないで）, in lieu of（の代わりに）, in response to（に応じて）, in return for（と引き換えに）, in case of（に備えて）, in the case of（の場合には）

ⅳ. 関与者に関わる複合前置詞

according to（によれば、に応じて）, as for（について言えば）, as to（については）, in respect of（に関して）, with respect to（に関して）, in [with] regard to（に関して）, in terms of（の言葉で、の観点から）, in (the) light of（の観点からすると）, in view of（を考慮すると、のために）, in spite of（にもかかわらず）, rather than（ではなくて）, regardless of（を考慮せずに）, except for（を除いては）, save for（を除いては）, as well as（だけでなく、に加えて）, on top of（に加えて）, in addition to（に加えて）, in favor of（に賛成して）, on behalf of（の代わりに）, on the part of（の方で）, contrary to（に反して）, in contrast to（と対照的に）, in comparison with（と比べて）, in accordance with（と一致して）

③ 前置詞を伴う動詞

ⅰ. 動詞＋前置詞

　事態が主体と副体を表示する事物を含み、その間に単射または双射関係が成立している場合、この関係を表示するのは動詞である。動詞は1語であるのが普通だが、「動詞＋前置詞」という構造を持つものもある。

(245) Lots of people looked at the crime scene.
　　　大勢の人々が犯行現場を見た。

(246) The document accounts for the reason of the revolt.
　　　その文書が反乱の理由を説明している。

(247) Burglars broke into the bank last night.
　　　昨夜強盗がその銀行に押し入った。

(248) A motorcycle ran into a compact car at this intersection.
　　　この交差点でバイクと軽自動車が衝突した。

第2節　前置詞　　　　169

（245）が表示する事態の主体は lots of people（大勢の人々）、副体は the crime
scene（その犯行現場）であり、主体と副体の間に「見る」という単射関係が成立
しているが、この関係を表示するのが look at である。

（246）が表示する事態の主体は the document（その文書）、副体は the reason of
the revolt（その反乱の理由）であり、主体と副体の間には「説明する」という単
射関係が成立している。この関係を表示する形態が account for であり、動詞と
前置詞によって構成されている。

（247）が表示する事態の主体は burglars（強盗）、副体は the bank（その銀行）で
あり、主体と副体の間には「押し入る」という単射関係が成立している。この関
係を表示するのが break into であり、「動詞＋前置詞」という構造を持つ。

（248）が表示する事態の主体は a motorcycle（バイク）、副体は a compact car（軽
自動車）であり、主体と副体の間に「衝突する」という双射関係が成立している。
この関係を表示する形態が run into であり、「動詞＋前置詞」という構造を持つ。

　動詞に前置詞や副詞などの形態素が付加されて、全体で1つの関係を表示する
形態を「句動詞」や「群動詞」と呼ぶ。句動詞で1個の動詞として機能するから、
副体を主体とし、主体を関与者とする事態を表示する文、要するに受動態の文を
適格に形成することができる。

（245′）The crime scene was looked at by lots of people.
　　　　その犯行現場は大勢の人々によって見られた。

（246′）The reason of the revolt is accounted for by the document.
　　　　反乱の理由はその文書によって説明される。

（247′）The bank was broken into by burglars last night.
　　　　その銀行は昨夜強盗に押し入られた。

（248′）A compact car was run into by a motorcycle at this intersection.
　　　　この交差点で軽自動車がバイクに衝突された。

「動詞＋前置詞」という構造の表現でも、前置詞が何らかの意味役割を表示し
ていると理解される場合には、「動詞＋前置詞＋名詞句」という構造は、「動詞＋
名詞群」を形成しているものと理解される。

（249）A money shortage leads to a business failure.
　　　　資金不足は事業の失敗につながる。

（250）The sign stands for a post office.　その記号は郵便局を表している。

（251）The parents worried about their only son.
　　　　その両親は自分たちの一人息子のことを心配していた。

（252）Participants to the meeting got off the topic of their leader.
　　　　その会合への参加者たちは自分たちの指導者の話題をしないようにし

170   第 6 章　意味役割と前置詞

た。

　(249) の動詞 lead は「主体がある空間に通じる」という事態を表すから、前置詞 to は移動の着点を表すものと理解することができる。したがって、lead to という語群が全体で 1 個の動詞として機能しているものと見なす必要はない。

　(250) の動詞 stand は「主体がある空間を占める」という事態を表し、前置詞の for がこの事態が成立する理由を表すとすれば、その記号が存在する理由を与えるのが郵便局だ、すなわちその記号が郵便局を表すために使われるという事態を表していると理解することができる。したがって、stand for が全体として 1 個の動詞のように機能していると考える必要はない。

　(251) の動詞 worry は「主体が心配する」という事態を表し、名詞群 about their only son (自分たちの一人息子について)はこの事態に関与する事物を表すと理解される。したがって、worry about が全体として 1 個の動詞のように機能していると考える必要はない。

　(252) の動詞 get は、ここでは「主体がある状態になる」という事態を表示している。名詞群 off the topic of their leader を「彼らの指導者の話題から離れている」という事態を表示すると考えれば、動詞群＋名詞群で「主体が彼らの指導者の話題をしないようにしている」という適格な事態を表示するものと理解することができる。したがってこの文の get off が全体として 1 個の動詞としての機能を持つと見なすことはできない。

　「動詞群＋前置詞＋名詞句」の連続を、「動詞群＋名詞群」として理解できるのであれば、名詞群に含まれる名詞句は事態中で副体としての機能を果たしていないから、この名詞句を主体に置き換えて受動態を形成することはできない。

　(249′) ×A business failure was led to by a money shortage.
　　　　事業の失敗は資金不足によってつなげられた。

　(250′) ×A post office is stood for by the sign.
　　　　郵便局がその記号によって表されている。

　(251′) ×Their only son is worried about by the parents.
　　　　その両親たちの一人息子が彼らによって心配されている。

　(252′) ×The topic of their leader was got off by participants to the meeting.
　　　　その会合への参加者たちの指導者の話題は、彼らによってしないようにされた。

ⅱ．動詞＋副詞＋前置詞
　動詞と前置詞の間に副詞が置かれ、全体で主体と副体との間に単射関係があることを表示する場合もある。

第2節　前置詞　　171

(253) All the employees must put up with the present crisis.
　　　 すべての従業員は現在の危機に耐えなければならない。

(254) The aristocracy looked down on the merchants in towns.
　　　 貴族階級は町の商人たちを軽蔑していた。

(255) The new government did away with feudal restraints.
　　　 新政府は封建的な制約を廃止した。

(256) Every member is looking forward to the next meeting.
　　　 会員はすべて次の会合を楽しみにしている。

　(253)では put up with が「我慢する」、(254)では look down on が「軽蔑する」、(255)では do away with が「廃止する」、(256)では look forward to が「楽しみに待つ」という意味を表しており、全体として1個の動詞と同じ機能を果たしている。主体と副体の間には単射関係が成立するから、副体を主体に置き換えた受動態も適格に形成される。

(253′) The present crisis must be put up with by all the employees.
　　　　現在の危機は全ての従業員によって耐えられなければならない。

(254′) The merchants in towns were looked down on by the aristocracy.
　　　　町の商人たちは貴族階級によって軽蔑されていた。

(255′) Feudal restraints were done away with by the new government.
　　　　封建的な制約は新政府によって廃止された。

(256′) The next meeting is being looked forward to by every member.
　　　　次の会合はすべての会員によって楽しみにされている。

④ 前置詞を伴う形容詞

　形容詞は「主体がある特性を持つ」という事態の集合を表示する。形容詞が表す特性の中には、主体と何らかの事物との間に関係が成立するものがある。angry（怒っている）であれば、主体と事物の間に「怒る」という単射関係が成立するし、similar（似ている）であれば、主体と事物の間に「似る」という双射関係が成立する。これらの事物は、動詞の場合には直接後続する名詞句によって表示されるが、英語の形容詞は名詞句を直接後続させることはできないので、名詞群によって表示される。

(257) Ancient people were afraid of monsters.
　　　 昔の人々は怪物を恐れていた。

(258) John's coach is very glad about his victory.
　　　 ジョンのコーチは彼の勝利をとても喜んでいる。

　(257)の形容詞 afraid は、主体と事物の間に「恐れる」という単射関係が成立

していることを内包している。この関係の副体に当たる事物を表示するために使用されているのが、名詞群 of monsters（怪物を）である。

（258）の形容詞 glad は、主体と事物の間に「喜ぶ」という単射関係が成立していることを内包している。この関係の副体に当たる事物を表示するために使用されているのが、名詞群 about his victory（ジョンの勝利を）である。

形容詞が内包する関係の副体を表示する名詞群中で使用される前置詞の選択をすべて合理的に説明することは困難である。副体として選択される事物は、これを含む上位の集合の中から抽出されているのであるから、集合を限定する機能を持つ of を選択するのが適切であるようにも思われる。実際（257）では of が使用されており、この前置詞以外は選択されない。しかし、（258）では関与者を表示する機能を持つ about が使用されており、この形容詞の場合は about 以外に of や at を選択することも可能である。

形容詞が内包する関係が単射関係である場合、使用される前置詞は of, for, with, about, at, on, in, to, from などである。

(259) Some inhabitants were aware of the mayor's plan.
　　　住民の中には市長の計画に気づいていた者もいた。

(260) I am proud of the medieval churches in my town.
　　　私は私の町にある中世の教会を誇りに思っている。

(261) Crocodiles are capable of complex behaviors.
　　　ワニは複雑な行動をする能力がある。

(262) The philosopher was independent of any school.
　　　その哲学者はどの学派からも独立していた。

(263) The baron felt sorry for the miserable workers.
　　　その男爵は哀れな労働者たちを気の毒に思った。

(264) The company is responsible for the accident.
　　　その会社はその事故の責任がある。

(265) Mary is content with the results of her enterprise.
　　　メアリーは自分の事業の結果に満足している。

(266) School teachers those days were harsh with their pupils.
　　　その頃の学校教師は生徒たちに厳しかった。

(267) John is doubtful about the salesman's words.
　　　ジョンはそのセールスマンの言葉を疑っている。

(268) The girl is quick at drawing portraits.
　　　その女の子は似顔絵を描くのが早い。

(269) The finance of the small republic is dependent on tourism.

その小さな共和国の財政は観光に依存している。

(270) So far, we have been successful in exporting textile goods.
これまで私たちは繊維製品の輸出に成功していた。

(271) Insects of this kind are sensitive to light.
この種類の昆虫は光に敏感だ。

(272) There will be presentations relative to criminology.
犯罪学に関する発表がある。

(273) Their way of using chopsticks is different from ours.
彼らの箸の使い方は私たちのとは異なる。

形容詞が内包する関係が双射関係の場合、使用される前置詞は to または with である。

(274) One mile is equal to 1.6 kilometers.
1 マイルは 1.6 キロメートルに等しい。

(275) The word order of Chinese is similar to that of English.
中国語の語順は英語の語順に似ている。

(276) The experiment result proved to be compatible with the theory.
実験結果は理論と一致することが分かった。

事物 A が事物 B に等しい、または類似しているという事態では、A と B を入れ替えても同一の事態が成立するから、A と B の間には双射関係が成立すると考えることができる。

名詞群中で使用される前置詞によって、形容詞が表示する特性が異なる場合もある。

(277) a. Farmers were anxious about possible river floodings.
農民たちは川が氾濫する可能性があることを心配していた。

b. Villagers are anxious for the opening of a new road to traffic.
村人たちは新しい道路の開通を切望している。

(278) a. John is familiar with the history of Rome.
ジョンはローマの歴史をよく知っている。

b. The effects of medicinal herbs were familiar to ancient people.
薬草の効果は古代の人々にはよく知られていた。

(279) a. The old saying is true of [for, with] the present world.
その古い諺は現代世界にも当てはまる。

b. The drama is true to the original comic strip.
そのドラマは原作の漫画に忠実だ。

(277) の anxious は「大きな不安を抱いている」という精神的な状態を表す。

174　　　　　　　　　第6章　意味役割と前置詞

(277a)では、about possible river flooding（川が氾濫する可能性があることについて）という名詞群が、不安を引き起こす原因を表示している。一方(277b)では、名詞群が前置詞 for を伴っており、これによって不安が向かう事物が the opening of a new road to traffic（新しい道路の開通）という事態であることが示されているから、この事態の実現が、不安を伴うほどに望まれている、つまりこの事態が切望されているという理解が導かれる。

　(278)の familiar は、ある事物をよく知っている、またはある事物がよく知られているという特性を表す。文が表す事態の主体が人間である場合には、その人間と事物の間に「知る」という単射関係が成立する。(278a)ではこの関係の副体に当たる事物が名詞群 with the history of Rome（ローマの歴史を）によって表示されている。(278b)では主体が the effects of medicinal herbs（薬草の効果）であり、この事物に関する詳しい知識が伝わった結果の着点が名詞群 to ancient people（古代の人々に）によって表されており、この結果、薬草の効果が古代の人々によく知られていたという事態が表示されていることが理解される。

　(279)の true は「主体が真実だ」という事態を表示する形容詞である。(279a)では、主体である the old saying（その古い諺）が真実であるという事態の関与者を、名詞群 of [for, with] the present world（現代世界について）が表している。このことから、この文は、主体が現代世界についても真実である、現代世界にも当てはまるという事態を表すものと理解される。(279b)は、直接的には主体である the drama（そのドラマ）が真実であるという事態の着点が the original comic strip（原作の漫画）だという事態を表示する。しかし、主体が真実だという事態には移動の要素が含まれないので、このままでは不適格な事態を表すことになる。ここで、「真実だ」という特性の程度が最大になるための目的地が原作の漫画だという比喩的な解釈を適用すれば、ドラマが原作の漫画と同様の真実性を目指している、つまりドラマが原作の漫画に忠実だという適格な理解が得られる。

第 7 章　冠詞

第 1 節　定性

　名詞が表示するのは事物の集合である。house（家）であれば家である個体の集合、dance（踊り）であれば「主体が踊る」という事態の集合を表示する。houseやdanceに対応する事物の集合はそれぞれ1個であって、他の名詞が表示する事物の集合とは明確に異なる。したがって、houseやdanceである事物の集合全体を含む事態について、この集合を別の集合に置き換えると、事態は異なったものになる。

(1) The house is a building for human habitation.
　　家は人が住むための建物だ。

(2) The dance is a series of steps and movements.
　　踊りは一連の歩みと動きだ。

　(1)のhouseは、家である個体によって構成される1個の集合であって、これをhouseとは別の、例えばvilla（別荘）に置き換えれば、文が表示する事態は変化する。

　(2)のdanceは、踊りである事態によって構成される1個の集合であって、これをdanceとは別の名詞であるwaltz（ワルツ）に置き換えれば、この文は異なった事態を表示する。

　これらの文で使用される名詞houseとdanceは、上位の集合であるbuilding（建物）やmovement（動き）が表示する事物を構成する他の集合と共通の特性を持ってはいるが、異なった集合を表示する。すなわち、上位の集合に属する同種の集合とは明確に異なっている。したがって、これらの名詞に対応する集合を、同種ではあるが異なった集合に置き換えると、文が表示する事態は異なったものになる。同じ上位の集合に属する別の集合に置き換えると異なった事態を表示するという特性を、同種の事物とは明確に異なると言い換えることにすれば、同種の他の事物とは明確に異なるという特性を「定」と呼ぶ。

　(1)と(2)については、house, danceのような名詞が表示する事物の集合の全体をvillaやwaltzという異なった名詞が表示する事物の集合全体に置き換えたが、同じ名詞に対応する事物の集合に属する個体や事態について、それを同種の個体や事態に置き換える場合もある。

(3) The house over there is mine.　あそこの家が私の家です。

(4) The dance this evening was marvelous.　今晩の踊りは素晴らしかった。

(3)の house が表示する個体を、同じ house である集合の要素である別の個体に置き換えると、その個体は発信者の家ではなくなる。したがって、この文に含まれる house が表示する個体は定である。

(4)の dance が表示する事態を、同じ dance である事態の要素である別の事態に置き換えると、その事態は marvelous（素晴らしい）という評価を与えられる事態ではなくなる。したがって、この文に含まれる dance が表示する事態は定である。

名詞 house が「家である個体すべての集合」を表示する場合、この集合の上位の集合として想定される building（建物）を構成する要素は、villa（別荘）, palace（宮殿）, castle（城）, hotel（ホテル）, inn（宿）など house とは異なる名詞によって表示される個体の集合である。名詞 dance が「主体が踊るという事態すべての集合」を表示する場合、この集合の上位集合として想定される performance（演技）を構成する要素は、singing（歌唱）, play（演奏）, stunt（曲芸）, juggling（ジャグリング）など、dance とは異なる名詞によって表示される事態の集合である。

このように、名詞が表示するのが、集合の要素としてあり得るすべての事物であれば、それ以外の事物は他の名詞によって表示されるのだから、その集合は他の集合とは明確に区別され、定性は定である。

これに対し、名詞に対応する集合に属する一部の事物が表示されている場合には、同じ名詞で表示される同種の事物は他にもあるので、同種の事物と明確に区別される場合とそうではない場合がある。(3)と(4)の house と dance が表示する事物は、同種の他の事物に置き換えると同じ事態が成立しないことから、同種の他の事物と明確に区別され、定性は定である。

集合に属する一部の事物が表示されていて、他の同種の事物とは明確に区別されないのは、以下のような例である。

(5) John is planning to buy a house.　ジョンは家を買う計画を立てている。

(6) Mary performed a dance on the stage.
　　メアリーは舞台で踊りを披露した。

(5)の house が表示するのは、ジョンが買うことにしている個体であるから、常識的には家である個体集合に属する1個の個体である。この個体は、ジョンの計画の中に存在するだけであるから、現実世界に存在しているかどうかは分からない。したがって、この個体を家である個体集合から選択したとして、それを同じ集合に属する別の個体に置き換えたとしても、この文が表示する事態が成立することに変わりはない。すなわち、house が表示するのが家である集合の要素で

ある個体である限り、ジョンがその個体を買うという事態は未来の時区間におい
て成立する。したがって、この名詞がこの文において表示する個体は、他の同種
の個体と明確に区別されることはなく、定性は不定である。

　(6)の dance が表示するのは、メアリーが過去に実行した事態であるが、この
事態を伝達するためにこの文が使用されているのであれば、この事態を受信者は
知らないものと判断することができる。だとすると、この文中の dance である事
態として受信者が集合中から何らかのものを選択したとして、その事態を同種の
別の事態に置き換えたとしても、この文が表示する事態が成立することに変わり
はない。すなわち、この文で dance が表示すると想定される事態は、同種の他の
事態と明確に区別されることはない。したがって、この名詞に対応する事態の定
性は不定である。

第2節　冠詞：定冠詞と不定冠詞
① 冠詞の形態
　名詞句が表示する事物の定性を表す形態が冠詞である。事物が定であることを
表すのが「定冠詞」、事物が不定であることを表すのが「不定冠詞」である。定
冠詞 the は可算普通名詞の単数形と複数形、不可算普通名詞、抽象名詞に付加さ
れるが、不定冠詞 a/an は可算普通名詞の単数形のみに付加される。可算普通名
詞の複数形が不定である場合には、冠詞が付加されない。不可算普通名詞と抽象
名詞についても、表示する事物が不定である場合に付加される冠詞はない。

　固有名詞の定性は定であるのが原則なので、定冠詞を付加することができるは
ずであるが、英語では、一部の例外を除いて、固有名詞に定冠詞が付加されるこ
とはない。固有名詞が比喩的に解釈されて、事物の集合を表示する場合には、そ
の要素である不定の事物を表示するために不定冠詞が付加される場合もある。

ⅰ．定冠詞
　　(7) The man speaking on the podium is the mayor.
　　　　演壇で話している男は市長だ。
　　(8) My mother was pleased with the apples I bought at the supermarket.
　　　　私の母親は私がスーパーで買ってきたリンゴを喜んでいた。
　　(9) The team was defeated by its opponent in the final game.
　　　　そのチームは決勝戦で相手に負けた。
　　(10) The royal families gathered for the funeral ceremony.
　　　　　王族たちがその葬式に集まった。
　　(11) The wine produced in the year is of the finest quality.

その年に生産されたワインが最上の品質だ。

(12) He was opposed to the shallow ideas prevalent in those days.
当時流行していた浅薄な思想に彼は反対していた。

(13) The hatred toward the enemy thrust the country into war.
敵への憎悪がその国を戦争へと駆り立てた。

　(7)が発話されている状況は、市長が演壇で話をしている空間に発信者が実際にいるものであると考えることができる。この場合、man（男）と podium（演台）が表示する個体は、発信者が見ている個体以外ではあり得ず、これらの個体を同種の他の個体に置き換えると同じ事態は成立しない。したがって、man と podium が表示する個体は定であり、定冠詞 the が付加されている。mayor（市長）は、この状況の要素でもある自治体の首長であり、通常は1人しかいないので定性は定であり、定冠詞が付加されている。

　(8)の名詞句 apples I bought at the supermarket（私がスーパーで買ってきたリンゴ）は、発信者がスーパーで買った個体の集合とリンゴである個体の集合の共通部分であり、こうして限定されたリンゴを、リンゴである他の個体に置き換えると、それは発信者がスーパーで買ったものではなくなるから、この名詞句が表示する複数の個体は定である。これを表示するために、単数形名詞に付加されるのと同じ形態の定冠詞 the が付加されている。supermarket（スーパー）が表示する個体は、この事態中では定でも不定でもあり得るが、定冠詞を付加することによって、他のスーパーとは明確に異なる個体であることが表示される。

　(9)が表示する事態の主体は名詞句 the team（そのチーム）によって表示されている。チームが負けるという事態の要素である個体は任意のチームであっても不合理ではないので、この限りではチームの定性は決定できない。しかし、the final game（決勝戦）は、一連の試合の集合の中では他の試合とは明確に区別されるので定であり、その試合で負けるチームも1個のみであり、他のチームに置き換えると同じ事態は成立しないから、やはり定性は定である。したがって、この集合名詞 team には定冠詞が付加されている。

　(10)が表示する事態の主体である royal families（王族）は、この文が国王を有する国について発話されたのであれば、その個数（王家の数）は決まっている。したがって、そのすべてが事態の主体として選択されているのであれば、それは王族である他の集合とは明確に区別されるから定であり、これを表示するためにこの名詞句に定冠詞が付加されている。funeral ceremony（葬式）については、王族が集まる可能性のある事態は他にも想定されるから、定でも不定でもあり得るから、定冠詞を付加することによって、他の葬式とは区別されることが表示されている。

第2節　冠詞：定冠詞と不定冠詞　　179

　(11)の wine は不可算普通名詞であり、ワインである個体の集合を表示する。この集合は produced in the year（その年に生産された）という過去分詞節によって限定されており、ワインの生産時期が限定されているのであれば、他の年からは区別される年に生産されたワインは、ワインである他の個体とは明確に区別される。したがって wine produced in the year の定性は定であり、可算普通名詞と同様に定冠詞 the が付加されている。finest quality（最上の品質）は、品質である事態の集合の中で、よさの程度が最も大きいものを表示しており、他の品質とは明確に区別されるから定であり、quality は抽象名詞であるが定冠詞 the が付加されている。

　(12)の idea（思想）は均質抽象名詞であり、思想である事態の集合に属する複数の思想を表示している。名詞句 shallow ideas（浅薄な思想）は関係節 prevalent in those days（その当時流行していた）によって限定されており、成立時区間と特性が限定されていることから、この名詞句が表示する思想を、他の思想に置き換えると、それに対して彼が反対していたという事態は成立しない。したがって shallow ideas が表示する複数の事態は定であり、定冠詞が付加されている。

　(13)の hatred（憎悪）は不均質抽象名詞である。単数形で憎悪である事態すべての集合を表示することもできるし、その集合に属する1個の事態を表示することもできる。この文では hatred に名詞群 toward the enemy（敵に対する）が後続して事態の集合が限定されており、enemy（敵）は定である。「主体が敵を憎む」という事態について、この文を構成する要素から、主体が the country（その国）であることが分かる、「この国が敵を憎む」という事態は、「主体が副体を憎む」という事態の集合の中で、他の要素とは明確に区別される。したがって hatred toward the enemy が表示する事態は定であり、定冠詞が付加されている。

ii．不定冠詞

　(14) This is a watch made in Switzerland.　これはスイス製の時計だ。

　(15) Racoons are seen even in the center of the city.
　　　アライグマは都市の中心部でも見られる。

　(16) The old man had a family when he was young.
　　　その老人は若い頃には家庭を持っていた。

　(17) In this league there are teams composed of high school students.
　　　このリーグには高校生で構成されたチームもある。

　(18) Mary ate caviar at the party.
　　　メアリーはそのパーティーでキャビアを食べた。

　(19) The pilot made a flight last week.

そのパイロットは先週 1 度飛行機を操縦した。

(20) The student studies philosophy at college.
その学生は大学で哲学を研究している。

　(14)は、発信者が受信者に対して、受信者が何らかの時計を見ている状況で使用されている。受信者はその時計を見ているのだから、その個体が、時計である個体の集合に属する他の個体とは明確に区別されることが分かっている。しかし、この文が表示する事態は、代名詞 this が表示する事物が、スイス製の時計である個体の集合に属するということであり、この事態が発信者から受信者に伝達されることに情報的な価値があるのだとすると、受信者はこの事態が成立することを初めて知ったのだと考えなければならない。この場合、スイス製の時計である個体の集合に属するどの個体についても、受信者が前もって他の個体と明確に区別できていたことはあり得ないので、名詞句 watch made in Switzerland が表示する個体を、同じ集合に属する他の個体に置き換えたとしても、同じ事態が成立することに変わりはない。したがって、この名詞句が表示する個体の定性は不定であり、単数形であるので不定冠詞 a が付加されている。

　(15)が表示する事態の主体は racoons（アライグマ）という複数形の名詞で表示されている個体である。これらの個体が are seen even in the center of the city（主体が都市の中心部で見られる）が表示する事態の主体であるならば、この事態は現在を含む時区間において成立するから、racoons が表示する個体はアライグマである個体の集合の全体ではなく部分である。そして、これらの個体を同じ集合に属する他の個体と区別する状況は与えられていないから、これらの個体は不定である。名詞が複数形であるから、不定であることを表示する形態は付加されない。

　名詞句 the center of the city は、他の都市とは明確に区別される都市の中心部を表示し、都市の中心部は 1 個のみだから、center も他の中心部とは明確に区別され、したがって定である。この事態中では、city の定性は定と不定のいずれであっても適格性は保たれるが、不定である場合（a city）でも、任意の都市について中心部は 1 個のみであって、他の中心部とは明確に区別されることが容易に分かるから、center の定性は定である。

　(16)は、主体である old man（老人）と副体である family（家庭）との間に have（持つ）という単射関係が成立していたことを表示している。老人である個体を他の老人と明確に区別する状況は与えられていないので、定冠詞 the が付加されていることが、この個体が定であることを表示する手段である。この主体と副体である family（家族）の間に have（持つ）という関係が成立したことを、この文は表示している。主体は定である 1 個の個体であるが、この主体が持つという単射関

第2節　冠詞：定冠詞と不定冠詞　　　181

係の副体となり得る、家族に属する個体は無限にある。その中から副体として選択されている個体とそれ以外の同種の個体を区別する状況は与えられていないので、副体である個体の定性は不定であり、単数形名詞 family の前に不定冠詞 a が付加されている。

　(17)の teams は可算集合名詞の複数形である。この名詞が表示する個体群が、this league（このリーグ）という定の個体集合の要素であるという事態を、この文は表示している。teams は composed of high school students（高校生で構成された）という過去分詞節によって限定されているが、これらの個体群を、高校生で組織されたチームを要素とする個体集合の他の要素と明確に区別する状況は与えられていない。したがって、teams composed of high school students の定性は不定である。可算集合名詞は可算普通名詞に属し、この種の名詞が表示する複数の事物が不定であることを表示する冠詞は英語にないので、冠詞が付加されない。

　(18)は、主体である Mary（メアリー）と副体である caviar（キャビア）との間に eat（食べる）という関係が成立したという事態を表示する。この事態が成立した空間が the party（そのパーティー）であることは表現されているが、それ以外にキャビアである個体を同種の個体から明確に区別する状況は与えられていない。メアリーがパーティーで実際に食べたキャビアを別のキャビアに置き換えたとしても、この文を理解する人間にとっては同じ事態が成立したものと理解される。したがってこの文中の caviar の定性は不定である。caviar は不可算普通名詞なので、冠詞を付加しないことによって不定であることが表示される。

　(19)は、主体である the pilot（そのパイロット）と副体である flight（飛行）との間に make（する）という単射関係が成立したという事態を表示する。飛行である事態の集合は無限個の事態によって構成されており、この文中の flight が他の飛行と明確に区別されるための状況は与えられていないから、この名詞が表示する事態は不定である。flight は均質抽象名詞であって、集合を構成する事態の個数を明示することができる、すなわち可算であるから、可算名詞の単数形に付加される不定冠詞 a を先行させている。

　(20)は、主体である the student（その学生）と副体である philosophy（哲学）の間に study（研究する）という単射関係が成立したことを表示している。哲学である事態の集合から選択された1個の事態が、他の哲学である事態と明確に区別される状況は与えられていない。すなわち、受信者にとっては、学生が研究している事態が哲学であれば、それはどんなものでも同じだということであり、したがって定性は不定である。philosophy は不均質抽象名詞なので、冠詞が先行しないことによって不定であることが表示される。

iii．固有名詞と冠詞

　固有名詞は人間や空間である個体を、同種の他の個体から明確に区別するために作られた形態であるから、固有名詞が表示する個体の定性は本来的に定である。定を表示する形態は定冠詞であるが、固有名詞に関しては個体が定であることが分かっているので、英語では固有名詞にあえて定冠詞を付加することはしない。

　しかし、固有名詞が比喩的に使用されたり、固有名詞が表示する事物そのものではなく、その事物の特性の集合の要素が選択されたりしているような場合には、可算普通名詞として提示され、定性を表示するための冠詞が付加される。

(21) I have never read a Shakespeare in my life.

　　　私は一生のうちでシェイクスピアを読んだことがない。

(22) The Mozart the quartet played at the concert was fascinating.

　　　その四重奏団がそのコンサートで演奏したモーツァルトは素晴らしかった。

(23) The boy will surely become an Einstein in the future.

　　　その少年は将来きっとアインシュタインのような人間になるだろう。

(24) She is not the Mary I loved a decade ago.

　　　彼女は 10 年前に私が愛したメアリーではない。

　(21)の Shakespeare（シェイクスピア）が人間であるとしたら、主体と read（読む）という関係にある副体としては不適格である。したがってこの固有名詞は、シェイクスピアという作家ではなく、その作家が書いた作品である個体の集合を比喩的に表示している（換喩）。この場合 Shakespeare は可算普通名詞と同じであり、この文では、その個体集合に属する 1 個の要素が選択されているが、他の要素と明確に区別されるための状況は与えられていない。したがって定性は不定であり、不定冠詞 a が付加される。

　(22)の Mozart（モーツァルト）は、the quartet played at the concert（その四重奏団がそのコンサートで演奏した）という関係節で限定されており、play（演奏する）に対応する事態の副体であることから、作曲家という人間ではなく、この作曲家が作った作品である個体の集合を表示するものと理解される。また、関係節によって限定されていることから、集合の中でも他の個体とは明確に区別されることが明らかであり、したがって定性は定である。このことから、定であることを表示する定冠詞が付加されている。

　(23)の動詞は become（なる）であるから、Einstein（アインシュタイン）は、主体である the boy（その少年）と同値関係にある副体である。しかし、その少年はアインシュタインと同一の個体ではないから、固有名詞 Einstein は、この物理学者と同様の特性を持つ人間の集合を比喩的に表示する（隠喩）ものと理解しなけれ

ばならない。すなわち、Einstein は「アインシュタインのような人間」である個体の集合を表示する。主体である少年は、その集合に属する1個の個体と同値関係にある。副体として選択される個体を、同じ集合に属する他の個体と明確に区別する状況は与えられていないから、この個体の定性は不定であり、主体が単数であるから不定冠詞の a（この場合は異形態の an）が付加されている。

(24) の動詞は be であるから、Mary（メアリー）は主体である she（彼女）と同値関係にある副体である。Mary は、関係節 I loved a decade ago（発信者が10年前に愛した）によって限定されていることから、この個体が持つ様々の特性の集合を表示するものと理解しなければならない。したがってこの文は、この集合のうちの1個の特性と主体が同一であるという事態を表示する。副体である特性が他の特性と明確に異なることは、関係節の内容によって明らかであるから、定性は定であり、これを表示する定冠詞が付加される。

② 定性を決める要素

定性を決定するのは、事物の特性、事物が含まれる事態の特性、そして文が使用される状況である。

ⅰ．事物の特性

名詞が表示する集合の要素が、現実世界で1個のみであることが知られている場合、その集合は他の集合とは明確に異なるから、その集合は定である。

(25) The universe is always expanding.　宇宙はいつも膨張している。

(26) Philosophers search after (the) truth.　哲学者は真理を追求する。

(27) The poet imagined how (the) hell was like.
その詩人は地獄がどのようなものか想像した。

(28) God knows what our future will be.
我々の未来がどうなるのかを神は知っている。

(25) の universe（宇宙）は、現実世界では1個のみであると考えられている。宇宙である個体の集合の要素としては、space（空間）や galaxy（銀河），nebula（星雲）などの天体(heavenly body)の集合が想定されるが、universe はそれらの個体集合を包括する単一の集合である。したがって宇宙である個体は定であり、定冠詞 the が付加されている。

(26) の truth（真理）は、真である事態の集合を表示し、この集合は偽(false)である事態の集合と対立し、これとは明確に区別される。したがって定性は定であり、定冠詞を付加することができる。また、真である事態の集合は1個のみであり、定であることは明らかであるから、冠詞を付加しないこともできる。

（27）の hell（地獄）は、この存在を信じている人間にとっては現実世界の要素であり、信じていない人間にとっては現実世界以外の世界（可能世界）の要素である。どちらの場合でも、1個の世界には1個の地獄のみが存在するから、hell の定性は定である。したがって定冠詞を付加することができるが、「地獄」は何らかの宗教を信じているか否かに関わらず、「天国」（heaven）と対立する個体として、誰もが知っており、固有名詞的な特性を持つ。したがって固有名詞と同様に冠詞を付加しないこともできる。

（28）の God（神）は、キリスト教やイスラム教を信仰する人間にとっては、現実世界に1個のみが存在する個体であり、他の事物と区別されるのは明らかである。したがって定性は定であるが、最も馴染みのある個体の1つなので、定冠詞によって定であることを表示する必要がなく、冠詞は付加されない。

名詞は事物の集合全体またはその部分を表示し、集合全体を表示する場合には、他の名詞が表示する集合とは明確に異なることは当然である。したがって集合全体は定であり、部分集合を表示するかどうかは状況に依存する。このため、名詞がある限り、どのような状況でも不定の事物を表示するという特性を持つものはあり得ない。

ⅱ．事物が含まれる事態の特性
a．定
　事態を構成する要素としての事物が、それが属する集合の他の事物と明確に異なっていることが容易に理解される場合には、その事物の定性は定である。

(29) The present situation is critical for us.
　　現在の状況は私たちにとって危機的だ。

(30) My grandfather wakes up at the daybreak.
　　私の祖父は夜明けには目を覚ます。

(31) A policeman caught a pickpocket by the hand.
　　警官がスリの手をつかんだ。

(32) I see the spire of a church rise high above the surrounding houses.
　　教会の尖塔が周囲の家々の上に高く聳えているのが見える。

(33) The phone calls an operator receives each day are registered to be printed afterwards.
　　オペレーターが毎日受ける通話は記録され、後で印刷される。

(34) Mary lives in the same town as I do.
　　メアリーは私と同じ町に住んでいる。

(35) Mont Blanc is the highest mountain in Europe.

第2節　冠詞：定冠詞と不定冠詞　　　　185

　　　モンブランはヨーロッパで最も高い山だ。

　(29)が表示する事態が、現在を含む時区間において成立することが、動詞群
is によって表示されている。主体の present situation (現在の状況)は、状況であ
る事態の集合のうちで現在において成立しているものであり、for us (私たちに
とって)という名詞群によって、発信者に関わりのあるものに限定されることが
理解される。したがって、present situation を他の時区間において成立する状況
に置き換えると、この事態と同一の事態は成立しない、すなわちこの名詞句に対
応する事態は定であるものと理解される。

　(30)が表示するのは「発信者の祖父が目を覚ます」という事態が、現在を含
む長い時区間において反復的に成立しているということである。それぞれの事態
は1日のある時点において成立するが、その時点を名詞 daybreak (夜明け)が表
示している。夜明けである時点は、1日を構成する他の時点とは明確に異なるか
ら、定性は定である。

　(31)では、主体が不定の警官であり副体が不定のスリであって、主体と副体
の間に catch (つかむ)という単射関係が成立する。名詞群 by the hand は、主体
がつかんだ副体の身体の部分を表示しているが、副体は不定であっても1個の個
体であり、その個体の部分は他の個体の部分と明確に異なることが容易に理解さ
れる。したがって、hand (手)が表示する個体の定性は定であって、このことか
ら hand には定冠詞 the が先行している。

　(32)の spire (尖塔)は、不定の個体である church (教会)に属する個体であり、
1個の教会に尖塔は1個のみであるのが普通である。したがって、与えられた1
個の教会が定であれ不定であれ、それに属する尖塔を他の尖塔に置き換えると、
それは与えられた教会の尖塔ではない。したがって spire が表示する個体は尖塔
である他の個体とは明確に区別され、定性は定である。

　(33)の phone calls (通話)が表示する事態の集合は、関係節 an operator re-
ceives each day (オペレーターが毎日受ける)によって限定されている。関係節の
主体は an operator であって、これは不定の個体であるが、この個体が与えられ
れば、その個体が日々受ける通話を他の通話に置き換えると、それはこの個体が
受けるものではなくなる。したがって phone calls の定性は定である。

　(34)の same town (同じ町)は、ある与えられた町と同一の個体を表示する。
与えられた個体と同一の個体は1個しかないから、他の個体とは明確に区別され、
定性は定である。関係節 as I do (発信者が住んでいる)が基準となる町を与える。
すなわち、発信者が住んでいる町である。

　(35)の highest mountain (最も高い山)は、山の集合について、高さという基
準を適用し、その基準で最も大きな数値を持つ山を表示する。この山は、与えら

186   第7章　冠詞

れた山の集合に属する他の個体とは明確に区別されるから、定性は定である。

b.　不定
　事態を構成する事物を、同じ集合に属する他の事物に置き換えると同一の事態
が成立しないとは限らないことを、事態の特性から判定できる場合には、その事
物は不定である。
　　　(36)　A stranger spoke to me at the lobby of a hotel.
　　　　　　あるホテルのロビーで見知らぬ人が私に話しかけてきた。
　　　(37)　I am looking for good partners for my business.
　　　　　　私は自分の事業へのいい協力者を探している。
　　　(38)　John spent time seeing people pass by at the cafeteria.
　　　　　　ジョンはそのカフェテリアで人々が通り過ぎるのを見ながら時を過ご
　　　　　　した。
　　　(39)　Mary boiled eggs and roasted beef for dinner.
　　　　　　メアリーは夕食のために卵を茹でて牛肉を焼いた。
　　　(40)　Drinking beer on a hot day is really refreshing.
　　　　　　暑い日にビールを飲むのは本当に元気をつける。
　　　(41)　The man has been suffering from migraine for a long time.
　　　　　　その男は長い間偏頭痛に苦しんでいる。
　(36)の主体は stranger（見知らぬ人）であり、その人間が過去の時点において
発信者に話しかけてきたのであるから、発信者はその人間を、他の見知らぬ人間
と明確に区別することができない。したがって stranger は不定の個体を表示し、
可算普通名詞の単数形であるから、不定冠詞 a が付加されている。名詞句 the
lobby of a hotel（あるホテルのロビーで）については、hotel が表示する個体が不
定であることは、不定冠詞が付加されていることによって理解される。ホテルに
あるロビーは1か所のみであるのが普通だから、ホテルが与えられればそのロビー
は他のロビーとは明確に区別される。このことから lobby が表示する個体は定で
あり、定冠詞が付加される。
　(37)は、主体が発信者、副体が good partners（協力者）であり、主体と副体と
の間に look for（探す）という単射関係が成立しているという事態を表示している。
この副体は、発信者の事業に協力する可能性のある人間であるから、まだ発信者
がその人間を同定しているということはない。すなわち、この人間は協力者の集
合に属してはいるが、その個体を他の個体に置き換えても、発信者が協力者を探
すという事態に変化はない。したがって good partners が表示する個体は不定で
あり、可算普通名詞の複数形であるから、冠詞が付加されない。

第2節　冠詞：定冠詞と不定冠詞　　　187

　(38)の主体は John（ジョン）であり、副体は time（時間）であって主体と副体の間に spend（過ごす）という単射関係が成立する。この事態は過去の時区間において成立するが、その時区間のどの部分であるのかを限定する語句は、この文中には与えられていない。したがって time は不定であり、時間軸上の時点の連続体を表す場合には不可算普通名詞であるから、冠詞が付加されない。

　現在分詞節 seeing people pass by（人々が通り過ぎるのを見ながら）の主体は主節の主体と同一の John であり、この主体と people pass by（人々が通り過ぎる）という事態との間に、see（見る）という単射関係が成立している。「人々が通り過ぎる」という事態の主体である「人々」は、人間である個体の集合の部分であるが、この部分集合を他の部分集合と明確に区別する手段は、この文に関しては与えられていない。したがって people の定性は不定であり、「人々」という意味ではこの名詞は不可算普通名詞であるから、冠詞が付加されない。

　(39)は、主体であるメアリーが夕食のために副体である食材を調理したという事態を表示している。事態の目的を表す dinner（夕食）を同種の事態と明確に区別する状況はないから、副体の eggs（卵）と beef（牛肉）についても同様に、卵や牛肉である個体集合の他の個体と明確に区別することはできない。メアリーが茹でたり焼いたりした卵や肉は、卵や肉である限りどんなものであっても、同じ事態が成立する。したがって、eggs と beef が表示する個体は不定であり、eggs は可算個体名詞の複数形、beef は不可算普通名詞の単数形なので、どちらにも冠詞は付加されない。dinner は均質抽象名詞の単数形なので、不定であれば不定冠詞 a を付加することができるが、習慣的に反復される事態としての夕食を表示する場合には、冠詞を付加しない。

　(40)の動名詞節 drinking beer on a hot day（暑い日にビールを飲むこと）は、不定の主体と副体である beer（ビール）の間に drink（飲む）という単射関係が、不定の暑い日に成立するという事態を表示する。主体が不定であり、成立時区間も不定であるから、副体の beer を他の同種の個体と明確に区別する状況はない。したがって beer が表示する個体も不定であり、beer は不可算普通名詞であるから、冠詞が付加されない。

　(41)の migraine（偏頭痛）はこの病名が与えられる事態の集合である。偏頭痛である事態は様々な症状の集合であるが、どの症状であるのかはこの文だけでは分からないから、この事態を同種の事態と明確に区別することはできない。したがって定性は不定である。migraine は不均質抽象名詞であるから、不定である場合には冠詞を付加しない。

188 第7章 冠詞

ⅲ. 状況

　文が使用される状況は、発信者と受信者が同じ空間にいて、共通の事物を知覚し指示することができる場合と、発信者と受信者は同じ空間におらず、発信者が作成した文章などを媒介として、受信者が間接的に事態を理解する場合に分けられる。

a.　発信者と受信者が同じ空間にいる

α　定

　発信者と受信者の両方が同じ事物を直接知覚して指示することができると判断できる場合には、その事物は定である。

　　（42）Look at the picture on the wall.　壁の絵を見てください。

　　（43）The doors on the left side will open.　左側のドアが開きます。

　　（44）The wine in this bottle is produced in Provence.
　　　　　この瓶の中のワインはプロバンスで作られた。

　　（45）Have you ordered the room service?
　　　　　ルームサービスは注文しましたか。

　　（46）The comment the anchor has given now is unacceptable.
　　　　　キャスターが今言ったコメントは受け入れられない。

　（42）では、受信者と発信者が同じ部屋にいて、部屋の壁とその壁にかかっている絵を見ている状況であると判断される。したがって、picture（絵）と wall（壁）が表示する個体は、両者が見ている個体以外ではあり得ないので、定性は定である。

　（43）は列車内の放送であり、発信者は車掌、受信者は乗客である。車掌と乗客は同一の列車、すなわち同一の空間におり、したがって doors（ドア）は両者が乗っている列車のドアであり、left side（左側）は同じ列車の左側面であるから、他の同種の個体とは明確に区別され、定性は定である。

　（44）の wine（ワイン）は、this bottle（この瓶）の中にある個体である。発信者と受信者の両方が瓶である個体を直接知覚しており、その中のワインを直接指示することができる。したがって、この wine を別の同種の個体に置き換えると、発信者と受信者はそれを直接指示することができなくなり、この文が表示する事態は成立しない。したがって wine が表示する個体は定であり、定冠詞が付加されている。

　（45）は、発信者と受信者がホテルの同じ部屋にいるという状況で使用されていると考えてよい。この場合、room service（ルームサービス）は、まだ提供される料理などは部屋に届いてはいないものの、この部屋へのサービスであることは

明らかだから、他の同種の事態とは明確に区別され、したがって定である。

(46)は、テレビ番組のキャスターが言ったコメントに関わる事態であると判断されるが、has given now（今言った）という動詞群によって、発信者と受信者の両方がそのコメントを聞いたものと推測される。したがって、anchor（キャスター）は発信者と受信者がともに知覚している個体であり、その個体が言ったcomment（コメント）も他の同種の事態とは明確に区別される。したがって、comment と anchor が表示する事物は定である。

β　不定

発信者と受信者が同一の空間にいる場合でも、名詞が表示する事物を受信者が直接指示することができない時には、名詞が表示する事物の定性は不定である。

(47) I am looking for a kitchen knife made in Germany.
　　　私はドイツ製の包丁を探しています。

(48) There were spiders on the ceiling.　天井に蜘蛛がいた。

(49) Add salt to the soup if you like.
　　　よければそのスープに塩を足してください。

(50) We need fresh air to be awakened.
　　　私たちの目が覚めるためには新鮮な空気が必要だ。

(51) Good attention will ease this patient's pain.
　　　よく面倒を見ればこの患者の痛みは和らぐだろう。

(47)は、発信者と受信者がともに台所か居間にいる状況が想定される。発信者が kitchen knife（包丁）を探しているのであれば、それはまだ発信者の手元にはないし、したがって受信者もそれを直接指示することはできない。したがってこの個体は不定であり、kitchen knife は可算個体名詞の単数形であるから、不定冠詞が付加されている。

(48)では、発信者と受信者が同じ部屋または同じ建物内にいるものと考えられる。したがって、ceiling（天井）は受信者が直接指示することができるから定である。その天井に蜘蛛がいるという事態が過去の時区間において成立したことを発信者は知っているが、受信者は知らない。したがって、spiders（蜘蛛）である個体を受信者が直接指示することはできず、この個体の定性は不定である。spiders は可算個体名詞の複数形であるから、不定である場合には冠詞を付加しない。

(49)では、発信者と受信者が同じ食卓についているものと考えられる。食卓の上にスープがあるとすれば、その個体を受信者が知覚して指示することは容易である。食卓の上には塩が入った容器があると考えられるが、受信者はその容器

190 第7章 冠詞

にある塩の部分をスープに加えるように言われており、この文が発話された段階で、その部分を直接指示することはできない。したがって、この文中の salt（塩）が表示する個体は不定である。salt は不可算普通名詞であるから、不定であれば冠詞が付加されない。

（50）は、発信者と受信者が同一の建物にいる状況で発話されていると考えられる。両者が目覚める、つまり頭をはっきりさせるために必要な fresh air（新鮮な空気）は、まだその空間には存在せず、未来の時区間において窓を開けるなどして空間内に取り入れなければならない。したがってこの個体を受信者は直接指示することができず、定性は不定である。air は不可算普通名詞であるから、この場合冠詞は付加されない。

（51）は、発信者と受信者が同じ病室にいる状況を想定させる。動詞群が will ease（和らげさせる）であることから、この文が表示する事態は、発話の段階ではまだ成立していない。したがって、主体の good attention（よい面倒）という事態も成立する可能性があるだけだと判断され、受信者がこの事態を直接知覚することはできない。このため、この名詞句が表示する事態は不定であり、attention は不均質抽象名詞であるから、単数形に冠詞が付加されることはない。

b.　発信者と受信者が同じ空間にいない

受信者が発信者の文章を読んだり、発信者の発言をテレビやラジオ等で聞いたりする場合には、名詞が表示する事物を、発信者は直接指示することができないし、受信者も直接知覚することはできない。文章や発言を「談話」と総称することにすれば、ある文が使用されるまでに読まれたり聞かれたりした談話の部分が、文が表示する事態に含まれる事物の定性を決めるための状況を形成する。

状況を参照することによって、事態中の事物が同種の他の事物と明確に区別されることが理解できればその事物の定性は定であるし、そうでなければ不定である。

α　定

(52) A woman and a girl were walking along the street. The girl wore a red skirt.

女と少女が道を歩いていた。少女は赤いスカートを履いていた。

(53) I passed by an old house yesterday. The windows were covered with curtains.

昨日私は古い家のそばを通り過ぎた。窓にはカーテンがかかっていた。

(54) It is very cold today. The temperature will go down below freezing.

今日はとても寒い。気温は氷点下に下がるだろう。

(55) I attend the instructor's yoga school every week. I think the lessons are effective.

私はそのインストラクターのヨガ教室に毎週通っている。レッスンは効果的だと思う。

(56) He says democracy should eternally be maintained. Everybody will quite agree to the idea.

民主主義は永遠に維持されるべきだと彼は言っている。誰もがこの考えに全く賛成するだろう。

(52) では、第 1 文の a woman and a girl were walking along the street (女と少女が道を歩いていた) が、第 2 文の状況を形成している。第 2 文の girl は第 1 文の a girl と同一の個体を表示していると考えてよい。第 1 文の a girl は不定の個体であるから、受信者が直接指示することはできない。第 2 文の girl も同様ではあるが、第 1 文の個体と同一であり、この個体は状況に与えられているのであるから、少女である個体の集合に属する他の個体とは明確に区別されることが、受信者には理解できる。実際、第 2 文の girl が第 1 文の a girl とは異なる個体であれば、その個体は赤いスカートを履いているかどうかは分からない。したがって、第 2 文の girl の定性は定であり、定冠詞 the が付加される。

(53) では、第 1 文の I passed by an old house yesterday (発信者が昨日古い家のそばを通り過ぎた) が、第 2 文の状況を形成している。第 2 文が表示する事態には house (家) に対応する個体は含まれていないが、家には通常窓があるから、第 2 文の windows (窓) は、この家の付属物である個体だと判断される。この家の付属物である windows を、窓である個体の集合の要素である他の個体に置き換えると、その窓にはカーテンがかかっていなかった可能性もある。したがって、この文中の windows が表示する個体は他の同種の個体とは明確に区別され、定性は定である。

(54) では、第 1 文の it is very cold today (今日はとても寒い) が状況を形成している。第 2 文には、第 1 文で使用されているのと同一の名詞はないが、temperature (気温) が表示する個体は、cold (寒い) が与える状況から必然的に導かれる。したがって、第 2 文が表示する事態が成立する時区間である today (今日) における気温は、気温である個体の集合の他の個体とは明確に区別される。気温は「摂氏 −1 度」のような数値であって、ある時の気温と別の時の気温が同一であれば数値も同一で区別されることはないが、人間にとって気温は単なる数値ではなく、数値が与えられるための様々な気象条件や感覚などを含む個体である。したがって、ある特定の時区間における気温である個体は、他の個体とは明確に区

192   第 7 章　冠詞

別される。この第 2 文で temperature が表示する個体の定性はしたがって定である。

　(55)では、第 1 文の I attend the instructor's yoga school every week（発信者が
毎週そのインストラクターのヨガ教室に通っている）が状況を与えている。この
状況から、第 2 文の lessons（レッスン）は、そのインストラクターのヨガ教室が
提供する事態であるものと理解される。他のヨガ教室とは明確に区別される個体
に関わるレッスンは、他のレッスンである事態とは明確に異なるから、この文中
の lessons が表示する事態は定である。

　(56)では、第 1 文の he says democracy should eternally be maintained（民主主
義は永遠に維持されるべきだと彼は言っている）という事態が状況を与える。第
2 文の idea（考え）は、第 1 文の「民主主義は永遠に維持されるべきだ」という
事態に対応しており、この事態を文として与えているのが he（彼）という特別の
個体であるから、idea が表示する事態は他の同種の事態とは明確に区別される。
したがってこの事態の定性は定である。

β　不定

　(57) I bought fruits at the grocery store. On getting home, I took out an or-
　　　 ange and ate it.
　　　 私はその八百屋で果物を買った。家に着くとすぐに、私はオレンジを
　　　 取り出して食べた。

　(58) Mary went to the festival. She was excited to see many famous musi-
　　　 cians there.
　　　 メアリーはその祭典に行った。そこでたくさんの有名なミュージシャ
　　　 ンを見て興奮した。

　(59) The guests were in the banquet room. They drank wine and cognac
　　　 served by waiters.
　　　 招待客たちは宴会場にいた。彼らは給仕たちが提供するワインやコ
　　　 ニャックを飲んだ。

　(60) Several people got sick after eating hamburgers at the restaurant. It was
　　　 avalanched with claims for a week.
　　　 そのレストランでハンバーガーを食べた後、何人かの気分が悪くなった。
　　　 1 週間、その店に苦情が殺到した。

　(61) The Roman Empire collapsed at the end of the 5th century. Feudalism
　　　 became the prevalent social system afterwards.
　　　 ローマ帝国は 5 世紀の終わりに崩壊した。この後は封建制が支配的な
　　　 社会制度になった。

第 2 節　冠詞：定冠詞と不定冠詞　　　193

（57）では、第 1 文 I bought fruits at the grocery store（発信者がその八百屋で果物を買った）が状況を形成する。第 2 文に含まれる orange（オレンジ）は状況中にある fruits（果物）である個体集合の要素であるが、この個体集合を上位の集合とするオレンジの集合の中で、この orange が表示する個体を他の個体と明確に区別する情報は、与えられた状況には含まれていない。したがって、この名詞が表示する個体を、別のオレンジである個体に置き換えても、受信者にとっては同じ事態が成立する。このことから、orange が表示する個体は不定である。この名詞は可算個体名詞の単数形であり、語頭が母音であるから、不定冠詞 an が付加されている。

（58）では、第 1 文の Mary went to the festival（メアリーがその祭典に行った）が状況を形成している。祭典に参加すると想定される人間の中には、第 2 文にある famous musicians（有名なミュージシャン）である個体の集合が含まれる。しかし、この名詞句が表示する複数の個体を、受信者が他の同種の個体群と区別するための情報（ミュージシャンの氏名や演奏する楽器など）は状況中には与えられていない。したがって famous musicians の定性は不定であり、musicians は可算個体名詞の複数形であるから、冠詞が付加されない。

（59）では、第 1 文の the guests were in the banquet room（招待客たちが宴会場にいた）が状況を形成する。状況にある banquet（宴会）である事態からは、第 2 文にある wine（ワイン）や cognac（コニャック）である個体の集合の存在が導出される。しかし、これらの名詞はワインやコニャックである個体集合の全体ではなく部分を表示しており、その部分を他の部分集合と明確に区別する情報（種類や産地や生産年など）は状況中には存在しない。したがって、受信者はどのワインやコニャックが飲まれたのかを特定することはできず、これらの名詞が表示する個体は不定である。wine と cognac は不可算普通名詞であるから、この場合冠詞が付加されない。

（60）では第 1 文の several people got sick after eating hamburgers at the restaurant（そのレストランでハンバーガーを食べた後何人かの気分が悪くなった）が状況を形成する。この状況であれば、そのレストランに対する claim（苦情）が状況中に存在することが想定され、第 2 文の名詞 claims はこれに対応している。しかし、問題のレストランに殺到した苦情を、苦情である事態の集合に含まれる他の事態と明確に区別するためには、苦情の内容や苦情を送った人間などの情報が必要であるが、それらの情報は、この状況中には与えられていない。このため受信者には、これらの苦情がどんな苦情であっても、第 2 文が表示する事態が成立したことに変わりはない。したがって、claims が表示する事態は不定であり、この名詞は均質抽象名詞の複数形であるから、冠詞が付加されない。

（61）では、第1文の the Roman Empire collapsed at the end of the 5th century（ロー
マ帝国が5世紀の終わりに崩壊した）が状況を形成する。ローマ帝国の社会制度
は帝政（imperialism）であるから、この状況から導出される事物の中に、第2文
の feudalism（封建制）が含まれることは明らかである。しかし、封建制である事
態は、君主と臣下や領主と農民の関係、領地の支配のあり方など多様な特性を持
つから、ある封建制を他の封建制と明確に区別するためには、これらの情報が状
況によって与えられていなければならないが、ここでは与えられていない。した
がって第2文にある feudalism は不定であり、この名詞は不均質抽象名詞である
から、冠詞が付加されない。

③ 冠詞の位置

　冠詞は名詞句の先頭に配置されるのが原則である。冠詞が使用されていること
で、後続するのが名詞句であることが前もって分かるし、名詞句が表示する事物
の定性が与えられることは、事態を理解する過程での効率性を高める。

- （62）The very famous statesman talked about political issues.
　　　　その非常に有名な政治家は政治的な問題について話をした。
- （63）John is from a considerably distant region.
　　　　ジョンは相当に遠くの地方の出身だ。

　（62）の名詞句 the very famous statesman（その非常に有名な政治家）の構造は「定
冠詞＋副詞＋形容詞＋名詞」であり、定冠詞が名詞句の先頭に配置されている。

　（63）の名詞句 a considerably distant region（相当に遠くの地方）の構造は「不定
冠詞＋副詞＋形容詞＋名詞」であり、不定冠詞が名詞句の先頭に配置されている。

　名詞句の先頭に冠詞が配置されない場合もある。

- i.　such a ＋名詞
- ii.　as/too ＋形容詞＋ a ＋名詞
- iii. how ＋形容詞＋ a ＋名詞
- iv. what a ＋名詞
- v.　all/both the ＋名詞
- vi. many a ＋名詞

- （64）Such a beautiful scenery is hard to find.
　　　　そんな美しい景色は見つけるのが難しい。
- （65）I have never read as interesting a book as this is.
　　　　これほど面白い本を私は読んだことがない。
- （66）It is too difficult a question for me to answer.
　　　　それは難しすぎて私には解けない問題だ。

第3節　冠詞の不使用　　　195

(67) How horrible a person he is!　彼は何と恐ろしい人間なんだろう。

(68) What a strange story that is!　それは何と奇妙な話なんだろう。

(69) All the members agreed to the chairman's proposal.
　　　会員はすべて議長の提案に同意した。

(70) Both the president and the prime minister attended the ceremony.
　　　大統領と首相の両方がその式典に参加した。

(71) Mary has had many a sleepless night.
　　　メアリーはたくさんの眠れない夜を過ごしてきた。

　名詞句の先頭に冠詞が配置されない構造と配置される構造の両方が許容される場合もある。

　i.　quite a＋形容詞＋名詞／a quite＋形容詞＋名詞

　ii.　a half＋数量詞／half a＋数量詞

　iii. a［the］half＋名詞／half a［the］＋名詞

(72) a. New York is quite an expensive city.
　　　　ニューヨークは実にお金のかかる都市だ。

　　　b. The actor lives in a quite gorgeous condominium.
　　　　その俳優はとても贅沢なマンションに住んでいる。

(73) a. The construction of his house cost half a million dollars.
　　　　彼の家を建てるには50万ドルかかった。

　　　b. Mary walks a half mile to the station.
　　　　メアリーは駅まで半マイル歩く。

(74) a. The boy bought a half pizza at the pizzeria.
　　　　その少年はピザ屋でピザ半切れを買った。

　　　b. I took half the apples and gave the others to her.
　　　　私がリンゴの半分を取って、残りを彼女にあげた。

第3節　冠詞の不使用

　固有名詞は定であるが定冠詞を付加しないのが原則であり、可算普通名詞の複数形、不可算普通名詞、抽象名詞が不定であることを表示するための冠詞は、英語にはない。

　それ以外の場合は、名詞の前に冠詞を付加するのが原則であるが、この原則に従わずに冠詞が付加されない場合、原則には従っているのだが、そうでないように見える場合がある。

① 定冠詞の不使用

ⅰ. 可算個体名詞を呼びかけに用いる

(75) Mother, I'm home.　お母さん、ただいま。

(76) Officer, there happened a car accident at the intersection.
　　　おまわりさん、交差点で車の事故が起きました。

(77) My back has been aching for more than a week, doctor.
　　　先生、背中が 1 週間以上痛いんです。

　(75)の mother（母親）は可算個体名詞であって、母親である個体の集合を表示する。しかしこの文では、mother が受信者を指示し、受信者に発信者への注意を向けさせるために使用されており、他の母親である個体とは明確に区別されることが明らかである。したがってこの個体の定性は定であるが、定冠詞を付加すると、受信者ではない他の母親を表示するものと理解される可能性があり、このことを避けるために、固有名詞と同様に冠詞が付加されていないものと考えられる。

　(76)の officer（警官）は可算個体名詞であって、警官である個体の集合を表示する。しかしこの文では、受信者が警官であって、その 1 人の警官に事故の発生を知らせることを目的として呼びかけるためにこの名詞が使用されており、他の警官である個体とは明確に区別され、定性は定である。ただ、定冠詞 the を付けると、状況中に受信者にも明確に区別できる他の警官がいるものと誤解される可能性があるので、定冠詞を付加しないで使用されている。

　(77)の doctor（医者）は可算個体名詞であって、医者である個体の集合を表示する。この文は、受信者が医者であって、医者に発信者の病状を伝えるために使用されている。したがってこの文中の doctor は、他の医者である個体とは明確に区別される個体を表示し、定性は定である。しかし、定冠詞を付加すると、受信者以外の定である医者を表示するものと誤解される可能性が出てくるため、固有名詞のように定冠詞を付加しないで使用されている。

ⅱ. 可算名詞が同値関係の副体であって、ある組織に 1 人しかいない役職にある人間を表示する

(78) Charles de Gaulle was President of the French Republic.
　　　シャルル・ド・ゴールはフランス共和国の大統領だった。

(79) Mary is CEO of an apparel company.
　　　メアリーはあるアパレル会社の最高経営責任者だ。

(80) John was elected chairman of the committee.
　　　ジョンはその委員会の議長に選ばれた。

第3節　冠詞の不使用　　　197

　(78)の President（大統領）は、ある国の1人だけが占めることができる役職であって、国家が1個であれば他に大統領である個体は存在しない。したがって定性は定であり、定冠詞を付加するのが原則である。しかし、この名詞は動詞 be の直後に配置されていて、主体と同値関係にある副体である。このような条件では、固有名詞と同様に定であっても定冠詞が付加されない。

　(79)の CEO（chief executive officer 最高経営責任者）は、ある会社には1つしかない役職であり、会社が1個であれば他に最高経営責任者である個体は存在せず、他の同種の個体とは明確に区別される。この文では an apparel company（あるアパレル会社）の最高経営責任者であるが、会社は1個であるから、他の個体とは明確に区別され、定性は定である。この文で名詞 CEO は主体と同値関係にある副体を表示しており、定であっても定冠詞が付加されない。

　(80)の chairman（議長）は、ある議会や委員会に1つだけの役職であり、委員会が1個であれば他に議長である個体は存在しない。この文では the committee（その委員会）という1個の組織が与えられており、その組織の議長であるから、他の議長である個体とは明確に区別される。したがって定性は定である。この文では chairman は主体ジョンが選ばれた結果の個体を表示する副体であることから、定冠詞が付加されていない。

　組織に1つのみの役職を表す名詞句であっても、事態の主体、または単射関係の副体など、同値関係の副体ではない場合には、原則にしたがって定冠詞が付加される。

　(81)　The President of Italy will visit Brussels next month.
　　　　イタリアの大統領が来月ブリュッセルを訪れる。

　(82)　The Emperor invited the Prince of Wales to the dinner party.
　　　　天皇はイギリス皇太子をその晩餐会に招待した。

　(83)　The Queen of Denmark awarded a decoration to the Prime Minister of the Great Britain.
　　　　デンマーク女王はイギリス首相に勲章を授与した。

　(81)の President of Italy（イタリアの大統領）はイタリアという国家に唯一の役職であり、したがって定である。この個体は事態の主体を表示しているので、原則にしたがって定冠詞が付加される。

　(82)の Emperor（天皇）は日本という国家には1人しかおらず、Prince of Wales（皇太子）もイギリスという国家に1人しかいないから、定性は定であり、Emperor は事態の主体、Prince of Wales は単射関係の副体であるから、原則にしたがって定冠詞が付加される。

　(83)の Queen of Denmark（デンマーク女王）と Prime Minister of the Great

Britain（イギリス首相）は、それぞれデンマーク、イギリスという国家に1人しかいないから定性は定である。前者は事態の主体、後者は副体が移動する着点を表示するから、原則にしたがって定冠詞が付加される。

ⅲ．固有名詞と同値関係にある名詞句を表示する

　固有名詞が表示する個体を受信者が知らないと考えられる場合に、その個体と同一である、すなわち同値関係にあると判断される個体を表示する名詞句を並列させる時、その名詞句は固有名詞と同値であって定である。固有名詞と同値であるため、定であってもこの名詞句には冠詞が付加されない。

(84) I read a biography of Desiderius Erasmus, author of *In Praise of Folly*.
　　 『痴愚神礼賛』の著者デシデリウス・エラスムスの伝記を私は読んだ。

(85) Plato, founder of the Academy, was born in Athens.
　　 アカデミアの創設者プラトンはアテネで生まれた。

(86) Former President Bill Clinton performed the ceremony.
　　 元大統領のビル・クリントンが式典を実行した。

(87) The Ottomans invaded Constantinople, capital of the Byzantine Empire.
　　 オスマン人たちはビザンチン帝国の首都コンスタンチノープルに侵攻した。

　(84)で、名詞句 author of *In Praise of Folly*（『痴愚神礼賛』の著者）が表示する個体が、Desiderius Erasmus（デシデリウス・エラスムス）と同一であることは一般的に知られている。したがって、固有名詞と後続する名詞句が表示する個体は同値関係にあり、名詞句には本来あるべき定冠詞が付加されていない。

　(85)で、名詞句 founder of the Academy（アカデミアの創設者）は先行する固有名詞 Plato（プラトン）と同一の個体を表示しており、固有名詞と名詞句は同値関係にある。このため、後続する名詞句には定冠詞が付加されていない。

　(86)で、名詞句 former President（元大統領）は固有名詞 Bill Clinton（ビル・クリントン）に先行している。クリントンは現大統領以前に大統領の職に就いたことのある人間であるが、そのような元大統領は1人ではない。したがって、この名詞句だけでは定である個体を表示することはない。しかし、固有名詞 Bill Clinton に直接先行する位置に配置されていることで、これが固有名詞と同一の個体を表示するものと理解される。固有名詞と同一の個体を表示するのであれば、固有名詞が定であるから、この名詞句も定であることになる。そして「名詞句＋固有名詞」全体で上位の名詞句を形成していると見なすことができるから、固有名詞に定冠詞を付加しないという原則にしたがって、この上位の名詞句にも定冠詞が付加されない。

（87）の名詞句 capital of the Byzantine Empire（ビザンチン帝国の首都）は、先行する固有名詞 Constantinople（コンスタンチノープル）と同一の都市（個体）を表示する。したがって名詞句と固有名詞は同値関係にあり、名詞句は定であっても定冠詞が付加されない。

ⅳ. a kind of, a sort of, a species of（ある種の）などに後続することによって事物の集合全体であることが分かる
  （88）This place is a kind of zoo.　この場所は動物園の一種だ。
  （89）Human beings are a species of ape.　人間はサルの一種だ。
　（88）の名詞句 a kind of zoo は、動物園である個体の集合の部分集合を表示する。a kind of で部分集合であることが表示されるから、zoo は個体集合の全体であり、この集合を他の集合に置き換えると動物園ではなくなるから、他の集合とは明確に区別され、定性は定である。定性が明らかであることから、あえて定冠詞は付加されない。動物園である個体の集合全体は 1 個であり、したがって単数形になる。
　（89）の a species of（の一種）も、ある集合の部分集合を表示する。したがって、これに後続する ape は、サルである個体の集合全体であり、定性は自動的に定となる。定性が自明であるから、冠詞によってこれを表示する必要はない。個体集合の全体は 1 個であるから ape という単数形を取る。

② 不定冠詞の不使用
ⅰ. 普通名詞の抽象名詞化
　可算個体名詞が具体的な形状を持つ個体ではなく、個体に関係する事態の集合を表示する場合には、抽象名詞と同様の特性を示す。抽象名詞の定性が不定の場合には冠詞を付加しないから、普通名詞が事態の集合を表示する場合にも、不定であれば冠詞が付加されない。
  （90）In Japan, school begins in April.　日本では学校が 4 月に始まる。
  （91）People were all in bed at midnight.　真夜中に人々は皆眠っていた。
  （92）Most students go to college by bus.
　　　学生たちの大部分は大学にバスで通っている。
  （93）The message will be sent by email.
　　　その知らせは電子メールで送られる。
  （94）We had lunch at a French restaurant.
　　　私たちはあるフランス料理店で昼食を取った。
  （95）The secretary accompanied the director as assistant.

秘書が助手として部長に同行した。

(90)の school（学校）は建物である個体ではなく、学校に関係する教育活動全般を表示しており、したがって事態の集合である。日本で成立する教育活動は、教育活動という事態集合の部分集合であるが、どの部分集合であるのかを明確に区別する状況は与えられていないから不定である。抽象名詞が不定であることは、冠詞を付加しないことによって表示される。

(91)の bed（ベッド）は、本来は主体が寝るための道具である個体であり、この個体の集合を表示する場合には可算個体名詞であるが、比喩的（換喩）に理解すれば、就寝という事態に関わる事態の集合を表示する。この文が表示する事態の主体は people（人々）であって、これは限定された人間の集合であるから、比喩的に理解される bed も、就寝に関係する事態の部分集合を表示する。事態の集合であるから、抽象名詞と同様の特性を持つ。主体は不定であるから、この部分集合も不定であり、抽象名詞が不定である場合と同様、冠詞が付加されない。

(92)の bus（バス）は、乗り物という個体だけを表示するのではなく、バスを手段として移動することに関わる事態、例えば、バス停まで行く、バスが来るのを待つ、バスに乗る、料金を払うなどの事態の集合を表示する。事態の集合を表示するのであるから、この場合の bus は普通名詞ではなく抽象名詞である。これらの事態の集合のうち、この文ではその部分が表示されていることは明らかであるが、どの部分集合であるのかは、この文だけでは明確に限定することができない。したがって不定であり、抽象名詞であるから冠詞が付加されない。

(93)の email（電子メール）は、電子的に送られる文字列という個体だけを表すのではなく、文書を作成してからネットワークを介して送付し、相手が受け取るまでの事態の集合を表示している。したがって普通名詞ではなく抽象名詞に属し、事態集合の全体ではなく部分集合であり、どの部分集合であるのかを区別する状況は与えられていないから不定である。抽象名詞で不定であるから、冠詞が付加されない。

(94)の lunch（昼食）は、昼食で食べる料理という個体だけを表示するのではなく、レストランを予約する、仲間を誘う、レストランに行く、料理を注文する、料理を食べる、支払いをするなどの、昼食に関わる事態の集合を表示する。したがってこの lunch は可算個体名詞ではなく抽象名詞の特性を示す。この文の主体は発信者を含む複数の人間であり、したがって昼食に関わる事態集合の全体ではなく、その部分が表示されている。集合のどの部分であるのかを決定する状況は与えられていないから不定であり、抽象名詞であるから冠詞が付加されない。

(95)の assistant（助手）は、助手である個体を表示するだけでなく、助手として主体が成立させる、取引先との連絡を取る、日時を予約する、乗り物を手配す

る、会談の記録を取るなどの事態の集合を表示する。この文では、事態の主体は
1人であるから、assistant が表示するのは事態集合の部分であるが、どの事態が
指示されるのかはこの文だけからは決定できないから、定性は不定である。事態
の集合を表示するのは抽象名詞であり、不定であるから冠詞が付加されない。

＊「動詞＋抽象名詞」または「動詞＋抽象名詞＋前置詞」という構造の表現では、
　抽象名詞が不定の不均質事態の集合を表示するのであれば、原則に従って冠詞
　は付加されない。
　　　動詞＋抽象名詞：do harm（害になる）, make progress（進歩する）, have fun（楽
　　　　しむ）, kill time（暇をつぶす）, make love（性交する）, take care（気を付ける）
　　(96) John's bad behaviors will do him harm.
　　　　　ジョンの悪行は彼にとって害になるだろう。
　　(97) We had fun singing old songs together.
　　　　　昔の歌を一緒に歌って私たちは楽しかった。
　　(96)の harm（害）は事物にとって害になる事態の集合を表示する。表示される
事態は「持ち物を盗む」「暴力をふるう」「悪口を言う」など極めて多様なので、
不均質である。不均質事態の集合を表示するのだから抽象名詞である。この文で
は、害が及ぶ事物は John（ジョン）という人間であり、害になる原因となるのが
ジョンの悪行であるから、この文の harm は害である事態の部分集合であり、そ
れ以外に部分集合を区別する状況はないから不定である。抽象名詞で不定である
から、冠詞は付加されない。
　　(97)の fun（楽しみ）は事態の集合であるが、楽しみである事態は「食事をする」
「音楽を聴く」「本を読む」「遊園地に行く」など非常に多様であるから不均質で
あり、したがって fun は不均質事態の集合を表示する抽象名詞である。この名詞
単独であれば主体は任意であるが、この文では主体が we（発信者たち）に限定さ
れる。したがってこの名詞が文中で表示するのは楽しみである事態の部分集合で
ある。ただし、主体が限定されているだけで、他に限定するための状況は sing-
ing old songs together（昔の歌を一緒に歌う）であるが、どの歌を歌ったのかなど
の情報は与えられていないので、他の楽しみと明確に区別することはできず、定
性は不定である。不均質抽象名詞で不定であるから、冠詞は付加されない。
　　　動詞＋抽象名詞＋前置詞：give rise to（を引き起こす）, keep pace with（に歩
　　　　調を合わせる）, lose sight of（を見失う）, make use of（を利用する）, take care
　　　　of（の世話をする）, take part in（に参加する）, take account of（を考慮する）
　　(98) Too much stress can give rise to mental diseases.
　　　　　ストレスが多すぎると精神疾患を引き起こすことがある。

（99）The climbers lost sight of the mountain's summit in the thick fog.
　　　濃い霧の中で登山者たちは山頂を見失った。

　（98）の rise（発生）は事態の集合で抽象名詞であるが、発生である事態として
は「動物が生まれる」「卵が孵化する」「木の芽が出る」など多様なものが想定さ
れるから、この意味での rise は不均質抽象名詞である。この文中では、rise は動
詞 give（与える）が表示する単射関係の副体であり、give rise で「発生させる、
引き起こす」という単射関係を表示する。ただし、give rise は動詞ではなく、直
接的には「発生を与える」という事態を表すから、副体を直接名詞句で表示する
ことはできず、名詞群 to mental diseases（精神疾患に）が副体に当たる事態集合
を表示する。

　したがって、rise が表示するのは「精神疾患が引き起こされる」という事態の
集合であり、この名詞が表示する事態集合の部分集合である。発生する原因は、
文の主体である too much stress（多すぎるストレス）によって与えられているが、
集合をそれ以上限定し、他の部分集合と明確に区別する状況は与えられていない
から、rise に対応する集合は不定である。不均質抽象名詞で不定であるから、冠
詞は付加されない。

　（99）の sight（視界）は主体が見ることのできる事態の集合であり、主体に見え
る事態は極めて多様であるから、不均質事態である。この文では、主体は the
climbers（その登山者たち）、副体は名詞群 of the mountain's summit（山頂の）に
よって表示されている。したがって、この文の抽象名詞 sight が表示するのは、
視覚である事態の集合の部分である。ただし、主体と副体が定であるので、主体
が副体を見るという事態の集合も同様に限定されてはいるが、この部分集合を構
成する事態群の成立時区間や成立空間は不定なので、やはり定性は不定である。
不均質抽象名詞で不定であるから、冠詞は付加されない。

＊「動詞＋名詞」「動詞＋名詞＋前置詞」という構造の表現で、名詞が本来は可算
　普通名詞であっても、個体ではなく不均質事態を表示すると見なされる場合に
　は、名詞は単数形で冠詞が付加されない。
　　動詞＋名詞：get home（帰宅する）, lose face（面目を失う）, take place（起こ
　　　る）, take shape（具体化する）
　　動詞＋名詞＋前置詞：give way to（に譲る）, send word to（に知らせる）, set
　　　foot on（に踏み入る）
　（100）Bad things take place in sequence.　悪い事は続いて起こる。
　（101）When he reached the troop, the soldier sent word to his parents.
　　　　その兵士は部隊に到着すると両親に知らせた。

第3節　冠詞の不使用　　203

　（100）の place は、空間の集合を表示するだけでなく、空間で成立する極めて多様な事態も含めて表示するものと見なされる。これらの事態は不均質であり、したがって take place という表現中の place は不均質抽象名詞に属する。主体は bad things（悪い事）であるが、これだけでは place が表示する事態の集合を他の事態と明確に区別することはできないので、この不均質抽象名詞は不定であり、冠詞が付加されない。

　（101）の word は、語の集合を表示するだけでなく、語が構成する文と文が表示する事態の集合を表示するものと見なされる。表示される事態は任意であるから、word はこの表現中では不均質抽象名詞に属する。ある文中で使用されている限り、word が事態の集合の全体を表示することはなく、どの事態であるのかを特定することはできないから定性は不定であり、不均質抽象名詞であるから冠詞が付加されない。

ⅱ．ある時区間を表示する名詞が、その時区間で成立する事態も表示する

　spring（春）や night（夜）などの、時区間を表示する名詞が、その時区間において成立する事態も含めて表示する場合には、抽象名詞と同様の特性を持つから、不定である場合には冠詞が付加されない。

　（102）Spring will come soon.　　もうすぐ春がやって来る。

　（103）As night fell, the weather grew colder.
　　　　　夜になると、天気はますます寒くなった。

　（104）It was cloudy at daybreak and the wind was still.
　　　　　夜明けには曇っていて、風はなかった。

　（102）の spring（春）は、1年という長さの時区間を構成する部分である。時間は普通の個体と違い、具体的な形状を持つものではなく、事態の変化や新しい事態の成立などによって認識される。したがって、名詞が表示する時区間を構成するのは個体ではなく事態である。spring も、木々が芽吹く、花が咲く、日が長くなる、気温が上がるなどの事態の集合を表示する。事態の集合を表示するのであるから、この名詞は抽象名詞の一種だと見なされる。この文の spring は、未来において成立する事態の集合を表示するが、どの時区間において成立するのかを特定する状況は与えられていないから不定であり、抽象名詞であるから冠詞が付加されない。

　（103）の night（夜）は、1日という時区間を構成する部分である。夜である時区間は、空間が暗い、電灯が点いている、気温が下がる、眠っている人が多いなどの事態の集合であり、抽象名詞に属する。この文は、ある日の夜に成立した事態を表示しているが、どの日であるのかを区別する状況は与えられていないので、

night が表示する事態の集合は不定である。抽象名詞で不定であるから、冠詞が付加されない。

　(104) の daybreak（夜明け）は 1 日のうちの短い時区間である。ある時区間が夜明けであると認識されるためには、それまで暗かったのが明るくなる、太陽が昇るのが見える、気温が相対的に低い、目を覚ます人もいるなどの事態が成立している必要がある。すなわち、夜明けが表示するのは時間軸上の時区間だけでなく、これらの事態の集合であり、事態の集合を表示するのであれば抽象名詞の一種である。この文が表示する事態は過去の時区間において成立しているが、時区間をそれ以上特定することはできないので、daybreak は不定である。不定の抽象名詞であるから、冠詞が付加されない。

＊名詞が事態の集合全体を表示する場合には、その名詞は抽象名詞に属するから、定性が定であれば冠詞を付加する必要がない。
　　(105) John often plays golf with his friends.
　　　　　ジョンは友人たちとよくゴルフをする。
　　(106) Baseball is a popular sport in U.S, Japan, Taiwan, and Korea.
　　　　　野球はアメリカ、日本、台湾、韓国で人気のあるスポーツだ。
　(105) の golf（ゴルフ）と (106) の baseball（野球）は、これらのスポーツに関わる様々の事態の集合全体を表示しており、したがって定である。抽象名詞であるから、定であれば冠詞を付加する必要がないが、スポーツの種類を表す名詞の場合は、冠詞を付加しないのが原則である。

　主体が楽器を演奏するという事態中で使用される楽器を表す名詞は、楽器という個体だけではなく、それを演奏する際に関係してくる事態の集合を表示する。スポーツの種目を行う時と同様、楽器を演奏する時も、その楽器に関わるすべての事態が成立する可能性がある。したがって、演奏する主体と単射関係にある副体としての楽器は、その楽器に関わる事態の集合全体を表示する。集合全体は定であるから、事態の集合全体を表す抽象名詞には定冠詞を付加する必要はないが、楽器を表す名詞の場合には定冠詞を付加するのが原則である。
　　(107) Mary is playing the violin on the stage.
　　　　　メアリーはステージでバイオリンを弾いている。
　　(108) John played the piano as well as when he did at the concert.
　　　　　ジョンは、コンサートで弾いたのと同じくらい上手にピアノを演奏した。

ⅲ．記事の見出し

新聞、雑誌、ネットニュースなどの見出しは文字数が限定されているので、冠詞を使用しないことも多い。

(109) Police arrest 2 men accused of killing US woman
  ＝ The police have arrested two men accused of killing a woman from the United States.
  合衆国女性殺害容疑の男2人を警察が逮捕

(110) Price drop! Young girls seeking for new style.
  ＝ The price has dropped! Young girls are seeking for a new style.
  値下げ！ 若い女性は新しいスタイルを求めている。

(111) What is mystery creature found on beach in North Carolina?
  ＝ What is the mysterious creature that was found on the beach in North Carolina?
  ノースカロライナの海岸で発見された不思議な生物の正体は？

名詞が表示する事物の定性は状況によって決定することができる場合が多い。見出しはできるだけ簡潔にすることが望ましいため、冠詞や動詞の時制形態などの形態は表現されないことがよくある。

ⅳ．譲歩節の先頭

「副体名詞句＋as/though＋主体名詞句＋動詞群」という構造で譲歩を表す副詞節では、副体名詞句に先行するはずの不定冠詞が使用されない。

(112) Scientist as he was, Newton was also engaged in studies of alchemy.
  ニュートンは科学者であったが、錬金術の研究にも携わっていた。

(113) Gifted painter though he was, van Gogh remained poor until his death.
  天才的な画家だったが、ファン・ゴッホは死ぬまで貧しいままだった。

副体名詞句が動詞群に後続する位置にある場合には、通常通り不定冠詞が使用される。

(112′) Though he was a scientist, Newton was also engaged in studies of alchemy.

(113′) Though he was a gifted painter, van Gogh remained poor until his death.

③ 慣用表現における冠詞の不使用

同一の名詞または関連する名詞が並列される構造の慣用表現では、名詞が表示する事物の定性がどちらであるかに関わらず、冠詞が使用されない。

arm in arm（腕を組んで）, hand in hand（協力して）, face to face（面と向かって）, day after [by] day（日ごとに）, day and night（日夜）, side by side（並んで）, step by step（一歩一歩）, from door to door（戸ごとに）, from place to place（あちこち）, from hand to mouth（食うや食わずで）

これらの慣用表現は、ある事態の成立時区間や、成立時区間と同一の時区間において成立する事態を表示するために使用される。慣用表現であることを、冠詞の不使用によって形態的に明示している。

(114) Honesty and democracy go hand in hand.
　　　誠実さと民主主義は共同して進んでいく。

(115) They worked day and night to complete building the ship.
　　　その船の建造を完成させるために彼らは日夜働いた。

(116) Modern technology has been improving step by step.
　　　現代の科学技術は一歩一歩進歩しつつある。

(117) The old man went from door to door selling trinkets.
　　　その老人は一軒一軒を訪ねては安物の装身具を売った。

(118) People in shanty towns live from hand to mouth.
　　　スラム街の人々は食うや食わずで生活している。

207

第 8 章 代名詞

第 1 節 代名詞と代用表現

　文が使用される状況（発話空間や談話）を参照することで、どの事物を表示するのかが容易に理解できる場合に使用される、限定された個数の形態を「代名詞」と呼ぶ。

　代名詞は、状況中にある名詞と同一の事物を表示するのがその典型的な機能であるが、名詞だけでなく、文、節、名詞句、名詞群、動詞群などと同一の事物を表示することができる。代名詞は音節数が少ないため、音節数の多い語句を繰り返し用いることによる表現の冗長さを避ける効果がある。

　(1) I agree with you.　私はあなたに賛成します。

　(2) Mary says she is a Harvard graduate.
　　　メアリーは自分がハーバード大卒だと言っている。

　(3) John bought bananas at the supermarket. They are imported from Taiwan.
　　　ジョンはスーパーでバナナを買った。そのバナナは台湾から輸入されている。

　(4) It is desirable that you take good care of yourself.
　　　自分の健康に気をつけることが望ましい。

　(5) The Romans believed it their duty to maintain the Greek civilization.
　　　ローマ人たちはギリシア文化を維持することが自分たちの義務だと信じていた。

　(6) My father works in the factory. Parts for automobiles are produced there.
　　　私の父はその工場で働いている。そこでは自動車の部品が作られている。

　(7) A: I like the films by the director.
　　　B: Oh, you do.
　　　A: 私はその監督の映画が好きです。
　　　B: ああそうですか。

　(8) I choose this and you can choose that.
　　　私はこれを選びますが、あなたはそれを選ぶことができます。

　(1)のIはこの文の発信者を表示している。文を発信する人間には Bill Smith（ビル・スミス）や Kate Jackson（ケイト・ジャクソン）のような名前があることを受

信者は知っており、I はこれらの名前の代わりに使われていると考えることもできるが、受信者が発信者の名前を知らなくても、発信者が I と言えば、それが発信者を指示するものと受信者は理解することができる。したがって、I は固有名詞と同一の個体を表示するというよりも、状況によって発信者だと特定できる人間を指示するための形態だと考えた方がよい。you についても同様で、受信者の名前を知らなくても受信者を指していることは、状況によって容易に理解されるから、文の受信者を指示するための形態だと考えることができる。

したがって、I と you については、他の名詞と同一の事物を表示するための形態ではなく、それぞれ発信者と受信者を直接的に指示するための形態だと考えるのが適当である。この特性からすると、I と you を、他の名詞の代用として機能するという意味での「代名詞」と呼ぶのは適切とは言えない。発信者と受信者は状況によって無限に変異するが、その基本的特性は同一であり、状況が特定されれば、一意的に発信者と受信者は決定されるから、これらの個体としての事物を表示するという意味で「代物詞」とでも呼ぶ方が適切だとも言える。

しかし、発信者を「1 人称」、受信者を「2 人称」とし、発信者と受信者以外の事物を「3 人称」として区別し、この人称の区別を言語形態に反映させる機構は、英語もその一員であるインド・ヨーロッパ諸語には広く浸透しており、英語でも、代名詞の系列だけでなく、動詞の語形変化を決定する重要な要因の 1 つとして、人称の区別が関与している。この区別に基づいて記述された伝統文法では、I と we を「1 人称代名詞」、you を「2 人称代名詞」と呼んできており、この名称が名詞ではなく発信者と受信者という個体を指示するものだと理解しておけば、代用表現の体系的記述に特に支障は生じないので、本書でもこの名称を使用することにする。

1 人称代名詞 I は発信者という状況中でただ 1 人の人間を指し示し、2 人称代名詞 you も受信者という状況中でただ 1 人の人間を指し示す。1 人称代名詞の複数形 we は、ただ 1 人の人間ではないが、状況によって明らかに区別される、発信者を含めた複数の人間を指し示す。you が複数の人間を表す場合も同様である。これに対し、名詞や名詞句は、事物の特性や形態的手段を用いる以外は、事物の集合を表す。以下では、状況によって指し示す事物が明らかな場合に、形態が事物を「指示する」と表現し、集合の部分を表す場合のように、状況に含まれる明確に区別される事物を表さない場合は、形態が事物の集合を「表示する」と表現することにする。

(2)の she は、文中で先行する固有名詞 Mary（メアリー）と同一の個体（人間）を指示する。この she は、名詞 Mary と同一の個体を指示するので、代名詞に分類される。she が指示する個体は発信者でも受信者でもないので、3 人称の代名

詞に分類される。she は「1 人の人間であって女性である個体」を表示し、この特性を持つ事物を表示する形態を文中で探してみるとそれが Mary なので、she がこの名詞と同一の個体を指示すると理解されることになる。

　(3) の they は 3 人称複数の代名詞であり、複数の事物を表示する。文中にある複数の事物を表示する名詞は bananas（バナナ）であるから、they はこの名詞が表示する複数の個体と同一の個体を指示するものと理解される。

　(4) の it は 3 人称単数の代名詞であり、1 個の事物を表示する。この文中では that you take good care of yourself（自分の健康に気を付ける）という名詞節が表示する事態と同一の事態を指示している。このように 3 人称の代名詞 it は、名詞ではなく名詞節と同一の事物を指示する機能も持っている。

　同じ文の yourself は、名詞節が表示する事態の主体である you と同一の個体を指示する。この yourself は名詞群を構成する要素であり、意味役割は限定者であって主体ではない。主体と同一ではあるが、主体以外の意味役割を持つ事物を指示する代名詞を「再帰代名詞」と呼ぶ。

　(5) の it も 3 人称単数の代名詞であり、この文では to maintain the Greek civilization（ギリシア文明を維持する）という不定詞節が表示する事態と同一の事態を指示している。their は 3 人称複数の代名詞であり、they の属格(所有格)形である。この文中で複数の事物を表示するのは名詞句 the Romans（ローマ人たち）であるから、their はこの名詞句が表示する個体と同一の複数の個体を指示するものと理解される。属格なので、ローマ人たちに関わる事物の集合を表示するが、their duty（彼らの義務）であれば、ローマ人に関わる事物の集合と義務である事物の集合の共通部分であるから、ローマ人たちに与えられた義務だと理解される。

　(6) の there は空間である事物を表示し、同じ文中にある in the factory（その工場で）と同一の事物を指示している。この名詞群は、the factory（工場）という個体と同時に、その意味役割が空間であることを表しているのだから、事物を表示するものであることに変わりはない。この名詞群と同一の事物と機能を表すのが there なのだから、there も代名詞の一種だと見なすことができる。通常の文法では、there を副詞に分類しているが、空間を表示する名詞群と同一の事物を指示する場合には、代名詞として取り扱うのが適切である。同様に、「ここ」を意味する here は、発信者が存在する空間を表示する。この形態は名詞が表示する事物と、その事物の意味役割が空間であることを表示するものではないが、I, we と you が文中の名詞と同一の事物を指示するものではないのに代名詞に分類されているのと同様に、here を代名詞に含めることに大きな問題はない。

　(7) の B の発話中にある do は、A の発話中の like the films by the director（そ

の監督の映画が好きだ)という事態と同一の事態を指示している。この表現は「動詞＋名詞句(名詞句＋名詞群)」という構造であり、主体が不定の事態を表示している。したがってこの表現を名詞の類に含めることはできず、代名詞の一種だと見なすことはできないが、先行する文が表示する事態と同一の事態を指示する代用表現に属すると考えることはできる。

(8)の this (これ)と that (それ、あれ)は、発信者と受信者が共有する空間に属する事物を指示するために使用される。この文では何らかの個体を指示していると考えることができて、それらの個体は名詞で表示される。したがって、this と that は代名詞に属する。

第2節　代名詞の分類と形態

代名詞を代表とする代用表現としては、名詞、名詞句、名詞群、名詞節という名詞類が表示する事物とその意味役割と同一の事物・意味役割を指示する「人称代名詞」、人称代名詞のうち、主体である個体と同一の個体を指示する「再帰代名詞」、受信者と発信者が共有する空間に含まれる事物を指示する「指示代名詞」がある。

不定の事物を表示する one や any などの形態は、状況中にある事物の集合に属する不定の事物を表示し「不定代名詞」と呼ばれる。また who や what も同様に不定の事物を表示するが、同時に発信者が受信者にその事物を具体的な名詞を使用して特定することを要求する。このような形態群を「疑問代名詞」と呼ぶ。where, when, how は、伝統的に「疑問副詞」と呼ばれているが、成立空間、成立時区間、様態という意味役割を持つ不定の事物を表示する形態だから、疑問代名詞に含められる。

関係節の先頭に配置されて、関係節が限定する名詞と同一の事物を指示する代名詞は「関係代名詞」と呼ばれる。関係代名詞のうち、主体と副体以外の意味役割を表示するものは、伝統的に「関係副詞」と呼ばれているが、表示する意味役割が異なるだけなので、関係代名詞に含めることができる。

① 人称代名詞

発信者を1人称、受信者を2人称、発信者と受信者以外の事物を3人称とし、事物とその主要な意味役割を指示する代名詞が「人称代名詞」である。

主体を表示する形態を「主格」、副体を表示する形態を「対格」、関与者を表示する形態を「属格」と呼ぶ。1人称と3人称には単数形と複数形の区別があり、3人称単数には男性、女性、中性という性の区別がある。それぞれの形態は以下のようになる。

第 2 節　代名詞の分類と形態　　　　211

			主格	対格	属格
1 人称	単数		I	me	my
	複数		we	us	our
2 人称			you	you	your
3 人称	単数	男性	he	him	his
		女性	she	her	her
		中性	it	it	its
	複数		they	them	their

　人称代名詞属格は名詞に先行する位置に配置されて、その人称の事物が関与者
となる事物の集合と名詞が表示する事物の集合の共通部分を表示するが、状況に
よってどの事物であるかが理解できる場合には、以下のような、単独で名詞とし
て機能することができる形態を使用することができる。これらは「所有代名詞」
と呼ばれる。ただし、3 人称単数中性については、所有代名詞はない。

1 人称	単数		mine
	複数		ours
2 人称			yours
3 人称	単数	男性	his
		女性	hers
	複数		theirs

②　指示代名詞

　指示代名詞 this と that は、この形では単数形であり、複数形は these と those
である。意味役割による語形の変化はない。

　発信者を基準とする空間を指示する here と発信者以外を基準とする空間を指
示する there も指示代名詞に含めることができる。同様に、発信者が発話を形成
する時点としての現在を含む時区間を指示する now と、現在を含まない時区間
を指示する then も指示代名詞の一種である。

③　再帰代名詞

　再帰代名詞には対格形のみがある。2 人称は単数と複数を区別する。

1 人称	単数		myself
	複数		ourselves

2人称	単数		yourself
	複数		yourselves
3人称	単数	男性	himself
		女性	herself
		中性	itself
	複数		themselves

不定代名詞 one に対応する再帰代名詞として oneself がある。

④ 不定代名詞

不定代名詞には、以下のものがある。意味役割による格変化はない。

any：任意の事物を表示する
anything：任意の事物を表示する
anyone, anybody：任意の人間を表示する
one：任意の1個の事物を表示する
some：限定された範囲の不定の事物を表示する
something：不定の1個の事物を表示する
someone, somebody：不定の1人の人間を表示する
nothing：任意の事物について事態が成立しないことを表示する
none：ある範囲の任意の事物について事態が成立しないことを表示する
nobody：任意の人間について事態が成立しないことを表示する
other：集合内に部分集合を設定し、その部分集合以外の要素を表示する
another：集合内に部分集合を設定し、その部分集合以外の1個の要素を表示する

⑤ 疑問代名詞

疑問代名詞には、不定の人間を表示する who（主格）, whom（対格）, whose（属格）、不定の事物一般を表示する what と which（主格と対格は同形）, 成立空間を表示する where、成立時区間を表示する when、手段を表示する how, 理由を表示する why がある。who の対格形 whom の使用は、前置詞とともに名詞群を構成する場合に限定される。

⑥ 関係代名詞

代表的な関係代名詞としては以下のものがある。who 以外に格変化はない。

who（主格），whom（対格），whose（属格）：先行詞が人間。対格は前置詞に後続する場合に使用される。

which：先行詞が人間以外の事物。

that：先行詞は人間を含む事物

where：先行詞が事態の成立空間であることを表す

when：先行詞が事態の成立時区間であることを表す

how：関係節全体で事態が成立する手段を表す

この他、why, what, whatever, whoever, whichever などの関係代名詞がある。

第3節　人称代名詞

① 1人称と2人称

人称代名詞の1人称と2人称は、名詞が表示する事物を指示するのではなく、発信者と受信者を指示するという点で、3人称の人称代名詞とは異なる。

(9) I am the doctor to attend you.　私があなたを担当する医師です。

(10) You were the first to come to see me.
あなたが私に最初に会いに来てくれました。

(11) Will you all go with me to the theater?
あなた方の全員が私と一緒にその劇場に行きますか。

(12) Your daughter and mine go to the same school.
あなたの娘さんと私の娘は同じ学校に通っている。

(13) We didn't know what had happened to us.
私たちは自分たちに何が起こったのか知らなかった。

(14) We will wait for the next train.　次の列車を待ちましょう。

(15) Ours is as attractive a town as yours.
私たちの町もあなた方の町と同じくらい魅力的な町です。

(9)の I は発信者を指示し、主格形であるから、文が表示する事態の主体を表示する。you は受信者を指示し、to attend you（主体が受信者を担当する）という不定詞節が表示する事態の副体を表示する。

(10)の文頭にある you は受信者を指示し、文頭に配置されているから主体であると理解される。文末にある me は発信者を指示しており、この対格形は、不定詞節 to see me（主体が私に会う）が表示する事態の副体を表示する。

(11)の you は助動詞 will の直後に配置されているから、真偽疑問文が表示する事態の主体であると理解される。直後に all があることから、受信者を含む複数の人間を指示することが分かる。me は対格形であって発信者を指示するが、直前に前置詞 with があって、動詞は go（行く）であるから、名詞群 with me は関

与者を表しており、「私と一緒に」という意味を表すものと理解される。

(12) の your は属格形であって名詞句 your daughter は「受信者の娘」を表す。mine は 1 人称の所有代名詞であり、発信者に関わる事物の集合と何らかの事物の集合の共通部分を表示する。その何らかの事物は、接続詞 and に先行する名詞 daughter（娘）であると理解され、mine は my daughter（発信者の娘）を表している。

(13) の we は 1 人称複数形であり、発信者を含む複数の人間を指示する。主格形であるから、文が表示する事態の主体である。文末の us は同じ 1 人称代名詞の複数形であり、前置詞 to とともに名詞群を形成している。動詞が happen（起こる）であるから、意味役割は着点ではなく関与者であると理解される。

(14) の we は発信者を含む複数の人間を指示するが、この文が使用されている状況からすると、次の列車を待つ主体の中には受信者も含まれていると考えるのが適当である。したがってこの文中の we は、発信者と受信者の両方を含む複数の人間を指示していると理解される。

(15) の ours は 1 人称代名詞の複数属格形であるが、文頭に配置されているので、どの事物が表示されているのかは分からない。しかし、後続する is as attractive a town という語列によって、事態の主体が ours、副体が a town（町）であって、主体が副体に包含される関係にあることを表すものと理解されるので、ours は our town（私たちの町）と同一の個体を指示することが分かる。yours は ours と同種の個体を表示するから、your town と同一の個体を指示する。この文は ours と yours を比較するものであるから、ours は発信者を含むが受信者を含まない人間の集合を指示する。

＊任意の人間を要素とする事態の表示に使用される人称代名詞

日本語では「法律は守らなければならない」「喉が渇いたら水を飲む」「無知は害になる」「家を建てるにはお金がたくさん要る」のように、すべての人間に関わる一般的な事態を表す場合には、主体や副体を表現しないのが普通である。一方英語では、このような場合に主体や副体を表現することは義務的である。

任意の人間を表現する場合に英語で最もよく使用されるのは人称代名詞 you である。上の日本語文も、英語では普通 you を用いて、次のように表現される。

(16) You must obey the law.　法律は守らなければならない。

(17) If you are thirsty, you drink water.　喉が渇いたら水を飲む。

(18) Ignorance hurts you.　無知は害になる。

(19) It costs you a lot of money to build a house.
　　　家を建てるにはお金がたくさん要る。

第3節　人称代名詞　　　　　215

発信者が属する集団に関わる事態であることを特に表したい場合に we を用いる。

(20) We pay respect to the Imperial family.　皇族は敬う。

(21) We suffer from high temperature every summer.
　　　　毎年夏には高温に苦しむ。

(22) God punishes us if we commit crimes.　罪を犯せば神に罰せられる。

(20)は日本の皇族に関する事態を表示する文だから、we は発信者を含む日本人一般を表している。

(21)は気候に関わる事態を表しているから、we は、ある特定の地域に居住する、発信者を含む人間の集団を指示しているものと理解される。

(22)は宗教に関わる事態を表す文であるから、人間一般を対象とするものではない。したがって、文中にある主格の we、対格の us は、いずれもある特定の宗教を信じる人間一般を指示するものと理解しなければならない。

発信者も受信者も含まない集団に属する人間一般に関わる事態を表す場合には、3 人称複数形の they が用いられる。

(23) They say a horrible monster lives in the cave.
　　　　その洞窟には恐ろしい怪物が住んでいると言われている。

(24) They provide efficient train services in France.
　　　　フランスでは効率的な鉄道運行が提供されている。

(23)は架空の怪物に関する事態が話題なので、they はある地域に住む人間一般を指示すると考えられる。ただし、they は発信者と受信者を含まないので、この事態を発信者が事実だとは思っていないという含意が生じる。

(24)はフランスの鉄道に関する事態なので、they はフランスの鉄道事業に携わる人々一般を指示するものと理解される。発信者と受信者がフランスの鉄道の関係者でないことが、3 人称代名詞の使用によって表されている。

＊発信者の意図を婉曲に伝えるために使用される we

一般の読者に向けて書かれたり話されたりする文章では、1 人称の代名詞が I ではなく we であることもある。伝達される内容が自分だけの意見ではなく、相手も共有しているのだと仮定することにより、発信者の意図を婉曲に伝えるという効果がある。

また、国王が自分のことを I ではなく we で指示することもある。国王の発言は国王を含む人間も事実として受け入れるという前提があるからである。

(25) We believe this theory of ours will be appropriately applied to any phe-
　　　　nomena possible.

我々(私)のこの理論はあらゆる現象に適切に適用されるだろうと信じる。

(26) We have tried our best to make people happy.
朕は人民を幸福にするために最善を尽くしてきた。

② ３人称
ⅰ．名詞句と同一の事物を指示する
　３人称の人称代名詞は、インド・ヨーロッパ諸語に広く見られる、男性・女性・中性という名詞の文法的性を形態的に区別している、英語では唯一の範疇である。一般の名詞や代名詞などで文法的性を区別する言語では、文法的性と生物学的性が一致しないのが普通であるが、英語の３人称単数形代名詞では、文法的性と生物学的性が一致し、無生物が中性であるのが原則である。複数形には性の区別はない。

(27) John sold the car he had bought for his family.
ジョンは自分の家族のために買った車を売った。

(28) I have told Mary that I will never leave her as long as she loves me.
私はメアリーに、私を愛してくれている限り私は彼女から離れないと言った。

(29) A comet was approaching the earth and the impact it might cause scared people.
彗星が地球に近づいていて、それが引き起こすかも知れない衝撃に人々は怯えた。

(30) The dead body of a fish found on the beach told it had lived in the depths of the sea.
海岸で見つかった魚の死骸を見ると、それが深海で生きていたことが分かった。

(31) The students claimed that they didn't receive sufficient education at their college.
学生たちは自分たちが大学で十分な教育を受けていないと主張した。

(32) Towns were settled in peripheries and they served as fortresses to defend the capital.
辺境に町が築かれて、首都を防衛するための砦としての役目を果たした。

　(27)の he は３人称代名詞男性単数形で、男性である１人の人間を指示する。この文で男性を表示する名詞は John であるから、he はこの固有名詞が表示する人間と同一の個体を指示するものと理解される。名詞句 his family 中にある属格

形 his も同様に John と同一の個体を指示し、その個体に関係する事物の集合を表示する。ジョンに関係する家族ということであれば、ジョンがその一員である家族だと理解される。

　(28)の her は 3 人称代名詞女性単数形で、女性である 1 人の人間を指示する。この文で女性を表示する名詞は Mary であるから、she はこの固有名詞が表示する人間と同一の個体を指示するものと理解される。her は対格形なので、名詞節中では副体を表示する。副詞節 as long as she loves me （彼女が私を愛してくれている限り）に含まれる she も同様に Mary を指示している。主格形なので、この節が表示する事態の主体として機能する。

　(29)の it は 3 人称代名詞中性単数形で、原則として 1 個の無生物を指示する。この文中で無生物を表示するのは a comet （彗星）と the earth （地球）であり、it はどちらを表示することもできる。しかし、the impact it might cause （それが引き起こすかも知れない衝撃）という名詞句があり、衝撃を引き起こす可能性がある個体は a comet であるという知識が存在するので、it は a comet と同一の個体を指示するものと理解される。

　(30)の it は 3 人称代名詞中性単数形だから、無生物である個体を指示するのが原則だが、文中で先行する部分にある個体は the dead body of a fish （魚の死骸）であり、これは生物である。生物でも性別が不明であるか問題にならない場合には、it で指示することができる。it が指示するのは the body か a fish のいずれかであるが、it had lived in the depths of the sea （それが深海で生きていた）という部分によって、a fish であると理解される。

　(31)の they は 3 人称代名詞の複数形であるから、複数の個体を指示する。文中で複数の個体を表示するのは the students （その学生たち）であるから、they はこれらの個体を指示するものと理解してよい。their についても同様に the students を指示するが、属格形なので、その学生たちに関係する事物の集合を表示する。their college は、学生たちに関わる事物の集合と大学である事物の集合の共通部分なので、学生たちが所属している大学を表示すると解釈される。

　(32)の they は、生物か無生物かに関わらず複数の個体の集合を表示する。この文中にある複数の個体を表示する名詞は towns （町）であるので、代名詞 they はこの towns を指示するものと理解される。

ⅱ．文・節と同一の事態を指示する

　文と節は事態を表示するが、事態は個体ではないので性の区別はなく、1 個の文・節は単数なので、3 人称中性代名詞単数形の it が、文・節と同一の事態を指示することができる。

第8章　代名詞

(33) I was admitted to Oxford, but my parents didn't believe it.
　　私はオックスフォード大に入学を許可されたが、私の両親はそれを信じなかった。

(34) The suspect said that he was not at the scene of the crime, so the inspector made an investigation about it.
　　容疑者は自分が犯行現場にはいなかったと言った。そこで警部がそのことについて捜査をした。

(35) We don't know whether our project will succeed or not, and it depends on the staff's efforts.
　　我々は自分たちの計画が成功するかどうか知らない。それはスタッフの努力にかかっている。

　(33)の it は、接続詞 but に先行する文 I was admitted to Oxford（発信者がオックスフォード大に入学を許可された）という文が表示する事態と同一の事態を指示している。

　(34)の it は、接続詞 so に先行する文を構成する名詞節 that he was not at the scene of the crime（容疑者が犯行現場にいなかった）が表示する事態と同一の事態を指示している。

　(35)の it は、接続詞 and に先行する文を構成する名詞節 whether our project will succeed or not（我々の計画が成功するかどうか）が表示する事態と同一の事態を指示している。

　代名詞 it は、この代名詞が含まれるのと同一の文を構成する節と同一の事態を指示することができる。この場合、同一の事態を表示し、同一の意味役割を持つ形態が同じ文中に2個含まれることになる。it だけでは事態の内容は分からないから、事態の内容を表すのが節で、it は事態の意味役割だけを表示する機能を持つことになる。

(36) It is clear that the government opted for the wrong way at that time.
　　その時政府が間違った方法を選んだことは明らかだ。

(37) It was the athletes' habit to do exercises in the park every morning.
　　毎朝その公園で運動することがその運動選手たちの習慣だった。

(38) I think it praiseworthy that the Prime Minister is showing a strong leadership.
　　首相が強力な主導権を発揮しているのは立派だと思う。

(39) Everybody finds it desirable to save as much money as possible for their old age.
　　老後のためにできるだけお金を貯めておくのが望ましいと誰もが思っ

ている。

(40) You should take it into account that an earthquake may happen any time, anywhere.
地震はいつでもどこでも起こり得ることを考慮に入れておかなければ
ならない。

(36)では it が文頭に配置され、次に is clear が続いているので、it が事態の主
体であり、形容詞 clear が副体であって、動詞群 is は主体と副体が包含関係にあ
ることを表示している。しかし、it だけでは主体が何であるかを理解させること
はできず、副体 clear の後に配置されている that で始まる名詞節 that the govern-
ment opted for the wrong way at that time（その時政府が間違った方法を選んだ）
が主体であると理解される。

英語は主体と副体を、それらが文中に配置される位置、すなわち文の構造によっ
て表示する方法を選択している言語である。したがって、節が主体である場合に
は、これを文頭に配置することになる。(38)の場合、節が文頭にある構造も、
次のように適格である。

(36′) That the government opted for the wrong way at that time is clear.

節の先頭にある接続詞 that により、主体は名詞節であると理解されるから、
名詞群 at that time の次に動詞群 is が配置されることで、この名詞群で節が終わ
ることが分かる。したがって、この文が表示する事態の理解は達成される。

しかし、英語の文では、主体と動詞群が最初の方に現れ、副体がその次に、そ
してそれ以外の要素が文の後半に配置されるという構造が使用される頻度が高い
ことは確かである。したがって、節が主体であってこの例のように比較的多くの
語によって構成されている場合には、これをまず 1 個の代名詞 it で表示してお
いて節が主体であることを予告し、動詞群と副体が与えられた後で改めて具体的
に提示するという方法を採用した方が、受信者の事態理解の過程がより円滑にな
る。

恐らくこのような理由で、具体的な内容がなく、意味役割を表すだけの代名詞
it が節に先行する位置に配置される方法が採用されるようになったのだろうと考
えられる。英語以外でも、ドイツ語やフランス語が同様の方法で節を 2 回に分け
て提示する方法を取っている。

(37)で文頭に配置された it は、構造によって主体であるものと理解される。
この代名詞は副体名詞句 the athletes' habit（その運動選手たちの習慣）の後に配
置された不定詞節 to do exercises in the park every morning（毎朝その公園で運動
をする）と同一の事態を指示する。不定詞節が表示する事態の主体は表現されて
いないが、副体の要素である the athletes（その運動選手たち）以外に主体となり

得る事物はないし、そのように理解すれば「運動選手たちが運動する」という適切な解釈を得ることができる。

　(38)では、it praiseworthy が準名詞節を形成しており、代名詞 it はこの節が表示する事態の主体である。この代名詞の具体的内容を表示する節が、準名詞節の副体である praiseworthy に後続する名詞節 that the Prime Minister is showing a strong leadership（首相が強力な主導権を発揮している）である。

　準名詞節は「思う」という関係を表示する think や find の直後に配置され、「名詞句＋名詞句／形容詞」という構造を持つので、構造的には、節の先頭の名詞句（名詞と代名詞を含む）は副体が占める位置に配置される。この位置に人称代名詞が使用される場合にも、特別の対格形がある場合には、me や him のような対格形を取る。

　(41) I found him an honest man.　私は彼が誠実な男だと思った。

　したがって(40)の it も形態的には対格であると考えてよい。しかし、形容詞 praiseworthy が後続していて、これが事態の副体を構成していると考えなければならないから、it praiseworthy で準名詞節であり、このため it は形態的には対格でも、事態中では主体として機能していると考えなければならない。

　(39)の it も後続する形容詞 desirable（望ましい）とともに準名詞節 it desirable を構成する。it は形容詞に後続する不定詞節 to save as much money as possible for their old age（老後のためにできるだけお金を貯める）と同一の事態を指示している。不定詞節が表示する事態の主体となり得るのは、文全体が表示する事態の主体 everybody（誰でも）以外にはないが、これを不定詞節の主体だとすれば、「誰もがお金を貯める」という適切な事態が表示される。人称代名詞 it は、動詞群 finds の直後に位置するため、形態的には対格だと判断されるが、準名詞節の主体としての機能を果たしている。

　(40)の it は、動詞群 should take の直後に配置され、後続するのは名詞群 into account であるから、事態中での意味役割は副体である。名詞群の後に配置されている名詞節 that an earthquake may happen any time, anywhere（地震はいつでもどこでも起こり得る）と同一の事態を指示するものと理解される。

　take の直後に副体としての名詞節を配置することはできないので、この文の名詞節とほぼ同一の事態を副体として take の直後に配置すると、次のようになる。

　(40′) You should take the possibility of an earthquake happening any time and anywhere into account.

　この文も使用できないわけではないが、通常の英文では副体名詞句は比較的少数の語で構成されることが多いので、このように副体名詞句が多くの語で構成されて長くなっている場合には、理解が必ずしも容易ではない。このことから、副

第 3 節　人称代名詞　　　221

体をまず代名詞 it で表示しておき、名詞群を配置して take A into account という
慣用句を与えておいた後で、副体が事態であることを表示する名詞節を配置した
方が、文の理解はしやすくなる。

iii. 指示する事物がない
　人称代名詞 it が指示する事物がないように見える場合がある。天気、寒暖、
明暗、時区間、距離などを表示する事態については、文が使用される状況を参照
すれば主体はほぼ自動的に理解されるため、主体を名詞句によって表示する必要
がない。日本語であれば「晴れだ」「暑い」「明るい」「2 時だ」「5 キロだ」のよ
うに、主体を表示しない文が使用される。ヨーロッパ諸語に含まれるイタリア語
でも、英語の動詞 be などに当たる語は使用されるが、主体を表示する名詞句は
使用されない。
　英語は、どんな文であっても主体を表示する名詞句や代名詞を使用しなければ
不適格となるので、たとえ使用する必要がなくても、何らかの形態を主体として
文頭に配置しなければならない。この形態として選択されるのが 3 人称代名詞 it
である。

(42) It is fine today.　今日は天気がいい。

(43) It was very cold in the room.　その部屋はとても寒かった。

(44) It got darker and darker after the sunset.
　　　日暮れの後はだんだんと暗くなっていった。

(45) A: Do you have the time?
　　　B: It's three.
　　　A: 今何時ですか。
　　　B: 3 時です。

(46) It is two miles from the nearest station to my house.
　　　最寄りの駅から私の家まで 2 マイルだ。

天候や時区間・距離などに関する事態だけでなく、ある空間がある状況で持つ
特性であることが容易に理解できる場合には、主体が it で表示される。

(47) It is very noisy along the busy streets during the day.
　　　繁華街は昼間とてもうるさい。

(48) They say it is more dangerous in the south than in the north.
　　　北部よりも南部の方が危険だということだ。

(49) It was so comfortable in the living room that I fell asleep.
　　　居間はとても快適だったので私は寝てしまった。

(47)では、is very noisy（とてもうるさい）によって、ある空間で生じる騒音の

状態が主体であることが理解される。

(48)では、is dangerous（危険だ）によって、ある空間における安全性が主体として選択されているものと理解される。

(49)では、was comfortable（快適だった）によって、ある空間が持つ特性としての快適性が主体として選択されていることが理解される。

③ there, so, do, such

there, so, do は、伝統的には人称代名詞の系列に含まれてはいないが、状況中に与えられた事物と同一の事物を指示する機能を持つという点では、人称代名詞と同じである。

ⅰ. there
a.　人称代名詞としての there
there は事態が成立する空間を表示する名詞群と同一の空間を表示する。

(50) The university is in the suburbs of the city and many scholars live there.
その大学はその町の郊外にあり、多くの学者がそこに住んでいる。

(51) The owner of the boat often calls her friends to have a party there.
その船の所有者はよく友人たちを呼んで、そこでパーティーを開く。

(52) The passage of the article is so difficult that almost every reader quits reading it there.
その論文のその箇所はとても難しいので、ほとんどすべての読者がそこでその論文を読むのを止めてしまう。

(50)の there は、先行する文中の名詞群 in the suburbs of the city（その町の郊外に）が表示する空間と同一の空間を指示する。

(51)の there は、先行する部分にある the boat（その船）を含む名詞群 on the boat と同一の空間を指示するものと理解される。

(52)の there は、先行する部分にある the passage of the article（その論文のその箇所）を含む名詞群 at the passage of the article と同一の空間（論文中のある部分）を指示するものと理解される。

b.　事物の存在を表す there
there には、状況中の特定の事物を指示するのではなく、文が使用される状況全体を指示する機能もある。この場合は、状況中に事物が存在することを表示するために使用され、文頭に配置される。「there＋動詞群＋名詞句＋名詞群」という構造を取り、動詞群に後続する名詞句が主体を、名詞句に後続する名詞群が、

主体が存在する空間を表示する。

(53) There is a famous Buddha statue in the temple.
　　その寺には有名な仏像がある。

(54) There seems to be someone at the door.
　　ドアのところに誰かいるように見える。

(55) I want there to be more parks for citizens in this town.
　　この町には市民のための公園がもっとあってほしい。

　(53)は、仏像である不定の個体が、その寺である空間に、現在を含む長い時区間において存在するという事態を表示する。

　(54)は、不定の人間がドアの前の空間に、現在の時点において存在する可能性があるという事態を表示している。

　(55)では、there は不定詞節に含まれており、不定詞節の主体が占める位置に配置されている。しかし、通常の文の場合と同様に、動詞群 be に後続する位置にある名詞句 more parks for citizens（市民のためのもっと多くの公園）が不定詞節に対応する事態の主体を表示している。したがってこの文では、市民のためのもっと多くの公園が、この町という空間に存在することを、発信者が現在の時点で希望しているという事態が表示されている。

　there が文頭に配置されていても、直後に名詞句が配置され、その後に動詞群が続く構造の文では、there が存在を表すことはない。

(56) There small children were playing with puppies.
　　＝Small children were playing with puppies there.
　　そこでは小さな子供たちが子犬と遊んでいた。

(57) There he was apparently very exhausted.
　　＝He was there apparently very exhausted.
　　ひどく疲れ果てた様子で彼はそこにいた。

(58) There the street crosses the Thames.
　　＝The street crosses the Thames there.
　　そこで道路はテムズ川を渡る。

「there＋動詞群＋名詞句」という構造の文は、事物の存在だけでなく、事物の出現や進行を表すこともある。

(59) There appeared a large dark cloud in the sky.
　　空に大きな黒い雲が現れた。

(60) There began the army's invasion into the fortress.
　　軍隊の砦への侵入が始まった。

(61) There goes your son's game.

あなたの息子さんの試合をやってますよ。

(62) There runs a disturbing undercurrent through this story.
　　　この物語を通じて不穏な底流が流れている。

　状況全体を指示する there を文頭に配置して事物の存在を表す場合、その事物の定性は (53)〜(55) にあるように不定であることが多いが、定であることもある。

(63) There is the man himself listening to me.
　　　彼自身がいて、私の話を聞いている。

(64) There is the house he lives in.　彼が住んでいるその家がある。

(65) There were the documents hidden inside boxes left to her.
　　　彼女に残された箱の中に隠されているその書類があった。

ii．so
　so は、状況に含まれる事態と同一の事態を指示する。この点では it と同じであるが、so によって表示されると、その事態が現実世界において成立するかどうかは分からないという特性が付与される。

　名詞節が副体であって、副体である事態を、主体が「思う」「信じる」「推測する」「期待する」「想像する」「言う」(think, suppose, believe, be afraid, guess, hope, expect, imagine, say, tell など) という関係が表されている場合、その事態は現実世界で成立する可能性があるだけで、実際に成立するかどうかは分からない。このような事態を指示する場合には、代名詞の so が使用される。

(66) John says the mayor's policy is wrong and I think so too.
　　　ジョンは市長の政策は間違っていると言っているが、私もそう思う。

(67) A: Will this year's result be worse than that of last year?
　　　B: I'm afraid so.
　　　A: 今年の結果は去年の結果より悪くなるだろうか。
　　　B: そうなると思うよ。

(68) A: Are you sure the team will win the game?
　　　B: I hope so.
　　　A: そのチームはきっと試合に勝つと思いますか。
　　　B: そうなるといいと思っています。

(69) The girl believes the house is haunted because her neighbors say so.
　　　その女の子はその家には幽霊が出ると信じているが、それは彼女の隣
　　　人たちがそう言っているからだ。

　(66) の so は the mayor's policy is wrong (市長の政策は間違っている) という事態を指示している。この事態は、発信者が思っているだけの事態であって、そ

第 3 節　人称代名詞　　　　225

れが現実に成立しているかどうかは分からない。このような現実世界において成立する可能性があるだけの事態を so が指示している。

(67)の so は this year's result will be worse than that of last year（今年の結果は去年の結果より悪くなる）という事態を指示しているが、この事態は発信者が成立を恐れている（be afraid）ものであるから、現実世界においては成立する可能性があるだけで、確実に成立するとは限らない。

(68)の so は、the team will win the game（そのチームが試合に勝つ）という未来の時区間において成立する事態を指示している。この事態はそもそもまだ成立していないし、発信者が成立を期待している事態であるから、現実世界では成立する可能性があるだけである。

(69)の so は、the house is haunted（その家には幽霊が出る）という事態を指示している。この事態は、隣人たちの発言として引用されているだけだから、現実世界において成立しているかどうかは分からず、成立する可能性があるだけである。

現実世界において成立するものと理解される事態を指示する場合には、it が使用される。

(70) London is five times more populated than Paris, but not many people know it.
ロンドンはパリよりも 5 倍も人口が多いのだが、それを知っている人はあまり多くない。

(71) A： Is he an honest man?
　　 B： I am sure of it.
　　 A： 彼は誠実な男ですか。
　　 B： 私はそう確信しています。

(72) Small flies die in a week or two. Our science teacher taught it to us.
小さなハエは 1 週間か 2 週間で死ぬ。理科の先生が私たちにそれを教えてくれた。

(70)の it は London is five times more populated than Paris（ロンドンの人口はパリの 5 倍だ）という事態を指示しており、この事態は現実世界において成立するものであることを動詞 know（知っている）が表わしている。

(71)の it は he is an honest man（彼は誠実な男だ）という事態を指示している。B の I am sure（発信者が確信している）という語句により、発信者にとってはこの事態が現実世界で成立しているものだと解釈される。

(72)の it は small flies die in a week or two（小さなハエは 1 週間か 2 週間で死ぬ）という事態を指示している。この事態は理科の教師が科学的事実として発信者を

226   第8章　代名詞

含む生徒の集団に教えたものであるから、発信者にとっては現実世界で成立する
ものである。
　主体が任意の不定詞節が表示する事態と同一の事態を表示するためには do so
が用いられる。主体が任意の事態は、主体が与えられない限りは現実世界では成
立する可能性があるだけである。

(73)　A：The Meteorological Agency says you should take refuge before it is
　　　　　too late.
　　　B：I will do so immediately.
　　　A：気象庁は、手遅れになる前に避難するように言っています。
　　　B：直ちにそうします。

(74)　John advised her to close the bank account and she did so the next day.
　　　ジョンは彼女にその銀行口座を解約するように忠告してくれて、次の
　　　日彼女はそうした。

　(73) の do so は、不定詞節 take refuge before it is too late（手遅れになる前に
避難する）が表示する事態と同一の事態を指示する。不定詞節だけでは主体が不
定であるから現実世界では成立する可能性があるだけである。B の発話では主体
が I（発信者）であるから、do so の主体も発信者であると解釈される。
　(74) の did so は、不定詞節 to close the bank account（主体が銀行口座を解約
する）という事態と同一の事態を表示する。主体は任意であるから、不定詞節だ
けでは現実世界においては成立する可能性があるだけである。did so の前に she
が配置されていることによって、主体が彼女であると理解され、動詞群 did はこ
の事態の成立が過去の時区間であることを示すが、受信者はその成立を前もって
知っていたわけではなく、この文によってはじめて知ることになる。
　不定詞節が表示する事態の現実世界での成立を発信者が確信している場合や、
事態の成立を受信者もすでに知っている場合には、この事態を表示するために
do it が用いられる。

(75)　The commander has ordered us to march forward. So, do it at once.
　　　司令官は我々に前進するように命令している。だからすぐにそうしろ。

(76)　You said he would make a speech in the conference, and he did it very
　　　well.
　　　彼はその会議で演説をするとあなたは言っていたが、彼はとても上手
　　　に演説した。

　(75) の do it は、先行する文にある不定詞節 to march forward（主体が前進する）
と同一の事態を指示している。do it で命令文であるから、主体は受信者であり、
現実世界においては成立してはいないが、発信者がその成立を確信していること

は、命令文が使用されていることによって分かる。

（76）の did it は、先行する文にある make a speech in the conference（主体がその会議で演説する）と同一の事態を指示する。did it の前に置かれた he によって主体が特定されているし、先行する文によって受信者が事態の現実世界での成立が確実だと予測していたことが分かる。

主体と副体の間に包含関係が成立し、副体が形容詞によって表示される場合、動詞群には be, become, seem, appear, remain などが現れるが、これに後続する副体の形容詞と同一の集合は so によって指示される。

(77)　The coach thought he was gifted, and he is so actually.
　　　コーチは彼に才能があると思ったが、実際彼はそうだ。

(78)　Though she wanted to be rich, Mary didn't become so.
　　　メアリーは金持ちになりたいと思っていたが、そうはならなかった。

（77）の so は gifted と同一の集合を指示するが、この集合は「主体に才能がある」という事態の集合であり、主体は不定の個体なので、この集合の要素である事態が現実世界において成立するかどうかは分からない。（78）の so も同様に rich と同一の集合を指示するが、この集合は「主体が金持ちだ」という事態の集合で、これらの事態は現実世界においては成立する可能性があるだけである。

包含関係にある副体が名詞句によって表示される場合は、不定代名詞 one がこの名詞と同一の個体を指示する。

(79)　John is a happy optimist, and he will remain one forever.
　　　ジョンは幸せな楽天家で、ずっとそのままだろう。

(80)　Because her parents expected her to be a pianist, Mary became one finally.
　　　ピアニストになることを両親に期待されていたので、メアリーは最終的にはそうなった。

iii.　do

do は文が表示する事態の主体と成立時区間・成立可能性を除いた部分全体を指示するために使用される。do so と do it も同様の働きをするが、疑問文に対する返答、相手の発話に対する相槌、従属節中など、do に対応する語句を容易に特定できるような場合には、do が選択される。

(81)　A：Do you often go to the fitness club?
　　　B：Yes, I do.
　　　A：あなたはそのフィットネスクラブによく行くのですか。
　　　B：はい、そうです。

228   第8章　代名詞

(82)　A：Did the Senate ratify the treaty?
　　　B：No, it didn't
　　　A：上院はその条約を批准しましたか。
　　　B：いいえ、しませんでした。

(83)　A：I enjoyed the party very much.
　　　B：You did. I'm glad to hear that.
　　　A：パーティーはとても楽しかったよ。
　　　B：そうですか。それはよかったですね。

(84)　John woke up before his friends did.
　　　ジョンは友人たちよりも前に起きた。

(85)　Mary sings much better than the other girls do.
　　　メアリーは他の女の子たちよりもずっと上手に歌う。

　(81)のBの発話中にある do は、Aの発話にある often go to the fitness club（そのフィットネスクラブによく行く）に対応する事態と同一の事態を指示している。どちらの文についても主体は同一である。

　(82)のBの発話中にある did は、Aの発話にある did ratify（＝ratified）the treaty（条約を批准した）に対応する事態と同一の事態を指示している。主体はどちらも the Senate（上院）であり、Bでは同一の個体が it で指示されている。

　(83)のBの発話中にある did は、Aの発話にある enjoyed the party very much（パーティーをとても楽しんだ）に対応する事態と同一の事態を指示しており、主体は同一である。この you did は、相手が作成した文と同一の事態を表示する文であり、相手の発話を理解した上でそれに反応していることを相手に伝達する働きをする。

　(84)の副詞節中にある did は、主節の woke up（起きた）に対応する事態と同一の事態を表示する。主体は did に先行する名詞句 his friends（彼の友人たち）である。

　(85)は、歌を歌う上手さの程度に関する比較を表す文である。better という比較級の表現によって、比較されているのは Mary sings well（メアリーが上手に歌う）と the other girls do（他の女の子たちがそうする）という2個の事態に関わる歌の上手さの程度であると理解される。したがって、従属節中の do は、sing well に対応する事態と同一の事態を表示するものと理解される。

iv.　such

　such は、状況中に与えられた事物を要素とする上位集合を設定し、その集合に属する不定の事物を指示する。日本語に置き換える場合には「そのようなこと、

第3節　人称代名詞　　　229

そういうもの」のような表現が選択される。

(86) The most prosperous civilizations fall in some way or other. Such is the truth in human history.
　　　最も栄えた文明でさえ何らかの方法で没落する。そういうことが人類の歴史での真実だ。

(87) The man belonged to the mercenary force in the army, so he was treated as such.
　　　その男は軍隊では傭兵隊に属していた。だから彼はそのような者として取り扱われた。

(88) Brahms' first symphony was such that it rivaled Beethoven's nine symphonies.
　　　ブラームスの最初の交響曲は、ベートーベンの９つの交響曲に匹敵するようなものだった。

　(86)の第１文 the most prosperous civilizations fall in some way or other（最も栄えた文明でさえ何らかの方法で没落する）という事態は、「独裁者でも失脚する」「大金持ちでも貧乏になる」「絶世の美人でも容色は衰える」など、最上位にある事物がその地位を失うという特性を持った事態の集合に属している。such は、「没落、破滅」（downfall, ruin）と呼ばれる事態の集合に属する事態のうちの不定の１個を指示している。

　(87)の前半部分 the man belonged to the mercenary force in the army（その男が軍隊で傭兵隊に属していた）という事態から、その男が正規兵でないこと、外国人であること、戦闘を業務として報酬を得ることなどの特性の集合が想定される。such は、そのような「非正規の労働者」（irregular worker）である個体の集合に属する不定の個体を指示するものと理解される。

　(88)の such は、先行する Brahms' first symphony（ブラームスの最初の交響曲）が含まれる事物の集合、すなわち交響曲の集合や楽曲の集合に属する不定の事物を指示する。その事物の特性を限定するのが、such に後続する関係節 that it rivaled Beethoven's nine symphonies（ベートーベンの９つの交響曲に匹敵する）である。

　代名詞 such だけであると、指示する事物が属する集合の範囲は大きくなり、事物の限定度は弱い。事物をさらに限定するために、such の後に名詞句を配置して「such ＋名詞句」という構造の名詞句を形成することができる。

(89) John is an IT engineer who can speak three languages. I want such an expert in my office.
　　　ジョンは３つの言語が話せる情報技術者だ。私は自分の会社にそんな

230　　　　　　　　　　　　第 8 章　代名詞

専門家がほしい。

(90) Einstein formalized two theories of relativity, special and general. Such influential physicists are extremely rare.
アインシュタインは、特殊と一般の 2 つの相対性理論を定式化した。そのような影響力のある物理学者は極めて稀だ。

(89)では、名詞句 an IT engineer who can speak three languages（3 つの言語が話せる情報技術者）によって、有能な技術者である個体の集合が状況中に与えられる。such は、有能な技術者が属する、何らかの点で優れた能力を持つ個体の集合に属する不定の個体を指示するが、後続する名詞 expert（専門家）によって、さらに集合の範囲が限定され、専門的な技能を備えた情報技術者の集合を含む上位の集合、すなわち情報技術の分野での優れた専門家の集合に属する不定の個体を指示する。

(90)では、第 1 文によって、アインシュタインを含む優れた物理学者を含む個体の集合が状況中に与えられる。such の後に influential physicists（影響力のある物理学者）が配置されることによって、この名詞句は、優れた学説を主張できるほど優秀な人間の集合に属し、影響力のある物理学者である個体の集合を含む上位の集合の要素である不定の複数の個体を指示する。

「such ＋名詞句＋as ＋節」という構造で、名詞句が表示する事物の集合を as 以下の節で限定し、その限定された集合を要素とする上位の集合に属する不定の事物を表示することができる。

(91) I am looking for such a woman as I can take on as my business partner.
共同事業者として雇用できるような女性を私は探している。

(92) The novelist wrote such works as may be classified among picaresque novels.
その小説家は悪漢小説に分類できるような作品を書いた。

(91)の such a woman as I can take on as my business partner（共同事業者として雇用できるような女性）は、共同事業者として雇用できる個体の集合が属すると考えられる、有能で信頼できる人間の集合と女性である個体の集合の共通部分に属する不定の個体を表示する。

(92)の such works as may be classified among picaresque novels（悪漢小説に分類できるような作品）は、悪漢小説に分類されることのできる個体集合を含む、例えば悪人や貧民などを対象とした社会小説や娯楽小説である個体集合と文学作品全体の集合の共通部分に属する、不定で複数の個体を表示する。

代名詞 such が副体であって、これに「that ＋節」が後続すると、主体である事物が持つ特性の程度が基準を超えて大きいこと、それが原因となって節が表示

する事態が成立することを表す。

(93) The athlete's physical strength was such that he could lift two hundred kilograms.
その運動選手の身体的力はとても強く、200 キロを持ち上げることができた。

(94) The strictness is such that nobody dares to speak unless required.
厳しさは大変なもので、要求されないと誰もあえて話さない。

(93)では、主体である the athlete's physical strength（その運動選手の身体的力）の程度が、人間一般の身体的力の平均を基準としてそれを大きく超えていたこと、そしてその結果その運動選手が 200 キロの重さのものを持ち上げることができたという事態を表示する。

(94)の主体は the strictness（厳しさ）であり、これはある場所の雰囲気の特性としての厳しさであると考えられる。場面一般で期待される厳しさの程度を基準として、その場所の厳しさが基準を大きく上回っていること、そしてその結果、話せと言われないと誰もわざわざ話そうとしないということを、この文は表している。

このように主体に関わる何らかの特性の程度が非常に大きいことを表すsuch は、文頭に配置することもできる。

(93′) Such was the athlete's physical strength that he could lift two hundred kilograms.

(94′) Such is the strictness that nobody dares to speak unless required.

such が代名詞ではなく、「such＋（冠詞）＋形容詞＋名詞句＋that＋節」という構造の表現を作る場合、名詞句に対応する事物の特性によって決定される形容詞の程度が通常の基準よりも大きいことと、その結果 that 以下の節が表示する事態が成立することを表す。

(95) Mary is such an attractive teacher that every student likes her.
メアリーはとても魅力的な教師なので生徒の誰もが彼女のことが好きだ。

(96) Socrates had such great influence over young people that Athenians feared he might form a dangerous group.
ソクラテスは若者に非常に大きな影響を与えたので、アテネ人たちは彼が危険な集団を作るのではないかと恐れた。

(95)は、主体である Mary（メアリー）が教師のうちで魅力的である程度が平均的な値よりもはるかに大きい個体の集合に属していることと、その結果、すべての生徒が彼女を好きだという 2 つの事態から成る複合事態を表示している。

(96)は、主体である Socrates（ソクラテス）と have（持つ）という単射関係にある副体 great influence（大きな影響）について、その影響の大きさの程度が非常に大きいこと、その結果、彼が危険な集団を作るのではないかとアテネ人たちが恐れたことという2つの事態から成る複合事態を表示する。

第4節　指示代名詞

指示代名詞は、発信者と受信者が共通に占める空間に含まれる事物を、発信者に直接関係するものであるのか、それともそうではないのかという特性を基準として選択される。

① this/these, that/those

a.　個体を指示する

状況中で発信者に直接関係する事物を指示する場合には this（単数）, these（複数）が、発信者に直接関係しない事物を指示する場合には that（単数）, those（複数）が使用される。

日本語は、発信者に直接関係する事物を「これ」「ここ」、受信者に直接関係する事物を「それ」「そこ」、発信者と受信者に直接的には関係しない事物を「あれ」「あそこ」で指示するので、英語の this, these は「これ」「ここ」、that, those は「それ」「そこ」または「あれ」「あそこ」に対応する。

(97) This is the necklace I wear when I attend ceremonies.
　　 これが式典に出席するときに私がつける首飾りです。

(98) This is the university's main administration building.
　　 ここが大学の中央管理棟です。

(99) These must be the documents you have been looking for.
　　 あなたが探していた書類はきっとこれです。

(100) These were factories where young girls spun silk.
　　 ここが若い娘たちが絹を紡いでいた工場です。

(101) A: What is that on your jacket?
　　 B: This is my company badge.
　　 A: 上着につけているのは何ですか。
　　 B: 私の会社の社章です。

(102) If that doesn't work, use my battery charger.
　　 それがうまく動かないのであれば、私の充電器を使ってください。

(103) Those are skyscrapers constructed before the war.
　　 あれが戦前に建てられた高層ビルです。

（97）の this は、the necklace I wear when I attend ceremonies（私が式典に出席するときにつける首飾り）が表示する個体と同一の個体を指示する。発信者がこの個体を手に持っているか、すぐそばに置いて自分の所有だと受信者に分かるようにしている状況であると理解される。this は発信者に直接関係のある個体であり、移動させることが可能な個体だから、日本語では「これ」に置き換えられる。

（98）の this は、the university's main administration building（大学の中央管理棟）が表示する個体と同一の個体を指示する。発信者と受信者が同一の空間にいて、発信者が建物を指示している状況が想定される。指示される個体は建物であって常に同じ空間に位置するから、this を日本語に置き換える場合には「これ」または「ここ」が選択される。

（99）の these は、the documents you have been looking for（受信者が探していた書類）が表示する複数の個体と同一の個体を指示する。発信者と受信者は同一の空間におり、発信者が受信者に書類である個体を指示している状況が想定される。these は発信者がその中身を知っていると信じている書類であるから、発信者に直接関係しており、複数の移動可能な個体であるから、日本語では「これ」または「これら」に置き換えられる。

（100）の these は、factories where young girls spun silk（若い娘たちが絹を紡いでいた工場）が表示する個体と同一の個体を指示する。発信者と受信者は同一の空間にいるものと考えてよく、副体名詞句が表示する複数の個体が、工場である他の個体と明確に区別されることを発信者は知っている。しかし受信者は、これらの個体を初めて目にしたものと考えられ、したがってこの文が発話された段階では、他の同種の個体と明確には区別できていない。したがって工場であるこれらの個体は不定である。工場は建物であり移動可能な個体ではないから、日本語に置き換える場合には「これ」と「ここ」のいずれかが選択される。

（101）は疑問詞疑問文であるから、that on your jacket が指示する個体を表示する形態を与えるように、発信者が受信者に要求している。この個体は受信者の上着に付着しているものであるから、受信者に直接関係しており、日本語では「それ」で指示されるが、英語では指示代名詞の that によって指示される。

（102）の that は、主節の use my battery charger（私の充電器を使ってください）という表現によって、受信者の充電器を指示するものと理解される。受信者が所有する個体であれば、それは受信者に直接関係するものであるから、日本語ならば「それ」で指示されるが、英語では that によって指示されている。

（103）は、発信者と受信者が同一の空間にいて、そこから離れた空間に位置する建物を見ている状況を想定させる。those は、副体名詞句の skyscrapers constructed before the war（戦前に建てられた高層ビル）と同一の複数の個体を指示し、

発信者と受信者の両方にとって、それは見えているだけで、どちらにも直接関係するものではない。したがって日本語では「あれ」で、英語では those で指示されることになる。遠くに見える高層ビル群は、発信者も受信者もその全体を他の同種の建物と明確に区別することは困難であるから、この名詞句が表示する個体群は不定である。

b. 事態を指示する

　指示代名詞が、直接知覚できる個体ではなく、発信者または受信者が作成した文が表示する事態を指示することもある。

　　(104) Listen to this carefully. It's very important for you.
　　　　　これから話すことをよく聞いてください。あなたにとってとても大切です。
　　(105) The earth's climate is rapidly changing. There must be a reason for this.
　　　　　地球の気候は急速に変化しつつある。これには理由があるに違いない。
　　(106) That is not a good idea.　それはいい考えではありませんね。

　(104)の this は、発信者が受信者に対して、この例の第2文を発話した後に言うつもりの文が表示する事態を指示するものと理解される。発信者自身が表現する事態であるから、発信者に直接関係するものである。

　(105)の this は、先行する文の the earth's climate is rapidly changing（地球の気候は急速に変化しつつある）が表示する事態を指示している。この事態に関して、発信者が自分の考えを表現しているのが第2文であり、したがって第1文の事態は発信者の方に直接関係していると考えることができる。

　(106)は、この文よりも前に受信者が作成した文が表示する事態に対する発信者の考えを表示するために使用されている文である。受信者による文が表示する事態であれば、それは受信者に直接関係するものであるから、that によって指示される。

＊受信者または発信者に直接関係するかどうかという基準ではなく、単に事物を対比させるためだけに this と that が使用される場合がある。
　　(107) The director says this and the manager says that.
　　　　　部長はこう言うが、支配人はああ言う。
　　(108) I tried this and that, but I didn't succeed.
　　　　　私はあれこれやってみたが、うまく行かなかった。
　(107)では、動詞群が says である文の副体として this と that を使用することにより、主体によって言うことが違うという事態を表示している。

第4節　指示代名詞　235

　（108）では、this and that が色々な事柄を表しており、日本語でも指示代名詞を用いて「あれこれ」のように表現される。

＊that/those は、先行する語句などによって状況中に与えられた、定性が定の事物を指示することがある。
　　（109）The soil of France is richer than that of Scotland.
　　　　　フランスの土壌はスコットランドの土壌よりも肥沃だ。
　　（110）The comedies by Plautus are greatly influenced by those written by
　　　　　Greek dramatists.
　　　　　プラウトゥスの喜劇はギリシアの劇作家たちによって書かれた喜劇に
　　　　　大きな影響を受けている。
　（109）では、the soil of France（フランスの土壌）が定の事物で、名詞は単数形だから、that はこの事物を指示するものと理解される。that は、名詞句 the soil の反復を避けるために使用されている。
　（110）では、the comedies by Plautus（プラウトゥスの喜劇）が定の事物で、名詞は複数形だから、those はこの事物を指示するものと理解される。those は、名詞句 the comedies の反復を避けるために使用されている。

＊those は関係節や分詞節を後続させて、節によって限定される特性を持った人間の集団を表示することができる。
　　（111）Those who admire Renaissance art crowd Florence every year.
　　　　　ルネサンス美術を称賛する人々が毎年フィレンツェに殺到する。
　　（112）The government received those persecuted by the dictator in the neigh-
　　　　　boring country.
　　　　　隣国の独裁者によって迫害された人々を政府は受け入れた。
　（111）の those は、関係節 who admire Renaissance art（ルネサンス美術を称賛する）が表示する特性を持った人間の集合を表示する。
　（112）の those は、過去分詞節 persecuted by the dictator in the neighboring country（隣国の独裁者によって迫害された）という特性を持った人間の集合を表示する。
　これらの those は、発信者に直接関係するものではないという特性を表すのではなく、単に、節によって限定された特性を持つ、定である個体の集合を表示するという機能を果たしているだけである。この機能は、those の後に名詞が配置されている場合にも観察される。
　　（113）The country depends on Europe for those pieces necessary to assemble

industrial machines.
その国は工業機械を組み立てるのに必要な部品をヨーロッパに頼っている。

（113）の those は、pieces necessary to assemble industrial machines（工業機械を組み立てるのに必要な部品）が定であることを表示する機能を果たしているだけで、定冠詞 the に置き換えることが可能である。

c.　事物の特性を表示する
α　名詞句の成分となる

this/these, that/those は、名詞の前に配置されて名詞とともに名詞句を形成することができる。この名詞句は、名詞が表示する事物が、発信者に直接関係するのかそうでないのかを表す。

（114）This cake is very sweet.　このケーキはとても甘い。

（115）I bought these Wedgwood dishes in London.
　　　私はこれらのウェッジウッドの皿をロンドンで買った。

（116）Do you like that pants you are wearing?
　　　あなたは今履いているパンツが気に入っていますか。

（117）Those flowers you are growing are so beautiful.
　　　あなたが育てているその花はとても美しい。

（118）Bears, wild boars, and foxes live in that forest.
　　　あの森には熊、猪、狐が住んでいる。

（114）の this cake（このケーキ）は、発信者に直接関係する1個の個体であるから、発信者が現在食べているケーキを指示すると理解される。

（115）の these Wedgwood dishes（これらのウェッジウッドの皿）は、発信者がロンドンで購入したものであるから、発信者の所有物であり、当然発信者に直接関係している。

（116）の that pants（そのパンツ）は、関係節 you are wearing（あなたが履いている）によって受信者の所有物であり、発信者に直接関係する個体ではないことが分かる。このため that が選択されている。

（117）の those flowers（その花）は、関係節 you are growing（あなたが育てている）によって、受信者に直接関わる個体であることが分かる。したがって、発信者に直接関係するものではなく、これを表示するために those が選択されている。

（118）は、森に住む動物の種類を表示する文である。森の動物は発信者とも受信者とも直接関係するものではないと考えることができるから、forest に付加する指示詞としては that が選択される。日本語では、発信者と受信者の両方に直

第4節　指示代名詞　　　237

接関係しない事物の指示には「あの」が選択される。

＊this/these, that/those は、時区間を表示する名詞に付加されると、「this/these＋名詞」が現在を含む時区間を、「that/those＋名詞」が現在を含まない過去の時区間を指示する。

(119) Thousands of people are being killed in traffic accidents at this moment.
　　　この瞬間に何千人もの人々が交通事故で亡くなっている。

(120) Environmental destruction continues to this day.
　　　環境破壊は今日まで継続している。

(121) Gender equality is taken for granted these days.
　　　男女共同参画は近年当然のことと考えられている。

(122) Several typhoons attacked our country on that year.
　　　その年はいくつかの台風がわが国を襲った。

(123) Tuberculosis was a mortal disease in those days.
　　　その当時結核は死病だった。

　this は発信者に直接関係する事物を指示するから、その事物が時区間であれば、発信者が確実に存在する時点である現在が指示される。

　(119) の this moment は現在である瞬間を指示する。したがってこの文は、何千人もの人々が交通事故で亡くなるという事態の部分が、現在の時点で成立していることを表示する。

　(120) の this day は、現在を含む日、すなわち「今日」を指示するが、今日を指示する名詞としては通常は today が使用される。this day は事態が現在まで継続していることを特に表す場合に使用され、動詞群は現在時制全体相形態を取る。

　(121) の these days は、現在を含む比較的多数の日々を指示し、一定期間にわたって成立する事態について用いられる。日本語に置き換える場合には、「近年」「最近」「この頃」などの語句が当てられる。

　that は、発信者とは直接的に関係しない事物を指示するから、その事物が時区間であれば、発信者が存在するとは限らない、現在以外の時区間になる。ただし、時区間がどれであるのかを確実に理解できるためには、その時区間において事態が成立している必要があるから、未来ではなく過去の時区間を指示する。

　(122) の that year は、受信者がどれを指示しているのかを理解することができる過去の年を指示している。どの年であるのかは、先行する発話等が作る状況によって与えられているものと想定される。

　(123) の those days は、どれであるのかが受信者にも理解することのできる過去の複数の日々を指示している。通常は、現在とは一定の期間を隔てた、比較的

長期にわたる時区間を指示する。

＊指示詞 this/these, that/those は、事物が発信者に直接関係するかどうかという特性、名詞や人称代名詞の属格は、事物が発信者、受信者、それ以外の事物に関係しているという特性を表示し、両者の特性は類似している。恐らくこの機能的類似性が原因で、英語では名詞の前に指示詞と名詞・人称代名詞の属格を並列して先行させることができず、「指示詞＋名詞＋属格」という構造をとらなければならない。

(124)　×This my book was published last month.
　　　　○This book of mine was published last month.
　　　　私のこの本は先月出版された。

(125)　×I quite agree to that your remark.
　　　　○I quite agree to that remark of yours.
　　　　あなたのその意見には全く賛成だ。

(126)　×Have you ever seen those Giotto's pictures?
　　　　○Have you ever seen those pictures of Giotto's?
　　　　あなたはジョットのその絵を見たことがありますか。

(124)の this book of mine は、発信者に関係する事物の集合のうち、発話の場面で発信者と直接関係している本を指示する。was published last month（先月出版された）という語句があるので、this book of mine は、発信者が書いた本で、発話の場面で発信者が手にしているか指差しているものを指示すると理解される。

(125)の that remark of yours は、受信者に関係する事物の集合のうち、発話の場面で受信者と直接関係している意見を指示する。I quite agree（私は全く賛成だ）という語句があるので、that remark of yours は、受信者が発したとされる意見のうち、受信者が実際に発話したことを発信者が知っているものを指示すると理解される。

(126)の those pictures of Giotto's は、ジョットに関係する事物のうち、発信者以外の事物に直接関係している複数の絵を指示する。ジョットはルネサンス期の画家であるから、この名詞句は、ジョットが描いた絵のうちで、状況中に与えられた美術館あるいは教会などに展示されているものを指示すると考えることができる。

　不定冠詞と名詞・人称代名詞の属格形も、名詞の前で並列させることはできない。

(127)　×A my friend came to see me this morning.
　　　　○A friend of mine came to see me this morning.

第4節　指示代名詞　　　　239

私の友人の一人が今朝私に会いに来た。

(128) ×There was a Mary's colleague in the room.
　　　○There was a colleague of Mary's in the room.
　　　その部屋にはメアリーの同僚の一人がいた。

β　形容詞句、副詞句の成分となる

(129) The fish I caught in the sea was this big.
　　　私が海で釣った魚はこれぐらい大きかった。

(130) I can hardly invent a story that persuasive.
　　　そんなに説得力のある話は私にはとても思いつけない。

(131) It has never snowed this late.　こんなに遅くに雪が降ったことはない。

(132) No one can speak Swahili that fluently.
　　　スワヒリ語をそんなに流暢に話せる人はいない。

(129) の this big（これぐらい大きい）は、発信者が手を広げて大きさを受信者に示しているか、何らかの個体に注意を向けさせて、その大きさと同様であることを示しているような状況を想定させる。この場合の this は、形容詞 big が表示する大きさの程度を限定する副詞として機能している。

(130) の that persuasive（それほど説得力がある）は、任意の話の説得性の程度に関して、受信者の話の程度と同様の値を示すことを表示している。persuasive が形容詞であるから、その特性の程度を限定する機能を果たしている that は副詞に分類される。

(131) の this late（これほど遅く）については、先行する語句が it has never snowed（雪が降ったことはない）であることを考えると、発話の時点である現在は、雪が降る時期としては遅いのだが、その現在において雪が降っていることを this の使用によって表示している。late は副詞であるから、その程度を限定する this も副詞としての機能を持つ。

(132) では、主体がスワヒリ語を話すという事態について、主体が発信者以外の人間であることから、その流暢さの程度を表示するために that が選択されている。fluently は副詞であるから、その程度を限定する that も副詞として機能している。

② here, there

here は発話者が存在する空間を、there は発話者以外の事物が存在する空間を指示する。

(133) The lavatory is here.　洗面所はここです。

240 第8章 代名詞

(134) Our ancestors came here in the seventeenth century.
我々の祖先が 17 世紀にここに来た。

(135) Here is your schedule. ここにあなたの予定表があります。

(136) It's all uphill from here. ここからはずっと上り坂です。

(137) The exit is there, just behind you.
出口はそこ、あなたのすぐ後ろにあります。

(138) We are going to climb there, to the mountain's summit.
私たちはあそこ、山の頂上まで登ります。

(139) We will go from there to our destination.
私たちはそこから目的地に行きます。

(140) The train service is between there and New York.
列車の運行はそことニューヨークの間です。

(141) There was an old church there. そこには古い教会があった。

(133) の here は、発信者が現在存在する空間を指示している。発信者はその空間で、受信者に対して洗面所を指示しているものと考えられるから、here は the lavatory is（洗面所がある）という事態が成立する空間を指示する。

(134) の here は、事態の主体である our ancestors（我々の祖先）が移動してきた着点が、発信者が現在存在する空間であることを表している。

(135) では、here が文頭に配置されている。このような場合も、here が発信者の存在する空間を指示することに変わりはないが、動詞群に後続する名詞句 your schedule（受信者の予定表）が主体である事物を表示し、この空間における主体の存在が受信者には知られていなかったことが含意される。

以下の文でも、動詞群に後続する主体名詞句が表示する事物が、発信者の占める空間に初めて登場するという事態が表されている。

(142) Here comes our train. 私たちの乗る列車がやってきます。

(143) Here arrives the famous movie star.
その有名な映画スターが到着します。

(136) では、it's all uphill（ずっと上り坂だ）という事態の起点が、発信者が占める空間 here であることが表されている。here の意味役割が起点である場合には、前置詞 from が付加される。

(137) の there は、the exit is（出口がある）という事態が成立する空間が、発信者が占める空間とは異なることを表示しているが、just behind you（受信者のすぐ後ろ）という語句によって、その空間が受信者を基準として決定される空間であることを指示していることが分かる。

(138) の there は、we are going to climb（発信者たちが登ろうとしている）とい

う事態の着点が、発信者が占める空間とは異なる空間であることを表示している。there に後続する to the mountain's summit（その山の頂上）という語句によって表示されるのがその着点である。

（139）では、we will go（発信者たちが行く）という事態の起点が there、着点が our destination（発信者たちの目的地）であることが表示されている。there が起点である場合には、前置詞 from が付加される。

（140）では、the train service is（列車の運行がある）という事態が、there と New York（ニューヨーク）の間の空間で成立することが表示されている。here や there に先行する前置詞は、通常は起点を表す from であるが、他の名詞と並列されている場合には、この例のように他の前置詞が付加されることもある。

以下の例では、成立空間を表示する in や内部への移動の着点を表す into が here, there に付加されている。

（144）It's very cold in here.　この中はとても寒い。

（145）They are not allowed to come into here.
　　　　彼らはこの中に入ることは許されていない。

（146）It's a wonderland in there.　あの中は不思議の世界だ。

（141）では文頭と文末に there が配置されている。文頭の there は、状況全体を指示する人称代名詞であり、動詞群 was に後続する名詞句 an old church（古い教会）が表示する個体の存在を示している。文末の there は、「教会があった」という事態が成立する空間を指示する指示代名詞であって、その空間が、発信者の占める空間とは異なるものであったことを表す。

③ now, then

now は事態の成立時区間が現在を含むこと、then は事態の成立時区間が現在を含まないことを指示する。

（147）I am watching a TV program now.　私は今テレビ番組を見ている。

（148）It's summer now.　今は夏だ。

（149）Wearing a corset is old-fashioned now.
　　　　コルセットを付けるのは今では時代遅れだ。

（150）Mary has worked for the company for twenty years now.
　　　　メアリーは今まで 20 年間その会社に勤めてきた。

（151）I heard a thunderclap just now.　たった今私には雷鳴が聞こえた。

（152）We'll start our job right now.　直ちに仕事を始めよう。

now は現在という瞬間を指示するだけでなく、現在を含み、一定の長さを持つ時区間も指示する。

（147）の now は、現在の時点において、「発信者がテレビ番組を見る」という事態の部分が成立していることを表示する。watch a TV program（主体がテレビ番組を見る）という事態は長さを持つ時区間において成立するので、現在の時点ではその部分のみが成立し、このことを am watching という現在時制部分相形態が表示している。

（148）は it's summer（夏だ）という事態の成立を表示しており、1 個の季節は数か月継続するから、この文中の now も現在を含むある程度の長さの時区間を指示するものと考えることができる。

（149）は、wearing a corset（コルセットを付ける）という風俗を主体とする事態を表示している。風俗は通常数十年以上にわたって継続する事物であるから、この文中の now も、現在を含む数十年の時区間を指示するものと理解される。

（150）の、Mary has worked for the company for twenty years（メアリーが 20年間その会社に勤めてきた）が表示する事態は、過去のある時点から現在までが成立時区間である。動詞群の時制は現在完了であるから、成立時区間の終端が現在であることは、この時制形態によって含意されているが、それを明示的に指示するのが指示代名詞 now である。

（151）については、I heard a thunderclap によって、発信者に雷鳴が聞こえるという事態が過去の時点において成立したことが表示される。この成立時点が現在に極めて近接する時点であることを指示するのが just now である。この事態は、厳密には現在を含まない過去の時点において成立してはいるが、それが現在成立したのとほぼ同様だという印象を発信者に与えていることを just now の使用によって表している。

（152）については、we'll start our job（発信者たちが仕事を始める）という事態は未来の時点において成立する。right now の使用によって、未来ではあるが、現在に極めて近接する時点において成立することが表示される。この文は、仕事を開始するという発信者の意志を伝達するためのものなので、現在に近接する未来の時点で成立すると言うことによって、受信者たちに対して、発信者に強い意志があることを理解させる効果がある。

（153）I was about to leave my office, but the telephone on my desk rang then.
私は会社を出ようとしていたが、その時私の机の上の電話が鳴った。

（154）Mary was chairperson of the committee. She was only thirty then.
メアリーはその委員会の議長だった。その頃彼女はまだ 30 歳だった。

（155）In that era the average temperature was still lower than today. People suffered from frequent famines then.
その時代平均気温は今よりずっと低かった。当時人々は度重なる飢饉

に苦しんだ。

(156) My secretary will visit your house this afternoon. Give her the required documents then.

私の秘書が今日の午後あなたの家を訪ねます。その時必要な書類を彼女に渡してください。

(157) Soon it will be spring. Flowers will be in full bloom then.

もうすぐ春になる。その時は花が満開になるだろう。

(158) Another burst of evolution may come. Humans will have been extinguished then.

もう一度進化の大爆発が起こるかもしれない。その時人類は絶滅しているだろう。

(153)の then は、I was about to leave my office (発信者が会社を出ようとしていた) という事態が成立した時区間を指示する。この時区間は the telephone on my desk rang (私の机の上の電話が鳴った) が成立した時点を含み、極めて短い長さの時区間である。

(154)の then は、Mary was chairperson of the committee (メアリーがその委員会の議長だった) という事態が成立した時区間を指示する。ある委員会の議長の任期は通常は1年以上であるから、この時区間もその程度の長さを持つものと理解されるが、メアリーの年齢が30歳であるのは1年に限られるから、then が指示する時区間の長さも、最大で1年である。

(155)の then は、in that era (その時代) が指示する時区間と同一の過去の時区間を指示する。the average temperature was still lower than today (平均気温が今よりずっと低かった) という事態がその時代に成立したのだから、then が指示する時区間は数百年程度の長さを持つと考えることができる。

(156)の then は、My secretary will visit your house this afternoon (発信者の秘書が今日の午後受信者の家を訪ねる) という事態が成立する未来の時区間を指示する。この時区間は比較的短いと想定されるが、第2文は、受信者が秘書に書類を渡すという事態を表示しており、then はその成立時区間をも指示するが、この事態は時点において成立するから、then も時点を指示するものと理解される。

(157)の then は、第1文の事態が成立する、春である未来の時区間を指示する。季節は数か月程度継続し、異なった種類の花が満開である時期も同様であるから、then が指示する未来の時区間の長さも数か月程度であると理解される。

(158)の then は、another burst of evolution may come (もう一度進化の大爆発が起こるかもしれない) という事態が成立する未来の時区間に先行する時区間を指示する。進化の大爆発は数百万年継続し、それに先行する時区間と現在の間の

時区間がどうであるのかは不明だが、恐らくは数千万年から数億年の長さを持つものと考えられる。

then は、事態の成立時区間の開始点を表示することもある。then を含む文が表示する事態の成立時区間が、先行する文の成立時区間に後続することが明らかである場合、then は、後続する事態が開始する時点を指示する。先行する事態と後続する事態の関係が、単なる時間的継起性であれば、日本語では「それから」に、両者の間に因果関係が認められれば、日本語では「そうすると」に置き換えられる。

（159）John finished his homework and started to read a mystery book then.
ジョンは宿題を終えて、それから推理小説を読み始めた。

（160）Prices will rise next year. We will have to spend more then.
来年も物価は上がるだろう。そうすると私たちの支出は増えることになる。

（161）The political confusion came to an end. Then aristocrats were banished from the new republic.
政治的な混乱は終わった。それから貴族たちは新しい共和国から追放された。

（162）The sun will be much bigger than it is now. Then it will engulf inner planets.
太陽は今よりずっと大きくなるだろう。そうすると太陽は内惑星を飲み込むだろう。

（159）の John finished his homework（ジョンが宿題を終える）という事態と John started to read a mystery book（ジョンが推理小説を読み始めた）という事態はどちらも時点において成立する。then は最初の事態が成立した時点を指示するが、後続の事態はその時点と同時に成立することはできず、その時点の直後に成立すると考えなければならない。また、宿題を終えることと推理小説を読み始めることの間には因果関係は成立しないから、then は「それから」に置き換えられる。

（160）の prices will rise next year（来年物価が上がる）という事態は長さを持つ未来の時区間において成立する。we will have to spend more（発信者たちの支出が増える）という事態も未来の時区間において成立し、then は来年物価が上がるという事態の成立時区間を指示する。物価の上昇と支出の増加には因果関係があるので、then は「そうすると」に置き換えられる。

先行する事態が成立した後に後続する事態が成立する場合には、時間的継起性または因果関係を明示するために、then は後続する文の先頭に配置されること

もある。

(161)の the political confusion came to an end（政治的な混乱が終わった）という事態と aristocrats were banished from the new republic（貴族たちが新しい共和国から追放された）という事態は、どちらも時点において成立する。then は最初の事態が成立した時点を指示するが、後続する事態はその時点よりも後の時点で成立する。政治的混乱の終了と貴族の追放の間には、必ずしも因果関係があるわけではないので、then は「それから」に置き換えられる。

(162)の then は、the sun will be much bigger than it is now（太陽が今よりずっと大きくなる）が表示する事態の未来における成立時区間を指示する。後続する事態はこの時区間において成立するが、the sun will engulf inner planets（太陽が内惑星を飲み込む）は、太陽が膨張した結果成立する事態であり、2つの事態には因果関係があるから、then は「そうすると」に置き換えられる。

条件文の条件節（前件）と主節（後件）の間には因果関係がある。したがって、主節の先頭に then を配置することもある。

(163) If the scholar's theory is right, then the answer to this question will be given.
　　　もしその学者の理論が正しいなら、この問題への解答が出るだろう。

(164) Suppose the volcano erupts, then lava will reach our town.
　　　その火山が噴火したら、溶岩は私たちの町に届くだろう。

(163)では、the scholar's theory is right（その学者の理論が正しい）という事態と、the answer to this question will be given（この問題への解答が出る）という事態の間には因果関係があり、そのことがこの条件文の使用を適格にしている。因果関係があることを、主節の先頭にある then が明示している。

(164)では、the volcano erupts（その火山が噴火する）という事態と、lava will reach our town（溶岩が発信者たちの町に届く）という事態の間には因果関係があると信じられている。この因果関係の存在を、主節の先頭に配置された then が明示している。

第5節　再帰代名詞
① 従属節を含まない文
事態中に、主体である事物 A と同一であるが意味役割が異なる事物 B が含まれている場合、事物 B は、主体と性・数が同一の再帰代名詞によって指示される。

(165) John blamed himself for the failure of his company.
　　　ジョンは自分の会社の倒産が自分の責任だとした。

(166) Mary gave herself a lot of work to do.

メアリーはするべき仕事を自分自身にたくさん与えた。

(167) You often talk to yourself when you read books.
あなたは本を読む時によく独り言を言う。

(168) Humans seek for the true nature of the universe for themselves.
人間は自分自身のために宇宙の本質を探究する。

(169) The speaker talked about herself and her family.
講演者は自分自身と自分の家族について話をした。

(170) I am not pleased with myself.　私は自分に満足してはいない。

(171) You don't have to be sensitive about rumors about yourselves.
自分についての噂を気にする必要はない。

(172) A photograph that one has taken of oneself with a smartphone is called a selfie.
スマートフォンで自分を撮影した画像は自撮りと呼ばれる。

(165)の再帰代名詞 himself は、1人の男性である人間を表示し、意味役割は副体である。主体の John（ジョン）は1人の男性を表示するから、himself はこの個体と同一の個体を指示するものと理解される。

(166)の再帰代名詞 herself は、1人の女性である人間を表示し、意味役割は着点である。主体の Mary（メアリー）は1人の女性を表示するから、herself はこの個体と同一の個体を指示するものと理解される。

(167)の再帰代名詞 yourself は、受信者である1人の人間を表示し、前置詞 to が先行していることから、意味役割は着点である。再帰代名詞が2人称単数形であるから、受信者を指示することは形態によって直接的に理解される。

(168)の再帰代名詞 themselves は、複数の個体を表示し、前置詞 for が先行していることから、意味役割は着点である。文中で複数の個体を表示する形態は、名詞 humans（人間）であるから、この再帰代名詞は humans と同一の個体群を指示するものと理解される。

(169)の再帰代名詞 herself は、1人の女性である人間を表示し、前置詞 about が先行することから、意味役割は限定者である。主体の the speaker（講演者）は1人の人間であり、性別は形態的には明示されないが、女性であっても不適格ではない。したがって herself は、主体である the speaker と同一の個体を指示するものと理解される。

(170)の再帰代名詞 myself は、その形態から発信者を指示することは明らかであり、実際この文の主体は人称代名詞 I によって発信者であることが表示されている。この再帰代名詞には前置詞 with が先行しているから、意味役割は関与者である。

第 5 節　再帰代名詞　　　247

（171）の再帰代名詞 yourselves は受信者を含む複数の人間を表示する。前置詞 about が先行しているので、意味役割は限定者である。この文が表示する事態の主体は you で、この形態は受信者を含む複数の人間を表示することができるので、yourselves は主体と同一の個体群を指示する。この文で you, yourselves は受信者を含む人間一般を表示するものと理解される。

（172）の再帰代名詞 oneself は、同じ節中の主体である one と同一の個体を指示する。この再帰代名詞は、前置詞 of に先行されているので、意味役割は限定者である。one は不定代名詞であって、任意の個体を表示するが、ここでは任意の人間を表示すると理解してよい。

② 従属節を含む文

ある事態中の主体である事物 A と、それ以外の意味役割を持つ事物 B が同一の事物を指示する場合に、B が再帰代名詞で表される。この原則は、事物 A と事物 B が同一の事態中にある場合に適用されるが、主節と従属節のように、A と B が異なった事態中にある場合には適用されない。

（173）The player thought he would refresh himself with a hot shower.
　　　　その選手は熱いシャワーを浴びて元気をつけようと思った。

（174）Mary said that John would take her to an amusement park.
　　　　メアリーはジョンが自分を遊園地に連れて行ってくれると言った。

（175）John is not a man who cannot have confidence in himself.
　　　　ジョンは自分自身を信頼できないような男ではない。

（176）The doctor cured a girl of a disease which would have killed her ten years ago.
　　　　その医者は、10 年前なら死んでいたかもしれない病気からその少女を救った。

（177）The country's environment is in great danger because it destroys itself by burning vast woodlands.
　　　　その国の環境は大きな危険に曝されている。なぜなら、広大な森林地帯を焼き払うことで自らを破壊しているからだ。

（178）Mary wanted to win the championship to convince herself that she was next to nobody.
　　　　メアリーは、自分が誰にも負けないことを確信するために、優勝したいと思った。

（179）John thinks it desirable for his sons to help him in his business.
　　　　ジョンは自分の息子たちが自分の仕事を手伝うのが望ましいと思って

いる。

（180）The students were pleased with their professor giving them supplementary lectures.

学生たちは教授が自分たちに補講をしてくれることを喜んだ。

（181）The producer is planning to make a film by making himself the hero of its story.

そのプロデューサーは、自分を物語の主人公にすることで映画を作ろうと計画している。

（182）John listened to his favorite pieces of music, his wife cooking dinner for him and herself.

ジョンは自分の好きな音楽を聞いたが、彼の妻はジョンと自分のために夕食を作った。

（173）の構造は「主節＋名詞節」である。名詞節 he would refresh himself with a hot shower（彼が熱いシャワーを浴びて元気をつける）の主体は he であって、これは 1 人の男性である個体を表示する。主節の主体 the player（その選手）と同一の個体を指示すると理解しても適格である。同一の個体を指示しているが、異なった事態の要素であり、また名詞節が表示する事態の主体なので、再帰代名詞が選択される条件を満たしていない。実際、he という主格形の使用が適格である。

名詞節の事態が「主体が副体を元気づける」であって、主体 he（彼）と副体が同一の個体を表示する場合には、両者は同一の事態に含まれているので、副体が再帰代名詞 himself で表示される。

（174）の構造は「主節＋名詞節」である。名詞節 John would take her to an amusement park（ジョンが彼女を遊園地に連れて行く）の副体は人称代名詞女性単数対格形の her であり、単数の女性である個体を表示するのは主節の主体 Mary である。したがって her は Mary と同一の個体を指示するものと理解される。同じ文中の個体と同一の個体を指示し、意味役割は主体ではないので、Mary と her が同一の事態を構成する事物であれば、her は再帰代名詞の herself でなければならない。しかし、Mary は主節、her は名詞節中にあり、それぞれが異なった事態を表示するので、her は再帰代名詞ではなく、人称代名詞であるのが適格である。

（175）は、副体である名詞句が「名詞句＋関係節」という構造を持つ文である。関係節 who cannot have confidence in himself（主体が自分自身を信頼できない）の主体は先行詞の a man（男）であり、再帰代名詞男性対格単数形の himself の意味役割は成立空間であって主体ではなく、a man と同一の個体を指示すると理解されるから、再帰代名詞が適格に使用されている。

第5節　再帰代名詞　　　249

　(176)は、名詞群が「前置詞＋名詞句（＝名詞句＋関係節）」という構造を持つ文である。関係節 which would have killed her ten years ago（10 年前なら彼女を死なせていただろう）の主体は先行詞の a disease（病気）であり、副体の her は、主節の事態の副体 a girl（少女）と同一の個体を指示している。her の意味役割は主体ではなく、a girl が含まれる事態とは異なる事態に含まれているので、再帰代名詞が使用される条件を満たしていない。したがって、人称代名詞女性対格単数形 her が適格に使用されている。

　(177)は「主節＋副詞節」という構造を持つ。副詞節 because it destroys itself by burning vast woodlands（なぜならば広大な森林地帯を焼き払うことで、それは自分自身を破壊しているから）の主体は it で、これは主節の主体名詞句を構成している the country（その国）と同一の個体を指示している。副詞節の副体は再帰代名詞の itself であるが、これは副詞節の事態の主体と同一の個体を指示していると理解される。同一の事態に含まれ、主体と同一の個体を指示しているとすれば、再帰代名詞の使用が適格である。

　(178)の不定詞節 to convince herself that she was next to nobody（自分が誰にも負けないことを確信するために）が表示する事態の主体は、主節の主体 Mary（メアリー）と同一である。convince（確信させる）が関係を表す事態は、「主体＋着点＋副体」という構造を持ち、副体は事態であって、その事態を確信する人間が着点である。着点 herself は再帰代名詞女性対格単数形なので、主体と同一の個体を指示すると考えてよい。副体 that she was next to nobody の主体 she は、主節の主体、不定詞節の着点と同一の個体を指示している。副体が表示する事態は、主節および不定詞節が表示する事態とは異なるので、再帰代名詞を使用する条件を満たしていない。

　(179)は、「主節（John thinks）＋準名詞節（it desirable）＋不定詞節（for his sons to help him in his business）」という構造を持つ。it は不定詞節を指示し、したがって不定詞節の事態が準名詞節の主体である。不定詞節が表示する事態の主体は名詞句 his sons（彼の息子たち）であり、副体を him が表示している。him は人称代名詞男性対格単数形であるが、単数の男性である個体は主節の主体である John であり、人称代名詞がこの個体と同一の個体を指示すると理解して矛盾はない。him は副体であって、先行する主体と同一の個体を指示するが、主節の事態とは異なる事態に含まれているので、再帰代名詞は用いられない。

　(180)の名詞群 with their professor giving them supplementary lectures（教授が自分たちに補講をしてくれることを）は「前置詞＋動名詞節」という構造を持つ。動名詞節が表示する事態の主体は their professor（彼らの教授）であり、着点は them（彼ら）である。their と them は、主節の主体 the students（その学生たち）と

同一の個体群を指示する。主節と動名詞節は異なった事態を表示するので、主節の主体と動名詞節の着点が同一の個体を指示していても、動名詞節の代名詞は再帰代名詞にはならない。

(181)の名詞群 by making himself the hero of its story（自分を物語の主人公にすることで）は、「前置詞＋動名詞節」という構造を持つ。動名詞節には主体を表示する形態が含まれていないので、事態の主体は主節の主体と同一の the producer（そのプロデューサー）である。動名詞節の副体を表示する himself は、男性である単数の個体を表示するが、これが the producer と同一だと理解しても矛盾はない。したがって himself は the producer と同一の個体を指示すると理解される。

(182)の現在分詞節 his wife cooking dinner for him and herself（彼の妻が彼と自分のために夕食を作る）が表示する事態の主体は his wife であり、名詞群 for him and herself が着点を表示する。him は男性である単数の個体を表示するが、その個体が John と同一であると理解して矛盾はない。ただし、John は主節の事態の主体、him は現在分詞節の事態の着点であって、両者は異なった事態に属しているので、him を再帰代名詞形にすると不適格になる。一方、herself は同じ事態の主体である his wife と同一の個体を指示しており、意味役割は主体ではないので、再帰代名詞の使用が要求される。

③ 再帰代名詞の単独使用

　指示する事物が状況から推測できる場合には、再帰代名詞を単独で使用することもできる。

(183) It is absolutely impossible to encourage myself in a situation like this.
こんな状況では自分を励ますなんて全く不可能だ。

(184) Work hard for yourselves.　自分自身のために一生懸命働きなさい。

(185) A moderate reduction in food intake is surely good for oneself.
食事の量を適度に減らすことはきっと自分自身のためになる。

(183)の不定詞節 to encourage myself in a situation like this（このような状況で自分を励ます）では主体が表現されていない。しかし名詞群 like this によって、発信者に関係する事態が表示されているものと理解されるから、主体が発信者だと考えて矛盾はない。この場合、事態の副体も発信者だとすると、この発信者を指示する形態は再帰代名詞 myself になる。

(184)は命令文であり、発信者が受信者に対して事態が未来の時区間において成立することを要求するという事態を表示する。この事態の主体は受信者を含む複数の個体であり、同一の事態中にある yourselves の意味役割は着点であって、

主体と同一の個体群を指示するから、再帰代名詞が適格に使用されている。

（185）の a moderate reduction in food intake is surely good（食事の量を適度に減らすことはきっとよい）という事態が任意の人間に適用できることは、一般的な知識に属する。したがって、「食事の量を適度に減らす」ことを成立させる主体は任意の人間だと理解される。このことから、着点（受益者）を表示する one-self は、状況中にある主体 one（任意の人間）と同一の個体を指示し、主体ではないので再帰代名詞が使用される。

④ 再帰代名詞の義務的使用

能動態で使用されて単射関係を表示する場合、副体として再帰代名詞を要求する動詞がある。

(186) People used to avail themselves of wood in the forest for cooking and heating.
昔人々は料理や暖房に森の木を利用していた。

(187) Yesterday my mother busied herself with arranging flowers.
昨日私の母は生花をするのに忙しくしていた。

(188) The college prides itself on a great scholar who is its graduate.
その大学は卒業生である有名な学者を誇りにしている。

（186）の動詞 avail（利用する）は、副体として形態的には主体と同一の個体を指示する再帰代名詞を用いるが、利用される事物を表示するのは名詞群「of ＋名詞句」である。

avail は本来「事物にとって役に立つ」という事態を表示する動詞であり、したがって「主体＋ avail oneself of ＋名詞句」で、名詞句が表示する事物に関して、主体が自分自身に利益を与えるという事態を表示し、ここから、主体が事物を利用するという事態を表示するようになった。

（187）の動詞 busy は本来、「主体が副体を忙しくさせる」という事態を表示していたが、現在では主体と副体が常に同一の個体であり、副体は再帰代名詞によって表示され、「主体が忙しくする」という事態を表示する。この事態の成立に関与する事物は、名詞群「with ＋名詞句」によって表示される。したがって、「busy oneself with ＋名詞句」全体で、名詞句が表示する事物によって忙しいという事態を表示する。

（188）の動詞 pride は、本来「主体が自分自身を喜ぶ」という事態を表示し、副体として再帰代名詞が使用された。この事態が成立する空間を表示するのが、名詞群「on ＋名詞句」であり、「pride oneself on ＋名詞句」全体で、名詞句が表示する事物がある空間で主体が自分自身を喜ぶ、すなわち主体が名詞句の事物を

誇りに思うという事態を表示する。

能動態で再帰代名詞が義務的に使用される動詞としては他に、absent oneself from（～を欠席する）, content oneself with（～に満足する）などがある。

＊本来は「動詞＋再帰代名詞」という形態が「単射関係＋副体」を表示していた語句が、全体として副体を表示すると理解されるようになり、再帰代名詞が脱落した形態でも使用されるようになったものがある。

    (189) John behaved (himself) in the party.
        ジョンはそのパーティーでは行儀よくしていた。

    (190) Mary prepares (herself) for a single parent.
        メアリーは一人親としての人生を送る覚悟をしている。

    (191) The boys washed (themselves) in the shower room.
        少年たちはシャワー室で体を洗った。

(189)の behave は本来「主体が副体を指揮する」という事態を表示しており、主体と副体が同一の個体を指示する場合には、副体が再帰代名詞で表示され、全体として「主体が自分自身を指揮する」、すなわち「主体が適切に振舞う」という事態を表示した。「適切に振る舞う」という事態では、主体と副体の間に単射関係が成立するという要素は認識されにくいので、動詞 behave のみで副体として包含関係（主体が行儀よくする）を表示するようになった。

(190)の prepare は「主体が副体を覚悟させる」という事態を表示することができた。主体と副体が同一の個体である場合には、副体が再帰代名詞で表示され、全体として「主体が覚悟する」という意味を表す。「覚悟する」という事態では、主体と副体との間に単射関係が成立するという認識が生じにくいため、動詞 prepare のみで、副体として包含関係（主体が覚悟する）を表すようになった。

(191)の wash は「主体が副体を洗う」という事態を表示するが、主体と副体が同一の個体を指示する場合には、副体が再帰代名詞で表示され、全体として「主体が体を洗う」という事態を表示する。「体を洗う」という事態では、主体から別の個体に作用が及ぶという特性は認識されないので、動詞 wash のみで副体として包含関係（主体が体を洗う）を表示するようになった。

「動詞＋再帰代名詞」が動詞のみでも適格に使用される例としては、以下のようなものがある。

    (192) adjust (oneself) to：～に順応する
        conduct (oneself)：振る舞う
        dress (oneself)：服を着る
        undress (oneself)：服を脱ぐ

hide（oneself）：隠れる

⑤ 相互代名詞

　複数の個体について、それらの個体相互の間で事態が成立する場合には、each other または one another が使用される。これらは再帰代名詞の一種であるが、特に「相互代名詞」とも呼ばれる。

　each other が2個の個体、one another が3個以上の個体について使用されるのが原則だが、必ずしもこの原則が守られるわけではない。each other の方が one another より使用される頻度は高い。

(193) The two countries fought each other for natural resources.
　　　その2つの国は天然資源を求めて互いに戦った。

(194) Tribes helped one another to defend themselves from intruders.
　　　侵入者から自分たちを守るために、部族は互いに助け合った。

(195) I think you and Mary know one another.
　　　君とメアリーはお互いを知っていると思う。

(196) Those who had joined the party gave presents to each other.
　　　パーティーに参加していた人たちは互いに贈り物をし合った。

(197) The employer and the employees had great confidence in each other.
　　　雇用者と従業員たちは互いに強い信頼を抱いていた。

(198) We two often visited each other's houses when we were students.
　　　私たち2人は学生の時互いの家をよく訪ねた。

(199) The immigrants in the room could communicate in one another's languages.
　　　その部屋にいる移民たちは互いの言語で理解し合えた。

　(193)の主体と副体は the two countries（その2つの国）という2個の個体であり、主体と副体の間には fight（戦う）という双射関係が成立している。2個の個体の間に双射関係が成立していることから、副体を表示するのに相互代名詞 each other が使用されている。

　(194)の主体と副体は tribes（諸部族）という複数の個体であり、主体と副体の間には help（助ける）という単射関係が成立している。tribes は3個以上の個体を表示していると考えられるが、それら相互の間に単射関係が成立していることを、副体の one another が表示している。

　(195)の主体と副体は you と Mary という2個の個体であり、これら2個の個体相互の間に know（知っている）という単射関係が成立していることを、副体の相互代名詞 one another が表示している。2個の個体についても、相互代名詞

254 第 8 章 代名詞

one another を使用することは適格である。

(196)の主体と着点は、those who had joined the party (そのパーティーに参加していた人たち)であり、3 個以上の個体であると考えられる。主体が贈り物を送る(give presents)という事態の着点が主体と同一の個体であれば、再帰代名詞 themselves が用いられることになるが、その場合には、主体のそれぞれが自分自身に贈り物を渡したことになる。そうではなくて、それぞれの主体が別の参加者の誰かに贈り物を渡したという事態が成立したのであれば、相互代名詞 each other または one another を使用しなければならない。

(197)の主体は the employer and the employees (雇用者と従業員たち)であり、個数は 3 個以上であると考えてよい。主体が強い信頼を抱いていた(had great confidence)という事態が成立する空間、すなわち主体が信頼を抱いていた対象が主体と同一の個体群であり、個体群相互の間で同一の事態が成立することを、空間を表示する相互代名詞 each other が表示している。

(198)の主体は we two (発信者ともう 1 人)という 2 個の個体であり、それら相互に関係する家が副体である。主体である 2 個の個体と同一の個体に関係する家であれば、our own houses (私たち自身の家)で表現されてもよさそうだが、これだとそれぞれが自分の家だけを訪ねたことになる。そうではなくて、発信者がもう 1 人の家を、もう 1 人が発信者の家を訪ねたということであれば、相互代名詞の属格形 each other's または one another's を用いなければならない。

(199)の主体は the immigrants in the room (その部屋にいる移民たち)であり、個数は 2 個でも 3 個以上でもよい。主体が理解し合えた(could communicate)という事態が成立する空間(ここでは比喩的に使用されて、事態が成立する様態)が、主体に関係する諸言語であったという事態をこの文は表示している。主体が A, B, C であったとして、それぞれの言語を la, lb, lc とする。A が la を、B が lb を、C が lc を話して、つまり各人が自分の言語を使って理解し合えたのであれば、in their (own) languages のように表現される。これに対して、A が lb と lc を、B が la を、C が la と lb のように、各人が他の主体の言語を使用したのであれば、相互代名詞の属格形 each other's または one another's が用いられる。

主体以外の事物が複数個の個体から成っていて、それらの個体相互の間に関係が成立する場合にも相互代名詞が使用される。

(200) The general told the soldiers to form two groups in parallel with each other.

　　　将軍は兵士たちに、互いに平行な 2 個の集団になるように言った。

(201) The teacher marked five dots on the board and drew direct lines linking them to one another.

第5節　再帰代名詞　　255

その教師はボードの上に5つの点を記し、互いを結ぶ直線を描いた。

（200）では、two groups（2個の集団）は不定詞節 the soldiers to form two groups（兵士たちが2個の集団を形成する）が表示する事態の副体である。後続する名詞群はこの副体の特性を限定しており、2個の集団が相互に平行する関係にあることを表すから、副体と同一の2個の個体が each other で指示されている。

（201）では、2番目の文中の them は副体であり、先行する文中の five dots（5個の点）と同一の個体を指示している。後続する名詞群は link（結ぶ）が表示する事態の着点を表しているが、5個の点が相互に起点と着点となる関係であると理解されるから、相互代名詞の one another が使用される。

⑥ 主体を表示する再帰代名詞

再帰代名詞は主体以外の意味役割で使用されるのが原則であるが、主体を表示する名詞や代名詞に加える形で使用されることがある。この場合は、主体に焦点を当てる働きをする。

（202）The president himself took questions from journalists.
　　　社長自身がジャーナリストたちからの質問に答えた。

（203）She has baked the elaborately decorated cake herself.
　　　彼女は自分でその手の込んだデコレーションケーキを焼いた。

（204）The construction of the magnificent city is itself a mystery.
　　　その壮麗な都市の建設自体が謎だ。

（205）His explanations wouldn't themselves solve the problem he himself has caused.
　　　彼の釈明だけでは彼自身が引き起こした問題を解決しないだろう。

（206）The Greeks looked down on the Romans as being upstart barbarians themselves.
　　　ギリシア人たちはローマ人たちをまさに成り上がりの野蛮人だと軽蔑した。

（202）の the president himself は「名詞句＋再帰代名詞」という構造で、himself は主体である the president（社長）と同一の個体を指示しており、意味役割はやはり主体である。主体を再帰代名詞によって繰り返し表現することで、主体である個体に焦点を当て、社長以外の人間がジャーナリストの質問に答えることが通常は期待されるのに、答えたのが社長であったという事態を強調している。

（203）は主体が she、副体が the elaborately decorated cake（その手の込んだデコレーションケーキ）である。文末の herself にはこのままでは意味役割を与えることができないが、主体だと解釈すれば、主体に焦点を当てる働きをしていると

理解される。すなわち、デコレーションケーキを作ったのは彼女であって、彼女以外の人間ではないという事態の強調である。

(204)は主体が the construction of the magnificent city（その壮麗な都市の建設）であり、副体が a mystery（謎）であって、主体が副体に包含される関係にある。再帰代名詞 itself は主体と同一の事態を指示し、主体に焦点を当てる働きをしている。謎であるのは都市が建設されたという事態であって、それ以外の事態ではないという発信者の主張である。

(205)は主体が his explanations（彼の釈明）、副体が the problem he himself has caused（彼自身が引き起こした問題）であって、主体と副体との間には solve（解決する）という単射関係がある。否定文なので、この関係は成立しない。再帰代名詞 themselves は主体の his explanations と同一の事態群を指示し、主体に焦点を当てる働きをしている。肯定文であれば、問題を解決するのが彼の釈明以外の事態ではないということであるが、これが否定されているので、問題を解決するのが彼の釈明以外にもあるということである。the problem を限定する関係節 he himself has caused（彼自身が引き起こした）の中にある himself は主体の he に焦点を当てる働きをし、彼以外の主体が引き起こしたのではないという事態を強調している。

(206)の再帰代名詞 themselves は、成立空間（look down on を 1 個の動詞と同等だとするならば副体）を表示する the Romans（ローマ人たち）と同一の個体を指示する。この再帰代名詞は、接続詞を伴う現在分詞節中にあり、この節が表示する事態の主体は、先行する主節中にある the Romans である。themselves はこの主体と同一の個体を指示し、主体に焦点を当てる働きをしている。すなわち、ローマ人が成り上がりの野蛮人だという事態が強調されている。

＊名詞句が表示する事物と同等の価値を持つ場合、人称代名詞の代わりに再帰代名詞が用いられることがある。ここで言う価値とは、事態中での重要性や文中での構造上の位置のことである。

(207) My biggest competitor is myself.
　　　私の一番大きな競争相手は私自身だ。

(208) My boss and myself were called to the court.
　　　私の上司と私が法廷に呼ばれた。

(209) Mary thought her classmates were much smarter than herself.
　　　メアリーは、自分より自分の同級生たちの方がずっと頭がいいと思った。

(210) We want an all-round player like yourself for our team.

第 5 節　再帰代名詞　　　257

　　　我々はあなたのような多才な選手が我々のチームにほしい。

（211）I visited John's house. The portrait of himself was hung on the wall of
　　　the entrance.
　　　私はジョンの家を訪ねた。彼自身の肖像画が入り口の壁に掛けてあっ
　　　た。

　（207）の事態は、主体と副体が同値関係にあることを表示している。副体は発
信者であるが、人称代名詞であれば、規範文法に従えば主格の I を用いることに
なる。現代英語では対格形の me も許容されている。ただ、I も me も単音節の
形態であり、強勢を置かずに発音されることが多いため、同値関係にある主体で
ある名詞句 my biggest competitor（私の一番大きな競争相手）に比べると、形態
的にも音声的にも価値が低く感じられる。このことから、2 音節から成り、2 番
目の音節に強勢が置かれる再帰代名詞 myself が使用されるようになったものと
考えられる。

　（208）の主体名詞句は「名詞句（my boss）＋等位接続詞（and）＋再帰代名詞（my-
self）」という構造を持つ。等位接続詞に後続するのが代名詞であれば、本来で
あれば人称代名詞の主格形 I を用いるべきところで、そうでなければ対格形 me
も許容される。しかし I と me では形態的にも音声的にも、並列されている名詞
句 my boss とは均衡が取れないため、2 音節で強勢音節を持つ再帰代名詞 myself
が使用されているものと考えられる。

　（209）では、比較表現で用いられる接続詞 than の後に再帰代名詞 herself が用
いられている。規範文法であれば than she（was）が要求され、than her も許容さ
れるが、比較構文の主体である her classmates と形態的・音声的に均衡を取ろう
とすれば、再帰代名詞が選択される。

　（210）の an all-round player like yourself（あなたのような多才な選手）では、多
才な選手の典型として受信者が提示されている。したがって、多才な選手の集合
と受信者は同等の価値を持つと考えてよい。しかし、規範文法が要求する形態で
ある人称代名詞 you を用いると、形態的には an all-round player とは均衡が取れ
ない。このため、再帰代名詞の yourself が選択されたものと考えられる。

　（211）で、「彼の肖像画」を規範的に表現すると、his portrait または the portrait
of him となる。これらの人称代名詞が指示するのは先行する文にある John であっ
て、この固有名詞も 1 音節であるから、形態的・音声的には人称代名詞と均衡は
取れている。ただ、his portrait や the portrait of him だと、人称代名詞は John と
同一の文中にあるわけではないから、この代名詞が John と同一の個体を義務的
に指示する必要はなく、他の男性である個体であってもこれらの表現が不適格に
なるわけではない。himself であればジョンと同一の個体を指示すると理解され

258　　第 8 章　代名詞

るから、恐らくこの理由で、規範文法では要求されていない再帰代名詞が使用されているのだと考えられる。

第 6 節　不定代名詞

　不定代名詞は、与えられた集合に属する不定の事物を表示する形態である。表示する事物としては、集合内の任意の事物（any, anything, anyone, anybody）、集合内の 1 個または限定された範囲の事物（one, some, something, someone, somebody）がある。また、集合内のどの事物についても事態が成立しないことを表示する nothing, none と集合の部分に属する要素について事態が成立しないことを表示する other, another も不定代名詞に含まれる。

①　集合内の任意の事物を表示する　any, anything, anyone, anybody, anywhere

ⅰ．単独で名詞句の成分となる

any, anything, anyone, anybody は代名詞であるから、単独で名詞句を構成することができる。

(212) This is the aroma oil I favor, but any will do.
　　　これが私の特に好きなアロマオイルですが、どれでも構いません。

(213) Here are the souvenirs I bought in Paris. You can take any if you want.
　　　これがパリで買ったお土産だよ。ほしかったらどれでも持っていっていいよ。

(214) The book was a must for any beginning to learn theology.
　　　神学を学び始めたどんな者にとっても、その本は必須だった。

(215) You students ought to be interested in anything.
　　　君たち学生はどんなことにでも関心を持たなければならない。

(216) For the scholar anything human is his subject of study.
　　　その学者にとって、人間に関わるものは何でも研究の主題だ。

(217) The baby puts in her mouth anything she grabs.
　　　その赤ん坊は摑んだ物は何でも口に入れる。

(218) The emperor wanted to own anything of value in the world.
　　　その皇帝は世界の価値あるものは何でも手に入れたいと思った。

(219) Anyone should live under the Constitution.
　　　誰もが憲法のもとで生きなければならない。

(220) The invited guests can join the meeting with anybody.
　　　招待された客は誰と一緒でも会合に参加できる。

第6節　不定代名詞　　　259

　(212)では、第1文によって aroma oil（アロマオイル）である個体の集合が状況中に与えられている。この集合に属する任意の個体について、それが主体であって、副体が「主体が役に立つ(do)」と言う事態の集合である事態が未来の時区間において成立することを、第2文が表示している。すなわち、発信者がどのアロマオイルでも満足するという事態である。

　(213)では、第1文によって、the souvenirs I bought in Paris（発信者がパリで買った土産）である個体の集合が状況中に与えられる。この集合に属する任意の個体について、主体が受信者であり、副体がその任意の個体であり、主体と副体の間に take（持っていく）という単射関係が、未来の時区間において成立できることを第2文は表示している。すなわち、発信者が受信者に提示している土産について、そのどれであっても受信者が持っていくことができるという事態である。

　(214)では、any を含む名詞句 any beginning to learn theology（神学を学び始めた任意の個体）によって、神学を学び始めた個体の集合が与えられ、any はその集合に属する任意の個体に関して、the book was a must（その本が必須だった）という事態が成立することをこの文は表示する。

　(215)の anything の範囲を限定する語句は状況中にはない。したがってこの不定代名詞は、世界を構成する任意の事物だと理解される。

　(216)では、anything に形容詞 human が後続することによって、人間に関わる事物の集合が与えられる。したがってこの文は、人間に関わる事物の集合に属する任意の事物について、それがその学者の研究の主題である事物の集合に包含されるという事態を表示する。すなわち、その学者が研究の主題として選択するものとしては、人間に関わる事物であれば何でもよいということである。ある1人の学者が、人間に関わる事物のすべてを研究の対象とすることはあり得ないから、ここでの anything は、集合に属する限定された個数の不定の事物だと理解される。

　(217)では、anything が関係節 she grabs（その赤ん坊が掴む）によって限定されているから、その赤ん坊が掴む個体の集合が与えられる。この集合に属する任意の個体が副体となって、主体である the baby（その赤ん坊）との間に、put（入れる）という関係を持つという事態を、この文は表示する。すなわち、その赤ん坊は何かを掴むと、いつもそれを口に入れるという事態の成立である。人間が掴むもののすべてを口に入れることは可能なので、この文中の anything は、集合に属する事物の全体であると理解される。

　(218)では、anything の後に of value in the world が後続することによって、世界に存在する価値ある事物の集合が与えられる。この文は、その集合に属する任意の個体を副体として、主体である the emperor（その皇帝）との間に、own（手

260 　　　　　　　　　　　第 8 章　代名詞

に入れる)という関係が成立することを、主体が望んでいたという事態を表示する。
1 人の人間が世界の価値ある個体の全体を手に入れることは、現実的には不可能
であるが、その成立を望むことであれば可能なので、この文中の anything は事
物の集合の全体を表示するものと理解できる。

　(219)の主体 anyone は、人間である個体の集合に属する任意の個体を表示する。
この文中にこの集合を明確に限定する語句はないが、the Constitution (憲法)は、
ある特定の国家の憲法であると判断されるから、anyone は、ある国家の国民で
ある個体の集合に属する任意の個体だと考えることができる。人間が憲法の下で
生きるという事態が任意の時区間において成立することは一般的知識に属するか
ら、anyone が集合の成員全体を表示すると見なして問題はないので、anyone を
everyone に置き換えても適格性は失われない。

　(220)で関与者を表す名詞群 with anybody 中の anybody は、人間である個体
の集合に属する任意の個体を表示する。招待された人間が会合に連れて行くこと
ができる人間の数は限定されるから、この文中の anybody が人間の集合の全体
を表示することはない。したがって、anybody を everybody に置き換えると、こ
の文は不適格になる。

＊「任意の事物(anything)」と「すべての事物(everything)」は異なる。任意の事
　物は、集合に属する要素であればその個数は 1 個でも全部でもよいが、すべて
　の事物であれば、集合に属する全部の要素でなければならない。

　(221)　a. You can eat anything on the table.
　　　　　　　テーブルの上にある何を食べてもいいよ。

　　　　　 b. You can eat everything on the table.
　　　　　　　テーブルの上にあるもの全部を食べても構わないよ。

　(222)　a. ○John took everything from me.
　　　　　 b. ×John took anything from me.
　　　　　　　ジョンは私からすべてを取り上げた。

　(223)　a. ○That lot will do anything to avoid working until retirement.
　　　　　 b. ×That lot will do everything to avoid working until retirement.
　　　　　　　その分け前があれば、何をやっても定年まで働かなくて済むだろう。

　(221a)の anything は、テーブルの上にある個体(ここでは食料)の集合に属す
る任意の要素を表示している。主体である受信者には、個体のすべてを食べるこ
とから、1 個のみの個体を食べることまでのいずれもが、発信者によって許可さ
れている。

　(221b)の everything は、テーブルの上にある個体(食料)の集合に属するすべ

第6節　不定代名詞　　　　261

ての要素を表示している。したがって、受信者に許可されているのは、個体の一部を食べることではなくて、個体のすべてを食べることである。

　(222)は、ジョンが私の所有物の全体を取り上げたという事態を表示するものと理解される。所有物の全体であれば(222a)のように everything で表示するのが適格である。(222b)のような anything であると、所有物の一部が取り上げられたのか、それとも所有物の全体が取り上げられたのかが、この文では区別できないことになり、適格な事態を表示していると判断することはできない。

　(223)は、一定額の財産の取り分があることが、定年まで働かなくて済むことを可能にする手段を与えるという事態を表すものと理解される。この場合、財産によって退職を可能にする手段である事態(投資をする、不動産を経営する、財産を取り崩すなど)の集合の要素のすべてが利用されることは通常ない。したがって、(223a)のように手段の集合の任意の一部を表示する anything を使用するのが適格であり、(223b)のように全体を表示する everything を使用するのは適格ではないと判断される。

＊anywhere は名詞句または名詞群として機能する。

　(224)　With that passport you can go to anywhere in the world.
　　　　そのパスポートで世界中のどこにでも行ける。

　(225)　The kind of plant is found anywhere in this country.
　　　　その種類の植物はこの国のどこででも見つかる。

　(226)　You can be seated anywhere on the lawn.
　　　　芝生の上のどこに座っても構わない。

　(224)の anywhere は、場所である個体の集合に属する任意の個体を表示する。名詞群 in the world が後続しているので、地球上の任意の場所を表示するものと理解される。anywhere は前置詞 to に後続しているので、意味役割は着点である。「そのパスポートで行く」という事態は、地球上のすべての場所を着点にすることができるので、anywhere を everywhere に置き換えることができる。

　(225)の anywhere は前置詞に後続していないので、単独で名詞群を構成している。この国にある任意の場所を表示しており、the kind of plant is found (その種類の植物が見つかる)という事態が成立する空間を表す。「その種類の植物が見つかる」という事態は、この国のすべての場所で成立することができるので、anywhere を everywhere に置き換えても適格である。

　(226)の anywhere は、前置詞に後続していないので、単独で名詞群を構成している。芝生の上にある任意の場所を表示しており、you can be seated (受信者が座る)という事態が成立する平面を表す。「受信者が座る」という事態は、芝生

262 第8章 代名詞

の上のどれか1つの平面でしか成立することができず、すべての平面で成立することはないので、anywhere を everywhere に置き換えると不適格になる。

ⅱ．any＋名詞句

　any は名詞句を後続させて、名詞句が表示する事物の集合に属する任意の事物を表示することができる。

　　(227) Any student can borrow books in the school library.
　　　　　学生は誰でも学校の図書館で本を借りることができる。

　　(228) We welcome any students who have college aspirations.
　　　　　大学を希望している学生なら、私たちは誰でも歓迎です。

　　(229) The man uses any opportunity to be promoted.
　　　　　その男は昇進するためにあらゆる機会を利用する。

　　(230) Any red wine goes well with this beef.
　　　　　この牛肉にはどの赤ワインでも合う。

　　(231) Cats are seen in any quarters of this town.
　　　　　猫はこの町のどの地区でも見られる。

　　(232) People can go into the church any time they want.
　　　　　人々はいつでも好きな時にその教会に入ることができる。

　(227)の主体 any student は、名詞群 in the school library（学校の図書館で）が文中にあることから、ある学校の学生である個体の集合に属する任意の個体を表示している。student は単数形であるから、学校の学生の中の誰か1人がいて、その学生が誰であっても、図書館の本を借りることができるという事態が表示されているものと理解される。学生は複数であっても同じ事態は成立するから、any student を any students に置き換えても適格性は変わらない。

　(228)の副体 any students は、関係節 who have college aspirations（大学を希望している）によって限定されているから、学生の集合のうちで、大学を希望している個体の集合に属している任意で複数の個体を表示する。主体である発信者たちが、この集合に属する個体の誰が来ても歓迎するという事態を、この文は表示している。任意の学生が1人であっても、同じ事態が成立するから、any student という単数形であっても適格性に変化はない。

　(229)の副体 any opportunity は、不定詞節 to be promoted（昇進するために）があることから、主体である the man（その男）が昇進するための機会である事態の集合に属する任意の事態を表示するものと理解される。昇進するための機会が成立する度に、その機会をその男が利用したという事態を、この文は表示する。男が利用する機会は1個であるのが普通だと考えられるが、複数であることもあり

得るので、any opportunities という複数形であっても適格だと判断される。

　(230)の名詞句 red wine は、赤ワインである個体の集合の全体を表示する。主体名詞句 any red wine に続く部分は、goes well with this beef (この牛肉に合う) であるから、赤ワインの集合を限定する要素はない。したがって、any red wine は赤ワインである個体の集合に属する任意の個体を表示する。wine は不可算普通名詞であるから、複数形を取ることはない。

　(231)の any quarters は、名詞群 of this town (この町の) によって限定されているから、地区である個体の集合と、この町に関係する事物の集合の共通部分に属する個体の集合に属する任意の個体を表示する。この町のどの地区を選んでも、そこに行けば猫が見られるという事態をこの文は表示している。選択される地区は1個であっても構わないから、any quarter という単数形に置き換えても同一の事態が表示される。

　(232)の any time は関係節 they want (彼らが望む) によって限定されているから、時区間の集合のうち、人々がその教会に入りたいと思うという事態が成立する時区間を表示する。この時区間の集合に属する任意の時区間において、people can go into the church (人々がその教会に入ることができる) という事態が成立することを、この文は表示している。すなわち、人々がその教会に入りたいと思えば、それがどの時区間で成立するものであっても、その教会に入ることが許可されるという事態である。「any time + 関係節」は成立時区間を表示するから、通常であれば前置詞を伴って名詞群の形態を取るが、名詞句の形で成立時区間を表示することができる。today (今日) や this year (今年) などの名詞句が単独で成立時区間を表示できるのと同じである。

iii. 否定的環境で使用される any

　否定文は事態の不成立を表示する。真偽疑問文は、発信者が事態が成立するかどうかを知らない場合に使用される。条件節 (if + 文) と whether/if で始まる名詞節は、事態が成立するかどうかが不確定であることを表す。比較節 (than + 文) は、主節が表示する程度では事態が成立しないことを表す。

　このような、事態の成立が否定されるような環境では、任意で不定の事物を表示するためには、any および any を含む不定代名詞が使用される。

a. 否定文・真偽疑問文

　(233) The boy won't eat any vegetable.
　　　その男の子は野菜を全然食べようとしない。

　(234) John denies that he has done any such thing.

264 第8章 代名詞

　　ジョンは自分がそんなことをしてはいないと言っている。

(235) Did you see anything in your room?
　　　　あなたは自分の部屋で何か見ましたか。

(236) Has your daughter decided to go on to any college?
　　　　あなたの娘さんはどこかの大学に進学することを決めましたか。

　any は事物の集合に属する任意の事物を表示する。否定は、事態の不成立を表示する操作であるが、別の見方をすると、事態を構成する要素のどれかが、その要素に関係する別の事物に置き換えられれば、同一の構造を持つ事態が成立することを表示する操作である。

　(233) に対応する肯定文は the boy will eat any vegetable (その男の子はどんな野菜も食べる) である。この事態が否定されると、主体 the boy, 関係 eat、副体 any vegetable のどれかに対応する要素が、別の要素に置き換えられた事態が、何らかの世界で成立することになる。この例では、副体である名詞句が any vegetable であって、これは現実世界における確実な個体を指示しているのではない。存在が確実ではないのだから、他の要素に置き換えるという否定の操作に最も容易に結びつくことになる。このことから、否定文に含まれる any は、それが表示する事物が事態中には含まれないという含意を生じさせる。

　したがってこの例は、「その男の子は野菜ではないものを食べようとする」、すなわち「野菜を食べようとしない」という事態を表示するものと理解されることになる。

　(234) の any such thing は副体である名詞節内にあるが、主節が John denies (ジョンが否定している) なので、名詞節が表示する事態は否定文と同等である。したがってこの名詞節は、John has done any such thing (ジョンがそんなことをした) という事態の any such thing (そんなこと) を別の事物に置き換えた「ジョンは別のことをした」という事態が成立したこと、すなわち「ジョンはそんなことをしなかった」という事態を表示するものと理解される。

　真偽疑問文は、発信者が事態の成立を知らないという前提で使用される。したがって、事態を構成する要素のうちのどれかが、現実世界では別の要素に置き換えられるという含意が生じる。

　(235) は真偽疑問文なので、you saw anything in your room (受信者が自分の部屋で何かを見た) という事態を構成する要素のどれかを別の要素に置き換えた事態が、現実世界で成立する可能性がある。置き換えられる要素は不定の事物を表示する anything であるが、これは任意の事物を表示するので、これを何らかの事物に置き換えると、それは事物ではないことになる。したがって、成立する可能性のある事態は「受信者が自分の部屋で見たものはない」ということである。

第6節　不定代名詞　　　　265

ここから、受信者が自分の部屋で見たものがあるのか、それとも見たものはない
のかのいずれかであるが、発信者はそのどちらであるかを受信者に尋ねていると
理解される。

　(236)では、your daughter has decided to go on to any college（受信者の娘がど
こかの大学に進学することを決めた）という事態のうち、any college を別の事物
に置き換えた事態が成立する可能性がある。その別の事物は、大学である個体の
集合に属する任意の個体でなければならないが、any college がそもそも任意の
大学なので、置き換えることのできる個体はない。したがって、成立するのは「受
信者の娘がどこの大学にも進学しなかった」という事態であり、この疑問文は、
受信者の娘がどこかの大学への進学を決めたか、それともどの大学にも進学を決
めなかったのかのいずれかであり、そのどちらが成立したのかを発信者が受信者
に尋ねていると理解される。

b.　条件節、選択疑問節

　If P, Q（もし P ならば Q）という構造を持つ条件文の P は「前件」、Q は「後件」
と呼ばれる。前件が条件節、後件が主節である。前件の事態が成立すれば後件の
事態も成立するということだから、前件の事態が成立するかどうかは分からない。
したがって、真偽疑問文の場合と同様に、事態を構成する要素のどれかが、現実
世界における事態中には存在しないという含意が生じる。

　接続詞 whether または if に文が後続する構造の選択疑問節についても、この
節が表示する事態が成立するかどうかを発信者は知らない。したがって、事態を
構成する要素のどれかは、現実世界ではこの事態中に含まれていないという含意
がある。

　(237) If anybody enters the vault, the alarm goes off.
　　　　もし誰かが金庫室に入ったら警報が鳴る。

　(238) Teachers contacted their parents without delay if pupils had any prob-
　　　　lems.
　　　　生徒たちに何か問題があったら、教員はすぐに親に連絡した。

　(239) The manager asked the clerk if she had received any phone call from a
　　　　customer.
　　　　支配人は顧客から電話を受けたかどうか係員に尋ねた。

　(240) Whether you will find anything interesting there is unclear.
　　　　あなたがそこで何か面白いものを見つけるかどうかは不明確だ。

　(237)の条件節 if anybody enters the vault（もし誰かが金庫室に入ったら）が表
示する事態が成立するかどうかは分からない。不定代名詞 anybody が含まれて

いるので、現実世界で成立する可能性があるのは、「誰かが金庫室に入る」という事態か「誰も金庫室に入らない」という事態のいずれかであると理解される。この条件文の前件と後件の間には因果関係があるので、誰かが金庫室に入れば警報が鳴るし、誰も金庫室に入らなければ警報は鳴らないものと理解される。

(238) の条件節 if pupils had any problems (もし生徒たちに何か問題があったら) が表示する事態が成立するかどうかは知られていない。成立する可能性があっただけである。この節には any problem が含まれていて、これは問題である事態の集合に属する任意の事態を表示するので、現実世界で成立する可能性があるのは、「生徒たちに何か問題がある」という事態か「生徒たちに何も問題がない」という事態のいずれかである。したがってこの条件文は、生徒たちに何か問題があれば、教師はすぐに親に連絡するが、生徒たちに何も問題がなければ、教師はすぐに親に連絡することはないという複合的事態を表示するものと理解される。

(239) の選択疑問節 if she had received any phone call from a customer (係員が顧客から電話を受けたかどうか) には any phone call が含まれている。この名詞句は、電話である事態の集合に属する任意の事態を表示するので、現実世界では「係員が顧客から何らかの電話を受けた」という事態か「係員が顧客から何の電話も受けなかった」という事態のいずれかが成立する。主体である支配人が係員に尋ねているのは、これら2つの事態のどちらが成立したのかということである。

(240) の選択疑問節 whether you will find anything interesting there (受信者がそこで何か面白いものを見つける) には anything interesting が含まれている。この名詞句は、面白い事物の集合に属する任意の事物を表示するから、現実世界では「受信者がそこで何らかの面白い事物を見つける」という事態か、「受信者がそこで何も面白い事物を見つけない」という事態のいずれかが成立する。2つの事態のうちのどちらが成立するのかが不明確だという事態を表示するのがこの文である。

c.　比較節

　比較は、「P than Q」という構造の文によって表され、P に含まれる事物が持つ特性の程度が、Q に含まれる事物が持つ同じ特性の程度より大きいという事態が表示される。Q が表示する事態は、「ある特性が P ほど大きくない」という否定的な環境を作るので、任意で不定の事物を表示するために any が使用される。

　　(241) I feel greater happiness when I see beautiful flowers than when I see anything else.
　　　　　美しい花を見る時の方が、他の何を見る時よりも、私は大きな幸せを感じる。

第6節　不定代名詞　　　　267

(242) The princess thought she was more charming than anyone thought she was.
　　　その王女は誰もが思っているよりも自分は魅力的だと思っていた。

　(241)は、「私が美しい花を見る時に大きな幸せを感じる」という事態 P に関わる幸せの大きさ h（P）と、「私が他のものを見る時に大きな幸せを感じる」という事態 Q に関わる幸せの大きさ h（Q）が比較され、h（P）の方が h（Q）より大きいことを表している。Q については、「私が他のものを見る時の幸せは、美しい花を見る時の幸せほど大きくない」という事態が含意され、このような否定的な環境で「他のもの」という任意不定の事物を表現するためには、any を含む anything が選択される。

　(242)は、「その王女が自分を魅力的だと思っていた」という事態 P に関わる魅力の程度 c（P）と、「誰かが王女を魅力的だと思っていた」という事態 Q に関わる魅力の程度 c（Q）が比較され、c（P）が c（Q）より大きいことを表している。Q については「誰かが思う王女の魅力は、王女が自分を思う魅力ほどは大きくない」という事態が含意されるから、「誰か」という任意不定の人間を表現するための代名詞としては、否定的環境で使用される anyone が選択される。

② 不定の 1 個の個体を表示する： one

　one は状況中に与えられた不定の 1 個の個体を指示する。

　(243) John was looking for an apartment near the station and he has found one.
　　　ジョンは駅の近くのアパートを探していたが、1 軒見つけた。

　(244) Since you have chosen a red shirt, I will choose a blue one.
　　　君が赤いシャツを選んだから、僕は青いシャツを選ぼう。

　(245) You see cheer leaders on the ground. They are the ones from my high school.
　　　競技場にチアリーダーたちが見えますよ。彼女たちは私の高校から来たチアリーダーです。

　(246) Here are jackets which I think fit you. This one is made in Morocco and that one is made in Portugal.
　　　サイズの合いそうな上着をお持ちしました。この上着はモロッコ製で、そちらはポルトガル製です。

　(247) Which one of them is the smartest boy in the class?
　　　彼らのうちの誰がクラスで一番賢い少年ですか。

　one は、状況中にある名詞と同一の 1 個の個体を指示する。個体が複数である場合は、複数形 ones になる。

268　　　　　　　　　　　　第 8 章　代名詞

「(冠詞／指示詞／疑問詞＋)(形容詞＋)名詞」という構造の名詞句が先行する文または同一の文中に与えられている場合に、名詞を不定代名詞 one に置き換えることができる。

(243) では、and の前にある文中の名詞句 an apartment の apartment を one に置き換える操作が行われる。この結果 a one が出力されるのだが、この場合のみ a が削除されて one だけになる。

(244) の主節中の a blue one の one は、従属節中の名詞句 a red shirt にある shirt と同一の名詞を表示している。名詞句 a blue one 中にも不定冠詞 a と one が含まれているが、間に別の語(ここでは形容詞 blue)が介在しているので、a は削除されない。

(245) の第 2 文にある the ones の ones は、第 1 文にある cheer leaders と同一の名詞句を指示している。cheer leaders が複数なので、one も複数形 ones になる。ones の後には名詞群 from my high school が置かれていて ones を限定しており、第 1 文で、受信者が ones が表示する個体群を実際に見ていることが分かるから、この個体群は同じ集合に属する他の個体とは明確に異なっており、定性は定である。このことを表すために ones の前に定冠詞 the が付加されている。

(246) の第 2 文にある this one と that one の one は、第 1 文にある jackets と同一の名詞を指示している。ただし one は単数形であるから、jacket (上着)である個体の集合に属する 1 個の個体を表示すると理解される。one だけでは集合に属する 1 個の個体を表示するだけなので、指示詞 this または that を付加することにより、発話に関与する人間との関係が表示される。this one は、発信者に関係する上着、すなわち発信者が持っているか指差している上着であり、that one は、発信者以外に関係する上着、すなわち発信者が手に触れる場所にないか、受信者が手に持っている上着であると理解される。

(247) では、one に疑問詞 which が付加されている。one は後続する名詞 boy と同一の名詞を指示しており、which が付加されることにより、ある限定された個体集合に属する不定の個体であって、その個体の特定を発信者が受信者に要求しているものだと理解される。boy (少年)である個体集合を限定するのは in the class (クラスの中で)であり、ここから、人称代名詞 them が指示する、そのクラスの少年たちの集合に属する不定の 1 個の個体を which one が表示し、この個体が the smartest boy (一番賢い少年)と同値関係にあり、その個体の特定が受信者に要求されていることが理解される。

＊任意の人間を表示する one
　　one は不定の個体を表示するが、単独で使用されて、任意の人間を表示するこ

ともある。

(248) One should respect one's friends' rights.
　　　人は自分の友人たちの権利を尊重しなければならない。

(249) One can never forget the evil acts committed to oneself.
　　　人は自分に対して働かれた悪事を決して忘れない。

(248)の one は不定の人間、すなわち人間一般を表示する。属格形は one's であるが、his または their を使用することもできる。人間一般を表示するために用いられる人称代名詞としては you が最も一般的である。we や people も使用される。

(249)の one も人間一般を表示する。one に対応する再帰代名詞は、この文の末尾にある oneself であるが、himself や themselves を用いることもできる。

one が単独で任意の人間を表示することができるのは、事態の主体を表示するために one が選択されている場合であり、主体を表示するのが別の形態である場合に、主体以外の意味役割を持つ人間一般を one で表すことはできない。

(250) ×You should be kind to one.　人々には親切でなければならない。

(251) ×You must not steal one's things.　人の物を盗んではいけない。

③ 任意ではあるが現実に存在する事物を表示する: some, something, someone, somebody

a.　肯定的環境

some は any と同様に、ある集合に属する任意の事物を表示する。しかし any と異なり、表示される事物が現実世界に確実に存在し、範囲が限定されるという特性がある。したがって、some を含む名詞句は、集合に属するすべての事物を表示することはない。

(252) There are some who believe in Roman deities.
　　　ローマの神々を信じている人もいる。

(253) Some stranger in Brazil sent a letter to our office.
　　　あるブラジルの見知らぬ人が私たちの会社に手紙を送ってきた。

(254) The Prime Minister talked with some guests at the party.
　　　首相はそのパーティーで何人かの客と話をした。

(255) I want some sugar and milk for my coffee.
　　　私は自分のコーヒーに砂糖とミルクがほしい。

(256) The woman has secretly put something small in her bag.
　　　その女は自分のバッグの中に小さな何かをこっそり入れた。

(257) I saw somebody standing at the exit some ten minutes ago.

私は 10 分くらい前に誰かが出口に立っているのを見た。

(252) の some は、関係節 who believe in Roman deities（主体がローマの神々を信じている）によって限定されていることから、人間である個体の集合に属する任意の事物を表示するものと理解される。関係節の動詞の形態が believe であって、ある神々を信じる人間は複数であるのが普通だから、some も複数の個体を表示することが導かれる。

some は現実に存在している個体の集合であるから、現在生きている人間の集合の部分である。その数が多ければ many や a lot of のような数量詞が選択されるはずだから、some は、選択された集合全体のあまり多くない部分を表示することになる。この例の集合は、人間の集合のうちで古代ローマの神々を信じている範囲が限定された個体集合であるから、数万人程度であろうと推測される。some がある程度多数の個体を表示している場合には、日本語では「～もいる」のような表現で置き換えられる。

(253) の some stranger in Brazil（あるブラジルの見知らぬ人）は、ブラジルにいて、発信者が知らない人間の集合に属する、任意の 1 個の個体を表示する。ただし、その個体は現実世界に確実に存在していて、発信者が所属する会社に手紙を送ってきている。このように、特定はできないが確実に存在する個体を表示する場合、日本語では連体詞「ある」が使用される。

この文の some を any に置き換えたとすると、発信者の知らない任意のブラジル人で、範囲が限定されない個体を表示するから、知らないブラジル人の誰もが手紙を送ってきたことになる。

(254) の some guests は、客である個体のうちで、そのパーティーに参加した個体の集合に属する任意で複数の個体を表示する。これらの個体は、首相がパーティーで話をした相手であるから、個体の個数はかなり限定される。パーティーへの参加者が数十名程度であれば、数名であることも十分ありうるから、日本語で「何人かの」に置き換えることができる。ただし、パーティーが大規模であって、参加者が千名以上にもなったような場合であれば、たとえ限定された数であっても、話した相手が数名ということは考えにくいから、「首相がそのパーティーで話した客もいた」のような日本語に置き換えるのが適当である。

(255) の some sugar and milk は、砂糖とミルクである個体の集合に属する任意の個体を表示する。sugar（砂糖）と milk（ミルク）は不可算普通名詞であるから、個数ではなく量が問題になる。この文が表示する事態は、発信者のコーヒーにこれらの個体を入れるというものであるから、どの程度の量であるかは容易に推測できる。ただし、個体が状況中に含まれている必要はなく、任意でよい。

(256) の something small は、事物の集合に属する任意の小さな 1 個を表示する。

第6節　不定代名詞　　　271

この文が表示するのは、the woman（その女）が主体であり、副体が任意の1個の事物であって、主体と副体の間に put（入れる）という関係が成立し、着点が her bag（彼女のバッグ）であるという事態である。この事態の特性から、この事物は個体であって、女性が掴んでバッグに入れることができるほど小さなものであることが分かる。任意の個体ではあるが、事態の成立時には確実に存在しており、他の個体が副体となることはあり得なかったと理解される。

この文で something を anything に置き換えると、任意の個体であるのは同じだが、範囲が限定されず、確実に存在していなくてもよいので、小さなものなら何でもよいからバッグに入れたという事態が表示されることになる。

（257）の somebody は、人間の集合に属する任意の1個を表示する。発信者がこの個体を見たという事態の副体であるから、この事態が成立した過去の時区間において確実に存在しており、任意ではあるが、発信者が見た個体はこの1個に限定される。

somebody を anybody に置き換えたとすると、任意の1人の人間が戸口に立っているのを発信者が見たという事態になり、この人間には範囲の制限がないので、どんな人間でも見えたということになる。過去の特定の時区間において、ある空間で誰でもを見るということはあり得ないので、anybody を使用した文は不適格だと判断される。

この文中にある some ten minutes ago では、some が数詞に先行する位置に置かれている。このような場合の some は、数詞が表す数に近接する範囲の数を表し、この名詞句だと「10分くらい前」を表す。

b.　否定的環境

some が否定文、疑問文、条件節などの否定的環境で使用される場合、some が表示する任意の事物は、事態中で確実に存在し、否定操作によって他の同種の事物に置き換えられることはない。

（258）Some people don't like eating raw eggs.
　　　　生卵を食べるのが嫌いな人もいる。

（259）Will you have some more tea?　もう少しお茶をいかがですか。

（260）If you did something wrong, never hesitate to tell it to me.
　　　　何か悪いことをしたのなら、ためらわずに私に言いなさい。

（261）Access to treatment should not depend on whether someone can spare the money.
　　　　誰かにお金の余裕があるかどうかが、治療を受ける権利を左右するべきではない。

272　　　　　　　　　　　　　第8章　代名詞

(262) It is certain that you are happier than somebody.
　　　　あなたが誰かより幸せなのは確かだ。

　(258)は否定文であり、対応する肯定文は some people like eating raw eggs (生卵を食べるのが好きな人もいる)である。この肯定文を否定すると、主体の some people、副体の eating raw eggs、関係の like を他の要素に置き換えた事態が成立することになる。副体は「主体が生卵を食べる」という事態なので、関係の eat (食べる)か副体の raw eggs (生卵)を他の要素に置き換えるという操作も実行される。

　ここで主体に some が含まれていることから、主体の some people は事態の構成要素として確実に存在していなければならず、主体を別の事物に置き換えることはできない。したがってこの文は、一部の人々について、その人々が生卵を食べるのが好きではない、すなわち生卵を食べるのが好きではない人々もいるという事態を表示するものと理解される。

　この文で some を any に置き換える場合、any が否定辞 not に先行する構造は不適格である。

　(258′) ×Any people don't like eating raw eggs.

　この文に対応する肯定文 any people like eating raw eggs (誰もが生卵を食べるのが好きだ)を構成する要素のうち、any を含む名詞句 any people が、同種の他の集合に置き換えられた結果成立するのが(258′)のような否定文である。any people は人間である個体の集合の任意の個体を表示するから、この集合を別の集合に置き換えるとすれば、それは人間の集合ではなくなる。したがって、この否定文が表示する事態は、人間ではない生物の集合が生卵を食べるのが好きだということ、すなわち人間は誰も生卵を食べるのが好きではないということになる。

　(258′)が否定文であるとすれば、このような過程で適切に理解されるから、不適格だと判断される必要はないようにも思われる。

　一方、not が any に先行する次のような構造であれば適格となる。

　(258″) a. Not any people like eating raw eggs.

　　　　　b. There are not any people who like eating raw eggs.
　　　　　　生卵を食べるのが好きな人はいない。

　(258′)が不適格で(258″)が適格なのだとすれば、両者の違いは否定辞 not の位置だから、この構造的要因が関わっているものと考えなければならない。英語の not は、数量に関わる要素を否定する場合には、その要素に対応する語句に先行する位置に配置されるという規則がある。

　(263) a. For thirty hours John didn't sleep.

　　　　　b. John didn't sleep for thirty hours.

　(263a)は for thirty hours (30時間)が not に先行する位置にあって、否定の作

第6節　不定代名詞　　　　　　　　　　273

用を受けない。したがって、ジョンは 30 時間眠らなかった、つまりジョンが眠
らなかった時区間の長さが 30 時間であった、という事態を表示する。

（263b）は、同じ名詞群が not に後続する位置にあるので、否定の作用を受ける。
否定の作用を受けるのが sleep（眠る）であれば、ジョンは 30 時間眠らなかった
のではなくて、30 時間目をつぶって座っていた、のような事態を表す。否定の
作用を受けるのが for thirty hours であれば、ジョンは眠ったのだが、それは 30
時間ではなくて 24 時間だった、というような事態だと理解される。

英語の否定文に any が含まれている場合には、any は否定の作用を受けなけれ
ばならない。集合中の任意の事物を表示することは、集合の要素全部に関わると
いうことだから、any も数量に関係する形態である。したがって、否定の作用を
受けるためには、any は not に後続しなければならない。

恐らくこの理由で、any が not に先行する構造が、英語では許容されないのだ
ろうと考えられる。any 以外で任意の要素や集合全体を表す every, all, both, ei-
ther などの数量詞についても同様に、not はこれらの形態に先行しなければなら
ない。

ただし、（258″a）のように not が any の直前に配置される構造は、（258″b）のよ
うに not が動詞または助動詞に後続する構造よりも許容度が低い。これは、not
が動詞や助動詞に近接する位置に置かれるのが原則であることに由来するものと
考えられる。

（259）は疑問文で、「受信者がもう少しお茶を飲む」という事態が成立しない
可能性があるという前提で使用されている。some more tea でなく any more tea
であれば、この事態は成立するかしないかのいずれかであり、成立しない可能性
も十分にあると発信者は思っている。これに対して some more tea が使用されて
いると、成立する事態中にこの個体が含まれることになるので、事態が成立する
可能性が高い、つまり受信者はもう少しお茶を飲むだろうと発信者が考えている
ものと理解される。

（260）は条件文で、条件節に something が含まれている。anything であれば、
受信者が悪いことをしたという事態は成立したかしないかのいずれかである。成
立しなかった可能性も十分にある。一方、この文のように something であれば、
この事態が成立した可能性が高いと発信者は思っている。したがって、後件の
never hesitate to tell it to me（受信者が発信者にそれをためらわずに言う）という
事態を受信者が成立させるように要求する強さの程度も、前件の成立可能性の高
さに応じて大きくなる。

（261）の someone は選択疑問節の中にある。使用されているのが anyone であ
れば、「誰かにお金の余裕がある」という事態の主体は任意の人間であるから、

274　　　　　　　　　　　　第 8 章　代名詞

誰でもよい。したがってこの事態は成立することもあればそうではないこともある。しかしこの文のように someone が用いられていると、ある実在の人間が 1 人いて、その人間にお金の余裕があるかどうかという事態が問題になっているものと理解される。

　（262）の somebody は than で始まる比較節の中にある。ここで anybody が使用されていたとすると、それは任意の人間だから、受信者が誰よりも幸せだ、つまり受信者が最も幸せだという事態を表示する。しかしこの例のように some-body であると、ある 1 人の人間が現実に存在して、その人間よりも受信者が幸せであるという事態が表示されることになる。

c.　some の比喩的使用

　some は不定ではあるが事態を構成する要素であって、現実世界に確実に存在する事物を表示するために用いられる。

　事物が確実に存在するということは、存在感があるということだから、その事物には比較的大きな価値が与えられる。ここから some は「大した、相当な」という特性を持つようになる。

　　（264）It requires quite some work to make precise calculations.
　　　　　正確な計算をするには相当の作業が必要だ。

　　（265）The girl will achieve something in the future.
　　　　　その女の子は将来大したことをやり遂げるだろう。

　　（266）John is somebody who young people hope to be.
　　　　　ジョンは若者がそうなりたいと思うような人物だ。

　現実世界に存在はするが、不定の事物を表示することから、数詞に先行すると、正確な数値ではなくその数値を含むある程度の範囲の数値を表す。

　　（267）The palace is some twenty miles away from the center of the town.
　　　　　宮殿は町の中心からおよそ 20 マイル離れたところにある。

　　（268）France reigned over England for some four hundred years.
　　　　　フランスは大体 400 年の間イングランドを支配した。

④ 集合に属する事物が事態中に含まれないことを表示する: none, nothing, nobody, no one, nowhere

　none は状況中に与えられた集合が、文に対応する事態中に含まれないことを、nothing は任意の事物の集合、nobody, no one は任意の人間の集合、nowhere は任意の空間がそれぞれ事態中に含まれないことを表示する。事態を構成する成分としての事物の集合が、実際には事態に含まれないとする操作は否定に等しいか

第6節　不定代名詞　　　　　275

ら、none, nothing, nobody, no one, nowhere を含む文は否定文の一種だと見なされる。

（269）A： Which question did you successfully answer?
　　　　B： None, unfortunately.
　　　　A： あなたはどの問題にうまく答えられましたか。
　　　　B： 残念ながら、どれにも答えられませんでした。

（270）None of the buildings were destroyed by the air raid.
　　　　空襲で破壊された建物はなかった。

（271）Entirely downhearted, the woman could eat none of the food offered to her.
　　　　完全に落胆していたので、その女は出された食事を食べることができなかった。

（272）Nothing can stop this present inflation.
　　　　この現在のインフレを止めることができるものはない。

（273）The old man has been doing nothing since his retirement.
　　　　その年取った男は退職以来何もしていない。

（274）Nobody was in the room with no lights on.
　　　　その部屋には明かりがついていなくて、誰もいなかった。

（275）The girl can get along with nobody in her class.
　　　　その女の子はクラスの誰とも仲良くやっていけない。

（276）No one of them has more power than the chairman.
　　　　彼らのうちの誰にも会長より大きな力はない。

（277）An argument like that will lead us nowhere.
　　　　そんな議論では私たちにとって何にもならない。

　（269）では A の発話によって question（問題）である事態の集合が与えられている。受信者が答えようとした問題であるから、状況中にあるのはこの集合の部分である。

　B の発話を完全な文にすると、I answered none of the questions. になる。この文中の none は、状況中にある問題の集合が事態の成分として含まれないことを表示する。この集合が事態に含まれない場合は、事態そのものが成立しないから、この文は「発信者が与えられた問題にうまく答えた」という事態が成立しなかったこと、すなわち発信者がどの問題にも答えられなかったという事態を表示する。

　（270）の none は後続する名詞群 of the buildings が表示する建物の集合が、「主体が空襲で破壊された」という事態の主体ではないということを表す。したがってこの文は、与えられた建物の集合が、空襲で破壊された主体ではないこと、す

なわち建物の中に空襲で破壊されたものがなかったことを表示する。

（271）の none は、後続する名詞群 of the food offered to her が表示する、その女に提供された食事である個体の集合が、「その女が副体を食べることができた」という事態の副体ではないことを表す。したがってこの文は、その女が食べることができた副体として、彼女に提供された食事の集合が含まれないこと、すなわち、その女が提供された食事を食べることができなかったという事態を表示する。

（272）の nothing は、「主体が現在のインフレを止めることができる」という事態の主体として、どの事物の集合も含まれないことを表示する。したがってこの文は、何物も現在のインフレを止めることができない、すなわち現在のインフレを止めることができるものはないという事態を表示する。

（273）の nothing は「その年取った男が退職後に副体をしている」という事態の副体として、どの事物の集合も含まれないことを表示する。したがってこの文は、その年取った男が退職後にしている事物がないこと、すなわちその男が退職後に何もしていないという事態を表示する。

（274）の nobody は、「主体が明かりのついていない部屋にいる」という事態の主体として、人間全体の集合が含まれないことを表示する。したがってこの文は、人間は誰もその部屋にいなかったという事態を表示する。

（275）の nobody は、「その女の子がクラスの人間の集合と仲良くする」という事態で、人間の集合が成分として含まれないことを表示する。したがってこの文は、その女の子が仲良くしているクラスの人間の集合がない、すなわち、その女の子はクラスの誰とも仲良くしていないという事態を表示する。

（276）の no one は、they（彼ら）が指示する個体集合の全体が、「主体が会長よりも大きな力を持っている」という事態の主体として含まれていないことを表す。したがってこの文は、彼らの誰もが会長より大きな力を持っていないこと、すなわち会長と彼らが構成する個体集合の中で、会長が最も大きな力を持っているという事態を表示する。

（277）の nowhere は、an argument like that will lead us（そのような議論が発信者たちを導く）という事態の着点に、空間である個体の集合全体が含まれないことを表す。したがってこの文は、そのような議論が発信者たちを導く場所がないこと、すなわちその議論をしても発信者たちにとっては無駄であるという事態を表示するものと理解される。

⑤ 集合内に部分集合を設定し、その部分集合以外の要素を表示する：other, another

other は単数形のみで使用されることはなく、others のように複数形を取るか、

第 6 節　不定代名詞　　　　277

the other(s) のように定冠詞を先行させるか、「other ＋名詞」という構造で、名詞とともに名詞句を形成するという方法で使用される。another は単独でも使用できるし、名詞を後続させて名詞句を構成することもできる。

　other と another は、状況や後続する名詞が与える集合内に、何らかの部分集合を設定し、その部分集合以外の要素について事態が成立することを表示する。other は、定冠詞を伴わない場合には不定の事物を表示し、定冠詞を伴う場合には定の事物を表示する。another は常に不定の 1 個の事物を表示する。

(278) John is as polite to his assistants as to others.
　　　ジョンは他の人に対してと同様、自分の助手たちにも丁寧だ。

(279) Some criticize the government's policy, but others earnestly support it.
　　　政府の政策を批判する人々もいるが、それを熱心に支持する人々もいる。

(280) Two Germans visited my office. One was from Berlin and the other was from Munich.
　　　ドイツ人が 2 人私の会社を訪ねてきた。1 人はベルリンからで、もう 1 人はミュンヘンからだった。

(281) I bought bottles of wine at a liquor shop. Two of them were produced in Bordeaux and the others in Bourgogne.
　　　私は酒屋でワインを買った。そのうち 2 本はボルドー産で、残りはブルゴーニュ産だった。

(282) Mary thought Plato's idea was attractive but those of other philosophers were hard for her to understand.
　　　メアリーはプラトンの思想は魅力的だと思ったが、他の哲学者の思想は彼女が理解するには難しかった。

(283) John's speech was better than any other in the contest.
　　　ジョンのスピーチはコンテストで他のどれよりもよかった。

(284) Since she didn't like the purse the clerk had brought to her, Mary asked for another.
　　　メアリーは店員が持ってきたバッグが気に入らなかったので、別のを頼んだ。

(285) The young man drank up a pint of beer at once and ordered another glass.
　　　その若者はすぐに 1 パイントのビールを飲み干し、グラスをもう 1 杯注文した。

(278)では、his assistants（ジョンの助手たち）の集合 A を含む上位の集合とし

て、ジョンが接する可能性のある人間の集合 H が想定される。H のうち A に属さない集合 C（＝H∩A^c）に属する個体を others が表示する。C には複数の個体が含まれるから、other は複数形 others を取る。

（279）では、不定代名詞 some によって、国民の集合 P が設定される。some は P の部分集合であり、これを S と表記すると、others が表示するのは、P のうち S に属さない部分の集合 C（＝P∩S^c）である。C には複数の国民が属するので、複数形 others で表示される。

（280）では、第 1 文によって two Germans（2 人のドイツ人）である集合が状況中に与えられる。2 個の個体を要素とする集合から無作為に 1 個を取り出すと、その定性は不定である。したがって、これを不定代名詞で表示する場合には one が用いられる。同じ集合の残りの個体は 1 個のみであり、すでに選択された個体ではない、それとは明確に異なる個体であるから、定性は定である。したがって、定冠詞を伴う the other で表現される。

（281）では、bottles of wine（複数のワインの瓶）によって構成される集合 W が状況中に与えられる。この集合に属する個体のうちの 2 個（two of them）がまず選択されており、この集合を T とすると、W に含まれる T 以外の要素 C（＝W∩T^c）は、T に属する 2 個の要素とは明確に異なるから定であり、T には含まれていない複数の要素であるから、the others で表現される。

（282）では、Plato's idea（プラトンの思想）という名詞句に含まれる Plato が哲学者なので、哲学者の集合 P が状況中に与えられる。P に属する 1 個の要素が Plato（プラトン）であるが、P は過去から現在さらには未来に至るまでの全ての哲学者によって構成されるので、要素の個数は無限である。したがって、プラトン以外の哲学者で Mary がその思想を理解しようとする個体の集合 Q は、P の部分に過ぎず、その要素を明確に決定することはできない。したがって Q は不定であり、要素の個数は複数である。Q を構成する要素は philosopher である複数の個体であるから、other philosophers で表現される。

（283）では、John's speech（ジョンのスピーチ）j によってスピーチである事態の集合 S が状況中に与えられる。この集合は、名詞句 any other in the contest によって、あるコンテストでなされたスピーチの集合 S′ に限定される。S′ に属するジョンのスピーチ以外の要素の集合（S′∩{j}^c）を構成する任意の要素は、j ではないスピーチであるから、any other (speech) によって表現される。

（284）では、since で始まる従属節中の purse（バッグ）によって、バッグである個体の集合が状況中に与えられる。さらに、関係節を含む名詞句 the purse the clerk had brought to her（その店員が持ってきたバッグ）によって、この集合は、店にあるバッグの集合 B に限定される。B の要素のうち、店員が持ってきたバッ

グ以外の要素が作る集合に属する不定の1個の要素は、another (bag) によって表現される。

（285）では、文の前半にある a pint of beer（1パイントのビール）によって、ビールである個体の集合Bが状況中に与えられる。さらに、文の後半の事態から、このビールはある店で飲んだものと考えることができるから、Bはその店にあるビールの集合B′に限定される。ビールは glass（グラス）にいれて提供されるから、ビールB′の入ったグラスの集合Gが想定され、すでに若者が飲んだグラス以外の要素で、不定の1個の要素は another glass で表現される。

第7節　疑問代名詞

疑問代名詞は、不定の事物を表示するとともに、その事物を表現する形態を与えることを受信者に依頼する発話行為を実行する形態である。

who：事物が人間
what：事物が人間以外で、事物の範囲は限定されない
which：事物が人間でも人間以外でもよいが、事物の範囲は状況によって限定される
where：事物の意味役割が成立空間
when：事物の意味役割が成立時区間
how：事物の意味役割が手段
why：事物の意味役割が理由

① who

事態中に不定の人間が含まれていて、その人間を言語によって特定することを発信者が受信者に依頼する場合に、疑問代名詞 who が用いられる。疑問代名詞の中で who だけが意味役割によって形態を変化させる。

who：主格、whom：対格、whose：属格

ただし、対格形は前置詞に後続する場合にのみ使用され、単射関係または双射関係の副体である場合には、主格形の who が用いられるのが、現代英語の原則である。

ⅰ．主格形、対格形

（286）Who will take us to the auditorium?
　　　　誰が私たちを講堂まで連れて行ってくれるのですか。

（287）Who is the tallest in this class?
　　　　このクラスで一番背が高いのは誰ですか。

（288）Who were the guests at the party?
　　　そのパーティーの客は誰だったのですか。

（289）Who did the president choose as his vice-president?
　　　社長は誰を副社長に選んだのですか。

（290）Who will you go to the meeting with?
　　　あなたは誰と一緒にその会合に行くのですか。

（286）の who には「動詞群（will take）＋副体（us）」が後続しているので、who は主体を表示すると理解される。この文は、「誰かが発信者たちを講堂に連れて行く」という事態が成立することを発信者が知っているという前提で使用されており、その「誰か」を who で表現することによって、発信者は受信者に対して、主体である人間を言語化することを依頼している。

（287）の who には「動詞群 is＋名詞句（the tallest in this class）」が後続しているので、who は同値関係の副体であると理解される。この文は、「誰かがこのクラスで一番背が高い」という事態が成立することを発信者が知っていて、その誰かを who で表現することで、発信者が受信者に対して、副体である人間を言語化することを依頼している。

who が同値関係の副体である場合には、主格形を取る。

（288）の who には「動詞群 were＋名詞句（the guests at the party（パーティーの客））」が後続しているので、who は包含関係の副体である。この文は「そのパーティーの客が誰かだ」という事態が成立することを発信者が知っていて、その副体を who で表現することで、発信者が受信者に対して、副体である人間を言語形態によって指示することを依頼している。

who が包含関係の副体である場合には、主格形を取る。

（289）の who には「助動詞（did）＋名詞句（the president）＋不定詞（choose）」が後続しているので、who は単射関係の副体である。この文は、「社長が誰かを副社長に選んだ」という事態が成立したことを発信者が知っていて、副体である誰かを who で表現することで、発信者が受信者に対して、副体である人間を表示する形態を与えることを依頼している。

who が単射関係の副体である場合には、対格形 whom を用いることもできるが、現代では改まった文章中でも主格形 who が使用されるのが普通である。

（290）の who には「助動詞（will）＋代名詞（you）＋不定詞（go）＋名詞群（to the meeting）＋前置詞（with）」が後続しているので、who は前置詞 with とともに名詞群を構成する。この文は「受信者が誰かと一緒にその会合に行く」という事態が成立することを発信者が知っていて、関与者である誰かを who で表現することで、発信者が受信者に対して、関与者である人間を言語的に表現することを依

第7節　疑問代名詞　　281

頼している。

who が前置詞とともに名詞群を構成する場合、who は文頭に配置されるが、前置詞は文末に配置される。名詞群全体を文頭に配置する構造も不適格ではないが、現代ではほとんど用いられない。

　（290′）With whom will you go to the meeting?

ただし、他の疑問代名詞が先行する構造の場合は、「前置詞＋whom」を使用することが義務的となる。

　（291）Where and with whom will you dine?
　　　　あなたはどこで誰と一緒に夕食を取るのですか。

この場合、前置詞を文末に配置する構造は不適格となる。

　（291′）×Where and who will you dine with?

who は名詞節の成分になることもできる。この場合 who は名詞節の先頭に配置され、不定の人間を表示するだけで、その言語的特定化を受信者に要求する働きはしない。疑問代名詞を含む名詞節は一般に「間接疑問節」と呼び、その名詞節が表示する事態が成立したことが知られている場合に使用される。

間接疑問節では、疑問詞疑問節とは異なり、疑問詞が副体であっても、主体名詞句に助動詞や動詞 be が先行する構造が作られることはない。このような特別の構造（伝統的に「倒置」と呼ばれる）は、疑問文の場合には、発信者が受信者に情報の提供を依頼するという語用論的機能を持つと考えることができるが、間接疑問節にはこのような機能がないからである。

　（292）It is yet to be found who broke into the store.
　　　　誰がその店に押し入ったのかは分かっていない。

　（293）I know who the woman saw at the bus stop.
　　　　その女がバス停で誰を見たのか私は知っている。

　（294）John asked the boy who he usually played with.
　　　　ジョンはその男の子に、いつもは誰と一緒に遊ぶのか尋ねた。

（292）の間接疑問節 who broke into the store（誰がその店に押し入ったのか）では、疑問詞 who に「動詞群（broke）＋名詞群（into the store）」が後続しているので、who は主体である。この文は、「誰かがその店に押し入った」という事態が知られているという条件で使用される。

（293）の間接疑問節 who the woman saw at the bus stop（その女がバス停で誰を見たか）では、疑問詞 who に「名詞句（the woman）＋動詞群（saw）＋名詞群（at the bus stop）が後続しており、the woman が構造から主体だと判断されるので、who は副体である。この文は、「その女がバス停で誰かを見た」という事態が知られているという条件で使用される。

who は単射関係の副体であるから、whom という対格形を使用しても適格となるが、使用される頻度は who より低い。

(294) の間接疑問節 who he usually played with (彼がいつも誰と一緒に遊んでいるか) では、節の末尾に前置詞 with があることから、who は with とともに名詞群を構成し、関与者を表示するものと理解される。この文は「その男の子がいつも誰かと一緒に遊んでいた」という事態が知られているという条件で使用される。

同じ事態は、対格形 whom を使用した次のような文で表現しても適格となるが、使用頻度は高くない。

(294′) a. John asked the boy whom he usually played with.

b. John asked the boy with whom he usually played.

ⅱ. 属格形

whose は単独で、不定の人間に関係する事物の集合を表示する (誰のもの) か、名詞を後続させて、その名詞が表示する事物と不定の人間に関係する事物の集合の共通部分 (誰の事物) を表示する。

(295) Whose is this red pencase?　この赤い筆箱は誰のですか。

(296) Whose picture won the first prize?
誰の絵が一等賞を取ったのですか。

(297) Whose house is this eccentric building?
この風変わりな建物は誰の家ですか。

(298) Whose report did you find original?
あなたは誰のレポートが独創的だと思いましたか。

(299) Whose work did the judges give the highest evaluation to?
審査員たちは誰の作品に最高の評価を与えましたか。

(295) の whose には「動詞群 (is) + 名詞句 (this red pencase)」が後続するから、事態の主体か副体である。this red pencase (この赤い筆箱) が表示するのは 1 個の個体であり、whose は事物の集合を表示するから、表示されるのは個体が副体に包含される関係にあるという事態でなければならない。したがって、whose は包含関係の副体だと理解される。

(296) の whose picture (誰の絵) には「動詞群 (won) + 名詞句 (the first prize)」が後続しているので、whose picture が事態の主体だと理解される。この文は、「誰かの絵が一等賞を取った」という事態が発信者には知られているが、その不定の人間を知らないので、この人間を表現する形態を与えることを発信者が受信者に依頼するために使用されている。

第 7 節　疑問代名詞　　283

（297）の whose house（誰の家）には「動詞群（is）＋名詞句（this eccentric build-ing）」が後続しており、名詞句が表示するのは 1 個の個体、whose house が表示するのは、不定の人間の家である個体の集合なので、1 個の個体が個体の集合に含まれる関係にあるという事態が表示されているものと理解される。したがって、whose house は包含関係の副体である。この文では、発信者が指示している風変わりな家が誰かに関係する（誰かが所有する）個体であり、その誰かを受信者が知っていると発信者は考えているので、その人間を表示する形態を与えることを、発信者が受信者に依頼している。

（298）の whose report（誰のレポート）には「助動詞（did）＋名詞句（you）＋動詞（find）＋形容詞（original）」が続いている。したがって、助動詞に後続する名詞句が主体である。動詞 find の後に形容詞が置かれているので、本来は「動詞 find ＋名詞句＋形容詞」という構造を取り、「名詞句＋形容詞」が準名詞節を構成することが期待される。これにより、whose report は副体ではなく、準名詞節が表示する事態の主体であると理解しなければならない。この文では「受信者が誰かのレポートが独創的だと思った」という事態が成立することが知られていて、その誰かを言語的に特定することを発信者が受信者に依頼している。

（299）の whose work（誰の作品）には「助動詞（did）＋名詞句（the judges）＋動詞（give）＋名詞句（the highest evaluation）＋前置詞（to）」が後続しているので、助動詞に続く名詞句が主体で、動詞に続く名詞句が副体であると理解される。文末に前置詞が配置されていることから、この前置詞と文頭の whose work が名詞群を構成し、動詞が give であるから、意味役割は着点である。

この文では「審査員たちが誰かの作品に最高の評価を与えた」という事態が成立することが知られていて、その誰かを表現する言語形態を与えることを、発信者が受信者に依頼している。

「whose（＋名詞）」は、間接疑問節の成分として、不定の人間に関わる事物を表示することができる。

（300）Mary told me at once whose the voice was.
　　　　メアリーはその声が誰のかをすぐに私に言った。

（301）John asked me whose speech impressed me the most.
　　　　誰の話が最も印象深かったか、ジョンは私に尋ねた。

（302）The problem is whose proposal we should choose.
　　　　問題は誰の提案を選択するべきかということだ。

（303）They have decided whose opinion they will make a comment on.
　　　　彼らは誰の意見に論評するかを決めた。

（300）の名詞節 whose the voice was（その声が誰のか）は、単射関係の副体とし

て機能している。whose には「名詞句 (the voice) ＋動詞群 (was)」が後続しているので、the voice が主体であり、whose は包含関係の副体である。したがってこの名詞節は、その声である個体が、誰に関係する事物に属するのか、すなわちその声が誰の声であるのかという事態を表示する。

(301) の名詞節 whose speech impressed me the most (誰の話が最も印象深かったか)は、単射関係の副体として機能している。whose は speech とともに名詞句を構成し、これに「動詞群 (impressed) ＋名詞句 (me) ＋副詞句 (the most)」が後続しているので、whose speech は主体だと理解される。この文は、誰かの話が発信者にとって最も印象深かったことをジョンが知っており、その誰かを言語的に特定することをジョンが発信者に依頼しているという事態を表示する。

(302) の名詞節 whose proposal we should choose (発信者たちが誰の提案を選択するべきか)は、同値関係の副体として機能している。whose は proposal とともに名詞句を構成しており、これに「名詞句 (we) ＋動詞群 (should choose)」が後続しているので、whose proposal は単射関係の副体であると理解される。この文は、誰かの提案を発信者たちが選択しなければならないということが知られているが、その誰かが分かっている人間はいないという状況で使用されている。

(303) の名詞節 whose opinion they will make a comment on (誰の意見に論評するか)は、単射関係の副体として機能している。whose opinion には「名詞句 (they) ＋動詞群 (will make) ＋名詞句 (a comment) ＋前置詞 (on)」が後続しているので、whose opinion は前置詞 on とともに名詞群を構成している。この文は、「彼らが誰かの意見に論評する」という事態の成立が知られていて、その誰かを彼らが特定したという事態を表示している。

② **what**

疑問代名詞 what は、事態中に不定の事物が含まれていて、その事物を表示する言語形態を与えることを発信者が受信者に依頼する場合に使用される。

(304) What caused the fire?　何が原因で火災が起きたのですか。

(305) What is the most important thing in life?
人生で最も大切なことは何ですか。

(306) What did the explorers find in the cave?
探検家たちはその洞窟で何を見つけたのですか。

(307) What color is your car?　あなたの車は何色ですか。

(308) What subject is the test for?
そのテストはどの項目についてのものですか。

(304) の what は、「動詞群 (caused) ＋名詞句 (the fire)」が後続しているので、

事態の主体である。火災が起きれば、「何かが火災を引き起こした」という事態が成立したことは自明であるから、その事態中に含まれる不定の事態である「何か」を表現する形態を与えることを、発信者が受信者に依頼している。

（305）の what は、「動詞群（is）＋名詞句（the most important thing in life）」が後続しており、動詞が be なので、同値関係の副体である。「人生で最も大切なこと」という事物が状況中に存在することは誰にでも分かるので、その事物が何かであるという事態も成立することは自明である。その何かを表現する言語形態を与えることを、発信者が受信者に依頼している。

（306）の what は、「助動詞（did）＋名詞句（the explorers）＋動詞（find）＋名詞群（in the cave）」が後続しているので、単射関係の副体である。この文は、「その探検家たちがその洞窟で何かを見つけた」という事態が知られているという状況で使用され、発信者が受信者に対して、その何かを表示する言語形態を与えることを依頼している。

（307）の what には名詞 color が後続し、what color という名詞句を構成している。この名詞句に「動詞群（is）＋名詞句（your car）」が後続しているので、what color は包含関係の副体である。「車がある色だ」という事態は自明であるので、この文は主体である受信者の車について、それがどの色の個体集合に属しているのかを言語で表現することを、発信者が受信者に依頼している。

（308）の what は後続する名詞 subject と共に名詞句を構成している。この名詞句に「動詞群（is）＋名詞句（the test）＋前置詞（for）」が後続しているから、名詞句 what subject は for とともに名詞群を構成する。事態の主体は名詞句 the test であり、疑問詞を含む名詞群は着点を表示している。テストの着点、すなわち目的は、項目である事態の集合のうちどの事態であるのかを発信者が受信者に特定することを依頼している。

what（＋名詞句）を含む名詞句は、間接疑問節中で不定の事物を表示する。

（309）Medical scientists haven't found what causes this disease.
医学者たちは何がその病気の原因なのかまだ見つけていない。

（310）The most important thing is what you are and not what you wear.
最も重要なことは人が何であるかであって何を身につけているかではない。

（311）The villagers know what foods the insects like best.
村人たちはその虫がどの食べ物を一番好むか知っている。

（312）The detective asked the woman what jacket the suspect was in.
刑事はその女に容疑者はどんな上着を着ていたか尋ねた。

（313）Tell me what amount of fund you will carry on business with.

どれくらいの資金で事業を進めて行くつもりなのか教えてください。

（314）What do you think is a suitable job for him?

彼にふさわしい仕事は何だと思いますか。

（309）の間接疑問節は、先行する部分が「名詞句（medical scientists）＋動詞群（haven't found）」であるから、単射関係の副体である。what には「動詞群（causes）＋名詞句（this disease）」が後続しているから、この疑問詞は単射関係の主体である。「主体がその病気を引き起こす」という事態の集合を構成する主体の集合に属する不定の事物を what が表示している。

（310）の間接疑問節は、先行する部分が「名詞句（the most important thing）＋動詞群（is）」であるから、同値関係の副体である。what you are は「疑問代名詞＋名詞句（you）＋動詞群（are）」という構造なので、what は包含関係の副体であり、この名詞節は「受信者が個体の集合に属している」という事態を表示することになる。しかし、人間が個体の集合に属しているのは当然のことで、言語化して伝達する価値はない。したがって what は、人間を職業や経歴で分類した結果の個体の集合だと理解される。what you wear には「疑問代名詞＋名詞句（you）＋動詞群（wear）」が後続しているので、what は単射関係の副体である。動詞 wear の特性から、what が表示するのは人間が身につける個体の集合のうち不定の事物であると理解される。

（311）の間接疑問節 what foods the insects like best には「名詞句（the villagers）＋動詞群（know）」が先行しているので、この名詞節は単射関係の副体である。what foods には「名詞句（the insects）＋動詞群（like）＋副詞（best）」が後続しているので、what foods は単射関係の副体である。この疑問詞句は食べ物である個体の集合のうち不定の個体を表示する。

（312）の間接疑問節 what jacket the suspect was in には、「名詞句（the detective）＋動詞群（asked）＋名詞句（the woman）」が先行しているので、この名詞節は単射関係の副体である。名詞節中で、疑問詞句 what jacket には「名詞句（the suspect）＋動詞群（was）＋前置詞（in）」が後続しているので、what jacket は前置詞 in とともに名詞群を構成し、the suspect was（容疑者がいた）という事態が成立する空間を表示する。

（313）の間接疑問節 what amount of fund you will carry on business with には、「動詞群（tell）＋名詞句（me）」が先行しており、動詞群の前に名詞句が配置されていないことから、tell は命令形であり、間接疑問節は単射関係の副体である。疑問詞を含む名詞句 what amount of fund（どれくらいの資金）には「名詞句（you）＋動詞群（will carry）＋名詞群（on business）＋前置詞（with）」が後続しているから、前置詞 with と what amount of fund で名詞群を構成するものと理解される。

第 7 節　疑問代名詞　　　287

（314）の what の後には「助動詞（do）＋名詞句（you）＋動詞（think）＋動詞群（is）
＋名詞句（a suitable job for him）」が続いている。動詞 think は名詞節を副体に要
求するから、what は名詞節の主体であり、名詞句 a suitable job for him（彼にふ
さわしい仕事）が表示する事態の集合に包含される関係にあるものと理解される。
発信者は受信者に対して、名詞句が表示する事態の集合に属する不定の事態を表
現する形態を与えることを依頼している。

③ which

　疑問代名詞 which は、範囲が限定された事物の集合に属する不定の事物を表
示する。疑問詞疑問文の要素として使用される場合は、発信者が受信者に which
が表示する事物を表現する形態を与えることを依頼する。

（315）Which of the three vice presidents will attend the conference?
　　　3 人の副社長のうちどなたが会議に出席されますか。

（316）Which is larger, Paris or Rome?
　　　パリとローマではどちらが大きいですか。

（317）Which pictures do you want to see if you visit the Louvre?
　　　ルーブルに行ったとしたら、どの絵をみたいですか。

（318）Which house was Mozart born in?
　　　モーツァルトはどの家で生まれたのですか。

（315）の which は名詞群 of the three vice presidents が後続していることから、
副社長 3 人で構成される個体の集合のうちの不定の 1 個の個体を表示し、その
個体を特定することを発信者が受信者に依頼している。名詞句 which of the three
vice presidents には「動詞群（will attend）＋名詞句（the conference）」が後続して
いるので、疑問代名詞を含むこの名詞句は事態の主体である。

（316）の which には「動詞群（is）＋形容詞（larger）」が後続していることから、
which は包含関係の主体である。文末にある Paris or Rome によって、パリとロー
マという 2 個の個体（都市）によって構成される集合に属する不定の個体を which
が表示し、その個体、すなわちパリとローマのいずれであるかを特定することが
受信者に求められている。

（317）の名詞句 which picture（どの絵）には「助動詞（do）＋名詞句（you）＋動詞
（want）＋不定詞節（to see）」が後続している。不定詞節の主体は受信者（you）で
あり、which picture が単射関係の副体であると理解される。if you visit the Lou-
vre（ルーブルに行ったら）という条件節によって、ルーブル美術館にある絵画の
集合が与えられるから、which pictures はその個体集合の不定で複数の要素を表
示し、その個体群を言語的に表現することが受信者に依頼されている。

288 第8章 代名詞

(318)の名詞句 which house（どの家）には「助動詞（was）＋名詞句（Mozart）＋born（動詞）＋前置詞（in）」が後続しているから、which house は前置詞 in とともに名詞群を構成し、事態の成立空間を表示する。which house が属する集合は言語的には表現されていないが、この文が表示するのが「モーツァルトがある空間で生まれた」という事態であるから、オーストリアのザルツブルグのある区画にある家の集合が状況中に与えられており、その集合に属する不定の個体をwhich house が表示し、その個体を特定化することが受信者に依頼されている。

疑問代名詞 which は、間接疑問節を構成することもできる。この場合も、限定された集合に属する不定の事物を表示するが、発信者の受信者に対する事物の特定化の依頼を伝達する機能はない。

(319) It is unpredictable which team in the league will win the championship.
そのリーグのどのチームが優勝するかを予測することはできない。

(320) The manager told the orchestra members which symphony they would play.
マネージャーは楽団員たちにどの交響曲を演奏するのか言った。

(321) It is hard to decide which is the better idea.
どちらの方がいい考えなのかを決めるのは難しい。

(322) I am wondering with which candidate I will take sides.
どの候補者の味方をしようか私は考えている。

(319)の間接疑問節 which team in the league will win the championship（そのリーグのどのチームが優勝するか）には、it is unpredictable が先行しているので、この間接疑問節は包含関係の主体であり、この節が表示する事態が、予測できない事態の集合に含まれる。which team は名詞群 in the league が後続することから、リーグに属するチームの集合に属する不定の個体を表示している。名詞句 which team in the league には「動詞群（will win）＋名詞句（the championship）」が後続しているので、which で始まる名詞句は単射関係の主体である。

(320)の間接疑問節 which symphony they would play（彼らがどの交響曲を演奏するか）には「名詞句（the manager）＋動詞群（told）＋名詞句（the orchestra members）」が先行しているので、この間接疑問節は単射関係の副体である。which symphony には「名詞句（they）＋動詞群（would play）」が後続しているので、単射関係の副体である。which symphony は交響曲である個体の集合に属する不定の個体を表示する。

(321)の間接疑問節 which is the better idea（どちらがよりよい考えか）には it is hard to decide が先行しており、to decide は不定詞節で、主体は任意の人間である。したがって間接疑問節は単射関係の副体である。疑問詞 which には「動詞群（is）

＋名詞句 (the better idea)」が後続しているから、which は同値関係の主体であり、副体が the better idea であるから、2 個の idea である事態の集合のうちの不定の1 個の事態であると理解される。

　(322) の間接疑問節には I am wondering（私は考えている）が先行しているので、文が表示する事態の主体は発信者であり、間接疑問節は単射関係の副体である。間接疑問節 with which candidate I will take sides（発信者がどの候補者の味方をするか）では、名詞句 which candidate が前置詞 with に後続しているので、これらの語句が名詞群を構成しており、名詞句の意味役割は関与者である。which candidate は、候補者である個体の集合に属する不定の個体を表示する。

④ where

　where は who, what, which とは異なり、「前置詞＋名詞句」という構造を持つ名詞群と同じ働きをし、事態の成立空間または着点を表示する。成立空間を表示する語として代表的なものは here と there であり、これらは伝統的には副詞に分類されてきたから、where も疑問代名詞ではなく「疑問副詞」と呼ばれてきた。しかし本書では、意味役割を与えられた事物を表示する形態が名詞句と名詞群であり、それらと同一の事物を表示する形態を代名詞に分類しているので、where も疑問代名詞に分類される。事態の成立時区間を表示する when、事態の手段や容態を表示する how、事態が成立する理由を表示する why についても、同様に疑問代名詞に分類される。

　疑問代名詞 where は、成立空間または着点である事物の集合に属する不定の事物を表示する。疑問詞疑問文では、発信者が受信者に対して、不定の事物を特定することを依頼することを伝達する機能も持つ。

　　(323) Where do your parents live?
　　　　　 あなたのご両親はどこに住んでいますか。
　　(324) Where is the main office of the company?
　　　　　 その会社の本社はどこにありますか。
　　(325) Where does this train go?　この列車はどこに行きますか。
　　(326) Where do you come from?　あなたはどこの出身ですか。
　　(327) Where am I?　ここはどこですか。

　where は名詞群に対応する疑問代名詞なので、主体または副体としての機能はない。

　(323) では、where に do your parents live（受信者の両親が住んでいる）が後続しているので、where の意味役割はこの事態の成立空間（場所）である。where は場所である個体の集合に属する不定の個体を表示しており、発信者は受信者にそ

の個体を特定することを依頼している。

（324）では、where に is the main office of the company（その会社の本社がある）が後続しているので、where の意味役割はこの事態の成立空間（場所）である。where は場所である個体の集合に属する不定の個体を表示しており、発信者は受信者にその個体を表現する形態を与えることを依頼している。

（325）では、where に does the train go（列車が行く）が後続しており、この事態は個体の移動を表示するので、where の意味役割は着点である。where は、列車が移動した結果の着点である個体の集合に属する不定の個体を表示しており、発信者は受信者にその個体を特定することを依頼している。

where は単独では起点を表示することはできない。しかし、（326）のように文末に起点を表す前置詞 from が配置されていれば、起点を表示することができる。この文の where は、起点である個体の集合に属する不定の個体を表示しており、発信者が受信者に対して、その個体を表現する言語形態を与えることを依頼している。

（327）では、where に am I（発信者がいる）が後続しているので、where はこの事態の成立空間（場所）を表示する。この疑問代名詞は場所である個体の集合に属する不定の個体を表示するが、発信者と受信者がともに同一の場所に存在しているものと理解されるので、どの場所を指示するのかは発信者にとっても明らかであるが、その場所を他の個体から区別するための語句（固有名詞や名詞句、名詞群）を受信者が与えることを発信者は依頼している。

疑問代名詞 where は、他の疑問代名詞と同様、間接疑問節を構成することができる。この場合 where は、成立空間である個体集合の不定の要素を表示するが、これを特定することを受信者に依頼する機能は持たない。

（328）It was unknown where the witch's house was.
その魔女の家がどこにあるのかは知られていなかった。

（329）John asked a station employee where the express train was waiting.
ジョンは駅員に急行がどこに停車しているのか尋ねた。

（330）The gravitational waves bear information about where they have come from.
重力波はそれがどこから来たのかについての情報を担っている。

（328）の間接疑問節 where the witch's house was（その魔女の家がどこにあるか）には it was unknown が先行しているので、この名詞節は主体である。where は、空間である個体の集合のうち、「その魔女の家が存在する」という事態が成立する不定の個体を表示している。

（329）の間接疑問節 where the express train was waiting（急行がどこに停車し

第 7 節　疑問代名詞　　　291

ているか）には、John asked a station employee（ジョンが駅員に尋ねた）が先行しているので、この名詞節は単射関係の副体である。where は、the express train was waiting（急行が停車している）という事態が成立した空間を表示するから、駅舎内のプラットホームの集合のうちの不定の個体を表示しているものと理解される。

　（330）の間接疑問節 where they have come from（重力波がどこから来たか）は、前置詞 about に後続しているので、この前置詞とともに名詞群を構成し、information（情報）である事態の集合を限定する。疑問代名詞 where は、間接疑問節の末尾に前置詞 from があるので、これとともに名詞群を構成し、they have come（重力波が来た）という事態の起点を表示する。

⑤ **when**

　when は、事態が成立する時区間を表示する名詞群と同様の機能を持つ疑問代名詞である。成立時区間の集合に属する不定の要素を表示すると同時に、その要素を特定することを発信者が受信者に依頼することも表す。

　（331）When did the war break out?　その戦争はいつ起こったのですか。

　（332）When are the flowers at their best?　その花はいつが真っ盛りですか。

　（333）From when to when is the store open?
　　　　その店はいつからいつまで開いていますか。

　（334）Until when will I be waiting here?
　　　　いつまで私はここで待っているのですか。

　（335）Since when has the snow been falling?
　　　　雪はいつから降っているのですか。

　（331）では、did the war break out（その戦争が起こった）という事態の成立が知られているが、その成立時区間を発信者が知らないことを when が表示している。その成立時区間を特定することを、発信者が受信者に依頼している。この事態の成立時区間は長さを持たない時点である。

　（332）では、are the flowers at their best（その花が真っ盛りだ）という事態の成立は誰にでも知られているが、その成立時区間を発信者が知らないことを when が表示している。その成立時区間を表示する形態を与えることを、発信者が受信者に依頼している。この事態の成立時区間は、数日から数週間程度の長さを持つ時区間である。

　（333）では、is the store open（その店が開いている）という事態の成立は、その店である個体の存在を知っていれば必然的に知られる。その成立時区間の始点（起点）と終点（着点）を発信者が知らないことを from when to when が表示しており、

発信者は受信者にその始点と終点を特定することを依頼している。

(334) では、will I be waiting here (発信者がここで待っている) という事態が未来の時区間において成立することは、発信者と受信者の双方に知られている。しかし、その時区間の終点 (着点) を発信者が知らないことを until when が表示しており、成立時区間の終点を特定することを、発信者が受信者に依頼している。

(335) では、has the snow been falling (雪が降っている) という事態が、現在において成立していることは、動詞群 has been falling によって分かる。しかし、その成立時区間の始点 (起点) を発信者が知らないことを since when が表示しており、発信者は受信者にその始点を特定することを依頼している。

when は、間接疑問節の要素として不定の時区間を表示することができる。

(336) When they died is not known.
彼らがいつ死んだのかは知られていない。

(337) Mary told me when the university was founded.
その大学がいつ創設されたのかメアリーは私に言った。

(338) The price of wine depends on when it is produced.
ワインの価格はそれがいつ製造されたかによる。

(336) の間接疑問節 when they died (彼らがいつ死んだか) には「助動詞 (is) + 否定辞 (not) + 動詞 (known)」が後続しているから、この名詞節は主体である。when は「彼らが死んだ」という事態が成立した不定の時区間を表示している。「主体が死ぬ」という事態は長さのない時点で成立する。

(337) の間接疑問節 when the university was founded (その大学がいつ創設されたか) には、「名詞句 (Mary) + 動詞群 (told) + 名詞句 (me)」が先行しているので、この名詞節は単射関係の副体である。when は the university was founded (その大学が創設された) という事態が成立した不定の時区間を表示している。

(338) の間接疑問節 when it is produced (いつワインが製造されたか) には前置詞 on が先行しているので、この名詞節は前置詞とともに名詞群を構成している。先行する語句が the price of wine depends (ワインの価格が依存する) なので、この名詞群の意味役割は、成立空間が比喩的に解釈された結果の依存関係である。

⑥ how

疑問代名詞 how は、事態が成立するための不定の手段を表示する。疑問詞疑問文で使用される場合には、その不定の手段を特定するための言語形態を表現することを、発信者が受信者に依頼することを伝達する機能を持つ。

(339) How did you get the ticket to the concert?
あなたはどのようにしてそのコンサートのチケットを手に入れたので

すか。

(340) How can I use this microwave oven?
この電子レンジはどうやって使ったらいいのですか。

(341) How did Egyptians carry gigantic stones to build pyramids?
エジプト人たちはピラミッドを建てるための巨石をどうやって運んだのだろう。

(339)の how は、did you get the ticket to the concert（受信者がそのコンサートのチケットを手に入れた）という事態を成立させた不定の手段を表示しており、発信者は受信者にその手段を特定することを依頼している。コンサートのチケットを手に入れる手段としては、ネットで予約する、電話で予約する、プレイガイドで買うなどの事態の集合が想定される。

(340)の how は、can I use this microwave oven（発信者がこの電子レンジを使う）という事態が成立するための要素としての不定の手段を表示し、発信者は受信者にその手段の特定化を依頼している。電子レンジを使う手段としては、電源ボタンを押した後に、調理方法、ワット数、調理時間を指定するなどの一連の事態が想定される。

(341)の how は、did Egyptians carry gigantic stones to build pyramids（エジプト人たちがピラミッドを建てるための巨石を運んだ）という事態の構成要素としての不定の手段を表示しており、発信者が受信者にその手段を特定することを依頼することが同時に伝達されている。巨石を運ぶ手段としては、車に乗せる、綱で引っ張る、転がすなどの手段が想定される。

事態成立の手段が比喩的に解釈されると、事態が成立する原因を表示するものと理解されることができる。事態がある手段を用いて成立する場合、その手段があることによって事態が成立するのであり、ここから、手段から原因への転化が生じる。

(342) How did the accident happen?
その事故はどのようにして起こったのですか。

(343) How dare you say such a thing to me?
どうしてあなたは私にそんなことが言えるのですか。

(344) How do people have evil ideas?
人々はどうして邪悪な考えを持ってしまうのだろう。

(342)の did the accident happen（その事故が起こった）という事態は、主体が何らかの手段を利用して成立させたものではない。したがって、事態の要素としては手段である事物ではなく、事態が成立した原因が含まれるものと理解される。ここから how はこの事態が成立するための原因を表示する。原因としては、運

転手が脇見運転や信号無視をした、車両に不具合が生じたなどの事態が想定される。

　（343）の dare you say such a thing to me（受信者が発信者にそんなことを敢えて言う）という事態の成立には何らかの手段が必要だということはないから、how はこの事態が成立した原因を表示するものと理解される。この事態の原因としては、受信者が発信者に敵意を抱いている、発信者の言動を非難している、発信者を貶めようとしているなどの事態が想定される。

　（344）の do people have evil ideas（人々が邪悪な考えを持つ）という事態を成立させるために何らかの手段を利用する必要はないから、how は事態を成立させる原因だと理解される。原因としては、生まれつき悪意を抱く性格だ、環境により社会への敵意が生じた、自分以外は誤った考えを持っていると信じているなどの事態が想定される。

　事態を成立させる原因となる事態が想定しにくい場合には、事態の成立に伴って成立する事物、すなわち事態成立の様態を how が表示するものと解釈される。

　（345）　How do you feel about this critical situation?
　　　　　あなたはこの危機的な状況についてどのように感じますか。

　（346）　How did people live under such a brutal dictatorship?
　　　　　それほど残忍な独裁政治のもとで人々はどのように生きていたのですか。

　（347）　How will the time pass after the king's death?
　　　　　国王の死後、時代はどのように過ぎていくのだろうか。

　（345）では、do you feel about this critical situation（受信者がこの危機的な状況について感じる）という事態は、how が成立させるための手段や原因を表示すると考えるよりも、成立の様態を表示すると理解した方が適格な理解が得られる。成立の様態としては、社会に深刻な影響を与えるほどだ、この危機は克服できないほどだ、友好国との連携を強めるべきだと確信させるほどだ、のような事態が想定される。

　（346）では、did people live under such a brutal dictatorship（人々がそれほど残忍な独裁政治のもとで生きた）という事態が成立するための手段として、政治的発言を慎む、国策に協力する、地下で反政府活動を続けるなどの事態が想定されるが、これは人々の生活の様態を表示するものである。

　（347）の、will the time pass after the king's death（国王の死後、時代が過ぎる）という事態が成立する要素として手段や原因を想定することはできないので、how はこの事態が成立する様態を表示するものと理解される。権力争いで国が乱れる、政権が安定する、隣国が攻撃してくるなどの事態がその様態として想定

第7節　疑問代名詞　　　　　295

される。

　数量詞、形容詞、副詞に先行すると、how は数量詞が表示する程度が不定であり、それを特定することを発信者が受信者に依頼していることを表示する。

　(348) How many books are there in this library?
　　　　この図書館には本が何冊ありますか。

　(349) How tall is the Empire State Building?
　　　　エンパイアステートビルの高さはどれくらいですか。

　(350) How soon will the train for Boston arrive?
　　　　ボストン行きの列車はあとどれくらいで来ますか。

　(348) の数量詞 many は、個体の数の大きさを表している。how many books は、本である個体の数が不定であり、その数を特定することを発信者が受信者に依頼していることを表示する。

　(349) の形容詞 tall は、個体の高さを表している。how tall は、主体である the Empire State Building（エンパイアステートビル）の高さが不定であり、その高さを特定することを発信者が受信者に依頼していることを表示する。

　(350) の副詞 soon は、基準時点から事態の成立時区間までの時間的長さを表している。will the train for Boston arrive（ボストン行きの列車が到着する）という事態の成立時点は未来であるから、基準時点は現在である。したがって how soon は、現在とこの事態の成立時点までの時間的長さが不定であり、この長さを特定することを発信者が受信者に依頼していることを表示する。

＊程度の大きさが不定であることを表示する場合でも、程度を表すのが数量詞、形容詞、副詞ではなく名詞である場合には、how ではなく what が用いられる。how は名詞群に相当し、副詞と同様の働きをするから、名詞の特性を表すことはできない。

　(351) What is the population of the country?
　　　　その国の人口はどれくらいですか。

　(352) What distance did the spaceship travel to reach Mars?
　　　　火星に着くのにその宇宙船はどれくらいの距離を進んだのですか。

　(353) What was the intensity of the earthquake that happened yesterday?
　　　　昨日起きた地震の強さはどれくらいだったのですか。

　how は間接疑問節中で、事態の要素としての不定の手段を表示する。

　(354) In mathematics, it is not what answer you get but how you find it that is
　　　　important.

数学で重要なのは、どの答えが得られたかではなく、どのようにしてその答えを出したのかだ。

(355) The coach told the players how they could use training machines.
そのコーチは選手たちにトレーニング機器をどのようにして使うのか教えた。

(356) The historian made a lecture on how the Roman Empire declined.
その歴史学者はどのようにしてローマ帝国が衰退したかについての講義を行った。

(354)の間接疑問節 how you find it（どのようにしてその答えを出したか）は、事態の主体であって、副体は important（重要）である事態の集合であり、動詞群が is であることから、主体が副体に包含される関係にある。

(355)の間接疑問節 how they could use training machines（彼らがトレーニング機器をどのようにして使うか）は、事態の副体を表示しており、主体である the coach（そのコーチ）との間に「教える」という単射関係が成立したことを動詞群 told が表示している。

(356)の間接疑問節 how the Roman Empire declined（ローマ帝国がどのようにして衰退したか）は前置詞 on に後続しているので、この前置詞とともに名詞群を構成し、関与者として先行する名詞群 a lecture（講義）が表示する事態の特性を限定している。

⑦ why

疑問代名詞 why は、事態の要素としての不定の理由を表示し、疑問詞疑問文の場合は、発信者が受信者にその理由を特定することを依頼していることを伝達する。

(357) Why did you take a train rather than an airplane?
あなたはどうして飛行機ではなく列車に乗ったのですか。

(358) Why is John staying in a room on the top floor?
ジョンはどうして最上階の部屋に滞在しているのですか。

(359) Why does Mary look so sad after her wedding ceremony?
自分の結婚式の後でメアリーはどうしてそんなに悲しそうに見えるんだろうか。

(360) Why is the universe full of matter but not of antimatter?
宇宙はどうして反物質ではなくて物質で満たされているのですか。

why を使用する場合、事態の成立とその理由の間に明確な因果関係があるわけではなく、主体やそれ以外の人間の意志で偶然的に成立したり、因果関係が不

第7節　疑問代名詞　　　　297

　（357）では、did you take a train rather than an airplane（受信者が飛行機ではなく列車に乗った）という事態を成立させたのは主体である受信者の意志であり、その不定の理由を why が表示していて、その理由を特定化することを発信者が受信者に依頼している。

　（358）では、is John staying in a room on the top floor（ジョンが最上階の部屋に滞在している）という事態が成立する不定の理由を why が表示しており、発信者は受信者に対して、その理由の特定化を依頼している。この事態の成立には、主体であるジョンの意志が関与している可能性が高いが、ジョン以外の人間の意志が介在している可能性もある。

　（359）では、does Mary look so sad after her wedding ceremony（自分の結婚式の後でメアリーがそれほど悲しそうに見える）という事態が成立した不定の理由を why が表示し、発信者は受信者にその理由を特定することを依頼している。この事態は主体であるメアリーの外見に関する判断であるから、メアリーの意志が何らかの形で関与していると理解することもできるし、メアリー以外の人間の意志でメアリーが悲しい思いをしているという理解もあり得る。

　（360）では、is the universe full of matter but not of antimatter（宇宙が反物質ではなく物質で満たされている）という事実が成立する不定の理由を why が表示している。宇宙を構成する物質と反物質についての定説はないため、発信者も物理学的に疑い得ない理由を期待しているわけではない。

＊事態が成立した理由と、その結果としての事態の間に科学的・合理的な因果関係があると発信者が考えている場合には、理由を表すのに how が用いられる。ある事態 A とその結果成立する事態 B との間に科学的な因果関係がある場合には、事態 A を「原因」と呼ぶのが普通である。

　（361）How did the accident happen?　事故はどうして起きたのですか。
　（362）How are stars in the universe born?
　　　　　宇宙の星はどうして生まれるのですか。
　（363）How could you betray your friends?
　　　　　あなたはどうして友人たちを裏切ることができたのですか。

　（361）の did the accident happen（事故が起きた）という事態には、その原因となる事態が必ずあるはずであり、その不定の原因を how が表している。how の代わりに why を用いると、事故が起きた背景に何らかの人間の意志が関与していると発信者が考えていることになる。しかし、accident（事故）は通常人間の意志が関与せず偶発的に起こるものだから、how ではなく why を用いた文はほぼ

298 第8章 代名詞

使用されない。

(362)の are stars in the universe born（宇宙の星が生まれる）という事態については、その原因が科学的に解明されているが、発信者は原因である事態を知らないので、これを how で表現して、受信者にその特定を依頼している。この文で how を why に置き換えると、宇宙の星が生成された物理的原因ではなく、神の意志の介在のような科学とは無関係の理由を尋ねることになる。

(363)の could you betray your friends（受信者が自分の友人たちを裏切ることができた）という事態の成立には、主体である受信者の意志が関与しているのが普通である。しかし、主体が誰かを裏切るという事態 A には、別の事態 B を原因として想定することも可能であり、B と A の間に合理的な因果関係があるとすることで、A の成立に受信者の強い意志が働いていた可能性が導かれる。因果関係の存在を想定させるのが疑問代名詞 how の使用である。この推論により、受信者を主体とするこの事態に対して発信者が反感を抱いているという事態が導かれる。この how を why に置き換えると、受信者が何らかのやむを得ない理由で友人たちを裏切ったという含意が生じ、その理由を受信者に尋ねていると理解されるので、この事態に対して発信者が反感を抱いているかどうかは不明である。

why は間接疑問節中で、事態が成立した不定の理由を表示する。

(364) Why the mother was away from home is to be investigated.
　　　どうして母親が自宅にいなかったのかは捜査しなければならない。

(365) I want to know why Mary didn't take the final exam.
　　　なぜメアリーが最終試験を受けなかったのか私は知りたい。

(366) The consultant talked about why employees lose their desire to work.
　　　どうして従業員が働く意欲を失うのかについて、そのコンサルタントは話をした。

(364)の間接疑問節 why the mother was away from home（どうして母親が自宅にいなかったのか）には、「動詞群 (is) + 不定詞節 (to be investigated)」が後続しているので、この名詞節は事態の主体である。

(365)の間接疑問節 why Mary didn't take the final exam（なぜメアリーが最終試験を受けなかったのか）には不定詞節 to know が先行しているから、この名詞節は不定詞節が表示する事態の副体であり、主体である発信者との間は単射関係が成立する。

(366)の間接疑問節 why employees lose their desire to work（どうして従業員が働く意欲を失うのか）には前置詞 about が先行しているので、この名詞節は前置詞とともに名詞群を構成する。この名詞群は、the consultant talked（そのコン

サルタントが話をした）という事態の成分としての関与者を表示する。

why が否定文とともに用いられ、対応する肯定文の事態 P が現実世界で成立する可能性が十分あると判断される場合、P の要素として不定の理由があるという事態が否定される。不定の理由の存在が否定されると、理由は存在しないことになるから、「why ＋否定文」は、否定文が成立する理由がない、つまり、肯定文に対応する事態が成立しなければならない、または成立してほしいという発信者の考えを表すことになる。

（367）Why don't you join us?　私たちと一緒になりませんか。

（368）Why aren't you more specific?　もっと具体的に言ってくれませんか。

（369）Why didn't Mary agree with me?
　　　　メアリーは私に同意してくれてもよかったのに。

（370）Why not protest against racism?　人種差別に抵抗しよう。

（367）では、「ある理由としての事態がある＋その事態が成立すれば受信者は発信者たちと一緒になる」という事態が否定されている。この結果、受信者が発信者たちと一緒にならない理由がないという事態が表されることになる。ある事態が成立しない理由がないと主張することで、この文は、発信者が受信者に対して一緒になることを勧誘するという効果を生じさせる。

（368）は、受信者がもっと具体的に言わない理由はないという事態を表示している。この文は、受信者が発信者に対して何らかの説明をしている状況で使用されていると考えられるから、受信者がもっと具体的に言うべきだという発信者の側からの依頼または指示を表現するものと理解される。

（369）は、メアリーが発信者に同意しない理由はなかったという事態を表示している。自分の意見に他人が同意することは、通常の人間が期待するものであるから、メアリーが発信者に同意しなかったのは期待に反するものであったということを、この文は表示している。

（370）のように、否定文の動詞が to のない不定詞（原形不定詞）である場合もある。この時、事態の主体は任意の人間である。したがってこの文は、任意の人間が人種差別に抵抗しない理由がない、すなわち誰もが人種差別に抵抗すべきだという発信者の信念を表すものと理解される。

第 8 節　関係代名詞

　関係代名詞は、関係節に先行する名詞（先行詞）と同一の事物を表示する。関係代名詞には以下のものがある。

　　先行詞に後続し名詞句の機能：who, which, that, as, than, but
　　先行詞に後続し名詞群の機能：when, where, why, how, that

単独で名詞句の機能: what, whatever, whoever, whichever, who

関係代名詞の多くは疑問代名詞と同一の形態を持つ。疑問代名詞は不定の事物を表示するが、関係代名詞も単独ではどの事物を表示するのかは不明で、先行詞が与えられて初めて表示する事物が決定されるという点で、疑問代名詞と共通の特性を持っている。

① 先行詞に後続し名詞句の機能を持つ関係代名詞

ⅰ．who

関係代名詞 who は、先行詞が人間に限定される。関係代名詞の中で、who と who を含む whoever のみが格による形態変化をする。

主格	対格	属格
who	whom	whose

(371) Mary is the woman who called you this morning.
　　　メアリーが今朝あなたに電話をしてきた女性です。

(372) a. John forgot the name of the lawyer whom he had met at the court.
　　　b. John forgot the name of the lawyer he had met at the court.
　　　　ジョンは裁判所で会った弁護士の名前を忘れた。

(373) a. I am looking for a business partner in whom I can have trust.
　　　b. I am looking for a business partner whom I can have trust in.
　　　c. I am looking for a business partner I can have trust in.
　　　　私は信頼できるビジネスパートナーを探している。

(374) Cicero was a Roman orator whose speeches overwhelmed the others.
　　　キケローはローマの弁論家で、その演説は他の者を圧倒した。

(375) a. Newton was a physicist on whose theory studies of modern physics have been based.
　　　b. Newton was a physicist whose theory studies of modern physics have been based on.
　　　　ニュートンは物理学者で、近代物理学の研究はその理論に依拠してきた。

(371) の関係代名詞 who は、先行する名詞句 the woman（女性）と同一の人間を指示している。who は関係節中では主体であり、the woman who called you this morning（受信者に今朝電話をしてきた女性）は、女性である個体の集合のうちで、「主体が今朝受信者に電話してきた」という事態の主体と同一である個体を表示している。

(372a) の関係代名詞 whom は、先行する名詞句 the lawyer（弁護士）と同一の

第8節　関係代名詞　　　301

人間を指示している。whom は関係節中では単射関係の副体であり、the lawyer whom he had met at the court（ジョンが裁判所で会った弁護士）は、弁護士である個体の集合のうちで、「ジョンが裁判所で副体に会った」という事態の副体と同一である個体を表示している。

　疑問代名詞の対格形 whom の代わりに主格形 who を用いることができるのと同様、関係代名詞の場合も、この文中の whom を who に置き換えることは可能である。

　関係代名詞が関係節中で副体である場合には、（372b）のように関係代名詞が表現されないことが、現代英語では多い。関係代名詞は、関係節の先頭に置かれて関係節の始まりを形態的に明示する機能もあるため、関係代名詞を持つ言語でそれを表現しないものは稀であるが、「名詞句＋名詞句＋動詞群」という連続があれば、2番目の名詞句以降が関係節であって、この名詞句が関係節が表示する事態の主体であることが比較的容易に理解されるため、現代英語では関係代名詞を使用せずに関係節の存在を理解させるという方法が選択されている。

　（373a）の関係代名詞 whom は、前置詞 in を隔てて先行する名詞句 a business partner（ビジネスパートナー）と同一の個体を指示している。whom は先行する前置詞 in とともに名詞群を構成し、関係節が表示する事態の成立空間を表示している。

　（373b）のように、関係代名詞とともに名詞群を構成する前置詞を関係節の末尾に配置することも可能である。

　関係代名詞と前置詞が名詞群を構成する場合は、（373c）のように関係代名詞を表現しないで、前置詞を関係節の末尾に配置する構造が、現代英語では最も頻繁に用いられる。

　（374）の関係代名詞 whose は、先行する名詞句 a Roman orator（ローマの弁論家）と同一の個体を指示する。属格形なので、関係節中の名詞句 speeches（演説）が表示する事態の集合を限定する働きをし、名詞句 whose speeches は、弁論家キケローに関係する事物の集合と演説である事態の集合の共通部分、すなわちキケローが行った演説の集合を表示する。

　（375a）の関係代名詞 whose は、先行する名詞句 a physicist（物理学者）と同一の人間を指示している。属格形なので、関係節中の theory とともに名詞句を構成し、理論である事態の集合と不定の物理学者に関係する事物の集合の共通部分、すなわちある物理学者が構築した理論を表示する。名詞句 whose theory には前置詞 on が先行しているので、これらで名詞群を構成し、関係節の事態 studies of modern physics have been based（近代物理学の研究が依拠してきた）という事態が成立する空間を表示している。

302　　　　　　　　　　　　　第 8 章　代名詞

　関係代名詞の属格形を含む名詞句と前置詞が関係節中で名詞群を構成している
場合には、(375b)のように、前置詞を関係節の末尾に配置することができる。
　関係代名詞 who が先行詞を伴わず、関係節だけで名詞句を構成することもで
きる。この場合関係代名詞は、任意の人間を表示する。

（376）Be who you want to be.　自分のなりたい人間になれ。

（377）It's not always good to hang out with who you like.
　　　　好きな人間と遊ぶのがいつもいいとは限らない。

　(376)の関係代名詞 who は、関係節中では不定詞節 to be（受信者が副体に包
含される）という事態の副体である。名詞句が先行しないこの関係節は、受信者
が包含されることを望む副体の集合と任意の人間の集合の共通部分を表示する。
関係節が表示する人間の集合は、命令を表示する動詞群 be に後続しているので、
事態の副体として機能している。
　(377)の関係代名詞 who は、関係節中では「主体が副体を好きだ」という事態
の副体の集合と、任意の人間の集合の共通部分を表示する。この関係節は前置詞
with とともに名詞群を構成し、不定詞節 to hang out with who you like（主体が
好きな人間と遊ぶ）が表示する事態中で関与者を表示している。不定詞節の主体
が任意の人間なので、関係節の主体 you も任意の人間だと理解される。

ⅱ．which
　関係代名詞 which は、先行詞が人間以外の事物である。格による形態変化は
ない。

（378）The girl asked the clerk to bring her pumps which fit her best.
　　　　その女の子は店員に、自分に一番合うパンプスを持ってくるように頼
　　　　んだ。

（379）a. The wine which the winery produces is very tasty.
　　　　b. The wine the winery produces is very tasty.
　　　　そのワイン醸造所が生産するワインはとても美味しい。

（380）a. The authenticity is doubtful of the historical document from which
　　　　　 he has deduced conclusions.
　　　　b. The authenticity is doubtful of the historical document which he has
　　　　　 deduced conclusions from.
　　　　c. The authenticity is doubtful of the historical document he has de-
　　　　　 duced conclusions from.
　　　　彼が結論を引き出した歴史資料の確実性は疑わしい。

（381）a. She found a medieval novel whose author is unknown.

第8節 関係代名詞　　　303

b. She found a medieval novel the author of which is unknown.
　　彼女は作者が不明の中世の小説を見つけた。

　(378)の関係代名詞 which は、先行する名詞句 pumps（パンプス）と同一の個体を指示する。関係節 which fit her best（主体が彼女に一番合う）が表示する事態中では、関係代名詞 which は主体として機能している。pumps which fit her best は、パンプスである個体の集合と「主体がその女の子に一番合う」という事態の主体である個体の集合の共通部分を表示する。

　(379a)の関係代名詞 which は、先行する名詞句 the wine と同一の個体を表示する。関係節 which the winery produces（そのワイン醸造所が副体を生産する）が表示する事態中では、which は単射関係の副体として機能している。the wine which the winery produces は、ワインである個体の集合と「そのワイン醸造所が副体を生産する」という事態の副体である個体の集合の共通部分を表示する。

　(379b)では、the winery produces には副体に当たる名詞句がなく、この語群に名詞句 the wine が先行しているので、この語群は名詞句が表示する個体の集合を限定する関係節だと理解される。関係代名詞を使用するとすれば、先行詞が人間以外の事物なので、(425a)のように which が選択される。

　(380a)の関係代名詞 which は、前置詞 from を隔てて先行する名詞句 the historical document（歴史資料）と同一の個体を指示している。which には from が先行しているので、関係代名詞が指示する個体は、関係節中では he has deduced conclusions（彼が結論を引き出した）という事態が成立する起点を表示する。the historical document from which he has deduced conclusions は、歴史資料である個体の集合と、「彼が結論を引き出した」という事態の起点である事物の集合の共通部分を表示する。

　(380b)では、関係代名詞とともに名詞群を構成する前置詞 from が、関係節の末尾に配置されている。前置詞と関係代名詞が離れることにより円滑な理解に障害が出る可能性はあるが、先行詞と関係代名詞は隣接することになるので、関係節の始まりが理解される過程が容易になるという効果はある。

　(380c)では、関係節の先頭にあるはずの関係代名詞が表現されていない。しかし、the historical document という名詞句の直後に別の名詞句 he が後続しているという構造により、he 以下が関係節であることが理解される。また、関係節の末尾に前置詞 from があることから、先行詞 the historical document が関係節が表示する事態の起点を表示することが理解される。

　関係代名詞 which には属格形がないので、この代名詞が指示する事物の意味役割が限定者である場合、関係代名詞 who の属格形 whose を用いることができる。

　(381a)の関係代名詞 whose は、先行する名詞句 a medieval novel（中世の小説）

と同一の個体を指示する。関係節 whose author is unknown 中の whose author は、著者である個体の集合と、不定の中世の小説である個体に関係する事物の集合の共通部分を表示している。名詞句 whose author は、この関係節が表示する事態の主体である。

(381b)では、関係代名詞 which に前置詞 of が先行することによって、which が指示する中世の小説の意味役割が限定者であることが表示される。of which が関係節中で限定者である場合、限定される事物を表示する名詞句は of which に先行する位置に配置され、the author of which のような構造になる。of が限定者を表示する場合、the author of a medieval novel のように「名詞句＋名詞群」という構造を取るのと同様である。

関係代名詞 which は who のように単独で任意の事物を表示することはできないが、指示代名詞 that を先行させて that which という形で任意の事物を表示する。

(382) That which is common unites.　共通のものは一体になる。

(383) Avoid that which is contradictory in your arguments.
　　　　議論では矛盾するものは避けるようにしなさい。

(382)では、that which is common（共通のもの）が主体名詞句として機能しており、動詞群 unites（一体になる）が包含関係の副体を構成している。

(383)では、that which is contradictory（矛盾するもの）が副体名詞句として機能しており、この文は命令文なので、事態の主体である受信者との間に avoid（避ける）という関係が成立する。

任意の事物を表示する that which は、関係代名詞 what に置き換えることが可能である。

(382′) What is common unites.

(383′) Avoid what is contradictory in your arguments.

関係代名詞 which は、先行する名詞句が表示する事物ではなく、先行する文が表示する事態と同一の事態を指示することもできる。

(384) The soil of the mainland Greece was sterile, which prompted Greek people to sail overseas.
　　　　ギリシア本土の土壌は不毛だった。そのことが刺激となってギリシア人たちは海外へ航海した。

(385) No student could give a right answer to the question, which the teacher lamented.
　　　　学生の誰もがその問題の正答を出すことができなかった。教師はそのことを嘆いた。

(386) The weather forecast says the temperature will get much lower, which

may cause damage to crops.
天気予報は気温が大幅に下がると言っているが、そうなると作物に被害が出るかもしれない。

　(384)の関係代名詞 which が名詞句を先行詞としているのだとすると、先行する文にある the soil（土壌）か the mainland Greece（ギリシア本土）が先行詞だということになる。関係節中で which には動詞群 prompted（刺激する）が後続しているから、which は事態の主体である。関係節が表示する事態は「主体がギリシア人たちを刺激して海外へ航海させた」というものであるが、この事態の主体として「土壌」や「ギリシア本土」を選択することは適切ではない。この関係代名詞が、先行する文が表示する事態と同一の事態を指示しているものと理解すれば、「ギリシア本土の土壌が不毛だという事態が刺激となってギリシア人たちが海外に航海した」という適切な解釈が得られる。

　関係代名詞 which が先行する事態と同一の事態を表示する場合、文と which の間に「,（コンマ）」が付加されることが多い。

　(385)の関係代名詞 which に先行する文にある名詞句は no student（学生以外の人間）, a right answer（正答）であり、which の先行詞として選択できるのは a right answer である。関係節 which the teacher lamented が表示する事態は「その教師が副体を嘆く」であって、which は副体であるが、この副体が a right answer であると理解することはできない。したがって、which は no student could give a right answer to the question（学生の誰もがその問題の正答を出すことができなかった）という事態と同一の事態を指示するものと理解しなければならない。学生が誰も問題に答えられなかったという事態と、教師がその事態を嘆くという事態の間には適切な因果関係が成立するので、which が事態を指示するという解釈に問題はない。

　(386)の関係代名詞 which に先行する文に含まれる名詞句は the weather forecast（天気予報）と the temperature（気温）であり、関係節が表示する事態は「主体が作物に被害をもたらすかもしれない」である。関係代名詞は主体である事物を指示するのだが、主体として「天気予報」と「気温」のいずれを選択しても適切な事態を構成することはできない。ここで、先行する文に含まれる名詞節が表示する事態 the temperature will get much lower（気温が大幅に下がる）と同一の事態を関係代名詞が指示するのだとすれば、気温の大幅な低下と作物の被害には因果関係があることが知られているから、適切な理解が得られる。

ⅲ．that
　関係代名詞 that は、先行詞の特性に制約はない。

306 第8章 代名詞

(387) The player that won the championship is from my town.
　　　優勝した選手は私の町の出身だ。

(388) a. Mary showed me the bag that she had bought in Florence.
　　　b. Mary showed me the bag she had bought in Florence.
　　　　メアリーはフィレンツェで買ったバッグを私に見せてくれた。

(389) a. Luther questioned the principles that Catholicism stood on.
　　　b. Luther questioned the principles Catholicism stood on.
　　　　ルターはカトリックの教義が基づいていた原理に異議を唱えた。

(390) a. John is no longer a good athlete that he was ten years ago.
　　　b. John is no longer a good athlete he was ten years ago.
　　　　ジョンは最早 10 年前のようないい運動選手ではない。

　that の機能は多様で、指示代名詞、接続詞、関係代名詞という 3 つの範疇のどれかに属している。

　(387)の that は名詞句 the player の直後に位置するので、指示代名詞ではない。that の後には、won the championship（動詞群＋名詞句）が続いていて、主体を表示する名詞句が不足しているので、名詞節の先頭に配置される接続詞ではなく、関係節の先頭に配置される関係代名詞だと理解される。

　この文中の関係代名詞 that は、先行する名詞句 the player と同一の個体を指示している。関係節が表示する事態中では that に対応する個体が主体であり、the player that won the championship（優勝した選手）は、選手である個体の集合と「主体が優勝した」という事態の成分としての主体である個体の集合との共通部分を表示する。

　(388a)では Mary が主体、the bag が副体、me が着点であるので、that は指示代名詞ではない。that she had bought in Florence という語列では、主体が she であるが副体を表示する語が動詞群 had bought（買った）に後続していないので、that は接続詞ではなく関係代名詞で、関係節が表示する事態中の副体であると理解される。the bag that she had bought in Florence は、バッグである個体の集合と、「メアリーがフィレンツェで副体を買った」という事態の成分としての副体である個体の集合の共通部分を表示する。

　(388b)では、関係代名詞 that を使用しないで、副体が表現されていない語列 she had bought in Florence を名詞句 the bag に後続させることで、この語列が関係節であることを理解させている。

　(389a)では Luther（ルター）が主体、the principles（原理）が副体なので、that は指示代名詞ではない。that の後には Catholicism stood on という語列が続いており、前置詞 on に後続しているはずの名詞句がないことから、この語列が完全

第 8 節　関係代名詞　　307

な文を構成していないことが分かるので、that は接続詞ではなく、on とともに
名詞群を構成する関係代名詞であることが理解される。

　名詞句 the principles that Catholicism stood on は、原理である事態の集合と、
カトリックの教義が依拠するという事態が成立した空間の集合との共通部分を表
示する。

　(389b) では、名詞句 the principles の直後に名詞 Catholicism が後続している
ので、Catholicism 以降の語列が関係節であると理解される。

　関係代名詞 that は前置詞を先行させて名詞群を構成することはできない。し
たがって、次のような文は不適格である。

　(389)　c. ×Luther questioned the principles on that Catholicism stood.

　したがって、先行詞である事物が関係節中での意味役割が限定者である場合に
は、関係代名詞 that を使用することはできない。

　(391)　a. Mary was in a room whose ceiling was covered with intricate illus-
　　　　　　trations.

　　　　b. Mary was in a room the ceiling of which was covered with intricate
　　　　　　illustrations.

　　　　c. ×Mary was in a room the ceiling of that was covered with intricate
　　　　　　illustrations.

　　　　　メアリーは天井が複雑な図柄で覆われた部屋にいた。

　(390a) では、John（ジョン）が主体で名詞句 a good athlete（いい運動選手）が包
含関係の副体である。したがって that は指示代名詞ではない。語列 that he was
ten years ago では that 以下の he was ten years ago が完全な文になるためには副
体が必要なので、that は関係代名詞であって、副体を構成するものと理解される。
a good athlete that he was ten years ago は、よい運動選手である個体の集合と、ジョ
ンの 10 年前の特性である事物の集合の共通部分を表示する。

　(390b) では、名詞句 a good athlete の直後に代名詞 he が続いていて、語列 he
was ten years ago には副体が不足しているので、この語列は関係節であって、a
good athlete と同一の個体が副体であると理解される。

　疑問詞、不定代名詞、数量詞など、本来不定の事物を表示する形態が先行詞で
ある場合には、関係代名詞として that が選択される傾向にある。これらの形態
は任意の事物を表示するので、同様に任意の事物を指示しうる that と親和性が
あるのだろうと考えられる。

　(392)　Who that knows the truth would tell it to the others?
　　　　　その真実を知っている誰がそれを他人に言うだろうか。

　(393)　I will consider anything that helps promote our business.

私たちの事業を促進する助けになるものなら、私は何でも考慮する。

(394) The girl understood all that was taught by teachers.
その女の子は先生たちに教わったことは全部理解した。

(392)では、関係節 that knows the truth が疑問代名詞 who が表示する不定の人間を限定している。名詞句 who that knows the truth は、不定の人間の集合と「主体がその真実を知っている」という事態の主体である人間の集合の共通部分を表示し、同時にその限定された集合を特定することを受信者に依頼している。

この関係代名詞 that と同一の機能を持つのが関係代名詞 who であるが、これを使用すると同一の形態 who が連続することになり、理解に支障が生じる可能性があるので、that が選択されるものと考えられる。

(393)の関係節 that helps promote our business は、不定代名詞 anything が表示する任意の事物を限定している。名詞句 anything that helps promote our business は、任意の事物の集合と、「主体が発信者たちの事業を促進する」という事態の主体である事物の集合の共通部分を表示する。

この文の関係代名詞 that を which に置き換えても適格な文となる。

(393′) I will consider anything which helps promote our business.

(394)の数量詞 all は、何らかの事物の集合に属する要素の全体を表示するが、関係節 that was taught by teachers によって、「主体が教師によって教えられる」という事態の主体である事態の集合の全体であるものと理解される。

この文の関係代名詞 that を which に置き換えた次の文も適格ではあるが、使用される頻度は低い。

(394′) The girl understood all which was taught by teachers.

先行詞が人間である個体と人間ではない事物の両方である場合には、限定する事物の特性に依存しない関係代名詞 that が選択される傾向がある。

(395) The journalist tries to look at people and places that others usually overlook.
そのジャーナリストは他人が普通は見逃すような人々や場所を見るようにしている。

(395)の関係節 that others usually overlook は、先行する名詞句 people and places（人々と場所）が表示する個体の集合を限定している。先行詞が人間と人間ではない個体であるため、先行詞の特性に制約がない that が選択されたものと考えられる。

ただし、関係節は人間ではない個体を表示する places の直後に配置されているので、places に合わせて関係代名詞 which が使用されることもある。また、places and people のように、人間を表す名詞が関係節の直前に配置される構造で

あれば、people に合わせて関係代名詞 who が選択されることもある。

(395´) a. The journalist tries to look at people and places which others usually overlook.

b. The journalist tries to look at places and people who others usually overlook.

先行詞が「the ＋形容詞の最上級形／only, first, last, same, very など＋名詞」という構造の名詞句であり、名詞句が表示する事物が、集合に属する事物の中で他の事物とは明確に区別される唯一のものである場合には、関係代名詞 that が選択される傾向にあるとされる。ただし、that ではなく who や which を使用したとしても、適格性は失われない。

(396) a. He is the greatest mathematician that has ever lived.

b. He is the greatest mathematician who has ever lived.
　　彼はこれまでで最も偉大な数学者だ。

(397) a. Paris is the only city in France that has more than a million inhabitants.

b. Paris is the only city in France which has more than a million inhabitants.
　　パリは 100 万以上の住民がいるフランスで唯一の都市だ。

(398) a. I will take the last train that starts at half an hour after midnight.

b. I will take the last train which starts at half an hour after midnight.
　　私は午前 12 時半に出発する最終列車に乗るつもりだ。

ⅳ．as

as は、「same, such, as, so ＋名詞句」という構造の先行詞が表示する事物の集合を限定する関係節中の関係代名詞として用いられる。

(399) Things happened in the same way as the fortuneteller had foreseen.
　　その占い師が予知したのと同じように物事が起こった。

(400) Can there be such humanlike gods as Greek poets described in their works?
　　ギリシアの詩人たちが作品で描いたような人間臭い神々は存在し得るのだろうか。

(401) I am looking for as skillful a technician as he is for my new business.
　　私の新しい事業のために彼のような熟練した技術者を探している。

(402) Drink so much water as your body needs a day.
　　1 日に体が必要とするだけの量の水を飲みなさい。

（403）This equation has no solution, as proves the mathematician's theory.

その数学者の理論が証明しているように、この方程式には解がない。

as が関係代名詞として使用される時、先行詞と関係節で形成される名詞句が表示する事物と類似はしているが、その事物とは異なる事物が事態の要素となる。

（399）の the same way as the fortuneteller had foreseen は、the way that the fortuneteller had foreseen（その占い師が予知した方法）という事態を想定した上で、その事態と same（同一だ）という関係にある事態を表示する。「同一だ」という特性は、前もってある事物を設定し、その事物との関係で決定される事物を表示するからである。2個の類似してはいるが異なっている事物があるからこそ、その2個の事物が「同一だ」という関係にあることが認識される。このような、異なった事物の比較という操作が理解の過程で介在することを表示するために使用されるのが、関係代名詞 as である。

（400）の such humanlike gods as Greek poets described in their works は、humanlike gods that Greek poets described in their works（ギリシアの詩人たちがその作品で描いた人間臭い神々）という個体をまず想定し、その個体と類似した個体の集合を表示する。such が付加されることで類似した集合の存在が表示され、関係代名詞として as を用いることで、複数の集合の比較という操作の介在が表示される。

（401）の as skillful a technician as he is は、a skillful technician that he is（彼がそうである熟練した技術者）という個体をまず想定し、その個体と熟練度が同じ個体を表示する。as skillful は同等比較の形態であり、2個の個体の熟練度が同等であることを表示する。関係代名詞 as は、この比較という操作が介在することを表示している。

a technician（who is）as skillful as he is という、関係節中に比較形態を含む表現も可能であるが、名詞句 technician を関係節で限定するという構造を選択する場合には、as skillful a technician のように、形容詞が「a＋名詞」に先行するという特別の構造を取る。

（402）の so much water as your body needs a day は、much water that your body needs a day（体が1日に必要とする量の水）という個体を想定し、この個体と同じ量の水である個体を表示する。so much も同等比較の形態であり、2個の個体の量が同等であることを表示し、関係代名詞 as は、比較操作が介在することを表示している。

much は数量詞であって、数量詞は名詞の前に配置されなければならないので、so much water as your body needs a day を water so much as your body needs a day に置き換えることはできない。

第8節 関係代名詞 311

（403）の関係節 as proves the mathematician's theory の先行詞は、先行する文が表示する事態 this equation has no solution（この方程式には解がない）である。関係節が表示する事態 A（その数学者の理論が副体を証明する）と類似した事態 B を想定し、この事態 B の副体が主節の事態である。すなわち、この特定の方程式に解がないことを数学者の理論が証明したのではなく、この種類の方程式に解がないことが、数学者の理論が証明した内容から導かれる事態に属しているということを、この文は表している。関係節が表示する事態の副体が主節ではなく、副体と関係する複数の事態から選択されるものだということを、関係代名詞 as が表示している。

ⅴ．than, but

関係代名詞 than を用いる関係節は、「形容詞比較級形＋名詞」という構造の先行詞に後続する。先行詞が表示する事物に関わる特性の程度 A とは異なる程度 B を持つ事物を「名詞＋関係節」が表示し、程度 B よりも大きな程度 A を、先行詞である事物が表示するという事態を、文全体が表示する。異なる程度の特性を持つ 2 個の事物の特性を比較するという操作が行われることを、関係代名詞 than が表している。

（404）There gathered much more people than the hall could accommodate.
そのホールが収容できるよりもはるかに多くの人々が集まった。

（405）We need more financial support than we have received now.
私たちはこれまで受けてきたよりも多くの経済的支援が必要だ。

（404）では、まず many people that the hall could accommodate（そのホールが収容できる数の人間）という名詞句を想定し、この名詞句が持つ数量よりも大きな数量を、先行詞である much more people が持っているという事態を、文全体が表示する。同一の集合に属する異なった事物が持つ同一の特性の程度を比較するという操作が行われることを、関係代名詞 than が表示している。

（405）では、まず much financial support that we have received now（私たちがこれまで受けてきた量の経済的支援）という名詞句を想定し、この名詞句が持つ数量よりも大きな数量を、先行詞である more financial support が持っているという事態を、文全体が表示する。この文でも、先行詞である事物が持つ特性の程度と、関係節を含む事物が持つ特性の程度を比較するという操作が介在することを、関係代名詞 than が表している。

関係代名詞 but を用いる関係節は、「no ＋名詞句」や nothing, nobody, none のような、対応する事物の集合を含む事態が成立しないという否定操作を表す語句を先行詞とし、関係節が表示する事態も成立しないという事態を表示する。

先行詞を含む関係節の事態が成立せず、先行詞を要素とする文は、事態の不成立を表示するから、否定操作が二重に行われることになり、文全体としては、先行詞を要素とする事態が成立するという事態を表すことになる。

but を関係代名詞として使用するのは古風な文体の文章中であり、現代英語ではほぼ使われなくなっている。

(406) There is nobody but knows the truth.

その真実を知らない人はいない。

(407) The traveller met no villagers but loved their lord.

その旅人は自分たちの君主を愛していない村人には会わなかった。

(406)の関係節は「先行詞が真実を知らない」という事態を表示する。先行詞は nobody なので、文全体では「真実を知らない人間はいない」、つまり「誰もが真実を知っている」という事態を表示する。

(407)の関係節は「先行詞が自分たちの君主を愛していない」という事態を表示する。先行詞は no villagers なので、文全体では「旅人は自分たちの君主を愛していない村人には会わなかった」、つまり旅人が会った村人は誰でも自分たちの君主を愛していたという事態を表示する。

② 先行詞に後続し名詞群の機能を持つ関係代名詞　when, where, why, how, that

ⅰ．when

when は、先行詞が時区間を表示する名詞句であり、関係節中では成立時区間を表示する名詞群と同様の機能を持つ。

(408) We decided the time when we would see again.

私たちは次に会う時を決めた。

(409) The troops began to move during the night when clouds covered the moon completely.

雲が月を完全に覆った夜の間に部隊は移動を始めた。

(410) Pestilence spread all over Europe in the sixteenth century when nobody knew its true nature.

その正体を誰も知らなかった 16 世紀に、ペストはヨーロッパ全土に広まった。

(411) Birds come back in the season when the leaves of trees fall.

木々の葉が落ちる季節に鳥は戻ってくる。

(412) The day finally came when she was awarded the prize.

彼女がその賞を授与される日がとうとうやってきた。

第8節　関係代名詞　　　　313

　(408)の関係代名詞 when の先行詞は the time（時間）である。関係節は when we would see again であるから、when は名詞群 at the time と同等であると理解される。名詞句 the time when we would see again は、成立時区間の集合と「発信者たちがある時区間で再び会う」という事態の要素である時区間の集合の共通部分を表示する。「主体が副体と会う」という事態は長さのない時点で成立するから、when は長さのない時点を表示する。

　(409)の関係代名詞 when の先行詞は the night（夜）である。関係節は when clouds covered the moon completely であるから、when は名詞群 during the night と同等であると理解される。名詞句 the night when clouds covered the moon completely は、夜である時区間の集合と、「雲がある時区間に月を完全に覆う」という事態の要素としての時区間の集合の共通部分を表示する。雲が月を完全に覆うという事態は一定の長さを持つ時区間において成立するから、when も一定の長さの時区間を表示する。

　(410)の関係代名詞 when の先行詞は the sixteenth century（16世紀）である。関係節は when nobody knew its true nature だから、when は名詞群 in the sixteenth century と同等であると理解される。名詞句 the sixteenth century when nobody knew its true nature は、16世紀である時区間と、「ある時区間において誰もペストの正体を知らなかった」の成分である時区間の集合の共通部分を表示する。この共通部分は16世紀に限定されるから、関係節はこの時区間を限定する特性としての事態を表示しているものと理解される。

　(411)の関係代名詞 when の先行詞は the season（季節）である。関係節は when the leaves of trees fall だから、when は名詞群 in the season と同等であると理解される。したがって名詞句 the season when the leaves of trees fall は、季節である時区間の集合と、「ある時区間において木々の葉が落ちる」という事態の要素である時区間の集合との共通部分を表示する。木々の葉が落ちるという事態が成立する時区間は数週間程度の長さを持つから、when もこの程度の長さの時区間を表示する。

　(412)の関係節は when she was awarded the prize であるが、その直前には名詞句が配置されていない。この文中の名詞句は the day（日）であって時区間を表示するから、関係節の先行詞はこの名詞句であると理解される。「名詞句＋関係節」という構造の名詞句が主体である場合には、名詞句の次に動詞群が配置されて、関係節が動詞群に後続する構造を取ることがある。

　以下のような、when が節の先頭にある節が単独で名詞節として機能している表現の場合、先行詞である名詞句が省略されているとされることがある。しかし、これらは名詞句として機能している間接疑問節の例であると考えればよく、事態

314　　　　　　　　　　第 8 章　代名詞

の理解のために何らかの語句を補足する必要はない。

(413) When the dynasty ended is still to be investigated.
　　　その王朝がいつ終わったのかは、まだ調べなければならない。

(414) The police told the journalists when the murder occurred.
　　　いつその殺人が起きたのか、警察は記者たちに話した。

　疑問代名詞 when は since, until などの前置詞とともに名詞群を構成することができるが、関係代名詞 when も名詞群の要素となる例はある。ただし、関係代名詞 which を使用する方が適格性は高い。

(415) a. John misstated the year until when the Hundred Years War lasted.
　　　b. John misstated the year until which the Hundred Years War lasted.
　　　百年戦争がどの年まで継続したのかをジョンは間違って述べた。

(416) a. The revolution broke out since when democracy developed in the country.
　　　b. The revolution broke out since which democracy developed in the country.
　　　革命が起こり、それ以来その国では民主主義が進展した。

ⅱ．where

　where は先行詞が成立空間を表示する名詞句であり、関係節中では成立空間を表示する名詞群と同等の機能を持つ。

(417) Mary visited the monastery where Thomas Aquinas wrote his works on theology.
　　　トマス・アキナスが神学についての作品を書いた修道院をメアリーは訪れた。

(418) The astronauts landed on a planet where there was no air or water.
　　　その宇宙飛行士たちは空気も水もない惑星に降り立った。

(419) I spent hours staring at the line where the sky meets the sea.
　　　空が海と出会う線をじっと見つめながら私は何時間も過ごした。

(420) The critic pointed out some passages where the author borrowed metaphors from Homer.
　　　その評論家は、作者がホメーロスから比喩を借用した件をいくつか指摘した。

(421) There are cases where the accused is found guilty without confessing his crime.
　　　被告人が罪を自白せずに有罪になる場合がある。

第8節　関係代名詞　　　315

　(417)の関係代名詞 where の先行詞は the monastery（修道院）である。関係節は where Thomas Aquinas wrote his works on theology だから、where は名詞群 in the monastery と同等であると理解される。名詞句 the monastery where Thomas Aquinas wrote his works on theology は、修道院である個体の集合と「トマス・アキナスがある空間で神学についての作品を書いた」という事態の要素である空間の集合の共通部分に含まれる個体を表示する。修道院は建物であるから、where は立体的空間に対応している。

　(418)の関係代名詞 where の先行詞は a planet（惑星）である。関係節は where there was no air or water だから、where は名詞群 on the planet と同等である。名詞句 a planet where there was no air or water は、惑星である個体の集合と「ある空間に空気も水もない」という事態の要素である空間の集合の共通部分に含まれる空間を表示する。主節の動詞群が landed であるから、この空間のうち、天体の表面の空間を表示するものと理解される。

　(419)の関係代名詞 where の先行詞は the line（線）である。関係節は where the sky meets the sea だから、where は名詞群 on the line と同等である。名詞句 the line where the sky meets the sea は、線である個体の集合と「空がある空間で海と出会う」という事態の要素としての空間の集合との共通部分に属する個体、すなわち水平線であると理解される。

　(420)の関係代名詞 where の先行詞は some passages（いくつかの件）である。関係節は where the author borrowed metaphors from Homer だから、where は名詞群 in the passages と同等であると理解される。passage は個体が位置を占めるような空間ではないが、文章という空間を構成する部分的な空間だと理解すればよい。名詞句 some passages where the author borrowed metaphors from Homer は、文章の部分である空間の集合と「作者がある空間でホメーロスから比喩を借用した」という事態の要素としての空間の集合の共通部分を表示する。

　(421)の関係代名詞 where の先行詞は cases（場合）である。関係節は where the accused is found guilty without confessing his crime であるから、where は名詞群 in the cases と同等である。case は個体が物理的に存在する場所ではないが、何らかの事態であるから、その事態が空間を構成すると考えればよい。名詞句 cases where the accused is found guilty without confessing his crime は、場合である事態の集合と「ある空間において被告人が自分の罪を自白せずに有罪になる」という事態の要素である空間の集合の共通部分を表示する。

　関係代名詞 where の先行詞が表現されていない（省略されている）ように見える例もあるが、間接疑問節が名詞句として機能している例だと考えればよい。

　(422) The question of where the government chose a wrong policy is of para-

mount importance.

どこで政府が間違った政策を選んだのかという問題が最も重要だ。

(423) You have to consider where the advice stems from.

その忠告がどこから来ているのかを君は考えなければならない。

(422)の where the government chose a wrong policy（どこで政府が間違った政策を選んだか）の where は不定の空間を表示しており、この語句は間接疑問節である。where が関係代名詞であって、その前に名詞句を置くとすれば the phase（局面）, the stage（段階）などが考えられ、the phase [stage] where the government chose a wrong policy（政府が間違った政策を選んだ局面[段階]）も同様の事態を表示することはできるが、あえてこのような操作を想定する必要はない。

(423) の where the advice stems from（その忠告がどこから来ているか）の where は不定の空間を表示しており、主体が the advice、副体が stems であって、where は前置詞 from とともに名詞群を構成している。where を疑問代名詞だと考えれば、この表現全体で間接疑問節を構成することになり、適格な表現である。

where が関係代名詞だとすれば、先行詞として想定されるのは the circumstances（状況）, the background（背景）などであり、次のような文も使用されることはある。

(423′) You have to consider the circumstances [background] where the advice stems from.

その忠告が来た状況[背景]を考えなければならない。

where に前置詞が先行する表現は不適格だと判定される。

(423″) ×You have to consider the circumstances [background] from where the advice stems.

前置詞とともに名詞群を構成する場合には、関係代名詞 which を使用する方が適格性は高い。

(424) a. That is the island to which the birds return every spring.

　　　 b. That is the island (which) the birds return to every spring.

　　　 c. ×That is the island to where the birds return every spring.

　　　　 そこが毎年その鳥たちが戻ってくる島だ。

ⅲ．why

関係代名詞 why の先行詞は reason（理由）を含む名詞句にほぼ限定される。「reason＋why 関係節」は、主節の事態が成立する理由を表示する。

(425) The reason why Jean Valjean stole bread was poverty.

　　　 ジャン・バルジャンがパンを盗んだ理由は貧困だった。

(426) The minister didn't give any reason why he thought raising tax was inevitable.

増税が不可避だと思う理由を大臣は全くあげなかった。

(427) The historian's lecture was interesting about the reason why the United States fought the War of Independence.

合衆国が独立戦争を戦った理由についてのその歴史家の講義は面白かった。

(425)は、「ジャン・バルジャンがパンを盗んだ」という事態Aと「ジャン・バルジャンが貧乏だった」という事態Bの間に、Bが理由となってAが成立したという関係があることを、「Aの理由はBだ」という形で表現している。「Aの理由」に対応するのが、the reason why Jean Valjean stole bread である。why 関係節を含むこの名詞句は、事態の主体を表示している。

(426)は、「増税が不可避だと大臣が思う」という事態Aと、文中に与えられていない事態Bの間に、Bが理由となってAが成立したという関係にあることを「Aの理由」という形で表現している。「Aの理由」に対応するのが、any reason why he thought raising tax was inevitable である。この名詞句は、単射関係の副体を表示している。

(427)は、「合衆国が独立戦争を戦った」という事態Aと、文中に与えられていない事態Bとの間に、Bが理由となってAが成立したという関係にあることを「Aの理由」という形で表現している。「Aの理由」に対応するのが、the reason why the United States fought the War of Independence である。この名詞句は、前置詞 about とともに名詞群を構成している。

先行詞が reason を含む名詞句であり、この名詞句に文が後続している場合には、この文が why 関係節と同等であることが明らかなので、関係代名詞 why が使用されなくても適格となる。

(425′) The reason Jean Valjean stole bread was poverty.

(426′) The minister didn't give any reason he thought raising tax was inevitable.

(427′) The historian's lecture was interesting about the reason the United States fought the War of Independence.

why 関係節単独で名詞句を構成し、reason を含む先行詞が表現されていないように見える例もあるが、これは why が疑問代名詞で、間接疑問節を構成しているのだと考えればよい。

(428) Why a smart girl like her failed in the exam is a mystery.

彼女のように頭のいい女の子がどうして試験に失敗したのかは謎だ。

第8章　代名詞

(429) It is easy to understand why the sequence of prime numbers is infinite.
素数の列が無限である理由を理解するのは容易だ。

(430) The book is on why the Byzantine Empire survived the fall of the Roman Empire.
その本は、なぜビザンチン帝国がローマ帝国の滅亡後も生き延びたのかについてのものだ。

　(428) の間接疑問節 why a smart girl like her failed in the exam (彼女のように頭のいい女の子がどうして試験に失敗したのか)は事態中の主体であるが、この名詞節中の事態が、ある理由によって成立したことを含意している。したがって、これを the reason why a smart girl like her failed in the exam に置き換えれば、事態の成立に理由があることが形態的に明示される。

　(429) の間接疑問節 why the sequence of prime numbers is infinite (素数の列はなぜ無限なのか)は、単射関係の副体であるが、この名詞節中の事態の成立に何らかの理由があることを含意している。これを the reason why the sequence of prime numbers is infinite に置き換えることで、素数が無限であることに明確な理由があることが表示される。

　(430) の間接疑問節 why the Byzantine Empire survived the fall of the Roman Empire (なぜビザンチン帝国がローマ帝国の滅亡後も生き延びたのか)は、前置詞 on とともに名詞群を構成している。この名詞節はこの節が表示する事態の成立に何らかの理由があることを含意している。これを the reason why the Byzantine Empire survived the fall of the Roman Empire に置き換えれば、ビザンチン帝国がローマ帝国よりも長く続いたことに明確な理由があることが表示される。

　事態Ａの後に事態Ｂが成立し、ＡとＢの間に必然的な因果関係があると発信者が考える場合には、日本語ではＡがＢの「原因」と呼ばれ、英語では「Ａが原因で」を関係代名詞 how を用いて表現することができる。

(431) How earthquakes happen remains to be clarified.
地震が起きる原因はまだ解明されていない。

(432) The economist explained how the prices of commodities rise.
その経済学者は物価が上がる原因を説明した。

(433) They had a talk about how human language changes.
彼らは人間の言語が変化する原因について話をした。

　(431) では何らかの事態Ａが成立し、そこから必然的に earthquakes happen (地震が起きる)という事態が成立するという因果関係が想定されている。現代の地震学ではまだ、ある特定の場所でいつ地震が起きるのかは解明されていないが、地震の原因は必ずあるはずだから、「地震がどうして起きるのか」を how earth-

quakes happen で表現している。

(432) では何らかの事態 A が成立し、そこから必然的に the prices of commodities rise (物価が上がる) という事態が成立するという因果関係が想定されている。物価は需要と供給の関係で決定されることになっているので、物価の上昇を誘引する必然的な事態は存在するはずであり、「物価がどうして上昇するのか」をhow the prices of commodities rise で表現している。

(433) では、何らかの事態 A が成立し、それが原因で必然的に human language changes (人間の言語が変化する) という事態が成立するという因果関係が想定されている。現代の言語学は人間の言語が変化する原因を解明できてはいないが、言語が変化するのは事実なので、言語変化を導く必然的な要因があるはずであり、「どうして人間の言語が変化するか」を how human language changes で表現している。

why 節の事態が、何らかの事態の結果として成立する事態であるのに対し、接続詞 because に導かれる節の事態は、何らかの事態に先行して成立し、その事態の理由や原因を与えるものである。

(434) a. This is why Mary is angry with me.
　　　 このことが理由でメアリーは私のことを怒っている。

　　 b. This is because Mary is angry with me.
　　　 こうなったのは、メアリーが私のことを怒っているからだ。

(435) a. Extravagance is why the empire perished.
　　　 浪費が原因でその帝国は滅びた。

　　 b. The disappointment is because the team didn't do their best.
　　　 そのチームが全力を尽くさなかったことが落胆の原因だ。

(434a) では、this が表示する事態 A が成立した結果、Mary is angry with me (メアリーが私のことを怒っている) という事態 B が成立し、A が B の理由であることが表されている。

(434b) では、Mary is angry with me という事態 A が成立した結果、this が表示する事態 B が成立し、A が B の理由であることが表されている。

(435a) では、extravagance (浪費) が表示する事態の集合に属する事態 A が成立した結果、the empire perished (その帝国が滅びた) という事態 B が成立し、A が B の原因であることが表されている。

(435b) では、the team didn't do their best (そのチームが全力を尽くさなかった) という事態 A が成立した結果、the disappointment (落胆) が表示する事態 B が成立し、A が B の理由であることが表されている。

320　　　　　　　　　　第 8 章　代名詞

iv．how

　関係代名詞 how の先行詞は「方法」を意味する the way, the manner, the approach, the procedure などの名詞句に限定される。

　　(436) The way how the girl does a triple jump is amazing.
　　　　　その女の子が 3 回転ジャンプをするやり方は素晴らしい。

　　(437) The problem is the manner how the executives make important decisions.
　　　　　問題は役員たちが重要な決定をする方法だ。

　　(438) This paper shows the approach how you can choose appropriate parameters.
　　　　　この論文では、適切な媒介変数を選択する方法が示されている。

　　(439) Here is given the procedure how matrices are multiplied.
　　　　　ここには行列を掛け合わせる手順が書いてある。

　(436) の関係代名詞 how の先行詞は名詞句 the way であり、名詞句 the way how the girl does a triple jump は、方法である事態の集合と「その少女がある手段で 3 回転ジャンプをする」という事態に含まれる手段である事態の集合の共通部分に属する事態を表示する。

　(437) の関係代名詞 how の先行詞は名詞句 the manner であり、名詞句 the manner how the executives make important decisions は、方法である事態の集合と「役員たちがある手段で重要な決定をする」という事態の要素としての手段である事態の集合の共通部分に属する事態を表示する。

　(438) の関係代名詞 how の先行詞は名詞句 the approach であり、名詞句 the approach how you can choose appropriate parameters は、方法である事態の集合と「主体がある手段で適切な媒介変数を選択する」という事態に含まれる手段である事態の集合の共通部分に属する事態を表示する。

　(439) の関係代名詞 how の先行詞は名詞句 the procedure であり、名詞句 the procedure how matrices are multiplied は、手順である事態の集合と「行列がある手順で掛け合わせられる」という事態に含まれる手順である事態の集合の共通部分に属する事態を表示する。

　名詞句 the way に関係節が後続する場合、関係代名詞は how に限定されるため、この関係代名詞を表現しないことが多い。

　　(440) The way the teacher speaks to her students is very polite.
　　　　　その教師が自分の学生たちに話しかけるやり方はとても丁寧だ。

　　(441) I know the way swindlers approach innocent people.
　　　　　詐欺師が単純な人たちに近づく方法を私は知っている。

　　(442) Mary gave a comment concerning the way government officials cut

budgets.
　　政府の役人たちが予算を削る方法に関してメアリーは意見を述べた。
　名詞句 the way に直接別の名詞句 X が後続している構造では、X の後に動詞
群が配置されていれば、X 以降の語群は the way を限定する関係節である。
　（440）の名詞句 the way the teacher speaks to her students は、方法である事態
の集合と「その教師がある手段で自分の生徒たちに話しかける」という事態に含
まれる手段の集合との共通部分を表示する。
　（441）の名詞句 the way swindlers approach innocent people は、方法である事
態の集合と「詐欺師がある手段で単純な人たちに近づく」という事態の要素であ
る手段の集合の共通部分を表示する。
　（442）の名詞句 the way government officials cut budgets は、方法である事態の
集合と「政府の役人たちがある手段で予算を削る」という事態の要素である手段
の集合の共通部分を表示している。
　how で始まる間接疑問節も名詞句として機能することができる。この場合は、
「the way ＋ how 関係節」という構造の語群の先行詞 the way が省略されたと考え
る必要はない。

（443）　How the man broke out of prison will be reported later.
　　　　その男がどうやって脱獄したかは後で報告される。
（444）　Our teacher taught us how petroleum is generated.
　　　　私たちの先生は石油がどのようにして生成されるか教えてくれた。
（445）　I read an article on how Magellan's circumnavigation of the Earth was
　　　　made.
　　　　マゼランの世界 1 周航海がどのようにしてなされたのかについての記
　　　　事を読んだ。

　（443）の how the man broke out of prison（その男がどうやって脱獄したか）は
間接疑問節であり、how は事態が成立するための不定の手段、ここでは脱獄の
方法を表示している。この間接疑問節は事態の主体を表示する。
　（444）の how petroleum is generated（石油がどのようにして生成されるのか）
は間接疑問節であり、how は事態が成立するための不定の手段、ここでは石油
生成の過程を表示している。この間接疑問節は単射関係の副体を表示している。
　（445）の how Magellan's circumnavigation of the Earth was made（マゼランの
世界 1 周航海がどのようにしてなされたのか）は間接疑問節であり、how は事態
が成立するための不定の手段、ここでは航海の方法や経路を表示している。この
間接疑問節は前置詞 on とともに名詞群を構成している。

ⅴ．that

　関係代名詞 that は任意の名詞句を先行詞として、関係節中では、この先行詞が名詞群として機能することを表示する。

　　(446) Mary's cat went out of the room the instant that she took her eyes off it.
　　　　　メアリーが目を離した隙に彼女の猫が部屋から出て行った。

　　(447) The story is about the place that the author lived his life.
　　　　　その物語は著者が人生を送った場所についてのものだ。

　　(448) The reason that the suspects were all in the same room is uncertain.
　　　　　容疑者たちが全員同じ部屋にいた理由ははっきりとは分からない。

　　(449) The way was remarkable that John talked his client into buying a new car.
　　　　　ジョンが顧客を説得して新車を買わせたやり方は素晴らしかった。

　これらの文の that には不足している要素のない完全な文が後続しているので、that は接続詞か関係代名詞である。that に先行するのが名詞句で、思考や発言などの事態を表示するものではないので、that は接続詞ではなく関係代名詞だと理解される。

　(446)の関係代名詞 that の先行詞は名詞句 the instant (瞬間)であって時区間(ここでは時点)を表示する。名詞句 the instant that she took her eyes off it は、瞬間である時区間の集合と「メアリーがある時区間において自分の猫から目を離した」という事態の要素である時区間の集合の共通部分に属する時区間を表示する。

　(447)の関係代名詞 that の先行詞は the place (場所)であって空間を表示する。名詞句 the place that the author lived his life は、場所の集合と「その(物語の)著者がある空間で人生を送った」という事態の要素である空間の集合の共通部分に属する場所を表示する。

　(448)の関係代名詞 that の先行詞は the reason であって理由である事態を表示する。名詞句 the reason that the suspects were all in the same room は、理由である事態の集合と「容疑者たちがある理由で全員同じ部屋にいた」という事態の要素である理由の集合の共通部分に属する事態を表示する。

　(449)の関係代名詞 that の先行詞は、文頭にある名詞句 the way であって方法である事態を表示する。名詞句 the way that John talked his client into buying a new car は、方法である事態の集合と「ジョンがある方法で顧客を説得して新車を買わせた」という事態の要素である方法の集合の共通部分に属する方法である事態を表示する。

　名詞句 A の直後に別の名詞句 B が続いている構造では、B がそれに続く語群とともに関係節を構成していると理解することができる。したがって、関係節の

第8節　関係代名詞　　323

先頭に関係代名詞が配置されていなくても、「名詞句＋関係節」という構造を形成することができる。したがって、上の (492), (493), (494) の各例についても that を表現しないでも適格な文となる。

(446′) Mary's cat went out of the room the instant she took her eyes off it.

(447′) The story is about the place the author lived his life.

(448′) The reason the suspects were all in the same room is uncertain.

(449) の場合は、先行詞には動詞群と形容詞が後続しているので、関係代名詞がないと関係節の理解に支障が生じる。したがって、that のない構造は不適格だと判定される。

(449′) ×The way was remarkable John talked his client into buying a new car.

この構造だと、the way was remarkable で文が終わり、次の文が John で始まるものと理解されてしまう。

③ 単独で名詞句の機能を持つ関係代名詞

関係代名詞は先行詞と同一の事物を指示する形態であるから、代名詞である以上、先行詞に後続するのが原則である。しかし、先行詞が任意の事物や人間である場合には、先行詞を表現しなくても容易に推測が可能なので、関係代名詞だけで名詞句を構成することができる。

ⅰ．what

what が先頭に配置される関係節は、不定の事物の集合とある事態の要素である事物の集合の共通部分またはその共通部分に属する事物を表示する。

(450) Artists are trying to create what is beautiful.
　　　芸術家は美しいものを作り出そうとしている。

(451) What he is saying is a total nonsense.
　　　彼が言っていることは全くの戯言だ。

(452) Do you have any comment on what the political scientist talked about in his lecture.
　　　その政治学者が講演で話したことについて何か意見はありますか。

(450) の関係節 what is beautiful は、事物の集合と「主体が美しい」という事態の主体の集合との共通部分を表示する。要するに美しい事物のことであるが、この集合は create (作り出す) が表す単射関係の副体である。「主体が副体を作り出す」という事態が成立すれば、副体である事物は現実世界において存在することになる。

(451) の関係節 what he is saying は、事物の集合と「彼が副体を言っている」

という事態の副体の集合との共通部分を表示する。動詞 say（言う）が表す単射関係の副体は具体的な言語表現であり、言われた結果の表現は現実世界に存在する。

（452）の関係節 what the political scientist talked about in his lecture は、事物の集合と「その政治学者が講演で関与者について話した」という事態の要素である関与者の集合との共通部分を表示する。政治学者が講演で話した内容について受信者が意見を持っているのであれば、その話した内容としての談話は現実世界に存在するものとして理解されている。

関係代名詞 what を用いることにより、事態を構成する要素のどれかを受信者が知らないものとして提示し、この要素が事態中で最も重要な情報的価値を持つことを表示する、言い換えればこの要素を強調することができる。

（453）What the student studies at college is classics.
その学生が大学で学んでいるのは古典学だ。

（454）What I am convinced of is her innocence.
私が確信しているのは彼女の無実だ。

（455）What John did was enjoy the job.
ジョンがしたのはその仕事を楽しむことだ。

（453）は、The student studies classics at college（その学生は大学で古典学を学んでいる）という文が表示する事態のうち、単射関係の副体である classics（古典学）が受信者には知られていないという前提で使用されている。関係節 what the student studies at college（その学生が大学で学んでいる事物）のうちの what が不定の事物であるから、これと同一の事物を指示する事物として classics（古典学）が副体の位置に配置されている。この文の主体である関係節と副体 classics は同値関係にあり、これを表示するのが動詞群 is である。

（454）は、I am convinced of her innocence（発信者が彼女の無実を確信している）という文が表示する事態のうち、前置詞 of とともに名詞群を構成し、限定者を表示する事態である her innocence（彼女の無実）が受信者に知られていないという前提で使用されている。関係節 what I am convinced of（発信者が確信している事物）のうち、what が不定の事物であるから、これと同一の事物を指示する事物として her innocence（彼女の無実）が副体の位置に配置されている。この文の主体である関係節と副体 her innocence は同値関係にあり、この関係が動詞群 is によって表示されている。

what を使用する関係節は名詞句であるから、事態を構成する要素のうちで強調することができるのは名詞句が表示する事物に限定されることになり、形容詞や名詞群、副詞などが表示する事物の集合、成立時区間や空間、手段や様態などを強調することはできない。

第8節　関係代名詞　　　325

　しかし (455) では、enjoy the job という「動詞＋名詞句」が表示する関係と副体が強調されている。この場合、動詞は語形変化（この例では過去時制形態の enjoyed が期待される）をしていないから、enjoy は不定詞であって、enjoy the job は不定詞節であり名詞句と同様の働きをしていると考えることができる。

　「It is X that Y」という構造を用いて、Y が表示する事態中で受信者に知られていない要素の X を提示する強調の方法では、動詞群に関わる要素を強調することはできないから、この目的のためには what 関係節を用いる方法を使用しなければならない。

　「what ＋名詞」が先頭に配置される関係節では、名詞が表示する事物の集合の全体が表示される。

(456) The improvident man spent what money he had on horse races.
　　　その節約心のない男は、自分の持っていた金をすべて競馬に注ぎ込んだ。

(457) I mustered what little energy I had left to take me into a medal position.
　　　私は残っていたわずかのエネルギーを振り絞ってメダルが取れる位置にまで自分を持って行った。

　名詞に what を付加することにより、名詞に対応する集合の任意で不定の事物を表示することになる。任意で不定の事物は any を付加することによっても表示できるが、what は現実世界に確実に存在する事物を表示することから、名詞が表示する現実世界における事物の集合の全体を表示するものと理解される。

　(456) の what money he had は、お金である任意の個体の集合と「彼が副体を持っていた」という事態の要素である副体の集合の現実世界における共通部分、すなわち彼が持っていたお金の集合全体を表示する。

　(457) の what little energy I had left は、エネルギーである個体の集合と「発信者が副体を残していた」という事態の要素である副体の集合の現実世界における共通部分、すなわち発信者が残していたエネルギーの集合全体を表示する。little が含まれているので、エネルギーの量が少量であったものと理解される。

ⅱ．whatever
　whatever は、関係節が表示する事態中で任意の事物を表示する。

(458) Whatever comes into her head is the source of the poet's works.
　　　その詩人の頭に浮かぶどんなものも、彼女の作品の源泉になる。

(459) I will do whatever I can to attract her attention.
　　　彼女の注意を引くために私はなんでもするつもりだ。

(460) Babies try to swallow whatever they can get their hands on.

赤ん坊は手を付けることができるものはなんでも飲み込もうとする。

(458)の whatever comes into her head は事態の主体であり、この関係節は、任意の事物の集合と、「主体がその詩人の頭の中に浮かぶ」という事態の要素である主体の集合との共通部分を表示する。whatever は、詩作品の主題を構成する事物であるから、その特性に制約はない。

(459)の whatever I can to attract her attention は単射関係の副体であり、この関係節は、任意の事物の集合と、「発信者が彼女の注意を引くために副体をする」という事態の副体である事態の集合の共通部分を表示する。whatever は、人間が別の人間の注意を引くためにする事物であるから、事態の集合のうちで「贈り物をする」「連絡を取ろうとする」「紹介してもらう」などの事態に限定される。

(460)の whatever they can get their hands on は単射関係の副体であり、この関係節は、任意の事物の集合と、「赤ん坊がある事物に手を付ける」という事態の要素である事物の集合の共通部分を表示する。whatever は、赤ん坊が手を付ける事物であるから、個体であり体積の小さなものであるのが普通である。

whatever に名詞が後続することにより、「whatever＋名詞」が、名詞が表示する事物の集合の任意の要素を表示する。

(461) The photographer uses whatever light is available to take pictures at night.
その写真家は夜写真を撮るために使える明かりは何でも利用する。

(462) Mary finds great pleasure in whatever success her son achieves.
メアリーは、自分の息子がうまくやり遂げたことはどんなものでもとても嬉しく思う。

(461)の関係節 whatever light is available to take pictures at night は、光である個体の集合と「その写真家が夜に写真を撮るために主体が利用できる」という事態の要素である主体の集合の共通部分に属する任意の個体を表示する。whatever が light とともに名詞句を構成することにより、関係節が表示する事物が光である個体に限定される。

(462)の関係節 whatever success her son achieves は、成功である事態の集合と「メアリーの息子が副体をやり遂げる」という事態の要素である副体である事物の集合の共通部分に属する任意の事態を表示する。whatever が success とともに名詞句を構成することにより、関係節が表示する事物が成功である事態に限定される。

whatever が先頭に配置される節が譲歩節として使用されることがあるが、この譲歩節は副詞節であって関係節ではない。したがってこの場合の whatever は関係代名詞ではなく、任意で不定の事物を表示する疑問代名詞に属すると考える

のが適切である。

(463) Whatever he may try, John won't be able to reconstruct his company.
どれだけ努力をしても、ジョンは自分の会社を再建することはできないだろう。

(464) The man didn't tell the secret, whatever device the inspector used.
その捜査官がどんな仕掛けを用いても、その男は秘密を言わなかった。

(463)の whatever は任意の事物を表示するが、主節が会社の再建に関わる事態を表示していることから、銀行との取引や人事の刷新など、会社の運営に関係する事物の集合に属する任意の事物であるものと理解される。

(464)の whatever には名詞 device が後続しているから、方策である事態の集合に属する任意の事物を表示している。主節は男が秘密を言わなかったという事態を表示するから、whatever device は、捜査官が被疑者に秘密を暴露させるために用いる話し方や道具などの集合に属する任意の事物であると理解される。

iii. whoever

関係代名詞 whoever は、この語形が主格形、対格形が whomever、属格形が whosever である。

対格形として whoever が使用されることが多い。whoever は人間の集合に属する任意の個体を表示する。

(465) Our club admits whoever is interested in classical literature.
私たちのクラブは古典文学に興味のある人なら誰でも受け入れる。

(466) I am ready to trust whomever you choose as my partner.
あなたが私の相手として選ぶ人なら誰でも、私は喜んで信頼する。

(467) The priest gave a helping hand to whoever he saw grieving over their misery.
自分の惨めさを嘆いている人には誰にでも、その司祭は援助の手を差し伸べた。

(468) The tyrant plundered whosever property he thought was worth possessing.
その暴君は所有する価値があると思うものであれば誰の財産でも奪い取った。

(465)の関係節 whoever is interested in classical literature は、任意の人間の集合と「主体が古典文学に興味がある」という事態の主体の集合の共通部分に属する任意の人間を表示する。古典文学に興味を持つ主体に制限はないので、whoever は人間であれば誰でもよい。

（466）の関係節 whomever you choose as my partner は、任意の人間の集合と「受信者が発信者の相手として副体を選ぶ」という事態の副体の集合の共通部分に属する任意の人間を表示する。この集合は、受信者に関係があって、発信者の相手になる可能性のある人間だという特性を持つ個体に限定される。関係代名詞が副体なので、形態は対格形 whomever であるが、これを主格形 whoever に置き換えることもできる。

（467）の関係節 whoever he saw grieving over their misery は、任意の人間の集合と「その司祭が副体を見た＋副体（＝主体が自分の惨めさを嘆いていた）」という事態の要素としての副体である事態の主体の集合との共通部分に属する任意の人間を表示する。自分の惨めさを嘆く主体に制限はない。関係代名詞は副体である事態の主体であるが、この事態が現在分詞節で表示されていて、これが動詞 saw が表示する単射関係の副体なので、関係代名詞は対格形を取る。この文では主格形 whoever が用いられているが、対格形 whomever に置き換えることもできる。

（468）の関係節 whosever property he thought was worth possessing は、任意の人間に関係する財産の集合と「その暴君が副体を思った＋副体（＝主体が所有される価値がある）」という事態中の副体である事態の主体の集合の共通部分に属する任意の事物を表示する。関係代名詞の属格形は、任意の人間に関係する事物の集合を表示している。財産を持つことのできる人間に制約はない。

whoever は、疑問代名詞として任意の人間を表示し、譲歩節を形成することができる。

（469）Whoever may be the winner, he or she will be invited to the banquet.
勝者が誰であっても、その人は祝宴に招待される。

（470）The guard gave a challenge, whoever he saw passing or standing around the gate.
その守衛は、門の近くを通り過ぎたり立っていたりする人を見かけたら誰にでも誰何した。

（469）の whoever は任意の人間であるが、譲歩節が「主体が勝者だ」という事態を表示し whoever が主体であるから、この主体は何らかの競技会に参加する選手の集合に属する任意の個体であると理解される。

（470）の whoever は任意の人間であるが、譲歩節が「守衛が副体の事態（＝主体が門の近くを通り過ぎたり立っている）を見た」であって、副体の事態の主体が whoever であり、門の近くにいる人間には制限がないから、この疑問代名詞は任意の人間を表示するものと理解される。

第 8 節　関係代名詞　　　329

ⅳ. whichever

whichever は、ある限定された事物の集合に属する任意の事物を表示する。

(471) Whichever wins the election will face a difficult problem.
どちらが選挙に勝っても、難しい問題に直面することになる。

(472) John was willing to accept whichever plan the director would propose.
ジョンは、部長が提案するどちらの計画でも喜んで受け入れるつもり
だった。

(473) They have a right to campaign for whichever candidate they wish to.
彼らは応援したいと思うどちらの候補者のためにも運動する権利があ
る。

(471)の関係節 whichever wins the election は、ある限定された事物の集合と「主
体が選挙に勝つ」という事態の要素としての主体の集合の共通部分に属する任意
の事物を表示する。選挙に勝つ主体は政治に関わる人間であるから、whichever
は限定された範囲の人間の集合に属する任意の個体を表示する。

(472)の関係節 whichever plan the director would propose は、計画である事態
の集合の部分集合と「部長が副体を提案する」という事態の要素としての副体で
ある事物の集合の共通部分に属する任意の事物を表示する。したがって、ある限
定された範囲の計画で、ジョンが所属する会社の部長が提案すると考えられ得る
事態の集合の任意の要素を表示するものと理解される。

(473)の関係節 whichever candidate they wish to は、候補者である個体の集合
の部分集合と「彼らが副体を応援したいと思う」という事態の要素としての個体
の集合の共通部分に属する任意の個体を表示する。候補者である個体の個数は少
数であるから、この集合に属する人間の個数も極めて限定されているものと理解
される。

whichever も、疑問代名詞として譲歩節を形成することができる。

(474) Our future, whichever it may be, will bring us a new style of life.
私たちの未来は、それがどちらであろうと、私たちに新しい生活様式
をもたらすだろう。

(475) The matter is of the profoundest importance, whichever way they de-
cided to take.
彼らがどちらの方法を取ることに決めたにしても、その問題は最も重
大だ。

(474)の whichever は、発信者たちの未来の特性であるから、good（よい）また
は bad（悪い）、bright（明るい）または dark（暗い）のような対立する特性の組み
のうちの任意の一方であると理解される。

330　　　第 8 章　代名詞

　(475) の whichever way は、方法である事態の集合の限定された部分集合に属
する任意の事態を表示する。方法の集合は、the matter（その問題）の特性に依存
するが、ある問題に関わる方法である事態の集合は小さな範囲に限定されると考
えてよい。

331

第 9 章　数量詞

　数量詞は事物の数量を表示する形態であり、個別・具体的な数量を表示する「数詞」と、不定の数量を表示する「不定数量詞」に分類される。

第 1 節　数詞
　数詞には、単純に個数を表示する「基数詞」と、順序を表示する「序数詞」、倍数を表示する「倍数詞」がある。

① 基数詞

(1) Twenty-three (23) is a prime number and one thousand, two hundred (and) seventeen (1217) is also a prime number.　23 は素数で、1217 も素数だ。

(2) The population of Japan is one hundred and twenty million (120,000,000) and that of the world is eight billion (8,000,000,000).
日本の人口は 1 億 2 千万で、世界の人口は 80 億だ。

(3) The area of France is six hundred (and) forty-three thousand (and) eight hundred (and) one (643,801) square kilometers.
フランスの面積は 64 万 3 千 801 平方キロだ。

(4) The height of the highest mountain in England, Scafell Pike is nine hundred (and) seventy-eight (978) meters.
イングランドの最高峰スコーフェル・パイクの標高は 978 メートルだ。

(5) Five (5) and seven (7) or five plus seven (5 + 7) is [equals] twelve (12).
5 + 7 = 12

(6) ten (10) from thirty (30) or thirty minus ten is [equals] twenty (20).
30 − 10 = 20

(7) six (6) times thirteen (13) or six multiplied by thirteen is [equals] seventy-eight (78).　6 × 13 = 78

(8) forty-two (42) divided by fourteen (14) is three (3).　42 ÷ 14 = 3

(9) Pericles was a prominent Greek politician, who died in four hundred (and) twenty-nine (429) BC.
ペリクレスは卓越したギリシアの政治家で、紀元前 429 年に死んだ。

332　　　　第 9 章　数量詞

(10) The Byzantine Empire fell to the Ottomans in fourteen fifty-three (1453).
ビザンチン帝国は 1453 年にオスマン人の手に落ちた。

(11) Pierre Soulages, a French painter, died in October two thousand (and) twenty-two (2022).
フランスの画家ピエール・スーラジュは 2022 年の 10 月に死んだ。

ten, hundred, thousand など、数値の基点となる数詞を複数形にして、「何十 [百、千] もの」という不定だが多数の個体を表示することができる。

(12) Hundreds of runners took part in the marathon competition.
そのマラソン大会には何百人ものランナーが参加した。

(13) There live tens of thousands of albatrosses in the island.
その島には何万羽ものアホウドリが住んでいる。

② 序数詞

列を構成する個体が、その列の中で何番目にあるのかを表示する数詞が序数詞である。日本語では「3 番目」のように数詞に「番目」を後続させ、英語も twentieth（20 番目）のように数詞に形態素 th を付加すれば序数詞を形成することができるが、小さな自然数に対応する数詞の場合は、first（1 番目）, second（2 番目）, third（3 番目）のように特別の形態を持つ序数詞が使われる。

(14) Octavianus became the first Emperor of the Roman Empire.
オクタウィアヌスはローマ帝国の最初の皇帝になった。

(15) Milan is the second largest city after Rome in Italy.
ミラノはイタリアでローマに次いで 2 番目に大きな都市だ。

(16) John was the fifty-sixth finisher in the triathlon race.
ジョンはそのトライアスロンのレースで 56 位だった。

分数を表示するのに、英語では序数詞が用いられる。

(17) Two thirds of Japan is woodland.　　日本の 3 分の 2 は森林だ。

(18) Twenty-two sevenths (22/7) is larger than three point one four (3.14).
7 分の 22 は 3.14 より大きい。

(19) Three fifths (3/5) and five sevenths (5/7) is forty-six over thirty-five (46/35).　　3/5 + 5/7 = 46/35

③ 倍数詞

「X 倍」は、規則的に「X times」で表現される。ただし、twice, double（2 倍）, triple（3 倍）, quadruple（4 倍）では単一の形態が使用される。

(20) Spain is over two times [twice, double] larger than the United Kingdom.

スペインはイギリスの2倍以上大きい。

(21) The Danube is three times as long as the Seine.
　　　ドナウ川はセーヌ川の3倍長い。

triple と quadruple は、単独で「3倍[4倍]の数量」を表す。

(22) The required figure is almost triple (of) that we expected.
　　　要求された数値は我々が予想していたもののほぼ3倍だ。

(23) The sales for this month are more than the quadruple of those for last month.　今月の売上高は先月の4倍以上だ。

第2節　不定数量詞

「すべて」「たくさん」「少し」を表す数量詞は、ある範囲の事物の集合を表示するが、具体的な数量を表示することはなく、数量は不定である。このような数量詞としては all, both, either, every, each, many, much, few, little, enough があり、これらを「不定数量詞」と呼ぶ。

不定数量詞は every と either を除いて単独で名詞句を構成することができ、すべてが名詞句または名詞群「of＋名詞句」とともに名詞句を構成することができる。

① all

i . 単独で名詞句を構成する

all は単独で名詞句を構成する場合には、状況中に与えられている事物全体の集合を表示する。状況中の事物全体の集合は1個だから、この場合の all の数性は単数である。

(24) In this rural town I live now, all is peaceful.
　　　私が今住んでいるこの田舎の町では、すべてが平和だ。

(25) That's all for today's lesson.
　　　これで今日の授業は終わりです。

(26) The girl easily understands all she learns.
　　　その女の子は学ぶことのすべてを容易に理解する。

(24)の all は、先行する名詞群 in this rural town I live now（私が今住んでいるこの田舎の町では）から、発信者の住む町に関係する、人々の生活や政治経済活動などを対象とする事態の集合の全体を表示するものと理解される。

(25)の all は、後続する名詞群 for today's lesson（今日の授業に関して）から、ある特定の授業に関係する事態の集合の全体、すなわち、授業が対象とする科目、授業で取り扱う項目とその内容、内容に対する教師の解説などを表示するものと

理解される。

　(26)の all は名詞句であるが、関係節 she learns（その女の子が学ぶ）によって限定されていることから、その女の子が学習している、あるいは学習する可能性のある事態の集合全体を表示すると理解される。ただし、この集合を構成する事態がどのようなものかは、女の子の年齢や学習環境によって違ってくる。

　all が単独で名詞句を構成する場合、ある範囲の人間の集合全体を表示する時には、この不定数量詞の数性は複数になる。人間ではない事物より、人間の方が言語使用者にとっては身近であり、それだけ集合の要素としての多様性が意識されるからではないかと考えられる。

(27) All are angry about the government's decision.
　　　政府の決定には全員が怒っている。

(28) In the camp, all were refugees from the neighboring country.
　　　そのキャンプでは全員が隣国からの避難民だった。

(29) All who were there witnessed the collapse of the building.
　　　そこにいた全員がその建物の倒壊を目撃した。

　(27)の all は、人間である個体の集合のうち、発信者が何らかの形で範囲を限定した部分集合の要素の全体を表示する。この集合としては、発信者の家族や同僚、友人などの集合、ある組織に属する人間の集合、ある会合に出席している人間の集合などが想定される。all は限定された人間の集合の全体であるから、数性は複数であり、したがって動詞 be は複数形 are になっている。

　(28)の all は、人間である個体の集合のうち、ある特定のキャンプにいた個体の集合の全体であることが、文頭の名詞群 in the camp（そのキャンプで）によって表現されている。この all もある範囲の人間の集合全体であるから、動詞 be は複数形 were を取っている。

　(29)の all は単独で名詞句を構成しているが、関係節 who were there（そこにいた）によって限定されており、人間である個体の集合と「主体がそこにいた」という事態の要素である主体である個体の集合の共通部分の全体を表示する。all の数性が複数であることは、関係節の動詞群が were であることによって分かる。

ⅱ．名詞句または名詞群とともに名詞句を構成する

　all に名詞句が後続する場合は、その名詞句が表示する集合またはその部分集合の全体を表示する。名詞句が表示し得る集合の全体を表示する場合は、他の集合とは明確に異なるので定性は定である。実際「the＋名詞句」という構造の名詞句は、名詞句が表示し得る事物の集合の全体を表示することができる。ただし

第 2 節　不定数量詞 335

この場合は、この構造の名詞句で集合の全体を表示するので、さらに all を付加して全体であることを理解させる必要はない。

「all the ＋名詞句」という構造の名詞句は、名詞句が事物の集合の部分を表示していて、その部分集合が、状況によって他の部分集合とは明確に区別される場合に使用される。

(30) All the inhabitants of the village moved outward after the flood.
その洪水の後、その村の住民は全員外に出て行った。

(31) They bake all the bread at the bakery every morning.
そのパン屋では毎朝すべてのパンを焼く。

(32) All the ideas in the book seem to be drawn from Aristotle's metaphysics.
その本にあるすべての考えはアリストテレスの形而上学から引き出されているように見える。

(33) Convicted of all the abominable violence, the prisoner served a life sentence in prison.
すべての忌まわしい暴力で有罪を宣告されて、その囚人は牢獄で終身刑に服した。

(30)の all the inhabitants of the village（その村のすべての住民）は、住民である個体の集合とその村に関係する事物の集合の共通部分である集合を表示する。この集合は、住民である個体の集合の部分集合であるが、その村に関係するという特性は、他の部分集合とは明確に区別されるので、この集合の全体は定であり、定冠詞によってこの特性が表示されている。inhabitant（住民）は可算普通名詞であり、部分集合に属する個体は複数なので、名詞は複数形を取っている。

(31)の all the bread（すべてのパン）は、この文が表示する事態が作る状況によって、特定のパン屋で特定の朝に焼かれるパンの集合、すなわちパンである個体の集合のうち、他の個体とは明確に区別される部分集合の全体を表示するものと理解される。したがって定性は定であり、名詞句には定冠詞が付加されている。bread（パン）は不可算普通名詞なので、複数形にはならない。

(32)の all the ideas（すべての考え）は、後続する名詞群 in the book（その本の）によって、考えである事態の集合とある特定の本に関係する事物の集合の共通部分である事態の集合の全体を表示する。その本に書かれている考えである事態の集合は、考えである事態の部分集合であって、他の考えの集合とは明確に区別されるので定であり、名詞句には定冠詞が付加されている。本に書かれた考えは文の形で表現され、文は個々に区別が可能なので、この場合の idea は均質抽象名詞で複数形を取ることができ、本には複数の考えが表現されているので、そのすべての考えは複数形で表現されている。

（33）の all the abominable violence（すべての忌まわしい暴力）は、後続する the prisoner served a life sentence in prison（その囚人が牢獄で終身刑に服した）が表示する事態が与える状況から、暴力である事態の集合の部分集合のうち、その囚人が主体であったものを表示する。これらの事態は、他の暴力である事態とは主体が異なるのだから明確に区別され、したがって定であり、名詞句には定冠詞が付加される。violence（暴力）は不均質抽象名詞であるから、暴力である事態の集合の部分集合に複数の事態が含まれていても、複数形を取ることはない。

　all に後続する名詞に定冠詞が付加されない場合は、名詞句が表示する事態の集合の全体を表示する。

　　（34）All living creatures are by descent from common ancestors.
　　　　　すべての生き物は系統的に共通の祖先に由来している。

　　（35）All money is good and can be saved for people's benefit.
　　　　　すべてのお金はよいものであり、人々の利益のために蓄えることができる。

　　（36）Feeling is at the root of all philosophy and art.
　　　　　感情はすべての哲学と芸術の根源にある。

　（34）の all living creatures は、living creature（生物）である個体の集合を構成する任意の部分集合の全体を表示する。任意の部分集合の全体は、全体集合よりは大きくなることができないから、全体集合に等しい。creature は可算普通名詞であって、生物である個体の集合の部分集合を構成する個体は複数であるから、複数形 creatures を取っている。

　冠詞が付加されない living creatures だけでも、生物である個体の全体を表示することができる。all を付加することにより、複数の生物で構成される部分集合を要素とする集合の全体が表示され、結果として同様に生物である個体の集合全体を表示することができる。

　（35）の all money は、money（金）である個体の集合全体が表示される。集合全体は定であるから定冠詞を付加することも可能なはずであるが、定冠詞を付加した all the money は、金である個体の集合に属するが、他の個体とは明確に異なる個体を表示するために使用される。これは、the money が金である個体全体の集合を表示することもできるが、実際には、集合のうちの特定の金を表示することが多いのと同様である。

　money は不可算普通名詞なので、複数形を取ることはなく、動詞群も is という単数形になっている。

　（36）の all philosophy and art は、philosophy（哲学）である事態の集合全体、art（芸術）である事態の集合全体を表示している。philosophy と art は不均質抽

第 2 節　不定数量詞　　　　337

象名詞であり、これらに all が先行することにより、これらの名詞が表示する事
態集合を構成する任意の部分集合の全体を表示することになる。all が付加され
ない philosophy と art は、集合を構成する任意の事態を表示するが、任意である
ことから、文が表示する事態の成立に関しては集合全体と同一の価値を持つ。す
なわち、all philosophy〔art〕と philosophy〔art〕は、異なった過程ではあるが、
集合の全体を表示することは同じである。

　　all に名詞群「of＋名詞句」を後続させて名詞句を形成することにより、「all＋
名詞句」と同様に、名詞句が表示する事物の集合またはその部分集合の全体を表
示することができる。

　　(37) All of the members of the team were sorry for their coach's resignation.
　　　　そのチームのメンバーの全員が彼らのコーチの辞任を残念に思った。

　　(38) John learns foreign words all of the time from home to school.
　　　　ジョンは家から学校までの間ずっと外国語の単語を覚えている。

　　(39) The emblem is among the most common religious symbols in all of
　　　　Egyptian art.
　　　　その紋章はすべてのエジプト美術の中で最も普通に見られる宗教的象
　　　　徴の一つだ。

　　(37)の all of the members of the team は、メンバーである個体の集合とそのチー
ムに関係する事物の集合の共通部分である個体集合の全体を表示する。この個体
集合は、メンバーである個体の集合の部分集合であるが、他の部分集合とは明確
に区別されるから定性は定であり、定冠詞が付加される。また member は可算普
通名詞であって、この部分集合の要素の個数は複数であるから、複数形を取って
いる。

　　(38)の time は時区間を表示するが、後続する from home to school（家から学
校まで）によって、限定された時区間であり、他の時区間とは明確に区別される
ことが分かる。したがって定であり、all of the time は、この時区間の全体を表
示する。動詞群 learns は非過去時制全体相形態であるから、現在を含む時区間
において多数回反復される事態を表示する。したがって、the time も時間軸上に
あり、特定ではあるが多数の時区間を表示するものと理解される。

　　(39)の Egyptian art はエジプト美術である事物の集合を構成する任意の部分集
合の全体を表示し、結果としてエジプト美術である事物の集合全体を表示する。
art（美術）は不均質抽象名詞なので、複数形にはならない。

＊名詞句に後続する all
　「all＋(the＋)名詞句」という構造の名詞句が事態の主体である場合には、不定

338   第 9 章　数量詞

数量詞 all が名詞句とは離れた位置を占めることができる。この場合、動詞群に
動詞 be または助動詞が含まれていない場合には動詞群の前、動詞群に動詞 be ま
たは助動詞が含まれている場合には be や助動詞の直後に all が配置される。

(40) a. All the employees came to the meeting.
　　　　すべての従業員が会合に来た。

b. The employees all came to the meeting.　従業員は全員会合に来た。

(41) a. All animals are built from essentially the same genes.
　　　　すべての動物は基本的に同じ遺伝子から作られている。

b. Animals are all built from essentially the same genes.
　　　　動物はすべて基本的に同じ遺伝子から作られている。

(42) a. All the water will make its way downstream to the sea.
　　　　すべての水は流れを下って海に流れていくだろう。

b. The water will all make its way downstream to the sea.
　　　　水はすべて流れを下って海に流れていくだろう。

(43) a. All Western philosophy has been influenced by Kant.
　　　　すべての西洋哲学はカントからの影響を受けてきている。

b. Western philosophy has all been influenced by Kant.
　　　　西洋哲学はすべてカントからの影響を受けてきている。

　(40a) では all に名詞句 the employees が後続して all the employees（すべての
従業員）という名詞句を構成し、これが事態の主体として機能している。(40b)
では、まず主体だと理解されるのは名詞句 the employees であるが、直後に all
が配置されてそれに動詞群 came が後続していることから、all は名詞句が表示
する個体集合の全体を表示するものと理解される。

　(41a) では名詞句 all animals（すべての動物）が事態の主体であり、この名詞句
は動物である個体集合の全体を表示する。(41b) では、まずは animals が主体で
あると理解されるが、動詞群 are の直後に all が配置され、その後に動詞（過去分
詞）built が置かれているから、この all は animals が表示する動物である個体の
集合の任意の部分集合の全体を表示し、結果として、動物の集合全体を表示する
ものと理解される。

　(42a) では名詞句 all the water（すべての水）が主体であり、水である個体の集
合のうち、特定の部分集合の全体を表示する。(42b) でまず主体だと理解される
のは文頭に配置されている名詞句 the water であるが、助動詞 will の直後に all
が配置されているので、これが the water が表示する集合の全体を表示するもの
と理解される。

　(43a) では名詞句 all Western philosophy（すべての西洋哲学）が主体であり、西

洋哲学である事態の集合の全体を表示する。(43b)でまず主体だと理解されるのは文頭にある名詞句 Western philosophy であり、philosophy は不均質抽象名詞なので、これだけで西洋哲学である事態の集合全体を表示することができる。さらに all が助動詞 has の直後に配置されていることから、この不定数量詞が、西洋哲学である事態の集合の全体を改めて表示する。

all を含む名詞句が単射関係の副体または移動の着点である場合、副体または着点が人称代名詞で表現されていれば、all を代名詞の後に配置することができる。

(44) a. The explanation satisfied all of them.
  その説明で彼らの全員が満足した。

  b. The explanation satisfied them all.
  その説明で彼らは全員満足した。

(45) a. Mary gave all of them the same amount of love.
  Mary gave the same amount of love to all of them.
  メアリーは彼らの全員に同じだけの愛を与えた。

  b. Mary gave them all the same amount of love.
  Mary gave the same amount of love to them all.
  メアリーは彼ら全員に同じだけの愛を与えた。

(46) a. I saw all of them destroyed by a bomb.
  私はそれらのすべてが爆弾で破壊されるのを見た。

  b. I saw them all destroyed by a bomb.
  私はそれらがすべて爆弾で破壊されるのを見た。

(44a)では名詞句 all of them が副体である。代名詞 they に all を前置させる場合には、all of them のように of を使用しなければならない。(44b)では、副体の them の直後に all が配置され、この代名詞が表示する個体集合の全体を表示する。

副体名詞句が all of the participants（参加者の全員）のように代名詞ではなく名詞を含む場合には、副体名詞句の後に all を配置すると不適格になる。

(44) c. ×The explanation satisfied the participants all.

(45a)では名詞句 all of them は、副体 the same amount of love（同じだけの愛）が移動する着点を表示している。(45b)では、副体 them の直後に all が配置され、they が表示する個体集合の全体を表示する。

着点を表示する名詞句が all of her disciples（自分の弟子たちの全員）のように代名詞ではなく名詞を含む場合には、この名詞句の後に all を配置すると不適格になる。

(45) c. ×Mary gave her disciples all the same amount of love.
  ×Mary gave the same amount of love to her disciples all.

（46a）では、all of them destroyed by a bomb は「それらのすべてが爆弾で破壊される」という事態を表示し、準名詞節を構成している。この節中で名詞句 all of them は事態の主体であるが、主節の動詞群 saw に直接後続しているため、構造的には動詞 see（見る）が表示する単射関係の副体としての位置を占める。したがって（46b）では代名詞 they の対格形 them が動詞群に後続し、これに all が後続することで、この代名詞に対応する個体集合の全体が表示されるものと理解される。

準名詞節の主体である名詞句が all of the buildings（その建物の全部）のように代名詞ではなく名詞を含む場合は、この名詞句が実際に表示するのは主体なので、the buildings に all が後続する構造は適格だと判断される。

(46) c. I saw the buildings all destroyed by a bomb.

② both

both は 2 個の事物の両方を表示する。数量が確定しているから不定数量詞に分類することに問題があるように思われるが、事物の集合を構成する 2 個の要素を持つ部分集合は無限に想定できて、そのどの部分集合が事態に含まれているのかは、状況によって決定されるまでは不定だから、both が不定数量詞に分類されるのは適切である。

ⅰ. 単独で名詞句を構成する

(47) Both are captains of a baseball team. 2 人とも野球チームの主将だ。

(48) You can eat both if you like chocolate.
チョコレートがお好きなら両方を食べてもらって構いません。

(49) John told both how they could live comfortably together.
ジョンは両方にどうしたら一緒に快適に暮らせるかを教えた。

(50) I met John and Mary, both who know each other well working for the same office.
私はジョンとメアリーにあった。2 人ともが同じ会社で働いているので互いによく知っている。

(47)の both は事態の主体である。副体が captains of a baseball team（野球チームの主将）であり、主体が副体に包含される関係にあるので、both は、野球チームの主将である個体の集合を構成する、要素の個数が 2 個の部分集合のいずれかである。both はこの部分集合の全体を表示する。

(48)の both は単射関係の副体である。主体である受信者と副体の間には eat（食べる）という関係が成立し、主節が成立する条件として you like chocolate（受信

第2節　不定数量詞　　　　　341

者がチョコレートを好きだ）という事態が提示されているので、both はチョコレートである個体の集合を構成する、要素の個数が 2 個の部分集合のいずれかの全体を表示する。

　（49）の both は副体である事態 how they could live comfortably together（どうしたら彼らが一緒に快適に暮らせるか）が移動する着点を表示する。この事態は主体である John によって言語化されて着点に到達するから、both は、人間である個体の集合のうち、文が表示する事態が成立する状況中に存在する部分集合で、要素の個数が 2 個であるものの全体を表示する。

　（50）の both には関係節 who know each other well working for the same office（同じ会社で働いているので互いによく知っている）が後続しているので、both は、「主体が互いによく知っている」という事態の主体の集合と 2 人の人間を要素とする集合の共通部分である集合の全体を表示する。both には名詞句 John and Mary が先行しているので、この集合の要素は John と Mary であると理解される。

ⅱ．名詞句または名詞群とともに名詞句を構成する

　both に名詞句が後続していれば、名詞句が表示する事物の集合を構成する要素が 2 個の部分集合のうち、どれかの集合の全体を表示する。ある 2 個の事物の両方について同一の事態が成立することが分かっているためには、それらの事物が他の同種の事物とは明確に区別されていなければならない。したがって、名詞句が表示する事物の定性は定である。定であることが前提であるため、both に続く名詞句に定冠詞を付加する必要がないことから、「both＋名詞句」という形で使用されることが多いが、「both＋the＋名詞句」も使用されることはある。

　（51）Both cities have been growing since the end of the war.
　　　　両方の市は戦後成長してきた。
　（52）The mayor asked both vice-mayors to agree to his proposal.
　　　　市長は両方の副市長に自分の提案に同意するように依頼した。
　（53）The climate is mild in both regions.　どちらの地方でも気候は温暖だ。
　（54）Both the countries find little common ground to further partnership.
　　　　両方の国がこれ以上連携を進めるための共通の理由があるとはほとんど思っていない。
　（55）I will embrace both the viewpoints of the opposing parties.
　　　　私は対立する政党の見解を両方取り入れるつもりだ。

　（51）の both cities は、都市である個体の集合を構成し、要素が 2 個の部分集合のいずれかの全体を表示する。ただし、この集合は状況中にすでに与えられていると考えなければならず、both cities はその全体を表示するのだから、定性は

定であることが明らかである。したがって定性を定冠詞によって表示する必要はないが、both the cities のように定冠詞を付加することもできる。

　(52)の both vice-mayors は、副市長である個体の集合を構成し、要素が2個の部分集合のいずれかの全体を表示する。ただし、事態の主体である the mayor（市長）は定であり、1人の市長の下に2人の副市長がいるのは十分にあり得る事態だから、この部分集合の定性も定であると考えてよい。したがって定性を both the vice-mayors のように定冠詞を付加して明示することも可能である。

　(53)の both regions は、地方である個体の集合を構成し、要素が2個の部分集合のいずれかの全体を表示する。この事態ではすでに集合は決定されていて、その集合を成立空間とする事態が成立しているから、この部分集合の定性は定である。したがって、both the regions のように定冠詞を付加して定性を明示することも可能である。

　(54)の both the countries は、国である個体の集合を構成し、要素が2個の部分集合のいずれかの全体を表示する。任意に選択された要素が2個の部分集合のいずれの要素についても、これらが主体となる「主体がこれ以上連携を進めるための共通の理由があるとはほとんど思っていない」という事態が成立するためには、これらの要素が主体として決定されていなければならない。したがって countries が表示する個体群は定であり、定冠詞によってこれが表示されている。ただし、定であることはこの文が適格に使用されるための前提となっているので、定冠詞を使用しない both countries を使用したとしても適格となる。

　both the countries は、前置詞 of を挿入して both of the countries と表現することもできる。この場合は、of the countries によって「他の国とは明確に異なる国の集合に関わる事物の集合」が表示され、both によってそれが2個の個体によって表示される集合であることと、その集合の全体が表示されることが表される。

　(55)の名詞句 both the viewpoints of the opposing parties は、特定の対立する政党の見解である事態を構成し、要素が2個の部分集合のうちいずれかの全体を表示する。この名詞句は副体であって、発信者と embrace（受け入れる）という関係にあることから、他の見解の集合とは明確に異なり、定性は定である。したがって定冠詞が付加されているが、定であることは明らかなので、定冠詞を使用せずに both viewpoints of the opposing parties とすることも可能である。また、both の直後に of を配置して both of the viewpoints of the opposing parties と表現することもできる。

　both は2個の要素で構成される集合の全体を表示するから、「both A and B」という形態でそれら2個の要素を明示することができる。

　(56) Both France and Germany agreed to strengthen the bond of the Europe-

an Union.

フランスとドイツの両方がヨーロッパ連合の結びつきを強めることに同意した。

(57) The conqueror demanded both territory and reparations from the defeated dukedom.

征服者は、敗れた公国から領地と賠償金の両方を要求した。

(56)では、国家である個体の集合を構成する部分集合として、France（フランス）と Germany（ドイツ）を要素とする集合が提示され、その全体を both が表示している。

(57)では、国家に属する事物の集合を構成する部分集合として、territory（領地）と reparations（賠償金）を要素とする集合が提示され、その全体を both が表示している。

＊名詞句に後続する both

「both＋（the＋）名詞句」という構造の名詞句が事態の主体である場合には、both を名詞句に後続する位置に配置することができる。この場合、動詞群に動詞 be または助動詞が含まれていない場合には動詞群の前、動詞群に動詞 be または助動詞が含まれている場合には、be や助動詞の直後に both が配置される。

(58) a. Both teams are ready to fight each other.

　　　どちらのチームもお互いに戦う準備ができている。

　　 b. The teams are both ready to fight each other.

　　　チームはどちらもお互いに戦う準備ができている。

(59) a. Both the factories have come under the supervision of an agency.

　　　両方の工場はある代理店の監督の下に入った。

　　 b. The factories have both come under the supervision of an agency.

　　　工場は両方ともある代理店の監督の下に入った。

(60) a. Both nations are facing a serious threat from inflation.

　　　どちらの国もインフレによる深刻な脅威に直面している。

　　 b. The nations are both facing a serious threat from inflation.

　　　それらの国はどちらもインフレによる深刻な脅威に直面している。

(61) a. Both the firefighters rushed into the room to save the little girl.

　　　両方の消防士たちがその小さな女の子を助けるために部屋の中に突進して行った。

　　 b. The firefighters both rushed into the room to save the little girl.

　　　消防士たちは二人ともその小さな女の子を助けるために部屋の中に

344 　第 9 章　数量詞

　　突進して行った。

　（58a）は、teams の前に both が配置されており、チームである個体の集合を構成する、要素が 2 個の部分集合のいずれかの全体を both が表示している。（58b）では、ある限定された複数の要素を含むチームの集合が主体であるが、後続する both によって、その集合の個数が 2 個であり、定性が定であることが表示される。

　（59a）は、the factories の前に both が配置されている。the factories は、工場である個体の部分集合で、他とは明確に区別されるものを表示し、both が、その要素が全体で 2 個であることを表示する。（59b）では、both が助動詞 have の後に配置されており、名詞句 the factories が表示する工場である個体の部分集合で定であるものの個数が全体で 2 個であることを表示している。

　（60a）は、nations の前に both が配置されており、名詞句 both nations は、nations が表示する、国家である個体集合の部分集合が定であって要素の個数が 2 個であることを表示する。（60b）では、文頭の the nations が、国家である個体の集合のうち、定である何らかの部分集合を表示し、動詞 be に後続する both が、その集合の全体の個数が 2 個であることを表示する。

　（61a）は、the firefighters が消防士である個体集合を構成する定の部分集合を表示し、直前の both によってその要素が 2 個であることが表示される。（61b）では、文頭に配置された the firefighters が、消防士である個体の集合を構成する定の部分集合を表示し、その直後、動詞群 rushed の前に配置された both が、この部分集合の要素全体の個数が 2 個であることを表示する。

　単射関係の副体または移動の着点である事物が代名詞によって表示されている場合には、both を代名詞に後続する位置に配置することができる。

　（62）a. We suggest you try both of them and decide which pants tickle your fancy.

　　　　b. We suggest you try them both and decide which pants tickle your fancy.

　　　　両方を試着なさって、どちらのパンツがお好みに合うかお決めになることを提案します。

　（63）a. The teacher taught both of them how to concentrate on studying.

　　　　b. The teacher taught them both how to concentrate on studying.

　　　　その教師は彼らの両方にどうしたら勉強に集中できるかを教えた。

　（64）a. John rented an apartment for both of them.

　　　　b. John rented an apartment for them both.

　　　　ジョンは彼ら両方のためにアパートを借りてやった。

　（62a）では、名詞句 both of them は try（試着する）が表す単射関係の副体である。

第 2 節　不定数量詞　　　　　　　　345

後半部分から、代名詞 them はパンツである個体の集合を構成する部分集合であると理解されるが、both はこの部分集合の要素の個数が 2 個であり、副体はその全体であることを表示する。(62b)では、まず副体として them が与えられる。後半部分から、これがパンツである個体の集合のうち、状況によって特定できる部分集合であるものと理解される。them に both が後続することにより、この部分集合の要素が 2 個であり、その全体が指示されていることが分かる。

　副体で使用されるのが代名詞ではなく通常の名詞である場合には、both を名詞句の後に配置する構造は適格とは見なされない。

(62)　c. ○We suggest you try both (the) pants.

　　　 d. ×We suggest you try the pants both.

　　　　 両方のパンツを試着なさることを提案します。

(63a)では、人称代名詞 them はその教師が教えている生徒である個体の集合を構成する部分集合であると推定される。both of them は、teach (教える)が表す単射関係の副体が移動する着点を表しており、both によって要素の個数が 2 個であることが明示される。(63b)では、着点がまず人称代名詞 them によって表示され、これに both が後続することによって、着点である個体の個数が 2 個であることが明示される。

　着点を表すために代名詞ではなく通常の名詞が使用されている場合には、both を名詞句の後に配置することはできない。

(63)　c. ○The teacher taught both the students how to concentrate on study-ing.

　　　 d. ×The teacher taught the students both how to concentrate on study-ing.

　　　　 その教師は両方の生徒たちにどうしたら勉強に集中できるかを教えた。

(64a)では、人称代名詞 them は、for both of them という名詞群中に含まれているので、ジョンがアパートを借りたという事態がもたらす利益が移動した着点を表示している。ジョンに関わる人間である複数の個体の集合であると考えることができるが、both によって、この個体の個数が全体で 2 個であることが明示される。(64b)では、them の後に both が配置され、やはり them が表示する個体の個数が 2 個であり、その全体が表示される。

　for both of them の them が代名詞ではなく通常の名詞である場合には、both を名詞句の後に配置すると不適格になる。

(64)　c. ○John rented an apartment for both of his children.

　　　 d　×John rented an apartment for his children both.

ジョンは子供たちの両方のためにアパートを借りてやった。

③ either

either は、事物の集合から、要素の個数が 2 個の部分集合を選択し、その集合に属する任意の個体を表示する。ただし、現実世界で 2 個の要素を含む事態の両方が成立する必要はなく、現実世界以外の世界で成立してもよい。

ⅰ．either が単独で名詞句を構成する

(65) There are two restaurants along this street. Either offers delivery service.
この通り沿いにレストランが 2 軒ある。どちらも配送サービスを提供している。

(66) Here are two possible plans. You can choose either.
これが可能な 2 つの計画です。どちらを選ぶこともできます。

(67) I am considering whether I will adopt either of their proposals.
彼らの提案のどちらかを採用するかどうか考えているところだ。

(65)の either は、先行する文が表示する事態に含まれる two restaurants along this street（この通り沿いの 2 軒のレストラン）が構成する個体集合の任意の要素を表示する。任意であるから、どちらのレストランについても「主体が配送サービスを提供している」という事態の主体に含まれることができる。この文の動詞群は offers（提供している）であって、これは現実世界において成立する事態を表示するから、2 軒のレストランが配送サービスを提供するという事態は、どちらも現実世界において成立している。

(66)の either は、先行する文が表示する事態に含まれる two possible plans（可能な 2 つの計画）である事態の集合に属する任意の事態を表示する。これらの事態は、you can choose（受信者が副体を選択することができる）という事態の副体であり、現実世界において選択されるのは、通常は 1 個の事物であるから、either は 2 個の計画のうちの任意の 1 個であると理解される。

(67)の either には名詞群 of their proposals が後続して、全体で名詞句を構成している。この名詞句は、I will adopt（発信者が副体を採用する）という事態の副体であり、現実世界において選択される計画は 1 個に限定されるのが普通であるから、either は、彼らの提案である 2 個の事態のうちの任意の 1 個を表示するものと理解される。

ⅱ．either が名詞とともに名詞句を構成する

(68) Either country claims the legitimacy of the settlements in the territories.

どちらの国もその領地への入植の正当性を主張している。

(69) You can use either bicycle there is in the garage.
ガレージにあるどちらの自転車を使っても構いません。

(70) Athens planned to import grain from either region.
アテネはどちらの地域からも穀物を輸入する計画だった。

(71) The collections would be housed in either gallery.
その収集品はどちらかの美術館に収蔵されるだろう。

(68)の either country は、国である個体の集合のうち、個数が 2 個の部分集合を構成する任意の要素を表示する。選択された部分集合は、「主体がその領地への入植の正当性を主張している」という現在を含む時区間において成立している事態の主体であるから、定性は定である。この集合に属する任意の要素について、現実世界において成立する事態の成分であることが分かっており、2 つの国のどちらを主体としても同一の事態が成立するから、either country は両方の国を表示するものと理解することができる。

(69)の either bicycle は、自転車である個体の集合のうち、個数が 2 個の部分集合を構成する任意の要素を表示する。bicycle には関係節 there is in the garage（そのガレージにある）が後続しているから、2 台の自転車の定性は定である。選択された部分集合は、「受信者が副体を使うことが可能だ」という事態の副体であって、現在においてこの事態は成立していない。また、1 人の人間が使用することのできる自転車は通常は 1 台のみであるから、either bicycle は、2 台の自転車のうち、任意の 1 台を表示するものと理解される。

(70)の either region は、地域である個体の集合を構成する部分集合のうち、要素の個数が 2 個であるものを表示する。この集合は、「アテネが起点から穀物を輸入する計画だった」という事態の起点を表示するから、定性は定であると理解される。起点が 2 個あるとして、その起点からアテネが穀物を輸入する計画を立てることは、どちらの起点についても可能であるから、この either region は、2 個の個体のどちらを表示することもできる。つまり、アテネが計画していたのは、2 個の地域の両方から穀物を輸入するという事態である。

(71)の either gallery は、美術館である個体の集合の部分集合のうち、要素が 2 個であるものを構成する任意の個体である。この集合は、未来の時区間において成立する「その収集品がある空間に収蔵される」という事態の成立空間を構成し、空間の個数が 2 個であることが分かっているのだから、定性は定である。作品のコレクションが収蔵される美術館は 1 つに限定されるものと考えられるから、either gallery は 2 個の美術館のうちのいずれかの 1 個を表示するものと理解される。

348   第 9 章　数量詞

＊「either A or B」という構造の名詞句で、either が表示する 2 個の事物を明示することができる。この場合、事態の要素となるのは A または B のいずれかであり、両方が要素となることはない。

(72) Either Brazil or Italy will win the championship.
　　　ブラジルかイタリアが優勝するだろう。

(73) John wanted to be either an obstetrician or a pediatrician.
　　　ジョンは産科医か小児科医になりたかった。

(72)は、「主体が優勝するだろう」という事態について、Brazil（ブラジル）と Italy（イタリア）のいずれかが主体として選択されれば、その事態が成立するということを表している。ブラジルとイタリアによって構成される個体集合のうち、どちらの個体が主体として選択されても、「ある個体が優勝するだろう」という事態は成立する。

(73)は、「ジョンは副体になりたかった」という事態について、an obstetrician（産科医）と a pediatrician（小児科医）のいずれかが選択されれば、その事態が成立するということを表している。産科医と小児科医という 2 個の個体が構成する個体集合のうち、どちらの個体が副体として選択されても、「ジョンはある個体になりたかった」という事態は成立する。

④　every

every は単独で名詞句を構成することはなく、「every ＋名詞」という構造で名詞句を形成する。名詞が表示する個体集合またはその部分集合を構成する事物のすべてについて、ある事態が成立することを表示する。ただし、every が表示する事物の集合は、現実世界に含まれるものであって、現実世界以外の世界（可能世界）に含まれていてはならない。

(74) Every citizen is protected under the law.
　　　すべての市民は法律のもとで保護されている。

(75) The investigators searched every room of the building.
　　　捜査員たちはその建物のすべての部屋を探した。

(76) Rome constructed a large stadium in every town it conquered.
　　　ローマは征服したすべての町に大きな競技場を建設した。

(77) Mary makes me a cup of Darjeeling tea every time I visit her room.
　　　メアリーは私が部屋を訪ねるといつもダージリン・ティーを淹れてくれる。

発信者と受信者にとっての現在を含む、過去から未来にわたる時間軸上で成立する事態によって構成される世界が「現実世界」である。世界は現実世界だけで

第2節　不定数量詞　　　　　　　　　　　　　　349

なく、それ以外にも無限個の世界がある。このような世界を「可能世界」と呼ぶ。人間が頭の中で想像したり仮定したりする世界が可能世界である。可能世界には現実世界も含まれるが、以下では現実世界以外の世界を可能世界と呼ぶことにする。

　(74) の every citizen は、市民である個体の集合のうち、現実世界に生きている個体の集合を構成するすべての個体を表示する。市民である個体は、現実世界以外の可能世界の要素でもあるが、every が付加されると、現実世界を構成する要素に限定される。動詞群が is protected という現在時制形態なので、この文は、現在を含む比較的長い時区間において現実世界に存在する市民である個体の集合に属するすべての個体を主体とする事態を表示するものと理解される。

　any は、集合に属する任意の事物を表示するという点で every と類似した機能を果たすが、any が表示する集合は現実世界以外の任意の可能世界にも含まれている点で、every とは異なる。したがって、成立が現実世界に限定される (75) のような事態を表示するために any を使用すると、事態の適格性が失われる。

　(74′) ×Any citizen is protected under the law.

　現実世界以外の可能世界でも成立する可能性がある事態であれば、any の使用は適格となる。

　(74″) Any citizen should be protected under the law.
　　　　どんな市民でも法律のもとで保護されなければならない。

　(74″) は、「任意の市民が法律のもとで保護される」という事態が大多数の可能世界で成立することを表示している。現実世界以外の可能世界でも成立する事態であるから、any citizen の使用が適格だと判断される。

　all は状況が与える事物の集合の全体を表示するが、集合がどの世界に含まれるかは状況に合わせて変化するので、現実世界に存在が限定される集合であっても、任意の可能世界に含まれる集合であってもよい。

　(74‴) a. All citizens are protected under the law.
　　　　　　すべての市民は法律のもとで保護されている。

　　　　b. All citizens should be protected under the law.
　　　　　　すべての市民は法律のもとで保護されなければならない。

　(75) の every room of the building は、この文が表示する「捜査員たちが副体を探した」という事態の副体を構成している。この事態は現実世界の過去の時区間において成立したものであり、名詞句 every room of the building は、現実世界に存在した建物を構成する部屋の集合全体を表示する。

　この部屋である個体の集合は現実世界に存在が限定されるから、every を any に置き換えることはできないが、all には置き換えることができる。

（75'）a. ×The investigators searched any room of the building.

b. ○The investigators searched all the rooms of the building.

（76）の名詞句 every town it conquered は、この文が表示する「ローマが大きな競技場をある空間に建設した」という、現実世界の過去の時区間において成立した事態の成分である成立空間を表示する。したがってこの名詞句が表示する事物の集合は現実世界に存在したものであり、every はその集合の要素全体を表示している。

ローマが征服した町である個体の集合は現実世界だけに含まれるものであるから、every を any に置き換えることはできないが、all には置き換えることができる。

（76'）a. ×Rome constructed a large stadium in any town it conquered.

b. ○Rome constructed large stadiums in all the towns it conquered.

（77）の名詞句 every time I visit her room は、「メアリーがある時区間において発信者にダージリン・ティーを淹れてくれる」という事態が成立する時区間を表示している。この事態は現在を含む比較的長い時区間において成立するから、現実世界に属する事態である。したがってこの名詞句も現実世界を構成する時区間であり、「発信者がメアリーの部屋を訪れる時区間」が構成する時区間のすべてを表示する。

ただし、この事態は習慣的なものであると理解されるから、長い時区間において多数が反復的に成立する。every は集合の全体を表示するが、any と同様に、集合を構成する個々の事物を表示するという特性がある。これを言い換えれば、every が表示する事物の集合を構成する事物を含む事態は、異なる時区間において成立することができる。

（78）The teacher answered every question her students asked.

その教師は自分の学生がしてきた質問にはすべて答えた。

（79）The racer wins every race he takes part in.

そのレーサーは参加するすべてのレースで勝っている。

（78）は、「その教師が学生 1 の質問 1 に答えた」「その教師が学生 2 の質問 2 に答えた」…「その教師が学生 n の質問 n に答えた」という事態の総体であり、この結果「質問 1, 質問 2…質問 n」が構成する集合が every question（すべての質問）になる。したがって、次の質問 n＋1 が追加されれば、「質問 1, 質問 2…質問 n, 質問 n＋1」が今度は every question になる。

このように同じ事物が加算された結果形成される集合の全体を表示するのが every であり、これを「加算的全体」と呼ぶことにする。

（79）についても、every race はレースである事態の加算的全体を表示し、ある

段階では加算的全体が「レース 1，レース 2…レース k」であるが，これに後続する時区間においては，加算的全体が「レース 1，レース 2…レース n＞k」になる可能性がある。

　これに対し all を使用する場合は，すでに事物の集合が与えられており，「all ＋名詞」は，名詞が表示する集合の全体を表示する。

　(78′) The teacher answered all the questions her students asked.

　(79′) The racer wins all the races he takes part in.

　(78′) では，学生の質問が構成する集合がすでに与えられており，教師がその質問のすべてに答えたという事態が表示される。すべての質問に 1 度に答えることは通常不可能なので，(78) と同様に，複数の事態が継起的に成立し，その結果 all the questions が質問の全体を表示することになるが，すべての質問に対する答えを紙に印刷して全員に配ったというような事態を表示することもありうる。

　all が表示するこのような，与えられた事物の集合の全体のことを「包括的全体」と呼ぶことにする。

　(79′) では，主体であるレーサーが参加するレースが，例えば 1 年で 10 試合などとあらかじめ決まっていて，そのレースが構成する集合の全体を名詞句 all the races が表示する。複数のレースが同時に開催されることは通常はないから，「レーサーが参加するレースで勝つ」という事態は，異なった時区間において継起的に成立するものと理解される。

　(77) の every を all に置き換えて all the times I visit her room にすると，発信者がメアリーの部屋を訪ねる時区間の集合があらかじめ決定されていることになる。しかし，発信者が何度かメアリーの部屋を訪ねた後，次に訪ねる時区間がいつなのかはわからないのが普通である。したがって，all the times とすると，日常的には成立しない事態の成立が主張されていることになり，事態として適格だとは判断されない。

　(77′) ×Mary makes me a cup of Darjeeling tea all the times I visit her room.

　every が加算的全体，all が包括的全体を表示するという特性により，以下のような相違が生じる。

　(80) Every boy in this class loves a girl.

　(81) All the boys in this class love a girl.

　(80) は「少年 1 が少女 1 を好きだ」「少年 2 が少女 2 が好きだ」「少年 3 が少女 3 を好きだ」…「少年 n が少女 n を好きだ」という事態の集合を表示することができる。すなわち，少年のそれぞれについて，それぞれ異なった少女のことが好きだという事態である。

　これに加えてこの文は，ある不定の少女 x が 1 人いて，「少年 1 が少女 x を好

きだ」「少年 2 が少女 x を好きだ」「少年 3 が少女 x を好きだ」…「少年 n が少女 x を好きだ」という事態の集合も表示することができる。すなわち、クラスの少年のすべてが、ある 1 人の少女を好きだという事態である。

このような 2 個の解釈が可能なのは、a girl が任意の少女を表示することと、every boy がクラスの少年の加算的全体を表示するからである。

これに対して(81)では、all the boys in this class は、クラスの少年の包括的全体を表示する。したがってこの文は、すべての少年が同一の少女を好きだという事態を表示するのでなければならない。

⑤ each

each は、名詞が表示する事物の集合のうち、特定の部分集合について、その部分集合を構成する要素の全体を表示する。

ⅰ. each が単独で名詞句を構成する

(82) Each made their best to defeat the other.
各々が相手を打ち負かすために最善を尽くした。

(83) Each of the five states agreed to accept a hundred immigrants.
5 つの州それぞれが 100 人の移民を受け入れることに同意した。

(84) The police arrested each in different places.
警察はそれぞれを異なった場所で逮捕した。

(85) Mary gave each of her grandchildren ten dollars.
メアリーは孫たちのそれぞれに 10 ドルずつ渡した。

(86) The country stationed a governor in each of its overseas territories.
その国は海外領土のそれぞれに長官を配置した。

(82)の each は、「主体が相手を打ち負かすために最善を尽くした」という事態の主体であるから、2 個の人間または集団が構成する特定の集合の全体を表示するものと理解される。

each は every と同様に加算的全体を表示するが、この文が表示する事態の主体は要素が 2 個の主体であり、不定詞節 to defeat the other（主体が他方を打ち負かすために）により、2 個の主体の間には双射関係が成立するから、複数の事態が継起的に成立するのではなく、主体が 2 個である 1 個の事態が成立する。

(83)の each は単独で名詞句を形成し、さらに名詞群 of the five states とともに「名詞句＋名詞群」という構造の名詞句を形成する。このことから、この名詞句は、5 個の州である個体を要素とする特定の集合の加算的全体を表示する。したがって、この文は、「州 1 が 100 人の移民を受け入れることに同意した」「州 2

が 100 人の移民を受け入れることに同意した」…「州 5 が 100 人の移民を受け入れることに同意した」という 5 個の事態の総体を表示するものと理解される。これらの事態は、同一の時区間において成立することもあり得るし、それぞれが異なった時区間において成立することもあり得る。

(84) の each は、「警察が副体を逮捕した」という事態の副体であるから、人間である個体が構成する特定の集合の加算的全体を表示するものと理解される。したがってこの文は、「警察が人間 1 を逮捕した」「警察が人間 2 を逮捕した」…「警察が人間 n を逮捕した」という n 個の事態の総体を表示する。それぞれの事態の成立空間が同一ではないことから、名詞群 in different places（異なった場所で）が使用されている。

(85) の each は、「メアリーが 10 ドルを着点に渡した」という事態の着点であるが、名詞群 of her grandchildren が後続しているから、メアリーの孫である個体によって構成される特定の集合の加算的全体である。したがってこの文は、「メアリーが孫 1 に 10 ドル渡した」「メアリーが孫 2 に 10 ドル渡した」…「メアリーが孫 n に 10 ドル渡した」という n 個の事態の総体を表示する。これらの事態は、同一の時区間において成立することもあり得るが、異なった時区間において成立することもあり得る。

(86) の each には名詞群 of its overseas territories が後続しているので、each はその国の海外領土である個体が構成する集合の加算的全体を表示するものと理解される。ある国の海外領土の個数はあらかじめ決定されているから、この集合は他の同種の個体とは明確に区別される。

この文は、「その国が長官 1 を海外領土 1 に配置した」「その国が長官 2 を海外領土 2 に配置した」…「その国が長官 n を海外領土 n に配置した」という n 個の事態の総体を表示する。長官のある場所への配置が同一の時区間において成立することは通常はないから、これらの事態の成立時区間はそれぞれ異なる。

ⅱ．each が名詞とともに名詞句を構成する

(87) Each factory produces a million dollars in output.
　　それぞれの工場は 100 万ドルの製品を産出している。

(88) The president asked each minister to sign the document.
　　大統領は各々の閣僚にその書類に署名するように求めた。

(89) The teacher gives each student an appropriate assignment.
　　その教師はそれぞれの学生に適切な課題を与える。

(90) John furnished each room with classical furniture.
　　ジョンはそれぞれの部屋に古風な家具を備えつけた。

（87）では名詞句 each factory が、工場である個体の集合のうち、状況が与える特定の部分集合の加算的全体を表示している。したがってこの文は、「工場 1 が100 万ドルの製品を産出する」「工場 2 が 100 万ドルの製品を産出する」…「工場n が 100 万ドルの製品を産出する」という n 個の事態の総体を表示する。工場の決算期が同一であれば、これらの事態の成立時区間は同一であると考えることができる。

（88）では、each minister が、閣僚である個体の集合のうち、特定の大統領が任命し内閣に配属する一定数の特定の個体の部分集合を表示する。したがってこの文は「大統領が閣僚 1 に署名を求めた」「大統領が閣僚 2 に署名を求めた」…「大統領が閣僚 n に署名を求めた」という n 個の事態の総体を表示する。これらの事態の成立時区間は同一であることもあれば、それぞれ異なることもある。

（89）の each student は、学生である個体の集合のうち、the teacher（その教師）が担当している個体が構成する部分集合の加算的全体を表示する。したがってこの文は、「その教師が学生 1 に課題を与える」「その教師が学生 2 に課題を与える」…「その教師が学生 n に課題を与える」という n 個の事態の総体を表示する。教師が学生にそれぞれ異なった課題を与えるのであれば、それぞれの事態は異なった時区間において成立するものと考えることができる。

（90）の each room は、部屋である個体の集合のうち、「ジョンが古風な家具を副体に備えつけた」という事態の副体として選択される個体で構成される部分集合の加算的全体を表示する。したがってこの文は、「ジョンが部屋 1 に家具 1 を備えつけた」「ジョンが部屋 2 に家具 2 を備えつけた」…「ジョンが部屋 n に家具n を備えつけた」という n 個の事態の総体を表示する。すべての部屋にそれぞれ異なる家具を同時に備えつけることは通常はしないから、これらの事態の成立時区間はそれぞれ異なる。

each は、名詞が表示する事物に対応する集合の全体ではなく、範囲が特定されている部分集合の全体を表示する。事物の集合全体を表示するのは every であるから、この場合は every を each に置き換えると不適格になる。

(91) a. ○Every oppressed people has the right to resist.

b. ×Each oppressed people has the right to resist.

抑圧された人々はすべて抵抗する権利がある。

(92) a. ○There are troubles in every corner of the world.

b. ×There are troubles in each corner of the world.

世界のどの片隅でも面倒なことが起きる。

（91a）の every oppressed people は、抑圧された人間の集合全体を表示し、現実世界においては、抑圧された人間の集合は絶えず変化しており、その個数を明

確に限定することはできない。ここで(91b)のように each を用いると、抑圧された人間の集合を構成する特定の部分集合がすでに決まっていて、その部分集合に属する人間だけが抵抗する権利があるという含意が生じるが、現実にはこのような事態はあり得ないので、不適格だと判断される。

(92a)の every corner of the world は、世界の片隅である場所の集合全体を表示する。このような場所の範囲を限定することはできず、その個数を特定することもできないから、(92b)のように every を each に置き換えると不適格になる。

一方、集合を構成する要素が明確に限定されている場合、その要素の全体を表示するためには each が用いられ、every を使用すると不適格になる。every に対応する集合の範囲は限定されておらず、状況によって範囲が異なるからである。

(93) a. ○Each side predicted victory.
b. ×Every side predicted victory.
どちらの側も勝利を予言した。

(94) a. ○Pupils use five different textbooks in each grade.
b. ×Pupils use five different textbooks in every grade.
どの学年でも生徒は 5 冊の異なる教科書を使う。

(93a)の each side は 2 個の集団で構成される集合の全体を表示している。個数が 2 個に限定されているから、(93b)のように every side を用いると、個数が限定されず集合の範囲は無限に拡大するから、不適格だと判断されることになる。

(94a)の each grade は、小学校または中学校の学年である個体の集合全体を表示し、個数は明確に決まっている。集合の範囲が明確に決まっているからこそ、すべての学年で使用する教科書の数を限定することが可能になる。(94b)のように every grade を使用すると、学年の範囲が限定されないことになり、使用される教科書の冊数が限定されるという事態は通常成立することはなくなるので、不適格だと判断される。

＊名詞句に後続する each

each も all や both と同様に、名詞句に後続する位置に配置されて、名詞句が表示する部分集合の全体を表示することがある。

(95) The director and the producer each made a speech
監督と製作者のそれぞれがスピーチをした。

(96) The employees are each able to propose their original ideas.
従業員たちはそれぞれ自分独自の考えを提案することができる。

(97) Mary led them each to believe she was right.
メアリーは彼らにそれぞれ働きかけて、自分が正しいと思わせた。

(98) Cooking, cleaning and washing took them each two hours a day.
料理と掃除と洗濯に、彼らにはそれぞれ 1 日 2 時間かかった。

　(95) の each は、主体を表示する名詞句 the director and the producer の直後、動詞群 made の直前に配置され、主体が形成する 2 個の個体から成る集合の全体を表示する。したがってこの文は、「監督がスピーチをした」と「製作者がスピーチをした」という 2 個の事態を表示する。異なる主体がスピーチを同時にすることは通常ないから、これらの事態の成立時区間は異なるものと理解される。

　(96) の each は、主体を表示する名詞句 the employees と包含関係を表示する動詞群 are に後続する位置にある。動詞群が動詞 be であったり、助動詞を含む場合には、be や助動詞の後に each が配置される。この each は、主体の名詞句 the employees が表示する従業員である個体の集合を構成する特定の部分集合の加算的全体を表示する。したがってこの文は、「従業員 1 が考え 1 を提案することができる」「従業員 2 が考え 2 を提案することができる」…「従業員 n が考え n を提案することができる」という n 個の事態の総体を表示する。これらの事態は異なった時区間において成立すると考えてよい。

　each が事態の主体の場合、集合の要素である事物を 1 個ずつ取り出して成立する個々の事態の総体が表示されるから、each 自体は単数として取り扱われる。しかし、名詞句が先行する場合は、この名詞句が集合の全体を表示するから、要素の個数は複数であり、したがって動詞群も are という複数形を取る。

　(97) の each は、不定詞節 them each to believe she was right の主体を表示する人称代名詞 them に後続して、この代名詞が表示する個体の集合の加算的全体を表示する。したがってこの不定詞節は、「人間 1 がメアリーが正しいと思う」「人間 2 がメアリーが正しいと思う」…「人間 n がメアリーが正しいと思う」という n 個の事態の全体を表示する。これらの事態はメアリーが人間に対して働きかけをした結果成立するから、それぞれが異なった時区間において成立すると判断される。この文の不定詞節の主体は、主節の主体 Mary との間に単射関係 lead（働きかける）を持つ副体である。名詞句が副体である場合、この名詞句が代名詞でなければ、each を後続させる構造は不適格となる。

　(97′) ×Mary led her friends each to believe she was right.

　(98) の each は、動詞群 took が表示する単射関係の副体 two hours （2 時間）が移動する着点を表示する。時間は現実的には移動しないから、着点である事物が関与する事態（ここでは料理、掃除、洗濯）の成立時区間の長さを表示するものと理解される。したがってこの文は、「人間 1 が料理などをするのに 2 時間かかった」「人間 2 が料理などをするのに 2 時間かかった」…「人間 n が料理などをするのに 2 時間かかった」という n 個の事態の総体を表示する。着点はそれぞれ異なった

第 2 節　不定数量詞　　　357

人間であるから、これらの事態が成立する時区間もそれぞれ異なる。

　着点が代名詞ではなく名詞句で表現されている場合には、each を名詞句に後続させると不適格になる。

　(98′) ×Cooking, cleaning and washing took the boys each two hours a day.

⑥ many, much

　many は、可算名詞が表示する事物の集合を、事物の個数という尺度でその特性を捉えた場合、個数の大きさが基準値を相当程度超えているという発信者の判断を表示する。much は、不可算名詞が表示する事物の集合を、事物の量という尺度でその特性を捉えた場合、量の大きさが基準値を相当程度超えているという発信者の判断を表示する。「相当程度超える」場合の数値を「上方値」と呼ぶことにする。

ⅰ. many, much が単独で名詞句を構成する

　(99) Many believe that the world would be better.
　　　　多くの人々は世界がもっとよくなるだろうと信じている。

　(100) The biologist threw away many of the screened embryos.
　　　　その生物学者はふるい分けた胚芽の多くを捨てた。

　(101) In this miserable society homelessness easily follows poverty for many.
　　　　この悲惨な社会では、多くの人々にとって貧困の次にはすぐにホームレス状態になる。

　(102) How many do you want, if you have cats?
　　　　猫を飼うとしたら、何匹くらい飼いたいですか。

　(103) Much has been said about economic costs of global warming.
　　　　地球温暖化の経済的損失についてこれまで多くのことが言われてきている。

　(104) John spent much to decorate his room as he likes.
　　　　ジョンは自分が好きなように自分の部屋を飾るのに多くのお金を費やした。

　(105) The job is too much for one person.
　　　　その仕事は 1 人の人間の手には負えない。

　(106) Mary's rent of the apartment consumes much of her income.
　　　　そのアパートに払うメアリーの家賃は彼女の収入の多くを消費する。

　(99)の many は believe（信じる）の主体なので、人間の集合を表示するものと理解される。人間の集合を構成する部分集合で、その個数が上方値を満たしてい

るものを、many が表示している。

　(100)では、生物学者がふるい分けた胚芽が構成する集合 E のうち、その生物学者が捨てたものを要素とする部分集合 T の個数が上方値を満たしていることを many が表示している。E が上位の集合であることを形態的に示すのが名詞群 of the screened embryos である。

　(101)は、貧しい人間がすぐホームレスになるという事態が many に関係して成立するという事態を表示している。したがって many は人間の集合の部分集合を表示する。ただし、その個数は人間の集合全体の個数の上方値ということではなく、貧困であるか貧困に陥る可能性のある人間の集合の個数の上方値だと判断される。すなわちこの文は、現代のような悲惨な社会では、貧困に陥る人間の上方値を満たす数の人間がホームレスになる可能性が高いという事態を表している。

　(102)では、many の前に疑問詞 how が配置されている。この疑問詞は何らかの特性に関する尺度について、その尺度の大きさを表示する機能を持つので、many の前に how が置かれている場合には、事物の集合の個数の大きさを表示し、その数値を発信者が受信者に尋ねていることを表す。この文に関しては、受信者が飼う可能性のある猫の集合の個体数を how many が表示している。

　(103)の much は、「主体が言われてきた」という事態の主体であるから、言語によって表示される事態の集合である。このような事態集合の個数は無限であるが、名詞群 about economic costs of global warming（地球温暖化の経済的損失について）があることから、地球温暖化を含む環境問題に関して表現された事態の集合 G を構成する部分集合で、地球温暖化に関するものの量が G の上方値を満たすことを much が表示している。何らかの問題に関する言語表現は、原則的には文の形で与えられるが、それ以外にもさまざまな談話形態で与えられることもあるので、個数を明確に決定することは不可能であり、その点で不可算名詞と同様の特性をもっている。したがって many ではなく much が選択される。

　(104)の much は「ジョンが自分の部屋を飾るのに副体を費やした」の副体である。したがって much は部屋を飾るためにジョンが使った費用の額であり、部屋の装飾に費やされる金額の上方値付近にあるものだと判断される。費用は金（money）であって、money は不可算名詞なので much が選択される。

　(105)の much は、その仕事をするのに必要な時間や労力の量が、同一の仕事に対して期待される量の上方値であることを表示している。much には too が先行しているので、この上方値が最大値に近くなっているものと理解される。

　(106)では、much が名詞群 of her income とともに名詞句を構成しており、much はメアリーの収入に関して、その金額の上方値を表示するものと理解される。

第2節　不定数量詞　　　359

ⅱ．many, much が名詞とととともに名詞句を構成する

(107) There are many tourists visiting the Cretan remains.
そのクレタ島の遺跡を訪れる観光客がたくさんいる。

(108) John read many Latin books to write his paper on the history of the Holy Roman Empire.
神聖ローマ帝国の歴史についての論文を書くために、ジョンはたくさんのラテン語の本を読んだ。

(109) Infectious disease is soaring in many countries.
多くの国々で感染症が猛威を奮っている。

(110) Pilgrims gather in the sacred place for many a reason.
巡礼者たちはその聖地に数多くの理由で集まってくる。

(111) The press secretary reported how many illegal immigrants came last year.
報道官は昨年どれくらいの不法移民が来たかを報告した。

(112) Much Greek knowledge would have been lost without Avicenna.
イブン・スィーナーがいなかったらギリシアの知識の多くが失われていただろう。

(113) Greek people exported much wine to Mediterranean regions.
ギリシア人は地中海地域に大量のワインを輸出した。

(114) How much money has been spent on the space development program thus far?
これまで宇宙開発計画にどれだけのお金が使われてきたのだろうか。

(107)の many tourists は、観光客である個体の集合の部分集合で、その個数が何らかの基準から見た上方値であるものを表示する。この文が表示する事態は、クレタ島の遺跡を訪れる観光客に関するものであるから、基準となる数値を与えるのは、ある有名な観光地への観光客の個数の最大値 T であり、この部分集合を構成する個体の数が、その上方値であることを many が表示している。

(108)の many Latin books は、ラテン語で書かれた本である個体の集合の部分集合で、その個数が何らかの基準に関して上方値であるものを表示する。この文には、神聖ローマ帝国の歴史についての論文を書くという事態が含まれているから、基準となる数値を与えるのは、歴史学の論文を書くために読まれる本の個数の最大値 B である。ジョンが読んだ本の個数が、B に関する上方値付近であることを many が表示している。

(109)の many countries は、国である個体の集合の部分集合のうち、その個数が何らかの基準に関して上方値であるものを表示する。この文では、感染症が猛

威を奮うという事態が表示されているから、基準値を与えるのは、何らかの感染症が流行する国の数の最大値 C である。この文中の感染症が流行している国の個数が C に関する上方値であることを many が表示している。

　(110)では many の後に「不定冠詞＋名詞の単数形」という構造の a reason が後続して、「数量詞＋a＋名詞」という構造の名詞句を形成している。many は複数個の個体から成る集合の個数が上方値であることを表示するので、単数形名詞と共起するのは矛盾であるかのように思われる。しかし、不定冠詞 a は集合に属する任意の個体を表示するので、これに many が付加されることで、任意の個体が加算されて、個数が増加する集合を形成し、最終的にその個数が上方値になるという過程を想定すれば、単数形であっても many との共起が必ずしも矛盾を来すわけではない。

　この文では、巡礼者が聖地に集まるという事態が表示されているので、人間がある場所に巡礼する時の理由の個数の最大値を R とし、この事態に関する理由の個数が R に関する上方値であることを many が表示している。

　(111)では many illegal immigrants の前に how が配置されている。この疑問詞は上方値ではなく、ある尺度に関する程度の大きさを表すので、how many illegal immigrants は、この事態中に含まれる不法移民の集合の個数を表示するものと理解される。

　(112)の much Greek knowledge は、ギリシアの知識である不均質事態の集合の部分集合のうち、その量が何らかの基準に関して上方値を示すものを表示する。この文が表示する事態では、イブン・スィーナーがいなかったら失われていたかもしれない知識の量が問題になっているから、基準となる量を与えるのは、ギリシア人が創造した知識の総量 K である。much Greek knowledge は、イブン・スィーナーがいなかったら失われたギリシアの知識が K の上方値であることを表示している。

　(113)の much wine は、ワインである個体の集合を構成する部分集合のうち、その量が何らかの基準に関して上方値を示すものを表示する。この文が表示する事態は、ギリシア人が地中海地域にワインを輸出したというものであるから、基準となる量を与えるのは、ある地域が輸出するワインの量の最大値 W であり、much wine は、この最大値を基準とする上方値を表示する。

　(114)の much money には疑問詞 how が先行しているので、何らかの基準に関する上方値ではなく、金額の程度を表示している。疑問詞疑問文なので、宇宙開発に費やされた金額に対応する数値を与えることを、発信者が受信者に依頼するという事態を表示する。

第2節　不定数量詞　　　　　361

⑦ few, little

　few は、可算名詞が表示する事物の集合を、事物の個数という尺度でその特性を捉えた場合、個数の大きさが基準値より相当程度低いという発信者の判断を表示する。little は、不可算名詞が表示する事物の集合を、事物の量という尺度でその特性を捉えた場合、量の大きさが基準値より相当程度低いという発信者の判断を表示する。「相当程度低い」場合の数値を「下方値」と呼ぶことにする。

ⅰ. few, little が単独で名詞句を構成する

　数量詞 few, little は、冠詞が付加されない場合には、集合の量が下方値以上であることが期待されていたという含意を持つ。冠詞が付加されている場合には、集合の量が下方値またはそれ以下であることが期待されていたという含意を持つ。
　　(115) Few know what is happening in the group of fanatics.
　　　　　その狂信者の集団の中で何が起きているのかを知る者は少ししかいない。
　　(116) I remember few of the details of my trip in London.
　　　　　ロンドンでの旅行の詳細を私はほとんど覚えていない。
　　(117) There are a few who own everything and the rest work for them.
　　　　　すべてを所有するものが少数いて、残りの者たちが彼らのために働く。
　　(118) Mary bought a carton of potatoes and used a few for the day's dinner.
　　　　　メアリーはじゃがいもを1箱買って、その日の夕食のために少し使った。
　　(119) Only twenty pandas live in this forest and they try to protect the few from extinction.
　　　　　その森には20頭のパンダしか生息しておらず、彼らはその少ない数を絶滅から守ろうとしている。

　(115)の few は、人間である個体の集合の部分集合のうち、その個数が基準値に関して下方値であるものを表示する。基準値を与えるのは the group of fanatics（その狂信者の集団）の存在を知っている人間の集合であり、その集合のうちで、その集団内で何が起きているかを知っている人間の個数が下方値であるが、その数値が期待値よりも小さいことを few が表示している。
　(116)の few は、発信者のロンドンでの旅行に関する詳細である事態の集合を構成する部分集合のうち、事態の個数が基準値に関して下方値 D であるものを表示する。基準値を与えるのは、ロンドンでの旅行中に生じた事態の個数 L であり、この L に関して発信者が覚えていると期待される事態の個数が R だとすると、R よりも D が小さいことを数量詞 few が表示している。

362　　　第 9 章　数量詞

(117)の a few には、関係節 who own everything が後続していることから、「a few + 関係節」で、「主体がすべてを所有する」という事態の主体である個体の集合の個数が、基準値に関して下方値を示すことを表示する。すべてを所有する人間が少数であることは誰もが期待する事態なので、この下方値は期待値付近にあるものと考えることができる。

(118)の a few は、メアリーが買ったじゃがいも 1 箱に含まれる個体の個数を基準として、その日の夕食のためにメアリーが使ったじゃがいもの個数が下方値であることを表示している。買ったじゃがいもの個数が大きい場合には、使うじゃがいもの個数と基準値との差が大きいことは十分に期待される事態なので、期待されていた数値は、その下方値と同じかそれより小さいものと理解してよい。

(119)の the few は、その森に生息しているパンダの個数 20 頭が、生物として生息が期待される個数が与える基準値に関して下方値であることを表示している。すでに下方値として 20 という数値が前文で与えられているので、この数値と下方値が同一であることを表示するために定冠詞が使用されている。

(120)　Little is said in the press about lack of schoolteachers.
　　　　学校教員の不足については新聞や雑誌でほとんど言われていない。

(121)　Seaborne tourists spend little ashore.
　　　　海を渡ってくる観光客は陸上ではほとんど金を使わない。

(122)　We don't need much light. A little is fine to have a talk together.
　　　　たくさんの明かりは要らない。一緒に話すためなら少しあれば十分だ。

(123)　You should eat a little even though you are not hungry.
　　　　お腹が減っていなくても少しは食べなくてはいけない。

(124)　The scenery we found on the mountaintop was marvelous in spite of the little we did to get there.
　　　　その山の頂上に行くためには大したこともしなかったのに、そこからの景色は素晴らしかった。

(120)の little は「主体が学校教員の不足について新聞や雑誌で言われている」という事態の主体であるから、言語表現としての談話である事態の集合である。談話 (discourse) には様々の様態があるから、この文が与える状況では不可算である。この文では、その談話の量が、社会的問題一般について与えられる量を基準とすると下方値を示し、その値が期待される量よりも小さいことを little が表示している。

(121)の little は「海を渡ってくる観光客が陸上で副体を使う」の副体であるから、金である個体の集合の部分集合を表示するものと理解される。この文が与える状況からすると、基準値を与えるのは観光客一般が使う金の量であり、この

量の下方値が little に対応する金額であって、この下方値が期待される金額よりも小さいことを、冠詞を伴わない little が表示している。

(122)の a little は、先行する文が与える状況から判断すると、発話の状況に必要だと発信者が思う光の量が、日常生活で一般的に必要だとされる光の量を基準とすればその下方値であることを表示している。先行する文から、その下方値が小さいことが期待されており、その下方値と必要な下方値の値に変わりがないことを a little が表している。

(123)の a little は「受信者が副体を食べるべきだ」という事態の副体であるから、食べ物である個体の集合の部分集合を表示するものと理解される。基準値を与えるのは、一般の人間が食べる食事の量であり、a little は基準値に関する下方値を表示する。受信者が空腹ではないことが副詞節によって表示されているから、食事の量として期待されているのは極めて小さい量であるが、発信者がこの文で与えている下方値はそれより大きい。このことを不定冠詞付きの a little が表示している。

(124)の the little は「発信者たちが山の頂上に行くために副体をした」という事態中の副体であるから、体力を要する活動である事態の集合の部分集合の特性としての数値、すなわち活動に要する仕事量であると理解される。基準値を与えるのは、一般的な登山に必要な仕事量であり、この基準値に関する下方値を the little が表示する。現実の登山に要した仕事量は、発信者たちには分かっているので、その下方値と同一の数値が表示されていることを、定冠詞付きの the little が表している。

ii. few, little が名詞とともに名詞句を構成する

(125) Few senators knew that Brutus would kill Caesar.
ブルートゥスがカエサルを殺すことを知っていた元老院議員はほとんどいなかった。

(126) The boy has few friends and seldom goes out of his house.
その少年にはほとんど友人がおらず、滅多に家から出ない。

(127) There were a few trees and a line of ocher hills in the distance.
遠くにわずかの木々と黄土色の山陵があった。

(128) Mary said a few words and I understood that she knew the truth.
メアリーは少しだけ話して、それで私は彼女が真実を知っていることが分かった。

(129) The few defects found in the program were manageable.
プログラムに見つかったいくつかの欠点は対処できるものだった。

（125）の few senators は元老院議員である個体の集合を構成する部分集合 S の
うち、元老院議員の個数を基準値とした場合、個数がその下方値を示すものを表
示する。ブルートゥスがカエサルを殺すつもりだったことを知っている元老院議
員の個数の期待値よりも、S の要素の個数としての下方値が小さかったことを、
無冠詞の few が表している。

（126）の few friends は、友人である個体の集合を構成する部分集合 F のうち、
1 人の人間が通常持っている友人の個数を基準とした場合、その個数が下方値で
あるものを表示する。ただし、通常期待される下方値よりも、その少年が持って
いる友人の個数が小さかったことを、無冠詞の few が表示している。

（127）の a few trees は、木である個体の集合の部分集合のうち、ある場所から
通常見える木の個数を基準とした場合、個数がその下方値を示すものを表示して
いる。さらに、この文が使用される状況から期待される下方値と、実際に見えた
木の個数が同じであるか、それよりも大きかったことを不定冠詞付きの a few が
表示している。

（128）の a few words は、単語である個体の集合のうち、ある人間がある状況
で発すると考えられる単語の平均的な個数を基準とした場合、個数がその下方値
を示すものを表示している。また、接続詞 and 以下の文が表示する事態をもと
に推測すると、その下方値が期待値よりも小さかったということはなく、期待値
と同じかそれよりも大きかったものと判断されることを、a few が表示している。

（129）の the few defects は、欠点である事態の集合の部分集合のうち、1 個の
プログラムについて通常発見されると考えられる欠点の個数を基準とした場合、
個数がその下方値を示すものを表示している。この文が表示する事態から判断す
ると、欠点の個数はすでに確定しており、その個数と同一であることを定冠詞付
きの the few が表示している。

（130）There was no medicine and little water in the small cottage.
その小さな小屋には薬はなく、水もほとんどなかった。

（131）Rebel leaders had little intelligence on the whereabouts of the general.
反乱軍の指導者たちは将軍の居所についての情報をほとんど持ってい
なかった。

（132）A little kindness makes a world of difference.
少しの親切だけで大変な違いが生じる。

（133）I had a little wine and cheese to pass the night.
夜を過ごすために、私はワインとチーズを少し持っていた。

（134）These boiled beans are well worth the little effort it takes to cook them.
この茹でた豆は、料理するのにかかる少しの手間に十分見合う値打ち

第2節　不定数量詞　　　　　　　　　　　　　　　　　　365

がある。

(130)の little water は、水である個体の集合の部分集合のうち、人間が滞在する場所に通常保管されていると想定される水の量を基準として、その基準値に関して期待される下方値よりも小さな量を示すものを表示する。その小屋にあった少量の水が、人間が少しでも滞在するのには不十分な量だったということである。

(131)の little intelligence は、情報である事態の集合の部分集合のうち、対立する集団の一方の指導者が、他方の指導者の所在について通常持つと期待される情報量を基準として、その基準に関して期待される下方値よりも小さな量を示すものを表示している。反乱軍の指導者たちが敵の将軍の居所について、行動を決定するのに必要な情報をほとんど持ち合わせていなかったということである。

(132)の a little kindness は、親切である事態の集合の部分集合のうち、世の中を変えるのに必要だと通常想定される量を基準として、その基準に関して期待される下方値と同一かそれより大きい量を示すものを表示する。親切な行為を少しでもすれば、状況に大きな違いが出てくるという発信者の願望を表すものである。

(133)の a little wine and cheese は、ワインとチーズである個体の集合の部分集合のうち、一晩を過ごすために消費されると通常考えられる量を基準として、その基準に関して期待される下方値と同一かそれより大きい量を示すものを表示する。一晩を過ごすのに飲んで食べるだろうと想定される量としては少ないが、発信者にとっては十分だと思われる量のワインとチーズがあったということである。

(134)の the little effort は、努力である事態の集合の部分集合のうち、豆を料理するのに通常必要な量を基準として、その基準値に関する下方値を示すものである。すでに料理された豆が状況に含まれており、そのためにかけた努力の量も分かっていて、それが下方値だと判断されているので、その下方値と同等の量であることを定冠詞付きの the little effort が表示している。

not a few [little] は名詞に先行して、基準値に対する上方値を示す。

(135) Not a few unresolved questions remained after the experiment.
　　　実験の後でもかなり多くの未解決の問題が残った。

(136) Once the food and not a little wine had been consumed, the old man remembered his youthful days.
　　　その食べ物とかなりの量のワインを食べて飲み尽くすと、その老人は自分の若い頃を思い出した。

quite a few [little] も、名詞に先行して基準値に対する上方値を表すことがあるが、quite a little の方は使用される頻度は低い。

(137) I have been to the museum quite a few times.

私はその美術館には何度も行ったことがある。

(138) It takes quite a little time to acquire good proficiency in any foreign language.　どんな外国語でも堪能になるには相当の時間がかかる。

little は、事態の特性に含まれる何らかの尺度に関する程度が非常に小さいか全くないことを表すことがある。

(139) I slept little because I was too tired after a day's hard work.
1日重労働をしてとても疲れていたので、私はほとんど眠れなかった。

(140) Agitators of the riot little imagined the possibility of being attacked by the army.
その暴動の煽動者たちは、軍隊に攻撃される可能性があることは全く想像しなかった。

(141) Little did she know what her future would be.
自分の未来がどうなるのか彼女には全くわからなかった。

(139)の little は、I slept（私は眠った）という事態の要素であって程度性のある「睡眠時間」「眠りの深さ」などの尺度について、通常の睡眠が示す程度を基準値として、下方値として期待されるよりも小さな値を表示する。発信者は疲れすぎていて、通常よりもはるかに短い睡眠時間と睡眠の程度しか得られなかったものと理解される。

I slept little という表現は、I didn't sleep（私は眠れなかった）という否定文と類似した特性を持つため、little は否定辞と同様の機能を示す。

(140)では、動詞群 imagined に先行する、否定辞 never や hardly と同一の位置を little が占めており、little imagined で「全く想像しなかった」という事態を表示する。little が文頭に配置されると、否定辞が文頭に配置される場合と同様に、「助動詞＋主体名詞句＋動詞」という構造になり、(141)のように little did she know という配列を取る。

⑧ enough

enough は事物の部分集合の数量が、同じ事物の他の部分集合が平均的に示すと期待される数量を基準として、その基準値よりも大きい数値を示すことを表示する。ただし、many や much が示す上方値よりもこの数値は小さい。

ⅰ．enough が単独で名詞句を構成する

(142) In our company, there are enough to be in charge of international trade.
私たちの会社には、海外との取引を担当できる者が十分いる。

(143) John got bad marks in the exam because he hadn't learned enough.

十分に勉強していなかったので、ジョンは試験で悪い点を取った。

（144）The politician spent enough of his money for his Senate campaign.
その政治家は上院の選挙運動のために自分の資金を十分に使った。

（142）の enough は、人間である集合の部分集合で、1つの会社で海外との取引を担当していると期待される人間の一般的な個数を基準として、その個数が基準値よりも大きいことを表示する。発信者たちの会社で海外取引を担当する社員が、必要を満たすだけの人数揃っているということである。

（143）の enough は、学生が試験のために勉強すると期待される平均的な数量を基準として、その基準値よりも大きい勉強量を表示する。he hadn't learned enough という否定文中で使用されているので、この従属節中では、基準値よりも小さい勉強量を表すことになる。

（144）の enough は、名詞群 of his money が後続していて、この名詞群とともに名詞句を構成している。したがって、この数量詞は、政治家が選挙運動のために使うと期待される平均的な金額を基準値として、その基準値よりも大きい金額を表示するものと理解される。

ⅱ．enough が名詞とともに名詞句を構成する

（145）Enough wind was blowing for sailing but the sunshine was not bright.
航行には十分な風が吹いていたが、日光は明るくなかった。

（146）Mary's section had enough funds to perform researches.
メアリーの部署は研究を行うのに十分な資金を持っていた。

（147）With enough data, errors go away.
十分なデータがあれば、間違いはなくなる。

（145）の enough wind は、風である個体の集合の部分集合で、船の航行に通常必要とされる平均的な力を基準として、その力がその基準値よりも大きいものを表示する。この船はヨットのような帆船であり、帆船が航海するのに必要な風力以上の力をもたらす風が吹いていたということである。

（146）の enough funds は、資金である個体の集合の部分集合で、ある分野の研究を実行するのに必要だと期待される費用の平均値を基準として、その基準値よりも大きな費用を表示している。メアリーの部署が研究している課題を実行するのに必要だと考えられる金額以上の研究費を、その部署が獲得していたということである。

（147）の enough data は、前置詞 with とともに名詞群を構成しており、errors go away（間違いがなくなる）という事態が成立するための手段を表示する。名詞句 enough data は、データである事態の集合の部分集合で、間違いをなくすため

に必要だと期待される量を示すものを表示する。この文が表示する事態だけでは、必要な量のデータがどれくらいかを決定することはできないが、情報が多ければ多いほど、その情報を基礎とする資料の間違いが減ることを主張するものだと理解される。

＊「形容詞・副詞＋enough」で、ある目的のために必要な事物の数量を超える程度を示す。

(148) The stadium is big enough to accommodate a hundred thousand people.
そのスタジアムは10万人を収容できるほどの大きさがある。

(149) The train runs fast enough to travel a thousand kilometers in three hours.
その列車は1000キロを3時間で進むほど速く走る。

(148)の big enough は、主体であるスタジアムの大きさの程度が、何らかの目的を達成するために必要な量よりも大きいことを表示している。その目的は、enough に後続する不定詞節によって、そのスタジアムが10万人を収容するということだとされているので、スタジアムが10万人以上を収容できるものと理解される。

(149)の fast enough は、主体である列車が走るという事態の要素である列車の速度が、何らかの目的のために必要な速度よりも大きいことを表示している。その目的は1000キロを3時間で進むことであり、したがってこの列車の速度は時速334キロよりも大きいものと理解される。

第 10 章　動詞と助動詞

第 1 節　動詞と助動詞の分類
① 動詞
　動詞は事態を構成する要素のうち、副体または関係を表示する。

i．副体を表示する動詞（副体動詞）

　事態の副体は、動詞、名詞、形容詞によって表示される。名詞と形容詞が副体の場合には、主体名詞句の後に動詞群が配置され、その後に名詞と形容詞が配置されるが、動詞が副体の場合には、主体名詞句の後に動詞群が配置され、その後には語句が配置されないか、名詞群または副詞が配置される。

　副体を表示する動詞を「副体動詞」と呼ぶ。以下では、直説法の動詞形態を対象とする。

　（1）The bus arrived.　バスが到着した。

　（2）John went to school.　ジョンは学校に行った。

　（3）Mary sings well.　メアリーは上手に歌を歌う。

　（1）の構造は「名詞句 the bus ＋動詞群 arrived」であり、その後に語句はない。したがって、動詞 arrive は副体動詞である。

　この文は、「主体が過去の時区間に到着した」という事態を構成する主体の集合に、the bus である個体が表示する個体が含まれるという事態を表示する。

　（2）の構造は「名詞句 John ＋動詞群 went ＋名詞群 to school」である。したがって、動詞 go は副体動詞である。

　この文は、「主体が着点に行く」という事態を構成する主体の集合に John である個体が含まれ、着点の集合に school である個体が含まれるという事態を表示する。

　（3）の構造は「名詞句 Mary ＋動詞群 sings ＋副詞 well」である。したがって、動詞 sing は副体動詞である。

　この文は、「主体が上手に歌う」という事態を構成する主体の集合に Mary である個体が含まれるという事態を表示する。

　副体動詞群は、複数の形態によって構成される場合もある。

　（1′）The bus has arrived.　バスは到着している。

370　　　　　　　　　　　　第 10 章　動詞と助動詞

　（2′) John will go to school.　　ジョンは学校に行くだろう。

　（3′) Mary is singing well.　　メアリーは上手に歌を歌っている。

　（1′）の動詞群は「助動詞 have＋過去分詞 arrived」という構造であり、直説法現在完了時制全体相形態である。

　（2′）の動詞群は「助動詞 will＋不定詞 go」という構造であり、直説法未来時制全体相形態である。

　（3′）の動詞群は「助動詞 is＋現在分詞 singing」という構造であり、直説法現在時制部分相形態である。

ⅱ．関係を表示する動詞（関係動詞）

a.　同値関係

　（4）The only even prime number is two.　　偶数で唯一の素数は 2 だ。

　（5）Augustus was the first emperor of the Roman Empire.
　　　　アウグストゥスがローマ帝国の初代皇帝だ。

　（4）の構造は「名詞句 1 the only even prime number＋動詞群 is＋名詞句 2 two」である。「偶数で唯一の素数」の個数は 1 個であり、数「2」の個数も 1 個であるから、この文が表示する関係は同値関係である。

　（5）の構造は「名詞句 1 Augustus＋動詞群 was＋名詞句 2 the first emperor of the Roman Empire」である。「アウグストゥス」は 1 個の人間である個体であり、「初代ローマ帝国皇帝」の個数も 1 個であるから、この文が表示する関係は同値関係である。

　同値関係を表示する動詞の代表は be であるが、be 以外の動詞も同値関係の表示に使用される。

　（6）Lincoln became the sixteenth President of the United States of America.
　　　　リンカーンはアメリカ合衆国の第 16 代大統領になった。

　（7）Hattusa remained the capital of the Hittite Empire for four centuries.
　　　　ハットゥシャは 4 世紀にわたってヒッタイト帝国の首都であり続けた。

　（6）の構造は「名詞句 1 Lincoln＋動詞群 became＋名詞句 2 the sixteenth President of the United States of America」であり、リンカーンは第 16 代アメリカ合衆国大統領と同一の個体を指示するので、主体と副体は同値関係にある。使用されている動詞は become であって、主体の属性が変化したことを表示する。

　（7）の構造は「名詞句 1 Hattusa＋動詞群 remained＋名詞句 2 the capital of the Hittite Empire＋名詞群 for four centuries」である。ハットゥシャはヒッタイト帝国の首都と同一なので、主体と副体は同値関係にある。使用されている動詞は remain であって、主体の属性が長さを持つ時区間（ここでは 4 世紀）において変

化しなかったことを表示する。

b. 包含関係

(8) Cleopatra was a very intelligent queen.
クレオパトラは非常に頭のいい女王だった。

(9) John got angry about the clerk's rude attitude.
ジョンはその店員の無礼な態度に腹を立てた。

(10) The soup served with smoked meats tasted a little bit salty.
燻製の肉と一緒に出されたスープは少し塩辛かった。

(8)の構造は「名詞句1 Cleopatra＋動詞群 was＋名詞句2 a very intelligent queen」であり、名詞句2が表示する「非常に頭のいい女王」である個体の集合に、名詞句1が表示する「クレオパトラ」である個体が含まれるという事態を表示する。名詞句1が主体であり、名詞句2が副体であって、動詞 be は主体が副体に含まれるという包含関係を表示する。ただし正確には、副体が表示する「主体が非常に頭のいい女王だ」という事態の主体である個体の集合に、クレオパトラが含まれるという事態が表示される。

また、be が語形変化した動詞群 was によって、この事態が現実世界の過去の時区間において成立したことが表示される。

(9)の構造は「名詞句 John＋動詞群 got＋形容詞句 angry＋名詞群 about the clerk's rude attitude」である。事態の主体がジョンであって、副体は「主体が腹を立てている」であり、表示されるのは、副体である事態を構成する主体の集合にジョンが含まれるという事態である。動詞 get は、主体と副体の間に包含関係が成立することと、主体の特性が変化してこの事態が成立したことを表示する。

動詞群 got によって、この事態が現実世界の過去の時区間において成立したことが表示される。

(10)の構造は「名詞句 the soup served with smoked meats＋動詞群 tasted＋形容詞句 a little bit salty」である。副体である「主体が少し塩辛い」という事態を構成する主体の集合に、主体のスープである個体が含まれるという事態をこの文は表示する。動詞 taste は、主体と副体の間に包含関係が成立すること、スープを構成する特性のうちでも味が主体として選択されていることを表示する。

c. 単射関係

(11) Revolutionary insurgents stormed the Bastille in 1789.
革命を叫ぶ暴徒たちが1789年にバスティーユを襲撃した。

(12) Mary tossed aubergines in vegetable oil and roasted them in the oven.

メアリーはナスを植物油でかき混ぜて、オーブンで焼いた。

(13) The detective investigated the murder and found the criminal.
刑事はその殺人の捜査をして、犯人を見つけた。

(14) The woman smelled the flowers in the garden and felt the trunks of trees.
その女は庭に咲いている花の香りを嗅ぎ、木の幹を触った。

(11)の動詞 storm は、主体と副体の間に「襲撃する」という関係が成立することを表示する。この関係は、主体が副体に物理的な力を加えるという特性を持つ。この事態が成立すれば、副体である個体には何らかの変化が生じる。この場合には、牢獄の一部が破壊される、囚人が逃走する、看守が捕らえられるなどの事態の成立が想定される。

(12)の動詞 toss は、主体と副体の間に「かき混ぜる」という関係が成立することを表示する。この関係も、主体が副体に物理的な力を加えるという特性を持つが、この関係を含む事態が成立しても、副体である個体に変化が生じるとは限らない。この文の場合は、副体であるナスに植物油が少量染み込む程度の変化である。

同じ文にある roast は、主体と副体の間に「焼く」という関係が成立することを表示する。この関係の特性は、主体が副体に熱を与えるということであるが、これは物理的な力を加えることと同じである。この関係を含む事態が成立すると、副体である個体には変化が生じる。

(13)の動詞 investigate は、主体と副体の間に「捜査する」という関係が成立することを表示する。この関係では、主体が副体に物理的な力を加えることはなく、主体が副体に関心を向ける、すなわち心理的な作用を及ぼす。

同じ文にある動詞 find は、主体と副体の間に「見つける」という関係が成立することを表示する。この関係でも、主体が副体に物理的な作用を及ぼすことはないが、主体が副体に関心を集中させて副体の所在を知るという、主体から副体への心理的な作用が働く。

(14)の動詞 smell は、主体と副体の間に「匂いを嗅ぐ」という関係が成立することを表示する。この関係では、主体が副体に関心を向けて、副体の属性としての匂いを知覚するという事態が成立する。したがって、主体から副体に対して心理的作用が働くものと理解される。

同じ文にある動詞 feel についても、主体が副体に関心を向けて、触覚によって副体の属性を知覚するという関係を表示するから、やはり主体から副体への心理的作用が働いたものと考えることができる。

第1節　動詞と助動詞の分類　　　　373

d.　双射関係

(15) In the Hundred Years' War, France fought England.
百年戦争で、フランスはイギリスと戦った。

(16) Mary encountered John in La Samaritaine.
サマリテーヌ百貨店でメアリーはジョンに遭遇した。

(17) If two organizations link each other, they are aware of their actions in the field.
2つの組織が連携するのならば、その分野での自分たちの行動を認識できている。

(15)の動詞 fight は、主体と副体の間に「戦う」という関係が成立することを表示する。主体と副体が戦う場合には、両者が互いに物理的な力を加え合い、一方から他方にだけ力が加わるということはない。したがってこの関係は双射関係である。

(16)の動詞 encounter は、主体と副体の間に「遭遇する」という関係が成立することを表示する。主体が副体に遭遇するのは、主体が副体の存在を知覚するという事態で、単なる知覚であれば主体の関心が副体に向かうという単射関係になる。しかし、遭遇するのは偶然的に生じる事態であるから、この事態が成立することで、初めて互いの関心が互いへと向かうことになる。したがって、心理的な作用は両方から両方へと働いており、関係は双射関係になる。

(17)の動詞 link は、通常であれば主体と副体の間に「連携する」という単射関係が成立することを表示する。しかしこの文では副体が each other なので、主体と副体が互いに物理的な作用を及ぼすことになり、関係は双射関係になる。

＊英語では、同じ動詞が副体動詞としても関係動詞としても機能することが多い。

(18) a. Mary works for the company.　メアリーはその会社で働いている。
b. John works the machine in the factory.
ジョンは工場でその機械を操作している。

(19) a. The dry weather continued for half a year.　日照りは半年続いた。
b. The central bank continues its fight against inflation.
中央銀行はインフレとの戦いを続けている。

(20) a. The girl two seats away is worrying about her hair.
2席向こうの女の子は自分の髪を心配している。
b. Absence of money worries everyone.
誰もがお金のないことを心配する。

(18a)の動詞群 works には名詞群 for the company が後続しているので、動詞

work は副体動詞である。したがってこの文は、「主体がその会社で働いている」
という事態の要素である主体の集合に Mary（メアリー）である個体が包含される
という関係を表示する。(18b)の動詞群 works には名詞句 the machine が後続し
ているので、動詞 work は関係動詞である。この文は、主体であるジョンと副体
である機械の間に「操作する」という単射関係が成立することを表示する。

　(19a)の動詞群 continued には名詞群 for half a year が後続しているので、動詞
continue は副体動詞である。この文は、「主体が半年間続いた」という事態の要
素である主体の集合に the dry weather（日照り）である事態が包含されるという
関係を表示する。(19b)の動詞群 continues には名詞句 its fight（中央銀行の戦い）
が後続しているので、動詞 continue は関係動詞である。この文は、主体である
the central bank（中央銀行）と副体である its fight（その戦い）の間に「続ける」と
いう単射関係が成立することを表示している。

　(20a)の動詞群 is worrying には名詞群 about her hair が後続しているので、動
詞 worry は副体動詞である。この文は、「主体が自分の髪を心配している」とい
う事態の要素である主体の集合に、the girl two seats away（2 席向こうの女の子）
が包含されるという関係を表示する。(20b)の動詞群 worries には名詞句（不定代
名詞）everyone が後続しているので、動詞 worry は関係動詞である。この文は、
主体である absence of money（お金がない）という事態と副体である任意の人間
との間に「心配させる」という単射関係が成立することを表示する。

ⅲ．意志動詞、無意志動詞

　主体が意志を持つ事物であって、その意志によって事態が成立することを表す
動詞を「意志動詞」、主体が意志を持たない事物であって、主体の意志と無関係
に事態が成立することを表す動詞を「無意志動詞」と呼ぶ。

(21) John asked the reception clerk to call him a taxi.
　　 ジョンはフロントの受付係にタクシーを呼んでくれるように頼んだ。

(22) Fra Angelico painted the *Annunciation* on a wall of a monastery.
　　 フラ・アンジェリコは修道院の壁に『受胎告知』を描いた。

(23) The politician affirmed his support for the Prime Minister.
　　 その政治家は首相への支持を表明した。

(24) Mozart died at the age of thirty-five.
　　 モーツァルトは 35 歳で死んだ。

(25) The temperature fell below zero at the daybreak.
　　 日の出には気温が氷点下まで下がった。

(26) I suddenly thought what humans were born for.

第 1 節　動詞と助動詞の分類　　　　375

人間は何のために生まれたのだろうかとふと私は思った。

(21)の動詞 ask（依頼する）は、「主体が着点に副体を依頼する」という事態を表示する。この事態が成立するためには、意志を持つ主体がその意志を働かせる必要がある。意志を働かせるとは、事態が成立する可能世界を主体が脳内に形成して、その可能世界が現実世界になるように物理的あるいは心理的な作用を及ぼすということである。この文では、主体であるジョンが、自分が受付に依頼するという事態が成立する可能世界を思い浮かべ、実際に依頼することによりその可能世界が現実世界に転換している。したがって ask は意志動詞である。

同じ文の不定詞節で使用されている call も意志動詞である。不定詞節が表示する事態の主体は、主節では着点の the reception clerk（フロントの受付係）という意志を持つ個体であり、主体がタクシー会社に連絡するという物理的作用を及ぼすことにより、「主体がタクシーを呼ぶ」という事態が成立する。

(22)の動詞 paint（描く）は、意志を持つ主体が絵筆や絵具などの道具に物理的な力を及ぼすという単射関係を表すので、意志動詞である。この文では、意志を持つ人間であるフラ・アンジェリコが「修道院の壁に『受胎告知』を描く」という事態が成立する可能世界を、自らの意志により現実世界に転換させている。

(23)の動詞 affirm（表明する）は、意志を持つ主体が言語的に表現された事態である副体との間に成立させる単射関係を表示する。事態を言語的に表現するためには、主体がその事態に対して心理的な作用を及ぼすだけでなく、言語器官を使用して発言するという物理的な力も及ぼさなければならないから、affirm は意志動詞である。

(24)の主体 Mozart（モーツァルト）は人間であるから、意志を持つ個体である。しかし動詞の die（死ぬ）は主体の意志によって成立する事態を表示することはない。この文でも、主体であるモーツァルトが、自分が死ぬという事態が成立する可能世界を現実世界に転換させるために何らかの作用を働かせたということはない。したがって die は無意志動詞である。主体の意志で主体が死ぬという事態が成立する場合、動詞は kill、副体は再帰代名詞を用いる。

(25)の主体 the temperature（気温）は数値であるから、意志のない個体である。また、動詞 fall は、「主体が下がる」または「主体が落ちる」という事態を表示する場合、主体は意志のない事物であるか、意志を持つ個体であっても、その個体が意志的に何らかの作用を及ぼすということはない。したがって動詞 fall は無意志動詞である。

(26)の主体は発信者であるから、意志を持つ個体である。think（思う）という動詞は、副体である事態が主体の脳内に形成されるという事態を表示し、形成される事態は主体が何らかの心理的作用を働かせた結果のものではない。したがっ

て think は無意志動詞である。

　英語の動詞は、本来は意志動詞であっても、意志を持たない事物が主体である文でも使用されることができるものが多い。この場合は、主体の意志によって事態が成立するのではなく、主体に対して意志のある個体が作用を及ぼすことによって事態が成立する。

(27) a. Mary ran to the station to take the first train.
　　　 始発列車に乗るためにメアリーは駅まで走って行った。

　　 b. The train runs every half hour daily.
　　　 その列車は毎日30分おきに運行される。

(28) a. John opened a window to let fresh air in.
　　　 ジョンは新鮮な空気を入れるために窓を開けた。

　　 b. The museum opens from nine a.m. to six p.m. and admission is free.
　　　 その美術館は午前9時から午後6時まで開館していて、入場は無料だ。

(29) a. Don't touch the sculptures here. I mean it.
　　　 ここにある彫刻に触ってはいけないよ。本気だからね。

　　 b. This symbol means that the item should be dried in the shade.
　　　 この記号はその製品は日陰で干さないといけないということを意味している。

　(27a)の主体は意志を持つ人間である Mary（メアリー）であり、動詞 run は「主体が走る」という事態を表示する。この事態は、主体が物理的な力を作用させて成立させるものであるから、動詞 run は意志動詞である。これに対して(27b)の主体は意志を持たない個体である the train（その列車）である。この文では、列車を運行させる人間の意志によって事態が成立する。

　(28a)の主体は意志を持つ人間である John（ジョン）であり、動詞 open は「主体が副体を開ける」という事態を表示する。この事態は、主体が副体に物理的な力を及ぼして成立させるものであるから、動詞 open は意志動詞である。一方、(28b)の主体は意志を持たない個体である the museum（その美術館）である。しかし、「美術館が開く」という事態は、美術館の運営に携わる、意志を持つ人間によって成立させられる。

　(29a)の第2文の主体は発信者であって、これは意志を持つ人間である。動詞 mean は「主体が副体を意図する」という事態を表示する。この事態は、主体が副体に対して心理的な作用を及ぼすことによって成立する。これに対し(29b)の主体は意志を持たない個体である this symbol（この記号）である。ここでは、意志を持つ人間が、この記号が何を表示するのかを伝達することを意図しているのだと理解される。

第 1 節　動詞と助動詞の分類　　　　377

iv．動作態による分類

　事態の時間的特性を決定するのは動詞である。事態の時間的特性としては、ま
ずは成立時区間が時間軸上のどの位置にあるのかが重要であるが、これは動詞の
時制形態によって表示される。もう 1 つの重要な時間的特性は、事態の全体と事
態の部分が等しいか異なるかという性質である。

　（30）Mary is a student.　メアリーは学生だ。

　（31）Mary walked to the station.　メアリーは駅まで歩いて行った。

　（32）Mary painted a picture.　メアリーは絵を描いた。

　（30）の動詞群は is であり、これは動詞 be の直説法現在時制全体相形態である。
この文は主体であるメアリーが「主体が学生だ」という事態の主体の集合に包含
されるという関係を表示している。この事態は、通常数年の長さを持つ時区間に
おいて成立するが、その時区間を構成するどの時点または時区間においても、事
態の特性は同一である。

　（31）の動詞は walked であり、これは動詞 walk の直説法過去時制全体相形態
である。この事態は、10 分程度の長さを持つ時区間において成立する。この事
態は、主体がある地点から駅まで移動することで成立するから、事態の開始時か
ら終了時までの任意の時点において、主体の空間的位置は異なる。そして、長さ
のない時点においては主体は移動していないから、事態の全体と時点における事
態の部分は異なる。一方で、長さのある時区間においては、事態の部分であって
も主体は移動しているから、移動距離を明示しないのであれば、事態の全体であ
れ部分であれ、主体が一定の距離を移動していることには変わりがないから、こ
の場合の事態の部分と全体は等しいと考えてよい。

　（32）の動詞群は painted であり、これは動詞 paint の直説法過去時制全体相形
態である。この事態は、通常は数時間から数か月程度の長さの時区間において全
体が成立するが、この時区間において描かれた絵の形状はすべて異なる。したがっ
て、この事態の全体は、長さがあろうがなかろうが、どの部分時区間において成
立する事態の部分とも異なる。

　事態の全体を「全事態」、事態の部分を「部分事態」と呼ぶ。部分事態のうち、
長さのない時区間において成立するものを「点部分事態」、長さのある時区間に
おいて成立するものを「線部分事態」と呼ぶことにする。

　全事態と点部分事態、線部分事態の関係を基準とすると、動詞を含む文が表示
する事態の特性によって、動詞は以下のように分類される。

　（33）均質動詞: 全事態と任意の点部分事態、線部分事態が等しい。

　　　　部分均質動詞: 全事態と任意の点部分事態は等しくないが、任意の線
　　　　　　　　　　　部分事態は等しい。

非均質動詞：全事態と任意の点部分事態、線部分事態が異なる。

これに加えて、長さのない時点において成立する事態を表示する動詞もある。

(34) Socrates died after drinking hemlock.
　　　ソクラテスは毒ニンジンを飲んだ後死んだ。

(35) A mosquito stung me.　蚊が私を刺した。

(34)の動詞 die（死ぬ）が表示する事態は、長さのない時区間において成立する。「主体が死ぬ」という事態が成立したことが認識されるのは、この事態の結果として、生きていない人間を見ることによってである。

(35)の動詞 sting（刺す）が表示する事態は、長さのない時区間において成立する。「主体が副体を刺す」という事態の成立が認識されるのは、この事態の結果、副体の皮膚に傷が生じているという事態が知覚されることによってである。

長さのない時区間（時点）は瞬間であるから、成立する事態は全事態のみであって、この事態に部分事態はない。このような時間的特性を持つ事態を表示する動詞を、均質性とは本来無縁であるという意味で「脱均質動詞」と呼ぶことにする。脱均質動詞は、従来「瞬間動詞」と呼ばれてきているものと同じである。

事態の均質性を基準とする動詞分類を「動作態」と呼ぶ。各動作態に属する動詞としては、以下のようなものがある。

(36) 均質動詞：be（いる、ある、〜だ）, have（持っている）, remain（残っている、〜のままだ）, lie（横たわっている）, love（愛している）, know（知っている）, believe（信じている）, remember（覚えている）, belong（属している）, contain（含んでいる）, owe（所有している）, want（ほしいと思っている）, need（必要としている）, wish（望んでいる）, resemble（似ている）, hear（聞こえる）, see（見える）

部分均質動詞：go（行く）, run（走る）, walk（歩く）, swim（泳ぐ）, sing（歌う）, dance（踊る）, fly（飛ぶ）, play（遊ぶ）, sleep（眠る）, talk（話す）, work（働く）, study（勉強する）, watch（見る）, enjoy（楽しむ）, read（読む）, observe（観察する）, explain（説明する）

非均質動詞：make（作る）, build（建てる）, cook（料理する）, break（壊す）, change（変える）, wash（洗う）, clean（掃除する）, decorate（飾る）, draw（引く）, push（押す）, peel（剥く）, gather（集める）, scatter（ばら撒く）, load（積む）, prepare（準備する）, arrange（手配する）

脱均質動詞：die（死ぬ）, arrive（到着する）, start（出発する）, leave（出て行く）, put（置く）, set（据え付ける）, kill（殺す）, sting（刺す）, bite（噛む）, glance（一瞥する）, find（見つける）, promise（約束する）, understand（理解する）, recognize（認識する）

第1節　動詞と助動詞の分類　　　379

動作態の区別が重要になるのは、動詞の時制・アスペクト形態が表示する事態の時間的特性に動作態が関与するからであるが、これについては第11章で詳しく解説する。

② **助動詞**

英語の動詞は、動詞そのものの形態変化が少なく、1個の動詞で表示できるのは、直説法現在時制全体相3人称単数以外、直説法過去時制、接続法（仮定法）現在時制、接続法過去時制のみである。

これら以外の時制・アスペクト形態、態形態、モダリティー形態を表示するために、動詞とともに使用されるのが助動詞である。動詞そのものの形態変化で法や時制・アスペクト、態を表示する古典ギリシア語では助動詞は用いられないし、ラテン語で使用される助動詞も少ない。英語は動詞の形態変化を大きく単純化させたため、その代わりに助動詞の種類が増加している。

ⅰ．時制・アスペクトを表示する助動詞

時制・アスペクトを表示するために用いられる助動詞は be, have, will である。
a．直説法
　　現在時制
　　　　部分相　be＋現在分詞
　　現在完了時制
　　　　全体相　have＋過去分詞
　　　　部分相　have＋be の過去分詞(been)＋現在分詞
　　過去時制
　　　　部分相　be の過去形(was, were)＋現在分詞
　　過去完了時制
　　　　全体相　have の過去形(had)＋過去分詞
　　　　部分相　have の過去形(had)＋be の過去分詞(been)＋現在分詞
　　未来時制
　　　　全体相　will＋原形不定詞
　　　　部分相　will＋be＋現在分詞
　　未来完了時制
　　　　全体相　will＋have＋過去分詞
　　　　部分相　will＋have＋be の過去分詞(been)＋現在分詞
　　過去未来時制
　　　　全体相　will の過去形(would)＋原型不定詞

380   第 10 章　動詞と助動詞

　　　　部分相　will の過去形(would)＋be＋現在分詞
　　過去未来完了時制
　　　　全体相　will の過去形(would)＋have＋過去分詞
　　　　部分相　will の過去形(would)＋have＋be の過去分詞(been)＋現在分詞
b.　接続法(仮定法)
　　現在時制　原形不定詞と同じ形態
　　過去時制　直説法過去時制形態と同じ形態
　　過去完了時制　直説法過去完了時制と同じ形態

＊過去の長い時区間において成立する事態を表示するための形態 used to も助動詞
　に含められることが多い。モダリティーを表示する助動詞 will の過去形 would
　も同様の機能を持つ。

ⅱ．態を表示する助動詞
　ⅰ．が能動態の形態であり、受動態の形態は以下のようになる。受動態を表示
するために用いられる助動詞は be である。
a.　直説法
　　現在時制
　　　　全体相　be＋過去分詞
　　　　部分相　be＋be の現在分詞(being)＋過去分詞
　　現在完了時制
　　　　全体相　have＋be の過去分詞(been)＋過去分詞
　　　　部分相　have＋be の過去分詞(been)＋be の現在分詞(being)＋過去分詞
　　過去時制
　　　　全体相　be の過去形(was, were)＋過去分詞
　　　　部分相　be の過去形(was, were)＋be の現在分詞(being)＋過去分詞
　　過去完了時制
　　　　全体相　have の過去形(had)＋be の過去分詞(been)＋過去分詞
　　　　部分相　have の過去形(had)＋be の過去分詞(been)＋be の現在分詞(being)
　　　　　　　　＋過去分詞
　　未来時制
　　　　全体相　will＋be の原形不定詞＋過去分詞
　　　　部分相　will＋be の原形不定詞＋be の現在分詞(being)＋過去分詞
　　未来完了時制
　　　　全体相　will＋have＋be の過去分詞(been)＋過去分詞

第 1 節　動詞と助動詞の分類　　　381

　　　部分相　will＋have＋be の過去分詞（been）＋be の現在分詞（being）＋過去
　　　　　　分詞
　　過去未来時制
　　　全体相　will の過去形（would）＋be の原形不定詞＋過去分詞
　　　部分相　will の過去形（would）＋be の原形不定詞＋be の現在分詞（being）
　　　　　　＋過去分詞
　　過去未来完了時制
　　　全体相　will の過去形（would）＋have＋be の過去分詞（been）＋過去分詞
　　　部分相　will の過去形（would）＋have＋be の過去分詞（been）＋be の現在分
　　　　　　詞（being）＋過去分詞
b.　接続法（仮定法）
　　現在時制　原形不定詞と同じ形態（be＋過去分詞）
　　過去時制　直説法過去時制受動態形態と同じ形態
　　過去完了時制　直説法過去完了時制受動態形態と同じ形態

iii．モダリティーを表示する助動詞（法助動詞）
　直説法と接続法の区別は、現実世界で成立する事態と現実世界以外の可能世界
で成立する事態を区別する機能を持つ。
　この大きな区別に加えて、可能世界全体に関する事態の成立可能性、意志、義
務、許可というモダリティーを表示するのが「法助動詞」と呼ばれる助動詞であ
る。
a.　成立可能性
　　may, can, will, should, ought to, have to, must
b.　意志
　　will, shall, dare
c.　義務
　　must, should, ought to, need, had better, have to
d.　許可
　　may, can
　法助動詞 must, should 等と同様の働きをする have to, had better, ought to も法
助動詞として分類する。これらのモダリティー助動詞の具体的な機能については、
第 3 節で解説する。

iv．助動詞としての do
　否定文、疑問文、倒置構文で使用される do は、後続する動詞とともに動詞群

382 第10章 動詞と助動詞

を形成するので、助動詞に分類することができる。

(37) John didn't watch the TV program.
　　　ジョンはそのテレビ番組を見なかった。

(38) Do they sell perfume at the store?
　　　その店では香水を売っていますか。

(39) Never does Mary come late for the meeting.
　　　メアリーはその会合には決して遅れて来ない。

(37)の動詞群は didn't watch であって、didn't に含まれる否定辞 not が否定文であることを表示し、助動詞 did により、動詞群が直説法過去時制全体相形態であることを表示する。

(38)の文頭に配置された do は、この文が疑問文であることを表示すると同時に、名詞句(代名詞 they)に後続する動詞 sell とともに動詞群を形成し、直説法現在時制全体相であることを表示する。

(39)では、通常は動詞群に直接先行する位置にある否定辞 never が文頭に配置されている。これに伴い、助動詞 do が主体名詞句 Mary に先行する位置に配置されている。do の変化形である does は後続する動詞 come とともに動詞群を形成し、直説法現在時制全体相を表示している。

助動詞 do が使用される文は、この文に対応する肯定文が表示する事態が、現実世界において成立するかどうかが話題になっていることを含意する。

(37)では、「ジョンがそのテレビ番組を見た」という事態が現実世界において成立したかどうかが話題になっていて、現実世界では成立しなかったということが表示されている。

(38)では、「その店で香水を売っている」という事態が現実世界において成立するかどうかが話題になっていて、成立するかしないかについての情報を与えることを、発信者が受信者に依頼している。

(39)では、「メアリーがその会合に遅れて来る」という事態が現実世界において成立するかどうかが話題になっていて、現実世界で成立する可能性が全くないことを表示している。

肯定文では助動詞 do を用いないのが普通であるが、動詞群をあえて「do＋動詞」に置き換えると、文が表示する事態が現実世界では成立しないかもしれないということが話題になっているが、実際にはそうではなく、現実世界で確実に成立するのだという含意が生じる。

(40) I do understand everything that is going on.
　　　現実に起こっているすべてのことを私は確かに理解している。

(41) John did try to persuade the director to accept our proposal.

ジョンは本当に部長を説得して我々の提案を受け入れてもらおうとした。

(40)が発話される状況では、発信者が起こっているすべてのことを理解していない可能性があるという前提がある。しかしこの前提が現実世界では成立せず、発信者がすべてを理解しているという事態が現実世界で実際に成立していることを表示するために、助動詞 do が使用されている。

(41)が発話される状況では、ジョンが部長を説得して発信者たちの提案を受け入れてもらおうとしなかった可能性があることが問題になっている。しかし現実世界で成立したのは、ジョンが部長を説得したという事態で、その逆ではなかったということを、助動詞 do が表示している。

第 2 節 　動詞の形態と特性

動詞は法・時制・アスペクト・人称・数によって語形変化し、動詞群を形成するほか、不定詞、分詞、動名詞という形態を取って、節を形成する。

① 動詞群

ⅰ．直説法現在時制全体相

動詞 be：1 人称単数 am，1 人称複数 are，2 人称単数・複数 are，3 人称単数 is，3 人称複数 are

動詞 have：3 人称単数 has，それ以外 have

be と have 以外の動詞は、3 人称単数の場合のみ、語尾に形態素 s（異形態は s, z, iz）を付加する。語尾の表記は原則として -s であるが、動詞の表記が母音字または s, z, sh, ch, x で終わっている場合は -es を付加する。

ⅱ．直説法過去時制全体相

過去時制形態素 d を規則的に付加する規則形と、語根部分が変化する不規則形がある。人称による語形変化はない。

a．規則形

過去時制形態素 d には、3 個の異形態 d, id, t がある。

b．不規則形

不規則な過去時制形態では、形態素 d を付加する方法ではなく、動詞語根の母音の特性が使用される。

384   第 10 章　動詞と助動詞

② 複合動詞

　英語は、「動詞＋副詞」「動詞＋前置詞」「動詞＋副詞＋前置詞」という構造の語句で、単一の動詞形態素のような機能を果たすものが非常に多い。これらは「群動詞」「句動詞」などと呼ばれているが、本書では動詞群や動詞句との混同を避けるために「複合動詞」と呼ぶことにする。

ⅰ．動詞＋副詞

　複合動詞の成分となる副詞は、方向 up（上）, down（下）, out（外）, forward（前）, back（後）, 分離 off, away など、空間や移動を表示するものが中心である。

a.　副体を表示する「動詞＋副詞」

(42) John got up early in the morning.　ジョンは朝早く起きた。

(43) Reforms by the government broke down and tensions rose.
政府による改革が失敗して、緊張が高まった。

(44) If the secret comes out, she will feel betrayed.
もし秘密が知られたら、彼女は裏切られたと感じるだろう。

(45) The musician's name went forward as a potential director of the Royal Opera.
その音楽家の名前が、王立歌劇団の指揮者の候補として挙げられた。

(46) The rescue convoy turned back because the area was being shelled.
その地域が砲撃を受けていたので、救助隊は引き返した。

(47) My day begins when the alarm goes off at six.
6 時に目覚ましが鳴ると私の一日が始まる。

(48) If they ask me advice specifically, I will talk away as much as they want.
彼らが私にはっきりと助言を求めるのなら、私は彼らがしてほしいだけ話をしまくろう。

b.　単射関係を表示する「動詞＋副詞」

(49) People along the streets with flags cheered up the runners.
旗を持って通り沿いにいた人たちは、ランナーたちを励ました。

(50) John can't hold down any job he gets.
ジョンはどんな仕事についても長続きしない。

(51) The teacher told the students to get the textbooks out.
教師は学生たちに教科書を取り出すように言った。

(52) The philosopher put forward a theory that was in line with the reformers.

第 2 節　動詞の形態と特性　　385

その哲学者は改革者たちの考えに合う理論を発表した。

(53) I take back my critical comment about your proposal.
あなたの提案についての私の批判的な発言を撤回します。

(54) Be careful not to put off the start of your new plan for too long.
新しい計画の開始をあまり長く延期することがないように気をつけなさい。

(55) Taking the medicine can help take away pain and inflammation.
この薬を飲むと痛みと炎症を取り除く助けになる。

「動詞＋副詞」という構造の複合動詞については、副体名詞句は複合動詞に後続する位置に配置されるのが原則であるが、名詞句が (95) の the textbooks のように短い場合には動詞と副詞の間に配置することもできる。

名詞句が代名詞によって構成されている場合には、動詞と副詞の間に配置される構造のみが適格となる。

(56) a. ○He broke it off.
b. ×He broke off it.
彼はそれをちぎり取った。

(57) a. ○She looked it up in the dictionary.
b. ×She looked up it in the dictionary.
彼女はそれを辞書で調べた。

ⅱ. 動詞＋前置詞

「動詞＋前置詞」という構造の複合動詞を使用する文では、前置詞に後続する名詞句が単射関係の副体として機能する。

(58) It is hard to come by accurate information on that matter.
その問題についての正確な情報を手に入れるのは難しい。

(59) The symbol 〒 stands for a zip code.
記号の〒は郵便番号を表している。

(60) A driver ran into John, critically injuring him.
ある運転者がジョンにぶつかってきて、彼は重傷を負った。

(61) Financial authorities have called on fund managers to disclose more information to investors.
金融当局は投資家にもっと情報を開示するようにファンドマネジャーに求めた。

(62) Quite a lot of people with full-time jobs care for parents or other family members.

常勤職についている非常に多くの人々が両親や他の家族の面倒を見ている。

(63) There are other ways to deal with difficulties you face.
　　あなたが直面している困難に対処する他の方法がある。

　動詞に名詞群が後続する文で、動詞が通常とは異なる特別の事態を表示する場合がある。この場合、動詞と前置詞が複合して特別の意味を表すように思われるが、後続する名詞群との関係で動詞が比喩的な意味を表すだけなので、「動詞＋前置詞」が一体となった複合動詞だと見なすことはできない。

(64) Influences of the war will come at us from every angle.
　　その戦争の影響はあらゆる角度から私たちのところに押し寄せてくるだろう。

(65) The train pulled into the station and we boarded.
　　列車が駅に入ってきて、私たちは乗車した。

(66) Our team is going for the championship.
　　私たちのチームは優勝を狙っている。

(67) The broccoli comes from Italy and the asparagus from Spain.
　　ブロッコリーはイタリア起源で、アスパラガスはスペイン起源だ。

　(64)の will come at us では、名詞群 at us の us は受信者たちという人間なので、事態の成立空間を表示することはない。動詞 come は「主体が基準空間に移動する」が本来表示する事態であるが、名詞群 at us が後続しているため、「主体が着点に押し寄せる」という事態を表示している。

　(65)の pulled into the station では、名詞群 into the station は移動の着点が駅であることを表示している。動詞 pull は、本来は「主体が引っ張られる」という事態を表すが、名詞群 into the station が後続することで「主体が進む」という事態を表示するようになっている。

　(66)の is going for the championship では、名詞群 for the championship は事態が成立する目的が優勝であることを表示している。動詞 go は、本来は「主体が基準空間を離れて着点に移動する」という事態を表示するが、名詞群 for the championship が後続していることにより、「主体が事物の獲得を目的としている」という事態を表示するものと理解される。

　(67)の comes from Italy では、名詞群 from Italy は「主体が移動する起点がイタリアだ」という事態を表示する。動詞 come は、本来は「主体が基準空間である着点に移動する」という事態を表示するが、名詞群 from Italy が後続していることで、「主体がある空間の起源である」という事態を表示するものと理解される。

iii. 動詞＋副詞＋前置詞

「動詞＋副詞＋前置詞」という構造の複合動詞に名詞句が後続する構造では、名詞句が単射関係の副体である事物を表示する。

(68) Schools should do away with unnecessary rules.
　　　学校は不必要な規則を廃止すべきだ。

(69) People looked up to the old king.
　　　人々はその年老いた国王を尊敬していた。

(70) We can no longer put up with irrational traditionalism.
　　　我々は不合理な伝統主義にはもはや我慢できない。

これらの複合動詞に後続する名詞句が単射関係の副体であることは、上の各文で前置詞に後続する名詞句を主体とする受動態の文を形成できることからも分かる。

(68′) Unnecessary rules should be done away with by schools.
　　　不必要な規則は学校によって廃止されるべきだ。

(69′) The old king was looked up to by people.
　　　その年老いた国王は人々に尊敬されていた。

(70′) Irrational traditionalism can no longer be put up with.
　　　不合理な伝統主義はもはや我慢できない。

「動詞＋副詞＋前置詞」という構造の語群に名詞句が後続していても、「前置詞＋名詞句」が名詞群を構成していると考えることができる場合には、この語群は複合動詞ではない。

(71) The scholar has been working away at the socio-political problem.
　　　その学者はその社会政治学的問題に熱心に取り組んでいる。

(72) Mary doesn't go in for luxurious activities.
　　　メアリーは贅沢な活動は好まない。

(73) Our boss is getting along with the employees.
　　　私たちの上司は従業員たちとうまくやっている。

(71)の has been working away at the socio-political problem では、複合動詞 work away が「主体が熱心に取り組む」という事態を表示し、名詞群 at the socio-political problem が、この事態が成立する空間を表示している。

(72)の go in for luxurious activities では、複合動詞 go in が「主体が中に入る」という事態を表示し、名詞群 for luxurious activities が移動の着点を表示する。ただしこの語群に関しては、「主体が着点の中に入る」という事態が比喩的に「主体が事物を好む」という事態を表示する。

(73)の is getting along with the employees では、複合動詞 get along が「主体

がどうにかする」という事態を表示し、名詞群 with the employees は事態の要素としての関与者を表示している。この語群についても、「主体が人間に関してどうにかする」という事態が比喩的に「主体が人間とうまくやる」という事態を表示している。

これらの「動詞＋副詞＋前置詞」という語群が全体として複合動詞を形成しているのではないことは、上の各文で前置詞に後続する名詞句を主体とする受動態の文が不適格であることからも分かる。

(71′) ×The socio-political problem has been being worked away at by the scholar.

その社会政治学的問題はその学者によって熱心に取り組まれている。

(72′) ×Luxurious activities aren't gone in for by Mary.

贅沢な活動はメアリーによって好まれていない。

(73′) ×The employees are being got along with by our boss.

従業員たちは私たちの上司によってうまくやられている。

第3節　助動詞の形態と特性

① 態・時制・アスペクトを表示する助動詞

受動態の表示に使用される助動詞 be、時制・アスペクトを表示するために使用される助動詞 have, will, be とこれらを用いて形成される動詞群の形態については、すでに本章第1節で解説した。

② モダリティーを表示する助動詞（法助動詞）

文が表示する事態は、発信者と受信者が存在している現実世界だけでなく、現実世界以外の可能世界においても成立する。発信者と受信者が同じ空間において現在知覚している事態であれば、現実世界において成立していることが確実である。しかし、現在知覚されている事態でなければ、現実世界で成立することもあれば、現実世界以外の可能世界で成立することもある。

事態が成立する可能世界の個数がゼロであれば、その事態は成立しない。事態が成立する可能世界の数が多くなるにつれて、成立可能性の程度も高くなる。可能世界の個数は無限なので、すべての可能世界で事態が成立することを理解することはできない。したがって、人間が知ることができるのは、無限に近いと思われるほど多数の可能世界で事態が成立するということである。

ⅰ．成立可能性

成立可能性を表示する助動詞は may, can, will, should, ought to（ought＋不定詞），

must, have to（have ＋ 不定詞）であり、may, can, will, have to には過去時制形態 might, could, would, had to がある。また成立可能性を表すこれらの助動詞には、「助動詞 ＋ have ＋ 過去分詞」という構造の完了時制形態がある。

　事態が成立する可能世界の個数は、may ＝ can ＜ will ＜ should ＝ ought to ＜ must ＝ have to の順に増加する。可能世界の個数は連続的に増加するので、一定数の形態で成立可能性の程度を表示するためには、程度に離散性を与えなければならない。すなわち、可能性の程度に段階を設定するのであるが、英語では 4 段階に区分している。以下では、これを「小」「中」「大」「最大」と呼ぶことにする。

a.　可能性小

　事態の成立可能性が小であることを表示する助動詞は may と can である。can に関しては、事態が成立する根拠の存在が含意される。

(74) In Europe, the opposite may be true.
　　　ヨーロッパでは、その反対が真実かもしれない。

(75) The fugitive suspect may be hiding in this kind of maze.
　　　逃亡中の容疑者はこの種の迷路に潜んでいるかもしれない。

(76) The campaign may succeed, experts say, but it could also backfire.
　　　その運動は上手く行くかもしれないが、また裏目に出るかもしれないと専門家たちは言っている。

(77) Poetry can be true only if created in one's mother tongue.
　　　母語で作られた場合だけ詩は真実でありうる。

(78) Your enemies can be hiding and waiting to mow down whoever comes in.
　　　敵が隠れて待っていて、入ってきた者は誰でも殺すつもりかもしれない。

(79) Mail can arrive days late delayed by workers checking for suspicious envelopes.
　　　疑わしい封筒を作業員たちが点検して時間がかかって、郵便は何日も遅れて到着することもありうる。

　(74)では、the opposite（ある事態とは反対の特性を持つ事態）が状況中に与えられている。この文は「その反対の事態が、現在を含む時区間において成立する空間がヨーロッパだ」という可能性が小であることを主張している。

　(75)が使用される状況には、the fugitive suspect（逃亡中の容疑者）がすでに与えられている。この文は「その逃亡中の容疑者が潜んでいる」という事態が、現在を含む時区間において成立する空間が this kind of maze（この種の迷路）である

390   第10章　動詞と助動詞

可能性が小であることを主張している。

　(76)が使用される状況には、the campaign（その運動）である事態がすでに与えられている。この文は「その運動が上手く行く」という事態が、未来の時区間において成立する可能性が小であることを主張している。この文に続いて but it could also backfire（しかしそれがまた裏目に出るかもしれない）という前半の文の事態とは逆の事態が与えられており、したがって「その運動が上手く行く」という事態が成立する積極的な根拠はないものと理解される。

　(77)が表示する事態の主体 poetry（詩）は詩である事物の集合全体である。この主体が真実である事物の集合に包含される可能性が小であることを、この文の前半は主張している。前半の事態が現在を含む時区間において成立するための条件を表示するのが、後半部分の only if created in one's mother tongue（詩が母語で書かれた場合だけ）であるが、後半の事態は前半の事態の条件であるから、これが前半の事態が成立する根拠を与えている。

　(78)が表示する事態の主体は your enemies（受信者の敵）であるが、この名詞句が表示するのは、受信者の敵である個体集合を構成する部分集合である。受信者に敵が存在しているのであれば、その事態がこの文の表示する事態が成立する根拠となる。

　(79)の mail arrives days late（郵便が何日も遅れて到着する）という事態は、現在を含む長い時区間において成立する。この事態が成立する原因を表示するのが、過去分詞節 delayed by workers checking for suspicious envelopes（疑わしい封筒を作業員たちが点検して時間がかかる）が表示する事態である。この事態は主節の事態が成立するための条件であるから、主節の事態が成立する根拠を与えるものと理解される。

　may と can の過去時制形態 might と could を使用すると、事態の成立可能性の程度がさらに小さくなる。すなわち、ごく少数の可能世界において成立する。ごく少数の可能世界で成立する事態の成立可能性は「最小」である。

(80)　Finding proof today might be difficult.
　　　 今日証拠を見つけることは難しいかもしれない。

(81)　Manicures and bikini waxes might cause infections.
　　　 マニキュアと脱毛ワックスは感染症を引き起こす可能性もある。

(82)　An earthquake could cause flooding induced by a tsunami.
　　　 地震が起きると津波を誘因とする洪水が起きることもありうる。

(83)　His concept could be difficult for readers to absorb.
　　　 彼の思想を読者が吸収するのは難しいかもしれない。

　(80)が表示する事態の主体は、finding proof today（主体が今日証拠を見つけ

ること）という下位事態 P であり、この事態が「主体が難しい」という事態の要素である主体となる事物の集合に包含されるという事態を、この文は表示する。下位事態 P は、この文が使用されている現実世界の時区間を含む時区間において成立するから、事態全体も現実世界を含むごく少数の可能世界において成立するものと理解される。

　（81）が表示する事態の主体は、manicures and bikini waxes（マニキュアと脱毛ワックス）であり、副体は infections（感染症）であって、主体と副体の間には、動詞 cause（引き起こす）が表示する単射関係が成立している。この文は、マニキュアや脱毛ワックスの使用者に対する警告のために使用されていると考えられるので、表示される事態が現実世界を含むごく少数の可能世界で成立することが前提となっている。

　（82）が表示する事態の主体を表示するのは名詞句 an earthquake（地震）であり、副体は flooding induced by a tsunami（津波を誘因とする洪水）という事態の集合である。主体と副体の間には、動詞 cause（引き起こす）が表示する単射関係が成立する。地震と津波の間には因果関係があることは知られているので、この文の事態の成立には根拠がある。

　（83）が表示する事態の主体を表示するのは名詞句 his concept（彼の思想）が表示する事態である。副体は difficult for readers to absorb が表示する「読者が副体を吸収することが難しい」という下位事態 P であって、「事態 P の副体である事物の集合に主体が包含される」という事態をこの文は表示している。彼の思想はすでに状況中に与えられており、その読者が存在することも十分あり得るので、この事態の成立には根拠がある。

　may と can の完了時制形態「may have ＋過去分詞」「can have ＋過去分詞」は、過去の時区間において事態が成立した可能性が小であることを表示する。

（84）　The girl may have been five or six when her father died.
　　　　その少女は、父親が死んだときは 5 歳か 6 歳だったかもしれない。

（85）　Similar episode may have happened elsewhere but not been discovered.
　　　　似たような出来事が他の場所でも起こったが、見つからなかったのかもしれない。

（86）　Few can have been surprised at the team's defeat.
　　　　そのチームの敗北に驚いた人はほとんどいなかったかもしれない。

（87）　I don't understand how this accident can have happened.
　　　　どうやってこの事故が起きたのか、私には分からない。

　（84）の主節 the girl may have been five or six は、従属節が表示する事態 her father died（その少女の父親が死んだ）が成立した現実世界の過去の時点において、

「その少女が5歳か6歳だった」という事態が成立した可能性が小だったことを表示する。成立時点が現実世界に属しているので、主節の事態も、現実世界を含む少数の可能世界において成立するが、少女の当時の年齢を推定する根拠は与えられていない。

(85)の前半の文が表示する事態「似たような出来事が他の場所でも起こった」は、少数の可能世界の過去の時区間において成立している。後半部分の not been discovered（主体が見つからなかった）が表示する事態から、現実世界において前半の事態が成立した根拠が存在しないものと理解される。

(86)は「主体がそのチームの敗北に驚いた」という事態の主体が few で表現されているから、主体である人間がほとんどいなかったことを表示している。そのチームとチームの体制や力は与えられていると考えることができるので、それがこの文の事態の成立の根拠となる。

(87)は「発信者が副体を理解しない」という事態を表示し、副体である下位事態 P は、「この事故が何らかの理由で起きた」である。発信者はこの事態が起きたことは知っているのだから、それがこの事態の成立の根拠となる。

「might have + 過去分詞」「could have + 過去分詞」は、事態が過去の時区間において成立した可能性が最小であることを表示する。

(88) Scholars might have been expected to get excited on learning the newly discovered fact.
新たに発見されたその事実を知ったら、学者たちは興奮するだろうと思われたかもしれない。

(89) The defendants argued that the interest rates submitted to the association were not false because they reflected rates that could have been accurate.
被告たちは、その協会に提示された利率は、正確であり得た利率を反映していたのだから、虚偽ではないと主張した。

「might/could have + 過去分詞」は、通常は条件文の主節における接続法過去完了時制として使用される。したがって、これらの形態が使用される場合には、何らかの条件が前提となっている。

(88)では、「学者たちが興奮すると思われる」という事態が過去の時区間において成立した可能性が最小であるという事態 P が表示されている。この事態が成立する条件を与えているのが、名詞群 on learning the newly discovered fact（新たに発見された事実を知ったら）である。「新たに発見された事実」である事態は現実世界に存在しているから、事態 P も現実世界を含むごく少数の可能世界で成立すると発信者は判断している。

(89)の関係節 that could have been accurate は、「利率が正確であり得た」とい

第3節　助動詞の形態と特性　　　393

う事態Ｐを表示している。この事態が成立する条件は明示されていないが、被告たちが協会に利率を提示する時点で、ある情報が正しいと信じていたというようなものだと想定される。したがって「ある情報が正しい」という事態を根拠として事態Ｐが現実世界以外のごく少数の可能世界で成立したものと理解される。

　事態の成立可能性が小であることを表示する may と can の違いが、can では事態成立の根拠が含意されるという特性は、以下のような否定文が表示する事態の特性の違いを導く。

　　（90）The rumor may not be true.　　その噂は本当ではないかもしれない。

　　（91）The rumor cannot be true.　　その噂は本当であるはずがない。

　（90）では the rumor is true（その噂が本当だ）という事態Ｐが否定されているので、the rumor isn't true という文であれば、この事態Ｐは現実世界では成立しない。しかし法助動詞 may が使用されることにより、事態Ｐが現実世界でも成立する可能性があることになる。

　（91）では同じ事態Ｐが否定されていて、現実世界では成立せず、Ｐが成立する根拠も現実世界には存在しないことになるので、現実世界で成立する可能性がないという特徴が強調されることになる。

b.　可能性中

　事態の成立可能性が中であることを表示する助動詞は will である。will は直説法未来時制形態を作る時に使用される助動詞であるが、未来の時区間において成立する事態は、現実世界において確実に成立するとは限らない。したがって助動詞 will には本質的にモダリティーを表示するという特性も含まれている。

　　（92）Objectively speaking their argument will be right.
　　　　　　客観的に言うと、彼らの議論は正しいだろう。

　　（93）The man standing over there will be John.
　　　　　　向こうに立っている男性はジョンだろう。

　（92）では、objectively speaking（客観的に言うと）という現在分詞節によって、主節の their argument will be right が現在において成立する事態であるものと判断される。したがって、will は法助動詞であって、事態の成立可能性が中であることを表示している。

　（93）の主体を表示するのは名詞句 the man standing over there（向こうに立っている男性）であり、現在分詞節 standing over there が表示する事態「主体が向こうに立っている」は、発信者と受信者がともに知覚しているものだから、現在を含む時区間において成立していると理解される。したがって、will は法助動詞であって、事態の成立可能性が中であることを表示する。

394 第 10 章 動詞と助動詞

will が法助動詞として理解されるのは、動詞 be とともに動詞群を形成している場合に限られる。他の動詞が後続する場合は、動詞が表示する動作態が何であれ、will は時制助動詞だと理解されるのが原則である。

(94) A planned minaret in this town will resemble a medieval bell tower.
　　この町で計画されているミナレットは、中世の鐘塔に似たものになるだろう。

(95) We want to believe that we will know the truth and that justice will prevail.
　　我々は自分たちが真実を知り、正義が広まることを信じたいと思う。

(96) Hot dry weather will continue through the weekend.
　　週末を通じて暑くて乾いた天気が続くだろう。

(97) Paper CVs will disappear in five years.
　　紙の履歴書は 5 年でなくなるだろう。

(94)の動詞は resemble (似ている)で be と同様に均質動詞に属する。主体を表示する名詞句は a planned minaret in this town (この町で計画されているミナレット)であり、この事物は現在においてはまだ現実世界には存在していない。したがってこの文が表示する事態は未来において成立するものと理解され、動詞群 will resemble 中の will は未来時制助動詞である。

(95)の最初の名詞節の動詞は know (知っている)であり、be, resemble と同様に均質動詞に属する。主節は we want to believe であり、これは「主体が副体を信じたいと思う」という事態を表示するから、副体である名詞節が表示する事態は現実世界において確実に成立するものでなければならない。will が法助動詞であれば、事態が成立する可能性が中なのだから、確実に成立するものではない。したがって will は未来時制助動詞だと理解される。未来に成立する事態は現在の時点では未成立であるが、確実に成立するものと信じることができる。

2 番目の名詞節の動詞は prevail (広まる)であり、これは部分均質動詞に属する。この名詞節が表示する事態も未来の時区間において成立するものと理解されるから、動詞群 will prevail の will も未来時制助動詞である。

(96)の動詞は continue (続く)で部分均質動詞に属する。動詞群 will continue のアスペクトは全体相であるから、この文は事態の全体が成立することを表示する。現在は時点であって、時点において部分均質動詞が表示する事態の全体が成立することはない。したがってこの事態の全体は未来において成立することになり、will は時制助動詞である。

(97)の動詞は disappear (なくなる)で脱均質動詞に属する。動詞群 will disappear のアスペクトは全体相であり、この文が表示する事態の全体は長さのない

第3節　助動詞の形態と特性　　　　395

時区間(時点)において成立するから、現在の時点で全体が成立することは可能である。しかし、「主体がなくなる」という事態の成立は、その結果によってしか知ることができないから、現在の時点でその成立を認識することは不可能である。したがって、この事態の全体は未来において成立するものと理解されることになり、will は時制助動詞である。

　will の過去時制形態 would は、現実世界における成立可能性の程度が中よりも低いことを表す。したがってこの場合の would は法助動詞であり、事態は現在または未来において成立するものと理解される。

　(98) No amount of money would be adequate for what victims have suffered.
　　　　犠牲者たちが苦しんできたものに対しては、どんな金額でも十分ではないだろう。

　(99) I suspect she would feel very differently.
　　　　彼女は非常に違った風に感じると私は思う。

　(100) Emotion would carry the campaign.　感情でその運動は動くだろう。

　(98)が表示する事態は、名詞群 for what victims have suffered (犠牲者たちが苦しんできたものに対しては)中の名詞句 what victims have suffered 中の動詞群が現在完了時制形態なので、成立時区間は現在であると理解される。主体を表示する名詞句には数量詞 no が含まれているので、この文では、「何らかの金額が犠牲者たちの苦しみに対して十分だ」という事態が現在において成立する可能性が極めて低いことが表示される。

　(99)の名詞節 she would feel very differently の動詞 feel は均質動詞に属するが be ではないので、この名詞節が表示する事態は未来において成立し、その成立可能性が中より低いものと理解される。

　(100)の動詞 carry (運ぶ)は部分均質動詞に属する。would carry は全体相形態であるから事態の全体が成立することを表示するが、現在においては事態の全体が成立することはないから、この文が表示する事態は未来において成立し、成立可能性が中より低いものと理解される。

　will の完了時制形態「will have＋過去分詞」は、過去の時区間において事態が成立した可能性が中であることを表示する。

　(101) The first condition will have been satisfied in the past and the second will still be present.
　　　　最初の条件は過去に満たされただろうが、2番目はまだあるようだ。

　(102) Many people will have thought the same but didn't dare say.
　　　　たくさんの人たちが同じように考えただろうが、言う勇気がなかった。

　(103) A lot of problems will have arisen from new European Union members

after 2004.
　2004 年以降、新しい EU の成員からは多くの問題が生じただろう。

　(101) では、動詞群 will have been satisfied に名詞群 in the past が後続していて、事態が過去において成立したことが分かるから、この動詞群は、事態が過去において成立した可能性が中であることを表示している。

　(102) では、接続詞 but 以下の 2 番目の文が didn't dare say（主体が副体を言う勇気がなかった）であって、表示される事態は過去の時区間において成立する。したがって最初の文の will have thought は、過去の時区間において事態が成立した可能性が中であったことを表示する。

　(103) では、名詞群 after 2004（2004 年以降）によって、表示される事態が 2004年以降の過去の時区間において成立したことが分かる。したがって動詞群 will have arisen は、過去の時区間において事態が成立した可能性が中であることを表示する。

　「would have ＋過去分詞」は、過去の時区間において事態が成立した可能性の程度が中よりも低いことを表示する。

　(104) I now have a job that, when I was growing up, I would have been jealous of.
　　　私が成長の途中にある時なら嫉妬していたかもしれない仕事を、私は今している。

　(105) The smallest deviation would have caught his eye, but there wasn't one.
　　　どんな小さなずれでも彼の目には捉えられただろうが、それは 1 つもなかった。

　(104) では、関係節中に when I was growing up（発信者が成長していた時）という、過去の時区間において成立した事態が含まれているので、動詞群 would have been は、過去の時区間において成立した可能性の程度が中より低い事態を表示する。

　(105) では、but 以下の文が there wasn't one（1 つのずれもなかった）であって、これは過去の時区間において成立する事態だから、最初の文中の動詞群 would have caught は、過去の時区間において成立した可能性の程度が中より低い事態を表示する。

＊法助動詞には分類されないが be going to も、事態の成立可能性が中であることを表示する。

　(106) They watch the weather forecast and if it is going to rain the next day they are all out selling umbrellas.

第3節　助動詞の形態と特性　　　397

　　　彼らは天気予報を見て、翌日雨が降りそうだということなら、みんな
　　　外に出て傘を売る。

（107）The mayor is going to launch a campaign any time soon.
　　　市長は選挙運動を今すぐにでも始めようとしている。

（106）では、条件節が表示する「翌日雨が降る」という事態が成立する可能性
の程度が中であることを動詞群 is going to rain が表示している。先行する文で「彼
らが天気予報を見る」という事態が与えられているので、「翌日雨が降る」とい
う事態が成立すると予測される具体的な根拠があることが分かる。

　（107）では、「市長が選挙運動を始める」という事態が成立する可能性の程度
が中であることを、動詞群 is going to launch が表示している。副詞句 any time
soon（今すぐにでも）があることから、この事態が成立すると予測できる状況が
与えられているものと理解される。

c.　可能性大
　　事態の成立可能性の程度が大であることを表示する法助動詞は should と ought
to である。これらの機能は同じで、ought to の文体的改まり度が should より高い。

（108）When John met Mary and heard her talk, he said "You should be a poli-
　　　tician or a professor." and she said "No, I'm going to be an artist."
　　　ジョンがメアリーに会って彼女が話すのを聞いた時、彼は「あなたは
　　　きっと政治家か教授ですね」と言ったが、彼女は「いいえ、私は芸術
　　　家になるつもりです」と言った。

（109）Follow-up experiments showed that the antiviral drug should be effec-
　　　tive against the virus.
　　　追跡実験により、その抗ウイルス薬はウイルスに対して効果があるは
　　　ずだということが示された。

（110）The line clearly played well with the audience and should play well
　　　among most supporters.
　　　その方針は聴衆については明らかにうまく行ったし、大部分の支持者
　　　の間でもうまく行くはずだ。

（111）A more disastrous impact should come next.
　　　もっと破滅的な衝撃がきっと次にやって来る。

（112）There ought to be consequences for what you do.
　　　自分のすることについては必ず結果が伴うはずだ。

（113）Sensible human beings ought to arrive at laws of reason on their own.
　　　分別のある人間であれば理性の法則には自力で到達するはずである。

(108) の you should be a politician or a professor は、Mary の発言 I'm going to be an artist（私は芸術家になるつもりだ）があることから、発信者である John が、事態の成立可能性を判断した結果の文であることが分かる。したがってこの文中の should は、「受信者であるメアリーが政治家または教授だ」という事態が、現在において成立する可能性が大きいことを表示している。

(109) の副体名詞節 that the antiviral drug should be effective against the virus が表示する事態は、主体である follow-up experiments（追跡実験）の結果明らかになったものであるから、should は、この事態の成立可能性についての一般的判断を表示する機能を持つと考えることができる。したがってこの事態は「その抗ウイルス薬がウイルスに対して効果がある」という事態の現在における成立可能性の程度が大きいことを表示する。

(110) の後半の should play well among most supporters は、前半の the line clearly played well with the audience（その方針は聴衆についてはうまく行った）という事態 P の成立に後続する時区間において成立する事態 Q を表示するものと判断される。事態 P の帰結が事態 Q であると考えることができるので、should は事態 Q の成立可能性についての発信者の判断を表示するものであり、事態 Q は「その方針が大部分の支持者の間でもうまく行く」という事態の未来の時区間における成立可能性が高いことを表示する。

(111) の should は文末にある副詞 next（次に）によって、事態が未来の時区間において成立することを表示するものと理解される。主体は a more disastrous impact（もっと破滅的な衝撃）であるから、これが主体である事態が成立することを発信者が望んでいるということは、通常はない。したがって、法助動詞 should は事態が成立する可能性の程度が大きいことを表示しているものと理解される。

(112) の事態の主体は consequences for what you do（自分がすることについての結果）という事態の集合であり、この文は主体が存在することを表示している。行為に結果があるという事態は、基本的には任意の時区間において成立するから、ought to は、その事態の成立可能性が高いことを表示するものと考えてよい。

(113) は人間が理性の法則に到達するという、任意の時区間において成立する一般的な傾向としての事態を表示している。したがって、ought to は、この事態が成立する可能性の程度が大きいことを表示するものと理解される。

「should/ought to have＋過去分詞」は、事態が過去の時区間において成立した可能性の程度が大きいことを表示する。ただし、成立するはずであったのにしなかったという含意を伴う。

（114）The man was attacked in a place where he should have been safe.
　　　　安全であるはずだった場所で、その男は襲撃された。

（115）I feel the ambulance should have arrived quicker than it did.
　　　　救急車は実際よりも早く到着できたはずだったと私は思う。

（116）That proof alone ought to have been insufficient.
　　　　その証拠だけではきっと不十分だったはずだ。

　（114）の関係節 where he should have been safe は、「その男がある場所で安全だ」という事態が過去の時区間において成立する可能性が高かったことと、現実世界ではその事態が成立しなかったこと、すなわちその男がその場所で安全ではなかったことを表示する。

　（115）の名詞節 the ambulance should have arrived quicker than it did は、「救急車が実際よりも早く到着する」という事態が過去の時区間において成立する可能性が高かったことと、現実世界ではその事態が成立せず、救急車が到着したのは期待したより遅かったことを表示する。

　（116）は「その証拠だけでは不十分だった」という事態が過去の時区間において成立する可能性が高かったことと、実際には不十分だと判断されずに証拠として受け入れられたことを表示する。

　「it＋動詞 be＋形容詞＋名詞節」という構造の文で、形容詞が発信者の事態に対する判断を表示している場合には、その事態 P を表示する名詞節中で、法助動詞 should を使用することができる。名詞節の事態が単独では現実世界において成立するものであっても、この事態 P に対する発信者の判断が他のすべての人間の判断と同じであることはあり得ない。この文が表示する事態の全体が現実世界において成立するようになるためには、名詞節の事態 P は現実世界以外の任意の可能世界でも成立すると考える必要がある。事態 P が任意の可能世界で成立するのであれば、この事態 P に対する判断を表示する文は、いずれかの可能世界において成立することができる。

　事態 P が現実世界だけでなく、それ以外の任意の可能世界でも成立することを表示するために使用されるのが、法助動詞 should である。英語以外のヨーロッパ諸言語の多くでは、法助動詞ではなく、動詞の接続法形態がこの機能を担っている。

（117）It is regrettable that economic development should create wealth disparity.
　　　　経済発展が貧富の差を生み出すのは残念だ。

（118）It is wonderful that there should be such a lot of interest in this area.
　　　　この地域にそれほど多くの興味をそそるものがあるのは素晴らしい。

(119) It was natural that the player should join the team.
その選手がそのチームに参加するのは当然だった。

ただし、これらの文の名詞節が表示する事態が現実世界において成立することは確かである。したがって、should を含まない、通常の直説法の形態を用いることもできて、現在ではこちらの方が優勢である。

(117′) It is regrettable that economic development creates wealth disparity.

(118′) It is wonderful that there is such a lot of interest in this area.

(119′) It was natural that the player joined the team.

「主体名詞句＋動詞群＋副体名詞節」という構造の文で、主体が副体の成立を意図しているという事態が表示されている場合、副体名詞節の動詞群には should が使用される。名詞節の事態 P は、主節が成立する時区間においては成立しておらず、成立する可能性があるだけであるから、成立するのは現実世界を含む任意の可能世界である。これを表示するのが法助動詞 should である。

(120) The emperor ordered that the ministers should be summoned.
皇帝は閣僚が召集されるよう命令した。

(121) I demand that government officials should respect human rights.
政府の役人が人権を尊重することを私は要求する。

(122) The president suggested factory production should accelerate.
社長は工場の生産が加速するよう提案した。

(120)の名詞節 that the ministers should be summoned（閣僚が召集される）は、order（命令する）が表示する単射関係の副体であって、主体である the emperor（皇帝）が命令した事態を表示している。命令される事態は、命令が発せられた時区間に後続する時区間において成立することを主体が意図しているものなので、現実世界で成立するとは限らない。つまり、現実世界を含む任意の可能世界で成立するのが命令された事態であり、このことから名詞節の動詞群に法助動詞 should が用いられる。

(121)の名詞節 that government officials should respect human rights（政府の役人が人権を尊重する）は、demand（要求する）が表示する単射関係の副体であって、主体である発信者が要求している事態を表示している。要求される事態も、命令される事態と同様に、現実世界で成立するとは限らないことから、現実世界を含む任意の可能世界で成立する。このため、名詞節の動詞群に should が含まれている。

(122)の名詞節 factory production should accelerate（工場の生産が加速する）は、suggest（提案する）が表示する単射関係の副体であり、主体である the president（社長）が提案した事態を表示している。提案される事態も、命令や要求される事態

第3節 助動詞の形態と特性 401

と同様に、現実世界で成立するとは限らず、現実世界を含む任意の可能世界で成立する。このため、名詞節中の動詞群で should が使用されている。

現実世界を含む任意の可能世界において、主節が与える時区間に後続する時区間で成立する事態は、should だけでなく、時制助動詞 will によっても表示されるし、また「接続法（仮定法）現在」と呼ばれる動詞形態によっても表示される。接続法（仮定法）現在の形態は単純で、動詞の原形と同じである。

(120′) a. The emperor ordered that the ministers would be summoned.

b. The emperor ordered that the ministers be summoned.

(121′) a. I demand that government officials will respect human rights.

b. I demand that government officials respect human rights.

(122′) a. The president suggested factory production would accelerate.

b. The president suggested factory production accelerate.

命令、要求、提案である事態の集合を表示する名詞（order, demand, suggestion など）について、その集合に属する事態を明示する働きをする名詞節中の動詞群にも should を使用することができるし、will や仮定法現在も使用される。

(123) The governor will give an order that chiefs of departments （should/will） be changed.

知事は課長らを更迭するという命令を出すだろう。

(124) There was an increasing demand that bus fares （should/would） be lower than they were.

バスの運賃を引き下げるようにという要求が強まっていた。

(125) A suggestion was made that the dean （should/would） postpone the faculty meeting.

学部長が教授会を延期するようにという提案がなされた。

「It＋動詞 be＋形容詞＋名詞節」という構造で、事態が義務や必要であると発信者が判断する文の場合、義務や必要である事態は現実世界の現在を含む任意の可能世界の任意の時区間においても成立すると判断されるのが当然なので、名詞節中の動詞群に should や接続法現在時制形態、直説法現在時制形態を使用することができても、法助動詞 will を用いると不適格になる。will を含む文が表示する事態は、半数程度の可能世界では成立しないからである。

(126) a. ○It is imperative that working environment （should） provide comfort to employees.

b. ○It is imperative that working environment provides comfort to employees.

c. ×It is imperative that working environment will provide comfort to employees.

労働環境は従業員に快適さを提供することが絶対に必要だ。

(127) a. ○It is obligatory that this condition (should) be satisfied.

b. ○It is obligatory that this condition is satisfied.

c. ×It is obligatory that this condition will be satisfied.

この条件が満たされることが必須だ。

d. 可能性最大

事態が成立する可能性の程度が最大であることを表示する法助動詞が must であり、have to も同様の機能を持つ。

(128) The answer to that mystery must be related to the family's religion.

その謎に対する答えは、その家族の宗教に関係があるに違いない。

(129) For anyone who wish for peace the latest news from South America must come as a shock.

平和を望む誰にとっても、南アメリカからの最新のニュースは衝撃として届くに違いない。

(130) The explanation didn't allay the suspicion that something sinister must be going on.

その説明では、何か不吉なことが起こっているに違いないという疑いが弱まることはなかった。

(131) If one of these propositions is true, then the other has to be false.

もしこれらの命題の 1 つが真であれば、もう 1 つは偽に違いない。

(132) The authors have to be lying about their true intent on the matter.

著者たちはその問題に関する自分たちの本当の意図について嘘をついているに違いない。

(128)が表示する事態「その謎に対する答えが、その家族の宗教に関係がある」は、発信者の推測の結果であるから、必ずしも成立するとは限らない。したがって、法助動詞 must は、この事態の成立可能性が最大であるという発信者の判断を表示するものだと考えることができる。

(129)の the latest news from South America must come as a shock（南アメリカからの最新のニュースが衝撃として届く）という事態は、anyone who wish for peace（平和を望む任意の人間）に対して成立するものと発信者が推測しているものであり、現実世界において成立するとは限らない。したがって、文中の法助動詞 must は、発信者が事態の成立可能性が最大であると判断した結果使用されているものと理解される。

第3節　助動詞の形態と特性　　　　403

　(130)の名詞節 that something sinister must be going on（何か不吉なことが起こっている）は、suspicion（疑い）である事態の集合を構成する要素の1つである。疑いである事態は、現実世界で成立しない可能性もあるから、この節中の must は、そうではなくて現実世界を含む最大数の可能世界で、名詞節が表示する事態が成立しているという当事者たちの判断を表示しているものと理解される。

　この文の主節の動詞群は didn't allay（弱めなかった）という過去時制形態であるが、must には過去形がないので、この形態によって、過去の時区間における事態の成立可能性を表示している。

　(131)は条件文であり、主節 the other has to be false は条件文の後件に当たる。前件は if one of these propositions is true（これらの命題の1つが真だ）であり、前件の事態が成立すれば、後件の事態も成立すると推論される。この推論の結果を表すのが has to であり、後件の事態が成立する可能性が最大であると主張されている。

　(132)が表示する事態「著者たちがその問題に関する自分たちの本当の意図について嘘をついている」は、著者たちの本当の意図が何であるかを発信者が知らないという状況で表示されていると推測される。したがって、動詞群中の have to は、この事態の成立可能性が最大であるという発信者の判断を表示しているものと理解される。

　過去の時区間において事態が成立した可能性が最大であることは、「must have＋過去分詞」また had to によって表示される。

(133) John must have been happy because his horse had won the Derby.
　　　自分の馬がダービーで勝ったのでジョンは嬉しかったに違いない。

(134) At the waterfall, I paused on the bridge that loggers must have built.
　　　滝のところで、私は木こりたちが作ったに違いない橋の上で立ち止まった。

(135) What he said had to be true given the things we came to know.
　　　私たちが知るようになったことからすると、彼が言ったことは本当に違いなかった。

(136) When a prosecutor says that someone had to know, it means that they have no proof that he did know.
　　　誰かが知っていたに違いないと検察官が言う時、それはその人が実際に知っていたという証拠がないということを意味する。

　(133)の主節が表示する事態「ジョンは嬉しかった」の理由として、従属節の「ジョンの馬がダービーで勝った」という事態が提示されている。したがって、主節の事態の成立は、従属節の事態から推論された結果であり、発信者が過去の

時区間におけるその成立の可能性が最大だと判断していることを、動詞群 must have been が表示している。

(134)の関係節が表示する事態「木こりたちがその橋を作った」は、山中の滝の近くにあるその橋を渡ろうとして推測したものだと考えられる。したがって、関係節の事態が過去の時区間において確実に成立したということではなく、成立した可能性が非常に高いと発信者が判断したのだと考えてよい。このことを表示するのが動詞群 must have built である。

(135)の主節 what he said had to be true が表示する事態「彼が言ったことは本当だ」が成立する根拠として、過去分詞節 given the things we came to know（私たちが知るようになったことを考えると）が提示されている。したがって主節の事態はこの根拠をもとに成立が推論されているのであり、現実世界において確実に成立したのではなく、成立可能性が最大だと判断されているだけである。成立可能性に関する判断は、主節が成立した過去の時区間においてなされており、このことを表示するのが動詞群 had to be である。

(136)の副詞節中の名詞節 that someone had to know（誰かが知っていた）が表示する事態が現実世界の過去の時区間において確実に成立したとは限らないことは、主節中の名詞節 that they have no proof that he did know（その人が実際に知っていたという証拠が彼らにない）が表示する事態から推論できる。したがって、「誰かが知っていた」という事態はその成立可能性が最大だと、過去の時区間において検察官が判断したのであり、このことを表示するのが動詞群 had to know である。

現在において過去の事態の成立可能性が最大であると判断したのであれば、「have ＋ 不定詞完了形態」が用いられる。

(137) This wall painting has to have been painted earlier than archeologists estimated.
この壁画は考古学者が推定したよりも早い時期に描かれたに違いない。

(138) Earthquakes have to have attacked this place in the past, probably many times.
この場所を過去に、多分何回も、地震が襲ったに違いない。

(137)では、「この壁画が考古学者が推定した時期よりも早い時期に描かれた」という事態が成立したことを、発信者が推定しているという状況があるものと考えられる。したがって、動詞群 has to have been painted は、事態が成立した可能性が最大であることを表示する。has が現在時制形態なので、発信者が現在において、過去の時区間で成立した事態の成立可能性の程度を判断している。

(138)では、文末に probably many times（多分何回も）という名詞句があるこ

とから、「過去にこの場所を地震が襲った」という事態が成立した可能性を発信者が判断している。動詞群が have to have attacked であることから、過去の時区間で成立した可能性が最大であることが、現在において推定されている。

　過去においてそれ以前の時区間における事態の成立可能性が最大であったことを表示するためには、「had＋不定詞完了形態」が使用される。

(139) When I read the news on paper, I felt there had to have been some mistake.
　　　そのニュースを新聞で読んだ時、私は何か間違いがあったはずだと感じた。

(140) The geneticists came to a conclusion that the DNA had to have arrived in the Americas very long ago.
　　　その遺伝学者たちは、その DNA は南北アメリカには非常に古い時期に到達したに違いないという結論に達した。

　(139)の主節に含まれる副体名詞節 there had to have been some mistake が表示する「何か間違いがあった」という事態は、先行する I felt（発信者が感じた）によって、現実世界において確実に成立したとは限らないことが分かる。したがって動詞群 had to have been は、この事態の過去における成立可能性の程度が最大であったことを表示する。成立可能性の判断は、副詞節 when I read the news on paper（発信者がそのニュースを新聞で読んだ時）が表示する事態が成立した過去の時区間においてなされている。

　(140)の名詞節 that the DNA had to have arrived in the Americas very long ago（その DNA が非常に古い時期に南北アメリカに到達した）という事態は、学者の研究による結論の内容であるから、現実世界において確実に成立したとは限らない。したがって動詞群 had to have arrived は、この事態の過去における成立可能性の程度が最大であったことを表示する。成立可能性の程度に関する判断は、主節がthe geneticists came to a conclusion（その遺伝学者たちは結論に達した）であるから、過去の時区間においてなされている。

ⅱ. 意志
　意志を表示する法助動詞は will, shall, dare である。

a.　will
　「意志」とは、ある事態を頭の中に形成し、その事態を未来の時区間において成立させるための作用を及ぼす能力や資格を持っている状態である。主体の意志を表示するための法助動詞が will である。

406　　　第 10 章　動詞と助動詞

　実現させたい事態があることが確実に分かるのは発信者だけであるから、will
の主体となるのは、通常は 1 人称の I と we である。

　（141）I will get in touch with the company as soon as possible.
　　　　　できるだけ早くその会社と連絡を取ります。

　（142）We will do our best in the next campaign.
　　　　　次の選挙戦では、わたしたちは最善を尽くすつもりです。

　（143）I won't accept any attempt to undermine the independence of this
　　　　　agency.
　　　　　この機関の独立を害するどんな試みも私は受け入れるつもりはない。

　（141）の get in touch with the company as soon as possible（主体ができるだけ
早くその会社と連絡を取る）という事態は、主体が自分で電話するなどの働きか
けをすることによって容易に成立させることができる。主体は発信者なので、発
信者がこの事態を成立させる能力があることから、この事態は主体である発信者
の意志を表示するものと理解される。

　（142）の do our best in the next campaign（主体が次の選挙戦で最善を尽くす）
が表示する事態は、主体が選挙運動を実行して、それで最大限の努力をしたと思
えば成立したことになる。主体は発信者を含む複数の人間で、主体にはこの事態
を成立させる能力と資格があることから、この事態は主体の意志を表示するもの
と理解される。

　（143）の accept any attempt to undermine the independence of this agency（主体
がこの機関の独立を害する任意の試みを受け入れる）という事態は、主体が自ら
何らかの言葉を発するなり措置を取るなりすることで成立させることができる。
主体は発信者で、主体にはこの事態を成立させる能力と資格があると考えること
ができるから、この事態は主体の意志を表示するものと理解される。

　主体に事態を成立させる能力や資格があっても、事態が確実に成立するとは限
らない場合には、will を含む動詞群が使用されていても、それが主体の意志を表
示するのか、未来の時区間における成立の予測なのかを決定することはできない。

　（144）I'll win the fight with the ex-champion.
　　　　　私は元チャンピオンとの戦いに勝つつもりだ。
　　　　　私は元チャンピオンとの戦いに勝つだろう。

　（145）We will make further research on this problem.
　　　　　私たちはこの問題についてさらに研究を進めるつもりだ。
　　　　　私たちはこの問題についてさらに研究を進めることになるだろう。

　（144）の will win the fight with the ex-champion（主体が元チャンピオンとの戦
いに勝つ）という事態の主体が発信者であれば、自分がその能力と資格を持って

いると思っているのだから、この事態を成立させる意志があることをこの文が表示しているのだと理解される。しかし、戦いに勝つことが確実に成立するとは限らないので、発信者がこの事態を成立させる意志はないが、事態が成立すると予測しているということもあり得る。単なる事態の予測の場合には、will は未来時制助動詞だと見なされる。

　(145)の will make further research on this problem（主体がこの問題についてさらに研究を進める）という事態は、主体にその能力と資格があれば成立させることが可能である。この文の主体は発信者を含む人間の集合であるから、成立が可能であると信じていることになり、この場合 will は主体の意志を表示するものと理解される。しかし、研究を進めるためには人員や予算の確保が必要であるし、場合によっては監督機関の承認を得る必要もある。したがって、主体に成立させる意志があっても、成立するとは限らない。状況から成立するとは限らないと判断される場合には、will は未来時制助動詞に分類される。

　主体が 1 人称以外の場合は、事態を成立させる意志があるかどうかを直接的に判断することはできない。ただし、2 人称すなわち受信者が主体である場合、主体に事態を成立させる意志があることを確実に知ることはできなくても、意志があるかどうかを尋ねることはできる。したがって、疑問文中では will が主体の意志を表示することは可能である。

(146) Will you pay a hundred dollars a month for such service?
　　　そんなサービスに月 100 ドルも払うつもりですか。

(147) Will you apply for the post of manager?
　　　その主任のポストに応募するつもりですか。

(148) Which laboratory will you choose for your graduate studies?
　　　大学院で研究するのにどの研究室を選ぶつもりですか。

　(146)の will pay a hundred dollars a month for such service（主体がそんなサービスに月 100 ドルも払う）という事態は、主体が金を払うだけで容易に成立させることができるものである。したがって、この will は主体の意志を表示しているものと理解される。この文は、主体である受信者にこの事態を成立させる意志があるかどうかを直接尋ねている。

　(147)の will apply for the post of manager（主体がその主任のポストに応募する）という事態は、主体が応募書類に記入するだけで即座に実現するものであるから、この will は主体の意志を表示しているものと理解してよい。この文は、主体である受信者にこの事態を成立させる意志があるかどうかを直接尋ねている。

　(148)は「受信者が大学院で研究するのにどれかの研究室を選ぶ」という事態が知られていて、その研究室を特定することを発信者が受信者に要求している。

どの研究室を選ぶかは、主体だけが決定する能力と資格を持っているから、この事態を成立させるのは主体の意志による以外にはない。したがってこの文の will は意志を表示するものである。

　受信者に事態を成立させる意志があるかどうかを発信者が尋ねる場合、受信者にその意志がない可能性があると発信者は思っている。疑問文が使用される状況で、事態を受信者が成立させることが、発信者に対して利益をもたらすと判断される場合には、受信者に事態を成立させる意志が生じることを、発信者が望んでいるものと理解される。したがって、このような状況では、疑問文「Will you＋原形不定詞」は、受信者に対して事態を成立させることを発信者が依頼しているという含意が生じる。

　　(149) Will you turn the volume down?　音量を下げてくれませんか。
　　(150) Will you help me unload baggage?
　　　　　私の荷物を降ろすのを手伝ってくださいませんか。

　(149)では、「受信者が音量を下げる」という事態は、受信者が即座に成立させることができるから、will は意志を表示すると理解される。受信者が音量を下げる意志があるかどうかを発信者が問題にしているのであれば、発信者がその事態の成立を望んでいると理解される。したがってこの疑問文は、受信者に対して発信者が事態を成立させることを依頼する目的で使用されているものと理解される。

　(150)では、「受信者が荷物を降ろすのを手伝う」という事態は、受信者に通常の身体的能力があれば容易に実現させることができるから、will は意志を表示すると理解される。発信者が事態が成立するかどうかを受信者に尋ねているのであれば、発信者にとって事態の成立、すなわち荷物が棚から降りるよう受信者が発信者を助けることが利益をもたらすものと考えて問題はない。したがってこの疑問文は、発信者が受信者に対して事態を成立させるよう依頼するために使用されているのだと理解することができる。

　will you の後に please を付加すれば、疑問文が依頼を表示するために使用されていることが明示される。

　　(149′) Will you please turn the volume down?
　　(150′) Will you please help me unload baggage?

「Won't you＋原形不定詞」という構造の、否定形の疑問文でも、同様に依頼を表示することが可能である。否定文であれば、肯定文が表示する事態が成立するかどうかという問題が、発信者と受信者に共有されているという前提が必要なので、事態が成立することを発信者が望んでいることを、さらに明確に受信者に伝達することができる。

第3節　助動詞の形態と特性　　　409

(149″) Won't you turn the volume down?

(150″) Won't you help me unload baggage?

　will を would に置き換えれば、事態が成立する可能性の程度が下がる。したがって「Would you ＋ 原形不定詞」という構造の疑問文を使用すれば、事態の成立を発信者が願望する程度も低いことを伝達することになり、この結果、この疑問文の使用による依頼をより丁寧に表示することができる。

(151) Would you teach me how to use this machine?
　　　この機械の使い方を教えていただけませんか。

(152) Would you please tell me about your experience of providing health care to older adults?
　　　年配の成人に対して健康管理を提供された経験についてお話しくださいませんか。

(153) Would you mind giving a more detailed explanation?
　　　もう少し具体的に説明していただけませんか。

　(151)では、「受信者が発信者にこの機械の使い方を教える」という事態を成立させることを、発信者が受信者に依頼している。will の過去形 would を使用すれば、事態が成立する可能性が低くなり、その結果、発信者が事態の成立を大きくは望んでいないという含意が生じ、依頼の丁寧度が高まる。

　(152)では、would you の後に please を付加することにより、この疑問文が受信者に対して「年配の成人に対して健康管理を提供した経験を受信者が発信者に話す」という事態を成立させる依頼をしていることを丁寧に伝達している。

　(153)の「would you mind ＋ 動名詞」は、「受信者が動名詞が表示する事態を嫌がる」という事態が未来の時区間において成立するかどうかを、発信者が受信者に尋ねている。この事態が成立するのであれば、受信者は説明をしないし、成立しないのであれば、受信者は説明をする可能性がある。このように、事態の成立が発信者に利益を与えなくてもよいという含意を生じさせることで、受信者への依頼を最も丁寧に伝達するという効果がもたらされる。

　主体が3人称、すなわち発信者と受信者、およびその関係者以外の人間の場合は、主体が事態を成立させる意志を持っているかどうかを直接知ることはできないので、肯定文で will が主体の意志を表示することはない。一方、疑問文の場合は、誰かが事態を成立させるという意志を持っているかどうかを、発信者が受信者に尋ねるために使用することができる。

(154) Will the governor keep the post for another term of office?
　　　総裁はもう1期その地位を保持するつもりだろうか。

(155) Will the police make investigation of smuggling incidents?

警察は密輸事件の捜査をするつもりだろうか。

(154)では、「主体がもう1期その地位を保持する」という事態は、この文の主体である the governor（総裁）が成立させる能力と資格があるので、will は意志を表示する。この事態を成立させる意志を総裁が持っているかどうかを、発信者が受信者に尋ねるためにこの文が使用されている。ただし、発信者と受信者が同一である、すなわち発信者がこの事態について自問しているという状況も可能である。

(155)では、「主体が密輸事件の捜査をする」という事態は、この文の主体である the police（警察）が成立させる能力と資格を持っていることは明らかである。したがって、will は意志を表示するものと理解される。警察がこの事態を成立させる意志を持っているかどうかを、発信者が受信者に尋ねている、または発信者が自問していることを表示するのがこの疑問文である。

b.　shall

法助動詞 shall は、現代英語では使用される範囲が限定されており、受信者に対して発信者が事態を成立させることを提案する、もしくは受信者の事態成立に関する意向を尋ねる場合にのみ使われるのが原則である。

(156) Shall I go with you to the department store?
　　　　デパートまで一緒に行きましょうか。

(157) Shall we have dinner at the restaurant?
　　　　そのレストランで食事をしましょうか。

(158) What shall I wear for the party?
　　　　パーティーには何を着て行ったらいいでしょうか。

(159) Where shall we stay for the coming summer vacation?
　　　　今度の夏休みはどこに滞在しましょうか。

(156)は、「発信者が受信者と一緒にデパートに行く」という事態の成立を、発信者が受信者に提案するために使用されている。

(157)は、「発信者と受信者が共にそのレストランで食事をする」という事態の成立を、発信者が受信者に提案するために使用されている。

(158)は、「発信者がそのパーティーに何かを着ていく」という事態が前提としてあり、その何かについての受信者の意向を尋ねるために使用されている。

(159)は、「今度の夏休みにどこかに滞在する」という前提のもとで、その場所についての受信者の意向を尋ねるために使用されている。

法助動詞 shall は、事態成立の可能性が大である過去時制形態 should に対応する現在時制形態である。法助動詞の現在時制形態は過去時制形態よりも、事態の

第3節　助動詞の形態と特性　　　411

成立可能性が大きいことを表示することからも推測できるように、事態がすべての可能世界において成立すること、言い換えれば成立可能性の程度が極大であることを表示する。

（160）I shall miss you.　　私はきっとあなたがいなくて寂しく思うだろう。

（161）We shall never forget your kindness and generosity.
　　　　私たちはあなたの親切と優しさを決して忘れることはありません。

（162）You shall have joy or you shall have power; you shall not have both.
　　　　人は楽しみを持つか力を持つが、両方を持つことはない。

（163）Every citizen shall have equality of rights.
　　　　すべての市民は平等の権利を持つ。

　（160）は「発信者が受信者がいないことを寂しく思う」という事態が、すべての可能世界で成立することを表示する。この事態は主体の意志で成立するものではないので、この事態の成立を発信者が確信していることを含意する。

　（161）は否定文なので、「発信者を含む人間たちが、受信者の親切と優しさを忘れる」という事態がどの可能世界においても成立しないことを表示する。主体が副体を忘れるという事態は主体の意志で成立するものではないので、この事態の成立を発信者が確信していることを含意する。

　（162）の you は受信者ではなく任意の人間を指示する。この文が表示する事態はすべての可能世界で成立するので、人間一般に当てはまる真理を表示するものと理解される。

　（163）は「すべての人間が平等の権利を持つ」という事態が、すべての可能世界において成立することを表示する。人間の権利に関する事態なので、法律がこの事態を定めているものと解釈される。

c.　dare

　dare は「主体が事態を成立させる勇気がある」という事態を表示する。主体の意志を表示する法助動詞であるが、will, shall とは異なり、事態の成立が主体に利益をもたらさない可能性がある状況で適切に使用されるという制約がある。

　法助動詞 dare は、現在時制形態が dare、過去時制形態が dared であり、原則として否定文または疑問文で使用される。使用されるのが、事態の成立が望ましくないと判断される状況なので、否定的な環境に親和性があるものと考えられる。

（164）I dare not go back to my hometown.　　私は故郷に戻る勇気がない。

（165）How dare you blame me?　　よくも私を非難できるな。

（166）John dared not say anything to Mary.
　　　　ジョンはメアリーに何も言う勇気がなかった。

（164）は「発信者が自分の故郷に戻る」という事態を、主体である発信者が成立させる勇気がないという事態を表示する。

（165）は「受信者が発信者を非難する勇気がある」という事態を成立させる方法を、発信者が受信者に尋ねている。疑問文が使用されるのは、事態が成立するかどうかが不明であるという状況であり、ここから事態の成立を発信者が望んでいないという含意が生じる。すなわち「受信者が発信者を非難する方法がない」という含意であり、そこから「受信者が発信者を非難する」という事態に対して、発信者が否定的な評価をしているものと解釈される。

（166）は「ジョンがメアリーに何かを言う」という事態を、主体であるジョンが成立させる勇気がなかったという事態を表示する。

dare は、通常の動詞と同様の形態を取ることもできる。この場合は、以下のような形態になる。

（164′）I don't dare to go back to my hometown.

（165′）How do you dare to blame me?

（166′）John didn't dare to say anything to Mary.

ⅲ．義務

「義務」は、事態ができるだけ多くの可能世界で成立することを発信者が要求するという事態である。義務を表示する法助動詞は should, ought to, must, have to であり、had better も同様の機能を持つ。

多数の可能世界で成立する事態を表示するという点で、義務と可能性大・最大は特徴を共有する。このため、義務を表示する法助動詞として、可能性大・最大を表示する法助動詞と同一の should, ought to, must, have to が同様に使用される。

成立可能性と同様に、義務にも程度の違いがある。義務である事態は多数の可能世界で成立することが期待されているので、義務の程度としては「大」と「最大」が区別されるだけである。

a．義務の程度大

義務の程度が大、すなわち成立が要求される可能世界の数が多数であることを表示する法助動詞は should と ought to である。成立可能性大を表示する場合と同様、should と ought to の機能は同じで、使用される場面の改まり度が、ought to の方が高いという違いがあるだけである。

should, ought to が成立可能性大を表示するか、義務の程度大を表示するかは、主体が事態を意志的に成立させることができるか、そうでないかによる。意志的に成立させることができる場合には義務の程度大、そうでない場合には成立可能

第3節　助動詞の形態と特性　　　　413

性大だと判断される。

(167) I believe we should work harder together to find a solution to this problem.

この問題への解答を見つけるために一緒にもっと頑張らないといけないと思う。

(168) If you are envied by all, you should be careful about wielding a big stick.

もし誰にでも妬まれているのなら、偉そうな態度を取らないようにしなければならない。

(169) A growing number of economists say that the government should shift its approach to measuring growth.

政府は成長評価の方法を変更すべきだと言う経済学者の数が増えている。

(170) If you are to lead the world, you ought to understand that what was needed ten years ago is not needed now.

世界を牽引するつもりならば、10年前に必要とされていたものは今では必要とはされないのだということを理解しなければならない。

(171) Companies ought to implement family-friendly policies that encourage talented persons to keep working there.

有能な人間が働き続けることを促してくれるような家庭に優しい方針を、会社は実行すべきだ。

　(167)の副体名詞節の事態「この問題への解答を見つけるために発信者たちが一緒にもっと頑張る」は、主体である発信者たちが意志的に成立させることができるものであり、主体に利益をもたらすものでもある。したがってこの節の法助動詞 should は義務の程度大を表示する。

　(168)の主節が表示する事態「受信者が偉そうな態度を取らないようにする」は、主体である受信者が意志的に成立させることができる。また、受信者が他人に妬まれているという事態が成立しているという条件で主節の事態が成立するのだから、主節の事態の成立は受信者にとっては利益になる。したがって主節の法助動詞 should は義務の程度が大であることを表示する。

　(169)の副体名詞節が表示する事態「政府が成長評価の方法を変更する」は、主体である政府が意志的に成立させることができるものである。また、この事態の成立に言及する経済学者が増加しているということは、この事態が国家にとって利益をもたらす可能性が高いことを示唆する。このことから、名詞節中の法助動詞 should は義務の程度が大であることを表示する。

414 第10章 動詞と助動詞

(170)の主節が表示する事態「10年前に必要とされていたものが今は必要とされないことを理解する」は、主体である人間がこの事態を意志的に受け入れることによって成立する。またこの事態は、条件節が表示する「人が世界を牽引するつもりだ」という事態が成立する状況において成立するのだから、主体である人間にとって利益になるものだと考えることができる。したがって主節の法助動詞 ought to は義務の程度が大であることを表示する。

(171)の ought to 以下が表示する事態「有能な人間が働き続けることを促してくれるような家庭に優しい方針を実行する」は、主体が companies（会社）であり、この主体が意志的に成立させることができるものである。また、この事態が成立することは、現代社会の要請であり、これを実行する主体である会社にとっても利益がある。したがってこの文の法助動詞 ought to は義務の程度が大であることを表示する。

「should have + 過去分詞」「ought to have + 過去分詞」は、過去の時区間において事態の義務の程度が大であったことを表示する。また、義務であった事態が過去の時区間において成立しなかったことが含意される。

(172) I set out overconfident and arrogant when I should have been cautious and carefully prepared.
用心深く慎重に準備しているべきだった時に、私は自信過剰で傲慢に乗り出した。

(173) The journalist should have changed the word a long time ago, but once it was published, it got paralyzed.
そのジャーナリストはその言葉をずっと前に変更しておくべきだったのだが、一度出版されるとそれは対処不可能になった。

(174) John ought to have done better than to make unnecessary comments.
ジョンは不必要なコメントをしないでもっと上手くやるべきだった。

(172)の副詞節は「発信者が用心深く慎重に準備している」という事態が義務であり、その程度が大であったことを表示するが、主節の事態「発信者が自信過剰で傲慢に乗り出した」によって、この義務であった事態が成立しなかったことが分かる。

(173)の前半の文は「そのジャーナリストがずっと前にその言葉を変更する」という事態が義務でありその程度が大であったことを表示する。後半の文が表示する事態が「しかし、それが一度出版されると、それは対処不可能になった」であるので、義務であった事態は成立しなかったことが分かる。

(174)の主節は「ジョンがもっと上手くする」が義務の程度大である事態であったことを表示する。比較節 to make unnecessary comments（ジョンが不必要なコ

メントをする）の事態は成立したものと理解されるので、主節の事態は成立しなかったことが含意される。

＊need

need が原形不定詞を後続させて動詞群を形成する場合には、need は法助動詞に分類される。need は、事態の成立が義務である程度が大であり、そう判断させる根拠があることを表示する。

(175) I need not go in detail, because I know you already have an overall understanding.
あなたはもう全体として理解していることを知っているので、詳しく説明する必要はない。

(176) Her explanation was persuasive enough. Need you ask her another question?
彼女の説明は十分説得力があった。彼女にまた質問する必要があるのか。

(177) They need not prove how much they used the vehicle, which could have been unused for years.
彼らにはどれくらいその車両を使ったのかを証拠立てる必要はない。何年も使われないままだっただろうから。

(175) の主節 I need not go in detail は、「発信者が詳しく説明する」という事態の成立が義務である程度が小さいことを表示する。この判断の根拠を表示するのが because 以下の副詞節であり、「受信者がすでに全体として理解していることを発信者が知っている」という事態である。

(176) の2番目の文では、「受信者が彼女にまた質問する」という事態の成立が義務である程度が大であるかどうかを発信者が受信者に尋ねている。疑問文であるから、この事態の成立が義務である程度が大きくない可能性があるという前提があり、その根拠が第1文が表示する「彼女の説明は十分説得力があった」という事態である。

(177) の主節は「彼らがその車両をどれだけ使ったかを証拠立てる」という事態が義務である程度が小さいことを表示する。その根拠を提示するのが、関係節が表示する「その車両が何年も使われていなかっただろう」という事態である。

法助動詞 need は、否定文または疑問文で使用され、肯定文では動詞 need が使用されるのが普通である。上の各文を動詞 need を使用して表現すると以下のようになる。

(175′) I don't need to go in detail, because I know you already have an overall understanding.

(176′) Her explanation was persuasive enough. Do you need to ask her another question?

(177′) They don't need to prove how much they used the vehicle, which could have been unused for years.

b.　義務の程度最大

　事態が義務である程度が最大であることを表示する法助動詞は must と have to である。

(178) I must work really hard in order to be admitted to the university.
　　　その大学への入学を許可されるために私は本当に頑張って勉強しなければならない。

(179) If you must eat or drink during the day in the fasting month, please be discreet.
　　　もし断食月の昼間に飲食をしなければならない場合は、目立たないようにしてください。

(180) That universities must grow to maintain excellence is a delusion.
　　　大学が優秀であり続けるためには成長しなければならないというのは妄想だ。

(181) If I have to be honest with you, I say I never expected we'd get married.
　　　私があなたに正直にならないといけないのなら、私はあなたと結婚するなんて思ってもいなかったと言う。

(182) To enter this competition, you have to answer the question posed on this page.
　　　このコンテストに参加するためには、このページに提示されている質問に答えなければなりません。

(183) He has criticized fund directors for not acting sooner than they have to stop improper trading.
　　　彼は投資信託管理者たちを、不適切な取引を早く止めなければならないのに、すぐにそのように行動しないと言って批判している。

　(178)の「発信者が本当に頑張って勉強する」という事態 P が義務である程度は最大であり、この事態を成立させる目的が to be admitted to the university（発信者がその大学への入学を許可される）という事態 Q である。事態 P は最大限の個数の可能世界で成立するから、事態 P が成立しない可能世界では、事態 Q が成立しない、すなわち発信者が頑張って勉強しなければ、その大学への入学が許

可されない可能性が最大になることを含意する。

　(179)の条件節 if you must eat or drink during the day in the fasting month は「受信者が断食月の昼間に飲食をする」という事態が義務である程度が最大であることを表示する。断食月の昼間に飲食をすることは宗教上許されていないから、この事態は受信者の身体的・精神的状態のような個別の状況によって強制される事態だと理解される。

　(180)の主体名詞節 that universities must grow to maintain excellence は、「大学が成長する」という事態が義務である程度が最大であり、この事態の目的が「大学が優秀であり続ける」という事態であることを表示している。すなわち、大学が成長しなければ、大学が優秀であり続けることはできない可能性が最大であることが含意される。

　(181)の条件節 if I have to be honest with you は、「発信者が受信者に対して正直だ」という事態が義務である程度が最大であることを表示する。この事態が成立することにより、主節の事態 I say I never expected we'd get married（発信者が自分たちが結婚するとは思ってもいなかったと言う）という事態が成立するのだが、主節の事態はこの文が使用されたことによりすでに成立している。したがって、条件節の事態も成立しており、発信者にとって最大の義務であった事態を、発信者が個人的に成立させたものと解釈される。

　(182)の主節 you have to answer the question posed on this page は、「人がこのページに提示されている質問に答える」という事態が義務である程度が最大であることを表示している。不定詞節 to enter this competition（人がこのコンテストに参加する）という事態が、主節の事態が成立するための目的であることを表示するから、コンテストに参加するために質問に答えることを、コンテストの主催者が任意の人間に強制しているものと理解される。

　(183)の比較節（sooner）than they have to stop improper trading は、「投資信託管理者たちが不適切な取引を早く止める」という事態が義務である程度が最大であることを表示する。「管理者たちが不適切な取引をしている」という事態は現実世界で成立しているが、彼らが不適切な取引を早く止めるという事態は、現実世界では一般的な義務として判断されていても、それが現実世界では成立していないことは、比較節の特性によって含意されている。

　「must have + 過去分詞」は、過去の時区間において事態が義務である程度が最大であったことを、現在において判断していることを表示する。

　(184) Applicants must be citizens of this country and must have achieved A
　　　 level results.
　　　 応募者はこの国の市民でなければならず、A レベルの成績を達成して

418 第 10 章　動詞と助動詞

いなければならない。

(185) To be eligible for unemployment benefits, employees must have worked for at least 121 days in the last two years.
失業給付の資格を得るためには、被雇用者は過去 2 年間で少なくとも 121 日間働いていなければならない。

(184)の後半の文は「応募者が A レベルの成績を達成した」という事態の義務である程度が最大であることを表示する。前半の文は、現在における程度が最大である義務を表示しているから、後半の文が表示する事態も、過去における義務の結果が現在においても継続していること、すなわち A レベルの成績を証明するものを持っていることを含意している。この点で、「should have + 過去分詞」が、過去の時区間で義務であった事態が成立しなかったことを含意するのとは異なる。

(185)の主節は「被雇用者が過去 2 年間で少なくとも 121 日間働いた」という事態が最大の程度の義務として成立したことを表示する。この事態は、失業給付の資格を得るための条件であるから、現在において事態成立の結果が証拠として提示される必要があり、事態の成立が不定詞節の事態「被雇用者が失業給付の資格を得る」の前提となっている。

have to が義務を表示する場合、その過去形 had to は、過去の時区間において事態が義務である程度が最大であると判断されていたことを表示する。義務であるということの判断が過去においてなされていることから、事態が過去において成立したかどうかは、事態に関わる状況によって異なる。

(186) In winning, the team had to achieve something it had never done in the past tournaments.
勝利する際に、そのチームは過去の試合でしたことがなかった何かを達成しなければならなかった。

(187) She felt she had to achieve a certain level of success to justify her idea.
彼女は自分の考えを正当化するためには一定の水準の成功を収めなければならないと思った。

(188) I took on more work than ever before, seeing the deadline by which I had to have achieved everything I possibly could.
それまでに 私にできる限りのすべてのことを成し遂げていなければならない最終期限を考えて、私はかつてないほどの仕事を引き受けた。

(189) The inclusion criteria were that the patient had to have received a crisis intervention and at least two follow-up consultations.
採用基準は、患者が危機介入を受けていて、経過観察のための診察を最低 2 回受けていなければならないというものだった。

第3節　助動詞の形態と特性　　　　419

　(186)の the team had to achieve something は、「そのチームが何かを成し遂げる」という事態が義務である程度が、過去の時区間において最大であったことを表示する。名詞群 in winning（勝利する際に）があることから、この事態が勝利の時点で成立したことが含意される。

　(187)の she had to achieve a certain level of success は、「彼女が一定の水準の成功を収める」という事態 P の義務である程度が、過去の時区間において最大であったことを表示する。主節が she felt（彼女は思った）であり、不定詞節 to justify her idea（彼女が自分の考えを正当化する）が表示する事態は現実世界においては成立していないと判断されるので、事態 P が過去の時区間において成立したかどうかは不明である。

　(188)では「had＋不定詞完了形態」が用いられている。この形態は、基準となる過去の時区間に先行する時区間において事態が義務である程度が最大であったことを表示する。関係節が表示する「発信者が自分にできる限りのすべてのことを成し遂げる」という事態 P は、現在分詞節 seeing the deadline（発信者が最終期限を考える）が表示する事態が成立した過去の時区間に先行する時区間において、義務である程度が最大だったと判断されている。事態 P が成立する基準時区間を与える the deadline（最終期限）は、主節の事態が成立した時点に後続すると考えられるから、事態 P は主節の事態が成立した時点では成立していなかったものと理解される。

　(189)の副体名詞節は「患者が危機介入を受けていて、経過観察のための診察を最低2回受ける」という事態 P の義務である程度が、主節の事態が成立した時区間に先行する時区間において最大であったことを表示する。この事態 P は、患者を治験の対象として採用するかどうかを決める基準として定められていたものだから、主節の事態が成立した時区間において成立していたものと理解してよい。

　must と have to は、事態が義務である程度が最大である、すなわち事態が成立する可能世界の個数が最大であることが要求されていることを表示するという特性を共有する。ただし、否定文では「must not」は「してはならない」という禁止を表示し、「don't have to」は「する必要がない」という指示を表示する。

　must の否定文は否定辞 not が must に後続するため「事態が成立しない可能世界の個数が最大である」という事態を表示する。したがって、事態が成立するのは最小の個数の可能世界である。事態ができるだけ少ない数の可能世界で成立することを発信者が要求しているのであれば、それは事態の成立を禁止していることになる。have to の否定文は否定辞 not が have to に先行するため「事態が成立する可能世界の個数が最大ではない」、すなわち「事態が成立する可能世界の個

数が多くない」という事態を表示する。事態が成立する可能世界の個数がそれほ
ど多くないことを発信者が要求しているのであれば、それは事態の成立を強く要
求しないという指示になる。

(190) To fight your enemy, you must not be like your enemy.
    敵と戦うためには、敵のようであってはならない。

(191) Regular working people must not let corporate greed crush them.
    正規の労働者は企業の強欲が自分たちを押し潰すのを許してはならな
    い。

(192) You don't have to be smart to be president.
    大統領になるのに頭脳明晰である必要はない。

(193) Mary had ten thousand dollars redundancy money, so she didn't have to
    start looking for a job for some time.
    メアリーには余剰金が1万ドルあった。だから彼女はしばらくの間は
    仕事を探し始める必要がなかった。

(190)では、「人が敵と似ている」という事態が成立する可能世界の個数が最
小であることを、発信者が要求しており、したがって「敵と似ないようにしろ」「敵
のようであってはならない」という内容の禁止になる。要求の対象は事態の主体
you であるが、これは任意の人間を表示する。

(191)では、「正規の労働者が副体を許す」という事態が成立する可能世界の
個数が最小であることを、発信者が要求している。要求の対象は事態の主体であ
る正規の労働者の集合であり、正規の労働者に対して、この事態の成立を禁止し
ているものと理解される。

(192)では、「人が頭脳明晰である」という事態が成立する可能世界の個数が
多くないことを発信者が要求している。要求の対象は任意の人間であり、人間が
頭脳明晰であることが強く要求されないことを don't have to be smart が表示し
ている。

(193)の動詞群は didn't have to start であり、過去の時区間において事態が成
立する可能世界の個数が多くないことが要求されたという判断を、この文は表示
している。この判断の主体は発信者または、事態の主体である Mary（メアリー）
である。

＊had better

「had better + 原形不定詞」は、義務の程度が最大に近い事態を表示する。原形
不定詞を後続させることから、法助動詞に分類することができる。

(194) A podiatrist told me that I had a stress fracture and had better stop

running.

ある足専門医は、私が疲労骨折していて、走るのをやめるべきだと私に言った。

(195) Start searching every single inch of this room. I had better be impressed.

これからこの部屋の隅々まで探しなさい。よい結果を待っているよ。

(196) Those who are in a position of sending soldiers into war had better understand that war is hell.

兵士を戦争に送る立場にある人たちは、戦争が地獄だということを理解すべきだ。

(194)の had better stop running は、主体である発信者が走るのを止めるという事態の成立が最大に近い程度の義務であるという判断を表示する。この判断の主体は、主節の事態の主体である podiatrist（足専門医）であり、判断は過去の時区間においてなされている。

(195)の第2文 I had better be impressed は、「発信者が感心する」という事態Pが成立する義務の程度が最大に近いという発信者の判断を表示する。第1文が命令文であるから、この判断は現在の時点においてなされており、したがって事態Pは未来の時区間において成立する。事態Pが成立する原因となるのは、「受信者がこの部屋の隅々まで探す」という事態Qであり、この事態に発信者が感心することが義務であるということは、事態Qの成立が発信者を満足させることを受信者に強く要求していることを含意する。

(196)は、主体である人間たちが、「戦争が地獄であることを理解する」という事態が成立する義務の程度が最大に近いという発信者の現在における判断を表示する。主体は戦争を遂行する立場の人間一般であるから、この文は任意の時区間において成立することが当然であるという発信者の判断を表示するものと理解される。

「had better have ＋過去分詞」は、基準となる過去の時区間に先行する時区間において事態が義務である程度が最大に近かったことを表示する。

(197) John told me that the next time he saw me, I had better have had a haircut.

次に私に会う時は、散髪をしてきていた方がいいとジョンは私に言った。

(198) You had better have come armed with a good sense of humor today, because there is some serious stuff happening.

何か重大なことが起きているので、今日はいいユーモアのセンスを身

につけてきた方がよかった。

(197)では、主節の John told me（ジョンが私に副体を言った）という事態が成立した時区間に後続する時区間を、副体名詞節中の名詞句 the next time he saw me（次にジョンが発信者に会う時）が与える。この時区間を基準として、それよりも前に「発信者が散髪をする」という事態が成立することが最大に近い義務であることを I had better have had a haircut が表示している。

(198)では、現在に先行する時区間において「受信者がいいユーモアのセンスを身につけてくる」という事態が成立することが最大に近い義務であることを you had better have come armed with a good sense of humor が表示している。この事態が現在の時点において成立していないことが状況によって理解されるので、この文中の「had better have + 過去分詞」は受信者に対する指示を表示しているのではなく、現在において成立していない事態が望ましかったという発信者の判断を表示しているものと理解される。

「had better have + 過去分詞」は、発信者の事態成立への要求ではなく、過去の時区間において事態が成立した可能性が最大であることを表示することもある。

(199) The report means that the basic research underlying your idea had better have already been performed.
その報告は、あなたの考えのもとになっている基礎的な研究はすでに行われていたはずだということを意味する。

(199) の had better have already been performed は「主体が行われる」という事態を表示するが、主体は the basic research underlying your idea（受信者の考えのもとになっている基礎的な研究）という事態なので、had better は主体の意志によって成立することはない。したがってこの had better は義務ではなく成立可能性を表示するものと解釈される。had better には have been performed という完了形態が後続しているので、この事態は過去の時区間において成立した可能性が最大に近いものと理解される。

iv．許可

「許可」とは、未来の時区間における可能世界で事態が成立することを、発信者と受信者が共有することである。事態の主体は意志を持つ個体であるが、主体が意志的に事態を成立させるとは限らない。したがって、許可された事態が成立する可能世界の個数は少ない。

許可を表示する法助動詞は may と can である。成立可能性を表示する場合と同様、may は少数の可能世界で事態が成立するが成立の根拠が与えられていないこと、can は同様に少数の可能世界で事態が成立するが成立の根拠が与えられ

ていることを表示する。受信者に対して成立の根拠を与える必要がないことから、平叙文では may の方が can よりも許可する側の権限が強く、立場が上にあるという含意が生じる。

（200）You may go anywhere you like, but don't touch anything.
　　　どこでも好きなところに行ってもよいが、何も触ってはならない。

（201）You may not come and go as you please, no matter how much that may rankle.
　　　それがどれだけ嫌なことでも、好きなように行ったり来たりしてはいけない。

（202）If you want to work for some more time, you can stay here until I leave.
　　　もう少し長く仕事をしていたいのなら、私が出るまでここにいて構いません。

（203）You cannot see hospitalized patients because flu is circulating.
　　　インフルエンザが流行しているので、入院患者に会うことは許されていません。

（200）の前半の文は「受信者がどこでも好きなところに行く」という事態を発信者が受信者に許可するという事態を表示している。事態の現実世界での成立に根拠が必要ないため、後半の don't touch anything（何も触ってはならない）という命令文が付加され成立の条件が与えられているものと理解できる。

（201）の動詞群は may not come and go という形態だから、この文は否定文であり、「受信者が好きなように行ったり来たりする」という事態を発信者が許可しないという事態を表示する。ただし、事態が成立する可能世界の個数が少数ではない、すなわち半数以上の可能世界で成立することは容認されるということであるから、must not のように事態の禁止が意図されているわけではない。

なお、譲歩節 no matter how much that may rankle（それがどんなに嫌なことでも）中の may は、事態の成立可能性が小であることを表示するために使用されている。

（202）の主節は「発信者が出るまで受信者がここにいる」という事態を、発信者が受信者に許可するという事態を表示している。使用されている法助動詞が can なので、事態の成立には根拠が必要だが、それを与えているのが前半の条件節の事態「受信者がもう少し長く仕事をしたいと思っている」である。

（203）は「受信者が入院患者に会う」という事態を発信者が許可しないという事態を表示している。この文の動詞群は cannot see であり「受信者が入院患者に会わない」という事態の成立には根拠が必要だが、それを与えるのが後半の理由節の事態「インフルエンザが流行している」である。

発信者が受信者に許可を求める場合は、法助動詞 may または can を含む疑問文を使用する。

(204) May I leave my suitcase here until five o'clock?
5 時までここに私のスーツケースを置いておいてよろしいでしょうか。

(205) "Mother, may we go and see the movie?" "No, dear, it's too gruesome."
「お母さん、その映画を一緒に見に行ってもいいかな」「駄目よ。とっても怖いから」

(206) Can I have a ride to the nearby station?
近くの駅まで乗せて行ってくれませんか。

(207) Can students register for classes online, not by handing in registration cards.
学生は登録カードを提出せずオンラインで授業の登録ができますか。

(204)は「発信者が 5 時までここにスーツケースを置いておく」という事態を成立させることの許可を、ホテルの従業員に求めるという状況で使用されているものと推測される。この文で使用されている法助動詞 may は本来は事態の成立可能性を表示するものである。「主体が発信者である事態が成立する可能性が低い」という事態が成立するかどうかを受信者に尋ねる場合には、この事態が成立しないかもしれない、すなわち事態の成立可能性が低くないかもしれないという前提がある。この前提があることを受信者に理解させることにより、事態の成立の許可を受信者に求めているという含意が生じる。

may は平叙文では事態の成立に根拠が与えられていないことを表示するから、疑問文の使用で含意される事態は、事態の成立に根拠が必要かもしれないということであり、このことから発信者が許可を求める態度が控えめであることになり、丁寧度は高まる。

(205)は「発信者とその母親がその映画を見に行く」という事態を成立させる許可を、発信者が母親に求めているという事態を表示する。法助動詞として may が使用されているので、母親の権限が高いものと理解され、実際母親は許可の依頼を却下している。

(206)は「発信者が近くの駅まで受信者の車に乗って行く」という事態を成立させることの許可を、受信者に求めるという事態を表示している。使用されている法助動詞 can は事態が少数の可能世界で成立し、成立には根拠があることを表示する。疑問文なので、この事態が成立しないかもしれないという前提があることから、現実世界を含む多数の可能世界で成立し、成立には根拠が必要ではないことが含意される。したがって、依頼の対象である受信者の権限は、may の場合より小さいことになり、依頼の丁寧度はいくらか下がる。

第 3 節　助動詞の形態と特性　　　425

　(207)は「学生が登録カードを提出せずにオンラインで授業の登録をする」という事態を成立させることの許可を、受信者である大学当局に求めるという事態を表示している。依頼の相手が特定の個人ではなく組織なので、必ずしも高い丁寧度が求められることはないものと考えられ、このため法助動詞としては can が選択されている。

ⅴ．能力

　法助動詞 can は、少数の可能世界において事態が成立し、成立の根拠が与えられていることを表示する。成立の根拠があることから、事態の主体が意志的に成立させることのできる事態であれば、主体にあることができるという「能力」のモダリティーを表示することがある。

(208) Since December I have been practicing every week and now I can swim more than two hundred meters.
　　12 月から私は毎週練習をしていて、今では 200 メートル以上泳げる。

(209) "Can you understand what I'm trying to say?" "I think I can, but you are on to this matter."
　　「あなたは私が言おうとしていることが理解できますか」「できると思いますが、あなたはこの問題に詳しいですからね」

(210) They can finish the whole process in about twenty to thirty seconds.
　　彼らは過程の全体をおよそ 20 秒から 30 秒で終えることができる。

(211) I cannot climb up stairs or lift heavy objects because I have twisted my ankle.
　　足首を捻挫したので、階段を上がったり重いものを持ち上げることができない。

(212) The train can't take you to South Africa.
　　その列車ではあなたは南アフリカに行けない。

　(208)の後半の文の swim more than two hundred meters（主体が 200 メートル以上泳ぐ）は、主体が意志的に成立させることができる事態である。したがって法助動詞 can は能力を表示する。

　(209)では、「発信者が言おうとしていることを受信者が理解する」という事態 P を成立させる能力があるかどうかを、発信者が受信者に尋ねている。受信者に何らかの能力があることを直接知ることはできないが、能力があるかどうかを受信者に尋ねることはできるので、能力を持つ主体が受信者である時には、can を使用する文は疑問文であることが多い。

　(210)の finish the whole process（主体が過程の全体を終える）という事態は主

体の意志によって成立させることができるから、can は能力を表示する。

　(211)は、「発信者が階段を登ったり重いものを持ち上げる」という事態を、発信者の意志で成立させることができないという事態を表示する。否定文であるから、この事態が成立するかどうかが話題になっているという前提があるが、その前提を構成する事態の１つが、副詞節が表示する「発信者が足首を捻挫した」という事態である。足首を痛めたという事態が知られれば、人間の行動に制約が生じるのは確実である。

　(212)が表示する事態の主体は the train（その列車）であり、この個体は無生物なので意志を持たない。しかし、列車は人間が操作して動かすものであり、列車を要素とする事態に人間の意志を関与させることができる。このことから、「列車が人間を着点に連れて行く」という事態を「人間が列車に乗って着点に行く」という事態と同一だと解釈することが可能になる。この解釈を適用すれば、この文が表示する事態は主体である人間の意志で成立させることができるものになり、法助動詞の否定形態 can't が使用されることにより、人間がこの事態を成立させる能力がないという事態が表示されることになる。

　can の過去時制形態 could は、過去の時区間において主体に事態を成立させる能力があったことを表示する。

(213) I was delighted to find out that we could drink water directly out of the faucet without boiling it.

　　蛇口からの水を沸かさないで直接飲むことができるのが分かって、私は嬉しかった。

(214) The old man missed those days when you could take the train and travel freely from city to city.

　　その老人は、列車に乗って町から町へ自由に移動できた時代を懐かしく思った。

(215) He planted the cactuses he could clean in big plastic pots.

　　彼は綺麗にできたサボテンを大きなプラスチックの鉢に植えた。

(216) Although the miners could escape back out through the tunnel, the excavator couldn't reverse.

　　鉱夫たちはトンネルを逆に戻って避難することができたが、掘削機は後戻りできなかった。

　(213)の副体名詞節は「発信者たちが蛇口からの水を沸かさないで直接飲むことができる」という事態が過去の時区間において成立したという事態を表示する。この事態が実際に起きたかどうかは確実には判断できないが、現実世界以外の可能世界であれば過去において成立したと見なすことができる。このことを表示す

第3節　助動詞の形態と特性　　　427

るのが法助動詞 could である。

　(214)の関係節は「人が列車に乗って町から町へ自由に移動できる」という事態が過去の時区間において成立したという事態を表示する。この事態は、主体である老人が記憶している事実であるから、現実世界の過去の比較的長い時区間において確実に成立したものと理解される。

　(215)の関係節 he could clean（彼が副体を綺麗にできた）が表示する事態は、副体である the cactuses（サボテン）を現実世界の過去の時区間において鉢に植えたのであるから、主体である彼にこの事態を成立させる能力があって、その能力が過去の時区間において実現したと見なすことができる。

　(216)の副詞節が表示する事態 P「鉱夫たちがトンネルを逆に戻って避難することができた」は、主節の事態「掘削機は後戻りできなかった」という現実世界において成立した事態と対比的に並列されていることから、事態 P も現実世界において成立したと考えて問題はない。

＊be able to
　be able to は、事態の主体が事態を成立させる能力を持つことを表示する。動詞 be が使用されるので、法助動詞 can とは違い、時制形態の区別が明確である。

　(217) I am able to run and I am currently training for a marathon next year.
　　　　私は走ることができるし、今は来年のマラソンのために練習している。

　(218) John is able to understand the way that computers think.
　　　　ジョンはコンピューターが考えるように理解することができる。

　(219) Unless incomes increase commensurately, that new buyer will be able
　　　　to afford much less.
　　　　収入が同じ割合で増えなければ、その新しい買い手が払える金額はもっとずっと少ないだろう。

　(220) Forensic scientists have been able to obtain evidence of who made the
　　　　bomb through a fingerprint or DNA material left.
　　　　科学捜査官は、その爆弾犯についての証拠を、残された指紋や DNA によって得ることができてきている。

　(217)は「主体が走る」という事態を成立させる能力が、現在を含む時区間において発信者にあることを表示している。

　(218)は「主体がコンピューターが考える方法で理解する」という事態を成立させる能力を、現在を含む時区間においてジョンが持っているという事態を表示する。

　(219)は「主体がもっとずっと少ない金額を払う余裕がある」という事態を成

立させる能力をその新しい買い手が持っているという事態を表示する。動詞群に未来時制形態 will be が含まれているので、この事態は未来の時区間において成立する。

(220)は「主体が爆弾犯についての証拠を得る」という事態を成立させる能力を、科学捜査官が持っているという事態を表示する。動詞群は have been という現在完了時制形態なので、この事態は過去から現在までの時区間において成立する。

was able to は過去の時区間において主体に事態を成立させる能力があったことを表示する。事態は現実世界において成立したと解釈される場合と、成立する可能性があっただけだと解釈される場合がある。

(221) The counsellor asked me if I wished to talk about my life and for the first time I was able to answer with an honest "no".
カウンセラーは私に自分の人生について話したいかどうか尋ねたが、私は初めて正直に「いいえ」と答えることができた。

(222) It was great that he was able to talk about his childhood.
彼が自分の子供時代について話すことができたのは素晴らしかった。

(223) Happiness was not a well from which my mother ever was able to drink deeply.
幸福は私の母が水を汲んでごくごく飲むことができるような井戸などではなかった。

(224) I made him a box of foods he was able to eat without the need for heating.
温めなくても食べられる食べ物の入った箱を彼に用意した。

(221)の後半の文にある I was able to answer with an honest "no". (発信者が初めて正直に「いいえ」と言うことができた)が表示する事態は、カウンセラーの質問に対する返答であり、for the first time という名詞群もあることから、現実世界の過去の時区間において成立したものと理解できる。

(222)の主体名詞節 that he was able to talk (彼が話すことができた)が表示する事態は、主節の it was great (主体は素晴らしかった)によって、現実世界の過去において成立したものと解釈できる。過去の時区間に成立した事態を評価するためには、それが現実世界で成立していなければならない。

(223)の関係節 from which my mother ever was able to drink deeply (発信者の母が水を汲んでごくごく飲むことができた)が表示する事態は、主体の happiness (幸福)の特性を a well (井戸)である事物によって比喩的に表現するために用いられているものであるから、現実世界において成立してはいない。

(224)の関係節 he was able to eat (彼が副体を食べることができた)が表示する

事態は、発信者が彼に提供した食べ物の特性を限定するものであり、主節の事態が成立した過去の時区間においては成立していないし、これに後続する現実世界の時区間で成立したかどうかを確かめる方法はない。したがって、現実世界においては成立する可能性があるのみであったと判断される。

第11章　時制とアスペクト

　英語には直説法と接続法（仮定法）という法の区別があり、どちらの法でも時制とアスペクトが区別される。ただし、直説法の時制・アスペクト体系は仮定法のそれに比べるとはるかに複雑であり、また同じ形態でも直説法と仮定法では機能が異なる。本章では、直説法の時制とアスペクトについて解説する。

第1節　英語の時制とアスペクト
① 時制
　時制は、事態が成立する時区間を表示する形態的機構である。事態が成立する時区間を決定する基準となるのは現在の時点であり、現在に先行する時区間が「過去」、現在に後続する時区間が「未来」である。さらに、現在以外の時区間を基準として事態の成立時区間を規定することも可能である。

　こうして規定された事態の成立時区間を表示するための言語形態の機構が時制である。事態の成立時区間を理解させる要素としては、時制だけでなく、アスペクトや動作態も含まれるので、言語によって時制機構は異なる。中国語のように時制を持たない言語から、英語や古典ギリシア語のように、複雑な時制を持つ言語まで、時制を形態的に表示する機構は多様である。

　英語の時制は、現在、過去、未来のそれぞれを基準として分類される。

ⅰ．現在を基準とする時制
　　　現在、現在完了
ⅱ．過去を基準とする時制
　　　過去、過去完了、過去未来
ⅲ．未来を基準とする時制
　　　未来、未来完了

② アスペクト
　アスペクトは、ある与えられた時区間において、事態の全体が成立するのか、事態の部分しか成立しないのかという特性である。すべての事態は始まってから終わるのが普通であり、したがって事態の全体が成立するのだが、時区間を限定

すれば、その時区間において事態の全体が成立するとは限らない。現在は長さのない時点なので、長さを持つ時区間において成立する事態であれば、現在においては部分のみが成立する。1日や1週間のような長さを持つ時区間を設定すれば、事態の全体がその時区間の一部または全体において成立することができる。

　アスペクトは事態の全体または部分という2つの区分のみであるが、アスペクトについても、これを形態的に表示する言語と表示しない言語がある。ドイツ語、フランス語、ラテン語、ギリシア語などの言語ではアスペクトを形態的に区別しない。日本語は「走る」と「走っている」「走っていた」のように「ている」「ていた」という形態を付加するかどうかによって、アスペクトが形態的に区別される。

　事態の全体を表示するアスペクトを「全体相」、事態の部分を表示するアスペクトを「部分相」と呼ぶ。英語はアスペクトを形態的に区別し、動詞群が「助動詞 be＋現在分詞」という形態である場合が部分相、そうではない場合が全体相である。部分相形態は、伝統的に「進行形」と呼ばれているものと同じである。

　アスペクトは、時制形態の一部だと見なされることもあるが、どの時区間において成立するのであれ、事態の全体と部分を区別することは可能であるから、時制とアスペクトは事態の異なった時間的特性だと考えなければならない。

第2節　時制・アスペクト形態とその機能
① 現在時制・全体相
ⅰ．均質動詞

　現在は長さのない時区間、すなわち時点なので、長さを持つ時区間において成立する事態の全体は、基本的には成立することができない。しかし、動詞が均質動詞、すなわち事態の動作態が均質であれば、事態の全体(全事態)と事態の任意の部分(点部分事態・線部分事態)が等しいので、現在時制全体相形態によって、現在において点部分事態が成立していることを表示することができる。現在の時点を含む長さを持つ時区間を「現在域」と呼ぶことにすると、均質動詞の現在時制全体相形態は、現在域において成立する線部分事態を表示することもできる。現在域は現在を中心とした時区間であるが、その長さは本質的に不定である。

　(1) Mary is a student of the college.　メアリーはその大学の学生だ。
　(2) I love Bach's cantatas.　私はバッハのカンタータが好きだ。
　(3) John believes that God exists.　ジョンは神が存在すると信じている。

　(1)の is は包含関係を表示する均質動詞であり、この文が表示する事態の動作態は均質である。「メアリーがその大学の学生の集合に含まれる」という事態の全体は、通常は数年間の時区間において成立するが、現在における点部分事態と

も、現在を含む線部分事態とも等しい。したがって、現在時制全体相形態 is によって、この文が、現在または現在域において成立する点または線部分事態を表示するものと理解される。

　(2)の love（好む）は単射関係を表示する均質動詞であり、主体がある副体を好むという事態の部分が現在または現在域において成立しているという事態を、この文は表示する。この事態の全体は、時には数十年にもわたる長い時区間において成立するが、この全事態と同一の点・線部分事態が、現在または現在域において成立することができる。

　(3)の主節の動詞 believe（信じる）は単射関係を表示する均質動詞であり、この文は、主体が副体を信じるという事態の部分が現在または現在域において成立しているという事態を表示する。この事態の全体は比較的長い期間にわたって成立するが、その全事態と同一の部分事態が、現在または現在域において成立することができる。

　同じ文の副体名詞節の動詞 exist（存在する）は副体である事態の集合を表示する均質動詞である。名詞節 that God exists（神は存在する）が表示する事態は、無限の長さを持つ時区間において成立するが、その事態の全体と、任意の時区間における部分は等しい。したがって、主節の事態「ジョンが副体を信じている」という事態が成立する現在または現在域において、全事態と等しい部分事態が成立することができる。

　現在域の長さは不定なので、前後に無限に延長することができる。この結果、現在時制全体相形態は、無限の長さを持つ時区間において事態の全体が成立することを表示することができる。

　(4) Two is a prime number.　2 は素数である。
　(5) Children like sweets.　子供は甘いものが好きだ。

　(4)は数学における素数の定義によって成立する事態を表示しており、成立する時区間の長さは無限である。

　(5)は子供である個体の集合が主体で、甘いものである個体の集合が副体であって、主体と副体の間に like（好む）という単射関係が成立するという事態を表示する。主体と副体はともに任意の時区間において存在するものなので、この事態は任意の時区間、すなわち無限の長さを持つ時区間において成立する。

ⅱ．部分均質動詞

　部分均質動詞は、全事態と線部分事態は等しいが、全事態と点部分事態は等しくない。この動作態に属する動詞が表示する事態の全体は長さを持つ時区間において成立するので、現在時制全体相形態が表示する全事態が現在において成立す

第2節　時制・アスペクト形態とその機能　　433

ることはない。

　しかし、promise（約束する）, order（命令する）, advise（忠告する）, declare（宣言する）のような部分均質動詞を含む文は、主体が発信者であれば、この文が全部言われることによって事態が成立する。通常の文が、例えば I am a student. であれば、この文が全部言われたからと言って、それが表示する事態「発信者が学生だ」という事態が成立するとは限らず、現実世界では発信者が学生ではないこともあり得るというのとは異なる。

　したがって、このような動詞を用いた文で主体が発信者であるものは、I promise や I declare と言われた段階で線部分事態が成立しており、線部分事態と全事態は等しいので、promise や declare などの現在時制全体相形態によって、現在域において線部分事態が成立していることを表示することができる。

(6) I promise you to pay the money back by next week.
　　その金は来週までに返済することを約束します。

(7) I order that the programs be reviewed by our lawyers.
　　その計画が私たちの弁護士によって再調査されることを私は命令する。

(8) I declare that I have no competing interest in my report.
　　私の報告書には利益相反がないことを宣言します。

　(6)は I promise（発信者が約束する）が与えられた段階で、この文が表示する事態は成立する。ただし、約束される事態はまだ表現されていないので、この段階では事態の部分が成立しているだけである。promise は部分均質動詞であって、I promise は線部分事態を構成するが、全事態と線部分事態は同一なので、promise という全体相形態によって線部分事態が適格に表示される。

　(7)は、I order（発信者が命令する）が与えられた段階で、発信者が命令するという事態は成立する。この段階では事態の全体が成立してはいないのだが、order は部分均質動詞であって全事態と線部分事態は等しいので、現在時制全体相形態 order によって、線部分事態を表示することができる。

　(8)は、I declare（発信者が宣言する）が与えられた段階で、発信者が宣言するという事態が成立する。しかしこの2語だけで文全体の表現が完了していることは分からないので、I declare の段階では線部分事態が成立しているだけである。declare も部分均質動詞であって、表示する事態の全事態と線部分事態は等しいので、現在時制全体相形態 declare によって線部分事態を適格に表現することができる。

　スポーツの実況のように、発信者と受信者が事態を同時に知覚しているような場面で文が使用される場合には、動詞が与えられた段階で事態が成立することが理解される。動詞が部分均質動詞である場合には、動詞が与えられた後も事態が

継続するから、動詞が与えられた時点では事態の部分が成立しているだけである。しかし、部分均質動詞が表示する事態については、全事態と線部分事態が等しいので、現在時制全体相形態によって線部分事態を表示することができる。

(9) An announcer's voice, excited and frantic, explodes. Messi is on the move. "Messi turns and spins!" the announcer cries.
アナウンサーの興奮して熱狂的な声が破裂する。メッシが動き出す。「メッシが回って素早く進んで行きます」とアナウンサーが叫ぶ。

(10) Descalso fouls one off. Still 3–2. Runners on second and third, one out. Farrel brings the infield in and it doesn't matter. Ball four. Bases loaded.
デスカルソがファウルを上げます。まだ 3 ボール 2 ストライクです。ランナーは 2 塁と 3 塁、ワンアウトです。ファレルが内野を前進させましたが、関係ありません。フォアボール。満塁です。

(9) の Messi turns and spins 中で使用されている動詞 turn（回る）と spin（速く進む）はどちらも部分均質動詞であり、事態の開始と同時に文が発話されたとすると、この文は線部分事態を表示することになるが、使用されているのが部分均質動詞であれば、現在時制全体相形態 turns, spins で線部分事態を表示することができる。

(10) の foul（ファウルを打つ）、bring（動かす）は部分均質動詞であり、これら一連の文が事態の開始直後に発話されたのだとすると、Descalso fouls と Farrel brings が表示する事態は線部分事態であるが、動詞が部分均質動詞なので、現在時制全体相形態で線部分事態を適格に表示できる。

部分均質動詞が現在域において 1 回だけ成立する事態を表示するのは、上にあげたような、発話と事態の成立がほぼ同時である場合であるが、同一の事態が長い時区間において反復されたとする。それらの事態を P1, P2, …, Pn…で表すことにすると、これらの事態を要素とする上位の事態 Q:{P1, P2,…Pn,…} の部分事態は、延長された現在域において成立することができる。すなわち、現在を中心とする長い時区間において、多数の Pn が連続して成立するということである。

長い時区間上の離散的な時区間において同一の事態が多数回成立している時、それらの事態によって形成される事態の集合を「列事態」と呼ぶことにする。列事態の部分も同一の集合によって形成されているので、列事態の全体と、長さのある時区間において成立する線部分事態は等しい。

(11) Mary studies hard every day.　メアリーは毎日熱心に勉強している。

(12) The trains run between New York and Boston.
その列車はニューヨークとボストンの間を走っている。

(13) Many birds fly thousands of miles during migrations.

多くの鳥は渡りの間に何千マイルも飛ぶ。

(14) Most of the planets rotate on an axis.
　　　大部分の惑星は軸を中心に自転している。

(11)の Mary studies hard（メアリーが熱心に勉強する）という事態 P は、1 回であれば全事態が占める時区間は数時間である。この事態が形成する列事態 S の線部分事態を表示するのがこの文である。列事態の全事態と線部分事態は等しいので、部分均質動詞 study の現在時制全体相形態で線部分事態を表示することができる。列事態 S は、通常であれば数か月以上にわたる時区間において毎日成立する。

(12)が表示する事態 P「その列車がニューヨークとボストンの間を走る」は、1 回であれば 4 時間程度の時区間を占める。事態 P が形成する列事態 S:{P1, P2, …, Pn, …} と S の線部分事態は等しいので、現在時制全体相形態 run で、この線部分事態を表示することができる。列事態 S は通常であれば数年以上の時区間を占める。

(13)の many birds fly（多くの鳥が飛ぶ）という事態 P は、1 回であれば 1 週間程度が普通である。事態 P を要素とする列事態 S の全事態と線部分事態は等しいので、現在時制全体相形態 fly で、S の線部分事態を表示することができる。S が占める時区間の長さは、恐らく数百万年以上だと考えられる。

(14)が表示する事態は数十億年前に始まり、現在でも終わっていない事態である。したがってこの事態は現在域においては線部分事態のみが成立する。rotate（自転する）は部分均質動詞なので、全事態と線部分事態が等しく、現在時制全体相形態 rotate で線部分事態を適格に表示することができる。

iii. 非均質動詞

非均質動詞が表示する事態は、全事態、線部分事態、点部分事態のどれもがそれぞれ異なる。非均質動詞の現在時制全体相形態が表示するのは全事態であるが、現在または現在域における点または線部分事態とこの全事態は異なるので、全体相形態で現在または現在域における 1 個の部分事態を表示することはできない。

(15) Mary makes coffee every morning.　メアリーは毎朝コーヒーを淹れる。

(16) The police normally write a report only when an injury occurs.
　　　傷害が起きた時だけ警察は報告書を書くのが普通だ。

(17) The trees bear fruits that look like small mangoes.
　　　その木々は小さなマンゴーのような実をつける。

(15)の make（作る）は非均質動詞なので、表示するのが単一の事態であれば、全事態と線・点部分事態が異なるので、現在時制全体相形態が表示する全事態が

現在において成立することはない。一方、列事態であれば全事態と線部分事態が等しいので、makes という現在時制全体相形態によって、現在域における線部分事態の成立を表示することができる。したがってこの文は「メアリーがコーヒーを作る」という事態によって構成される列事態 S の線部分事態 P が、一定の長さを持つ期間のうち朝である多数の時区間において成立していることを表示する。線部分事態 P は、数か月から数年の長さの時区間を占めるものと考えられる。

　（16）の write（書く）は非均質動詞なので、この文は「警察が報告書を1通書く」という事態が構成する列事態 S の線部分事態 P が現在域において成立しているという事態である。線部分事態 P は、恐らく数十年の長さを持つ時区間において成立するが、その時区間は「傷害が起きる」という事態が成立する時区間に後続する時区間である。

　（17）の bear（生む、運ぶ）は非均質動詞であり、この文は「その木々が実をつける」という事態が構成する列事態の線部分事態 P が現在域において成立していることを表示する。実をつけるのは植物の一般的特性だから、線部分事態 P が成立する時区間の長さは数百万年かそれ以上であると考えられる。

iv．脱均質動詞

　脱均質動詞が表示する事態は、長さのない時点において成立するため、全事態を構成する部分事態はない。現在も長さのない時点であるから、脱均質動詞の現在時制全体相形態が表示する全事態は、現在において成立することができるはずである。しかし、瞬間的に成立する事態を、人間は成立と同時に知覚することはできない。「主体が着点に到着する」という瞬間的事態の成立が分かるのは、主体が着点に到着した後で、着点に存在しているという事態を知覚することによってである。「主体が死ぬ」という事態も時点において成立するが、この事態は、主体が息をしていない、主体の脈拍がないなど、この事態が成立したことを確認させるような、結果としての事態を知ることによってである。

　したがって、脱均質動詞の現在時制全体相形態は、現在ではなく現在域において成立する事態を表示することになるが、発話の時点である現在の時点では成立を知ることができないから、現在域に属する現在に後続する未来の時点において事態が成立することを表示する。ただし、未来の時区間において成立する事態を表示するための時制として英語には未来時制があるのだから、現在時制によって未来の事態を表示できるのは、その事態が現在域に属している、すなわち現在の状況から判断して成立が確実である場合に限られる。

　（18）The train starts out from St. Pancras at 6.37 a.m. today and takes around four hours to reach Scarborough.

その列車は今日セント・パンクラス駅を午前 6 時 37 分に出発して、約 4 時間かけてスカーバラに着く。

(19) The show opens April 15 at the National Theater.
その演劇は国立劇場で 4 月 15 日に開演する。

(20) The United States closes its embassy due to security concerns.
合衆国は安全上の懸念により大使館を閉鎖する。

(18)の start（出発する）は脱均質動詞である。列車が出発したことは、列車がホームの先にいて動いていることによって認識される。したがって現在時制全体相形態 starts は、現在から見て成立が確実な未来の事態を表示する。この文は、使用された当日の列車の運行予定についての事態を表示するものであるから、未来における成立は確実だと判断される。

(19)の open（開演する）は脱均質動詞である。演劇が開演したことは、幕が上がっていたり、舞台上に俳優が出てきていることによって分かる。この文が表示するのは特定の演劇が開演する日程についての事態であるから、現在の時点では成立が確実であると理解してよい。

(20)の close（閉鎖する）は脱均質動詞である。主体が副体を閉鎖するという事態の成立は、その結果として副体の入り口が閉まっているという事態によって認識される。国家による大使館の閉鎖は、前もって公式に告知されるのが通常なので、現在の時点で成立することが知られている。

脱均質動詞が表示する、時点において成立する事態も、同一の事態が多数回成立することで、列事態を構成することができる。列事態の全事態と線部分事態は等しいので、脱均質動詞の場合も、現在時制全体相形態によって現在域における線部分事態の成立を表示することができる。

(21) I get up earlier than my mother every morning.
私は毎日母親よりも早く起きる。

(22) What time do you usually leave your office?
あなたは普通何時に会社を出ますか。

(23) Bees sting only under duress.　脅威を感じた時だけハチは刺す。

(21)の get up（起きる）は脱均質動詞であり、この文が表示する事態は時点において成立する。名詞句 every morning（毎朝）があることから、表示されるのは列事態であることが分かる。列事態の全体が成立する時区間は不明であるから、この文では現在域においてその線部分事態が成立しているものと理解される。

(22)の leave（出る）は脱均質動詞であるが、副詞 usually があることから、この文は列事態を表示する。この列事態の全体が成立する時区間は、受信者が会社に勤務する期間であるが、それは不明である。したがってこの文では、現在域に

おいて線部分事態が成立しているものと理解される。

　(23) の sting（刺す）は瞬間的に成立する事態を表示する。この文では成立時区間を表示する語句は使用されていないが、主体が bees であって、これは任意のハチの集合を表示するから、表示される事態は 1 個ではなく列事態である。この列事態の全体が成立するのは、ハチという種が存続するだけの期間であろうが、それは不明であるから、ここで表示されているのは線部分事態である。この線部分事態が成立する時区間の長さも、数千万年以上だろうと推測される。

＊歴史的現在

　現在時制全体相形態は、過去の時区間において成立した事態を表示するためにも使用することができる。新聞、雑誌、ネットの記事や小説など、多様な範疇の文章中で比較的頻繁に使用される、このような、過去の事態を表示する現在時制形態を、伝統的に「歴史的現在」と呼ぶ。事態の成立時区間を過去から現在に置き換えることで、事態が受信者によって直接知覚されているかのように思わせる効果があるとされるが、英語ではこの表現法が日本語などよりも多用されるので、過去時制形態よりも単純な現在時制形態を使用することにより、表現を簡潔にするという効果の方が大きい。

　以下の例では、太字にした動詞が歴史的現在の機能を示している。

(24) The rising sun **casts** a golden glow above the dark ramparts of the ancient hillfort, but the rest of the sky **is** still a deep blue-black. I **clamber** up the steep slope, passing the silhouettes of trees, and **leave** the hum of the morning traffic behind in the valley below.
古い山砦の暗い城壁の上で、昇る太陽が金色の輝きを放つ。しかし残りの空はまだ深く濃い藍色のままだ。私は険しい坂をよじ登り、木々の陰を通り過ぎ、朝の往来の雑音を下の谷の中に残して行く。

　(24) の the rising sun casts a golden glow にある cast（放つ）は非均質動詞であり、現在においては点部分事態が成立する。ただし、ここで表示されている「昇る太陽が金色の輝きを放つ」という事態は列事態ではなく単一の事態なので、現在時制全体相形態で単一事態の点部分事態を表示することはできない。表示できる形態は、現在時制部分相形態 is casting である。したがってここでは、成立時区間が現在ではなく過去の時区間であると見なすことにより、全体相形態で全事態が成立したものと理解することを要求される。すなわち、限定された長さを持つ過去の時区間を設定して、その時区間において全事態が成立したと理解するということである。

　the rest of the sky is still a deep blue-black にある be は均質動詞であり、現在

においては点部分事態が成立する。動詞が均質動詞なので、現在時制全体相形態の is によって、点部分事態を適格に表示できるが、ここでは、先行する文が表示する事態の成立時区間が過去であり、この文の事態も同一の時区間において成立すると理解されるから、同様に現在域でなく過去の時区間において成立したものと見なされる。

I clamber up の clamber（よじ登る）は部分均質動詞であり、現在においては点部分事態が成立する。しかし、単一事態の点部分事態は am clambering という部分相形態で表示しなければならないから、ここで使用されている全体相形態が表示するのは全事態である。全事態が成立するのは過去または未来の時区間であるが、先行する事態の成立時区間から判断して、過去の時区間において成立すると理解される。

leave the hum of the morning traffic behind の leave（残す）は脱均質動詞であって部分事態がないから、現在においては全事態が成立する。脱均質動詞の全事態の成立を現在の時点で認識することはできないが、過去または未来の時点であれば、全事態が成立したものと考えることは可能である。ここでは事態が過去において成立したものと考えるのが適当だから、この文が表示する事態は、過去の時点において成立したものと理解される。

② 現在時制・部分相
ⅰ．均質動詞
均質動詞が表示する事態は全事態と線および点部分事態が等しいので、部分相形態は原則として必要ではない。しかし、部分相が成立する時区間の長さは、全体相が成立する時区間の長さより小さいから、事態が一時的に成立しているだけであることを表すために使用されることがある。

(25) Now he is being less ruthless.
今彼は前よりは残酷ではなくなっている。

(26) I recently spotted a pretty Venetian glass chandelier — a look I am loving at the moment.
最近私は可愛らしいベネチアガラスのシャンデリアを取り付けた。今のところは私の好きな眺めだ。

(27) Now the United States is increasingly resembling the government they fled.
今や合衆国は彼らが逃れてきた政府にますます似てきている。

(25)の動詞 be は均質動詞であり、現在時制全体相形態で現在における点部分事態を表示することができる。実際、is being を is に置き換えても文の適格性は

失われない。ただ、less ruthless（前より残酷でない）という語句が使用されていることにより、彼の残酷さの程度が連続的に変化していることが推測され、現在の程度がそのまま維持される可能性は低いものと考えることができる。したがって、この文のように部分相形態を使用することにより、時間の経過によって事態に変化が生じるという含意が出てくる。

(26)の動詞 love（愛する）は均質動詞であり、am loving の代わりに love を使っても文の適格性は保たれる。しかし、関係節 I am loving at the moment 中の at the moment（今のところ）により、関係節が表示する「発信者がその眺めが好きだ」という事態が長い時区間にわたって成立しない可能性があることが示唆される。この可能性を含意させるために am loving という現在時制部分相形態が使用されているものと考えることができる。

(27)の動詞 resemble（似ている）は均質動詞であるが、increasingly（ますます）という副詞があることによって、「合衆国が彼らが逃れてきた政府に似ている」という事態の特性としての類似性の程度が、時区間によってそれぞれ異なる事になる。したがってこの文が表示する事態は、非均質動詞によって表示される事態と同様の特性を持つことになり、全事態と部分事態が異なり、現在においては点部分事態が成立する。このため、部分事態を表示するための形態が使用されている。

ii．部分均質動詞

部分均質動詞が表示する事態は、全事態と線部分事態は等しいが、全事態・線部分事態と点部分事態は異なる。部分均質動詞の現在時制部分相形態は、現在における点部分事態と現在域における線部分事態を表示する。

(28) Athletes are now running just in front of the City Hall.
選手たちは今市役所の正面を走っている。

(29) My head is spinning now, so it's over to you.
私は今頭がくらくらしているので、それはあなたに任せます。

(30) Mary is now speaking in French.
メアリーは今フランス語で話している。

(31) My son is playing in the living room.　私の息子は居間で遊んでいる。

(28)は「選手たちが市役所の正面を走る」という事態の点部分事態が現在において成立していることを表示する。建物の正面をマラソン選手が走り抜けるにはごく僅かの時間を要するが、ほぼ瞬間であると見なすことができるから、この場合に成立するのは点部分事態であり、この成立を部分相形態が表示する。

(29)で「発信者の頭がくらくらする」という事態は、発信者に直接知覚され

る身体的状態なので、現在の時点でもその点部分事態が成立することができる。この点部分事態を表示するのが現在時制部分相形態である。

（30）で「メアリーがフランス語で話す」という事態は、通常であれば数分以上の時区間において成立する。したがってこの文の現在時制部分相形態 is speaking は、現在における点部分事態または現在域における線部分事態を表示している。

（31）で「発信者の息子が居間で遊ぶ」という事態は、通常であれば 10 分から 1 時間程度の時区間において成立する。したがってこの文の現在時制部分相形態 is playing は、現在における点部分事態または現在域における線部分事態を表示する。

以下の用例は、部分均質動詞の現在時制部分相形態が現在ではなく現在域において成立している線部分事態を表示していると考えることができる。

（32）Meryl Streep is singing on the stages of Pinewood Studios in England.
　　　メリル・ストリープはイギリスのパインウッドスタジオの舞台で歌っている。

（33）These films are speaking about difficult subjects.
　　　これらの映画は難しい問題について語っている

（32）は「メリル・ストリープが歌う」という事態の部分が成立していることを表示する。成立空間を表示する名詞群が on the stages of Pinewood Studios in England（イギリスのパインウッドスタジオの舞台）で、舞台の個数が複数個なので、一定の長さを持つ時区間において成立しなければならない。したがって表示されるのは線部分事態である。

（33）は「これらの映画が難しい問題について語る」という事態の部分が成立していることを表示する。主体が these films（これらの映画）という複数の個体であって、語る対象も difficult subjects（難しい問題）という複数の事態なので、時点において成立することはできないため、現在域において線部分事態が成立していることが表示されているものと理解される。

ⅲ．非均質動詞
　非均質動詞の現在時制部分相形態は、現在における点部分事態または現在域における線部分事態を表示する。

（34）The maid is now cleaning the guest room.
　　　メイドは今客間を掃除している。

（35）The man is building a bridge for hikers across the stream.
　　　その男はハイカーたちのためにその流れを渡る橋を作っている。

（36）Tens of millions of children are watching videos online.

何千万もの子供たちがネットで動画を見ている。

(34)については「メイドが客間を掃除する」という事態が成立していることは、一瞬客間の中を覗くだけでも知覚可能である。したがって、現在の時点における点部分事態を、この文は表示することができる。また、ある程度の時間に渡ってメイドの様子を見ることで、この事態の部分を知覚することもあるから、この文が現在域における線部分事態を表示することもできる。

(35)については「その男が橋を作る」という事態の成立は、男が作っているものが橋であることを正しく認識できるまでは分からない。またこの事態を成立させる目的が「ハイカーのため」であるということは、その男に直接尋ねるか、橋を架ける目的を発信者が推測するなどしなければ特定することはできない。したがって、現在の時点で瞬間的に認識できるような事態ではないので、この文が表示できるのは、現在域における線部分事態である。

(36)については「何千万もの子供たちがネットで動画を見る」という事態の成立を一瞬で知ることができないのは、主体が非常に多くの数の個体であることから明らかである。したがってこの文は、比較的長期に渡る現在域において成立する線部分事態を表示する。

非均質動詞を含む文に明確な数値を表す語句が使用されていて、事態の全体が成立して初めてその数値が達成される場合には、動詞は現在時制部分相形態を取ることはできない。このような事態の部分が成立する段階では、その数値よりも小さな数値しか達成されていないからである。

(37) ×The singer is singing five songs.　その歌手は歌を 5 曲歌っている。

(38) ×Mary is painting a picture for two weeks.
　　　メアリーは 2 週間絵を描いている。

(37)が表示する「その歌手が歌を 5 曲歌う」という事態が成立する時区間のどの部分においても、副体である歌の個数は 5 個以下である。歌手が歌っている間のどの時区間でも、歌の曲数が何曲であるのかは分からない。したがって、この文が表示する事態は、それが終了する時点で初めて成立するとも言えるのであり、この点で脱均質動詞が表示する事態と同様の特性を持つ。このため、全事態の成立には一定の長さの時間が必要ではあっても、部分事態に分割することはできない。部分事態があるとすると「歌手が 0.1 曲歌う」「歌手が 3.7 曲歌う」などの事態であって、「歌手が 5 曲歌う」ではない。事態にこのような特性があることから、動詞を部分相形態にすると不適格だと判断される。

(38)が表示する「Mary が 2 週間絵を描く」という事態には、明確な成立時区間が含まれているが、完了するまでは成立時区間の長さは 2 週間よりも短いし、Mary が絵を描いているのを見ても、それが 2 週間後に終わることを知ることは

できない。この文中の動詞群 is painting は現在または現在域における部分事態を表示するので、部分事態が成立しないこの事態について用いると不適格になる。

ただし、事態に含まれる数値的要素の大きさが、事態が開始する前から知られているのであれば、この事態を表示するために、非均質動詞の現在時制部分相形態を適格に使用することができる。

(39) John is bringing up his three children.
　　　ジョンは自分の 3 人の子供を育てている。

(40) They are running a quarter-mile race.
　　　彼らは 4 分の 1 マイル競技で走っている。

(39)は、ジョンに 3 人の子供がいることが分かっているという状況で、その 3 人の子供をジョンが育てるという事態の部分が現在または現在域において成立していることを表示している。事態が成立する時区間のどの部分においても、事態には同じ 3 人の子供が含まれているので、この事態には部分事態が存在し、それを現在時制部分相形態 is bringing up で表示している。

(40)には quarter-mile (4 分の 1 マイル)という数量詞が含まれているが、この距離は競技の特性としての距離を表すもので、主体が移動した距離ではなく、事態の成立時区間を通じて同一である。したがってこの事態にも部分事態が成立し、その部分事態を現在時制部分相形態で表示している。

iv. 脱均質動詞

脱均質動詞は長さのない時点で成立する事態を表示するから、部分事態を持たない。したがって、単一の事態であれば、部分事態を表示するための部分相形態で使用される必要はない。しかし、列事態は多数の事態によって構成されるので、列事態の部分事態を表示するためであれば、現在時制部分相形態を適格に使用することができる。

(41) Planes are taking off from the landing strip.
　　　飛行機が滑走路から離陸している。

(42) Too many people are dying each year from cellphone-related car accidents.
　　　携帯電話に関わる車の事故であまりに多くの人々が毎年亡くなっている。

(43) The police are catching more criminals.
　　　警察は以前より多くの犯人を捕まえている。

(41)が表示する「飛行機が滑走路から離陸する」という事態は、単一であれば瞬間的に成立するから、部分事態を持たない。しかし planes が表示するのは

複数の個体であって、その個数が大きい場合には、この文は列事態を表示する。列事態の線部分事態であれば現在域において成立することができるから、are taking off という現在時制部分相形態は、この列事態を表示しているものと理解される。

(42)について、「人が亡くなる」という事態は、単一であれば時点において成立するから部分事態を持たない。しかしこの文のように主体がtoo many people（あまりに多くの人々）という多数の個体であれば、表示されるのは列事態である。したがってここでは、列事態の線部分事態が現在域において成立することを are dying という現在時制部分相形態が表示していると理解すればよい。名詞句 each year（毎年）によって、現在域の長さは数年または十数年程度の長さを持つことが分かる。

(43)の「警察が犯人を捕まえる」という事態が単一であれば、その事態は時点において成立するから、この事態に部分事態はない。しかし犯人の数が多数であれば、表示されるのは列事態であり、この文では more criminals が使用されているから、かなり多くの数の個体が表示されているものと理解される。列事態であれば、その線部分事態が現在域において成立することができ、この文はその線部分事態を表示しているものと理解される。

脱均質動詞が単一の事態を表示する場合には、長さのない時点において成立するから、部分事態を持つことがない。しかし、事態成立の前後の時区間において、この事態に関連する何らかの事態は成立する。例えば a plane lands（飛行機が着陸する）という事態であれば、この事態は時点において成立するが、その前に空中から地上へと降下するという事態が成立し、着陸後には滑走路にいる、または滑走路上を動いているという事態が成立する。事態の成立に先行する時区間において成立する事態を「前事態」、後続する時区間において成立する事態を「結果事態」と呼ぶことにする。

日本語の「着陸する」「死ぬ」は脱均質動詞であり、「ている」は部分相形態であるが、「着陸している」「死んでいる」は現在において結果事態の部分が成立していることを表示する。「飛行機が着陸している」であれば、飛行機が着陸した後で滑走路にいるという事態の部分を表示するし、「虫が死んでいる」であれば、虫が死んだ後で、その死体が地面にあるという事態の部分を表示する。

一方英語の land（着陸する）, die（死ぬ）も同様に脱均質動詞であるが、これらの動詞の現在時制部分相形態は、現在において前事態の部分が成立していることを表示する。現在において前事態が成立しているのであれば、現在に後続する未来の時点において事態そのものが成立することが確実に推測されるため、現在に近接する未来の時点における事態の成立が含意される。

第2節　時制・アスペクト形態とその機能　　　445

(44) The plane is landing soon and crew should start cleaning up the cabin.
　　　飛行機は間もなく着陸するので、乗員は操縦室の掃除を始めなければ
　　　ならない。

(45) The language is dying because many parents simply want their children
　　　to learn English.
　　　多くの親は自分たちの子供が英語を学ぶことを本当に望んでいるので、
　　　その言語は死にかけている。

　(44)について、「その飛行機が着陸する」という事態の前事態としては、飛行
機が降下するための操作を操縦士が始めて、実際に飛行機の高度が下がるなどの
事態が考えられる。前事態の部分が成立していることは、飛行機が着陸するとい
う事態が近接する未来の時点において成立することを含意する。

　(45)について、「その言語が死ぬ」という事態は時点において成立するが、前
事態として、その言語の話し手が別の言語を併用する、その言語の話し手が別の
言語に乗り換えるなどの事態が考えられる。この前事態の部分が成立しているこ
とを、日本語で「死にかけている」と表現しているが、前事態の部分の成立は、
事態そのものが近い未来において成立することを含意する。

　脱均質動詞の現在時制部分相形態は、前事態が事態の成立を明確に含意する場
合には広く使用され、未来を指示する名詞句や副詞とともに、近い未来に成立す
る事態を表示する。

(46) John is arriving on Thursday evening.　ジョンは木曜日の夕方に着く。

(47) A spa is opening here in January 2024.
　　　2024 年 1 月にここに温泉ホテルが開業する。

　(46)については、is arriving という現在時制部分相形態は、「ジョンが木曜日
の夕方に着く」という事態の前に、ジョンから到着日時の連絡が届いたり、移動
手段を知らせてきたりなどという前事態が成立していて、その線部分事態を表示
しており、事態の未来における成立は確実である。

　(47)については、is opening という現在時制部分相形態は、「発信者がいる場
所に温泉ホテルが開業する」という事態の前事態として、ホテルの建物の建造や
温泉施設の整備、開業の広告などが成立しており、これらの部分事態によって事
態の未来における成立が確実であると推測されている。このことから、in Janu-
ary 2024（2024 年の 1 月）という未来の時区間を表示する名詞群の使用も適格だ
と判断される。

＊部分均質動詞や非均質動詞の現在時制部分相形態であっても、前事態が明確に
　認識できる場合には、現在時制部分相形態が近接した未来における事態の成立

を表示することができる。

(48) We are moving soon to Finsbury Square.

　　私たちは間もなくフィンズベリー広場に移る。

(49) John is taking a physical examination Saturday in Boston.

　　ジョンは土曜日にボストンで診察を受けることにしている。

(48) の動詞 move（移る、引っ越す）は部分均質動詞であるが、「受信者たちが移る」という事態の前には、移動先を決める、荷物をまとめる、引越し業者に連絡するなどの事態が成立し、これらの事態の成立によって事態そのものの成立を確実に予測することができる。したがって、are moving という現在時制部分相形態によって、近接した未来における事態の成立を表示することができる。未来に成立することは soon という副詞の使用によっても明らかである。

(49) の動詞 take（受ける）は非均質動詞であるが、「ジョンが診察を受ける」という事態に先行する事態としては、ジョンの身体に不調がある、適当な病院を探す、診察を予約するなどの事態が成立し、これらの前事態によって事態の成立が確実だと判断される。したがって is taking という現在時制部分相形態によって、次の土曜日という近い未来の時区間における事態の成立を表示することができる。

③ 過去時制・全体相

ⅰ．均質動詞

　均質動詞の過去時制全体相形態は、基本的には過去の時区間において全事態が成立したことを表示する。

(50) The son of a stonemason, born around 469 B.C., Socrates was famously odd.

　　石工の息子で、紀元前 469 年頃誕生したソクラテスは、変わり者で有名だった。

(51) Ancestrally all dinosaurs had feathers.

　　元々すべての恐竜には羽毛があった。

(52) During the early Carboniferous and Cretaceous periods, the atmosphere contained very high levels of carbon dioxide.

　　石炭紀初期と白亜紀の間、大気は非常に高濃度の二酸化炭素を含んでいた。

(50) で使用されている、動詞 be の過去時制全体相形態 was は、「ソクラテスが変わり者で有名だ」という事態が過去の時区間において成立したことを表示する。この時区間を特定することはできないが、ソクラテスに対する社会の評価が定着してから彼が亡くなるまでの時区間の全体において、この事態が成立したも

のと考えてよい。

　(51)の had は、均質動詞 have の過去時制全体相形態である。この文は、主体であるすべての恐竜について、「主体が羽毛を持つ」という事態の主体の集合に含まれるという事態が、過去の時区間において成立したということを表示するが、この時区間の任意の時区間において事態が成立すると考えてよいから、表示されるのは全事態である。

　(52)の contain（含む）は均質動詞であり、contained は過去時制全体相形態である。この文は、石炭紀初期と白亜紀という時区間の全体において、「大気が非常に高濃度の二酸化炭素を含む」という事態が、すなわち全事態が成立したことを表示している。

　均質動詞が表示する事態は、全事態と点・線部分事態が等しいので、過去時制全体相形態が、過去の時点または時区間における部分事態を表示することもできる。

　(53)　When I entered her room, Mary was in bed.
　　　　私がメアリーの部屋に入った時、彼女はベッドで寝ていた。

　(54)　John still had headache at the end of the day.
　　　　その日の終わりになってもジョンはまだ頭が痛かった。

　(55)　There stood a massive wall here many generations ago.
　　　　何世代も前の時代には、ここに巨大な壁があった。

　(53)では、when I entered her room（私がメアリーの部屋に入った）という事態は時点において成立するので、この文は「メアリーがベッドで寝ている」という事態の点部分事態が、この過去の時点において成立していたことを表示する。

　(54)では、at the end of the day（その日の終わりに）という名詞群が、事態の成立が過去の時点であることを表示するので、この文は「ジョンが頭が痛い」という事態の点部分事態が、この時点において成立していたことを表示する。

　(55)では、名詞句 many generations ago（何世代も前の時代）が、事態の成立が過去の時区間であることを表示する。ただし建造物はこの時区間よりも長い時区間にわたって存在したと考えるのが妥当なので、この文が表示するのは「ここに巨大な壁があった」という事態の線部分事態である。

ⅱ．部分均質動詞
　部分均質動詞の過去時制全体相形態は、基本的には過去の時区間において事態の全体が成立したことを表示する。

　(56)　John talked with the coach during halftime and after the game.
　　　　ジョンはハーフタイムの間と試合後にコーチと話をした。

(57) My friends and I swam in the pool, ice skated and played tennis.

　　私の友人たちと私はプールで泳いで、アイススケートをして、そして
　　テニスをした。

(58) After graduating from high school, she studied at the university where
　　she majored in English literature.

　　高校を卒業した後、彼女はその大学で勉強し、英文学を専攻した。

　(56)は「ジョンがコーチと話をする」という事態の全体が過去の時区間におい
いて成立したことを表示する。during halftime（ハーフタイムの間）と after the
game（試合の後）という名詞群が、事態の成立時区間を与えているから、これら
の時区間を超えない時区間において全事態が成立したことが分かる。

　(57)では、swam, skated, played という、過去時制全体相形態の動詞が連続し
て並列されているので、「主体が泳ぐ」という事態が全て成立した後で「主体が
スケートをする」という事態の全体が成立し、その後で「主体が（テニスを）する」
という事態の全体が成立したものと理解される。

　(58)の主節にある studied（勉強した）が表示する事態の開始時点は、名詞群
after graduating from high school（高校を卒業した後）によって与えられている。
終了時点を表示する語句はないが、大学を卒業する時点だと考えることができる。
したがって、studied という過去時制全体相形態は全事態を表示する。関係節中
の majored（専攻した）が表示する事態の成立時区間は、主節が成立する時区間
と同一だと考えられるから、この動詞群も全事態を表示する。

　部分均質動詞の過去時制全体相形態が表示する全事態が占める時区間の長さは、
「for＋名詞句」という構造の名詞群によって表示される。

(56′) John talked with the coach for two hours.

　　ジョンはコーチと2時間話をした。

(57′) I swam in the pool for thirty minutes.　私は30分間プールで泳いだ。

(58′) She studied at the university for four years.

　　彼女は4年間その大学で勉強した。

　部分均質動詞が表示する事態は全事態と線部分事態が等しいので、過去時制全
体相形態によって線部分事態が表示されることもできる。

(59) There were cracks in the siding, where light shone through.

　　羽目板には割れ目があって、そこから明かりが漏れ出ていた。

(60) We heard the noise of cars which passed by before the city went quiet.

　　町が静かになる前に、通り過ぎる車の騒音が聞こえた。

　(59)の関係節 where light shone through（その羽目板から光が漏れ出ていた）で
は、部分均質動詞 shine（輝く）の過去時制全体相形態が使用されている。主節の

第2節　時制・アスペクト形態とその機能　　449

事態「羽目板には割れ目があった」は、過去の時区間において成立しているが、成立時区間の開始時点と終了時点は不明であり、表示されるのは線部分事態である。関係節の事態が成立する時区間は、主節の成立時区間に包含されており、やはり開始と終了の時点は不明であるから、関係節が表示するのも線部分事態である。

　（60）の関係節 which passed by（車が通り過ぎた）では、部分均質動詞 pass の過去時制全体相形態が使用されている。主節の we heard the noise of cars（受信者たちに車の騒音が聞こえた）の動詞 hear（聞こえる）は均質動詞であり、主節の事態は全事態または線部分事態である。関係節の事態の成立時区間は、主節の事態の成立時区間を包含すると考えてよく、開始と終了の時点は不明であるから、関係節の事態は線部分事態である。

　副詞節 before the city went quiet（町が静かになる前に）中の動詞 go（行く、なる）は部分均質動詞であるが、この節が表示する事態は、主節の成立時区間に後続する時区間において成立する。主節の成立時区間の終了時点は明確ではないから、副詞節の事態が開始する時点も不明確であり、したがって、副詞節が表示するのも線部分事態である。

　部分均質動詞が表示する事態が多数回反復されることによって形成される列事態には線部分事態が含まれるが、この線部分事態が過去の時区間において成立することを、部分均質動詞の過去時制全体相形態が表示することができる。

（61）Every day at 5:30 a.m., he swam in a pool in downtown Los Angeles.
　　　毎日朝5時半に、彼はロサンゼルス中心部のプールで泳いだ。

（62）He was home on weekends, and he played catch with his two sons in the backyard.
　　　彼は週末には家にいて、裏庭で2人の息子とキャッチボールをした。

（63）In the Middle Ages, the Vikings sailed across the North and Baltic Seas, and the Atlantic Ocean.
　　　中世に、バイキングたちは、北海やバルト海、そして大西洋を航海していた。

　（61）の swam は、部分均質動詞 swim（泳ぐ）の過去時制全体相形態であるが、every day at 5:30 a.m.（毎日朝5時半）という名詞句があることから、この文は「彼がロサンゼルス中心部のプールで泳ぐ」という事態によって構成される列事態の線部分事態を表示することが分かる。

　（62）の played は、部分均質動詞 play（遊ぶ、する）の過去時制全体相形態であるが、第1文に on weekends（週末に）という名詞群があることから、he played catch は、「彼がキャッチボールをする」という事態が構成する列事態の線部分事

態が過去の時区間において成立したことを表示しているものと理解される。

(63) の sailed は、部分均質動詞 sail（航海する）の過去時制全体相形態であるが、主体が the Vikings（バイキングたち）という歴史上の人々であって、その主体が海を船で渡っていた時区間は、the Middle Ages（中世）の中でどの時期であるのかを明確に確定できるものではないから、「バイキングたちが航海した」という事態は、この文では線部分事態が成立しているものと理解するのが適当である。

iii. 非均質動詞

非均質動詞の過去時制全体相形態は、単一の事態の場合は、過去の時区間において事態の全体が成立したことを表示する。

(64) The Moors built the tower with ramps instead of stairs, so that the top could be reached on horseback.

ムーア人は馬に乗って頂上に着けるように、その塔を階段ではなく坂を登るようにして建てた。

(65) The last time John ran a race was September 25, when he won the Fifth Avenue Mile.

ジョンが最後にレースを走ったのは9月25日で、その時彼は5番街マイルレースで勝った。

(66) He traveled to over forty countries and made three trips to China.

彼は40カ国以上に旅をし、中国には3回訪れた。

(64) では、「ムーア人がその塔を建てた」という事態は、副体である the tower（その塔）がすでに過去の時区間において建設が完了していたと考えることができるので、非均質動詞 build（建てる）の過去時制全体相形態は、全事態を表示している。

(65) の動詞 run（走る）は、副体との間の単射関係を表示する場合には非均質動詞に分類される。この文では、事態が成立した時区間が9月25日だと明示されていて、事態の結果として「彼がマイルレースで勝つ」という事態も成立しているので、過去時制全体相形態 ran は全事態を表示している。

(66) の第1文の動詞 travel（旅行する）は部分均質動詞であるが、名詞群 to over forty countries（40か国以上に）が後続していることから、「動詞＋名詞群」では非均質動詞と同様の特性を持ち、過去時制全体相形態 traveled は、事態の全体が成立したことを表示する。第2文の動詞 make（作る、する）は非均質動詞であり、過去時制全体相形態は「彼が中国に3回旅行する」という事態の全体が過去の時区間において成立したことを表示する。

非均質動詞の全事態が占める時区間の長さは、「in ＋名詞句」によって表示さ

第2節　時制・アスペクト形態とその機能　　　451

れる。

(67) John answered all the questions in ten minutes.
　　　ジョンは全ての問題に 10 分で答えた。

(68) Mary read the book in a week.　　メアリーは 1 週間でその本を読んだ。

(69) Columbus crossed the Atlantic Ocean in two months.
　　　コロンブスは 2 か月かけて大西洋を横断した。

(67) では「ジョンが全ての問題に答える」という事態の全体が過去の時区間において成立し、その時区間の長さが 10 分であったことが表示されている。

(68) は、「メアリーがその本を読む」という事態の全体が過去の時区間において成立し、その時区間の長さが 1 週間であったことを表示している。

(69) は、「コロンブスが大西洋を横断する」という事態の全体が過去の時区間において成立し、その時区間の長さが 2 か月であったことを表示している。

非均質動詞が単一の事態ではなく列事態を表示する場合は、列事態全体の成立時区間が確定できないのが普通なので、表示されるのは列事態の線部分事態である。

(70) At night Mary read books curling up in her armchair as she slowly dozed off.
　　　夜メアリーは自分の安楽椅子にくつろいで座りながら本を読んで、だんだんと眠りについた。

(71) When I was a little girl, I painted pictures of me with a gold medal around my neck.
　　　小さな女の子だった時、私は首の周りに金のメダルをかけた私の絵を描いていた。

(72) People often made three trips a day, carrying sixteen-litre aluminum jugs.
　　　人々は、16 リットルのアルミの壺を担いで、しばしば 1 日に 3 回も往復した。

(70) の主節の動詞 read（読む）は非均質動詞であるが、単射関係の副体 books（本）の個数が複数であり、1 人の人間が 1 度に読む本の個数は通常 1 個であることから、この文が表示するのは単一事態ではなく列事態であると考えることができる。この列事態の開始時点と終了時点は不明であるから、ここで表示されているのは、過去の時区間における線部分事態である。

(71) の主節の動詞 paint（描く）は非均質動詞であるが、単射関係の副体 pictures（絵）の個数が複数であり、副詞節 when I was a little girl（発信者が小さな女の子だった時）が数年以上の長い時区間を表示していることから、主節の事態は単一事態ではなく列事態であると判断される。列事態を構成する単一事態の個

数は不明であるから、列事態の成立時区間を限定することは不可能であり、した
がって主節が表示するのは線部分事態である。

(72)の動詞 make（作る、する）は非均質動詞であり、単射関係の副体は three
trips（3回の往復）で複数個の事態であるが、個数が限定されているので、全体で
単一の事態だと見なすこともできる。しかし、副詞 often（しばしば）が文中にあ
ることから、表示されているのは列事態だと判断され、列事態の開始時点と終了
時点を特定することはできないから、列事態の線部分事態が表示されているもの
と理解される。

iv．脱均質動詞

　脱均質動詞は時点において成立する事態を表示するから、過去時制全体相形態
は、過去の時点において成立する事態を表示する。

(73) The new school year began on the first day of September with an assem-
　　 bly in the gymnasium.
　　 9月の最初の日に体育館での集会で新年度が始まった。

(74) The police arrested the suspect at his home in the town a short time later.
　　 警察は容疑者をその後間もなくその町にある彼の自宅で逮捕した。

(75) In 1999 the museum opened the new Exhibition Wing, designed by a fa-
　　 mous Japanese architect.
　　 1999年にその美術館は、日本人の有名な建築家が設計したその新しい
　　 展示翼を開いた。

(73)の動詞 begin（始まる）は脱均質動詞であり、過去時制全体相形態 began は、
過去の時点において全事態が成立したことを表示する。事態の成立時点は、名詞
群 on the first day of September（9月の最初の日）が表示する時区間上に位置する。

(74)の動詞 arrest（逮捕する）は脱均質動詞であり、過去時制全体相形態 arrested
は、過去の時点において全事態が成立したことを表示する。単射関係の副体 the
suspect（容疑者）が1人の人間であり、名詞句 a short time later（その後間もなく）
で基準となる時区間の少し後の時区間で成立したことも表示されているので、こ
の文が表示するのは単一の事態であることが分かる。

(75)の動詞 open（開く）は脱均質動詞であり、単射関係の副体 the new Exhibi-
tion Wing（新しい展示翼）は特定の1個の個体なので、過去時制全体相形態
opened は過去の時点において単一の全事態が成立したことを表示する。事態が
成立した時点は、名詞群 in 1999（1999年に）が与える時区間の内部に位置する。

　脱均質動詞が表示する事態が列事態を構成する場合には、過去時制全体相形態
が、列事態の線部分事態を表示することができる。

(76) Scientists believe that supernovae exploded, releasing heavy elements into space, billions of years ago.

何十億年も前に超新星が爆発して、宇宙に重元素を放射したと科学者たちは考えている。

(77) Prices of pork products rose as the viruses killed millions of pigs.

ウィルスで何百万匹もの豚が死んだため、豚肉の価格が上昇した。

(78) Automobiles started to enter the park in ever-increasing numbers following the construction of all-weather highways to the park.

その公園への全天候型幹線道路の建設に伴い、その公園に入る車両の数がどんどん増加し始めた。

(76)の副体名詞節中の動詞 explode（爆発する）は脱均質動詞であるが、主体は supernovae（超新星）という多数の個体であって、これらの個体が同時に爆発することはあり得ないので、過去時制全体相形態 exploded が表示するのは列事態である。名詞節が表示する列事態が成立した時区間は、名詞句 billions of years ago（今から何十億年も前）という不定の長さの時区間なので、この列事態を構成する線部分事態が表示されているものと理解される。

(77)の副詞節中の動詞 kill（殺す）は脱均質動詞であるが、主体が viruses（ウイルス）、副体が millions of pigs（何百万匹もの豚）といういずれも多数の個体なので、過去時制全体相形態 killed が表示するのは列事態である。主節が表示する事態は「豚肉の価格が上昇した」であって、価格の上昇は漸次的に成立し、開始時点と終了時点は不明確なので、副詞節の事態も同様であり、したがって列事態の部分である線部分事態が表示されているものと判断される。

(78)の動詞 start（始める）は脱均質動詞であるが、主体が automobiles（車両）であって複数の個体であり、名詞群 in ever-increasing numbers（数がどんどん増加する）によって、一定の長さを持つ時区間において事態が成立するが、時区間の両端は不明確なので、過去時制全体相形態 started が表示するのは線部分事態である。

④ 過去時制・部分相

ⅰ. 均質動詞

均質動詞は全事態と点・線部分事態が等しいので、部分相形態によって部分事態を表示する必要がない。しかし、部分事態が成立する時区間が短かったことが含意されるようにするために、過去時制の部分相形態が使用されることがある。

(79) Mary was being nervous when she stepped onto the stage for the first time.

初めて舞台に足を踏み入れた時、メアリーは緊張していた。

(80) We were having a great time when John started to talk about politics.
　　　私たちがとても楽しんでいた時に、ジョンが政治について語り出した。

(81) John was loving the sound of birds chirping as he stood under a tree.
　　　木の下に立ちながら、ジョンは鳥が囀る音を楽しんでいた。

　(79)の動詞 be は均質動詞であり、主節が表示する「メアリーが緊張していた」という事態の成立時区間は、従属節 when she stepped onto the stage（彼女が舞台に足を踏み入れた）によって与えられている。従属節の事態は過去の時点において成立するから、主節の事態も同様に過去の時点において成立する。したがって主節が表示する事態は点部分事態であり、均質動詞であれば全体相形態 was で表示することも可能であるが、部分相形態 was being を使用することによって、ごく一時的な成立であることを表示している。

　(80)の動詞 have は均質動詞であり、主節が表示する「発信者たちがとても楽しんでいた」という事態の成立時区間は、従属節 when John started to talk about politics（ジョンが政治について語り出した）によって与えられる過去の時点である。主節の事態と従属節の事態の成立時区間は同一であるから、主節の事態も過去の時点において成立し、全事態は一定の長さを持つ時区間において成立するから、過去の時点においては点部分事態が成立する。均質動詞であるから、過去時制全体相形態 had によって表示することもできるが、短時間の成立であることを was having という過去時制部分相形態によって表示している。

　(81)の主節の動詞 love（愛する）は均質動詞であるが、主節の事態が成立する時区間を表示する副詞節 as he stood under a tree（木の下に立っている時）が成立する時区間は通常であれば短時間なので、主節の事態の成立も短時間だと判断される。この一時的な成立を表示するために、was loving という過去時制部分相形態が使用されていると考えることができる。

ⅱ．部分均質動詞

　部分均質動詞の過去時制部分相形態は、点または線部分事態が過去の時区間において成立したことを表示する。

(82) I was walking when I found two drones flying overhead.
　　　私が歩いていると、2機のドローンが頭上を飛んでいるのを見つけた。

(83) The bridge suddenly fell down as many cars were passing on it.
　　　たくさんの車が橋の上を通っている時に、その橋が突然崩れ落ちた。

　(82)の動詞 walk（歩く）は部分均質動詞である。主節は「発信者が歩く」という事態の部分事態が過去の時区間において成立したことを表示する。副詞節は主

節の事態が成立する時区間を与えるが、「発信者が副体を見つけた」という事態は時点において成立する。したがって、was walking という過去時制部分相形態は、時点において成立する点部分事態であると判断される。

(83)の as で始まる副詞節の動詞 pass（通る）は部分均質動詞である。この節は、「多くの車が橋の上を通る」という事態の部分事態が過去の時区間において成立したことを表示する。主節の事態「その橋が突然崩れ落ちた」は、過去の時点において成立しているから、were passing という過去時制部分相形態も、過去の時点において成立した点部分事態を表示する。

(84) The boy's mother told police she was cooking while her son played video games.
その少年の母親は、息子がテレビゲームをしている間料理をしていたと警察に言った。

(85) That never happened in Japan when I was working during the 1970s.
私が働いていた 1970 年代には、そんなことは日本では決して起こらなかった。

(84)の副体名詞節中の動詞 cook（料理する）は部分均質動詞である。「彼女が料理をする」という事態は、while で始まる副詞節が表示する事態「彼女の息子がテレビゲームをする」という事態が成立した時区間と同一の時区間において成立するが、副詞節の事態は長さのある時区間において成立するので、過去時制部分相形態 was cooking は、線部分事態を表示する。

(85)の副詞節中の動詞 work（働く）は部分均質動詞である。副詞節が表示する「発信者が働く」という事態の成立時区間は、名詞群 during the 1970s（1970 年代の間）によって与えられており、この期間のうちの一定の長さを持つ時区間において成立すると考えなければならないから、過去時制部分相形態 was working は線部分事態を表示する。

ⅲ．非均質動詞
　非均質動詞の過去時制部分相形態は、過去の時区間において点または線部分事態が成立したことを表示する。

(86) John was drinking a glass of beer at the sunset.
日が沈む時、ジョンはビールを 1 杯飲んでいた。

(87) Mary was writing a letter at the desk when I entered her office.
私がメアリーの事務所に入った時、彼女は机で手紙を書いていた。

(88) It was Sunday and we were visiting ancient churches.
その日は日曜日で、私たちは古い教会を訪ねていた。

（86）の drink（飲む）は単射関係を表示し副体が a glass of beer（1 杯のビール）であって、事態が成立する時区間内のどの時点でもグラス中のビールの量が異なるので、非均質動詞である。was drinking は過去時制部分相形態であるが、名詞群 at the sunset（日が沈む時）によって成立するのが時点であることが分かるので、この形態が表示するのは点部分事態である。

（87）の write（書く）は単射関係を表示し、副体が a letter（1 通の手紙）であって、事態が成立する時区間内のどの時点でも書かれた文字の量が異なるので、非均質動詞である。was writing は過去時制部分相形態であるが、副詞節 when I entered her office（発信者が彼女の事務所に入った時）が成立するのが時点であり、主節と副詞節の成立時区間は同一であるから、主節も時点において成立する。したがって過去時制部分相形態 was writing は点部分事態を表示する。

（88）の visit（訪れる）は非均質動詞である。were visiting は過去時制部分相形態であり、過去の時区間における部分事態を表示するが、第 1 文が与える成立時区間が日曜日という長さのある時区間であるから、第 2 文が表示するのは線部分事態であることが分かる。

非均質動詞を含む文が点部分事態を表示し、その中に複数の数量を表示する語句がある場合、その数量は全事態が成立することによって達成される。したがって、部分事態が成立している時にはその数量とは異なる数量が達成されているから、部分事態は成立せず、部分相形態の使用は不適格となる。

（89）　×John was drinking three glasses of beer at the sunset.
　　　　ジョンは日が沈む時にビールを 3 杯飲んでいた。

（90）　×Mary was writing many letters at the desk when I entered her office.
　　　　私がメアリーの事務所に入った時、彼女はたくさんの手紙を書いていた。

非均質動詞が列事態を表示し、過去時制部分相形態がその線部分事態を表示する場合には、複数の数量を表示する語句が文中に含まれていても適格となる。

（91）　John was drinking five bottles of beer a day when he was young.
　　　　ジョンは若い頃は 1 日にビールを 5 瓶飲んでいた。

（92）　Mary was writing several letters a week until just days before her death.
　　　　メアリーは死ぬつい数日前まで、週に何通もの手紙を書いていた。

（91）の副詞節 when he was young（彼が若かった時）は数十年の長さを持つ時区間を表示し、主節の事態の成立時区間はこれと同一である。ただしこの時区間の両端は不明確である。したがって主節は「ジョンが 1 日にビールを 5 瓶飲む」という事態によって構成される列事態に含まれる線部分事態を表示する。

（92）の副詞節 until just days before her death（死ぬつい数日前まで）は、開始時

第2節　時制・アスペクト形態とその機能　　　457

点が不明の長さのある時区間を表示し、主節の事態が成立する時区間はこれと同一である。したがって主節は「メアリーが週に何通もの手紙を書く」という事態が構成する列事態の線部分事態が、副詞節の事態が成立した時区間において成立したことを表示する。

iv．脱均質動詞

　脱均質動詞が表示する事態は長さのない時点において成立するので、事態が単一の場合は、部分事態を表示するための部分相形態を取ることはできないはずであるが、実際には過去時制部分相形態が適格なものとして使用される。この場合は、事態が成立するまでの事態としての前事態の部分が表示される。

(93) Mary told me she was starting a new job, moving back to her hometown.
　　メアリーは私に、自分の故郷に戻って新しい仕事を始めることにしていると言った。

(94) The guests were arriving soon, so I set to work.
　　客がもうすぐ到着するので、私は仕事を始めた。

(95) Just as wireless communications were emerging, I joined the company and worked as a strategic planning manager.
　　無線通信が現れようとしていたまさにその時、私はその会社に入って、戦略計画部長として働いた。

　(93)の副体名詞節の動詞 start（始める）は脱均質動詞である。「新しい仕事を始める」という事態が成立する時点の前事態としては、仕事の計画を立てる、事業の許可を得る、人材を募集するなどの事態が想定されるが、その前事態が成立するための時区間には一定の長さがある。動詞群 was starting はこのような前事態の部分事態が過去の時区間において成立したことを表示している。主節の事態「メアリーが副体を言った」という事態が成立するのは長さのある時区間であるから、この前事態の部分事態は線部分事態であると判断される。

　(94)の動詞 arrive（到着する）」は脱均質動詞である。「客が到着する」という事態 P が成立することが確実であることから、「発信者が仕事を始める」という事態 Q が過去の時点において成立している。したがって、were arriving という過去時制部分相形態は、事態 P の前事態の部分事態であり、事態 Q は時点において成立するから、点部分事態であると判断される。

　(95)の副詞節の動詞 emerge（出現する）は、主体が見えない状態から見える状態へと変化するという事態を表示する脱均質動詞である。were emerging は、「無線通信が現れた」という事態の前事態の部分を表示するが、主節の「発信者がその会社に入り、戦略計画部長として働いた」という事態が成立する時区間を包含

458 第 11 章 時制とアスペクト

する時区間において副詞節の事態が成立することから、副詞節の部分事態は線部分事態である。

脱均質動詞の過去時制部分相形態は、列事態の線部分事態を表示することができる。

(96) I was getting up at 11 or 12 every day, sometimes later than that.
私は毎日 11 時か 12 時、時にはそれよりも遅い時間に起きていた。

(97) Ten years ago, innocent people were being killed in gun battles right on the city's streets.
10 年前は、まさにその町の通りで無実の人々が銃の撃ち合いで殺されていた。

(98) Planes were taking off and landing in the airport.
その空港では、飛行機が離着陸していた。

(96)の動詞 get up (起きる)は脱均質動詞であるが、名詞句 every day (毎日)が使用されていることから、表示されるのは列事態であり、時区間の両端は不明であるから、列事態の線部分事態であると判断される。

(97)の動詞群 be killed (殺される)は受動態形態であるが、生きている状態から死んだ状態への変化を表示するので、脱均質動詞と同一の特性を持つ。名詞句 ten years ago (10 年前)によって、過去時制部分相形態 were being killed は、列事態の線部分事態であることが分かる。

(98)の動詞 take off (離陸する)と land (着陸する)はどちらも脱均質動詞である。主体が planes (飛行機)である複数の個体であり、飛行機が同時に離着陸することはないので、ここで表示されているのは列事態であり、複数の飛行機の離着陸には一定の長さの時間が必要なので、列事態の線部分事態であると理解される。

⑤ **未来時制・全体相**

ⅰ. 均質動詞

均質動詞の未来時制全体相形態は、未来の時区間において全事態が成立することを表示するのが原則である。ただし、均質動詞が表示する事態は全事態と点・線部分事態が等しいので、全体相形態で部分事態を表示することもある。

(99) This rule will remain in effect until the end of the school year.
この規則は年度の終わりまで有効だ。

(100) The session next week will include lunch with wine.
来週の会合には、昼食とワインがつく。

(101) Mary will be in her room when you visit her house.

あなたがメアリーの家を訪れる時には、彼女は自分の部屋にいるだろう。

（102）If another crisis happens, the world will see how strong our country is.
もう1度危機が起きたら、世界は我が国がどれくらい強いかを知るだろう。

（99）の動詞 remain（のままだ）は均質動詞である。副詞節 until the end of the school year（年度の終わりまで）によって事態が成立する時区間の終了時点が明示され、時区間が年度であることから、開始時点は年度の初めであると推測される。したがって、未来時制全体相形態 will remain は未来の時区間において全事態が成立することを表示する。

（100）の動詞 include（含んでいる）は均質動詞である。主体が the session next week（来週の会合）であって、会合が占める時区間は限定されているので、未来時制全体相形態 will include が表示するのは全事態であると判断される。

（101）の動詞 be は均質動詞である。副詞節 when you visit her house（受信者が彼女の家を訪れる時）が成立するのは未来の時点であり、主節の事態も副詞節の事態と同時に成立するが、主節の事態の全体は、未来の長さのある時区間において成立するから、未来時制全体相形態 will be が表示するのは点部分事態である。

（102）の主節の動詞 see（見える）は均質動詞である。主節の事態は、従属節の事態が成立した後で成立するから、開始時点は決定できるが、how strong our country is（我が国がどれくらい強いか）という事態を世界が知っている時区間を特定することはできない。したがって、主節が表示する事態は部分事態であり、主体が副体を知っているという事態は長さのある時区間において成立するから、線部分事態であると判断される。

ii．部分均質動詞

部分均質動詞の未来時制全体相形態は、未来の時区間において全事態が成立することを表示する。

（103）They will swim next to each other in tomorrow's final.
彼らは明日の決勝では隣同士で泳ぐ。

（104）We will play golf in the course until the sun goes down.
私たちはそのコースで日が暮れるまでゴルフをするつもりだ。

（105）After one night in Delhi we will fly to Hong Kong.
デリーで一晩過ごした後、私たちは香港に飛行機で行く。

（103）の動詞 swim（泳ぐ）は部分均質動詞である。名詞群 in tomorrow's final（明日の決勝で）によって、「彼らが泳ぐ」という事態は、決勝戦という限定された状

況で成立することが分かるから、未来時制全体相形態 will swim が表示するのは
未来の時区間における全事態の成立である。

（104）の動詞 play（する）は部分均質動詞である。副詞節 until the sun goes
down（日が暮れるまで）によって、成立時区間の終了時点が与えられている。開
始時点を表示する語句はないが、ゴルフコースでゴルフを始める時点があること
は当然である。したがって、未来時制全体相形態 will play は未来の時区間にお
ける全事態の成立を表示する。

（105）の動詞 fly（飛行する）は部分均質動詞である。名詞群 after one night in
Delhi（デリーで一晩過ごした後）と to Hong Kong（香港に）によって、飛行の起
点と着点が与えられているので、未来時制全体相形態 will fly は未来の時区間に
おける全事態の成立を表示する。

部分均質動詞が表示する事態は、全事態と線部分事態が等しいので、未来時制
全体相形態が、線部分事態を表示するものと解釈される場合もある。

（106）From March the plane will fly to both Amsterdam and Barcelona.
3月からその飛行機はアムステルダムとバルセロナの両方に飛行する。

（107）Even a car straight from the factory will run differently with computer
tuning.
工場から直送された車でさえ、コンピューターで調整すると違う走り
方をするだろう。

（108）If we do not take action now, our planet will suffer irreversible damage.
もし私たちが今行動を起こさなかったら、私たちの惑星は取り返しの
つかない損害を被ることになるだろう。

（106）の動詞 fly（飛行する）は部分均質動詞である。名詞群 from March（3月
から）によって、事態が成立する時区間の開始時点は与えられるが、飛行機の運
行はそれ以後定期的に行われるのが普通だから、終了時点は与えられない。した
がって、未来時制全体相形態 will fly は線部分事態を表示する。

（107）の動詞 run（走る）は部分均質動詞である。この文は、車が起点から着点
に移動するという事態ではなく、車の走り方がコンピューターのプログラムの調
整によって異なるという事態を表示している。したがって、成立時区間は限定さ
れておらず、未来時制全体相形態 will run は線部分事態を表示する。

（108）の動詞 suffer（被る、苦しむ）は部分均質動詞である。主節が表示する事
態は、地球に損害が生じるというものであるが、事態の開始時点は、条件節の事
態が成立した後の時点であると推測されるが、事態が終了する時点があるかどう
かは不明であるから、未来時制全体相形態 will suffer は線部分事態を表示すると
解釈される。

第2節　時制・アスペクト形態とその機能　　　461

部分均質動詞によって表示されるのが単一の事態ではなく列事態である場合には、未来時制全体相形態が未来の時区間において成立する列事態の線部分事態を表示することができる。

(109) We will talk together about our happy times every day.
　　　私たちは毎日楽しく過ごした時について語り合うだろう。

(110) Despite the situation, interactions between the countries will go on.
　　　その状況にも関わらず、それらの国々の間の交流は続いて行くだろう。

(111) The central bank will maintain the foreign exchange parity.
　　　中央銀行は外国為替相場の平価を維持するだろう。

(109)の名詞句 every day（毎日）は、この文が表示する事態が列事態であることを示している。ただし、成立時区間は限定されていないから、動詞群 will talk が表示するのは線部分事態である。

(110)が表示する事態の主体は interactions（交流）という複数の事態であるから、表示されるのは列事態である。動詞 go に副詞 on が後続していて、事態に終了時点がないことが含意されているから、動詞群 will go on は線部分事態を表示する。

(111)が表示する「中央銀行が外国為替相場の平価を維持する」という事態は、現在においてはすでに成立していると考えられ、またこの文ではどの時点まで維持するのかは明示されていない。したがってこの文が表示するのは、現在から未来にわたる時区間において成立する線部分事態である。

(111)のように、未来時制全体相形態は、現在を含む未来の時区間において成立する事態を表示できることから、現在から未来にわたる長い時区間において成立する、習慣的、反復的な事態を表示するために使用されることができる。

(112) The dog will bark at a burglar; but the dog will also bark at a shirt.
　　　犬は泥棒にほえかかるものだが、シャツにも吠えかかるものだ。

(113) There are children who will read a book so many times they truly come to know it by heart.
　　　何度も本を読んで、本当にその本を暗記してしまうようになる子供がいる。

(114) It has become clear that girls will read a book with a boy on the cover, but boys won't read a book with a girl on the cover.
　　　表紙に男の子が載っている本を女の子たちは読むが、表紙に女の子が載っている本を男の子たちは読まないということが明らかになっている。

(112)の「犬が泥棒にほえかかる」という事態は、現在を含む長い時区間にお

462   第 11 章　時制とアスペクト

いて成立する。犬の習性についての事態であり、個体群の習性であれば、未来に
おいて成立するということが、受信者に対して伝達する価値が大きい。このこと
から、習慣的・反復的な事態を未来時制全体相形態でも表示することがあるのだ
と考えられる。

　(113)の関係節中の事態「子供が何度も本を読んで暗記してしまう」という事
態が現在を含む未来の時区間において成立することは、主節の動詞群 are が現在
時制全体相形態であることによって表されている。

　(114)の名詞節は事態の主体であるが、主節が it has become clear（主体が明ら
かになった）であるから、過去における状況から確実に成立するものと推論され
ている事態を表示する。したがって、名詞節中の動詞群 will read と won't read は、
現在から未来にわたる長い時区間において習慣的に成立する事態を表示するもの
と理解される。

ⅲ．非均質動詞
　非均質動詞の未来時制全体相形態は、未来の時区間において全事態が成立する
ことを表示する。

　(115) John will drink three bottles of water to stay hydrated during his long
　　　　run.
　　　　長距離走の間水分を保っておくためにジョンは水を 3 瓶飲む。

　(116) From Feb. 2 to 8, the teams will construct more than 400 sculptures and
　　　　buildings from snow.
　　　　2 月 2 日から 8 日まで、それらのチームは雪で 400 以上の彫像や建物
　　　　を作る。

　(117) The government says it will import 800,000 tons of food and 50 million
　　　　rolls of toilet paper this year.
　　　　政府は、80 万トンの食料と 5 千万ロールのトイレットペーパーを今
　　　　年輸入すると言っている。

　(118) He will swim 3.5 kilometers across the Sea of Galilee next month.
　　　　彼は来月ガリラヤ湖を 3.5 キロ横断して泳ぐ。

　(115)の動詞 drink（飲む）は three bottles of water のような明示的な数量の個
体が副体である時は非均質動詞である。したがって、この文の未来時制全体相形
態 will drink は、未来の時区間において全事態が成立することを表示する。

　(116)の動詞 construct（建設する）は非均質動詞である。したがってこの文の
未来時制全体相形態 will construct は、未来の時区間（2 月 2 日から 8 日）におい
て全事態が成立することを表示する。

第2節 時制・アスペクト形態とその機能 463

(117)の副体名詞節の動詞 import（輸入する）は非均質動詞である。したがって、未来時制全体相形態 will import は、未来の時区間における全事態の成立を表示する。成立時区間は、this year（今年）である時区間の内部に位置を占める。

(118)の動詞 swim（泳ぐ）は、通常は部分均質動詞であるが、3.5 kilometers（3.5 キロ）のような移動する距離を明示する名詞句がある場合は、非均質動詞に分類される。したがって、未来時制全体相形態 will swim は、未来の時区間において全事態が成立することを表示する。成立時区間は、next month（来月）である時区間の内部に位置を占める。

非均質動詞を含む文が表示する事態の成立時区間が限定されない場合や、文が列事態を表示する場合には、未来時制全体相形態は、この列事態の線部分事態を表示することができる。

(119) If the supply of apples falls, the price will rise and some people will eat pears instead of apples.

リンゴの供給が減ると価格が上昇し、リンゴの代わりに梨を食べる人も出てくるだろう。

(120) Every year vineyards will produce wines of a different character.

葡萄園は異なった特性のいろいろなワインを毎年生産するだろう。

(121) According to general relativity, a binary system will emit gravitational waves, thereby losing energy.

一般相対論によれば、連星系は重力波を放出し、そのためエネルギーを失う。

(119)主節の動詞 rise（上がる）と eat（食べる）は非均質動詞である。条件節の事態が成立した後で主節の事態が成立すると考えることができるが、リンゴの供給が今後どう増減するかは不確定なので、主節の事態が成立する時区間の終了時点は不明である。したがって、未来時制全体相形態 will rise と will eat は未来の時区間において成立する線部分事態を表示する。

(120)の動詞 produce（生産する）は非均質動詞である。名詞句 every year（毎年）によって、この文が表示するのが列事態であることが分かる。したがって、未来時制全体相形態 will produce は、列事態の線部分事態が未来の時区間において成立することを表示する。

(121)の動詞 emit（放出する）は非均質動詞である。この文は一般相対論が予測する事態を表示するものなので、表示される事態は無限の長さを持つ時区間において反復的に成立するものであり、したがって未来時制全体相形態 will emit は列事態の線部分事態を表示する。

iv. 脱均質動詞

脱均質動詞は長さのない時点で成立する事態を表示するので、未来時制全体相形態は、未来の時点で成立する全事態を表示する。

(122) The first students to our college will arrive in August.
私たちの大学への最初の学生たちは 8 月に到着する。

(123) The intelligence committees from the two houses of Congress will begin a special joint review of America's spies.
議会両院からの諜報特別委員会は、アメリカのスパイについての合同審議を開始する。

(124) This year alone, the federal government will take in more revenue than ever before.
今年だけで、連邦政府はこれまでよりも多くの歳入を得ることになる。

(122)の動詞 arrive（到着する）は脱均質動詞である。したがって、未来時制全体相形態 will arrive は、名詞句が表示する August（8 月）である時区間において、全事態が成立することを表示する。

(123)の動詞 begin（始める）は脱均質動詞である。委員会が組織されて審議を開始するという事態は、現在において予定されている単一の事態であり、未来時制全体相形態 will begin は、その予定されている未来の時点において全事態が成立することを表示する。

(124)の動詞 take（取る）は脱均質動詞である。この文が表示する事態は、今年度に連邦政府が得る歳入に関するものなので、年度の終わりに額が確定する単一の事態である。したがって未来時制全体相形態 will take in は、未来の時点において成立する全事態を表示する。

脱均質動詞が複数回反復される列事態を表示する場合、未来時制全体相形態は未来の時区間において成立する線部分事態を表示することができる。

(125) As the debate progresses, new questions will arise.
議論が進展するにつれて、新しい疑問が出てくるだろう。

(126) This kind of movement will cause difficulties for other countries.
この種の動きは他の国々にとって色々な困難を引き起こすことになるだろう。

(127) After 24 to 32 weeks of growing up, your hens will lay an egg almost every day for eight or nine months straight.
24 週から 32 週まで成長した後、雌鶏たちはほぼ毎日、8 か月から 9 か月の間ずっと卵を産むことになる。

(125)の主節の動詞 arise（生じる）は脱均質動詞である。副詞節の事態は、成

立する任意の時区間において主体の特性が異なることを表している。主節が表示する事態の主体である new questions（新しい疑問）も、同じ成立時区間における副詞節の主体の特性に応じて異なる。したがって、主節の事態は列事態であり、未来時制全体相形態 will arise は未来の時区間において成立する列事態の線部分事態を表示する。

　（126）の動詞 cause（引き起こす）は脱均質動詞である。単射関係の副体 difficulties for other countries（他の国々にとっての色々な困難）は、事態の成立時区間の異なった時区間において、それぞれ異なった国にとっての異なった困難が引き起こされることを含意するから、この文が表示するのは列事態である。したがって、未来時制全体相形態 will cause は、未来の時区間において列事態の線部分事態が成立することを表示する。

　（127）の動詞 lay（置く、産む）は脱均質動詞である。この文は、任意の雌鶏が卵を産む期間を表示した文であり、名詞句 every day（毎日）によって、表示されるのが列事態であることが分かる。したがって、未来時制全体相形態 will lay は、未来の時区間において列事態の線部分事態が成立することを表示する。

⑥　**未来時制・部分相**
　未来時制部分相形態は、未来の時区間において成立する部分事態を表示する。

ⅰ．均質動詞
　均質動詞は全事態と部分事態が等しいので、部分相形態によって部分事態を表示する必要はない。しかし、事態の成立が一時的であることを明示するために、未来時制についても部分相形態を使用することは可能である。また、部分事態は開始時点または終了時点またはその両方が不明確であるから、主体の意志によって事態が成立していないかもしれないという含意が生じる。

　（128）As a minister, I get cover for my work, but nobody else will be being the minister that I am now.
　　　　大臣として、私は仕事の援護をしてもらうが、今の私のような大臣になる人は他にはいないだろう。
　（129）Tomorrow we will be having a party to celebrate our anniversary.
　　　　明日は私たちは記念日を祝うためにパーティーを開くことにしている。
　（130）My legs will be feeling the heat tomorrow.
　　　　明日私の両足には熱が感じられるだろう。

　（128）の2番目の文の動詞 be は均質動詞である。「主体が今の発信者のような大臣である」という事態の主体である個体が、未来の時区間において存在しない

というのがこの文が表示する事態である。この未来の時区間は、発信者の大臣としての任期の間に限定されるが、さらに、第1文によって、発信者がその職務の補助を必要とする時区間に限定される。この時区間は断続的で一時的なものであるから、事態のこの特性を表示するために、未来時制部分相形態 will be being が使用されているものと考えられる。

(129)の動詞 have (持っている)は均質動詞である。この文が表示する「明日発信者たちがパーティーを開く」という事態は一時的に成立するものであり、また will be having という部分相形態が使用されていることによって、主体である発信者たちの意志が積極的に関与しないで成立している、すなわち、すでにパーティーの開催が予定されているという含意が生じる。

(130)の動詞 feel (感じる)は均質動詞である。この文が表示する事態の主体は my legs (私の両足)であって人間の足には意志がない。全体相形態 will feel であると、主体である両足が感覚を持つという含意が生じるが、感覚を持つのは意志のある主体なので、この含意は現実には合致しない。部分相形態 will be feeling を使用すると、感覚を持つ主体が両足ではなく発信者であるという適切な含意が生じる。

ii. 部分均質動詞

　部分均質動詞の未来時制部分相形態は、未来の時区間において成立する部分事態を表示する。部分事態が成立している場合、当然全事態が成立するのであるが、全事態が成立する時区間の両端を部分事態から推測することは通常不可能である。このことから、事態に関わる状況によって、事態が自然の成り行きで成立している、または事態があらかじめ予定されているという含意が生じる。

(131) In the park, a narrow-gauge steam locomotive built by Robert Stephenson will be functioning this summer.
その公園では今年の夏、ロバート・スティーブンソンが作った狭軌の蒸気機関車が動いている予定だ。

(132) When guests return to their rooms, bottles of fresh beer will be waiting for them.
客が自分たちの部屋に戻ると、冷たい瓶入りビールが彼らを待っている。

(133) The professor will be lecturing on March 3rd at 3 p.m. in room 103A.
その教授は3月3日の午後3時に103A教室で講義をしている。

(131)の動詞 function (働く)は部分均質動詞である。未来時制部分相形態 will be functioning は、未来の時区間において線部分事態が成立していることを表示

第2節　時制・アスペクト形態とその機能　　　　467

する。事態が成立する場所が公園で、this summer（今年の夏）という時期を示す
名詞句もあることから、表示される事態が予定されているものだと理解される。

　（132）の動詞 wait（待つ）は部分均質動詞である。主節の事態が成立するのは、
副詞節 when guests return to their rooms（客が自分たちの部屋に戻った時）の事態
が成立する時区間と同時であるが、return（戻る）は脱均質動詞であるから、この
時区間は未来の時点である。したがって、未来時制部分相形態 will be waiting は、
未来の時点において成立する点部分事態を表示する。

　（133）の動詞 lecture（講義する）は部分均質動詞である。事態が成立する時区
間を表示するために、名詞群 on March 3rd at 3 p.m.（3 月 3 日午後 3 時）が使用
されており、これは未来の時点であるから、未来時制部分相形態 will be lectur-
ing が表示するのは、未来の時点で成立する点部分事態である。

　部分均質動詞の未来時制部分相形態は、未来の時区間において成立する列事態
の線部分事態を表示することもある。

　（134）Other reports from various boards of investigation will be flowing for
　　　　years to come.
　　　　様々の調査委員会からの他の報告が、これから何年も溢れていること
　　　　になるだろう。

　（135）We will be teaching writing skills to anyone, of any age, who wants to
　　　　learn.
　　　　私たちは学ぶ意欲のあるどの年齢の人にも文章を書く技術を教える予
　　　　定だ。

　（136）I hope the skilled driver will be driving for our team next year.
　　　　その腕のいいドライバーが来年私たちのチームで運転してくれている
　　　　ことを私は希望する。

　（134）の動詞 flow（流れる）は部分均質動詞である。この文が表示する事態が成
立する時区間は、名詞群 for years to come（これから何年も）が表示する長期に
わたる時区間であり、主体は other reports from various boards of investigation（様々
の調査委員会からの他の報告）という個体の集合であるから、この事態は列事態
であると判断される。したがって、未来時制部分相形態 will be flowing は、未来
の長い時区間において成立する列事態の線部分事態を表示する。

　（135）の動詞 teach（教える）は部分均質動詞である。この文中には、表示する
事態の成立時区間を明示する語句はないが、名詞句 anyone, of any age, who
wants to learn（学ぶ意欲のあるどの年齢の人にも）があることから、事態は列事
態であると判断される。したがって、未来時制部分相形態 will be teaching は列
事態の線部分事態を表示する。主体は発信者たちであって意志を持つ個体である

ことから、線部分事態であることを明示することによって、この事態がすでに予定されているものであることが含意される。

　(136)の副体名詞節の動詞 drive（運転する）は部分均質動詞である。名詞節の事態が成立する時区間を明示するのは名詞句 next year（来年）であり、事態の成分である関与者として our team（発信者たちのチーム）が与えられているので、主体である the skilled driver（その腕のいいドライバー）は、自動車レースのチームに所属することが期待されているのだと理解される。レースのチームに所属するのであれば、車の運転は多数回反復されることになるから、名詞節が表示する事態は列事態であり、未来時制部分相形態 will be driving は、列事態の線部分事態を表示する。線部分事態として提示することによって、期待されている事態の成立に対する障害がなく、自然に成立してほしいという発信者の願望が暗示されている。

ⅲ．非均質動詞

　非均質動詞の未来時制部分相形態は、未来の時区間において部分事態が成立することを表示する。部分事態の成立をあえて表示することにより、事態が自然に成立するものである、あるいは予定されている通りに成立するものであるという含意が生じる。

(137) Naturally, the justices will be making major health policy.
　　　判事たちは当然主要な医療政策を立案することになるだろう。

(138) Bear in mind the recruiter will be considering you as a future employee.
　　　採用担当者はあなたのことを将来の従業員として考えているだろうということを忘れないようにしなさい。

(139) The symphony orchestra will be performing a selection of Beethoven's most famous works this coming Saturday.
　　　その交響楽団は、今度の土曜日にベートーベンの最も有名な作品の選曲を演奏する予定だ。

　(137)の動詞 make（作る）は非均質動詞である。文頭に副詞 naturally（当然）があることから、未来時制部分相形態 will be making は、未来の時区間において成立する線部分事態を表示するが、この事態の成立が、状況によって必然的だと判断されることを含意する。

　(138)の副体名詞節の動詞 consider（考える）は非均質動詞である。未来時制全体相形態 will be considering は、未来の時区間において成立する線部分事態を表示するが、主節が命令形 bear in mind（忘れるな）であり、名詞節の事態が採用担当者を前にしての書類審査や面接という状況に関わる者だと想定されることから、

未来時制部分相形態 will be considering は、事態が当然成立するものだという発信者の判断を表している。

(139)の動詞 perform (演奏する)は非均質動詞である。名詞句 this coming Saturday (今度の土曜日)が成立の日を明示していることから、未来時制部分相形態 will be performing は、未来における成立が予定されていることを表示する。

非均質動詞が表示する事態が列事態である時には、未来時制部分相形態は列事態の線部分事態を表示する。

(140) The industry will be pushing the TVs as the holiday shopping season approaches.
休暇の買い物の季節が近づいてくると、企業はテレビに力を入れることになる。

(141) At home in Sheffield, Mary will be counting the days until the Olympic Games begin.
シェフィールドの家で、オリンピックが始まるまでメアリーは日数を数えているだろう。

(142) Over the coming months, we will be implementing a more comprehensive strategy to strengthen resilience to such extremism.
これからの数か月にわたって、そのような極端な思想に対抗する力を強化するために、我々はさらに包括的な戦略を実行することになる。

(140)の主節の動詞 push (押す)は非均質動詞である。この文は、季節ごとに決定される企業の販売戦略に関する事態を表示しており、戦略には様々な事態が含まれるので、主節が表示するのは列事態である。したがって未来時制部分相形態 will be pushing は、未来の時区間において成立する線部分事態を表示している。この部分相形態は、すでに企業が決定して実行することになっている事態だということを含意する。

(141)の動詞 count (数える)は非均質動詞である。成立時区間の終端を表示する副詞節 until the Olympic Games begin (オリンピックが始まるまで)があるので、表示される事態は比較的長い時区間において反復される事態によって構成される列事態であり、未来時制部分相形態 will be counting はこの列事態の線部分事態を表示している。部分相形態は、メアリーがオリンピックの開催を楽しみにしているという状況から必然的に成立するものと予測される事態であることを含意する。

(142)の動詞 implement (実行する)は非均質動詞である。名詞群 over the coming months (これからの数か月にわたって)が成立時区間を与えていることから、この文が表示するのは列事態であると判断される。したがって、未来時制部分相

形態 will be implementing は、未来の時区間において成立する線部分事態を表示する。この事態は、主体である発信者たちの意志によって成立させるものであり、事態を成立させる目的が to strengthen resilience to such extremism（そのような極端な思想に抵抗する力を強化するために）という不定詞節によって明示されていることから、部分相形態は、その成立がすでに決定されているという含意を生じさせる。

iv. 脱均質動詞

　脱均質動詞は時点において成立する事態を表示するので、部分事態を持たない。このことから、脱均質動詞の未来時制部分相形態は、未来において成立する事態の前事態の部分を表示する。脱均質動詞の現在時制部分相形態も、未来において成立する事態の前事態の部分を表示するという特性では同様であるが、現在時制部分相形態の場合は、前事態が現在を含む時区間において成立するのに対し、未来時制部分相形態の場合は、前事態が現在を含まない未来の時区間において成立するという点で異なる。

　　(143) This is not what I want or children need at 11 years old. I will be leaving teaching if things don't change.
　　　　これは私が望むものでも 11 歳の子供たちが必要とするものでもない。もし状況が変わらなければ私は教職を去るつもりだ。

　　(144) At the end of the month, we will be cancelling our subscription to you.
　　　　今月末にはあなたへの定期契約が取り消されることになります。

　　(145) In a year or two, demand for new types of data services and internet access over wireless devices will be exploding.
　　　　1 年か 2 年後には、新しい種類のデータサービスと無線機器を通じてのインターネットへのアクセスの需要が爆発していることになるだろう。

　(143)の 2 番目の文の主節の動詞 leave（去る）は脱均質動詞である。「発信者が教職を去る」という事態が成立する状況は、最初の文によって与えられており、この事態が成立するのは、if things don't change（状況が変わらなければ）という事態が未来の時点において成立した後である。したがって、未来時制部分相形態 will be leaving は、未来の時点において成立する事態の前事態（発信者が教育に必要だと考える措置が取られないような事態）の部分を表示しており、この部分事態が成立することから、事態そのものも未来の時点において確実に成立するという含意が生じる。

　(144)の動詞 cancel（取り消す）は脱均質動詞である。未来時制部分相形態 will

第2節　時制・アスペクト形態とその機能　　　　471

be cancelling は、「発信者たちが定期契約を取り消す」という事態の前事態の部分が未来の時区間において成立することを表示するが、部分事態の成立を表示することにより、全事態の成立が必然的なものであるという含意を生じさせる。この文は、料金を支払っていない契約者に対して、契約の取り消しの期限を通告するために使用されていると考えることができるが、未来時制部分相形態によって、料金の未払いから契約の解消が必然的に成立することが含意されている。

　(145) の動詞 explode（爆発する）は脱均質動詞である。未来時制部分相形態 will be exploding は、「需要が爆発する」という事態の前事態の部分が、未来の時区間において成立することを表示する。前事態としては、情報技術の発展によるデータの多様化や無線通信手段の普及などが想定される。この前事態の成立が予測されることから、この事態が未来の時点において確実に成立することが導かれる。

　脱均質動詞が表示する事態が列事態である場合には、未来時制部分相形態は、未来の時区間において列事態の線部分事態が成立することを表示し、そこから、列事態の未来における成立が必然的なものであるという含意が生じる。

　(146) They assume that when the rabbit population is low, the lynxes will be dying off from hunger.
　　　　ウサギの個体数が少ない時は、オオヤマネコが飢えて次々に死んでいくことになると彼らは考えている。

　(147) The spokesman says only distinguished art professionals will be selling objects on the gallery's site.
　　　　そのギャラリーのサイトでは、著名な芸術の専門家だけが美術品を売ることになる予定だと広報担当者が言っている。

　(148) Everything will be happening just once, and much of it could be worth experiencing.
　　　　あらゆることはたった一度だけ起こるもので、その多くは経験する価値があるものだろう。

　(146) の副体名詞節の動詞 die（死ぬ）は脱均質動詞である。名詞節が表示する事態は、ウサギの個体数とオオヤマネコの個体数の一般的関係についてのものであり、単一の事態ではなく多数の事態によって構成される列事態だと見なされる。したがって未来時制部分相形態 will be dying は、列事態の線部分事態が未来の時区間において成立することを表示する。部分相形態によって、この事態が法則的な必然性を持つことが含意される。

　(147) の副体名詞節の動詞 sell（売る）は脱均質動詞である。この節が表示する事態の主体は distinguished art professionals（著名な芸術の専門家たち）という個

体の集合であり、副体は objects（美術品）という、やはり個体の集合であるので、表示される事態は列事態であると判断される。したがって、未来時制部分相形態 will be selling は、列事態の線部分事態を表示する。部分相形態の使用によって、この事態の成立がすでに決定されているという含意が生じる。

（148）の動詞 happen（起こる）は脱均質動詞である。文の主体が everything（あらゆること）によって表示されていることから、最初の文が表示する事態の個数は無限であり、したがって列事態である。このことから、未来時制部分相形態 will be happening は列事態の線部分事態を表示し、部分相形態の使用によって、この列事態の未来における成立が必然であるという含意が生じる。

⑦ 現在完了時制・全体相

　現在完了時制は、過去において事態が成立したことと、その事態の結果事態の部分事態が現在において成立していることを表示する。現在完了時制の全体相形態は、過去において全事態が成立し、その全事態の結果事態が現在を含む時区間において成立していることを表示する。

ⅰ．均質動詞

　均質動詞が表示する事態は、全事態と部分事態が等しい。現在の時点で全事態が成立していないと判断される場合、均質動詞の現在完了時制全体相形態は、過去の時点で開始した線部分事態とその結果事態の部分を表示する。均質動詞では全事態と部分事態が等しいので、部分事態の成立後にも結果事態が成立するため、部分事態と結果事態が同時に成立することになり、部分事態と結果事態の区別が不可能になる。この結果、全事態が成立していない場合の均質動詞の現在完了時制全体相形態は、過去の時点において開始した事態の線部分事態が、開始時点から現在までの時区間において成立していることを表示する。

(149) The man has been in prison since he was arrested three years ago.
　　　その男は、3 年前に逮捕されてから刑務所にいる。

(150) I have been a medical doctor for ten years before becoming a psychia-trist.
　　　私は、10 年間医師として働いた後（最近）精神科医になった。

(151) So far, the number of 18-year-olds attending university has remained stable despite the decline in their overall numbers.
　　　これまでのところ、大学に通う 18 歳の数は、この年齢の全体としての人口が減少しているにも関わらず、安定している。

(152) Her mother has known the secret for 15 years and never told her.

第 2 節　時制・アスペクト形態とその機能　　473

　彼女の母親はその秘密を 15 年間知っていて、彼女には決して言わな
かった。

　(149) の動詞 be は均質動詞である。副詞節 since he was arrested three years
ago（3 年前にその男が逮捕されて以来）によって、現在の時点で全事態が成立し
ていないことが分かる。したがって、現在完了時制全体相形態 has been は、過
去に開始時点を持つ事態（その男が刑務所にいる）の線部分事態が、開始時点から
現在までの時区間において成立していることを表示する。

　(150) の動詞 be は均質動詞である。名詞群 for ten years（10 年間）があること
から、現在完了時制全体相形態 have been は、10 年前に開始時点を持つ事態（発
信者が医者だ）の線部分事態が、開始時点から現在までの時区間において成立し
ていることを表示する。名詞群 before becoming a psychiatrist（精神科医になる前）
は、線部分事態が成立する時区間の内部で、発信者が精神科医になるという事態
が成立したことを表示する。

　(151) の動詞 remain（のままである）は均質動詞である。副詞 so far（これまで
のところ）により、現在の時点では全事態が成立していないことが分かる。した
がって、現在完了時制全体相形態 has remained は、過去の時点で開始した線部
分事態が現在において成立していることを表示する。

　(152) の動詞 know（知っている）は均質動詞である。主体が何らかの事実を知っ
ているという事態は、一度成立すれば、忘れるという事態が生じない限り、通常
は終了しない。この文では、名詞群 for 15 years（15 年間）が事態の成立時区間を
表示しており、また never told her（彼女には決して言わなかった）によって、主
体が秘密を忘れていないものと推測される。したがってこの文については、現在
において全事態は成立しておらず、現在完了時制全体相形態 has known は、線
部分事態が 15 年前から現在までの時区間において成立していることを表示する。

　均質動詞の現在完了時制全体相形態は、事態そのものが過去の時点において終
了しているものと理解される場合には、その事態の結果事態の部分が現在におい
て成立していることを表示する。この機能は伝統的に、現在完了の「経験」用法
と呼ばれているものである。均質動詞が表示する事態の結果事態は、通常は具体
的に知覚できるような何らかの痕跡などを残すことはないので、発信者や主体の
記憶に残存しているだけのことが多い。

(153) His uncle has once been in jail for a minor offence.
　　　彼の叔父は、以前ごく軽い罪で刑務所に入っていたことがある。

(154) John is a trader and has lived in many countries.
　　　ジョンは貿易商で、たくさんの国に住んだことがある。

(155) John and Mary have had conflicts in the past, but they are able to work

together now.
　　　ジョンとメアリーは過去には口論をしたこともあるが、今は一緒に働
　　　くことができている。

　(153)の動詞 be は均質動詞である。副詞 once（以前）によって、「彼の叔父が
刑務所にいる」という事態の全事態は過去の時区間において成立していることが
分かる。したがって、現在完了時制全体相形態 has been は、全事態が過去の時
区間において成立し、その結果事態の部分が現在において成立していることを表
示する。「主体が刑務所にいる」という事態の結果事態としては、誰もが容易に
知覚できるようなものはないが、主体には前科があるという経歴として結果事態
が成立する。

　日本語には現在完了時制は存在しないが、知覚できる結果事態を持たない事態
の結果事態を明示的に表示するための形態として「ことがある」を使用すること
ができる。

　(154)の動詞 live（住んでいる）は均質動詞である。「主体がたくさんの国に住
んでいる」という事態は、主体が 1 人の人間であれば 1 個の国にしか住むこと
はできないから、これが過去の時区間において成立したのであれば、全事態が成
立したものと理解しなければならない。したがって、現在完了時制全体相形態
has lived は、全事態が過去において成立し、その結果事態の部分が現在におい
て成立していることを表示する。この事態の結果事態として誰にでも容易に知覚
できるようなものはなく、主体の記憶に組み込まれる性質のものである。

　(155)の動詞 have（持っている）は均質動詞である。名詞群 in the past（以前は）
によって、この文が表示する事態の全事態が過去の時区間において成立している
ことが分かる。したがって、現在完了全体相形態 have had は、「ジョンとメアリー
が口論した」という事態の結果事態の部分が現在において成立していることを表
示する。「複数の主体が口論する」という事態の結果事態として、誰もが容易に
知覚できるようなものはないので、口論の当事者としての主体の記憶に留められ
ているだけである。

ⅱ. 部分均質動詞

　部分均質動詞の現在完了時制全体相形態は、全事態が過去の時区間において成
立し、その結果事態の部分が現在において成立していることを表示するのが基本
的機能である。部分均質動詞が表示する事態は、全事態と線部分事態が等しいの
で、結果事態が容易に知覚できないこともある。このため、全事態が成立したか
どうかは、事態の特性や事態が成立する状況によって判断しなければならない。

　全事態が過去の時区間において成立し、結果事態が現在において容易に知覚さ

第 2 節　時制・アスペクト形態とその機能　　　475

れる場合は、全事態が比較的近い過去において成立したものと理解される。

（156）John has gone to Vienna and will come back next week.
　　　　ジョンはウィーンに行っていて、来週戻ってくる。

（157）Five athletes have run quicker than Bolt this season, but four of them
　　　　are not here.
　　　　今シーズンはボルトより速く走った選手が 5 人いるが、そのうち 4
　　　　人はここにいない。

（158）The court has now spoken clearly as to their view of the Constitution
　　　　and, therefore, same-sex marriage is the law.
　　　　裁判所は憲法に関する彼らの見解について今明確に表明したので、同
　　　　性婚は合法である。

　（156）について、「ジョンがウィーンに行く」という事態が成立した後の結果
事態としては「ジョンがここにいない」が想定される。この結果事態が成立して
いることは、2 番目の文（John）will come back next week（ジョンが来週戻って
くる）によって確認できるので、最初の文の現在完了時制全体相形態は、結果事
態の部分が現在において成立していることを表示する。

　（157）の最初の文の動詞 run（走る）は部分均質動詞である。「主体が走る」と
いう事態は容易に知覚できる結果事態を伴わないことが多いが、「今シーズン 5
人の選手がボルトより速く走る」という事態の結果は、明確な記録として残って
いる。したがって、現在完了時制全体相形態 have run は、全事態の過去におけ
る成立と、その結果事態の部分の現在における成立を表示している。

　（158）の最初の文の動詞 speak（話す）は部分均質動詞である。この文が表示す
る事態の全体が過去の時区間において成立していることは、2 番目の文が、この
事態の成立、すなわち判決の発表を前提にして成立する事態を表示していること
から分かる。したがって、最初の文の現在完了時制全体相形態 has spoken は、
全事態が過去の時区間において成立し、その結果事態の部分が現在において成立
していることを表示する。

　部分均質動詞の現在完了時制全体相が過去において成立した全事態を表示する
と理解されるが、容易に知覚できる結果事態を伴わない場合でも、現在において
結果事態の部分が成立していると判断できる場合もある。

（159）John studies at a prestigious high school and his father also has studied
　　　　there.
　　　　ジョンは一流高校で勉強しているが、彼の父親もそこで勉強した。

（160）It is not the first time that the governor has played golf at crucial points
　　　　in the budget process.

予算審議の重要な時点で総裁がゴルフをしたのは初めてではない。

(161) We have talked about this topic many times before.
　　　私たちは以前に何度もその話題については話をした。

(159)の動詞 study（勉強する）は部分均質動詞である。2 番目の文が表示する事態「ジョンの父親がその学校で勉強する」は、卒業証書や証明書などの文書という形で結果事態を残すことはありうるが、主体を見ただけでは結果事態の成立を知ることはできない。しかし、最初の文ではジョンが高校で勉強しているという事態が表示されているから、ジョンの父親はその高校をすでに卒業している。したがって、現在完了時制全体相形態 has studied は、過去における全事態の成立と、現在における結果事態の部分の成立を表示するものと理解される。

(160)の名詞節の動詞 play（する）は部分均質動詞である。この名詞節が表示する「総裁が予算審議の重要な時点でゴルフをする」という事態 P が、この文全体が表示する事態 Q の主体であるが、「主体がゴルフをする」という事態は、通常は容易に知覚可能な結果事態を伴わない。しかし、事態 Q が「事態 P の成立が初めてではない」であるから、事態 P の全事態が過去の時区間において成立しており、それが事態 Q の成立を導いているのであるから、事態 Q の成立時点である現在において事態 P の結果事態が成立していると考えなければならない。

(161)の動詞 talk（話す）は部分均質動詞である。名詞句 many times（何度も）があることから、この文は列事態を表示し、副詞 before（以前に）によって、列事態の全事態が過去の時区間において成立しており、その結果事態が現在において成立していることが表示される。

部分均質動詞が表示する事態は、全事態と線部分事態が等しい。したがって、部分均質動詞の現在完了時制全体相形態が使用されている文が表示する事態が、現在において全事態の成立を表示していないと判断される場合は、過去の時点で開始した事態の線部分事態が現在においても成立していることを表示する。

(162) Except for two maternity leaves, Mary has worked since she got married.
　　　2 度の育児休暇を除いて、メアリーは結婚してから働いている。

(163) John has sung at church since childhood.
　　　ジョンは子供の時から教会で歌っている。

(164) Humans have experienced enormous increase in population and dramatic improvements in health over the past two centuries.
　　　過去 2 世紀にわたって人類は、人口の膨大な増加と健康の劇的な改善を経験してきている。

(162)では、副詞節 since she got married（彼女が結婚してから現在まで）によって、主節の事態の全体が過去の時区間において成立していないことが分かる。し

たがって、現在完了時制全体相形態 has worked は、過去の時点で開始した事態の線部分事態が現在において成立していることを表示する。

（163）では、名詞群 since childhood（子供の時から現在まで）が、事態の全体が過去の時区間において成立していないことを表している。したがって、現在完了時制全体相形態 has sung は、過去の時点で開始した事態の線部分事態が現在においても成立していることを表示する。

（164）では、over the past two centuries（過去2世紀にわたって）という名詞群によって、現在完了時制全体相形態 have experienced は、全事態の成立ではなく、線部分事態が過去の時点から現在までの時区間において成立していることを表示するものと理解される。

iii．非均質動詞

　非均質動詞の現在完了時制全体相形態は、過去の時区間において全事態が成立し、その結果事態が現在において成立していることを表示する。

　結果事態が容易に知覚できる場合が、伝統的に「完了」用法と呼ばれているものであり、日本語には「たばかりだ」「ている」などの形態を使用して置き換えられる。

（165）He has just cleaned the room of a coma patient, but the patient's father hasn't noticed it.
　　　彼は昏睡状態の患者の部屋を掃除したばかりだが、その患者の父親はそれに気付いていない。

（166）Mary has written a paper on free will which will be published by Oxford University Press this year.
　　　メアリーは自由意志についての論文を書いて、それは今年オックスフォード大学出版局から出版されることになっている。

（167）John has drunk three beers with his dinner, but is still in full control of his faculties.
　　　ジョンは夕食にビールを3杯飲んだが、まだ頭は十分に働かせることができている。

（165）には just（たった今）という副詞があり、また最初の文が過去の時区間において成立し、その結果事態が現在において成立しているということが、2番目の文によって明示されている。したがって、現在完了時制全体相形態 has cleaned は、過去における全事態の成立と、その結果事態の部分事態の現在における成立を表示する。最初の文が表示する事態の結果事態は、部屋が綺麗になっていることによって容易に知覚できる。

(166)については、副体名詞句 a paper on free will（自由意志についての論文）を限定する関係節が「その論文が今年オックスフォード大学出版局から出版される」という事態があることから、主節の事態はすでに過去の時区間において成立していることが分かる。したがって、現在完了時制全体相形態 has written は、全事態の過去における成立と、その結果事態の部分の現在における成立を表示する。

(167)の最初の文が表示する事態「ジョンが夕食にビールを飲む」という事態は、ビールの瓶や缶が残っていれば、結果事態の成立が容易に知覚できる。また、2番目の文は「ジョンが頭を十分に働かせることができている」という事態であり、これは、ジョンがビールを飲むという事態の結果事態を前提として表現される事態である。したがって、現在完了時制全体相形態 has drunk は、過去における全事態の成立と現在における結果事態の部分の成立を表示している。

結果事態を容易に知覚できないが、現在完了時制全体相形態が、過去における全事態の成立を表示していると考えられる場合には、この形態は結果事態の部分が現在において成立していることを含意する。このような場合、伝統的には現在完了時制形態が「経験」を表すとされ、日本語に置き換える際には「ことがある」という形態を使用することが多い。

(168) I know how cactus tastes because I have eaten it in Arizona.
アリゾナで食べたことがあるので、サボテンがどんな味なのかは知っている。

(169) 73% of respondents have attended university lectures or engaged in self-study and 75% would like more continuing education in this area.
回答者の 73% が大学の講義を受けるか、独学をしたことがあって、75% がこの分野での教育を続けて受けたいとのことだった。

(170) I have visited Amsterdam many times while my daughter lived there.
私の娘がアムステルダムにいた間に、私は何度もそこを訪れたことがある。

(168)の従属節が表示する「発信者がサボテンをアリゾナで食べた」という事態は、発信者以外が容易に知覚できる結果事態を伴わない。しかし、主節の事態が「発信者がサボテンがどんな味なのかを知っている」という事態は、従属節の事態の結果事態が現在において成立していることを示している。したがって、現在完了時制全体相形態 have eaten は、全事態の過去における成立と、結果事態の部分の現在における成立を表示している。

(169)の最初の文が表示する事態は主体が受けた教育に関わるものなので、通常は明示的な結果事態を伴わない。しかし、2番目の文で、主体が教育の継続を

第2節　時制・アスペクト形態とその機能　　　　　479

望んでいるという事態が表示されていることから、最初の文は過去における全事
態の成立を表示するものと理解される。教育を受けたという事態の結果が成立し
ているからこそ、その教育の継続を望むのであるから、全事態に伴う結果事態の
部分も現在において成立している。

　(170)の主節が表示する「発信者がアムステルダムを何度も訪れる」という事
態は、容易に知覚可能な結果事態を伴わない。しかし、従属節が表示する事態が
成立したのが過去の時区間であり、その時区間の内部で主節の事態が成立してい
るのだから、主節は過去における全事態の成立を表示していると考えなければな
らない。全事態が成立しているのだから、その結果事態の部分が現在において成
立しているのであるが、結果事態は容易に知覚可能ではないため、事態は「経験」
として認識される。

　非均質動詞が表示する事態は全事態と点・線部分事態が異なる。したがって、
部分均質動詞の場合とは異なり、全体相形態で線部分事態を表示することはでき
ない。しかし、主体や副体である事物の数量が明確な数値に限定されていない場
合には、単一の全事態が過去の時区間で成立することができないから、列事態が
表示されることになり、その列事態の線部分事態が過去から現在までの時区間に
おいて成立することが可能になる。

　(171)　Since his earliest years as a singer, John has told stories between songs.
　　　　　歌手としての最初期の頃から、ジョンは歌の合間に物語を語ってきて
　　　　　いる。
　(172)　Villagers have drunk wine here since 1683.
　　　　　村人たちは1683年からここでワインを飲んできている。
　(173)　Many people have visited this museum since it opened.
　　　　　たくさんの人々が開館以来この美術館を訪れてきている。

　(171)の主節の動詞 tell（語る）は、副体が1個の文である場合は、文が発話さ
れる時区間のどの部分においても文を構成する形態が異なるから、この動詞が表
示する全事態と点・線部分事態は異なっており、したがって非均質動詞である。
しかし、副体が stories（物語）のような不定の個数の事物であれば、文は列事態
を表示する。したがって、現在完了時制全体相形態 has told は、列事態の線部分
事態が過去（歌手としての最初期の頃）から現在までの時区間において成立してい
ることを表示する。

　(172)の動詞 drink（飲む）は、決まった量の液体が副体であれば、事態が成立
する時区間のどの部分をとってもそれまでに飲まれた量が異なるから、全事態と
点・線部分事態が異なり、したがって非均質動詞である。この文の主体 villagers
（村人たち）と副体 wine（ワイン）は、どちらも不定の数量の個体を表示するから、

この文は列事態を表示する。したがって、現在完了時制全体相形態 have drunk は、列事態の線部分事態が、過去（1683 年）から現在までの時区間において成立していることを表示する。

（173）の動詞 visit（訪れる）は、事態が成立する時区間において、主体が占める空間や主体の行動が時区間の内部で異なるから、表示する全事態と点・線部分事態が異なり、したがって非均質動詞である。しかし、この文の主体は many people（たくさんの人々）であって、その個数は不定である。したがって、この文は列事態を表示し、現在完了時制全体相形態 have visited は、過去（その美術館が開館した時）から現在まで、線部分事態が成立していることを表示する。

iv. 脱均質動詞

　脱均質動詞が表示する事態は時点において成立するので部分事態を持たない。したがって現在完了時制全体相形態は、過去の時点で成立した全事態の結果事態の部分が現在において成立していることを表示する。

　（174）Mary has left her office and won't be back for a while.
　　　　メアリーは職場を離れていて、しばらくは戻って来ない。

　（175）This is the third time in four years the team has won Gold in this category.
　　　　この部門でそのチームが金メダルを獲ったのは 4 年間でこれが 3 度目だ。

　（176）The mathematician has found an answer to that question which is likely to astonish his colleagues.
　　　　その数学者はその問題に対する解答を見つけたが、それは同僚たちを驚かせることになりそうだ。

　（174）の動詞 leave（離れる）は脱均質動詞である。最初の文が表示する事態「メアリーが職場を離れる」という事態の結果事態は、彼女が職場にいないということであるが、2 番目の文が表示するのが「メアリーがしばらく戻って来ない」という事態であるから、結果事態は現在において成立している。したがって、現在完了時制全体相形態 has left は、過去における全事態の成立と現在における結果事態の部分の成立を表示する。

　（175）の動詞 win（勝ち取る）は脱均質動詞である。「そのチームが金メダルを獲る」という事態 P が過去の時点で成立したことは、この事態 P と同一の事態がそれ以前に 2 度成立したという主節が表示する事態によって分かる。主節では指示代名詞 this が用いられているので、この文が発話されている時点において事態 P の結果が発話時点の状況に関与しているものと理解される。したがって、

第 2 節　時制・アスペクト形態とその機能　　　481

現在完了時制全体相形態 has won は、結果事態の部分が現在において成立していることを表示する。

　(176)の主節の動詞 find（見つける）は脱均質動詞である。単射関係の副体である事態 an answer to the question（その問題に対する解答）を限定する関係節 which is likely to astonish his colleagues（その解答が彼の同僚たちを驚かせることになりそうだ）によって、過去に成立した主節の事態が、現在の状況に関与していることが分かる。したがって、現在完了時制全体相形態 has found は、過去における全事態の成立と、その結果事態の部分の現在における成立を表示する。

　脱均質動詞が表示する単一の事態には部分事態がなく、事態の成立は結果事態の成立によって認識されることが多い。しかし、結果事態が容易に知覚可能ではない場合でも、現在完了時制全体相形態によって結果事態の成立を表示することは可能である。

(177)　I have once met the actress in person in an occasion on which I was completely charmed.
　　　　私はある時一度その女優に直接会ったことがあるのだが、完全に魅力に囚われてしまった。

(178)　The universe has surprised us before, and I think we will continue to be surprised in the future.
　　　　宇宙は以前私たちを驚かせたことがあるし、未来でも私たちは驚かされ続けるだろうと思う。

(179)　I have spoken to many people who feel stateless.
　　　　国籍がないと感じているたくさんの人に私は話しかけたことがある。

　(177)の動詞 meet（会う）は脱均質動詞であるが、「主体が副体に会う」という事態は、主体以外の人間が容易に知覚できるような結果事態を伴わない。しかしそれでもここで have met という現在完了時制全体相形態が使用されているのだとすると、この文が表示する事態の全事態が過去の時点において成立し、その結果事態が主体である発信者の記憶として成立しているものと理解される。

　(178)の動詞 surprise（驚かせる）は脱均質動詞であるが、「主体が副体を驚かせる」という事態 P が成立しても、主体や副体に容易に知覚可能な結果事態は生じないのが普通である。しかし、最初の文には before（以前）という副詞があり、2 番目の文が表示する事態が成立するには、事態 P の結果事態が現在において成立していることが前提とされるので、現在完了時制全体相形態 has surprised は、過去における全事態の成立と、現在における結果事態の部分の成立を表示する。

　(179)の動詞 speak は前置詞 to を伴う場合には「話しかける」という意味の脱均質動詞に分類される。ただし、「主体が着点に話しかける」という事態は、容

易に知覚できる結果事態を伴わない。この文では、着点が many people who feel stateless（国籍がないと感じているたくさんの人）という特別の特性を持つ個体の集合であることから、この事態の結果が、主体である発信者の記憶中に重要な位置を占めるものと推測される。したがって、現在完了時制全体相形態 have spoken to は、過去における全事態と現在における結果事態の部分の成立を表示するものと理解される。

　脱均質動詞が表示する事態は常に全事態なので、同一の事態が複数回反復されることにより形成される列事態であっても、表示されるのは列事態の全事態である。したがって、列事態の結果事態が表示されることはあっても、列事態の線部分事態が表示されることはない。

(180) The football team has won the championship for the fourth year in a row.

　そのサッカーチームは、連続して 4 年目も優勝した。

(181) Since it was first detected in 1995 the disease has killed 177 people in Britain.

　1995 年に最初に発見されてから、イギリスでは 177 人がその病気で亡くなった。

(182) In total the volcano has erupted at least 22 times in the last 230 years.

　その火山は過去 230 年の間に全部で少なくとも 22 回噴火した。

　(180)の動詞 win（勝つ）は脱均質動詞である。この文は、「そのサッカーチームが 4 年間で 4 回優勝する」という列事態の全体が過去の時区間において成立したことを表示している。列事態は 4 個の全事態によって構成されるが、結果事態としては、優勝旗やトロフィーあるいは団体での記録などが考えられ、現在においてそれらの事物が知覚されることで事態の成立が認識されることは可能である。

　(181)の主節の動詞 kill（殺す）は脱均質動詞である。この文は、「その病気がイギリスで人を殺した」という事態が、1995 年から現在までの時区間において 177 回成立したという列事態の全体を表示する。それぞれの事態は時点において成立し、成立時点の間には一定の時間的間隔があり、その間隔においてはこの事態は成立していないので、列事態の全体と部分は異なり、したがって線部分事態は存在しない。列事態の結果事態として容易に知覚可能なものはないが、役所や病院の統計記録の中にある情報が結果事態だと見なすことができる。

　(182)の動詞 erupt（噴火する）は脱均質動詞である。この文は「その火山が噴火する」という事態が、230 年の長さを持つ時区間において、少なくとも 22 回成立したという列事態の全体を表示している。この列事態の結果事態は、火山周

辺の地形の変化などによって直接的に知覚することも可能であり、また噴火を記録した書物などによって確認できる場合もある。

⑧ 現在完了時制・部分相

　現在完了時制は過去の時区間で全事態が成立し、その結果事態の部分事態が現在において成立していることを表示する。部分相は事態の部分が成立していることを表示する形態であるから、現在完了時制の部分相形態は、全事態または結果事態の部分を表示することになる。ただし、過去において成立した全事態の部分を表示するための形態として、英語には過去時制部分相形態があるから、現在完了時制部分相形態は、過去の時点で開始した事態の線部分事態が、その過去の時点から現在までの時区間で成立しているか、過去の時区間で成立した事態の結果事態の部分事態が現在において成立しているかのいずれかを表示する。

ⅰ．均質動詞

　均質動詞は全事態と部分事態が等しい。しかも均質動詞が表示する事態は、全事態の終了時点が不明確であるか、結果事態を伴わない場合が多いので、均質動詞の現在完了時制部分相形態は、線部分事態が過去から現在までの時区間で成立することを表示する。均質動詞の現在完了時制全体相形態も同様の事態を表示するが、部分相形態を使用すると、事態の開始時点が不確定の過去の時点であり、終了時点も未来の不確定の時点になるので、期待されているよりも事態が長く継続しているという含意が生じる。

（183）John has been being the secretary of the club for the past three years.
　　　　ジョンは過去 3 年間もそのクラブの幹事をしてきている。

（184）About forty thousand Americans are newly infected each year, a number that has been remaining steady.
　　　　約 4 万人ものアメリカ人が毎年新たに感染しており、その数はずっと変わっていない。

（185）I have been loving the cosmetic company's mascara: it builds curls and lengthens my lashes.
　　　　私はその化粧品会社のマスカラがずっと気に入っている。カールを作ってくれて、私の睫毛を長くしてくれるからだ。

　（183）の動詞 be は均質動詞である。この文は、「ジョンがそのクラブの幹事だ」という事態が、3 年前から現在までの時区間において成立していることを表示する。この事態はまだ終了していないので、表示されているのは線部分事態である。現在完了時制全体相形態によっても、過去から現在までの時区間において成立す

る線部分事態を表示することは可能であるが、has been being という部分相形態を使用することで、この事態が占める時区間が期待されているより長いという含意が出てくる。クラブの幹事は通常 1 年ごとに交代するから、それが 3 年であるのは期待よりも長い。

(184) の関係節中の動詞 remain (のままだ) は均質動詞である。関係節が表示する「数値が変わらない」という事態は過去から現在までの時区間において成立しており、感染者は消滅していないから、現在以降も成立する。したがって、現在完了時制部分相形態 has been remaining によって表示されているのは線部分事態である。新たな感染者の数が変わらないのは期待に反することである。

(185) の最初の文の動詞 love (好きだ) は均質動詞である。「発信者がその化粧品会社のマスカラが気に入っている」という事態が現在においても成立していることは、2 番目の文から確実に推測できる。したがって、最初の文が表示する事態は現在においても終了しておらず、成立しているのは線部分事態である。現在完了時制部分相形態 have been loving は、過去から現在まで線部分事態が成立していることを表示する。数多くある化粧品のうちから 1 つを選んで使い続けることが、発信者にとっては必ずしも普通のことではないということを、部分相形態の選択によって表している。

ii. 部分均質動詞

部分均質動詞の現在完了時制部分相形態は、過去から現在までの時区間において成立する線部分事態を表示する。

(186) Mary has been talking nonstop since she came to my office.
メアリーは私の仕事場に来てからずっと話し続けている。

(187) The young people have been dancing all night together.
その若者たちは一緒に一晩中踊り続けている。

(188) It has been raining heavily for a long time now.
今まで長い間激しく雨が降り続いている。

(186) の動詞 talk (話す) は部分均質動詞である。現在完了時制部分相形態 has been talking は、「メアリーが発信者の仕事場に来る」という事態が成立した過去の時点から現在までの時区間において「メアリーが続けて話す」という事態の線部分事態が成立していることを表示する。

(187) の動詞 dance (踊る) は部分均質動詞である。現在完了時制部分相形態 have been dancing は、「その若者たちが踊る」という事態の線部分事態が、恐らく前日の夕方か夜の間の時点から現在までの時区間において成立していることを表示する。

（188）の動詞 rain（雨が降る）は部分均質動詞である。現在完了時制部分相形態 has been raining heavily は「雨が激しく降る」という事態の線部分事態が、過去の不特定の時点から現在までの時区間において成立していることを表示する。

表示されるのが単一の事態ではなくて列事態である場合でも、部分均質動詞の現在完了時制部分相形態は、列事態の線部分事態が過去から現在までの時区間において成立することを表示する。

  （189）John has been running since he was fourteen years old.
       ジョンは 14 歳の時から走り続けている。

  （190）John has been walking to work to save money.
       ジョンはお金を節約するために歩いて仕事に行っている。

  （191）Mary has been swimming laps in the pool every day since she retired.
       メアリーは退職してから毎日プールで何往復も泳いできている。

（189）の主節の動詞 run（走る）は部分均質動詞である。この文が表示する事態が成立する開始時点を表示するのが副詞節 since he was fourteen years old（ジョンが 14 歳の時から現在まで）であって、この事態の成立時区間が年を単位とするものであることが分かるから、主節の事態は列事態である。したがって、現在完了時制部分相形態 has been running は、列事態の線部分事態が過去から現在までの時区間において成立することを表示する。

（190）の動詞 walk（歩く）は部分均質動詞である。この事態を成立させる目的が to save money（ジョンがお金を節約する）という事態であれば、「ジョンが歩いて仕事に行く」という事態は反復されなければならない。したがって表示されるのは列事態であり、現在完了時制部分相形態 has been walking は、ある過去の時点から現在までの時区間において列事態の線部分事態が成立することを表示する。

（191）の主節の動詞 swim（泳ぐ）は部分均質動詞である。主節が表示する事態が成立する時区間の開始時点を表示するのが副詞節 since she retired（メアリーが退職してから現在まで）であって、名詞句 every day（毎日）が事態の反復的成立を表しているから、主節が表示するのは列事態である。したがって、現在完了時制部分相形態 has been swimming は、過去から現在までの時区間において列事態の線部分事態が成立していることを表示する。

iii. 非均質動詞

非均質動詞は、全事態と点・線部分事態が異なる。しかし、部分相形態は部分事態を表示するのがその機能なので、非均質動詞の現在完了時制部分相形態は、過去から現在までの時区間において成立する線部分事態を表示することができる。

486 第 11 章 時制とアスペクト

(192) John has been cutting wood for the fire since morning.
　　　ジョンは朝から暖炉のための木を切っている。

(193) Mary has been cleaning her room for two hours.
　　　メアリーは 2 時間自分の部屋を掃除している。

(194) They have been constructing the railroad for the past two years and it's almost finished.
　　　彼らはこの 2 年間その鉄道を建設していて、ほぼ完成している。

　(192)の動詞 cut（切る）は非均質動詞である。名詞群 since morning（朝から）があり、単射関係の副体が wood（木）であって数量が限定されていることから、表示されているのは単一の事態であることが分かる。したがって、現在完了時制部分相形態 has been cutting は、その日の朝から現在までの時区間において「ジョンが木を切る」という事態の線部分事態が成立していることを表示する。

　(193)の動詞 clean（掃除する）は非均質動詞である。名詞群 for two hours（2 時間）で時区間の長さが表示され、単射関係の副体が her room（メアリーの部屋）という限定された空間であることから、表示されているのは単一の事態である。したがって、現在完了時制部分相形態 has been cleaning は、2 時間前から現在までの時区間において「メアリーが自分の部屋を掃除する」という事態の線部分事態が成立していることを表示する。

　(194)の動詞 construct（建設する）は非均質動詞である。単射関係の副体が the railroad（その鉄道）という 1 個の個体であるから、この文が表示するのは単一の事態である。したがって、現在完了時制部分相形態 have been constructing は、2 年前から現在までの時区間において「彼らがその鉄道を建設する」という事態の線部分事態が成立していることを表示する。

　非均質動詞が表示するのが単一の事態であって、全事態が成立することで達成される事物の数量が明示されている場合は、過去から現在までの時区間で部分事態が成立することはできない。しかし、表示されるのが列事態であれば、その線部分事態が過去から現在までの時区間で成立することを、現在完了時制部分相形態が表示することができる。

(195) John has been writing me thirty love letters a day non-stop for two years.
　　　ジョンは 2 年にわたり毎日続けてラブレターを 30 通書いてきている。

(196) I have been eating five eggs every day for breakfast for the last month.
　　　私はこのひと月朝食に毎日卵を 5 個食べ続けている。

(197) These states have been exporting ten thousand tons of soybeans to the countries every year.
　　　これらの州はその国々に毎年 1 万トンの大豆を輸出し続けている。

（195）の動詞 write（書く）は非均質動詞である。名詞句 a day（1 日に）と名詞群 for two years（2 年間）があるので、この文が表示するのは列事態であると理解される。したがって、現在完了時制部分相形態 has been writing は、「ジョンがラブレターを発信者に 30 通書く」という事態が構成する列事態の線部分事態が、2 年前から現在までの時区間において成立し、列事態を構成する単一の事態はその間毎日成立したことを表示する。

　（196）の動詞 eat（食べる）は非均質動詞である。名詞句 every day（毎日）と名詞群 for the last month（直近のひと月）によって、この文が表示するのは列事態であると理解される。したがって、現在完了時制部分相形態 have been eating は、「発信者が卵を 5 個食べる」という事態が構成する列事態の線部分事態が 1 か月前から現在までの時区間において成立し、単一の事態は毎日反復されたことを表示する。

　（197）の動詞 export（輸出する）は、事物を起点から着点まで移動させるという事態を表示し、事物が移動すれば、どの時区間においてもその位置が異なるので、全事態と点・線部分事態は異なる。したがってこの動詞は非均質動詞である。名詞句 every year（毎年）があるので、この文が表示するのは列事態であり、現在完了時制全体相形態は、「これらの州がその国々に 1 万トンの大豆を輸出する」という事態が構成する列事態の線部分事態が、過去から現在までの時区間において成立することを表示する。単一の事態は毎年反復される。

iv. 脱均質動詞

　脱均質動詞が表示する事態には部分事態がない。脱均質動詞の現在完了時制形態は、過去における事態の成立と、結果事態の現在における成立を表示するが、結果事態は基本的に部分事態なので、全体相形態によって結果事態の部分事態が表示される。したがって、単一の事態については、均質動詞の現在完了時制部分相形態を使用する必要がない。しかし、表示されるのが列事態であれば、その線部分事態が過去から現在までの時区間において成立していることを、現在完了時制部分相形態によって表示することができる。

（198）John has been buying horses at various sales ever since.
　　　　ジョンはそれ以来ずっと色々な市場で馬を買い続けている。

（199）Manufacturing jobs have been disappearing overseas for decades.
　　　　製造業の仕事は、海外では何十年もの間消滅し続けている。

（200）Over the past couple of years, retailers have been starting their holiday sales earlier and earlier.
　　　　過去数年にわたって、小売店は年末商戦の開始時期をどんどん早め始

めてきている。

(198)の buy（買う）は脱均質動詞である。この文には ever since（それ以来ずっと）があることから、過去のある時点から現在まで事態が成立していることが分かる。名詞群 at various sales（色々な市場で）によって、事態が比較的多数の空間で成立していることが表示され、「主体が馬を買う」という事態は同時に複数個の空間において成立することはできないから、この文が表示するのは列事態である。したがって、現在完了時制部分相形態 have been buying は、「ジョンが馬を買う」という事態によって構成される列事態の線部分事態が、過去から現在までの時区間において成立することを表示する。

(199)の動詞 disappear（消滅する）は脱均質動詞である。名詞群 for decades（何十年も）によって、事態が数十年前から現在までの時区間において成立しており、主体が manufacturing jobs（製造業の仕事）という事態の集合であって、事態の成立空間が overseas（海外）であれば、それは多数の空間であるから、この文が表示しているのは単一の事態ではなく列事態であると理解される。したがって、現在完了時制部分相形態 have been disappearing は、「製造業の仕事が消滅する」という事態によって構成される列事態の線部分事態が数十年前から現在までの時区間において成立していることを表示する。

(200)の動詞 start（始める）は脱均質動詞である。名詞群 over the past couple of years（過去数年にわたって）により、数年前から現在までの時区間において事態が成立していることが分かる。単一の事態は時点において成立するので、表示されているのは列事態であり、列事態の線部分事態が過去から現在までの時区間において成立しているものと理解される。

⑨ 過去完了時制・全体相

過去完了時制全体相形態は、基準となる過去の時区間に先行する時区間において事態 P が成立し、事態 P の結果事態 R の部分が基準時区間において成立していることを表示する。

ⅰ．均質動詞

均質動詞が表示する事態は明確に知覚可能な結果事態を残さないのが普通である。したがって、均質動詞の過去完了時制全体相形態は、過去の基準時区間に先行する時区間において成立し、基準時区間の状況に何らかの影響を与えていると見なされる事態の全体を表示する。

(201) Born into an African royal family, his grandfather had been a king and his father was a chief.

アフリカの王族に生まれた彼の祖父は国王だったが、彼の父親は族長
だった。

(202) He had lived abroad, was fluent in English and French and had political
connections that would prove invaluable.
彼は海外に住んでいたことがあったので、英語とフランス語に堪能で
あり、政治的な繋がりも持っていて、後にそれが非常に貴重だという
ことが分かる。

(203) Earlier, the zoo had resembled an arcade on Labor Day.
それ以前、その動物園はメーデーのゲームセンターのようなものだっ
た。

(201)で基準時区間を与えるのは、過去時制全体相形態を使用した his father
was a chief（彼の父親は族長だった）という事態 S であり、過去完了時制全体相
形態を使用する最初の文が表示する事態 P は、全事態が基準時区間以前に成立
している。事態 S は彼の父親に関するものであり、事態 P は彼の祖父に関する
ものであるから、両者の間には関連がある。実際、祖父が国王であれば父親も国
王であるのが普通であるのに、そうではないのだから、事態 P の結果事態が事
態 S が成立した時区間の状況に何らかの影響を与えていると理解することがで
きる。

事態 P が事態 S が成立する状況に影響を与えていると発信者が考えているか
らこそ、事態 P の表示に過去完了時制形態を使用しているのであり、そうでな
ければ単に過去時制形態を用いることも可能である。

(202)で基準時区間を与えるのは、2 番目と 3 番目の文、(he) was fluent in
English and French（彼が英語とフランス語に堪能だった）、(he) had political con-
nections that would prove invaluable（彼が政治的な繋がりを持っていて、それが
非常に貴重だと分かる）が表示する事態 S が成立する過去の時区間である。最初
の文が表示する事態 P「彼が海外に住んでいた」が成立する時区間は、過去完了
時制全体相形態 had lived によって表示されているので、事態 S の成立時区間に
先行する時区間である。海外に住んだ経験があれば、複数の言語に堪能になる可
能性は高くなるので、事態 P の結果事態と事態 S の間には関連性があると判断
される。この関連性を表示するために、事態 P の表示に過去完了時制全体相形
態が使用されている。

(203)で基準時区間を与えるのは副詞 earlier（以前）である。この副詞は、基準
時区間に先行する時区間において事態 P が成立したことを表示する。この文が
表示する事態 P は「その動物園がメーデーのゲームセンターに似ている」とい
う事態が、基準時区間よりも前の時区間において成立したというものである。基

準時区間を明示する語句は文中にはないが、事態 P の成立が過去であるから、基準時区間も過去であると判断しても不合理ではない。また、基準時区間においてはその動物園の様相が事態 P が提示する同一の個体の様相とは異なるものであったと推論することが可能であるから、事態 P の結果事態が基準時区間の状況に影響を与えていることは確かである。事態 P と基準時区間の状況のこのような直接的関連性を表示するために、過去完了時制全体相形態 had resembled が選択されている。

ⅱ．部分均質動詞

　部分均質動詞の過去完了時制全体相形態は、基準時区間に先行する時区間において全事態が成立し、全事態の結果事態の部分が、基準時区間における状況に影響を与えていることを表示する。部分均質動詞の全事態と線部分事態は等しいので、過去完了時制全体相形態によって、線部分事態が表示されることもある。

(204) They saw the arrival of the Czech member who had cycled from Prague to Strasbourg.
　　　プラハからストラスブールまで自転車で走ってきたチェコの選手の到着を彼らは見た。

(205) Queen Victoria had reigned for sixty-four years when she died in 1901.
　　　ビクトリア女王は、64 年間統治して、1901 年に亡くなった。

(206) In 2006 John was appointed an affiliated professor at the college, where he had taught mathematics since 1980.
　　　2006 年にジョンはその大学の客員教授に任命されたが、そこで彼は 1980 年から数学を教えていた。

　(204)で基準時区間を与えるのは主節の事態 S「彼らがチェコの選手の到着を見た」であり、この事態は過去の時区間において成立する。関係節の事態 P「主体がプラハからストラスブールまで自転車で走ってきた」は事態 S の成立時区間に先行する時区間において全事態が成立している。また、事態 P が成立した直後に事態 S が成立しているから、事態 P の結果事態が事態 S が成立した状況に影響を与えていることは明らかである。過去の基準時区間に先行する時区間において成立し、基準時区間の状況に関与していることを表示するために、関係節中で過去完了時制全体相形態 had cycled が使用されている。

　(205)で基準時区間を与えるのは、副詞節の事態 S「ビクトリア女王が 1901 年に亡くなった」が成立した 1901 年中のある時点である。主節の事態 P「ビクトリア女王が 64 年間統治した」は、1901 年の 64 年前、つまり 1837 年に開始し、事態 S が成立した時点で終了している。1901 年が過去の時点であり、事態 P は

その時点以前に開始し、事態 S の成立によって終了しているから、これを表示するために過去完了時制全体相形態が使用されている。

（206）で基準時区間を与えるのは、主節が表示する事態 S が成立した 2006 年である。事態 S は「主体が任命される」というものであるから、時点において成立する。関係節が表示する事態 P「ジョンが 1980 年以来その大学で数学を教える」という事態は、1980 年から 2006 年までの時区間において成立する。事態 P の成立時区間は事態 S の成立時区間に先行するから、これを表示するために過去完了時制が使用されている。また事態 S が成立した時点において、事態 P が終了していないことは、ジョンが大学の客員教授であるという事態によって確実に推測されるから、表示されているのは 1980 年のある時点で開始した事態 P の線部分事態である。部分均質動詞が表示する事態は、全事態と線部分事態が等しいから、過去完了時制全体相形態によってこの線部分事態を表示することができる。

iii．非均質動詞

非均質動詞が表示する事態は、全事態と点・線部分事態が異なる。したがって、非均質動詞の過去完了時制全体相形態は、過去の基準時区間に先行する時区間において全事態が成立し、その結果事態の部分が基準時区間の状況に影響を与えていることを表示する。

(207) By nine a.m., she had eaten eggs, had showered and was ready for work.
午前 9 時までに彼女は卵を食べて、シャワーを浴びて、仕事をする準備ができていた。

(208) The young girl said that while she had read a number of books, she read only one book cover to cover.
その若い娘は、自分はたくさんの本を読んだのだが、全部読んだのは 1 冊だけだと言った。

(209) The rebels had destroyed the city and building materials were taken from this once prosperous capital.
反逆者たちがその町を破壊していて、このかつて繁栄していた首都から建築資材が持ち出された。

（207）の動詞 eat（食べる）は非均質動詞であり、shower（シャワーを浴びる）は部分均質動詞である。基準時区間を与えるのは名詞群 by nine a.m.（9 時までに）であり、この時点において「彼女が仕事をする準備ができている」という事態の点部分事態が成立する。9 時は時点であるから、この基準時点に先行する時区間において「彼女が卵を食べる」と「彼女がシャワーを浴びる」という事態が成立

するのだが、卵を食べながらシャワーを浴びることはしないし、シャワーを浴び
終わってから仕事に取りかかるのが普通だから、どちらの事態も基準時点におい
ては終了していると考えなければならない。したがって、過去完了時制全体相形
態 had eaten と had showered は、基準時点よりも前に全事態が成立したことを
表示する。

　(208)の副体名詞節中にある副詞節中の動詞 read（読む）は a number of books（た
くさんの本）という副体を伴っており、「主体がたくさんの本を読む」という事態
が成立するどの時区間においても、読んだ本の数が異なるので、全事態と点・線
部分事態は異なる。したがってこの場合の read は非均質動詞である。基準時区
間を与えるのは、名詞節中の she read only one book cover to cover（彼女が全部
読んだのは 1 冊だけ）という事態 S が成立する過去の時区間であり、副詞節の事
態 P は基準時区間に先行する時区間において成立する。たくさん読んだうちの 1
冊だけを全部読んだということであれば、事態 P の成立時区間に事態 S の成立
時区間が含まれることになるが、事態 S が成立したことは、事態 P が成立した
後で初めて認識されるから、事態 P の成立は事態 S の成立に先行すると考えて
よい。また事態 P の成立は事態 S の成立に直接的に関与する。したがって、過
去完了時制全体相形態 had read は、基準時区間の前に全事態が成立し、その結
果事態が基準時区間の状況に影響を与えていることを表示する。

　(209)の最初の文の動詞 destroy（破壊する）は非均質動詞である。基準時区間
を与えるのは、2 番目の文が表示する事態 S「建築資材が持ち出された」が成立
した過去の時区間である。最初の文の事態 P「反逆者たちがその町を破壊した」
という事態は、基準時区間よりも前に成立しており、町の建物が破壊されたこと
によって、建物を建築する材料が発生し、その材料が持ち出されることになる。
したがって、事態 P は基準時区間に先行する時区間において成立し、その結果
事態が基準時区間における状況に直接的に関与している。このことを表示するの
が、過去完了時制全体相形態 had destroyed である。

iv．脱均質動詞

　脱均質動詞が表示する事態は時点において成立するので、脱均質動詞の過去完
了時制全体相形態は、基準時区間に先行する時点において事態が成立し、その結
果事態の部分が基準時点において成立していることを表示する。

　(210)　Sunrise in London on the day of the crash was 7.57 a.m. So the night
　　　　period had ended around half an hour before the crash.
　　　　衝突が起きた日のロンドンの日の出は午前 7 時 57 分だった。だから、
　　　　衝突のおよそ 30 分前に夜の時間が終わっていたことになる。

第2節　時制・アスペクト形態とその機能　　　493

(211) When she had closed the door behind her, John wiped his hands on a
hanging towel and went into his room.
彼女が部屋に入ってドアを閉めると、ジョンは掛かっていたタオルで
両手を拭いて自分の部屋に入っていった。

(212) The Supreme Court had found the evidence against him but the officials
had yet to make clear what charges, if any, he might face.
最高裁判所は彼に不利な証拠を見つけていたが、あるとすれば彼がど
んな罪に問われることになるのかを、当局者たちはまだ明らかにして
いなかった。

　(210)の2番目の文の動詞 end（終わる）は脱均質動詞である。基準時区間を与
えるのは両方の文に含まれる名詞句 the crash（衝突）が表示する事態が成立した
過去の時点である。この基準時点の約30分前に「夜の時間が終わる」という事
態が終了している。また、夜が終わるという事態の結果事態は夜が明けて明るく
なるという事態であり、この結果事態の部分は、最初の文の事態が成立する事態
において確実に成立している。過去の基準時点に先行する時点における事態の成
立と、基準時点における結果事態の部分（点部分事態）の成立を表示するのが、過
去完了時制全体相形態 had ended である。

　(211)の副詞節の動詞 close（閉める）は脱均質動詞である。基準時区間を与え
るのは主節が表示する事態 S「ジョンがタオルで手を拭いて自分の部屋に入った」
が成立した過去の時区間である。副詞節の事態 P「彼女が部屋に入ってドアを閉
める」は、接続詞が when なので主節の事態 S と同時に成立することになるが、
事態 P が時点において成立するのに対し、事態 S は長さのある時区間において
成立するので、現実的には同時に成立することはなく、事態 P の直後に事態 S
が成立し、事態 P の結果事態である「ドアが閉まっている」は事態 S の成立時
区間において、その部分が成立している。したがって、過去完了時制全体相形態
had closed は、事態が過去の基準時区間の前に成立したことと、結果事態の部分
が基準時区間において成立していることを表示する。

　(212)の最初の文の動詞 find（見つける）は脱均質動詞である。基準時区間を与
えるのは、2番目の文が表示する事態 S「当局者たちが彼がどんな罪に問われる
ことになるのかを明らかにしていない」が成立する過去の時区間である（正確には、
これに対応する「当局者たちが彼がどんな罪に問われるのかを明らかにする」と
いう事態の成立が期待される過去の時区間）。事態 S は、最初の文が表示する事
態 P「最高裁判所が彼に不利な証拠を見つけた」に対立する事態であり、事態 P
の結果事態である「彼に不利な証拠がある」は、事態 S が成立する時区間におい
て成立していなければならない。したがって、過去完了時制全体相形態 had

found は、事態が過去の基準時区間よりも前に成立したことと、その結果事態の部分が基準時区間において成立していることを表示する。

⑩ 過去完了時制・部分相

　過去完了時制部分相形態は、過去の基準時区間よりも前に事態が開始し、全事態の部分事態または結果事態の部分事態が基準時区間において成立することを表示する。

ⅰ. 均質動詞

　均質動詞の過去完了時制部分相形態は、基準時区間に先行する時区間において部分事態が成立したことを表示する。均質動詞の表示する事態は、明確に知覚できる結果事態を伴わないので、部分事態が基準時区間において終了しているのか、それともまだ継続しているのかは、状況によって判断される。

(213) Mary issued a statement over the remark on Saturday, in which she repeated that she had been being grossly ambiguous.
　　　メアリーは土曜日の発言についての声明を発表したが、そこでは自分があまりに曖昧だったと繰り返した。

(214) There was a look of relief on her face when I said I had been having discussions with the producer.
　　　製作者と議論をしているところだと私が言った時、彼女の顔には安堵の表情が浮かんだ。

(215) John had been thinking of moving well before the disaster.
　　　災害のずっと前に、ジョンは引っ越しすることを考えていた。

　(213)の関係節中の名詞節にある動詞 be は均質動詞である。基準時区間を与えるのは関係節が表示する事態 S「メアリーが副体を繰り返す」であって、基準時区間は過去に属する。名詞節が表示する事態 P は、名詞句 the remark on Saturday（土曜日の発言）が表示する事態と同一の時区間において成立しており、この時区間は基準時区間に先行する。基準時区間において成立した事態 S の副体が事態 P であって、事態 S の成立時区間において事態 P の部分事態または結果事態が、この時区間の状況に関与していることは明らかである。このことを、過去完了時制部分相形態 had been being が表示している。

　(214)の副詞節中の名詞節にある動詞 have（持っている）は均質動詞である。基準時区間を与えるのは副詞節中の事態 S「発信者が副体を言った」が成立した時区間である。名詞節の事態 P「発信者が製作者と議論をする」は、基準時区間に先行する時区間において部分事態が成立するが、全事態が基準時区間の前に成

立したかどうかは、副詞節の範囲では確定できない。しかし、主節の事態が「彼女の顔に安堵の表情があった」であるから、事態 P が基準時区間において成立しているものと推測される。したがって、過去完了時制部分相形態 had been having は、線部分事態が基準時区間よりも前に開始し、基準時区間においても成立していることを表示する。

（215）の主節の動詞 think（考える）は均質動詞である。基準時区間を与えるのは名詞群 before the disaster（災害の前）によって、災害が起こった過去の時区間であると理解される。この基準時区間に先行する時区間において、主節が表示する事態「ジョンが引っ越しをすることを考える」という事態の部分が成立したことを、過去完了時制部分相形態 had been thinking が表示する。

ⅱ．部分均質動詞
　部分均質動詞の過去完了時制部分相形態は、基準時区間に先行する時区間において部分事態が成立していたことを表示する。

（216）All the vehicles involved had been driving at about 40 miles an hour, when the accident happened.
　　　その事故が起きたとき、関係したすべての車両が時速約 40 マイルで走っていた。

（217）Mary had been speaking calmly, but now her manner changed.
　　　メアリーは落ち着いて話をしていたのだが、今彼女の様子が変わった。

（218）Toyota had been pursuing its own negotiations with the company for months.
　　　トヨタは何か月もその会社と独自の交渉を続けてきていた。

（216）の主節の動詞 drive（運転する）は部分均質動詞である。基準時区間を与えるのは副詞節の事態 S「事故が起こる」が成立した過去の時点である。この時点に先行する過去の時区間において、主節の事態「関係したすべての車両が時速約 40 マイルで走る」という事態 P の部分事態が成立したことを、過去完了時制部分相形態 had been driving が表示する。事故が起きるまで車は走るから、表示されるのは線部分事態であり、その終了時点が基準時点である。事態 S の成立によって事態 P が終了したと考えることができるから、事態 P の結果事態の部分が基準時点において成立している。

（217）の最初の文の動詞 speak（話す）は部分均質動詞である。基準時区間を与えるのは、2 番目の文が表示する事態 S（今メアリーの様子が変わった）が成立する時点であり、最初の文の事態 P「メアリーが落ち着いて話していた」は基準時点に先行する時区間において成立する。事態 P は過去の基準時点に先行する時

区間において成立し、事態 P と事態 S は対比的に配置されているから、事態 P の結果事態を意識して事態 S が提示されていると考えてよい。このことを表示するために、過去完了時制部分相形態 had been speaking が使用されている。

(218)の動詞 pursue（追いかける）は部分均質動詞である。基準時区間は、名詞群 for months（何か月もの間）があることから、過去の不定の時区間であり、この時区間に先行する数か月の長さを持つ時区間において事態が成立したものと考えられる。過去完了時制部分相形態 had been pursuing は、過去の時区間から基準時区間までの時区間において、線部分事態が成立したことを表示する。

iii．非均質動詞

非均質動詞の過去完了時制部分相形態は、基準時区間に先行する時区間において、部分事態が成立したことを表示する。

(219) When the power went out, the family had been cooking dinner.
停電になった時、家族は夕食を作っていたところだった。

(220) For the last two and a half days, he had been loading cargo onto trucks parked where planes usually are.
この 2 日半の間、普通は飛行機が止まっているところで、彼はトラックに荷物を積んでいた。

(221) Those who had read often at the age of 10 and had been reading books and newspapers more than once a week aged 16 performed better than those who had read less.
10 歳の時によく読書して、16 歳で本や新聞を週に 2 度以上読んでいた人は、あまり読書をしたことのない人よりも成績がよかった。

(219)の主節の動詞 cook（料理する）は非均質動詞である。基準時区間を与えるのは、副詞節が表示する事態 S「停電になる」であって、この事態は過去の時点において成立する。主節の事態 P は、停電になった時点で終了したと考えてよいから、事態 P は過去の時点において開始し、副詞節の事態が成立する時点において終了する。したがって、過去完了時制部分相形態 had been cooking は、基準時点に先行する時点において開始し、基準時点において終了する線部分事態を表示する。

(220)の動詞 load（積む）は非均質動詞である。基準時区間を明示的に与える語句はないが、過去の時区間だと考えてよい。したがって、過去完了時制部分相形態 had been loading は、基準時区間の 2 日半前の時点において開始し、基準時区間において終了した線部分事態を表示する。

(221)の関係節中の動詞 read（読む）は非均質動詞である。基準時区間を与える

のは、主節の事態 S「主体がもっとよい成績を上げた」が成立した過去の時区間
である。関係節を構成する 2 番目の事態「主体が 16 歳の時に週に 2 度以上本や
新聞を読んでいた」は、基準時区間に先行する過去の時区間において成立した列
事態の線部分事態を表示する。このことを表示するのが、過去完了時制部分相形
態 had been reading である。この事態は、主節の事態が成立する原因であると判
断されるので、基準時区間における状況に直接的に関与している。

iv. 脱均質動詞

　脱均質動詞は時点において成立するので部分事態を持たない。したがって、脱
均質動詞の過去完了時制部分相形態は、基準時区間に先行する時区間において成
立していた前事態の部分事態を表示するか、列事態の線部分事態を表示する。

（222） The horserace had been dying because attendances were dwindling and
　　　 sponsors were in short supply.
　　　 入場者がだんだん減少し、スポンサーからの収入も不足していたので、
　　　 その競馬は死にかけていた。

（223） This has eroded whatever fragile consensus that had been starting to
　　　 form in favor of speaking out against the government's policies.
　　　 このことは、政府の政策に反対する意見を述べることを支持する方向
　　　 にかろうじて形成されつつあった合意をすべて失わせることになって
　　　 いる。

（224） After speaking to a local judge, John learned that letters of complaint
　　　 had been arriving from drivers across the country.
　　　 地方判事に話した後、ジョンは国全体の運転者から苦情の手紙が届い
　　　 てきていることを知った。

　（222）の主節の動詞 die（死ぬ）は脱均質動詞である。基準時区間を与えるのは
副詞節の事態 S「入場者がだんだん減少し、スポンサーからの収入も不足してい
た」が成立した過去の時区間である。「その競馬が死ぬ」という事態 P は時点に
おいて成立するので、had been dying という過去完了時制部分相形態が表示する
のは、事態 P の前事態の線部分事態 P′ であり、この線部分事態が基準時区間に
先行する時区間において成立していたということである。線部分事態 P′ は副詞
節の事態 S を原因として成立するので、両者の間には直接的な関連性がある。

　（223）の関係節中の動詞 start（始める）は脱均質動詞である。基準時区間を与え
るのは主節の事態 S「このことが合意をすべて失わせた」が成立した過去の時区
間であり、関係節の事態 P は、基準時区間に先行する時区間において成立するが、
ここで表示されているのは「合意が形成されつつあった」という事態の前事態の

線部分事態である。このことを、過去完了時制部分相形態 had been starting が表示している。

　(224)の副体名詞節の動詞 arrive (到着する)は脱均質動詞である。基準時区間を与えるのは主節の事態 S「ジョンが副体を知った」が成立した過去の時区間である。名詞節の事態 P の主体は letters of complaint (苦情の手紙)という複数の個体なので、事態 P は「苦情の手紙が届く」という事態によって構成される列事態であり、過去完了時制部分相形態 had been arriving は、列事態の線部分事態が基準時点に先行する時区間において成立していたことを表示する。

⑪ 未来完了時制・全体相

　未来完了時制全体相形態は、未来の基準時区間に先行する時区間において成立し、基準時区間の状況に影響を与えている事態を表示する。

ⅰ．均質動詞

(225) He will have been there three years longer than any commissioner before him.

彼は、彼以前の長官の誰よりも 3 年長くそこにいたことになる。

(226) As the years go by, the landscape of our town will have resembled the picturesque views of old.

年月が経つにつれて、私たちの町の景色は、往時の絵のような眺めに似てくるだろう。

(227) If the students have done their homework they will have thought long and anxiously about that sort of democracy.

学生たちが宿題をし終えたら、彼らはそういった種類の民主主義について長くそして不安を持って考えたことになる。

　(225)の動詞 be (いる)は均質動詞である。基準時区間を表示する語句は文中にはないが、彼が長官を辞めてその場所を去る未来の時点だと考えることができる。彼は現在の時点で長官としてそこにいると考えられるから、「彼がそこにいる」という事態は過去の時点において開始し、未来の基準時点において終了する。未来完了時制全体相形態 will have been は、未来の基準時点に先行する時区間において全事態が成立し、基準時点の状況に直接的に関与していることを表示する。基準時点において事態が終了するのだから、その時点の状況に関与していることは明らかである。

　(226)の主節の動詞 resemble (似ている)は均質動詞である。基準時区間を与える語句は文中にはないが、数十年後の未来の時区間だと考えられる。「私たちの

町の景色が往時の絵のような眺めに似ている」という事態は、この基準時区間に
先行する時区間において成立する。「主体があるものに似ている」という事態は
開始時点と終了時点は不明確であるから、表示される事態は部分事態であると判
断される。均質動詞は全事態と部分事態が等しいから、未来完了時制全体相形態
will have resembled は、基準時区間に先行する時区間において線部分事態が成立
したことを表示するものと理解される。基準時区間においても、この線部分事態
は成立している。

　(227)の主節の動詞 think（考える）は均質動詞である。基準時区間を表示する
のは、副詞節の事態Ｓ「学生たちが宿題をし終える」が成立する未来の時点であ
る。「学生たちがそういった種類の民主主義について考える」という主節の事態
Ｐは、基準時点に先行する時区間において成立する。未来完了時制全体相形態
will have thought は、事態Ｐが未来の基準時点に先行する時区間において成立し
たことを表示する。学生たちが宿題をする時区間に包含される時区間において事
態Ｐが成立すると考えることができるから、表示されているのは事態Ｐの全事
態である。

ⅱ. 部分均質動詞

(228) When she goes into the most friendly territory, Mary will have walked
in the face of enemy fire.
最も友好的な領域に入る時には、メアリーは敵の砲火に直面して歩い
たことになるだろう。

(229) By the time you read this report, the space probe will have flown right
on by Pluto at some thirty-one thousand miles per hour.
あなたがこの報告書を読むまでに、その宇宙探査船は時速３万１千
マイル程度で冥王星付近まで飛行し続けたことになるだろう。

(230) This August, she will have worked as a secretary for the same real es-
tate office for 50 years.
この８月には、同じ不動産会社で秘書として彼女は50年間働いたこ
とになる。

　(228)の主節の動詞 walk（歩く）は部分均質動詞である。基準時区間を与える
のは副詞節の事態Ｓ「メアリーが最も友好的な領域に入る」が成立する未来の時
区間である。主節の事態Ｐ「メアリーが敵の砲火に直面して歩く」は、基準時区
間に先行する時区間において成立している。未来完了時制全体相形態 will have
walked は、未来の基準時区間に先行する時区間において全事態が成立している
ことを表示する。事態Ｐが成立することで、事態Ｓも成立することができると

考えることができるから、事態Pの結果事態が事態Sの成立に影響を与えている。

（229）の主節の動詞 fly（飛行する）は部分均質動詞である。基準時区間を与えるのは副詞節の事態S「受信者がこの報告書を読む」が成立する未来の時区間である。主節の事態P「その宇宙探査船が冥王星付近まで飛行し続ける」は、基準時区間に先行する時区間において成立する。未来完了時制全体相形態 will have flown は、事態Pの全事態が基準時区間に先行する時区間において成立したことを表示する。事態Pの結果を基準時区間において受信者が報告されるのだから、事態Pは基準時区間の状況に直接関与している。

（230）の動詞 work（働く）は部分均質動詞である。基準時区間を与えるのは文頭の名詞句 this August（この8月）である。この文の事態P「彼女が不動産会社で秘書として働く」は、50年前の8月に開始し、基準時区間において終了するか、基準時区間後も継続する。未来完了時制全体相形態 will have worked は、事態Pが基準時区間において終了する場合は全事態を、基準時区間後も継続する場合は線部分事態を表示する。work は部分均質動詞で、全事態と線部分事態が等しいので、どちらであっても文は適格となる。

iii．非均質動詞

（231）The show will have run more than 2,600 performances on Broadway when it closes.
終わる時には、そのショーはブロードウェーで 2600 回以上の公演を行ったことになる。

（232）If someone eats six oysters, they will have eaten 50 particles of micro-plastics.
誰かが牡蠣を6個食べたら、微小プラスチック片を 50 個食べたことになるだろう。

（233）If you've repeatedly experienced failure in your classroom, your brain will have built up a strong stress response circuit.
教室で何度も失敗を経験したのだとすると、脳はストレスへの強力な反応回路を作り上げていることになる。

（231）の主節の動詞 run（上演する）は、ここでは単射関係を表示するので、非均質動詞である。基準時区間を与えるのは副詞節の事態S「そのショーが終わる」が成立する時点である。主節の事態P「そのショーがブロードウェーで 2600 回以上の公演を行う」は、基準時点に先行する時点において開始し、基準時点で終了する。したがって、事態Pは基準時点における状況に直接的に関与している。このことを表示するのが、未来完了時制全体相形態 will have run である。

（232）の主節の動詞 eat（食べる）は非均質動詞である。基準時区間を与えるのは、副詞節の事態 S「誰かが牡蠣を 6 個食べる」が成立する未来の時区間である。主節の事態 P「誰かが微小プラスチック片を 50 個食べる」は、基準時区間と同時に終了する。したがって、事態 P は未来の基準時区間に先行する時点において開始し、基準時区間と同時に終了する。事態 P が基準時区間の状況と密接に関係しているのは明らかである。このことを表示するのが、未来完了時制全体相形態 will have eaten である。

（233）の主節の動詞 build（作る）は非均質動詞である。基準時区間を与えるのは、副詞節の事態 S「主体が教室で何度も失敗を経験した」が成立する未来の時区間である。主節の事態 P「脳がストレスへの強力な反応回路を作り上げる」は、基準時区間に先行する時区間において全事態が成立し、事態 S が原因となって事態 P が成立すると考えることができるので、両者の間には直接的な関係がある。このことを表示するのが、未来完了時制全体相形態 will have built である。

iv. 脱均質動詞

（234）By the end of this year, the disease will have killed nearly forty million people.
　　　今年の終わりまでには、その病気で約 4 千万人が死んでいるだろう。

（235）Win or lose, the cup will have left an amazing legacy here.
　　　勝とうが負けようが、その大会はここに驚くほどの遺産を残しているだろう。

（236）I'm willing to bet in ten years' time national guidelines will have changed.
　　　10 年後には国の指針も変わってしまっていると私はあえて断言する。

（234）の動詞 kill（殺す）は脱均質動詞である。名詞群 by the end of this year（今年の終わりには）によって、基準時区間（ここでは時点）として今年の終わりが与えられている。この文が表示する事態 P「その病気で約 4 千万人が死ぬ」は、基準時点に先行する時点において成立する。基準時点においては、事態 P の結果としての数値が算出されるから、事態 P の結果事態が基準時点の状況に直接的に関与する。このことを表示するのが、未来完了時制全体相形態 will have killed である。

（235）の主節の動詞 leave（残す）は脱均質動詞である。基準時区間を与えるのは、副詞節 win or lose（勝とうが負けようが）によって推測される、大会での試合が終了する未来の時点である。主節の事態 P「その大会がここに驚くほどの遺産を残す」は、基準時点に先行する時点において成立し、事態 P の結果事態として、

基準時点に遺産が存在するという事態が成立する。このことを表示するのが、未来完了時制全体相形態 will have left である。

(236)の副体名詞節の動詞 change（変わる）は脱均質動詞である。「主体が変化する」という事態の成立は、その結果事態を知覚することによって初めて認識され、これは脱均質動詞が持つ特性である。基準時区間を与えるのは名詞群 in ten years' time（10年後）であり、現在から10年が経過した未来の時区間が基準時区間となる。名詞節の事態 P「国の指針が変わる」という事態は、基準時区間に先行する時点において成立し、基準時区間においては、変化した後の指針が適用されている。したがって、事態 P の結果事態は基準時区間の状況に影響を与えている。このことを表示するのが、未来完了時制全体相形態 will have changed である。

⑫ 未来完了時制・部分相

　未来完了時制部分相形態は、未来の基準時区間に先行する時区間において成立した事態または列事態の部分事態で、基準時区間の状況に何らかの影響を与えているものを表示する。

ⅰ．均質動詞

(237) When they wake up in a few weeks, they will realize they have been having a nightmare.

数週間後に目が覚める時には、彼らは自分たちが悪夢を見ていたことが分かるだろう。

(238) John's tireless work over the past decade will have been deserving of a Nobel Prize in the years to come.

この10年の間のジョンの弛まぬ研究は、これからの年月でノーベル賞にふさわしいものとなっているだろう。

(239) If I quit this job at the end of this year, I will have been hating it for ten years.

もし私が年末に辞めたら、私はこの仕事を10年間嫌ってきていたことになる。

(237)の副体名詞節の動詞 have（持っている）は均質動詞である。基準時区間を与えるのは主節の事態 S「彼らが副体を分かる」が成立する未来の時区間であり、この時区間は、副詞節の事態「数週間後に彼らが目覚める」が成立する時区間と同一である。wake up（目覚める）は脱均質動詞であるから、基準時区間は数週間後の未来の時点である。名詞節の事態 P は、基準時点に先行する時点にお

いて開始し、基準時点の前または基準時点において終了する。均質動詞の場合は全事態と線部分事態が等しいので、どの時点で終了しても文は適格であり、眠っている間に夢を見て、目覚めた時にそれを思い出すのだから、事態 P の線部分事態が基準時点の状況に関与していることは明らかである。このことを表示するのが未来完了時制部分相形態 will have been having である。

(238) の動詞 deserve (値する)は均質動詞である。基準時区間は、名詞群 in the years to come (これからの年月)があることから、未来の時区間であることが分かる。この文が表示する事態 P「ジョンの弛まぬ研究がノーベル賞に値する」の線部分事態が、基準時区間に先行する時区間において成立する場合、基準時区間においても、ジョンの研究はノーベル賞に値するものであり、したがって基準時区間の状況に、事態 P の線部分事態は直接的に関与している。このことを表示するのが、未来完了時制部分相形態 will have been deserving である。

(239) の主節の動詞 hate (憎む)は均質動詞である。基準時区間を与えるのは副詞節が表示する事態 S「発信者が年末に仕事を辞める」が成立する未来の時点である。主節の事態 P「発信者が仕事を 10 年間嫌う」という事態は、10 年前から基準時点までの時区間において成立するが、人間の感情はすぐには消滅しないから、基準時点以後も成立すると考えるのが妥当である。したがって、主節が表示するのは事態 P の線部分事態であり、基準時点においても成立している。このことを表示するのが、未来完了時制部分相形態 will have been hating である。

ii. 部分均質動詞

(240) The sessions will have been going for 12 years next July.
   次の 7 月に、その会合は 12 年の間続いていたことになる。

(241) Shortly beforehand, the Europeans will have been talking up their supporting role in all this diplomacy.
   そのすぐ前に、ヨーロッパ諸国はこの外交全体の中で自分たちが果たした支援者としての役割を大いに宣伝しているだろう。

(242) By then, the boys will have been playing cello at the music school for at least five years.
   その時までに、その少年たちはその音楽学校で少なくとも 5 年間はチェロを演奏してきていたことになるだろう。

(240) の動詞 go (続く)は部分均質動詞である。基準時区間を与えるのは名詞句 next July (次の 7 月)である。この文が表示する事態 P「その会合が続く」は、基準時区間の 12 年前に開始するが、基準時区間において終了するか、基準時区間以降も継続する。基準時区間以降も継続する場合は、その 12 年前から基準時

504　　　　　　　　　　第 11 章　時制とアスペクト

区間までは線部分事態が成立していることになる。このことを表示するのが、未来完了時制部分相形態 will have been going である。

　（241）の動詞 talk up（宣伝する）は部分均質動詞である。基準時区間を与えるのは副詞 shortly beforehand（そのすぐ前に）であり、この文が表示する事態 P「ヨーロッパ諸国が宣伝する」は、基準時区間に先行する時区間において開始し、基準時区間以後も継続すると考えられる。したがって、基準時区間までに成立するのは事態 P の線部分事態であり、このことを表示するのが、未来完了時制部分相形態 will have been talking である。

　（242）の動詞 play（演奏する）は部分均質動詞である。基準時区間を与えるのは名詞群 by then（その時までに）である。この文が表示する事態 P「その少年たちがその音楽学校でチェロを演奏する」という事態は、基準時区間の 5 年以上前に開始し、基準時区間以後も成立すると考えられる。したがって、5 年以上前の時区間から基準時区間まで成立するのは、事態 P の線部分事態である。このことを表示するのが、未来時制部分相形態 will have been playing である。

ⅲ．非均質動詞

　（243）Mary will get fed up with the training and the progress she will have been making will deteriorate.

　　　　メアリーはその訓練にうんざりして、彼女が成し遂げてきていた進歩は低下するだろう。

　（244）An established manufacturer of air conditioners will have been building different models for years when a new model is needed.

　　　　定評のあるエアコン製造業者なら、新しいモデルが必要になった時には、すでに何年もの間様々のモデルを作り上げてきているだろう。

　（245）When the coup takes place, the general will have been preparing for contingencies, including ways to hide his weapons, for many months.

　　　　クーデターが起きる時には、自分の兵器を隠す方法も含めて、将軍は何か月もの間偶発的事態への準備をしてきているだろう。

　（243）の 2 番目の文に含まれる関係節の動詞 make（作る）は非均質動詞である。基準時区間を与えるのは、この文の主節が表示する事態 S「進歩が低下する」が成立する未来の時区間である。関係節の事態 P「メアリーが進歩を成し遂げる」は、基準時区間に先行する時点において開始し、基準時区間より前に終了するか、基準時区間においても成立する。最初の文が表示する事態が「メアリーがその訓練にうんざりする」であって、彼女が訓練を止めるわけではないので、事態 P は基準時区間においても成立するものと推測される。この場合、基準時区間に先行

第 2 節　時制・アスペクト形態とその機能　　　505

する時区間から基準時区間までの時区間で成立するのは線部分事態である。このことを表示するのが、未来完了時制部分相形態 will have been making である。

　(244) の動詞 build（作る）は非均質動詞である。基準時区間を与えるのは、副詞節の事態 S「新しいモデルが必要だ」が成立する未来の時区間である。主節の事態 P「定評のあるエアコン製造者が様々のモデルを作り上げる」は、基準時区間に先行する時区間において開始し、長年にわたって継続した後、基準時区間においても成立しているものと考えられる。したがって、主節が表示するのは事態 P の線部分事態が、基準時区間より前の時区間から基準時区間まで成立するという事態であり、このことを表示するのが、未来完了時制部分相形態 will have been building である。

　(245) の主節の動詞 prepare（準備する）は非均質動詞である。基準時区間を与えるのは副詞節の事態 S「クーデターが起きる」が成立する未来の時点である。主節の事態 P「将軍が偶発的事態への準備をする」は、基準時点に先行する時区間において開始し、クーデターを起こす時点でも成立していると考えるのが適当である。したがって、事態 P の線部分事態が、基準時点に先立つ数か月前から基準時点まで成立していることを、この文は表示する。これを表示するのが、未来完了時制部分相形態 will have been preparing である。

iv. 脱均質動詞

　脱均質動詞の未来完了時制部分相形態は、未来の基準時点に先行する時区間において前事態または列事態の線部分事態が成立していることを表示する。前事態の線部分事態が成立している場合には、その後に全事態が成立するという含意が生じる。

　(246)　By the end of this year, we will have been reaching our goal of 200,000 new customers.
　　　　今年の終わりまでには、私たちは新規顧客 20 万人という目標に到達しようとしているだろう。

　(247)　The applause will just have been dying down when the festival takes off on October 7.
　　　　10 月 7 日に祭典が始まる時には、喝采はもうなくなりかけているだろう。

　(248)　The researchers will have been discovering new treatments for the disease, because substantial knowledge has been accumulated regarding its expansion system.
　　　　研究者たちはその病気の新しい治療法を発見することになるだろう。

なぜならば、その病気が広がる機構についての知識がかなり蓄積され
てきているからである。

(246)の動詞 reach（到達する）は脱均質動詞であり、表示する事態は時点にお
いて成立する。基準時区間を与えるのは文頭の名詞群 by the end of this year（今
年の終わり）である。この文が表示する事態 P「発信者たちが目標に達する」は、
基準時区間に先行する時点においてはまだ成立しておらず、その前事態の部分が
基準時点に先行する時区間において成立している。前事態の部分が成立している
ことから、その後に全事態が成立するという含意が生じる。このことを表示する
のが、未来完了時制部分相形態 will have been reaching である。

(247)の動詞 die down（なくなる）は脱均質動詞である。基準時区間を与える
のは副詞節の事態 S「祭典が始まる」が成立する未来の時区間 10 月 7 日である。
主節の事態 P「喝采がなくなる」は基準時区間に先行する時区間においては全事
態が成立しておらず、前事態の線部分事態がその時区間において成立しており、
そこから全事態の成立が含意される。これを表示するのが、未来完了時制部分相
形態 will have been dying down である。

(248)の主節の動詞 discover（発見する）は脱均質動詞である。基準時区間を与
える明確な語句はないが、副詞節の事態 S「その病気が広がる機構についての知
識がかなり蓄積されてきている」から、基準時区間は近い未来の時区間であると
推測される。主節の事態 P「研究者たちがその病気の新しい治療法を発見する」は、
副体の new treatments が複数の事態であることから、列事態であると考えること
ができる。したがって、未来完了時制部分相形態 will have been discovering は、
列事態の線部分事態が、基準時区間に先行する時区間において成立することを表
示する。

⑬ 過去未来時制

過去未来時制形態は、通常は従属節において使用され、主節の事態が成立する
過去の時区間を基準として、その基準時区間に後続する時区間において成立する
事態を表示する。

ⅰ．全体相

(249) The professor said she would be the project's principal investigator.
  教授は彼女がそのプロジェクトの主要な研究員になるだろうと言った。

(250) John asked Mary if she would walk down the hall with the crew mem-
  bers.
  ジョンはメアリーに、乗務員たちと廊下を歩いて行くのかと尋ねた。

第2節　時制・アスペクト形態とその機能　　　507

(251) Mary said she would push the cart around the market to get all of their groceries.

　　　自分たちの食品を全部手に入れるために、カートを押して市場を回っていくとメアリーは言った。

(252) The government spokesman repeated that the United States would stop exporting some petroleum products to the country.

　　　政府のスポークスマンは、合衆国は石油製品の一部をその国に輸出することを中止すると繰り返した。

　(249)の副体名詞節の動詞 be は均質動詞である。基準時区間を与えるのは、主節の事態 S「教授が副体を言った」が成立する過去の時区間であって、名詞節の事態 P「彼女がそのプロジェクトの主要な研究員だ」は、過去の基準時区間に後続する時区間において成立する。均質動詞は全事態と部分事態が等しいので、事態 P は全事態の場合と線部分事態の場合のいずれもがあり得る。

　(250)の副体名詞節の動詞 walk（歩く）は部分均質動詞である。基準時区間を与えるのは、主節の事態 S「ジョンがメアリーに副体を尋ねる」が成立する過去の時区間である。名詞節の事態 P「メアリーが乗務員たちと廊下を歩く」は、過去の基準時区間に後続する時区間において成立する。部分均質動詞が表示する事態は、全事態と線部分事態が等しいが、事態 P が部分事態であることを要請する状況はないので、この文では全事態が成立することが期待されているものと理解される。

　(251)の副体名詞節の動詞 push（押す）は非均質動詞である。基準時区間を与えるのは、主節の事態 S「メアリーが副体を言った」が成立する過去の時区間である。名詞節の事態 P「メアリーがカートを押して市場を回る」は過去の基準時区間に後続する時区間において成立する。非均質動詞は全事態と部分事態が異なるので、この全体相形態は、全事態が成立することを表示する。

　(252)の副体名詞節の動詞 stop（止める）は脱均質動詞である。基準時区間を与えるのは、主節の事態 S「政府のスポークスマンが繰り返した」が成立する過去の時区間である。名詞節の事態 P「合衆国が石油製品の一部をその国に輸出することを中止する」は、基準時点に後続する過去の時点において成立する。脱均質動詞は時点において全事態が成立するので、過去未来時制全体相形態 would stop は、全事態の時点における成立を表示する。

ii．部分相

(253) The woman said she would be having dinner with her husband to celebrate their wedding anniversary.

その女性は、結婚記念日を祝うために夫と夕食をとっているだろうと
言った。

(254) Everybody here thought John would be campaigning for governor.
ここにいる者は誰もが、ジョンが州知事を目指して選挙運動している
ことだろうと思った。

(255) The president told the Times on Monday that his company would be
constructing a new plant in the Middle East.
社長は月曜日にタイムズ紙に、自分の会社は中東に新しい施設を建設
することになると言った。

(256) I was convinced that he would be finding life a lot easier than he did.
彼はこれまでよりも人生をもっとずっと楽だと思うようになるだろう
と私は確信していた。

(253)の副体名詞節の動詞 have（持っている）は均質動詞である。基準時区間
を与えるのは、主節の事態 S「その女性が副体を言った」が成立する過去の時区
間である。過去未来時制部分相形態 would be having は、名詞節の事態 P「その
女性が夫と夕食をとる」の線部分事態が、基準時区間に後続する時区間において
成立することを表示する。過去未来時制全体相形態 would have を使用してもこ
の文は同様の事態を表示できるが、部分相形態を使用することにより、基準時区
間においてすでに予定されている事態だという含意が生じる。

(254)の副体名詞節の動詞 campaign（選挙運動する）は部分均質動詞である。
基準時区間を与えるのは、主節の事態 S「ここにいる誰もが副体を思った」が成
立する過去の時区間である。過去未来時制部分相形態 would be campaigning は、
名詞節の事態 P「ジョンが州知事を目指して選挙運動する」の線部分事態が、基
準時区間に後続する時区間において成立することを表示する。過去未来時制全体
相形態 would campaign を使用しても、この文は同様の事態を表示できるが、部
分相形態を使用することにより、基準時区間の状況から成立が確実に予測できる
事態であったという含意が生じる。

(255)の副体名詞節の動詞 construct（建設する）は非均質動詞である。基準時
区間を与えるのは、主節の事態 S「社長がタイムズ紙に副体を言った」が成立す
る過去の時区間である。過去未来時制部分相形態 would be constructing は、名
詞節の事態 P「社長の会社が中東に新しい施設を建設する」の線部分事態が、基
準時区間に後続する時区間において成立することを表示する。過去未来時制全体
相形態 would construct を使用しても、この文は同様の事態を表示することがで
きるが、部分相形態を使用することにより、基準時区間においてすでに計画され
ていて実現が確実だという含意が生じる。

第3節 従属節中の時制 509

（256）の副体名詞節の動詞 find（見つける）は脱均質動詞である。基準時区間を与えるのは、主節の事態 S「発信者が副体を確信していた」が成立する過去の時区間である。find が脱均質動詞であって部分事態を持たないので、過去未来時制部分相形態 would be finding は、「彼が人生をもっとずっと楽だと思うようになる」という事態の前事態の線部分事態が、基準時区間に後続する時区間において成立することを表示する。前事態の線部分事態が成立することから、全事態の成立が確実であることが含意される。

⑭ **過去未来完了時制**

過去未来完了時制は、形態的には接続法複合形（仮定法過去完了形）と同じであり、時制形態として使用されるのは稀である。

（257）Mary said she would have drunk up the bottle of wine when I came back.
　　　メアリーは、私が戻って来る時には、そのワイン瓶を飲み干しているだろうと言った。

（258）I thought that the train would have left the station by the time I got there.
　　　私が駅に着くまでに、その列車は駅を出てしまっているだろうと私は思った。

（257）の主節 S「メアリーが副体を言う」は過去の時区間 s において成立する。副体名詞節中の「メアリーがそのワイン瓶を飲み干す」と言う事態 P は、s に後続する時区間 p において成立する。さらに、副体名詞節中には副詞節 when I came back（発信者が戻って来る）があり、この節が表示する事態 Q が成立する時点 q は p に後続する。すなわち、s→p→q という関係にあり、p が成立する時区間は s よりも後でありながら q よりも前である。基準時点 s に後続し、別の基準時点 q に先行する時区間 p において事態が成立することを、過去未来完了時制形態 would have drunk が表示している。

（258）の主節 S「発信者が副体を思う」は過去の時区間 s において成立する。副体名詞節中の事態 P「その列車が駅を出る」は、s に後続する時点 p において成立する。さらに、副体名詞節中の副詞節が表示する事態 Q「発信者が駅に着く」が成立する時点 q は p に後続する。過去未来完了時制形態 would have left は、この事態が成立する時点 p が、主節の事態が成立する時区間 s に後続し、副詞節の事態が成立する時点 q に先行することを表示している。

第3節　従属節中の時制
① **副体名詞節**

主節の時制が過去時制または過去完了時制である場合、副体名詞節の時制形態

として用いられるのは、過去時制、過去完了時制、過去未来時制である。主節の時制を基準として名詞節の時制が決定されるので、これを伝統的に「時制の一致」と呼んでいる。

「主節＋副体名詞節」という構造の文では、主節の事態が基準時区間を与え、副体名詞節の事態が成立する時区間を表示する時制形態は、この基準時区間との関係で決定される。

名詞節の事態が基準時区間と同一の時区間において成立する場合、名詞節の動詞は過去時制形態を取る。名詞節の事態が基準時区間に先行する時区間において成立する場合、名詞節の動詞は過去完了時制形態を取る。名詞節の事態が基準時区間に後続する時区間において成立する場合、名詞節の動詞は過去未来時制形態を取る。

ｉ．基準時区間と同一または基準時区間を包含する

(259) Mary said that John was right.　メアリーはジョンが正しいと言った。

(260) John knew Mary was being dishonest.
　　　ジョンはメアリーがごまかしていることを知っていた。

(261) Mary told me that her father worked for the stock company.
　　　メアリーは自分の父親がその証券会社に勤めていると言った。

(262) John thought the world was moving to instability.
　　　世界は不安定へと向かっているとジョンは思った。

(263) Mary was sure trains started running at 6 a.m.
　　　列車が午前6時に運行を始めるとメアリーは確信していた。

(264) John wondered if he was dying.
　　　ジョンは自分が死にかけているのではないかと心配した。

(259)では、主節の事態「メアリーが副体を言った」が成立する過去の時区間が基準時区間を与える。名詞節の事態「ジョンが正しい」が基準時区間と同一の時区間において成立する場合、事態は線部分事態である。動詞 be は均質動詞なので、過去時制全体相形態 was によって基準時区間における線部分事態の成立を表示することができる。

(260)では、主節の事態「ジョンが副体を知っていた」が成立する過去の時区間が基準時区間を与える。名詞節の事態「メアリーがごまかしている」を表示するのは、過去時制部分相形態 was being であるから、名詞節は、過去の基準時区間と同一の時区間において、線部分事態が成立していることを表示していると考えてよい。

(261)では、主節の事態「メアリーが発信者に副体を言った」が成立する過去

の時区間が基準時区間を与える。名詞節の事態 P「メアリーの父親がその証券会社に勤める」は、比較的長い時区間において成立するのが普通であるから、基準時区間を包含する時区間において成立する。したがって、事態 P は基準時区間においては線部分事態が成立している。動詞 work（働く）は部分均質動詞なので、全事態と線部分事態は等しい。過去時制全体相形態 worked は、基準時区間において線部分事態が成立していることを表示している。

（262）では、主節の事態「ジョンが副体を思った」が成立する過去の時区間が基準時区間を与える。名詞節の事態 P「世界が不安定に向かう」は過去時制部分相形態 was moving によって表示されているから、基準時区間においては線部分事態が成立している。

（263）では、主節の事態「メアリーが確信していた」が成立する過去の時区間が基準時区間を与える。名詞節中の動詞 start（始める）は脱均質動詞であって、表示する事態は時点において成立する。基準時区間には長さがあるから、名詞節の事態 P が単一の事態である場合、基準時区間と同一の時区間において成立することはできない。事態 P の主体は trains という複数の個体であるから、この事態は列事態であると見なすことができて、その線部分事態であれば、基準時区間と同一の時区間において成立することができる。したがって、過去時制全体相形態 started が表示するのは、基準時区間において成立する列事態の線部分事態である。

（264）では、主節の事態「ジョンが副体を心配した」が成立する過去の時区間が基準時区間を与える。名詞節中の動詞 die（死ぬ）は脱均質動詞であるから、部分相形態は前事態の部分事態を表示する。したがって、過去時制部分相形態 was dying は、基準時区間において線部分事態が成立していたことを表示する。

ii．基準時区間に先行する時区間

副体名詞節が表示する事態 P の成立時区間 p が、主節の事態 S の過去における成立時区間 s に先行する場合、基準時区間である s における状況に対して、事態 P が影響を与えていることは明らかである。したがって、事態 P を表示する動詞は、過去完了時制形態を取る。

（265）Mary said she had been John's colleague before.
メアリーは自分が以前ジョンの同僚だったと言った。

（266）John imagined he had been living in Florence.
ジョンは自分がフィレンツェに住んでいたことを想像した。

（267）Mary told her friend that she had read the Dickens' novel.
メアリーは友人に、自分がそのディケンズの小説を読んだことがある

512　　第 11 章　時制とアスペクト

と言った。

（268）John denied that he had been talking with Mary at that time.
　　　　ジョンは自分がその時メアリーと話していたことを否定した。

（269）Mary was convinced that someone had broken into her house.
　　　　メアリーは誰かが自分の家に押し入ったと確信していた。

（270）John knew his daughter had been leaving the house to see her boyfriend.
　　　　ジョンは自分の娘が男友達に会うために家を出ようとしていたことを
　　　　知っていた。

　（265）で基準時区間を与えるのは、主節の事態 S「メアリーが副体を言った」が成立した過去の時区間 s である。副体名詞節の事態 P「メアリーが以前ジョンの同僚だった」は、基準時区間 s に先行する時区間において成立する。had been は過去完了時制全体相形態であり、事態 P の成立時区間を表示するのは副詞 before（以前）だけであるから、基準時点に先行する時区間において全事態が成立したと考えてよい。

　（266）で基準時区間を与えるのは、主節の事態 S「ジョンが副体を想像した」が成立した過去の時区間 s である。副体名詞節の動詞は過去完了時制部分相形態 had been living であるから、基準時区間 s に先行する時区間において、事態 P「ジョンがフィレンツェに住む」の線部分事態が成立したと想定したことを表示している。

　（267）で基準時区間を与えるのは、主節の事態 S「メアリーが友人に副体を言った」が成立した過去の時区間である。副体名詞節の事態 P「メアリーがそのディケンズの小説を読む」は基準時区間に先行する時区間において成立しており、また作家の小説を読んだという事態は、基準時区間における主体に関わる状況に何らかの影響を与えている。このことを表示するのが、過去完了時制全体相形態 had read である。

　（268）で基準時区間を与えるのは、主節の事態 S「ジョンが副体を否定した」が成立した過去の時区間である。副体名詞節の事態 P「ジョンがその時メアリーと話をした」は、基準時区間に先行する時区間において成立し、ジョンがその事態を否定しているのだから、事態 P は基準時区間の状況に直接的に関与している。事態 P の全事態は一定の長さを持つ時区間において成立するが、名詞群 at that time（その時）は長さのない時区間を表示するから、成立するのは点部分事態である。事態 P の点部分事態が、過去の基準時区間に先行する時区間において成立していたことを表示するのが、過去完了時制部分相形態 had been talking である。

　（269）で基準時区間を与えるのは、主節の事態 S「メアリーが副体を確信していた」が成立した過去の時区間である。副体名詞節の事態 P「誰かがメアリーの

第3節　従属節中の時制　　　513

家に押し入る」は基準時区間に先行する時区間において成立し、この事態の成立
をメアリーが確信しているのであるから、事態Pは基準時区間における状況に
直接的に関与している。動詞 break は into が後続する場合には脱均質動詞に分
類されるから、成立するのは全事態である。このことを表示するのが、過去完了
時制全体相形態 had broken である。

　（270）で基準時区間を与えるのは、主節の事態S「ジョンが副体を知っていた」
が成立した過去の時区間である。副体名詞節の動詞 leave（出る）は脱均質動詞で
あるから、過去完了時制部分相形態 had been leaving は、基準時区間に先行する
時区間において、事態P「ジョンの娘が男友達に会うために家を出る」の前事態
の部分事態が成立していたことを表示する。部分事態の成立時区間を明示する語
句はないが、基準時区間と同一の時区間において成立したのだとすると、表示さ
れているのは線部分事態である。

ⅲ．基準時区間に後続する時区間

　副体名詞節が表示する事態Pが、主節の事態Sが成立する基準時区間に後続
する時区間において成立する場合、副体名詞節中の動詞は、過去未来時制形態を
取る。過去未来時制に関しては、すでに第2節⑬で解説した。

ⅳ．基準時区間が現在

　基準時区間として現在を選択することも可能である。この場合、時制形態は発
信者が文を使用する状況を基準として選択される。

（271）Mary said she is a Harvard graduate.
　　　　メアリーは自分がハーバードの卒業生だと言った。

（272）John knew that the express train starts from platform 5.
　　　　ジョンは急行列車が5番ホームから出発することを知っていた。

（273）We learned that the moon's gravity causes tides.
　　　　月の引力が潮汐を引き起こすことを私たちは学んだ。

（274）The judge announced that there will be an arraignment next Wednesday.
　　　　裁判官は来週水曜日に罪状認否があると伝えた。

（275）The anchorman reported that the accident happened at the end of
　　　　yesterday.
　　　　キャスターはその事故が昨日の終わりに起きたと報告した。

（271）の主節の動詞群は過去時制形態なので、副体名詞節の動詞群は、時制の
一致をしているならば、過去時制形態 was が使用されているはずである。しか
し実際には現在時制形態 is なので、時制の一致をしていない。したがって、名

詞節の事態Pの成立時区間は主節の事態の成立時区間を基準とするのではなく、発信者にとっての現在を基準として決定されることになる。動詞群は現在時制形態であるから、事態Pは現在の時点または現在域である時区間において成立するものと理解される。ある大学の卒業生であることは大学を卒業した時点で開始し、終了することはないから、表示されているのは事態Pの線部分事態である。

（272）では、主節の動詞群が過去時制形態 knew であるのに、副体名詞節の動詞群は現在時制形態 starts なので、時制の一致をしていない。したがって、名詞節が表示する事態Pの成立時区間の基準を与えるのは現在である。動詞 start（出発する）は脱均質動詞なので、現在時制全体相形態は、列事態の線部分事態が現在域において成立すること、または単一の事態の全事態が未来の時点において成立することを表示する。

（273）では、主節の動詞群が過去時制形態 learned であるのに、副体名詞節の動詞群は現在時制形態 causes なので、時制の一致をしていない。したがって、副体名詞節の事態Pが成立する時区間の基準を与えるのは現在である。動詞 cause（引き起こす）は脱均質動詞なので、現在時制全体相形態 causes は、列事態の線部分事態または単一事態の全事態を表示するが、事態Pは科学的真理に属するので、列事態の線部分事態が現在域において成立することが表示されているものと理解される。

（274）では、主節の動詞群 announced が過去時制形態であるのに、副体名詞節の動詞群は未来時制形態 will be なので、時制の一致をしていない。したがって、副体名詞節の事態Pが成立する時区間の基準を与えるのは現在である。will be は均質動詞 be の未来時制全体相形態なので、来週の水曜日に、事態Pの全事態が成立することが表示されている。

（275）では、主節の動詞群が過去時制形態 reported であって、副体名詞節の動詞群も過去時制形態 happened である。どちらも過去時制形態であるから時制の一致をしているように見える。しかし、副体名詞節の動詞 happen（起こる）は脱均質動詞であって、この名詞節が表示する事態P「その事故が昨日の終わりに起きる」は単一の事態であるから、この事態は時点において成立する。事態Pの成立時点は、主節の事態Sが成立した時区間に先行していると考えることができるので、時制の一致をするならば、名詞節の動詞群は過去完了時制形態の had happened でなければならない。したがってこの文では時制の一致が起きておらず、基準時区間を与えるのは現在である。現在から見て、at the end of yesterday（昨日の終わりに）は過去の時点なので、現在に先行する時区間において成立する事態を表示する形態である happened（過去時制全体相形態）が選択されている。

第3節　従属節中の時制　　　　515

② 関係節

　関係節中の動詞の時制形態は、主節の事態が成立する時区間を基準にすること
も、現在を基準にすることもできる。主節の動詞群が過去時制であって、関係節
の時制が現在、現在完了、未来時制である場合には、現在が基準時点である。

（276）a. Mary was staying at the hotel with a girl who worked with her.
　　　　　メアリーは自分と一緒に働いている女の子と一緒にそのホテルに滞
　　　　　在していた。

　　　　b. Mary was staying at the hotel with a girl who works with her.
　　　　　メアリーは自分と一緒に働いている女の子と一緒にそのホテルに滞
　　　　　在していた。

　　　　c. Mary was staying at the hotel with a girl who had worked with her.
　　　　　メアリーは自分と一緒に働いていた女の子と一緒にそのホテルに滞
　　　　　在していた。

　　　　d. Mary was staying at the hotel with a girl who would work with her.
　　　　　メアリーは自分と一緒に働く女の子と一緒にそのホテルに滞在して
　　　　　いた。

　　　　e. Mary was staying at the hotel with a girl who will work with her.
　　　　　メアリーはこれから自分と一緒に働く女の子と一緒にそのホテルに
　　　　　滞在していた。

（277）a. John went to the town where his parents lived.
　　　　　ジョンは両親が住んでいた町に行った。

　　　　b. John went to the town where his parents have lived.
　　　　　ジョンは両親が今まで住んできている町に行った。

　　　　c. John went to the town where his parents had lived.
　　　　　ジョンは両親がかつて住んでいた町に行った。

　　　　d. John went to the town where his parents would live.
　　　　　ジョンは両親が住むことになっている町に行った。

　　　　e. John went to the town where his parents will live.
　　　　　ジョンは両親がこれから住むつもりの町に行った。

　（276）の各文の主節の動詞群 was staying は過去時制形態である。基準時区間
を与える場合、それは主節の事態 S「メアリーがある女の子と一緒にそのホテル
に滞在していた」が成立した過去の時区間 s である。

　（276a）の関係節の動詞群は過去時制全体相形態 worked なので、s が基準時区
間であると判断され、この基準時区間において、関係節の事態 P「その女の子が
メアリーと一緒に働く」が成立する。work は部分均質動詞で、全事態と線部分

事態が等しいので、この文では、s において線部分事態が成立したものと理解される。基準時区間が現在であっても、事態 P は過去の時区間において成立するが、その場合、s において事態 P が成立したかどうかは分からない。

(276b)の関係節の動詞群は現在時制全体相形態 works なので、基準時区間は現在であり、関係節は現在域において事態 P の線部分事態が成立していることを表示する。

(276c)の関係節の動詞群は過去完了時制全体相形態 had worked なので、基準時区間は s であり、関係節は、s に先行する時区間において事態 P の全事態が成立したことを表示する。

(276d)の関係節の動詞群は過去未来時制全体相形態 would work なので、基準時区間は s であり、関係節は事態 P の全事態が s に後続する時区間において成立することを表示する。

(276e)の関係節の動詞群は未来時制全体相形態 will work なので、基準時区間は現在であり、関係節は事態 P の全事態が、未来の時区間において成立することを表示する。

(277)の各文の主節の動詞群 went は過去時制形態である。基準時区間を与える場合、それは主節の事態 S「ジョンがその町に行った」が成立した過去の時区間 s である。

(277a)の関係節の動詞群 lived は過去時制全体相形態なので、s が基準時区間であると判断される。関係節は、s において事態 P「ジョンの両親がその町に住む」が成立したことを表示する。live(住む)は均質動詞で全事態と部分事態が等しいが、事態 P は s を包含する時区間において成立すると考えられるので、関係節が表示するのは事態 P の線部分事態である。基準時区間として現在を選択することも可能だが、その場合に表示されるのは、s とは無関係の過去の時区間において、事態 P の全事態または部分事態が成立したということである。

(277b)の関係節の動詞群 have lived は現在完了時制全体相形態なので、基準時区間は現在であり、関係節は、事態 P の線部分事態が、過去の時点から現在までの時区間において成立していることを表示する。

(277c)の関係節の動詞群 had lived は過去完了時制全体相形態なので、基準時区間は s であり、関係節は、事態 P の全事態または線部分事態が、s に先行する時区間において成立したことを表示する。

(277d)の関係節の動詞群 would live は過去未来時制全体相形態なので、基準時区間は s であり、関係節は、事態 P の全事態または線部分事態が、s に後続する時区間において成立することを表示する。

(277e)の関係節の動詞群 will work は未来時制全体相形態なので、基準時区間

は現在であり、関係節は事態 P の全事態が未来の時区間において成立すること
を表示する。

③ 副詞節

　副詞節については、基準時区間を与えるのは現在であり、主節の事態 P は、
副詞節の事態 Q が成立する時区間との関係で成立時区間が決定され、これに応
じて動詞群の時制形態が選択される。

ⅰ．時
a.　接続詞が when の場合、主節の事態が成立する時区間と副詞節の事態が成立
　　する時区間は同一である。
　　（278）When Mary arrived at the station, the train had started.
　　　　　　メアリーが駅に着いた時、列車はすでに出発していた。
　　（279）When John is in his office, he sits at his desk.
　　　　　　ジョンが会社にいる時、彼は机に向かって座っている。
　（278）では、副詞節の動詞群が過去時制全体相形態 arrived なので、副詞節の
事態 Q「メアリーが駅に着く」は過去の時点 q において成立する。主節の事態 P
「列車が出発する」の全事態が q に先行する時点 p において成立し、P の結果事
態の点部分事態が p において成立したことを、過去完了時制全体相形態 had
started が表示している。
　（279）では、副詞節の動詞群が現在時制全体相形態 is なので、副詞節の事態 Q
「ジョンが会社にいる」は現在の時点または現在域の時区間において成立する。
副詞節の動詞 be は均質動詞なので、事態 Q は単一の事態または列事態の全事態
または部分事態を表示することができる。主節の動詞群は現在時制全体相形態で
あって、sit（座る）も均質動詞であるから、主節の事態 P も単一の事態または列
事態の全事態または部分事態である。主体が会社にいる時に机に向かって座ると
いう事態は列事態であると考えてよいので、副詞節は事態 Q の列事態の線部分
事態を表示しているものと理解される。
　主節の事態が未来の時区間において成立する場合、接続詞が when の副詞節中
の動詞群は、未来時制形態ではなく現在または現在完了時制形態を取る。
　　（280）The meeting will begin when the chairman calls its opening.
　　　　　　議長が開会を告げたら、会議が始まる。
　　（281）Mary will take a rest when she has finished cleaning the room.
　　　　　　その部屋の掃除が終わったら、メアリーは休憩するつもりだ。
　（280）では、主節の動詞群が未来時制全体相形態 will begin、動詞が脱均質動

詞なので、主節の事態 P「会議が始まる」は全事態が未来の時点 p で成立する。副詞節の事態 S も p において成立するのだから、動詞群は未来時制全体相形態 will call で表示されるはずである。実際、フランス語やイタリア語などの言語では、未来時制形態を使用しなければならない。未来において成立する事態の表示に現在時制形態を使用するという不合理を英語がどうして選択しているのかは不明である。しかし、現代の英語ではここで未来時制形態を使用すると不適格になってしまうので、現代英語が設定している規則に従うほかない。

　（281）では、主節の動詞群が未来時制全体相形態 will take、動詞が非均質動詞なので、主節の事態 P は未来の時区間 p において成立する。副詞節の動詞群 has finished は、副詞節の事態 Q が、p に先行する未来の時点において成立することを表示している。

b.　接続詞が after, before の場合は、主節の事態が成立する時区間に後続する時区間や先行する時区間において成立する事態を副詞節が表示する。
（282）a. Mary got a job as an assistant after she had graduated from college.
　　　 b. Mary got a job as an assistant after she graduated from college.
　　　　 大学を卒業した後、メアリーは助手の職を得た。
（283）a. Cicadas die after they have sung their songs in trees for a week.
　　　 b. Cicadas die after they sing their songs in trees for a week.
　　　　 セミは、1 週間木で歌を歌った後死ぬ。
（284）a. John had got home before it began to rain.
　　　 b. John got home before it began to rain.
　　　　 雨が降り始める前にジョンは家に着いた。
（285）Mary gets up before the sun rises.　太陽が昇る前にメアリーは起きる。
　（282）では、主節の動詞群は過去時制全体相形態 got であって、get は脱均質動詞なので、主節の事態 P は過去の時点 p において成立する。副詞節の事態 Q は p に先行する過去の時区間 q において成立するので、使用される動詞群の時制は過去完了時制 had graduated であるのが原則であるが、接続詞 after が使用されていることで、q が p に先行することが明らかなので、過去時制形態 graduated の使用も許容される。

　（283）では、主節の動詞群は現在時制全体相形態 die で、die（死ぬ）は脱均質動詞であり、主体はセミである個体集合に属するすべての個体だと考えてよいので、主節が表示するのは事態 P「セミが死ぬ」の列事態が任意の時区間において成立するということである。副詞節の事態 Q は主節の事態が成立する時区間に先行する時区間において成立するので、副詞節の動詞群は現在完了時制形態 have

第3節　従属節中の時制　　519

sung であるのが原則である。しかし、接続詞 after によって時間関係は明白なので、単なる現在時制 sing を使用することも可能である。

（284）のように副詞節に before を用いる文では、主節の事態 P の成立時区間 p は副詞節の事態 Q の成立時区間 q に先行する。（376a）のように、q が過去の時区間であって、Q が動詞の過去時制形態（began）によって表示されている場合には、P は動詞の過去完了時制形態（had got）によって表示される。しかし、p と q の前後関係は時制形態で表示しなくても明白なので、（376b）のように、P を過去時制形態（got）によって表示することも可能である。

（285）でも、主節の事態 P が成立する時区間 p は、副詞節の事態 Q が成立する時区間 q に先行する。主節と副詞節の動詞群がどちらも現在時制であっても、p が q に先行することは明らかである。この時間関係を動詞の形態によって表示しようとすると、次のようになる。

（285′）Mary has got up before the sun rises.
　　　　　　　メアリーは太陽が昇る前に起きている。

（285）が表示する事態は、現在を含む比較的長い時区間において成立する列事態であるが、（285′）が表示する事態は、単一の事態の結果事態が現在において成立していることを表示しているので、それぞれが表示する事態は異なる。

（285′）のように、接続詞 after や before を含む副詞節についても、事態が未来の時区間において成立する場合には、未来時制ではなく現在時制を使用しなければならない。

（286）a. The banquet will begin after the maid finishes preparation for it.
　　　　b. The banquet will begin after the maid has finished preparation for it.
　　　　　　メイドが宴会の準備を終えたら、宴会が始まる。

（287）a. John will have got well before he sees a doctor.
　　　　b. John will get well before he sees a doctor.
　　　　　　ジョンは医者に診てもらう前によくなるだろう。

（286a）では、主節の事態 P が成立する時点 p と副詞節の事態 Q が成立する時点 q はどちらも未来であり、p は q に後続する。主節の動詞群は未来時制形態 will begin であるが、従属節の動詞群は現在時制形態 finishes である。（286b）では、q が p に先行することを形態的に明示するために、完了時制が使用されているが、この場合も未来完了時制ではなく現在完了時制形態の has finished が使用される。

（287a）では、主節の事態 P が成立する時点 p と副節の事態 Q が成立する時区間 q はどちらも未来であるが、p が q に先行しており、これを形態的に明示するために主節の動詞群は未来完了時制形態 will have got である。事態 Q は未来の時区間において成立するが、副詞節中なので、現在時制形態 sees を取っている。

p と q の前後関係は接続詞 before によって明らかなので、(287b) のように主節
に未来時制形態 will get を使用しても適格となる。

c.　接続詞が until, by the time の場合は、主節の事態 P の成立時区間 p は、副詞
　　節の事態 Q の成立時区間 q に先行する。until の場合、事態 P は q において
　　終了し、by the time の場合、事態 P は q に先行する時点において終了する。
(288) a. Mary had worked until she finished writing the report.
　　　b. Mary worked until she finished writing the report.
　　　　報告書を書き上げるまでメアリーは執筆作業をした。
(289) a. John had been watching the sunset until the stars began to shine.
　　　b. John was watching the sunset until the stars began to shine.
　　　　星が輝き始めるまでジョンは夕日を見ていた。
(290) a. They had achieved the task by the time the deadline arrived.
　　　b. They achieved the task by the time the deadline arrived.
　　　　期限が来るまでに彼らはその仕事を完成させた。
(291) a. The train had been arriving by the time I reached the station.
　　　b. The train was arriving by the time I reached the station.
　　　　私が駅に着くまでにその列車は到着しようとしていた。

　(288) では、主節の事態 P が成立する時区間 p は、副詞節の事態 Q が成立する
時点 q において終了する。したがって P は、q に先行する時区間 p において全事
態が成立し、このことを (288a) では、過去完了時制全体相形態 had worked が表
示する。p が q に先行することは接続詞 until によって明示されているので、(288b)
のように過去時制全体相形態 worked を使用しても適格となる。

　(289) では、主節の事態 P が成立する時区間 p が、副詞節の事態 Q が成立する
時点 q において終了するが、事態 P の開始点が不明確であるため、成立してい
たのは線部分事態である。このことを、(289a) では過去完了時制部分相形態 had
been watching が表示しているが、p が q に先行するのは接続詞 until によって明
らかなので、(289b) のように過去時制部分相形態を使用しても適格となる。

　(290) では、主節の事態 P は、副詞節の事態 Q が成立する時点 q に先行する時
点において全事態が成立する。(290a) では過去の基準時点よりも前に事態 P の
全事態が成立することを、過去完了時制全体相形態 had achieved が表示している。
過去の基準時点よりも前に事態 P の全事態が成立することは、接続詞 by the
time によって明らかなので、(290b) のように過去時制全体相形態 achieved を使
用しても適格となる。

　by the time を用いる副詞節を含む文の主節では、全事態が成立することが要

第3節　従属節中の時制
521

求されるから、動詞群は全体相形態であるのが原則だが、動詞が脱均質動詞の場合は、部分相形態によって全事態の成立が含意されるため、部分相形態が使用されても適格となる。(291)では、副詞節によって与えられる過去の基準時点よりも前に全事態が成立するという含意があったことが、過去完了時制部分相形態 had been arriving または過去時制部分相形態 was arriving によって表示されている。

ⅱ．条件

　条件節中で接続法ではなく直説法が使用されている場合には、主節の事態が成立する時区間が基準時区間を与える。

　条件文は「if Q, (then) P」(Q ならば P)という構造を持ち、条件節(if Q)を「前件」、主節を「後件」と呼ぶ。

(292) I felt happy if my children were with me.
　　　子供たちが一緒にいてくれれば私は幸せだった。

(293) John goes to the casino if he has money.
　　　金があるとジョンはカジノに出かける。

(294) If you have got injured, seek medical attention right away.
　　　怪我をしたのなら、すぐに医者の治療を受けなさい。

(295) a. He will get tired if he has been exercising so hard.
　　　b. He will get tired if he is exercising so hard.
　　　　そんなに激しく運動をしているのなら、彼は疲れるだろう。

(296) a. Mary will be admitted to college if she has wanted to.
　　　b. Mary will be admitted to college if she wants to.
　　　　メアリーは望めば大学に入学を許可されるだろう。

　(292)の前件 Q「発信者の子どもたちが発信者と一緒にいる」と後件 P「発信者が幸せだ」は同一の過去の時区間において成立する。基準時区間を与える主節(後件)の動詞群は過去時制全体相形態 felt なので、副詞節(前件)の動詞群も過去時制全体相形態 were を取っている。前件、後件とも、過去の比較的長い時区間において成立する。

　(293)の前件 Q「ジョンに金がある」と後件 P「ジョンがカジノに行く」については、前件の成立時区間 q が後件の成立時区間 p を包含する。後件の動詞群は現在時制全体相形態 goes であり、事態 P は現在域において成立する列事態であると考えられる。q は p を包含するのだから、やはり現在域であり、現在域において事態 Q が成立することを、現在時制全体相形態 has が表示している。

　(294)の前件 Q「受信者が怪我をした」は、後件 P「発信者が受信者に医者の治療を受けるように指示する」に先行する時区間において成立する。基準時区間

を与える後件 P は現在において全体相が成立していて、前件 Q が成立した結果を構成しているから、前件 Q は現在に先行する時区間において成立し、現在の状況に直接的に関与している。このことを表示するのが現在完了時制全体相形態 have got である。

　(295a)の前件 Q「彼がそんなに激しく運動をしている」は過去の時点から現在までの時区間において、線部分事態が成立している。これを表示するのが、現在完了時制部分相形態 has been exercising である。前件 Q の成立が原因となって、後件 P「彼が疲れる」という事態の全事態が未来の時点において成立することを、この条件文は表示している。(295b)では、前件 Q が現在の時点で成立していることを、現在時制部分相形態の is exercising が表示している。(295a)では、現在においても前件 Q の部分事態が成立していることが含意されているから、前件 Q と後件 P の関係は(295b)の場合と同様である。

　(296)の前件 Q「メアリーが大学への入学許可を望む」、後件 P「メアリーが大学に入学を許可される」については、前件の成立時区間 q は、後件の成立時区間 p に先行する。基準時区間を与える後件 P は未来の時区間において成立し、Q の成立が P の成立に関与するから、P の動詞群が未来時制全体相形態 will be admitted であれば、Q の動詞群は未来完了時制 will have wanted であることが期待される。しかし、時の副詞節と同様条件節についても、未来の時区間において成立する事態は現在または現在完了時制形態によって表示されるという規則が英語にはある。このため、(296a)については、前件の事態を現在完了時制全体相形態 has wanted が表示している。ただし、前件と後件の時間関係は明らかなので、(296b)のように現在時制形態 wants を使用しても適格となる。

iii. 原因・理由

　原因・理由を表示する副詞節を含む文でも、基準時区間を与えるのは主節の事態が成立する時区間または現在である。

(297) a. John bought the apartment because it was close to the station.
　　　　駅に近かったので、ジョンはそのアパートを買った。

　　　b. John bought the apartment because it is close to the station.
　　　　駅に近いので、ジョンはそのアパートを買った。

　　　c. John bought the apartment because a new shopping mall would be built in the area.

　　　d. John bought the apartment because a new shopping mall will be built in the area.
　　　　新しいショッピングモールがその区域に出来るので、ジョンはその

第 3 節　従属節中の時制　　　523

　　　アパートを買った。
（298）a. Mary succeeded in the exam because she had worked hard.
　　　b. Mary succeeded in the exam because she worked hard.
　　　　メアリーは熱心に勉強したので試験に受かった。
（299）a. John lives with her mother because she got sick.
　　　　母親が病気になったので、ジョンは母親と一緒に住んでいる。
　　　b. John lives with her mother because she is sick.
　　　　母親が病気なので、ジョンは母親と一緒に住んでいる。
（300）a. Mary is preparing for tea because her friend has come to see her.
　　　　友人が訪ねてきたので、メアリーはお茶の準備をしている。
　　　b. Mary is preparing for tea because her friend will come to see her.
　　　　友人が訪ねてくるので、メアリーはお茶の準備をしている。
（301）a. John will go to France because he wants to study French literature.
　　　　フランス文学を研究したいので、ジョンはフランスに行くつもりだ。
　　　b. John will go to France because he will stay in Nice with his family.
　　　　ジョンは家族とニースで過ごすつもりなので、フランスに行く。

　（297）では、主節の事態 P は過去の時区間（ここでは時点）p において全事態が成立している。because を含む理由節の事態 Q は、過去、現在、未来のどの時区間 q においても成立することができる。

　（297a）では、事態 Q が p を基準として、その基準時点と同一の時区間において成立している。このことを表示するために、理由節の動詞群は過去時制全体相形態 was を取っている。（297b）では、理由節の事態 Q は現在において成立しており、基準時点は現在である。したがって動詞群としては現在時制全体相形態 is が選択されている。

　（297c）では、事態 Q は、p を基準時点として、それに後続する時区間において成立している。すなわち、事態 Q は過去の時区間と未来の時区間のいずれにおいても成立する可能性がある。このことを表示するために、動詞群は過去未来時制全体相形態 would be built を取っている。（297d）では、事態 Q は現在を基準として、それに後続する未来の時区間において成立する。したがって動詞群は、未来時制全体相形態 will be built を取っている。

　（298）については、理由節の事態 Q は、主節の事態 P が成立する過去の時点 p に先行する時区間において成立している。基準時点として p を選択するとすれば、（298a）のように、理由節の動詞群は had worked という過去完了時制全体相形態を取る。基準時点として現在を選択すれば、事態 Q は過去の時区間において成立しているので、動詞群は過去時制全体相形態 worked を取る。主体が勉強して

524   第 11 章　時制とアスペクト

試験に合格するという事態では、主体が勉強するという事態が主体が試験に合格するという事態に先行することは明らかなので、どちらの場合も理由節と主節の時間的関係は同じになる。

　(299)については、主節の事態 P「ジョンが母親と一緒に住んでいる」と理由節の事態 Q「ジョンの母親が病気だ」の時間的関係は、Q が P に先行する場合と、Q が P と同一の時区間において成立する場合のいずれもがあり得る。どちらの場合も、主節の動詞群が現在時制形態なので、基準時点は現在になる。Q が P に先行する場合は、動詞群は過去時制形態(got)を取り、Q が P と同一の時区間において成立する場合は、動詞群は現在時制形態(is)を取る。

　(300)では、主節の事態 P は点部分事態が現在において成立している。理由節の事態 Q が成立する時区間に制約はない。事態 Q が過去の時区間において成立し、結果事態の点部分事態が現在においても成立している場合には、(300a)のように理由節の動詞群は has come という現在完了時制全体相形態を取る。事態 Q が未来の時区間において成立する場合は、(300b)のように、理由節の動詞群は will come という未来時制全体相形態を取る。時や条件の副詞節と異なり、未来において成立する事態は未来時制形態によって表示される。

　(301)では主節の事態 P は全事態が未来の時区間において成立する。理由節の事態 Q が成立する時区間に制約はない。事態 Q が現在において成立している場合には(301a)のように動詞群が現在時制形態(wants)を取り、事態 Q が未来において成立する場合には(301b)のように動詞群は未来時制形態(will stay)を取る。

iv．譲歩

　譲歩節は、主節の事態 P と副詞節の事態 Q が、常識的な知識や推論では両立することが期待できない場合に使用される。P と Q の成立時区間には制約がない。

　(302) Though she had a splitting headache, Mary went to her office.
　　　　頭が割れるように痛かったが、メアリーは会社に出かけた。

　(303) John won the championship though he had fallen ill a week before.
　　　　1 週間前に病気になっていたのに、ジョンは優勝した。

　(304) Although she lost her mother last week, Mary is working as usual.
　　　　先週母親を亡くしたけれども、メアリーはいつものように働いている。

　(305) Whatever happens, Mary is always active and cheerful.
　　　　何があっても、メアリーはいつも活動的で快活だ。

　(306) John will fight the match however exhausted he will be.
　　　　どんなに疲れ果てていても、ジョンはその試合を闘うだろう。

　(302)では、主節の事態 P「メアリーが会社に出かけた」は過去の時区間 p に

おいて成立し、副詞節の事態 Q「メアリーは頭が割れるように痛かった」は、p を包含する過去の時区間において成立する。通常は、頭が痛ければ会社に行かないものであるから、P と Q が同一の時区間において成立することはないと判断される。したがって、副詞節は譲歩節として接続詞 though が使用されている。

（303）では、主節の事態 P「ジョンが優勝した」は過去の時点 p において成立し、副詞節の事態 Q「ジョンが病気になった」は p に 1 週間先行する過去の時点において成立する。病気になった後では体力が弱り、試合で優勝することは困難なのが普通だから、q に後続する時点で p が成立することは期待されない。したがって、Q は譲歩節に分類され、接続詞 though が使用されている。

（304）では、副詞節の事態 Q「メアリーが先週母親を亡くした」は過去の時点 q において成立し、主節の事態 P「メアリーがいつものように働いている」は現在において成立している。自分の母親が亡くなった後は通常と同じように働くことが難しいのが普通だから、事態 Q に後続する現在の時点で事態 P が成立することは期待されない。したがって、Q は譲歩節であり、接続詞 although が使用されている。

（305）の副詞節は、「任意の事態が起きる」という事態が現在域において成立するという事態 Q を表示する。主節は「メアリーが活動的で快活だ」という事態 P が現在域における任意の時区間において成立するという事態を表示する。どんな事態が起きても主体が活動的で快活だということは、通常は起きないから、事態 Q の結果として事態 P が成立することは期待されない。このことを表示するのがこの文の副詞節である。

（306）の副詞節は、「ジョンが疲れている程度が任意だ」という事態 Q が未来の時区間において成立することを表示する。主節は、「ジョンがその試合を闘う」という事態 P が未来の時区間において成立することを表示する。事態 Q のうち、ジョンが疲れている程度が最大付近である場合には、事態 P が成立する可能性が低いのが通常である。したがって副詞節は譲歩節に分類される。副詞節の事態 Q は未来の時区間において成立するが、動詞群は未来時制形態を取っている。

ⅴ．目的・結果

　主節の事態が成立する目的や結果を表示する副詞節が表示する事態 Q は、主節の事態 P が成立する時区間 p に後続する時区間 q において成立する。主節と副詞節の時制形態は、p と q の時間的関係によって決定される。

（307）Mary is learning Greek so that she will understand Plato better.
　　　　プラトンがもっとよく理解できるように、メアリーはギリシア語を勉強している。

(308) John worked hard and saved money so that he would be rich.

　　　お金持ちになれるように、ジョンは一生懸命働いて貯金した。

(309) Mary is so smart that she will easily pass the exam.

　　　メアリーはとても頭がいいので、その試験には簡単に合格するだろう。

(310) a. John had sung so long that he had a sore throat.

　　　b. John sang so long that he had a sore throat.

　　　ジョンはとても長い間歌ったので、喉が痛かった。

　(307)の主節は「メアリーがギリシア語を勉強する」という事態 P の部分事態が現在において成立していることを表示し、副詞節は「メアリーがプラトンをもっとよく理解する」という事態 Q の全事態または部分事態が未来の時区間 q において成立することを表示する。事態 P が成立すれば事態 Q も成立することが期待されるが、事態 Q の成立は不確実であるから、事態 Q は目的を表示するものと理解される。副詞節の事態は未来の時区間において成立し、動詞群は未来時制形態が使用されている。

　(308)の主節は「ジョンが一生懸命働いて貯金する」という事態 P の全事態が過去の時区間 p において成立していることを表示し、副詞節は「ジョンが金持ちだ」という事態 Q の全事態が p に後続する時区間において成立することを表示している。p が過去の時区間であり、q がそれに後続する時区間であるから、副詞節の動詞群は過去未来時制形態 would be を取っている。事態 P の結果として事態 Q が成立することが期待できるが、事態 Q が確実に成立するとは限らないから、事態 Q は目的を表示する。

　(309)の主節は「メアリーがとても頭がいい」という事態 P の部分事態が現在において成立していることを表示し、副詞節は「メアリーがその試験に簡単に合格する」という事態 Q が未来の時点において成立することを表示している。事態 Q が未来の時点において成立することを、未来時制全体相形態 will pass が表示している。事態 P が成立していれば、事態 Q が成立することは確実に期待できるから、事態 Q は事態 P の結果であると理解される。

　(310)の主節は「ジョンが長い間歌を歌った」という事態 P が過去の時区間 p において成立し、副詞節は「ジョンが喉が痛い」という事態 Q が p に後続する時区間 q において成立したことを表示する。事態 Q が過去において実際に成立したことを表示するために、動詞群 had は過去時制形態を取っており、p が q に先行することを形態的に表示するために、(310a)では、主節の動詞群は had sung という過去完了時制形態を取っている。Q が P の結果であり、P が Q に先行する時区間において成立したことは明らかなので、動詞群は(310b)のように過去時制形態(sang)でも適格である。

527

第 12 章　態

第 1 節　態の定義

　「態」とは「主体 X ＋単射関係＋副体 Y」という構造の事態に含まれる要素を
1 個減らすか増やすかしながらも、事態の基本的特性を保持させた構造のことを
言う。

　基本の態を「能動態」と呼び、上の構造を持つが、他に「受動態」と「使役態」
がある。受動態と使役態が表示する事態の基本的構造は以下のようになる。

　　受動態: 主体 Y ＋包含関係の副体（＋手段 X）
　　使役態: 主体 Z ＋単射関係＋副体（＝主体 X ＋副体／主体 X ＋単射関係＋副体）

　これらの事態を表示する受動文と使役文の形態的構造は以下のようになる。

　　受動文: 名詞句（＝主体 Y）＋助動詞 be ＋過去分詞（＝包含関係の副体）（＋名詞
　　　　　群（＝手段 X））
　　使役文＝名詞句（＝主体 Z）＋動詞＋不定詞節（名詞句＝主体 X ＋不定詞（＋名詞
　　　　　句））
　（1）能動態: John cleaned the room.
　　　　　　　　ジョンがその部屋を掃除した。
　　　　受動態: The room was cleaned by John.
　　　　　　　　その部屋はジョンによって掃除された。
　　　　使役態: Mary made John clean the room.
　　　　　　　　メアリーはジョンにその部屋を掃除させた。

　能動文は「名詞句 1（＝主体 John）＋動詞群（＝単射関係 clean）＋名詞句 2（副体
the room）」という構造である。この能動態に対する受動態は「名詞句（主体 the
room）＋動詞群（助動詞 be ＋過去分詞 cleaned）」という構造であり、事態を構成
する必須の要素は、主体と副体の2つである。これに加えて、名詞群 by John（ジョ
ンによって）が手段を表示している。

　同じ能動態に対する使役態は、能動態が表示する事態を成立させる別の主体を
導入して「名詞句 1（主体 Mary）＋動詞群（単射関係 make）＋不定詞節（名詞句 2（＝

528　　　　　　　　　　　第 12 章　態

主体 John）＋不定詞（単射関係 clean）＋名詞句 3（＝副体 the room））」という構造
になる。もとの能動態の事態が単射関係の副体として事態に組み込まれる構造を
持つのが使役態である。

　英語の受動態では、動詞群が「助動詞 be＋過去分詞」という構造を取るのが
基本である。使役態では、単射関係を表示する動詞として、make 以外に have,
get と let がある。

第 2 節　受動態
① 受動態の時制・アスペクト形態
　受動態の文も、能動態の文と同様に、時制とアスペクトに応じて動詞群が形態
変化をする。以下に、動詞が clean（掃除する）で、主体が the room のような 3
人称単数である場合の、受動態の形態変化を示す。

　　（2）　現在時制・全体相：is cleaned
　　　　　現在時制・部分相：is being cleaned
　　　　　過去時制・全体相：was cleaned
　　　　　過去時制・部分相：was being cleaned
　　　　　未来時制・全体相：will be cleaned
　　　　　未来時制・部分相：will be being cleaned
　　　　　現在完了時制・全体相：has been cleaned
　　　　　現在完了時制・部分相：has been being cleaned
　　　　　過去完了時制・全体相：had been cleaned
　　　　　過去完了時制・部分相：had been being cleaned
　　　　　未来完了時制・全体相：will have been cleaned
　　　　　未来完了時制・部分相：will have been being cleaned
　　　　　過去未来時制・全体相：would be cleaned
　　　　　過去未来時制・部分相：would be being cleaned
　　　　　過去未来完了時制・全体相：would have been cleaned
　　　　　過去未来完了時制・部分相：would have been being cleaned

動詞の動作態は、受動態でも保持される。

　　（3）　John is loved by everybody.　　ジョンは誰にでも好かれている。

　　（4）　All the while his life was being lived as much before the lens as behind it.
　　　　　その間中ずっと彼の人生はレンズの前でも、レンズの後ろと同様に生き
　　　　　られていた。

　　（5）　The columnists' appearances will be incorporated into the program to-
　　　　　morrow.

第 2 節　受動態　　　　529

　　　そのコラムニストの出演は明日のプログラムに組み込まれる。
（6）The country's steel has been being exported at prices below the cost of
　　production.
　　　その国の鉄鋼は製造コストよりも低い価格で輸出されてきている。
（7）His body was buried where it had been discovered.
　　　彼の遺体は発見された場所に埋葬された。
（8）Downtown Johannesburg is being killed by crime.
　　　ヨハネスブルグの中心街は犯罪によって命を絶たれようとしている。

　（3）の動詞 love（愛している）は均質動詞であるが、現在時制全体相の受動態 is
loved でも、全事態と部分事態が等しいという特性は同じである。この文が表示
する事態は、現在を含む比較的長い時区間において成立する。
　（4）の動詞 live（生きる）は均質動詞であり、過去時制部分相の受動態 was be-
ing lived でも、全事態と部分事態が等しいという特性は変わらない。この動詞群
は、事態が比較的短い過去の時区間において成立したことを表示する。
　（5）の動詞 incorporate（組み入れる）は非均質動詞であり、未来時制全体相の受
動態 will be incorporated でも、全事態と部分事態が異なるという特性は同様で
ある。主体であるコラムニストの出演がプログラムに組み入れられるという事態
は、成立時区間のどの時点・時区間においても、部分事態が異なる。
　（6）の動詞 export（輸出する）は非均質動詞であり、現在完了時制部分相の受動
態 has been being exported でも、全事態と部分事態が異なるという特性は同じで
ある。鉄鋼がある価格で輸出されるという事態には、鉄鋼の移動と価格の変動が
含まれるので、成立するどの時区間においても部分事態が異なる。
　（7）の主節の動詞 bury（埋める）は非均質動詞であり、関係節の動詞 discover（発
見する）は脱均質動詞である。過去時制全体相の受動態 was buried では、主体が
埋葬されるという事態が成立するどの時区間においても遺体を覆う土の量が異な
るから、全事態と任意の部分事態が異なる。過去完了時制全体相の受動態 had
been discovered は、時点において成立するから、脱均質動詞の特性を保持して
いる。
　（8）の動詞 kill（殺す）は脱均質動詞であり、部分相形態は前事態または列事態
の部分事態を表示する。この文でも、現在時制部分相の受動態 is being killed は、
前事態の部分事態を表示している。
　動詞が表示する事態が知覚可能な結果事態を伴う場合には、受動態で結果事態
の部分を表示することができる。
　（9）The door of his office is closed.　　彼の部屋のドアは閉まっている。
　（10）The three hundred stunning examples here are exhibited chronologically.

その 300 の素晴らしい事例がここで時代順に展示されている。

(9)の動詞 close（閉じる）は脱均質動詞で、表示する事態は時点において成立するから、現在時制全体相受動態 is closed も時点において成立する。しかし、「主体が閉じられる」という事態は、主体が閉まっているという知覚できる結果事態を伴うから、is closed は、その結果事態の部分が現在において成立していることを表示することができる。

(10)の動詞 exhibit（展示する）は非均質動詞であるが、is exhibited（主体が展示される）という受動態の事態は、主体が壁にかかっていたり、床においてあったりして、見ることができるような状態にあるという結果事態を伴う。したがって、この現在時制全体相受動態は、現在において結果事態の部分が成立していることを表示しているものと理解される。

受動態を表示する動詞群では助動詞 be が使用されるのが基本だが、助動詞 be の代わりに動詞 get または become を使用すると、時点において成立する事態を表示することができる。

均質動詞の受動態は長さを持つ時区間において成立し、成立時区間を構成するどの時区間においても部分事態が等しいが、get/become を使用すると、時点における変化が表示される。脱均質動詞の受動態は結果事態の線部分事態を表示することもできるが、get/become を使用すると、均質動詞の場合と同様に、時点における変化を表示することができる。

(11) a. The artist is known nationwide.
その芸術家は全国的に知られている。

b. Artists first get known nationwide by hanging on the coat-tails of established artists.
芸術家は最初、有名な芸術家の力に頼ることで全国的に有名になる。

(12) a. The workers are suspected of acts of sabotage and treason.
その労働者たちは妨害と反逆行為の嫌疑をかけられている。

b. The workers suddenly became suspected of acts of sabotage and treason.
その労働者たちは突然妨害と反逆行為の嫌疑をかけられるようになった。

(13) a. The man was shot and is currently seriously injured in hospital.
その男は撃たれて、今のところ重傷で入院している。

b. The player got injured during the game and was hospitalized.
その選手は試合中に怪我をして入院した。

(11a)の動詞群は、均質動詞 know（知っている）の現在時制全体相の受動態であり、均質的な事態の線部分事態が現在域において成立していることを表示する。

（11b）では動詞が get なので、主体である芸術家が全国的に有名になるという事態が、長さのない時点において成立する、すなわち、芸術家が無名から有名へと変化することを表示する。

　（12a）の動詞群は、均質動詞 suspect（嫌疑をかける）の現在時制全体相の受動態であり、均質的な事態の線部分事態が現在域において成立していることを表示する。（12b）では動詞群が became という脱均質動詞の過去時制全体相形態なので、過去の時点で全事態が成立したことを表示する。すなわち、主体である労働者たちが嫌疑をかけられていない状態からかけられている状態に変化したことを表示する。

　（13a）の was shot は、動詞 shoot（撃つ）が脱均質動詞であり、その過去時制全体相受動態であることから、過去の時点において全事態が成立したものと理解してよい。次に来る is injured は、動詞 injure（傷つける）が同様に脱均質動詞であるが、現在時制全体相受動態であって、現在の時点で全事態の成立を知覚することが不可能であることから、結果事態の部分が現在において成立しているものと理解される。（13b）では動詞が get なので、got injured で、主体が怪我をするという事態の全事態が過去の時点において成立したことが表示される。hospitalize（入院させる）は脱均質動詞なので、過去時制全体相受動態 was hospitalized は過去の時点で全事態が成立したことを表示する。同じ形態で、過去の時点で結果事態の部分が成立していたことを表示することも可能だが、その場合は前半の事態（その選手が試合中に怪我をした）が、その過去の時点に先行する時点で成立していなければならないから、動詞群の形態は過去完了時制全体相形態（had got injured）を取ることになる。

② 受動文の構造

ⅰ．基本的構造

　受動文中の動詞群は「助動詞 be ＋過去分詞」という構造であり、受動文の基本的構造は以下のようなものである。

　　（14）a. 名詞句＋動詞群（＋名詞群）
　　　　　b. 名詞句 1 ＋動詞群＋名詞句 2（＋名詞群）
　　　　　c. 名詞句＋動詞群＋形容詞（＋名詞群）
　　　　　d. 名詞句＋動詞群＋不定詞節／分詞節

a.　（14a）「名詞句＋動詞群（＋名詞群）」の構造を持つ文では、名詞句が主体を、動詞群は包含関係の副体を表示する。すなわち、動詞群が表示する事態の集合を構成する主体である事物の集合に、名詞句が表示する事物の集合が包含

されるという事態を、(15a)のような受動文が表示するということである。
この点で、受動態の動詞群は、伝統文法で言う自動詞と同様の機能を果たしている。

(15) The king is respected by all the people.
その国王はすべての人々から尊敬されている。

(16) Luxury cars are produced in the factory.
その工場では高級車が製造されている。

(17) The fossils were excavated from soft clay-rich sediments.
その化石は柔らかくて粘土が豊富な沈殿土砂から発掘された。

(18) I was surprised at the former President's death.
私は前大統領の死に驚いた。

(15)の動詞群 is respected は包含関係の副体であって、「主体が尊敬を受ける」という事態 P の集合を表示する。したがって、the king is respected は、国王である個体が事態 P を構成する主体の集合に含まれるという事態を表示する。これは、the king reigns という文について、国王である個体が、動詞群 reigns が表示する「主体が統治する」という事態集合を構成する主体の集合に包含されるという関係が表示されるのと同じである。

名詞群 by all the people（すべての人々によって）は、この事態を成立させる手段が、「すべての人々」である個体集合であることを表示している。国王に尊敬を払う主体は人間であるから、この個体集合が尊敬の主体であると理解される。

(16)の動詞群 are produced は包含関係の副体であって、「主体が出来上がる」という事態 P の集合を表示する。この文が表示する事態の主体 luxury cars（高級車）は、事態 P の主体である事物の集合に包含される。これは luxury cars run という文について、高級車である個体の集合が、動詞群 run が表示する「主体が走る」という事態の集合の要素である主体である事物の集合に包含されるという関係が表示されるのと同じである。

名詞群 in the factory（その工場で）は、「高級車が製造されている」という事態が成立する空間を表示する。

(17)の動詞群 were excavated は包含関係の副体であって、「主体が発掘で見つかる」という事態 P の集合を表示する。この文が表示する事態の主体 the fossils（その化石）は、事態 P の主体である事物の集合に包含される。これは the fossils remained という文が、化石である個体の集合が、動詞群 remained が表示する「主体が残っていた」という事態の集合の要素である主体の集合に包含されるという関係を表示するのと同じである。

名詞群 from soft clay-rich sediments（柔らかくて粘土が豊富な沈殿土砂から）は、

「その化石が発掘された」という事態が成立する原因となった空間を表示する。

(18)の動詞群 was surprised は包含関係の副体であって、「主体が驚く」という事態Pの集合を表示する。この文が表示する事態の主体である発信者は、事態Pの主体である個体集合に包含される。これは、I wondered という文について、発信者が、動詞群 wondered が表示する「主体が不思議に思った」という事態の集合の要素である主体の集合に包含されるという関係にあるのと同じである。

名詞群 at the former President's death（前大統領の死に）は、「発信者が驚いた」という事態が成立する原因となる事物を表示している。

b.　(14b)「名詞句1＋動詞群＋名詞句2(＋名詞群)」の構造を持つ文については、動詞の特性によって表示される事態が異なってくる。

動詞が副体の着点への移動を表示する give や offer のような場合は、名詞句1が主体を、動詞群は「副体を受け取る」という特性を持つ単射関係を、名詞句2は副体を表示する。

(19) Mary was offered a post by a prestigious law firm in the city.
メアリーはその町にある一流の法律事務所にポストを提供された。

(20) The Swiss mathematician Leonhard Euler was taught mathematics by Johann Bernoulli.
スイスの数学者レオンハルト・オイラーは、ヨハン・ベルヌーイに数学を教わった。

(21) Mary was left a house in the town by her aunt.
メアリーは叔母からその町の家を受け継いだ。

(19)の動詞群 was offered は単射関係を表示し、主体が Mary（メアリー）、副体が a post（ポスト）である。したがってこの文は、メアリーとポストの間に「提供される＝受け取る」という関係が成立したという事態を表示する。名詞群 by a prestigious law firm in the city（その町にある一流の法律事務所によって）は、事態が成立する原因を与えた主体を表示している。

(20)の動詞群 was taught は単射関係を表し、主体が the Swiss mathematician Leonhard Euler（スイスの数学者レオンハルト・オイラー）で、副体が mathematics（数学）である。この文は、主体である個体と副体である事物の間に、「教わる＝（知識を）受け取る」という関係が成立したという事態を表示する。名詞群 by Johann Bernoulli（ヨハン・ベルヌーイ）には、事態の手段、ここでは事態を成立させる原因となった個体を表示する。

(21)の動詞群 was left は単射関係を表示し、主体が Mary（メアリー）、副体が a house in the town（その町の家）である。この文は、主体と副体の間に「受け継

ぐ＝受け取る」という関係が成立したことを表示する。名詞群 by her aunt（叔母
から）は、事態の手段、ここでは事態を成立させる原因となった個体を表示する。

　動詞が elect や call, name のような、準名詞節を副体とする場合には、名詞句
1 が主体を、受動態の動詞群は包含関係（主体が副体に含まれるようになる）を、
名詞句 2 は包含関係の副体を表示する。

(22) John was elected chairman of the committee.
　　　ジョンはその委員会の議長に選ばれた。

(23) Mary will be named the league's commissioner.
　　　メアリーはそのリーグの理事に任命されるだろう。

　(22)の動詞群 was elected は「選ばれて副体の個体集合に含まれる」という関
係を表示し、主体が John（ジョン）、副体が chairman of the committee（その委
員会の議長）である。したがってこの文は、主体が選ばれて副体の集合の要素に
なるという事態を表示する。

　(23)の動詞群 will be named は「任命されて副体の個体集合に含まれる」とい
う関係を表示し、主体が Mary（メアリー）、副体が the league's commissioner（そ
のリーグの理事）である。したがってこの文は、主体が任命されて副体の集合の
要素になるという事態を表示する。

c.　(14c)「名詞句＋動詞群＋形容詞（＋名詞群）」という構造の受動文は、名詞
　　句が主体を、動詞群が「主体が副体に包含されるような作用を受ける」とい
　　う関係を、形容詞が副体を表示する。この構造の受動文を作る動詞は、find,
　　keep, make のような、能動文で「名詞句＋動詞群＋準名詞節」という構造
　　を取るものである。

(24) The climber was found dead in the valley.
　　　その登山家はその谷で死んでいるのが見つかった。

(25) The laboratory is always kept clean for any possible experiment.
　　　どんな実験があってもいいように、実験室はいつも清潔に保たれている。

(26) Ino was driven mad by Hera and jumped with her one surviving son into
　　　the sea.
　　　イノはヘラによって精神を狂わされ、生き残った 1 人の息子と共に海
　　　に飛び込んだ。

　(24)の動詞群 was found は「主体が見つかって副体の集合に含まれる」という
関係を表し、主体が the climber（その登山家）、副体が dead（死んでいる個体の
集合）である。したがってこの文は、「主体が見つかって死んでいる個体集合の要
素になった」という事態を表示する。名詞群 in the valley（その谷で）は、事態が

成立した空間を表示している。

　(25)の動詞群 is kept は「主体が副体の集合に含まれるように保たれる」という関係を表し、主体が the laboratory (その実験室)、副体が clean (清潔な個体の集合)である。したがってこの文は、「主体が清潔な個体の集合に含まれるように保たれる」という事態を表示する。名詞群 for any possible experiment (どんな実験のためにも)は、事態が成立する目的を表している。

　(26)の最初の文の動詞群 was driven は「主体が精神的作用を受けて副体の集合に含まれる」という関係を表示し、主体が Ino (イノ)、副体が mad (狂った個体の集合)である。したがってこの文は、「主体が精神的作用を受けて狂った個体になった」という事態を表示する。名詞群 by Hera (ヘラによって)は、この事態を成立させる役割を果たした手段がヘラであることを表示する。

d. (14d)「名詞句＋動詞群＋不定詞節(＋名詞群)」という構造の受動文は、名詞句が主体で不定詞節が副体であり、主体の意志とは無関係だが、主体が関与することで誰かが副体を成立させたという事態を表示する。この構造の受動文を作る動詞は、think, consider, make, see, hear など、能動文で「名詞句＋動詞群＋不定詞節(＋名詞群)」という構造を取るものである。

(27) John was thought to be guilty, but was proven innocent.
　　ジョンは有罪だと思われていたが、無罪であることが証明された。

(28) Mary was made to resign from her job at the council.
　　メアリーは協議会での仕事を辞任するようにさせられた。

(29) The man was seen to walk along the street before disappearing around a corner.
　　その男は通りを歩いていて、ある曲がり角で見えなくなるのを見られた。

　(27)の動詞群 was thought は、「主体が関与することで誰かが副体の成立を考える」という事態を表示し、主体は John (ジョン)、副体は to be guilty「ジョンが有罪だ」という事態である。したがってこの文は、「ジョンが原因となって、誰かがジョンが有罪だと思った」という事態を表示する。

　(28)の動詞群 was made は、「主体が関与することで誰かが副体を成立させる」という事態を表示し、主体は Mary (メアリー)、副体は to resign from her job at the council「メアリーが協議会での仕事を辞任する」という事態である。したがってこの文は、「メアリーが関与することで誰かがメアリーの協議会での仕事からの辞任を成立させた」という事態を表示する。

　(29)の動詞群 was seen は、「主体が関与することで誰かが副体を見る」という事態を表示し、主体は the man (その男)、副体は to walk along the street「その

男が通りを歩く」である。したがってこの文は、「その男が関与することで誰かがその男が通りを歩くのを見た」という事態を表示する。

（14d）「名詞句＋動詞群＋分詞節（＋名詞群）」という構造の受動文は、「主体が関与することで誰かが副体を成立させる」という事態を表示する。この構造の受動文を作るのは、see, hear, feel のような副体として分詞節を取ることができる動詞である。

 （30）John was seen wandering around the town square.
  ジョンは町の広場をぶらついているのを見られた。

 （31）Several people were heard mumbling critical words about her speech.
  何人もの人たちが、彼女の話について批判的な言葉をぶつぶつ言っているのが聞かれた。

 （32）The water was felt running down her back as Mary took a dip in the pool.
  メアリーがプールに浸かると、水が背中を流れ落ちているのが感じられた。

（30）の動詞群 was seen は、「主体が関与することで誰かが副体を見る」という事態を表示し、主体は John（ジョン）、副体は「ジョンが町の広場をうろついている」である。したがってこの文は、「ジョンが関与することで、誰かがジョンが町の広場をぶらついているのを見た」という事態を表示する。すなわち、ジョンがある事態を成立させる原因となったのだが、その事態は誰かがジョンの歩くところを見たことであった、ということである。

（31）の動詞群 were heard は、「主体が関与することで誰かが副体を聞く」という事態を表示し、主体は several people（何人もの人々）、副体は「何人もの人々が彼女の話について批判的な言葉をぶつぶつ言っている」である。したがってこの文は、「何人もの人々に関して、誰かがその人たちが彼女の話について批判的な言葉をぶつぶつ言っているのを聞いた」という事態を表示する。

（32）の主節の動詞群 was felt は、「主体が関与することで、誰かが副体を感じる」という事態を表示し、主体は the water（水）、副体は「水がメアリーの背中を流れ落ちている」である。水が背中を流れ落ちるのを感じるのはメアリーだから、この文は、「（プールの）水に関して、水が背中を流れ落ちているのをメアリーが感じた」という事態を表示する。

ⅱ．派生的構造

 動詞が前置詞や副詞を後続させることで単射関係を表示する場合、受動文の動詞群にはその前置詞や副詞が含まれる。

 （33）a. 動詞群＝be＋過去分詞＋前置詞

　　　 b. 動詞群＝be＋過去分詞＋副詞

　　　 c. 動詞群＝be＋過去分詞＋副詞＋前置詞

a.　動詞群が (33a)「be＋過去分詞＋前置詞」の構造を持つ受動文「名詞句＋動
　　詞群」は、「主体が表示する事物に関して、誰かとその事物との間に単射関
　　係が成立する」という事態を表示する。

　(34) The new employee cannot be depended on.
　　　　新しい従業員は頼りにならない。

　(35) Wherever in the world oil and gas is being looked for.
　　　　世界中のどこでも、石油とガスは探されている。

　(36) The war was talked about at the table.
　　　　席上でその戦争のことが議論された。

　(34) の動詞 depend は、名詞群「on＋名詞句」が後続することにより「誰かを
信頼する」という単射関係を表示することができる。動詞群 cannot be depended
on は、「主体が関与して、誰かが主体を信頼することができないという事態が成
立する」という事態を表示しており、主体は the new employee（新しい従業員）
である個体である。

　(35) の動詞 look は、名詞群「for＋名詞句」が後続することにより、「何かを
探す」という単射関係を表示する。動詞群 is being looked for は、「主体が関与
することで、誰かが主体を探すという事態が成立している」という事態を表示し、
主体は oil and gas（石油とガス）である個体である。

　(36) の動詞 talk は、名詞群「about＋名詞句」が後続することにより、「何か
を議論する」という単射関係を表示する。動詞群 was talked about は、「主体が
関与することで、誰かが主体を議論するという事態が成立した」という事態を表
示し、主体は the war（その戦争）である事態である。

b.　動詞群が (33b)「be＋過去分詞＋副詞」のような構造を持つ受動文「名詞句
　　＋動詞群」も「主体が関与することで、誰かと主体の間に単射関係が成立す
　　る」という事態を表示する。

　(37) A decision on the ban will be put off until next year.
　　　　禁止についての決定は来年まで延期される。

　(38) This growth was brought about by the emergence of the private economy.
　　　　この成長は民間経済の出現によってもたらされた。

　(39) The student submitted an application to graduate school, but it was
　　　　turned down.

538 第12章 態

　　　その学生は大学院に出願書類を提出したが、それは却下された。

　(37)の動詞 put は、副詞 off が後続することにより「何かを延期する」という単射関係を表示する。動詞群 will be put off は、「主体が関与して、誰かが主体を延期するという事態が成立する」という事態を表示するから、この文は「禁止についての決定が関与することで、誰かがその決定を来年まで延期するという事態が成立する」という事態を表示する。

　(38)の動詞 bring は、副詞 about が後続することによって「何かを作り出す」という単射関係を表示するようになる。動詞群 was brought about は、「主体が関与することで、何かが主体を作り出すという事態が成立した」という事態を表示し、主体は this growth（この成長）であり、名詞群 by the emergence of the private economy は、事態を成立させる手段を表示するから、この文は「この成長が関与して、民間経済の出現がその成長を作り出した」という事態を表示する。

　(39)の2番目の文の動詞 turn は、副詞 down が後続することにより「何かを却下する」という単射関係を表示する。動詞群 was turned down は、「主体が関与することで、誰かが主体を却下するという事態が成立する」という事態を表示し、主体は an application（出願書類）であるから、この文は、出願書類が関与することで、大学院がその書類を却下するという事態が成立したという事態を表示する。

c.　動詞群が(33c)「be＋過去分詞＋副詞＋前置詞」という構造を持つ受動文「名詞句＋動詞群」も、「主体が表示する事物に関して、誰かとその事物との間に単射関係が成立する」という事態を表示する。

(40)　The politician's invectives can no longer be put up with.
　　　その政治家の悪口雑言にはもう耐えられない。

(41)　The construction of a new subway line was looked forward to by the citizens of the city.
　　　その都市の市民たちによって、新しい地下鉄路線の建設が待望されていた。

(42)　A revolutionary approach to the problem is being worked away at.
　　　その問題に対する画期的な方法が熱心に取り組まれている。

　(40)の動詞 put は、副詞 up と前置詞 with が後続することにより「何かに耐える」という単射関係を表示する。動詞群 can no longer be put up with は、「主体が関与して、誰かが主体に耐えるという事態がもはや成立することができない」という事態を表示する。主体は the politician's invectives（その政治家の悪口雑言）であるから、この文は「その政治家の悪口雑言が関与することで、誰かがその悪

口雑言にもはや耐えられないという事態が成立する」という事態を表示する。

(41)の動詞 look は、副詞 forward と前置詞 to が後続することによって「何か を期待して待つ」という単射関係を表示する。動詞群 was looked forward to は、「主 体が関与して、誰かが何かを期待して待つという事態が成立した」という事態を 表示する。主体は the construction of a new subway line（新しい地下鉄路線の建設） であり、名詞群 by the citizens of the city は事態を成立させる手段を表示するから、 この文は「新しい地下鉄路線の建設が関与して、その都市の市民たちがその新し い地下鉄路線の建設を期待して待つという事態が成立した」という事態を表示す る。

(42)の動詞 work は、副詞 away と前置詞 at が後続することによって「何かに 熱心に取り組む」という単射関係を表示する。動詞群 is being worked away at は、 「主体が関与して、誰かが主体に熱心に取り組む」という事態を表示する。主体 は a revolutionary approach to the problem（その問題に対する画期的な方法）であ るから、この文は「その問題に対する画期的な方法が関与して、誰かがその方法 に熱心に取り組んでいるという事態が成立する」という事態を表示する。

＊「名詞句 1 ＋動詞＋名詞句 2 ＋名詞群（＝前置詞＋名詞句 3）」という構造の文で、 名詞句 1 が表示する主体と名詞句 2 が表示する副体の間に単射関係が成立す るだけでなく、主体と、名詞句 3 が表示する事物との間にも単射関係が成立す ると見なされる場合がある。

(43) The nurse takes care of my father.
その看護師が私の父親の世話をしている。

(43)では、名詞句 the nurse（その看護師）が主体であり、名詞句 care（世話）と の間に単射関係が成立する。これに加えて、care である事態の集合を限定する のが名詞群 of my father であって、care は「主体が副体を世話する」という事態 の集合を表示するから、名詞群中の名詞句 my father は、care が表示する事態 C の副体を表示する。この文の主体は the nurse であり、care が表示する事態 C の 主体も the nurse であると考えてよいから、事態 C の副体は my father だという ことになる。この結果、主体である看護師との間に成立する単射関係を表すのが take であれば、副体は事態集合 care であるし、単射関係を表示するのが care で あれば、副体は my father になる。

このことから、(43)に対応する受動文としては、次の 2 つがあることになる。

(44) a. Care is taken of my father by the nurse.
b. My father is taken care of by the nurse.
私の父親はその看護師によって面倒を見られている。

540 第12章 態

主体との間の単射関係が 2 種類成立することによる受動文としては、以下のようなものもある。

（45）a. Frequent use is made of local history in travel guides.
　　　旅行案内では郷土の歴史がよく利用されている。

　　　b. The data is made use of in predicting tide level using a new method.
　　　そのデータは新しい方法を使って潮位を予測する際に利用される。

（46）a. Accidents do happen, but sight shouldn't be lost of the concept of road safety.
　　　事故は起きてしまう。しかし、道路の安全という考えが見失われてはならない。

　　　b. What was lost sight of was that the beauty of the city derives from heterogeneity.
　　　見失われていたのは、その町の美しさは不均質性に由来するということだった。

（45a）に対応する能動文は、"X makes frequent use of local history in travel guides."（誰かが旅行案内で郷土の歴史をよく利用する）である。この文の動詞群 is made は、「主体が出来上がる」という事態 P の集合を表示し、この文は、主体である frequent use（しばしばの利用）が事態 P の主体の集合に含まれるという関係を表示する。名詞群 of local history は、use（利用）が表示する「主体が副体を利用する」という事態集合の副体に当たる事物を表示している。

（45b）に対応する能動文は、"X makes use of the data."（誰かがそのデータを利用する）である。この文の動詞群 is made は「主体のために事物が出来上がる」という事態 P の集合を表示し、したがって、この文は、主体である the data（そのデータ）のために use（利用）が出来上がるという事態を表示する。過去分詞 made に後続する前置詞 of は、the data が事態の主体ではなく、use が表示する「主体が副体を利用する」という事態の副体に当たるということを明示するために使用されている。

（46a）の 2 番目の文に対応する能動文は "X shouldn't lose sight of the concept of road safety."（誰かが道路の安全という考えを見失ってはならない）である。この文の動詞群 shouldn't be lost は、「主体がなくなってはならない」という事態を表示するが、主体は sight（視覚）であり、これは「主体が副体を見る」という事態 P を表示する。事態 P の副体を表示するのが、名詞群 of the concept of road safety である。したがってこの文は、道路の安全という考えを見ることがなくなってはならない、つまり、道路の安全という考えを見失ってはならないという事態を表示する。

第2節　受動態　　　　　　541

(46b) の関係節 what was lost sight of に対応する能動文は what X lost sight of である。この説の動詞群 was lost は「主体に関して事物がなくなる」という事態 P の集合を表示し、関係節の主体は what であるから、この節は、不定の事物に関して視覚がなくなったという事態を表示する。ただし、「なくなる」の主体は sight であって関係代名詞の what ではないから、このことを表示するために、sight に前置詞 of が後続している。

iii．名詞節が表示する事態が主体
　名詞節が表示する事態が主体の受動文では、動詞群に代名詞 it が先行し、名詞節が動詞群に後続する構造が選択されることが多い。

(47) It was said that a dragon lived deep in the forest.
　　 森の奥深くには龍が住んでいると言われていた。

(48) It is wondered whether the new mayor will be able to make lasting changes to the city.
　　 新しい市長がその市に永続的な変化を起こすことができるかどうか心配されている。

(49) It is not known when the inquiry will be completed.
　　 調査がいつ完了するのかは知られていない。

　(47) の動詞群は was said（発言があった）であり、この文は名詞節 that a dragon lived deep in the forest（龍が森の奥深くに住んでいた）という事態が、「発言があった」という事態の要素である発言の集合に包含されるという事態を表示する。主体名詞節は動詞群に後続する位置に配置され、動詞群に先行する位置には代名詞 it が配置される。

　(48) の動詞群は is wondered（心配がある）であり、この文は名詞節 whether the new mayor will be able to make lasting changes to the city（新しい市長がその市に永続的な変化を起こすことができるかどうか）が表示する事態が、「心配がある」という事態中の「心配」である事態の集合に含まれるという事態を表示する。主体である名詞節は動詞群の後ろに配置され、主体の位置には代名詞 it が配置されている。

　(49) の動詞群は is not known（知識がない）であり、この文は名詞節 when the inquiry will be completed（調査がいつ完了するか＝調査が完了する時）が表示する事態が、「知識がない」という事態の知識である事態の集合に包含されるという事態を表示している。名詞節は主体であるが、文頭ではなく動詞群に後続する位置に配置され、主体の位置には代名詞 it が配置されている。

542　　　　　　　　　　　　第 12 章　態

ⅳ．have + 名詞句 + 過去分詞

　ある事物 X に関係する別の事物 Y が何らかの作用を受けるという事態は、通常であれば Y を主体とする受動文によって表示される。

　　(50) Mary's purse was stolen by a thief.
　　　　　メアリーのバッグが泥棒に盗まれた。

　同じ事態を、Y に関係する X を主体にして表現すると、次のようになる。

　　(51) Mary had her purse stolen by a thief.
　　　　　メアリーは泥棒にバッグを盗まれた。

　事物 Y に関係する事物 X を主体としながらも、事物 Y が単射関係の副体であることを表示する文としては、以下のようなものがある。

　　(52) John had his ankle twisted in the tackle.
　　　　　ジョンはタックルの時に足首を捻挫した。

　　(53) The Little Prince finally has the secret of life revealed to him by a wise brown fox.
　　　　　星の王子さまは、賢い茶色の狐に人生の秘密をやっと明らかにしてもらった。

　　(54) The writer refused to have his book published in his country occupied by the enemy.
　　　　　その作家は、敵に占領されている自分の国で自分の本を出版されるのを拒否した。

　(52)は、主体である John（ジョン）に関して、その所有物であるジョンの足首を何らかの力が捻るという事態、すなわちジョンの足首が捻られるという事態が成立したことを表示する。足首を捻られるという事態は、主体にとって不利益をもたらすものであり、主体への被害が生じたという含意が生じる。

　(53)は、主体である the Little Prince（星の王子さま）に関して、それに関係する the secret of life（人生の秘密）を a wise brown fox（賢い茶色の狐）が明らかにしたという事態を表示する。主体に対して人生の秘密が明らかになることは、主体にとって利益になることであり、この場合日本語に置き換える場合には「秘密を明らかにしてもらう」のような表現が使用される。

　(54)の不定詞節 to have his book published の主体は、主節の主体と同一の the writer（その作家）であり、この節は「その作家に関して、出版社が自分の本を出版する」という事態を表示する。主節が the writer refused（その作家が副体を拒否した）であるから、副体である不定詞節は主体にとって不利益をもたらすものである。このような場合、日本語に置き換える場合には「自分の本を出版される」のように「られる」の使用が選択される。

第2節　受動態　　　　543

　英語で「名詞句1＋be＋過去分詞＋名詞句2」という構造が適格なのは、give
やofferなど、副体の着点への移動を表示するごく一部の動詞の受動態が動詞群
を構成している場合だけであって、それ以外の大多数の動詞の受動態については、
受動態の動詞群に直接名詞句が後続する構造は不適格となる。

　　(52′)　×John was twisted his ankle in the tackle.

　　(53′)　×The Little Prince has finally been revealed the secret of life.

　　(54′)　×The writer refused to be published his book.

　日本語で「主体が事物を〜される」「主体が事物を〜してもらう」という構造
になる文を英語に置き換える場合には、事物を主体にする受動文または(52)〜
(54)のような「have＋名詞句＋過去分詞」という構造を取る文を使用しなけれ
ばならない。この構造であれば、「名詞句1＋have＋名詞句2(＝名詞句＋過去分
詞)」という適格な構造となる。

③ 受動文と能動文の関係

　受動文は、形態的には能動文の動詞群を受動態に置き換え、能動文で単射関係
の副体である名詞句を主体名詞句の位置に配置することによって形成される。し
かし、動詞が単射関係を表示すること、受動態の動詞群が包含関係の副体を表示
するなどの特性により、能動文で使用される動詞であっても、受動態の形態を取
ることができないものもある。

ⅰ. 包含関係を表示する動詞

　be, remain（〜のままである）, equal（〜に等しい）, seem（〜に見える）, sound（〜
に聞こえる）, smell（〜の匂いがする）, taste（〜の味がする）などの動詞は、主体
である事物の集合が副体である事物の集合に包含されるという関係を表示するた
めに使用される。受動態の動詞群は、主体を表示する名詞句に直接後続して副体
を表示し、この副体が表示する事態の集合を構成する主体の集合に、文が表示す
る事態の主体が包含されるという関係を表示するから、包含関係のみを表示する
動詞が文に含まれる必要がない。

　したがって、このような包含関係を表示する動詞については、受動態の動詞群
を形成することができない。

　　(55)　a. John is a pianist.　　ジョンはピアニストだ。

　　　　　b. ×A pianist is been by John.

　　(56)　a. Mary seemed a nurse.　　メアリーは看護師に見えた。

　　　　　b. ×A nurse was seemed by Mary.

544 第12章 態

ⅱ．能動態で包含関係の副体を表示する動詞

run（走る），walk（歩く），swim（泳ぐ），play（遊ぶ），dance（踊る）など，「主体が走る（歩く，泳ぐなど）」という事態の集合を表示し，これらの集合が副体であり，文の主体が副体を構成する主体の集合に含まれるという関係を表示する動詞の場合は，能動態がすでに包含関係の副体である。受動態は，同様に包含関係の副体を表示するので，これらの動詞を受動態にすると，どの関係を表示するのかが不明になるので，これらの動詞については受動態を形成することができない。

（57）a. John runs fast.　ジョンは足が速い。

　　　b. ×It is run fast by John.

（58）a. Mary swam in the pool.　メアリーはプールで泳いだ。

　　　b. ×It was swum in the pool by Mary.

sell（売れる），read（読める），wash（汚れを落とす），cut（切れる），wear（長持する）などの動詞は，通常は単射関係を表示するが，包含関係の副体である事態の集合を表示することがある。この場合には受動態は不適格となる。

（59）a. The book sells well for ten dollars.　その本は10ドルでよく売れる。

　　　b. ×It is sold well for ten dollars by the book.

（60）a. "You alone will have the stars as no one else has them," the passage reads.

　　　その下りは「他の誰もが持っていないような星を君だけが手に入れるだろう」と読める。

　　　b. ×"You alone will have the stars as no one else has them," is read by the passage.

（61）a. This carving knife cuts sharp, making it perfect for intricate designs.

　　　この彫刻刀は鋭く切れて，細かい図案には最適だ。

　　　b. ×It is cut sharp by this carving knife, making it perfect for intricate designs.

（59a）の動詞 sell は，「主体の売れ行きの程度がXだ」という事態の集合を表示する。したがってこの文は，「主体の売れ行きの程度が10ドルの価格だとよい」という事態の集合が副体であって，この集合を構成する主体の集合に，the book（その本）が含まれるという事態を表示している。動詞が包含関係の副体を表示するので，（59b）のように受動態の形態を取ると不適格になる。

（60a）の動詞 read は，「主体を読んだ結果の内容がXだ」という事態の集合を表示する。したがってこの文は，「主体を読んだ結果の内容が『他の誰もが持っていないような星を受信者だけが手にいれる』だ」という事態の集合が副体であって，この集合の要素である主体（内容）の集合に，"You alone . . . ." が表示する事

態が含まれるという事態を表示している。動詞が包含関係の副体を表示するので、(60b)のような受動文は不適格となる。

(61a)の動詞 cut は、「主体の切れ味の程度が X だ」という事態の集合を表示する。したがってこの文は、「主体の切れ味の程度が鋭い」という事態の集合が副体であって、その要素である主体の集合に、this carving knife（この彫刻刀）である個体が含まれているという事態を表示する。動詞が包含関係の副体を表示するので、(61b)のような受動文は不適格となる。

iii. 単射関係の主体に意志性を認めることができない動詞

受動文は、主体である事物の意志とは無関係に、あるいは意志に反して事態 P が成立することを表示する。受動文の主体 X に意志性がある必要はないが、事態 P の主体 Y に意志性がない場合は、X の意志とは無関係に Y が X に作用を及ぼすという受動文の特性が失われるため、このような場合には受動文が不適格となる。

(62) a. Apartments of the condominium tower cost millions of dollars.
     そのタワマンの住戸は何百万ドルもする。

  b. ×Millions of dollars are cost by apartments of the condominium tower.

(63) a. The Asian elephant weighs about 5,500kg.
     そのアジアゾウは約 5500 キロの体重がある。

  b. ×About 5,500kg is weighed by the Asian elephant.

(64) a. The university lacked institutional control over its football program.
     その大学にはフットボールの活動に対する制度的な制御がなかった。

  b. ×Institutional control over its football program was lacked by the university.

(62a)の動詞 cost は「主体の価格が副体だ」という事態を表示する。主体は apartments of the condominium tower（そのタワマンの住戸）という無生物であり、副体は millions of dollars（何百万ドル）という数値である。主体も副体も意志のない事物なので、受動文にすると不適格になる。

(63a)の動詞 weigh は「主体の重量が副体だ」という事態を表示する。主体は the Asian elephant（そのアジアゾウ）という動物で意志がないとは言えないが、ある重量を持つという事態に関しては、主体の意志による作用が働くわけではない。副体は 5,500 kg という数値であり、当然意志はない。したがってこの文では、主体と副体のいずれにも意志性を認めることができず、受動文は不適格となる。

(64a)の動詞 lack は「主体に副体がない」という事態を表示する。主体は the university（その大学）であり、意志を有する組織だと見なす場合もあるが、この

事態に関しては意志が介在しない。副体の institutional control over its football program（フットボールの活動に対する制度的な制御）は、意志を持つ主体が何らかの作用を及ぼすことで成立する事態であるが、能動文の主体に意志性がないため、これに対応する受動文は不適格となる。

iv．双射関係を表示する動詞

　主体と副体の間に双射関係が成立する場合は、主体と副体を入れ替えても適格な文が成立するため、受動態を使用する必要がない。

(65) a. The Romans fought the Gauls under the command of Julius Caesar.
　　　　ユリウス・カエサルの指揮のもと、ローマ人たちはガリア人たちと戦った。
　　　b. The Gauls fought the Romans under the command of Vercingetorix.
　　　　ウェルキンゲトリクスの指揮の元、ガリア人たちはローマ人たちと戦った。
(66) a. John met Mary at the station.　ジョンは駅でメアリーに会った。
　　　b. Mary met John at the station.　メアリーは駅でジョンに会った。
(67) a. John resembles Gérard Philipe.
　　　　ジョンはジェラール・フィリップに似ている。
　　　b. Gérard Philipe resembles John.
　　　　ジェラール・フィリップはジョンに似ている。

　上の各文の a, b は同一の事態を表示する。ただし、主体の選択が異なるため、(65a)では、the Romans（ローマ人たち）を表示する個体群が状況中に与えられており、その個体群に関する事態の成立を伝達しているものと理解されるのに対し、(65b)では、the Gauls（ガリア人たち）の方が状況中に与えられており、これらの個体に関する事態の成立が伝達されているものと理解される。

　(66a)では John（ジョン）である個体についての事態が話題になっており、(66b)で話題になっているのは、Mary（メアリー）である個体についての事態である。

　(67a)では、John（ジョン）が誰かに似ているということが話題になっていて、その誰かが Gérard Philipe（ジェラール・フィリップ）であるという事態が伝達されている。(67b)では、俳優の Gérard Philipe について、彼に似ている人間のことが話題になっていて、それが John であるという事態が伝達されている。

v．主体が意志を持たない事物である能動文

　意志を持たない事物が能動文が表示する事態の主体になるのは、「花が咲く」(Flowers bloom)、「川が流れる」(Rivers flow) など、特に注目すべきことではな

第 2 節　受動態　　　　　　　　　　　　　　547

い。ただ、日本語では、意志を持つ人間が主体の場合に使用されることが多い動
詞を、意志のない事物が主体である事態の表示に使用すると、不自然であると判
断される傾向がある。

「家政婦は見た」の主体は意志を持つ人間であるから自然であるが、「古生代は
見た」の主体は時代であって意志を持たない事態であるから不自然に感じられる。
しかし英語にはそのような制約は基本的にはなく、意志を持たない事物であって
も、意志を持つ人間を主体とする能動文の主体になることができる。

(68)　The twentieth century saw two world wars.
　　　20 世紀には 2 度の世界大戦が起こった。

(69)　The heat in the desert tortured the travelers during their arduous trek.
　　　困難な旅程の間、旅人たちは砂漠の暑さに苦しめられた。

(70)　The general theory explains how the sun's gravity curves neighboring
　　　space-time, bending nearby light waves and altering the orbit of Mercury.
　　　一般理論によって、太陽の重力が近くの時空を湾曲させ、近接する光
　　　の波を曲げて、火星の軌道を変化させる過程が説明される。

(71)　Mary's victory in the election surprised even many of her own supporters.
　　　その選挙でメアリーが勝利したことで、彼女の支援者たちの多くも驚
　　　いた。

(68)の動詞 see（見る）は、人間を代表とする意志を持つ個体が主体である場合
に使用されるのが基本だが、この文の主体は the twentieth century（20 世紀）とい
う時区間であり、時区間に意志はない。しかしこの文は適格であり、20 世紀と
いう時区間に生きていた人間が 2 度の世界大戦を見たという比喩的な意味を表し
ている。しかし日本語で「20 世紀は 2 度の世界大戦を見た」という表現を使用
すると不自然に感じられるため、「20 世紀には 2 度の世界大戦が起こった」のよ
うに、意志を持たない事物が主体となることができる動詞「起こる」を選択すれ
ば、不自然さが解消される。

(69)の動詞 torture（苦しめる）は、意志を持つ人間が主体である事態の表示に
使用されるのが基本だが、この文で主体を表示するのは the heat in the desert（砂
漠の暑さ）という事態であり、事態そのものには意志がない。しかし、人間が暑
熱を用いて誰かを拷問するような行為を想定することにより、この文が比喩的に
解釈される。日本語では「砂漠の暑さが旅人たちを苦しめた」という表現は好ま
れず、「旅人たちが砂漠の暑さに苦しめられた」のように主体を人間に置き換え
た受動文が使用される傾向にある。

(70)の動詞 explain（説明する）は、人間が言語や図像などを用いて成立させる
事態である。しかしこの文では主体が the general theory（一般理論）であって、

548　第12章　態

この事態の集合は意志を持たない。ここでは、この理論を用いて人間が物理現象を説明するという比喩的な解釈をすれば、主体は意志を持つ事物になる。日本語では「この一般理論が説明する」という表現は避けられる傾向にあり、「この一般理論によって現象が説明される」という受動態を使用した表現の方が好まれる。

　(71)の動詞 surprise(驚かせる)は、英語でも日本語でも事態が主体として選択されるのが基本である。この文が表示する事態の主体も Mary's victory in the election(その選挙でメアリーが勝利したこと)という事態であるから、動詞が要求する主体の特性に合致しており、不自然な文ではない。しかしこれを「その選挙でメアリーが勝利したことは彼女の支援者たちの多くを驚かせた」という日本語に置き換えると不自然になる。日本語では「驚く」という動詞形態が選択されるのが普通で、この動詞形態では主体が意志を持つ人間であるのが基本であり、したがって自然な表現になるためには「メアリーの支援者たちの多くが、その選挙でメアリーが勝利したことを驚いた」とする必要があるからである。

　驚きや喜びなどの感情を表示する英語の動詞は、能動態では、感情を引き起こす事態が主体として選択され、単射関係の副体となるのが、感情を持つようになる人間である。したがって、このような動詞を使用した能動文は英語では自然な文になる。しかし、能動文における単射関係の副体を主体とする受動文も、特に不自然だとは見なされない。一方日本語では、英語の受動文に対応するが、「驚く」「喜ぶ」のような能動態の動詞が使用される文が好まれる。

(72) a. The gorgeous ornaments of the palace astonished anyone who visited it.

　　 b. Anyone who visited the palace was astonished by its gorgeous ornaments.

　　 その宮殿の豪華な装飾品に、そこを訪れる誰もがひどく驚いた。

(73) a. The delicious food served by the chef pleased the guests at the banquet.

　　 b. The guests at the banquet were pleased with the delicious food served by the chef.

　　 その宴会の客たちは、料理長が提供した美味しい料理を喜んだ。

(74) a. The darkness of night scared the girl as she walked home alone.

　　 b. The girl was scared at the darkness of night as she walked home alone.

　　 家に1人で歩いて帰っている時、その女の子は夜の闇を怖がった。

(75) a. The way she spoke to me always disgusted me.

　　 b. I was always disgusted at the way she spoke to me.

　　　 彼女が私に話しかけてくるやり方に、私はいつも嫌な思いがしていた。

受動文においては、能動文における主体が、事態の成立の手段または原因を表

第3節　使役態　　　　549

す名詞群として表現される。この名詞群で使用される前置詞としては by を選択すれば適格であるが、感情の成立を表現する上のような動詞を用いた受動文の場合は、at や with が使用されることもある。

第3節　使役態

　使役態の文は、「主体名詞句＋使役動詞＋従属節（＝不定詞節／分詞節）」という構造を持つ。この文が表示する事態の主体は主体名詞句によって表示され、副体である従属節の主体は、主体名詞句と同一の場合は表示されず、主体名詞句と異なる場合は、別の名詞句によって表示される。以下では、文全体の主体を「使役者」、従属節の主体を「被使役者」と呼ぶことにする。

　使役態を作る動詞は make, have/get, let であり、事態を副体とする単射関係を表示するが、主体の副体に対する作用の強さがそれぞれ異なる。

① make

　使役動詞が make の場合は、使役者が、被使役者の意志とは無関係に、従属節の事態を成立させるという事態が表示される。

　make が動詞である使役態の文（使役文）では、従属節として不定詞節（不定詞は原形）と過去分詞節が使用され、現在分詞節は使用されない。make による使役文では、主節の事態が成立する時区間に後続する時区間において従属節の事態の全体が成立することが表示されるからである。事態の全体は不定詞節によって表示され、全事態が成立した結果の事態が過去分詞節によって表示される。現在分詞節だと、事態の部分が表示されるだけになるので、不適格だと判断される。

　(76) The coach made the students do exercises every day.
　　　　コーチは学生たちに毎日運動をさせた。
　(77) John will make his daughter go on to medical school.
　　　　ジョンは娘を医学部に進学させるつもりだ。
　(78) Imagination can make anything happen.
　　　　想像力はどんなものでも引き起こすことができる。
　(79) We only have two hours to make the job done.
　　　　その仕事を終えるのに、私たちには 2 時間しかない。

　(76) の使役者は the coach（そのコーチ）であり、被使役者は the students（学生たち）である。この文は、「被使役者が毎日運動をする」という事態 C を使役者が成立させたという事態を表示するが、事態 C の主体である被使役者にこの事態を成立させる意志があるかどうかは、事態 C の成立には無関係である。したがって、使役者が被使役者に対して事態 C の成立を強制したという含意が生じる。

550 第12章 態

(77)の使役者は John (ジョン)であり、被使役者は his daughter (ジョンの娘)である。この文は、「被使役者が医学部に進学する」という事態 C を使役者が成立させるという事態を表示するが、被使役者の意志は事態 C の成立に関与しない。したがって、被使役者が医学部への進学を望んでいるとは限らないのに、使役者がそれを成立させようとしているという含意が生じる。

(78)の使役者は imagination (想像力)であり、これは意志のない事態の集合である。被使役者は anything (任意の事物)であって、この文は「被使役者が起こる」という事態 C を使役者が成立させる可能性があることを表示する。使役者には意志がないが、想像力を持つ人間が自分の頭の中で事態を成立させるという比喩的な解釈をすることにより、この使役文は適格に理解される。使役者にも被使役者にも意志がないので、この文は、使役者が原因となって被使役者が主体である事態が成立するという事態を表示し、成立が強制されるという含意は生じない。

(79)の不定詞節 to make the job done は「使役動詞＋名詞句＋過去分詞」という構造を持つ。この節で使役者は主節の事態と同一の発信者たちであり、被使役者は the job (その仕事)という事態である。過去分詞が使用されているので、この不定詞節は「その仕事が終えられる」という事態の結果事態が成立することを表示する。被使役者には意志がないので、この使役文(使役節)は、使役者の意志によって事態を成立させることが目的だという含意が生じる。

従属節が過去分詞節である場合、使役者が被使役者に働きかけて、被使役者が主体である受動文が成立するという事態が表示される。

被使役者が意志を持たない事物であって、受動文の事態を成立させるために関与するのが使役者だと理解される場合には、過去分詞に対応する動詞を使用しても同様の事態が表示される。

(80) a. The staff have been asked to make the banquet prepared for the mayor's visit.
スタッフは、市長の訪問のために宴会を準備しておくように依頼されている。

b. The staff have been asked to prepare the banquet for the mayor's visit.
スタッフは、市長の訪問のために宴会の準備をするように依頼されている。

(81) a. Mary told her husband to make the wood cut for the fireplace.
メアリーは夫に暖炉のために薪を切っておくように言った。

b. Mary told her husband to cut the wood for the fireplace.
メアリーは夫に暖炉のために薪を切るように言った。

(80a)の不定詞節は、「市長の訪問のために宴会が準備されるという事態 P を

第 3 節　使役態　　　　　　551

主体が成立させる」という事態を表示し、主体は主節の主体と同一の the staff（そのスタッフ）だと理解される。したがって、事態 P は「スタッフが市長の訪問のために宴会を準備する」という事態 Q と同一の特性を持ち、(80b)のように単射関係を表示する動詞 prepare の不定詞能動態を使用して表示することができる。ただし、過去分詞 prepared は、全事態とその結果事態の成立を表示するので、(80a)では宴会の準備を完了させることに焦点が当たるが、(80b)では宴会の準備が完了しない可能性もあるという含意が伴う。

　(81a)の不定詞節は、「暖炉のために薪が切られる」という事態 P を主体が成立させるという事態を表示し、主体は主節における単射関係の副体と同一の her husband（メアリーの夫）である。したがって、事態 P は「メアリーの夫が暖炉のために薪を切る」という事態 Q と同一の特性を持ち、(81b)のように単射関係を表示する動詞 cut の不定詞能動態を使用して表示することができる。ただし、過去分詞 cut は全事態とその結果事態の成立を表示するので、(81a)では事態 P の成立とその結果に焦点が当たるのに対し、(81b)ではそうではない。

　受動文が表示する事態を成立させるのが使役者以外の人間である場合には、その人間を事態成立の手段として、前置詞 by を含む名詞群によって表示する。

　(82)　John likes making food cooked by his grandmother.
　　　　ジョンは祖母に料理を作ってもらうのが好きだ。

　(83)　Mary made her room cleaned by the housekeeper.
　　　　メアリーは清掃係に部屋を掃除してもらった。

　(82)の動名詞節 making food cooked は、「料理が作られる」という事態 P を主体が成立させるという事態 Q を表示し、事態 Q の主体は主節の主体と同一の John（ジョン）である。事態 P が成立するための手段を表示するのが名詞群 by his grandmother（ジョンの祖母に）であり、料理を実際に作るのがジョンの祖母であることを表している。

　(83)の made her room cleaned は、「部屋が掃除される」という事態 P を主体である Mary（メアリー）が成立させるという事態を表示する。事態 P が成立するための手段を表示するのが名詞群 by the housekeeper（清掃係に）であり、部屋を実際に掃除するのが清掃係であることを表している。

　使役文が「名詞句 1 ＋ make ＋ 名詞句 2 ＋ 過去分詞」という構造で、過去分詞に対応する動詞が表示する事態が、容易に知覚可能な結果事態を伴わない場合には、この構造の使役文は不適格だと判断される。

　(84)　a.　×I will make the song sung by the singer.
　　　　b.　○I will make the singer sing the song.
　　　　　　私はその歌手にその歌を歌わせるつもりだ。

(85) a. ×Mary made the phrase said by the actor.
　　 b. ○Mary made the actor say the phrase.
　　　 メアリーはその役者にその文句を言わせた。
(86) a. ×John made the film seen by his son.
　　 b. ○John made his son see the film.
　　　 ジョンは息子にその映画を見させた。

(84a)の動詞 sing（歌う）が表示する「主体が歌を歌う」という事態は、全事態が成立した後に結果事態が成立することはない。このことから、「歌が歌われる」という事態の結果事態の成立を表示することによって、事態そのものの成立を確実にするという、「make＋名詞句＋過去分詞」の構造は適格に使用することができない。(84b)のように、「make＋名詞句＋原形不定詞」という構造であれば、結果事態の成立が要求されないから適格となる。

(85a)の動詞 say（言う）が表示する「主体が言語表現を言う」という事態は、録音機などの特別の手段を用いるのでなければ、結果事態を伴うことは通常ない。このため、「その文句が言われる」という事態の結果事態の成立が含意されることで、事態の成立を確実にすることを伝達するという目的では、make the phrase said を適格に使用することはできない。(85b)のように、不定詞節が能動態の構造を用いるのであれば、結果事態の成立は要求されないから適格となる。

(86a)の動詞 see（見る）が表示する「主体が事物を見る」という事態は、見る主体の脳内に知覚した記憶が残るだけで、他の人間が知ることができるような結果事態を残さない。したがって「その映画が見られる」という事態の結果事態を表示することで、事態そのものの現実世界での成立が確実であったことを含意させることはできないから、(86a)は不適格だと判断される。(86b)のように、能動態の不定詞節を使用すれば、結果事態の成立は要求されないから、文は適格となる。

喜びや怒りなどの感情を引き起こすという事態を表示する動詞は、能動態では「主体である事物が副体である人間に感情を引き起こす」という事態を表示する。この事態を表示するための文は、「名詞句１＋動詞群＋名詞句２」という構造を持つ。

(87) The present pleased the children.　子供たちはその贈り物を喜んだ。
(88) The news of the approaching tornado worried people in the town.
　　　竜巻が近づきつつあるという知らせに、人々は不安を抱いた。
(89) The games in the championship will excite the public.
　　　その大会の試合に、人々は興奮するだろう。

上の各文が表示する事態を、「子供たちが喜ぶ」という事態をその贈り物が成

第3節　使役態　　553

立させる、「町の人々が不安を持つ」という事態をその知らせが成立させる、「人々
が興奮する」という事態を試合が成立させるという構造に置き換えれば、使役動
詞 make を用いた使役文が形成される。

(87′) The present made the children pleased.

(88′) The news of the approaching tornado made the people in the town worried.

(89′) The games in the championship will make the public excited.

② have, get

使役動詞 have と get を使用する使役文は、主体である使役者が副体である従
属節の主体(被使役者)に作用を及ぼして、被使役者が主体となる事態を成立させ
るという事態を表示する。したがって、被使役者に対して事態の成立を強制する
という含意は生じない。

使役動詞が have と get である場合、従属節は不定詞節、現在分詞節、過去分
詞節のいずれもが適格である。事態の成立を強制するのでなければ、全事態の成
立は要求されないから、部分事態の成立を表示する現在分詞節の使用も適格とな
る。従属節が不定詞節の時、使役動詞が have であれば to のない原形不定詞が、
get であれば to のある不定詞が使用される。

(90) Mary had her secretary restructure the schedule.

メアリーは秘書に予定を作り直させた。

(91) The coach has the athletes doing exercises to improve their strength and
flexibility.

コーチは、体力と柔軟性を向上させるために選手たちに運動させている。

(92) John has the sheets of his bed changed every day.

ジョンは毎日ベッドのシーツを取り替えてもらっている。

(93) I will get my colleague to do the job in my place.

私の代わりに同僚にその仕事をしてもらうつもりだ。

(94) The director got his staff running on the project without delay.

部長は自分のスタッフにすぐその企画に取りかからせた。

(95) Mary got her nails done by the manicurist.

メアリーはそのネイリストに爪の手入れをしてもらった。

(90)の構造は「名詞句＋動詞群(had)＋不定詞節」であり、主体である名詞句(メ
アリー)が、副体である不定詞節の主体(メアリーの秘書)に作用を及ぼして、不
定詞節が表示する事態を成立させるという事態を表示する。予定を作り直すこと
は秘書の業務なので、事態はメアリーによる強制ではなく、秘書への指示によっ
て成立する。

554   第 12 章　態

　(91)の構造は「名詞句＋動詞群(has)＋現在分詞節」であり、主体である名詞句(コーチ)が、副体である現在分詞節の主体(選手たち)に作用を及ぼして、現在分詞節が表示する事態を成立させているという事態を表示する。主節の事態 P「コーチが事態を成立させる」と現在分詞節の事態 Q「選手たちが運動をしている」は同一の時区間において成立し、事態 Q が表示するのは線部分事態である。運動選手が体力や柔軟性の向上のために運動するのは当然に要求されることなので、事態の成立はコーチによる強制ではなく、選手たちへの指示による。

　(92)の構造は「名詞句＋動詞群(has)＋過去分詞節」であり、主体である名詞句(ジョン)が副体である過去分詞節の主体(ベッドのシーツ)に作用を及ぼして、過去分詞節が表示する事態「ベッドのシーツが取り替えられる」という事態を成立させるという事態が表示されている。被使役者であるベッドのシーツは意志のない個体なので、過去分詞節の事態を成立させるのはホテルの従業員のような人間であり、この人間に対してジョンが依頼をして事態を成立させているものと理解される。

　(93)の構造は「名詞句＋動詞群(will get)＋不定詞節」であり、主体である名詞句(発信者)が副体である不定詞節の主体(発信者の同僚)に作用を及ぼして、不定詞節が表示する事態(発信者の代わりに発信者の同僚がその仕事をする)を成立させるという事態を表示する。発信者は同僚に仕事を強制する立場にはないので、発信者が同僚に仕事を依頼するものと理解される。

　(94)の構造は「名詞句＋動詞群(got)＋現在分詞節」であり、主体である名詞句(部長)が副体である現在分詞節の主体(部長のスタッフ)に作用を及ぼして、現在分詞節が表示する事態「スタッフがすぐその企画に取りかかる」を成立させるという事態を表示している。スタッフが企画を実行するのは会社での業務の１つなので、事態の成立は部長の強制によるものではなく、指示によって成立するものと理解される。

　(95)の構造は「名詞句＋動詞群(got)＋過去分詞節」であり、主体である名詞句(メアリー)が副体である過去分詞節(メアリーの爪)に作用を及ぼして、過去分詞節が表示する事態「メアリーの爪が手入れされる」という事態を成立させるという事態を表示している。被使役者であるメアリーの爪は意志を持たない個体なので、過去分詞節の事態を成立させるのは、名詞群 by the manicurist 中にあるネイリストであり、この人間にメアリーが依頼して爪を手入れさせたものと理解される。

③ let

　使役動詞が let の場合、使役文は「名詞句＋動詞群＋不定詞節」という構造を

第3節　使役態

持つ。let を用いる使役文については、主体を表示する名詞句（使役者）が、従属節の事態の成立を許可する、または積極的に関与しないという特徴がある。

(96) The teacher lets the students use tablets during lessons.
その教師は授業の間学生にタブレット端末を使用させている。

(97) After the rainstorm, people could do nothing but let water flood in the town.
大雨の後、人々は水が町に氾濫するままにしておく以外にはなかった。

(98) Inhabitants in the region let their land be invaded by the Ottomans.
その地域の住民は自分たちの土地がオスマン人たちに侵入されるがままにしておいた。

(96)は、主体である the teacher（その教師）が不定詞節が表示する事態「学生たちが授業の間にタブレット端末を使用する」という事態の成立を許可するという事態を表示する。不定詞節が表示する事態の主体（被使役者）the students（学生）は意志を持った個体なので、被使役者が希望する事態の成立を使役者が許可するものと理解される。

(97)の but 以下の不定詞節は、主体（使役者）である people（人々）が事態 P「水が町に氾濫する」を成立させるという事態を表示する。事態 P の主体（被使役者）water は意志を持たない個体なので、この使役節は、使役者が事態 P の成立に積極的に関与しないことを表すものと理解される。

(98)の不定詞節は be invaded（侵入される）という受動態であり、主体（被使役者）は their land（住民の土地）という意志を持たない個体なので、この使役文は、使役者が事態の成立に積極的に関与しないことを表すものと理解される。

使役動詞 let が命令文の動詞として使用される場合には、発信者が受信者に対して、使役文の事態が成立するように命令するという行為が表示されるから、使役文の事態は、発信者の意志によって成立するという含意が生じる。

(99) Animals at this shelter mostly need medical attention. Let them be treated by vets.
この避難所の動物たちはほとんどが治療を必要としている。獣医に診てもらうようにしてください。

(100) Let p be a Mersenne number, and $p = 2s - 1$, $s \geq 2$. Then s is a prime and $(p - 1)/2$ is an odd number.
p をメルセンヌ数とし、p が $2s - 1$ に等しく、s が 2 より大きいか 2 に等しいとしよう。この場合、s は素数であり、$(p - 1)/2$ は奇数である。

(99)の 2 番目の文は、let を用いた命令文である。したがって、この文は、「発

信者が受信者に対して事態 P の成立を命令する」という事態を表示する。事態 P の主体は受信者なので、この事態は「受信者が事態 Q を成立させる」であり、事態 Q は「動物たちが獣医に診療される」である。命令文が表示する事態の主体は発信者なので、事態 Q も、発信者の意志によって成立することになり、したがって事態 P は、「発信者の命令で、動物たちが獣医に診療されるという事態の成立を、受信者が許可する」、すなわち、動物たちが獣医に診療してもらえるように受信者が働きかけることを発信者が命令する、という事態を表示するものと理解される。

　(100)は、数学の論文などで、ある事態が成立するものと仮定する場合に使用される使役命令文である。let p be a Mersenne number は、発信者が受信者(＝論文の読者)に対して、「p がメルセンヌ数だ」という事態の成立に関与しないように、つまりこの事態の成立を受け入れるように命令するという事態を表示する。このことからこの使役命令文は、「p がメルセンヌ数だ」という事態を条件として提示するものだと理解される。

第13章　不定詞

不定詞は事態を表示するが、動詞の形態変化が単純で、必要な場合を除いては主体が表示されない節である。本来は名詞節と同様の機能を果たす節であったが、のちに名詞節、関係節、副詞節のいずれの機能も果たすことができるようになった。

第1節　不定詞節の構造

不定詞節は「((for) + 名詞句1 +)(to +)動詞群(+ 名詞句2 + 名詞群)」という構造を持つ。名詞句1は不定詞節が表示する事態の主体、名詞句2は単射関係の副体を表示するが、不定詞節が従属節であって、主節の主体と不定詞節の主体が同一の場合は、不定詞節の主体は表示されない。また、不定詞節が単射関係の副体である場合には、主節が形態的に表示される場合でも、前置詞の for は使用されない。また、不定詞節が使役動詞や知覚動詞などの動詞が表示する事態の副体である場合には、動詞群の前に to が現れない。否定辞 not は不定詞の直前に配置される。

以下では主節が表示する事態を M、不定詞節が表示する事態を F で表す。

（1）It is essential for you to maintain personal dignity in arguments with others.
他人との議論の時には、人は人格の尊厳を維持することが最も重要だ。

（2）Alexander persuaded the soldiers not to retreat.
アレクサンドロスは兵士たちに退却しないように説得した。

（3）The detective thought the man to have committed the crime.
刑事はその男がその犯罪を犯したのだと思った。

（4）The airliner offers a comfortable room for first-class passengers to use before their flights.
その航空会社はファーストクラスの乗客が搭乗前に利用するための快適な部屋を用意している。

（5）I promise to pay this money back in a week.
私は1週間でこの金を返すことを約束する。

（6）Columbus sailed across the ocean to explore unknown lands.

コロンブスは未知の土地を探検するために大洋を船で横断した。

(1)の不定詞節は for you to maintain personal dignity in arguments with others であり、文全体が表示する事態 M の主体として機能している。不定詞節が表示する事態 F 中では、名詞群 for you によって主体が受信者であることが表示され、動詞群 to maintain は「維持する」という単射関係、副体は personal dignity（人格の尊厳）である事態であり、名詞群 in arguments with others（他人との議論において）がこの事態の成立空間を表示する。

(2)の不定詞節は the soldiers not to retreat であり、主節の事態 M（アレクサンドロスが副体を説得した）の副体として機能している。主節の動詞群 persuaded（説得した）に不定詞節が後続しているので、不定詞節の主体は、名詞句 the soldiers（兵士たち）で表示され、for を前置しない。

(3)の不定詞節は the man to have committed the crime であり、主節の事態 M（刑事が副体を思った）の副体として機能している。不定詞節が副体なので、F の主体は名詞句 the man（その男）だけで表示されている。不定詞節の動詞群は to have committed であり、完了形 have committed が使用されている。

(4)の不定詞節は for first-class passengers to use before their flights であり、文中の名詞句 a comfortable room（快適な部屋）が表示する個体の特性を限定する機能を果たしている。事物の特性を限定する関係節的機能を持つ不定詞節は名詞句の直後に配置される。不定詞節は副体ではないので、事態 F の主体は名詞群 for first-class passengers によって表示されている。

(5)の不定詞節は to pay this money back in a week であり、主節の事態 M（発信者が副体を約束する）の副体として機能している。事態 F の主体を表示する名詞句が表現されていないので、F の主体は M の主体と同一であり、したがって事態 F は「発信者が 1 週間でこの金を返す」という事態を表示する。

(6)の不定詞節は to explore unknown lands であり、事態 M 中では主体でも副体でもない。直前に名詞句 the ocean（大洋）が配置されているが、不定詞節が表示する事態 F は主体を欠いてはいるが主体は主節の事態 M の主体と同一の Columbus（コロンブス）であり、副体は unknown lands（未知の土地）なので、事態に必須の要素は不足していない。したがってこの不定詞節は副詞節と同様の機能を果たしているものと理解される。

(7) The supervisor made the student do experiments ten hours a day.
その指導教官は学生に 1 日 10 時間実験をさせた。

(8) Mary saw cheetahs chase gazelles in the savanna.
メアリーはサバンナでチーターがガゼルを追いかけるのを見た。

(9) John helped an old woman cross the wide street.

ジョンは年取った女性が広い道路を渡るのを手伝った。

(7)の主節の動詞 make は使役動詞であり、副体の不定詞節 the student do experiments ten hours a day の不定詞は原形不定詞の do で、to が先行しない。不定詞節の事態の主体は the student（その学生）であり、副体は experiments（実験）である。

(8)の主節の動詞 see は知覚動詞であり、副体の不定詞節 cheetahs chase gazelles の不定詞は to の先行しない原形不定詞 chase である。不定詞節の事態の主体は cheetahs（チーター）であって、副体は gazelles（ガゼル）である。

(9)の主節の動詞 help（助ける）は、副体の不定詞節で使用される不定詞が、この文のように原形不定詞であっても適格となる。ただし、an old woman to cross the wide street のように、不定詞に to が使用されても同様に適格である。

第2節　不定詞の時制とアスペクト

不定詞は主体を形態的に表示する必要がないので、主体の人称と数による形態変化をしない。また、法を形態的に区別することもない。形態的に区別するのは時制とアスペクトと態であり、時制は単純時制と複合時制が区別されるだけである。to do という形態の不定詞の時制を「単純時制」、to have done のように完了形を用いた形態の時制を「複合時制」と呼ぶことにする。

to do の形態変化

単純時制	全体相	能動態	to do
		受動態	to be done
	部分相	能動態	to be doing
		受動態	to be being done
複合時制	全体相	能動態	to have done
		受動態	to have been done
	部分相	能動態	to have been doing
		受動態	to have been being done

不定詞節の事態が成立する時区間は、主節の事態が成立する時区間との関係によって決定される。

① 単純時制・全体相

不定詞の単純時制全体相形態は、主節の事態 M が成立する時区間 m を包含する時区間または時区間 m に後続する時区間において成立する事態を表示する。どちらの時区間において成立するかは、不定詞の動詞が属する動作態による。

(10) I want to remain friends with her.　私は彼女と友達のままでいたい。

560 第13章 不定詞

　(11) I wanted to be a medical doctor.　私は医者になりたかった。

　(12) I want to dance all night.　私は一晩中踊っていたい。

　(13) I want the writer to publish many mysteries.
　　　私はその作家にミステリーをたくさん出版してもらいたい。

　(14) I wanted to get home before dark.　私は暗くなる前に家に着きたかった。

　(15) I want to be loved by everybody.　私は誰にでも愛されたい。

　(16) I wanted my mother to be taken care of in the hospital.
　　　母親をその病院で診てもらいたいと私は思った。

　(10)の不定詞節 to remain friends with her（主体が彼女と友達のままでいる）の主体は、主節の主体 M と同一の発信者である。動詞は均質動詞の remain（のままでいる）であり、主節の事態「発信者が副体を望んでいる」が成立する現在を包含する時区間において不定詞節の事態 F が成立すると考えることに不合理はない。

　(11)の不定詞節 to be a medical doctor（主体が医者である）の主体は、主節の主体と同一の発信者である。動詞は均質動詞の be であり、主節の事態 M が成立するのは過去であるが、この過去の時区間 m において不定詞節の事態 F は成立していないと考えられるので、F が成立するのは m に後続する時区間である。

　(12)の不定詞節 to dance all night（主体が一晩中踊る）の主体は、主節の主体と同一の発信者である。動詞は部分均質動詞の dance（踊る）であり、全体相形態であるから、表示されるのは全事態である。主節の事態が成立するのは現在の時点であるが、現在においてこの事態の全体が成立することはできないから、成立するのは未来の時区間である。

　(13)の不定詞節 the writer to publish many mysteries は、主節の事態 M「発信者が副体を望んでいる」の副体であるが、不定詞に名詞句 the writer（その作家）が先行しているので、不定詞節の事態 F の主体はその作家である個体である。不定詞節の動詞 publish（出版する）は非均質動詞であり、全体相形態であるから、表示されるのは全事態である。主節の事態 M は現在において成立するが、不定詞節の事態 F の全事態が現在において成立することはできないから、F が成立するのは未来の時区間である。

　(14)の不定詞節 to get home before dark は、主節の事態 M「発信者が副体を望んでいた」の副体であり、不定詞に名詞句が先行していないので、不定詞節の事態 F の主体は事態 M の主体と同一の発信者である。不定詞節の動詞 get（着く）は脱均質動詞なので、全体相形態は時点において成立する全事態を表示する。主節の事態 M が成立するのは過去の時区間なので、不定詞節の事態 F は、過去の時区間に後続する時点において成立する。

（15）の不定詞節 to be loved by everybody は、主節の事態 M「発信者が副体を望んでいる」の副体であり、不定詞に名詞句が先行していないので、不定詞節の事態 F の主体は発信者である。不定詞節の動詞 love は均質動詞であり、受動態 to be loved でも均質性は同様なので、事態 F は、主節の事態が成立する現在を包含する時区間または未来の時区間において成立する。「発信者が誰にでも愛されている」という事態 F は、現在と未来のいずれの時区間においても成立することができる。

（16）の不定詞節 my mother to be taken care of in the hospital は、主節の事態 M「発信者が副体を望んでいた」の副体であり、不定詞節の事態 F の主体は、不定詞に先行する名詞句 my mother（発信者の母親）が表示する個体である。不定詞節で動詞として機能している take care of（世話する）は非均質動詞であり、受動態 to be taken care of でも動作態に変化はないので、事態 F は主節が成立する過去の時区間に後続する時区間において成立する。

② 単純時制・部分相

不定詞の単純時制部分相形態は、主節の事態 M が成立する時区間において、不定詞節の事態 F の部分事態または F の前事態の部分事態が成立していることを表示する。

(17) I love to be living in this remote island.
　　私はこの離島に住んでいるのが好きだ。

(18) Mary loved to be swimming in her pool on hot summer days.
　　メアリーは暑い夏の日々に自分のプールで泳いでいるのが好きだった。

(19) Cicero thought Catilina to be planning a conspiracy with his political opponents.
　　キケローはカティリーナが自分の政敵たちと陰謀を計画していると思った。

(20) The doctor thought the patient to be dying soon.
　　医者は患者が間もなく死ぬだろうと思った。

（17）の不定詞節 to be living は、主節の事態 M「発信者が副体を好きだ」の副体であり、不定詞に名詞句が先行していないので、不定詞節の事態 F の主体は主節と同一の発信者である。不定詞節の動詞群は単純時制部分相形態であり、動詞は均質動詞 live（住んでいる）なので、不定詞節の事態 F は、主節の事態 M が成立している現在において成立している部分事態である。

（18）の不定詞節 to be swimming は、主節の事態 M「メアリーが副体を好きだった」の副体であり、不定詞に名詞句が先行していないので、不定詞節の事態 F

の主体は主節の主体と同一の Mary である。不定詞節の動詞群は単純時制部分相形態であり、動詞は部分均質動詞 swim (泳ぐ)なので、事態 F は、主節の事態 M が成立した過去の時区間において成立していた部分事態を表示する。不定詞節には on hot summer days (暑い夏の日々に)が含まれているので、事態 F は「メアリーが自分のプールで泳ぐ」という事態で構成される列事態の部分である。

(19) の不定詞節 Catilina to be planning a conspiracy with his political opponents は、主節の事態 M「キケローは副体を思った」の副体であり、不定詞に名詞句 Catilina (カティリーナ)が先行しているので、不定詞節の事態 F の主体はカティリーナである個体である。不定詞節の動詞群は to be planning という単純時制部分相形態であり、動詞 plan (計画する)は非均質動詞なので、主節の事態 M が成立した時区間において、不定詞節 F (カティリーナがキケローの政敵たちと陰謀を計画している)の部分事態が成立している。

(20)の不定詞節 the patient to be dying soon は、主節の事態 M「その医者が副体を思った」の副体であり、不定詞に名詞句 the patient (その患者)が先行しているので、不定詞節の事態 F の主体はその患者である個体である。不定詞の動詞群は to be dying という単純時制部分相形態であり、動詞は脱均質動詞 die (死ぬ)なので、事態 F が表示するのは「その患者が死ぬ」という事態 F′ の前事態の部分であり、この部分事態が、主節の事態 M が成立した過去の時区間において成立している。前事態の部分が成立していることから、事態 M が成立した過去の時区間に後続する時点において、事態 F′ が成立することが含意される。

③ 複合時制・全体相

不定詞の複合時制全体相形態は、主節の事態 M が成立する時区間に先行する時区間において全事態が成立したことを表示する。

(21) That seems to have been the case.　それが事実だったように思える。

(22) Philippides is said to have run from Marathon to Athens to announce a Greek victory over the Persians.
フィリッピデスは、ギリシアがペルシア人に勝利したことを告げるためにマラトンからアテネまで走ったと言われる。

(23) The professor believed herself to have discovered a powerful vaccine.
その教授は自分が強力なワクチンを発明したと思っていた。

(24) The painting, which had been missing for many years, seems to have been finally found by a collector in another country.
その絵は、長年所在が不明だったが、別の国の収集家によって最終的に見つけられたと思われる。

第 2 節　不定詞の時制とアスペクト　　　563

　(21)の不定詞節 to have been the case は、主節の事態 M「それが副体であるように思える」の副体であり、不定詞に名詞句が先行していないので、不定詞節の事態 F の主体は主節の事態 M の主体と同一の that（そのこと）である事態である。不定詞節の動詞群は複合時制全体相の to have been であり、動詞 be は均質動詞なので、全事態と部分事態が等しい。したがって、事態 F は、主節の事態 M が成立している現在に先行する過去の時区間において全事態が成立したと考えることもできるし、過去の時点から現在まで線部分事態が成立していると考えることもできる。

　(22)の不定詞節 to have run from Marathon to Athens to announce a Greek victory over the Persians は、主節の事態 M「フィリッピデスは副体だと言われている」の副体であり、不定詞には名詞句が先行していないので、不定詞節の事態 F の主体は、主節の事態 M の主体と同一の Philippides（フィリッピデス）である。不定詞節の動詞群は to have run という複合時制全体相形態であり、動詞 run は部分均質動詞なので、不定詞節の事態 F は、事態 M が成立する現在に先行する過去の時区間において成立した全事態である。

　(23)の不定詞節 herself to have discovered a powerful vaccine は、主節の事態 M「その教授が副体を信じていた」の副体であり、不定詞に先行する herself が表示する個体、すなわち事態 M の主体 the professor（その教授）が不定詞節の事態 F の主体である。不定詞節の動詞群は to have discovered という複合時制全体相形態であり、動詞 discover（発見する）は脱均質動詞なので、事態 F は事態 M が成立した過去の時区間に先行する時点において成立している。

　(24)の不定詞節 to have been finally found by a collector in another country は、主節の事態 M「その絵が副体に見える」の副体であり、不定詞に名詞句が先行していないので、不定詞節の事態 F の主体は事態 M の主体と同一の the painting（その絵）である。不定詞節の動詞群 to have been found は、複合時制全体相受動態であり、動詞 find（見つける）は脱均質動詞であるから、事態 F は事態 M が成立する現在に先行する時点において成立している。

④　複合時制・部分相

　不定詞の複合時制部分相形態は、主節の事態 M が成立する時区間に先行する時区間において部分事態が成立していたことを表示する。

　(25)　The man appears to have been staying at the hotel for the past two
　　　　weeks.
　　　　その男はこの 2 週間そのホテルに滞在していたように見える。

　(26)　Some three thousand people were thought to have been working in the mine when it collapsed.

その鉱山が崩落した時には、そこでおよそ3千人の人々が働いていたと思われた。

(27) The terrorist is said to have been leaving the country when he was arrested.

そのテロリストは、逮捕された時、その国を出ようとしていたところだったと言われている。

(28) I believe him to have been being tortured in the concentration camp.

私は彼がその収容所で拷問を受けていたと思う。

(25)の不定詞節 to have been staying at the hotel for the past two weeks は、主節の事態M「その男が副体に見える」の副体であり、不定詞に名詞句が先行していないことから、不定詞節の事態Fの主体も、事態Mの主体と同一の the man（その男）である。不定詞節の動詞群は to have been staying という複合時制部分相形態であって、動詞が均質動詞 stay（滞在する）であることから、事態Fは事態Mが成立する現在に先行する過去の時区間において成立していた部分事態または、過去の時点から現在までの時区間において成立する線部分事態を表示する。不定詞節中に for the past two weeks（これまでの2週間）があることから、事態Fは過去から現在までの時区間において成立している線部分事態を表示する。

(26)の不定詞節 to have been working in the mine は、主節の事態M「およそ3千人の人々が副体だと思われた」の副体であり、不定詞に名詞句が先行していないので、不定詞節の事態Fの主体は事態Mの主体と同一の some three thousand people（およそ3千人の人々）である。不定詞節の動詞群は to have been working という複合時制部分相形態であり、動詞は部分均質動詞 work（働く）であるから、事態Fは、事態Mが成立した過去の時区間に先行する時区間において成立していた部分事態を表示する。副詞節の事態「その鉱山が崩落した」は時点において成立するから、事態Fは点部分事態を表示する。

(27)の不定詞節 to have been leaving the country は、主節の事態M「そのテロリストが副体だと言われている」の副体であり、不定詞に名詞句が先行していないので、不定詞節の事態Fの主体は事態Mの主体と同一の the terrorist（そのテロリスト）である。不定詞節の動詞群 to have been leaving は複合時制部分相形態であり、動詞 leave（出発する）は脱均質動詞だから、事態Fは「そのテロリストがその国を出る」という事態 F' の前事態の部分事態であるか、同じ事態が構成する列事態の部分事態である。副詞節 when he was arrested（そのテロリストが逮捕された時）によって、事態 F' が単一の事態であることが分かるから、事態Fは前事態の点部分事態である。

第3節　不定詞節の名詞的機能　　　565

（28）の不定詞節 him to have been being tortured in the concentration camp は、主節の事態 M「発信者が副体を思う」の副体であり、不定詞に先行する名詞句 him が表示する個体が、不定詞節の事態 F の主体である。不定詞の動詞群 to have been being tortured は複合時制部分相受動態形態であり、動詞 torture（拷問する）は部分均質動詞であるから、事態 F は、事態 M が成立する現在に先行する過去の時区間において成立していた部分事態を表示する。事態 F が時点において成立したと考える根拠はないので、表示されているのは線部分事態である。

第3節　不定詞節の名詞的機能

不定詞節は文中で名詞と同様に、事態の主体、同値関係または単射関係の副体として機能することができる。

① 事態の主体

(29) To work hard is essential if you want to succeed in business.
もし事業で成功したいならば、熱心に働くことが肝要だ。

(30) For statesmen to be honest is an important part of democracy.
政治家が誠実であることは、民主主義の重要な部分だ。

(31) It never pays not to follow rules.
規則に従わないことは全く割に合わない。

(32) It was inevitable for Brutus to kill Caesar as he was loyal to the Roman Republic.
ブルートゥスはローマ共和国に忠実だったので、彼がカエサルを殺すのは当然だった。

(33) Mary considers it her duty to take care of her old parents.
メアリーは、自分の年取った両親の面倒を見るのが自分の義務だと考えている。

（29）の不定詞節 to work hard はこの文が表示する事態の主体であり、この文は、不定詞節の事態が essential（肝要）である事態の集合に包含されるという事態を表示する。不定詞節では主体が表示されていないが、副詞節 if you want to succeed in business（人が事業で成功したければ）の主体が you であることから、不定詞節の事態の主体も you、すなわち任意の人間であると理解される。

（30）の不定詞節は for statesmen to be honest であり、主体は名詞群 for statesmen によって表示されている。この文は、不定詞節の事態が、an important part of democracy（民主主義の重要な部分）によって構成される事態の集合に包含されるという関係を表示している。

（31）の不定詞節 not to follow rules は、この文が表示する事態の主体であるが、動詞群 never pays に先行する位置ではなく、後続する位置に配置され、動詞群の前には代名詞 it が配置されている。不定詞節の主体は表示されていないが、任意の人間の集合だと考えてよい。この文は、不定詞節の事態が、「主体が割に合わない」という事態の集合の主体である事態の集合に包含されるという関係を表示している。

（32）の不定詞節は、for Brutus to kill Caesar であり、名詞群 for Brutus によって主体がブルートゥスであることが表示されている。この文では、主体を表示する不定詞節は動詞群と副体形容詞の後に配置され、文頭には代名詞 it が配置されている。この文は、不定詞節の事態「ブルートゥスがカエサルを殺す」が、「主体が当然である」という事態の集合の要素である主体の集合に包含されるという関係を表示する。

（33）の不定詞節 to take care of her old parents（主体が彼女の年取った両親の面倒を見る）は、動詞群 considers の直後に配置されている it と同一の事態を表示する。不定詞には名詞群が先行していないので、不定詞節の事態の主体は任意の個体である。it her duty は準名詞節であって、it がこの節の主体、名詞句 her duty（メアリーの義務）が副体であり、副体が主体を包含する関係にあるという事態を表示する。したがって、不定詞節は準名詞節が表示する事態の主体である。

② 同値関係の副体

「名詞句＋動詞群＋不定詞節」という構造の文で、動詞が be や seem のような包含関係を表示するものの場合、不定詞節は単一の事態を表示するので、名詞句が表示する事物が不定詞節の表示する事態に包含されるということはなく、両者は同一だという関係が成立する。

- （34）Government's mission is to give all citizens equal rights.
  政府の使命はすべての市民に等しい権利を与えることだ。
- （35）My dream is for people to live in happiness, free from poverty and injustice.
  私の夢は、貧困と不公正から解放されて、人々が幸福に暮らすことだ。
- （36）John's desire seemed to be to win Mary's love.
  ジョンの望みはメアリーの愛を勝ち取ることのように思えた。

（34）の不定詞節 to give all citizens equal rights は、この文の事態 M の副体であり、不定詞の前に名詞群が配置されていないので、不定詞節の事態 F の主体は任意の事物である。事態 M は、government's mission（政府の使命）である事態が、「主体がすべての市民に等しい権利を与える」という事態に等しいという

関係が、現在域において成立しているということである。

（35）の不定詞節 for people to live in happiness, free from poverty and injustice は、この文の事態 M の副体であり、不定詞の前に名詞群 for people が配置されているので、不定詞節の事態 F の主体は people（人々）である。事態 M は my dream（発信者の夢）である事態が、「人々が幸福に暮らす」という事態に等しいという関係が、現在域において成立しているということである。

（36）の不定詞節 to win Mary's love は、動詞群 seemed に続く上位の不定詞節が表示する事態の副体であり、不定詞の前に名詞群が配置されていないので、不定詞節の事態 F の主体は任意の個体である。この文が表示する事態は、John's desire（ジョンの望み）である事態が「任意の個体がメアリーの愛を勝ち取る」という事態に等しく見えるという事態が過去の時区間において成立していたということである。「メアリーの愛を勝ち取る」という事態の主体は、通常は 1 個の個体に限定されるので、この文では主体が John（ジョン）であるものと理解される。

③ 単射関係の副体

(37) I want to visit as many foreign countries as possible.
　　私はできるだけたくさんの外国に行きたい。

(38) John's parents wanted him to be a public official in their town.
　　ジョンの両親は彼が自分たちの町の公務員になることを望んでいた。

(39) Our business started to take off after the economic crisis.
　　私たちの事業は、経済危機の後はうまく行き始めた。

(40) The coach urged the players to go out of the gymnasium immediately.
　　コーチは選手たちをせき立ててすぐに体育館から出て行かせた。

（37）の不定詞節 to visit as many foreign countries as possible が表示する事態 F（主体ができるだけたくさんの外国に行く）は、主節が表示する事態中にある want（望む）という動詞が表示する単射関係の副体である。事態 F の主体は名詞句によって表示されていないから、この文の事態の主体である発信者と同一であると理解される。事態 F は主節の事態 M「発信者が副体を望む」の副体であり、主節が成立する現在に後続する未来の時区間において成立する。

（38）の不定詞節 him to be a public official in their town が表示する事態 F（1 人の男性である主体がジョンの両親の町の公務員である）は、主節が表示する事態中にある want（望む）という動詞が表示する単射関係の副体である。事態 F の主体は、不定詞に先行する位置に配置されている代名詞 him が表示する個体であり、これは John（ジョン）と同一の個体を指示する。事態 F は、主節の事態が成立する過去の時区間に後続する時区間において成立する。

568　　　第13章　不定詞

　(39)の不定詞節 to take off after the economic crisis が表示する事態 F（経済危機の後主体がうまく行く）は、この文が表示する事態中にある start（始める）という動詞が表示する単射関係の副体である。事態 F の主体は、主節の主体 our business（発信者たちの事業）である事態と同一である。主節の事態 M は「発信者たちの事業が副体＝事態 F を開始した」であるから、事態 F は、主節が成立した過去の時点を開始点とする時区間において成立する。

　(40)の不定詞節 the players to go out of the gymnasium immediately が表示する事態 F（選手たちがすぐに体育館から出て行く）の主体は、不定詞に先行する名詞句 the players が表示する個体群である。主節の事態 M は「コーチが副体の成立を急がせた」であり、事態 F が副体であるから、事態 F が成立するのは、事態 M が成立した過去の時区間に後続する時区間である。

　「疑問詞（句）＋不定詞節」という構造の表現で、主体が不定の事物との間に何らかの関係を持つという事態を表示する。この場合の不定詞節の動詞群は単純時制全体相形態を取ることが多いが、他の時制形態が使用されることもある。

　(41)　What for us to do in the future is uncertain.
　　　　将来私たちが何をすべきかは不確実だ。

　(42)　John will let you know which train to take.
　　　　どの列車に乗ったらいいか、ジョンが君に教えてくれる。

　(43)　The committee has yet to decide who to be selected chairman.
　　　　委員会は誰が議長に選ばれるかをまだ決めていない。

　(44)　We are unsure of where for them to have gone.
　　　　彼らがどこに行くべきだったのか私たちにははっきりとは分からない。

　(41)の不定詞節 what for us to do in the future（将来私たちが何をすべきか）は、この文が表示する事態の主体である。この不定詞節が表示する事態 F の主体は、名詞群 for us によって発信者たちであることが分かる。副体を表示するのは、不定詞節の先頭に配置されている what であって、これは任意で不定の事物を表示する。動詞群は単純時制全体相形態 to do で、動詞 do は非均質動詞であるから、事態 F は、主節の事態 M（主体が不確実だ）が成立する現在に後続する未来の時区間である。

　(42)の不定詞節 which train to take（どの列車に乗ればいいか）は、この文が表示する事態 M（ジョンが、受信者が副体を知るという事態 S を成立させる）の事態 S 中の副体である。この不定詞節が表示する事態 F の主体は形態的に表示されていないが、事態 S の主体である受信者だと考えてよい。事態 F において副体を表示するのは疑問詞句 which train であって、これは任意で不定の列車を表示する。動詞群は単純時制全体相形態 to take で、動詞 take は非均質動詞である

から、事態 F は、主節の事態 M が成立する未来の時区間に後続する未来の時区間において成立する。

(43)の不定詞節 who to be selected chairman（誰が議長に選ばれるか）は、主節が表示する事態 M（委員会がまだ副体を決めていない）の副体である。この不定詞節の事態 F の主体は疑問詞 who であって、これは任意で不定の人間を表示する。不定詞節の動詞群は to be selected chairman という単純時制全体相受動態形態であり、動詞は select（選ぶ）という脱均質動詞であるから、事態 F が成立するのは、主節の事態 M が成立する現在に後続する未来の時点である。

(44)の不定詞節 where for them to have gone（彼らがどこに行くべきだったか）は名詞群の構成要素であり、不定詞節が表示する事態 F は、主節の事態「発信者たちが事態 X に関して確信を持っていない」中の関与者である事態 X に充当される機能を持つ。事態 F の主体は、名詞群 for them 中の代名詞 they が表示する個体群であって、疑問詞 where は着点を表示する。動詞群は to have gone という複合時制全体相形態であり、動詞 go は部分均質動詞だから、事態 F は、主節が成立する現在に先行する過去の時区間において全事態が成立している。

第4節　不定詞節の形容詞的機能

不定詞節は、名詞句に後続する位置に配置されて、名詞句が表示する事物の集合を限定する機能を果たすことができる。名詞句の事物は、不定詞節が表示する事態の主体または副体の集合に包含される。

(45) I found a good engineer to maintain the IT system of our company.
私は私たちの会社の情報技術システムを維持整備するいい技術者を見つけた。

(46) The manager will give you the list of the rooms to be cleaned.
支配人があなたに掃除する部屋のリストを渡す。

(47) There was some food in the hut for the climbers to eat.
山小屋の中には登山者たちが食べる食料が少しあった。

(48) It is regrettable to leave subjects for us to have learned.
自分が勉強すべきだった科目を残しておくのは残念なことだ。

(49) There remain dishes to have been washed in the sink.
流しの中には洗っておくべきだった皿が残っている。

(45)の不定詞節 to maintain the IT system of our company が表示する事態 F は「主体が発信者たちの会社の情報技術システムを維持整備する」であって、不定詞節に先行する名詞句 a good engineer（いい技術者）が表示する個体が、事態 F の主体の集合に包含される。このことから、a good engineer to maintain the IT system of our company という名詞句の全体は、「いい技術者であって、発信者たちの会社の情報技術システムを維持管理できるような個体」を表示する。

(46)の不定詞節 to be cleaned が表示する事態 F は「主体が掃除される」であって、不定詞節に先行する名詞句 the rooms（部屋）が表示する個体群は、事態 F の主体である個体の集合に包含される。このことから、the rooms to be cleaned の全体は、「部屋であって、掃除されることになっているもの」を表示する。

(47)の不定詞節 for the climbers to eat が表示する事態 F は「登山者たちが副体を食べる」であって、主体は the climbers（登山者たち）である。不定詞節に先行する名詞句は、the hut（山小屋）と some food（少しの食料）の 2 個であるが、事態 F の副体として適格に選択され得るのは some food である。したがって、some food for the climbers to eat という表現の全体で、「少しの食料であって、登山者たちが食べるもの」を表示する。

(48)の不定詞節 for us to have learned は、動詞群が複合時制全体相形態なので、表示する事態 F は「発信者たちが副体を学ぶべきだった」である。先行する名詞句 subjects（科目）は、事態 F の副体である事物の集合に包含される。したがって名詞句 subjects for us to have learned の全体は、「科目であって、発信者たちが学ぶべきだったもの」を表示する。

(49)の不定詞節 to have been washed は、動詞群が複合時制受動態全体相形態であり、表示する事態 F は「主体が洗われるべきだった」である。先行する名詞句 dishes（皿）は、事態 F の主体である個体の集合に包含される。したがって名詞句 dishes to have been washed は「皿であって、洗われるべきだったもの」を表示する。

「名詞句＋不定詞節」という構造の名詞句で、名詞句が表示する事物が、不定詞節が表示する事態を構成する要素ではないことがある。この場合は、名詞句が表示する事態の集合に、不定詞節が表示する事態が包含されるという関係が表示される。名詞句が事態の集合を表示する抽象名詞であって、その名詞句に事態を表示する不定詞節が後続している構造の表現では、名詞句を限定するということは、名詞句が表示する事態の集合のうち、どの事態が指示されるのかを特定するということになる。

(50) Many students want to have the chance to study abroad but lack money.
　　留学する機会がほしいと思っている学生はたくさんいるが、お金がない。

(51) Scientists have been seeking the method for the disease to be eradicated.
　　科学者たちはその病気が撲滅されるための方法を探し求めてきている。

(52) The soldier went into the battle with readiness to encounter any danger.
　　その兵士は、どんな危険にも直面するという覚悟をもって戦闘に飛び

込んだ。

（53）The teacher was pleased with the easiness for the pupil to have answered the question.

その教師は、その生徒が問題を解いた容易さに満足した。

（50）の不定詞節 to study abroad が表示する事態 F は「主体が留学する」であり、主体は、主節の主体と同一の many students（多くの学生）である。この事態 F は、chance（機会）である事態の集合を構成する要素に包含される。すなわち、名詞句 chance に対応する事態の集合のうち、どの事態に限定されるのかを表示するのが不定詞節である。

（51）の不定詞節 for the disease to be eradicated が表示する事態 F は「その病気が撲滅される」であり、この事態 F は、method（方法）である事態の集合の要素である。すなわち、ある方法で事態 X が成立するという事態の集合のうち、「その病気が撲滅される」が事態 X であることが表示されている。

（52）の不定詞節 to encounter any danger が表示する事態 F は「主体がどんな危機にも直面する」であり、主体は主節の主体と同一の the soldier（その兵士）である。事態 F は readiness（覚悟）である事態の集合の要素であり、その兵士が持っていた覚悟が、自分がどんな危険にも直面するというものであったことが表示される。

（53）の不定詞節 for the pupil to have answered the question の動詞群は複合時制全体相形態なので、表示する事態 F「その生徒がその問題を解いた」は、主節の事態 M「その教師が副体に満足した」が成立した過去の時区間に先行する時区間において成立する。事態 F は easiness（容易さ）が表示する「主体が容易だ」という事態の集合の要素である。すなわち、その生徒がその問題を解いたという事態が、主体が容易に成立するという事態集合の要素を特定している。

第５節　不定詞節の副詞的機能

不定詞節に意味役割が与えられず、名詞句が表示する事物の集合を限定してもいない場合、不定詞節は文中で副詞としての機能を持つ。

① 目的または結果

（54）Mary got up early to catch the first train.

始発列車に乗るためにメアリーは早起きをした。

（55）The salesclerk goes anywhere to meet her clients.

その店員は、顧客に会うためにはどこにでも行く。

（56）John made the room very tidy for his guests to feel comfortable.

客が快適に感じられるように、ジョンはその部屋をとても綺麗にした。

(54) の不定詞節 to catch the first train は副詞 early に後続していることから、主体や副体ではなく、事物の集合を限定してもいない。したがって、副詞的な機能を持つと理解される。不定詞節の動詞群 to catch は単純時制全体相形態であり、catch は脱均質動詞であるから、不定詞節の事態 F は、主節の事態 M「メアリーが早起きした」が成立した過去の時点に後続する時点において成立する。

主節の事態 M の成立時区間に後続する時区間において不定詞節の事態 F が成立する場合、事態 F は事態 M の「目的」を表すと解釈されやすい。これは、事態 F が実際に成立したかどうかが不確定だからである。もし事態 F が成立したことが分かっているのであれば、次のように表現することは可能である。

(54′) Mary got up early and caught the first train.
　　　メアリーは早起きして、始発列車に乗れた。

しかし英語では、不定詞節の事態 F が現実に成立したかどうかにかかわらず、「主節＋不定詞節」という構造の文を適格に使用することができる。したがって、事態 F が現実に成立したことが知られている場合には、事態 F は主節の「結果」成立した事態であり、この文の日本語訳を「メアリーは早起きして始発電車に乗った」とすることができる。

(55) の不定詞節 to meet her clients は、不定代名詞 anywhere に後続していることから、副詞的な機能を持つと理解される。主節の動詞群 goes は現在時制全体相形態であって、動詞 go は部分均質動詞だから、主節の事態 M「その店員がどこにでも行く」は現在域において成立する列事態である。不定詞節の事態 F もしたがって同様に列事態であって、主節の列事態を構成する個々の事態が成立する時区間に後続する時区間において成立する。事態 F が現実に成立するかどうか不確定だと判断される場合には、主節の事態の目的として「顧客に会うためにどこにでも行く」という日本語に置き換えられるが、事態 F が現実世界で成立することが確実だと判断されているのであれば、それは事態 M の結果であるから、「どこにでも行って顧客に会う」という日本語に置き換えることもできる。

(56) の不定詞節 for his guests to feel comfortable は、形容詞 tidy に後続していることから、副詞的機能を持つと判断される。不定詞節の事態 F は、主節の事態 M「ジョンがその部屋をとても綺麗にした」が成立した過去の時区間に後続する時区間において成立するが、「ジョンの客が快適に感じる」という事態が確実に成立したかどうかは、主体である客の主観に依存するので、この文だけでは判断できない。したがって、この不定詞節は事態 M の目的であって、結果だと判断することは難しい。

文中に「名詞句＋不定詞節」という構造の語列があっても、この語列が全体と

第 5 節　不定詞節の副詞的機能　　　　573

して名詞句を構成しない場合には、不定詞節は目的や結果を表す副詞的機能を持つ。

(57) John went to college to study Greek literature.
　　 ジョンはギリシア文学を研究するために大学に行った。
　　 ジョンは大学に行ってギリシア文学を研究した。

(58) Mary roasted turkey for her family to celebrate Christmas.
　　 家族がクリスマスを祝えるように、メアリーは七面鳥を焼いた。
　　 メアリーが七面鳥を焼いて、家族はクリスマスを祝った。

(59) Nations have been trying their best for peace to be realized in the world.
　　 世界に平和が実現されるために国々は最善を尽くしてきている。

　(57)では、名詞句 college（大学）に不定詞節 to study Greek literature が後続している。不定詞節が名詞句の表示する大学である事物の集合を限定しているのだとすると、不定詞節の事態 F の主体が大学になるが、「大学がギリシア文学を研究する」という事態は通常成立しない。したがって、この不定詞節が名詞句とともに上位の名詞句を形成するのではなく、副詞的な機能を持つと理解される。

　この場合、不定詞節の事態 F の主体は主節の事態 M の主体と同一の John（ジョン）であり、事態 F「ジョンがギリシア文学を研究する」は、事態 M「ジョンが大学に行った」が成立した過去の時区間に後続する時区間において成立する。事態 F が現実に成立したかどうかが不確実である場合には、事態 M の目的として「ギリシア文学を研究するために」という日本語に置き換えられるが、事態 F が現実に成立したことが分かっている場合には、事態 M の結果として「ギリシア文学を研究した」という日本語に置き換えることができる。

　(58)では、名詞句 turkey（七面鳥）に不定詞節 for her family to celebrate Christmas が後続している。turkey for her family to celebrate Christmas が全体で 1 個の名詞句を形成することはない。不定詞節の事態 F の主体は her family（メアリーの家族）であり、副体は Christmas（クリスマス）であって、先行する名詞句 turkey が表示する個体が、事態 F の中で意味役割を与えられることができないからである。したがってこの不定詞節は副詞的機能を持つ。事態 F は、主節の事態 M（メアリーが七面鳥を焼いた）が成立した過去の時区間に後続する時区間において成立するが、成立したのか不確実であれば事態 F は事態 M の目的であり、成立したのであれば、事態 F は事態 M の結果である。

　(59)では、名詞句 their best（国々の最善）に不定詞節 for peace to be realized in the world が後続している。不定詞節の事態 F「世界に平和が実現される」では、必須の要素は主体のみであり、これは含まれているので、their best が表示する事態が事態 F に適切に組み入れられることができない。したがってこの不定詞

節は副詞的な働きを持つ。事態 F は、主節の事態 M「国々が最善を尽くしてきている」が成立する過去から現在までの時区間に後続する未来の時区間において成立するが、現実に成立するかどうかは不確定である。このため、事態 F は事態 M の目的だと解釈される。

不定詞節の事態が主節の事態の目的であることを形態的に明示する表現として、不定詞節に前置される in order と so as がある。

(60) The Greeks fought with Persians in order to gain sovereignty of the Mediterranean region.
地中海地域の覇権を得るために、ギリシア人はペルシア人と戦った。

(61) John saved up money so as to buy an apartment in New York.
ジョンはニューヨークでマンションを買うために貯金した。

(62) The duke made a museum in order for medieval tapestries to be constantly exhibited.
中世のタペストリーを常設展示しておくために、その公爵は美術館を作った。

(63) Diverse industries should be developed so as for people to live happier lives.
人々がもっと幸せに暮らせるように、多様な産業を発達させなければならない。

(60) では、不定詞節 to gain sovereignty of the Mediterranean region の前に in order が配置されているので、不定詞節の事態 F「ギリシア人が地中海地域の覇権を得る」は、主節の事態 M「ギリシア人がペルシア人と戦った」が成立する過去の時区間に後続する時区間において成立し、事態 M の目的であると理解される。

(61) では、不定詞節 to buy an apartment in New Yok の前に so as が配置されているので、不定詞節の事態 F「ジョンがニューヨークでマンションを買う」は、主節の事態 M「ジョンが貯金をしている」が成立する過去の時区間に後続する時区間において成立し、事態 M の目的であると理解される。

(62) では、不定詞節 for medieval tapestries to be constantly exhibited の前に in order が配置されているので、不定詞節の事態 F「中世のタペストリーが常に展示される」は、主節の事態 M「その公爵が美術館を作った」が成立する過去の時区間に後続する時区間において成立し、事態 M の目的であると理解される。

(63) では、不定詞節 for people to live happier lives の前に so as が配置されているので、不定詞節の事態 F「人々がもっと幸せに暮らす」は、主節の事態 M「多様な産業が発達させられるべきだ」が成立する現在または未来の時区間に後続す

る未来の時区間において成立し、事態 M の目的であると解釈される。ただし、この文の主節には法助動詞 should が用いられており、表示される事態は多数の可能世界で成立するから、不定詞節の事態も成立する可能性が高いと発信者は考えている。したがって、「多様な産業を発達させて、人々がもっと幸せに暮らせるようにすべきだ」という日本語に置き換えることも可能である。

不定詞節に副詞 only と never が前置されると、不定詞節の事態は主節の事態の結果だと解釈されることが多い。only については、不定詞節の事態が発信者あるいは一般の人々の期待に反しているという含意を持っており、事態が期待に反すると判断されるためには、事態が現実に成立する必要がある。事態が現実に成立するのであれば、それは結果である。never については、期待されていた不定詞節の事態が、現実には成立しなかったという含意を伴うが、現実世界で成立しなかったのであれば、それも結果である。

(64) Mary made a large investment in the stock market, only to lose much money.
メアリーは株式に多額の投資をしたが、結局大金を失ってしまった。

(65) Magellan left his country with five sailing ships, never to return there.
マゼランは5隻の帆船とともに祖国を出発したが、そこに戻ることはなかった。

(66) The Trojans let the wooden horse in, only for their city to be devastated by Greek soldiers.
トロヤ人たちはその木馬を中に入れたが、結局自分たちの都市がギリシアの兵士たちによって荒らされることになった。

(67) The nations founded a league for their security, never for their hope to be realized.
その国々は安全保障のために連盟を創設したのだが、彼らの期待は実現されなかった。

(64)の不定詞節 only to lose much money の主体は、主節の主体と同一の Mary（メアリー）である。不定詞に only が先行しているので、不定詞節の事態 F「メアリーが大金を失う」は、主節の事態 M「メアリーが株式に多額の投資をした」が成立した過去の時区間に後続する時区間において成立し、それが現実に成立したことを表す。現実に成立していなければ、only の「期待に反していた」という含意が生じないからである。したがって、事態 F は事態 M の結果だと解釈される。

(65)の不定詞節 never to return there の主体は、主節の主体と同一の Magellan（マゼラン）である。不定詞節のうち never を除いた肯定形が表示する事態 F「マゼ

ランが祖国に戻る」は、主節の事態 M「マゼランが 5 隻の帆船とともに祖国を出発した」が成立した過去の時点に後続する時区間において成立すると、事態 M が成立した時点では期待されている。しかしその期待されていた事態 F が成立しなかったことから、never が使用されているのだと考えることができるから、事態 F は現実世界で成立しており、したがってこの事態は事態 M の結果だと解釈される。

(66) の不定詞節 only for their city to be devastated by Greek soldiers が表示する事態 F「トロヤ人の都市がギリシアの兵士たちによって荒らされる」は、主節が表示する事態 M「トロヤ人たちがその木馬を中に入れた」が成立した過去の時区間に後続する時区間において成立し、only によって現実に成立したことが含意される。したがって、事態 F は事態 M の結果だと解釈される。

(67) の不定詞節 never for their hope to be realized のうち、never を除いた肯定節が表示する事態 F「その国々の期待が実現する」は、主節が表示する事態 M「その国々が安全保障のために連盟を創設した」が成立した過去の時点に後続する時区間において成立することが、事態 M が成立した時点においては期待されている。この期待に反して事態 F が現実には成立しなかったために、不定詞節に never が付加されていると考えることができるから、事態 F は事態 M の結果だと解釈される。

② 副体の特性の限定

主節が「主体＋動詞群＋副体」という構造を持ち、副体が表示する事態の集合に主体が包含されるという関係が表示されている場合、不定詞節が表示する事態を後続させることによって、事態の特性を限定することができる。

(68) John was happy to be living with his children.
ジョンは子供たちと一緒に暮らしていられて幸せだった。

(69) I am sorry to have interrupted your dinner.
お夕食の邪魔をしてすみませんでした。

(70) The king was pleased for the people to love him and the royal family.
国王は人民が自分と王族を愛していることを喜んでいた。

(71) Mary is prepared for her son to leave her some day.
メアリーは自分の息子がいつか自分のもとを出ていく心構えはできている。

(68) の主節 John was happy が表示する事態 M「ジョンが幸せだった」は、不定詞節 to be living with his children が表示する事態 F「ジョンが自分の子供たちと一緒に暮らしている」が与えられることで、「主体が幸せだ」という事態の特

第5節　不定詞節の副詞的機能　　　　　　　　577

性がさらに限定される。すなわち、ジョンが感じていた幸せは、子供たちと一緒に暮らしているという事態に由来するものであったということである。

(69)の主節 I am sorry が表示する事態 M「発信者がすまなく思う」は、不定詞節 to have interrupted your dinner が表示する事態 F「発信者が受信者の夕食の邪魔をした」が与えられることで、「主体がすまなく思う」という事態の特性がさらに限定される。すなわち、発信者がすまないと思っている事態を生じさせた原因が、発信者が受信者の夕食の邪魔をしたことだったということである。

(70)の主節 the king was pleased が表示する事態 M「国王が喜んでいた」は、不定詞節 for the people to love him and the royal family（人民が国王と王族を愛している）という事態が与えられることで、「主体が喜ぶ」という事態の特性がさらに限定される。すなわち、国王の喜びの原因が、人民が自分と王族を愛していたことだったということである。

(71)の主節 Mary is prepared が表示する事態 M「メアリーの心構えができている」は、不定詞節 for her son to leave her some day が表示する事態 F「メアリーの息子がいつか自分のもとを出ていく」が与えられることで、「主体の心構えができていた」という事態の特性が明示される。すなわち、メアリーがある事態に対する心構えができていて、その事態が、自分の息子がいつか自分のもとを出ていくということだったということである。

形容詞や副詞に too が先行するか、enough が後続している場合は、形容詞や副詞が表示する特性の程度を、後続する不定詞節が限定する。

(72) The village is too far away to reach in a day.
　　　その村は遠すぎて 1 日ではたどり着けない。

(73) The lecturer spoke too fast for the audience to follow.
　　　その講演者は速く話しすぎたので、聴衆はついて行けなかった。

(74) The stadium is large enough to accommodate up to fifty thousand spectators.
　　　その競技場は 5 万人までの観衆を収容できるほど大きい。

(75) Mary worked hard enough to finish the job before sunset.
　　　メアリーは熱心に働いて日の入り前に仕事を終えることができた。

(72)の too は、形容詞や副詞が表示する尺度に関して、程度がある限度を超えていることを表示し、その限度を不定詞節が表示する。この文では、主体であるその村とある場所との距離が、ある限度以上の値を示すという事態が表示され、限度を表すのが不定詞節 to reach in a day である。不定詞節の事態の主体は任意の人間であり、任意の人間が 1 日でたどり着く距離を限度として、その村までの距離がその限度を超えているというのがこの文の事態である。

第13章　不定詞

このことから、日本語に置き換える場合には、「その村は遠すぎて1日ではたどり着けない」「その村は1日ではたどり着けないほど遠い」のような表現が用いられる。

（73）では、その講演者が話す速度がある限度を超えていて、その限度が、不定詞節が表示する「聴衆がその講演者の話について行く」が含意する、聴衆が講演者の話を理解できる程度の速度であることが表示されている。すなわち、その講演者が話す速度が、聴衆がその話を聞いて理解できる速度以上であったということである。日本語に置き換える場合には、「その講演者は聴衆がついて行けないほど速く話した」という表現もあり得る。

（74）の enough は、形容詞や副詞が表示する尺度に関して、事態が成立するのに要求される程度に到達していることを表示し、その程度を表示するのが不定詞節 to accommodate up to fifty thousand spectators（5万人までの観客を収容する）である。すなわち、主節の the stadium is large（その競技場が大きい）という事態が成立するのに必要だと考えられる大きさの程度があって、それが「5万人までの観客を収容する」ということである。

（75）では、「メアリーが熱心に働いた」という事態に含まれる熱心さの程度を、不定詞節 to finish the job before sunset（メアリーが日の入りまでに仕事を終える）が表示している。すなわち、メアリーが熱心に働いたことが、日の入りまでに彼女が仕事を終えるという事態によって例証されているということである。

easy（やさしい）, difficult（難しい）, dangerous（危険だ）, impossible（不可能だ）などの形容詞が難易度などの尺度を表示し、その程度を不定詞節が表示する場合は、不定詞節が表示する事態が主体となる。

（76）It is easy for the old man to get up early.
　　　その老人が早起きするのは簡単だ。

（77）It is dangerous to drink too much.　飲み過ぎるのは危険だ。

（78）It was easy for students to answer the questions in the exam.
　　　学生たちがその試験の問題に答えるのは簡単だった。

（76）では、不定詞節 for the old man to get up early（その老人が早起きする）という事態の特性としての容易さが平均値以上であることが表示される。

（77）では、不定詞節 to drink too much（任意の人間が飲み過ぎる）という事態の特性としての危険度が平均値以上であることが表示される。

（78）の主体は、不定詞節 for students to answer the questions in the exam が表示する事態 F「学生たちがその試験の問題に答える」であり、文全体は「主体が簡単だ」という事態の主体に、事態 F が包含されるという関係を表示する。

（78）が表示する事態中では、不定詞節の事態 F は名詞的機能を持っているが、

第5節　不定詞節の副詞的機能　　　　579

事態Fの副体である事物を、主節の主体とし「事物が簡単である」という事態を事態Fが限定し、どの特性に関して簡単または難しいのかを表示するという方法を選択することもできる。この場合の不定詞節は副詞的機能を持つ。

（78´）The questions in the exam were easy for students to answer.
　　　　その試験の問題は、学生たちには答えるのが簡単だった。

（78´）の主節 the questions in the exam were easy が表示する事態M「その試験の問題は簡単だった」は、「主体が簡単だった」という事態の主体である事物の集合に、その試験の問題である事態が包含されるという事態を表示する。要するに「その問題は簡単だった」「その宿題は簡単だった」「その仕事は簡単だ」のような事態と同様であり、いずれも理解可能な適格な事態を表示する。

事態Mの特性を限定するのが、不定詞節 for students to answer が表示する事態F「学生たちがその問題に答える」であり、主節の事態に含まれる容易さの程度が、学生たちにも答えられるほどのものだったということを表示している。

形容詞が表示する特性を持つ事物の集合に、主体である事物が含まれるという事態に関しては、主体がその特性を持つと判断される根拠を、主節の主体である事物を副体とする不定詞節によって限定することが可能である。

（79）The area is dangerous for hikers to pass because there are brown bears.
　　　　ヒグマがいるので、その区域をハイカーが通るのは危険だ。

（80）The mushroom looks weird but is good to eat.
　　　　そのキノコは奇妙に見えるが食べると美味しい。

（81）We have a tight deadline to meet, but I think the job is possible for us to finish.
　　　　私たちには守るべき厳しい期限があるが、その仕事を私たちが終わらせることは可能だと思う。

（79）の主節 the area is dangerous が表示する事態M「その区域は危険だ」の「危険だ」という事態の集合に属する事態を表示するのが不定詞節 for hikers to pass の事態F「ハイカーがその区域を通る」である。「ハイカーがその区域を通る」という事態が与えられることによって、その区域が危険であることの特性が限定される。

（80）の2番目の文 the mushroom is good が表示する事態M「そのキノコはよい」という事態にある「よい」と判断される事態の集合に属する事態を表示するのが、不定詞節 to eat が表示する事態F「任意の個体がそのキノコを食べる」である。「誰かがそのキノコを食べる」という事態が「よい」と判断される事態の要素であることを提示することによって、そのキノコの味がよいことが示される。

（81）の2番目の文の名詞節中の主節に当たる表現 the job is possible が表示す

る事態 M「その仕事は可能だ」にある「可能だ」という事態の集合に属する事態を表現するのが、不定詞節 for us to finish が表示する事態 F「発信者たちがその仕事を終える」である。「可能だ」という事態の集合に事態 F が含まれることを提示することによって、仕事を終わらせるのが可能だと発信者が考えていることを表示する。

③ 事態全体の特性の限定

　文全体が表示する事態に対する発信者の評価を表示するために、不定詞節が副詞的に使用されることがある。この機能を持つ不定詞節は、通常は文の先頭に配置される。

(82) To tell the truth, I thought you were trying to fire me.
　　　本当のことを言うと、あなたは私のことを首にしようとしているのだと思っていました。

(83) To begin with, we have to decide the participants to the meeting.
　　　まず最初に、会合への参加者を決めなければならない。

(84) Strange to say, the same thing hasn't happened anywhere.
　　　不思議なことだが、同じことはどこでも起こったことはない。

　(82)の不定詞節 to tell the truth が表示する事態 F は「発信者が本当のことを言う」であり、主節の事態 M が現実世界において成立したと発信者が考えていることを表している。

　(83)の不定詞節 to begin with が表示する事態 F は「発信者が最初にすべきだと考えることを言う」であり、主節の事態 M が、発信者が最初にすべきだと考える事態であることを表示している。

　(84)の不定詞節 strange to say が表示する事態 F は「発信者が主節の事態を言うのが不思議だ」であり、主節の事態 M の成立を、発信者が通常ではないと考えていることを表している。

　事態全体に対する発話者の評価を表示する不定詞節は、文頭ではなく文中に配置されることもある。

(85) Mozart died young, to be sure, but the genius left a lot of musical masterpieces.
　　　確かにモーツァルトは若くして死んだが、この天才は数多くの音楽の傑作を残した。

(86) They got lost in the mountains and, to make matters worse, it began to snow.
　　　彼らは山の中で道に迷った。そしてもっと悪いことに、雪が降り出した。

第5節　不定詞節の副詞的機能　　　581

　（85）の不定詞節 to be sure は、第1文の事態から予測される事態とは異なる事態が第2文の表示する事態であることを表している。第1文の事態「モーツァルトが若くして死んだ」から予測される事態は、彼が多くの業績を残さなかったということであるが、第2文が表示しているのは、その予測とは異なる、彼が多くの傑作を残したという事態である。

　（86）の不定詞節 to make matters worse は、第1文の事態が関与者にとって望ましくないものであり、第2文の事態については、望ましくない程度がさらに大きいものであることを表す。第1文の事態は「彼らが山の中で道に迷った」であり、主体である彼らにとっては望ましくない事態である。そして第2文の事態は「雪が降り出した」であって、山中で迷っている時に雪に降られることは、望ましくない程度はさらに大きい。

④ 法助動詞的機能を持つ「be＋不定詞」

　動詞群が be の変化形であり、副体が不定詞であるような構造の文は、現実世界を含む任意の世界において、動詞群が与える基準時区間に後続する時区間で事態が成立すると判断されること、また、事態の成立が主体の意志とは無関係であることを表示する。

（87）All living species are to perish eventually.
　　　すべての生物種はいつかは滅びるようになっている。

（88）The next World Cup is to be held in Europe.
　　　次のワールドカップはヨーロッパで開催されることになっている。

（89）Mary was to be staying at the hotel last weekend, but had to cancel the reservation.
　　　メアリーは先週末そのホテルに滞在していることになっていたが、予約を取り消さなければならなかった。

（90）Everybody is to obey traffic regulations in any occasion.
　　　誰もがどんな場合にも交通規則は守ることになっている。

（91）John was to have sold his house earlier than he did last month.
　　　ジョンは先月自宅を売ったのだが、もっと早く売っておくべきだった。

（92）We drove through the desert for hours, but no tree was to be seen.
　　　私たちは何時間も砂漠を車で進んだが、樹木は見えなかった。

（93）Citizens have to give the government a week's notice if they are to leave the country.
　　　市民は、出国することにしているならば、1週間前に政府に届け出なければならない。

582 第13章 不定詞

(87)は「すべての生物種がいつか滅びる」という事態が、任意の可能世界における未来の時区間で成立すると、現在において判断されることを表示している。生物種には必ずしも意志があるとは限らないし、また「主体が滅びる」という事態は主体の意志とは無関係に成立する。生物が将来滅びるのは自然の摂理に属する事態だから、運命的な事態だと理解される。

(88)は「次のワールドカップがヨーロッパで開催される」という事態が、任意の可能世界における未来の時区間において成立すると、現在において判断されていることを表示している。ワールドカップはスポーツの行事であって、行事が必然的に成立することはない。また、この行事は1回のみ成立するものであるから、未来の時区間において成立することが予定されている事態だと理解される。

(89)では、動詞群が過去時制形態であって、不定詞節は単純時制部分相形態なので、最初の文は「メアリーが先週末そのホテルで滞在している」という事態が、任意の可能世界における過去の基準時区間以降の時区間において成立すると判断されたことを表示する。成立が判断されたのは過去の基準時区間であって、この時区間においては主体であるメアリーの意志とは無関係に、単一の事態が確実に成立するとされていたのであるから、この事態は過去における予定であると理解される。

(90)は「誰もがどんな場合にも交通規則を守る」という事態が、任意の可能世界における未来の時区間において成立すると、現在において判断されているという事態を表示する。主体である everybody（すべての人間）には意志があるが、主体の意志とは無関係に事態が成立すると判断されており、この事態は任意の時区間において無限回成立するものであるから、運命や予定ではなく、義務に属する事態だと理解される。

(91)の不定詞節の動詞群は to have sold という複合時制全体相形態であり、このため、不定詞節の事態 F は、主節の動詞群 was が与える過去の時区間 p に先行する時区間 q において、任意の可能世界において成立すると判断された事態を表示する。任意の可能世界におけるこの時区間 q において、「ジョンが自宅を売る」という事態 M が成立することをこの文は表示している。不定詞節中の副詞節中にある last month（先月）によって事態 M は1回のみ成立したと判断されるから、任意の可能世界で成立することは不可能であり、したがって事態 M は、過去の時区間 q において成立すると判断されていたが、現実世界においては成立しなかったものと理解される。

(92)の2番目の文は、任意の可能世界において、「任意の樹木が見られる」という事態 M が、過去の時区間に後続する時区間において成立しないと判断されたことを表示する。事態 M の否定は「どんな樹木も見られない」という事態で

第5節　不定詞節の副詞的機能　　　583

あり、この事態が過去における任意の可能世界において成立すると判断されたのであるから、樹木が見られる可能性がまったくなかったという事態の成立が含意される。

　(93)の副詞節（条件節）中の they are to leave the country が表示する事態 M の主体は they＝citizens（市民）であって、これは意志を持つ人間である。しかし、「be＋不定詞節」が使用されていることから、事態 M は主体の意志とは無関係に成立する。したがって、事態 M は、任意の可能世界において、市民が出国の届出を出す時点に後続する時点で成立すると、現在において判断されているものであり、したがって確実に成立するはずの予定であると理解される。

第 14 章　動名詞

　動名詞は、動詞に形態素 -ing を付加して形成される形態であり、名詞として機能する事態を表示する。名詞と同様に、事態の主体や副体として機能するほか、前置詞とともに名詞群を形成して意味役割を表示することができる。

第 1 節　動名詞節の形態

　動名詞節の動詞群は、表示する事態の主体の人称や数に応じて形態変化することはないが、時制と態を形態的に区別する。アスペクトは全体相のみで、部分相形態は使用されない。

　動詞 do の動名詞は、以下のように形態を区別する。

単純時制	全体相	能動態	doing
		受動態	being done
複合時制	全体相	能動態	having done
		受動態	having been done

　単純時制全体相形態が表示する事態の成立時区間は任意であり、主節が表示する事態を構成する要素との関係で決定される。複合時制全体相形態が表示する事態は、主節の事態が成立する時区間に先行する時区間において成立する。

　動名詞節が表示する事態 G の主体は、動詞群に名詞句を先行させることによって表示することができるが、表示されていない場合は、主節の事態の主体と同一であるか、または任意の事物である。

(1) The downside to living in the suburbs is the commute into the city.
　　郊外に住むことの欠点は、都会への通勤だ。

(2) My cat loves being petted and cuddled.
　　私のネコは可愛がられて抱きしめられるのが好きだ。

(3) I regret not having worked hard in my youth.
　　若い時に熱心に働かなかったことを私は後悔している。

(4) The agency was trying to identify the cause of the building's having been broken into.
　　当局はその建物が侵入された原因を明らかにしようとしていた。

　(1)の動名詞節 living in the suburbs は、単純時制全体相能動態形態であり、表

示する事態 G の主体は、主節の事態の主体 the downside（欠点）ではあり得ないから、任意の人間だと理解される。事態 G「任意の人間が郊外に住む」という事態が持つ特性の 1 つとしての欠点である事態が、the commute into the city（都会への通勤）だというのがこの文が表示する事態 M であり、事態 M は任意の時区間において成立するから、動名詞節の事態 G も任意の時区間において成立する。

　(2)の動名詞節 being petted and cuddled は、単純時制全体相受動態形態であり、表示する事態 G の主体は主節の主体 my cat（私のネコ）と同一であって、事態 G は「発信者のネコが可愛がられて抱きしめられる」であると理解することができる。事態 G は単射関係の副体として機能している。主節の事態は現在域において成立するから、事態 G も現在域において成立すると理解して不合理はない。

　(3)の動名詞節 not having worked hard in my youth は、複合時制全体相能動態形態である。否定辞 not は動名詞に直接先行する位置に配置される。動名詞節が表示する事態 G の主体は、主節の主体である発信者と同一だと考えてよいから、事態 G は「発信者が若い時に熱心に働かなかった」であり、単射関係の副体である。動詞群が複合時制形態であるから、事態 G が成立する時区間は、主節の事態が成立する現在に先行する過去の時区間である。

　(4)の動名詞節 the building's having been broken into は、複合時制全体相受動態形態である。動名詞節が表示する事態 G の主体は、the building's という属格形の名詞句によって表示されており、事態 G は「その建物が（不定の個体によって）侵入された」である。事態 G が成立する時区間は、主節が成立した過去の時区間に先行する時区間である。

第 2 節　動名詞節の機能

ⅰ．主体

　(5) Studying mathematics enhances logical thinking abilities.
　　　数学を勉強することは、論理的思考能力を向上させる。

　(6) Mary's having failed in the exam was a great surprise for her teachers.
　　　メアリーがその試験で不合格だったことは、彼女の先生たちにとっては驚きだった。

　(7) It is improper treating visitors in such a rude way.
　　　そのような無礼なやり方で客に応対するのは不適切だ。

　(8) The land's having been devastated by a natural disaster was heartbreaking to see.
　　　その土地が自然災害によって荒廃させられたのを見るのは悲しかった。

　(5)の動名詞節 studying mathematics が表示する事態 G「任意の人間が数学を

勉強する」は、この文が表示する事態 M の主体として機能している。動名詞節の動詞群は単純時制全体相形態であり、主節の動詞群 enhances は、非均質動詞の現在時制全体相形態で、任意の時区間において成立する列事態を表示するので、事態 G も任意の時区間において成立する列事態を表示するものと理解してよい。

　(6)の動名詞節 Mary's having failed in the exam が表示する事態 G は、文全体が表示する事態 M の主体として機能している。事態 G の主体は、動詞群に先行する属格形名詞句 Mary's が表示している。動詞群は複合時制全体相形態なので、事態 M「主体がメアリーの先生たちにとって驚きだった」が成立する過去の時区間に先行する時区間において、事態 G が成立する。

　(7)の動名詞節 treating visitors in such a rude way が表示する事態 G は、文が表示する事態 M の主体である。ただし、通常の主体の位置には人称代名詞 it が配置されており、動名詞節は副体形容詞に後続する位置に配置されている。事態 M は「事態 G が「主体が無礼だ」という事態の主体である事態の集合に包含される」という事態である。事態 G の主体は形態的に明示されていないので、任意の個体であるが、動名詞節中の名詞群 in such a rude way（そのような無礼なやり方で）によって、受信者であることが含意される。

　(8)の動名詞節 the land's having been devastated by a natural disaster が表示する事態 G は、この文が表示する事態 M「主体を見るのが悲しかった」の主体として機能している。動名詞節の動詞群は複合時制全体相受動態形態なので、事態 G「その土地が自然災害によって荒廃させられた」は、事態 M が成立した過去の時区間に先行する時区間において成立している。

ⅱ. 同値・包含関係の副体

　(9)　The problem is John's not saving money.
　　　　問題はジョンが貯金をしないことだ。
　(10)　Mary's plan for this summer is staying in the island to enjoy diving.
　　　　今年の夏のメアリーの計画は、その島に滞在してダイビングを楽しむことだ。
　(11)　For the novelist, the success was being awarded the prize.
　　　　その小説家にとって、成功はその賞を授与されることだった。
　(12)　What surprised the soldiers was the enemy's having evacuated the camp before they arrived there.
　　　　兵士たちを驚かせたのは、彼らが敵の陣地に到着する前に敵が陣地から退却していたことだった。
　(9)の動名詞節 John's not saving money が表示する事態 G は、「問題は副体だ」

という主節の事態 M の副体として機能している。問題は 1 個であって、その問題である事態が G「ジョンが貯金をしない」という単一の事態なので、主体と副体は同値関係にある。動名詞節の動詞群は単純時制全体相形態であり、事態 M は現在域において成立するので、事態 G も現在域において成立する。

(10)の動名詞節 staying in the island to enjoy diving が表示する事態 G は、「今年の夏のメアリーの計画は副体だ」という事態 M の副体として機能している。ある期間におけるメアリーの計画は複数個あり得るので、事態 M では、主体である事態の集合に副体が包含されるという関係にある。事態 G の主体は主節の主体と同一のメアリーであると考えてよいので、G は「メアリーがその島に滞在してダイビングを楽しむ」という事態である。動名詞節の動詞群は単純時制全体相形態であり、主節の事態 M は現在において成立しているが、事態 M の主体が Mary's plan for this summer（今年の夏のメアリーの計画）であって、計画である事態は未来の時区間において成立するので、事態 G も未来の時区間において成立するものと理解される。

(11)の動名詞節 being awarded the prize が表示する事態 G は、主節の事態 M「その小説家にとって成功は副体だった」の副体として機能している。1 人の小説家にとっての成功は 1 個だとは限らないので、事態 M については、主体である事態の集合に副体が包含されるという関係にある。事態 G の主体は事態 M 中の関与者である the novelist（その小説家）であり、動詞群は単純時制全体相受動態形態であるから、事態 G「その小説家がその賞を授与される」は、事態 M が成立する過去の時区間と同一の時区間において成立する。

(12)の動名詞節 the enemy's having evacuated the camp before they arrived there が表示する事態 G「兵士たちが敵の陣地に到着する前に敵が陣地を退却した」は、主節の事態 M「兵士たちを驚かせたことは副体だった」の副体として機能している。ある時点で誰かを驚かせる事態は 1 個のみであるのが普通だから、事態 M では主体と副体は同値関係にある。動名詞節の動詞群は複合時制全体相形態であるから、事態 G は事態 M が成立した過去の時区間に先行する時区間において成立する。

ⅲ．単射関係の副体

(13) John enjoyed listening to whatever music he liked and reading books he'd been wanting to read.
ジョンは自分の好きなように音楽を聴き、読みたかった本を読んで楽しんだ。

(14) I will finish washing the dishes before dinner.

私は夕食の前に食器を洗うのを終える。

(15) The old man never minded children making noises in playgrounds.
その老人は子供たちが遊び場で騒音を立てるのを全く気にしなかった。

(16) Mary mentioned having met the singer at the entrance of a hotel.
メアリーはあるホテルの玄関でその歌手に会ったことがあると言った。

動詞が単射関係を表示し、副体が事態であって、主節の事態 M が成立する時区間とそれに先行する時区間の両方またはいずれかにおいて成立するものである場合には、副体を動名詞節で表示することがある。

(13)の主節が表示する事態 M は「ジョンが副体を楽しんだ」であり、副体が表示する事態 G の成立時区間は、主節の事態 M が成立する時区間と同一である。副体は動名詞節によって表示され、事態 G の主体は事態 M の主体と同一であるから、事態 G は「ジョンが自分の好きなように音楽を聴き、読みたかった本を読む」である。

(14)の主節が表示する事態 M は「発信者が副体を終える」であり、副体が表示する事態 G「発信者が食器を洗う」は、事態 M が成立する時点に先行する時点から、事態 M の成立時点までの時区間において成立する。

(15)の主節が表示する事態 M は「その老人が副体を全く気にしなかった」であり、副体が表示する事態 G「子どもたちが遊び場で騒音を立てる」は、事態 M が成立した過去の時区間と同一またはそれに含まれる時区間において成立する。

(16)の主節が表示する事態 M は「メアリーが副体を言った」であり、副体が表示する事態 G「メアリーがあるホテルの玄関でその歌手に会った」は、事態 M が成立した過去の時区間に先行する時点において成立している。

主節の事態 M が成立する時区間に後続する時区間で副体である事態 G が成立する場合に、事態 G を動名詞節で表現することもあるが、この場合には事態 G が現実世界で成立することを発信者が強く望んでいるという含意が生じる。

(17) The society proposed holding a meeting to discuss the matter.
その件を議論するために会議を開くことを協会は提案した。

(18) We welcome the princess attending our Grand Ball this evening.
私たちは王女様が今夜の私たちの大舞踏会にお越しになられることを歓迎します。

(19) I recommend your assistant's joining the team of experts.
私はあなたの助手が専門家のチームに加わることを勧めます。

(17)の動詞 propose は「主体が副体を提案する」という事態を表示し、副体は事態 G「その協会がその件を議論するために会議を開く」であり、提案される事態 G は主節の事態の成立時区間に後続する時区間において成立する。しかし主

体にとっては成立が強く望まれるものであることから、事態Gの表現に動名詞節が使用されている。

(18)の動詞welcomeは「主体が副体を歓迎する」という事態を表示し、副体は事態G「王女が今夜の発信者たちの大舞踏会に参加する」であり、歓迎される事態Gは主節の成立時区間である現在に後続する未来の時区間において成立する。しかし主体は事態Gの成立を強く望んでいるから、事態Gの表現に動名詞節が使用されている。

(19)の動詞recommendは「主体が副体を勧める」という事態を表示し、副体は事態G「受信者の助手が専門家のチームに加わる」であり、事態Gは主節の事態が成立する現在に後続する未来の時区間において成立する。しかし主体にとって事態Gが現実世界において成立することが当然だと考えられているから、事態Gの表現に動名詞節が用いられている。

単射関係の副体である事態を表示するために、不定詞節を使用する動詞も多い。不定詞が選択されるのは、主節の事態が成立する時区間mに後続する時区間において、不定詞節の事態Fが成立する場合が原則であるが、Fの成立時区間がmと同一である場合や、Fが現実世界において成立しない場合にも不定詞節が選択される。

(20) The faculty decided to employ a new biochemistry professor.
学部は新しい生化学の教授を雇うことを決めた。

(21) I expect the elected president to change the policy on immigration.
選ばれた大統領が移民政策を変更することを私は期待している。

(22) Scientists will learn to manipulate these versatile cells to produce the specialized tissue needed to treat such diseases as diabetes, heart disease and cancer.
科学者たちはこれらの万能細胞を操作して、糖尿病や心臓病や癌などの病気を治療するのに必要な特別の組織を作ることができるようになるだろう。

(23) Manufacturers hesitate to introduce the new system because it can never be one hundred percent reliable.
製造業者たちは新システムが100パーセント信頼はできないとして、その導入を躊躇している。

(20)の動詞decideは「主体が副体を決める」という事態を表示し、副体である事態F「学部が新しい生化学の教授を雇う」は、主節の事態が成立した過去の時点に後続する時点において成立する。事態Fを表示するのが不定詞節to employ a new biochemistry professorである。

590　　　　　　　　　　第 14 章　動名詞

　(21)の動詞 expect は「主体が副体を期待する」という事態を表示し、副体である事態 F「選ばれた大統領が移民政策を変更する」は、主節の事態が成立する現在に後続する未来の時区間において成立する。事態 F を表示するのが不定詞節 the elected president to change the policy on immigration である。

　(22)の動詞 learn は「主体が副体をできるようになる」という事態を表示し、副体である事態 F「科学者たちがこれらの万能細胞を操作して、糖尿病や心臓病や癌などの病気を治療するのに必要な特別の組織を作る」は、主節の事態が成立する未来の時区間において成立する。事態 F を表示するのが不定詞節 to manipulate these versatile cells to produce the specialized tissue needed to treat such diseases as diabetes, heart disease and cancer である。

　(23)の動詞 hesitate は「主体が副体を躊躇する」という事態を表示し、副体である事態 F「製造業者たちが新システムを導入する」は、主節の事態が成立する時区間およびそれに後続する未来の時区間においては成立しないことが含意される。事態 F を表示するのが不定詞節 to introduce the new system である。

　事態の開始、継続、終了を表示する動詞（begin, continue, stop など）が表示する事態の副体としては、動名詞節と不定詞節のいずれを選択しても適格となる。事態が成立する時区間の先端と終端は時点であるが、その時点においては事態の部分が成立しているしその時区間の中間である時区間においても、やはり事態の部分が成立する。主節の事態が成立する時区間 m に、副体の事態の何らかの部分が成立するのであれば、副体を動名詞節で表示する条件と不定詞節で表示する条件の両方を満たしている。動名詞節の事態は時区間 m に先行する時区間から m を含む時区間において成立し、不定詞節の事態は、時区間 m を含む時区間から時区間 m に後続する時区間において成立するからである。

　(24) a. The country has begun to reintegrate with the West.
　　　　　　その国は再び西欧諸国との融合を始めた。

　　　 b. Reformers began reintegrating long-discarded rituals into worship services.
　　　　　　改革者たちは、長い間見捨てられていた慣習を宗教的礼拝へと再統合し始めた。

　(25) a. The earth continues to warm strongly posing serious economic, health and environmental risks.
　　　　　　地球は温暖化を続けており、経済、健康、環境の重大なリスクを強くもたらしている。

　　　 b. The barbarians continued intruding into the land of the Greeks.
　　　　　　野蛮人たちはギリシア人の土地への侵攻を続けた。

第 2 節　動名詞節の機能　　　　591

(26) a. How deep can the city cut before it just stops to function?
　　　　どれくらいの支出削減をすれば市の機能が停止するのだろう。
　　 b. In the next few years, the number of illegal immigrants will stop rising
　　　　and start falling.
　　　　これからの数年間で、不法移民の数は上昇を止めて下降し始めるだ
　　　　ろう。

　(24a)の動詞 begin は「主体が副体を始める」という事態を表示し、副体が表
示する事態 F は「その国が再び西欧諸国と融合する」である。事態 F の現実世
界での成立時区間は、主節の事態 M「その国が副体を始めている」が成立する
時区間と同一であり、それに後続する成立時区間は、現実世界を含む可能世界に
含まれる。事態 F の成立時区間の先端が事態 M の成立時区間と同一であること
から、事態 F の表示に不定詞節を適格に使用することができる。

　(24b)の主節は「改革者たちが副体を始めた」という事態 M を表示し、副体
の事態 G は「改革者たちが長い間見捨てられていた慣習を宗教的礼拝に再統合
する」である。事態 G は事態 M が成立する過去の時区間において成立しており、
少なくとも現実世界に関しては、それに後続する時区間において成立したかどう
かは確実ではない。すなわち、改革者たちによる慣習の礼拝への再統合が、現実
世界において最終的に実現したかどうかは、事態 M の成立時区間においては分
からない。しかし、事態 M の成立時区間において事態 G の部分事態が成立して
いたことは確実であるから、これによって事態 G の表示に動名詞節を使用する
適格性がもたらされる。

　(25a)の動詞 continue は「主体が副体を続ける」という事態を表示し、副体が
表示する事態 F は「地球が温暖化する」である。主節が表示する事態 M「地球
が副体を続ける」が成立する現在域においては事態 F も成立しており、事態 F
は現在域に後続する未来の時区間においても成立する可能性があると判断されて
いる。主節の成立時区間に後続する時区間において成立する可能性があることか
ら、事態 F の表示に不定詞節を使用することの適格性が認められる。

　(25b)の主節が表示する事態 M は「野蛮人たちが副体を続けた」であり、副
体が表示する事態 G は「野蛮人たちがギリシア人の土地に侵攻する」である。
事態 M が成立した過去の時区間 m を包含する時区間において事態 G が成立す
ることから、m に先行する時区間においては、少なくとも事態 G の部分が成立
しており、これによって事態 G の表示に動名詞節を使用することが可能になる。

　(26a)の副詞節中の動詞 stop は「主体が副体を止める」という事態を表示し、
副体が表示する事態 F は「市が機能する」である。副詞節が表示する事態 M「市
が副体を止める」が成立するのは未来の時点 m であり、この時点においては事

態 F の部分である終端が成立する。事態 M と事態 F の両方が成立する時区間が存在することから、事態 F の表示に不定詞節を使用することが可能となる。ただし、事態 F の成立時区間の大部分は m に先行していることから、この場合には動名詞節を使用する方が適格性は高いとされてきたが、現在では不定詞節の使用もまれではない。動詞を cease に置き換えれば、適格だとされるのが普通である。

(26b) の主節の事態 M は「不法移民の数が副体 1 を止めて副体 2 を始める」であり、副体 1 が表示する事態 G1 は「不法移民の数が上昇する」であり、副体 2 が表示する事態 G2 は「不法移民の数が下降する」である。事態 G1 は、事態 M が成立する未来の時点 m に先行する時区間から m を含む時区間までの時区間において成立するから、動名詞節による表示が適格である。事態 G2 は、時点 m を先端とする時区間においてその部分が成立するから、動名詞節による表示が可能となる。

動詞によっては、主節の成立時区間と副体の成立時区間との前後関係を、不定詞節と動名詞節のいずれかを選択することによって区別する場合もある。

(27) a. I remember him insulting individuals in a meeting.
　　　　 私は彼がある会合で個人を侮辱したことを覚えている。

　　 b. Do you remember to meet the lawyer at three in her office?
　　　　 3 時に事務所で弁護士に会うことになっているのを覚えていますか。

(28) a. The emperor regretted giving the territory to the neighbor.
　　　　 皇帝はその領土を隣国に譲ったことを残念に思った。

　　 b. We regret to inform that you will be dismissed from your position.
　　　　 残念ですが、あなたが役職から解雇されることをお知らせします。

(27a) の主節が表示する事態 M は「発信者が副体を覚えている」であり、副体が表示する事態 G は「彼がある会合で個人を侮辱する」である。事態 G の成立時区間が、事態 M の成立時区間である現在に先行する過去の時区間であることを、動名詞節 him insulting individuals in a meeting が表示している。

(27b) の主節が表示する事態 M は「受信者が副体を覚えている」であり、副体が表示する事態 F は「受信者が 3 時に事務所で弁護士に会う」である。事態 F の成立時区間が、事態 M の成立時区間である現在に後続する未来の時区間であることを、不定詞節 to meet the lawyer at three in her office が表示している。

(28a) の主節が表示する事態 M は「皇帝が副体を残念に思った」であり、副体が表示する事態 G は「皇帝が隣国にその領土を譲る」である。事態 G が成立するのが、事態 M が成立した過去の時区間に先行する時区間であることを、動名詞節 giving the territory to the neighbor が表示している。

第2節　動名詞節の機能　　593

　(28b) の主節が表示する事態 M は「発信者たちが副体を残念に思う」であり、副体が表示する事態 F は「発信者たちが受信者が役職から解雇されることを伝える」である。事態 F が成立するのが、事態 M が成立する現在および現在に後続する未来の時区間であることを、不定詞節 to inform you that you will be dismissed from your position が表示している。

　不定詞節の動詞群が複合時制である場合には、不定詞節が表示するのは、主節が成立する時区間に先行する時区間において成立する事態である。

　(27b′) Do you remember to have met the lawyer in her office?
　　　　彼女の事務所で弁護士に会ったことを覚えていますか。

　(28b′) We regret to have informed you that you would be dismissed from your position.
　　　　あなたが役職から解雇されることをお伝えしたことを私たちは残念に思っています。

　(27b′) の不定詞節 to have met the lawyer in her office の動詞群は複合時制全体相形態なので、表示する事態 F「受信者が事務所で弁護士に会う」は、主節の事態が成立する現在に先行する過去の時区間において成立したと理解される。従来の文法書等では、この場合の不定詞複合時制形態の使用は不適格だとされてきたが、現在ではこの形態を使用した例がしばしば見られる。

　(28b′) の不定詞節 to have informed you that you would be dismissed from your position の動詞群は複合時制全体相形態なので、表示する事態 F「受信者が役職から解雇されることを発信者たちが伝える」は、主節の事態が成立する現在に先行する過去の時区間において成立したと理解される。

iv．主体と副体以外の意味役割の表示
　動名詞節は、前置詞とともに名詞群を形成して、表示する事態の意味役割を表示する。

　(29) In our future work, we aim at obtaining experimental results of the proposed method.
　　　私たちの将来の仕事では、提案された方法の実験による成果を得ることを目的とする。

　(30) The leader of the party is experienced in handling both domestic and foreign issues.
　　　その政党の指導者は、国内外の問題を処理する経験を積んでいる。

　(31) Much depends on them succeeding in their business.
　　　彼らが事業で成功することに多くのことがかかっている。

594　　第 14 章　動名詞

(32) We are all looking forward to seeing the results.
　　　私たちは皆結果を見るのを楽しみにしている。

(33) People were prepared for their city being air raided by the enemy.
　　　人々は自分たちの町が敵の空襲を受けることへの準備ができていた。

　(29)が表示する事態は、「発信者たちが着点を目指している」であり、名詞群 at obtaining experimental results of the proposed method (提案された方法の、実験による成果を得ることに)は、事態の要素である着点を表示している。

　(30)が表示する事態は、「その政党の指導者がある範囲に経験を積んでいる」であり、名詞群 in handling both domestic and foreign issues (国内外の問題を処理することに)は、事態の要素である範囲を表示している。

　(31)が表示する事態は、「多くのことが依存対象にかかっている」であり、名詞群 on them succeeding in their business (彼らが事業で成功することに)は、事態の要素である依存対象を表示している。

　(32)が表示する事態は、「発信者たちが皆着点の方向を見ている」が「発信者たちが皆ある事態を楽しみにしている」という比喩的な意味に解釈されたものであり、名詞群 to seeing the results (発信者たちが結果を見ることを)は、事態の要素である着点を表示している。

　(33)が表示する事態は、「人々が着点への準備ができていた」であり、名詞群 for their city being air raided by the enemy (自分たちの町が敵の空襲を受けることへの)は、事態の要素である着点を表示している。

　名詞群が、事態を構成する必須の要素ではなく、副詞的な機能を持っている場合も、名詞群の要素として動名詞を使用することができる。

(34) On entering the room, John walked over and looked out the window.
　　　部屋に入るとすぐに、ジョンは向こうに歩いて行って窓の外を見た。

(35) Mary gained many valuable experiences in travelling abroad to Asia.
　　　アジアに海外旅行をした時に、メアリーはたくさんの貴重な経験ができた。

(36) With the government's clinging to its old policy, nothing has changed.
　　　政府が古い政策に固執しているので、何も変わっていない。

(37) As for exporting semiconductors, Japan is the global leader.
　　　半導体を輸出することについては、日本が世界を牽引している。

　(34)の名詞群 on entering the room 中の動名詞節 entering the room は「ジョンがその部屋に入る」という事態を表示しており、前置詞 on とともに名詞群を構成することで、主節の事態が成立する直前の時点において成立した事態を表示する。

第 2 節　動名詞節の機能　　　595

（35）の名詞群 in travelling abroad to Asia 中の動名詞節 travelling abroad to Asia は「メアリーがアジアに海外旅行をする」という事態を表示しており、前置詞 in とともに名詞群を構成することで、主節の事態が成立する時区間が、動名詞節の事態が成立する時区間に包含されることを表示する。

（36）の名詞群 with the government's clinging to its old policy 中の動名詞群 the government's clinging to its old policy は「政府が古い政策に固執する」という事態 G を表示しており、前置詞 with とともに名詞群を構成することで、主節の事態 M が成立する時区間と同一の時区間に成立する事態を表示し、事態 G の成立が事態 M の成立の原因であることを含意している。

（37）の名詞群 as for exporting semiconductors 中の動名詞群 exporting semiconductors は「主体が半導体を輸出する」という事態を表示しており、複合前置詞 as for とともに名詞群を構成することで、主節の事態が成立する範囲を限定する事態を表示している。

第 15 章　分詞

　分詞は、事物の集合を限定する機能と、事態の特性を限定する機能を持つ形態である。どちらの機能を持つ場合でも、分詞は事態を表示する。分詞節の事態 P が、動詞が表示する事態または前事態の部分を表示している場合、分詞は doing という形態を取り「能動分詞」または「現在分詞」と呼ばれる。事態 P が、動詞が表示する事態の結果事態の部分を表示している場合、分詞は done という形態を取り「受動分詞」または「過去分詞」と呼ばれる。

　分詞は常に事態を表示するので、どのような形態を取るのであれ、文中で分詞は「分詞節」として機能する。

第 1 節　分詞節の形態
① 事物の集合を限定する
　分詞節が事物の集合を限定する場合は、分詞が表示する事態 P の全体と部分は常に等しく、事態 P は任意の可能世界における任意の時区間において成立するので、時制やアスペクトを形態的に区別することはない。

現在（能動）分詞	doing
過去（受動）分詞	done

② 事態の特性を限定する
　分詞節が事態の特性を限定する場合は、分詞節が表示する事態は、主節が表示する事態と関連して成立していればよいので、時制やアスペクトの表示は可能である。

現在（能動）分詞	単純時制	全体相	doing
		部分相	being doing
	複合時制	全体相	having done
		部分相	having been doing
過去（受動）分詞	単純時制	全体相	done
		部分相	being done
	複合時制	全体相	having been done
		部分相	having been being done

第2節　分詞節を含む表現の構造

① 事物の集合を限定する

　事物の集合は名詞句によって表示されるから、事物の集合を限定する分詞節は名詞句とともに上位の名詞句を形成する。分詞節は名詞句に後続する位置に配置されるのが原則だが、2語以下で構成される場合は名詞句に先行する位置に配置されることもある。分詞節が名詞句に後続している場合は、分詞節が表示する事態の成立時区間は主節の事態の成立時区間との関係で決定されるが、分詞節が名詞句に先行している場合は、分詞節が表示する事態は任意の時区間において成立し、形容詞と同様の特性を持つことが多い。

(1) The gentle sound of water running soothed us.
　　流れる水の落ち着いた音が私たちを和ませた。

(2) You can hear below the sound of running water.
　　下の方で流れる水の音が聞こえる。

(3) The museum houses hundreds of pictures painted by Rembrandt and his disciples.
　　その美術館は、レンブラントとその弟子たちによって描かれた絵を何百点も収蔵している。

(4) Sixty percent of children had decayed teeth.
　　子供たちの6割が虫歯を持っていた。

　(1) の名詞句 water running は「名詞＋現在分詞節」という構造を持ち、水である個体の集合のうち、現在分詞 running が表示する「主体が流れている」という事態Pを構成する主体の集合に包含されるものを表示する。事態Pは、「主体が流れる」という事態の部分事態であり、主節が成立する過去の時区間において成立する。

　(2) の名詞句 running water は「現在分詞節＋名詞」という構造を持ち、水である個体のうち、「主体が流れている」という事態Pを構成する主体の集合に包含されるものを表示するという点では、water running と同様である。ただし、現在分詞が名詞句に先行する構造の名詞句の場合、事態Pの成立時区間が任意であるという特性がある。すなわち、running water は、水である個体のうちで流れているもの一般を表示し、standing water（澱んだ水）, still water（溜まった水）, flooding water（あふれる水）など、さまざまな様態の水の一種だと理解される。

　(3) の名詞句 pictures painted by Rembrandt and his disciples は、「名詞＋過去分詞節」という構造を持ち、絵である個体の集合のうち「主体がレンブラントとその弟子たちによって描かれた」という事態Pを構成する主体の集合に包含されるものを表示する。事態Pの成立時区間は、レンブラントが画家として活動

した 17 世紀である。

　(4)の名詞句 decayed teeth は、「過去分詞節 + 名詞」という構造を持ち、歯である個体の集合のうち「主体が虫歯である」という事態 P を構成する主体の集合に包含されるものを表示する。事態 P が成立する時区間は任意であり、このため decayed teeth 全体で「虫歯」という日本語に置き換えられるような，任意の可能世界の任意の時区間で存在する個体集合を表示する。

② 事態の特性を限定する

　事態の特性を限定する機能を持つ分詞節は「(名詞句 +)動詞群(分詞)(+ 名詞句 + 名詞群)」という、文と同様の構造を持つ。

　(5)　Mary spends most of her time listening to the radio.
　　　　メアリーは大抵の時間をラジオを聞きながら過ごす。
　(6)　The sky had darkened and heavy rains fell, water flooding into the town, the streets submerged.
　　　　空が暗くなり、大雨が降って、水が町に流れ込み、街路は水に浸かった。
　(7)　His family, driven out by their rivals, became penniless exiles.
　　　　彼の家族は、競争相手によって追い出され、無一文の亡命者になった。

　(5)の現在分詞節 listening to the music が表示する事態 P「メアリーがラジオを聞く」は、主節の事態 M「メアリーが大抵の時間を過ごす」が成立する時区間と同一の時区間において成立する。事態 P は事態 M の様態、すなわちメアリーが時間を過ごす方法を与えている。

　(6)の現在分詞節 water flooding into the town は「水が町に流れ込む」という事態 P を表示し、事態 P の成立時区間は、主節の事態 M「空が暗くなって大雨が降った」が成立した過去の時区間に後続する時区間において成立する。事態 M と事態 P の間には因果関係があるから、事態 M の結果成立したのが事態 P である。

　現在分詞節に後続する the streets submerged は、「名詞句 + 過去分詞」という構造を持つ表現だが、主体や副体が占める位置には配置されておらず、前置詞とともに名詞群を形成していることもない。この場合は、water flooding が現在分詞節を形成するのと同様に、the streets submerged は過去分詞節を形成し「街路が水に浸かっていたという事態 Q を表示すると解釈される。事態 Q は、事態 M と事態 P の結果として成立する事態を表示する。

　(7)の過去分詞節 driven out by their rivals は、「彼の家族が競争相手に追い出される」という事態 P を表示する。主節の事態 M は「彼の家族が無一文の亡命者になった」であるから、事態 P は、事態 M の成立時区間に先行する時区間に

おいて成立し、事態 M の原因となる事態だと解釈される。

第3節　事物の特性を限定する分詞節
① 限定された時区間において成立する事態を表示する分詞節
ⅰ．分詞節が名詞に先行する

　分詞節が名詞に先行する位置に配置されている構造では、分詞節が表示する事態が任意の可能世界の任意の時区間において成立することが多いが、状況によっては限定された時区間において成立する事態を表示することもある。

　a.　現在分詞節
　　(8) This year's elections will clear up the remaining questions.
　　　　今年の選挙は残っている問題を綺麗に解決するだろう。
　　(9) The town hall was filled with working businessmen, all there to discuss potential investments.
　　　　市庁舎は働いているビジネスマンたちでいっぱいで、誰もが何に投資したらよいかについて議論していた。
　　(10) The setting sun was reduced to a yellowish coin by the thick blanket of smog.
　　　　沈みかけている太陽は、スモッグが厚くかかっていたせいで黄色がかったコインのように小さくなっていた。

　(8)の現在分詞節 remaining は、名詞 questions に先行する位置に配置されており、名詞句 the remaining questions は、問題である事態の集合のうちで、「主体が現在において残っている」という事態を構成する主体である事態 P の集合に包含される。事態 P は現実世界の現在域という限定された時区間においてのみ成立するから、名詞句 the remaining questions が表示する事態の存在も現在域に限定される。

　(9)の現在分詞節 working は、名詞 businessmen に先行する位置に配置されており、名詞句 working businessmen は、ビジネスマンである個体の集合のうち、「主体が働く」という事態 P の主体の集合に包含されるものを表示する。事態 P は、主節の事態 M「市庁舎が個体でいっぱいだ」が成立した過去の時区間において成立しているから、成立時区間は限定されている。

　(10)の現在分詞節 setting は、名詞 sun に先行する位置に配置されており、名詞句 the setting sun は、太陽である個体を主体とする事態の集合のうち、「太陽が沈みかけている」という事態 P を表示する。事態 P は、事態 M「太陽が黄色がかったコインのように小さくなっていた」が成立する過去の時区間において成

600 第15章 分詞

立するから、成立時区間は限定されている。

b. 過去分詞節

(11) Increased water demand actually improved water quality.
水の需要が増えて、実際に水質が改善された。

(12) The attached document can be removed from the enclosure if disassembled.
添付書類は、全体をばらす時には封入物から取り外すことができる。

(13) After taking an economics course, John had a changed opinion about the housing market.
経済学のコースを受講した後、ジョンの住宅市場についての意見が変わった。

(11)の過去分詞節 increased は、後続する名詞句 water demand（水の需要）とともに名詞句を構成する。過去分詞節が表示する事態 P は「主体が増やされている」であるが、主節の事態 M は「主体が水質を実際に改善した」であって、これは過去の限定された時区間 m において成立した単一の事態であり、「水の需要が増やされた」という事態は事態 M の原因だと解釈されるので、事態 P は時区間 m に先行する過去の限定された時区間において成立するものと理解される。

(12)の過去分詞節 attached は、後続する名詞 document（書類）とともに名詞句を構成する。過去分詞節が表示する事態 P は「主体が添付されている」であり、この事態は、主節の事態 M「主体が封入物から取り外されることができる」が成立する現在域に先行する時点で成立した事態の結果事態の部分であって、事態 M と同一の時区間において成立する。事態 M は単一の事態であって限定された時区間において成立するから、事態 P も同様に限定された時区間において成立する。

(13)の過去分詞節 changed は、後続する名詞 opinion（意見）とともに名詞句 N を構成する。過去分詞節が表示する事態 P は「主体が変化している」であって、主節が表示する事態 M「ジョンが副体を持っていた」の副体が名詞句 N の表示する事態であるから、事態 P は主節が成立する過去の時区間において成立する単一の事態である。したがって、事態 P は過去の限定された時区間において成立する。

ii. 分詞節が名詞に後続する

a. 現在分詞節

(14) It is a paradox that there are people loving democracy but not loving

politicians.

民主主義を愛するが政治家が好きではない人々がいるのは逆説的だ。

(15) Open your eyes slowly, listen to the birds singing.

ゆっくりと目を開けて、鳴いている鳥に耳を傾けなさい。

(16) All trains leaving London on Wednesday are full and we're now booking for Thursday.

水曜日にロンドンを出発する列車は全て満席で、今は木曜日の予約を受け付けています。

(14)の現在分詞節 loving democracy but not loving politicians は、名詞 people（人々）に後続して、名詞とともに名詞句を形成している。現在分詞節が表示する事態 P「主体が民主主義を愛するが、政治家を好きではない」の主体は people であるが、事態 P が成立するのは、名詞節の事態 M「主体が存在する」が成立するのと同じ現在域である。したがって、事態 P が成立する時区間には限定がある。

(15)の現在分詞節 singing は、名詞 birds（鳥）に後続して、この名詞とともに名詞句を形成する。現在分詞節が表示する事態 P「主体が鳴く」の主体は birds であり、事態 P は、2 番目の文が表示する事態 M「受信者が副体に耳を傾ける」が成立する未来の時区間を包含する時区間において成立すると考えることができるから、事態 P の成立時区間には限定がある。

(16)の現在分詞節 leaving London on Wednesday は、先行する名詞句 all trains（全ての列車）とともに名詞句を形成する。現在分詞節が表示する事態 P「主体が水曜日にロンドンを出発する」の主体は all trains であり、事態 P は、主節の事態 M「主体が満席だ」が成立する現在の時点において成立しており、したがって成立時区間は限定されている。

b. 過去分詞節

(17) The setting sun created a beautiful orange glow over the mountains seen in the distance.

沈む太陽は、遠くに見える山々の上に美しいオレンジ色の輝きを作り出していた。

(18) John listened to choral music played on Sunday arts channel on TV.

ジョンはテレビの日曜芸術チャンネルで演奏される合唱曲を聞いた。

(19) Lush vegetation has crept over buildings destroyed by war.

戦争で破壊された建物の上に青々とした草木が絡みついている。

(17)の過去分詞節 seen in the distance は、先行する名詞 mountains（山々）とと

もに名詞句を形成する。過去分詞節が表示する事態 P「主体が遠くに見られる」の主体は mountains であり、主節の事態 M「沈む太陽が事物 E の上に美しいオレンジ色の輝きを作り出す」が成立した過去の時区間と同一の時区間において成立すると考えてよい。したがって、事態 P が成立する時区間には限定がある。

（18）の過去分詞節 played on Sunday arts channel on TV は、先行する名詞 choral music（合唱曲）とともに名詞句を形成する。過去分詞節が表示する事態 P「主体がテレビの日曜芸術チャンネルで演奏される」の主体は choral music であり、主節の事態 M「ジョンが事物 E を聞いた」が成立した過去の時区間と同一の時区間において成立する。したがって、事態 P の成立時区間は限定される。

（19）の過去分詞節 destroyed by war は、先行する名詞 buildings とともに名詞句を形成する。過去分詞節が表示する事態 P「主体が戦争で破壊されている」の主体は buildings（建物）であり、主節の事態 M「青々とした草木が事物 E の上に絡みついている」が成立する過去から現在までの時区間に先行する時区間において成立したと考えてよい。したがって、事態 P は過去の限定された時区間において成立している。

② 任意の時区間において成立する事態を表示する分詞節

分詞節が任意の時区間において成立する事態を表示する場合、分詞節は通常名詞句に先行する位置に配置される。

ⅰ. 現在分詞節
（20）The observation of videos of walking people will have a beneficial effect on physical performance in older adults with dementia.
歩行者の映像を観察することで、認知症を患う年輩者の身体的機能に対して有益な効果がもたらされるだろう。

（21）Perhaps I should try a different, less challenging plan.
異なった、もっと挑戦的ではない計画を、多分私は試みるべきだろう。

（22）Trying to understand what lies behind the bizarre mathematics of quantum mechanics gives even physicists a splitting headache.
量子力学の異様な数学の背後にあるものを理解しようとすると、物理学者でも割れるような頭痛が起こる。

（20）の現在分詞節 walking は、後続する名詞 people（人々）とともに名詞句を形成している。名詞句 walking people が表示するのは、人々である個体の集合のうち、「主体が歩く」という事態の成分である主体の集合に包含されるものである。この文が表示する事態では、人々が歩いている映像を分析することの効果

が話題になっているから、walking people は「歩行者」という名詞で表現できるような一般的な集合であり、したがって現在分詞節が表示する事態は、任意の時区間において成立するものと理解される。

　(21)の現在分詞節 less challenging は、後続する名詞 plan（計画）とともに名詞句を形成している。名詞句 less challenging plan が表示するのは、計画である事態の集合のうち、「主体が基準より弱い程度で挑戦する」という事態Ｐの主体である事物の集合に包含されるものである。名詞 plan が表示する集合は、まず形容詞 different（異なる）によって限定され、この形容詞は「主体が異なる」という事態が任意の時区間において成立することを表示する。次に配置されているのが現在分詞節 less challenging であるから、これが表示する事態Ｐが成立するのも任意の時区間においてであると解釈される。

　(22)の現在分詞節 splitting は、後続する名詞 headache（頭痛）とともに名詞句を形成している。名詞句 a splitting headache が表示するのは、頭痛である事態の集合のうち、「主体が割る」という事態の主体の集合に属するものであるが、頭痛が何かを実際に割ることはないから、ここの「割る」は、頭を割るように感じられるという比喩的な事態を表示するものと考えなければならない。主節の事態は、量子力学で使用される数学の難解さに関する一般的な記述であるから、任意の時区間で成立すると考えることができ、したがって現在分詞節も任意の時区間において成立する事態を表示する。

ⅱ．過去分詞節
　(23) Mary was a retired officer volunteering at a hospital.
　　　メアリーは退役将校で、病院でボランティアをしていた。
　(24) Analysts expect a revenue boost from upgraded software, released in May.
　　　分析家たちは、５月に発売された改良版ソフトによる収益の増加を期待している。
　(25) The researchers use a more sophisticated method to analyze the data.
　　　研究者たちはそのデータを分析するのにもっと精巧な方法を使っている。

　(23)の過去分詞節 retired は、後続する名詞 officer（将校）とともに名詞句を形成している。過去分詞節が表示する事態Ｐは「主体が退職している」であるが、将校であって、事態Ｐの成分である主体の集合に包含される個体は任意の時区間において存在する。したがって、事態Ｐも任意の時区間において成立する。

　(24)の過去分詞節 upgraded は、後続する名詞 software（ソフトウェア）ととも

に名詞句を形成する。過去分詞節が表示する事態 P は「主体が改良されている」であるが、ソフトウェアであって事態 P の主体である個体の集合に含まれる個体は任意の時区間において存在する。したがって、事態 P も任意の時区間において成立する。

(25) の過去分詞節 sophisticated は、後続する名詞 method（方法）とともに名詞句を形成する。過去分詞節が表示する事態 P は「主体が精巧なものにされている」であるが、方法であって事態 P の主体である事態の集合に含まれる事態は任意の時区間において存在する。したがって、事態 P も任意の時区間において成立する。

第4節　事態の特性を限定する分詞節

　事態の特性を限定する分詞節は、主節が表示する事態と何らかの関係を持つ事態を表示する。どのような関係なのかは、それぞれの事態の特性と状況によって決定される。

　事態の特性を限定する分詞節は、主節に先行または後続する位置に配置される他、主節の内部に配置されることもある。

① 分詞節が主節に先行する

ⅰ. 現在分詞節

(26) Looking out of the window, I found a beautiful landscape of rolling hills and lush green fields.
　　窓の外を見ると、起伏のある丘陵と瑞々しい緑の平原が見えた。

(27) Not knowing what to do, he prayed God's mercy.
　　何をしたらいいか分からず、彼は神の慈悲を祈った。

(28) Other things being equal, organisms more proficient in securing mates have higher fitness.
　　他の条件が同じなら、つがいになる相手を確保することが上手い生物の方が生存への適性が高い。

(29) Having started working with the museum in 2008, John helped create the program.
　　2008 年にその美術館との協働を開始して、ジョンはそのプログラムを作る手伝いをした。

　(26) の現在分詞節 looking out of the window が表示する事態 P の主体は、主節の事態 M の主体と同一の発信者である。したがって事態 P は「発信者が窓の外を見る」、事態 M は「発信者に丘陵と平原が見えた」である。事態 P が成立

することにより事態 M が成立するから、P の成立時区間は M が成立した過去の時区間に先行しており、P と M の間には因果関係が認められる。

　(27)の現在分詞節 not knowing what to do が表示する事態 P の主体は、主節の事態 M と同一の he（彼）である。したがって事態 P は「彼が何をしたらいいか分からない」、事態 M は「彼が神の慈悲を祈った」である。事態 P の成立時区間は事態 M の成立時区間を包含しており、P の成立が M の成立の原因となっている。

　(28)の現在分詞節 other things being equal は、動詞群に名詞句が先行しているので、この名詞句が表示する事態が、分詞節の事態の主体であるから、分詞節の事態 P は「他の条件が同じだ」であり、主節の事態 M は「相手を上手に見つける生物の方が生存への適性が高い」である。事態 P と事態 M の成立時区間は任意であるが、事態 P の成立が事態 M が成立するための条件を与えている。

　(29)の現在分詞節の動詞群は having started という複合時制全体相形態なので、この節が表示する事態 P（ジョンが 2008 年にその美術館との協働を開始する）は、主節の事態 M（ジョンがそのプログラムを作る手伝いをした）が成立した過去の時区間に先行する時区間において成立する。この文では P が M に時間的に先行するという関係が与えられているだけで、両者の間に積極的な因果関係は認められない。

ⅱ. 過去分詞節
　(30) Created by the director, the film followed a recently-exonerated man as he attempted to uncover who framed him for murder.
　　　その監督によって制作されたため、その映画は、最近になって無実の罪を晴らされた男が、自分に殺人の罪を着せたのが誰なのかを明らかにしようとしている姿を追いかけた。
　(31) That said, consumer views over their personal finances are little changed from April.
　　　そう言われても、消費者が自分の家計に関して持っている見方は、4月からほとんど変わっていない。
　(32) Given the data, the specialists are right to think that way.
　　　そのデータがあるのだとすると、専門家がそのように考えるのは正しい。

　(30)の過去分詞節 created by the director の主体は、主節の主体と同一の the film（その映画）であり、したがって過去分詞節の事態 P は「その映画がその監督によって制作された」である。主節の事態 M は「その映画が無実の罪を晴らされた男の姿を追った」であり、映画の監督と主題の間には関係があると考えて

よいから、事態 P は事態 M の理由を表示しているものと理解される。

(31)の過去分詞節 that said は、主体を表示するのが代名詞 that であり、したがって過去分詞節が表示する事態 P は「それが言われた」である。主節の事態 M は「消費者の見方が 4 月からほとんど変わっていない」であり、事態 P と事態 M の間に何らかの関係があるのだとすると、因果関係や逆説的関係が考えられる。因果関係であれば「そう言われているので」であり、逆説関係であれば「そう言われてはいるが」であるが、事態 M が否定文なので、事態 P との間には逆説的関係があるものと推測される。

(32)の過去分詞節 given the data では、主体を表示するのが名詞句 the data であるが、この節では動詞群に後続している。過去分詞 given が使用されて「事物が与えられているので」という理由または「事物が与えられているとすると」という条件を表示する過去分詞節を形成する場合には、動詞群 given が主体である名詞句に先行する位置に配置される。主節の事態 M は「専門家がそのように考えるのは正しい」なので、過去分詞節の事態 P は主節の事態 M の理由を表していると理解される。

② 分詞節が主節の内部に位置する

主節の内部に配置された分詞節は、事態や事態を構成する事物に関する情報を補足的に与える機能を持つ。

(33) The content of the news varies over the day depending on context and history to ensure the reader always gets something fresh and worthwhile.
ニュースの内容は状況や経緯によって 1 日の中でも変化し、読者が新鮮で価値のあるものが得られるようにしている。

(34) Other programs are "closed", meaning that access is tightly controlled, as for the company's mobile phones.
その会社の携帯電話に関して、他のプログラムは、アクセスが厳しく制限されているという意味で「閉ざされている」。

(35) Two-time world champion, the player, beaten by the same opponent in last year's semi-final, lost the game this time, too,
その選手は 2 回世界王者になったのだが、昨年の準決勝で負けたのと同じ相手に今回もまた負けた。

(36) A bridge, destroyed by the fighting, once spanned the river about twelve miles from the city.
ある橋が、その戦闘で破壊されたのだが、かつてはその都市から約 12 マイルのところで川にかかっていた。

第 4 節　事態の特性を限定する分詞節　　607

（33）の現在分詞節 depending on context and history が表示する事態 P は「主体の成立が状況と経緯による」であり、主節の事態 M は「ニュースの内容が状況や経緯によって変化する」である。変化を誘因するのが事件の状況や経緯であるのが普通だから、事態 P の主体が主節の事態 M であって、事態 M の原因を事態 P が表示していると解釈される。

（34）の現在分詞節 meaning that the access is tightly controlled が表示する事態 P は「アクセスが厳しく制限されていることを主体が意味する」である。主体は、先行する語句に含まれている "closed" という語であり、この語が具体的に意味する内容を補足的に説明する機能を、事態 P が果たしている。

（35）の過去分詞節 beaten by the same opponent in last year's semi-final の主体は先行する名詞句 the player（その選手）が表示する個体であるから、この過去分詞節が表示する事態 P は「その選手が昨年の準決勝で同じ相手に負けた」である。この事態 P と、主節の事態 M「その選手が今回も同じ相手との試合に負けた」の間には特別の因果関係はないから、事態 P は、主体である選手に関する補足的な事実を提示したものだと理解される。

（36）の過去分詞節 destroyed by the fighting が表示する事態 P の主体は、先行する名詞句 a bridge（橋）が表示する個体なので、事態 P は「ある橋がその戦闘で破壊された」である。主節の事態 M は「ある橋がかつてその都市から 12 マイルのところで川にかかっていた」であり、事態 P と事態 M の間には因果関係はないので、事態 P は事態 M の主体に関する補足的な情報を与えているものと解釈される。

③　分詞節が主節に後続する

主節に後続する位置に配置される分詞節は、主節が成立する時区間と同時または主節が成立する時区間に後続する時区間において成立する事態を表示する。

ⅰ．主節の事態と分詞節の事態の成立時区間が同一
- （37）He was discovered days later in Virginia, holding framed photos of himself with his wife and carrying $4,000 in cash.
  彼は何日も経ってからバージニアで発見され、その時は自分と妻の額入りの写真を持ち、現金 4 千ドルを所持していた。
- （38）The pretrial phase will last well into 2024, allowing the politician plenty of time to smear every aspect of prosecution.
  公判前の段階は優に 2024 年にまでずれ込むだろう。そのことで、その政治家は訴追のあらゆる側面を徹底的に叩く時間を十分に与えられ

ることになる。

(39) He saved all of the files on his computer and deleted the online folder, leaving no video assets behind for his former employer, including projects already in progress.

彼はファイルを全部自分のコンピュータに保存し、オンラインフォルダは削除した。前の雇用者のための映像素材は、すでに進行中の企画も含めて、残しておかなかった。

(40) The legendary king, known for his bravery and generosity, died a glorious death, blessed by the Pope at his palace.

勇敢さと寛容さで知られていたその伝説的な国王は、自分の宮殿で法王に祝福されて輝かしい死を迎えた。

(41) During the awards ceremony, John stood on the podium, astonished by the chairman's heartfelt words.

授賞式の間、会長による心からの言葉に驚きながら、ジョンは表彰台の上に立っていた。

(37) の現在分詞節 holding framed photos of himself with his wife と carrying $4,000 in cash は、それぞれ事態 P1「彼が自分と妻の額入り写真を持っている」、事態 P2「彼が現金 4 千ドルを所持している」を表示する。主節の事態 M は「彼がバージニアで発見された」で、過去の時点において成立しているので、事態 P1 と P2 は、事態 M が成立するのと同時に成立していた部分事態を表示するものと解釈される。

(38) の現在分詞節 allowing the politician plenty of time to smear every aspect of prosecution が表示する事態 P は「主体がその政治家に訴追のあらゆる側面を徹底的に叩く時間をたくさん与える」であり、主体は、主節の事態 M「公判前の段階が 2024 年にずれ込む」である。公判までの時間が長いことと、その政治家が訴追されないように策を練る時間が多いことは、時間的には同一であるから、事態 P と事態 M は同一の時区間において成立するものと理解される。

(39) の 2 番目の現在分詞節 including projects already in progress が表示する事態 P2 の主体は、先行する現在分詞節中の video assets（映像素材）であり、したがって P2 は「映像素材がすでに進行中の企画を含んでいる」である。最初の現在分詞節 leaving no video assets behind for his former employer が表示する事態 P1「彼が前の雇用者のための映像素材を残さなかった」が成立するのは過去の時区間であり、P2 はこの時区間と同一の時区間において成立する。

最初の現在分詞節の動詞は脱均質動詞 leave なので、この動詞を動詞群とする現在分詞節は、主節の事態が成立する時区間に後続する事態を表示するのが原則

である。しかし、この分詞節の場合、単射関係の副体が no video assets であるから、表示される事態 P1 は長さのある時区間において成立する。したがって、P1 は主節の事態 M「彼がオンラインフォルダを削除した」が成立した過去の時点において成立する部分事態だと解釈される。

　(40)の過去分詞節 blessed by the Pope at his palace が表示する事態 P は「主体が自分の宮殿で法王によって祝福される」であり、主体は主節の事態 M の主体と同一の the legendary king である。主節の事態 M は「その伝説的な国王が輝かしい死を迎えた」であり、事態 M は過去の時点 p において成立するから、事態 P はこの時点 p を含む時区間において成立している。

　(41)の過去分詞節 astonished by the chairman's heartfelt words が表示する事態 P は「主体が会長による心からの言葉に驚いていた」であり、主体は主節の事態 M の主体と同一の John である。事態 P は「ジョンが会長の言葉に驚いた」という事態 P′ の結果事態であり、事態 M「ジョンが表彰台の上に立っていた」は過去の時区間 p において成立するから、事態 P も p と同一の時区間において成立する。

ⅱ. 主節の事態が成立する時区間に後続する時区間において、分詞節の事態が成立する。

　主節の事態が成立した時区間に後続する時区間において成立する事態を表示するのは、現在分詞節であって、動詞は通常脱均質動詞に属する。

　(42) Macedonia expanded its power and came to dominate the Greek world, depriving the small city-states of their independence and of some of their liberties.
　　　マケドニアはその勢力を拡大してギリシア世界を支配するようになった。そして、弱小都市国家からその独立と自由の一部を奪った。

　(43) Thousands of hectares of forest burned in the fires, killing 54 people and leaving thousands homeless.
　　　何千ヘクタールもの森が火事で燃え、54 人が亡くなって何千人もの人々が家を失った。

　(44) The night before, they had embarked on their usual weekend fishing trip, departing from the marina.
　　　前日の夜、彼らは恒例の週末釣り旅行に船で乗り出し、そのマリーナから出発した。

　(42)の現在分詞節 depriving the small city-states of their independence and of some of their liberties の主体は主節の事態 M の主体と同一の Macedonia (マケド

610 第 15 章 分詞

ニア）であるから、現在分詞節が表示する事態 P は「マケドニアが弱小都市国家からその独立と自由の一部を奪う」である。現在分詞節の動詞は deprive（奪う）という脱均質動詞なので、事態 P は事態 M と同一の時区間で成立することはなく、全体相形態なので、事態 P は事態 M の成立時区間に後続する時点において成立する。

(43)の現在分詞節 killing 54 people and leaving thousands homeless の主体は、主節の事態の要素である the fires（火事）だと考えることができる。したがって現在分詞節の事態 P は「火事で 54 人が死んで、何千人もの人々が家を失う」である。現在分詞節の動詞は kill（殺す）と leave（残す）であっていずれも脱均質動詞であるから、事態 P は事態 M が成立した過去の時区間に後続する時区間において成立する。動詞群が脱均質動詞であっても、事態 P の副体は複数の個体であるから、事態 P は時点ではなく長さのある時区間において成立する。

(44)の現在分詞節 departing from the marina が表示する事態 P の主体は、主節の事態 M の主体と同一の they（彼ら）であるから、事態 P は「彼らがそのマリーナから出発する」である。現在分詞節の動詞 depart（出発する）は脱均質動詞であるから、事態 P は事態 M が成立した過去の時点に後続する過去の時点において成立する。

④ with＋名詞句＋分詞節

主節に後続する位置に「with＋名詞句＋分詞節」という構造の名詞群を配置することにより、主節の事態に関連し、主体が明示された事態の成立を表示することができる。名詞群は主体と副体以外の意味役割を持つ事物の集合を表示し、この集合は任意の時区間において存在する。したがって、with を伴うこの構造の名詞群が表示する事態も任意の時区間において成立することができる。

以下では、「with＋名詞句＋分詞節」という構造の名詞群を「with 分詞節」と呼ぶ。

(45) The whole town was flooded, with many people losing their houses.
町全体が浸水して、多くの人々が家を失った。

(46) In the island, you can have a whole beach to yourself without paying a penny, ride a bike around an entire island with nearly no cars passing by.
その島では、一銭も払わなくても自分だけでビーチを占有できるし、島全体を自転車で回っても、車はほとんど通っていない。

(47) The already devastated train track also suffered more damage with a further ten meters of the sea wall destroyed.
すでに荒廃していた線路は、さらに防波堤が 10 メートル破壊され、

さらに大きな損傷を受けた。

(48) The new strategy was a success, with the employees praised for their hard work.
その新しい戦略が成功し、従業員たちはその努力を賞賛された。

(45)の with 分詞節 with many people losing their houses が表示する事態 P は「多くの人々が家を失う」である。主節の事態 M は「町全体が浸水した」であって、過去の時区間において成立する。浸水の結果家が失われるのだから、事態 P は事態 M の成立時区間に後続する時区間において成立する。

(46)の with 分詞節 with nearly no cars passing by が表示する事態 P は「ほとんど車が通過しない」である。主節の事態 M は「その島ではビーチを一人占めにし、島全体を自転車で回ることができる」であるから、事態 P は事態 M と同一の時区間において成立するものと解釈できる。事態 M と事態 P は同一時区間において成立するだけで、因果関係を認めることはできない。

(47)の with 分詞節 with a further ten meters of the sea wall destroyed が表示する事態 P は「防波堤がさらに 10 メートル破壊されている」である。主節の事態 M は「すでに荒廃していた線路がさらに大きな損傷を受けた」であり、事態 P が原因となって事態 M が成立したことが分かる。したがって、事態 M の成立時区間に先行する時区間において事態 P が成立する。

(48)の with 分詞節 with the employees praised for their hard work が表示する事態 P は「従業員たちがその努力を賞賛された」である。主節の事態 M は「その新しい戦略が成功した」であり、戦略の成功で従業員が褒められると考えるのが普通だから、事態 M が原因で事態 P が成立しており、事態 M の成立時区間に後続する時区間において事態 P が成立する。

⑤ 接続詞＋分詞節

分詞節が表示する事態 P と主節が表示する事態 M の間には何らかの関係があるだけで、特にどのような関係があるのかは、2 つの事態の特性や状況によって決定される。日本語で「朝起きて歯を磨いた」だと 2 つの事態が時間的に連続して成立したことを表示するだけだが、「風邪を引いて学校を休んだ」だと、学校を休んだ原因が風邪を引いたことだと理解されるのと同じである。

事態 P と事態 M の関係を明示的に表示するために、分詞節の前に接続詞を配置することができる。

(49) I prefer to remain sitting with my eyes closed when listening to music.
私は音楽を聴いている時に座って目を瞑ったままでいるのを好む。

(50) The students were unable to pass the test though having tried their best.

全力を尽くしたが、その学生たちは試験に合格することができなかった。

(51) An inventions agreement releases all of your rights to things you created while employed.

発明契約すると、雇用されている間に考案したものに対して、自分の権利を全て放棄することになる。

(52) John was suspected, though never charged of shooting dead his grandfather.

ジョンは自分の祖父を撃ち殺した嫌疑をかけられたが、告発されることはなかった。

(49)の現在分詞節 listening to music は「発信者が音楽を聴く」という事態 P を表示する。主節の事態 M は「発信者が目を瞑ったままでいる方を好む」であり、事態 M の成立時区間 m と事態 P の成立時区間 p は同一である。この時間的関係を明示するのが、現在分詞節の前に配置されている接続詞 when である。

(50)の現在分詞節 having tried their best は「学生たちが全力を尽くした」という事態 P を表示する。主節の事態 M は「学生たちが試験に合格できなかった」であり、事態 P の動詞群は複合時制全体相形態 having tried であるから、事態 P の成立時区間は事態 M の成立時区間に先行する。試験のために全力を尽くせば合格できることが通常は期待されるが、事態 M は期待に反するものである。2 つの事態の逆説的関係を表示するために、現在分詞節の前に接続詞 though が配置されている。

(51)の過去分詞節 employed は「人が雇用されている」という事態 P を表示する。この過去分詞節は、things（もの）が表示する事物の集合を限定する関係節中にあるので、you created things（人がものを考案した）が表示する事態 M と事態 P には関連があり、事態 P の成立時区間が事態 M の成立時区間を包含することを、過去分詞節に先行する接続詞 while が表示している。

(52)の過去分詞節 never charged は「ジョンが自分の祖父を撃ち殺したという告発を受けなかった」という事態 P を表示する。主節の事態 M は「ジョンが自分の祖父を撃ち殺したという嫌疑をかけられた」であり、事態 M の成立で期待されるのはジョンが逮捕起訴されるという事態であるが、事態 P はこれとは異なる事態である。このことを過去分詞節の前に配置された接続詞 though が表示している。

第16章 法

第1節 法の定義

　法とは、事態が現実世界で成立するか、それとも現実世界以外の可能世界で成立するかを表示する動詞の形態である。現実世界で成立する事態を表示する法を「直説法」(indicative)、現実世界以外の可能世界で成立する事態を表示する法を「接続法」または「仮定法」（英語ではどちらも subjunctive）と呼ぶ。

　動詞群が直説法形態であって、現実世界で成立する事態として提示されるもので、成立時区間が過去または現在であれば、それは確実に成立した、または成立している事実だと理解されるし、成立時区間が未来であれば、それは成立することが予定されている、あるいは確実に成立するものと主張されている事態だと理解される。成立時区間が任意であれば、事態は普遍的な真理として理解される。

　動詞群が接続法形態であって、現実世界以外の可能世界で成立する事態として提示されるものであれば、成立時区間が何であれ、事態の成立は可能ではあるが不確実であるものと理解される。

　言語が伝達する情報としての事態が現実世界で成立するかそうでないかの区別は、受信者にとって重要である。未来の時区間において成立する事態は、発信者にとっても受信者にとっても成立が知られていないものであるが、直説法で表現されれば成立が確実だと理解されるし、接続法で表現されれば、成立しない可能性も高いと理解される。

　(1) The weather forecast says it will rain in the afternoon.
　　　天気予報は午後雨が降ると言っている。

　(2) I think it would rain soon.
　　　私はもうすぐ雨が降るのではないかと思う。

　(1)の名詞節 it will rain in the afternoon の動詞群 will rain は直説法形態である。したがって、この節が表示する事態「午後に雨が降る」は現実世界における未来の時区間で成立する。このことから受信者は、その日の午後に雨が降るのは確実だと判断し、外出するのであれば傘が必要だと考える。

　(2)の名詞節 it would rain soon の動詞群 would rain は接続法形態である。したがって、この節が表示する事態「もうすぐ雨が降る」は現実世界以外の可能世界における未来の時区間で成立する。このため受信者は、短時間のうちに雨が降り

614 第16章 法

出す可能性は大きくないものと判断して、降雨への準備をしない可能性が高い。

　人間の想像力は無限の可能世界を作り出すが、その中でも現実世界に属する事態は、人間が直接的に成立を認識するか、成立を予測することができるという点で、他の可能世界で成立する事態とは明確に区別される。この認識的区別を形態的に反映するのが直説法と接続法である。

　本書で取り扱ってきた文法項目は直説法を対象とするものであったので、以下では接続法に主眼を置きながら解説する。

第2節　接続法の形態

　英語の接続法の動詞群は、時制とアスペクトに応じて形態変化をする。アスペクトに全体相と部分相の区別があることは直説法と同じであるが、時制は直説法より単純である。接続法の時制としては、単純形1式、単純形2式、複合形がある。また、主節と従属節で形態が異なるのも接続法の特徴である。

　以下では、動詞 be と do の接続法での形態変化をあげる。人称は3人称単数である。

　動詞 be

主節	単純形1式	be
	単純形2式	would be
	複合形	would have been
従属節	単純形1式	be
	単純形2式	were [was]
	複合形	had been

　動詞 do

主節	単純形1式	do
	単純形2式	would do
	複合形	would have done
従属節	単純形1式	do
	単純形2式	did
	複合形	had done

　動詞 be は、従属節中で主体の人称に関わらず were という形態を取ることができる点で、動詞 do とは異なる。

　単純形1式は、伝統的には「仮定法現在」と呼ばれている形態、単純形2式は「仮定法過去」と呼ばれている形態、複合形は「仮定法過去完了」と呼ばれている形態である。

　主節の単純形2式、複合形で用いられる助動詞 would は、法助動詞の過去形

と形態的に同一であり、would 以外に could, should, might が使用されることもある。

 (3) If they decide that it's necessary then so be it.
  彼らがそれが必要だと決めるのなら、そうなればよい。

 (4) A new engine would be more powerful.
  新しいエンジンの方がもっと強力だろう。

 (5) Even Machiavelli would have been impressed to hear her speech.
  彼女の話を聞いたら、マキアベリでも感銘を受けただろう。

 (6) It is God's order that he be placed on the throne.
  彼が王位に据えられることは神の命令だ。

 (7) I wish I were the ruler of this town.
  私がこの町の支配者であったらよいのに。

 (8) John wishes he had been born into a royal family.
  ジョンは自分が王室に生まれたらよかったのにと思っている。

 (3)の主節の動詞群 be は接続法単純形1式であり、事態が現実世界以外の可能世界における未来の時区間において成立することを表示する。

 (4)の主節の動詞群 would be は接続法単純形2式であり、事態が現実世界以外の可能世界における現在または未来の時区間において成立することを表示する。

 (5)の主節の動詞群 would have been は接続法複合形であり、事態が現実世界以外の可能世界における過去の時区間において成立することを表示する。

 (6)の名詞節の動詞群 be placed は接続法単純形1式であり、事態が現実世界以外の可能世界における未来の時区間において成立することを表示する。

 (7)の名詞節の動詞群 were は接続法単純形2式であり、事態が現実世界以外の可能世界における現在または未来の時区間において成立することを表示する。

 (8)の名詞節の動詞群 had been born は接続法複合形であり、事態が現実世界以外の可能世界における過去の時区間において成立することを表示する。

第3節　接続法単純形1式(仮定法現在)

 接続法単純形1式は、事態が現実世界以外だが、現実世界に近い可能世界における現在または未来の時区間において成立することを表示する。

 現実世界に近い可能世界とは、現実世界とは異なるが共通の事態が多く成立する可能世界である。このような可能世界を「擬似現実世界」と呼ぶことにする。現実世界に遠い可能世界は、現実世界とは異なり、現実世界と共通の事態が成立することの少ない可能世界であり、これを「非現実世界」と呼ぶことにする。

① 主節

主節で使用される接続法単純形1式は、基本的には慣用句的な表現である。

(9) Far be it from me to suggest who you should vote off.
　　誰を投票で辞めさせるべきかを私が提案するなどとんでもない。

(10) Be it remembered that the war ended on that day.
　　戦争がその日に終わったことを忘れてはならない。

(11) Woe betide anyone who threatens to disturb the peace.
　　平和を乱そうと威嚇する者に災いあれ。

(9)の「far be it from me＋不定詞節」は慣用句であって、不定詞節が表示する事態を発信者が成立させる意図が全くないという事態を表す。動詞群 be は接続法単純形1式であって、不定詞節 to suggest who you should vote off が表示する事態 F「受信者が誰を投票でやめさせるかを発信者が提案する」が発信者から遠く離れた位置にあるという事態が、擬似現実世界の未来の時区間において成立することを表示する。事態 F が発信者から遠く離れているという事態は、事態 F を成立させる意図が発信者に全くないという事態 M を比喩的に表示しており、事態 M が擬似現実世界の未来の時区間において成立すると主張することにより、事態 M が発信者の意志によって成立することが含意される。

発信者が事態を成立させる意志があることは、直説法を用いて表現しても、接続法単純形1式を用いる場合と大きな違いはない。発信者の意志による事態の成立は、現実世界においても可能性があるにとどまる。したがって、同様の事態を直説法の動詞群を用いて表現することもできる。

(9′) It is far from me to suggest who you should vote off.

(10)の「be it remembered」の動詞群 be は接続法単純形1式であり、したがって表示される事態は、擬似現実世界の現在または未来の時区間において成立する。ある事態が記憶されるという事態を擬似現実世界に属するものとして提示するのであれば、その事態が現実世界においても成立してほしい、あるいは成立すべきだという発信者の意志を表示しているものと解釈される。

同様の事態は、法助動詞 should を用いて表現することが可能である。

(10′) It should be remembered that the war ended on that day.

(11)の「woe betide」は後続する名詞句が表示する個体に災いが降りかかることを発信者が望んでいるという事態を表示する慣用句である。動詞群 betide は接続法単純形1式であり、事態が擬似現実世界における現在または未来の時区間で成立することを表示し、ここから、事態の成立を発信者が願望しているという含意が生じる。

woe も betide も現代英語で使用されることの稀な語であるから、表現が固定

第3節　接続法単純形1式（仮定法現在）　　617

した慣用句としての使用が基本であるが、法助動詞 should を用いた表現も使用することはできる。

　　(11′) Woe should betide anyone who threatens to disturb the peace.

② **従属節**

　従属節中の接続法単純形1式形態は、先行する動詞、名詞、形容詞、接続詞によって、従属節が表示する事態が成立するのが現実世界ではないことが含意される場合に使用される。

ⅰ．主体名詞節

　　(12) It is essential that emotions finally be given vent.
　　　　感情は最終的に表に出すことが最も重要だ。

　　(13) It was crucial that the government give substantial aid to communities affected by the hurricane.
　　　　そのハリケーンの被害を受けた地域に十分な援助を政府が与えることがとても重要だった。

　　(14) I think it important that the son succeed to the throne.
　　　　息子が王位を継承することが重要だと私は思う。

　(12)が表示する事態の主体は、形容詞 essential（最も重要だ）に後続する名詞節 that emotions finally be given vent（感情が最終的に表に出される）である。この名詞節が表示する事態 N が現実世界においては成立しておらず、擬似現実世界の現在または未来で成立すると判断された結果が、名詞節中の接続法単純形1式 be である。

　事態 N が現実世界の現在または未来において成立すると判断することも可能である。この場合には、直説法の形態が適格に使用される。

　　(12′) It is essential that emotions are [should be] finally given vent.

　(13)が表示する事態の主体は、形容詞 crucial（非常に重要だ）に後続する名詞節 that the government give substantial aid to communities affected by the hurricane（政府がそのハリケーンの被害を受けた地域に十分な援助を与える）である。この名詞節が表示する事態 N は現実世界の現在においては成立していないと考えられる。事態 N が擬似現実世界の未来において成立すると判断された結果選択されたのが、名詞節中の接続法単純形1式形態 give である。

　事態 N が現実世界の未来の時区間で成立する可能性があると判断される場合には、法助動詞 would または should/must が使用される。

　　(13′) It was crucial that the government would [should/must] give substantial aid to communities affected by the hurricane.

(14)の準名詞節が表示する事態の主体は、形容詞 important（重要だ）に後続する名詞節 that the son succeed to the throne（息子が王位を継承する）である。この名詞節が表示する事態 N は、現実世界の現在においては成立していないと考えられる。事態 N が現実世界においては成立せず、擬似現実世界の未来において成立すると判断された結果が、名詞節中の接続法単純形 1 式形態 succeed である。

事態 N が現実世界の任意の時区間において成立すると判断されれば、直説法現在時制形態が、また現実世界の未来において成立すると判断されれば法助動詞が使用される。

(14′) I think it important that the son succeeds [will/should succeed] the throne.

ii．副体名詞節

(15) Mary insists that the union spur change.
メアリーは組合が変化を加速させるべきだと強く要求している。

(16) The law requires that applicants be able to read, write and speak basic English.
その法律は、応募者が基本的な英語の読み書きと会話ができることを要求している。

(17) I doubt if there be a nation to put such a law on the statute book.
法令全書にそのような法律を載せる国があるのかどうか疑わしい。

(15)の主節の動詞は insist（強く要求する）であり、副体である事態は現実世界においては成立していない。したがって、現実世界の未来の時区間において成立することもあり得るし、擬似現実世界の未来の時区間での成立もあり得る。後者だと判断するならば、この文のように接続法単純形 1 式 spur が使用される。

現実世界の未来の時区間において成立すると判断される場合は、法助動詞の should, must, will を使用することも可能である。

(15′) Mary insists that the union should [must/will] spur change.

(16)の主節の動詞は require（要求する）である。副体である事態が擬似現実世界において成立すると判断されていることを、名詞節中の動詞群 be が接続法単純形 1 式であることによって表示している。副体の事態が現実世界の未来の時区間において成立すると判断される場合には、法助動詞の should, must, will も使用されることができる。

(16′) The law requires that applicants should [must/will] be able to read, write and speak basic English.

第3節　接続法単純形1式（仮定法現在）　　　619

この文が表示する事態の主体は the law（その法律）であって、法律が要求する事態は現在においても成立するのが普通だから、副体名詞節中では、直説法の現在時制形態を使用することも可能である。

(16″) The law requires that applicants are able to read, write and speak basic English.

(17)の主節の動詞 doubt（疑う）は、副体名詞節が表示する事態が現実世界において成立しない可能性があると主体が判断していることを表示する。副体の事態が擬似現実世界における現在または未来の時区間において成立すると判断されれば、この文のように動詞群は接続法単純形1式 be という形態を取る。

名詞節の先頭に配置されている接続詞が if であることから、この接続詞によってすでに、現実世界において成立する可能性もあるという含意が生じる。このため、名詞節の動詞群には直説法の形態も使用される。

(17′) I doubt if there is [will/can be] a nation to put such a law on the statute book.

ⅲ. 名詞句中の名詞節

名詞が表示する事態の集合に属する1個の事態を名詞節が表示している場合、その事態 R が現実世界において成立しない可能性があることを名詞が表示する事物が含意するのであれば、名詞節の動詞群は接続法単純形1式を取ることができる。

(18) The prime minister is to formulate a proposal that he present the bill to the cabinet.
首相は内閣にその法案を提出するという提案をまとめる予定だ。

(19) The manager made a decision that the project be delayed until further notice.
その計画を追って通知があるまで延期するという決定を部長はした。

(20) The lawyer was arrested in response to a request from the government that he be extradited for trial.
裁判のために引き渡すようにという政府からの要請に応えて、その弁護士は逮捕された。

(18)の名詞節 that he present the bill to the cabinet が表示する事態 R「首相が国会にその法案を提出する」は、先行する名詞 proposal（提案）が表示する事態の集合の要素である。提案である集合に属する事態は、現実世界の現在においては成立していないので、擬似現実世界の未来において成立すると判断することもできる。このことを、名詞節の動詞群 present が接続法単純形1式形態であるこ

とが表示している。

事態 R は、現実世界の未来の時区間において成立すると判断することもできる。この場合、関係節の動詞群には直説法の形態が使用される。

(18′) The prime minister is to formulate a proposal that he will [should] present the bill to the cabinet.

(19)の名詞節 that the project be delayed until further notice が表示する事態 R「追って通知があるまでその計画が延期される」は、先行する名詞 decision（決定）が表示する事態の集合の要素である。決定である集合に属する事態は、現実世界で主節が成立した過去の時点においてはまだ成立していないので、擬似現実世界の過去に後続する時点において成立すると判断されれば、この文の名詞節のように、動詞群は接続法単純形 1 式形態 be delayed を取る。

事態 R が現実世界において成立する可能性があったと判断されれば、以下のように直説法形態を取ることもできる。

(19′) The manager made a decision that the project would [should] be delayed until further notice.

(20)の名詞節 that he be extradited for trial が表示する事態 R「その弁護士が裁判のために引き渡される」は、先行する名詞 request（要請）が表示する事態の集合の要素である。要請である事態集合に属する事態は、主節の事態 M「その弁護士が要請に応えて逮捕された」という事態が成立した過去の時点では成立していない。事態 R はこの過去の時点に後続する時点において成立するが、成立が擬似現実世界であると判断されれば、この文の名詞節のように接続法単純形 1 式 be extradited が使用される。また、現実世界において成立する可能性があると判断されれば、法助動詞が使用される。

(20′) The lawyer was arrested in response to a request from the government that he should [must] be extradited for trial.

ⅳ．副詞節

譲歩節や条件節が表示する事態は、現実世界において確実に成立するかどうかは分からない。したがって、事態が擬似現実世界の現在または未来の時区間で成立すると判断されれば、動詞群は接続法単純形 1 式形態を取る。

(21) Whether it be a tense moment, whether it be on the court, I'm always joking.
緊張した瞬間であれ、法廷であれ、私はいつも冗談を言っている。

(22) We will make a protest against the government's decision if need be.
もし必要ならば、政府の決定に対して抗議をするつもりだ。

第 3 節　接続法単純形 1 式（仮定法現在）　　　621

(23) Be it true or not, Mary believes what she says is true.
　　　それが本当でも本当でなくても、メアリーは自分の言うことが本当だ
　　　と信じている。

(24) I'm making progress on my project, even though that be quite slow.
　　　相当にゆっくりだが、私の計画は進んでいる。

　(21)の譲歩節 whether it be a tense moment, whether it be on the court（緊張した瞬間であれ、法廷であれ）は、発信者が身を置く可能性がある状況を提示しているが、主節が成立している現実世界の現在で発信者がその状況にいるとは限らない。したがって、譲歩節が表示する事態 C は、現実世界以外の可能世界で成立すると判断することもできる。事態 C が擬似現実世界で成立するとされれば、この譲歩節のように動詞群は接続法単純形 1 式形態を取る。
　事態 C が現実世界において成立すると判断される場合には、動詞群は直説法形態を取ることができる。

(21′) Whether it is ［may/should be］ a tense moment, whether it is ［may/should be］ on the court, I'm always joking.

　(22)の条件節 if need be（もし必要があれば）が表示する事態 C は、現実世界において確実に成立するかどうかは分からない。事態 C が擬似現実世界において成立すると判断されれば、この文のように、動詞群は接続法単純形 1 式形態を取る。
　もし、事態 C が現実世界において成立する可能性があると判断されれば、動詞群は直説法現在時制形態を取る。

(22′) We will make a protest against the government's decision if (the) need is.

　(23)の be it true or not には接続詞が配置されていないが、接続法単純形 1 式 be が使用されていること、主体を表示する代名詞 it が動詞群に後置される構造になっていることによって、この表現全体で譲歩節であることを表示している。
　この譲歩節が表示する事態「メアリーが言うことは本当だ」は現実世界において成立するとは限らないし、「メアリーが言うことは本当ではない」も同様である。したがって、これらの事態が擬似現実世界で成立すると判断されれば、この文のように接続法単純形 1 式が使用される。
　現実世界において成立する可能性があると判断されれば、(21)と同様の構造で、直説法形態を使用することができる。

(23′) Whether it is ［may/should be］ true or not, Mary believes what she says is true.

　(24)の譲歩節 even though that be quite slow（発信者の計画の進捗がかなり遅い）

が表示する事態 C は、主節が表示する事態 M「発信者は計画を進めている」の成立によって期待される事態に反するものである。事態 M の成立が予測させるものとは異なるということを、事態 C が擬似現実世界において成立することを表示する形態によって表現しようとしているのが、この文の譲歩節で使用されている接続法単純形 1 式形態 be である。

ただし、接続詞 though は現実世界において成立した事態を表示するのが原則であり、この文でも動詞群には直説法現在時制形態を使用するのが普通である。

(24′) I'm making progress on my project, even though that is quite slow.

第 4 節　接続法単純形 2 式 (仮定法過去)

接続法単純形 2 式は、事態が非現実世界の現在または未来において成立することを表示する。非現実世界は現実世界からは遠いので、非現実世界で成立する事態は現実世界では成立する可能性が非常に低いと判断される。

接続法単純形 2 式が適切に使用されるためには、表示される事態が現実世界では成立しない可能性が高いと判断される状況が必要である。この状況を与えるのが条件節であるが、条件節以外でも、非現実世界における事態の成立を想定させる状況を与える語句があれば、接続法単純形 2 式を適格に使用することができる。

日本語には直説法と接続法のような動詞形態の区別はないので、英語の接続法単純形 2 式を日本語に置き換える場合には、「だろう」「かもしれない」のような、事態成立の可能性が高くないことを表示する形態を用いることになる。

① 条件節を伴わない主節

(25) Superman would be able to lift up the truck.
スーパーマンならそのトラックを持ち上げることができるだろう。

(26) A mathematician could answer this question in a second.
数学者ならこの問題を 1 秒で解けるだろうに。

(27) I might easily knock down a boxer like him.
彼のようなボクサーなら私は簡単に打ち倒せるかもしれない。

(28) This type of virus would survive even in Mars.
この種類のウィルスは、火星でも生き残れるだろう。

(29) People would forgive each other at the end of the world.
この世の終わりには人々はお互いを許し合うだろう。

(25)で主体の位置にある Superman (スーパーマン)は現実世界には存在しないことが分かっている個体である。しかもこの個体は、現実世界の人間が持つことができるとは全く考えられない能力を備えていると仮定されているため、もしこ

の文が表示する事態が成立するとすれば、それは現実世界からは遠い非現実世界においてでなければならない。事態が非現実世界において成立することを表示するのが、接続法単純形2式の動詞群 would be である。

（26）で主体の位置にある a mathematician（数学者）が表示する個体は、現実世界を含む任意の可能世界において存在する。したがってこの文が表示する事態M「不定の数学者がこの問題を1秒で解く」という事態は現実世界の任意の時区間において成立することが可能である。しかし、この文が発話される状況で、問題を解くことが求められているのが発信者であり、発信者が数学者ではないとすると、発信者であり同時に数学者である個体は、非現実世界にしか存在し得ない。この場合には、事態Mは非現実世界においてのみ成立し、これを表示するのが接続法単純形2式の動詞群 could answer である。

（27）が表示する事態M「発信者が彼のようなボクサーを簡単に打ち倒す」という事態は、主体も副体も現実世界に存在する個体である。したがって事態Mは現実世界において成立する可能性がある。しかし、主体と副体がボクシングで闘うという事態Fが現実世界で成立するかどうかは不確実である。もし事態Fが現実世界では成立する可能性がないのだとすると、事態Fは非現実世界において成立することになり、この文の動詞群が might knock down という接続法単純形2式形態であることが、事態Fの非現実世界における成立を表示している。

（28）が表示する事態Mのうち「この種類のウィルスが生き残る」という部分は現実世界において成立する可能性がある。しかし、名詞群 in Mars（火星で）により、事態が成立する空間が地球以外の惑星だということが表示されるが、ウィルスが火星で生存することは現実世界ではあり得ない。したがって、事態Mが成立するのは非現実世界であり、このことを、接続法単純形2式形態 would survive が表示している。

（29）が表示する事態Mのうち「人々がお互いを許し合う」という部分は、現実世界において成立する可能性がある。しかし、名詞群 at the end of the world が表示する時点「この世の終わり」は、現実世界の時区間に含まれるかもしれないし、そうではないかもしれない。後者であればこの時点は非現実世界の時区間に含まれることになり、この文の動詞群 would forgive が接続法単純形2式であることは、そのことを表示しているものと理解される。

② 条件節を伴う主節

条件文は「If P,（then）Q」（PならばQ）という形式の表現であり、PとQは文であって事態を表示する。Pを「前件」、Qを「後件」と呼ぶ。論理学とは異なり、言語表現の場合は、前件が成立することが前提となって後件が成立する。したがっ

て、前件が非現実世界において成立するならば、後件も非現実世界において成立する。

i. 条件節が接続詞 if を伴う

　(30) If the earth were flat, gravity would work differently.
　　　 もし地球が平らだったら、重力の働き方は違うだろう。

　(31) If she worked harder, Mary would have better opportunities for success.
　　　 もしもっと熱心に働けば、メアリーは成功するもっとよい機会が持てるだろうに。

　(32) If the spaceship reached Mars, it would be a historic accomplishment in space exploration.
　　　 もしその宇宙船が火星に到着したら、宇宙探検で歴史的な業績になるだろう。

　(30)の前件の動詞群は、主体が the earth（地球）という単数の個体なのに、形態が were であるから、接続法単純形2式である。「地球が平らだ」という前件の事態 P は現在を含む任意の時区間において成立するが、成立するのは非現実世界である。前件が非現実世界で成立するから、その帰結としての後件も非現実世界で成立し、そのことを表示するのが後件の接続法単純形2式 would work である。この条件文が表示する事態「P ならば Q」は非現実世界において成立するから、現実世界においては「P ではなく Q でもない」、すなわち「地球は平らではなく、重力は現状通り働いている」という事態が成立する。

　(31)の前件の動詞群は worked であり、これだけでは直説法過去時制形態なのか接続法単純形2式形態なのかの判断はできないが、後件の動詞群が would have であることから、前件と後件のどちらもが接続法単純形2式形態であると判断される。

　前件の事態 P「メアリーがもっと熱心に働く」は非現実世界において成立し、前件の成立によって後件の事態 Q「メアリーが成功するもっとよい機会を持つ」が同様に非現実世界において成立する。「P ならば Q」という事態の全体も非現実世界において成立するから、現実世界では「メアリーはあまり熱心に働いておらず、彼女が成功するよい機会を持つこともない」という事態が成立している。

　(32)の前件の動詞群は reached であり、後件の動詞群が would be であるから、どちらも接続法単純形2式形態であると判断される。したがって、前件の事態 P「その宇宙船が火星に到着する」が非現実世界の未来の時点で成立し、後件の事態 Q「その宇宙船が火星に到着することが宇宙探検で歴史的な業績になる」が、事態 P の帰結として非現実世界の未来の時点で成立する。現実世界で成立する

のは、「その宇宙船はまだ火星に到着しておらず、到着が宇宙探検で歴史的な業績になっていない」という事態である。

ii．条件節が接続詞 if を伴わない

　接続法単純形2式の動詞群 were、法助動詞 should が条件節の先頭に配置されることにより、条件文の前件を表示することができる。

（33）Were he alive, Einstein would be 145 years old.
　　　アインシュタインが生きていたら、145歳だろう。

（34）Should war break out, planes from the base would arrive in less than four minutes.
　　　もし戦争が起こったら、その基地からの飛行機が4分以内に到着するだろう。

（35）Were it not for the moon, the night would be dark indeed.
　　　もし月がなかったら、夜は真っ暗だろう。

　（33）では、接続法単純形2式の動詞群 were が節の先頭に配置され、主体を表示する代名詞 he がそれに後続し、副体を表示する形容詞が節の末尾に配置されるという構造によって、この語群が条件節であることが表示される。接続詞 if を用いるとすると、if he were alive という形態になる。

　この条件文では、前件の事態 P「アインシュタインが生きている」は、非現実世界の現在において成立し、その帰結が後件の事態 Q「アインシュタインが145歳だ」も非現実世界の現在において成立する。現実世界の現在の時区間では「アインシュタインは生きておらず、彼は145歳ではない」という事態が成立している。

　（34）では should war break out が条件節を構成している。法助動詞 should が先頭に配置され、主体を表示する名詞句 war が続き、動詞 break out が末尾に配置されるという構造により、この語群が条件節であることが表示される。接続詞 if を用いれば、if war should break out という形態になる。条件節中に法助動詞 should が使用されると、表示される事態は非現実世界の未来の時区間において成立する。

　したがってこの条件文が表示するのは、前件の事態 P「未来の時点で戦争が起きる」が非現実世界において成立し、その帰結として後件の事態 Q「その基地から飛行機が4分以内に到着する」という事態が非現実世界の未来の時点において成立するという事態である。現実世界において成立しているのは「戦争は起きず、その基地から飛行機が4分以内で到着しない」という事態である。

　（35）の were it not for は慣用句的表現で、非現実世界の現在においてある事物

が存在しないという事態が条件文の前件であることを表示する。接続詞 if を用いれば if it were not for という形態になる。

　したがってこの条件文では、前件の事態 P「月がない」という事態が非現実世界の現在において成立し、その帰結として後件の事態 Q「夜が真っ暗だ」という事態が非現実世界の現在において成立する。現実世界において成立しているのは「月があって、夜は真っ暗ではない」という事態である。

ⅲ．前件が条件節以外の語句で表示される

　　(36) To live with Mary, John would feel as comfortable as ever.
　　　　 メアリーと一緒に暮らせば、ジョンはこれまでにないほど心地よく感じるだろう。

　　(37) Deprived of his power, the dictator might do anything to recover it.
　　　　 権力を奪われたら、その独裁者はそれを取り戻すために何でもするかもしれない。

　　(38) With inflation under control, the economy would benefit from further interest-rate cuts were it not for the currency's weakness.
　　　　 インフレを制御できていれば、通貨が脆弱でない限りは、金利の低減により経済は利益を得られるだろうが。

　　(39) The institute provides help for many people who would otherwise be suffering from sting-inflicted allergies.
　　　　 その研究所は、治療法がなければ刺し傷を負ったことによるアレルギーに苦しんでいた多くの人々への治療を提供している。

　　(40) But for [without] this money, our enterprise would be impossible.
　　　　 このお金がなければ、我々の事業は不可能だろう。

　(36)の主節の動詞群は would feel という接続法単純形 2 式形態なので、不定詞節 to live with Mary が表示する事態 P「ジョンがメアリーと一緒に暮らす」が、条件文の前件を構成し、事態 P は非現実世界の現在または未来の時区間において成立することが理解される。主節の事態 Q「ジョンがこれまでにないほど心地よく感じる」は条件文の後件であり、事態 P の帰結として非現実世界の現在または未来の時区間において成立する。

　現実世界において成立するのは「ジョンはメアリーと一緒に暮らしておらず、ジョンがこれまでにないほど心地よく感じていない」という事態である。

　(37)の主節の動詞群は might do という接続法単純形 2 式形態なので、過去分詞節 deprived of his power が表示する事態 P「その独裁者が権力を奪われる」が条件文の前件を構成し、事態 P は非現実世界の未来の時区間において成立する

第4節　接続法単純形2式（仮定法過去）　　627

ものと理解される。主節の事態Q「その独裁者が権力を取り戻すために何でもする」は条件文の後件であり、事態Pの帰結として非現実世界の未来の時区間において成立する。

　現実世界において成立するのは「その独裁者が権力を奪われておらず、権力を取り戻すために彼は何もしない」という事態である。

　(38)の動詞群は would benefit という接続法単純形2式形態なので、名詞群 with inflation under control は条件文の前件を表示するものと理解される。表示される事態Pは「インフレが制御されている」であり、この事態Pは非現実世界の現在または未来の時区間において成立する。主節の事態Q「金利の低減により経済は利益を得られる」は、事態Pの帰結であり非現実世界の現在または未来において成立する。were it not for the currency's weakness が表示する事態P′「通貨の脆弱性が存在しない」は、もう1つの前件を表示し、非現実世界の現在または未来において成立する。

　現実世界において成立するのは「インフレが制御されず、通貨が脆弱であり、金利の低減により経済は利益が得られない」である。

　(39)の関係節中の動詞群 would be suffering は接続法単純形2式部分相形態なので、副詞 otherwise は、関係節が表示する事態「PならばQ（＝多くの人々がアレルギーに苦しんでいる）」が表示する条件文の前件である事態P「その研究所が治療法を提供しない」を表示しているものと理解される。事態Qは非現実世界の現在において成立するので、事態Pも非現実世界の現在において成立する。

　現実世界において成立しているのは「その研究所が治療法を提供しており、多くの人々はアレルギーに苦しんでいない」という事態である。

　(40)の but for は、for に後続する名詞句が表示する事物が存在しないという事態を表示するための慣用句である。この文の動詞群は would be という接続法単純形2式形態なので、表示する事態Q「我々の事業が不可能だ」という事態は非現実世界の現在または未来において成立する。名詞群 but for this money が表示する事態P「このお金がない」は、条件文の前件を構成し、非現実世界の現在または未来において成立する。but for を without に置き換えても同じ事態が表示される。

　現実世界において成立しているのは「このお金があって、発信者たちの事業が不可能ではない」という事態である。

③　従属節

　接続法単純形2式形態が使用される従属節の代表は条件節であり、条件節中のこの形態については、②で解説した。以下では、条件節以外の従属節中の接続法

単純形2式について解説する。

ⅰ．副体名詞節

　(41) I wish I were smarter than I am now.
　　　私は自分が今よりもっと頭がよかったらいいのにと思う。
　(42) Mary wished that there were someone she could talk with.
　　　メアリーは一緒に話をする人が誰かいればいいのにと思った。
　(43) I wish my children would understand Latin books.
　　　私は子供たちがラテン語の本を理解できるようになればいいのにと思う。
　(44) I would rather (that) I had enough money to buy a Mercedes.
　　　私にベンツを買えるくらいの金があればいいのにと思う。

　(41)の副体名詞節 I were smarter than I am now 中の動詞群 were は、接続法単純形2式形態であり、名詞節が表示する事態 N「発信者が現在よりも頭がいい」が非現実世界の現在において成立することを表示する。現実世界において成立しているのは「発信者が現在よりも頭がいいということはない」という事態である。

　(42)の副体名詞節 that there were someone she could talk with 中の動詞群 were は、接続法単純形2式形態であり、名詞節が表示する事態 N「メアリーに一緒に話をする人がいる」が非現実世界の現在または未来において成立することを表示する。現実世界において成立しているのは「メアリーには一緒に話をする人がいない」という事態である。

　(43)の名詞節 my children would understand Latin books 中の動詞群は would understand であって、従属節中の接続法単純形2式の形態 understood ではない。動詞群が understood だとすると、この文は次のようになる。

　(43′) I wish my children understood Latin books.

　動詞 understand は均質動詞なので、(43′)が表示する事態は、発信者の子供たちが現在域においてラテン語の本を理解できることを発信者が望んでいるが、現実世界では子供たちがラテン語の本を理解できていないということである。

　発信者が望んでいる事態が、子供たちが未来の時区間でラテン語の本を理解できるということであれば、動詞群は would understand という形態になる。これは、直説法未来時制全体相形態 will understand に対応する接続法単純形2式の形態だと考えることができる。

　(44)の would rather は wish と同様に動詞群が接続法単純形2式または接続法複合形である副体名詞節を伴って、主体の願望を表示する表現である。名詞節が表示する事態は、非現実世界において成立する。この文の名詞節が表示する事態

第 4 節　接続法単純形 2 式（仮定法過去）　　　629

N「発信者がベンツを買えるほどの金を持っている」という事態も、非現実世界の現在において成立するが、現実世界においてはこの事態は成立していない。

　「would rather ＋ 名詞節」についても、動詞が部分均質動詞、非均質動詞の場合は、名詞節中の動詞群が接続法単純形 2 式形態であれば、表示される事態 N は非現実世界の現在域において成立する。

　(45)　John would rather that his son worked hard in school.
　　　　ジョンは息子が学校で勉強を頑張ってほしいのだがと思っている。

　(46)　I would rather this warm weather continued for some time.
　　　　この暖かい天気がしばらく続けばいいのだがと私は思っている。

　(45) の名詞節 that his son worked hard in school が表示する事態 N「ジョンの息子が学校で勉強に頑張る」は現実世界の現在域においては成立しておらず、非現実世界の現在域で成立する。

　(46) の名詞節 this warm weather continued for some time が表示する事態 N「この暖かい天気がしばらく続く」は現実世界の現在域においては成立していないか、成立が期待されておらず、非現実世界の現在域で成立する。

　動詞が部分均質動詞、非均質動詞で、名詞節が表示する事態が、未来の時区間において 1 度だけ成立する場合には、動詞群には助動詞 would が使用される。

　(47)　Mary would rather her daughter would play well at the upcoming competition.
　　　　メアリーは娘が今度のコンクールでいい演奏をしてくれればいいのだがと思っている。

　(48)　I'd rather the athlete would run 100 meters in less than ten seconds next week.
　　　　その選手が来週 100 メートルを 10 秒以内で走ってくれればいいのだがと私は思っている。

　(47) の play（演奏する）は部分均質動詞で、名詞節が表示する事態 N「メアリーの娘が今度のコンクールでいい演奏をする」は未来の時区間で 1 度だけ成立する事態である。このため、名詞節の動詞群には助動詞 would が使用されている。

　(48) の run（走る）は部分均質動詞だが、距離を表す名詞句 100 meters（100 メートル）を伴うと非均質動詞と同様の特性を持つ。名詞節が表示する事態 N「その選手が来週 100 メートルを 10 秒以内で走る」は未来の時区間で 1 度だけ成立する事態である。このため、名詞節の動詞群は would run という形態を取っている。

　動詞が脱均質動詞の場合は、非現実世界の未来の時点で 1 度だけ成立する事態であっても、接続法 2 式全体相形態と would を伴う形態の両方を適格に使用することができる。

(49) a. I would rather the rain stopped soon.

b. I would rather the rain would stop soon.

雨がすぐに止んでくれればいいのだがと私は思っている。

動詞 stop（止む）は時点で成立する事態を表示する脱均質動詞であり、直説法現在時制全体相形態で未来の時点で 1 度だけ成立する事態を表示することができる。これに対応して、(49a)のように、接続法単純形 2 式形態によって、非現実世界の未来の時点で 1 度だけ成立する事態を表示することも可能である。(49b)のように would を使用しても、同様に非現実世界の未来の時点で 1 度だけ成立する事態が表示される。

ⅱ．関係節

関係節は、名詞節や副詞節とは異なり、先行詞である名詞句が表示する事物を組み入れることにより、主体や副体などの要素を含む、完全な事態を表示することができる。したがって、関係節中の動詞群が接続法である場合、主節で使用される接続法形態になる。

(50) Mary is a woman who would be president if she were elected senator.

メアリーは、上院議員に選ばれれば、大統領にもなれるような女性だ。

(51) The linguist created a theory which the other linguists might reject if they knew its possible effect.

その言語学者は、それがもたらす可能性がある影響を他の言語学者たちが知れば認められないかも知れない理論を作った。

(50)の関係節が表示する事態 R は「主体がもし上院議員に選ばれたら大統領になれるだろう」であり、主体は先行詞の a woman（女性）が表示する個体と同一なので、事態 R は完全である。したがって、動詞群は would be という、主節における接続法 2 式形態を取っている。条件節 if she were elected senator は副詞として機能しているので、動詞群は、従属節中の接続法単純形 2 式形態の were である。

(51)の関係節が表示する事態 R は「もし他の言語学者たちがそれがもたらす可能性がある影響を知れば、彼らが副体を認めないかも知れない」であり、副体は先行詞の a theory（理論）が表示する事態と同一なので、事態 R は完全である。したがって動詞群は might reject という、主節における接続法 2 式形態を取っている。条件節中の動詞群は、従属節が要求する接続法単純形 2 式形態の knew である。

関係節中の動詞群の接続法単純形 2 式形態が、従属節が要求するものになるのは、慣用的表現 it's（about/high）time（that）に関係節が後続する場合だけである。

第4節 接続法単純形2式（仮定法過去） 631

(52) It is (about) time we finished our discussion.
私たちはもう議論を終えてもいい頃だ。

(53) It was high time that the rainy season ended.
梅雨が終わってもよいはずの時期だった。

　(52) の it is (about) time は、動詞群が接続法単純形2式形態である関係節を後続させて、ある事態が成立することが望まれる時間だという発信者の判断を表示する。この文の関係節 we finished our discussion は、「発信者たちが議論を終える」という事態Rが現実世界では成立していないが非現実世界では成立すると主張することによって、事態Rの成立を受信者に要求するという行為を実現している。

　we finished our discussion は、先行する名詞句 time が表示する時区間を限定する働きをしているので関係節だと考えることができる。すなわちこの節は「ある時点で発信者たちが議論を止める」という完全な事態を表示している。しかし、使用されている動詞群は従属節に現れる接続法形態であり、通常の関係節とは異なる。この理由は不明だが、it is (about) time 全体で慣用句としての機能を果たしていることが関係しているのかも知れない。

　事態Rは未来において1度だけ成立するから、finished の代わりに would [should/could] finish を使用することもできる。

　(52′) It is (about) time we would [should/could] finish our discussion.

　(53) では、it was high time とそれに続く関係節 that the rainy season ended によって、関係節が表示する事態R「梅雨が終わる」が、主節が成立する過去の時区間に後続する時点において成立することが表示される。動詞群が接続法単純形2式であることから、事態Rは非現実世界において成立することになり、これによって事態Rの成立が発信者によって望まれていることが表示される。

　事態Rは過去未来において1度だけ成立するから、ended の代わりに would [should/could] end を用いることもできる。

　(53′) It was high time that the rainy season would [should/could] end.

ⅲ．副詞節
　接続法単純形2式が使用される副詞節は、接続詞が as if [though] である節である。この節が表示する事態Aは、現実世界で成立する主節の事態Mを構成する要素のどれかを、非現実世界で成立する事態Aによって比喩的に表示する働きをする。

(54) Mary is singing an aria as if [though] she were an opera singer.
メアリーは、まるでオペラ歌手であるかのようにアリアを歌っている。

632 第16章 法

（55）It seems as if［though］the house was haunted by evil spirits.
　　　その家は悪霊に取り憑かれているかのように見える。

（56）Mary looked as if［though］she were in a courtroom.
　　　メアリーはまるで法廷にでもいるかのように見えた。

　（54）の主節は Mary is singing an aria（メアリーがアリアを歌っている）であり、副詞節は as if［though］she were an opera singer（メアリーはまるでオペラ歌手のようだ）である。したがってこの文は、主節の主体である Mary（メアリー）が、副詞節の副体である an opera singer（オペラ歌手）に類似していると表現することにより、メアリーの歌がオペラ歌手のように上手だということを比喩的に表示している。

　メアリーは現実世界においてはオペラ歌手ではないから、副詞節の事態が非現実世界の現在において成立することを、接続法単純形2式形態 were によって表示している。ただし、接続詞 as if［though］によって事態が非現実世界において成立することが理解できるから、動詞群には直説法現在時制形態を用いることもできる。

　（54′）Mary is singing an aria as if［though］she is an opera singer.

　（55）の主節は it seems（状況が X であるように見える）であり、副詞節は as if［though］the house was haunted by evil spirits（その家が悪霊に取り憑かれているようだ）であって、副詞節の事態 A が X を表示している。この文では、主節が何らかの状況を表示し、その状況が事態 A に類似していることを文全体が表示している。事態 A は現実世界においては成立せず、非現実世界の現在において成立するから、動詞群は was haunted という接続法単純形2式形態を取っている。

　この文でも接続法の代わりに直説法形態を用いることは可能である。

　（55′）It seems as if［though］the house is haunted by evil spirits.

　（56）の主節は Mary looked（メアリーが X であるように見えた）であり、副詞節 as if［though］she were in a courtroom（メアリーが法廷にいるようだ）が表示する事態 A が X を表示している。主体である Mary（メアリー）の様態が X に類似していることをこの文は表示している。すなわち、メアリーは現実世界の過去の時区間においては法廷にはいなかったが、非現実世界の過去においては法廷にいたと表現することで、メアリーの言動に緊張が見られたということを比喩的に表示している。

第5節　接続法複合形（仮定法過去完了）

　接続法複合形は、非現実世界の過去の時区間で成立した事態を表示する。接続法単純形2式と同様に、条件節（前件）と主節（後件）によって構成される条件文に

第5節　接続法複合形（仮定法過去完了）　　633

おいて使用されるのが原則だが、非現実世界において事態が成立することを理解
させる状況がある場合には、条件節を伴わない場合もある。

① **条件節を伴わない主節**

(57) Zeus would have been angry with the corrupt town.
　　　ゼウスならその腐敗した町に怒りを覚えただろう。

(58) The talented sculptor couldn't have carved Michelangelo's David like it
　　　was then.
　　　その才能ある彫刻家でも、ミケランジェロのダビデ像を当時のように
　　　は彫ることができなかっただろう。

(59) The elephant in the zoo would have lived a happy life in Africa.
　　　アフリカでならその動物園のゾウは幸せな生活を送っただろう。

(60) A month ago, you could have seen more beautiful scenery than it is now.
　　　1か月前なら今よりもっと美しい景色が見られただろう。

(61) John would have got to the town before dark by a highway express bus.
　　　高速急行バスでなら、ジョンは暗くなる前にその町に着いていただろう。

　(57)が表示する事態 M の主体は Zeus（ゼウス）であって、これは古代ギリシ
ア神話の神であるから、非現実世界の過去の時区間において存在する個体である。
したがって、事態 M も非現実世界の過去の時区間において成立し、これを表示
するのが接続法複合形形態の動詞群 would have been である。

　(58)が表示する事態 M の主体は the talented sculptor（その才能ある彫刻家）で
あるから、現実世界に存在する個体である。副体である Michelangelo's David（ミ
ケランジェロのダビデ像）も現実世界に存在する個体であるが、事態 M の主体と
副体の間に carve（彫る）という関係は、現実世界では成立することはなく、非現
実世界においてのみ成立し、成立時区間は過去である。この関係が非現実世界に
おいても成立しなかったことを表示するのが、接続法複合形形態の couldn't
have carved である。

　(59)が表示する事態 M「その動物園のゾウが幸せな生活を送る」は現実世界
の任意の時区間において成立する可能性がある。しかし、この文で与えられてい
る成立空間は Africa（アフリカ）であって、現実世界の動物園ではない。したがっ
て、事態 M が成立するのは非現実世界であり、成立が過去の時区間であったこ
とを、接続法複合形形態の動詞群 would have lived が表示している。

　(60)が表示する事態 M「受信者が今よりもっと美しい景色を見る」は現実世
界の任意の時区間において成立する可能性がある。この文は、現在において受信
者が景色を見ていることを前提として使用されているが、事態 M が成立するの

は a month ago（1 か月前）であるから、現実世界の現在においては成立せず、非現実世界の過去の時区間において成立すると考えなければならない。このことを表示するのが、接続法複合形形態の動詞群 could have seen である。

　（61）が表示する事態 M「ジョンが暗くなる前にその町に着く」は現実世界の任意の時点で成立する可能性がある。事態 M が成立するための手段を表示するのが、名詞群 by a highway express bus（高速急行バスで）であるが、高速急行バスという手段を用いなければ、事態 M は現実世界の過去の時区間において成立していない。事態 M が成立しなかったという状況でこの文が使用されたのだとすると、事態 M がその手段を含めて成立するのは、非現実世界の過去の時点である。このことを表示するのが、接続法複合形形態の動詞群 would have got である。

② 条件節を伴う主節

ⅰ．条件節が if を伴う

　（62）If he had lived in ancient Greece, the philosopher would have wanted to be among Plato's disciples.

　　　もしその哲学者が古代ギリシアに生きていたら、彼はプラトンの弟子の 1 人になりたいと思っただろう。

　（63）If she had run the race, the runner could have reached the goal within three hours.

　　　もしその選手がそのレースを走っていたら、彼女は 3 時間以内にゴールに到着できていただろう。

　（64）If his theory had proved to be well-founded, the scientist would have won the Nobel prize.

　　　もしその科学者の理論に根拠があることが判明していたら、彼はノーベル賞を獲得していただろう。

　（62）の前件 P は「その哲学者が古代ギリシアに生きている」であり、後件 Q は「その哲学者がプラトンの弟子の 1 人になりたいと思う」である。条件節の動詞群 had lived と主節の動詞群 would have wanted のどちらもが接続法複合形形態であることから、P と Q はいずれも非現実世界の過去の時区間において成立する。現実世界において成立するのは、「P ならば Q」という事態が期待されていたが、その哲学者が古代ギリシアで生きておらず、彼がプラトンの弟子になりたいと思っていなかったという事態である。

　（63）の前件 P は「その選手がそのレースを走る」であり、後件 Q は「その選手が 3 時間以内にゴールに到着する」である。条件節の動詞群 had run と主節の

動詞群 could have reached のいずれもが接続法複合形形態であるから、P と Q は
いずれも非現実世界の過去の時区間において成立する。現実世界において成立す
るのは、「P ならば Q」という事態が期待されていたものの、その選手がそのレー
スを走っておらず、彼女が 3 時間以内にゴールに到着するという事態も成立しな
かったということである。

　(64) の前件 P は「その科学者の理論に根拠があることが判明する」であり、
後件 Q は「その科学者がノーベル賞を獲得する」であり、条件節の動詞群が
had proved、主節の動詞群が would have won という接続法複合形形態であるこ
とから、P と Q はいずれも非現実世界の過去の時区間において成立する。現実
世界では「P ならば Q」という事態が期待されていたが、実際に成立したのは、
その科学者の理論に根拠があることは判明せず、その科学者がノーベル賞を獲得
することはなかったという事態である。

ⅱ．条件節が if を伴わない

　条件節の先頭に助動詞 had が配置され「had ＋名詞句＋過去分詞」という構造
を取る場合、この構造で条件節を構成し、条件文の前件を表示する。

　(65) Had he been alive, the emperor would have opposed the prime minister.
　　　　もし皇帝が生きていたら、首相に反対していただろう。

　(66) Had it been finished, the palace would have covered a third of Rome.
　　　　完成されていたら、その宮殿はローマの 3 分の 1 を占めることになっ
　　　　ていただろう。

　(67) Had it not been for Caesar's invasion, the ancient manuscripts in the Al-
　　　　exandrian Library would have survived much longer.
　　　　カエサルの侵入がなかったら、アレクサンドリア図書館の古い写本は
　　　　もっとずっと長く保存されていただろうに。

　(65) では had he been alive が条件節であり、前件 P「もし皇帝が生きていたら」
を表示する。主節が表示する後件 Q は「皇帝が首相に反対した」である。条件
節の動詞群 had been と主節の動詞群 would have opposed が接続法複合形形態な
ので、前件と後件はいずれも非現実世界の過去の時区間において成立する。現実
世界では、「皇帝が生きていて首相に反対する」という事態が期待されていたが、
実際に成立したのは「皇帝が生きていなくて、皇帝が首相に反対することもなかっ
た」という事態である。

　(66) では had it been finished が条件節であり、前件 P「その宮殿が完成されて
いたら」を表示する。主節が表示する後件 Q は「その宮殿がローマの 3 分の 1
を占めた」である。条件節の動詞群 had been finished と主節の動詞群 would

have covered が接続法複合形形態なので、PとQはいずれも非現実世界の過去の時区間において成立する。現実世界では、「その宮殿が完成されて、ローマの3分の1を占める」という事態が期待されていたが、実際に成立したのは「その宮殿が完成されず、ローマの3分の1を占めることもなかった」という事態である。

　(67)の「had it not been for＋名詞句」は慣用句であり、非現実世界の過去の時区間において、名詞句が表示する事物が存在しなかったらという、条件節の前件を表示する。前件と後件は、どちらも非現実世界の過去の時区間において成立する。現実世界では「カエサルの侵入がなく、アレクサンドリア図書館の古い写本がもっとずっと長く保存される」という事態が期待されていたが、実際に成立したのは「カエサルが侵入して、アレクサンドリア図書館の古い写本は長くは保存されなかった」という事態である。

ⅲ．前件が条件節以外の語句で表示される

(68) People would have been angry with the government to know how officials were wasting the budget.
役人たちがどんなに予算を無駄遣いしているかを知ったら、人々は政府に腹を立てただろう。

(69) Anybody might have caught cold standing in the chilly wind too long.
冷たい風の中であまりに長い間立っていたら誰でも風邪を引いたかもしれない。

(70) By providing a new source of income, lower tariffs could have been permitted.
新しい収入源を供給することで、もっと低い関税が認められていたかもしれない。

(71) But for ［Without］ the relativity theory, exact understanding of the universe would have been impossible.
相対性理論がなければ、宇宙の正確な理解は不可能だっただろう。

　(68)の主節が表示する事態M「人々が政府に腹を立てる」は非現実世界の過去の時区間において成立する。不定詞節 to know how officials were wasting the budget が表示する事態Ⅰ「役人たちがどれくらい予算を無駄遣いしているかを人々が知る」は、事態Mが成立する原因だと考えることができて、事態Mは現実世界では成立していないのだから、事態Ⅰが条件文の前件、事態Mが条件文の後件であり、事態Ⅰも非現実世界の過去の時区間において成立する。現実世界においては、「役人たちの無駄遣いを知って人々が政府に腹を立てる」という事態が期待されていたが、実際に成立したのは「人々が役人たちの無駄遣いを知ること

がなく、人々が政府に腹を立てることもなかった」という事態である。

　(69)の主節が表示する事態M「誰でも風邪を引く」は非現実世界の過去の時点において成立する。現在分詞節 standing in the chilly wind too long が表示する事態P「冷たい風の中で非常に長い間立つ」は、事態Mが成立する原因だと理解され、事態Mは現実世界では成立していないから、事態Pが条件文の前件、事態Mが条件文の後件だと考えられ、事態Pも非現実世界の過去の時区間において成立する。現実世界においては、「冷たい風の中で長く立っていて、誰もが風邪を引く」という事態が期待されていたが、実際に成立したのは「誰も冷たい風の中で非常に長く立っていることはなく、誰も風邪を引かなかった」という事態である。

　(70)の主節が表示する事態M「もっと低い関税が認められる」は非現実世界の過去の時点において成立する。名詞群 by providing a new source of income が表示する事態N「新しい収入源を供給することによって」は、事態Mが成立する原因を表示し、事態Mは現実世界においては成立していないから、事態Nが条件文の前件、事態Mが条件文の後件であり、事態Nも非現実世界の過去の時区間において成立する。現実世界においては、「新しい収入源が供給され、もっと低い関税が認められる」という事態が期待されていたが、実際に成立したのは「新しい収入源が供給されず、もっと低い関税が認められなかった」という事態である。

　(71)の「but for + 名詞句」は慣用表現であり、名詞句が表示する事物がなければという条件文の前件に当たる事態Nを表示する。but for を without に置き換えることも可能である。主節の事態M「宇宙の正確な理解が不可能だ」は非現実世界の過去の時区間において成立しており、条件文の後件を構成するので、事態Nも非現実世界の過去の時区間において成立する。現実世界においては「相対性理論がなくて、宇宙の正確な理解が不可能だ」という事態が期待されていたが、実際に成立したのは「相対性理論があって、宇宙の正確な理解が可能になった」という事態である。

③ 従属節

ⅰ．副体名詞節

(72) I wish I had been a harder worker during my college years.
　　　大学時代もっと熱心に勉強しておけばよかったと思う。

(73) John wished his parents had lived longer enough to see their grandchildren.
　　　両親がもっと長生きして孫を見られたらよかったのにとジョンは思っ

た。

(74) I would rather that I had visited the National Gallery before I left London.

ロンドンを発つ前に国立美術館を訪ねておけばよかったと思う。

(72)の副体名詞節の動詞群は had been という接続法複合形形態であるから、この名詞節が表示する事態 N「発信者が大学時代にもっと熱心に勉強した」は、非現実世界において成立する。主節が I wish であって、主節の事態 M は現実世界の現在において成立するから、事態 N が成立するのは過去の時区間である。現実世界で成立したのは「発信者が大学時代にあまり熱心に勉強しなかった」という事態である。

(73)の副体名詞節の動詞群 had lived は接続法複合形形態であるから、この名詞節が表示する事態 N「ジョンの両親がもっと長生きして孫を見られた」は非現実世界において成立する。主節が John wished であって、主節の事態 M は現実世界の過去の時区間 p で成立するから、事態 N が成立するのは、p に先行する過去の時区間である。現実世界で成立したのは「ジョンの両親がもっと長生きできず、孫を見ることができなかった」という事態である。

(74)の副体名詞節の動詞群 had visited は接続法複合形形態であり、この名詞節が表示する事態 N「発信者がロンドンを発つ前に国立美術館を訪ねる」は非現実世界において成立する。主節が I would rather であって、主節の事態 M は現実世界の現在において成立するから、事態 N は過去の時区間において成立する。現実世界において成立したのは「発信者がロンドンを発つ前に国立美術館を訪ねなかった」という事態である。

主節の動詞が wish である場合には、副体名詞節中の接続法の形態は、従属節で使用される形態だけでなく、主節で使用される形態も使用することができる。

(72′) I wish I would have been a harder worker during my college years.

(73′) John wished his parents would have lived longer enough to see their grandchildren.

主節が would rather である場合には、副体名詞節中の動詞群が主節で使用される接続法形態を取ることはできない。

(74′) ×I would rather that I would have visited the National Gallery before I left London.

ⅱ. 関係節

慣用的表現 it is (high/about) time に後続する関係節中で、関係節中の事態 R が非現実世界の過去の時区間で成立したこと、すなわち、事態 R が現実世界の

第5節　接続法複合形（仮定法過去完了）　　639

過去の時区間で成立することが望ましかったことを表示するために、接続法複合形形態を使用することができる。

(75) It's (about) time we had started planning our vacation.
　　休暇の計画を立て始めていてもいい時だ。

(76) It was high time the secret had been revealed to public.
　　その秘密が公に明らかにされていてもいい時だった。

(75)の関係節が表示する事態 R「発信者たちが休暇の計画を立て始める」が成立するのは非現実世界であり、主節が成立する現在に先行する過去の時点において成立する。現実世界において成立するのは「発信者たちが休暇の計画を立て始めていない」という事態であり、事態 R の現実世界での成立が現在において望まれている。

(76)の関係節が表示する事態 R「その秘密が公に明らかにされる」は、非現実世界の過去の時点において成立する。現実世界において成立するのは「その秘密が公に明らかにされていない」であり、事態 R の成立が、過去において望まれていた。

it's (high/about) time に後続する関係節中では、従属節中の接続法複合形形態だけでなく、主節中の接続法複合形形態も使用される。

(75′) It's (about) time we would have started planning our vacation.

(76′) It was high time the secret would have been revealed to public.

iii. 副詞節

(77) Mary knows things French very well as if [though] she had lived there for many years.
　　メアリーは、フランスに長年住んだことがあるかのように、フランスの物事をとてもよく知っている。

(78) It seems as if a hurricane had attacked this town.
　　この町をまるでハリケーンが襲ったかのように見える。

(79) The man looked as happy as if he had won the lottery.
　　その男はまるで宝くじにでも当たったかのように幸せそうに見えた。

(77)の主節が表示する事態 M は「メアリーがフランスの物事をとてもよく知っている」であり、副詞節が表示する事態 A は「メアリーが長年フランスに住む」であって、副詞節の動詞群が had lived という接続法複合形形態なので、事態 A は非現実世界の過去の時区間において成立している。事態 M の成立が事態 A の現実世界での成立を含意するが、実際には事態 A は非現実世界においてしか成立していないことから、メアリーのフランスに関する知識が非常に詳細で正確だ

ということが比喩的に表示される。

　(78)の主節が表示する事態は「状況がXのように見える」であって、副詞節は「Xはハリケーンがこの町を襲ったという事態だ」という事態Aを表示する。副詞節の動詞群 had attacked は接続法複合形形態であるから、Aは非現実世界の過去の時区間において成立する。現実世界ではXは成立していないから、ハリケーンに襲われたのと同じ程度の損傷がその町にもたらされたという事態を、この文が表示しているものと理解される。

　(79)の主節が表示する事態Mは「その男がXに見えた」であり、副詞節は「Xはその男が宝くじに当たった時と同じ程度に幸福だ」という事態Aを表示する。副詞節の動詞群 had won は接続法複合形形態であり、事態Mは過去の時区間pにおいて成立するから、事態Aはpに先行する過去の時区間において成立する。現実世界ではXは成立していないから、宝くじが当たった時に感じる幸福感と同程度の幸福感をその男が感じていたという事態を、この文は表示している。

　接続詞が as if [though]の場合、副詞節の動詞群の接続法形態は、主節が要求する形態を使用することも可能である。

(77′) Mary knows things French very well as if [though] she would have lived there for many years.

(78′) It seems as if a hurricane would have attacked this town.

(79′) The man looked as happy as if he would have won the lottery.

第17章　形容詞

第1節　形容詞の性質
① 尺度の平均値を基準とする形容詞

　形容詞は事物の集合を表示する。基本的な形容詞が表示する集合は、ある特性の尺度に関して設定された基準を上回るか下回る値を示す事物の集合である。基準を設定するためには、特性を持つ事物の集合をあらかじめ選択しておく必要がある。その選択された事物の集合が持つある特性に関して、基準を上回る値か下回る値を示す集合を表示するのが形容詞である。

　このような特性を持つ形容詞は、large（大きい）—small（小さい）、high（高い）—low（低い）のように、基準を上回る値を示すものと、基準を下回る値を示すものの組が存在するのが原則である。

(1) a. Mary lives in a large city.　メアリーは大きな町に住んでいる。
　　b. Mary lives in a small city.　メアリーは小さな町に住んでいる。

(2) a. John was tall when he was in the kindergarten.
　　　幼稚園にいる頃、ジョンは背が高かった。
　　b. John was small when he was in the kindergarten
　　　幼稚園にいる頃、ジョンは背が低かった。

(3) a. Mary answered an easy question.　メアリーはやさしい問題を解いた。
　　b. Mary answered a difficult question.　メアリーは難しい問題を解いた。

(4) a. The situation we are now in is very easy.
　　　私たちが今いる状況はとても楽だ。
　　b. The situation we are now in is very hard.
　　　私たちが今いる状況はとても困難だ。

　(1a) の形容詞 large（大きい）は city（町）とともに名詞句を形成している。この名詞句が表示するのは、町である個体の集合のうち、「大きさ」（largeness）という尺度について、ある基準を超える値を示す個体によって形成される部分集合である。

　この文には基準を明示する語句はないが、この場合に基準を与えるのは、名詞が表示する事物の集合について、形容詞が表示する特性に関する平均値である。ある地域にある町の人口の平均値を p とすれば、この文の形容詞 large が表示す

るのは、p 以上の個数を持つ個体の集合であり、名詞句 large city は、p 以上の個数を持つ個体の集合と町の集合の共通部分を表示する。

(1b)については、形容詞 small (小さい)が city (町)とともに名詞句を構成していることから、small は、個数が p 以下の個体の集合を表示するものと理解される。

(2a)の tall は事態の副体であり、主体は John (ジョン)という人間であるから、人間である主体が tall の表示する個体集合に包含されるという事態を、この文は表示する。したがって、tall が表示するのは、人間の平均的な身長を基準として、その値を超える高さを持つ個体の集合だということになるが、when he was in the kindergarten (ジョンが幼稚園にいる時)という副詞節があるので、基準を与えるのは幼稚園児の平均的な身長 t である。t を 140 センチだとすれば、tall が表示するのは高さが 140 センチ以上の個体の集合だということになる。

(2b)の形容詞 small (小さい)については、幼稚園児の身長の平均値である 140 センチを下回る高さを示す個体の集合 S を表示し、この文が表示する事態は、「ジョンは幼稚園にいる時集合 S の要素だった」である。

(3a)の形容詞 easy (やさしい)は、名詞 question (問題)とともに名詞句を形成している。この名詞句が表示するのは、問題である事態の集合のうち、「容易さ」(easiness)という尺度について、その平均値を超える値を示す問題を要素とする部分集合である。「容易さ」は解決に至るまでの過程の円滑さのことであるが、容易さの尺度 e を、高さや重さのように数値化することは、日常生活では行われない。したがって、e は主観的に設定されることになる。

この文中の easy は、問題である事態の集合に関して設定された容易さの尺度の平均値 a(e) を超える値を示す事態の集合を表示する。

(3b)では、形容詞 difficult (難しい)は、問題である事態の集合に関して設定されている容易さの尺度の平均値 a(e) を下回る値を示す事態の集合を表示しており、difficult question は、問題である事態の集合のうち、値 a(e) に関して、これよりも低い値を持つ問題によって構成される部分集合を表示する。

tall (高い)や heavy (重い)などの形容詞が表示する高さや重さの尺度は数値化することが可能であるため、尺度を適用する事物の集合と平均の数値が決定されれば、これらの形容詞は数値の集合として与えられる。これに対し、easy (やさしい)、good (よい)、clean (綺麗な)などの形容詞が表示する「容易さ」「よさ」「清潔さ」などの尺度は数値化に馴染まないため、これらの尺度が適用される事物の集合のうち、尺度の平均を超える特性を持つと判断される事物が構成する部分集合を表示することになる。

(4a)の形容詞 easy は事態の副体であり、主体は the situation we are now in (発

第 1 節　形容詞の性質　　　643

信者たちが今いる状況)である。したがって、この形容詞は状況の容易さに関する尺度の平均値よりも大きい値を示す状況である事態の集合を表示する。

　この文では形容詞の前に very (非常に) という副詞が配置されているので、very easy によって、状況の容易さの程度が平均値を大きく上回る状況の集合を表示しているものと理解される。

　(4b) の形容詞 hard は、状況である事態の集合に関して、容易さの程度が平均値を下回る要素によって構成される部分集合を表示している。したがってこの文は、発信者たちが今いる状況が、状況である事態の容易さに関して平均値を大きく下回る要素が構成する部分集合に含まれるという事態を表示する。

　形容詞が表示する特性の尺度について、平均値を基準とせず、異なった事物の同じ特性の程度が基準となる場合は、第 19 章で解説する比較の形態が使用される。

　(5) a. Mary lives in a larger city than mine.

　　　　　メアリーは私の町より大きな町に住んでいる。

　　　b. The city Mary lives in is larger than mine.

　　　　　メアリーが住んでいる町は私の町より大きい。

　(6) a. We are in a situation easier than before.

　　　　　私たちは以前よりも楽な状況にいる。

　　　b. The situation we are in is harder than ten years ago.

　　　　　私たちがいる状況は 10 年前より厳しい。

② 尺度の平均値が不明確な形容詞

　large (大きい) と small (小さい)、good (よい) と bad (悪い) のように、大きさやよさという特性の尺度の平均値に関して、それを上回る値を持つ事物の集合を表示する形態と、それを下回る値を持つ事物の集合を表示する異なった形態が反対語の組を構成しているのが、基本的形容詞である。

　これに対し、大多数の他の形容詞は、表示する特性の尺度の平均値を確定することが困難なものが多い。したがって、対立する反対語を持つ形容詞もあれば、そうでない形容詞もある。以下では、反対語を持つ形容詞と持たない形容詞の例をいくらかあげておく。

ⅰ. 反対語を持つ形容詞

　true (本当の)：false (嘘の)

　common (一般的な)：particular (特殊な)

　necessary (必然的な)：accidental, contingent (偶然的な)

　private (私的な)：official (公的な)

equal（等しい）：different（異なる）
active（能動的な）：passive（受動的な）
rural（田舎の）：urban（都会の）
abstract（抽象的な）：concrete（具体的な）
horizontal（水平の）：upright, perpendicular（垂直な）

ⅱ．反対語を持たない形容詞
　表示する特性の尺度に明確な平均値が存在しない形容詞は、平均値に関して逆の値を示す反対語を持つことはない。

a.　形状や色
round（丸い）, oval（卵形の）, square（正方形の）, rectangular（長方形の）, flat（平たい）
black（黒い）, white（白い）, red（赤い）, blue（青い）, yellow（黄色い）, green（緑の）

b.　材質
wooden（木製の）, metallic（金属製の）, ceramic（陶磁器の）, plastic（プラスチック製の）

c.　国籍・身分
English（イギリスの）, French（フランスの）, Chinese（中国の）, Egyptian（エジプトの）, Libyan（リビアの）, Cambodian（カンボジアの）, imperial（帝国の）, aristocratic（貴族の）, royal（王族の）

　反対語を持たない形容詞でも、表示する特性には程度性があるのが普通なので、これらの形容詞を用いた比較表現は可能である。

(7) I want a shirt more red than this.
　　私はこれよりもっと赤いシャツがほしい。

(8) The tiles were more ceramic than I had expected.
　　そのタイルは私が期待していたよりも陶磁器的だった。

第2節　形容詞が作る構造

　形容詞は、名詞とともに名詞句を構成し、名詞が表示する事物の集合を、形容詞が表示する特性の尺度によって限定する場合と、動詞 be などに後続する位置に配置されて事態の副体として機能する場合がある。

① 事物の集合を限定する

i．形容詞が名詞に先行する

形容詞が名詞とともに名詞句を構成する場合、形容詞は名詞に先行する位置に配置されるのが原則である。

(9) Brave firefighters rushed into the burning house without hesitation.
　　勇敢な消防士たちが燃えている家の中に躊躇せずに飛び込んで行った。

(10) There are eccentric plants in the botanical garden.
　　その植物園には風変わりな植物がある。

(11) The monks dreamed to create a paradise in the remote island off the coast.
　　その修道士たちは海岸から遠く離れた島に楽園を作り上げることを夢見た。

(9)の名詞句 brave firefighters（勇敢な消防士たち）は「形容詞 brave + 名詞 firefighters」という構造を持ち、事態の主体である個体集合を表示する。この名詞句は、消防士である個体の集合のうちで、人間の勇敢さの尺度という観点から見て、その平均値だと考えられる値以上の値を示す部分集合を表示している。

(10)の名詞句 eccentric plants（風変わりな植物）は「形容詞 eccentric + 名詞 plants」という構造を持ち、事態の主体である個体の集合を表示する。この名詞句は、植物である個体の集合のうちで、植物の風変わりさの尺度という観点から見て、その平均値だと想定される以上の値を示す部分集合を表示する。

同じ文の名詞句 botanical garden（植物園）は「形容詞 botanical + 名詞 garden」という構造を持ち、前置詞 in とともに名詞群を形成している。形容詞 botanical が「植物学の」という特性を表す場合、この特性に程度性は認められないが、「植物性の」という特性を表す場合には程度性がある。この文中では前者の特性を表示するものとして使用されていると考えられるから程度性がなく、名詞句 botanical garden は、植物学に関わる事物の集合と庭園である個体の集合の共通部分を表示する。

(11)の名詞句 remote island（遠くの島）は「形容詞 remote + 名詞 island」という構造を持ち、前置詞 in とともに名詞群を形成する。この名詞句は、島である個体集合のうち、海岸から離れている程度という観点から見て、その平均値よりも大きな値を示す個体によって構成される部分集合を表示する。島が海岸から離れている程度の平均値は、通常は少なくとも数十キロ程度だと考えられる。

ii．形容詞が名詞に後続する

形容詞は構造上の条件で名詞に後続することがあり、また形容詞が名詞に後続

646　　第 17 章　形容詞

する慣用的表現もある。

(12) John is a scientist famous for his work in the field of physics.
　　　　ジョンは物理学の分野での業績で有名な科学者だ。

(13) The teacher gave us a question easy for everybody to answer.
　　　　その教師は私たちに、誰でも簡単に解ける問題を出した。

(14) I am looking for something interesting to enjoy with my children.
　　　　私は自分の子供たちと楽しめる何か面白いことを探している。

(15) This comedy of Mozart's embodies the late eighteenth-century fascina-
　　　　tion with things oriental.
　　　　モーツァルトのこの喜劇は、18 世紀後半の東洋の事物への興味を具体
　　　　化している。

(16) Escape was the only way possible for the people concerned.
　　　　関係者にとっては逃げることが唯一の方法だった。

(17) After the war, all the people alive were in a severe condition.
　　　　戦争の後、生きているすべての人々は厳しい状況にあった。

(12)では形容詞 famous (有名な) に関与する事物を名詞群 for his work in the field of physics (物理学の分野の業績によって)が表示しており、形容詞と名詞群には密接な関連がある。形容詞に名詞群が後続する構造の方がこの関係を容易に理解することができるため、この文では名詞 scientist に「形容詞＋名詞群」が後続している。

ただし、形容詞が名詞に先行するという通常の構造も可能である。

(12′) John is a famous scientist for his work in the field of physics.

(13)では形容詞 easy (容易な) が表示する question (問題)の容易さの程度を、不定詞節 for everybody to answer (誰もが解ける)が限定している。この密接な関係を表示するために、名詞 question の後に「形容詞 easy ＋不定詞節 for everybody to answer」という語群が配置される構造になっている。

ただし、形容詞が名詞に先行する構造も適格である。

(13′) The teacher gave us an easy question for everybody to answer.

(14)中の something のような不定代名詞に形容詞が付加される場合は、不定代名詞に後続する位置に配置されるのが原則である。ただし、「形容詞＋不定代名詞」という構造も許容される。

(14′) I am looking for (an) interesting something to enjoy with my children.

(18) a. I don't have anything special to show you.
　　　 b. I don't have (a) special anything to show you.
　　　　私にはあなたに見せる特別なものはない。

第2節　形容詞が作る構造　　　647

(19) a. Anyone talented is welcome to our company.

   b. (A) talented anyone is welcome to our company.

   才能のある人間なら誰でも我々の会社に歓迎する。

(15)中にあるような、「物事」を表す things も、形容詞が後続する構造を許容する。ただし、形容詞が先行する構造も適格である。

(15′) This comedy of Mozart's embodies the late eighteenth-century fascination with oriental things.

(16)中の possible のような、派生接辞 -able/-ible で終わる形容詞は、only や形容詞の最上級が名詞に先行する名詞句中にある時は、名詞に後続する位置に配置されることができる。ただし、possible が名詞の直前に配置される構造も適格である。

(16′) Escape was the only possible way for the people concerned.

(20) a. Mary was the best woman imaginable for John to marry.

   b. Mary was the best imaginable woman for John to marry.

   　メアリーはジョンの結婚相手として考えられる最良の女性だった。

(16)中の形容詞 concerned（関係した）は、people concerned（関係する人々）のように名詞に後続する位置に配置されることが多いが、名詞の前に置くのも適格な使用である。

(21) It is the responsibility of all concerned people and organizations to rectify this situation.

   　この状況を修正することは、関係するすべての人間と組織の責任だ。

(17)の alive（生きている）のような a- で始まる形容詞は、名詞句の要素となる場合には、名詞に後続することが多い。このような形容詞としては、以下のようなものがある。

alike（似ている）, asleep（眠っている）, awake（起きている）, aware（知っている）, afraid（怖がっている）, ablaze（燃えている、輝いている）, afloat（浮かんでいる）, aghast（びっくりしている）, ajar（少し開いている）, akin（同族の）

　ただし、これらの形容詞でも、名詞に先行する位置に配置することは可能である。

(22) His personality will make him seem to be among the most purely alive people on the planet.

   彼の人間性を知れば、彼はこの惑星で最も純粋に生きている人間の1人だと思えるだろう。

(23) The asleep congressmen failed to recognize the importance of the issue.

   眠っていた議員たちは、その議案の重要性を認識できなかった。

648 第17章 形容詞

(24) The alike animals have similar behaviors.
それらの似た動物たちは類似した行動をする。

iii. 名詞に先行する場合のみに特定の特性を表示する形容詞

名詞句を構成する形容詞は、名詞との位置関係によって表示する特性に変わりがないのが原則だが、名詞に先行する位置にある場合にのみ特別の特性を表示する形容詞がある。

(25) a. Eaton is the Prime Minister's old school.
イートン校は首相の母校だ。

b. The old school building has recently been refurbished.
その古い校舎は最近改装された。

c. The man has a jacket seemingly too old to wear.
その男は古すぎて着られないように見える上着を持っている。

(26) a. Some traditionalists wanted a statue of the late queen on a marble plinth.
伝統主義者の中には、最近亡くなった女王の像を大理石の台座の上に立てたいと望んでいる者もいた。

b. In late years, the concept of open innovation receives attention from industry and academic.
近年では、開かれた革新という考え方が産業界や学界からの関心を受けている。

c. Mary stood in the snow waiting for the late train to Manhattan.
メアリーは雪の中に立って遅れているマンハッタン行きの列車を待っていた。

d. I was annoyed at the bus already ten minutes late.
すでに10分遅れているバスに私はいらいらしていた。

(27) a. The ballerina's complete performance charmed every spectator.
そのバレリーナの完璧な演技はすべての観客を魅了した。

b. John bought the complete works of Shakespeare from an online book-seller.
ジョンはオンラインの書店からシェイクスピアの全集を購入した。

c. Mary wants to rent an apartment complete with furniture.
メアリーは家具が全部揃ったアパートを借りたいと思っている。

(25a)の名詞句 old school は、母校、すなわち人が以前通っていた学校を表示する。old が「以前の」という意味を表すのは、old name (旧姓), old students (か

第 2 節　形容詞が作る構造　　　　649

つての学生たち), old Eatonian (イートン校出身者) などのように、名詞に先行する場合に限られる。

　(25b) の old は名詞句 school building (校舎) に先行しているが、建物に関する古さの尺度が平均値以上の値を示す個体の集合を表示するという、この形容詞が持つ通常の特性を表している。

　(25c) の old は名詞句 a jacket (上着) に後続する位置に配置されているが、上着に関する古さの尺度が平均値以上の値を示す個体の集合を表示するという、この形容詞が持つ通常の特性を表している。

　(26a) の名詞句 the late queen は「最近亡くなった女王」である個体を表示する。形容詞 late が名詞句に先行し、名詞が人間である個体を表示する場合には、「最近亡くなった、前任の」という特性を表示し、期待された時区間に後続する時区間において成立する、すなわち「遅れている」という通常表示される特性とは異なる。

　(26b) のように、late が years (年月), times (時代), war (戦争), news (ニュース) のような時区間や事態を表示する名詞に先行する位置にある場合は、「最近成立した」という特性を表示する。

　(26c) の名詞句 the late train は、列車であって、予定の時間よりも遅れて運行している個体を表示しており、これは late が表示する通常の特性に属している。

　(26d) の名詞句 the bus already ten minutes late では、形容詞 late が名詞句 the bus に後続する位置に配置されており、バスであって、予定の時間よりも 10 分遅れて運行している個体を表示している。この late も、期待される時区間よりも後に成立するという通常の特性を表示している。

　(27a) の名詞句 the ballerina's complete performance 中の complete は名詞 performance に先行する位置にあるが、この形容詞が通常表示する「全部揃っている」という特性ではなく、「完璧な」「非の打ち所がない」という特性を表示する。

　(27b) の名詞句 the complete works of Shakespeare 中の complete は「全部揃っている」という特性を表示し、したがってこの名詞句は、シェイクスピアの作品について、その全てによって構成される集合を表示する。

　(27c) の形容詞 complete は、この特性の限定に関与する事物を表示する名詞群 with furniture を後続させているため、名詞句 an apartment (アパート) に後続する位置に配置されている。この形容詞が表示する特性は、通常期待されるのと同一の「(家具が) 全部揃っている」である。

650 第 17 章　形容詞

iv．形容詞を含む名詞句の構造

a.　1 個の形容詞が名詞に先行する

冠詞、数量詞、1 個の形容詞を要素とし、形容詞が名詞に先行する名詞句の構造は以下のようになる。

名詞句＝数量詞（all, both）＋冠詞／属格（＋数量詞（all と both 以外））＋形容詞＋名詞＋X

(28) Sagarmatha National Park contains all the high mountains in the Everest region.
サガルマータ国立公園には、エベレスト地域のすべての高山がある。

(29) John's three smart daughters became successful and independent women.
ジョンの 3 人の賢い娘たちは成功し、独立した女性になった。

(30) They were asked to indicate if any relevant items were not included in the questionnaire.
関連する項目が質問票で漏れていないかどうか指摘するように彼らは依頼された。

(31) Horse stations were settled at every twenty Irish miles to provide rest for travelers.
旅行者に休憩を提供するために 20 アイルランドマイルごとに馬の駅が設置された。

(28)の名詞句 all the high mountains in the Everest region の構造は「数量詞 all ＋定冠詞＋形容詞 high ＋名詞 mountains ＋名詞群 in the Everest region」である。all the high mountains は、山である個体の集合のうち、山の高さという尺度について平均値以上の値を示す個体が形成する部分集合の全体を表示する。この文の場合、エベレスト級の山が集まった地域の山の高さが尺度を与えるから、その平均値は 7000 メートル程度だと考えられる。

(29)の名詞句 John's three smart daughters の構造は「名詞属格形 John's ＋数量詞 three ＋形容詞 smart ＋名詞」である。この名詞句は、娘である個体の集合のうち、人間の賢さという尺度について平均値以上の値を示す個体が形成する部分集合と、ジョンに関係する事物の集合の共通部分であり、要素の個数が 3 個であるものを表示する。

(30)の名詞句 any relevant items の構造は「数量詞 any ＋形容詞 relevant ＋名詞 items」である。この名詞句は、項目である事態の集合のうち、この文が表示する事態が形成する状況、すなわち質問票が要求すると想定される事態に関連する事態によって形成される部分集合に属する任意の要素を表示する。

第2節　形容詞が作る構造　　　651

　(31)の名詞句 every twenty Irish miles の構造は「数量詞 every＋数量詞 twenty＋形容詞 Irish＋名詞 miles」である。この名詞句は、マイルである個体の集合とアイルランドに関わる事物の集合の共通部分の集合で、個数が20個であるもので構成される集合の全部を表示する。

b.　複数個の形容詞が名詞に先行する

　名詞句を構成する形容詞が複数個あって、それらが名詞に先行している場合には、配列される順序には一定の傾向がある。

　名詞が表示する事物の特性で、材質や産地・出自などは事物が存在する限り不変的な要素であるが、色や形は変化する可能性があるし、発信者や社会が事物に与える評価には可変性がある。2個(時にそれ以上)の形容詞が並列される場合には、特性の不変性が高いほど、名詞に近い位置に配置される傾向がある。

　(32) The lady loved the gorgeous medieval wooden chairs in the restaurant.
　　　　その女性は、そのレストランにある豪華な中世の木製椅子が好きだった。

　(33) There were many fair-haired Swedish girls on the beach.
　　　　海岸には金髪のスウェーデン人の女の子たちがたくさんいた。

　(34) The book contains invaluable philosophical ideas to ponder.
　　　　その本には熟考すべき極めて貴重な哲学的考えが含まれている。

　(35) Europe suffered a terrible infectious disease in the seventeenth century.
　　　　17世紀にヨーロッパは恐ろしい伝染病に苦しんだ。

　(32)の名詞句 the gorgeous medieval wooden chairs では、gorgeous(豪華な), medieval(中世の), wooden(木製の)という3個の形容詞が名詞の前に配置されており、名詞 chairs(椅子)が表示する個体の特性を表示している。椅子である個体に関しては、材質はすぐに知覚可能な不変的特性であって、使用する場合にも最も重要な特性である。制作された年代も椅子にとっては不変的特性であるが、すぐに知覚できないという点で、材質よりは個体の本質との距離が大きい。豪華であるかそうでないかは、判断する人間によって変化しうる特性である。したがって、椅子という個体を構成する特性の不変性・本質性の程度は、wooden＞medieval＞gorgeous という順序であり、程度が大きい特性を表示する形容詞ほど名詞に近接する位置に配置されている。

　(33)の名詞句 many fair-haired Swedish girls では、数量詞 many に後続する位置で、fair-haired(金髪の)と Swedish(スウェーデン人の)という2個の形容詞が使用され、名詞 girls(女の子)が表示する個体の特性を表示している。女の子である個体に関しては、国籍や出自は不変的な特性である。髪の毛の色は、生まれつき決まっているものではあるが、年齢とともに変化するし、薬品を使って変化

させることもできる。したがって、特性の不変性という尺度では、Swedish の方
が fair-haired よりも上位に位置し、Swedish の方が名詞 girls に近接する位置に
配置されている。

（34）の名詞句 invaluable philosophical ideas では、名詞 ideas（考え）の前に、
invaluable（極めて貴重な）と philosophical（哲学的な）という 2 個の形容詞が配
置されている。考えである事態の特性としては、考えが属する分野は、観点によ
る変異はありうるものの、ほぼ不変的なものであると見なしてよい。一方、考え
に対する評価は、評価する人間や社会によって変動する可能性を常に秘めている。
したがって、idea である事態集合の特性に関しては、philosophical の方が in-
valuable よりも不変性が高く、このため philosophical の方が invaluable よりも
ideas に近い位置に置かれている。

（35）の名詞句 a terrible infectious disease では、名詞 disease（病気）に先行する
位置に形容詞 terrible（恐ろしい）と infectious（伝染性の）が配置されている。病
気である事態の特性として、伝染性があるかどうかは、病気の分類に関わる不変
的なものであるが、恐ろしいかどうかは、評価する人間に依存する変動的なもの
である。このことから、infectious の方が disease に近い位置に置かれている。

② 副体として機能する

形容詞は、包含関係を表示する動詞に後続する位置に配置されて副体として機
能し、主体である事物を包含する事物の集合を表示する。

形容詞が表示する事物の集合は、主体である事物の集合の特性に依存して決定
される場合とそうでない場合がある。

ⅰ．主体である事物の集合の特性に依存して形容詞が表示する集合が決定される

（36）France is large among the European countries.
ヨーロッパの国々の中でフランスは大きい。

（37）Mary thought the bags in the shop were expensive.
その店のバッグは高いとメアリーは思った。

（38）Socrates was considered to be dangerous to the state.
ソクラテスは国家にとって危険だと見なされていた。

（39）How hot is it today in Arizona?
アリゾナでは今日どれくらい暑いのだろうか。

（36）の形容詞 large は、大きさの尺度に関して基準値としての平均値以上の値
を表示する事物の集合を表示する。この文が表示する事態で平均値を与えるのは
the European countries が表示するヨーロッパ諸国であり、値は 20 万平方キロ程

第 2 節　形容詞が作る構造　　653

度だと想定される。形容詞 large が表示するのは、この値以上の面積を持つ国の
集合 L であり、この文はフランスが集合 L に含まれるという事態を表示する。
　基準を与えるのが平均値ではない場合には、基準値を超える値を持つ事物の集
合を表示するために比較級形 larger が用いられる。

　　(36′) France is larger than Italy.
　　　　　　フランスはイタリアより大きい。

　この文は、大きさという尺度に関して、イタリアの大きさ(面積)を基準として、
フランスがそれよりも大きな値を示すという事態を表示している。

　(37)の形容詞 expensive は、値段の高さの尺度に関して基準値としての平均値
以上の値を持つ事物の集合を表示する。この文が表示する事態に関して平均値 b
を与えるのは、メアリーが買うことのできるバッグの価格であるが、この値はメ
アリーの収入や嗜好に左右される。仮に b を 10 万円だとしておくと、形容詞
expensive が表示するのは、価格が 10 万円以上のバッグの集合 B であり、この
文はその店で販売されているバッグの集合が集合 B に含まれるとメアリーが思っ
たという事態を表示する。

　基準を与えるのが平均値ではない場合には、基準値を超える値を持つ事物の集
合を表示するために、比較級形 more expensive が用いられる。

　　(37′) Mary thought her bag was more expensive than her sister's.
　　　　　　自分のバッグは妹のバッグより高いとメアリーは思った。

　(37′)は、価格の高さに関して、基準値を与えるのがメアリーの妹のバッグの
価格であり、その基準値よりもメアリーのバッグの価格が高かったという事態を
表示している。

　(38)の形容詞 dangerous は、危険さの尺度に関して、基準値としての平均値以
上の値を持つ事物の集合を表示する。この文が表示する事態に関して平均値 d を
与えるのは、人間や人間の思想・行動が人間や組織に対して害を与える可能性の
程度であり、形容詞 dangerous が表示するのは、人間である個体のうち、平均値
d を超える値を持つ個体によって構成される部分集合 D である。この文は、主
体であるソクラテスがこの部分集合 D に含まれると見なされていたという事態
を表示する。

　基準を与えるのが平均値でない場合には、基準値を超える値を持つ事物の集合
を表示するために、比較級形 more dangerous が用いられる。

　　(38′) Socrates was considered to be more dangerous than Alcibiades.
　　　　　　ソクラテスはアルキビアデスよりも危険だと見なされていた。

　(38′)で危険さの程度の基準値を与えるのは、アルキビアデスの危険さ d(a) で
あり、ソクラテスの危険さが d(a) よりも大きかったことをこの文は表している。

654 　第 17 章　形容詞

　(39)の形容詞 hot は、暑さの尺度を表示するが、疑問詞 how が先行しているので、暑さの尺度を表示する値としての任意の気温を表示し、発信者が受信者に対して、今日のアリゾナにおける気温の値を明示することを、この文によって要請しているものと理解される。

ⅱ . 主体である事物の集合の特性に依存しないで形容詞が表示する集合が決定される

　(40)　The box is rectangular, like a big breakfast cereal box.
　　　　その箱は、大きな朝食用シリアルの箱のような四角形だ。

　(41)　The lush palm trees made the terrain seem tropical.
　　　　生い茂った椰子の木のせいで、その土地は熱帯のように見えた。

　(42)　Only ten percent of meteors are metallic, most being stony.
　　　　隕石の 10% だけが金属質で、大抵は岩石でできている。

　(43)　How white is the jacket you bought?
　　　　君が買った上着はどれくらい白いのか。

　(40)の形容詞 rectangular（四角形の）が表示する事物の集合は一意的に決定され、主体である事物の特性には依存しない。したがって the box is rectangular は、箱である個体の集合と四角形である個体の集合の共通部分に属する定の個体を表示する。

　(41)の形容詞 tropical（熱帯の）が表示する事物の集合は一意的に決定され、主体である事物の特性には依存しない。したがってこの文中の準名詞節 the terrain seem tropical は、その土地である個体が熱帯に属する事物の集合に包含されるように見えるという事態を表示する。

　(42)の形容詞 metallic（金属製の）が表示する事物の集合は一意的に決定され、主体である事物の特性には依存しない。したがってこの文の主節は、隕石である個体集合の 10% が、金属質である個体の集合に包含されるという事態を表示する。現在分詞節 most being stony 中の stony も個体の材質を表示する形容詞であり、表示する個体の集合は他の要素に依存せずに決定される。したがってこの節は、隕石である個体集合の大部分が、岩石質である個体の集合に包含されるという事態を表示する。

　(43)の形容詞 white は白い色の個体の集合を表示するから、集合は一意的に決定される。この文では white に疑問詞 how が先行しており、how white は、白い色の尺度に関して、その尺度中の任意の値を表示する。この文では、受信者が買った上着の、この尺度中での値を与えることを、発信者が受信者に要求している。

　このように、表示する集合が、主体や状況などの要素に依存せずに一意的に決

定される形容詞についても、尺度に関する程度性の違いはある。したがって、基準となる値を超える値を主体である事物が表示する場合には、比較級形も適格に使用される。

　　（40′）High-definition TVs are more rectangular than their analog counterparts.
　　　　　高精細度テレビは、対応するアナログテレビよりも角ばっている。

　　（41′）In the afternoon, the mood was more tropical than in the morning.
　　　　　午後になると、雰囲気は朝よりもっと熱帯風になった。

　　（42′）The star is twice metallic than the sun.
　　　　　その星は太陽の 2 倍金属量が多い。

　（40′）では形容詞 rectangular が使用されているので、主体である high-definition TVs（高精細度テレビ）の四角さの程度が問題になっている。この尺度に関して基準値を与えるのは their analog counterparts（高精細度テレビに対応するアナログテレビ）の四角さ r(a) であり、この文は、主体である高精細度テレビの四角さ r(h) が、r(a) を上回るという事態を表示している。

　（41′）では形容詞 tropical が使用されているので、主体である the mood（雰囲気）の熱帯風である程度が問題になっている。この尺度に関して基準値を与えるのは、朝の時間帯での熱帯風の雰囲気の程度 t(m) であり、この文は、主体である雰囲気の、午後の時間帯での熱帯風の程度 t(a) が、t(m) を上回るという事態を表示している。

　（42′）では形容詞 metallic が使用されているので、主体である the star（その星）の金属量の程度が問題になっている。この尺度に関して基準値を与えるのは、the sun（太陽）の金属量の程度 m(s) であり、この文は、主体であるその星の金属量の程度 m(t) が m(s) を上回り、m(t) の値が m(s) の値の 2 倍であることを表示している。

第 3 節　形容詞の名詞的機能

　形容詞は、事物の集合を表示するという点では名詞と同じ性質を持つ。ただし、名詞と異なり、どの事物の集合が選択されているのかが分からなければ、形容詞が表示する集合を決定することはできない。

　しかし、どの事物の集合についての特性を表示するのかが明示的である場合には、形容詞に定冠詞を付加することによって、形容詞が表す特性を持つ事物の集合全体を表示することができる。

① ある特性を持つ人間の集合全体

　人間の特性を表示する形容詞に定冠詞が付加されると、この「the ＋ 形容詞」

が名詞句として機能し、その特性を持つ人間の集合全体を表示する。集合全体の個数は1個であるが、それを構成する人間は複数であるから、この場合の名詞句は複数個の個体を表示するものとして扱われる。

(44) The rich pay more tax than the poor.
金持ちは貧乏人よりもたくさん税金を払っている。

(45) It has to be pointed out that the wise have rarely been rich and the rich have rarely been kind.
指摘されなければならないのは、賢い人間が金持ちであったことは稀であり、金持ちが親切であったことも稀だということだ。

(46) The noble's duty is not to pity the oppressed but to protect them.
高貴な人々の義務は虐げられている人々を憐れむことではなく彼らを保護することだ。

(47) The long war against the English, fought almost entirely in France, benefited few.
イギリス人たちに対する長い戦争は、ほとんど全部がフランスで戦われたのだが、ほとんど誰にも利益をもたらさなかった。

(44)の形容詞 rich には定冠詞 the が先行しているが、後続するのは動詞群 pay なので、the rich だけで名詞句を形成していることが分かる。動詞 pay は「主体が副体を支払う」という事態を表示し、主体は通常は意志を有する人間なので、名詞句 the rich は、人間の集合の中で豊かさという尺度で平均値以上の値を持つ個体の集合、すなわち「金持ちの人間たち」を表示するものと理解される。the poor についても同様に、「定冠詞＋形容詞」で名詞句を形成し、人間である個体の集合のうちで、貧しさの尺度に関して平均値以上の値を持つ個体が形成する部分集合、すなわち「貧しい人間たち」を表示するものと理解される。

(45)では the wise が名詞句として機能しており、wise（賢い）が表示する特性を持つのは通常は人間であるから、この名詞句は、人間である個体の集合のうち、賢さの尺度に関して平均値以上の値を持つ個体を要素とする部分集合、すなわち賢い人々を表示するものと理解される。次の名詞句 the rich については、(44)にある同じ名詞句と同様に「金持ちの人間たち」を表示する。

(46)の the noble は、これだけで名詞句として機能しており、noble（高貴な）が表示する特性を持つのは通常は人間だから、この名詞句は、形容詞が表示する特性の原則に従うならば、人間である個体の集合のうち、高貴さの尺度に関して平均値以上の値をもつ個体が形成する部分集合を表示することになる。ただ、この文の主体を表示する名詞句は the noble's duty であり、the noble には人間の社会階層に関わる特性が含まれているものと考えなければならない。したがってこ

の文における the noble は、「高貴な人々」すなわち貴族階級に属する人間を表示するものと理解される。

　同じ文中の the oppressed も、人間である個体の集合のうち、抑圧されているという尺度に関して平均値以上の値を持つ個体によって構成される部分集合を表示するのが原則だが、先行する名詞句が表示する貴族階級に対して、虐げられている人々が構成する階級、すなわち被抑圧階級の人々を表示するものと理解される。

　(47)の the English は、前置詞 against に先行され、名詞句が後続していないので、これだけで名詞句を形成している。English は国籍を表示する形容詞で、表示する事物は一意的に決定され、名詞群 against the English に名詞句 the long war（長い戦争）が先行していることから、この形容詞は人間の集合、すなわちイギリス人である個体の集合を表示することが分かる。

　the English は複数の個体を表示するものとして扱われ、the Japanese（日本人），the Chinese（中国人），the French（フランス人），the Dutch（オランダ人），the Irish（アイルランド人），the Swedish（スウェーデン人）のように、形容詞の語末が sh, se, ch であるものについては、「the＋国籍名の形容詞」で複数の個体を表示する。

　一方、American（アメリカ人），Italian（イタリア人），German（ドイツ人），Russian（ロシア人），Canadian（カナダ人），Mexican（メキシコ人），Indonesian（インドネシア人）のように語末が n、Iraqi（イラク人），Israeli（イスラエル人），Kuwaiti（クウェート人），Bangladeshi（バングラデシュ人），Afghani（アフガニスタン人），Nepali（ネパール人）のように語末が i、あるいは Greek（ギリシア人），Cypriot（キプロス人），Czech（チェコ人），Argentine（アルゼンチン人）のような語末が他の子音である国籍形容詞に定冠詞が付加されて名詞句を形成する場合は、これらの国籍を持つ人間の集合を表示する場合、the Americans のように s を付加して複数であることを形態的に明示しなければならない。

(48)　○The Italians are proud of their ancient cultures.
　　　×The Italian are proud of their ancient cultures.
　　　イタリア人は自国の古代文化を誇りに思っている。

(49)　○The Israelis live in Israel and speak Hebrew.
　　　×The Israeli live in Israel and speak Hebrew.
　　　イスラエル人はイスラエルに住んでヘブライ語を話している。

② ある特性を持つ事態の集合全体

　事態の特性を表示する形容詞に定冠詞を付加することにより、その特性を持つ事態の集合全体を表示することができる。この集合に属する事態は同一の特性を

持つから、集合は均質抽象名詞と同様であり、この場合の「the＋形容詞」が形成する名詞句は単数として扱われる。

(50) The politician made people feel that the impossible was possible.
その政治家は、不可能なことが可能だと人々に感じさせた。

(51) I think it is important to love the beautiful and the normal.
美しいものや普通のものを愛することが大切だと私は思う。

(52) We must always imagine the unnatural if we want to protect our environment.
自分たちの環境を守りたいと思うならば、我々はいつも自然ではないものを想像しなければならない。

(53) They can no longer distinguish the good from the evil and are thus unable to establish a modus vivendi among different values.
彼らはもはやよいことと悪いことの区別をつけられないようになっており、したがって異なった価値観の間で一時的な妥協に達することもできない。

(50)の the impossible は、事態の集合の中で、不可能であると判断される程度に関して、平均値よりも大きな値を持つ事態によって構成される部分集合を表示する。不可能である事態の集合全体を表示する点で、the impossible は均質抽象名詞 impossibility と同様であり、この名詞句が表示する集合は、動詞群 was の使用によって明らかなように、単数として扱われる。

(51)の the beautiful と the normal は、事態の集合の中で、美しいと判断される程度、普通だと判断される程度に関して、平均値よりも大きな値を持つ事態によって構成される部分集合を表示する。美しい事態、普通の事態の集合全体を表示する点で、これらの名詞句は均質抽象名詞 beauty, normality と同様である。

(52)の the unnatural は、事態の集合の中で、不自然であると判断される程度に関して、平均値よりも大きな値を示す事態によって構成される部分集合を表示する。不自然である事態の集合全体を表示する点で、the unnatural は均質抽象名詞 unnaturalness と同様である。

(53)の the good と the evil は、事態の集合の中で、よいまたは悪いと判断される程度に関して、平均値よりも大きな値を持つ事態によって構成される部分集合を表示する。good はよさの程度の平均値よりも上の値を持つ事態の集合、evil はよさの程度の平均値よりも下の値を持つ事態の集合であるから、the good と the evil は、よさという尺度に関して、事態の集合全体を二分することになっている。the good と the evil は、均質抽象名詞 goodness, evilness と同様の性質を持つ。

第 18 章　副詞

第 1 節　副詞の性質と分類

　副詞は事態を構成する要素のうち、名詞が表示する事物の集合以外の要素の特性を限定する働きをする。事態を構成する要素の中核は、事物の集合とそれらの間の関係であるが、事態全体に関わる要素として、成立時区間、成立空間、成立可能性、また事態に対する発信者の評価がある。事物の集合のうち、何らかの尺度に関係せずに一意的に決定されるもの以外の要素は、副詞によってその特性が表示される。

　副詞が表示する要素の特性は、何らかの尺度に関する程度性を持つものと、程度性を持たないものに区別される。

① 程度性を持つ特性を表示する副詞

ⅰ．事態に対する発信者の評価

a.　事態に対する判断

naturally（当然に）, rightly（正しく）, surprisingly（驚くべきことに）, hopefully（望ましくは）, expectedly（予想されるように）, reportedly（伝えられるところでは）, seemingly（見たところ）, supposedly（考えられるところでは）

b.　事態を伝達する前提

theoretically（理論的には）, hypothetically（仮定では）, specifically（具体的に言えば）, frankly（率直に言えば）, personally（個人的には）, seriously（真面目な話だが）

ⅱ．関係

a.　事態の成立過程

well（よく、上手に）, easily（容易に）, hard（熱心に）, eagerly（熱心に）, carefully（注意して）, quietly（静かに）, clearly（はっきりと）, closely（綿密に）, directly（直接に）, firmly（しっかりと）, gently（優しく）, lightly（軽く）, separately（別々に）, automatically（自動的に）, knowingly（わざと）, freely（自由に）, openly（公然と）, strictly（厳格に）

b.　事態成立の結果

effectively（効果的に）, properly（適切に）, exactly（正確に）, precisely（正確に）,

correctly（正しく）, fully（十分に）, altogether（全く）, utterly（全く）, totally（すっかり）, perfectly（完全に）, completely（完全に）, thoroughly（徹底的に）, wholly（全面的に）, partially（部分的に）, evenly（均等に）

iii．程度性のある特性を持つ事物の特性の程度
a．任意の尺度に関する程度
very（とても）, almost（ほとんど）, nearly（ほとんど）, quite（非常に）, pretty（とても）, largely（大部分は）, increasingly（だんだんと）, slightly（少し）, partly（幾分か）

b．特定の尺度に関する程度
fast（速く）, slowly（ゆっくり）, quickly（すばやく）, rapidly（急速に）, loudly（大声で）, sharply（鋭く）, widely（広く）, strongly（強く）

c．数値の程度
about/nearly/approximately（およそ）, exactly/precisely（正確に）, only/simply（たった）

iv．成立時区間
soon（すぐに）, early（早く）, late（遅く）, immediately（直ちに）, recently（最近）, lately（最近）, once（かつて）, always（いつも）, often（しばしば）, frequently（頻繁に）, usually（普通）, regularly（定期的に）, constantly（絶えず）, sometimes/occasionally（時々）, seldom/rarely（まれに）

v．成立空間
near（近くに）, far（遠くに）, close（すぐそばに）, away（離れて）, apart（ばらばらに）, up（上へ）, aside（脇に）, down（下へ）, ahead（前方に）, forward（前方に）, backward（後方へ）, upward（上方へ）, downward（下方へ）, upstairs（上階に）, downstairs（下階に）

vi．成立可能性
necessarily（必然的に）, probably（おそらく）, perhaps（多分）

② 程度性を持たない特性を表示する副詞
ⅰ．事態に対する発信者の評価
however（しかし）, still（それでも）, yet（それでも）, nevertheless（それにもかかわらず）
so（だから）, thus（したがって）, therefore（したがって）, hence（それゆえ）, moreover（その上）
also（また）, too（もまた）

第2節　副詞の機能　661

ⅱ．程度性を持たない関係や事物

merely（単に）, only/simply（ただ）, barely/scarcely（かろうじて）, ultimately（最終的に）, chiefly（主として）, principally（主として）, together（一緒に）, alone（単独で）, somehow（どうにかして）, alike（同様に）

ⅲ．成立時区間

now（今）, then（その時）, once（一度）, twice（二度）, again（再び）, already（すでに）, yet（まだ）, first（初めて）, just（ちょうど今）, today（今日）, yesterday（昨日）, tomorrow（明日）, tonight（今夜）, someday（いつか）, sometimes（時々）, anytime（いつでも）, nowadays（近頃）, forever（永遠に）

ⅳ．成立空間

here（ここに）, there（あそこに）, along（前に）, round/around（周りに）, abroad（外国で）, aboard（交通手段に乗って）, elsewhere（他の場所で）

ⅴ．成立可能性

maybe（もしかしたら）, possibly（ひょっとすると）

第2節　副詞の機能

① 程度性をもつ特性を表示する副詞

ⅰ．事態に対する発信者の評価

　文が表示する事態に対して、発信者が「この事態は伝聞だ」「この事態の成立は望ましい」「この事態は当然だ」などの判断をしていることや、事態を伝達する際に、「私が仮定する」（hypothetically）、「私が率直に言う」（frankly）などの事態を前提としていることを、主体や副体のような事態に必須の要素としてではなく、付加的な要素として表示するのがこの種の副詞である。事態全体の特性に関わる副詞なので「事態副詞」と呼ぶことにする。

a．事態に対する判断

（1）Reportedly rescuers were able to save the passengers and the crew members.

救助隊が乗客と乗務員を救助することができたと伝えられている。

（2）Not surprisingly, people in the country believe that they have been misled by a false rumor.

その国の人々が誤った風評によって欺かれてきたと信じているのは驚くべきことではない。

（3）The nation's new constitution supposedly enshrines free speech, except in times of war.

その国の新しい憲法では、戦時以外は表現の自由を正式に認めると考えられている。

(4) I thought I would be late for the meeting, but I was in time for it, fortunately.

私はその会合に遅刻するだろうと思ったのだが、幸い間に合った。

(5) In a letter to Pope John XXII, composed in Latin, naturally, the noblemen of Scotland declared that they would never be brought under English rule.

法王ヨハネス22世に宛てた手紙で、これは当然ラテン語で書かれていたのだが、スコットランドの貴族たちは、自分たちが決してイングランドの支配下には置かれないと宣言した。

(1)の副詞 reportedly は文頭に配置され、後続する部分が表示する事態が伝聞によるものだと判断されていることを表示している。同様の判断は、次のように表現することも可能である。

(1′) It is reported that rescuers were able to save the passengers and the crew members.

reportedly のような、発信者の事態に対する判断を表示する形態に直接的に対応する日本語の副詞は存在せず、「伝えられるところでは」「報告では」のような表現しかない。これらの表現も使用される頻度はそれほど高くないため、英語でこのような副詞が使用された文を日本語に置き換える場合には、(1′)に対応する表現を使用する方が好まれる。

(2)の副詞 surprisingly は否定辞 not を先行させた否定形で文頭に配置され、後続する部分が表示する事態が驚くほどのものではないという発信者の判断を表示する。

この文は、事態を名詞節として表現する次のような文に置き換えることができる。

(2′) It is not surprising that people in the country believe that they have been misled by a false rumor.

(3)の副詞 supposedly は、動詞群 enshrines の前に配置され、この文が表示する事態が、一般の人々によって考えられているものだという発信者の判断を表示している。この事態は、以下のように名詞節を主体とする文でも表現することができて、日本語に置き換える場合にはこの文をもとにした方が、自然な表現になる。

(3′) It is supposed that the nation's new constitution enshrines free speech, except in times of war.

(4)の副詞 fortunately は2番目の文の末尾に配置され、この文が表示する事態

が幸運であったと発信者が判断していることを表示している。この文も、副詞に対応する形容詞 fortunate を用いて、以下のような表現に置き換えることが可能である。

　　（4′）　It was fortunate that I was in time for it.

　日本語には副詞 fortunately に直接対応する副詞的表現「幸い」「幸運にも」があるので、この文については(4′)を前提とする表現を使用する必要はない。

　（5）の副詞 naturally は、過去分詞節 composed in Latin の末尾に配置され、この節が表示する事態「法王に宛てた手紙がラテン語で書かれた」が当然だと発信者によって判断されていることを表示する。この節が表示する事態を単独で取り出せば、以下のように形容詞 natural を用いて置き換えることができる。

　　（5′）　It was natural that the letter was composed in Latin.

　日本語には副詞 naturally に直接対応する副詞的表現「当然」「当然のことながら」があるので、この節を日本語に置き換える場合には、これらの副詞的語句を使用することができる。

b.　事態を伝達する前提

　　（6）　Theoretically, problematic comments get automatically flagged, and then manual review should catch them before they are published.
　　　　理論的には、問題のあるコメントは自動的にマークされ、その後公表される前に人の目でそれらを捕捉することになっている。

　　（7）　The joke was frankly the most appalling thing I have heard in this election campaign so far.
　　　　率直に言えば、そのジョークは私がこれまでこの選挙戦で聞いた中で最もひどいものだ。

　　（8）　The conductor would, hypothetically, in an ideal world where everything's putatively perfect, demand the construction of a new concert hall somewhere in the City of London.
　　　　仮定の話だが、その指揮者は、すべての物事が完全だと考えることができる理想的な世界でならば、ロンドンの中心部のどこかに新しいコンサートホールを建築することを要求するだろう。

　（6）の副詞 theoretically は文頭に配置され、後続する部分が表示する事態が、何らかの理論に従えばそれに基づいて導かれるという発信者による前提を表示する。この副詞は、この文が表示する事態を発信者が表現するための前提となる条件を表示する働きをしており、「もし理論に基づいて判断するならば」のような日本語に置き換えることができる。

（7）の副詞 frankly は包含関係を表示する動詞群 was の直後に配置され、この文が表示する事態を表現する前提として、発信者が率直な態度を取っていることを表している。したがってこの副詞を日本語に置き換えるならば、「率直に言うならば」のような条件節を使用するのが自然である。

（8）の副詞 hypothetically は、動詞群 would demand を構成する助動詞 would の直後に配置され、この文の事態が、発信者による仮定に基づくものだということを表している。日本語に置き換える場合には、「これは仮定だが」「仮定の話をすれば」のような表現を使用することになる。

ⅱ．関係

主体と副体の間の関係としては、主体が副体に包含される包含関係と、主体と副体の間に成立する単射関係または双射関係がある。これらの関係の特性を表示する形態が副詞だが、事態が成立している過程の特性を表示する場合と、事態の全体が成立してから判断できる特性を表示する場合がある。

well（よく）, hard（熱心に）などは事態が成立している途中でもその特性があることが分かるが、fully（十分に）, perfectly（完全に）などは、全事態が成立してからでなければその特性を事態に与えることはできない。

a.　事態の成立過程

（9）Mary once lived in Madagascar and she speaks Malagasy well.
　　　メアリーはマダガスカルに住んでいたことがあって、マダガスカル語を上手に話す。

（10）The police are eagerly investigating the disappearance of the student from the campus.
　　　警察はキャンパスから学生が失踪した件を熱心に捜査している。

（11）We hope the surgeons can directly see the indication light without the help of any excess instruments.
　　　余分な道具を一切使わないで外科医が表示ランプを直接見ることができると期待している。

（12）The mayor's decision was openly criticized by citizens.
　　　市長の決定は市民たちによって公然と批判された。

（9）の2番目の文が表示する事態は「メアリーがマダガスカル語を上手に話す」であるが、ある言語を話すのが上手だということは、話している途中でも判断することが可能である。したがって、この文で使用されている副詞 well（上手に）は、部分事態の成立によって判断することができる特性を表示している。

（10）が表示する事態は「警察がキャンパスからの学生失踪の件を熱心に捜査している」であり、事件の捜査が熱心であるかどうかは、捜査の途中で判断することが可能である。したがって、この文で使用されている副詞 eagerly（熱心に）は、事態の成立過程の様態を表示している。

　（11）の副体名詞節が表示する事態は「外科医が表示ランプを直接見ることができる」であり、個体を直接見ているかどうかは、事態の途中で容易に判定することができる。したがって、この文で使用されている副詞 directly（直接的に）は、事態の成立過程の様態を表示している。

　（12）が表示する事態は「市長の決定が市民たちによって公然と批判された」であり、批判が公然であるかどうかは、批判される途中でも判断することができる。したがって、この文で使用されている副詞 openly（公然と）は、事態の成立過程の様態を表示している。

b.　事態成立の結果

　（13）Usually the food popular among people is good for the health, reflects what the local environment can produce effectively and has a smaller footprint on that environment.
　　　人々の間で人気がある食べ物は、通常は健康によく、土地の環境が効果的に生産できるものを反映しており、その環境に与える影響が比較的に小さい。

　（14）Our department will fully cooperate with the commission in the investigation.
　　　私たちの部署はその調査では委員会に全面的に協力する。

　（15）The results of the test have shown that most of the students examined answered the questions correctly.
　　　試験の結果を見ると、受験した学生のほとんどが問題に正しく答えていることが分かる。

　（16）The house, built in 1888 and designed by a famous architect, was thoroughly renovated before the opening of the museum.
　　　その家は、1888 年に建てられて、有名な建築家によって設計されたのだが、博物館が開館する前に完全に修復された。

　（13）の関係節 what the local environment can produce effectively 中で最初の動詞群の直後に配置されている副詞 effectively は、動詞 produce（生産する）が表示する単射関係の特性を表示する。この副詞が表示する「効果的だ」という特性は、この節が表示する事態「土地の環境が個体を生産する」の全体が成立した結

果によって判断されるものである。

（14）で、動詞群 will cooperate の内部、助動詞 will の直後に配置されている副詞 fully（十分に）は、動詞 cooperate（協力する）が表示する包含関係（発信者たちの部署が、「主体が委員会に協力する」という事態の集合の主体である事物の集合に包含されるという関係）の特性を表示している。この副詞が表示する「十分だ」という特性は、この文が表示する事態が成立した結果を見て判断される。

（15）の名詞節中で、節の末尾に配置されている副詞 correctly（正しく）は、動詞 answer（答える）が表示する単射関係の特性を表示する。この副詞が表示する「正しい」という特性は、この節が表示する事態「試験を受けたほとんどの学生がその問題に答える」という事態が成立した結果を見て判断される。

（16）で動詞群 was renovated の内部、助動詞 was の直後に配置されている副詞 thoroughly（完全に）は、この動詞群が表示する包含関係（主体である家が、「主体が修復された」という事態の集合の主体の集合に包含されるという関係）の特性を表示する。この副詞が表示する「完全だ」という特性は、この文が表示する事態「その家が修復された」の全体が成立した結果によって判断される。

ⅲ．程度性のある特性を持つ事物の特性の程度
a．任意の尺度に関する程度

（17）Someone who puts you back on the right path is very precious.
　　　正しい道に戻してくれる人がとても貴重だ。

（18）The restaurant is quite popular, and reservations are recommended.
　　　そのレストランはとても人気があるので、予約が推奨される。

（19）Seeing the northern lights is a truly unforgettable travel experience, but one that is largely dependent on luck.
　　　オーロラを見ることは本当に忘れられない旅行の経験だが、大部分が運次第の経験だ。

（20）A slightly different explanation can be made from the observation so far made.
　　　これまでの観察からは少し異なった説明ができる。

（17）の形容詞 precious（貴重な）は、人間である個体の集合について、貴重さという尺度に関して平均値以上の値を表示する個体の集合を表示する。形容詞に先行する副詞 very は、貴重さの尺度が平均値をはるかに超える値であることを表示する。

（18）の形容詞 popular（人気がある）は、レストランである個体の集合について、人気があるという尺度に関して平均値以上の値を表示する個体の集合を表示する。

形容詞に先行する副詞 quite は、人気の尺度が平均値を大きく超える値であることを表示する。

very と quite は、尺度の平均値と最大値の間で、最大値に近い方の値を示すが、具体的に何 % だと限定することはできない。日本語の「非常に」「とても」「かなり」が具体的な数値に対応していないのと同じである。ただし、very の方が quite よりもいくらか大きな数値を示す傾向にある。

(19)の最初の文にある形容詞 unforgettable (忘れられない)は、事態の集合について、忘れることが難しいという尺度に関して平均値以上の値を持つ事態の集合を表示する。この形容詞に先行する副詞 truly は、忘れることが難しいという特性の程度が平均値を大きく超えるという事態が現実世界に属するものだと主張することにより、程度の大きさを強調する働きをしている。

2 番目の文にある dependent (依存する)は、事態の集合のうち、その成立が別の事態の成立に依存するという尺度に関して、その尺度の平均値よりも大きな値を持つ事態が作る部分集合 S を表示する。dependent に先行する副詞 largely (大部分が)は、集合 S に属する要素の大部分を表示し、このことにより、主体である one、すなわち seeing the northern lights (オーロラを見ること)が幸運に依存する程度が非常に大きいことを含意する。

(20)の形容詞 different (異なる)は、説明である事態の集合について、他の説明と異なるという特性の尺度に関する平均値よりも大きな値を持つ事態によって構成される部分集合を表示する。この形容詞に先行する slightly (少し)は、この尺度に関する値と平均値との差異が小さいことを表示している。

b.　特定の尺度に関する程度

速度や強度という特定の尺度に関する特性を表示する副詞は、これらの尺度について、文の要素である関係や副体が尺度の平均値以上の値を示すことを表示する。

(21) Electrons can travel fast, but nothing travels faster than light.
電子は速く進むが、光より速く進むものはない。

(22) The application of microscopy to investigate cement hydration has widely spread in the last decades.
顕微鏡をセメント水和の検査に用いることは、この数十年の間に広く拡大した。

(23) The healthcare system is strongly influenced by social and economic factors.
医療制度は社会や経済の要因に強く影響される。

668 第18章 副詞

(21)の副体は、動詞 travel（進む）が表示する「主体が進む」という事態の集合であり、主体である electrons（電子）である個体が副体を構成する主体の集合に包含されるという関係を、この文は表示する。したがって副詞 fast（速く）は、主体である電子を含む素粒子である個体の集合について、移動する速度という特性に関する平均値を超える値を持つ個体が形成する部分集合 S を表示し、電子である個体の集合はこの部分集合 S に包含される。

2 番目の文中にある faster は、副詞 fast の比較級形態であり、光の速度を基準として、その速度を上回る速度を持つ事物の集合を表示する。

(22)の副体は、動詞 spread（広がる）が表示する「主体が広がる」という事態の集合であり、主体である the application of microscopy to investigate cement hydration（セメント水和の検査のための顕微鏡の使用）である事態が、副体の要素である主体の集合に包含されるという関係をこの文は表示する。したがって副詞 widely は、工学的な検査方法である事態の集合について、それらの方法が使用される範囲の大きさという特性に関する平均値を超える値を持つ事態が形成する部分集合 S を表示し、顕微鏡の使用である事態はこの集合 S に含まれる。

(23)の副体は、受動態の動詞群 is influenced（影響される）が表示する「主体が影響される」という事態の集合であり、この文の主体 the healthcare system（医療制度）である事態は、副体の要素である主体の集合に包含される。したがって副詞 strongly（強く）は、社会で生起する事態の集合について、それらに対して外部の要因が圧力を与える程度という特性に関する平均値を超える値を持つ事態が形成する部分集合 S を表示し、医療制度である事態はこの集合 S に含まれる。

c.　数値の程度

数量詞の前に副詞を配置して、数量詞が表示する数値に対する発信者の判断を表示することがある。

(24) It takes about eight hours to drive from Los Angeles to Las Vegas.
　　　ロサンゼルスからラスベガスまで車でおよそ 8 時間かかる。

(25) It is exactly one hundred years since the nation acquired independence.
　　　その国が独立を得てからちょうど 100 年経った。

(26) Only fifty passengers use the local station every morning.
　　　50 人の乗客しか毎朝その田舎の駅を利用していない。

(24)の副詞 about は、数量詞 eight が表示する数値の程度について、発信者の判断によれば 8 に近い数量であることを表示している。

(25)の副詞 exactly は、数量詞 one hundred が表示する 100 という数値について、発信者の判断でこの数値に等しいことを表示している。

第2節　副詞の機能　　　669

　(26)の副詞 only は、数量詞 fifty が表示する 50 という数値について、発信者が期待している数値よりもはるかに少ないことを表示している。

ⅳ．成立時区間

　事態の成立時区間を、基準時区間からの時間的長さや、反復される頻度という観点から表示する形態が soon（すぐに），always（いつも）などの副詞である。

(27) If you meet a bee in your garden, just go about your business. The bee will soon finish hers and dart away.
　　　庭で蜂に出会ったら、そのまま作業を続けてください。蜂もすぐに自分の作業を終えて、飛んでいってしまいます。

(28) There has been lots of news lately about sites being hacked and people stealing information.
　　　ウェブサイトがハッキングされたり、人が情報を盗んだりすることについてのニュースが最近たくさんある。

(29) When you prepare for a game, you should give all you've got during training sessions and seek constantly to improve yourself.
　　　試合に向けて準備をする時は、トレーニングの間は自分が持つ力をすべて出し切って、絶えず自分自身を改善するように努めなければならない。

(30) John used to go hill-walking whenever he liked to, but he rarely finds the time now.
　　　ジョンは以前は気が向いたらいつでも山歩きに出かけていたのだが、今ではその時間がほとんどない。

　(27)の2番目の文にある副詞 soon は、最初の文が表示する事態が成立する時区間 p を基準として、それに後続する時区間 q で、p と q の時間的間隔 l が小さいものを表示する。この文の場合、l は数十秒から数分程度だと考えることができる。

　(28)中の副詞 lately は、現在を基準として、これに先行する時区間で、現在との時間的間隔が大きくないものを表示する。通常は、数週間から数か月程度の期間が想定される。

　(29)中の副詞 constantly は、不定詞節 seek to improve yourself（主体が自分自身を改善するように努める）が表示する事態が、ある時区間 t を構成する任意の部分時区間において成立することを表示する。この文が表示する事態では、t を与えるのは、副詞節 when you prepare for a game が表示する「主体が試合に向けて準備をする時」である。

670 第18章 副詞

　(30)の2番目の文にある副詞 rarely は、ある時区間 t を構成する部分時区間の集合で、極めて個数が少ないものを表示する。この文が表示する事態で t を与えるのは副詞 now であり、t は現在域である。

Ⅴ．成立空間

　成立空間を表示する副詞のうち、その特性に程度性があるのは、基準となる空間からの距離の大きさ（遠近）を表示するものが中心である。

(31) The wood fire was coming close to the town, so the inhabitants evacuated as soon as they could.
　　　山火事が町に近づいていたので、住民たちはできるだけ早く避難した。

(32) The climbers sometimes got far from each other but not out of sight.
　　　登山者たちは時々お互いに遠く離れるようになったが、見えなくなることはなかった。

(33) My room, up on the second floor, was a comfortably large space with simple wood furniture and highly functional Wi-Fi.
　　　私の部屋は上の2階にあり、素朴な木製の家具が置かれ、ワイファイもとてもよく繋がり、広いスペースで快適だった。

(34) The next day, the troops moved forward along the railroad until they joined the second division.
　　　翌日連合部隊は鉄道沿いに前進し、第2師団に合流した。

　(31)の副詞節中の副詞 close（近く）は、the town（その町）である空間を基準として、この基準空間からの距離が大きくない空間において事態が成立することを表示する。この文が表示する事態に関わる状況であれば、数キロから数百メートルの距離だと推定される。

　(32)の副詞 far（遠く）は、the climbers（登山者たち）のそれぞれが占める空間を基準として、その基準空間からの距離が大きいと判断される空間に登山者たちが移動したという事態が成立したことを表示する。山における登山者たちの間の距離であるから、この場合の far に対応する距離は数百メートル程度だと推定される。

　(33)の副詞 up は、基準空間の上方にある空間で事態が成立することを表示する。この文が表示する事態では、ホテルの1階が基準空間であり、発信者が宿泊した部屋がその基準空間の上方である2階にあったという事態を up が表示する。

　(34)の副詞 forward は、基準空間の前方で事態が成立することを表示する。この文が表示する事態では、ある日に連合部隊がいた空間が基準空間であり、「連合部隊が鉄道沿いに移動した」という事態が移動していく空間が、この基準空間

第 2 節 副詞の機能 671

の前方にあったことを、副詞 forward が表示している。

vi. 成立可能性

　事態の成立可能性には本質的に程度性があるので、成立可能性を表示する副詞はそれぞれ、成立可能性の尺度に関して一定の幅の評価値を示す。

　　(35) All life is connected and all living things necessarily evolve over time.
　　　　 すべての生命は関係していて、すべての生物は時間とともに必然的に
　　　　 進化する。

　　(36) Perhaps someday we will be in the mood to make a new investment.
　　　　 多分いつか私たちは新しい投資をしたい気分になるだろう。

　(35)の副詞 necessarily は、動詞群 evolve に先行する位置に配置されており、2 番目の文が表示する事態「すべての生物が時間とともに進化する」が、現実世界を含む大多数の可能世界において成立し、したがって成立可能性が非常に高いことを表示する。

　(36)の副詞 perhaps は文頭に配置され、この文が表示する事態「発信者たちがいつか新しい投資をしたい気分になる」が、現実世界を含む半数程度の可能世界において成立し、したがって成立する可能性が中程度であることを表示する。

　necessarily, probably, perhaps が表示する事態の成立可能性の程度には一定の範囲があり、その範囲内で程度が高い事態と低い事態の区別が存在するため、これらの副詞は比較級形態を取ることができる。

　　(35′) All life is necessarily connected and all living things more necessarily
　　　　 evolve over time.
　　　　 すべての生命が関係しているのは必然的で、すべての生物が時間とと
　　　　 もに進化するのはさらに必然的だ。

　　(36′) We will perhaps need money someday and we will more perhaps be in
　　　　 the mood to make a new investment.
　　　　 私たちは多分いつかお金が必要になるだろうが、新しい投資をしたい
　　　　 気分になる可能性はもっと高いだろう。

　(35′)では、最初の文が表示する事態 P「すべての生命が関係している」と 2 番目の文が表示する事態 Q「すべての生物が時間とともに進化する」について、どちらもが大多数の可能世界において成立するが、Q が成立する可能世界の数が P が成立する可能世界の数よりも多い、したがって、Q の必然性の方が P の必然性よりも大きいという事態が表示されている。

　(36′)では、最初の文が表示する事態 P「発信者たちにお金が必要になる」と 2 番目の文が表示する事態 Q「発信者たちが新しい投資をしたい気分になる」につ

672 第18章 副詞

いて、どちらもが半数程度の可能世界において成立するが、Q が成立する可能世界の数が P が成立する可能世界の数よりも多い、したがって、Q が成立する可能性の方が P が成立する可能性よりも高いという事態が表示されている。

② 程度性を持たない特性を表示する副詞

ⅰ. 事態に対する発信者の評価

事態に対する評価で、程度性のない特性を表示する副詞は、並列された2つの文が表示する事態 P と Q について、P が予測させる事態と Q との間の関係に関する発信者の判断を表す。

(37) John had a serious illness last year, however he is in good health now.
　　 去年ジョンは重い病気にかかったのだが、今は健康でいる。

(38) The statements are correct and the deductions obey the rules, thus the proof is valid.
　　 言明は正しく、推論は規則に従っている。したがって証明は有効だ。

(39) Breeding pairs were fed on a diet of finch mix, and they were also given fresh greens and a protein supplement once a week.
　　 つがいの鳥たちはフィンチ用の混合餌で飼育され、さらに週に1度は新鮮な緑色野菜とタンパク質補助食品を与えられていた。

(37)の第1文が表示する事態 P は「去年ジョンが重い病気にかかった」であり、第2文が表示する事態 Q は「ジョンが今は健康だ」である。P の帰結として推測される事態は「ジョンが今は健康とは言えない」であるが、Q はそれとは反する事態である。P と Q のこの関係を表示するのが、第2文の先頭に配置されている副詞 however である。

(38)の第1文が表示する事態 P は「その言明が正しく、推論が規則に従っている」であり、第2文が表示する事態 Q は「証明が有効だ」である。P の帰結として成立する事態の集合に Q が含まれていると考えることができ、P と Q のこの関係を表示するのが、第2文の先頭に配置されている副詞 thus である。

(39)の第1文が表示する事態 P は「つがいの鳥たちが混合餌で飼育されていた」であり、第2文が表示する事態 Q は「週に1度緑色野菜と補助食品を与えられていた」である。Q は P に対する付加的な情報を与えており、この関係を表示するのが副詞 also である。

ⅱ. 程度性を持たない関係や事物

(40) We were not questioning the result of your study, but we only alluded to the effectiveness of the method you used.

私たちはあなたの研究の結果を問題にしていたのではなく、あなたが使った方法の効果について触れただけだ。

(41) The water is so clear you barely need a snorkel to see the brightly-colored fish.
海水はとても澄んでいるので、明るい色の魚を見るためにシュノーケルはほとんど必要ではない。

(42) Graduates who earn more will donate more, and ultimately contribute more to the cost of their university's education.
収入が多い卒業生は他より多くの寄付をし、そして最終的には自分たちの大学の教育にかかる費用により多くの貢献をすることになる。

(43) The executives alone are to blame for the loss, and nobody else.
その損失で非難されるべきは役員たちだけであって、他の誰でもない。

(40)の第2文が表示する事態Pは「受信者が研究で使った方法の効果について触れた」である。副詞 only は、第1文が表示する事態の肯定形「発信者たちが受信者の研究の結果を問題にしていた」という事態ではなく、現実世界において成立したのは事態Pだけであったことを表示する。この副詞によって、成立した事態がPに限定されることが表示される。事態を1個に限定する働きをするのであるから、この副詞が表示する特性に程度性はない。

(41)の副詞節(結果節)中の副詞 barely は、この節中の動詞群 need(必要だ)が表示する事態「主体に副体が必要だ」に含まれる特性としての必要度が最小の値を示すことを表示する。値が最小だから、この副詞が表示する特性にも程度性はない。

(42)の第2文中の副詞 ultimately は、第1文が表示する事態「収入が多い卒業生が他より多くの寄付をする」という事態の結果として成立する一連の事態の最後に成立する事態が、第2文が表示する事態「多く寄付をする卒業生が大学の教育のための費用により多く貢献する」であることを表示する。最後に位置する事態を与えるのだから、この副詞にも程度性はない。

(43)の主体を表示する名詞句 the executives(役員たち)に後続する位置にある alone は、この文の「動詞群＋不定詞節」are to blame が表示する「主体が非難されるべきだ」という事態の集合を構成する主体の集合が役員たちに限定されることを表示する。所与の個体群に主体が限定されるという特性なのだから、alone が表示する特性に程度性はない。

ⅲ．成立時区間
特定の時区間や範囲の限定されない時区間には程度性がないので、これらを表

674　　　　　第 18 章　副詞

示する副詞の特性には程度性がない。

(44) He became a lawyer but abandoned his practice to develop coal mines in Georgia's northwestern tip. Then came the Civil War.
彼は弁護士になったが、その活動はやめてジョージア州の北西端にある鉱山の開発をした。その時南北戦争が始まった。

(45) I have once been to New Guinea, where I saw birds of paradise.
私は 1 度ニューギニアに行ったことがあって、そこで極楽鳥を見た。

(46) The first fire engines and ladders had already arrived at the scene of the fire.
火事の現場には最初の消防車と梯子車はすでに到着していた。

(47) You can call the insurance office anytime if you need information.
情報がほしい時はいつでも保険会社に電話することができる。

(44) の副詞 then は、先行する文のうち、彼が弁護士活動をやめて鉱山の開発をしたという事態が成立する時区間に含まれる過去の時区間を表示する。この副詞が表示する時区間はそれ以外ではないので、この副詞の特性に程度性はない。

(45) の副詞 once は、この文が表示する事態「発信者がニューギニアに行ったことがある」が過去において 1 度成立したことを表示する。成立回数が 1 個に限定されているので、程度性はない。

(46) の副詞 already は、この文が表示する事態 P「火事の現場に最初の消防車と梯子車が到着した」が成立した時点 p が、発信者が期待していた P の成立時点 p′ に先行していたことを表示する。p と p′ との時間的差異の数量は問題になっていないから、already の特性に程度性はない。

(47) の副詞 anytime は「主体が保険会社に電話することができる」という事態が成立する時区間が時間軸上の任意の時区間であることを表示する。任意とはすべてのことであって、程度性はない。

iv. 成立空間

　基準となる空間との上下や前後などの関係を表示する副詞が、基準空間との距離の大小を問題にしない場合には、その特性に程度性がない。

(48) Napoleon was born here in Ajaccio in the island of Corsica.
ナポレオンは、コルシカ島のここアジャクシオで生まれた。

(49) Mary drank the coffee up and put the cup right on the desk.
メアリーは一気にコーヒーを飲んで、カップを机の真上に置いた。

(50) The combination of bracing air, exciting excursions and comfort aboard made the life in the island a hypnotically relaxing experience.

清々しい空気とわくわくさせるハイキング、そして船上での快適さが組み合わされて、その島での生活は、催眠術にでもかけられたかのようにくつろいだ経験になった。

(48) の副詞 here は、発信者が現在いる空間を表示しており、それ以外の空間ではないので程度性はない。この空間を表示するのが、名詞群 in Ajaccio in the island of Corsica (コルシカ島のアジャクシオに) である。

(49) の第2文中にある副詞 right は、基準空間と同一の空間において事態が成立することを表示する。基準空間を与えるのは、後続する名詞群 on the desk (机の上に) であり、副詞 right は、基準空間と全く同一の空間で事態が成立することを表示する。基準空間と全く同一である空間は厳密に限定されるから、この文中で副詞 right が持つ特性に程度性はない。

(50) の副詞 aboard は、事態が乗り物の上で成立することを表示する。この文では、comfort が表示する「主体が快適だ」という事態が船上で成立しているという事態が表示されている。事態が船上で成立するという特性には、程度性を認めることは難しい。

表示する特性に程度性がないということは、同じ特性を持つ異なった2つの事態について、この特性に関する程度の比較という操作があり得ないということである。したがって、程度性を持たないこれらの副詞を使用する比較表現は不適格となる。

(48′) ×The house is more here.　その家はもっとここにある。

(49′) ×She put her coffee cup more right on the desk.
　　　彼女はコーヒーカップをもっと机の真上に置いた。

(50′) ×The life was comfortable more aboard.
　　　もっと船上の生活は快適だった。

Ⅴ．成立可能性

事態の成立可能性が小さいことを表示する副詞に関しては、程度性の差異が認識されないのが普通である。

(51) Maybe the theory of economics is logically valid, but I doubt its efficacity.
　　　その経済学の理論は論理的には有効なのかもしれないが、効果があるかどうかは疑わしいと思う。

(52) By hiring more veterans, we may possibly quell complaints.
　　　ベテランをもっと多く雇うことで、私たちは不満を抑えることができるかもしれない。

(51) では、この文が表示する事態「その経済学の理論が論理的に有効だ」が

成立する可能世界が非常に少ないこと、すなわち成立可能性が低いことを、副詞
maybe が表示している。成立可能性が低いという特性にも程度性の相違はあり
得るが、この副詞に関しては一定の小さな値を持つものとされ、小さな数値の大
小に関する比較操作は可能ではない。したがって、次の文は不適格だと判断され
る。

(51′) ×The theory of economics is more maybe logically valid.
　　　　その経済学の理論はもっと多分論理的には有効なのかもしれない。

(52)の主節にある副詞 possibly は、この文の主節が表示する事態「発信者た
ちが不満を抑える」が成立する可能世界が非常に少ないこと、すなわち成立可能
性がかなり低いことを表示している。この副詞についても、事態の成立可能性が
小さいことに関わる程度を比較する操作は可能ではない。したがって、次の文は
不適格であると判断される。

(52′) ×We may more possibly quell complaints.
　　　　私たちが不満を抑えることがもっともしかしたらできるかもしれない。

第3節　副詞の位置

　主体や副体は名詞句によって表示され、これらの機能は文の構造によって決定
される。名詞句が表示する事態の集合を限定する働きをする形容詞は、原則とし
て名詞に先行する位置に配置される。これに対して副詞が表示する事態中の要素
は、文の構造によって機能が決定されるわけではない。したがって、副詞の文中
での位置は構造規則に含まれていない。

　しかし、副詞は事態を構成する要素としての事態、関係、事物などの特性を表
示するから、これらの要素のうちのいずれの特性を表示しているのかが正しく理
解される必要がある。この理解の正しさを保証するために、要素の特性によって、
副詞が配置される位置にも一定の制約が設定される。

① 程度性を持つ特性

ⅰ．事態に対する発信者の評価

a．単一の事態に対する判断

　1個の事態に対する発信者の判断は事態全体を範囲とするものである。事態全
体を表示するのは文であるから、事態全体の特性を限定する働きをする副詞は、
文の先頭または末尾に配置される方が、事態全体が限定の対象となることを効率
的に理解させることができる。

(53) Seemingly the rumor is true, since the company has already closed half
　　　of its shops.

見たところその噂は本当だ。なぜならその会社は店舗の半数をすでに閉鎖している。

(54) Supposedly the nation has been preparing for a launch of a spaceship.
その国は宇宙船の発射の準備を進めてきていると考えられる。

(55) After the shareholders refused to support them financially, the team gave up their project, naturally.
株主たちが経済的にそのチームを支援することを拒否した後、彼らは当然のようにその計画を諦めた。

(53)では副詞 seemingly（見たところ）が文頭に配置されており、この位置によって、主節が表示する事態「その噂が本当だ」が、発信者が状況をもとに推測したものであることを表示している。すなわち、seemingly を文頭に配置することによって、これに続く部分が表示する事態が、発信者が推測した結果のものだということを、予め理解させておくという操作である。

(54)では副詞 supposedly（考えられるところでは）が文頭に配置されており、後続する部分が表示する事態「その国が宇宙船の発射の準備を進めてきている」が、発信者の頭の中で作り上げられた可能世界に属するものだということを表示している。

(55)では副詞 naturally（当然）が文末に配置されており、この位置によって、主節が表示する事態「そのチームがその計画を諦めた」が現実世界を含めた大多数の可能世界で成立する必然的なものだったという発信者の判断が表示される。

事態に対する発信者の判断は、事態の最初に与えられていた方が、事態の最後で与えられるよりも、受信者の理解にとっては効率的である。したがって、この種の副詞は文末よりも文頭に配置される傾向が強い。

主体を表示する名詞句は文頭に配置されるが、主体がすでに状況中に与えられている場合には、副詞を動詞群の前後に置いても、それが事態に対する発信者の判断を表示するという理解には支障がない。したがって、この種の副詞を動詞群に先行する位置または後続する位置に配置することも可能である。

以下では、下線を付した副詞をⒶと略し、副詞が占めることができる場所にこの記号を配置する。

(53′) The rumor <u>seemingly</u> is Ⓐ true.

(54′) The nation <u>supposedly</u> has been preparing Ⓐ for a launch of a spaceship.

(55′) The team <u>naturally</u> gave Ⓐ up Ⓐ the project.

(53′)では、主体が the rumor（その噂）であって定である事態なので、すでにこの文が使用される状況中に与えられている。したがって、受信者にとって新しい情報を与えるのは主体を表示する名詞句に後続する部分である。この文では「動

詞群 is＋副体形容詞 true」が新しい情報を与えており、副詞 seemingly は is true に先行する位置と動詞群 is に後続する位置のいずれにも配置することができる。

（54′）では、主体が the nation（その国）であって定である個体であり、この個体はすでに状況中に与えられている。したがって、伝達する価値のある新しい情報を表示する最も重要な語句である動詞群の前後に副詞 supposedly を配置することにより、この情報に対する発信者の判断を明示的に表現することができる。

（55′）では主体が the team であって、これは定である個体であり、この個体はすでに状況中に与えられている。したがって受信者にとって新しい情報を与えるのは後続する語句 gave up the project である。副詞 naturally は、この語句を構成する動詞群 gave または副詞 up の直後に配置することもできる。

動詞群中に助動詞が含まれている場合には、助動詞の前後に副詞を配置することも可能である。

(53″) The rumor <u>seemingly</u> had Ⓐ been Ⓐ true.

(54″) The nation has <u>supposedly</u> been Ⓐ preparing for a launch of a spaceship.

(55″) The team <u>naturally</u> will Ⓐ give Ⓐ up Ⓐ the project.

b. 複数の事態の関係に対する判断

2個の文が並列され、先行する文が表示する事態 P に対する、後続する文が表示する事態 Q の関係を表示する副詞は、後続する文の先頭または末尾、または動詞群の前後に配置される。

(56) The students tried their best for the exam. <u>However,</u> they Ⓐ didn't Ⓐ succeed Ⓐ.
　　　学生たちは試験のために全力を尽くした。しかし彼らは合格しなかった。

(57) The Gambia is one of the most navigable of African rivers. <u>Therefore,</u> its chief value Ⓐ has Ⓐ been Ⓐ its transportation function Ⓐ.
　　　ガンビア川はアフリカの河川で最も航行可能なものの1つだ。したがって、その主要な価値はその輸送機能だった。

（56）では、第1文が「学生たちが試験のために全力を尽くした」という事態 P を、第2文が「その学生たちが合格しなかった」という事態 Q を表示する。P から期待される事態は「学生たちが合格する」であるが、Q はこれとは逆の事態である。P と Q のこの関係を表示するために、第2文中で副詞 however が使用されている。副詞 however は、文頭、文末、主体名詞句の後で動詞群の前、動詞群中の助動詞の後に配置されることができる。

（57）では、第1文が「ガンビア川がアフリカの河川で最も航行可能なものの1つだ」という事態 P を、第2文が「ガンビア川の主要な価値がその輸送機能だ」

という事態 Q を表示している。P が成立すればその結果として Q が成立することになり、この論理的帰結関係を表示するために第 2 文で副詞 therefore が使用されている。副詞 therefore は、文頭、文末、主体を表示する名詞句の後で動詞群の前、動詞群中の助動詞 has の後、動詞群の後で副体名詞句の前に配置されることができる。

ⅱ．関係
a．包含関係
　包含関係を表示するのは、主体名詞句に後続する副体動詞である。副詞は、副体動詞が表示する事態の集合の特性を表し、動詞群の前または後に配置される。

(58) Mary carefully drove Ⓐ on the mountain road.
　　 メアリーはその山道を注意して運転した。

(59) John knowingly has Ⓐ stumbled Ⓐ in the race.
　　 ジョンはわざとそのレースで転んだ。

(60) Whatever may happen, the castle firmly will Ⓐ stand Ⓐ on the hill.
　　 何が起きようと、その城は丘の上にしっかりと立ち続けるだろう。

　(58)では、動詞 drive が表示する「主体が運転する」という事態の集合を構成する主体の集合に、Mary（メアリー）である個体が含まれるという関係が表示されている。この関係の特性を限定するのが副詞 carefully（注意深く）であり、動詞群 drove の前または後にこの副詞を配置することができる。どの位置も動詞群と副詞の間に密接な関連があることを表しており、動詞群が表示する事態の集合の特性を副詞が表示していることが効率的に理解される。

　(59)では、動詞 stumble が表示する「主体が転ぶ」という事態の集合を構成する主体の集合に、John（ジョン）である個体が含まれるという関係が表示されている。この関係の特性を限定するのが副詞 knowingly（わざと）である。この文の動詞群は「助動詞 has ＋過去分詞 stumbled」という構造を持っているが、この副詞は動詞群に先行する位置、助動詞と過去分詞の間、動詞群に後続する位置に配置することができる。

　(60)の主節では、動詞 stand が表示する「主体が立つ」という事態の集合を構成する主体の集合に、the castle（その城）が含まれるという関係が表示されている。この関係の特性を表示するのが副詞 firmly（しっかりと）である。この文の動詞群は「助動詞 will ＋不定詞 stand」という構造を持っているが、この副詞は動詞群の直前、助動詞と不定詞の間である動詞群の直後に配置することができる。

　包含関係を表示する副体である動詞群の特性を限定する副詞は、動詞群の内部または直後に配置される傾向が高い。英語では、名詞句に動詞群が後続している

680 第18章　副詞

という構造によって、この名詞句が主体であることが表示されるという機構が採用されており、動詞群が事態の重要な要素である関係を表示するので、動詞群の前に他の語句が介在していると、事態の主体と関係という最も重要な要素の理解が遅れ、理解の効率性が阻害されることになる。恐らくこのような理由で、副詞が動詞群に先行する構造はあまり好まれないのだろうと推測される。

　副詞が事態の全体が成立した場合の事態の特性を表示する場合、動詞群が複数の形態によって構成されている時には、副詞が動詞群に先行する構造は不適格だと判断される。

(61) a. ○The clouds will fully clear soon.

　　 b. ○The clouds will clear fully soon.

　　 c. ×The clouds fully will clear soon.

　　　　間もなく雲は完全に晴れるだろう。

(62) a. ○My explanation has exactly been understood.

　　 b. ○My explanation has been exactly understood.

　　 c. ○My explanation has been understood exactly.

　　 d. ×My explanation exactly has been understood.

　　　　私の説明は正確に理解された。

　(61)の副詞 fully は、事態の全体が成立した後で、期待される程度に完全に到達していることを表示する。この文の動詞群は「助動詞 will＋不定詞 clear」という構造であるが、(61a)のように fully が動詞群の内部、(61b)のように fully が動詞群の直後に配置されている構造は適格であるが、(61c)のように fully が動詞群の直前に配置される構造は不適格である。

　(62)の副詞 exactly は、事態の全体が成立した後で、正確さの程度という観点から見て、その事態が平均値以上の値を持つと発信者が判断した場合に使用される。この文の動詞群は「助動詞 has＋助動詞 been＋過去分詞 understood」という構造であるが、(62a)のように副詞が助動詞 has の直後、(62b)のように副詞が助動詞 been の直後、(62c)のように副詞が動詞群の直後に配置される構造は適格であるが、(62d)のようにこの副詞が動詞群に先行する位置に配置される構造は不適格である。

　well（上手に）, hard（熱心に）のように単音節の短い副詞は、事態の成立過程の特性を表示するが、通常は動詞群の直前に配置されると不適格だと判定される傾向が高い。

(63) a. ○The girls danced well on the stage.

　　 b. ? The girls well danced on the stage.

　　　　その女の子たちは舞台で上手に踊った。

第 3 節　副詞の位置　　　　681

(64) a. ○The students will work hard for the exam.

b. ×The students hard will work for the exam.

その学生たちは試験のために熱心に勉強するだろう。

(63b) では、副詞 well が動詞群 danced に先行し、(64b) では副詞 hard が動詞群 will work に先行している。2 音節以上で、事態の成立過程を表示する副詞であれば動詞群に先行する位置に配置することも可能だが、これらの短い副詞については、この位置への配置は避けられる。

b.　単射関係

単射関係を表示するのは動詞であり、単射関係の副体は名詞句によって表示される。「主体名詞句 + 動詞群 + 副体名詞句」という構造で、動詞群が 1 個の形態によって構成される場合、副詞は動詞群の前後と副体名詞句の後に配置される。

(65) The student well understood Ⓐ the concept Ⓐ.

その学生は概念をよく理解した。

(66) The theory properly explains Ⓐ physical phenomena Ⓐ.

その理論は物理現象を適切に説明する。

(65) の動詞群は understood (理解した) であり、副詞 well は、動詞群の前、動詞群の後で副体名詞句の前、副体名詞句の後の文末に配置されることができる。

(66) の動詞群は explains (説明する) であり、副詞 properly は、動詞群の前、動詞群の後で副体名詞句の前、副体名詞句の後の文末に配置されることができる。

副体が代名詞のような単音節の短い形態で表示されている場合は、動詞群と副体の間に副詞を配置すると不適格となる。

(65′) a. ×The student understood well it.

b. ○The student understood it well.

その学生はそれをよく理解した。

(66′) a. ×The theory explains properly them.

b. ○The theory explains them properly.

その理論はそれらを適切に説明する。

動詞群が 2 個の形態によって構成されている場合、副詞は動詞群の内部に配置することもできる。ただし、副詞が事態の成立過程の特性を表示するものであれば、動詞群の前に配置することは可能であるが、副詞が事態が成立した結果の特性を表示するものである場合には、動詞群の前に配置すると不適格になる。

(67) The software automatically will Ⓐ correct Ⓐ errors in written texts Ⓐ.

そのソフトウェアは書いた文章中の間違いを自動的に修正してくれる。

(68) a. ×The troop fully has completed the operation before the sunset.

682   第18章　副詞

　　　b. ○The troop has <u>fully</u> completed Ⓐ the operation Ⓐ before the sunset Ⓐ.
　　　　その部隊は日暮前に作戦を十分に完了させた。

　(67)の動詞群は will correct であり、成立過程を表示する副詞 automatically（自
動的に）は、主体名詞句の後で動詞群の前、動詞群中の助動詞 will の後で不定詞
correct の前、動詞群の後で副体名詞句の前、副体名詞句の後の文末に適格に配
置される。

　(68)の動詞群は has completed であり、事態成立の結果を表示する副詞 fully（十
分に）は、(78a)のように動詞群の前に配置されると不適格だと判断される。そ
れ以外の、助動詞 has の後で過去分詞 completed の前、副体名詞句の前、副体名
詞句の後で名詞群 before the sunset の前、名詞群の後ろの文末の位置はいずれも
適格である。

　動詞群が2個の形態によって構成される場合も、副体が代名詞で表示される時
は、動詞群と代名詞の間に副詞を配置することはできない。

　(67′) ×The software will correct automatically them.
　　　　○The software will correct them automatically.
　　　　そのソフトウェアはそれらを自動的に修正する。

　(68′) ×The troop has completed fully it.
　　　　○The troop has completed it fully.
　　　　その部隊はそれを十分に完了させた。

　動詞群が3個以上の形態によって構成されている場合、副詞を動詞群の前に配
置すると不適格になる。

　(69) a. ×John deliberately will be blaming his boss for the failure.
　　　 b. ○John will <u>deliberately</u> be Ⓐ blaming Ⓐ his boss Ⓐ for the failure Ⓐ.
　　　　ジョンはその失敗で自分の上司をわざと非難しているだろう。

　(70) a. ×The barbarians completely had been devastating the land for two
　　　　　years.
　　　 b. ○The barbarians had <u>completely</u> been Ⓐ devastating Ⓐ the land Ⓐ
　　　　　for two years Ⓐ.
　　　　野蛮人たちはその土地を2年の間徹底的に破壊していた。

　(69)と(70)は「名詞句1＋動詞群［助動詞1＋助動詞2＋現在分詞］＋名詞句2
＋名詞群」という構造であり、副詞（deliberately, completely）を助動詞1、助動
詞2、現在分詞、名詞句2、名詞群の後ろに配置することはできるが、(69a),(70a)
のように動詞群の前に配置すると不適格だと判断される。

第3節　副詞の位置　　683

ⅲ．程度性のある特性を持つ事物

a．特性の程度

　程度性のある特性を持つ事物を表示するのは、事態中の副体として機能する形容詞と動詞である。

　副詞が副体形容詞の特性を限定する場合、その副詞は形容詞に先行する位置に配置される。

（71）The sunset seen from this hill is very beautiful.
　　　この丘から見える夕陽はとても美しい。

（72）Climate change has been increasingly noticeable in recent years.
　　　気候の変化は近年ますます顕著になってきている。

（73）The picture depicts a complicatedly structured white wooden bridge crossing a placid river under a lively, partly cloudy sky.
　　　その絵が描いているのは、目まぐるしく変化する部分的に曇った空の下にある、静かに流れる川を渡る複雑な構造の白い木造の橋だ。

　（71）の副体形容詞 beautiful は「主体が美しい」という事態の集合を表示する。美しいという特性には程度性があり、この集合に関しては、その程度が平均値よりもはるかに大きな値を示すことを、形容詞に先行する副詞 very が表示している。

　（72）の副体形容詞 noticeable は「主体が顕著だ」という事態の集合を表示する。顕著だという特性には程度性があり、この集合に関しては、その程度が時間の経過に伴って増加するという特性があり、このことを形容詞に先行する副詞 increasingly が表示している。

　（73）の形容詞 cloudy は「主体が曇っている」という事態の集合を表示する。名詞句 a cloudy sky は、空である個体の集合に属する要素で、「主体が曇っている」という事態の集合に属する主体である個体の集合に含まれるものを表示する。形容詞に先行する partly は、曇っているという特性が空である空間の全体ではなく部分について適用されるものであることを表示する。

　副体が動詞であって事態の集合を表示し、その事態が持つ特性に程度性がある場合、副詞が動詞に先行して、特性がどの程度であるのかを表示する。副体動詞が表示する事態の特性の程度を限定する場合、副詞は動詞に後続することが多いが、動詞に先行していても適格である。

（74）The patient Ⓐ progressed <u>slowly</u> to underhand throwing over time with no pain.
　　　患者は時間をかけてゆっくり下手投げができるほどによくなって行き、痛みはなかった。

（75）Mary Ⓐ laughed <u>loudly</u>, but there was a distinct flash of anger in what she said.

メアリーは大声で笑ったが、彼女の言葉には明らかに怒りの片鱗があった。

（76）Public bicycle systems are <u>widely</u> spread Ⓐ across many cities worldwide.

共有自転車システムは世界中の多くの都市に広く普及している。

（74）の副体動詞 progress は「主体がよくなる」という事態の集合を表示する。この事態にはよい状態へと変化する速度という要素が含まれ、この特性には程度性がある。この程度性に関して、平均値よりも小さな値をこの事態が持つことを表示するのが、副詞 slowly である。この副詞は、動詞群 progressed の後ろ、動詞群の前に適格に配置される。

（75）の副体動詞 laugh は「主体が笑う」という事態の集合を表示する。この事態には笑い声の大きさという、程度性のある要素が含まれている。この程度性に関して、平均値よりも大きな値をこの事態が持つことを表示するのが、副詞 loudly である。この副詞は動詞群 laughed の後ろと前に適格に配置される。

（76）の副体動詞群は are spread であり、「主体が広がる」という事態の集合を表示する。この事態には広がる範囲という程度性のある要素が含まれている。この程度性に関して、平均値よりも大きな値をこの事態が持つことを表示するのが、副詞 widely である。この副詞は動詞（過去分詞）の前と後ろのいずれにも適格に配置される。

b. 数値の程度

数値の程度を表示する副詞は、数値を表示する数量詞の前に配置されるのが原則である。

（77）There are about 1,250 tributaries that service the main river.
本流に流れ込んでいる支流はおよそ 1250 本ある。

（78）Just one hundred students were present in the lecture.
その講義にはちょうど 100 人の学生が出席していた。

（79）The man had only five dollars to make living for a week.
その男は 1 週間生きていくのに 5 ドルしか持っていなかった。

（77）では、数詞 1,250 が表示する数値と、現実の tributaries（支流）である集合を構成する個体の数値が近似していることを、数詞に先行する副詞 about が表示している。

（78）では、数詞 one hundred が表示する数値と、現実の students（学生）である集合を構成する個体の数値が同一であることを、数詞に先行する副詞 just が表

示している。

(79) では、数詞 five が表示する数値が、この文が表示する事態に関して期待される数値よりもはるかに小さいことを、数詞に先行する副詞 only が表示している。1週間生活するのにかかると期待される金額は 5 ドルよりははるかに大きいと考えてよい。

数値の程度を表示する副詞が比較的長い場合には、「数量詞＋名詞句」の後ろに配置することもできる。期待より小さな数値であることを表示する副詞 only, simply については、音節数は少ないが、数量詞に後続する位置に配置されることが可能である。

(80) There were <u>approximately</u> two thousand participants Ⓐ to the event Ⓐ.
その催しにはおよそ 2 千人の参加者がいた。

(81) <u>Exactly</u> fifty thousand people Ⓐ attended the meeting Ⓐ.
その会合には正確に 5 万人の人々が出席した。

(82) The woman earned <u>only/simply</u> one hundred dollars Ⓐ a week Ⓐ.
その女は週に 100 ドルしか収入がなかった。

(80) の副詞 approximately は、名詞 participants（参加者）が表示する個体集合の実際の個数と、数詞 two thousand が表示する数値が近似していることを表示する。この副詞は、数詞の直前に配置されるのが原則だが、名詞の後ろ、文末に配置することもできる。

(81) の副詞 exactly は、名詞 people（人々）が表示する個体集合の実際の個数と、数詞 fifty thousand が表示する数値が同一であることを表示する。この副詞は、数詞の直前に配置されるのが原則だが、名詞の後ろ、文末に配置することもできる。

(82) の副詞 only/simply は、名詞 dollars（ドル）が表示する個体集合の実際の個数が、この文が表示する事態に関して期待される数値よりもはるかに小さかったことを表示する。これらの副詞は、数詞の直前の位置だけでなく、名詞句の直後、文末に配置することも可能である。

ⅳ．成立時区間
　成立時区間は、事態の全体に関わる特性であるから、文頭または文末に配置することにより、事態全体の特性であることが理解される。これに加えて、事態の時間的特性を形態的に表示する動詞群の前後または内部に配置することでも同様の効果が得られる。

(83) The climbers left the mountain inn at the dawn. <u>Soon</u> they Ⓐ arrived Ⓐ at the mountain pass Ⓐ.

686 第 18 章 副詞

　　　　登山者たちは日の出に山小屋を出発し、間もなく峠に到着した。
　(84) Lately tourists from the country Ⓐ have Ⓐ been Ⓐ multiplying Ⓐ.
　　　　その国からの旅行者は最近増加している。
　(85) Often accidents Ⓐ happen Ⓐ on this busy street Ⓐ.
　　　　この交通量の多い通りでは事故がよく起こる。

　(83)の副詞 soon は、第 1 文が表示する事態「登山者たちが日の出に山小屋を出発した」が成立した過去の時点を基準として、それに後続する時区間で、基準時点との時間的距離が小さいものを表示する。この副詞は、文頭、文末、動詞群 arrived の前、動詞群の後に配置されることができる。

　(84)の副詞 lately は、過去の不定の時区間から現在までの、比較的短い時区間において事態が成立していることを表示する。この副詞は、文頭、文末に配置されるほか、この文の動詞群が「助動詞 1 have＋助動詞 2 been＋動詞（現在分詞）multiplying」という構造なので、動詞群の前、助動詞 1 の後、助動詞 2 の後に配置されることもできる。

　(85)の副詞 often は、一定の長さを持つ時区間において、事態が高い頻度で反復されることを表示する。この副詞は文頭、文末、動詞群 happen の前、動詞群の後に配置されることができる。

Ｖ．成立空間

　成立空間は事態の全体に関わる特性であるから、成立空間を表示する副詞は文頭または文末に配置することができる。また、存在や移動の方向を含意する副詞は、動詞群が 1 語から成る場合は、その前後に配置することも可能である。動詞群が 2 個以上の語で構成される場合は、副詞が動詞群の前や内部に配置されることは通常ない。

　(86) Down the submarine Ⓐ dived Ⓐ into the ocean Ⓐ.
　　　　潜水艦は海の中に潜っていった。
　(87) Away the balloon Ⓐ flew Ⓐ up into the sky Ⓐ.
　　　　風船は空中に高く飛んで行った。
　(88) Forward the troops have been moving Ⓐ in the battlefield Ⓐ.
　　　　部隊は戦地を前方に進んできている。

　(86)の副詞 down は、基準空間の下方で、または下方に向かって事態が成立することを表示する。この副詞は文頭、文末、動詞群の前、動詞群の後で名詞群の前に配置されることができる。

　(87)の副詞 away は、基準空間との距離が大きいと判断される空間で事態が成立することを表示する。この副詞は文頭、文末、動詞群の前、動詞群の後で名詞

第3節　副詞の位置　　　　687

群の前に配置されることができる。

　(88)の副詞 forward は、基準空間の前方で、または前方に向かって事態が成立することを表示する。動詞群が have been moving であり、3語によって構成されているので、文頭、文末、動詞群の後に副詞を配置することは可能だが、それ以外の位置に配置すると不適格となる。

　副詞 up, down, away が文頭に配置されている場合、動詞群が1語であれば、「副詞＋動詞群＋主体名詞句」という構造も適格に使用される。

　(89) Up stood the general from his chair.　将軍が椅子から立ち上がった。

　(90) Down fell the tree onto the ground.　木が地面に倒れた。

　(91) Away fled the cows into the stable.　牛たちは小屋の中に逃げて行った。

ただし、「副詞＋動詞群＋主体名詞句＋副体名詞句」「主体名詞句＋副詞＋動詞群＋副体名詞句」という構造は不適格だと判断される。

　(92) a. ×Down put the servant the plate on the table.

　　　 b. ○Down the servant put the plate on the table.

　　　 c. ×The servant down put the plate on the table.

　　　 d. ○The servant put <u>down</u> the plate Ⓐ on the table Ⓐ.
　　　　　給仕は皿をテーブルの上に置いた。

　(93) a. ×Away threw the woman paper into a trash box.

　　　 b. ○Away the woman threw paper into a trash box,

　　　 c. ×The woman away threw paper into a trash box.

　　　 d. ○The woman threw <u>away</u> paper Ⓐ into a trash box Ⓐ.
　　　　　その女はゴミ箱の中に紙を投げ入れた。

　(92a)と(93a)では副詞と動詞群が主体名詞句に先行することにより、2個の名詞句が連続する構造になり、従属節のない1つの文の中で名詞句が連続する構造は英語では不適格である。

　主体名詞句が動詞群に先行する構造で、副体名詞句が動詞群に後続する位置にある場合は、「動詞群＋副詞」という通常の構造が保たれない(102c)や(103c)の構造は不適格だと判断される。

vi．成立可能性

　成立可能性を表示する副詞は、事態全体に関わる特性を表すから、文頭、文末に配置できるほか、動詞群の前後と内部にも配置されることができる。

　(94) <u>Necessarily</u> the universe Ⓐ expands Ⓐ, objects farther away from us going away faster Ⓐ.
　　　 宇宙は必然的に膨張し、我々から遠く離れたところにある物体ほどま

すます速く遠ざかっている。

(95) <u>Perhaps</u> he Ⓐ will Ⓐ have Ⓐ been Ⓐ cheating us for many years Ⓐ.
多分彼は私たちのことを長年騙していたことになるだろう。

(94)の副詞 necessarily は、この文の主節が表示する事態「宇宙は必然的に膨張する」が成立する可能性が非常に大きいことを表示する。この副詞は文頭、文末に配置することができる他、動詞群 expands の前、動詞群の後にも配置することができる。

(95)の副詞 perhaps は、この文が表示する事態「彼が発信者たちを長年騙していたことになる」が成立する可能性が中程度であることを表示する。この副詞は文頭、文末に配置することができる。この文の動詞群は will have been cheating であり「助動詞1＋助動詞2＋助動詞3＋動詞（現在分詞）」という構造なので、動詞群の前、助動詞1の後、助動詞2の後、助動詞3の後に配置することも可能である。

② **程度性を持たない特性**
ⅰ．事態に対する発信者の評価
　並列された事態に対する発信者の評価を表示する副詞は、文末と文頭に配置することができる他、動詞群の前後と内部にも配置することが可能である。

(96) I don't agree with John's opinion. <u>Still</u> there Ⓐ is Ⓐ some truth in what he says Ⓐ.
私はジョンの意見には同意しないが、それでも彼の言うことにはある程度の真理はある。

(97) She regularly volunteers at her local homeless shelter. <u>Moreover</u> she Ⓐ has Ⓐ been Ⓐ giving money to the orphans there Ⓐ.
彼女は地域のホームレス保護施設で定期的にボランティア活動を行っている。その上に、彼女はそこの孤児たちにお金を渡してきている。

(96)の副詞 still は、先行する文が表示する事態から予測される事態とは矛盾する事態が後続する文によって表示されていることを表す。この副詞は文頭、文末に配置されることができる。動詞群が is なので、この動詞群の前と後に配置することも可能である。

(97)の副詞 moreover は、先行する文が表示される事態から期待される以上の事態が成立していることを、後続する文が表示していることを表す。この副詞は、文頭、文末に配置される他、動詞群が has been giving で「助動詞1＋助動詞2＋動詞（現在分詞）」という構造なので、動詞群の前、助動詞1の後、助動詞2の後に配置されることもできる。

第3節　副詞の位置　　　　　689

ⅱ．程度性を持たない関係や事物

　程度性を持たない特性を表示する副詞は、副体形容詞であればその直前に配置される傾向が高いが、文頭、文末、動詞群の前に配置されることもできる。副体動詞群の場合は、文頭、動詞群の前後と内部に配置されることが多いが、文末に配置されていても適格である。

(98) Ⓐ The medical scientist's theory Ⓐ is <u>merely</u> hypothetical Ⓐ.
　　　その医学者の理論は、単に仮定であるに過ぎない。

(99) <u>Principally</u> economic growth Ⓐ has Ⓐ come Ⓐ from domestic demand Ⓐ.
　　　経済成長は主として内需に由来する。

(100) Ⓐ The student has <u>somehow</u> escaped Ⓐ failure Ⓐ in the exam Ⓐ.
　　　　その学生は何とか試験で不合格にならなくて済んだ。

　(98)では、副体形容詞が表示する「主体が仮定的だ」という事態Ｐが、それ以外の関連する事態を含意しないこと、すなわちＰが現実世界において成立する可能性がないことを、副詞 merely が表示している。形容詞が表示する特性を限定するのだから、この副詞を形容詞 hypothetical の直前に配置することにより、両者の関係を最も明確に理解させることができる。ただしこれ以外でも、文頭、動詞群 is の前、文末に配置することも可能である。

　(99)の副詞 principally は、副体動詞が表示する事態「主体が（内需に）由来する」という事態が、主体が economic growth（経済成長）である場合には、現実世界において最も一般的に成立するものであることを表示する。副体動詞が表示する事物の集合だけでなく、主体にも関わる特性を表示するから、この副詞は文頭、文末、動詞群の前、動詞群の内部、動詞群の後ろにも配置される。

　(100)の副詞 somehow は、動詞 escape が表示する「主体と副体の間に免れるという関係が成立した」という事態が、何らかの偶然や幸運によって成立したことを表示する。関係の特性を表示するから、この副詞は、関係を表示する動詞群の直前に配置するのが理解のためには適当であるが、文頭、動詞群の直後、副体名詞の直後、文末に配置することも可能である。

ⅲ．成立時区間

　成立時区間を表示する副詞は、文頭、動詞群の前後や内部、文末に配置することができる。

(101) <u>Again</u> John Ⓐ has Ⓐ made Ⓐ a serious mistake Ⓐ.
　　　ジョンはまた重大な失敗をした。

(102) <u>Sometimes</u> Mary Ⓐ is Ⓐ complaining Ⓐ about some trifle thing Ⓐ.
　　　メアリーは時々何かつまらないことに文句を言っている。

（103）<u>Forever</u> peace Ⓐ will Ⓐ prevail Ⓐ in the world Ⓐ.
　　　　世界を永遠に平和が支配するだろう。

　（101）の副詞 again は、ある事態 P と同一の事態が、P が成立した時区間に後続する時区間において成立することを表示する。事態全体に関わる特性であるから、文頭、動詞群の前、動詞群中の助動詞の後ろ、動詞群の後ろ、文末に配置することができる。

　（102）の副詞 sometimes は、ある事態 P と同一の事態が、ある程度の長さを持つ時区間において一定の回数反復されることを表示する。この副詞は、文頭、動詞群の前、動詞群中の助動詞 is の後、動詞群の後、文末に配置されることができる。

　（103）の副詞 forever は、事態が基準時区間に後続する時区間の全体において成立することを表示する。この副詞は文頭、動詞群の前、動詞群の内部の助動詞 will の後、動詞群の後、文末のいずれにも配置される。

iv．成立空間
a．発信者が占める空間との関係によって選択される副詞 here と there については、文頭、文末、動詞群の前後と内部に配置することができる。

（104）<u>Here</u> the President Ⓐ made Ⓐ a speech Ⓐ in 1864 Ⓐ.
　　　　その大統領は 1864 年にここで演説をした。

（105）<u>There</u> the runners Ⓐ will Ⓐ turn Ⓐ to the right Ⓐ.
　　　　走者たちはそこで右に曲がる。

　（104）の動詞群は made で、この後に副体名詞句 a speech が続いている。副詞 here は、文頭、動詞群の前、動詞群と副体名詞句の間、副体名詞句の後、文末に配置することができる。

　（105）の動詞群は will turn で、この後に名詞群 to the right が続いている。副詞 there は、文頭、動詞群の前、動詞群の内部で助動詞 will と不定詞 turn の間、動詞群の後で名詞群の前、文末に配置することができる。

　副詞 here が文頭に配置され、動詞群または助動詞が主体名詞句に先行する構造では、発信者が文を発話する際に占めている空間において事態が成立することを表示する。

（106）Here was the musician's birthplace.
　　　　ここにその音楽家の生家があった。

（107）Here is the royal family now staying.
　　　　ここに今国王の家族が滞在している。

（108）Here will the annual festival of dance and music be held.

ここで例年の舞踊と音楽の祭典が開催される。

（106）は「here＋動詞群 was＋主体名詞句」という構造であり、主体名詞句 the musician's birthplace が表示するその音楽家の生家である個体が、発信者が占める空間に存在するという事態が過去の時区間において成立したという事態を表示している。

（107）は「here＋助動詞 is＋主体名詞句＋動詞(現在分詞)」という構造であり、主体名詞句 the royal family が表示する国王の家族である個体が、発信者が占める空間に滞在している (is staying) という事態が現在の時点で成立しているという事態を表示している。

（108）は「here＋助動詞 will＋主体名詞句＋助動詞 be＋動詞(過去分詞) held」という構造であり、主体名詞句 the annual festival of dance and music が表示する例年の舞踊と音楽の祭典である事態が開催されるという事態が未来の時区間において成立するという事態を表示する。

副詞 there が文頭に配置され、動詞群または助動詞が主体名詞句に先行する構造では、発信者が占める空間とは無関係に事態が成立することが表示される。

（109）There was a medieval church at the center of the town.
　　　　町の中心には中世の教会があった。

（110）There have now been marching demonstrators in the main street.
　　　　今までデモ隊が大通りを行進していた。

（111）There will come a time when God will utterly transform this world.
　　　　神が完全にこの世界を変革する時が来るだろう。

（109）は「there＋動詞群 was＋主体名詞句＋名詞群」という構造であり、主体名詞句 a medieval church が表示する中世の教会である個体が存在するという事態が過去の時区間において成立したことを表示する。事態が成立した空間を表示するのは、名詞群 at the center of the town（町の中心に）である。

（110）は「there＋助動詞 have＋助動詞 been＋動詞(現在分詞) marching＋主体名詞句＋動詞群」という構造であり、主体名詞句 demonstrators（デモ隊）が表示する個体が行進するという事態の部分が、過去から現在までの時区間において成立したという事態を表示する。事態が成立した空間を表示するのは、名詞群 in the main street（大通りで）である。

（111）は「there＋助動詞 will＋動詞(不定詞) come＋主体名詞句」という構造であり、主体名詞句 a time（時）が表示する事態が未来の時区間において成立するという事態を表示する。この事態に関しては成立空間に限定はない。

692   第18章　副詞

b.　発信者が占める空間以外の空間を基準として、この基準空間との関係を表示
　　する副詞は、通常は動詞群の前後または内部、文末に配置される。文頭に配
　　置しても不適格ではないが、動詞群が複数の形態で構成されている場合は、
　　動詞群の前には配置されない。

　　(112) Ⓐ The children <u>along</u> went Ⓐ with their teacher Ⓐ on the mountain
　　　　　path Ⓐ.
　　　　　その子供たちは教師と一緒に山道を歩いて行った。
　　(113) Ⓐ John will <u>abroad</u> study Ⓐ mathematics Ⓐ at a university in France Ⓐ.
　　　　　ジョンは海外のフランスの大学で数学を研究するつもりだ。

　(112)の副詞 along は、「主体が行く」という事態が主体の前方にある空間に向
かって成立することを表示する。この副詞は動詞群の前、動詞群の後、動詞群に
続く名詞群の後、文末、文頭に配置されることができる。

　(113)の副詞 abroad は、「主体が数学を研究する」という事態が外国で成立す
ることを表示する。この副詞は、動詞群を構成する助動詞 will の後、動詞群の
後で副体名詞句 mathematics の前、副体名詞句の後、文末、文頭のいずれの位置
にも配置される。

ⅴ．成立可能性

　事態の成立可能性のうち、程度性を持たないものを表示する副詞は maybe と
possibly である。これらの副詞は、文頭、文末、動詞群の前後と内部に配置され
る。

　　(114) <u>Maybe</u> the rumor Ⓐ is Ⓐ true Ⓐ.
　　　　　もしかしたらその噂は本当かもしれない。
　　(115) <u>Possibly</u> the end of the world Ⓐ may Ⓐ have Ⓐ come Ⓐ.
　　　　　ひょっとすると世界の終わりは来ているのかもしれない。

　(114)では、成立可能性が非常に低いことを表示する副詞 maybe は、文頭、動
詞群 is の前、動詞群の後で副体形容詞の前、文末に配置されている。

　(115)では、同様に成立可能性が非常に低いことを表示する副詞 possibly が、
文頭、動詞群 may have come の前、動詞群のうち助動詞 may の後、動詞群のう
ち助動詞 have の後、動詞群の後の文末に配置されている。

第 19 章　比較

第 1 節　比較の本質と機能
① 程度性語
　数量詞、形容詞、副詞は基本的には程度性のある特性を表示する。これらの形態が名詞句が表示する事物の集合を限定する時には、この特性に関する平均値を上回る値を持つ事物の集合を表示する。

(1) There were many spectators in the baseball stadium.
　　球場にはたくさんの観客がいた。

(2) The city John lives in is large in Great Britain.
　　ジョンが住んでいる都市はイギリスでは大きい。

(3) The train runs fast between the two stations.
　　その 2 つの駅の間ではその列車は速く走る。

　(1)の数量詞 many（多い）は、後続する名詞 spectators（観客）が表示する個体集合のうち、個数が平均値よりも大きい部分集合を表示する。この文が表示する事態に関して平均値を与えるのは、球場に集まる観客の数であり、通常であれば数万人程度だと考えることができるから、この文の名詞句 many spectators は、これ以上の観客の集合だと推定される。

　(2)の形容詞 large（大きい）は、ある集合に関して、その要素が持つ大きさの平均値よりも大きな値を持つ事物の集合を表示する。この文が表示する事態に関して平均値を与えるのは、イギリスにある都市の大きさ、すなわち人口であり、20 万人程度だと推定される。したがってこの文中の large が表示するのは、人口が 20 万人を上回る都市の集合である。

　(3)の副詞 fast（速く）は、「個体が移動する」という事態の集合に関して、移動速度という特性の平均値を上回る値を持つ事態によって構成される部分集合を表示する。この文が表示する事態では、列車が移動する速度という特性が問題になっているので、平均値は 80 キロから 100 キロ程度だと推定される。したがってこの文中の副詞 fast は、これ以上の速度で主体が移動するという事態の集合を表示する。

　数量詞、形容詞、副詞を「程度性語」と呼ぶことにすれば、程度性語には、ある特性の程度の平均値と、成立する事態が示すその特性に関する値を比較すると

いう操作が本質的に含まれている。

② 比較操作と比較構文

ⅰ. 比較級

比較操作は、同じ特性を持つ2つまたはそれ以上の事態に関して、それぞれの特性の程度についても行うことができる。

ある特性Lに関して、事態Pが持つ値L(P)と、事態Qが持つ値L(Q)を比較し、L(P)がL(Q)より大きいという事態を表示するために、英語では「比較級形態」という特別の形態が使用される。この比較操作の結果を表示する文は「P than Q」という構造を持ち、Pには比較級形態が含まれる。

(4) Today there are more spectators in the baseball stadium than there were last week.
　　今日は先週よりも球場にはたくさんの観客がいる。

(5) The city John lives in is larger than mine is.
　　ジョンが住んでいる都市は私の都市よりも大きい。

(6) The train runs faster between Paris and Lyon than it runs between Geneva and Lyon.
　　その列車はジュネーブとリヨンの間よりもパリとリヨンの間の方が速く走る。

(4)では、P「今日球場にある数の観客がいる」が持つ観客の数値L(P)とQ「先週球場にある数の観客がいた」が持つ観客の数値L(Q)を比較して、L(P)がL(Q)よりも大きいという事態が表示されている。比較級形態による比較では、数値の大小だけが問題であり、平均値がどの程度であるかは無関係である。したがってこの文に関して、L(P)が2000人でL(Q)が1000人である場合もあり得る。

比較構文は、2つの事態PとQが持つ同じ特性の程度が持つ値を比較するのであるから、「P than Q」という構造中でPとQは、事態を表示する単位としての文であるのが原則である。したがって、(4)は本来次のような構造であることになる。

(4′) Today there are more spectators in the baseball stadium than there were many spectators in the baseball stadium last week.

ただし、この構造の文が実際に使用されることはなく、thanに続く文では、「数量詞＋名詞句」many spectators は削除しなければならない。

この結果、以下の構造が残る。

(4″) Today there are more spectators in the baseball stadium than there were in the baseball stadium last week.

第1節　比較の本質と機能　　　695

この構造で不適格ではないが、than 以下には主節から容易に再現することができる要素が含まれているので、これらの要素を表示する語をすべて削除すると、以下の構造になる。

　(4‴) Today there are more spectators in the baseball stadium than last week.

比較構文としては、この最も単純な構造がよく使用される。

　(5)では、P「ジョンが住んでいる都市はある大きさだ」が持つ数値 L(P) と Q「私の都市はある大きさだ」が持つ数値 L(Q) を比較して、L(P) が L(Q) よりも大きいという事態が表示されている。この文についても、ある地域にある都市の人口の平均値という要素は無関係であり、L(P) が 1 万人、L(Q) が 5000 人ということもあり得る。

この文も、本来は以下のような構造を持っている。

　(5′) The city John lives in is larger than mine is large.

この構造で than に続く従属節中の large は義務的に削除され、(5)の構造になる。

従属節中の動詞群 is は主節の動詞群と同一なので、これを削除すると、以下のような構造になる。

　(5″)　The city John lives in is larger than mine.

　(6)では、P「その列車はパリとリヨンの間である速さで走る」が持つ数値 L(P) と Q「その列車はジュネーブとリヨンの間である速さで走る」が持つ数値 L(Q) を比較して、L(P) が L(Q) よりも大きいという事態が表示されている。この文についても、列車が走る速度の平均値という要素は無関係であり、L(P) が時速 300 キロ、L(Q) が時速 100 キロである可能性はある。

この文についても、本来は以下のような構造である。

　(6′) The train runs faster between Paris and Lyon than it runs fast between Geneva and Lyon.

この構造で、副詞の fast は義務的に削除されて、(6)の構造になる。

　(6)の従属節中では、主体名詞句 it (= the train) と動詞群 runs が主節と同じなので、これを削除すると、以下のような構造になる。

　(6″) The train runs faster between Paris and Lyon than between Geneva and Lyon.

ii. 比較級形態

比較級形態は、1 音節語の場合は接辞 er を付加し、2 音節以上の語の場合は more を先行させて more beautiful のように 2 語で構成するのが原則である。

不規則な比較級形態としては以下のものがある。

　good（よい）, well（よく）: better／bad（悪い）, ill（悪く）: worse／many, much

（たくさん）: more／little（少量の）: less

ラテン語由来の比較級形態として以下のものがある。

> superior（よりよい）, inferior（より悪い）, senior（年上の）, junior（年下の）, major（より大きい）, minor（より小さい）, prior（より前の）, interior（内側の）, exterior（外側の）

ラテン語由来の比較級形態を用いた比較構文では、従属節が使用されることはない。これらの形態を使用する場合は、than を使用する従属節ではなく、「to＋名詞句」という構造の名詞群によって、比較の対象となる事物が表示される。

(7) The proposed method is superior to the traditional counterparts.
　　提案されている方法は伝統的な方法よりも優れている。

(8) Junior students to us will enter college this fall semester.
　　この秋学期には私たちよりも年下の学生が入学してくる。

(7)では、主体である the proposed method（提案されている方法）と名詞群中の the traditional counterparts（伝統的な方法）に、「よさ」という特性について前者の程度の方が後者の程度よりも上であるという事態が表示されている。

(8)の junior は「主体が個体 A より年下だ」という事態を表示し、junior students to us は、学生である個体の集合のうち、年齢という特性に関して、発信者たちよりも小さな値を持つ個体によって構成される部分集合を表示する。

interior, exterior は、起源的には比較級形態であるが、比較構文を作る時には、more interior［exterior］という規則的な比較級形態を取る。prior は、単独で比較構文を作ることができる他、more prior という規則的な形態を取ることもできる。

(9) The queen's room was more interior than the guests' room（were）.
　　女王の部屋は客間よりも内側にあった。

(10) a. The society had seen a progressive change in the prior years to the revolution.
　　　革命に先立つ年月には、社会では変化が進行していた。

　　　b. Mary finished answering the questions much more prior than John（did）.
　　　メアリはジョンよりもずっと前にその問題を解き終わった。

(9)の interior は「内側にある」という特性を表示し、比較級形態 more interior で、個体 P と個体 Q に関して、この特性の程度 L(P) と L(Q) については、L(P) が L(Q) よりも値が大きいことを表示する。

(10a)の prior は、時区間 A と時区間 B に関して、A が B に先行することを A is prior to B という形で表示する。(10b)の prior は、単独では「事態が基準時区間に先行する時区間において成立する」という事態を表示し、基準時区間を与える事態 Q が与えられる場合には、more prior than Q という形を取る。

iii．劣等比較級

　主節の事態が持つ程度 L(P) が従属節の事態が持つ程度 L(Q) より小さいことを表示する文では、劣等比較級形態「less + 程度性語」が使用される。ただし、数量詞 many については、less のみまたは fewer を用いる。

(11) Last week there were less [fewer] spectators in the baseball stadium than (there are) today.
先週の球場の観客は今日よりも少なかった。

(12) My city is less large than that John lives in is.
私の都市はジョンが住んでいる都市より小さい。

(13) The train runs less fast between Geneva and Lyon than (it runs) between Paris and Lyon.
その列車はジュネーブとリヨンの間ではパリとリヨンの間よりも遅く走る。

　(11) では、P「先週球場にある数の観客がいた」と Q「今日球場にある数の観客がいる」という 2 つの事態に関して、観客の数という特性の程度 L(X) については、L(P) の方が L(Q) よりも小さいという事態を、P less [fewer] than Q という形で表示している。

　(12) では、P「発信者の都市はある大きさだ」と Q「ジョンの住んでいる都市はある大きさだ」という 2 つの事態に関して、大きさの程度 L(X) については、L(P) の方が L(Q) より小さいという事態を、P less large than Q という形で表示している。

　(13) では、P「その列車がジュネーブとリヨンの間ある速さで走る」と Q「その列車がパリとリヨンの間ある速さで走る」という 2 つの事態に関して、速さという特性の程度 L(X) については、L(P) の方が L(Q) よりも小さいという事態を、P less fast than Q という形で表示している。

iv．最上級

　ある事物の集合について、それに属する要素が示す特性の程度が、他のすべての要素が持つ同じ特性の程度よりも大きいという事態は、比較級形態を用いることで表示することができる。

(14) The Alexander Winery produces more wine than any other winery in the state.
アレグザンダー・ワイナリーは、その州のどの醸造所よりも多くのワインを生産している。

(15) Cleopatra was cleverer than any other siblings of her family.

クレオパトラは家族の他の兄弟の誰よりも頭がよかった。

(16) John leaves his office earlier than any other employees of his company.
アレグザンダー・ワイナリーがその州で最も多くのワインを生産して
ジョンは会社の従業員の誰よりも早く退社する。

(14)では、ある州のワイン醸造所である個体 wk の集合{w1, w2…wn}が状況中に与えられる。その集合の要素であるアレグザンダー・ワイナリーがある量のワインを生産しているという事態 P と、与えられた個体集合に属するそれ以外の個体がある量のワインを生産しているという事態 Q が、製造するワインの量という特性の程度に関して比較される。

P がこの特性について持つ程度は L(P)である。Q については、個々の醸造所 w1, w2…wn について、生産するワインの量 L(w1), L(w2)…L(wn)が決まるが、L(P) >L(w1) & L(P) >L(w2) &…& L(P) >L(wn)であれば、L(P)が L(wk)の集合の中で最大の値を持つことになる。

与えられた集合の要素の中で、ある要素がある特性について最大の値を持つことを、程度性語の特別の形態によって表示する場合、その形態を「最上級形態」と呼ぶ。

最上級形態は、接辞 er を付加する比較級形態では er を est に置き換え、形態 more を先行させる比較級形態では、more を most に置き換えることで形成される。

(14)を、最上級形態を用いた構造に置き換えると、以下のようになる。

(14′) The Alexander Winery produces the most wine in the state.
アレグザンダー・ワイナリーがその州で最も多くのワインを生産している。

最上級形態によって限定される事物は、与えられた集合の中で唯一の要素であるから、集合を構成する他の要素とは明確に区別される。したがって定性は定であり、このことを表示するために、最上級形態には定冠詞が付加される。

不規則な最上級形態としては以下のものがある。

good（よい）, well（よく）: best／bad（悪い）, ill（悪く）: worst／many, much（たくさん）: most／little（少量の）: least

(15)では、クレオパトラが属する家族の兄弟姉妹である個体 sk の集合{s1, s2…sn}が状況中に与えられる。頭のよさという特性に関して、クレオパトラが持つ値 L(C)を、他の兄弟が持つ値 L(s1), L(s2)…L(sn)を比較して、L(C) >L(s1) & L(C) >L(s2) &…& L(C) >L(sn)であることを(15)は表示している。この時、クレオパトラが兄弟全員の中で最も頭がいいことになる。

このことを、形容詞 clever の最上級形態 cleverest を用いて表現すると、以下のようになる。

(15′) Cleopatra was the cleverest of the siblings of her family.

クレオパトラは家族の兄弟の中で最も頭がよかった。

最上級形態 cleverest は、与えられた個体集合の中で、頭のよさという特定の程度について最大の値を持つ個体を表示し、同じ集合の他の個体とは明確に区別されるから、定性は定であり、このことを表示するために定冠詞が付加される。

(16)では、ジョンが勤務する会社の従業員である個体 ek によって構成される個体の集合{e1, e2…en}が状況中に与えられる。ある時刻に退社するという特性に関して、ジョンが持つ値を L(J) とする。L(ei) が L(ej) よりも時間軸上で先行することを L(ei)>L(ej) と表現することにすると、L(J)>L(e1) & L(J)>L(e2) &…& L(J)>L(en) であることを(16)は表示している。

この時、ジョンが退社する時刻は会社の従業員の中で最も早いことになる。このことを、副詞 early の最上級形態を用いて表現すると、以下のようになる。

(16′) John leaves his office (the) earliest of the employees of his company.
ジョンは会社の従業員の中で最も早く退社する。

副詞は名詞や形容詞のように事物の集合を表示しないので、事物の集合についてその定性を表示する冠詞が付加されることは通常はない。しかし、副詞の最上級形態については、定冠詞を付加することも可能である。

Ⅴ. 同等比較級

2つの事物についてある特性の程度を比較し、その程度が同一であることを表示する場合は、同等比較級形態が使用される。この形態は、どの程度性語についても「as [so]+程度性語」であり、従属節の先頭には接続詞 as が配置される。

(17) Mary studies for as many hours a day as she does housework.
メアリーは家事をするのと同じ時間だけ勉強する。

(18) In the medieval Europe, spices were so precious as gold.
中世のヨーロッパでは、香辛料は金と同じくらい貴重だった。

(19) The young princess danced a waltz as gracefully as the countess played the harp.
若い王女は伯爵夫人がハープを弾くのと同じくらい優雅にワルツを踊った。

(17)では、主節 P「メアリーが1日にある時間だけ勉強する」と従属節 Q「メアリーが1日にある時間だけ家事をする」に関して、事態の成立時区間の長さという特性の値 L(P) と L(Q) を比較した結果、L(P)=L(Q) であったという事態が表示されている。

この文は、P と Q という2個の事態の特性を比較する構造であるから、本来の構造は以下のようなものである。

（17′）Mary studies for as many hours a day as she does housework for many hours a day.

この構造で、従属節の for many hours は義務的に削除され、以下のようになる。

（17″）Mary studies for as many hours a day as she does housework a day.

名詞句 a day は数量詞を含む語句とともに使用されるので、従属節中の a day も削除された結果、（17）のような構造が作られる。

（18）では、主節 P「中世ヨーロッパで香辛料が貴重だった」と従属節 Q「中世ヨーロッパで金が貴重だった」の特性としての事物が貴重である程度 L(P) と L(Q) を比較して、それらが同一であったという事態が表示されている。

この文について、本来の構造は以下のようなものである。

（18′）In the medieval Europe, spices were so precious as gold was precious.

この構造で、従属節の precious が義務的に削除されると（18″）のような構造になる。

（18″）In the medieval Europe, spices were so precious as gold was.

この構造でも適格であるが、従属節で包含関係を表示する動詞群 was の削除は可能であり、この結果（18）のような構造になる。

（19）では、主節 P「若い皇女がワルツを優雅に踊った」と従属節 Q「伯爵夫人が優雅にハープを弾いた」という 2 個の事態の要素である演技の優雅さの特性の程度 L(P) と L(Q) を比較して、両者が同一であったという事態が表示されている。

この事態の構造は、本来は以下のようなものである。

（19′）The young princess danced a waltz as gracefully as the countess played the harp gracefully.

この構造で従属節の副詞 gracefully は義務的に削除され、（19）のような構造になる。

第 2 節　比較級

同一の特性に関して、主節の事態 P と従属節の事態 Q が持つその特性の程度 L(P) と L(Q) を比較して、L(P) ＞ L(Q) であることを表示する比較級を「優等比較級」と呼ぶ。比較表現として通常使用されるのは、この優等比較級である。これに対し、L(P) ＜ L(Q) であることを表示するのが「劣等比較級」である。劣等比較級は、低い方の特性の程度を持つ事態を、何らかの理由で主節として選択した場合に使用される。

① 優等比較級

程度性語の比較級形態 (-er, more …など) を使用する比較表現が優等比較級に

第2節　比較級　　　701

属する。

ⅰ．主節と従属節のある比較表現

　比較表現の基本は、同一の特性の程度に関して2つの事態を比較するという操作である。これらの事態のいずれもが表現される場合には、「主節＋than 従属節」という構造を取る。

　　(20) More oil is produced in the United States than in Saudi Arabia.
　　　　　サウジアラビアより合衆国の方が石油の産出量は多い。

　　(21) Fewer students now major in classics than before.
　　　　　古典学を専攻する学生は以前より減った。

　　(22) This summer seems hotter than the average year.
　　　　　今年の夏は平年よりも暑いように見える。

　　(23) We must use a more appropriate method than that we have been using for years.
　　　　　私たちは長年使ってきた方法よりも適切な方法を使うべきだ。

　　(24) Mary understands how society works better than when she was a student.
　　　　　メアリーは、学生の時よりも社会の働きをよく理解している。

　　(25) As a young student, the psychologist was seen as more cunning than bright.
　　　　　若い学生の時、その心理学者は聡明だというよりもずる賢いと見られていた。

　(20)の主体名詞句が「数量詞比較級形態＋名詞」という構造なので、この文は主節P「ある量の石油が合衆国で産出される」と従属節Q「ある量の石油がサウジアラビアで産出される」について、産出量の値L(P)とL(Q)を比較して、L(P)＞L(Q)であるという事態を表示している。

　この文は、本来は以下のような構造である。

　　(20′) More oil is produced in the United States than much oil is produced in Saudi Arabia.

従属節中の much oil を代名詞 it に置き換えれば適格な構造になる。

　　(20″) More oil is produced in the United States than it is produced in Saudi Arabia.

この構造の従属節中の it is produced を削除すれば、(20)の構造になる。

　(21)では、数量詞 few の比較級形態 fewer が名詞 students とともに主体名詞句を形成している。few は、ある個体の集合に関して、状況から期待される数値の平均よりも個数が小さいことを表示するから、平均値よりも数値が大きいこと

を表示する many の逆であり、比較級形態 fewer は、機能的には劣等比較に等しいように見える。しかし、形態的には接辞 er が付加されているので、「少なさ」という特性に関して平均値以上の値を持つと解釈すれば、fewer は優等比較級形態に属すると考えることができる。

この文は、主節 P「現在少ない数の学生が古典学を専攻する」と従属節 Q「現在より前の時区間において少ない数の学生が古典学を専攻する」について、少なさという特性の値 L(P) と L(Q) を比較すると L(P)＞L(Q) であるという事態を表示する。

この文は、本来は以下のような構造である。

(21′) Fewer students now major in classics than few students majored in classics before.

この構造は、数量詞 few が義務的に削除され、students を代名詞 they に置き換えると、以下のようになる。

(21″) Fewer students now major in classics than they majored in classics before.

この構造で、majored in classics を did に置き換えることができて、以下のようになる。

(21‴) Fewer students now major in classics than they did before.

この構造で they did を削除して形成されるのが(21)である。

(22)では、hot（暑い）の比較級形態 hotter が副体であり、この文は、主節 P「今年の夏はある程度 L(P) で暑い」と従属節 Q「平年の夏はある程度 L(Q) で暑い」について、L(P)＞L(Q) であるように見えるという事態を表示している。

この文の本来の構造は以下の通りである。

(22′) This summer seems hotter than the average year is hot.

この構造では従属節の副体形容詞 hot は義務的に削除されて、以下のようになる。

(22″) This summer seems hotter than the average year is.

この構造で、従属節の動詞群 is を削除した結果が(22)である。

(23)では、appropriate（適切な）の比較級形態が名詞 method とともに単射関係の副体名詞句を形成している。この文は、主節 P「発信者たちが適切性 L(P) を持つ方法を使うべきだ」と従属節 Q「発信者たちが適切性 L(Q) を持つ方法を長年使ってきた」について、L(P)＞L(Q) だという事態を表示している。

この文の本来の構造は以下の通りである。

(23′) We must use a more appropriate method than the appropriate method we have been using for years.

第2節　比較級　　　　　　　　703

　この構造では、従属節の名詞句中の形容詞 appropriate は義務的に削除され、以下のような構造になる。

　　(23″) We must use a more appropriate method than the method we have been using for years.

　従属節中の the method を代名詞 that に置き換えることで(23)が得られる。

　(24)の better は副詞 well の比較級形態であり、この文は、主節 P「メアリーが社会の働きをよく理解している」と従属節 P「メアリーが学生の時に社会の働きをよく理解していた」について、それぞれの事態の特性としての理解のよさの程度 L(P)と L(Q)を比較すると、L(P)＞L(Q)であるという事態を表示している。

　この文は、本来は以下のような構造である。

　　(24′) Mary understands how society works better than she understood how society works well when she was a student.

　この構造では、従属節の副詞 well が義務的に削除されて、以下の構造になる。

　　(24″) Mary understands how society works better than she understood how society works when she was a student.

　この構造では、従属節中の how society works を代名詞 it に置き換えるか、understood how society works を did に置き換えることができる。

　　(24‴) a. Mary understands how society works better than she understood it when she was a student.

　　　　　b. Mary understands how society works better than she did when she was a student.

　(24‴a)で she understood it、(24‴b)で she did を削除することができて、その結果(24)のような構造になる。

　(25)では、主節が P「その心理学者がずる賢いと見られていた」、従属節 Q「その心理学者が聡明だと見られていた」である。P と Q は主体の特性が異なるが、共通の特性があるとすれば、それは「ずる賢さ」と「聡明さ」の尺度の中での位置である。要するに主体が持つ何らかの特性の程度の大きさ G である。したがってこの文は、P についての値 G(P)と、Q についての値 G(Q)を比較して、G(P)＞G(Q)であるという事態を表示する。

　事態が持つ一般的な特性の程度を比較する操作は、事物の集合が副体である場合や、事物全体の特性についても行われる。

　　(26) Mary is more a pedagogist than a scholar.
　　　　メアリーは学者というより教育者だ。

　　(27) John played the violin more vigorously than accurately.
　　　　ジョンは正確にというよりも力強くバイオリンを弾いた。

(26)では、主節 P で「主体が教育者である程度」に関してメアリーが主体である時の値が G(P)であり、従属節 Q で「主体が学者である程度」に関してメアリーが主体である時の値が G(Q)であって、G(P)＞G(Q)であることが表示されている。

(27)では、主節 P で「主体がバイオリンを力強く弾く程度」に関してジョンが主体である時の値が G(P)であり、従属節 Q で「主体がバイオリンを正確に弾く程度」に関してジョンが主体である時の値が G(Q)であり、G(P)＞G(Q)であることが表示されている。

ⅱ. 程度性の差異を示す語句
a. 差異を強める副詞
「P than Q」という構造の比較表現では、特性の程度を L(X)とすると、L(P)が L(Q)よりも大きいことが表示される。L(P)と L(Q)の違いが大きいことを表示するための副詞として much, a lot, still, even,(by) far などがある。

(28) John eats out much more than he does at home.
　　 ジョンは自宅でよりも外食の時の方がはるかにたくさん食べる。

(29) There are mountains even higher than Mont Blanc for the alpinists to climb.
　　 その登山家たちが登るべき、モンブランよりもずっと高い山がある。

(30) The duke wanted to decorate his palace（by）far more elegantly than the viscount's.
　　 公爵は自分の宮殿を子爵の宮殿よりもはるかに優美に装飾したいと思った。

(28)は、主節 P「ジョンが外である量 L(P)だけ食べる」と従属節 Q「ジョンが自宅である量 L(Q)だけ食べる」について、L(P)＞L(Q)であり、かつ L(P)と L(Q)の差が大きいという事態を表示する。

(29)の名詞 mountains（山々）に続く部分では、P「登山家たちが登るべき山は高い」と Q「登山家たちが登るべきモンブランは高い」という 2 個の事態の特性である山の高さ L(P)と L(Q)について、L(P)＞L(Q)であり、かつ L(P)と L(Q)の差が大きいという事態が表示される。

(30)は、主節 P「公爵が自分の宮殿を優美に装飾する」と従属節 Q「子爵が自分の宮殿を優美に装飾する」という 2 個の事態について、優美さの程度 L(P)と L(Q)を比較して L(P)＞L(Q)であり、L(P)と L(Q)の差が大きいという事態を表示する。

第2節　比較級　　　705

b.　差異を数値化する語句

主節の事態 P の特性の程度 L(P) を従属節の事態 Q の特性の程度 L(Q) で除した値を、比較級形態の前に配置することができる。

(31) Today, California has roughly seventy times more people than Wyoming.
　　　今日、カリフォルニア州はワイオミング州の大体 70 倍の人口がある。

(32) Mount Everest is two times higher than Mauna Kea in Hawaii.
　　　エベレストはハワイのマウナケアの 2 倍の高さがある。

(33) Sound travels in air 0.23 times faster than in water.
　　　音は空中では水中の 0.23 倍の速さで伝わる。

(31) では、主節 P「カリフォルニア州の人口は L(P) だ」と従属節 Q「ワイオミング州の人口は L(Q) だ」で、L(P) > L(Q) であり、同時に L(P)/L(Q) ≒ 70 であることが表示されている。

(32) では、主節 P「エベレスト山の高さは L(P) だ」と従属節 Q「マウナケアの高さは L(Q) だ」で、L(P) > L(Q) であり、かつ L(P)/L(Q) = 2 であることが表示されている。

(33) では、主節 P「音が空中で速度 L(P) で伝わる」と従属節 Q「音が水中で速度 L(Q) で伝わる」について、L(P) は秒速 340 メートル、L(Q) は秒速 1500 メートルなので、L(P) < L(Q) である。ここで L(P)/L(Q) = 0.23 であり、この数値の後に優等比較級形態 faster を配置して、数値の比を表示することができる。

L(P) と L(Q) の数値の差を、比較級形態の前に配置して表示することも可能である。

(34) Six million more tourists visit France than Spain.
　　　フランスにはスペインより 600 万人も多くの旅行者が訪れる。

(35) Mary's income is ten thousand dollars higher than mine.
　　　メアリーの収入は私の収入より 1 万ドルも高い。

(36) We pulled into Berlin in the early evening, two minutes later than scheduled.
　　　私たちは夕方早く、予定よりも 2 分遅れてベルリンに入った。

(34) では、主節 P「フランスに L(P) の数の旅行者が訪れる」と従属節 Q「スペインに L(Q) の数の旅行者が訪れる」について、L(P) > L(Q) であり、L(P) − L(Q) = 600 万であることが表示されている。

(35) では、主節 P「メアリーの収入は L(P) だ」と従属節 Q「発信者の収入が L(Q) だ」について、L(P) > L(Q) であり、L(P) − L(Q) = 1 万ドルであることが表示されている。

(36) では、主節 P「発信者たちが夕方早くのある時刻 L(P) にベルリンに入った」

と従属節 Q「発信者たちは時刻 L(Q) にベルリンに入る予定だった」について、L(P) が L(Q) に後続し、L(P) − L(Q) = 2 分であることが表示されている。

iii. 従属節のない比較表現

比較級形態は、主節と従属節について、同一の特性の程度を比較するという操作の結果の事態を表示する。特性の程度が小さい方の事態を表示するのが従属節であるが、従属節の事態を状況によって推測することが可能である場合には、従属節が表現されず、推測された状況が比較の基準を与えることがある。

(37) Due to the recent spike in pandemic cases, more parks were closed for the safety of the public.
最近世界的流行病が急に襲ってきたために、公共の安全のためにそれ以前より多くの公園が閉鎖された。

(38) If fewer homes were built by the private sector, the government would step in.
民間部門による住宅の建築が以前より減ることになったら、政府が乗り出してくるだろう。

(39) The new system would be better environmentally and more beneficial for customers.
新しい方式は環境にもよくなるし、顧客にとってもさらに有益だろう。

(37)では「公共の安全のために基準値 L(Q) より大きい数値 L(P) の公園が閉鎖された」という事態が表示されるが、文中には名詞群 due to the recent spike in pandemic cases(最近世界的流行病が急に襲ってきたために)があることから、世界的流行病の蔓延以前に閉鎖されていた公園の数が L(Q) であると理解される。

(38)の条件節が表示する事態 P「民間部門による家屋の建築の数値が L(P) で、基準値 L(Q) より大きい」について、L(Q) を明示的に与える語句はこの文中にはない。事態 P が成立するのは現実世界以外の可能世界であるが、成立時区間は現在または未来だと考えることができるので、L(P) は、過去または現在における民間部門による住宅の建築数だと理解される。

(39)は、「新しい方式が環境によい程度が L(P1) で、基準値 L(Q1) より大きく、新しい方式が顧客にとって有益である程度が L(P2) で、基準値 L(Q2) より大きい」という事態 P を表示する。主体が the new system(新しい方式)であるから、基準値を与えるのはそれ以前の方式が環境によい程度と顧客に有益である程度だと考えてよい。

第 2 節　比較級　　707

iv．定冠詞を伴う比較級形態

a．2 個の事物のうちの一方を表示する比較級形態

　比較級形態が名詞とともに名詞句を形成している場合には、表示する事物の定性によって冠詞の有無や形態が選択される。これに加えて、比較級形態が単独で使用されている場合でも、この形態が表示する事物が定であることが明らかな場合には、定冠詞が付加される。

　　（40）Mary chose as her partner the richer of the two men who worked for a megabank.
　　　　メアリーは 2 人の男のうち、メガバンクに勤めている金持ちの方を相手として選んだ。

　　（41）After comparing the two proposals, John concluded the latter one was the more promising.
　　　　その 2 つの提案を比較した後で、ジョンは後の提案の方が有望だと結論づけた。

　（40）では、名詞群 of the two men（2 人の男のうち）によって、比較されているのが 2 個の個体であることが分かる。これらの個体 p と q について、金持ちである程度 R(p) と R(q) を比較して、R(p)＞R(q) である場合、個体 p に対して比較級形態 richer を使用することができる。この比較級形態は、2 個の個体から成る集合のうちの 1 個を表示し、残りの 1 個とは金持ちである程度が異なるという点で明確に区別されるから、定性は定である。定である個体を表示するという特性によって、比較級形態の形容詞単独ではあっても、定冠詞が付加される。

　（41）では名詞群 after comparing the two proposals（その 2 つの提案を比較した後で）によって、比較されているのが 2 個の proposal（提案）という事態であることが分かる。これらの事態 p と q について、p が q に先行する時区間においてなされた提案である場合、有望である程度 P(p) と P(q) を比較して、the latter、つまり後に提案された q の程度 P(q) が P(p) より大きいことを、比較級形態 more promising が表示している。2 個の事態 p と q によって構成される集合のうちの 1 個の事態であり、そうではない事態とは明確に区別されるから、q を表示する比較級形態は、名詞を伴ってはいないが定である事態を表示し、このため定冠詞が付加される。

b．比例関係を表示する「定冠詞＋比較級形態」

α．特性の程度の上昇を表示する

　「the ＋ 比較級形態」によって、事態が持つ特性の程度が、与えられた要因によって値を上昇させるという事態を表示することができる。

(42) Working as an ambassador to Italy, John got the more acquainted with European affairs.

イタリアへの大使として働くことで、ジョンはヨーロッパの事情にそれだけますます詳しくなった。

(43) The girl was all the happier for the championship she won after a year's hard training.

1年間の厳しい練習を経て優勝を勝ち得たことで、それだけますますその女の子は幸せを感じた。

(44) The philosopher's thoughts seem the more difficult because they are expressed in Classical Latin full of metaphors.

その哲学者の思想は、比喩に満ちた古典ラテン語で表現されているので、それだけ一層難しく見える。

(42)の主節が表示する事態Pは「ジョンがヨーロッパの事情に詳しい程度L(P)が、基準値L(Q)よりも大きくなった」である。基準値を与える明示的な語句はないが、分詞節が表示する事態Q「ジョンがイタリアへの大使として働いた」があることから、L(Q)はジョンがイタリアに大使として赴任しなかった場合に得られたと推定されるヨーロッパ事情に関する知識の程度であると判断される。

この文では、L(P)>L(Q)であると同時に、L(P)とL(Q)の差dが、事態Qによって上昇すると期待される数量に等しいことが表示される。L(P)>L(Q)であることだけであれば、比較級形態の前に the を付加する必要はない。

(42′) Working as an ambassador to Italy, John got more acquainted with European affairs.

イタリアへの大使として働くことで、ジョンはヨーロッパの事情にそれ以前よりも詳しくなった。

比較級形態の前に定冠詞が付加されて the more acquainted となることで、Pによって期待される値dに等しい量の知識を主体が持っているという、他の事態とは明確に区別される特性が表示されることになる。

(43)の the girl was all the happier は、事態P「その女の子が幸せである程度L(P)が、基準値L(Q)より大きかった」である。基準値を与えるのは、名詞群 for the championship she won after a year's hard training によって表示される事態Q「その女の子が1年間の厳しい練習の後優勝した」であり、基準値L(Q)は、その女の子が厳しい練習をしないで優勝した場合に感じていたと推定される幸せの程度であると判断される。

この文では、L(P)>L(Q)であると同時に、両者の差dが、事態Qをもとに期待される数値、すなわち練習の成果としての優勝を勝ち得ることで上昇すると期

待される幸福度の程度に等しいことが表示される。dが期待値に等しいことを表示するのは定冠詞であるが、この文のように定冠詞の前に数量詞 all を配置することもある。

　L(P)＞L(Q)であるという事態だけならば、比較級形態の前に定冠詞を付加する必要はない。

　(43′) The girl was happier for the championship she won after a year's hard training.
　　　　その女の子は1年間の厳しい練習を経て優勝を勝ち得たことで、もっと幸せを感じた。

　(44)の主節が表示する事態Pは「その哲学者の思想が難しく見える程度L(P)が、基準値 L(Q)よりも大きい」であり、従属節が表示する事態 Q は「その哲学者の思想が比喩に満ちた古典ラテン語で表現されている」であるから、この事態から推測して、基準値を与えるのは、その哲学者の思想が古典ラテン語以外の近代諸語で表現されている時の難しさの程度 L(Q)である。

　この文では、L(P)＞L(Q)であると同時に、L(P)－L(Q)＝dが、事態 Q をもとに期待される数値、すなわち比喩に満ちた古典ラテン語で表現されていることによって上昇すると期待される数値に等しいことが表示されている。難しさの程度の上昇値という要素が関与してこなければ、定冠詞は使用されない。

　(44′) The philosopher's thoughts seem more difficult because they are expressed in Classical Latin full of metaphors.
　　　　その哲学者の思想は、比喩に満ちた古典ラテン語で表現されているので、普通よりは難しく見える。

β.　2個の事態の特性の程度が比例することを表示する

　主節の事態 P と従属節の事態 Q が持つそれぞれの特性の程度が比例関係にあることを表示する場合、主節には「the＋比較級形態」が使用され、従属節には「the＋比較級形態」または接続詞 as と比較級形態が使用される。

　(45) The more immigrants the country will receive, the more dangerous the cities will be.
　　　　その国が移民を多く受け入れれば受け入れるほど、都市はますます危険になるだろう。

　(46) As fewer tourist visited the small town, the cleaner the streets grew.
　　　　その小さな町に訪れる観光客が少なくなればなるほど、街路はますます綺麗になった。

　(47) The deeper you dive into the sea, the darker the water becomes.

海に深く潜れば潜るほど、水はますます暗くなる。

(48) As longer the mayor spoke, the more persuasive his words became.

　　市長が長く話せば話すほど、彼の言葉はますます説得力を増していった。

　(45)の従属節は the more immigrants the country will receive であり、これは事態 Q「その国が L(Q) の移民を受け入れ、L(Q) は時間とともに増加する」を表示する。主節の事態 P は「その国の都市が危険である程度が L(P) であり、この程度は時間とともに増加する」である。そして文全体では、L(P) が L(Q) に比例して増加するという事態を表示する。

　従属節の先頭に「定冠詞＋比較級形態」があれば、主節と従属節の特性の程度が比例することは表示できるので、主節が従属節に先行する位置にある時には、主節中に定冠詞が使用される必要はない。

　(45′) The cities will be more dangerous, the more immigrants the country will receive.

　(46)の従属節が表示する事態 Q は「その小さな町を訪れる観光客が少ない程度 L(Q) が、時間とともに程度を増大させる」であり、主節が表示する事態 P は「街路が綺麗である程度 L(P) が時間とともに程度を増加させる」である。この文全体は、L(P) が L(Q) に比例して増加するという事態を表示する。

　(47)の従属節は the deeper you dive into the sea であり、この節は事態 Q「主体が海に潜る程度が、すなわち潜る水深が L(Q) であり、それが時間とともに増加する」を表示する。主節が表示する事態 P は「海水が暗い程度 L(P) が時間とともに増加する」である。文全体は、L(P) が L(Q) に比例して増加するという事態を表示する。

　この文も、主節に定冠詞を使用しないで同一の事態を表示することができる。

　(47′) The water becomes darker, the deeper you dive into the sea.

　(48)の従属節が表示する事態 Q は「市長が話した時間の長さが L(Q) だった」であり、L(Q) は本質的に時間の経過に比例する。主節が表示する事態 P は「市長の言葉の説得力が L(P) であり、L(P) は時間とともに増加した」である。文全体は、L(Q) の増加に比例して L(P) が増加したという事態を表示する。

Ⅴ．否定極性のある形態を伴う比較表現

　比較構文で、主節の副体または関係を表示する語句の前に「no＋比較級形態」が使用されると、主節の事態と従属節の事態の両方が現実世界では成立しないことが表示される。

　(49) John is no more a good teacher than Mary is a brilliant student.

　　メアリーは優秀な学生ではないし、ジョンも同じようによい教師では

ない。

(50) The second question was no easier to answer than the first.
2番目の問題も最初の問題と同じように答えるのが簡単ではなかった。

(51) Napoleon no more knew how cold Russian winter was than he was igno-
rant of how precious human rights were.
ナポレオンは、人権がどれだけ貴重かを知らないということはなかっ
たが、ロシアの冬がどれだけ寒いかは知らなかった。

(49)で主節中の more a good teacher は、「主体がよい教師である程度L(P)が、
基準値L(Q)より大きい」という事態を表示し、L(Q)を与えるのは従属節であり、
従属節は「メアリーが優秀な学生である程度がL(Q)だ」という事態 Q を表示す
る。

否定数量詞 no は、事物が現実世界において存在しないことを表示するから、
John is no more a good teacher は、主体であるジョンが、よい教師である個体の
集合に包含される程度L(P)がゼロであること、すなわちジョンがよい教師では
ないという事態を表示する。L(P)がゼロであるから、それより数値が小さいL(Q)
もゼロであり、したがって、事態 Q「メアリーが優秀な学生だ」も、現実世界に
おいては成立せず、現実世界においては、メアリーは優秀な学生ではない。

(50)では主節に no easier があるので、主節の事態 P は「2番目の問題は答え
るのが簡単ではなかった」であり、従属節の事態 Q は「最初の問題は答えるの
が簡単ではなかった」である。

(51)では、関係を表示する動詞群 knew の前に no more が配置されている。し
たがってこの文の主節は「ナポレオンはロシアの冬がどれくらい寒いかを知らな
かった」という事態 P を表示する。従属節は than he was ignorant of how pre-
cious human rights were(ナポレオンが人権がどれだけ貴重かを知らなかった)で
あるが、この事態は現実世界では成立しないのだから、現実世界で成立するのは
「ナポレオンが人権がどれだけ貴重かを知らないことはなかった」という事態 Q
である。

主節に否定辞 not を使用すると、上の各文は以下のような構造で同じ事態を表
示する。

(49′) John is not a good teacher any more than Mary is a brilliant student.

(50′) The second question was not easy any more than the first.

(51′) Napoleon did not know how cold Russian winter was any more than he
was ignorant of how precious human rights were.

no more than が一体となって使用されると、「P no more than Q」という構造で、
P の程度が Q の程度に等しいことを表示する。

(52) Mary is a talented pianist, no more than John is a skillful carpenter.
　　　ジョンは腕のいい大工だが、メアリーは同じくらい才能のあるピアニストだ。

(53) The girl rotated beautifully, no more than the boy jumped vigorously.
　　　少年は力強くジャンプし、少女は同じくらい美しく回転した。

　(52)の主節 P は、メアリーが才能あるピアニストである程度が L(P) であるという事態、従属節 Q はジョンが腕のいい大工である程度が L(Q) であるという事態を表示し、文全体で L(P) と L(Q) が等しいという事態を表示する。

　(53)の主節 P は、少女が回転した美しさの程度が L(P) であるという事態、従属節 Q は、少年がジャンプした力強さの程度が L(Q) であるという事態を表示し、文全体で L(P) と L(Q) が等しいという事態を表示する。

　no more than に数量詞が続く構造では、数量詞が表示する数値が、期待されていた値よりも小さいことが表示される。

(54) On that rainy day, there were no more than two thousand spectators in the stadium.
　　　その雨の日、球場には2千人の観客しかいなかった。

(55) Officials have reported that no more than a fifth of the victims have been rescued.
　　　当局の報道では、被害者の5分の1しか救助されていないということだ。

　(54)の no more than two thousand は、球場に来ると期待されていた観客の数 n が数万人程度であって、n に比べて2千という数値が非常に小さいという判断を表示している。

　(55)については、救助されることが期待されていた被害者は、通常は全員であるが、期待値の5分の1であればそれは非常に小さい。期待値にはるかに劣る数値であることを、no more than が表示している。

　no fewer than に数量詞が続く構造では、数量詞が表示する数値が、期待されていた値よりも大きいことが表示される。

(56) The audience interrupted the play with applause no fewer than 81 times.
　　　聴衆は81回も拍手喝采で芝居を中断させた。

(57) No fewer than ninety percent of the buildings in the city were flooded after the heavy rain.
　　　その大雨の後、その町の90%もの家屋が浸水した。

　(56)については、芝居の途中で聴衆が拍手喝采すると通常期待される回数をはるかに超える81回であったことを、no fewer than が表示している。

　(57)については、大雨で浸水する家屋が市域の大半であることは通常期待さ

れないが、その期待値を上回る 90% もの家屋が浸水したため、その数値の前に no fewer than が配置されている。

その他、「no + 比較級形態」が、事態の特性の程度性を最小にする機能を示している表現として、以下のようなものがある。

(58) a. Mary had no sooner lowered the light than a man emerged from darkness.
　　 b. Mary had lowered the light no sooner than a man emerged from darkness.
　　 c. No sooner had Mary lowered the light than a man emerged from darkness.
　　　 メアリーがライトを下向きにするとすぐに男が暗闇から現れた。

(59) a. The Roman Empire could push back the German invasions no longer.
　　 b. The Roman Empire could no longer push back the German invasions.
　　 c. No longer could the Roman Empire push back the German invasions.
　　　 ローマ帝国はもはやゲルマン人の侵入を押し戻すことができなかった。

(58) で soon は、事態が成立する時区間と、それ以前の基準時区間との時間的距離が小さいことを表示する。この副詞の比較級形態 sooner に no を付加すると、基準時区間と事態成立との時間的距離が極小だということになる。したがって、「P no sooner than Q」という構造で、Q が成立した直後 P が成立することが表示される。

Q を表示する従属節の動詞群が emerged のように過去時制形態の場合、P を表示する動詞群は、その直前に成立する事態を表示するため、過去完了時制形態を取る。

(58a) で no sooner は動詞群の内部、(58b) では副体名詞句の直後で従属節の直前に配置されているが、(58c) では文頭に配置され、これに伴って主体名詞句 Mary は助動詞 had に後続する位置に配置されている。どの場合も、主節の事態 P「メアリーがライトを下向きにした」が成立したのが、従属節の事態 Q「暗闇から男が現れた」が成立した直前であることを表示する。

(59) で副詞 long は、事態が成立する時区間の長さが大きいことを表示する。この副詞の比較級形態 longer は、成立時区間の長さが一定の程度であることを表示するが、この形態の前に no が配置されると、成立時区間の長さが極小だということになる。成立時区間が極小であるということは、事態が成立しないことに等しい。したがって、no longer を含む文は、ある基準時区間において、事態がその後には成立しないという事態を表示する。

714   第 19 章　比較

　(59a)で no longer は文末に、(59b)では動詞群の内部に配置されているが、(59c)
では文頭に配置されている。文頭に no longer が配置されると、主体名詞句は動
詞群の内部、すなわち助動詞 could と不定詞 push の間に配置される。
　この文が表示する事態 P について基準時区間 t を与えるのは、ローマ帝国末期
のある時区間であり、「ローマ帝国がゲルマン人の侵入を押し戻すことができる」
という事態が t に続く時区間においては成立しなかったことを P は表示する。
　no sooner [longer, further] ... than を含む表現は、主節に否定辞 not を用いて、
以下のような構造に置き換えることができる。

(58′) a. Mary had not any sooner lowered the light than a man emerged from
　　　　darkness.
　　　b. Mary had not lowered the light any sooner than a man emerged from
　　　　darkness.
(59′) a. The Roman Empire could not push back the German invasions any
　　　　longer.
　　　b. The Roman Empire could not push back any longer the German
　　　　invasions.

② 劣等比較級
　「less + 程度性語」によって、主節が表示する特性の程度 L(P) が、従属節が表
示する特性の程度 L(Q) より小さいという事態が表示される。

ⅰ. 主節と従属節のある劣等比較表現
(60) Her new car consumes less gasoline and emits less carbon than her old
　　　one.
　　　彼女の新しい車は前の車よりもガソリンの消費が少ないし、炭素の排
　　　出も少ない。
(61) The CEO's jacket today is less casual than usual.
　　　代表の今日の上着はいつもほどカジュアルではない。
(62) John has been looking for a less hard job than the present one he has.
　　　ジョンは今している仕事よりもきつくない仕事を探している。
(63) After the failure, Mary felt herself as less impotent than unfortunate.
　　　その失敗の後、メアリーは自分が無能であるよりは運が悪かったのだ
　　　と感じた。
(64) The politician acted less bravely for battling against drug gangs than
　　　when he wanted to resurrect immigration reforms.

その政治家は、移民政策の改革を復活させようと思った時に比べると、麻薬組織と戦うために行動した時は勇敢ではなかった。

(60)の主節が表示する事態 P は「彼女の新しい車は L(P1)の量のガソリンを消費し、L(P2)の量の炭素を排出する」であり、従属節が表示する事態 Q は「彼女の前の車は L(Q1)の量のガソリンを消費し、L(Q2)の量の炭素を排出する」である。文全体は、L(P1)＜L(Q1)かつ L(P2)＜L(Q2)であるという事態を表示している。

(61)の主節が表示する事態 P は「代表の今日の上着がカジュアルである程度が L(P)だ」であり、従属節が表示する事態 Q は「代表の上着が日常的にカジュアルである程度が L(Q)だ」である。そして文全体は、L(P)＜L(Q)であるという事態を表示している。

(62)の主節が表示する事態 P は「ジョンはきつさの程度が L(P)である仕事を探している」であり、従属節が表示する事態 Q は「ジョンはきつさの程度が L(Q)である仕事を今している」である。文全体では、「ジョンは L(P)＜L(Q)である仕事を探している」という事態を表示する。

(63)の主節が表示する事態 P は「メアリーは自分が無能である程度が L(P)だと感じた」であり、従属節が表示する事態 Q は「メアリーは自分が不運である程度が L(Q)だと感じた」である。文全体は、L(P)＜L(Q)であるという事態を表示するが、impotent と unfortunate は同一の特性ではないから、結局のところ、メアリーは自分が無能ではなく不運だったのだと思ったという事態を表示するものと理解される。

(64)の主節が表示する事態 P は「その政治家が麻薬組織と戦うために行動した時の勇敢さの程度は L(P)だった」であり、従属節が表示する事態 Q は「その政治家が移民政策の改革を復活させよう思った時の勇敢さの程度は L(Q)だった」である。文全体では、L(P)＜L(Q)であるという事態を表示する。

ⅱ．程度性の差異を示す語句

程度性の差異を強調したり、差異を数値化したりするために使用される語句は、劣等比較級でも優等比較級の場合と同様である。

(65) Today factories discharge a lot less toxic water than half a century ago.
今日工場は半世紀前に比べてはるかに少量の有害水を排出している。

(66) Insects are still less active on a winter rainy day than on a hot fine summer day.
昆虫は、暑く天気のいい夏の日に比べると、冬の雨の日にははるかに活動的ではない。

716   第 19 章　比較

(67) The professor spoke far less eloquently in the conference than his
　　 student.
　　 その教授の学会での話は、自分の学生よりもはるかに雄弁ではなかった。

(68) Medical doctors earn twenty times less in their country than in the
　　 United States.
　　 彼らの国の医者は、合衆国に比べて収入が 20 分の 1 しかない。

(69) The country decided to import a million tons less coal than a decade ago.
　　 その国は 10 年前に比べて石炭の輸入を 100 万トン減らすことに決めた。

(70) There are fifty percent less tourists in the north than in the south.
　　 北部の観光客は南部に比べて 50% 少ない。

(65)では、今日工場が L(P) の量の有害水を排出しており、半世紀前に工場が
排出していた有害水の量は L(Q) であり、L(P)＜L(Q) で、かつ L(P) と L(Q) の
差異が非常に大きいこと、すなわち有害水の排出量が半世紀前に比べて大幅に減
少したという事態が表示されている。

(66)では、昆虫が冬の雨の日に活動的である程度 L(P) と、昆虫が夏の暑くて
天気のいい日に活動的である程度 L(Q) を比較すると、L(P)＜L(Q) であり、か
つ L(P) と L(Q) の差異が非常に大きいことが表示されている。

(67)では、その教授が学会で話した時の雄弁さの程度 L(P) と、教授の学生が
学会で話した時の雄弁さの程度 L(Q) を比べると、L(P)＜L(Q) であり、かつ L(P)
と L(Q) の差異が非常に大きかったこと、教授の話が学生の話に比べてはるかに
下手だったという事態が表示されている。

(68)では、彼らの国の医者の収入が L(P) であり、合衆国の医者の収入が L(Q)
であって、L(P)＜L(Q) であり、かつ L(P) が L(Q) の 20 分の 1 であるという事
態が表示されている。

(69)では、その国が輸入することに決めた石炭の量が L(P) であり、その国が
10 年前に輸入した石炭の量が L(Q) であって、L(P)＜L(Q) であり、かつ L(Q)
と L(P) の差が 100 万トンであるという事態が表示されている。

(70)では、北部の観光客の数が L(P)、南部の観光客の数が L(Q) であって、L
(P)＜L(Q) であり、かつ L(P) が L(Q) の 50% であるという事態が表示されてい
る。

iii．従属節のない劣等比較級
　劣等比較級形態を使用する構造でも、状況によって従属節の事態が推測できて、
比較の基準を与えることができる場合には、従属節が表現されないこともある。

(71) John was trying to find a job or a less expensive apartment but was frus-

trated in both cases.

ジョンは仕事かもっと安いアパートを見つけようとしていたが、どちらについてもうまく行かなかった。

(72) They are working harder, with less job security, less satisfaction and often less reward.

彼らは以前より熱心に働いているが、雇用保障は低下し、満足度も減り、そして多くの場合報酬も減っている。

(71) の最初の文 P の a less expensive apartment は、アパートであって、家賃の数値 L(P) が基準値 L(Q) よりも小さい個体を表示する。基準値を明示的に与える従属節は文中にはないが、P が表示する事態「ジョンが仕事かアパートを探していた」が成立した過去の時区間においてジョンが住んでいたアパートの家賃だと理解することができる。

(72) の名詞群 with less job security, less satisfaction and often less reward に含まれる名詞句は、仕事であって、それに伴う補償の額が L(P1) であり、基準値 L(Q1) より小さいもの、満足であってその程度 L(P2) が基準値 L(Q2) より小さいもの、報酬であって、その金額 L(P3) が基準値 L(Q3) より小さいものを表示する。基準値を与える従属節は文中には含まれていないが、主節の they are working harder が表示する事態 P「現在彼らが働いている熱心さの程度 H(P) は、過去における熱心さの程度 H(Q) より大きい」から判断すると、過去における彼らの労働に対する保障、満足度、報酬が基準値となるものと理解される。

iv. 定冠詞を伴う劣等比較級形態

a. 2個の事物のうちの一方を表示する劣等比較級形態

(73) Mary bought the less old-fashioned couch out of the two presented by the clerk.

メアリーは、店員が見せてくれた2台のカウチのうち、古風ではない方を買った。

(74) Both the questions were very difficult, but I found the first the less difficult.

問題は両方ともとても難しかったが、私は最初の問題の方が難しくないと思った。

(73) では、名詞群 out of the two presented by the clerk（店員が提示した2台のカウチのうちから）によって、2個の個体が与えられ、そのうちの古風である程度が小さい方が less old-fashioned で表示されている。この劣等比較級形態は、2個の個体のうちの1個であり、もう1個の個体とは明確に区別されるから定性

は定であり、定である個体を表示することから、形容詞ではあるが定冠詞が付加されている。

(74)では、最初の文が表示する事態の主体が both the questions（両方の問題）なので、2番目の文が使用される状況中には2個の事態から成る集合が与えられている。2番目の文を構成する準名詞節 the first the less difficult は「最初の問題の難しさの程度 L(P) が2番目の問題の難しさの程度 L(Q) よりも小さい」という事態を表示し、L(P) を表示する劣等比較級形態 the less difficult は、2個の事態から成る集合のうちで、他方とは明確に区別される事態を表示する。したがって定性は定であり、定冠詞が付加される。

b. 比例関係を表示する「定冠詞＋比較級形態」

(75) The country has become the less stable as the economic crisis deepens.
経済危機が深刻になるに連れて、その国はそれだけ不安定になっている。

(76) The updated software has fewer bugs than the previous version, making it all the less problematic for users.
最新版のソフトウェアはその前の版よりもバグが少なく、使用者にとってはそれだけ問題がないものになっている。

(77) The study found that the less comfortable people feel in their working environment, the less satisfied they are as employees.
その研究で分かったのは、職場の環境で人々が快適に感じる度合いが少なくなると、それだけ被雇用者としての満足度が減るということだった。

(75)の主節が表示する事態 P は「その国が安定している程度が L(P) であり、L(P) は基準値 L(Q) より小さい」である。従属節が表示する事態 Q は「経済危機の深刻さが増大している」である。文全体では、経済危機の深刻さが小さい Q の開始時点付近の安定度を L(Q′) とすると、経済危機の深刻さが増大することが、L(P) と L(Q′) の値の差異をそうでない場合よりも大きくすることを、less stable に先行する定冠詞 the が表示している。

(76)の現在分詞節 making it all the less problematic for users は「最新版のソフトウェアによって、使用者にとってそのソフトが問題である程度 L(Q) が、基準値 L(P) より小さくなる」という事態を表示する。主節の事態によって、基準値 L(P) は、バグが多かった前の版のソフトの問題の程度であると判断され、これによって L(P) と L(Q) の差異がそうでない場合よりも上昇していることを、all the less が表示している。

(77)の副体名詞節が表示する事態は、名詞節中の従属節 Q が表示する「職場

の環境で人々が感じる快適さの程度 L(Q)」と、主節 P が表示する「人々の被雇用者として満足する程度 L(P)」について、L(P) の減少度が L(Q) の減少度に比例するということである。

ⅴ．否定極性のある形態を伴う劣等比較表現
　less は、事態が持つ特性の程度が基準値よりも小さいことを表示するが、これに no を先行させることにより、特性の程度が最大値にまで上昇する。そして「P no less than Q」は、P の特性の程度が最大値であり、同様に Q の特性の程度も最大値であることが表示される。no less は主体名詞句に後続し、動詞群に先行する位置に配置することもできる。

(78) a. Caesar was a reformer of the Roman Republic no less than young Nero was a rebuilder of the Rome burnt down.
　　 b. Caesar was no less a reformer of the Roman Republic than young Nero was a rebuilder of the Rome burnt down.
　　　 カエサルはローマ共和国の改革者であって、それは若いネロが焼け落ちたローマの再建者だったのと同じだ。

(79) a. The morning sunrise seen from the top was charming no less than bright.
　　 b. The morning sunrise seen from the top was no less charming than bright.
　　　 頂上から見る日の出は魅力的であり、同様に輝かしかった。

(80) The Louvre houses some of the world's most revered Renaissance paintings, but no less adored are the medieval pieces within the collection.
　　　 ルーブルには世界でも最も尊ばれるルネサンスの絵画が収蔵されているが、収蔵品の中にある中世の作品も同様に信奉されている。

　(78)は、主節が表示する事態 P「カエサルがローマ共和国の改革者だった」と従属節が表示する事態 Q「若いネロが焼け落ちたローマの再建者だった」について、P と Q の特性「改革者である」と「再建者である」の程度が同様に最大値であったことを表示する。

　(79)は、主節が表示する事態 P「頂上から見る日の出が魅力的だった」と従属節が表示する事態 Q「頂上から見る日の出が輝かしかった」について、P と Q の特性「魅力的だ」と「輝かしい」の程度が同様に最大値であったことを表示する。

　(80)の第 2 文 no less adored are the medieval pieces withing the collection が表示する事態 P は、収蔵品の中にある中世の作品が信奉されている程度が最大値

であるということである。この文に従属節はないが、事態 P と同様に特性の程
度が最大値である事態 Q は、先行する第 1 文から判断して、「ルーブルが収蔵す
るルネサンスの絵画が尊ばれている」だと考えることができる。

　以上の各文は、no less than の代わりに「否定辞 not + any less than」を用いた
文に置き換えることもできる。

- (78′) Caesar was not a reformer of the Roman Republic any less than young
  Nero was a rebuilder of the Rome burnt down.
- (79′) The morning sunrise seen from the top was not charming any less than
  bright.
- (80′) . . . but the medieval pieces within the collection are not adored any less.

「no less than + 数量詞」は、期待される数値をはるかに上回る個数の事物を含
む事態が成立することを表示する。

- (81) No less than ten thousand birds flock to the station plaza every evening.
  1 万羽もの鳥が毎晩駅前広場に集まってくる。
- (82) The country imports no less than seventy percent of domestic fuel re-
  quirements.
  その国は国内で必要な燃料の 70% も輸入している。

　(81)では、駅前広場に集まる鳥の数が 1 万羽であって、その数値が通常期待
される数よりはるかに多いという判断が表示されている。

　(82)では、その国が輸入する燃料が、国内での必要量の 70% であり、その数
値が通常期待される割合をはるかに上回るという判断が表示されている。

「not less than + 数量詞」は、数量詞が表示する数値以下ではない、すなわちそ
の数値に等しいかそれ以上の個数の事物が事態に含まれることを表示するだけで、
何らかの数値が期待されているわけではない。

- (83) Not less than twenty students attend the professor's lecture.
  その教授の講義には 20 人かそれ以上の学生が出席している。
- (84) He was sentenced to a term of not less than one and a half to not more
  than four and a half years in prison.
  彼は 1 年半以上 4 年半以下の刑期の判決を受けた。

　(83)の not less than twenty が表示する数値 n は「n<20 ではない」すなわち n
≧20(20 に等しいか 20 より大きい)である。講義に出席する学生の数について、
発信者が期待している数値は与えられていない。

　(84)では、not less than one and a half (years) は 1 年半以上の期間、not more
than four and a half years は 4 年半以下の期間であるから、彼が判決で言い渡さ
れた刑期は、1 年半以上 4 年半以下の期間である。この期間について、期待より

長いか短いかについての判断はない。

第3節　同等比較級
① 特性の程度の同一性

　事態が持つ特性の程度が、基準となる程度と同一であることを表示するのが同等比較級である。同等比較級は語形変化ではなく、主節中の程度性語の前に as（または so）を配置し、従属節には接続詞 as を用いるという方法で形態的に表示される。

(85) There are now almost as many tigers living on rich people's ranches in Texas as there are in the wild in India.
今ではテキサスの金持ちたちの牧場に住んでいるトラの数は、インドにいる野生のトラの数とほとんど同じである。

(86) The country exports so much oil as it imports food for people's everyday lives.
その国は人々の日常生活のための食糧を輸入するのと同じだけの石油を輸出している。

(87) Socrates was as much a great thinker as a strong athlete.
ソクラテスは偉大な思想家であると同時に強いスポーツマンだった。

(88) The economic impact of the education emergency is as expensive as a flood every year.
教育の危機による経済的な影響は毎年の洪水と同じくらい費用がかかる。

(89) Society is changing as rapidly now as during the time of the industrial revolution.
今社会は産業革命の時代と同じくらい急速に変化している。

　(85)の主節が表示する事態 P は「テキサスの金持ちたちの牧場に L(P) の数のトラが住んでいる」であり、従属節が表示する事態 Q は「インドにいる野生のトラの数は L(Q) だ」である。文全体では、L(P) ≒ L(Q) という事態を表示する。

　(86)の主節が表示する事態 P は「その国が L(P) の量の石油を輸出している」であり、従属節が表示する事態 Q は「その国が人々の日常生活のために L(Q) の量の食料を輸入している」である。文全体では、L(P) = L(Q) という事態を表示する。

　(87)の主節が表示する事態 P は「ソクラテスが偉大な思想家であった程度は L(P) だ」であり、従属節が表示する事態 Q は「ソクラテスが強いスポーツマンだった程度は L(Q) だ」である。文全体では L(P) = L(Q) という事態を表示する。

比較級形態を使用した Socrates was more a great thinker than a strong athlete.（ソクラテスは強いスポーツマンというよりは偉大な思想家だった）には、程度性を表示する more が使用されている。副体が名詞句である同等比較級の構文でも、程度性を表示するための形態である much を使用する必要がある。程度性語の much がないと、不適格な文だと判断される。

(87′) ×Socrates was as a great thinker as a strong athlete.

程度性語 much を使用した、以下の構造は適格である。

(87″) Socrates was a great thinker as much as a strong athlete.

(88)の主節が表示する事態 P は「教育の危機による経済的な影響の費用は L(P) だ」であり、従属節が表示する事態 Q は「毎年の洪水に関わる費用は L(Q) だ」である。文全体では、L(P) = L(Q) という事態を表示する。

この文で副体を表示する形容詞 expensive が表示する特性には本質的に程度性が含まれているので、同等比較のためにさらに程度性語 much を使用する必要はない。ただし、much が使われても、程度性が同等であることを強調する機能を持つことはできるので、次の文も不適格ではない。

(88′) The economic impact of the education emergency is as much expensive as a flood every year.

(89)の主節が表示する事態 P は「今社会が変化している急速さの程度が L(P) だ」であり、従属節が表示する事態 Q は「産業革命の時に社会が変化していた急速さの程度が L(Q) だ」である。文全体では、L(P) = L(Q) という事態を表示する。

この文についても、much を用いた同等比較級構文に置き換えることができる。

(89′) Society is changing rapidly now as much as during the time of the industrial revolution.

基準値を与える事態が状況によって推測できる場合には、同等比較級構文でも従属節が使用されないことがある。

(90) I'm getting older and I'm not as fearful of other people's ideas of who I am.

　　私はだんだん歳をとって来ているので、他人が私という人間について持っている考えをそれほどは恐れていない。

(91) Today the politician echoed his supporters' language exactly and blamed the former president just as aggressively.

　　今日その政治家は自分の支持者たちの言葉をそのまま繰り返し、前大統領を同じように激しく非難した。

(90)の 2 番目の文は、事態 P「発信者が自分について他人が持つ考えを恐れる程度が L(P) であり、基準値 L(Q) に等しい」を表示する。基準値 L(Q) を表示す

第3節　同等比較級　　　　723

る従属節はないが、第1文が表示する事態から推測すると、発信者が過去の時区間において他人の自分についての考えを恐れていた程度であると考えることができる。

　（91）の2番目の文は、事態P「その政治家が前大統領を非難した激しさの程度がL(P)であり、基準値L(Q)に等しい」を表示する。基準値L(Q)を表示する従属節は使用されていないが、第1文が表示する事態の副体が his supporters language（その政治家の支持者たちの言葉）であることから、基準値は、その政治家の支持者たちが前大統領を非難した激しさの程度であると理解される。

② 同等比較級を用いた倍数表現

　同等比較級構文では、主節の接続詞 as の前に倍数を表示する語句を配置することにより、事物が持つ数量や特性の程度と基準値の比を表示することができる。

　（92）Americans eat four times as much beef as all seafood combined.
　　　　アメリカ人はすべての海産物を合わせたものの4倍も牛肉を食べる。

　（93）In 1994, Europe had a third as many robots as Japan.
　　　　1994年にヨーロッパは日本の3分の1のロボットしか持っていなかった。

　（92）の主節は、事態P「アメリカ人がL(P)の量の牛肉を食べ、L(P)は基準値の4倍である」を表示し、従属節は事態Q「アメリカ人が海産物を全体としてL(Q)の量食べ、L(Q)が基準値を与える」を表示する。したがって文全体では、L(P)がL(Q)の4倍だという事態を表示する。

　（93）の主節は事態P「1994年にヨーロッパが持っていたロボットの数がL(P)であり、L(P)は基準値の3分の1であった」を表示し、従属節は事態Q「1994年に日本が持っていたロボットの数がL(Q)であり、L(Q)が基準値を与える」を表示する。したがって文全体では、L(P)がL(Q)の3分の1だったという事態を表示する。

　「倍数表現＋定冠詞＋名詞句」という構造で、名詞が表示する特性の程度の倍数を表現することができる。

　名詞が size（大きさ）, height（高さ）, width（幅）など、数量を表示するものである場合、「名詞句1＋動詞群＋the＋数量名詞＋of＋名詞句2」で、名詞句1が表示する事物の数量的特性が、名詞句2が表示する事物の数量的特性に等しいことを表示する。

　（94）The book is the size of the laptop computer.
　　　　その本はラップトップコンピュータの大きさだ。

　（95）The mountain is the height of the Empire State building.

その山はエンパイアステートビルほどの高さがある。

(94)は、主体である the book（その本）の大きさがラップトップコンピュータの大きさと同一であるという事態を表示する。

(95)は、主体である the mountain（その山）の高さがエンパイアステートビルの高さと同一であるという事態を表示する。

この構造で、数量名詞の前に倍数表現を配置すると、主体の数量的特性が、基準となる事物の数量的特性に対してどの程度の割合であるのかを表示することができる。

(96) The whole bakery is about five times the size of the vestibule.
パン屋の全体は入り口の約5倍の大きさだ。

(97) A trench, four feet long and two feet deep, had been dug in advance, taking up half the width of the main street.
長さ4フィート、深さ2フィートの溝が前もって彫られており、大通りの幅の半分を占めていた。

(96)では five times the size により、主体である the whole bakery（パン屋の全体）の大きさが、入り口の大きさを基準として、その5倍であることが表示される。

(97)では、half the width により、現在分詞節の主体である a trench（溝）の幅が、大通りの幅を基準としてその半分であることが表示されている。

③ 否定極性を表示する形態と同等比較級

ⅰ．主節に否定辞 not を含む構造

主節が「否定辞 not ＋ as［so］＋程度性語」という構造の語句を含む場合、事物の特性の程度は、基準値を下回る数値になる。

(98) There are not so many volcanoes in France as there are in Italy.
フランスにはイタリアほど多くの火山はない。

(99) The novelist's recent works are not so attractive as they used to be.
その小説家の最近の作品は、かつてほど魅力的ではない。

(100) The politician cannot write as eloquently as he talks.
その政治家は話す時ほど雄弁には文章が書けない。

(98)の主節は事態 P「フランスにある火山の数は L(P) で、それは基準値より小さい」を表示し、従属節は事態 Q「イタリアには L(Q) の数の火山があり、L(Q) が基準値を与える」という事態を表示する。文全体では、L(P)＜L(Q) という事態を表示する。

(99)の主節は事態 P「その小説家の作品が魅力的である程度は L(P) で、L(P) は基準値より小さい」を表示し、従属節は事態 Q「その小説家の作品がかつて魅

力的であった程度がL(Q)で、L(Q)が基準値を与える」を表示する。文全体では、L(P)＜L(Q)という事態を表示する。

（100）の主節は事態P「その政治家が文章を書く時の雄弁さの程度がL(P)で、L(P)は基準値より小さい」を表示し、従属節は事態Q「その政治家が話す時の雄弁さの程度がL(Q)で、L(Q)が基準値を与える」を表示する。文全体では、L(P)＜L(Q)という事態を表示する。

「not＋動詞群［助動詞＋not］＋so［as］much＋X＋as Y」という構造は、「要素Xを含むのではなくYを含む」という事態を表示する。

この構造では、主節の要素にXが含まれる程度がL(P)であり、as以下の従属節にYが含まれる程度がL(Q)であり、L(P)がL(Q)より小さいという事態が表示されるが、同一の事態中にXとYが同時に含まれることがなければ、この事態中にはXではなくYが含まれると理解されるし、XとYの両方が含まれる可能性があれば、Yが要素である程度の方がXが要素である程度よりも大きいと理解される。

（101）What he was seeking was not so much a military solution as a political realignment.

彼が求めていたのは軍事的解決ではなく政治的な再編成だった。

（102）The house itself is not so much beautiful as it is comfortable and efficient.

その家自体は美しいというよりも快適で効率的だ。

（103）The weakness of this approach is that it does not so much criticize genic pluralism as simply ignore it.

その方法の弱点は、起源的多元性を批判するのではなく、単に無視するということだ。

（101）では、「彼が求めていたこと」が主体の同値関係の副体としてX「軍事的解決」とY「政治的な再編成」のうち、要素として含まれるべき特性の程度がX＜Yだという事態が表示される。しかし、軍事的解決と政治的再編成は両立しないから、副体として選択されるのはXではなくYだということになる。

（102）では、「その家」である個体が主体の包含関係の副体として、X「美しい事物の集合」とY「快適で効率的な事物の集合」があり得るが、要素として含まれるべき特性の程度はYよりXの方が小さいという事態が表示される。家の特性として、美しさと快適性・効率性は両方ともあり得るものなので、この文では、その家の特性としては、快適性と効率の方が美しさよりも顕著だという判断が提示されているものと理解される。

（103）の副体名詞節では、「その方法の弱点」である事態が主体である事態の

副体として、X「主体が起源的多元性を批判する、という事態の集合」とY「主体が起源的多元性を単に無視する、という事態の集合」が含まれる可能性があり、Xの可能性の方がYより小さいという事態が表示されている。ある事態を批判することと無視することの両方は成立し得ないから、副体として選択されるのは、XではなくYだと理解される。

「(助)動詞＋not so much as＋名詞／形容詞／動詞」という構造では、名詞、形容詞、動詞が表示する事物の集合が事態の要素ではないことと同時に、要素であることが可能性として期待されていることが表示される。

（104）There was not so much as a glimpse of hope.
　　　　わずかな希望さえ見えなかった。

（105）The woman is not so much as aware of the dangers of ignoring the safety instructions.
　　　　その女性は安全の指示を無視することの危険性を意識すらしていない。

（106）The birds in the cage cannot so much as spread a single wing, much less turn around.
　　　　その籠の中の鳥たちは、片羽を広げることすらできないし、ましてや回転することもできない。

（104）では、not so much as の後に主体を表示する名詞句 a glimpse of hope が配置されている。文頭に there was があるので、この名詞句は存在の主体が「わずかに見える希望」という事態であることを表示する。名詞句に先行する not so much as は、この事態が主体として存在しないことと、現実世界で存在することが期待されていたことを表示する。

（105）の not so much as の後に配置されている形容詞 aware は事態の副体であり、「主体が事物を知っている」という事態の集合を表示する。したがって、この文が表示する事態は、主体であるその女性が、the dangers of ignoring the safety instructions（安全の指示を無視することが危険だ）という事態を知らなかったことと、現実世界において知っていることが期待されているということである。

（106）では、not so much の後に、「動詞＋名詞句」（spread a single wing）が配置され「主体が片羽を広げる」という事態の集合を表示している。したがってこの文が表示する事態は、主体である籠の中の鳥たちが片羽ぐらいは広げられることが期待されているのに、その事態さえ成立しないということである。

ⅱ．従属節に否定極性形態を含む構造

　同等比較級構文では、従属節が表示する事態 Q が基準値を与える。従属節中に不定数量詞 any, 不定の時区間を表示する副詞 ever がある場合、これらの形態

は任意の事物や時区間を表示する。任意の事物を要素とする事態は任意の可能世界で成立するから、現実世界において成立するとは限らない。現実世界以外の可能世界で成立する可能性があるという特性は、現実世界での成立が否定され得るということであり、したがって any や ever には否定極性がある。

否定極性のある、任意の可能世界で成立する事態 Q の集合{Q}が持つ特性の程度 L(Q)と同一の程度の特性 L(P)を事態 P が持っている場合、可能性のあるあらゆる程度と L(P)が同一であるためには、L(P)の値が最大でなければならない。

(107) The horror I felt at the haunted house was as terrible as any horror I had felt.
そのお化け屋敷で私が感じた恐怖は、それまで感じたどの恐怖にも劣らず恐ろしかった。

(108) Mary is full of life and looks as beautiful as I have ever seen her.
メアリーは元気いっぱいで、私が今まで見た彼女に劣らないほど美しく見える。

(107)の主節は事態 P「そのお化け屋敷で発信者が感じた恐怖の程度が L(P)で、L(P)が与えられた基準値と同一である」を、従属節は事態 Q「発信者が主節の成立時区間より前に感じた任意の恐怖の程度が L(Q)であり、L(Q)が基準値を与える」を表示する。L(Q)が持つ程度の大きさは任意であるから、L(P)がその任意の値のどれとも同一であるためには L(P)の値は最大でなければならない。

(108)の第 2 文の主節は事態 P「メアリーが美しく見える程度が L(P)で、L(P)は与えられた基準値と同一である」を表示し、従属節は事態 Q「発信者が現在までの任意の時区間において見たメアリーの美しさが L(Q)であり、L(Q)が基準値を与える」を表示する。Q は過去の任意の時区間において成立しているから、L(Q)の値も任意であり、L(P)が L(Q)の任意の値と同一であるためには、L(P)が最大の値を持っていなければならない。

第 4 節 最上級

一定の範囲の事物の集合を設定し、それらの事物の特性の程度について、最も数値の大きい事物を表示する形態が最上級形態である。最上級形態としては、接尾辞 -est または形態 most を用いて、最大値を表示する「優等最上級形態」と、形態 least を用いて最小値を表示する「劣等最上級形態」がある。

① 定冠詞を伴う最上級形態

事物の集合の中で、ある特性の程度について最大値を持つ事物は他の事物とは

728　　　　　　　　　　第19章　比較

明確に異なるから、定冠詞が付加されるのが原則である。

(109)　The power station generates the most electricity in this country.
　　　　この国ではその発電所が最大の電力を発電している。

(110)　*Girl with a Pearl Earring* is the most famous of all the Vermeer's works.
　　　　『真珠の耳飾りの少女』はフェルメールのすべての作品のうちで最も有名だ。

(111)　Contrary to common conviction, it is not the fact that ethyl alcohol is inherently the least toxic of alcohols.
　　　　一般に信じられているのとは逆で、エチルアルコールがアルコール類の中で本質的に最も毒性が少ないというのは事実ではない。

(112)　The new system consumes by far the least amount of raw materials and produces the least amount of discharged gas as waste.
　　　　新しい方式は断然最も少ない量の原料を消費し、廃棄物としてのガスの排出量も最も少ない。

(113)　The richest people cannot afford LaFerrari, the most expensive super-car.
　　　　最も金持ちの人たちでも、最も価格の高いスーパーカーのラフェッラーリには手が届かない。

　(109)では、名詞群 in this country（この国で）があることから、この国にある発電所が発電する電力量の集合が設定され、その集合のうちで、主体であるその発電所が発電する電力量の数値が最も大きいという事態が表示されている。

　(110)では、名詞群 of all the Vermeer's works（フェルメールのすべての作品）によって、フェルメールの作品すべてによって構成される個体が持つ有名さの程度の集合が設定され、その集合のうちで、*Girl with a Pearl Earring*（真珠の耳飾りの少女）が持つ有名さの程度が最大であるという事態が表示されている。

　(111)の名詞節では、アルコール類の毒性の程度の集合が設定され、その集合のうちでエチルアルコールの毒性の程度が最も小さいという事態を、the least toxic という劣等最上級形態が表示している。

　(112)には、事物の範囲を限定する語句は与えられていないが、原料を加工して製品を作る諸方式が消費する原料の数量と、それに伴う廃棄物の数量の集合であると考えることができる。この集合のうちで、主体である the new system（新しい方式）が消費する原料の量と廃棄物の量が最も小さいことを、劣等最上級形態 the least が表示している。

　(113)は「最も金持ちの人々が最も高価なスーパーカーを購入できない」とい

う事態を表示している。主体が最も金持ちの人間であれば、通常は価格に関わらず任意の商品を購入できるものと期待される。この期待される事態が成立しないということから、最も高価なスーパーカーの価格が限度を超えて大きいという事態が含意される。

② 定冠詞を伴わない最上級形態

副詞は定性に関わる事物を表示しないため、最上級形態であっても定冠詞を付加する必要がない。ただし、定冠詞を付加しても不適格ではない。

(114) a. John ran fastest of all the runners in the race.
b. John ran the fastest of all the runners in the race.
ジョンはそのレースのすべての選手の中で最も速く走った。

(115) a. The woman treated the girl least warmly out of all the pupils.
b. The woman treated the girl the least warmly out of all the pupils.
その女は、すべての生徒たちのうちでその女の子を最も冷たく扱った。

(114)の fastest は副詞 fast（速く）の優等最上級形態であり、(114a)では定冠詞が付加されていないが、(114b)では定冠詞が付加されており、いずれも適格である。

(115)の least warmly は副詞 warmly（温かく）の劣等最上級形態であり、(115a)では定冠詞が付加されていないが、(115b)では定冠詞が付加されており、いずれも適格である。

副詞以外の程度性語の最上級形態は、単独であれ名詞とともに名詞句を形成するのであれ、事物の集合中で他の事物とは明確に区別される事物を表示するから、定性は定であり、したがって定冠詞が付加されるのが原則である。

しかし、単一の事物の異なった条件での特性の程度の最大値を表示する副体形容詞については、最上級形態でも定冠詞を付加する必要はなく、定冠詞を付加しない場合と付加する場合のいずれもが適格である。

単一の事物の特性の程度が異なった空間や時区間で異なった値を示す場合、その事物を他の事物と区別する必要がないので、その事物に定性は関与しない。このことから副体形容詞に冠詞を付加しないのと同じ理由で、副体最上級形態形容詞にも定冠詞が付加されない。しかし、最上級形態形容詞が、同一の事物の特性による変異体が作る集合の中の、他の変異体とは明確に異なる要素を表示することは確かなので、この要素である事物の変異体に定冠詞を付加することも不合理ではない。

(116) a. The mountain is steepest at the tail head.

b. The mountain is the steepest at the tail head.

その山はその尾根のところが最も険しい。

（117）a. Cucumbers are least expensive in summer.

b. Cucumbers are the least expensive in summer.

キュウリは夏が最も価格が低い。

（116）では、その山である個体について、険しさの程度がその尾根という空間で最大であるという事態が表示されている。優等最上級形態 steepest は、「主体の険しさの程度が最大だ」という事態を表示しており、同一の個体の異なった空間における険しさの程度が問題になっているので、個体の同一性に注目すれば他の個体とは区別されないので（116a）のように定冠詞が付加されないし、同一の個体の変異体が作る集合に属する要素だという点に注目すれば（116b）のように定冠詞が付加される。

（117）では、キュウリである個体の集合について、その価格の高さが、夏という時区間において最小であるという事態が、劣等最上級形態 least expensive によって表示されている。キュウリの集合という個体集合の同一性に着目すれば（117a）のように定冠詞が付加されないし、同一の集合を形成する異なった特性を持つ変異体の集合の 1 つだという点に着目すれば、他の変異体とは明確に区別されるのだから、（117b）のように定冠詞が付加される。

形容詞の最上級形態が、名詞とともに名詞句を形成している場合には、集合中の特定の事物であることが明確なので、定冠詞を付加しなければならない。

（118）The steepest spot of the mountain is the tail head.

その山で最も険しい場所はその尾根だ。

（119）You can buy cucumbers at the least expensive price in summer.

夏にはキュウリを最も安い価格で買うことができる。

（118）の steepest spot は、その山である個体を構成するすべての場所の集合の中で、険しさという特性に関してその値が最大である場所を表示する。この場所は同じ集合の他の場所と明確に区別される、定である個体だから定冠詞が義務的に付加される。

（119）の least expensive price は、キュウリである個体の価格の集合のうち、その数値が最小であるものを表示する。価格の最小値は他の数値とは明確に区別される個体であるから、この名詞句には定冠詞が付加されることになる。

数量詞の最上級形態である most が、後続する名詞とともに名詞句を形成する場合または「most of ＋ 名詞句」という構造の語句で使用される場合で定冠詞を伴わない時は、一定の範囲の事物の集合のうち、全体に近い個数の要素から成る部分集合を表示する。

第 4 節　最上級　　　731

(120) Most students of the class failed in the final exam.
　　　そのクラスのほとんどの学生が最終試験で不合格だった。

(121) John threw away most of the old magazines he had.
　　　ジョンは持っていた古い雑誌をほとんど捨てた。

(122) Most of what the man says about his experiences is false.
　　　その男が自分の経験について言うことのほとんどは嘘だ。

(123) The country imports most flour for bread from abroad.
　　　その国はパン用の小麦のほとんどを外国から輸入している。

(120)の名詞句 most students of the class は、そのクラスの学生である個体集合の全体のうち、一部を除いた大多数の学生によって構成される部分集合を表示する。most を単独で名詞的に使用して、most of the students of the class という構造で表現することも可能である。

(121)の名詞句 most of the old magazines he had は、ジョンが持っていた古い雑誌である個体集合の全体のうち、一部を除いた大多数の雑誌によって構成される部分集合を表示する。most が事物の集合を表示する名詞句に直接先行する場合に、定冠詞を後続させることができないのは形容詞と同様で、most the old magazines という構造は不適格である。

(122)の名詞句 most of what the man says は、what the man says、すなわちその男の発言である事態の集合のうち、一部を除いた大多数の発言によって構成される部分集合を表示する。数量詞は名詞節に直接先行する位置に配置することはできないので、名詞句が表示する集合の部分を表示するための前置詞 of を名詞句の前に配置している。

(123)の名詞句 most flour for bread は、その国が使用するパン用小麦の集合全体のうち、一部を除いた大部分の個体によって構成される部分集合を表示する。名詞 flour は不可算普通名詞であるが、この名詞が表示する個体集合の大部分を表示する場合も、可算普通名詞が表示する個体集合の場合と同じ形態の most が使用される。ただし、不可算普通名詞が表示する集合の部分集合を表示する場合は、most of the flour for bread のように、前置詞 of を使用するのが優勢である。

③ 比較級形態、同等比較級形態を使用した最大値の表現

事物 X を含む集合 Σ について、X 以外のすべての事物によって構成される集合 Π を設定し、ある特性の程度に関し、Π に属するすべての事物の程度が X の程度より小さいという事態が成立すれば、それは X の程度が Σ の中で最大であることに等しい。

この方法で X の持つ特性の程度が最大であることを表示するために、比較級

形態や同等比較級形態を使用することができる。

ⅰ．優等比較級形態

(124) Aristotle achieved more works than any other Greek philosopher.
アリストテレスは他のどのギリシア人哲学者よりも多くの業績をあげた。

(125) The turtles may be more vulnerable than any other large marine animals to the oil spreading through the gulf.
ウミガメは、湾全体に漂っている石油に対して、他のどの大型の海洋生物よりも脆弱だと思われる。

(126) Sallust was influenced by Thucydides more than by any other Greek writer.
サルスティウスは、ギリシアの他のどの著述家よりもトゥキュディデスからの影響を受けた。

(127) For French people in the late 18th century, nothing was more precious than freedom.
18世紀末期のフランス人民にとって、自由より貴重なものはなかった。

(128) No one knows the difficulties of the airline business better than the former president.
前の社長ほど航空事業の難しさをよく知っている人間はいない。

(129) Chinese emperors treasured no other jewel more than the precious stone.
中国の皇帝たちは他のどの宝石よりもその宝玉を珍重した。

(124)の主節が表示する事態Pは「アリストテレスがあげた業績の量はL(P)で、L(P)は基準値より大きい」であり、従属節が表示する事態Qは「アリストテレス以外のギリシア人哲学者たちのあげた業績の量は、それぞれL(Q1), L(Q2)…L(Qn)でL(Qi)が基準値を与える」である。文全体ではL(P)>L(Q1), L(P)>L(Q2)…L(P)>L(Qn)という事態を表示するが、これはL(P)が集合{L(P), L(Qi)(i=1, 2…n)}の中で最大の値を持つことを表す。

(125)の主節が表示する事態Pは「ウミガメが石油に対して脆弱である程度がL(P)で、L(P)は基準値より大きい」であり、従属節が表示する事態Qは「ウミガメ以外の大型海洋生物が石油に対して脆弱である程度は、それぞれL(Q1), L(Q2)…L(Qn)であり、L(Qi)が基準値を与える」である。文全体では、L(P)>L(Q1), L(P)>L(Q2)…L(P)>L(Qn)という事態を表示するが、これはL(P)が集合{L(P), L(Qi)(i=1, 2…n)}の中で最大の値を持つことを表す。

(126)の主節が表示する事態 P は「サルスティウスがトゥキュディデスから影響を受けた程度が L(P)で、L(P)は基準値より大きい」であり、従属節が表示する事態 Q は「サルスティウスがトゥキュディデス以外のギリシアの著述家から影響を受けた程度は、それぞれ L(Q1), L(Q2)…L(Qn)で L(Qi)が基準値を与える」である。文全体では L(P)＞L(Q1), L(P)＞L(Q2)…L(P)＞L(Qn)という事態を表示するが、これは L(P)が集合{L(P), L(Qi)(i＝1, 2…n)}の中で最大の値を持つことを表す。

　(127)の主節が表示する事態 P は「貴重さの程度 L(P)について基準値よりも大きな値を持つ事物はない」であり、従属節が表示する事態 Q は「自由の貴重さの程度 L(Q)が基準値を与える」である。したがって文全体では、任意の L(Pi)について、L(Q)＞L(Pi)であるという事態を表示し、これは集合{L(Q), L(Pi)(i＝1, 2…n)}の中で L(Q)が最大の値を持つこと、すなわち自由の貴重さが最大であることを表示する。

　(128)の主節が表示する事態 P は「航空事業の難しさを知っている程度 L(P)について、基準値よりも大きな値を持つ人間はいない」であり、従属節が表示する事態 Q は「前の社長が航空事業の難しさを知っている程度 L(Q)が基準値を与える」である。文全体では任意の L(Pi)について、L(Q)＞L(Pi)であるという事態を表示し、これは集合{L(Q), L(Pi)(i＝1, 2…n)}の中で L(Q)が最大の値を持つこと、すなわち前の社長が航空事業の難しさを最もよく知っているという事態を表示する。

　(129)の主節が表示する事態 P は「中国の皇帝たちが宝石を珍重する程度 L(P)について、基準値よりも大きな値を持つ宝石は他にない」であり、従属節が表示する事態 Q は「中国の皇帝たちがその宝玉を珍重した程度は L(Q)であり、L(Q)が基準値を与える」である。文全体では任意の L(Pi)について、L(Q)＞L(Pi)であるという事態を表示し、これは集合{L(Q), L(Pi)(i＝1, 2…n)}の中で L(Q)が最大の値を持つこと、すなわち中国の皇帝たちがその宝玉を最も珍重したという事態を表示する。

ⅱ．劣等比較級形態

　(130) Prefab buildings produce less waste than any other type of buildings.
　　　　プレハブの建物は、他のどのタイプの建物よりも出す廃棄物が少ない。

　(131) Mary spoke less aggressively than any other speaker at the meeting.
　　　　メアリーはその会合にいたどの発言者よりも過激でない話し方をした。

　(132) Nothing is less certain than a prospect of a great success.
　　　　大成功の見通しほど不確実なものはない。

（133）John hates no other person less than a dreamer.
　　　　ジョンにとって夢想家ほど憎めない人間はいない。

　（130）の主節が表示する事態 P は「プレハブの建物が出す廃棄物の量が L(P) で、L(P) は基準値より小さい」であり、従属節が表示する事態 Q は「プレハブ以外のタイプの建物が出す廃棄物の量は L(Qi) (i = 1, 2…n) であり、L(Qi) が基準値を与える」である。文全体では、L(P)<L(Q1), L(P)<L(Q2)…L(P)<L(Qn) という事態を表示するが、これは L(P) が集合{L(P), L(Q1), L(Q2)…L(Qn)}の中で最小の値を持つこと、すなわちプレハブの建物がすべてのタイプの建物の中で最小の廃棄物を出すことを表す。

　（131）の主節が表示する事態 P は「メアリーの発言の過激さが L(P) で、L(P) は基準値より小さい」であり、従属節が表示する事態 Q は「その会合にいたメアリー以外の発言者の過激さの程度が L(Qi) (i = 1, 2…n) であり、L(Qi) が基準値を与える」である。文全体では、L(P)<L(Q1), L(P)<L(Q2)…L(P)<L(Qn) という事態を表示するが、これは L(P) が集合{L(P), L(Q1), L(Q2)…L(Qn)}の中で最小の値を持つこと、すなわちメアリーの発言がその会合でのすべての人間の発言の中で最も過激でなかったことを表す。

　（132）の主節が表示する事態 P は「成立が確実である程度 L(Pi) について、基準値よりも小さな値を持つ事態はない」であり、従属節が表示する事態 Q は「期待される大成功が確実である程度が L(Q) であり、L(Q) が基準値を与える」である。文全体では、任意の L(Pi) について L(Q) より小さな値を持つものはないという事態を表示し、これは L(Q) の値が最小であること、すなわち成立を見込んでいる大成功が実現する確実性は、あらゆる事態の中で最も小さいことを表す。

　（133）の主節が表示する事態 P は「ジョンが人間を憎む程度 L(Pi) について、基準値よりも小さな値を示す人間はいない」であり、従属節が表示する事態 Q は「ジョンが夢想家を憎む程度が L(Q) であり、L(Q) が基準値を与える」である。文全体では、任意の L(Pi) について、L(Q) より小さな値を持つものはないという事態を表示し、これは L(Q) が最小であること、すなわちジョンが夢想家を憎む気持ちが最も少ないことを表す。

iii. 同等比較級形態

　than を接続詞とする従属節中に否定極性形態 any, ever を含む同等比較級構文が最大値を表示する例については、本章第3節③ ii. で解説した。以下では nothing のような否定語としての不定代名詞を主節に含む同等比較級構文について解説する。

　（134）Nothing is as mysterious as the depth of human feelings.

第 4 節　最上級　　　　　　　　　　　　　　　　　　　　735

　　　　人間の感情の奥底ほど神秘的なものはない。
　(135) None of the students' answers were as perfect as Mary's.
　　　　学生たちの解答のうち、メアリーの解答ほど完璧なものはなかった。
　(136) Nobody has ever studied ethical problems as minutely as Spinoza.
　　　　スピノザほど倫理の問題を詳しく考察した人はいない。

　(134)の主節が表示する事態 P は「神秘的さの程度 L(Pi) について、基準値を超える値を持っている事物はない」であり、従属節が表示する事態 Q は「人間の感情の奥底の神秘的さの程度は L(Q) で、L(Q) が基準値を与える」である。文全体では、L(P1)＜L(Q), L(P2)＜L(Q)…L(Pn)＜L(Q) という事態を表示し、これは L(Q) が最大値であることを意味する。したがってこの文は、人間の感情の奥底が最も神秘的だという事態を表示する。

　(135)の主節が表示する事態 P は「答案の完璧さの程度 L(Pi) が基準値よりも大きかった学生はいない」であり、従属節が表示する事態 Q は「メアリーの解答の完璧さは L(Q) で、L(Q) が基準値を与える」である。文全体では、L(P1)＜L(Q), L(P2)＜L(Q)…L(Pn)＜L(Q) という事態を表示し、この事態が成立するのだとすると、L(Q) が最大値でなければならない。したがってこの文は、メアリーの解答が、学生たちの解答のうちで最も完璧だったという事態を表示する。

　(136)の主節が表示する事態 P は「倫理の問題を考察した詳しさの程度 L(Pi) で、基準値を超える値を持っている人間はいない」であり、従属節が表示する事態 Q は「スピノザが倫理の問題を考察した詳しさの程度は L(Q) で、L(Q) が基準値を与える」である。文全体では、L(P1)＜L(Q), L(P2)＜L(Q)…L(Pn)＜L(Q) という事態を表示し、この事態が成立するのだとすると、L(Q) が最大値でなければならない。したがってこの文は、スピノザが倫理の問題をこれまでで最も詳しく考察したという事態を表示する。

第 20 章　否定

第 1 節　否定の本質
① 否定文

　文が表示する事態は、特別の条件がなければ、現実世界またはいずれかの可能世界で成立するものと理解される。

　(1) John is a student.　ジョンは学生だ。

　(2) Mary may succeed in her business.
　　　メアリーは事業で成功するかもしれない。

　(1)は、現実世界において、ジョンである個体が学生である個体集合に包含されるという事態を表示する。

　(2)は、現実世界またはそれ以外の少数の可能世界において、「主体が自分の事業で成功する」という事態の集合の要素である主体の集合にメアリーである個体が包含されるという事態を表示する。

　これらの事態が現実世界またはそれ以外の可能世界において成立しないことを表示する機能が否定であり、否定の機能を表示するために使用されるのが否定辞 not などの形態である。否定辞を含む文を「否定文」と呼ぶ。

　(3) John is not a student.　ジョンは学生ではない。

　(4) Mary may not succeed in her business.
　　　メアリーは事業で成功しないかもしれない。

　(3)は「ジョンが学生だ」という事態が現実世界において成立しないこと、(4)は「メアリーが事業で成功する」という事態が現実世界またはそれ以外の少数の可能世界において成立しないことを表示する。

　否定文が使用されるためには、これに対応する肯定文が表示する事態が成立するかどうかが話題になっている状況が要求される。(3)が使用される状況では、ジョンが学生なのかどうかが問題にされている。真偽が問題になっているからこそ、価値ある情報を伝達する文として否定文が使用されるのである。

　否定文は対応する肯定文が成立しないことを表示するから、否定文の事態が成立するという表現は必ずしも適切とは言えないが、文である以上事態の成立を表示するのだから、否定文についても、これが表示する事態が「成立する」という表現を使用することにする。否定文の事態が何らかの可能世界 W で成立するこ

とと、これに対応する肯定文の事態が、W 以外の可能世界で成立することは同じである。

　否定文に対応する肯定文の事態が成立しない場合、肯定文の事態を構成する要素とは異なる要素を含む事態が、肯定文が成立する可能世界とは別の可能世界で成立する。(3)について言えば、現実世界においてジョンが学生でないのであれば、ジョンは学生以外の別の個体集合に含まれる。すなわち、John is a student.（ジョンは学生だ）という事態は現実世界以外の可能世界で成立し、現実世界で成立するのは次のような文が表示する事態である。

　　(3′) John is a teacher/doctor/lawyer…　ジョンは教師／医者／弁護士…だ。

あるいは、学生である個体集合に含まれるのが John ではなく、別の人間だということもあり得る。

　　(3″) Mary/Tom/Alice…is a student.　メアリー／トム／アリス…は学生だ。

さらには、ジョンが学生であるのが現在ではなく、現在以外の時区間だということもあり得る。

　　(3‴) John was/will be a student.

　　　　ジョンは学生だった。／ジョンは学生になる。

このように、否定という操作は、対応する肯定文が表示する事態が、否定文が表示する可能世界ではなく、それ以外の可能世界で成立することに加えて、否定文が表示する事態を構成する要素を別の要素に置き換えた事態が、否定文に対応する可能世界において成立することを含意する。

　(3)のような否定文が表示する事態が現実世界において成立するということは、(3′), (3″), (3‴)のような事態のいずれかが現実世界において成立することに等しい。

　否定文が表示する事態を N、これに対応する肯定文が表示する事態を P とする。N が成立する可能世界を W(N)、P が成立する可能世界を W(P)とし、可能世界の集合を{W}のように表示すれば、W(P)⊂{W}−W(N)である。

　P の要素のどれか 1 つを別の要素に置き換えた事態を P* で表示すれば、W(P*)＝W(N)である。

　(4)に対応する肯定文(2)が表示する事態を構成する成分は以下の通りである。

　　(5)　主体＝メアリーである個体
　　　　　副体＝主体が成功するという事態の集合
　　　　　成立空間＝主体に関係する事業である事態
　　　　　成立可能性＝小（少数の可能世界で成立する）

　否定文(4)が表示する事態が成立するとすれば、いずれかの可能世界で成立するのは以下のような事態である。

738   第20章　否定

(5′) メアリー以外の主体（ジョン、アリス、ベティなど）が事業で成功する可能性が少しある。

John/Alice/Betty…may succeed in his/her business.

(5″) メアリーが事業で成功するのではなく、事業で失敗する／事業に興味を持つ／事業で努力するなどの可能性が少しある。

Mary may fail/be interested/endeavor…in her business.

(5‴) メアリーが事業以外の事態（研究、投資、顧問など）で成功する可能性が少しある。

Mary may succeed in her study/investment/consulting….

(5‴′) メアリーが事業で成功する可能性が少しではなく中程度または大いにある。

Mary will/should/must succeed in her business.

　否定文は、対応する肯定文が表示する事態がいずれかの可能世界で成立するかどうかが話題になっている状況で初めて適切に使用される。否定文の事態 N が成立すれば、対応する肯定文の事態 P は成立しないのだが、P を構成する要素のどれかを、同種の別の要素に置き換えた事態 P* が、否定文の事態 N とは異なる可能世界で成立することが含意される。

　否定文に対応する肯定文が表示する事態のうち、どの要素を置き換えれば否定文と同一の可能世界で事態が成立するのかを表示するには、その要素を接続詞 but の後で提示するか、その要素を含む肯定文を提示し、含まれない要素の前に not を配置した構造を付加するかの方法が取られる。

(6) a. Mary won't represent the party, but John.

　　 b. John will represent the party, not Mary.

　　　 メアリーが党を代表するのではなく、ジョンが代表する。

(7) a. Bonaparte wasn't born in Paris, but in Corsica.

　　 b. Bonaparte was born in Corsica, not in Paris.

　　　 ボナパルトが生まれたのはコルシカであって、パリではなかった。

　(6)の否定文 Mary won't represent the party が表示する事態を構成する要素は以下のようになる。

　　主体＝メアリーである個体

　　関係＝単射関係「主体が副体を代表する」

　　副体＝その党である個体

　　成立時区間＝現実世界の未来の時区間

　現実世界の未来の時区間において成立するのは、これらの要素のうちどれか1個を別の要素に置き換えた事態であるが、その要素が主体であり、主体がメアリー

ではなくてジョンであることを、but John で表現したのが(6a)であり、John を主体とする肯定文をまず提示して、主体が Mary ではないことを not Mary で表現したのが(6b)である。

　置き換えられる要素が関係や副体、成立時区間である場合は、以下のような構造になる。

(6′) a. Mary won't represent the party but will leave it.

　　 b. Mary will leave the party, not represent it.

　　　メアリーはその党を代表するのではなくて、その党を去るつもりだ。

(6″) a. Mary won't represent the party but another one.

　　 b. Mary will represent another party, not that party.

　　　メアリーはその党を代表するのではなくて、別の党を代表する。

(6‴) a. Mary won't represent the party but has already represented it.

　　 b. ×Mary has already represented the party, not will represent it.

　　　メアリーはこれからその党を代表するのではなくて、すでに代表を経験している。

　(6′)では関係が represent (代表する)ではなく leave (去る)に、(6″)では副体が that party (その党)ではなく another party (別の党)に、(6‴)では成立時区間が未来ではなく過去に置き換えられている。

　(6‴b)については、否定辞 not を助動詞を含む動詞群 will represent に先行させる構造は不適格だとされる。

　(7)の否定文 Bonaparte wasn't born in Paris. が表示する事態を構成する要素は以下のようになる。

　　主体＝ボナパルトである個体

　　副体＝主体が生まれるという事態の集合

　　成立空間＝パリ

　　成立時区間＝過去

　現実世界の過去の時区間において成立するのは、これらの要素のうちどれか1個を別の要素に置き換えた事態である。その要素が成立空間であり、成立空間がコルシカであってパリではないことを but in Corsica で表現したのが(7a)であり、成立空間がコルシカであることを表示する名詞群をまず文中で使用し、空間がパリではないことを表示するために名詞群 in Paris の前に not を配置したのが(7b)である。

　置き換えられる要素が成立空間以外である場合は、以下のような構造になる。

(7′) a. Bonaparte wasn't born in Paris, but Voltaire was.

　　 b. Voltaire was born in Paris, not Bonaparte.

パリで生まれたのはボナパルトではなくボルテールだ。

(7″) a. Bonaparte wasn't born in Paris but was educated there.

b. Bonaparte was educated in Paris, not born there.

ボナパルトはパリで教育を受けたが、そこで生まれたわけではない。

(7‴) a. Bonaparte wasn't born in Paris but will be born there.

b. Bonaparte will be born in Paris now, not was born there.

ボナパルトはパリで生まれることになるが、そこで生まれたわけでははない。

(7′)では主体がBonaparte（ボナパルト）ではなくVoltaire（ボルテール）に、(7″)では副体がborn（生まれる）ではなくeducated（教育を受ける）に、(7‴)では成立時区間が過去ではなく未来に置き換えられている。

② 否定数量詞・否定代名詞・否定副詞を含む否定文

ⅰ. 否定数量詞　no

否定数量詞は「no＋名詞句」という構造で、名詞句が表示する事物の集合が事態の要素ではないことを表示する。事態の要素として排除されるのはこの集合に限定され、他の要素を含む事態が成立することが前提となっている。

(8) No citizens accepted reduced political freedoms in exchange for stability and economic growth.

安定と経済的成長と引き換えに政治的な自由を制限されることを受け入れる市民はいなかった。

(9) Mary took no carbohydrate to cleanse her body.

身体を浄化するために、メアリーは炭水化物を摂らなかった。

(10) Mudslinging is no new phenomenon in modern presidential elections.

中傷合戦は現代の大統領選では新しい現象ではない。

(11) Hundreds of people ride the ferry for no purpose other than to get out onto the water.

何百人もの人々が水面に出るという以外には目的もなくそのフェリーに乗る。

(8)は事態P「市民が安定と経済的成長と引き換えに政治的な自由の制限を受け入れた」のうち、主体である市民の集合の中に、Pの主体として選ばれる個体がいなかったという事態Nを表示する。

事態の要素として含まれる可能性があった集合を構成する事物の中に、事態の要素になるものがなかったことを表す働きをするのが否定数量詞noである。

すなわち、(8)が使用される前提として「市民が政治的な自由の制限を受け入

れる」という事態 P が成立する可能性があると判断されていたところ、P の主体である市民の中に、主体となるものがいなかったということから、市民が自由の制限を受け入れなかったという事態 N が成立したものと理解されることになる。

(8)に対応する肯定文を、否定辞 not を用いて否定文にすると次のようになる。

(8′) The citizens didn't accept reduced political freedoms in exchange for stability and economic growth.

この否定文の事態が現実世界で成立するならば、現実世界で成立した肯定的事態は以下のようなものになる。

(8″) a. 市民以外の主体が制限された政治的自由を受け入れた。
b. 市民は政治的自由の制限以外の条件を受け入れた。
c. 市民は政治的自由の制限を受け入れたのではなく拒否した。

このように否定辞 not を用いた否定文が含意する事態が複数あるのに対し、否定数量詞 no を用いた否定文が含意する事態は 1 個に限定される。

(9)の Mary took no carbohydrate は事態 P「メアリーは身体を浄化するために炭水化物を摂った」のうち、副体である炭水化物の集合の中に、この事態の副体として選択されたものがなかったという事態を表示し、この結果、メアリーは炭水化物を摂らず、その目的は身体を浄化するためだったという含意が成立する。

(9)に対応する否定辞 not を用いた否定文は次のようになる。

(9′) Mary didn't take carbohydrate to cleanse her body.

この否定文の事態が現実世界で成立するならば、現実世界で実際に成立した事態としては、以下のようなものがある。

(9″) a. メアリー以外の人間が身体を浄化するために炭水化物を摂った。
b. メアリーは身体を浄化するために炭水化物以外の物質を摂取した。
c. メアリーは炭水化物を摂り、その目的は身体を浄化すること以外だった、つまり、メアリーが炭水化物を摂ったのは身体を浄化するためではなかった。

(9)のように否定数量詞 no を用いると、現実世界で成立した事態が(9″b)に限定される。

(10)は事態 P「中傷合戦が現代の大統領選で新しい現象だ」のうち、包含関係の副体「新しい現象である事態の集合」に属する事態の中に、副体として選択されるものがないという事態 N を表示する。このことから、中傷合戦が新しい現象ではないという事態が含意される。

(10)に対応する、否定辞 not を用いた否定文は次のようになる。

(10′) Mudslinging is not a new phenomenon in modern presidential elections.

この否定文の事態が現実世界で成立するならば、現実世界において成立してい

る肯定的事態は以下のようなものになる。

(10″) a. 中傷合戦以外の事態（贈賄、陰謀など）が現代の大統領選で新しい現
象だ。

b. 中傷合戦は現代の大統領選での伝統的な現象だ。

c. 中傷合戦は現代の大統領選以外の事態（昔の大統領選、現代の州知事
選など）で新しい現象だ。

(10)のような否定数量詞 no を用いた否定文であれば、含意は(10″b)に限定される。

「no＋名詞句」が主体または副体である場合、否定数量詞 no の代わりに、否定辞 not と「any＋名詞句」を組み合わせて、同様の否定文を作ることができる。

(12) a. Not any citizens accepted reduced political freedoms in exchange for
stability and economic growth.

b. There were not any citizens who accepted reduced political freedoms
in exchange for stability and economic growth.
安定と経済的成長と引き換えに政治的な自由を制限されることを受
け入れる市民はいなかった。

(13) Mary didn't take any carbohydrate to cleanse her body.
身体を浄化するために、メアリーは炭水化物を摂らなかった。

(14) Mudslinging is not any new phenomenon in modern presidential elec-
tions.
中傷合戦は現代の大統領戦では新しい現象ではない。

「any＋名詞句」は事物の集合に属する任意の要素を表示するが、これに not が
先行することにより、名詞句が表示する集合のどの要素も事態に含まれないこと
になり、「no＋名詞句」と同一の機能を果たす。

「any＋名詞句」に not が後続する構造の否定文は、実際にはあまり使用されな
いが、必ずしも不適格な構造として排除されるわけではない。

(15) Any citizens did not accept the government's policy.
どの市民も政府の政策を受け入れなかった。

(16) Any students in my class won't attend the meeting.
私のクラスのどの学生もその会合には出席しない。

(11)は事態 P「何百人もの人々がある目的でそのフェリーに乗る」のうち、目
的である事態の集合の要素（船上からの景色を楽しむ、車で対岸に移動するなど）
が、事態 P の要素として含まれないという事態 N を表示する。すなわち、「何百
人もの人がそのフェリーに乗るが、目的は水面に出ること以外にはない」という

事態である。

　主体や副体が「no＋名詞句」という構造の場合は、肯定文で表現される事態P
が現実世界では成立しない。しかしこの文のように、主体や副体ではない、事態
にとって必須の要素ではない成分を表示する名詞群中に「no＋名詞句」が含ま
れている場合は、事態Pは現実世界において成立し、目的や関与者、手段のよ
うな付随的要素が、名詞句によって表示される事物以外の事物によって構成され
るという事態が表示される。

ⅱ．否定数量詞　few, little
「few/little＋名詞句」という構造の名詞句は、名詞句が表示する事物の集合の
大部分が事態の要素ではないが、非常に小さな部分は事態の要素であることを表
示する。

（17）At first few physicists understood the theoretical basis of quantum me-
　　　chanics.
　　　最初は、量子力学の理論的基礎を理解した物理学者はほとんどいなかっ
　　　た。

（18）The politician is forced to do activities with few supporters.
　　　その政治家は支援者がほとんどいないままで活動することを余儀なく
　　　されている。

（19）With an innovative idea and dedicated team, little fund is needed to start
　　　the venture business.
　　　革新的な発想と献身的なチームがあれば、そのベンチャー事業を始め
　　　るのに資金はほとんど必要ではない。

　（17）は事態P「最初物理学者たちは量子力学の理論的基礎を理解した」のうち、
物理学者の集合に属する個体の大部分がPの主体ではなかったが、極めて少数
の個体はPの主体として選択されたという事態を表示する。

　（18）は事態P「その政治家が、支援者たちとともに活動することを余儀なくさ
れている」のうち、支援者である個体の集合に属する要素の大部分がPの主体
ではなかったが、そのうちの極めて少数の個体だけはPの主体として選択され
たという事態を表示する。

　（19）は事態P「革新的な発想と献身的なチームがあって、そのベンチャー事業
を始めるのに資金が必要だ」のうち、資金である個体の集合に属する要素の大部
分がPの主体ではないが、要素のうち極めて少数の個体がPの主体として選択
されるという事態を表示する。

744 第20章 否定

iii. 否定代名詞

　否定代名詞 nothing は、事態 P を構成する事物の集合のどれかについて、その集合を構成する事物のどれもが、P の要素としては選択されないという事態を、否定代名詞 nobody は、事態 P を構成する人間である個体の集合のどれかについて、その集合を構成する個体のどれもが、P の要素としては選択されないという事態を表示する。否定代名詞 none は、状況中に与えられた事物の集合 S があって、S に属する要素のどれもが、事態 P の要素ではないことを表示する。

(20) John tried nothing to prepare for the upcoming championship.
　　　今度の選手権のためにジョンは何もやろうとしなかった。

(21) Hours of conversation were spent about nothing.
　　　会話に何時間も費やしたが、中身は何もなかった。

(22) Mary spoke with nobody during the meeting.
　　　その会合の間、メアリーは誰とも話さなかった。

(23) Among the thousand books about the artist, John found none that dealt
　　　seriously with his childhood.
　　　その芸術家についての千冊もの本の中に、彼の子供時代についてきちんと取り扱っているものをジョンは見つけられなかった。

　(20)は事態 P「今度の選手権のためにジョンが副体をした」の要素である副体に含まれる事物がなかったという事態を表示する。

　(21)は事態 P「事態の集合 S に関しての会話に何時間も費やされた」の要素である事態の集合 S に属する事態がなかったという事態を表示する。

　(22)は事態 P「その会合の間メアリーが人間の集合と話した」の要素である人間の集合に属する個体が存在しなかったという事態を表示する。

　(23)は事態 P「その芸術家についての千冊の本の中に、彼の子供時代についてきちんと取り扱っている本の集合 B をジョンが見つけた」の要素である本の集合 B に属する本である個体がなかったという事態を表示する。

iv. 否定副詞

　否定副詞 never は、否定辞 not と同様の働きをするが、否定の対象となるのが列事態だという特性がある。

(24) Wild animals never eat poisonous plants.
　　　野生動物は毒のある植物を決して食べない。

(25) John has never been to the west coast before.
　　　ジョンはこれまでに西海岸には一度も行ったことがない。

　(24)は事態 P「野生動物が毒のある植物を食べる」という事態の否定であるが、

第1節 否定の本質　　　　　　　　　　　　745

P は P1「野生動物 1 が毒性植物 1 を食べる」、P2「野生動物 2 が毒性植物 2 を食べる」…Pn「野生動物 n が毒性植物 n を食べる」…という無限個の列事態{P1, P2…Pn…}であり、否定副詞 never によって、これらすべての事態が現実世界において成立しないことが表示される。

(25)は事態 P「ジョンがこれまでに西海岸に行った」という事態の否定であるが、事態 P は厳密には、P1「ジョンが目的地 1 に行った」、P2「ジョンが目的地 2 に行った」…Pn「ジョンが目的地 n に行った」…&「目的地 n＝西海岸」という列事態であり、これが never で否定されることにより、ジョンがこれまでに行った場所の目的地はどれも西海岸ではないという事態が表示される。列事態を否定するという操作により、事態 P の現実世界での不成立が強調される効果が生じる。

never は列事態を否定するから、単一の事態を否定すると不適格になるはずだが、実際には単一の事態の否定にも使用することが許容される。この場合には、対応する肯定文が表示する事態がどの可能世界でも成立しないという含意が生じる。

(26) Mary never succeeded in the final exam.
　　　メアリーは最終試験に合格できなかった。

(27) I am never satisfied with this year's result.
　　　私は今年の結果に全く満足していない。

(26)は、事態 P「メアリーが最終試験に合格した」が現実世界の過去の時点で成立しなかったし、現実世界以外の可能世界でも成立することはあり得なかったという事態を表示している。

(27)は、事態 P「発信者が今年の結果に満足している」が現実世界の現在において成立しておらず、他のどの世界でも成立することはないと主張することで、発信者の不満足の程度を強調している。

否定副詞 hardly, scarcely は、事態に含まれる程度性のある要素が、最小値に近い値を示すことを表示する。程度性のある要素を含む事態が否定辞 not によって否定されると、「高くない」「大きくない」のように程度の大きさが低減するが、hardly/scarcely が使用されると、程度の大きさが極限に近いほどに減少するものと考えればよい。

(28) John hardly/scarcely understood the professor's lecture on ethics.
　　　ジョンは倫理学についてのその教授の講義がほとんど理解できなかった。

(29) It hardly/scarcely rains in the eastern part of the island.
　　　その島の東部では雨は滅多に降らない。

(28)では、事態 P「ジョンが倫理学についてのその教授の講義を理解した」には、ジョンの理解の深さに程度性が認められる。hardly/scarcely によって、理解

746   第 20 章　否定

の深さが最小値に近い、すなわちほとんど理解できなかったということが表示される。

　(29)では、事態 P「その島の東部で雨が降る」に含まれる程度性は雨量である。したがって、否定副詞 hardly/scarcely が加えられることにより、雨量が最低値に近い、すなわち雨がほとんど降らないという事態が表示されることになる。

　否定副詞 nowhere は、事態中に成立空間や目的地が含まれないことを表示する。

　(30)　You can nowhere find a more reliable friend than John.
　　　　ジョンより信頼できる友人はどこにも見つからない。

　(31)　Everybody expected the project to go nowhere in the end.
　　　　その計画は最後には行き詰まるだろうと誰もが思っていた。

　(30)では事態 P「人がジョンより信頼できる友人をある空間で見つけられる」の要素である成立空間が事態中には存在しないことが表示される。P は何らかの空間で成立することは明らかだから、その空間が存在しないのであれば、事態が現実世界で成立することはない。

　(31)では不定詞節の事態 P「その計画が最後にはある目的地に行く」の要素である目的地が事態中には存在しないことが表示される。このことから、この事態 P が現実世界においては成立しないものと理解される。「ある計画がどこにも行かない」という事態は、比喩的にはその計画が成功しない、行き詰まることを意味する。

　否定副詞 only は、事態を構成するいずれかの要素について、同種の事物から成る集合の他の要素は事態の要素として選択されないことを表示する。

　(32)　Only Mary gave the right answer to the question.
　　　　メアリーだけがその問題に対する正しい答えを出した。

　(33)　John drinks only red wine at dinner.
　　　　ジョンは夕食に赤ワインだけを飲む。

　(32)では事態 P「主体がその問題に対する正しい答えを出した」の要素としての主体として、状況中にメアリーを含む人間の集合 S が想定される。この集合 S の要素のうち、主体として選択されたのがメアリーであり、それ以外の人間は選択されなかったという事態をこの文は表示する。

　(33)では事態 P「ジョンが夕食に副体を飲む」の要素として状況中に存在すると想定されるのは、水、茶、赤ワイン、白ワイン、ウィスキー、テキーラなどの飲み物によって構成される集合 S である。集合 S の要素のうち、副体として選択されるのが赤ワインであって、それ以外の要素は選択されないという事態をこの文は表示している。

∨. 数量詞

「not＋数量詞＋名詞」という構造で、数量詞が表示する数量の程度を低下させる働きをする。この構造の語句が文中に含まれていても、表示する事態が現実世界において全く成立しないことが表されるわけではない。

(34) Not three lions can be in the cage at a time.
　　　その檻には1度に3頭のライオンは入れられない。

(35) I expect not many people will show up to the party.
　　　そのパーティーにはあまりたくさんの人は来ないだろうと思う。

(36) There remains food for not a few animals.
　　　少なくはない数の動物のための食糧は残っている。

(34)の not three lions は、3頭より少ない数のライオンを表示する。したがってこの文は、3頭のライオンを1度に檻に入れることはできないが、1頭または2頭のライオンであれば入れられるという事態を表示する。

(35)の not many people は、大勢だと判断される人間よりも少ない数の人間を表示する。したがってこの文は、そのパーティーの規模から判断して大勢だと考えられる人数の人間は来ないが、それよりも少ない数の人間が来ることを発信者が期待しているという事態を表示する。

(36)の a few は数値が小さいという特性を表すが、not を付加することにより、小ささの程度が低下し、この結果表示する数値は大きくなる。したがってこの文は、少数の動物ではなく、かなり多くの数の動物のための食料が残っているという事態を表示する。

数量詞が表示する事物の個数が1個であれば、これに not を付加して数量を低くすると、必然的にゼロになる。集合の要素の個数がゼロであれば、この要素を含む事態は成立しないことになり、否定数量詞 no を用いた否定文と同様の事態を表示する。

(37) a. Not one plant was seen in the desert.
　　　b. Not a plant was seen in the desert.
　　　　その砂漠では草木の一本も見えなかった。

(38) a. I saw not one star in the sky.
　　　b. I saw not a star in the sky.
　　　　空には星が1つも見えなかった。

(37a)では1個の数量を表示する one に否定辞 not が先行しているから、plant（植物）である個体の個数は1より小さいゼロである。このことから、(37a)が表示する事態の主体として植物の集合に属する個体はなかったことが表される。

(37b)の不定冠詞 a は、one と同様に1個の数量を表示する。このことから、

748　　　　　　　　　　　　　第 20 章　否定

この文が表示する事態は(37a)と同じである。

　(38a)の not one star は動詞 see（見る）が表示する単射関係の副体である。one に not が先行していることから、この名詞句が表示する星の集合のうち、この事態の副体として選択される要素はないことになる。したがって、発信者に見えた星がなかったという事態が表示される。(38b)の不定冠詞 a は、one と同様に 1 個の数量を表示するので、やはり not a star であれば、事態の副体としてどの星も選択されることがなかったという事態が表示される。

第 2 節　否定文の構造
① 否定辞

　否定文は、最も代表的には、否定辞 not を動詞群の内部に配置することによって形成される。

ⅰ．主節、名詞節、関係節、副詞節
a．助動詞または動詞の後
　主節、名詞節、関係節、副詞節中では、助動詞または動詞 be に後続する位置に配置される。

　　(39) John was not [wasn't] satisfied with the result.
　　　　 ジョンはその結果に満足していなかった。
　　(40) Mary did not [didn't] know that her mother was not [wasn't] her true mother.
　　　　 メアリーは自分の母親が実母ではないことを知らなかった。
　　(41) I do not [don't] go to squares where security is not [isn't] fully ensured.
　　　　 安全が十分に確保されていない場所に私は行かない。
　　(42) John will not [won't] reveal the fact because he is not [isn't] sure it will not [won't] cause any trouble.
　　　　 その事実が問題を引き起こさないという確信がないので、ジョンはその事実を明らかにするつもりはない。

　英語で be 以外の動詞は、否定辞 not が直接動詞に後続するのではなく、「助動詞 do ＋ not ＋ 動詞」という構造で否定形の動詞群を構成する。否定辞を使用するために、肯定文にはなかった助動詞を新たに使用するという否定文形成の方法は、ヨーロッパの言語の中では珍しい。

　名詞節中で接続法単純形 1 式が使用される場合は、動詞 be 以外の動詞であっても、動詞群の前に not が直接先行する。

　　(43) People demanded that the company not abolish the railway.

人々は会社がその鉄道が廃止しないことを要求した。

(44) It is necessary that students not skip classes.
　　　学生たちが授業をサボらないことが必要だ。

　(43)の名詞節は動詞 demand（要求する）が表示する単射関係の副体であり、(44)の名詞節は形容詞 necessary（必要だ）が副体である事態の主体である。いずれの場合も、名詞節が表示する事態は現実世界に近い可能世界（擬似現実世界）で成立し、このため動詞群は接続法単純形1式形態になる。この場合は、直説法とは異なり、助動詞 do を用いないで、動詞群 abolish（廃止する）, skip（サボる）の直前に否定辞 not が配置される。

b. 　名詞、名詞群、形容詞、副詞の前

　(6), (7)で見たように、否定文に対応する肯定文が表示する事態 P が、否定文の事態 N と同一の可能世界で成立することを提示する場合には、P の要素のうちどれを置き換えれば N が成立するのかを表示するために、その要素を表す語句の前に not を配置して肯定文に追加する。

(45) The president will visit Munich, not Berlin.
　　　大統領はベルリンではなくてミュンヘンを訪問する。

(46) People work for money, not for the benefit of the others.
　　　人々は他人の利益のためではなくて金のために働く。

(47) The decorations of the palace are luxurious, not refined.
　　　その宮殿の装飾品は贅沢だが、洗練されてはいない。

(48) John completed the job quickly, not exactly.
　　　ジョンはその作業を素早く完成させたが、正確には完成させなかった。

　(45)では、先行する肯定文に対応する否定文（The president will not visit X）の事態が現実世界の未来の時区間で成立する場合、visit（訪問する）の副体として選択されない X は Berlin（ベルリン）である個体であるという事態、要するに大統領がベルリンを訪問しないという事態が表示される。not は副体を表示する名詞の直前に配置されている。

　(46)では、先行する肯定文に対応する否定文（People do not work for X.）の事態が現実世界の現在域において成立する場合、事態の目的 X として選択されないのは the benefit of the others（他人の利益）という事態、すなわち、人々が他人の利益のために働かないという事態が表示される。not は目的を表示する名詞群の直前に配置されている。

　(47)では、先行する肯定文に対応する否定文（The decorations of the palace are not X）の事態が現実世界の現在域において成立する場合、事態の副体 X として

選択されないのは、refined（主体が洗練されている）という事態の集合だという事態が表示される。not は副体を表示する形容詞に先行する位置に配置されている。

(48)では、先行する肯定文に対応する否定文（John completed the job X）の事態が現実世界の過去の時区間において成立する場合、事態の様態 X として選択されないのは、exactly（正確に）という様態であるという事態が表示される。not は様態を表示する副詞に先行する位置に配置されている。

ⅱ．不定詞節、動名詞節、分詞節

不定詞節、動名詞節、分詞節では、否定辞 not を不定詞、動名詞、分詞の直前に配置する。

(49) The committee decided not to maintain the current structure of the orga-
nization.
委員会は組織の現在の構造を維持しないことに決定した。

(50) Mary usually eats healthy foods so as not to lose health.
健康を損ねないように、メアリーは普段健康的な食べ物を食べている。

(51) Not marching farther was the general's judgment.
それ以上進軍しないことが将軍の判断だった。

(52) John enjoyed his vacation by the seaside, not doing anything special.
ジョンは何も特別なことをしないで海岸での休暇を楽しんだ。

(53) Mary completed the difficult task, not supported by her coworkers.
同僚の助けを得られなかったので、メアリーは 1 人でその難しい作業を完成させた。

(49)の不定詞節は not to maintain the current structure of the organization であり、動詞 decide（決定する）が表示する単射関係の副体である。否定辞 not が不定詞 to maintain の直前に配置され、不定詞節は「委員会が組織の現在の構造を維持しない」という事態を表示する。

(50)の不定詞節は so as not to lose health であり、主節の事態の目的を表示している。この不定詞節が表示する事態は「メアリーが健康を損ねない」である。

(51)の not marching farther は「not＋動名詞＋副詞」という構造の動名詞節であり、事態の主体として機能している。「主体（軍隊）がそれ以上進まない」という事態を表示する。

(52)の現在分詞節 not doing anything special では、現在分詞 doing の前に否定辞 not が配置されている。この分詞節は「ジョンが何も特別なことをしない」という事態を表示する。

(53)の過去分詞節 not supported by her coworkers では、過去分詞 supported の

前に否定辞 not が配置されている。この分詞節は「メアリーが同僚に助けられな
かった」という事態を表示する。

ⅲ. 疑問文・命令文
a. 疑問文
　否定辞 not を用いる疑問文では、縮約形を使用する場合は、縮約形が文頭に配
置されるが、縮約形を使用しない場合は、動詞 be または助動詞だけが文頭に配
置され、否定辞は主体名詞句の後に配置される。

（54）a. Aren't you satisfied with your new house?

　　　 b. Are you not satisfied with your new house?
　　　　 あなたは新しい家に満足していないのですか。

（55）a. Didn't John submit the report?

　　　 b. Did John not submit the report?
　　　　 ジョンはレポートを出さなかったのですか。

（56）a. Hasn't Mary been practicing in the lesson room?

　　　 b. Has Mary not been practicing in the lesson room?
　　　　 メアリーはレッスンルームで練習していたのではないですか。

（57）a. Won't the factory restart in a week?

　　　 b. Will the factory not restart in a week?
　　　　 その工場は 1 週間後に再開しないのですか。

　文の末尾に、「主節とは異なる極性の動詞群＋主体名詞句と同一の事物を表示
する代名詞」という構造の語句を付加した表現を「付加疑問」と呼ぶ。付加疑問
形態は、主節が表示する事態 P の成立を発信者が知らないという事態を受信者
に提示し、事態 P が現実世界で成立したのかどうかを発信者に尋ねたり、成立
したことを発信者に確認するという発話行為が行われることを含意する。

　付加疑問形態では、主節の動詞が be または助動詞であれば、同じ動詞と助動
詞が動詞群として用いられるが、主節が be 以外の動詞であれば、助動詞 do が
動詞群を構成する。

　付加疑問形態が下降調の抑揚（イントネーション）で発話された場合には事態の
成立を確認していること、上昇調の抑揚で発話された場合は事態の成立そのもの
を尋ねていることを表す。

　付加疑問形態は、事態 P が成立するかどうかを発信者が確実には知らないと
いう事態 Q を表示するので、事態を表示する以上は節と同等の機能を果たして
いる。

（58）a. You are in charge of this section, aren't you?

752　　　　　　　　　　　　　第 20 章　否定

　　　　b. You are in charge of this section, are you not?
　　　　　あなたはこの部門の責任者ですよね。
　　　　　あなたはこの部門の責任者ですか。

　　　　c. You aren't in charge of this section, are you?
　　　　　あなたはこの部門の責任者ではないのですね。
　　　　　あなたはこの部門の責任者ではないのですか。

（59）a. Mary made me a call, didn't she?

　　　　b. Mary made me a call, did she not?
　　　　　メアリーは私に電話をしてきましたよね。
　　　　　メアリーは私に電話をしてきましたか。

　　　　c. Mary didn't make me a call, did she?
　　　　　メアリーは私に電話をしてきませんでしたよね。
　　　　　メアリーは私に電話をしてこなかったのですか。

（60）a. The train will arrive on time, won't it?

　　　　b. The train will arrive on time, will it not?
　　　　　電車は時間通りに着きますよね。
　　　　　電車は時間通りに着きますか。

　　　　c. The train will not arrive on time, will it?
　　　　　電車は時間通りに着かないのですね。
　　　　　電車は時間通りに着かないのですか。

（61）a. There is a bus stop near here, isn't there?

　　　　b. There is a bus stop near here, is there not?
　　　　　この近くにバス停がありますよね。
　　　　　この近くにバス停はありますか。

　　　　c. There isn't a bus stop near here, is there?
　　　　　この近くにバス停はありませんよね。
　　　　　この近くにバス停はないのですか。

　（58a, b）の主節は「受信者がこの部門の責任者だ」という事態 P を表示し、付
加疑問節は、事態 P が成立することを受信者に確認する、または事態 P の成立
を改めて受信者に尋ねるという事態を表示する。

　主節が肯定文なので、付加疑問節の動詞群には否定辞が付加されるが、（58a）
では縮約形が使用され、（58b）では使用されていない。縮約形が使用される傾向
が高いが、使用しなくても不適格ではない。

　（58c）の主節は「受信者がこの部門の責任者ではない」という事態 N を表示し、
付加疑問節は事態 N が成立することを受信者が確実には知らないという事態を

第 2 節　否定文の構造　　753

表示する。主節が否定文なので、付加疑問節の動詞群には否定辞が付加されない。

　(59a, b)の主節は「メアリーが発信者に電話をしてきた」という事態 P を表示する肯定文で動詞は make なので、付加疑問節の動詞群としては、助動詞 did に否定辞 not が付加された形態が使用される。(59a)では縮約形が使用されているが、(59b)では使用されていない。

　(59c)の主節は「メアリーが発信者に電話をしてこなかった」という事態 N を表示する否定文なので、付加疑問節の動詞群には否定辞が付加されていない。

　(60a, b)の主節は「電車が時間通りに着く」という事態 P を表示する肯定文で、助動詞 will が動詞群に含まれているので、付加疑問節では will に否定辞 not が付加された形態が使用されている。(60a)では縮約形 won't が使用され、(60b)では使用されていない。

　(60c)の主節は「電車が時間通りに着かない」という事態 N を表示する肯定文なので、付加疑問節では否定辞 not が付加されない。

　(61a, b)の主節は「この近くにバス停がある」という事態 P を表示する肯定文である。主体は動詞 be に後続する名詞句 a bus stop によって表示される個体であるが、副詞 there が文頭に配置される文の付加疑問節では、主体の位置を there が占める。主節が肯定文なので、付加疑問節は isn't there または is there not という形態を取る。

　(61c)の主節は「この近くにバス停がない」という事態 N を表示する否定文で文頭に there があるので、付加疑問節の形態は is there になる。

　命令や勧誘を表す文についても、命令や勧誘という発話行為が成立したことを受信者に確認させる付加疑問と同様の形態がある。ただし、命令文や勧誘表現の場合は、主節の動詞群の極性に関わらず、付加疑問では肯定形と否定形の両方が使用される。

　(62) Stay here until I come back, will you [won't you]?
　　　 私が戻ってくるまでここにいてくださいませんか。

　(63) Don't forget about me, will you [won't you]?
　　　 私のことを忘れないでくださいね。

　(64) Let's take a walk for some time, shall we [shall we not]?
　　　 しばらくの間散歩しましょうか。

　(65) Let's not disturb the class, shall we [shall we not]?
　　　 授業の邪魔はしないでおきましょうよ。

　(62)は肯定形の命令文、(63)は否定形の命令文であるが、付加疑問節では、肯定形 will you、否定形 won't you のどちらを使用しても適格である。

　(64)と(65)は let's を用いた受信者への勧誘を表す文であるが、付加疑問節では、

754 第20章 否定

肯定形 shall we が用いられる傾向が高い。ただし、否定形 shall we not を用いる
ことも可能である。

b. 命令文

　否定辞を用いる命令文では、動詞の種類に関わらず don't または do not を文頭
に配置するのが原則である。ただし、動詞 be については、be not という構造も
許容される。

(66) a. Don't sit up so late at night.
　　 b. Do not sit up so late at night.
　　　　 夜そんな遅くまで起きていてはいけない。
(67) a. Don't let the machine work too quickly.
　　 b. Do not let the machine work too quickly.
　　　　 機械をあまり高速で動かしてはいけない。
(68) a. Don't be silly.
　　 b. Do not be silly.
　　 c. Be not silly.
　　　　 馬鹿なことをするな。
(69) a. Don't be a coward.
　　 b. Do not be a coward.
　　 c. Be not a coward.
　　　　 臆病にするな。

② 否定数量詞・否定代名詞・否定副詞

　否定数量詞 no, few：名詞に先行する位置に配置される。
　否定代名詞 nothing, nobody, none, little：名詞句と同様の位置に配置される。
　否定副詞 never, nowhere, little, hardly, scarcely, seldom, only：副詞と同様の位
置に配置される。

ⅰ. 否定数量詞

(70) The enemy army was vanquished in no delay.
　　　 敵の軍隊は直ちに打ち負かされた。
(71) Few economists can explain how inflation will cease.
　　　 インフレがどのようにして終わるのかを説明できる経済学者はほとん
　　　 どいない。

(70)では否定数量詞 no が後続する名詞 delay（遅れ）とともに名詞句を形成し

第2節　否定文の構造　　　755

ている。

　(71)では否定数量詞 few が名詞 economists（経済学者）とともに名詞句を形成し、経済学者である個体の集合のうちで大部分の個体が、事態の主体としては選択されないことを表示している。

ⅱ．否定代名詞

　(72) Nothing is yet known about the origin of the tribe.
　　　その部族の起源についてはまだ何も知られていない。

　(73) During her week-long stay in the mountains, Mary talked with nobody.
　　　1週間にわたる山での滞在中、メアリーは誰とも話さなかった。

　(74) I tried to answer the questions, but I could answer none.
　　　私はその問題に答えようとしたのだが、どれにも解答できなかった。

　(75) Little has been left of the writer's private writings.
　　　その作家の私的な書き物のうち残っているものはほとんどない。

　(72)の否定代名詞 nothing は事態の主体であり、したがって文頭に配置されている。

　(73)の否定代名詞 nobody は先行する with とともに名詞群を構成しており、事態への関与者を表示する。

　(74)の否定代名詞 none は、2番目の文が表示する事態 P の副体であり、動詞群 could answer に後続する位置に配置されている。

　(75)の否定代名詞 little は、動詞群 has been left に先行する位置に配置されており、したがってこの文が表示する事態 P の主体であると理解される。この代名詞は、与えられた集合 S を構成する事物の大部分が事態 P の要素として選択されないことを表示する。

ⅲ．否定副詞

　否定副詞は、否定辞 not と同様に事態の不成立を表示するが、文中で使用される際には他の副詞と同様であり、文頭に配置される場合を除いて、not のように助動詞 do の使用を要求しないものである。

　(76) a. John never has visited Rome.
　　　 b. John has never visited Rome.
　　　 c. Never has John visited Rome.
　　　　　ジョンは今までにローマを訪れたことがない。

　(77) a. Mary never drinks coffee with sugar.
　　　 b. Never does Mary drink coffee with sugar.

メアリーは砂糖を入れてコーヒーを飲むことはない。

(78) a. A true altruist nowhere is to be found.

b. A true altruist is nowhere to be found.

c. A true altruist is to be found nowhere.

d. Nowhere is a true altruist to be found.

e. Nowhere a true altruist is to be found.

本物の利他主義者はどこにもいない。

(79) a. We little understand the mechanism of the new software.

b. Little do we understand the mechanism of the new software.

私たちは新しいソフトウェアの機構を全く知らない。

(80) a. The invaders hardly respected the native people's way of living.

b. The invaders respected hardly the native people's way of living.

c. Hardly did the invaders respect the native people's way of living.

侵略者たちは先住民たちの暮らし方をほとんど尊重しなかった。

(81) a. The theory only explains a small part of the phenomena.

b. The theory explains only a small part of the phenomena.

c. The theory explains a small part of the phenomena only.

d. Only does the theory explain a small part of the phenomena.

その理論は現象のわずかな部分しか説明しない。

否定辞 not とは異なり、否定副詞 never は(76a)のように動詞群の前、(76b)のように動詞群の内部(助動詞 has と過去分詞 visited の間)に配置され、visit のような動詞の場合でも助動詞 do の使用を要求しない。

否定副詞の特徴は、文頭に配置された場合に、主体名詞句の前に動詞群(be)や助動詞が配置されるということである。(76c)では、never が文頭に配置され、動詞群のうち助動詞 has が never の直後に置かれ、助動詞の後に主体名詞句 John が配置されている。

動詞群に助動詞が含まれない場合、動詞 be であれば次の例のように、動詞群全体が主体名詞句の前に配置されるが、動詞が be 以外であれば、(77b)のように、主体名詞句の前に助動詞 do が配置される。

(82) Never is the town safe without its army.

軍隊がなければその町は決して安全ではない。

(78)の否定副詞 nowhere は、(78a)では動詞群 is の前、(78b)では動詞群 is の後、(78c)では文末に配置されており、他の副詞と同様に配置される位置の制約が少ない。

(78d)では nowhere が文頭に配置され、この結果、動詞群が主体名詞句の前に

配置されているが、(78e)のように、主体名詞句が動詞群に先行する構造も不適格ではない。

(79)の否定副詞 little は(79a)では動詞群の前に配置されている。never と同様、little も動詞群の後ろには配置されない。(79b)では little が文頭に配置され、この結果助動詞 do が主体名詞句 we の前に配置されている。

(80a)では hardly は動詞群の前に配置され、(80b)では動詞群の後で副体名詞句の前に配置されている。(80c)のように文頭に配置されることもできるが、この場合は、助動詞 did が主体名詞句に先行する位置に配置される。

(81a)では only が動詞群 explains に先行する位置に、(81b)では動詞群に後続する位置に配置されている。(81c)のように only は文末に配置することも可能である。(81d)では only が文頭に配置された結果、助動詞 does が使用されて、これが主体名詞句 the theory の前に配置されている。

③ 思考・信念などに属する事態

思考や信念は事態の集合であるが、「思考や信念がある」「主体が考える」「主体が信じる」という文を使用するだけでは何の情報的価値もない。思考や信念の内容としての事態を表示する節が表現されて初めて、文として使用される価値が生じる。

主体が副体を思考や信念の対象だとする関係を表示する動詞 think, believe, imagine, suspect などの動詞に後続して副体を表示する名詞節 P が使用される場合、「X think/believe…Y」という構造が一体となって伝達する価値のある思考や信念が表示される。このため、Y が事態の不成立を表示し、Y が否定辞を含む場合でも、動詞群に否定辞を付加して「X don't think/believe…Y′（Y′ に否定辞は含まれない）」という構造にすれば、同じ事態の不成立が思考や信念の内容であることを表示することができる。

(83) a. I think he is not guilty.　私は彼が有罪ではないと思う。

b. I don't think he is guilty.　私は彼が有罪だとは思わない。

(84) a. John imagined that he would not win the first prize.

ジョンは自分が 1 等賞を獲らないことを想像した。

b. John didn't imagine that he would win the first prize.

ジョンは自分が 1 等賞を獲ることを想像しなかった。

(83)では、「彼が有罪だ」という事態 P が現実世界で成立しないという思考が発信者にあることは、事態 P が現実世界で成立する思考が発信者にないことと同一である。このことを、(83a)では副体名詞節の動詞群に否定辞を使用し、(83b)では主節の動詞群に否定辞を使用することで表示している。

758   第 20 章　否定

　(84)では、「ジョンが1等賞を獲る」という事態Pがいずれかの可能世界で成立しないという想像がジョンにあることと、事態Pが同じ可能世界で成立するという想像がジョンにないことが同一であることを、(84a)では副体名詞節中の動詞群に否定辞を使用し、(84b)では主節の動詞群に否定辞を使用することで表示している。

　動詞 seem や appear, look は発信者の推測を表示するという点で思考や信念を表示する動詞と同様の性質を持っている。このため、主体を表示する名詞節の動詞群に否定辞が含まれている場合、この否定辞が主節の動詞群に含まれることになっても、表示される事態は同一であると理解される。

(85) a. It seems that Mary doesn't like her present status.
　　　　メアリーは現在の地位を気に入っていないように見える。

　　 b. It doesn't seem that Mary likes her present status.
　　　　メアリーが現在の地位を気に入っているようには見えない。

(86) a. It looked as if the castle was not easy to capture.
　　　　その城は攻略するのが簡単ではないように見えた。

　　 b. It didn't look as if the castle was easy to capture.
　　　　その城が簡単に攻略できるようには見えなかった。

　(85)では、「メアリーが現在の地位を気に入っている」という事態Pが現実世界の現在において成立していないという推測が発信者にあることと、事態Pが現実世界の現在において成立しているという推測が発信者にないことが同一であることを、(85a)では主体名詞節の動詞群に否定辞を付加することで、(85b)では主節の動詞群に否定辞を付加することで表示している。

　(86)では、「その城を攻略するのが容易だ」という事態Pが現実世界または何らかの可能世界の過去の時区間において成立しないという推測を誰かが持っていたことと、事態Pが同じ可能世界と時区間において成立するという推測を誰かが持っていなかったことが同一であることを、(86a)では主体名詞節の動詞群に否定辞を付加することで、(86b)では主節の動詞群に否定辞を付加することで表示している。

　fear (恐れる), be afraid (心配する)のような語句も、主体の推測を表示する表現に属するが、これらの語句に後続する副体名詞節が表示する事態については、この名詞節が表示する事態Pの現実世界での成立を主体が期待していない。したがって事態Pが否定形で表現されている場合、主体が期待するのは肯定形で表現される事態である。

　すなわち、fear [not X]のような構造であっても、成立が期待されるのはXであり、このため、名詞節中の否定辞 not を主節に配置して not fear [X]のような

構造にすると、Xの成立を恐れない、つまり、Xの成立を必ずしも期待していないという含意が生じることになり、否定辞が副体名詞節にある場合と主節にある場合では、表示される事態の特性が異なることになる。

(87) a. The manager fears the employees will not be properly paid.
　　　 従業員たちが適切な賃金を払ってもらえないのではないかと、主任は心配している。

　　　 b. The manager doesn't fear the employees will be properly paid.
　　　 従業員たちが適切な賃金を払ってもらえることを主任は心配していない。

(88) a. I am afraid she is not telling me the truth.
　　　 彼女は私に本当のことを言っていないのではないかと思う。

　　　 b. I am not afraid she is telling me the truth.
　　　 彼女が私に本当のことを言っていることを私は心配していない。

(87a)では、主任が心配している事態Nが「従業員たちが適切な賃金を払ってもらえない」であり、主任は事態Nが成立しないこと、つまり従業員たちが適切な賃金を払ってもらえることを期待している。(87b)は、事態P「従業員たちが適切な賃金を払ってもらえる」ことを主任が心配していないという事態を表示するが、この事態からは、主任が事態Pの成立を必ずしも期待していないという含意が生じる。

(88a)では、発信者が心配している事態Nが「彼女が発信者に本当のことを言っていない」であり、発信者は事態Nが成立しないこと、すなわち彼女が自分に本当のことを言っていることを期待している。(88b)は、事態P「彼女が発信者に本当のことを言っている」に対して発信者は心配の気持ちを抱いておらず、したがって発信者はむしろ彼女が自分に本当のことを言っていないことを期待しているという含意を生じさせる。

④ 単独で節を形成する not

思考や信念を表示する動詞が表示する単射関係の副体を表示する名詞節の動詞群が否定辞を含む場合、名詞節の事態の全体を状況によって再構成することができるならば、否定辞 not だけで名詞節の事態を表示することができる。

(89) Will the meeting be held next Friday?
　　　 —I'm afraid not.
　　　 会合は来週の金曜日に開催されますか。
　　　 —開催されないと思います。

(90) Our company might go bankrupt.

760 第 20 章 否定

　　—I hope not.
　　うちの会社は倒産するかもしれない。
　　—倒産しないといいのだが。

　(89) の I'm afraid not. は、先行する文が表示する事態を参照することで、I'm afraid に続く副体名詞節は the meeting will not be held next Friday（来週の金曜日に会合が開催されない）であるものと理解される。この否定文を、否定辞 not のみで表示しているのが 2 番目の文である。

　(90) の 2 番目の文の動詞は hope（希望する）であり、希望は思考の一種であるから、副体名詞節が否定辞を伴う場合は、状況によって事態が容易に再構成されるならば、否定辞 not のみで名詞節に対応する事態を表示することができる。この例では、副体名詞節が our company will not go bankrupt（発信者たちの会社が倒産しない）であることが容易に理解できるから、この名詞節の全体を not で表示している。

第 3 節　否定の強調

　事態の不成立が確実であることを強調するための語句としては、以下のようなものがある。

　否定辞 not, 否定代名詞 nothing, nobody, none, nowhere に後続する：at all, in the least, by any means
　否定辞 hardly, scarcely, never に後続する：ever
　否定数量詞 no に後続する：whatever, whatsoever

　(91)　The downtown of the city is not clean at all.
　　　　その都市の中心街は全く綺麗ではない。
　(92)　There is nothing in the least novel about the idea.
　　　　その考えに新奇なところは全然ない。
　(93)　None of the proposed projects seem to be feasible by any means.
　　　　提案された計画のどれも到底実行できるようには見えない。
　(94)　The approach leads you nowhere at all.
　　　　その方法では何の役にも立たない。
　(95)　The old woman scarcely ever cared about her appearance.
　　　　その年取った女性は自分の身なりにはほとんど気を遣わなかった。
　(96)　The expensive jewelry serves no purpose whatever [whatsoever].
　　　　その高価な宝石類は何の目的にも役立たない。

　(91) が表示する事態 N は、事態 P「その都市の中心街は綺麗だ」が現実世界において成立しないということである。したがって事態 N は、その都市の中心

街が綺麗である程度が平均値以下、すなわち綺麗でも汚くもないか、もしくは汚いというものである。この文に not at all が付加されることにより、その都市の中心街の汚さの程度が大きいことが含意される。

(92)が表示する事態 N は、事態 P「その考えに新奇なところがある」が現実世界において成立しないということである。したがって事態 N は、その考えが新奇である程度が平均値以下、すなわち新奇でも古臭くもないか、古臭いというものである。そして nothing に in the least が後続していることにより、その考えがひどく古臭いものだということになる。

(93)が表示する事態 N は、事態 P「提案された計画が実行できるように見える」が何らかの可能世界において成立しないということである。したがって事態 N は、提案された計画が実行可能な程度が平均値以下、すなわち実行可能性があまりないというものである。そして文末に by any means があることにより、実行可能性がほとんどないか全くないということになる。

(94)が表示する事態 N は、事態 P「その方法が人をある場所に連れて行く」すなわち「その方法が効果的である、役に立つ」が現実世界において成立しないということである。したがって事態 N は、その方法が役に立つ程度が平均値以下であり、役に立つとも立たないとも言えないか、役に立たないというものである。そして否定副詞 nowhere の後に at all があることから、全く役に立たないという含意が生じる。

(95)が表示する事態 N は、事態 P「その年取った女性が自分の身なりに気を遣う」が現実世界の過去の時区間の大部分において成立しなかったということである。したがって事態 N は、その女性が自分の身なりに気を遣う程度が平均値より低いことが多かったということであるが、否定副詞 scarcely に ever が後続していることにより、気を遣う程度が非常に低いか、全く気を遣わなかったということが表される。

(96)が表示する事態 N は、事態 P「その高価な宝石類が何らかの目的に役立つ」が現実世界において成立しないということである。したがって事態 N は、その高価な宝石類が何らかの目的に役立つ程度が平均値以下である、すなわち大した値打ちがないか、または無用だということを表す。no purpose の後に whatever または whatsoever が配置されていることにより、何らかの目的にほとんど役立たない、あるいは全く役立たないということが表される。

第 4 節　部分否定

　数量詞を否定すると、数量詞が表示する数値より小さな数値が表示される。数量詞が all, every, everything, everybody, always, both のような、ある範囲の集合

の要素すべてを表示するものであって、これらの数量詞を用いた文に否定表現が含まれていれば、集合の全部の要素について事態が成立するわけではない、すなわち集合の一部の要素について事態が成立することが表示される。このような、全部を表す数量詞の否定が表示する事態を「部分否定」と呼ぶ。

(97) a. Not all the mountain tops were covered with snow.

b. All the mountain tops were not covered with snow.
山頂がすべて雪に覆われていたわけではなかった。

(98) a. Not every customer is satisfied with the store's services.

b. Every customer is not satisfied with the store's services.
客がすべてその店のサービスに満足しているわけではない。

(99) The minister is not responsible for everything that concerns international trade.
その大臣が、貿易に関わるすべてのことに責任があるわけではない。

(100) It is not always true that trees reduce air pollution.
樹木が大気汚染を軽減するというのはいつも本当だというわけではない。

(101) a. Not both explanations are equally valid for the phenomena.

b. Both explanations are not equally valid for the phenomena.
説明が両方ともその現象に関して同様に有効であるわけではない。

(97)では数量詞 all を含む文に否定辞 not が使用されている。(97a)では数量詞 all の直前に否定辞が配置され、(97b)では動詞群に not が付加されているが、どちらの場合も、否定辞 not によって all が表示する「全部」の数値が低下し、全部より小さい数量を表示するようになる。

数量詞 all に否定辞 not が後続する構造は、伝統的には不適格だとされてきたが、実際には使用される。この構造は、部分否定を表示するだけでなく、集合のどの要素についても事態が成立しないという「全部否定」を表示することもある。したがって(97b)は「どの山頂も雪に覆われていなかった」(No mountain tops [None of the mountain tops] were covered with snow)という事態を表示することも可能である。

(98)では数量詞 every を含む文に否定辞 not が使用されている。(98a)では every の直前に not が配置され、(98b)では動詞群 is の後に not が配置されているが、どちらの場合も、客である個体の集合のすべての要素に対応する数値よりも小さな数値が表示される。もし1日に1000人の客がその店を訪れるのであれば、not every, every…not が表示する数値は1000人以下ということになる。

(99)では、動詞群に not が付加され、関与者を表示する名詞群中に everything

が含まれている。この場合も、everything が表示する、ある個体集合のすべての要素に対応する数値が not によって低下させられる。もし貿易に関わって生じる事態が 1 年に 10 万件であるとすれば、not everything が表示する数値は 10 万件以下である。

　(100)の副詞 always は数量詞ではないが、「いつも」、すなわち一定の時区間を構成するすべての部分時区間において事態が成立することを表示する。したがって、この副詞を含む文に否定辞が使用されると、すべての部分時区間に対応する数値より小さな数値を表示する。この文が表示する事態に関しては、大気汚染が生じる期間を 200 年とすると、not always が表示する期間は 200 年より短いということになる。

　(101)の数量詞 both は、2 個の事物の両方について同じ事態が成立することを表示する。この数量詞を含む文に否定辞が使用されると、同一の事態が成立する回数が 2 個から 1 個に減少する。この文について言えば、「説明 A がその現象に関して有効だ」という事態 P と「説明 B がその現象に関して有効だ」という事態 Q のうち、成立するのは P と Q のいずれかであるということになる。

　否定辞 not は、(101a)のように数量詞 both に先行する位置に配置される場合が多いが、(101b)のように both に後続し、動詞群に後続する位置に配置されても不適格ではない。ただし、(101b)は 2 個の主体の両方について事態が成立しないという全部否定の事態を表示することもあり得る。

　ある特性の程度が最大であることは、その特性に要求される要素を全部持っているということであるから、すべての事物について事態が成立することを表示する all や every などの数量詞と同一の性質を持っている。このような性質を持つ副詞としては、次のようなものがある。

　　全部: wholly, altogether, entirely, totally
　　完全に: perfectly, completely, absolutely, utterly
　　本当に: really, truly, actually

最大値を表示するこれらの副詞が否定辞 not とともに使用されると、程度が最大値よりも小さな事態を表示することになる。

(102) The square is not entirely safe against pickpockets and luggage thefts.
　　　その界隈はスリや置き引きに対して全く安全だというわけではない。

(103) The wear doesn't perfectly keep you from severe cold.
　　　その衣類は極寒から完全に身を守ってくれるというわけではない。

(104) The accused did not really acknowledge the prosecutor's statement of how the crime had been done.
　　　その犯罪がどのようにしてなされたのかについての検事の弁論を、被

告人は本当には認めなかった。

（102）の entirely safe は「主体があらゆる場面で安全だ」という事態を表示するが、not が先行することにより、主体があらゆる場面で安全だとは限らないという事態が表示される。この文では、その界隈にいて、スリや置き引きの被害をどの場所やどの時区間においても受けないほど安全である程度が最高であるわけではなく、安全さの程度は最大値より小さいという事態が表示されることになる。

（103）の perfectly keep は「主体が副体を保護する程度が完全だ」という事態を表示するが、not が先行することにより、主体が副体を保護する程度が完全ではないという事態が表示される。この文では、その衣類を身につけていれば、どれだけ寒さが厳しくてもいつでもどの場所でも身体が守られるほど、保護の程度が最大だというわけではなく、最大値よりも小さいという事態が表示される。

（104）の really acknowledge は「主体が副体を認める真実さの程度が最高だ」、すなわちこの事態がすべての可能世界において成立するという事態を表示しているが、not が先行することにより、この事態が一部の可能世界では成立しないという事態が表示される。この文では、被告人が検事の弁論をすべての可能世界では認めない、すなわち検事の述べる犯行の様態が完全に真実だと考えてはいないという事態が表示されている。

このような程度の最大値を表す副詞に否定辞 not が後続すると、部分否定ではなく、否定を強調する働きをする。

（105）The woman's words are absolutely not true.

その女の言っていることは全く本当ではない。

（106）John truly does not understand the software business model.

ジョンはソフトウェアのビジネスモデルが全く理解できていない。

（105）では、「その女の言っていることが本当ではない」という事態が成立する可能性の程度が最大だということを absolutely で表示している。したがって、「その女が言っていることが本当だ」という事態はどの可能世界でも成立しないことになり、この事態の真実性が全くないという事態が表示される。

（106）では、「ジョンがソフトウェアのビジネスモデルを理解していない」という事態の真実性の程度が最大だということを truly が表示している。したがってこの文では、「ジョンがソフトウェアのビジネスモデルを理解している」という事態の真実性の程度が全くない、ジョンがモデルを全く理解していないという事態が表示されることになる。

第5節　二重否定

① 肯定と同一の二重否定

　同一の文に否定辞と否定代名詞、否定数量詞、否定副詞が含まれることを「二重否定」と呼ぶが、文が従属節を含まない場合には、二重否定は不適格である。

(107) ×Nothing is not easy.　簡単でないものはない。

(108) ×Mary did not give no answer.
　　　メアリーは答えを言わないことはなかった。

　日本語では同一の文中に否定辞「ない」が複数個含まれていても適格だとされるが、英語では nothing, no と not が同一の文中にある(107)や(108)のような文は不適格だとされる。

　ただし、同一の文でも、異なった節であれば、それぞれの節中に否定語が含まれることができる。ある節で否定される事態を、別の節でさらに否定すれば、否定が反復された結果、事態は肯定される。

(109) It is not a fact that Mary is not a Harvard graduate.
　　　メアリーがハーバードの卒業生ではないというのは事実ではない。

(110) I know nobody who does not love natural beauty.
　　　自然の美しさを愛さない人を私は知らない。

(111) Not doing anything is not the best way to solve difficulties.
　　　何もしないことが困難を解決するための最もよい方法ではない。

(112) John never takes a train or a bus without leaving something behind.
　　　ジョンは電車やバスに乗ると必ず何か忘れ物をする。

　(109)は、主体名詞節の事態 N は「メアリーがハーバードの卒業生ではない」であり、文全体では「N が事実ではない」という事態を表示する。N が否定文であり「P が成立しない」という事態を表示し、文は N が成立しないという事態を表示するのだから、全体では、P が成立しないことが成立しない、すなわち P が成立するという事態を表示することになる。

　すなわち、(109)が表示する事態は、肯定文の(109′)が表示する事態と同一である。

(109′) It is a fact that Mary is a Harvard graduate.
　　　メアリーがハーバードの卒業生だというのは事実だ。

　(110)は、主節の事態が「発信者がある種類の人を知らない」、すなわち「発信者は何らかの人を知っていて、それはある種類の人ではない」であり、関係節の事態は「人が自然の美しさを愛さない」である。したがってこの文は、「発信者は何らかの人を知っていて、その人は自然の美しさを愛さないことはない」という事態を表示する。

766 第 20 章 否定

したがって(110)が表示する事態は、肯定文の(110′)が表示する事態と同一である。

　(110′) Everybody I know loves natural beauty.
　　　　私が知っている人は誰でも自然の美しさを愛する。

　(111)が表示する文の主体である動名詞節に否定辞 not が含まれており、主節の動詞群にも not が付加されているが、否定辞が異なった節中に含まれているので、同一の文に複数の否定辞が含まれていても適格である。

　動名詞節の事態は、事態 P「主体が何かをする」が成立しないという事態であり、主節の事態は、事態 Q「主体が困難を解決するための最もよい方法だ」が成立しないという事態であるから、文全体では、事態 Q「P が成立しないことが、困難を解決するための最もよい方法だ」が成立しないという事態を表示することになり、これは「P が成立することが困難を解決するための最もよい方法だ」という事態に等しい。したがってこの文が表示するのは「主体が何かをすることが困難を解決するための最もよい方法だ」という、次の肯定文(111′)が表示する事態と同一になる。

　(111′) Doing something is the best way to solve difficulties.

　(112)には否定辞 never が含まれているだけだが、前置詞 without は「事物が存在しない、事態が成立しない」という事態を表示する。したがって、この文は、「ジョンが忘れ物をしないで電車やバスに乗る」という事態が成立しないという事態を表示し、これは「ジョンが電車やバスに乗るという事態が成立すれば、ジョンが忘れ物をするという事態が成立する」という事態と同一である。

　このように、動詞群に否定辞が含まれている文が、「前置詞 without ＋動名詞節」という構造の名詞群を伴っていれば、二重否定と同等の効果を持つ事態が表示される。

② 否定による程度を弱める二重否定

　否定辞 not に、否定極性接頭辞 un- と im- を含む形容詞や副詞が後続している場合、形態的には否定形態が連続していて二重否定の構造と同様であり、同一の文中に否定形態素が複数個含まれてはならないという制約に違反することになる。しかし、否定極性接頭辞は否定辞ではないので、同一の文を構成する要素として適格に含まれることができて、「not ＋否定的形容詞・副詞」は、これらの形容詞や副詞が表示する特性の程度を低下させる働きをする。この点で、not が数量詞が表示する数値を小さくする働きをするのと同様である。

　(113) The future of the economy is not unpredictable, given current events.
　　　　現在の状況を見てみれば、経済の将来は予測できないわけではない。

(114) The success of our business seems difficult, but it is not impossible.

私たちの事業の成功は難しいように思えるが、不可能だというわけではない。

(115) He is Icelandic, to be exact, and, not unnaturally, he wrote his book in Icelandic.

正確に言うと彼はアイスランド人で、彼が自分の本をアイスランド語で書いたのも不自然ではなかった。

(113)の not unpredictable は、事態が予測不可能である程度が大きくはないという特性を表示する。すなわち、半数程度の可能世界で事態が成立することを予測できるということである。

(114)の not impossible は、事態がどの可能世界でも成立しないという特性を not が低下させている。したがって、事態が少数またはそれ以上の数の可能世界で成立するという特性が表示される。

(115)の not unnaturally は、事態の成立が不自然である程度が大きくはないという特性を表示する。この文では、「彼がアイスランド語で自分の本を書いた」という事態が、状況からある程度は自然に帰結したという様態が表示されている。

第6節　否定辞と連言・選言

「X and Y」という構造の表現を「連言」、「X or Y」という構造の表現を「選言」と呼ぶ。連言は、事態 X と事態 Y が同時に成立すること、または事物 X と事物 Y が同一の事態の要素になることを表示し、選言は事態 X と事態 Y のどちらかがある可能世界または時区間において成立すること、または事物 X と事物 Y のどちらかがある事態の要素になることを表示する。

連言が not によって否定されると、数量詞 both を否定する場合と同様に、X と Y の両方という数量が低められた結果、X と Y のうちのどちらか一方が成立するという事態になる。選言は、X と Y のうち一方が成立するという事態であるから、これが not によって否定されると、成立する事態の数値が 1 より小さくなるから、どちらの事態も成立しないことになる。

(116) a. The student did not study mathematics and philosophy at college.

その学生は大学で数学と哲学の両方を研究はしなかった。

b. The student did not study mathematics or philosophy at college.

その学生は大学で数学も哲学も研究しなかった。

(117) a. John is not a boy endowed with intelligence and kindness.

ジョンは知性と優しさがともに備わった少年ではない。

b. John is not a boy endowed with intelligence or kindness.

ジョンは知性も優しさも備わっていない少年だ。

(116a) では、単射関係の副体名詞が mathematics と philosophy の2個であり、それが and で結合されて連言を構成している。この連言に否定辞 not が先行して「not mathematics and philosophy」という構造になっているから、この文は、その学生が数学と哲学の両方を研究したのではなく、どちらか1つを研究したという事態を表示する。

(116b) では、単射関係の副体である名詞が接続詞 or によって並列された構造の名詞句の前に not が先行して「not mathematics or philosophy」という構造が形成されており、このためこの文は、その学生が大学で数学と哲学のどちらも研究しなかったという事態を表示している。

(117a) では、手段を表示する名詞群が「with + intelligence and kindness」であり、この名詞群が過去分詞とともに過去分詞節を構成して名詞句 a boy (少年)が表示する事物の集合を限定している。

「not + endowed with intelligence and kindness」は、連言の否定であるから、ジョンは知性と優しさの両方は備えておらず、どちらか一方を備えているという特性を持つ。

(117b) では、選言の「intelligence or kindness」に否定辞 not が先行している。このためこの文は、ジョンが少年であって、知性と優しさのどちらも備えていない」という事態を表示する。

「not X or Y」という構造を「not either X or Y」または「neither X nor Y」で置き換えることができる。

(118)　a. Not either my father or my mother will come to the school meeting.

　　　　b. Neither my father nor my mother will come to the school meeting.

　　　　私の父と母のどちらも学校の会合には来ない。

(119)　a. At the end of the fifth century, Rome was not either powerful or wealthy enough to repulse German tribes' surges.

　　　　b. At the end of the fifth century, Rome was neither powerful nor wealthy enough to repulse German tribes' surges.

　　　　5世紀の終わりには、ローマは押し寄せるゲルマン民族を撃退するほど強力でも豊かでもなかった。

(118a) では、選言の either my father or my mother に not が先行して主体名詞句を構成している。選言に否定辞が先行しているので、並列されている名詞句 my father (発信者の父親)と my mother (発信者の母親)のどちらもが事態の主体としては選択されない。

(118b) は、主体名詞句が neither X nor Y という構造になっているので、X (my

father）と Y（my mother）のどちらもが事態の主体として選択されない。

（119a）では、選言の either powerful or wealthy が副体形容詞であり、動詞群に否定辞 not が含まれているので、powerful（強力だ）と wealthy（豊かだ）のいずれもが副体として選択されない。

（119b）では、副体が neither powerful nor wealthy（neither X nor Y）という構造なので、powerful と wealthy のいずれもが事態の副体ではないことが表示されている。

第 7 節　否定文と同様の事態を表示する肯定文

否定文には否定語が含まれており、肯定文が表示する事態が何らかの可能世界で成立しないことを表示する。ただし、日本語の「欠席する」が「出席しない」、「不必要だ」が「必要ではない」と同様の事態を表示することからも分かるように、否定辞を含まない肯定文でも、事態の不成立を表示する場合がある。

① 語が事態の不成立を表示する

（120）People naturally dislike tax raising.　人々は当然増税が好きではない。

（121）Many medical professionals died, having failed to take precautions in dealing with infected patients.
多くの医療従事者たちが、感染した患者の処置で用心をしなかったために死亡した。

（122）We were impatient to see the launch of the rocket.
私たちはそのロケットの発射を見たくて我慢できなかった。

（123）Most of the immigrants were without money or necessary documents.
移民のほとんどが金も必要な書類も持っていなかった。

（120）の動詞 dislike が表示する事態は「主体が副体を好きではない」（X does not like Y）であり、要素として否定辞が含まれている文が表示する事態に等しい。

（121）の動詞 fail が表示する事態は「主体が副体をしない」（X does not do Y）であり、要素として否定辞が含まれている文が表示する事態に等しい。

（122）の形容詞 impatient は patient（我慢強い）に否定接頭辞 in を付加して形成された派生形容詞であり、「X is impatient ＋ 不定詞節」という構造の文が表示する事態は、「主体が副体を我慢することができない」（X cannot bear Y）という否定辞を含む動詞群を要素とする文が表示する事態に等しい。

（123）の前置詞 without は、名詞句とともに名詞群を形成すると、名詞句が表示する事物の集合が事態の要素として選択されないことを表示する。したがって名詞群 without money or necessary documents を要素とするこの文が表示する事

態は、否定数量詞を用いた名詞群 with no money or necessary documents を含む
文が表示する事態に等しい。

② 語句や構造が事態の不成立を含意する

(124) The actress's father put her into movies before she was ready for it.
その女優の父親は、彼女の心構えができていないうちに、彼女を映画
界に入れた。

(125) The apartment in New York is too expensive for average office workers
to rent.
ニューヨークのそのアパートは平均的なサラリーマンには高すぎて借
りられない。

(126) The complex and ethnic issue is far from being solved.
その複雑で民族に関わる問題が解決されたとはとても言えない。

(127) French revolutionists had yet to learn what a democracy really was.
フランスの革命家たちは民主主義国家が本当はどんなものなのかをま
だ学んでいなかった。

(128) A large area remains to be irrigated in this state.
この州ではまだ広い地域が灌漑されていない。

(129) The hotel I stayed in last weekend was anything but comfortable.
先週末に滞在したホテルは全く快適ではなかった。

(130) The man is the last person I want to see in the world.
その男は私が世界で一番会いたくない人間だ。

(124)の主節が表示する事態 P「その女優の父親が彼女を映画界に入れた」が
成立した時区間 p は、従属節が表示する事態 Q「その女優が映画界に入る準備
ができていた」が成立した時区間 q に先行する。この場合、p においては事態 Q
は成立していなかったことになるため、この文が表示する事態が全体として成立
した時区間が p であるとすれば、Q の不成立が含意される。

(125)については、不定詞節 for average office workers to rent (平均的なサラリー
マンが副体を借りる)という事態における程度性を持つ特性はアパートの家賃で
ある。この家賃の高さの程度が、最高値を超えていることを表示するのが too
expensive である。すなわち、ニューヨークのそのアパートの家賃の高さが、平
均的なサラリーマンが払える家賃の最高値を超えているということであり、この
ことから、そのアパートの家賃を平均的なサラリーマンが払えないという、否定
的な事態が含意されることになる。

(126)については、「副体形容詞＋名詞群」far from being solved が主体名詞句

第7節　否定文と同様の事態を表示する肯定文　　　771

に後続していることから、主体が解決されるという事態が成立する空間から、主体である the complex and ethnic issue（その複雑で民族に関わる問題）が表示する事態が占める空間が遠く離れているという事態が表示される。しかし、主体である事態はある特定の空間において成立するものではないから、この文が表示する事態については、空間を可能世界に置き換えて、主体の事態が成立する可能世界 p が、主体が解決される可能世界 q から遠く離れている、すなわち p と q の性質が大きく異なるという事態を表示しているものと理解しなければならない。p と q の性質が大きく異なるのであれば、可能世界 p においては主体である問題が解決されないという含意が成立する。

　（127）の had yet to learn は、「主体が副体を学ぶ」という事態 P が過去の時区間 t においてまだ成立すべきだと判断されていたという事態である。したがって、P は t においては成立していなかったという含意が生じる。

　（128）は、この州の広い地域が灌漑されるという事態 P を目的としているという事態が現在において成立していることを表示する。現在の時点で事態 P が目的であるということは、事態 P が現在において成立していないことを含意する。

　（129）の anything but comfortable は、comfortable が表示する「主体が快適だ」という事態の集合 P 以外の任意の事物の集合を表示する。あらゆる集合の中で、P 以外の集合を表示するのだから、この文が表示する事態は、滞在したホテルが快適である事物の集合の要素だという事態が成立しなかったという含意を必然的に持つことになる。

　（130）の the last person I want to see in the world は、世界中の人間の集合について、発信者が会いたいと思う程度の大きさによって一列に配置したとすると、その列の最後に位置する人間を表示する。ただし、現実的にこのような尺度で人間を順番に配置することはないから、この文の事態は比喩的に解釈しなければならない。会いたさの程度の大きさによって個体を配置したとすれば、最後に配置される個体は、会いたさの程度が最小であることになる。このことから、この個体には発信者が最も会いたくないという含意が生じる。

第21章　接続詞と節

第1節　接続詞とその分類

文を構成する語は一次元的に配列されるが、語の境界は、それぞれの語の形態と機能を知っていれば、通常は明らかである。

(1) The boy saw a black cat in the park.　その男の子は公園で黒い猫を見た。

英語の構造規則を知っていれば、(1)を構成する語が結合してどのような上位の単位を構成するのかを理解することができる。

the + boy: 名詞句1, saw: 動詞群, a black cat: 名詞句2, in the park: 名詞群

これらの単位が、以下のような働きを持つ事態の成分となる。

名詞句1: 主体、動詞群: 単射関係、成立時区間＝過去、成立世界＝現実世界、名詞句2: 副体、名詞群: 成立空間

これに対し、同一の範疇に属する語句が並列されているだけだと、発信者が意図する事態が正しく受信者に理解されない可能性が出てくる。

(2) ×The boy the girl saw a black white cat in near the park.

(2)では、動詞群に直接先行する名詞句 the girl が主体だろうと推測されるが、さらにその前の名詞句 the boy の機能が何であるのかが明確ではない。名詞 cat の前には2個の形容詞 black white が並んでいるが、白と黒がどのような関係にあるのかが分からない。名詞 cat に後続する前置詞の列 in near は名詞句 the park とともに名詞群を構成するのだろうが、一体どのような空間を表示したいのか理解できない。

このような理解の困難が生じないようにするために、同一の範疇の語句の間に配置される形態が「等位接続詞」と呼ばれるものである。

(2′) The boy and the girl saw a black and white cat in or near the park.
　　　その男の子と女の子は、公園の中か近くで、白と黒の混じった色の猫を見た。

等位接続詞 and は、同一の範疇の2個の語句の間に配置され、それらの語句が表示する事物の集合や関係などの両方が、同一の機能を持つ事態の要素であることを表示する。「X and Y」という構造の単位を「連言」と呼ぶ。

等位接続詞 or は、同一の範疇の2個の語句の間に配置され、それらの語句が表示する事物の集合や関係などのどちらか一方が事物の要素であることを表示す

る。「X or Y」という構造の単位を「選言」と呼ぶ。

接続詞はこのように、並列された語句の間の関係を明示する働きをする。以下の例では、接続詞が2個の文の間に配置されている。

(3) Mary knows that the picture is a fake.
メアリーはその絵が贋作だと知っている。

(4) John took a taxi because he was in a hurry.
ジョンは急いでいたのでタクシーに乗った。

(3)には Mary knows と、the picture is a fake という2個の文が含まれている。動詞 know（知っている）は単射関係を表示し、完全な事態を構成するためには主体と副体を必要とするが、ここまでの語列では副体を表示する語句はない。その副体を表示するのが、2番目の文の the picture is a fake（その絵が贋作だ）である。単射関係の副体は名詞句によって表示されるので、この文は名詞と同じ働きをしており、しかし文が表示する事態を構成する要素なので、文ではなく節に属している。

この節は単射関係の副体であって名詞と同等の機能を果たしているので「名詞節」に分類されるが、この名詞節が表示する事態を要素とする上位の事態を表示するのが、Mary knows という文であって、これを「主節」と呼ぶ。名詞節が表示する事態は主節が表示する事態に含まれる、言い換えれば従属するので、「従属節」の一種である。

この文は主節に従属節が後続する構造になっているので、これらの節を単純に並列すれば以下のようになる。

(3′) Mary knows the picture is a fake.

英語ではこの文も適格だとされ、使用される頻度も高いが、従属節の先頭に何らかの形態が配置されていれば、後続するのが名詞句ではなく名詞節だということが、この形態が与えられた段階で理解されるので、理解の効率性は高まる。

この目的で名詞節の前に配置される形態が(3)にあるような that であり、これは主節と名詞節を接続する形態だということで、接続詞に分類される。

ただし、名詞節が表示する事態が上位の事態の主体であって、動詞群に先行する位置に配置される場合には、名詞節の先頭に接続詞 that を配置しなければ不適格になる。動詞群に後続する位置に配置される場合には、that を使用しなくても適格である。

(5) a. ○That the picture is a fake is true.

b. ×The picture is a fake is true.

c. ○It is true that the picture is a fake.

d. ○It is true the picture is a fake.

774　　　　　　　　　　第 21 章　接続詞と節

　(5a)では、that the picture is a fake が文頭にあり、that が節の先頭に配置されていることで、この語列が主体名詞節であると理解される。一方(5b)では、最初に the picture is a fake という「主体名詞句＋動詞群＋副体名詞句」という構造だと理解される語列が与えられ、これで文が完結したという理解が成立した段階で、次に動詞群 is が与えられるので、the picture is a fake が実際には従属節であるという理解の修正を行わなければならず、理解の効率が悪くなる。

　(5c)では文頭に代名詞 it が配置され、動詞群と副体形容詞に続いて that に先行される名詞節が与えられるので、この名詞節が事態の主体であることが容易に理解される。(5d)の名詞節には that が先行していないが、文頭に it が配置されていることから、後続する部分に名詞節があるという予測がなされているから、名詞節の先頭に that がなくても、以下に続く文が従属節であることは十分に理解可能である。

　ただし、(5d)のように動詞群に後続する主体名詞節の先頭に that が配置されない構造が使用される頻度は高くない

　(4)では 2 個の文 1 John took a taxi（ジョンはタクシーに乗った）と文 2 he was in a hurry（ジョンが急いでいた）が並列されている。単純にこれらを並列すると以下のようになる。

　(4′) John took a taxi, he was in a hurry.

文 1 が表示する事態 P と文 2 が表示する事態 Q の関係を考えてみると、事態 Q が事態 P の理由を表示していると見なすことができる。急いでいることが理由でタクシーに乗るというのが通常の事態なので、Q は P が成立した理由である。この因果関係を表示するために、Q を表示する文 2 の先頭に配置されるのが接続詞 because である。事態が成立する原因や理由は事態を構成する要素であり、これらの要素を表示する語は副詞なので、because he was in a hurry は、文を構成する要素としての事態を表示する副詞的な要素であり、したがって接続詞 because を伴う文 2 は副詞節に属する。

　名詞節や副詞節は、事態を構成する要素としての下位の事態を表示するから、従属節と呼ばれるが、従属節の先頭に配置される接続詞は「従位接続詞」に分類される。従位接続詞は、成立時区間（when, while, before, after など）、成立空間（where）、条件（if, unless など）、譲歩（though/although など）、原因・理由（because, as, since など）、目的・程度（so/such…that）、様態（as）、比較の基準（than）のような、事態を構成する事物と関係以外の要素を表示するために使用される節の先頭に配置される。

　関係節は、事物の集合を限定する事態を表示するための節であり、従属節の一種である。関係節の先頭に配置されるのが関係詞であり、構造的には接続詞と同

様であるが、関係詞は先行詞と同一の事物を表示し、関係詞のうちでも関係代名詞は格による形態変化を伴うなど、事物を表示しない接続詞とは性質が異なる。

不定詞は不定詞節、現在分詞と過去分詞は分詞節、動名詞は動名詞節を構成し、いずれの節も従属節に属するが、これらの節については、特別の場合を除いて先頭に接続詞が配置されることはない。

第2節　等位接続詞

① and

等位接続詞 and は、同一の範疇に属する語句を並列した連言を構成する。

(6) The king and the queen, who had just come home and entered the great hall, fell asleep, and the whole court with them.
王と女王は、家に戻って大広間に入った直後に眠ってしまい、宮廷の全員も2人と同じようになった。

(7) Mary bought onions, carrots and two packs of water at the supermarket.
メアリーはスーパーで玉ねぎと人参と水を2パック買った。

(8) The cook cut and smashed chickens to make soup.
その料理人は鶏肉を切って粉々にしてスープを作った。

(9) We rushed out and ran and ran and took a taxi and escaped from the scene.
私たちは走って外に出て、一目散に走ってタクシーに乗り、その場から逃れた。

(10) John promised never to spend too much money, and he reserved a suite room at a luxury hotel in Hawaii.
ジョンは決してお金を使い過ぎないと約束したのに、ハワイの高級ホテルのスイートルームを予約した。

(11) Consider the problem from every point of view, and you will find a solution.
その問題をあらゆる観点から考察すれば、解答が見つかる。

(6)では、等位接続詞 and が3回使用されている。最初の and は、2個の名詞句 the king（王）と the queen（女王）を並列して連言を構成し、事態の主体を表示している。2番目の and は関係節中で使用され、「王と女王が家に戻ってきた」という事態を表示する文と「王と女王が大広間に入った」という事態を表示する文を連結している。3番目の and には、the king and the queen fell asleep（王と女王が眠った）という文が先行し、後続するのは the whole court with them（宮廷の全員が彼らとともに）であって動詞群がないが、先行する文と共通の fell asleep だと考えて問題はない。したがってこの and は、2 個の文を連結している。

(7) では、3 個の副体名詞句 onions (玉ねぎ), carrots (人参), two packs of water (2 パックの水) が並列されている。2 個ではなく 3 個以上の語句を並列する場合は、and を最後の語句の前に配置する。

(8) では、2 個の動詞群 cut (切った) と smashed (砕いた) が and によって連結されている。2 個の動詞 cut と smash は単射関係を表示し、この文ではどちらの関係についても副体が chickens (鶏) である。したがって、動詞群を and で連結することにより、2 個の事態が時間的に連続しており、因果関係が密接であることが表示されているものと考えることができる。

(9) では 4 個の等位接続詞 and が使用されている。最初の and は、we rushed out (発信者たちが走って外に出た) という文と、(we) ran and ran (発信者たちが走りに走った) という文を連結して連言を構成している。

2 番目の and は、同一の動詞群 ran (走った) を連結している。同一の形態であるから、and で連結しても表示する事態の構造に変化はないが、連言を用いることにより、事態を焦点化し、事態に含まれる程度性がある特性の程度が大きいことを強調する効果を持つ。この場合は、「発信者たちが走った」という事態を構成する程度性のある特性としての走る速度や主体の集中度が大きかったことが含意される。

3 番目と 4 番目の and は、we rushed out, (we) ran and ran という 2 個の文に続いて、(we) took a taxi と (we) escaped from the scene という文をそれぞれ連結させるために使用されている。

このように 4 個の文を並列する場合には、最後の文の前に and を配置するだけでよい。

(9′) We rushed out, ran and ran, took a taxi and escaped from the scene.

しかし、(9) のようにすべての文の間に and を配置することも可能である。この場合、並列された事態が間を置かずに次々に連続して成立したという緊迫した情景を想起させる効果がある。

同一の語句を and で並列させることにより、事態が持つ特性の程度を高める効果をもたらす例としては、以下のようなものもある。

(12) The army marched for miles and miles.　軍隊は何マイルも進軍した。

(13) Wind chills will be getting colder and colder as the day goes on.
1 日の時間が進めば、冷たい風はますます冷たくなっていっているだろう。

(14) I have told you the same thing over and over again.
私はあなたに同じことを何度も何度も言ってきた。

第2節　等位接続詞　　　777

　(12)では距離を表す名詞 mile が 2 個連結されて連言を構成することで、距離の大きさの程度が高まり、かなりの長距離を表示するようになっている。

　(13)では形容詞の比較級形態が 2 個連結されて連言を構成することで、冷たさの程度がさらに上昇することを表示している。

　(14)では、事態の反復を表示する副詞 over が 2 個連結されて連言を構成することで、反復の程度が大きいこと、すなわち非常に多くの回数事態が繰り返されたことが表示される。

　(10)では、John promised never to spend too much money（ジョンが決して無駄遣いしないと約束した）という文 1 と、he reserved a suite room at a luxury hotel in Hawaii（ジョンがハワイの高級ホテルのスイートルームを予約した）という文 2 が and によって連結されている。等位接続詞 and は、単純に文を並列させているだけで、2 つの文が表示する事態の間の関係は、状況によって判断しなければならない。

　文 1 が表示する事態 P から常識的に成立が推測される事態は、ジョンが大きな金額を支出しないというものである。ところが文 2 が表示する事態 Q が成立すれば、ジョンは大きな金額を支出することになる。したがって事態 Q は事態 P からの予測に反するものである。このような場合、日本語では「P なのに Q」のような、逆接を表す接続辞を使用することが要求されるが、英語では接続詞 and を使用することが可能である。

　(11)の最初の文は命令文であり、この命令文と 2 番目の平叙文が and で連結されている。このような「命令文＋and＋平叙文」という構造の文では、命令文は条件節と同様の機能を持つ。すなわちこの構造は「条件節＋主節」という条件文（If you consider the problem from every point of view, you will find a solution.）に置き換えることができるのだが、命令文が表示する事態の主体は you であるから、これに対応する条件節の主体も受信者または一般の人間に限定される。

　命令文は、受信者が事態 M を成立させることを発信者が命令、要求、指示するという事態を表示するが、事態 M は現実世界の未来の時区間において成立する。この事態 M に続いて事態 Q が成立することが、接続詞 and によって表示される。したがって、事態 M と事態 Q の間には因果関係が成立するものと理解されることになり、このことによって、「命令文＋and＋平叙文」が条件文と同等の事態を表示できるようになる。

② **or**

　等位接続詞 or は、同一の範疇に属する語句を並列した選言を構成する。

　(15) The governor of Texas or the speaker of the Senate will be elected Presi-

dent.

テキサス州知事か上院の議長が大統領に選ばれるだろう。

(16) You can take a subway or a bus to go from the airport to the downtown area.

空港から町の中心部まで行くのには、地下鉄かバスに乗ります。

(17) John will rent or buy an apartment when he has decided to settle himself in the company.

その会社に落ち着くことに決めたら、ジョンはアパートを借りるか買うつもりだ。

(18) The ancient city was burned by an enemy, or an enormous earthquake destroyed it.

その古代都市は敵に焼かれたか、巨大地震がその町を破壊したかのどちらかだ。

(19) Pay the money back by the end of this month, or you will have to pay an extra interest.

今月末までにお金を返さないと、余分の利息を払わなければならなくなる。

(15)では、2個の名詞句 the governor of Texas（テキサス州知事）と the speaker of the Senate（上院の議長）が等位接続詞 or で連結されて選言を構成している。これらの名詞句は事態の主体を表示するから、この文は、「テキサス州知事が大統領に選ばれる」という事態または「上院の議長が大統領に選ばれる」という事態のいずれかが未来の時点において成立し、両方は成立しないという事態を表示する。

(16)では、2個の名詞句 a subway（地下鉄）と a bus（バス）が or によって連結されて選言を構成している。これらの名詞句は事態において単射関係の副体である個体を表示し、この文は、「受信者が空港から町の中心部まで行くのに地下鉄に乗る」という事態と「受信者が空港から町の中心部まで行くのにバスに乗る」という事態のいずれかが現在域において成立することを表示する。

(17)では、2個の不定詞 rent（借りる）と buy（買う）が or によって連結されて選言を構成している。これらの不定詞は動詞群の要素であり、この文は「ジョンがアパートを借りる」という事態または「ジョンがアパートを買う」という事態のいずれかが未来の時区間において成立することを表示している。

(18)では、the ancient city was burned by an enemy（その古代都市が敵によって焼かれた）という文と an enormous earthquake destroyed it（巨大地震がその古代都市を破壊した）という文が or によって連結されて選言を構成している。文全

体では、その古代都市が敵によって焼かれたという事態または巨大地震がその古代都市を破壊したという事態のいずれかが過去の時点で成立したことを表示する。

　等位接続詞 or によって文を連結することによって構成される選言では、成立するのは 1 個の事態のみである。したがって等位接続詞 and で文が連結されて構成される連言のように、文が表示する 2 個の事態の間に因果関係や逆接関係のような関係が成立することはない。ただし、全く関連性のない 2 個の事態を並列させても価値ある情報は伝達されないので、この文のように、廃墟になった古代都市が存在しているという状況で、その原因として想定される 2 個の事態のうちのいずれかが成立した可能性があるというような場合に、文を連結した選言が使用される。

　(20) Someone has stolen my wallet, or I left it behind somewhere.
　　　誰かが私の財布を盗んだか、私がどこかに財布を忘れてきたかのどちらかだ。

　(20)が使用される状況では、発信者の財布がなくなっていて、その原因として推定される事態の候補が 2 個提示されている。財布がないことの原因として成立する事態は 1 個だけなので、現実に成立したのはどちらか 1 つの事態である。

　(19)は「命令文＋or＋平叙文」という構造の文である。命令文が表示する事態は、現実世界の未来の時区間において受信者が成立させることを要求されているものである。命令文が表示するこの事態 P と平叙文が表示する事態 Q を等位接続詞 or で連結して選言を構成すると、P と Q のいずれかだけが成立することになる。発信者は受信者に対して実際は命令をしているのではないから、発信者が受信者に対して成立を伝達したいのは事態 Q の方であり、したがって事態 P は成立しないことになる。このことからこの選言は「P は成立せず Q が成立する」という事態を表示することになる。これは、P が成立しなければ Q が成立するという条件文と同じ価値を持つ（¬P∨Q≡P→Q：P でないまたは Q は、P ならば Q に等しい）。したがって(19)は、命令文が表示する事態「今月末までに受信者がお金を返す」という事態が成立しなければ、平叙文の事態「受信者が余分な利息を払わなければならない」が成立するという事態を表示するものと理解される。

③ but

　等位接続詞 but は、2 個の要素を連結して連言を構成するという点で and と同じである。ただし、連結される要素は事態を表示する文または節に限定される。「X but Y」という構造では、X の成立によって期待される事態の集合には含まれない事態の成立を Y が表示する。and についてはその制約がないので、この点が and と but の違いである。

第 21 章　接続詞と節

(21) The heat was terrible, but the caravan went further on in the desert.
ひどい暑さだったが、隊商は砂漠をさらに進んで行った。

(22) John said that he was admitted to a college in Boston, but that he wouldn't go there because his parents couldn't afford it.
ジョンは自分がボストンの大学への入学を許可されたが、両親が学費を払えないので、そこには行かないと言った。

(23) Mary bought a car which cost her one year's salary, but which very rarely broke down.
メアリーは給料 1 年分の値段だが、滅多に故障しない車を買った。

　(21) では、but によって 2 個の文が連結されている。最初の文が表示する事態 P は「暑さがひどかった」であり、この事態から成立が予測される事態 P′ は、暑さのために様々の行動が制約されたり中止されたりするという事態の集合であるが、2 番目の文が表示する事態 Q は「隊商が砂漠をさらに進んで行った」であり、これは P′ の中に含まれていない。P を元に予測される事態と Q が異なることが but によって表示される。

　(22) では、単射関係の副体である名詞節 that he was admitted to a college in Boston（ジョンがボストンの大学に入学を許可された）と that he wouldn't go there because his parents couldn't afford it（両親が学費を払えないので、ジョンが大学に行かない）が but によって連結されている。大学に入学を許可されればそこに行って入学することが期待されるので、最初の節の事態 P から期待される事態の集合の中に、2 番目の節の事態 Q は含まれていない。

　(23) では、名詞句 a car（車）を先行詞とする 2 個の関係節 which cost her one year's salary（車の価格がメアリーの給料 1 年分だ）と which very rarely broke down（車が滅多に故障しない）が but によって連結されている。最初の関係節の事態から期待される事態としては、メアリーがローンに苦しむ、メアリーの家計が逼迫するのような事態群が想定されるが、2 番目の関係節が表示する事態はこれらの事態群の中には含まれていない。

　副詞節が表示する事態は、事態が成立した時区間や成立可能性、原因や理由を表示し、これらの要素が与えられれば、それから別の異なる事態を推測する必要はない。したがって、2 個の副詞節を but で連結する操作は行われない。

　but は、最初の文が否定文であって、これに対応する肯定文が表示する事態を構成する要素のどれかが何らかの可能世界で事態の要素として選択されていない場合、その要素を表示する機能がある。この場合、but には文以外の単位も後続することができる。

(24) John didn't see pandas at the zoo, but koalas.

動物園でジョンはパンダを見なかったがコアラは見た。

(25) Mary isn't indifferent to classical music but versed in it.
　　　メアリーは古典音楽に無関心なのではなくて、古典音楽に精通している。

(26) At that time, Athens was not opposed to Sparta, but to Thebes.
　　　その当時、アテネはスパルタとではなくテーベと敵対していた。

(27) The couple didn't move to the island because the climate there was mild, but the prices of commodities were lower.
　　　その2人は気候が穏やかだからその島に移ったのではなく、物価がもっと安かったからだ。

　(24)の否定文に対応する肯定文が表示する事態は「ジョンが動物園でパンダを見た」であり、現実世界で成立する事態では、これらの要素のうちのどれかが別の要素に置き換えられる。置き換えられる要素をe、置き換えた後の要素をfとすると、この文の事態ではeがpandasであり、fがkoalasである。等位接続詞butは、置き換えた結果の要素fを表示するために使用される。

　(25)の否定文に対応する肯定文が表示する事態は「メアリーが古典音楽に無関心だ」であり、この事態のうち、包含関係の副体である形容詞「無関心だ(indifferent)」を「精通している(versed)」に置き換えれば、事態が現実世界で成立する。この置き換えた後の副体を表示するために、butが副体形容詞の前に配置されている。

　(26)の否定文に対応する肯定文が表示する事態は「アテネがスパルタと敵対していた」であり、この事態のうち、着点を表示する名詞群「スパルタと(to Sparta)」を「テーベと(to Thebes)」に置き換えれば、事態が現実世界で成立する。この置き換えた後の着点である個体を表示するために、butが名詞群の前に配置されている。

　(27)の否定文に対応する肯定文が表示する事態は「その2人が気候が穏やかだからその島に移った」であり、この事態のうち、理由を表示する副詞節「その島の気候が穏やかだから(because the climate there was mild)」を「その島の物価がもっと安いから(because the prices of commodities there were lower)」に置き換えれば事態が現実世界で成立する。この置き換えた後の理由を表示するために、butが副詞節の前に配置されている。

④ so, for
　等位接続詞soは、2個の文を連結し、第1文と第2文の間に因果関係があって、第1文が原因・理由を、第2文が結果を表示する。等位接続詞andが文を連結する場合は、両者の間にある関係には制約がないが、soの場合には因果関係に

782   第 21 章　接続詞と節

特定される。文以外の単位を so で連結することはない。

(28) A strong low pressure was approaching the coast, so fishers hasted to
     moor their boats to the pier.
     強い低気圧が海岸に近づいていたので、漁師たちは急いで桟橋に船を
     係留した。

(29) The moon and sun don't orbit in the exact same plane, so total solar
     eclipses occur only about once a year.
     太陽と月が正確に同じ平面に周回してくることはないので、皆既日食
     は約 1 年に 1 回しか起きない。

　(28)では第 1 文が事態 P「強い低気圧が海岸に近づいていた」を、第 2 文が事
態 Q「漁師たちが急いで桟橋に船を係留した」を表示し、P が理由となって Q
が成立したことを等位接続詞 so が表示している。

　(29)では第 1 文が事態 P「太陽と月が正確に同じ平面に周回してくることがな
い」を、第 2 文が事態 Q「皆既日食が約 1 年に 1 回だけ起きる」を表示し、Q
の成立の原因が P の成立であることを、等位接続詞 so が表示している。

　等位接続詞 for は 2 個の文を連結し、第 1 文が表示する事態 P の理由である事
態 Q を第 2 文が表示する。Q が理由で P が成立するという事態については、成
立時区間は Q が P に先行するから、P と Q を並列させる場合には、「Q + P」と
いう構造になるのが自然である。したがって、「P + Q」という構造を取る場合に
は、伝達を目的とするのはあくまでも P で、Q は付随的に配置されているだけ
だと理解される。要するに「P for Q」の構造は連言であって、Q が P の理由で
あることを明示するために、接続詞として and ではなく for が使用されていると
いうことである。

(30) The territory is considered to have a status equal to a nation, for it has an
     independent military force.
     その領域は国家と同等の地位を持つとみなされている。それは、独立
     した軍隊を持っているからである。

(31) The Vikings desired to invade southern countries, for their land was cold
     and sterile.
     バイキングたちは南方の国々に侵入することを望んでいた。なぜなら、
     彼らの土地は寒く不毛だったからだ。

　(30)の第 1 文が表示する事態 P「その領域が国家と同等の地位を持つとみなさ
れている」の理由である事態 Q「その地域が独立した軍隊を持っている」が付加
的に与えられていることを表示するのが、第 2 文の先頭に配置された接続詞 for
である。

第 2 節　等位接続詞　　　783

　(31)の第 1 文が表示する事態 P「バイキングたちが南方の国々に侵入すること
を望んでいた」の理由である事態 Q「バイキングたちの土地が寒く不毛だった」
が付加的に与えられていることを表示するのが、第 2 文の事態の先頭に配置され
た接続詞 for である。

　原因・理由を表示する等位接続詞 for は、文の先頭に配置されてはいるが、従
属節の指標ではないから、この接続詞を先頭に配置した文を独立して使用するこ
とができる。

(32)　People now spend less gasoline on their cars. For more hybrid or electric
　　　cars have been used.

　　　　人々が車に消費するガソリンの量は以前より少ない。なぜならば、ハ
　　　　イブリッド車や電気自動車の使用が以前より増えているからである。

　(32)の第 2 文は、第 1 文の原因を与える事態を表示しており、このため先頭
に接続詞 for が配置されているが、第 2 文が表示する事態は、第 1 文が表示する
事態の構成要素ではないので、第 2 文を独立した文として提示することも可能で
ある。

　接続詞 for が先頭に配置された文が従属節ではない、すなわち原因・理由を表
示する副詞節ではないことから、「P for Q」という連言を「for P, Q」に置き換え
ることはできない。これは連言「P and Q」を「and Q, P」に置き換えることが
できないのと同様である。また「for Q」は事態 P の構成要素ではないから、強
調構文を用いて焦点化することもできない。

(33)　a. ×For they are on the verge of extinction, the protections of hippopot-
　　　　　amuses in Africa is urgent.

　　　b. ○The protection of hippopotamuses in Africa is urgent, for they are
　　　　　on the verge of extinction.

　　　　　アフリカにいるカバの保護は緊急を要する。なぜなら、カバは絶滅
　　　　　しかけているからだ。

(34)　a. ×It is for the use of knives and forks was not common that medieval
　　　　　French people used to eat with their hands.

　　　b. ○Medieval French people used to eat with their hands, for the use of
　　　　　knives and forks was not common.

　　　　　中世のフランス人は手づかみで食事をしていた。というのもナイフ
　　　　　やフォークの使用が一般的ではなかったからだ。

　(33)では、「アフリカにいるカバの保護が緊急を要する」という事態 P の理由
として「カバが絶滅しかけている」という事態 Q が付加されている。したがって、
事態 Q を表示する文は、(33b)のように事態 P を表示する文に後続しなければな

らず、(33a)のように for を先頭に配置した文を先行させることはできない。

　原因・理由を表示するために副詞節を使用すれば、副詞の位置が比較的自由であることから、この節を先行させた構造も適格となる。

　　(33′) Since [Because] hippopotamuses in Africa are on the verge of extinction, the protection of them is urgent.

　(34)では「中世のフランス人が手づかみで食事をしていた」という事態 P の理由として「ナイフやフォークの使用が一般的ではなかった」という事態 Q を付加的に提示している。事態 Q は事態 P の成分ではないので、「it is X that Y」という構造の強調構文で焦点化することができない。この構造で焦点化できるのは、事態を構成する成分に限定されるからである。

　この文でも、副詞節を使用すれば同じ構造による焦点化は可能である。

　　(34′) It was since [because] the use of knives and forks was not common that medieval French people ate with their hands.

第3節　従属節

　従属節としては、名詞節、関係節、副詞節があり、従位接続詞を節の先頭に配置して指標として使用するのは名詞節と副詞節である。関係節は関係詞を節の先頭に配置して構成する。

① 名詞節

　名詞節は事態の主体、副体を表示する。前置詞とともに名詞群を構成し、事態の付随的な要素を表示することもある。

i. that

　接続詞 that を先頭に配置した名詞節は、事態が何らかの可能世界において成立することを表示する。

　　(35) a. That John is telling the truth is obvious.

　　　　 b. It is obvious (that) John is telling the truth.

　　　　　 ジョンが真実を言っているのは明白だ。

　　(36) Mary's mother doesn't know (that) she may drop out from school.

　　　　 メアリーの母親は彼女が学校を中退するかもしれないことを知らない。

　　(37) The prime minister's answer was that the tax raise would be delayed.

　　　　 首相の返答は、増税は延期されるということだった。

　　(38) The student's composition is satisfactory, except that there are some misspellings.

その学生の作文は満足できるものだが、ただ綴りの間違いがいくつか
ある。

(35)では名詞節 that John is telling the truth が「ジョンが真実を言っている」
という事態が現実世界の現在において成立することを表示し、この事態は上位の
事態の主体である。(35a)では名詞節が文の先頭に配置されているが、(35b)では、
代名詞 it が文の先頭に配置され、名詞節は副体形容詞に後続する位置に置かれ
ている。主体である名詞節が文頭に配置されない場合には、接続詞 that が使用
されなくても文は適格だと判断される。

　名詞節を表示するための指標である形態素が that であるから、これを表現し
ないと名詞節の理解に支障が出る可能性があるように思われるが、it is obvious
の後に「名詞句＋動詞群」(John is)のような構造が配置されれば、この構造によっ
て節が開始されるということは正しく理解される。理解に支障がないことから、
接続詞 that が脱落した構造も容認されるようになったものと考えられる。

　(36)では、名詞節 that she may drop out from school は「メアリーが学校を中
退する」という事態が現実世界または現実世界以外の少数の可能世界の未来の時
区間において成立することを表示し、この事態は上位の事態の副体である。この
名詞節は文頭に配置されていないので、接続詞 that を使用しないことも可能で
ある。

　(37)では、名詞節 that the tax raise would be delayed は「増税が延期される」
という事態が、現実世界で、主節が与える過去の時区間に後続する時区間におい
て成立することを表示し、この名詞節は事態中で、包含関係の副体として機能し
ている。

　(38)では、名詞節 that there are some misspellings が「綴りの間違いがいくつ
かある」という事態が現実世界の現在において成立することを表示している。こ
の名詞節は前置詞 except とともに名詞群を構成しているが、名詞節は通常前置
詞とともに名詞群を構成することはない。名詞群の要素となる名詞句の例として
は、他には前置詞 in に後続する場合がある。「前置詞＋名詞節」という構造では、
名詞節の指標としての接続詞 that を脱落させることはできない。

　(39) It is no use trying to solve the equation in that it has no answers.
その方程式には答えがないので、それを解こうとしても無駄だ。

(39)では、名詞節 that it has no answers（その方程式に答えがない）が前置詞 in
とともに名詞群を構成し、主節の事態が成立する理由を表示している。

ii．whether, if
　whether または if を指標として節頭に配置する名詞節は、事態が何らかの可能

世界で成立するかしないかのいずれかであることを表示する。この特性の名詞節が表示する事態が、事態の主体、包含関係の副体を表示するか、前置詞とともに名詞群を構成する場合は、接続詞としては whether が使用され、単射関係の副体を表示する場合のみ、whether か if のいずれかを使用することができる。

(40) a. Whether the universe is infinite (or not) is unclear.

b. It is unclear whether the universe is infinite (or not).
    宇宙が無限かどうかは明確ではない。

(41) Medical scientists don't know whether/if the infectious disease can be eradicated.
    医学者たちはその感染症を撲滅できるかどうか知らない。

(42) The problem is whether the present manager will resign or a new manager will be appointed.
    問題は現在の部長が辞任するか新しい部長が任命されるかのどちらかだということだ。

(43) The success of our business depends on whether our prospect is appropriate.
    私たちの事業の成功は、私たちの予測が適切かどうかによる。

(40) の whether the universe is infinite (or not) は、「宇宙が無限だ」という事態が現実世界で成立するかしないかのいずれかだという事態 P を表示し、事態 P が事態の主体として機能している。(40a)ではこの名詞節が動詞群 is に先行する位置に配置されているが、(40b)では動詞群に先行するのは代名詞 it で、名詞節は動詞群と副体形容詞に後続する位置に配置されている。

接続詞が whether である名詞節が主体である場合、この節が表示する事態の成立は不確定であるから、肯定文の場合、副体形容詞としては、uncertain (不確かだ), unclear (不明確だ), doubtful (疑わしい)のような、成立が確定していない事態を主体として要求するものが選択される。

(41) の whether/if the infectious disease can be eradicated は、「その感染症を撲滅できる」という事態が現実世界で成立するかしないかのいずれかだという事態 P を表示し、この事態 P が事態中で，know (知っている)が表示する単射関係の副体として機能している。

接続詞が whether/if である名詞節が単射関係の副体である場合、この関係を表示する動詞群としては、don't know (知らない), have no idea (知らない), wonder (かどうかと思う)など、事態の成立を主体が知らないことを含意するものが選択される。

(42) の whether the present manager will resign or a new manager will be ap-

pointed は、事態 P「現在の部長が辞任する」と事態 Q「新しい部長が任命される」のどちらかが現実世界の未来の時区間において成立することを表示している。事態 X が成立するかしないかというのは、事態 X が成立するか、その否定である事態 ¬X が成立するかのいずれかということであるから、接続詞が whether の名詞節は、事態 P と、それとは異なる事態 Q のいずれかが成立するという事態を表示することも可能である。

　この名詞節は、包含関係の副体として機能しており、主体としては、problem（問題），question（問題），alternative（選択肢）のような、成立するかどうかが不確定の事態の集合を表示するものが選択される。

　(43) の whether our prospect is appropriate は、「発信者たちの予測が適切だ」という事態 P が現実世界の現在において成立するか成立しないかのいずれかだという事態を表示し、この名詞節は前置詞 on とともに名詞群を構成している。

　成立が確実ではない事態を表示する名詞節としては、文が使用される状況に関わる人間にとって不定の事物を表示する疑問詞を先頭に配置した名詞節（間接疑問節）がある。

　(44) a. What the thinker had in mind is an enigmatic question.

　　　 b. It is an enigmatic question what the thinker had in mind.
　　　　 その思想家が頭の中に何を持っていたかは謎の多い問題だ。

　(45) The prince asked who he could play chess with.
　　　 王子は自分が誰とチェスができるのか尋ねた。

　(46) What I want to know is how the machine works with so tiny a mechanism.
　　　 私が知りたいのは、その機械がそんなに小さな仕組みでどのようにして働くのかということだ。

　(47) The historian is writing a book on why the empire suddenly collapsed.
　　　 その歴史家はなぜその帝国が突然崩壊したのかについての本を書いている。

　(44) の名詞節 what the thinker had in mind は、その思想家が頭の中に持っていて、発信者が知らない事態を表示している。この事態は上位の事態の主体であり、(44a) では動詞群 is に先行する位置に配置されている。(44b) では、動詞群と副体名詞句の前に配置されているのは代名詞 it であり、名詞節は副体名詞句の後に配置されている。

　(45) の名詞節 who he could play chess with は、王子が不定の人間とチェスができて、その人間を王子が知らなかったという事態を表示している。この事態は上位の事態中では単射関係の副体であり、動詞群 asked（尋ねた）に後続する位置

788　第 21 章　接続詞と節

に配置されている。

　(46)の名詞節 how the machine works with so tiny a mechanism は、その機械が小さな仕組みで動く方法で、発信者がその方法を知らないという事態を表示している。この事態は上位の事態中では包含関係の副体であり、動詞群 is に後続する位置に配置されている。

　(47)の名詞節 why the empire suddenly collapsed は、その帝国が何らかの理由で突然崩壊したが、その理由を一般の人間は知らないという事態を表示している。この名詞節は前置詞 on とともに名詞群を構成し、先行する名詞句 a book が表示する個体の集合を限定する事態の集合「主体がその帝国の崩壊の理由に関与している」を表示している。

② 副詞節
ⅰ. 成立時区間

(48) When he has time to spare, John usually talks with his friends at a café.
　　　時間に余裕がある時には、ジョンは普通友人たちとカフェで話しをする。

(49) The accident happened when Mary just got to the corner.
　　　メアリーがちょうどその角に着いた時に事故が起きた。

(50) Mary crammed Greek words into her head while the other students enjoyed the summer vacation.
　　　他の学生たちが夏休みを楽しんでいる間に、メアリーはギリシア語の単語を頭に詰め込んだ。

(51) As evolution progressed, the brain developed to control behavior and interactions with the environment.
　　　進化が進むにつれて、行動や環境との相互作用を制御するように脳が発達した。

(52) The journalist is ready to criticize authority whenever the opportunity allows.
　　　そのジャーナリストは、機会が許せばいつでも権力を批判する準備ができている。

(53) We must get the peace process back on track before it is too late.
　　　手遅れにならないうちに、平和への手続きを再び軌道に乗せなければならない。

(54) The herd of elephants kept walking until they got to the river.
　　　その象の群れは川に着くまで歩き続けた。

(55) The necessary documents will be ready by the time our meeting starts.

第 3 節 従属節 789

私たちの会議が始まるまでに必要な書類の準備はできる。

(56) The girl has been playing a video game since she came home.
その女の子は家に戻ってきてからずっとテレビゲームで遊んでいる。

(57) In Germany, people open umbrellas as soon as it begins to rain.
ドイツでは、雨が降り出すとすぐに人々は傘を開く。

(48)では、副詞節 when he has time to spare が主節に先行する位置に配置されている。接続詞 when を用いる副詞節は、副詞節の事態 Q の成立時区間 q と主節の事態 P の成立時区間 p について、q が p を包含する関係にある (q⊇p) ことを表示する。

この文では、事態 Q が「ジョンに時間に余裕がある」であって現在を含む時区間 q において成立し、事態 P は「ジョンが普通友人たちとカフェで話をする」であって時区間 p において成立し、q が p を包含するという関係にあることが表示される。

(49)では、副詞節 when Mary just got to the corner が主節に後続する位置に配置されている。この文では、主節の事態 P「その事故が起きた」は過去の時点 p において成立し、副詞節の事態 Q「メアリーがその角に着いた」も過去の時点 q において成立する。when については q⊇p という条件があるので、p と q のいずれもが時点であれば、この条件を満たすのは p＝q の場合だけである。したがってこの文は、メアリーがその角に着いたのと同時にその事故が起きたという事態を表示する。

(50)の while は、この接続詞を指標とする副詞節が表示する事態 Q が長さをもつ時区間 q において成立し、主節の事態 P が成立する時区間 p が q に含まれることを表示する。したがってこの文では、「メアリー以外の学生たちが夏休みを楽しむ」という事態 Q が過去の時区間 q において成立し、「メアリーがギリシア語の単語を頭に詰め込む」という事態が過去の時区間 p において成立し、p⊆q であることが表示される。

(51)の as は、副詞節の事態 Q が持つ特性の程度の変化に比例して、主節の事態 P が持つ特性の程度が変化するという事態を表示する。この文では、事態 Q が表示する人間の進化の程度の変化と、事態 P が表示する脳の発達の程度が比例していたという事態が表示されている。

(52)の whenever は、副詞節の事態 Q が一定の長さをもつ時区間において多数回反復され、Q が成立する時区間では常に主節の事態 P が成立するという事態を表示する。この文では、Q は「そのジャーナリストに権力を批判することが許される機会がある」であり、Q が成立すれば常に P「そのジャーナリストがすぐに権力を批判する」が成立するという事態が表示される。

790 　　　　　　　　第 21 章　接続詞と節

　（53）の before は、副詞節の事態 Q が成立する時区間に先行する時区間に、主
節の事態 P が成立するという事態を表示する。この文では、事態 Q「平和への
手続きを軌道に乗せることが遅くなり過ぎている」が成立する未来の時区間に先
行する時区間において事態 P「発信者たちが平和への手続きを再び軌道に乗せる」
という事態が成立することを、発信者が要求しているという事態が表示される。
　（54）の until は、主節の事態 P が成立する時区間の終了点が、副詞節の事態 Q
が成立する時区間であるという事態を表示している。Q は P の終了時点と同一
であるから、時点において成立する。この文では、事態 P「その象の群れが歩き
続ける」が成立した過去の時区間の終点と、事態 Q「その象の群れがその川に到
着する」が成立した過去の時点が同一であることが表示される。
　（55）の by the time は、主節の事態 P と副詞節の事態 Q のいずれもが、それぞ
れ時点 p と q において成立し、q に先行する時区間を構成する時点のどれかにお
いて p が成立することを表示する。この文では、P「必要な書類の準備ができる」
が未来の時点 p で成立し、Q「発信者たちの会議が始まる」が未来の時点 q で成
立するが、p は q と同時ではなく、それよりも前の時点であることが表示される。
　（56）の since は、副詞節の事態 Q が成立する時点と、主節の事態 P が成立す
る時区間の開始点が同一であることを表示する。この文では、P「その女の子が
テレビゲームで遊ぶ」という事態の成立時区間 p の開始点が過去の時点 t であり、
p は現在を含んでいるが未来の時点において終了する。そして、時点 t は、Q「そ
の女の子が家に戻ってくる」が成立した過去の時点 q に等しい。
　（57）の as soon as は、副詞節の事態 Q が成立した時区間 q に後続する時点 p で、
主節の事態 P が成立するが、p と q がほぼ同時であるという事態を表示する。こ
の文では、Q「雨が降り出す」という事態が時点 q で成立し、その直後に P「人々
が傘を開く」という事態が時点 p で成立するという事態が表示される。

ⅱ．成立空間
　事態の成立空間は、通常は名詞群によって表示され、名詞群中の名詞句を関係
節によって限定することで、さらに詳しい空間を表示するという方法が選択され
る。したがって、成立空間を表示するための副詞節を作る接続詞は where のみ
である。
　（58）　Where the temperature becomes lower than 80 degrees below zero, no
　　　　 viruses or bacteria can survive.
　　　　 気温が零下 80 度以下に下がるところでは、ウイルスも細菌も生存で
　　　　 きない。
　（59）　Civilization started where there was a secure source of food and water.

食糧と水の資源が確保できるところで文明は始まった。

(58)では主節に先行する副詞節が、主節の事態 P「ウイルスも細菌も生存できない」が成立する空間 L「気温が零下 80 度以下に下がる場所」を表示している。

(59)では、主節の事態 P「文明が始まった」が成立した空間を、副詞節の事態 Q「食糧と水の資源が確保できる場所」が表示している。

iii. 条件

条件文の前件(条件節)を表示するために使用されるのが、if に代表される接続詞である。

(60) If a hurricane comes, there will be a great deal of water damage.
ハリケーンが来たら、大きな水害が起きるだろう。

(61) Mary will succeed in the exam unless she has a high fever.
高熱でも出ない限り、メアリーは試験に受かるだろう。

(62) I always tried to avoid contact with the man unless it was extremely necessary.
どうしても必要でない限りは、私はいつもその男との接触を避けるようにしていた。

(63) Suppose/Supposing (that) the Axiom of Choice of set theory is true, and that mathematical necessity is unrestricted, a world where the Axiom of Choice fails can be impossible.
集合論の選択公理が真であり、数学的必然性に制限がないのだとすると、選択公理が成り立たない世界はあり得ないことになる。

(64) We will start our enterprise provided/providing (that) we have enough funds to cover the start-up costs.
開業資金を賄える十分な資金があれば、私たちは事業を始めるつもりだ。

(60)では、if が先頭に配置された副詞節が条件文の前件 A を表示しており、主節が後件 C を表示する。主節も副詞節も動詞群は直説法形態なので A と C は現実世界において成立する事態を表示しており、この条件文は、未来の時区間においてハリケーンが来るという事態が成立すれば、未来の時区間において大きな水害が起きるという事態が成立するという事態を表示している。

条件文「A ならば C(A→C)」が成立するからと言って、前件と後件を入れ替えた「C ならば A(C→A)」が成立するとは限らない。

例えば、If it rains, the ground gets wet.(雨が降れば地面が濡れる)という条件文では、雨が降れば地面が濡れるという事態は確かに成立するが、地面が濡れていれば、それは雨が降ったからだということには必ずしもならない。地面が濡れ

ている原因としては、誰かが水を撒いた、雨ではなく雪が降ってそれが溶けた、水道管が破裂して水が噴き上がってきた、などの事態もあり得るからである。したがってこの条件文については、「A ならば C」は成立するがその逆の「C ならば A」は成立しない。

（61）では、条件文の前件 A を表示するための副詞節で使用されている接続詞が unless である。この接続詞が前件に含まれる条件文については、「前件 A が成立しなければ後件 C が成立する（¬A→C）」という事態と、「後件 C が成立すれば、前件 A は成立していない（C→¬A）」という事態は同値である。

したがってこの文では、A「メアリーが高熱を出す」が成立しなければ C「メアリーが試験に受かる」が成立するという事態が成立すると同時に、C「メアリーが試験に受かる」が成立するならば、A「メアリーが高熱を出す」は成立していない。すなわち、メアリーが試験に受かることとメアリーが高熱を出さないことは同値である。

メアリーが高熱を出す可能性は低いので、「メアリーが試験に受かってメアリーが高熱を出さない」が成立する可能世界の数は、「メアリーが試験に受からず、メアリーが高熱を出す」可能世界の数を大きく上回ることが期待される。

（62）では、条件節の接続詞が unless なので、条件文の前件 A「発信者がいつもその男との接触を避けるようにしていた」と後件 C「その男との接触がどうしても必要だ」について、「A かつ C でない」が成立する可能世界 W(A) と「A でないかつ C」という可能世界 W(¬A) のどちらかが存在する。「その男との接触がどうしても必要だ」という事態が成立する可能世界は非常に少ないと考えられるので、W(A) が成立する可能世界の数は、W(¬A) が成立する可能世界の数を大きく上回る。

接続詞 unless は、「事態 X が成立しなければ」という条件文の前件に当たる事態を表示するが、発信者は事態 X が現実世界では成立しないことを前提として条件文を受信者に提示し、後件 C の現実世界での成立を確信している。したがって、現実世界以外の可能世界での事態の成立を表示する法である接続法は、unless を使用する条件文では使用されない。

（63）の条件節では接続詞として、動詞起源の suppose/supposing が使用されている。条件節が表示する前件 A は「集合論の選択公理が真であり、かつ数学的必然性に制限がない」であり、主節が表示する後件 C は「選択公理が成り立たない世界はあり得ない」である。

suppose/supposing は本来は単射関係を表示する動詞であって副体として名詞節を後続させるから、名詞節の指標としての接続詞 that が後続することもある。条件節を構成する 2 番目の事態については、条件節に含まれる事態であることを

明示するために、that mathematical necessity is unrestricted のように、接続詞 that が義務的に使用される。

(64)の条件節では、接続詞として動詞起源の provided/providing が使用されている。単射関係を表示する動詞起源なので、副体名詞節に相当する we have enough funds to cover the start-up costs には、接続詞 that を先行させることもある。

iv. 譲歩

主節が表示する事態 P と従属節が表示する事態 Q の両方が、同一の可能世界で成立することが期待できないまたは望ましくないという発信者の判断を表示するのが「譲歩」である。

(65) The emperor ordered the construction of a grand palace, though/although it was costly and time-consuming.
贅沢で時間もかかるのに、皇帝は壮大な宮殿の建設を命じた。

(66) Aristocrats are eager to accumulate wealth, while [whereas] ordinary people are suffering from a shortage of food.
貴族たちは熱心に蓄財しているのに、一般民衆は食糧不足に苦しんでいる。

(67) Wherever [No matter where] they made excavations, the archeologists found relics of an ancient civilization.
考古学者たちがどこで発掘しても、古代文明の遺跡が見つかった。

(68) Pickpockets hardly disappear, however [no matter how] strictly the police (may) keep control over the area.
警察がどれだけ厳しくその地域を取り締まっても、スリはなかなかいなくならない。

(69) Mathematician as he is, John makes many mistakes in calculations.
ジョンは数学者だが、計算間違いをたくさんする。

(70) Whether she will remain in this village or go to the urban city, I will keep contact with her.
彼女がこの村に残ろうと都会に行こうと、私は彼女と連絡をとり続けるつもりだ。

(65)の主節の事態 P は「皇帝が壮大な宮殿の建設を命じた」、副詞節の事態 Q は「壮大な宮殿の建設は贅沢で時間もかかる」である。費用と時間を要する宮殿の建設を皇帝が命令することは、皇帝が常識的な人間であれば通常は期待されない。P と Q が現実世界の過去の時区間において両方とも成立することが期待されないという事態を表示するために、副詞節に接続詞 though/although が使用さ

794　　　　　　　　　　第21章　接続詞と節

れている。

　(66)の主節の事態Pは「貴族たちが熱心に蓄財している」であり、副詞節の
事態Qは「一般民衆が食糧不足に苦しんでいる」である。支配階級の人間たちが、
民衆の苦しみにも関わらず熱心に蓄財しているという事態は、一般的に望ましく
ない事態であり、これを表示するために副詞節にwhileまたはwhereasを使用す
ることができる。

　(67)の副詞節で使用されている接続詞はwhereverまたはno matter whereで
ある。この接続詞は、事態Qが任意の空間において成立することを表示する。
したがってこの文は、事態Q「考古学者たちが任意の空間で発掘する」という事
態と、主節の事態P「考古学者たちがその空間で古代文明の遺跡を見つける」と
いう事態の両方が成立することを表示する。しかし、遺跡が任意の空間で発見さ
れるという事態は通常は成立しないので、PとQの両方が成立することはない。
このことから、wherever, no matter whereが接続詞である副詞節の事態が譲歩を
表示するものと理解される。

　(68)では、副詞節は事態Q「警察が厳しくその地域を取り締まる程度が任意
である」、主節は事態P「スリがその地域からなかなかいなくならない＝その地
域にスリが残る」を表示する。警察の取り締まりの厳しさが最大であれば、スリ
がその地域からいなくなることが期待されるから、スリが依然としてその地域に
残るという事態Pと、警察の取り締まりの厳しさが任意であるという事態Qの
両方が成立することは期待されない。このことを表示するのが、接続詞however,
no matter howである。

　(69)では、「副体名詞句＋as＋主体名詞句＋動詞群（動詞は包含関係を表示す
る）」という構造で、譲歩の副詞節と同様の事態を表示する。したがってこの文は、
事態Q「ジョンが数学者だ」と事態P「ジョンが計算間違いをたくさんする」と
いう事態の両方が成立することが期待できないという発信者の判断を表示する。
数学者の業務は実際には計算ではないが、計算が得意だろうという一般的な期待
があるので、これとは異なる事態をPが表示しているものと理解される。

　この構造で、副詞節の副体として形容詞を使用することもできる。

　　(69′) Mathematically talented as he is, John makes many mistakes in calcula-
　　　　　tions.
　　　　　ジョンは数学の才能があるが、計算間違いをたくさんする。

　(70)は、事態Q「彼女がこの村に残る(a)、または彼女が都会に行く(b)、の
いずれかの事態が成立する」と事態P「発信者が彼女と連絡をとり続ける」とい
う2個の事態によって構成されている。

　Pが成立するのは、Qのうちaが成立する場合か、bが成立する場合のいずれ

かであるのが通常だが、a と b のどちらの場合でも P が成立することは、通常は期待されない。発信者のこの判断を表示するために、副詞節の接続詞としてwhether が使用されている。

ⅴ．原因・理由
　事態 Q が原因や理由で事態 P が成立する場合、事態 P を主節とし、事態 Q を従属節とする場合、従属節の接続詞として because, since, as などを使用する。
　Q の成立が P の成立を導く過程が自然法則に従う場合には「原因」と呼ぶが、論理や数学のような疑い得ない絶対的原理に従う場合、あるいは人間の感情のような合理性のない根拠に従う場合は「理由」と呼ぶことが、日本語では多い。英語でも、the cause of the solar eclipse（日食の原因）, the reason for the incompleteness of mathematics（数学の不完全性の理由）, the reason for their nervousness（彼らが緊張している理由）のように cause（原因）と reason（理由）を区別することが多い。
　原因・理由の接続詞については、このような基準で区別されることはないが、自然法則や論理に従う因果関係を because で表示し、感情や日常生活での出来事のような偶然的な要因による因果関係を since や as で表示する傾向がある。

(71) There is no largest prime number because prime numbers are infinite.
　　素数は無限にあるので、最大の素数はない。

(72) Since he had no cash with him, John paid for the jacket with a credit card.
　　ジョンは現金の持ち合わせがなかったので、そのジャケットの代金はカードで支払った。

(73) As ours is a democratic nation, fundamental human rights are maximally protected.
　　私たちの国は民主国家なので、基本的人権は最大限に保護されている。

(74) Now that the summer solstice is over, the days will get shorter, but the temperature will be higher.
　　夏至が終わったので、日はだんだん短くなるが、気温はだんだん高くなる。

(75) The theory is incomplete in that it contains some crucial inconsistencies.
　　いくつかの重大な矛盾を含んでいるため、その理論は不完全だ。

　(71)では、副詞節の事態 Q「素数が無限にある」から主節の事態 P「最大の素数はない」が論理的に導かれる。事態 Q が事態 P の理由なので、副詞節に接続詞 because が使用されている。

796   第 21 章　接続詞と節

　(72)では、副詞節の事態 Q「ジョンに現金の持ち合わせがなかった」が理由で、
主節の事態 P「ジョンがジャケットの代金をカードで支払った」が成立している。
事態 Q が事態 P の理由であることを、副詞節の接続詞 since が表示している。

　(73)では、副詞節の事態 Q「発信者たちの国が民主国家だ」が理由となって
主節の事態 P「基本的人権が最大限に保護されている」が成立している。Q が P
の理由であることを、接続詞 as が表示している。

　(74)では、副詞節の事態 Q「夏至が終わる」の成立が原因で、主節の事態 P「日
がだんだん短くなるが、気温はだんだん高くなる」が成立する。Q が P の原因
であることを、接続形態 now that が表示している。

　(75)では、副詞節の事態 Q「その理論がいくつかの重大な矛盾を含んでいる」
は主節の事態 P「その理論が不完全だ」の理由である。この関係を、副詞節の接
続形態 in that が表示している。

vi. 目的

　事態 P が成立する時区間に後続する時区間において成立する事態 Q が、事態
P の主体によって成立が意図されている時、事態 Q を事態 P の「目的」と呼ぶ。

　(76)　The government is improving the national park so that wild animals
　　　　there can live safely.
　　　　政府は、野生動物が安全に生きていけるように、国立公園を整備して
　　　　いる。

　(77)　The canal was built between the two oceans so that maritime transporta-
　　　　tion might take much less time.
　　　　海上輸送にかかる時間を大きく減らすために、2 つの海の間に運河が
　　　　築かれた。

　(78)　Universities were founded in various parts of Europe in order that stu-
　　　　dents could study theology, law, and medicine.
　　　　学生が神学、法学、医学を学ぶために、ヨーロッパ各地に大学が創設
　　　　された。

　(76)では、主節の事態 P「政府が国立公園を整備している」が成立する現在に
後続する未来の時区間において、副詞節の事態 Q「野生動物が安全に生きていけ
る」が成立する。副詞節の動詞群には法助動詞 can が含まれていて、事態 Q は
現実世界以外の可能世界で成立し、これが政府の意志によるものであることは明
らかなので、Q は P の目的であると解釈される。

　(77)では、主節の事態 P「2 つの海の間に運河が築かれた」が成立する過去の
時区間に後続する時区間において、副詞節の事態 Q「海上輸送にかかる時間が大

きく減る」が成立する。副詞節の動詞群には法助動詞 may の過去時制形態 might が含まれているので、事態 Q が現実世界において成立したかどうかは、主節の事態が成立した過去の時区間においては不明である。しかし、運河を築いた主体が、事態 Q の現実世界での成立を意図していたと考えて矛盾はないので、事態 Q は事態 P の目的だと考えてよい。

　(78)では、主節の事態 P「大学がヨーロッパ各地で創設された」が成立した過去の時区間に後続する時区間において、副詞節の事態 Q「学生が神学、法学、医学を学ぶ」が成立する。事態 Q が現実世界で成立したことは、現在では知られているが、大学が創設された時にはあくまでも現実世界以外の可能世界で成立すると期待されるものである。大学の創設者たちが事態 Q を意図していたことは確かなので、事態 Q は事態 P の目的である。

　接続形態 so that が使用される副詞節が表示する事態が、現実世界において成立したものと解釈してよい場合には、副詞節の事態は目的ではなく、主節の事態の結果成立したものだと理解される。

(76′) The government improved the national park so that wild animals are now living safely there.
政府が国立公園を整備した結果、そこの野生動物たちは今安全に暮らしている。

(77′) The canal was built between the two oceans so that the cost and time of maritime transportation were much reduced.
その２つの海の間に運河が築かれて、海上輸送の費用と時間が大きく軽減された。

　(76′)では、主節の動詞群が過去時制形態で、従属節の動詞群は現在時制形態であり、法助動詞 can や may が含まれていないので、従属節の事態 Q は、現実世界の現在において成立している。したがって、主節の事態 P の結果として従属節の事態 Q が成立しているものと理解してよい。

　(77′)では主節と従属節の動詞群はいずれも過去時制形態で、従属節の動詞群には法助動詞 can または may が含まれていない。したがって、従属節の事態 Q は現実世界の過去の時区間において成立しており、主節の事態 P も現実世界の過去の時区間において成立しているから、Q は P の結果として成立した事態だと考えることができる。

vii. 結果・程度
　事態 P の結果事態 Q が成立することを表示する方法として、事態 P を表示する主節に程度性語の程度を高める副詞 so/such を程度性語の前に配置し、事態 Q

を副詞節として「that＋文」で表示する構造を用いることができる。事態Pに含まれる特性の程度が一定以上であるため事態Qが成立するということは、事態Qを成立させるために、その程度で十分だったということに等しい。したがって、「Pの特性の程度が一定以上だったのでQが成立する」という事態は、「Pの特性はQが成立するに十分な程度だ」という事態と同一である。

(79) The proof of the theorem is so complicated that only a few mathematicians can understand it.
その定理の証明はとても複雑なので、ほんのわずかの数学者しかそれを理解できない。
その定理の証明は、ほんのわずかの数学者しか理解できないほど複雑だ。

(80) The car ran away so fast that even the police vehicle lost its sight.
その車はとても速く逃げたので、警察の車両でも見失ってしまった。
その車は、警察の車両でも見失うほど速く逃げた。

(81) Mary wrote such a brilliant essay that her teacher gave it an A degree.
メアリーはとても素晴らしい小論文を書いたので、彼女の先生はそれにAの評定をつけた。

(82) The splendor of the cathedral was such that it took my breath away.
その大聖堂の華麗さは、私が息を呑むほどのものだった。

(79)については、主節が表示する事態Pは「その定理の証明が複雑である程度pが、基準qに等しい（p＝q）」であり、副詞節が表示する事態Qは「ほんのわずかの数学者しかその定理の証明を理解できない」であり、事態Qが基準値qを与える。すなわち、事態Qが含意する証明の複雑さの基準がqであり、p＝qであるという事態をこの文は表示する。

　pがqに等しいことで、qを与えるQが成立すると考えるならば、Pの結果Qが成立するという事態になり、Pに含まれる程度pがqに等しいものだと考えるならば、Pの程度がQだという事態になる。

(80)については、主節が表示する事態Pは「その車が逃げた速さがpであり、一定の基準qに等しいか上回る」であり、副詞節が表示する事態Qは「警察の車両でさえその車を見失った」であり、事態Qが基準値qを与える。すなわち、事態Qが含意する、警察の車両が逃げる車を見失う場合の車の速度がqであり、p＝qという事態をこの文は表示している。

(81)については、主節が表示する事態Pは「メアリーの書いた小論文の素晴らしさの程度がpであり、これが一定の基準qに等しいか上回る」であり、副詞節が表示する事態Qは「メアリーの先生がメアリーの小論文に評定Aをつけた」であり、事態Qが基準qを与える。文全体では、p＝qという事態が表示される。

第 3 節　従属節　　　　　　799

　(82)については、主節が表示する事態 P は「その大聖堂の華麗さの程度が p で、
p は基準値 q に等しい」であり、副詞節が表示する事態 Q は「その大聖堂の華
麗さは、発信者が息を呑むという事態を引き起こした」であり、Q が q を与える。
文全体では、p＝q という事態を表示する。

ⅷ．限度
　事態に含まれる特性の程度の限度を表示する接続形態が as, as far/long as である。
　　(83)　John's way of thinking is very conservative, as I understand it.
　　　　　私が理解している限りでは、ジョンの考え方はとても保守的だ。
　　(84)　The town, as the traveler saw it, was filled with people's bustling activi-
　　　　　ties.
　　　　　その町は、その旅行者が見た限りでは、人々の騒がしい行動に満ち溢
　　　　　れていた。
　　(85)　As far as the administration is concerned, it was the government's action
　　　　　to stimulate the economy that brought us its recovery.
　　　　　経営に関する限りでは、経済の復活をもたらしたのは、経済を刺激す
　　　　　る政府の行動だった。
　　(86)　Astronomers found frenzied star birth as far as they could see out into
　　　　　space.
　　　　　宇宙飛行士たちは、外部の宇宙を見わたすことができる限りで、激し
　　　　　い星の誕生を見つけた。
　　(87)　As long as I can remember, I have basically been happy.
　　　　　私が記憶している限りでは、私は基本的には幸せだった。
　　(88)　You can stay in my villa as long as you like.
　　　　　好きなだけ長く私の別荘にいてもらって構いません。
　(83)の主節が表示する事態 P は「ジョンの考え方がとても保守的だ」であり、
この事態が現実世界において成立する可能性の限度を、副詞節の事態 Q「発信者
がジョンの考え方を理解している」が表示している。すなわち、発信者が理解し
ている事態の集合 Σ の中に、事態 P が含まれているということであり、P が Σ
の要素でなければ P は現実世界では成立しないということで、Q が P の成立可
能性の限度を与えている。
　(84)の主節が表示する事態 P は「その町が人々の騒がしい行動に満ち溢れて
いた」であり、この事態が現実世界の過去の時区間において成立した可能性の限
度を、副詞節の事態 Q「その旅行者が見た」が表示している。すなわち、その旅
行者がその町で見た事態の集合 Σ の範囲を限度として、事態 P が成立したとい

うことである。

この文で as the traveler saw it は、名詞句 the town（その町）の直後に配置されていて、この個体の特性を限定する関係節のような働きをしているように見えるが、接続詞 as に後続するのは the traveler saw it（その旅行者がその町を見た）という完全な文なので、この節は関係節ではなく、副詞節である。実際、次のように、この節は名詞句 the town の直後に配置する必要はない。

(84′) The town was filled with people's bustling activities, as the traveler saw it.
その旅行者が見た限りでは、その町は人々の騒がしい行動に満ち溢れていた。

(85)の副詞節 as far as the administration is concerned は、経営（経済活動の運営）に関係する事態の集合 Σ を表示し、Σ の中に、主節の事態 P「経済を刺激する政府の行動が経済の復活をもたらした」が含まれているという事態を、この文は表示する。すなわち、Σ を限度として P が成立したと発信者が理解しているということである。

(86)の副詞節 as far as they could see out into space は、宇宙飛行士たちが宇宙船外部の宇宙を見渡して事態を見つけることができる距離の最大値 1 の内部で成立する事態の集合 Σ を表示する。文全体では、主節の事態「宇宙飛行士たちが激しい星の誕生を見つけた」が Σ に含まれることが表示される。

(87)の副詞節 as long as I can remember は、発信者が現在までに記憶している事態の集合 Σ を表示し、文全体では、主節の事態「発信者が過去の時区間から現在まで基本的に幸せだ」という事態が、集合 Σ に含まれることを表示する。

(88)の副詞節 as long as you like は、受信者が発信者の別荘に滞在したいと思う時区間の長さの最大値 1 を表示する。文全体では、主節の事態「受信者が発信者の別荘に滞在することができる」という事態の成立時区間が 1 に等しいことが表示される。

「as far/long as ＋ 名詞句」という構造の名詞群を構成することによって、名詞句が表示する個体が存在する空間と基準空間との距離が大きいことや、名詞句が表示する時区間の長さが比較的大きいことを表示することができる。

(89) The student came from as far as Argentine.
その学生は遠くアルゼンチンから来た。

(90) Some of the Germanic kingdoms lasted for as long as five centuries.
ゲルマン民族の王国の中には 5 世紀もの間続いたものもあった。

(89)の名詞群 from as far as Argentine は、この文の発信者が位置する空間を基準として、この基準空間から、この文が表示する事態の起点アルゼンチンまでの

距離が大きいことを表示する。

(90)の名詞群 for as long as five centuries は、ゲルマン民族の王国が存続した時区間の長さの平均値を、5 世紀という時区間の長さが大きく上回ることを表示している。

ix. 様態

　主節の事態が成立する様態と類似した事態を表示する副詞節には、接続詞 as や like が使用される。様態の特性は、文が表示する事態の特性によって決定される。

(91) The official language of the country is French, and people of the upper class usually speak French as French people speak their standard language.
その国の公用語はフランス語で、上流階級の人々は、フランス人が標準語を話すようにフランス語を話す。

(92) Things happened just like the prophet had foreseen.
予言者が予言したのと全く同じように物事が起こった。

(93) Money is to wealth, as [what] arts are to civilization.
お金と富の関係は、学芸と文明の関係と同じだ。

(94) Mary talks as if she had visited Florence many times.
メアリーは、フィレンツェに何度も行ったことがあるかのように話す。

　(91)の 2 番目の文では、主節が表示する事態 P「その国の上流階級の人々が普段フランス語を話す」の要素である様態が、副詞節が表示する事態 Q「フランス人が自分たちの標準語を話す」の様態に類似しているという事態が表示される。この場合の様態は、人々が話すフランス語の特性であり、パリで話されるフランス標準語の全体的特徴が基準となる。

　(92)では、主節が表示する事態 P「物事が起こった」の要素である様態が、副詞節が表示する事態 Q「その予言者が物事の成立を予測した」の様態に類似しているという事態が表示される。この文についての様態は、現実世界において成立する事態の集合である。

　(93)のような「A is to B, as X is to Y」という構造の文は、A と B の関係の様態が、X と Y の関係の様態に等しいという事態が表示される。この文では、主節が表示する「お金の富に対する関係が P だ」という事態と、従属節が表示する「学芸の文明に対する関係が Q だ」という事態について、P と Q が等しいという事態が表示される。この場合の様態である P と Q は、富や文明を構成する重要な要因がどのようなものであるのかを表していると考えることができる。

802   第21章　接続詞と節

　(94)の接続形態 as if は事態の様態を表示するが、これを用いた副詞節が表示
する事態は、現実世界以外の可能世界において成立する。このため動詞群は接続
法形態を取る。この文では、主節が表示する事態 P「メアリーが話す」の様態が、
副詞節が表示する事態 Q「メアリーがフィレンツェに何度も行ったことがある」
の様態に類似していることを表示するが、事態 Q は現実世界の過去の時区間で
は成立していない。この文の場合の様態は、主体が過去において経験した事態の
集合である。

ｘ．比較の基準
　比較級形態を使用する文において、程度性語が表示する特性が比較される基準
となる事態を表示する従属節において使用されるのが、接続詞 than である。than
に先行される副詞節を含む文については、第19章「比較」で詳しく解説している。

③ 関係節
　関係節は、先行詞が表示する事物の集合を限定する機能を持つ。関係節の形態
的指標は節の先頭に配置される関係詞であるが、これは接続詞ではない。しかし、
先行詞が表示する事物の集合は事態の要素であるから、その事態の要素の一部を
構成する下位の事態を表示する関係節は従属節である。

ｉ．限定機能と非限定機能
　先行詞が表示する事物の集合 S を部分集合 s に限定するのが、関係節の基本的
な機能だが、先行詞の集合と同一の集合が、関係節の事態の要素になる場合もあ
る。この場合は、先行詞の集合 S を関係節が限定するというよりも、S に関連し
て成立する別の事態を並列するという機能を果たすことになる。この場合、関係
詞は従位接続詞に類似した性質を持つことになり、関係節のこの機能を「非限定
機能」と呼ぶ。S を s に限定する関係節の機能は「限定機能」と呼ぶ。
　(95) a. John gave his children the toys which they had asked him to buy on
　　　　　his trip to Italy.
　　　　　ジョンは、子供たちがイタリア旅行で買ってきてほしいと頼んでい
　　　　　たおもちゃを子供たちにあげた。
　　　　b. John gave his children toys, which didn't please them.
　　　　　ジョンは子供たちにおもちゃをあげたのだが、子供たちはそれを気
　　　　　に入らなかった。
　(96) a. Mary doesn't like people who stick to their wrong ideas.
　　　　　メアリーは自分の間違った考えに固執する人間が好きではない。

b. Mary didn't like the man, who sticked to his eccentric belief.

メアリーはその男が好きではなかった。自分の風変わりな信念に固執していたからだ。

(97) a. These bantam suns are suitable for hosting planets where life can arise.

このような小型の恒星は、生命の発生が可能な惑星を擁するのに相応しい。

b. The spaceship landed on the planet, where the crew found no trace of life.

その宇宙船はその惑星に着陸したが、そこで乗組員には生命の痕跡は見つからなかった。

(98) Einstein's theory of relativity explained cosmological phenomena, which achieved a breakthrough in physics.

アインシュタインの相対性理論は宇宙論的現象を説明し、それは物理学において大きな躍進を達成した。

(95a)の「名詞句 toys＋関係節」は、関係節が表示する事態 R「ジョンの子供たちがジョンにイタリア旅行で副体を買ってきてほしいと頼んだ」を構成する副体である個体の集合とおもちゃである個体の集合との共通部分を表示し、それはおもちゃである個体集合の部分集合である。同じ集合に属する他の個体とは明確に区別されるので、定性は定であり、したがって toys には定冠詞が付加されている。先行詞である個体の集合が関係節の事態によって部分集合へと限定されているので、この関係節は限定機能を持つ。

(95b)の名詞句 toys が表示する個体は、関係節が表示する事態 R「主体が子供たちを喜ばせなかった」の主体である事物と同一であり、したがって関係節は先行詞が表示する集合を限定する機能を持ってはいない。この文の場合は、主節の事態 P「ジョンが子供たちにおもちゃをあげた」と関係節の事態「そのおもちゃが子供たちを喜ばせなかった」という事態が単純に並列されて複合的事態を形成しているものと理解される。

(96a)の「名詞句 people＋関係節」は、関係節が表示する事態 R「主体が自分の間違った考えに固執する」の主体である個体集合と人々である個体の集合との共通部分を表示し、それは人々である個体の集合の部分集合である。この部分集合はある特性を持った人間の集合を表示するが、どの個体であるのかを特定できるわけではないので、定性は不定であり、複数の個体なので people に冠詞は付加されない。先行詞である名詞句 people が表示する集合が関係節によって部分集合へと限定されているので、関係節は限定機能を持つ。

(96b) の名詞句 the man が表示する個体は、関係節が表示する事態 R「主体が自分の風変わりな信念に固執していた」の主体である個体と同一である。もし同一の個体でなければ、a man who sticked to his eccentric belief（自分の風変わりな信念に固執する男）という表現が用いられていなければならない。したがってこの文の関係節は、先行詞が表示する個体集合を部分集合へと限定する機能を持たない、非限定機能の関係節である。関係節の事態 R は、主節の事態 P「メアリーがその男が好きではなかった」が成立した理由だと考えることができる。

(97a) の「名詞句 planets ＋関係節」は、関係節が表示する事態「ある場所で生命の発生が可能だ」の場所である個体集合と、惑星である個体の集合の共通部分を表示し、したがって惑星である個体集合の部分集合である。集合を部分集合へと限定しているので、関係節の機能は限定機能である。

(97b) の名詞句 the planet が表示する個体は、関係節が表示する事態 R「ある場所で乗組員が生命の痕跡を見つけなかった」中の場所である個体と同一である。先行詞 the planet は、他の惑星とは明確に区別される 1 個の個体を表示しているので、これをさらに部分集合へと限定することはできない。

関係節の事態 R と主節の事態 P「その宇宙船がその惑星に着陸した」の間に何らかの因果関係や対立関係は認められないので、P と R は単に並列されているだけである。

(98) の関係節が表示する事態 R は「主体が物理学において大きな躍進を達成した」であるが、関係代名詞に直接先行する名詞句 cosmological phenomena（宇宙論的現象）は、R の主体としては不適切である。したがってこの文では、関係節の先行詞は主節の全体であり、関係節の主体が主節の事態に等しいと理解しなければならない。すなわち、アインシュタインの相対性理論が宇宙論的現象を説明したという事態が、物理学における大きな躍進を達成したということである。

ⅱ．不定詞節を伴う関係詞

関係代名詞に前置詞が先行している場合、不定詞節を用いて関係節を構成することが可能である。「前置詞＋関係代名詞＋不定詞節」という構造の関係節は、主節の事態が成立する時区間を含む時区間か、それに後続する時区間において成立する事態を表示する。

(99) Mary is an able woman and a very pleasant person with whom to work.
　　　メアリーは有能な女性で、一緒に働くのにとても楽しい人間だ。

(100) John found no rack on which to put his bag.
　　　ジョンはカバンを置く台が見つからなかった。

(101) Mary is looking for an apartment in which for her family to live.

メアリーは家族が住むアパートを探している。

(102) The history of their state is a good subject about which for students to make investigations.

自分たちの州の歴史は、学生が調査するのにいい題材だ。

(99)の関係節 with whom to work は、主節の事態が成立する現在を含む時区間または未来の時区間において「主体が先行詞が表示する個体と一緒に働く」という事態が成立することを表示する。関係節の事態の主体を表示する語句は文中にないので、任意の人間だと理解される。したがって「先行詞＋関係節」は、とても楽しい人間の集合と、一緒に働くための人間の集合の共通部分を構成する人間の集合に属する個体を表示する。

(100)の関係節 on which to put his bag は、主節の事態が成立する過去の時区間を含む時区間またはそれに後続する時区間において「主体が先行詞が表示する個体の上に自分のカバンを置く」という事態が成立することを表示する。関係節の事態の主体は、主節の事態の主体と同一の John（ジョン）である。したがって「先行詞＋関係節」は、台である個体の集合と、ジョンが上にカバンを置く個体の集合の共通部分である個体の集合に属する個体を表示する。

(101)の関係節 in which for her family to live は、主節の事態が成立する現在を含む時区間か未来の時区間において「メアリーの家族が先行詞が表示する個体に住む」という事態が成立することを表示する。関係節の事態の主体は、名詞群 for her family によって表示されている。「先行詞＋関係節」は、アパートである個体の集合と、メアリーの家族が住む個体の集合の共通部分である個体集合に属する個体を表示する。

(102)の関係節 about which for students to make investigations は、主節の事態が成立する現在を含む時区間または未来の時区間において「学生たちが、先行詞が表示する事態について調査する」という事態が成立することを表示する。関係節の事態の主体は、名詞群 for students によって表示されている。「先行詞＋関係節」は、題材である事態の集合と、学生たちが調査する事態の集合の共通部分である事態の集合に属する事態で、題材としてのよさの尺度に関して平均値よりも上の値を持つものを表示する。

④ 不定詞節、動名詞節、分詞節

不定詞節、動名詞節、分詞節については、それぞれ第 13 章、第 14 章、第 15 章で解説している。

第 22 章　話法

　誰かが作成して発話した文を伝達するための文を「伝達文」と呼ぶことにすると、伝達文は「主体名詞句＋動詞群＋発話された文」という構造になる。伝達文で使用される動詞を「伝達動詞」と呼ぶ。伝達動詞は「主体が言う、伝える、報告する（say, tell, report）」や「主体が命令する、要求する（order, demand）」という事態を表示するほか、「主体が思う、考える、信じる（think, believe）」のような、受信者に対して発話された文だけではなく、発信者が頭の中で作り上げて伝達しなかった文を表示するものもある。

　伝達文には、発話された文に変更を加えずに直接表現する「直接話法」の文と、発話された文を伝達動詞が表示する単射関係の副体として名詞節によって表現する「間接話法」の文がある。

① 直接話法

　直接話法の伝達文は、「名詞句＋動詞群＋文」という構造を取り、発話された文は “ ” によって表記的に区別される。伝達動詞としては say が選択されることが多いが、事態の様態に応じた伝達動詞の選択もある。

(1) a. Mary said, "I will finish the job by tomorrow."

　　 b. "I will finish the job by tomorrow, " Mary said [said Mary].
　　　　メアリーは「私は明日までにその仕事を終わらせます」と言った。

(2) "This picture is really a masterpiece!" John exclaimed.
　　「この絵は本当に傑作だ」とジョンは大声で言った。

(3) The reception lady answered, "The menswear section is on the fourth floor."
　　受付の女性は「紳士服売り場は 4 階にあります」と答えた。

(4) "It's going to rain soon," I thought.
　　私は「もうすぐ雨が降るぞ」と思った。

(5) "Ghosts will appear at midnight," she imagined.
　　彼女は「幽霊は真夜中に出てくる」と想像した。

(6) "How can I go to the airport?" the girl asked the receptionist.
　　少女は「空港まではどう行ったらいいですか」とフロント係に尋ねた。

（7）"Be ready for the attack," the colonel ordered, "And never lose your courage."

　　　大佐は「攻撃の用意をしろ。そして勇気を失うな」と命令した。

　（1）では伝達動詞として最も普通の say が選択されている。「主体名詞句＋伝達動詞群」は、（1a）のように発話文に先行する位置に配置することもできるし、（1b）のように発話文に後続する位置に配置することもできる。発話文に後続する場合は「伝達動詞群＋主体名詞句」という構造を取ることもある。ただし、主体名詞句が代名詞の場合は、she said のように主体名詞句が伝達動詞群に先行する構造を使用するのが普通である。

　（2）の発話文は発話者が絵に感動して大声で言ったものと想定される。この様態を表示するために、伝達動詞として exclaim（大声で言う）が選択されている。

　（3）の発話文は、デパートに来た客が受付の人間に紳士服売り場の場所を尋ねて、その質問に対する答えとして作成されたものである。質問への答えとしての発話であることを表示するために、伝達動詞として answer（答える）が選択されている。

　（4）の発話文は、発信者が頭の中で考えた事態であり、実際に音声としては実現していない。主体が思考した事態であることを表示するために、伝達動詞 think（思う）が選択されている。

　（5）の発話文は、彼女が頭の中で想像した結果作成したものである。音声的には実現していないが、想像の産物として頭の中で発話したものであることを表示するために伝達動詞 imagine（想像する）が選択されている。

　（6）の発話文は、少女がホテルのフロントにいる人間に空港までの行き方を尋ねた疑問文である。発話が疑問文であることを明示するために、伝達動詞として ask（尋ねる）が選択されている。

　（7）の発話文は、大佐が兵士たちに命令を下した時に使用された文である。命令文であることを明示するために、伝達動詞として order（命令する）が選択されている。命令文は "Be ready for the attack."（攻撃の用意をしろ）と "And never lose your courage."（そして勇気を失うな）の 2 個であり、連続して発話されたと考えることができるが、2 個の発話文が連続している場合には、「主体名詞句＋伝達動詞群」を発話文の間に配置することもある。

② 間接話法

　間接話法は、発話文の事態を名詞節として表現するので、発話文中の代名詞・指示詞や動詞群の時制形態は、発話者ではなく発信者が受信者に事態を伝達しているという状況を元に選択される。

808　　第22章　話法

ⅰ．主節の時制形態が現在・現在完了

(8) Everybody says that Santiago de Compostela is a place of pilgrimage worth visiting.
サンティアゴ・デ・コンポステーラは訪れる価値のある巡礼地だと誰もが言っている。

(9) The weather forecast says that it will be sunny this weekend.
天気予報は今週末は晴れると言っている。

(10) The report confirms that sales have increased by 10% this year.
その報告書は今年売り上げが 10% 増えたと明言している。

(11) My grandmother always tells me she was a smart girl and she won many prizes when she lived in her hometown.
私の祖母は、故郷の町に住んでいた時、自分は賢い女の子でたくさん賞をもらったといつも私に言う。

(12) I have remembered that a meeting is scheduled for this afternoon.
今日の午後会議が予定されていることを私は思い出した。

(13) The president has ordered that the budget for entertainment should be drastically cut.
接待の予算は徹底的に削減するようにと社長は命令している。

(8)の伝達動詞は say（言う）で、直説法現在時制全体相形態であるから、主節の事態 P「誰もが発話文を言っている」は、現在域において成立する事態である。発話文 Santiago de Compostela is a place of pilgrimage worth visiting が表示する事態 Q は「サンティアゴ・デ・コンポステーラが訪れる価値のある巡礼地だ」であって、動詞群 is は直説法現在時制全体相形態であり、場所の特性を表示する事態であるから、現在を含む長い時区間において成立する。

(9)の伝達動詞 say は部分均質動詞であって、直説法現在時制全体相形態であるから、本来であれば現在域において反復的に成立する事態を表示するはずであるが、この文では、スポーツの試合の実況の場合と同様に、この形態で現在の時点で成立している単独の事態を表示している。

発話文 it will be sunny this weekend の動詞群は未来時制全体相形態なので、「天気が晴れる」という事態が今週末という未来の時区間において成立することを表示する。

(10)の伝達動詞 confirm（明言する）は、発話文の伝達だけでなく、表示する事態 Q「今年売り上げが 10% 増えた」の現実世界での成立が確実だという特性を併せて表示している。発話文の動詞群 have increased は現在完了時制全体相形態なので、事態 Q が過去の時区間において成立し、報告書が出来上がっている現

在においてもこの事態が確認されていることを表示している。

　(11)の伝達動詞 tell は、発話文が伝達される着点である人間を表示する名詞句を直後に配置する構造で使用される。この文では tells me という構造なので、着点は発信者である。主節の動詞群は現在時制全体相形態であり、副詞 always が使用されているので、「私の祖母が発話文を言う」という事態は現在を含む比較的長い時区間において反復的に成立する。発話文は she was a smart girl and she won many prizes when she lived in her hometown で、第 1 文と第 2 文が等位接続詞 and で結合された連言を構成しており、これに副詞節が後続するという構造である。発話文で使用されている動詞群 was, won, lived はいずれも過去時制全体相形態であり、比較的長い過去の時区間において成立した事態を表示する。動詞 win（獲得する）は脱均質動詞なので、she won many prizes は、多数回反復された事態を表示する。

　(12)の伝達動詞 remember（思い出す）を使用する伝達文では、発話文を伝達される相手は存在せず、発話文は発話者の頭の中だけで構成される。伝達動詞を含む動詞群 have remembered は現在完了時制全体相形態なので、発話文が表示する事態 Q「今日の午後会議が予定されている」を伝達文の主体である発信者が現在においても記憶していることが表示される。発話文の動詞群 is scheduled は現在時制全体相形態なので、事態 Q は現在の時点で成立している。

　(13)の伝達動詞 order（命令する）を使用する伝達文では、発話文が表示する事態 Q の成立を、一定の権限を持った主体が要求している。主節の動詞群 have ordered は現在完了時制全体相形態なので、主節の事態 P「社長が事態 Q の成立を命令する」が過去の時区間において成立し、事態 Q は現在の時点ではまだ成立していないことが含意される。事態 Q は命令されて成立する事態なので、直接話法では命令文（Cut the budget for entertainment drastically.）であるものと想定される。

ⅱ．主節の時制形態が過去

　主節の動詞群が過去時制形態である場合、発話文が表示する事態 Q の成立時区間の基準となる時区間を与えるのは、主節の事態 P が成立する過去の時区間であるのが原則だが、伝達文を作成する発信者にとっての現在を基準時区間とすることもある。

a．主節が基準時区間を与える

　基準時区間を p、事態 Q の成立時区間を q とすると、p と q の関係に基づく発話文の時制形態は以下のようになる。時制形態の例として、動詞 do の変化形態

810　　　　　　　　　　　第22章　話法

を提示する。

p⊆q（pがqと同時またはpがqに包含される）→過去　did, was doing
q→p（qがpに先行する）→過去完了　had done, had been doing
p→q（qがpに後続する）→過去未来　would do, would be doing

(14)　The scientist said he was content with the results of the experiments.
　　　実験の結果には満足しているとその科学者は言った。

(15)　Mary told me she had used my mechanical pencil that was on my desk.
　　　私の机の上にあった私のシャープペンシルを使ったとメアリーは私に
　　　言った。

(16)　The CEO added that any changes made would have to be approved by
　　　the board of directors.
　　　行われたどの変更も、取締役会で承認されなければならないと社長は
　　　付け加えた。

(17)　John proposed to his friends that they (should) go to the seaside the next
　　　weekend.
　　　ジョンは友人たちに次の週末に海岸に行こうと提案した。

(18)　The teacher reminded her students that they must submit the assignments
　　　by the next day.
　　　その教師は自分の学生たちに翌日までに宿題を提出しなければならな
　　　いと注意した。

(19)　The man thought that he might be a medical doctor then if he had been
　　　admitted to the faculty of medicine.
　　　もし医学部に入学できていたら今頃は医者になっていただろうにとそ
　　　の男は思った。

(20)　I asked a police officer which line I could take to get to the museum.
　　　どの路線に乗れば博物館に行けるのか私は警官に尋ねた。

(14)の主節の動詞群 said は過去時制形態であり、基準時区間 p を与える。発話文 he was content with the results of the experiments の動詞群は過去時制形態なので、発話文の事態 Q の成立時区間 q は p と同時か p を含む過去の時区間である。この文の場合はどちらも可能ではあるが、実験結果は p 以降の時区間でも同様なので、q は p を含む過去の時区間だと考えることができる。

発話文中の人称代名詞 he は、主節の主体である the scientist（その科学者）と同一の個体を表示すると判断して不合理はない。したがって、この文を直接話法で表現すると以下のようになる。

(14′)　The scientist said, "I am content with the results of the experiments."

　　　　　その科学者は「私はその実験の結果に満足しています」と言った。

　（15）の主節の動詞群 told は過去時制形態であり、主節の事態 P「メアリーが発信者に発話文を言った」が成立した過去の時区間 p が基準時区間を与える。発話文 she had used my mechanical pencil that was on my desk の動詞群 had used は過去完了時制形態なので、発話文の事態 Q が成立した時区間 q は、p に先行する時区間である。

　発話文中の人称代名詞 she は主節の事態 P の主体と同一のメアリーである個体、my はこの伝達文の発信者に関係する事物の集合を表示する。発話文はメアリーが発信者に対して、自分が発信者で、発信者が受信者であるものとして作成しているものであるから、この文を直接話法で表現すると以下のようになる。

　（15′）Mary said to me, "I used your mechanical pencil that is on your desk."
　　　　メアリーは私に「あなたの机の上にあるシャープペンシルをお借りしました」と言った。

　（16）の主節の動詞群 added は過去時制形態であり、主節の事態 P「社長が発話文を付け加えた」が成立した過去の時区間 p が基準時区間を与える。発話文 any changes made would have to be approved by the board of directors の動詞群 would have to be approved は過去未来時制形態なので、発話文の事態 Q が成立した時区間 q は、p に後続する時区間である。

　主節の主体が発話した時区間は、この主体にとっては現在であるから、発話文の事態が成立する時区間は未来になる。したがって、この文を直接話法で表現すると以下のようになる。

　（16′）The CEO added, "Any changes made will have to be approved by the board of directors."
　　　　社長は「行われた変更はどれでも取締役会で承認されなければなりません」と付け加えた。

　ただし、動詞群の would が時制形態素ではなく法助動詞の would であり、事態が現実世界以外の可能世界で成立するものとして表現されているのだとすると、直接話法の発話文でも法助動詞の形態は would である。

　（16″）The CEO added, "Any changes made would have to be approved by the board of directors."
　　　　社長は「行われた変更はどれでも取締役会で承認されなければならないでしょう」と付け加えた。

　（17）の主節の動詞群 proposed は過去時制形態であり、主節の事態 P「ジョンが友人たちに発話文を提案する」が成立した過去の時区間 p が基準時区間を与える。発話文 they（should）go to the seaside the next weekend の動詞群は、should go であれば直説法で法助動詞 should が使用されており、go であれば接続法単純形１式形態である。発話文の動詞群に法助動詞や接続法形態が含まれている場合には、主節と発話文の成立時区間の関係を、上にあげたような発話文の動詞群の形態によって表示することはできない。したがって、両者が表示する事態と状況をもとに関係を決定する必要がある。

この伝達文の場合は、主節の主体が発話文の事態 Q を提案しているので、事態 Q の成立時区間 q は、主節が与える基準時区間 p に後続するものと解釈される。名詞句 the next weekend は、基準時区間 p が属する週の次の週であって他の週とは明確に区別されるので、定性は定であり、定冠詞が付加されている。基準時区間が現在であれば next week のように冠詞が付加されないが、そうでない場合には冠詞を付加しなければならない。

発話文が未来の時区間における事態成立の提案だとすると、直接話法での表現は以下のようになる。

(17′) John said to his friends, "Let's go to the seaside next week."
　　　　ジョンは友人たちに「来週海岸に行こう」と言った。

(18) の主節の動詞群 reminded は過去時制形態であり、主節の事態 P「その教師が自分の学生たちに発話文を注意する」が成立した過去の時区間 p が基準時区間を与える。発話文 they must submit the assignments by the next day の動詞群は must submit であり、must は法助動詞なので基準時区間が現在でも過去でも同一の形態である。この文の場合は、教師が学生に特定の課題の提出について伝達しているのであるから、発話文の事態 Q が成立する時区間 q は、p に後続する時区間だと解釈される。

発話文中の the next day は、基準時区間 p が含まれる日の翌日であり、他の日とは明確に区別されるので、定冠詞が付加される。

直接話法での発話文としては、法助動詞 must を使用した文または命令文が想定される。発話文の成立時区間は現在が含まれる日、すなわち今日の翌日であるから、tomorrow（明日）である。

(18′) a. "You must submit the assignments by tomorrow," said the teacher to the students.
　　　　教師は「明日までに課題を提出しなければなりません」と学生たちに言った。

　　 b. "Submit the assignments by tomorrow," the teacher reminded the students.
　　　　教師は「明日までに課題を提出しなさい」と学生たちに注意した。

(19) の主節で使用されている伝達動詞は think（思う）なので、発話文は受信者

に対して音声的に伝達されるのではなく、主節の事態の主体の頭の中で事態が言語として形成される。主節の動詞群 thought は過去時制形態であり、主節の事態 P「その男が発話文を思う」が成立した過去の時区間 p が基準時区間を与える。発話文 he might be a medical doctor then if he had been admitted to the faculty of medicine は条件文であり、条件節の動詞群は接続法複合形形態、主節の動詞群は接続法単純形 2 式形態である。接続法については、動詞群の形態は、基準時区間との時間的関係で決定され、基準時区間がどの時区間であっても接続法の形態に変わりはない。したがって、この文中の発話文の事態は現実世界以外の可能世界で成立し、主節の事態は基準時区間と同じ過去の時区間、条件節の事態は基準時区間に先行する過去の時区間である。

　条件節の主節中で使用されている副詞 then は、この伝達文の主節の事態が成立する時区間を表示している。この伝達文が作成されている現在の時点を基準とすれば、現在と同一の時点、すなわち「今」(now)が使用されることになる。

　この文を直接話法を用いて表現すると、以下のようになる。

　　(19′) The man thought, "I might be a medical doctor now, if I had been admitted to the faculty of medicine."
　　　　その男は「医学部に入学できていたら、私は今頃は医者だっただろうに」と思った。

　(20)の主節の伝達動詞は ask (尋ねる)であり、発話文には疑問詞 which が含まれているので、この伝達文は、不定の事物を特定化することを主体が誰かに依頼するために使用されている。主節の動詞群 asked は過去時制形態なので、主節の事態 P「発信者が警官に発話文を尋ねる」が成立した過去の時区間 p が基準時区間を与える。発話文 which line I could take to get to the museum の動詞群 could take は過去時制形態なので、発話文の事態 Q が成立する時区間 q は p と同一か p を含む。

　この文を直接話法で表現すると、発話文は疑問詞疑問文であり、次のように表現される。

　　(20′) I said to a police officer, "Which line can I take to get to the museum?"
　　　　私は警官に「美術館に行くにはどの路線に乗ればいいですか」と言った。

b.　現在が基準時区間を与える

　伝達文の発信者が、発話文の動詞群の時制形態や指示詞の形態を、伝達文を作成している現在と発信者がいる空間を基準にして決定する場合もある。発話文の事態が伝達文の主体とは無関係に成立すると判断される場合にこのような選択がなされる。

(21) The news anchor said the government is planning a tax cut next year.
そのニュースキャスターは政府が来年減税を予定していると言った。

(22) Our mathematics teacher told the students that there is no general formula that solves every quintic equation.
私たちの数学の先生は、すべての5次方程式の解答を与える一般的公式はないと学生たちに言った。

(23) We understood well that the sun will absorb the earth in some future time.
太陽が将来いつか地球を呑み込むということを私たちは理解した。

(24) The witness insisted that he saw somebody when he passed through the gate.
その門を通った時誰かを見たと証人は言い張った。

(25) The scholar stated that the Frankish kingdom was divided into three after Charlemagne's death.
シャルルマーニュの死後フランク王国は3分割されたとその学者は述べた。

(26) The professor said that the house in Rome in which Michelangelo died had little furniture, no books and no jewels, but it did have a chest with almost enough gold currency to buy the Pitti Palace.
ミケランジェロが死んだローマの家にはほとんど家具はなく、本も宝石もなかったが、ピッティ宮殿を買うにほぼ十分な程の金貨が詰まったタンスがあったとその教授は言った。

(21)の発話文 the government is planning a tax cut net year の動詞群 is planning は現在時制形態である。主節の動詞群が過去時制形態 said なので、通常であれば過去時制形態 was planning の使用が期待されるが、伝達文が作成された現在においても発話文の事態 Q が成立するのであれば、主節の時制形態とは無関係に現在時制形態を使用することができる。

発話文の動詞群が過去時制形態であっても、文としての適格性は失われない。

(21′) The news anchor said the government was planning a tax cut (the) next year.

(21′)で、発話文の事態 Q は、過去の時区間において成立するが、成立時区間を表示する名詞句が the next year (翌年)であれば、事態 Q は現在においては成立していないものと理解される。一方 next year であれば、これは現在を含む年の次の年、つまり来年であるから、現在でも事態 Q が成立しているものと解釈することができる。

（22）の発話文 there is no general formula that solves every quintic equation が表示する事態 Q「すべての 5 次方程式の解答を与える一般的公式はない」は、数学的真理である。数学的真理は任意の時区間において成立するため、主節が与える条件に関わらず、原則として常に直説法現在事態形態によって表示される。

　（23）の発話文 the sun will absorb the earth in some future time が表示する事態 Q「太陽が将来いつか地球を呑み込む」は、物理法則が支配するすべての可能世界で成立するものであり、現在地球上に生存する人間にとっては、どの時区間、どの空間で発話しても常に未来の時区間で成立するものである。したがって、主節が与える条件に関わらず、事態 Q は常に直説法未来時制形態によって表示される。

　（24）の発話文は、法廷で証人が発話した伝達文の要素である。証人の発話を客観的な証拠として発信者が提示しているのであれば、発話文の事態 Q は、主節の事態 P が成立した時区間に関わらず、現在を基準時区間として、それに先行する過去の時区間において成立したものと理解される。したがって、事態 P の成立時区間と事態 Q の成立時区間は同時ではないが、事態 Q を表示する発話文の動詞群は過去時制形態で表示されている。

　（25）の発話文が表示する事態 Q「シャルルマーニュの死後フランク王国が 3 分割された」は、紀元後 9 世紀に成立した歴史的資料に含まれる事態である。したがって、伝達文の主体や発話時区間と無関係に過去の歴史的事実として任意の受信者に伝達されることになり、発話文の動詞群は過去時制形態を取る。

　（26）の発話文は the house in Rome in which Michelangelo died had little furniture, no books and no jewels と it did have a chest with almost enough gold currency to buy the Pitti Palace という 2 個の文が等位接続詞 but で並列された連言である。第 1 文には接続詞 that が先頭に配置されており、第 2 文の先頭にも but that it did have のように同じ接続詞を配置することもできるが、この文では配置されていない。発話文の指標としての接続詞 that の使用は随意である。

　この発話文が表示する事態 Q も、歴史的資料に含まれる事態と同様だと考えてよいから、動詞群の時制形態を決定するのは現在であって、主節の事態が成立した過去の時区間ではない。

iii．主節の時制形態が未来

　伝達文の主節の事態 P が未来の時区間で成立する場合、発信者は P の成立を現在において予測しているのが普通である。したがって、発話文の事態 Q の成立時区間も、現在を基準として決定され、動詞群の時制形態もそれに応じて決定される。

(27) The coach will say that he doesn't agree with the manager's policy.
　　コーチは監督の方針に同意していないと言うだろう。

(28) The governor will warn the possible immigrants that they won't be able to cross the border without permits.
　　州知事は移民してくるかもしれない人たちには、許可証なしで国境を越えることはできないと警告するだろう。

(29) I will complain to the doctor that the medicine he prescribed has not been effective enough.
　　処方してくれた薬がそれほど効いていないと医者に文句を言うつもりだ。

(30) It will be reported to the agent that the driver's carelessness caused the accident.
　　運転手の不注意でその事故が起こったと担当官には報告される。

　(27)の主節の事態 P「コーチが発話文を言う」は未来の時区間において成立するが、発話文の動詞群は doesn't agree という現在時制形態なので、発話文の事態 Q は現在を含む時区間において成立する。

　(28)の主節の事態 P「州知事が移民してくるかもしれない人たちに発話文を警告する」は未来の時区間において成立するが、発話文の動詞群は won't be able という未来時制形態である。この未来時制形態は、発話文の事態 Q がこの伝達文が発話される現在を基準として、それに後続する未来の時区間において成立することを表示する。

　(29)の主節の事態 P「発信者がその医者に発話文だと文句を言う」は未来の時区間において成立するが、発話文の動詞群は has not been という現在完了時制形態であり、動詞 be は均質動詞なので、発話文の事態 Q は、過去から現在までの時区間において成立する事態を表示する。

　(30)が表示する事態 P は「主体が担当官に報告される」であり、主体が発話文に相当する。事態 P は未来の時区間において成立するが、発話文の動詞群の時制を決定する基準時区間を与えるのは、この文が発話される現在である。発話文の動詞群は caused という過去時制形態なので、発話文の事態 Q「運転手の不注意がその事故を引き起こす」は過去の時点において成立する。

第 23 章　倒置、焦点化

第 1 節　倒置

　英語は文の構造によって事態を構成する要素の機能を表示する機構を持った言語である。「名詞句 1 ＋動詞群＋名詞句 2」という構造の文で、動詞が単射関係を表示するものであれば、名詞句 1 が事態の主体、名詞句 2 が事態の副体を表示する。

　「主体＋動詞群＋副体」という構造規則に従わない構造が選択される場合は、その文が表示する事態に特別の機能がある。「動詞群＋名詞句 1 ＋名詞句 2」という構造の次の文は疑問文である。

　（1）Was the exhibition a success?　展示会は成功でしたか。

　この文に対する平叙文は、以下のようになる。

　（1′）The exhibition was a success.　展示会は成功だった。

　平叙文の「名詞句 1 ＋動詞群＋名詞句 2」という構造で、名詞句 1 と動詞群の配置順を入れ替えて「動詞群＋名詞句 1 ＋名詞句 2」という構造にすることにより、この構造が疑問文であることが表示される。このように、構造規則で決まった順序を入れ替えて別の構造を形成する操作を「倒置」と呼ぶ。

　平叙文をもとに疑問文を作成する時には、平叙文を発音する時の抑揚を上昇調にするという方法もあるが、構造によって疑問の機能を表示したい場合には、倒置が義務的である。倒置を義務的に要求する文の代表が疑問文であるが、これ以外に、never や hardly などの否定副詞が、動詞群の近傍ではなく文頭に配置される場合にも、倒置が義務的になる。

　（2）a. The artist is never content with her works.

　　　　b. Never is the artist content with her works.

　　　　　その芸術家は決して自分の作品に満足しない。

　（2a）は平叙文で「名詞句＋動詞群＋never ＋形容詞＋名詞群」という構造であり、これに対して（2b）では never が文頭に配置されることにより「never ＋動詞群＋名詞句＋形容詞＋名詞群」という構造になっている。

　疑問文や否定文における義務的倒置以外に、文体的な効果を目的として主体名詞句以外の語句を文頭に配置することで生じる倒置もある。この分類の倒置は義務的ではなく随意的である。

818　　　　　　　　　　第23章　倒置、焦点化

(3) Incessant is the flow of the river and yet its water is never the same.
　　　川の流れは絶えることがないが、それでもその水は決して同じではない。

(4) Up into the sky went the balloon.　その風船は空の上まで昇って行った。

　(3)は肯定の平叙文であるが、第1文は「形容詞＋動詞群＋名詞句」という構造である。形容詞は副体なので、通常であれば「名詞句＋動詞群＋形容詞」という構造になる。副体形容詞を文頭に配置することにより、動詞群と主体名詞句の倒置が生じている。

　この倒置は義務的ではないので、「副体形容詞＋名詞句＋動詞群」という構造でも不適格ではない。

　(3′) Incessant the flow of the river is.

　しかし、副体形容詞を文頭に配置する構造そのものが構造規則に従っていないので、倒置によってそれを含意させる効果を持つ(3)の構造の方が好まれる。

　(4)も肯定の平叙文であるが、「名詞群＋動詞群＋名詞句」という構造で、構造規則に従うならば、主体名詞句が文頭に配置されて「名詞句＋動詞群＋名詞群」という構造になる。この文についても、名詞群が文頭で、動詞群と主体名詞句の倒置が起きない構造も不適格だとはされない。

　(4′) Up into the sky the balloon went.

① 義務的倒置

ⅰ．疑問文

　疑問文の基本的構造は以下の通りである。ただし、助動詞が文頭にある場合の動詞群は、助動詞を除く要素によって構成される。

　　　真偽疑問文：

　　　　　動詞群（動詞 be）＋主体名詞句1＋副体名詞句2／副体形容詞

　　　　　助動詞＋主体名詞句1＋動詞群（動詞 be 以外）（＋副体名詞句2／副体形容詞）

　　　疑問詞疑問文：

　　　　　疑問代名詞（主体）＋動詞群（＋副体名詞句／副体形容詞）

　　　　　疑問代名詞（副体）＋助動詞＋主体名詞句1＋動詞群

　　　　　疑問副詞＋動詞群（動詞 be）＋主体名詞句1（＋副体名詞句2／副体形容詞）

　　　　　疑問副詞＋助動詞＋主体名詞句1＋動詞群（動詞 be 以外）（＋副体名詞句2／副体形容詞）

　疑問文における倒置は、疑問代名詞が主体を表示する場合の疑問詞疑問文を除いて、動詞群または動詞群の要素である助動詞が主体名詞句に先行する位置に配置されるということである。以下では、動詞群と主体名詞句の位置を入れ替える

第 1 節　倒置　　　　819

倒置を「単純倒置」、動詞群の要素である助動詞を主体名詞句に先行させ、助動詞以外の動詞群の要素は主体名詞句に後続するように配置する倒置を「複合倒置」と呼ぶことにする。

(5) Are the players still in the stadium?　選手たちはまだ競技場にいますか。

(6) Did I say anything wrong?　私は何か間違ったことを言っただろうか。

(7) Have the demonstrators got to the city hall?
デモ隊は市役所に着いていますか。

(8) Who advised you to change your phone number?
誰があなたに電話番号を変えればいいと言ってくれたのですか。

(9) What did ancient Athenians eat for their dinners?
古代アテネ人は夕食に何を食べていたのですか。

(10) Where will the next Olympic Games be held?
次のオリンピックはどこで開催されますか。

(5) の構造は「動詞群 (be) ＋名詞句＋副詞＋名詞群」であって、名詞句 the players に動詞群 are が先行している単純倒置構造なので、真偽疑問文である。名詞句が表示する個体が主体であり、動詞群が副体であって「主体が存在する」という事態の集合を表示している。名詞群は事態の成立空間を表示する。

(6) の構造は「助動詞 (do) ＋名詞句 1 ＋動詞群 (不定詞) ＋名詞句 2」であって、名詞句 1 に助動詞 did が先行している複合倒置構造なので、真偽疑問文であると理解される。名詞句 1 が表示する個体が主体であり、動詞群は単射関係を表示し、名詞句 2 が副体を表示する。

(7) の構造は「助動詞 (have) ＋名詞句＋動詞群 (過去分詞) ＋名詞群」で、名詞句 the demonstrators に助動詞 have が先行する複合倒置構造なので、この文は真偽疑問文である。名詞句が表示する個体が主体であり、動詞群は副体であって「主体が着点に到着する」という事態の集合を表示する。

(8) の構造は「疑問代名詞＋動詞群＋名詞句＋不定詞節」であり、疑問代名詞が動詞群に先行する位置にあるので、この疑問詞疑問文では倒置は行われておらず、疑問代名詞が表示する不定の事物が主体である。動詞が advise (助言する) なので、動詞群に後続する不定詞節 you to change your phone number が単射関係の副体を表示する。

(9) の構造は「疑問代名詞＋助動詞 (do) ＋名詞句＋動詞群 (不定詞) ＋名詞群」であり、名詞句に助動詞が先行して動詞群の一部である不定詞が後続する複合倒置構造なので、名詞句 ancient Athenians (古代アテネ人) が主体を表示する。動詞は eat (食べる) であり、「主体が副体を食べる」という事態を表示するから、名詞句が主体であれば、文頭に位置する疑問代名詞 what が副体を表示すること

になる。

　(10)の構造は「疑問副詞＋助動詞(will)＋名詞句＋動詞群」であり、名詞句に助動詞が先行し、動詞群の一部が後続する複合倒置構造なので、名詞句 the next Olympic Games（次のオリンピック大会）が事態の主体である。疑問副詞 where は、事態が成立する空間を表示する。

ⅱ．否定文

　否定辞 not や否定副詞 never, hardly などは、動詞群の前後または内部に配置されるのが原則であるが、否定副詞は文頭に配置することができる。この場合には、動詞群やその一部が主体名詞句に先行する位置に配置される倒置構造を取らなければならない。動詞が be であれば単純倒置が、動詞が be 以外であれば複合倒置が行われる。

　　(11) Never were medieval cities clean or safe.
　　　　中世の都市は全く綺麗でも安全でもなかった。

　　(12) Never did citizens understand the necessity of a garbage treatment facility.
　　　　市民たちはゴミ処理施設の必要性を全く理解しなかった。

　　(13) Hardly is John a type of person to be a monk.
　　　　ジョンはとても修道士になるようなタイプの人間ではない。

　　(14) Nowhere will this policy be more effective than in our country.
　　　　この政策は、私たちの国ほど効果的になるところは他にないだろう。

　　(15) Only has the girl been hiding the truth from her parents.
　　　　その女の子は両親に本当のことを隠しているだけだ。

　(11)では否定副詞 never が文頭に配置され、このため後続する部分は「動詞群(be)＋名詞句＋形容詞」という構造になっており、動詞群が主体名詞句に先行する単純倒置構造である。形容詞が副体であり「主体が綺麗または安全だ」という事態の集合を表示する。副体形容詞は clean or safe という選言であり、否定文中にあるので、両者が否定され「主体が綺麗でも安全でもない」という事態の集合を表示する。

　(12)の構造は「never＋助動詞(did)＋名詞句 1＋動詞群(不定詞)＋名詞句 2」であり、主体を表示する名詞句 1 に助動詞が先行し、動詞群が後続する複合倒置構造である。動詞群に後続する名詞句 2 は understand（理解する）が表示する単射関係の副体である。

　(13)の構造は「hardly＋動詞群(be)＋名詞句 1＋名詞句 2」という構造であり、主体を表示する名詞句 1 に動詞群 is が先行する単純倒置構造である。名詞句 2 は、動詞 be が表示する「主体が副体に包含される」という事態の副体である事態の

集合を表示する。

(14)の構造は「nowhere＋助動詞（will）＋名詞句＋動詞群（不定詞 be）＋形容詞比較級形態＋副詞節」であり、主体を表示する名詞句に助動詞が先行し、動詞群が後続する複合倒置構造である。動詞群に後続する形容詞比較級形態は「主体が基準値よりも効果的だ」という事態の集合を表示し、これが動詞 be が表示する「主体が副体に包含される」という事態の副体を表示する。

(15)の構造は「only＋助動詞（have）＋名詞句 1＋動詞群＋名詞句 2＋名詞群」であり、主体を表示する名詞句 1 に助動詞が先行し、動詞群が後続する複合倒置構造である。動詞群に後続する名詞句は、動詞 hide が「主体が副体を隠す」という事態を表示するので、動詞が表示する単射関係の副体である事態を表示する。

否定副詞と同様の機能を持つ名詞群が文頭に配置される場合も、主体名詞句と助動詞または動詞群の倒置が生じる。また not only は「P だけではない」という否定と同様の事態を表示するので、やはり義務的倒置を要求する。

(16) At no time were the two nations friends with each other.
その 2 つの国が互いに仲がよかった時は全くなかった。

(17) In no forests in this region can you find wild cats.
その地域の森のどこにも野生の猫はいない。

(18) Not only did she answer all the questions, but also the answers were all perfect.
彼女は全ての問題に答えただけでなく、その答えは全て完璧だった。

(16)の名詞群 at no time は、never と同様に、事態がどの時区間においても成立しないことを表示する。この名詞群が文頭に配置された結果、後続する部分は「動詞群（be）＋名詞句 1＋名詞句 2＋名詞群」という構造になり、動詞群に後続する名詞句 1 the two nations（その 2 つの国）が事態の主体を表示する。動詞 be は「主体が副体に包含される」という事態を表示するので、名詞句 2（友人）はこの事態の副体である事物の集合を表示する。

(17)の名詞群 in no forests in this region は、nowhere と同様に、事態がその地域の森に属するどの空間においても成立しないことを表示する。この名詞群が文頭に配置された結果、後続する部分は「助動詞＋名詞句 1＋動詞群（不定詞）＋名詞句 2」という構造になり、助動詞に後続する名詞句 1 you が事態の主体を表示する。動詞 find は「主体が副体を見つける」という事態を表示するから、名詞句 2 wild cats（野生の猫）はこの事態の副体である個体の集合を表示する。

(18)では not only が文頭に配置されているので、後続する部分は「助動詞（do）＋名詞句 1（代名詞）＋動詞群（不定詞）＋名詞句 2」という構造になり、助動詞に後続する名詞句 1 she が事態の主体を表示する。動詞 answer は「主体が副体に

822　　　　　　　　　第 23 章　倒置、焦点化

答える」という事態を表示するから、名詞句 2 all the questions（すべての問題）はこの事態の副体である事態の集合を表示する。

② 随意的倒置

　疑問文での倒置は、動詞群が部分的にでも文頭に配置されることで、これから発話されようとしている文が平叙文ではなく疑問文であることが即座に理解される。否定文については、動詞群の近傍または内部という、構造規則が要求する位置ではない文頭に配置されることで、肯定文ではなく否定文であることが発話の最初に理解される。文の類型は文が表示する事態の最も重要な要素であるから、類型に関わる構造の変化を、通常の規則とは異なる構造を取ることによって明示する方法を、英語は選択している。

　これらの義務的倒置は、いずれも動詞群に関わる構造変化であるが、動詞群以外の形容詞、副詞、名詞群を文頭に配置することで、主体ではなく副体や成立空間・時区間などの要素を焦点化する操作を行う場合には、主体名詞句と動詞群の単純倒置が行われる。この操作は平叙文の枠内でのものであり、義務的ではなく随意的であるから、構造変化も義務的な倒置とは異なる方法が選択される。

(19) Far worse was the news, five weeks before the premiere, that Mary had fallen from a ladder in rehearsal and broken her wrist and pelvis.
　　もっとずっと悪かったのは、初演の 5 週間前の、メアリーがリハーサル中に梯子から落ちて手首と骨盤を骨折したというニュースだった。

(20) Also imperative would be the need for all the laboratories to maintain normal operations.
　　同様に必須だと思われるのは、すべての研究室が通常の業務を維持する必要性だ。

(21) Here comes the sushi delivery boy!　寿司配達の若者がやってきたよ。

(22) Then happened an earthquake, followed by a blackout that lasted for hours.
　　その時地震が起きて、次に何時間も停電が続いた。

(23) From the back of the gate appeared a small figure that was like a raccoon.
　　門の後ろからアライグマに似た小さな影が現れた。

(24) Just after the sunset, gather a myriad of birds to the square.
　　日が暮れるとすぐにその広場には無数の鳥が集まってくる。

　(19) の構造は「副詞＋形容詞＋動詞群（be）＋名詞句」であり、副体を表示する形容詞が副詞とともに文頭に配置されているため、主体名詞句と動詞群が単純

倒置されている。この倒置は随意的なので、（19′）のように主体名詞句を文頭に配置することは可能であるが、名詞句 the news が名詞節 that Mary had fallen from a ladder in rehearsal and broken her wrist and pelvis によって限定されており、この名詞節が長いため、名詞句とともに文頭には配置されず、動詞群の後に配置される構造が通常は選択される。

（19′）The news, five weeks before the premiere, was far worse that Mary had fallen from a ladder in rehearsal and broken her wrist and pelvis.

（20）の構造は「副詞＋形容詞＋動詞群（would be）＋名詞句」である。副詞 also は文頭に配置されていても構造には影響を与えない。形容詞は副体を表示するので、事態の主体は名詞句であり、動詞群が主体に先行する位置に配置される単純倒置構造である。

主体名詞句が文頭に配置される構造は以下の通りである。

（20′）The need seems to be also imperative for all the laboratories to maintain normal operations.

（21）の構造は「副詞＋動詞群＋名詞句」であり、成立空間を表示する副詞 here が文頭に配置されることで、主体名詞句 the sushi delivery boy（寿司配達員）と動詞群 comes の単純倒置が行われている。動詞群 comes は現在時制全体相形態であり、動詞 come は部分均質動詞なので、現在の時点では全事態が成立することはない。したがってこの文では、現在に近い未来の時区間において全事態が成立することが表示されているものと理解される。

この文での単純倒置は随意的なので、倒置が行われない次の文も適格に使用できる。

（21′）Here the delivery boy comes.

（22）の構造は「副詞＋動詞群＋名詞句」であり、成立時区間を表示する副詞 then が文頭に配置されることで、主体名詞句 an earthquake（地震）と動詞群 happened の単純倒置が行われている。

この文での単純倒置は随意的であり、倒置がなければ以下のような文になる。

（22′）Then an earthquake happened, followed by a blackout that lasted for hours.

（23）の構造は「名詞群＋動詞群＋名詞句」であり、成立空間を表示する名詞群 from the back of the gate（門の後ろから）が文頭に配置されることで、主体名詞句 a small figure that was like a raccoon（アライグマに似た小さな影）と動詞群 appeared の単純倒置が生じている。

この文での単純倒置は随意的であり、倒置が起きなければ次のような文になる。

（23′）From the back of the gate a small figure that was like a raccoon appeared.

(24)の構造は「副詞＋名詞群＋動詞群＋名詞句＋名詞群」であり、成立時区間を表示する「副詞＋名詞群」just after the sunset が文頭に配置されることで、主体名詞句 a myriad of birds（無数の鳥）と動詞群 gather の単純倒置が行われている。

名詞群が文頭に配置されることによる単純倒置は随意的なので、倒置が行われなければ、次のような文になる。

(24′) Just after the sunset, a myriad of birds gather to the square.

動詞群の助動詞が be である場合には、be 以外の要素は現在分詞か過去分詞であり、これらは形容詞に近い機能を持っているため、文頭に配置して焦点化することが可能で、この場合には、助動詞 be と主体名詞句の倒置が起きる。

(25) Brightly shining above us was the midsummer sun.
　　　私たちの頭上には真夏の太陽が明るく輝いていた。

(26) Atrociously damaged by fire are old buildings in this area.
　　　この区域の古い建物は火事で甚だしい被害を受けている。

(25)では過去時制部分相形態 was brightly shining のうち、brightly shining が文頭に配置された結果、主体名詞句 the midsummer sun（真夏の太陽）が助動詞 was の後に配置される単純倒置が起きている。

次のように助動詞 was が主体名詞句に後続する構造も可能である。

(25′) Brightly shining above us the midsummer sun was.

(26)では、受動態現在時制全体相形態 are atrociously damaged のうち、atrociously damaged が文頭に配置された結果、主体名詞句 old buildings in this area（この区域の古い建物）が助動詞 are の後に配置される単純倒置が起きている。

次のように助動詞 are が主体名詞句に後続する構造も可能である。

(26′) Atrociously damaged by fire old buildings in this area are.

第2節　焦点化

日本語で「ピラミッドが偉大だ」と言う場合、ピラミッドである個体以外は主体として選択されないという含意がある。このように、事態のある要素 X について、その要素以外の事物は当該の事態の要素として選択されなかったことを含意させることによって、X を同種の事物の中で際立たせる操作を「焦点化」と呼ぶ。

英語で事物を焦点化させるための構造としては2種類がある。1つは「It is X that P」という構造で、伝統的に「強調構文」と呼ばれてきているものであり、もう1つは「What P is X」という構造である。前者の構造を「it 焦点化構造」、後者の構造を「what 焦点化構造」と呼ぶことにする。

第 2 節　焦点化　　825

(27) It is John that is responsible for this matter.
この件で責任があるのはジョンだ。

(28) What I did was run away immediately.
私がしたのはすぐに逃げることだった。

　(27)については、John is responsible for this matter.（ジョンがこの件で責任がある）という文が表示する事態 P を構成する要素の中で、主体として選択されたのが、人間である個体の中でジョンだけだ、すなわちジョンである個体が焦点化されているのだということを、John を it is と that の内部に配置することで表示している。

　事態 P の要素のうちで、it 焦点化構造によって焦点化できるのは、他には名詞群 for this matter が表示する関与者である事態、また、名詞群を構成する名詞句 this matter が表示する事態である。

(29) a. It is for this matter that John is responsible.
　　　b. It is this matter that John is responsible for.
　　　ジョンに責任があるのはこの問題だ。

　(28)については、I ran away immediately（発信者がすぐに逃げた）という文が表示する事態 P を構成する要素のなかで、副体として選択されたのが、事態の集合の中でも「主体がすぐに逃げる」という事態 Q であった、すなわち副体である事態の集合が焦点化されているのだということを、what I did（私がしたのは）を事態の主体とすることで表示している。

　what 焦点化構造で焦点化できるのは事態の集合に限定されるから、この事態 P の中で、この方法で焦点化できる要素は他にはない。

① it 焦点化構造

　「It is X that P」という it 焦点化構造によって焦点化できる事態の要素は、意味役割を与えられた事物である。

(30) It was a horrible epidemic that [which] induced the decline of the civilization.
その文明の衰退を招いたのは恐ろしい疫病だった。

(31) It is the manager that [who] will attend the conference to be held in Chicago.
シカゴで開催されるその会議に出席するのは監督だ。

(32) It is artificial intelligence that [which] I want to study at college.
私が大学で研究したいのは人工知能だ。

(33) a. It was to India that Columbus really intended to direct his fleet.

826　　　　　第23章　倒置、焦点化

　　　　b. It was India that Columbus really intended to direct his fleet to.
　　　　　コロンブスが本当に自分の船団を率いて行くつもりだったのはイン
　　　　　ドだった。

(34) a. It is for the benefit of human beings that medical researchers are in-
　　　　venting new methods of treatment.

　　　b. It is the benefit of human beings that medical researchers are inventing
　　　　new methods of treatment for.
　　　　医学研究者たちが新しい治療法を開発しているのは、人類の利益の
　　　　ためだ。

(35) It must be to become good citizens that children learn many things at
　　　school.
　　　子供たちがたくさんのことを学校で学ぶのは、よい市民になるためで
　　　なければならない。

(36) It was then [here] that the accident happened.
　　　その事故が起きたのはその時[ここ]だった。

　(30)の前提となる、焦点化された要素がない事態を表示する文は以下の通り
である。

　　(30′) A horrible epidemic induced the decline of the civilization.
　　　　恐ろしい疫病がその文明の衰退を招いた。

　この文が表示する事態のうち、主体である事態 a horrible epidemic（恐ろしい
疫病）を it 焦点化構造によって焦点化したのが(30)である。焦点化されているの
が事態である場合には、that が後続する動詞群 induced（招いた）が表示する単射
関係の主体であるように見えるので、接続詞 that を関係代名詞 which に置き換
えることもできる。

　(31)の前提となる、焦点化された要素がない事態を表示する文は以下の通り
である。

　　(31′) The manager will attend the conference to be held in Chicago.
　　　　監督はシカゴで開催される会議に出席する。

　この文が表示する事態のうち、主体である個体 the manager（監督）を it 焦点化
構造によって焦点化したのが(31)である。焦点化されているのが人間である個
体である場合には、that が will attend の主体の位置を占めるので、接続詞 that
を関係代名詞 who に置き換えることもできる。

　(32)の前提となる、焦点化された要素がない事態を表示する文は以下の通り
である。

　　(32′) I want to study artificial intelligence at college.

第2節　焦点化　　　　　　　　　　827

　　　私は大学で人工知能を研究したい。

　この文が表示する事態のうち、単射関係の副体である事態 artificial intelli-gence（人工知能）を it 焦点化構造によって焦点化したのが(32)である。この副体は事態で、that が study の副体を表示するように見えるので、接続詞 that の代わりに関係代名詞 which を用いることもできる。

　(33)の前提となる、焦点化された要素のない事態を表示する文は以下の通りである。

　　　(33′) Columbus really intended to direct his fleet to India.

　　　　　　コロンブスは本当はインドに自分の船団を率いて行くつもりだった。

　この文が表示する事態のうち、着点である個体 India（インド）を it 焦点化構造によって焦点化したのが(33)である。焦点化の対象となる語句は、意味役割を形態的に表示する名詞群であれば(33a)のように to India になるし、名詞群のうち個体を表示する名詞句だけを選択すれば(33b)のように India になる。

　(34)の前提となる、焦点化された要素のない事態を表示する文は以下の通りである。

　　　(34′) Medical researchers are inventing new methods of treatment for the ben-efit of human beings.

　　　　　　医学研究者たちは人類の利益のために新しい治療法を開発している。

　この文が表示する事態のうち、目的である事態 the benefit of human beings（人類の利益）を it 焦点化構造によって焦点化したのが(34)である。意味役割を明示する前置詞を伴った名詞群を焦点化の対象とすれば(34a)のような構造になり、事態を表示する名詞句を焦点化の対象とすれば(34b)のような構造になる。

　(35)の前提となる、焦点化された要素のない事態を表示する文は以下の通りである。

　　　(35′) Children must learn many things at school to become good citizens.

　　　　　　よい市民になるために子供たちはたくさんのことを学校で学ばなければならない。

　この文のうち、不定詞節 to become good citizens は、事態の目的である事態を表示している。したがって、この不定詞節が表示するのは意味役割が明示された事態に等しい。この事態を it 焦点化構造によって焦点化したのが(35)である。(35′)の動詞群では法助動詞 must が使用されているので、焦点化構造でも動詞群は must を含む must be という形態を取る。

　(36)の前提となる、焦点化された要素がない事態を表示する文は以下の通りである。

　　　(36′) The accident happened then [here].

その時[ここで]その事故が起こった。

　この文のうち、副詞 then と here は、事態が成立した時区間と空間を表示している。副詞は基本的には事物ではなく事態の様態や特性の程度などを表示するので、it 焦点化構造によって焦点化されることはないが、then, here, there については、成立時区間と空間という、事物に準じる対象を表示するため、この構造によって焦点化することができる。これらの副詞を it 焦点化構造によって焦点化したのが(36)である。

　疑問詞は不定の事物を表示するので、it 焦点化構造による焦点化の対象になる。ただし、疑問詞は文の先頭に配置するのが英語の構造規則であり、疑問詞が文頭に配置されることにより、it は動詞群に後続する位置に配置される。

(37) What is it that causes global warming?
　　　地球温暖化を引き起こすのは何だ。

(38) Who was it that Mary saw at the entrance?
　　　メアリーが入り口で会ったのは誰だ。

(39) Where is it that the title match will be held?
　　　タイトルマッチが開かれるのはどこでだ。

(40) How is it that I can be recruited to the office?
　　　その会社にはどうやったら私は採用されることができるのだ。

　(37)の疑問代名詞 what に続く部分は is it that causes global warming で、it 焦点化構造に基づく文であるが、it と that の間にあるべき形態がない。that 以下の部分には主体名詞句が欠けているので、文頭の what が事態の主体であり、この疑問代名詞が表示する不定の事物が焦点化されているものと理解される。

　(38)の疑問代名詞 who に続く部分は was it that Mary saw at the entrance で、it 焦点化構造に基づく文であるが、it と that の間には形態がない。that 以下の部分で必要な要素は saw に続く位置にあるべき副体名詞句なので、文頭の who は saw が表示する単射関係の副体であり、この疑問代名詞が表示する不定の人間が焦点化されている。

　(39)の疑問副詞 where に続く部分は is it that the title match will be held で、it 焦点化構造に基づく文であり、that 以下の部分は完全な文である。したがって文頭にある疑問副詞 where は、「そのタイトルマッチが未来の時区間において開催される」という事態が成立する不定の空間が焦点化されたものだと理解される。

　(40)の疑問副詞 how に続く部分は is it that I can be recruited to the office で、it 焦点化構造に基づく文であり、that 以下の部分は完全な文である。したがって文頭にある疑問副詞 how は、「その会社に発信者が採用されることができる」という事態が成立する手段としての事態が焦点化されたものだと理解される。

第2節 焦点化　　　　　　　　　　　　829

② what 焦点化構造

　what 焦点化構造によって焦点化できるのは、what を用いた関係節で表示できる事物に限定される。したがって、人間である個体はこの方法では焦点化できないし、成立空間や時区間もこの構造での焦点化の対象にはならない。ただし、it 焦点化構造では焦点化できない、動詞や形容詞が表示する副体や関係を焦点化できるという特徴がある。

　what 焦点化構造では、「what P is X」という文で副体を表示する X が焦点化された結果の事物を表示する。

(41) What was discussed in the meeting was the problem of the employees' mental health.
　　　会議で議論されたのは、従業員の心の健康の問題だった。

(42) What John wants to see in Paris is not the Eiffel Tower but the statue of Nike in the Louvre.
　　　ジョンがパリで見たいと思っているのはエッフェル塔ではなくてルーブルにあるニーケーの像だ。

(43) What the press secretary announced was that the President would visit Madrid with the Secretary of State.
　　　報道官が報告したのは、大統領が国務長官とともにマドリードを訪問するということだった。

(44) What Mary did was run as fast as possible.
　　　メアリーがしたのはできるだけ速く走ることだった。

(45) What you should be is always kind and polite to the others.
　　　人があるべき姿は、他人に対していつも親切で丁寧にすることだ。

(41)の前提となる、焦点化された要素のない構造は以下のようなものである。

(41′) The problem of the employees' mental health was discussed in the meeting.
　　　その会議では従業員の心の健康の問題が議論された。

　この文が表示する事態を構成する要素のうち、主体である「従業員の心の健康の問題」である事態が what 焦点化構造によって焦点化され、この事態を表示する名詞句 the problem of the employees' mental health が動詞群 was に後続する位置に配置されている。

(42)の前提となる、焦点化された要素のない構造は以下のようなものである。

(42′) John doesn't want to see the Eiffel Tower in Paris but the statue of Nike in the Louvre.
　　　ジョンはパリでエッフェル塔ではなくてルーブルのニーケーの像を見

たいと思っている。

この文が表示する事態を構成する要素のうち、副体である「エッフェル塔ではなくルーブルのニーケーの像」である個体がwhat焦点化構造によって焦点化され、この個体を表示する名詞句 not the Eiffel Tower but the statue of Nike が動詞群 is に後続する位置に配置されている。

(43)の前提となる、焦点化された要素のない構造は以下のようなものである。

(43′) The press secretary announced that the President would visit Madrid with the Secretary of State.

　　　報道官は、大統領が国務長官とともにマドリードを訪問すると報告した。

この文が表示する事態を構成する要素のうち、動詞 announce が表示する事態の副体である事態「大統領が国務長官とともにマドリードを訪問する」が what 焦点化構造によって焦点化され、この事態を表示する名詞節 that the President would visit Madrid with the Secretary of Sate が動詞群 was に後続する位置に配置されている。

(44)の前提となる、焦点化された要素のない文は以下のようになる。

(44′) Mary ran as fast as possible.　メアリーはできるだけ速く走った。

この文が表示する事態を構成する要素のうち「主体ができるだけ速く走った」という事態を焦点化する場合には、動詞群と副詞節の部分を表示する語列 ran as fast as possible を焦点化構造の中に組み入れる必要がある。しかし、it 焦点化構造を用いて次のような文を作っても不適格となる。

(44″) ×It was ran as fast as possible that Mary did.

したがって、what 焦点化構造により、主体を what Mary did（メアリーがしたこと）とし、副体を run as fast as she could という不定詞節と副詞節で表示することにより、副体である事態の焦点化を行うという操作が選択される。

(45)の前提となる、焦点化された要素のない文は以下のようになる。

(45′) You should be always kind and polite to the others.

　　　　人は他人に対していつも親切で丁寧にしなければならない。

この文が表示する事態を構成する要素のうち「主体が他人に対していつも親切で丁寧でいる」という事態を焦点化する場合には、形容詞と名詞群の部分を表示する語列 always kind and polite to the others を焦点化構造の中に組み入れる必要がある。しかし、it 焦点化構造を用いた次の文は不適格である。

(45″) ×It is always kind and polite to the others that you should be.

したがって、what 焦点化構造により、主体を what you should be（人がそうあるべきもの）とし、副体を always kind and polite to the others という形容詞と名詞群で表示することにより、副体である事態の形態的焦点化が可能となる。

831

用 語 解 説

▶アスペクト

事態の全体が表示されるか、部分のみが表示されるかの区別。事態の全体を「全体相」、事態の部分を「部分相」と呼ぶ。英語では進行形が部分相を、非進行形が全体相を表示する形態として使用される。

▶意志動詞

人間が脳内に作り上げた世界で成立する事態が、現実世界において、その人間が意志的に作用を及ぼすことによって成立することを表示する動詞。意志動詞によって表示される事態の主体は人間であることが期待されるが、英語では意志を持たない無生物もこの種の事態の主体となることができる。

▶意味役割

名詞が表示する事物が、事態を構成する要素となるときに持つ機能。文中で使用される動詞を決定する機能を「主体」、主体と何らかの関係を持ち、主体と共に動詞を決定する機能を「副体」と呼ぶ。もっとも重要な意味役割は主体と副体であるが、これ以外に、移動の目的地である「着点」、移動の出発点である「起点」、事態を成立させる「手段」、事態の成立への「関与者」などがある。

▶可算個体名詞

可算普通名詞のうち、集合名詞を除く、相互の境界を明確に区別できる個体の集合を表示する名詞。tree（木）、table（テーブル）、cat（猫）, boy（少年）など。

▶可算普通名詞

相互の境界が明確で個数を数えることができる個体の集合を表示する名詞。集合の要素が個別の個体である可算個体名詞と、集合の要素が個体の集合である集合名詞が可算普通名詞に含まれる。

▶可能世界

事態の成立に関わる、時間と空間を含むすべての事物によって構成される状況を「世界」と呼ぶ。事態を表示する文の発信者が含まれる世界は「現実世界」であり、この現実世界を含む、人間が想像することのできる世界が「可能世界」である。可能世界は、現実世界と類似していることもあれば、物理法則が成立しないような、現実世界とは全く異なる世界である場合もある。

▶関係動詞

動詞が表示するのは事態の副体（主体が包含される事態の集合）または主体と副体の間に成立する関係であるが、そのうち関係を表示する動詞を「関係動

832 用語解説

詞」と呼ぶ。副体を表示する動詞が「副体動詞」である。関係動詞は従来他動詞と呼ばれてきたもの、副体動詞は自動詞と呼ばれてきたものに相当する。

▶ 関与者

意味役割のうち、事態が成立するための必須の要素ではないが、事態の成立に伴って成立する別の事態を構成する事物が持つ機能が「関与者」である。事態の主体とともに事態を成立させる同伴者や付随的事物が関与者に属する。

▶ 擬似現実世界

現実世界を構成する事物のほぼ全てを要素とするが、現実世界と同一ではなく類似しているだけの世界。現実世界で成立する事態をもとに成立が推測される事態は、この擬似現実世界に属する。

▶ 起点

事態を構成する事物が空間内を移動する場合、移動の出発点を「起点」と呼ぶ。また、事態が一定の長さを持つ時区間において成立する場合、その時区間において時間の移動があるように感じられることから、事態が開始する時点を同様に起点と呼ぶ。 ⇒意味役割

▶ 極性

事態について、それが成立するか成立しないかのいずれかであるとして、事態の成立を表示することを「肯定」、事態の不成立を表示することを「否定」と呼ぶ。成立と不成立は事態の特性として両極に位置するから、肯定または否定を「極性」と呼ぶ。

▶ 均質抽象名詞

個体ではなく事態の集合を表示するのが抽象名詞であるが、集合を構成する事態を構成する要素の一部がすべて同一であるものを「均質抽象名詞」と呼ぶ。「運動」であれば「主体が運動する」という事態の集合であり、副体が同一であり、「建設」であれば「主体が副体を建設する」という事態の集合であって、関係が同一である。

▶ 均質動詞

事態について、それが成立する時区間の任意の時区間(時点と長さをもつ時区間)において、事態の部分と全体が常に等しいことを「均質」と呼び、均質性を持つ事態を表示する動詞を「均質動詞」と呼ぶ。存在や所有を表示する動詞 (be, have) が表す事態には均質性があり、これらの動詞が均質動詞の代表である。 ⇒動作態

▶ 句

文を構成する語が属する品詞のうち、内容語であるのは名詞、形容詞、動詞、副詞であり、それぞれ 1 語だけでも適格に文の構成要素となることができる。

用語解説　　　833

さらに「形容詞＋名詞」という単位は名詞と同様に事物の集合を表示するもの、集合の範囲が限定される。「副詞＋形容詞／動詞／副詞」という単位であれば、形容詞や動詞によって表示される事態集合の範囲が限定され、副詞によって表示される事態の特性がさらに限定される。このように、内容語単独、または内容語に加えてそれが表示する範囲を限定する語が並列されて形成される単位を「句」と呼ぶ。したがって、内容語が 1 語のみで構成される単位も、名詞句や動詞句などに含まれる。

▶群

名詞が単独で意味役割を表示できるのは主体と副体だけであり、それ以外の意味役割を表示するためには前置詞を並列させなければならない。動詞は語形変化または助動詞の付加によって時制・アスペクトやモダリティーを表示する。このように、事態の要素として必要な文法的機能を表示する、名詞と動詞を中心とする単位を「群」と呼ぶ。原則として、名詞群は「前置詞＋名詞句」、動詞群は「動詞の変化形」または「助動詞＋動詞」という構造を取る。

▶形容詞句

形容詞に副詞を並列させることにより、形容詞が表示する事態の集合を限定する機能を持つ単位。形容詞単独でも形容詞句に分類することは可能だが、本書では形容詞単独の場合は単に形容詞と呼んでいる。

▶現実世界

可能世界のうち、文の発信者が構成要素として含まれる世界のこと。現実世界の現在において、発信者と受信者が同一の空間におり、その空間において成立する事態が文によって表示される場合は、受信者がその事態の成立を直接知覚することができる。

▶限定機能

名詞が表示するのは事物の集合であるが、形容詞を並列させることにより、範囲を小さくした部分集合を表示することができる。名詞に対する形容詞のこのような範囲縮小機能を「限定機能」と呼ぶ。動詞と形容詞が表示する事態の集合の範囲を副詞が縮小する作用や、副詞が表示する事態の特性の範囲を別の副詞が縮小する作用も、限定機能に属する。

▶限定者

名詞群が表示する意味役割のうち、名詞句が表示する事物の集合の範囲を限定する機能を「限定者」と呼ぶ。the capital of the United States（合衆国の首都）中の名詞群 of the United States は、名詞句 capital が表示する、首都である個体の集合の範囲を 1 個に限定する働きをしている。

834 用語解説

▶後件

「If P, then Q」（P ならば Q）という構造の条件文のうち、P の帰結として成立する事態を表示する Q を「後件」と呼ぶ。条件文の前提を表示する P は「前件」と呼ばれる。

▶使役者

「X が Y に V させる」（X makes Y V）という構造の使役態の文が表示する事態で、事態の主体である X を「使役者」と呼ぶ。使役態の文によって成立する事態「Y が V する」の主体 Y は「被使役者」と呼ぶ。

▶使役態

「主体 X ＋副体 V」（X が V する）という構造の事態は「能動態」と呼ばれる。能動態を基本形とし、能動態に要素 Y を 1 個加えて「X が Y に V させる」という構造にしたものが「使役態」である。基本形の能動態が「主体 X ＋関係 R ＋副体 Y」である場合には、「X が Z に Y を R させる」という構造が使役態となる。英語の使役態は「X ＋ make/have/let ＋ V」または「X ＋ make/have/let ＋ Z ＋ R」という構造を取る。

▶時制

事態が成立する時区間を表示する動詞（または述語）の形態。どのような時制があるかは言語によって異なるが、英語には現在、過去、未来という基本的な時制のほか、過去未来、現在完了、過去完了、未来完了、過去未来完了の時制がある。

▶▶過去未来完了時制

過去の時区間に後続する時区間を基準として、この基準時区間に先行する時区間において成立する事態を表示するための時制。

▶▶過去未来時制

過去の時区間を基準として、この基準時区間よりも後に成立する事態を表示するための時制。過去に後続する時区間であればよいから、基準時区間以後の任意の時区間において事態は成立する。

▶事態副詞

事態に対する発信者の判断や事態の成立可能性のような、事態全体の特性を表示する副詞。

▶集合名詞

可算普通名詞のうち、表示する集合の要素である個体が、さらに別の複数の個体の集合であるもの。集合名詞 family（家族）は、家族である個体の集合を表示するが、家族である個体は、複数の人間である個体の集合である。

用語解説　　　835

▶主体

事態を構成する事物のうち、文で使用される動詞群を決定する役割を果たすものを「主体」と呼ぶ。事態の要素が1個の事物と1個の事態集合であれば、その事物が主体となる。事物がJohnである個体で、事態集合が「主体が来た」であれば、Johnが主体として選択され、John came. という文が形成される。事態の要素が2個の事物XとY、関係Rであるとし、Xが物理的な力をYに及ぼしたとして、動詞 hit を使用するとする。この時、Xを主体として選択すれば、X hit Y. という文が形成され、動詞群は hit となる。Yを主体として選択すれば、Y was hit by X. という文が形成され、動詞群は was hit となる。　⇒意味役割

▶主体名詞句

事態の主体として選択された事物を表示する名詞句のこと。伝統的な用語では主語と呼ばれる。

▶主体名詞節

事態Xの主体が事態Yである場合、この事態Yは文によって表示される。この文は事態Xの要素としての下位の事態を表示するから節であり、主体を表示する機能を持つのは名詞であるから、この節を「名詞節」と呼ぶ。

▶手段

事物が表示する意味役割のうち、事態を成立させるために使用される道具や、広い意味での事態成立の原因を表すもの。受動態が表示する事態では、事態の成立のために意志的に作用を及ぼした人間や、事態成立の原因となった事物の意味役割が手段に属する。

▶準名詞節

事態Xの副体が事態Yである時、Yは名詞節によって表示されるが、思考や知覚を表す動詞が使用される場合、名詞節の構造が「名詞句＋形容詞／名詞句」だけで、動詞が使用されないことがある。このような構造の副体名詞節を「準名詞節」と呼ぶ。

▶焦点化

事態の要素のうち、ある1個以外はすべて状況中に与えられており、その要素だけが新たに情報として提示されるものとすることで、その要素に受信者の注意を集中させる統語的操作のこと。焦点化の方法としては、it 焦点化とwhat 焦点化の2種類がある。

▶▶it 焦点化構造

「It is X that P」という構造で、Xが表示する事態の要素を焦点化する構造。従来「強調構文」と呼ばれてきたもの。この構造で焦点化できるの

は、意味役割を与えられた事物であり、名詞句または名詞群によって表示される。

▶ ▶ **what 焦点化構造**

「What P is X」という構造で、X が表示する事態の要素を焦点化する構造。この構造により、動詞や形容詞が表示する副体を焦点化することができる。

▶ **数量詞**

個体の個数を具体的に表示する one, two などの語が「数詞」であり、many, much, all のような、個体の数量を表示するが、具体的にどの数値に対応するかが不定である語が「不定数量詞」である。数詞と不定数量詞を合わせて「数量詞」と呼ぶ。

▶ **成立空間**

事態のうち、物理的に認識可能なものは何らかの空間において成立する。個体が存在するという事態は、一定の場所で成立するし、個体が移動するという事態は、一定の長さを持つ経路において成立する。事態の特性のうち、このような場所や経路などを表示するのが「成立空間」である。

▶ **成立時区間**

事態は、現在のような長さを持たない時点で成立するだけでなく、時間軸において一定の幅を持つ区間においても成立する。時点と長さを持つ時間的な区間を合わせて「時区間」と呼ぶ。

▶ **節**

事態を表示する単位のうち、文を構成する要素として文中に組み込まれているものを「節」と呼ぶ。名詞のように事態の主体や副体として機能する節は「名詞節」、形容詞のように名詞句が表示する事物の集合を限定する働きをする節は「関係節」、副詞のように事態の特性を表示する働きをする節を「副詞節」と呼ぶ。名詞節と副詞節の先頭には、通常は接続詞が配置され、関係節の先頭には関係詞が配置される。

▶ **接続法**

事態が現実世界以外の可能世界で成立することを表示するために使用される動詞の変化形。事態が現実世界において成立することを表示するのは直説法である。

▶ **選言**

「X or Y」（X または Y）という構造の表現。X と Y が文である場合には、X が表示する事態と Y が表示する事態のいずれかが成立する。X と Y が文以外の語句である場合には、X が表示する事物と Y が表示する事物のいずれ

用語解説 837

かが事態の要素として含まれる。　⇒連言

▶ **前件**

「If P, then Q」（P ならば Q）という構造の条件文のうち、Q が成立する前提
として成立する事態を表示する P を「前件」と呼ぶ。P の帰結として成立す
る事態を表示する Q は「後件」と呼ばれる。

▶ **前事態**

事態が成立する時区間に先行する時区間において成立する事態のこと。時点
において瞬間的に成立する事態の前には、その事態の成立を確実に予測させ
る事態が成立することが多い。「電車が駅に到着する」という事態 P は時点
において成立するが、その前には「電車が駅に近づく」という事態 Q が必
ず成立している。事態 Q のような事態が前事態である。

▶ **全体相**

事態の全体または部分のいずれかが成立するという特性が「アスペクト」で
あり、そのうち事態の全体の成立を表示する形態を「全体相」と呼ぶ。事態
の部分が成立することを表示する形態は「部分相」である。

▶ **線部分事態**

事態の部分のうち、一定の長さを持つ時区間において成立するもの。線部分
事態は原則として部分相のアスペクト形態（英語では進行形）で表示されるが、
均質動詞であれば全体相形態で表示することもできる。　⇒点部分事態

▶ **双射関係**

主体から副体に対して何らかの作用が及ぼされると同時に、副体から主体に
対しても同一の作用が及ぼされるような関係。meet（会う），fight（戦う），
resemble（似ている）などの動詞によって双射関係が表示される。

▶ **態**

事態を構成する基本的な要素は「主体＋副体」または「主体＋関係＋副体」
であるが、この構造を保ちながら語を配列した文を基本形とし、この構造か
ら事物を 1 個取り除くか、1 個追加するかして別の構造の文を派生させた場
合、基本形と派生形を合わせて「態」と呼ぶ。基本形が「能動態」、事物が
1 個少ない派生形が「受動態」、事物が 1 個多い派生形が「使役態」である。
能動態が「主体＋副体」の場合、この構造から事物を取り除いて事態を構成
することはできないから、この構造に対応する受動態はない。

▶ **代名詞 there**

there は通常の文法では副詞とされているが、その機能から代名詞として扱う
のが適切である（here, now, then も同様：第 8 章参照）。代名詞 there は、発
信者以外を基準として決定される空間（そこ、あそこ）を表示する場合は指示

代名詞、事物の存在や出現を表す事態が成立する状況を表示する場合は人称代名詞に分類される。

▶ **脱均質動詞**

長さのない時点において成立する事態を表示する動詞のこと。時点において事態が成立する場合には、全体と部分の区別が本質的にありえず、事態の均質性とは無関係である。「瞬間動詞」や「到達動詞」と呼ばれることもある。⇒動作態

▶ **単射関係**

主体である事物から副体である事物に対して、何らかの物理的または心理的な作用が及ぶという関係。hit（打つ）, break（壊す）のような動詞は物理的作用、see（見る）, love（愛する）のような動詞は心理的作用を及ぼす単射関係を表示する。

▶ **単純形1式**

動詞の接続法形態のうち、動詞単独の語形変化で表示され、現実世界ではないが現実世界に類似した可能世界の現在または未来において成立する事態を表示するもの。従来「仮定法現在」と呼ばれてきたものに相当する。⇒複合形

▶ **単純形2式**

動詞の接続法形態のうち、動詞単独の語形変化で表示され、現実世界以外で、現実世界とは類似性のない可能世界において成立する事態を表示するもの。従来「仮定法過去」と呼ばれてきたものに相当する。⇒複合形

▶ **単純時制**

不定詞、分詞、動名詞が取る時制形態のうち、to do, to be doing, done, doing のように、助動詞 have を使用しないで形成されるもの。単純時制形態は、主節の事態が成立する時区間と同時またはそれに後続する時区間において成立する事態を表示する。⇒複合時制

▶ **着点**

意味役割のうち、要素である個体の空間的移動を伴う事態について、移動の到着点を表示する機能を「着点」と呼ぶ。また、事態が成立する時区間について、その時区間の終端を表示する機能も着点に属する。

▶ **抽象名詞**

名詞のうち、個体ではなく事態の集合を表示するもの。抽象名詞は、exercise（運動）, construction（建設）のように共通性のある要素で構成される事態の集合を表示する「均質抽象名詞」と、peace（平和）, belief（信念）のように、多様な要素で構成される事態の集合を表示する「不均質抽象名詞」に分

類される。

▶**直説法**

現実世界において成立する事態を表示する動詞の形態。現実世界以外の可能世界において成立する事態を表示する動詞形態は「接続法」。

▶**定性**

ある集合に属する事物が他の事物と明確に区別されるかどうかという特性。事物が属する集合を構成する他の要素とは明確に区別され、その事物を他の事物に置き換えると、文が表示する事態が同じ状況では成立しないと理解される場合、その事物は「定」である。一方、事物が属する集合を構成する他の要素とは明確に区別できず、その事物を他の事物に置き換えても、同じ事態が成立するものと理解される場合、その事物は「不定」である。

▶**程度性**

ある特性を持つ事物の集合に関して、その特性が最小から最大までの異なった値を持つという性質。形容詞 large（大きい）であれば、ある事物の集合に属する要素が、大きさという尺度に関して最小値から最大値までの連続した値を示すという特性を持つ。

▶**程度性語**

事物の集合に関して、程度性があることを表示する語。形容詞、副詞、数量詞が程度性語に属する。程度性語の特性に関しては、特性の程度を比較するという操作が可能であり、このため比較級や最上級という語形変化を示す。

▶**点部分事態**

ある事態について、それが成立する時区間を構成する各時点において成立する部分事態のこと。均質性を持つ事態であれば、事態の全体（全事態）と点部分事態は等しい。 ⇒線部分事態

▶**動作態**

表示する事態が成立する時区間を構成する時区間において成立する部分事態が事態の全体（全事態）と等しいかどうかという特性（均質性）に基づく動詞の分類。すべての時点と時区間において全事態と部分事態が等しいのが「均質動詞」、長さを持つ時区間において全事態と部分事態が等しいのが「部分均質動詞」、どの時区間においても全事態と部分事態が異なるのが「非均質動詞」、全事態が時点において成立し、部分事態を持たないのが「脱均質動詞」。

▶**動詞句**

動詞または動詞群に副詞が並列することにより構成される統語的単位。

▶**動詞群**

動詞が人称・数・時制・法に応じて語形変化するか、助動詞を並列すること

で構成される統語的単位。

▶同値関係

主体である事物と副体である事物が同一であるという関係。Shakespeare is the author of *Hamlet*（シェイクスピアは『ハムレット』の作者だ）という文が表示する事態では、主体の Shakespeare と副体の the author of *Hamlet* が同値関係にある。

▶動名詞節

動名詞は事態を表示する。文中で事態を表示する単位は節に分類されるため、動名詞は単独でも、名詞句が先行して事態の主体が明示されている場合でも、「動名詞節」という節を形成する。

▶非均質動詞

表示する事態が成立する時区間を構成するどの時区間においても、事態の全体と部分が異なる動詞。make（作る）, build（建てる）, destroy（破壊する）などの動詞を含む文が表示する事態が成立する時区間においては、作られたり壊されたりする事物の形状はどの時区間においても異なるので、どの部分事態も全事態とは異なる。　⇒動作態

▶否定極性

文が表示する事態の成立または不成立を極性と呼び、事態が成立しないことを表示するのが否定極性。

▶否定数量詞

後続する名詞が表示する事物が事態の要素として含まれないことを表示する数量詞。no と few が否定数量詞に属する。

▶不可算普通名詞

個体の集合を表示する普通名詞のうち、自然の状態では境界が明示的ではない個体を表示する名詞。water（水）, oil（油）, bread（パン）, rice（米）など。

▶不均質抽象名詞

抽象名詞のうち、表示する集合を構成する事態が多様であって共通する要素に乏しいもの。不均質抽象名詞 danger（危険）が表示する集合に属する事態は、「海が荒れている」「橋が壊れて落ちそうだ」「車の通行量が多い」など、要素に共通性がない。

▶複合形

接続法の動詞形態で、助動詞 have と過去分詞を含むもの。主節中の would have done、従属節中の had done など。

▶複合時制

不定詞、分詞、動名詞の形態で、助動詞 have と過去分詞を含むもの。to

have done, having done, having been done など。これらの複合時制形態は、主節の事態が成立する時区間に先行する時区間において成立する事態を表示する。　⇒単純時制

▶ **副体**

事態を構成する要素で、主体とともに動詞を決定する意味役割のこと。主体を包含する事態集合が副体である場合には、副体として動詞が選択される。動詞が関係を表示する場合には、主体と副体との間にある関係の特性に応じて動詞が選択される。

▶ **副体動詞**

主体である事物が包含される事態の集合を表示する動詞のこと。この事態の集合が事態の副体として機能するため、副体動詞と呼ばれる。

▶ **副体名詞句**

事態の要素である事物の集合で、主体とともに動詞を決定する役割を持つもの。主体が副体に包含される関係にある場合には、動詞として be が選択されるし、主体が副体に強い物理的な力を及ぼすという関係にある場合は、動詞として hit や strike が選択される。

▶ **副体名詞節**

事態の副体として機能する名詞節。同値関係と単射関係を表示する動詞（be, say, believe など）に後続する位置に配置されることが多い。副体名詞節の先頭には接続詞 that, if, whether や疑問詞が配置されるのが原則である。

▶ **普通名詞**

個体の集合を表示する名詞。個体であっても個別の人間や場所などを表示する固有名詞、事態の集合を表示する抽象名詞とは区別される。普通名詞が表示する集合の要素は、house（家）や dog（犬）のように他の同種の個体との境界が明確な場合と、water（水）, air（空気）のように他の同種の個体との間に自然的な境界がない場合がある。

▶ **不定詞節**

不定詞は、単独（to do）でも、名詞群（for X）が先行する場合でも、何らかの事態を表示する。文中にあって事態を表示する単位であるから節に属し、したがって「不定詞節」と呼ぶ。不定詞節が表示する事態の主体は、名詞群が不定詞に先行する場合は名詞群中の名詞句が表示する事物であり、単独の場合は、主節が表示する事態の主体と同一である。

▶ **不定数量詞**

数量詞のうち、具体的な数量ではなく「たくさん」「少し」「全部」などの不定の数量を表示するもの。many, much, few, little, all, both など。

▶部分均質動詞

表示する事態について、事態の全体(全事態)と、成立時区間を構成する長さのある時区間において成立する事態の部分(線部分事態)が等しいもの。長さのない時点において成立する事態の部分(点部分事態)と全事態は等しくない。run(走る), swim(泳ぐ), sing(歌う)など。 ⇒動作態

▶部分相

事態の部分が成立することを表示するアスペクトの形態。英語では進行形が部分相形態に当たる。 ⇒全体相

▶分詞節

現在分詞と過去分詞は、名詞の前後に配置される場合でも、文の先頭または末尾に配置される場合でも、何らかの事態を表示する。文を構成する要素であって事態を表示する単位であるから節であり、したがって「分詞節」と呼ぶ。主体を表示する名詞句を伴わない場合は、分詞節の主体は主節の事態の主体と同一であり、主体を表示する名詞句を伴う場合には、この名詞句が分詞節の主体を表示する。

▶法

文が表示する事態が現実世界で成立するのかそうでないのかを表示するための動詞の形態。事態が現実世界で成立することを表示するのが「直説法」、事態が現実世界以外の可能世界で成立することを表示するのが「接続法」である。接続法は従来「仮定法」と呼ばれていたものに相当する。

▶包含関係

主体である事物の集合が、副体である事物の集合の要素であるという関係。Whales are mammals.(鯨は哺乳類だ)であれば、主体である鯨の集合が、副体である哺乳類の集合の要素としてこの集合に包含されるという関係にある。

▶名詞句

名詞単独、または名詞の前後に冠詞や数量詞、形容詞、名詞群などが付加されて、全体としてある事物の集合を表示する統語的単位。名詞句が表示する事物の集合には何らかの意味役割が与えられる。

▶名詞群

名詞句に前置詞が先行することにより、名詞句が表示する事物の集合の意味役割が明示されている統語的単位。英語の名詞群は、主体と副体以外の意味役割を表示する。

▶優等比較級

形容詞、副詞、数量詞の比較級で、ある特性の程度に関する基準を与える事物が示す値よりも大きな値を示すことを表示するための形態。taller(もっと

高い), more slowly（もっと遅く）, more（もっと多い）など。

▶劣等比較級

形容詞、副詞の比較級で、ある特性の程度に関する基準を与える事物が示す値よりも小さな値を示すことを表示するための形態。less tall（それほど高くない）, less fast（それほど速くない）, less（それほど多くない）など。

▶連言

「X and Y」（X かつ Y）という構造の表現。X と Y が文である場合には、X が表示する事態と Y が表示する事態の両方が成立する。X と Y が文以外の語句である場合には、X が表示する事物と Y が表示する事物の両方が事態の要素として含まれる。 ⇒選言

索　引

▶ 項目は五十音順→アルファベット順に並んでいます。

▶ 数字はページ数です。太字の数字は主記述のある箇所を示しています。

▶ ＊はその項目が用語解説に採録されていることを表しています。

【あ行】

＊アスペクト　21, 379, **430**

意志　**405**

＊意志動詞　**374**

１人称　213

＊意味役割　**108**

【か行】

過去完了時制　**488**, 494

過去時制　446, 453

過去分詞　596

過去分詞節　600, 601, 603, 605

＊過去未来完了時制　**509**

＊過去未来時制　**506**

＊可算個体名詞　**84**, 85

加算的全体　**350**

＊可算普通名詞　**83**, 85

可算名詞　**83**

仮定法　**613**

仮定法過去　614

仮定法過去完了　614

仮定法現在　614

＊可能世界　**349**, 388, 613

下方値　**361**

関係節　23, 43, 79, 515, **802**

関係代名詞　**24**, 212, **299**

＊関係動詞　**370**

関係副詞　24

冠詞　5, 175, **177**

冠詞の不使用　195

間接疑問節　**281**, 283, 285, 288, 290, 292, 295, 298, **787**

間接話法　**806**, 807

感嘆文　**36**, 70

＊関与者　**108**, 163

＊疑似現実世界　**615**

基準空間　111

基準時区間　137

基数詞　**331**

＊起点　**108**, 147

義務　**412**

義務的倒置　818

疑問形容詞　**69**

疑問形容詞句　70

疑問詞　7

疑問詞疑問文　**7**, **35**, **56**, 65

疑問詞節　**78**

疑問代名詞　**212**, **279**

疑問副詞　289

疑問副詞句　70

疑問文　**7**, **34**, 56

疑問名詞句　**70**

強調　7

強調構文　824

許可　**422**

＊極性　5, 753

＊均質抽象名詞　**100**, 101, 179

＊均質動詞　**377**, **431**, 439, 446, 453, 458,

465, 472, 483, 488, 494, 498, 502

*句　**3, 17**, 39

空間　110, 124

句動詞　**169**, 384

*群　**17, 20**, 39

群動詞　**169**, 384

形態素　**12**

形容詞　**5, 641**

*形容詞句　**18**, 74

形容詞的機能（不定詞節の）　569

結果　571, 572

結果事態　27, **444**

現在域　**431**

現在完了時制　**472**, 483

現在時制　431, 439

現在分詞　596

現在分詞節　599, 600, 602, 604

*現実世界　**348, 388**, 613

*限定機能　**802**

*限定者　**108**, 164

語　**3**, 12

*後件　**265**, 521, **623**

肯定文　**34**

個体集合　83, 94

固有名詞　**84, 96**, 182

【さ行】

再帰代名詞　**209**, 211, 245

最上級　697, **727**

3人称　216

*使役者　**549**

*使役態　**527, 549**

使役文　**527**

時区間　**86**

指示代名詞　**211, 232**

*時制　379, **430**

時制の一致　**510**

事態間の関係　27

*事態副詞　**661**

従位接続詞　**774**

*集合名詞　**84**, 89

従属節　**22, 773**, 784

主格　**210**

主節　22, **773**

*主体　**2**, 108

*主体名詞句　**6**

*主体名詞節　617

*手段　**108**, 161

述語　**4**

受動態　**527**, 528

受動文　**527**

受動分詞　596

*準名詞節　**42**

条件　25

条件節　265

*焦点化　**824**

*it 焦点化構造　**824**, 825

*what 焦点化構造　**824**, 829

上方値　357

序数詞　**331**, 332

助動詞　**5, 379**

所有代名詞　**211**

真偽疑問文　**7, 34, 56**, 59

進行形　431

随意的倒置　822

数詞　**331**

*数量詞　**5, 331**, 747

成立可能性　5, 20, 25, 388

*成立空間　**108**, 110

成立時　5, 20, 25

*成立時区間　**108**, 137	*抽象名詞　**85**, 100
成立様態　26	*直説法　**613**
*節　**22**, 41	直接話法　**806**
接続詞　5, 772	直線　110
*接続法　**613**	定　**175**, 183, 184, 188, 190
*選言　**767**, **773**	定冠詞　**177**
*前件　**265**, **521**, **623**	*定性　93, 98, **175**, 183
先行詞　**24**, 43	*程度性　28, **644**, **659**
全事態　**377**	*程度性語　693
*前事態　**444**	点　110, 124
*全体相　379, **431**, 446, 458, 472, 488,	伝達動詞　**806**
498, 506, 559, 562	*点部分事態　**377**
選択疑問節　265	等位接続詞　**772**, 775
前置詞　**5**, 109	*動作態　378
全部否定　**762**	動詞　**5**, **369**
*線部分事態　**377**	*動詞句　19
相互代名詞　**253**	*動詞群　**20**, **30**, **75**, 383
*双射関係　**2**, 373	倒置　**817**
属格　**210**	*同値関係　**2**, 370
	同等比較級　**699**, **721**
【た行】	動名詞　**584**
*態　380, **527**	*動名詞節　**32**, 43, 584
対格　**210**	
代名詞　**5**, **207**	【な行】
*脱均質動詞　**378**, **436**, 443, 452, 457,	二重否定　**765**
464, 470, 480, 487, 492, 497, 501, 505	2人称　213
他動詞　19	人称代名詞　**210**, 213
単語　**3**, **12**	能動態　**527**
*単射関係　**2**, 371	能動文　**527**
*単純形1式　614, **615**	能動分詞　596
*単純形2式　614, **622**	能力　**425**
*単純時制　**559**, 561, 584	
単純倒置　**819**	【は行】
単数形　85	倍数詞　**331**, 332
*着点　**108**, 151	倍数表現　723

比較　693
比較級　694, 700
比較節　266
*非均質動詞　**378**, **435**, 441, 450, 455, 462, 468, 477, 485, 491, 496, 500, 504
非現実世界　**615**
非限定機能　**802**
被使役者　**549**
否定　736
*否定極性　727, 766
否定辞　**736**, 748
*否定数量詞　**740**, 743, 754
否定代名詞　744, 754, 755
否定副詞　744, 754, 755
否定文　34, **736**
品詞　**5**
付加疑問　**751**
*不可算普通名詞　**83**, 92
不可算名詞　**83**
*不均質抽象名詞　**100**, 104, 179
*複合形　614, **632**
*複合時制　**559**, 562, 563, 584
複合前置詞　**167**
複合動詞　**384**
複合倒置　**819**
副詞　**5**, **659**
副詞句　**18**, 75
副詞節　24, 45, **81**, 517, 788
副詞的機能（不定詞節の）　571
複数形　85
*副体　**2**, 108
*副体動詞　**369**
*副体名詞句　**6**
*副体名詞節　509
付帯状況　8

*普通名詞　**83**, 85
物質名詞　**83**
不定　177, 186, 189, 192
不定冠詞　**177**, 179
不定詞　30, **557**
*不定詞節　30, 42, 44, 46, **557**
*不定数量詞　**331**, 333
不定代名詞　**212**, 258
*部分均質動詞　**377**, **432**, 440, 447, 454, 459, 466, 474, 484, 490, 495, 499, 503
部分事態　**377**
*部分相　379, **431**, 439, 453, 465, 483, 494, 502, 507, 561, 563
部分否定　**762**
文　**10**
*分詞節　30, **31**, 43, 44, 46, 596
with 分詞節　610
文修飾　20
平叙文　**7**, **34**, 47
平面　110, 124
*法　**613**
包括的全体　**351**
*包含関係　**2**, 371
法助動詞　**381**, 388

【ま行】
未来完了時制　498, 502
未来時制　458, 465
無意志動詞　**374**
名詞　**5**, **83**
*名詞句　**5**, 17, 73
*名詞群　**6**, **20**
名詞節　22, 41, 76, **784**
名詞的機能（不定詞節の）　565
命令文　**37**

目的　571, 572
モダリティー　**381**, 388

【や行〜わ行】
優等最上級　**727**
*優等比較級　**700**
歴史的現在　**438**
列事態　**434**
劣等最上級　**727**
*劣等比較級　697, **700**, 714
*連言　**767**, **773**
話法　806

【A】
about　146
above　114, 129
across　123
after　118, 145, 518
all　333
although　525, 793
among　118, 134
and　775
another　212, 276
any　212, 258
anybody　212, 258
anyone　212, 258
anything　212, 258
anywhere　258
around　113, 128, 146
as　26, 81, 309, 789, 796, 799, 801
as far as　799
as if　631, 639, 801
as long as　25, 799
as soon as　790
as though　631, 639

at　110, 124, 138
at all　760
at the back of　118

【B】
be　379, 380
be able to　427
be going to　396
be to　581
because　27, 45, 523, 795
become　530
before　116, 131, 142, 518, 790
behind　118, 132
below　115, 130
beneath　115, 131
beside　112, 127
between　118, 133
beyond　122, 136
both　340
but　311, 779
by　112, 143, 161
by any means　760
by the time　520, 790

【C, D】
can　389, 422, 425
could　390, 426
dare　411
do　227, 381
down　115
during　140

【E, F】
each　352
each other　253

索　引　849

either　346
enough　366
enough to　577
ever　760
every　348
few　361, 743, 755
for（接続詞）　781
for（前置詞）　141, 153, 158
from　147, 148, 149

【G, H】
get　530, 553
had better　420
hardly　745, 757
have　379, 542, 553
have to　402, 416
here　211, 239
how　36, 72, 79, 212, 213, 292, 320
however　29, 81, 524, 794

【I】
if　25, 41, 45, 81, 265, 521, 623, 624,
　634, 785, 791
in　110, 120, 126, 139, 145
in front of　116
in order that　28, 796
in order to　574
in that　796
in the least　760
inside　120
into　155, 157, 160

【L, M】
let　554
like　26, 801

little　361, 743, 755, 757
make　549
many　357
may　389, 422
might　390
much　357
must　402, 416

【N】
near　112, 127
need　415
never　744, 756
never to　575
no　740, 754
no matter how　794
no matter where　794
no one　274
nobody　212, 274, 744, 755
none　212, 274, 744, 755
nothing　212, 274, 744, 755
now　211, 241
now that　796
nowhere　274, 746, 756

【O】
of　164
off　121, 135
on　110, 125, 138
one　212, 267
one another　253
only　746, 757
only to　575
onto　155
or　777
other　212, 276

ought to 397, 412
out 122
out of 147, 150
outside 122, 135
over 114, 128

【P, R】
provided 793
providing 793
round 113, 146

【S】
scarcely 744
shall 410
should 397, 412
since 27, 81, 148, 790, 796
so 224, 781
so as to 574
so that 28, 525, 796
so . . . that 526, 798
some 212, 269
somebody 212, 269
someone 212, 269
something 212, 269
such 228
such . . . that 798
suppose 792
supposing 792

【T, U】
than 266, 311, 802
that（関係代名詞） 213, 305, 322
that（指示代名詞） 211, 232
that（接続詞） 41, 76, 784
then 211, 241

*there 50, 211, 222, 239
these 232
this 211, 232
those 232
though 29, 45, 81, 525, 612, 793
through 123, 136, 141
till 144
to 151, 156, 157
too . . . to 577
toward 146, 155, 160
towards 155
under 115, 129
unless 81, 792
until 25, 144, 156, 520, 790
up 114

【W】
what（関係代名詞） 213, 323
what（疑問代名詞） 35, 36, 67, 71, 79,
  212, 284
whatever 213, 325, 524, 760
whatsoever 760
when（関係代名詞） 24, 80, 213, 312
when（疑問代名詞） 79, 212, 291
when（接続詞） 25, 45, 81, 517, 612,
  789
whenever 789
where（関係代名詞） 24, 44, 80, 213,
  314
where（疑問代名詞） 35, 212, 289
where（接続詞） 790
whereas 794
wherever 794
whether 41, 265, 785, 795
which（関係代名詞） 24, 44, 80, 213,

302

which（疑問代名詞）　67, 212, 287

whichever　213, 329

while　612, 789, 794

who（関係代名詞）　24, 44, 213, 300

who（疑問代名詞）　35, 66, 79, 212, 279

whoever　213, 327

whom（関係代名詞）　213, 300

whom（疑問代名詞）　212, 280

whomever　327

whose（関係代名詞）　213, 300, 303

whose（疑問代名詞）　212, 282

whosever　327

why（関係代名詞）　213, 316

why（疑問代名詞）　212, 296

will　379, 393, 405

with　161, 163, 610

within　121

would　395, 409

著者紹介

町田　健（まちだ　けん）

名古屋大学名誉教授、久留米大学附設中学校・高等学校校長。専門は言語学。
1957 年、福岡県生まれ。1979 年、東京大学文学部卒業。1986 年、東京大学
大学院人文科学研究科博士課程単位取得。東京大学助手、愛知教育大学、成城
大学、北海道大学助教授、名古屋大学教授を経て現職。著書に『日本語のしく
みがわかる本』『日本語文法総解説』『フランス語文法総解説』『ソシュールの
すべて』（以上、研究社）、『言語構造基礎論』（勁草書房）ほか、翻訳書に『新訳・
ソシュール一般言語学講義』（研究社）、『イェルムスレウ──ソシュールの最
大の後継者』（大修館書店）ほかがある。

英文法総解説
えいぶんぽうそうかいせつ

●2024年12月27日 初版発行●

●著 者●

町田 健

©Ken Machida, 2024

●発行者●

吉田 尚志

●発行所●

株式会社 研究社

〒 102-8152　東京都千代田区富士見 2-11-3

電話　営業 03-3288-7777（代）　　編集 03-3288-7711（代）

振替　00150-9-26710

https://www.kenkyusha.co.jp/

KENKYUSHA

〈検印省略〉

●印刷所●

TOPPAN クロレ株式会社

●組版・本文レイアウト●

株式会社 理想社

●装 丁●

Malpu Design（宮崎萌美）

ISBN978-4-327-40180-1 C3082　Printed in Japan

価格はカバーに表示してあります。本書のコピー、スキャン、デジタル化等の無断複製は、著作権上での例外を除き、禁じられています。また、私的使用以外のいかなる電子的複製行為も一切認められていません。落丁本、乱丁本はお取り替えいたします。ただし、中古品についてはお取り替えできません。